Eckard Lefèvre
Studien zur Originalität der römischen Tragödie

Beiträge zur Altertumskunde

Herausgegeben von Michael Erler, Dorothee Gall,
Ludwig Koenen und Clemens Zintzen

Band 324

Eckard Lefèvre
Studien zur Originalität der römischen Tragödie

Kleine Schriften

DE GRUYTER

ISBN 978-3-11-055496-0
e-ISBN (PDF) 978-3-11-034227-7
e-ISBN (EPUB) 978-3-11-038259-4
ISSN 1616-0452

Library of Congress Cataloging-in-Publication Data
A CIP catalog record for this book has been applied for at the Library of Congress.

Bibliografische Information der Deutschen Nationalbibliothek
Die Deutsche Nationalbibliothek verzeichnet diese Publikation in der Deutschen Nationalbibliografie; detaillierte bibliografische Daten sind im Internet über http://dnb.dnb.de abrufbar.

© 2015 Walter de Gruyter GmbH, Berlin/München/Boston
Dieser Band ist text- und seitenidentisch mit der 2015 erschienenen gebundenen Ausgabe.
Druck und Bindung: Hubert & Co. GmbH & Co. KG, Göttingen
∞ Gedruckt auf säurefreiem Papier
Printed in Germany

www.degruyter.com

Einleitung

ἔργμασιν ἐν μεγάλοις πᾶσιν ἀδεῖν χαλεπόν

Der vorliegende Band enthält 42 Arbeiten zur römischen Tragödie aus nahezu 50 Jahren. 12 sind Originalbeiträge (die unveröffentlichte Saarbrücker Antrittsvorlesung mitgezählt), welche neue Probleme behandeln oder aber Ergänzungen (‚Nachbetrachtungen') zu älteren Untersuchungen bringen. Natürlich hat sich das Bild, das der Verfasser von der römischen Tragödie hat, im Lauf der Jahrzehnte weiterentwickelt und verfeinert, doch brauchte er keine Thesen zurückzunehmen – sieht man davon ab, daß er früher, Autoritäten kritiklos folgend, den *Hercules Oetaeus* für unecht hielt. Wie für andere war es auch für ihn bequem, ihn nicht berücksichtigen zu müssen! (Nunmehr ist er durch die Forschungen von R. G. M. Nisbet bekehrt.) Insofern konnten alle Abhandlungen, von kleineren Korrekturen abgesehen, ohne inhaltliche Änderungen übernommen werden.

Der Weg zur aktiven Beschäftigung mit der Tragödie wurde dem Verfasser nicht in der Studienzeit gewiesen. Das gilt für die republikanische Tragödie ebenso wie für Seneca. Als er nach dem Studium den Anno accademico 1962 / 1963 in Rom verbrachte, las er Senecas Tragödien. In Italien wurden sie weit mehr geschätzt als in Deutschland, wo man sie weithin als rhetorische Produkte der Silbernen Latinität abtat. In Rom waren sie gewissermaßen lebendig. Es war die Zeit, in der Vittorio Gassman dem *Thyestes* den Weg bereitet hatte und Ettore Paratore brillante Vorträge hielt.

Wurde die Erforschung der Seneca-Tragödien allmählich intensiver, hatte es die republikanische Tragödie schwerer. Der Verfasser entsinnt sich einer vorbereitenden Sitzung für den dritten Band des ‚Handbuchs der Literaturwissenschaft' (Römische Literatur, ed. M. Fuhrmann, Frankfurt 1974), in der der Herausgeber auf eine adäquate Darstellung der republikanischen Tragödie mit der Begründung verzichten wollte, sie sei ‚futsch'. Willy Schetter protestierte nachdrücklich und rief den Verfasser zu Hilfe; gemeinsam gelang es, diesem Genus einige Aufmerksamkeit zu sichern.

Über zwei Dezennien später konnte die Untersuchung der aitiologisch-zeitpolitischen Bedeutung der republikanischen Tragödie als Teilprojekt in den Freiburger Sonderforschungsbereich ‚Identitäten und Alteritäten' (1997–2003) eingebracht werden. Das war ein wichtiger Ansporn, die Thematik mit willkommener Hilfe systematisch zu untersuchen. Der SFB bestand nur sechs Jahre, aber er war für die Latinistik außerordentlich fruchtbar. Bedeutende Gelehrte zeigten sich bei Gastaufenthalten diesem Ansatz gegenüber offen – wie Giuseppe Aricò, Beatrice Baldarelli, Frank Bernstein, Jürgen Blänsdorf, Luigi Castagna, Jacqueline

Dangel, Harriet Flower, Gérard Freyburger, Sander Goldberg, Rita Degl'Innocenti Pierini, Henry David Jocelyn, Severin Koster, Antonio La Penna, Wolfgang Dieter Lebek, Yves Lehmann, Guido Paduano, Gianna Petrone, Jörg Rüpke, Niall Slater, Walter Stockert, Werner Suerbaum, Ekkehard Weber, Hubert Zehnacker. Junge Freiburger (die zum Teil schon Ex-Freiburger waren) bauten ihn weiter aus – wie Ulrike Auhagen, Thomas Baier, Ulrich Eigler, Stefan Faller, Stefanie Grewe, Rolf Hartkamp, Gesine Manuwald, Maria Raffaella Petaccia, Petra Schierl, Ekkehard Stärk, Gregor Vogt-Spira. Es entstanden mehrere Tagungsbände, die von Stefan Faller und Gesine Manuwald herausgegeben wurden. Gesine Manuwald verfaßte während dieser Zeit ihre Habilitationsschrift ‚Fabulae Praetextae. Spuren einer literarischen Gattung der Römer' (München 2001), die Monographie ‚Pacuvius. *Summus tragicus poeta*' (München / Leipzig 2003) und den großen Lustrum-Forschungsbericht ‚Römische Tragödien und Praetexten republikanischer Zeit 1964 – 2002' (Göttingen 2004).

Es war dem Verfasser schon früh ein besonderes Anliegen, auf die zeitpolitischen Bezüge der römischen Tragödie aufmerksam zu machen. Deshalb ist im ersten Teil die unpublizierte Saarbrücker Antrittsvorlesung von 1974 aufgenommen (1), in der programmartig diese Tendenz herausgestellt wurde. Später bemühte er sich, die These weiter abzusichern, zunächst in dem ‚Versuch einer Typologie des römischen Dramas' von 1978 in ausführlicher Vergleichung mit dem griechischen Drama (2), sodann in intensiven Einzelbetrachtungen. Das wird in diesem Band dokumentiert, auch wenn es in einigen Passagen zu knappen Wiederholungen kommt – der durchgehende Duktus der jeweiligen auf unterschiedliche Anlässe zurückgehenden Argumentationen sollte nicht gestört werden. Inzwischen hat diese Sichtweise an Boden gewonnen. Die ‚Typologie' ist insofern ein Sonderfall, als sie parallel zur Tragödie die Komödie zum Gegenstand hat. In ebenso überraschender wie natürlicher Weise konnte gezeigt werden, daß beide Genera, die von ihren griechischen Vorbildern grundverschieden sind, sowohl im Weltbild als auch in der Struktur gemeinsame Züge erkennen lassen. Die Abhandlung ist ein Bindeglied zwischen dem Band über die römische Komödie und dem vorliegenden über die römische Tragödie.

Im zweiten Teil werden aus der großen Zahl der fragmentarisch überlieferten Tragödien der republikanischen Zeit einige exemplarisch vorgestellt. Die Titel der Aufsätze sind für die Thematik bezeichnend: ‚Die politisch-aitiologische Ideologie der Tragödien des Livius Andronicus' (3), ‚Die Politisierung der griechischen Tragödie durch die Römer im 3. und 2. Jahrhundert v. Chr.' (4), ‚Aitiologisch-politische Implikationen in Naevius' *Danae*' (5), ‚Ennius' *Medea* im römisch-politischen Kontext' (6), ‚Diomedes und andere italische Helden bei Accius' (7). Das Tableau I ist der Versuch, das Weltbild der republikanischen Tragödie mit dem weithin historischen und zeitpolitischen Weltbild der republikanischen Literatur zusammenzusehen sowie die Ergebnisse der vorhergehenden Einzeluntersuchungen zu systematisieren (8).

Der dritte Teil ist der augusteischen Tragödie gewidmet, die nur in Umrissen kenntlich ist. Der einst berühmte *Thyestes* von L. Varius Rufus wird gegen die communis opinio zu rekonstruieren versucht (9). Neue Argumente stützen die frühere Arbeit (11). Für das Verlorene soll Vergils Dido-Tragödie entschädigen; Eduard Norden nannte sie „die einzige römische (Tragödie), die den Namen verdient" (10). Das Tableau II versucht das Zurückgehen der Tragödie in der augusteischen Zeit sowie das offensichtlich Neue der verlorenen *Medea* Ovids zu erklären (12).

Der vierte Teil, der sich mit der Tragödie der frühen Kaiserzeit beschäftigt, hat den größten Umfang. Seneca beherrscht das Feld (13–38). Es ist wichtig, daß die Tragödie vor (Mamercus Scaurus, Pomponius Secundus), neben (*Octavia*) und nach ihm (Curiatius Maternus) eine politische Ausrichtung des Genus auch in dieser Epoche erkennen läßt (39). Am Anfang stehen Studien, die im *Agamemnon* (13 / 16) und in der *Phaedra* (14) vor allem das stoische Substrat herausstellten. Nach zwei allgemeinen Seneca-Betrachtungen (15 / 18) traten dramaturgische Fragen am Beispiel des *Thyestes* (17) und des *Oedipus* in den Vordergrund (19/20). Der Vortrag ‚Kult ohne Gott oder die Unfreiheit der Freiheit in Senecas Tragödien' nahm das Thema der Handlungsfreiheit des Menschen auf (21) und präludierte weiteren Untersuchungen auf diesem Gebiet – einerseits den Analysen von *Phaedra* (24), *Troades* (25) und *Medea* (29), anderseits der systematischen Betrachtung (28). Die Untersuchung der Bedeutung des Paradoxen bei Seneca gehört ebenfalls wesentlich in diesen Bereich (27).

Ging es bis dahin vor allem um die philosophisch-weltanschauliche Grundierung, rückte seit 1985 auch die (zeit)politische Bedeutung der Seneca-Tragödie in den Mittelpunkt des Interesses – eine Fragestellung, der hinsichtlich der republikanischen und augusteischen Tragödie schon über ein Dezennium früher Aufmerksamkeit gewidmet worden war. Die Schwester-Abhandlungen für ANRW ‚Die politische Bedeutung der römischen Tragödie und Senecas *Oedipus*' (22) und ‚Die philosophische Bedeutung der Seneca-Tragödie am Beispiel des *Thyestes*' (23) – zu der ersten gesellte sich bald ‚Die politische Bedeutung von Senecas *Phaedra*' (26) – rollten die beiden Grundprobleme umfassend auf. In den hierauf folgenden Arbeiten wurden sie stets soweit wie möglich zusammen berücksichtigt. Die drei Aufsätze ‚Senecas Atreus – die Negation des stoischen Weisen?' (30), ‚Senecas Medea – die Negation des stoischen Weisen?' (31) und ‚Die Konzeption der „verkehrten Welt" in Senecas Tragödien' (32) bilden insofern eine Einheit, als sie eine Welt herausstellen, die sich aus der Sicht des Philosophen radikal gewandelt hat. „Es hat tiefen Sinn, wenn Seneca in den Tragödien eine ‚verkehrte' Welt darstellt. Über das ästhetische Vergnügen hinaus, sie vorzuführen, erschien ihm die Umgebung, besonders in politischer Hinsicht, als ‚verkehrt'. Gerade deshalb entspringt die häufig anzutreffende Umdrehung vergilischer Motive der Einsicht, daß für sein Zeitalter eine radikale Umwertung der Werte gegenüber der augusteischen Epoche gilt" (▶ S. 503).

Die Gelegenheit der vorliegenden Veröffentlichung wird genutzt, die Sicht auf die bisher nicht behandelten Tragödien *Hercules Furens* (33 / 34), *Hercules Oetaeus* (35 / 36), *Phoenissae* (37) und *Octavia* (39) zur Diskussion zu stellen und noch einmal auf den am Anfang der Beschäftigung mit Seneca stehenden *Agamemnon* einzugehen, da sich in der langen Zeit neue Argumente ergeben haben (38). Das Tableau III stellt den Versuch dar, Seneca im Rahmen der Tragödie der frühen Kaiserzeit zu erklären (40).

Der fünfte Teil schließlich enthält zwei Studien zur Rezeption der Tragödien Senecas – noch zu seinen Lebzeiten durch den Satiriker Petronius Arbiter (41) und im 18. Jahrhundert durch den Literaturkritiker Gotthold Ephraim Lessing (42). Beide bringen Erkenntnisse für das Verständnis des rezipierten Werks.

Die Tableaus I-III, die jeweils die Ergebnisse der Untersuchungen zur republikanischen, augusteischen und kaiserzeitlichen Tragödie in größere Zusammenhänge stellen, ergeben in gewisser Weise das Surrogat einer Darstellung des Charakters der römischen Tragödie. In ihnen und in den ‚Nachbetrachtungen' wird neuere Literatur zu den behandelten Problemen in Maßen besprochen.

In den ersten vier Teilen sind die Beiträge chronologisch nach der Entstehungszeit angeordnet.

Leichte Änderungen, vor allem formaler Art, wurden in den bereits erschienenen Aufsätzen vorgenommen; Rechtschreibfehler, stilistische Unebenheiten, Wiederholungen und Irrtümer sind stillschweigend beseitigt. Einige Arbeiten hatten Inhaltsverzeichnisse, fast alle Abschnittseinteilungen, z.T. mit eigenen Überschriften. Neu ist, daß nunmehr der Übersichtlichkeit halber a l l e Kapitel Inhaltsverzeichnisse und Zwischenüberschriften haben. Das abundante Kürzel ‚vgl.' ist, wo es nur ging, ersatzlos gestrichen. Vor allem ist eine Gesamtbibliographie beigefügt. Dementsprechend wird die Literatur in den Aufsätzen einheitlich abgekürzt. (Da der Verfasser durch fast 50 Jahre hindurch konsequent geforscht und jeweils auf vorhergehenden Ergebnissen aufgebaut hat, sind viele eigene Titel genannt, auf die aus sachlichen Gründen jeweils zu verweisen war. Dadurch werden Wiederholungen vermieden.) Nicht wiedergegeben sind Eigenheiten des Zitierens und Formalien, die auf Gepflogenheiten von Zeitschriften oder Sammelbänden zurückgehen. Mit der Tradition werden die beiden *Hercules*-Tragödien durch die Zusätze *Furens* bzw. *Oetaeus* unterschieden. 928^a / 928^b meinen Zählungen der jeweils benutzten Textausgaben, 928a / 928b die Hälften eines Verses. [...] bezeichnet, wie üblich, Auslassungen in Zitaten, [[...]] neue Zusätze in älteren Aufsätzen. Der dreieckige Pfeil ▸ verweist nur auf Seiten innerhalb dieses Bandes. Bei Zitaten aus der republikanischen Tragödie ist in der Regel die benutzte Ausgabe genannt. Senecas Tragödien werden in älteren und neueren Arbeiten vorwiegend nach Leo, gelegentlich nach Giardina[1] und Zwierlein, die *Medea* nach Costa zitiert.

Die Verlage gaben freundlich die Erlaubnis zum Abdruck der Beiträge. Sie werden auf der jeweils ersten Seite einer Abhandlung genannt. Der Verfasser weiß sich Prof. Dr. Clemens Zintzen (Köln) verpflichtet, der ihn ermutigte, diese Sammlung von Untersuchungen zur Römischen Tragödie zusammenzustellen: Er schlug sie den Mitherausgebern und dem Verlag zur Publikation vor. Großer Dank gilt wiederum dem Verlag Walter de Gruyter, besonders Dr. Mirko Vonderstein (Acquisitions Editor), Katharina Legutke (Project Editor) und Florian Ruppenstein (Production Editor), für die großzügige, fachkundige und umsichtige Betreuung des Bandes sowie Dr. Stefan Faller (Freiburg), der die Vorlagen gescannt und bearbeitet sowie die erforderliche CD angefertigt hat.

Inhalt

Erster Teil:
Griechische und römische Tragödie

1 Die Römische Tragödie oder Die Überwindung der Tragik durch die Ideologie (1974) —— **3**

2 Versuch einer Typologie des römischen Dramas (1979) —— **18**

Zweiter Teil:
Republikanische Tragödie

3 Die politisch-aitiologische Ideologie der Tragödien des Livius Andronicus (1990 [1992]) —— **95**

4 Die Politisierung der griechischen Tragödie durch die Römer im 3. und 2. Jahrhundert v. Chr. Accius' *Philocteta* – ein Beispiel (1999) —— **105**

5 Aitiologisch-politische Implikationen in Naevius' *Danae* (2000) —— **116**

6 Ennius' *Medea* im römisch-politischen Kontext (2001) —— **125**

7 Diomedes und andere ‚italische' Helden bei Accius (2002) —— **137**

8 Tableau I (2014) —— **147**

Dritter Teil:
Augusteische Tragödie

9 Der *Thyestes* des Lucius Varius Rufus. Zehn Überlegungen zu seiner Rekonstruktion (1976) —— **167**

10 Dido und Aias. Ein Beitrag zur römischen Tragödie (1978) —— **201**

11 Nachbetrachtungen zu Varius' *Thyestes* (2014) —— **220**

12 Tableau II (2014) —— **228**

Vierter Teil:
Frühkaiserzeitliche Tragödie

13 Schicksal und Selbstverschuldung in Senecas *Agamemnon* (1966) —— **235**

14 *Quid ratio possit?* Senecas *Phaedra* als stoisches Drama (1969) —— **246**

15 Seneca als moderner Dichter (1972) —— **269**

16 Die Schuld des Agamemnon. Das Schicksal des Troia-Siegers in stoischer Sicht (1973) —— **275**

17 Die Kinder des Thyestes (1973) —— **298**

18 Senecas Tragödien (1978) —— **305**

19 Das erste Chorlied in Senecas *Oedipus* – Ein innerer Monolog? (1980) —— **315**

20 Senecas *Oedipus*: Probleme griechischer und römischer Dramaturgie (1981) —— **324**

21 Kult ohne Gott oder Die Unfreiheit der Freiheit in Senecas Tragödien (1981/1982) —— **336**

22 Die politische Bedeutung der römischen Tragödie und Senecas *Oedipus* (1985) —— **342**

23 Die philosophische Bedeutung der Seneca-Tragödie am Beispiel des *Thyestes* (1985) —— **362**

24 Die Monomanie der senecaischen Phaedra (1986/1987 [1990]) —— **383**

25 Die Funktion der Götter in Senecas *Troades* (1988/1989 [1991]) —— **393**

26 Die politische Bedeutung von Senecas *Phaedra* (1990) —— **401**

27 Die Bedeutung des Paradoxons bei Seneca (1992) —— **413**

28 Götter, Schicksal und Handlungsfreiheit in Senecas Tragödien (1995) —— **421**

29 Die Transformation der griechischen durch die römische Tragödie am Beispiel von Senecas *Medea* (1997) —— **442**

30 Atreus – die Negation des stoischen ‚Weisen'? (1997) —— **459**

31 Medea – die Negation des stoischen ‚Weisen'? (2000) —— **475**

32 Die Konzeption der ‚verkehrten Welt' in Senecas Tragödien (2002) —— **490**

33 Das Weltbild des *Hercules Furens* (2014) —— **504**

34 Manierismus im *Hercules Furens* (2014) —— **535**

35 Das Weltbild des *Hercules Oetaeus* (2014) —— **557**

36 *Comes invidia est.* Das zweite Chorlied des *Hercules Oetaeus* (2014) —— **577**

37 Das Weltbild der *Phoenissae* (2014) —— **584**

38 Nachbetrachtungen zum *Agamemnon* (2014) —— **594**

39 Vor und nach Seneca (2014) —— **604**

40 Tableau III (2014) —— **611**

Fünfter Teil:
Rezeption

41 Petrons Kritik an dem Tragiker Seneca (*Sat.* 88–89) (2008) —— **631**

42 Lessing und Seneca (2002) —— **641**

Literaturverzeichnis —— **652**

Erster Teil: **Griechische und römische Tragödie**

1 Die Römische Tragödie oder Die Überwindung der Tragik durch die Ideologie

I Literaturtheoretische Grundlegung —— S. 3
II Republikanische Tragödie —— S. 5
III Augusteische Tragödie —— S. 11
IV Frühkaiserzeitliche Tragödie —— S. 12

I Literaturtheoretische Grundlegung

Es darf als bekannt vorausgesetzt werden, daß die römische Literatur unbeschadet ihrer Abhängigkeit von der griechischen eine erstaunliche Selbständigkeit und Eigenart zeigt. Bei diesem Verhältnis handelt es sich nicht um die häufig zu beobachtende Erscheinung, daß eine Literatur unter dem Einfluß einer oder mehrerer anderer entsteht oder sich entwickelt, wobei die Genera der ‚empfangenden' Literatur jeweils in einem sich nach der besonderen Kommunikation bestimmenden zeitlichen Abstand der ‚gebenden' folgen; es ist vielmehr das ungewöhnliche Phänomen zu beobachten, daß eine Literatur unter dem Einfluß einer anderen, die ihren Zenit in mehrfacher Hinsicht überschritten hat, überhaupt erst entsteht. Denn im Jahr 240 v.Chr., das schon in der Antike als Epochenjahr der römischen Literatur errechnet wurde, hatte die griechische Literatur sich so weit ausgebildet, daß danach – mit Ausnahme des Romans – keine entscheidenden neuen Formen mehr auftraten. Der römischen Literatur stand von Beginn an eine Vielfalt literarischer Genera und Möglichkeiten zur Verfügung, die es wahrscheinlich macht, daß nicht so sehr eine innere Folgerichtigkeit die Adaption bestimmte als vielmehr bis zu einem gewissen Grad der Zufall. Jedenfalls herrscht in der römischen Literatur hinsichtlich des Auftretens und der Abfolge der einzelnen Gattungen eine in anderen Literaturen nicht leicht zu beobachtende Unverbindlichkeit, die dazu geführt hat, daß eine der reifsten Formen, die Komödie, bereits am Anfang und eine der ursprünglichsten, das Epos, jahrhundertelang in Blüte steht. Gerade die Tragödie, von der im folgenden die Rede sein soll, kann die Beliebigkeit der literarischen Gattungen in Rom verdeutlichen, da das Drama

---

Antrittsvorlesung an der Universität des Saarlandes, gehalten am 24. Juni 1974 (unveröffentlicht).

gewöhnlich, wie Hegel sagt, „das Produkt eines schon in sich ausgebildeten nationalen Lebens" ist. „Denn es setzt wesentlich sowohl die ursprünglich poetischen Tage des eigentlichen Epos als auch die selbständige Subjektivität des lyrischen Ergusses als vergangen voraus, da es sich, beide zusammenfassend, in keiner dieser für sich gesonderten Sphären genügt. Zu dieser poetischen Verknüpfung muß das freie Selbstbewußtsein menschlicher Zwecke, Verwicklungen und Schicksale schon vollkommen erwacht und in einer Weise gebildet sein, wie es nur in den mittleren und späteren Entwicklungsepochen des nationalen Daseins möglich wird. So sind auch die ersten großen Taten und Begebnisse der Völker gemeinhin mehr epischer als dramatischer Natur [...], und erst später treten jene selbständigen einsamen Helden auf, welche aus sich heraus selbständig Zwecke fassen und Unternehmungen ausführen."

Die epische Dichtung entwickelt sich in Zeiten, in denen das Bewußtsein der Dichter und des Publikums noch gefestigt ist. Auch das Epos kennt das Übel und das Böse, das dem Menschen Widerstreitende, doch empfindet der Dichter das noch nicht als eine Bedrohung der Weltordnung. Die Deutung besteht aus Aspekten, die sich ihm einleuchtend ergeben, die ihn allenfalls zum Staunen, nicht zum Zweifel führen. Wohl kennt die epische Welt schon tragische Situationen, doch wird die Tragik in ihr nicht zum Problem. Karl Jaspers hat deshalb vom ‚vortragischen Wissen' gesprochen, das in sich rund und vollendet sei: Es schaue das Leid des Menschen, sein Unheil und seinen Tod; eine tiefe Trauer sei diesem Wissen so gut eigen wie ein tiefer Jubel, aber es sei ein wesentlich ungeschichtliches Wissen. Demgegenüber setzt die Tragödie eine größere Bewußtheit des Menschen voraus. Ihrem Dichter wird die Welt zum Problem, er fragt nach dem Sinn des Lebens, nach dem Verhältnis des Menschen zum Transzendenten – ohne beides zunächst in Frage zu stellen; doch es versteht sich, daß das Weiterfragen nach dem Sinn des Daseins schließlich zum Infragestellen des Bestehenden führt. Insofern Frage auf Frage drängt, Frage aus Frage folgt, ist das eine konsequente Entwicklung. Demgemäß erreicht die Tragödie ihre Blüte in Zeiten des Übergangs vom ernsthaften Fragen zum ernsthaften Zweifeln, von der Anerkennung einer im Transzendenten gründenden sittlichen Weltordnung zum Zweifel an derselben. Dieser Prozeß führt schließlich zur Aufklärung, zur Aufgeklärtheit des Bewußtseins, aus der verschiedene Systeme zur Überwindung der Tragik hervorgehen. Jaspers nennt die auf die Zersetzung der überlieferten Gottesvorstellungen durch die Tragödie folgende philosophische Weltinterpretation und die religiöse Offenbarung. Die philosophische Weltinterpretation „entwirft eine Harmonie des Ganzen, aus der sie alle Unstimmigkeiten als nur relative Disharmonie versteht. Sie relativiert die Wichtigkeit des Einzelschicksals und erblickt im Selbstsein des einzelnen Menschen etwas Unerschütterliches, das das Weltschicksal nur wie eine Rolle ergreift und spielt, ohne damit identisch zu werden." Doch erschöpft sich diese Weltinterpretation bis zu einem gewissen Grad in der Theorie, ohne daß dem Menschen aus der philosophischen Leere eine tiefere Befreiung zuteil wird. Diese bietet dagegen die Offenbarungsreligion, bei der der Mensch in den einen, alles begründenden Prozeß der Verschuldung und Erlösung hineingenommen ist. In ihr gibt es keine Tragik mehr, „sondern in aller Furchtbarkeit strahlt der Glanz hindurchdringender Seligkeit der Gnade. [...] Daher gibt es keine eigentlich christliche Tragödie, weil im christlichen Schauspiel das Mysterium der Erlösung die Grundlage und der Raum des Geschehens ist und das tragische Wissen von vornherein befreit ist in der Erfahrung der Vollendung und Rettung durch die Gnade."

Ebenso untragisch wie die christliche Weltinterpretation ist eine moderne Heilsreligion, der Marxismus, der das Einzelschicksal des Menschen in den Heilszustand des Kollektivs einbindet. Entspricht die tragische Weltinterpretation in der ihr genuinen literarischen Ausdrucksform der Tragödie einer Entwicklung des menschlichen Bewußtseins von der Anerkennung einer im Transzendenten gründenden Ordnung zum Zweifel an derselben, so überwinden die drei genannten Substitute – jedes auf seine Weise – die Tragik jeweils durch eine bestimmte Ideologie: Sowohl die philosophische als auch die religiöse und die marxistische Weltinterpretation machen eine eigentliche Tragödie unmöglich.

II Republikanische Tragödie

Ist die Tragödie der literarische Ausdruck einer reifen Stufe des menschlichen Bewußtseins und somit auf der Höhe einer Kultur anzutreffen – im 5. Jahrhundert in Athen, im 17. in Frankreich oder im 18. / 19. in Deutschland –, so ist in Rom das merkwürdige Phänomen zu beobachten, daß die Tragödie in der ihr zukommenden Periode, der klassischen, nur eine sekundäre Bedeutung erlangt, dagegen in der vor- und nachklassischen Periode, denen sie nicht ‚angemessen' ist, eine beachtenswerte Rolle spielt. Da in der römischen Literatur der Begriff des Klassischen umstritten ist, werden im folgenden die Epochen nach der jeweiligen Staatsform benannt: die republikanische, die augusteische und die (früh)kaiserzeitliche – ein Zeitraum, der sich auch dem Außenstehenden überschaubar gliedert. Die frühe Blüte der römischen Tragödie zwischen 240 und etwa 80 wird daher gewöhnlich als republikanische Tragödie bezeichnet; sie ist vor allem von fünf Namen bestimmt: Livius Andronicus, Naevius, Ennius, Pacuvius und Accius. Die kaiserzeitliche Tragödie repräsentiert Seneca in der Mitte des ersten nachchristlichen Jahrhunderts, wenn er auch keineswegs ihr einziger Vertreter ist. Zehn unter seinem Namen überlieferte Stücke, von denen mindestens eines unecht ist, sind die einzigen vollständig erhaltenen Tragödien Roms. Es handelt sich somit bei den beiden Haupterscheinungsformen der römischen Tragödie um atypische Phänomene. Daher liegt von vornherein die Vermutung nahe, daß sie, je selbständiger sie ist, in desto geringerem Maß eine Tragödie in eigentlichem Sinn sein kann. Doch soll hier nicht schon aufgrund von Analogien geschlossen werden.

Das Bühnenspiel wurde in Rom durch einen äußeren Anlaß inauguriert, als die Ädilen des Jahres 240 den freigelassenen süditalischen Griechen Livius Andronicus beauftragten, an den Ludi Romani nach griechischem Brauch eine Tragödie und eine Komödie in lateinischer Sprache aufzuführen. Der gänzliche Mangel an einer eigenständigen Tradition sowie der Umstand, daß der erste Bühnendichter Roms ein Grieche war, verhalfen dem griechischen Drama zu einem konkurrenzlosen Start in Rom. Es ist erstaunlich, daß der erste italische Dichter, der aus Kampanien stammende Gnaeus Naevius, schon bald eine römische Form der Tragödie begründete, die nach dem Gewand der römischen Staatsmänner und Triumphatoren benannte Praetexta. Gerade diese Species, die ohne Vorbilder entstand, vermag eindeutiger als jede adaptierte Form der griechischen Tragödie zu demonstrieren, worauf es den Römern in dieser frühen Phase des Bühnenspiels ankam. Unter den noch kenntlichen Prätexten heben sich zwei Stoffkreise heraus: einmal die Sagen aus der Frühzeit Roms – *Romulus* von Naevius, *Sabinae* von Ennius, *Brutus* von Accius –, zum anderen zeitgenössische außenpolitische Ereignisse – *Clastidium* von Naevius, *Ambracia* von Ennius, *Paullus* von Pacuvius und *Aeneadae vel Decius* von Accius. Bei Clastidium hatte der römische Konsul Claudius Marcellus 222 den Gallierhäuptling Virdumarus besiegt; Ambracia in Ätolien hatte der römische Konsul Fulvius Nobilior 189 belagert; im *Paullus* von Pacuvius handelte es sich um den entscheidenden Sieg des römischen Konsuls Aemilius Paullus über den Makedonenkönig Perseus bei Pydna 168, der die endgültige Unterwerfung Griechenlands bedeutete. In diesen Stücken ging es keineswegs um die anschauliche Vergegenwärtigung dramatischer Kriegsaktionen. Der um die Erforschung der republikanischen Tragödie hochverdiente Gelehrte O. Ribbeck hat aus der Überlieferung stets nur Episoden rekonstruieren können, die sich zu einem mehr oder weniger gleichförmigen Kontinuum reihten. Diese Historien, wie man sie am ehesten bezeichnen könnte, waren einerseits panegyrische Darstellungen der Leistungen Einzelner – Romulus, Claudius Marcellus, Fulvius Nobilior, Aemilius Paullus, Decius Mus –, zum anderen, da gemäß der Ideologie der Römer der Einzelne hinter der *res publica* zurücktrat, eine Selbstdarstellung der römischen *virtutes*. In Pacuvius' *Paullus* dürfte die Gegenüberstellung des verzweifelnden und kleinmütigen Perseus mit der eindrucksvollen Erscheinung des siegreichen, die Römertugenden überlegen verkörpernden Konsuls den Höhepunkt gebildet haben, während in Accius' *Aeneadae vel Decius* die Selbstaufopferung des jüngeren Decius Mus ihre Wirkung nicht verfehlen konnte. Wie sehr Panegyrik des Individuums mit der Darstellung altrömischer Art Hand in Hand ging, zeigt Accius' *Brutus*, der die heroische Tat des älteren Brutus, des Befreiers des römischen Volks von den Königen um 510, zum Inhalt hatte, zugleich aber zum Ruhm des Nachkommen D. Iunius Brutus, des Konsuls von 138 (der ein Freund des Dichters war), beitragen sollte.

Während es in den begrenzten Möglichkeiten der Bühne begründet ist, daß die äußere Dramatik des Kriegsgeschehens nicht dargestellt werden konnte, ist es um so auffallender, daß sich in der Praetexta keine Ansätze zur Gestaltung eines tragischen Geschehens sicher erkennen lassen. In Ennius' *Sabinae* stiften die geraubten Sabinerinnen zwischen Vätern und Gatten Frieden, wobei eine der Frauen eine entscheidende Rede zwischen den kämpfenden Männern hält. Wenn F. Leo meinte, sie stehe zwischen Romulus und Titus Tatius wie Jokaste in Euripides' *Phoinissai* zwischen den streitenden Söhnen, zeigt der Vergleich, der auf die äußere Struktur der Szenen zutreffen mag, gerade den erheblichen Abstand. Denn wie die Reden bei dem Historiker Livius und Ovid lehren, kam es bei dem Konflikt nicht wie in dem griechischen Stück auf die Position der einzelnen Parteien noch auf eine Diskussion über Recht und Macht an, sondern auf den Opfermut der tapferen Römerinnen, der sowohl die Menge als auch die Führer ‚rührt' (*movet res cum multitudinem tum duces*), auf ihre *pietas*, ihr Pflichtgefühl gegenüber den Familien und der *res publica*. Die an sich tragische Situation, zwischen zwei gleichwertigen Polen zu stehen, wird durch den Primat der Ideologie der römischen Seite überspielt. Deutlich wird das in Accius' *Decius*, in dem der jüngere Decius Mus sich in der Schlacht von Sentinum 295 als stellvertretendes Opfer freiwillig den Göttern weihte, um das Heer zu retten. Opfer für die Allgemeinheit hatten auch die Helden der griechischen Tragödie zu bringen. Agamemnon bekam von den Göttern den Befehl, seine Tochter Iphigeneia zu opfern, damit das Heer zum Feldzug gegen Troia aus Aulis auslaufen konnte. Er stieß seinen Herrscherstab auf den Boden und hielt nicht die Tränen: ‚Schwer ist mein Los, wenn ich nicht gehorche, schwer ist es, wenn ich mein Kind opfere' (βαρεῖα μὲν κὴρ τὸ μὴ πιθέσθαι, | βαρεῖα δ' εἰ | τέκνον δαΐξω, Aisch. *Ag.* 206–208). Wenn in Euripides' *Phoinissai* Kreons Sohn Menoikeus von den Göttern als Opfer für die Errettung Thebens gefordert wird, weicht dieser (im Gegensatz zum Vater) nicht aus, er stellt sich dem Gebot der Götter – zunächst aus persönlichem Grund, um seine Ehre zu wahren, sodann um die Heimatstadt zu erhalten. Von diesen mythologischen Beispielen grundsätzlich verschieden ist die Devotion der römischen Feldherren, die f r e i w i l l i g geschieht, wie in Accius' *Decius*. Während der Menoikeus des aufgeklärten Euripides in einem langen Entscheidungsmonolog die Rechte und Pflichten abwägt und über den Sinn des Opfers reflektiert, gibt es für den römischen Konsul offenbar nur die bedingungslose Darbringung des Selbstopfers – wie schon für seinen Vater in der Schlacht gegen die Latiner 340. Er bittet den Priester, ihm die Worte der Devotionsformel vorzusprechen, mit denen der Vater den Staat einst rettete, *quibus rem summam et patriam nostram quondam adauctavit pater* (Fr. 15 W.). Er geht wissentlich in den Tod: ‚Nach dem Beispiel meines Vaters werde ich mich darbringen und mein Leben den Feinden opfern', *patrio exemplo et me dicabo atque animam devoro hostibus* (Fr. 16 W.). Es geht nicht um das Schicksal des Individuums wie in der griechischen Tragödie, sondern um den bedingungslosen Anspruch der Allgemeinheit, der *res publica*. So sagt Decius bei dem Historiker Livius von seinem Vater und sich, sie seien Opfer, die Bedrohungen der Allgemeinheit zu bannen, *luendis periculis publicis piacula*, und seine Tat ist ein ungeheurer Ansporn für die anderen, alles für die Allgemeinheit zu wagen, *ingens hortamen ad omnia pro re publica audenda* – gemeinsame Sache und Staat, das ist im römischen Denken dieser Zeit dasselbe. Hier wird die politische Ideologie in die Weihe der religiösen Sphäre gehoben.

Läßt sich das Weltbild der eigenständigen Prätexten noch leicht rekonstruieren, bieten die adaptierten griechischen Tragödien mythologischen Inhalts größere Schwierigkeiten. Doch handelt es sich auch bei ihnen nicht um eine unreflektierte Übernahme fremder Stoffe und vor allem: fremder Probleme. Das zeigt die Frühphase der römischen Tragödie sehr deutlich. Unter den Stücken der Tragiker Livius, Naevius und Ennius dominieren Stoffe aus dem troischen Sagenkreis. Diese Vorliebe ist darauf zurückzuführen, daß sich die Römer als Nachkommen der Trojaner fühlten – der aus Troia kommende Aeneas galt als ihr Stammvater – und gerade im 3. Jahrhundert, als die Tragödie in Rom Fuß faßte, ihre troische Abstammung, wie die historischen Quellen noch erkennen lassen, als politisches Argument in der Auseinandersetzung mit dem Osten verwendeten. Von acht oder neun Tragödien sind bei Livius fünf, von sechs bei Naevius vier und von den etwa zwanzig bei Ennius die Hälfte in weiterem Sinn diesem Sagenkreis entnommen, und zwar in der charakteristischen Weise, daß es überwiegend Stücke mit protroischer bzw. antigriechischer Tendenz sind, wie *Hector proficiscens*, *Hectoris Lytra*, *Alexander*, *Andromache*, *Aiax*, *Telamon* oder *Iphigenia*. Bei diesen Stücken dürfte die Freude am rein Stofflichen, an der bloßen Verherrlichung der Vergangenheit im Vordergrund gestanden haben, nicht aber die Gestaltung tragischer Situationen und Entscheidungen wie in den Vorbildern. Diese Vermutung wird durch ähnliche Tendenzen in anderen Stücken bestätigt. So schrieben Livius und Naevius eine *Danae*. Die Königstochter wurde von ihrem Vater Akrisios ausgesetzt, weil sie ein Kind erwartete (dessen Vater Zeus selbst war, der sich ihr in Gestalt eines Goldenen Regens genaht hatte, was Akrisios aber nicht wissen konnte). Nach griechischer Tradition trieb sie auf der Insel Seriphos an, nach römischer in Latium, wo sie Ardea gründete und somit Stammutter des Rutulerfürsten Turnus wurde. Livius schrieb vielleicht eine *Ino*. Diese Königstochter wurde aus Theben vertrieben, weil sie gegen Heras Willen dem kleinen Dionysos beigestanden hatte. Während sie nach griechischer Tradition zur

Meergöttin Leukothea wurde, kam sie nach römischer ausgerechnet nach Latium in die Gegend des späteren Rom. Ihr Sohn Palaimon wurde dem römischen Hafengott Portunus gleichgesetzt. Ja selbst von Medea, deren Schicksal zu allen Zeiten an Kolchis und Korinth gebunden war, wußte man zu berichten, daß sie in die Nähe Roms gekommen war und die Marruvier Heilmittel gegen Schlangengift gelehrt hatte. Man sieht: Alle diese Stoffe haben dieselbe Wurzel: Helden kommen aus dem Osten, viele siedeln sich in Latium an, wobei natürlich die Blickrichtung der Römer umgekehrt ist. Mit Hilfe solcher aitiologischen Konstruktionen konnten sie ihre Herkunft auf berühmte griechische oder troische Heroen zurückführen – ein Bemühen, das für das aufstrebende Rom bezeichnend war. In welchem Maß diese Aitiologien als rein äußerliche Verklammerungen dem römischen Publikum das Geschehen griechischer Tragödien nahebringen sollte und wohl auch nahebrachte, zeigt der merkwürdige Umstand, daß Accius in seinem *Atreus* – dessen Handlung zur Gänze in Griechenland spielte – darauf ausführlich (*plenius*) aufmerksam machte, Atreus sei ebenso wie der nach Rom gelangte hochgeschätzte Euander Atlas' Urenkel gewesen. In allen diesen Fällen dürften die griechischen Stücke mehr wegen des äußeren Geschehens von Interesse gewesen sein als wegen bestimmter tragischer Situationen, die entweder die Vorlagen boten oder schon im Stoff selbst angelegt waren.

Lenkte das aitiologische Interesse der Römer ihre Aufmerksamkeit primär auf den Inhalt der Stücke, verstand es sich von selbst, daß die Sympathie mit den darin agierenden ‚Vorfahren' auch eine Identifizierung mit den von ihnen repräsentierten *virtutes* einschloß. Auf diese Weise wurde der Römer, der, wie Horaz sagt, von Natur aus zu Pathos und Erhabenheit neigt (*natura sublimis et acer*), von den großen Haltungen der tragischen Personen gefesselt – ohne wiederum die Probleme und Fragestellungen der Personen, die erst zu ihren Haltungen führten, als Deutung des eigenen Daseins zu begreifen. So hielten neben troischen Helden auch andere traditionelle Gestalten der tragischen Bühne Einzug in Rom. Wie sehr es dabei vor allem auf die Darstellung erhabener Verhaltensweisen ankam, zeigt etwa Ciceros Bemerkung, Pacuvius habe in den *Niptra* die Szene des sterbenden Odysseus ‚besser' gestaltet als Sophokles, weil der Held nicht so weine und jammere; seine Seele habe der Vernunft gehorcht wie ein gehorsamer Soldat dem gestrengen Feldherrn: *rationi sic paruit ut severo imperatori miles pudens*. Auch in der mythologischen Tragödie stand die *virtus*-Ideologie im Vordergrund, nicht die tragische Situation, daß der Sohn unwissentlich den eigenen Vater tödlich verwundete. Man vergleiche etwa die Veräußerlichung, daß Ennius in der *Iphigenia* statt des Jungfrauenchors des Originals einen rauhen Soldatenchor einführte, der in einem Lied über die Langeweile klagt und sich nach Taten sehnt: Das entsprach römischer Mentalität.

Die mythologische Tragödie wurde in der Frühphase in derselben Art wie die nationale Praetexta verwendet: als poetisches Gefäß zur Gestaltung nationaler Stoffe. Sie brachte die Verbindung der römischen Frühgeschichte mit der griechischen und troischen Welt, die Praetexta sowohl die frührömische Sage als auch die Zeitgeschichte zur Darstellung. In beiden Genera steht die Panegyrik nationaler römischer Tugenden, in der Praetexta zudem einzelner Personen aus Sage, Geschichte und Gegenwart im Mittelpunkt. Man darf daher die eingangs geäußerte Vermutung als bestätigt ansehen, daß es sich bei der frühen römischen Tragödie nicht um eine Erscheinungsform dieser Gattung im eigentlichen Sinn handelt.

Wenn vom literarhistorischen Standpunkt aus ein atypisches Phänomen vorliegt, ist dieses gleichwohl nicht unerklärlich; der Überblick macht deutlich, daß es sich um Ideen handelt, die der untragischen, ‚vortragischen' Welt des Epos entsprechen. Diese ist untragisch in der Weise, daß sich das Individuum in Übereinstimmung mit der Gesellschaft befindet. In Rom steht die Tragödie in ihrer ersten Phase auf der Stufe des Epos, das einer so frühen Zeit in natürlicher Weise zuzuordnen ist. Dementsprechend wurden Stoffe der Prätexten zugleich in der zeitgenössischen Epik dargestellt. So hat Ennius, der Schöpfer des bekanntesten Epos dieser Zeit, der *Annales*, den Raub der Sabinerinnen und die Belagerung von Ambracia ebenso episch wie dramatisch gestaltet. Deutlicher läßt sich die Auswechselbarkeit der beiden Gattungen nicht demonstrieren. Auch die Komposition der Tragödien könnte ‚episch' gewesen sein, episodenhaft, reihend, nicht von einer durchgehenden dramatischen Entwicklung geprägt.

Die uneigentliche Verwendung der Tragödie ist nicht auf subjektives Unvermögen der Dichter zurückzuführen, sondern ein folgerichtiger Vorgang. Bei der griechischen Tragödie handelt es sich um eine gewachsene Gattung, bei der römischen um die Verpflanzung einer ausgereiften und über ihr Telos hinausgelangten Gattung an das Anfangsstadium einer Literatur durch eben jenen Auftrag der Ädilen von 240, mit dem auch in Rom die Tradition des Bühnenspiels an öffentlichen Festen begründet wurde. Bei enger Imitation wäre ein anachronistischer Adaptionsversuch zustande gekommen, da nur die äußere Form einer Gattung, nicht ihr Gehalt transponierbar ist.

Es war bisher vorwiegend von der ersten Phase der republikanischen Tragödie die Rede, weil sich aus ihr die Bedingungen für die Rezeption der tragischen Gattung besonders deutlich ablesen lassen. Bei den späteren Tragikern Pacuvius und Accius beginnt eine Entwicklung, die schließlich zum allmählichen Verlöschen der Gattung führte. Mit einer Spezialisierung, der die abgelegensten Themen verdankt werden, ging eine gewisse Literarisierung Hand in Hand, die nun auch anspruchsvolle Probleme auf die römische Bühne brachte, etwa die Verkörperung des βίος θεωρητικός und des βίος πρακτικός in Pacuvius' *Antiopa* nach dem euripideischen Vorbild, wobei freilich nach Ansicht einiger Forscher der Grieche dem ersten, der Römer dem zweiten den Vorrang gab. Es bedurfte einer reiferen Stufe der Kultur, um solche Probleme wiedergeben zu können – Pacuvius gehörte zu den Freunden des jüngeren Scipio und Laelius, und Accius stand D. Iunius Brutus nahe.

III Augusteische Tragödie

Nach dem überraschenden Auftreten der Tragödie in republikanischer Zeit hat die Gattung – worin eine nicht minder atypische Erscheinung zu sehen ist – in der augusteischen Zeit keine besondere Bedeutung erlangt. Dennoch stammen aus ihr zwei Äußerungen, die höchstes Interesse beanspruchen. 29 wurde aus Anlaß der Siegesfeier für die Schlacht bei Actium, die für die Begründung des augusteischen Imperiums entscheidend war, ein Stück aufgeführt, das als eine der berühmtesten römischen Tragödien galt und dem Verfasser die höchste Summe eintrug, die jemals in Rom gezahlt wurde: Eine Million Sesterzen erhielt L. Varius Rufus für seinen *Thyestes*, wohl von Oktavian. Sowohl der Anlaß als auch die Belohnung durch den Herrscher lassen vermuten, daß sich der Charakter des Stücks ganz aus der Tradition der altrepublikanischen Tragödie herleitete. Zeitgenössische Panegyrik auf der Basis der römischen Herrschaftsideologie dürfte einem ebenso untragischen Weltbild entsprochen haben wie in der gleichzeitig entstandenen *Aeneis*. Auch Vergils Werk darf in einer Betrachtung der römischen Tragödie nicht übergangen werden, jedenfalls nicht in Hinsicht auf das vierte Buch. Eine Reihe struktureller Kriterien und Entsprechungen zeigt, daß die Begegnung zwischen Dido und Aeneas als Tragödie gestaltet ist. Die Verwandtschaft beider Gattungen kann nach dem bisher Dargelegten kaum überraschen. Die Thematik des vierten Buchs ist als der vollendete Ausdruck des Weltbilds der ‚epischen' Tragödie der republikanischen Zeit anzusprechen. Aeneas hat auf der Flucht von Troia den Auftrag der Götter erhalten, in Italien ein neues Reich zu begründen. Seiner Sendung vergißt er anläßlich eines längeren Aufenthalts bei der Karthagerfürstin Dido. Erst nach einer Mahnung der Götter unterzieht er sich von neuem der Sendung und fährt nach Italien. Dido gibt sich in unnennbarer Enttäuschung den Tod. Aeneas gerät nach R. G. Austin in einen Konflikt von Pflicht und Neigung, einen "conflict between duty and desire". Aber im Grund – darin liegt das Außergewöhnliche der römischen Konzeption – steht bei ihm Neigung gegen Neigung. Denn er bejaht seine Pflicht. Er legt zwar immer wieder Säumen an den Tag, ja zuweilen Kleinmut – aber echten Zweifel an seiner Bestimmung kennt er nicht, im tiefsten Inneren bejaht er sie. Er würde nie ernsthaft erwägen, seiner Sendung den Dienst aufzusagen. Mag uns seine Entscheidung in Karthago befremden – kein Römer der Zeit hätte eine andere verstanden. Zu erklären ist dieses Denken aus der römischen Sendungsideologie, die jeden Konflikt und damit die Voraussetzung jeglicher Tragik aufhebt. Wenn man mit Aeneas eine Gestalt aus einer anderen Epoche vergleicht, von der ebenfalls die absolute Erfüllung einer göttlichen Sendung gefordert wird, offenbart sich die Rigorosität der römischen Ideologie. Schillers Johanna schwankt einmal wie Aeneas, dem Auftrag zu willfahren: Wie Dido in sein, tritt Lionel in ihr Leben, doch ist der Unterschied der Konsequenzen bezeichnend. Während Johanna ihrer Sendung gegenüber schuldig wird, wird Aeneas darüber hinaus seiner Umgebung gegenüber schuldig. Während Johanna an ihrer Sendung, an ihrer Auserwähltheit zu zweifeln beginnt, so daß sie von allen verlassen wird, und sich strengster Buße unterwirft, wird Aeneas für sein Zaudern nicht zur Rechenschaft gezogen. Während Johanna erst im Tod mit dem Göttlichen versöhnt wird, genügt bei Aeneas die bloße Befolgung des Auftrags. Dieser ist zu erhaben, als daß er in Frage gestellt werden könnte. Er gestattet nicht, daß Aeneas für seine Schuld gegenüber der Umgebung zur Verantwortung gezogen wird. Die römische Sendungsideologie entzieht ihren Auserwählten einem Konflikt, an dem der tragische Held gewöhnlich zerbricht – den antiken Gottheiten vergleichbar, die in einer kritischen Situation auf dem Schlachtfeld eine Wolke um ihre Schützlinge hüllen und sie unversehrt auf einem anderen Schauplatz wieder agieren lassen, als wäre nichts geschehen. Insofern erinnert die römische Konzeption an Corneille. Dessen Personen stehen zwar auch äußerlich zwischen ‹passion› und ‹devoir›, aber die Erringung der ‹gloire› verwandelt nach K. Heitmann diesen Konflikt „in den absolut untragischen zwischen einer Glücksaussicht und einer anderen Glücksaussicht". Man hat daher von einer ‹tragédie sans tragique› gesprochen (J. Maurens) und auf Corneilles Terminus für einige seiner Stücke als ‹comédie héroique› verwiesen – eine Bezeichnung, die sich gut auf die römischen Gestaltungen übertragen ließe.

Die Tragödie des vergilischen Aeneas ist ebenso untragisch wie wohl die republikanische Tragödie. Das bis in die augusteische Zeit unveränderte Vorherrschen der Ideologie erklärt zwei literarhistorische Merkwürdigkeiten zugleich: erstens, daß in Rom die Tragödie bereits am Beginn der Literatur in Blüte steht und ein Substitut des Epos ist; zweitens, daß die augusteische Zeit keine eigentliche Tragödie hervorgebracht hat, wie man es von einer klassischen Literatur erwartet.

IV Frühkaiserzeitliche Tragödie

Es ist deutlich geworden, daß die republikanische und die spärliche augusteische Tragödie bis zu einem gewissen Grad politische Dichtung sind, die von der Anerkennung der offiziellen Staatsideologie durch den Dichter und sein Publikum bestimmt wird. Mit dem Ende des augusteischen Staats verlor seine Ideologie an

Verbindlichkeit: *res privata* und *res publica* traten auseinander. Daß dieser Wechsel so abrupt vonstatten ging, lag darin begründet, daß der augusteische Staat nicht ein gewachsenes, sondern ein restauratives Gebilde und dementsprechend seine Ideologie nicht von natürlicher Evidenz, sondern zu einem guten Teil Postulat war. Oppositionelle Strömungen der voraugusteischen Zeit, die latent vorhanden blieben, brachen wieder auf. Die Tragödie spiegelt diese Entwicklung beispielhaft wider, was ihr von Haus aus politischer Charakter förderte. Atypisch wie sie in Rom eingesetzt hatte, ist ihre Erscheinungsform in der frühen Kaiserzeit. Waren sowohl die mythologische Tragödie als auch die Praetexta bisher patriotisch-panegyrisch, wurde der Geist beider jetzt bis zu einem gewissen Grad antipatriotisch-antipanegyrisch. Die Tragödie und mit ihr die Praetexta wurden vielfach eine Gattung der Oppositionsliteratur.

Von der Hauptperson des taciteischen *Dialogus*, dem Dichter Curiatius Maternus, sagt Tacitus, er habe mit der Rezitation seines *Cato* die Gesinnung der Mächtigen verletzt (*offendisse potentium animos*), was das Tagesgespräch der ganzen Stadt sei. Ebenso dichtete er eine Praetexta *Domitius*, deren Titelheld der Vater Domitius Ahenobarbus, ein Gegner Caesars, oder dessen Sohn, ein Gegner Oktavians, war. Er und Cato wurden in Maternus' Prätexten wegen ihrer Haltung g e g e n den Prinzeps verherrlicht. Der jüngere Cato – der 46 aus Protest gegen Caesars Regime Selbstmord beging – war die Idealfigur der stoischen Opposition im 1. Jahrhundert nach Christus und die Hauptperson des bedeutendsten Epos der Zeit, Lukans *Bellum civile*. Doch nicht nur die Praetexta, auch die mythologische Tragödie wurde zum ‚Widerstandsdrama'. Von Maternus wird berichtet, er habe einen *Thyestes* von eben der politischen Gesinnung wie den *Cato* konzipiert, von Mamercus Scaurus, er habe einen *Atreus* gedichtet, der Verse enthielt, die auf den Kaiser bezogen werden konnten. Tiberius soll ihn zum Selbstmord gezwungen haben.

Unter diesen Gegebenheiten sind auch die acht oder neun mythologischen Dramen des bedeutendsten Tragikers der Epoche, des stoischen Philosophen L. Annaeus Seneca, zu würdigen. Zwar wissen wir, daß die Stoiker gerade die Gestalten der Tragödie im Sinn ihrer Lehre zu interpretieren und als Beispiele menschlichen Verhaltens zu zitieren pflegten, doch ist eine ausgeprägte stoische Tragödie vor Seneca nicht faßbar. Andererseits soll Diogenes von Sinope in sieben Tragödien die kynische Lehre für breitere Kreise populär zu machen versucht haben: Ihm diente das gräßliche Mahl des Thyestes, der die eigenen Kinder verspeist, dazu, das Essen von Menschenfleisch schmackhaft zu machen, oder der Stoff des Oedipus, den Inzest als natürlich zu erweisen. Doch reichen solche vereinzelten abstrusen Versuche dichtender Philosophen nicht aus, Senecas Tragödien aus griechischer Tradition zu erklären; die Herkunft der stoischen Philosophie aus Griechenland jedenfalls darf dafür nicht in Anspruch genommen werden, da sie im ersten nachchristlichen Jahrhundert in Rom eine überragende Rolle spielte, die durch die dem Individuum feindlichen politischen Verhältnisse begünstigt wurde. Auch das Werk der mit Seneca zeitgleichen Dichter Lukan und Persius sind von ihr geprägt, ohne daß sich entscheidende griechische Einflüsse auf seine Entstehung geltend machen ließen. Im Gegenteil: Senecas Tragödien, Lukans Epos vom Bürgerkrieg und Persius' Satiren setzen innerhalb ihrer Gattungen eindeutig römische Traditionen fort.

Senecas Tragödie ist immer wieder als philosophisch angesprochen worden – was zweifellos zutrifft, sie ist aber zu einem wesentlichen Teil auch politisch. Es genügt, die Atreus- und Thyestes-Dramen von Scaurus und Maternus, die die *animos potentium* verletzten, neben Senecas *Thyestes* zu stellen, dessen Held der Tyrann κατ' ἐξοχήν Atreus ist, um die gemeinsame Wurzel zu erkennen, ja Senecas Stücke sind in einer nur wenig variierenden Weise *in tyrannos* gerichtet. Gewiß eignen sich große Stellungen dazu, große Wahrheiten zu sagen, gewiß ist der Mächtige moralisch besonders gefährdet, doch erklärt das nicht allein, warum sich Seneca im Gegensatz zu seinem philosophischen Œuvre in den Tragödien so oft mit dem *tyrannus* beschäftigt, den er in der Schrift *De clementia* als entarteten Herrschertyp scharf von dem *rex* stoischer Prägung abhebt. Zu welchem Zweck Seneca seine Stücke bestimmt hatte, wissen wir nicht; aber es verdient in diesem Zusammenhang Beachtung, daß keine eindeutige Nachricht über eine tatsächlich erfolgte Rezitation überliefert ist. Auf der anderen Seite hat sich Seneca jeglicher direkten Anspielungen auf die Zeit enthalten, was gewiß dazu beigetragen hat, daß man seine Stücke der Überlieferung für wert erachtete, die der sich wohl allzu direkt äußernden Kollegen nicht. Eine Ausnahme macht die Praetexta *Octavia*, die Nero als vollendeten Tyrannen, als Bruder des Prototyps Atreus, zeichnet.

In Senecas Tragödien begegnen zwei grundsätzlich verschiedene Personenkreise: der dem stoischen Ideal nahekommende und der nach Ansicht dieser Lehre in verdammenswerter Weise den Affekten unterliegende Mensch. Dieser letzte interessiert den Stoiker nicht nur in seinem politischen, sondern auch in seinem rein menschlichen Verhalten. Der eindrucksvollste Vertreter der politischen Willkür ist Atreus, der beim ersten Auftreten programmatisch Herrschaftsmaximen verkündet, die pointiert in einer auf den Kopf gestellten politischen Moral begründet sind. Daneben hat Seneca die im persönlichen Bereich von ihren Affekten überwältigten Personen wie etwa die bekannten Frauengestalten Medea und Phaedra vorgeführt, ohne freilich auch bei ihnen die ausdrücklichen Hinweise auf ihre hohe Stellung zu unterlassen. Demgegenüber tritt der stoisch Gebildete, auf den es Seneca am meisten ankommt, zurück, so wie er selbst sagt, daß es ihn im Leben nur selten gebe. Mehrfach hat ihn Seneca jedoch wirkungsvoll als Kontrastfigur eingeführt: Die besonnene Iocasta steht neben dem rasenden Oedipus, die gefaßte Cassandra neben dem leidenschaftlichen Agamemnon. Es ist folgerichtig, daß der stoisch Gebildete, der seiner Umgebung unerschütterlich gegenübersteht, den weder ein körperlicher Schmerz noch ein Angriff auf sein moralisches Empfinden rührt, eine im Grund vollkommen untragische Gestalt ist, an der die Probleme der griechischen Tragödie – Seneca nahm sich vor allem Stücke des klassischen 5. Jahrhunderts zum Vorbild – zuschanden werden. Wieder wird die Tragik durch eine Ideologie überwunden, die ἀταραξία der Stoiker, die auch für den äußersten Fall gerüstet ist, indem sie den als Wohltat gesehenen Freitod jederzeit parat hat:

   Ach, welch süßes Übel ist den Sterblichen gegeben:
590 die wilde Liebe zum Leben, obwohl ihnen doch aus den Leiden
   ein Ausweg offensteht und sie der freiheitbringende Tod ruft,
   der sanfte Hafen in ewiger Ruhe.
   Kein Schrecken und kein Schlag der übermächtigen Fortuna
   bewegt sie dort, auch nicht des feindlichen
595 Donnergottes Blitz.

So bekennen im *Agamemnon* die gefangenen Troerinnen bei ihrer Ankunft in Mycenae (589–595), und sie fahren fort (605–611):

605 Brechen wird jede Knechtschaft,
   wer die leichten Götter verachtet,
   wer das Antlitz des schwarzen Acheron,
   wer den traurigen Styx nicht traurig erblickt
   und es wagt, seinem Leben ein Ende zu setzen.
610 Gleich wird er einem König, gleich wird er den Überirdischen sein.
   O wie kläglich ist es, nicht sterben zu wissen!

Sind diese Frauen stoisch gebildet und angesichts ihrer aussichtslosen Lage geradezu bewunderungswürdig gefaßt, können sie wenig später doch nicht umhin, gewisse Regungen des Gemüts zu zeigen und Troias Geschick zu beweinen (654–655), ja in fast unstoischer Weise zuzugeben, daß es erleichtere, bei Unglücksschlägen gemeinsam Tränen zu vergießen (664–667). Der w a h r e stoische Charakter kennt solche kleinlichen Regungen nicht. So ist diesen stoischen Laien mit Cassandra, der harschen leiderfahrenen Jungfrau (668), ein – sit venia verbo! – stoischer Profi gegenübergestellt, der sich jegliches Mitleid kurzerhand verbittet: ‚Mein Leid braucht keinen Gefährten (661–662). Unterlaßt bitte die Klagen über meine Schicksalsschläge. Mit meinen eigenen Leiden werde ich schon selbst fertig (661–663).' In dieser erschreckenden Autarkie und absoluten Imperturbabilität zeigt sich die Rigorosität der Ideologie auf das deutlichste.

Doch ist es verständlich, weshalb die stoische Philosophie im kaiserzeitlichen Rom eine so überragende Rolle spielen konnte. Disziplin und Sittenstrenge waren Ideale des alten Rom gewesen, und es wird im Rückblick deutlich, welches Maß an stoischem Tugendstreben und stoischer Selbstdisziplin schon diesen Idealen zugrunde lag. Der sich dem Fatum willig unterwerfende Aeneas wurde von Vergil als stoischer Charakter gedeutet. Seneca hat seine Worte an die Sibylle als beispielhaft angeführt: ‚Keine Gestalt einer Gefahr begegnet mir, Jungfrau, neu oder unvermutet; alles habe ich im Geist vorweggenommen und erwogen', *non ulla laborum, | o virgo, nova mi facies inopinave surgit; | omnia praecepi atque animo mecum ipse peregi* (6, 103–105).

Die alten Römerideale erhielten ihren vollen Sinn erst in der Unterordnung der *res privata* (Individuum) unter die *res publica* (Allgemeinheit). Als zunächst unter Caesar, vollends unter Augustus' Nachfolgern die *res publica* zerfiel, d. h. das, was bis dahin von allen getragen wurde, nunmehr von der Willkür eines Einzelnen abhing, wurde das Individuum auf sich selbst zurückgeworfen; durch die Entwicklung der politischen Verhältnisse wurde es vielfach gezwungen, seine Tugenden nicht mehr im Einsatz f ü r, sondern g e g e n den Staat unter Beweis zu stellen. Die Ideologie der Selbstaufopferung für den Staat wurde durch die Ideologie der Selbstbehauptung gegen den Staat abgelöst. Selbst-Behauptung – der Begriff bestimmt sich sowohl in dem Anspruch auf die Bewahrung der *virtus* als auch in der Willensstärke der *disciplina*: Keine andere Philosophie als die stoische vermochte die Basis einer solchen Ideologie zu werden. Politiker wie Literaten wurden Vertreter der sogenannten stoischen Opposition. Hegel sagt in der *Geschichte der Philosophie* über die Rezeption der stoischen Philosophie durch die Römer: „Im Unglück der Wirklichkeit wird der Mensch in sich hineingetrieben und hat da die Einigkeit zu suchen, die in der Welt nicht mehr zu finden ist. [...] In solchem Zustande der Zerrissenheit war es Bedürfnis, Befriedigung zu suchen und zu finden. [...] Die Philosophie ist so in engem Zusammenhang mit der Weltvorstellung."

Zeiten des Übergangs wie die augusteische münden – es klang schon an – in verschiedene Versuche der Weltinterpretation. Von diesen treffen auf die hier besprochene Epoche der der Philosophie und der der Offenbarungsreligion zu. Senecas Tragödie (und wohl nicht nur seine) ist in mancher Weise der Versuch, mit Hilfe einer philosophisch begründeten Ideologie gegen das Chaos zu bestehen, so wie das bei dem etwa gleichzeitig aufkommenden Christentum der Fall ist. Beide machen eine eigentliche Tragödie unmöglich. Für Seneca ist das deutlich geworden, für die Offenbarungsreligion demonstriert das die griechische in die zweite Hälfte des dritten vorchristlichen Jahrhunderts gehörende *Exagoge* des Juden Ezechiel. B. Snell hat gezeigt, wie in dem Moses-Drama die Idee der Heilsgeschichte jegliche Tragik aufhebt, und diese Interpretation der Geschichte derjenigen der römischen Epiker Naevius, Ennius, Vergil verglichen. Er hätte ebensogut auf die republikanische Praetexta und einen guten Teil der mythologischen Tragödie verweisen können, die von derselben Ideologie bestimmt sind.

Wie am Beginn der römischen Literatur war die Tragödie auch in der Kaiserzeit nicht ein gewachsenes Gebilde, sondern ein atypisches Phänomen. Kam sie zunächst durch einen äußerlichen Anlaß nach Rom und fungierte sie dementsprechend als Substitut des Epos, haftet ihrer Erscheinungsform in der Kaiserzeit nicht minder etwas Künstliches an. Sie ist weitgehend das Produkt kleiner literarischer Zirkel, die oft der Opposition angehören; sie wird, soweit wir wissen, nicht an den offiziellen staatlichen Festen aufgeführt, sondern vor allem – darin liegt das entscheidend Neue – in beschränkten Kreisen rezitiert. Wieder handelt es sich um eine uneigentliche Erscheinungsform. Verwandt ist die Gedankenwelt und die Struktur des in Senecas Zeit gehörenden Epos Lukans, das wie Maternus' Praetexta den stoischen Idealhelden Cato von Utica verherrlicht. Stoisches Rezitationsdrama, stoisches Rezitationsepos in gleicher Funktion – in Rom entstanden die literarischen Gattungen nicht aufgrund natürlicher Gegebenheiten, sie waren vielmehr frei verfügbar. Sie nahmen in jeder Epoche und in jedem Stadium ihre eigenen, fast stets atypischen, jedoch stets charakteristischen Züge an.

Mögen die Römer auch nie eine ‚eigentliche' Tragödie gehabt haben, waren es immerhin Senecas Stücke, an denen sich im 15. bis 17. Jahrhundert die europäische Tragödie heranbilden sollte.

2 Versuch einer Typologie des römischen Dramas*

Einleitung: Die Eigenständigkeit des römischen Dramas —— S. 18
I Das Weltbild des römischen Dramas —— S. 20
  1 Die Tragödie —— S. 20
  2 Die Komödie —— S. 37
II Die Struktur des römischen Dramas —— S. 51
  1 Die Tragödie —— S. 51
  2 Die Komödie —— S. 73
Ausblick: Die Einheit des römischen Dramas —— S. 89

Einleitung: Die Eigenständigkeit des römischen Dramas

Während in der langen Geschichte der Rezeption und Erforschung der Literatur der Antike erst das 20. Jahrhundert zu erkennen vermochte, daß die römische Literatur unbeschadet des entscheidenden Einflusses der griechischen Vorbilder in nahezu allen Genera eine ausgeprägte Eigenart entwickelt hat, die nur aus dem Denken und den geschichtlichen Bedingungen der Römer zu erklären ist, wird der künstlerische Wert des Dramas noch immer relativ geringgeschätzt. Das ist um so erstaunlicher, als gerade aus der Nachahmung und Nachgestaltung der römischen Komödien und der Tragödien Senecas im 15. bis 17. Jahrhundert das europäische Drama nicht nur entstanden ist, sondern sich darüber hinaus in steter Rezeption zu seinen charakteristischen Formen ausgebildet hat. Kaum ein Zweig der römischen Literatur hat in den ersten Jahrhunderten der europäischen Neuzeit einen solchen Anklang gefunden wie das römische Drama, ja bei der Komödie darf von einer gewissen Popularität gesprochen werden. Aus diesem Umstand mag es sich

---

Das römische Drama, hrsg. v. E. Lefèvre, 1978, 1–90 (Wiss. Buchgesellschaft, Darmstadt).
* Diese Überlegungen stellen den Versuch dar, die vielfältigen Erscheinungsformen des römischen Dramas – der Tragödie und der Komödie – aus einer gemeinsamen Wurzel zu erklären. Dem Charakter einer Typologie gemäß war eine Konzentration auf die wesentlichen Züge erforderlich. Die Tatsache, daß in nahezu jedem Punkt eine Reihe von Gegenbeispielen beigebracht werden kann und der Potentialis ‚richtiger' als der Indikativ wäre, sollte nicht zu dem Verzicht auf solche Versuche führen. Der Verfasser weiß sich vielen Gesprächen mit Gustav Adolf Seeck (Kiel) verpflichtet sowie dessen Seneca-Abhandlung von 1978.– Einige Passagen von I, 1 (Weltbild der Tragödie) berühren sich mit dem vorhergehenden Beitrag. Das wird wegen des einheitlichen Duktus beider Betrachtungen beibehalten. Der *Dis exapaton* wird nunmehr nach Handley ²1997 zitiert.

erklären, daß in der Zeit des erwachenden Griechenenthusiasmus am Ende des 18. Jahrhunderts das Drama wie kaum ein anderes Gebiet der römischen Literatur an Ansehen verlor. Es wurde nicht nur als Depravation der attischen Vorbilder betrachtet, es wurde seinen Dichtern sogar eine eigene künstlerische Absicht bestritten. Das Urteil August Wilhelm von Schlegels über Plautus und Terenz in der 14. *Vorlesung über dramatische Kunst und Litteratur* ist hierfür bezeichnend:

> Im Einzelnen haben [...] die griechischen Dichter gewiß immer durch die lateinische Nachbildung verloren. Man muß diese in Gedanken in jene sorgfältige Zierlichkeit, die wir an den Bruchstücken wahrnehmen, zurückübertragen. Indessen haben Plautus und Terenz auch an der Anordnung des Ganzen manches verändert und schwerlich verbessert. Jener ließ zuweilen Szenen und Charaktere weg, dieser fügte hinzu und verschmolz zwei Stücke in eins. Taten sie dies in einer künstlerischen Absicht und wollten wirklich ihre griechischen Vorgänger in dem vollkommenen Bau der Stücke übertreffen? Ich zweifle.

Über Senecas Tragödien in der 15. *Vorlesung*:

> Mit den alten Tragödien, jenen höchsten Schöpfungen des poetischen Genius der Griechen, haben diese nichts weiter gemein als den Namen, die äußere Form und die mythologischen Stoffe; und doch stellen sie sich neben jene, sichtbar in der Absicht, sie zu überbieten, was sie ungefähr so leisten, wie eine hohle Hyperbel gegen die innigste Wahrheit.

Es ist wohl kaum zu bestreiten, daß sich die Wertschätzung des römischen Dramas bis heute nicht ganz von den Verdikten dieser Epoche freimachen konnte, scheint doch der Vergleich mit den griechischen Vorbildern die römischen Stücke nur als sekundäre Produkte zu erweisen. Dieses Urteil mag freilich insofern entschuldbar sein, als die Römer selbst das Drama nicht unter die bedeutenden Leistungen ihrer Dichter gerechnet zu haben scheinen. Von der republikanischen Tragödie ist jedenfalls kein Stück überliefert, und auch Seneca hat offenbar keinen besonderen Anklang gefunden; über die Komödie schließlich hatte der Antiquar Gellius im zweiten nachchristlichen Jahrhundert geurteilt, man lese sie besser ohne die griechischen Originale; denn wenn man diese vergleichend danebenhalte und Einzelheiten mit Überlegung in abwechselnder Lektüre betrachte, begännen die römischen Nachbildungen kraftlos und ohne Reiz zu werden und gegenüber dem griechischen Witz und Glanz zu verblassen: *sed enim si conferas et componas Graeca ipsa, unde illa venerunt, ac singula considerate atque apte iunctis et alternis lectionibus committas, oppido quam iacere atque sordere incipiunt, quae Latina sunt; ita Graecarum, quas aemulari nequiverunt, facetiis atque luminibus obsolescunt* (2, 23, 3). Mangelnde Originalität und minderen künstlerischen Wert der drei erhaltenen römischen Szeniker Plautus, Terenz und Seneca glaubte man schon daraus erklären zu können, daß man die Eigenart der ersten beiden auf das noch

‚primitive' Kunstwollen der archaischen Zeit, die des letzten auf das nicht minder ‚primitive' Kunstwollen der Verfallsperiode zurückzuführen pflegte.

Der Grundfehler bei der Würdigung des römischen Dramas ist es, die einzelnen Stücke jeweils neben die erhaltenen griechischen Vorbilder bzw. neben entsprechende Originale zu stellen oder an diesen zu messen. Die klassische griechische Tragödie drängt sich auf einen Zeitraum im 5. Jahrhundert zusammen, die Blüte der griechischen Neuen Komödie, die für Rom wichtig geworden ist, auf eine ebenso kurze Periode vom Ende des 4. bis zur Mitte des 3. Jahrhunderts. Sowenig es die künstlerische Entwicklung dieser Genera in Athen gestattete, sich bei gleichbleibender Qualität ad libitum fortzusetzen, sowenig konnte es möglich sein, sie in einer ganz anderen Kultur unter völlig verschiedenen Bedingungen zu neuem Leben zu erwecken oder gar folgerichtig weiterzuentwickeln. Es wäre höchstens eine bloße Adaption oder Übersetzung in Frage gekommen. In der Tat hat man, wenigstens bei der Komödie und der republikanischen Tragödie, früher weitgehend mit einer mehr oder weniger freien Übersetzertätigkeit der römischen Dichter gerechnet und überall da, wo kein griechisches Original vorliegen konnte, Mißverständnisse des Bearbeiters, sei es einzelner Stellen der Vorbilder, sei es der Intentionen ganzer Stücke angenommen. Daß man Terenz vielfach als den bedeutendsten römischen Szeniker schätzt, weil er am engsten – wie man meint: am verständnisvollsten – die griechischen Vorbilder nachgestaltet habe, ist noch heute eine Folge dieser Betrachtungsweise. Eine eigene ‚künstlerische Absicht' hat nicht nur August Wilhelm von Schlegel, sondern weitgehend auch die Forschung dem republikanischen Drama abgesprochen. Da dieses bei Senecas Tragödien wegen der überragenden Persönlichkeit des Autors nicht ebenso möglich war, schob man sie lange Zeit kurzerhand beiseite.

Schon aus dem Umstand, daß die Römer nach heutiger Auffassung die griechischen Vorbilder nicht einfach übersetzten, ergibt sich, daß die römischen Stücke in dem Selbstverständnis ihrer Dichter nicht ‚sekundär' waren. Zielten sie aber auf etwas anderes als die griechischen, sind sie notwendig mit anderen Maßstäben zu messen. Da aus einem verschiedenen Weltbild auch eine andersartige Struktur folgt, bilden diese beiden wesentlichen Komponenten den Gegenstand der folgenden Betrachtungen.

I Das Weltbild des römischen Dramas

1 Die Tragödie

In der Geschichte der Literatur pflegt die Tragödie einen Höhepunkt innerhalb der Ausbildung der literarischen Genera darzustellen und zumeist Epochen zuzugehören, die als klassisch gelten. Jedenfalls setzt ihr Auftreten einen hohen Grad an Bewußtwerdung des menschlichen Geistes und dementsprechend seiner literarischen Ausdrucksformen voraus. Während der Epiker Leben und Wirken des Menschen in der Welt beschreibt und indirekt auch deutet, empfindet der Tragiker die Lebensbedingungen des Menschen als Problem. Er stellt nicht mehr nur dar, sondern argumentiert, ihm geht es nicht mehr um das So-Sein des Menschen, sondern um die Begründung dieses So-Seins. Hegels Bemerkungen in der *Aesthetik* treffen vor allem auf die Tragödie zu:

> Das Drama ist das Produkt eines schon in sich ausgebildeten nationalen Lebens. Denn es setzt wesentlich sowohl die ursprünglich poetischen Tage des eigentlichen Epos als auch die selbständige Subjektivität des lyrischen Ergusses als vergangen voraus, da es sich, beide zusammenfassend, in keiner dieser für sich gesonderten Sphären genügt. Zu dieser poetischen Verknüpfung muß das freie Selbstbewußtsein menschlicher Zwecke, Verwicklungen und Schicksale schon vollkommen erwacht und in einer Weise gebildet sein, wie es nur in den mittleren und späteren Entwicklungsepochen des nationalen Daseins möglich wird. So sind auch die ersten großen Taten und Begebnisse der Völker gemeinhin mehr epischer als dramatischer Natur [...] und erst später treten jene selbständigeren einsamen Helden auf, welche aus sich heraus selbständig Zwecke fassen und Unternehmungen ausführen.

Je weiter der Tragiker fragt, desto notwendiger stößt er an die Grenze – um sie später zu überschreiten –, innerhalb deren die Lebensbedingungen des Menschen noch als geordnet, als sinnvoll, als im Transzendenten gründend erklärt werden können. Die Tragödie trifft in ihrer konsequenten Ausrichtung auf Erhellung des Metaphysischen schließlich ins Dunkel, indem sie erkennen muß, daß der Mensch ganz auf sich gestellt ist und sein Leben nur insoweit einen Sinn hat, als er ihm einen solchen zu verleihen imstande ist. Den Vorgang, „wie sich die noch glaubende und vertrauende Seele immer stärker in die Unentrinnbarkeit des Unglaubens, in das Wagnis des Zweifels und in die Verzweiflung hineingerissen sieht", zeigt die Entwicklung der deutschen Tragödie von Lessing bis Hebbel nach B. v. Wiese ebenso wie die griechische Tragödie von Aischylos bis Euripides. Von der Konzeption einer von außen an den Menschen herantretenden Zwangslage bei Aischylos schreitet die attische Tragödie zu der Darstellung des erst im Innern des Menschen entstehenden Konflikts bei Sophokles fort, um bei Euripides eine Kollision sittlicher Normen immer weniger zuzulassen. Die Mannigfaltigkeit seiner Lösungen spiegelt die Krise der Zeit wider. Resignieren und Experimentieren sind stets Zeichen, daß die Tragödie ihr τέλος überschritten hat und sich im Unverbindlichen verliert. So hat Euripides eine Reihe von untragischen Stücken wie die *Helena* oder den *Ion* geschrieben, die am ehesten als Schauspiele zu bezeichnen sind und mit der Tyche-Konzeption eine direkte Vorstufe der späteren Neuen Komödie darstellen. Auf der anderen Seite ist es klar, daß der Zweifel am Transzendenten meist aus einem Zweifel am Menschen resultiert. Bei Euripides scheint der *Orestes* diesen Prozeß am deutlichsten zu zeigen. Jedenfalls hat W. Burkert ihn ein ‚Gangsterstück' genannt, das die „Katastrophe der Tragödie selbst" bedeute, insofern „einer kriminalisierten Gesellschaft [...] auch die Tragödie abhanden" komme.

Mit Euripides war die große Zeit der Tragödie vorbei. Dem ruhigen demokratischen und bürgerlichen Weltbild des 4. Jahrhunderts konnte die eigentliche Tragödie keine adäquate Ausdrucksform mehr sein. Typisch für diese Zeit ist der unter Euripides' Namen überlieferte *Rhesos*, in dem nach A. Lesky an die Stelle wesentlicher Auseinandersetzungen kleine ‚Teilkonflikte' getreten sind und ein Aspekt echter Tragik nicht sichtbar wird. Daher ist es kein Wunder, daß man ab 386 Stücke alter Meister wiederaufführte und sich bewußt war, an ihre Leistungen nicht mehr heranzureichen. So sind Verse des jüngeren Astydamas erhalten, in denen er beklagt, daß er mit den alten Dichtern nicht wetteifern könne. Wurden zunächst die traditionellen Stoffe immer wieder neu gestaltet, brachte die Tendenz der hellenistischen Dichter, sich entlegener Stoffe anzunehmen, auch für die Tragödie neue Themen. Wieweit damit neue Problemstellungen verbunden waren, läßt sich schwer beurteilen, doch dürfte das Gewicht vor allem auf rhetorischpathetischer Ausgestaltung gelegen haben – was oft ein Symptom für Sinnentleerung ist. Die verrätselte Sprache der erhaltenen *Alexandra* von ‚Lykophron' dürfte freilich auch für ihre Zeit einen Extremfall bedeuten. Andererseits hat sich die nachklassische Tragödie, wie schon Aischylos in den *Persai*, vereinzelt geschichtlichen und zeitgenössischen Themen zugewandt. Ganz vereinzelt steht die *Exagoge* des Juden Ezechiel, ein Moses-Drama aus der jüdischen Heilsgeschichte, das in späthellenistischer Zeit entstanden ist und von dem 269 Verse erhalten sind.

Der kurze Überblick über die Entwicklung der griechischen Tragödie zeigt, daß der einst einheitliche kraftvolle Strom in mannigfaltige, doch spärliche Rinnsale auseinandergeflossen war, als man 240 v. Chr. in Rom beschloß, an den Festen auch Tragödien nach hellenischem Brauch aufzuführen. In der griechischsprachigen Welt Süditaliens und Siziliens waren römische Soldaten mit der zeitgenössischen auf Repräsentation und Unterhaltung zielenden griechischen Tragödie in Berührung gekommen, und es war naheliegend, daß sie auch in der Heimat nach unterhaltsamen Spektakeln verlangten. Jedenfalls war es von vornherein vorgezeichnet, daß die römische Tragödie nicht an die klassische griechische Tragödie anknüpfen konnte, da Weltbild und Weltdeutung im 5. Jahrhundert in Athen und im 3. Jahrhundert in Rom wegen der anderen geschichtlichen und gesellschaftlichen Voraussetzungen grundverschieden waren. Bekannt ist, daß Horaz die römische Tragödie nicht sonderlich hoch geschätzt hat; und wenn sich die Charakteristik, die er in der Augustus-Epistel gibt, auch auf Eindrücke aus seiner Zeit beziehen mag, steht sie doch innerhalb einer längeren

Betrachtung, die der gesamten Tragödie gilt und in der Zeit nach dem Ersten Punischen Krieg ihren Ausgangspunkt nimmt. Verlagert habe sich, stellt Horaz fest, das Vergnügen von den Ohren zu den unstet schweifenden Augen und nichtigen, inhaltslosen Genüssen, *ad incertos oculos et gaudia vana* (188). Vier oder mehr Stunden bleibe der Vorhang geöffnet, während Scharen von Reitern und Haufen von Fußvolk über die Bühne eilten; darauf würden gefesselte Könige in ihrem ‚Glück' über die Bühne geschleppt; Streitwagen, Kutschen, Kaleschen und Schiffe zögen vorüber; aus Korinth erbeutetes Elfenbein werde dahergetragen. Wäre Demokrit – der lachende Philosoph – auf Erden, er würde es belächeln, wenn eine Giraffe, die Mischung aus Kamel und Panther, oder ein weißer Elephant die Aufmerksamkeit der Menge auf sich lenke; er würde das Volk aufmerksamer als das Spiel betrachten, weil es ihm mehr ‚Theater' als die Bühne böte. Die Dichter aber, müßte er glauben, erzählten ihr Stück einem tauben Esel. Denn welche Stimmen vermöchten die Geräuschkulisse römischer Theater zu übertönen? Man müsse glauben, das Garganus-Waldgebirge oder das Tyrrhenische Meer heulen zu hören: Mit solchem Lärm würden die Spiele betrachtet sowie die Kunst und Schätze der Fremde:

> quattuor aut pluris aulaea premuntur in horas,
> 190 dum fugiunt equitum turmae peditumque catervae;
> mox trahitur manibus regum fortuna retortis,
> esseda festinant, pilenta, petorrita, naves,
> captivum portatur ebur, captiva Corinthus.
> si foret in terris, rideret Democritus, seu
> 195 diversum confusa genus panthera camelo
> sive elephans albus volgi converteret ora;
> spectaret populum ludis attentius ipsis,
> ut sibi praebentem nimio spectacula plura;
> scriptores autem narrare putaret asello
> 200 fabellam surdo. nam quae pervincere voces
> evaluere sonum, referunt quem nostra theatra?
> Garganum mugire putes nemus aut mare Tuscum:
> tanto cum strepitu ludi spectantur et artes
> divitiaeque peregrinae.

Es ist kaum anzunehmen, daß das Publikum in der Epoche der Punischen Kriege weniger schaulustig, ja gebildeter gewesen wäre als in der Blütezeit der römischen Literatur unter Augustus. Im Gegenteil: Ein zeitgenössischer Text, der noch zur Sprache kommen wird, zeigt ein vergleichbares Bild für die Komödie. Daher stellt sich die Frage, wie die Tragödiendichter in einer Zeit, für die die echte Tragödie kein adäquates literarisches Ausdrucksmittel war, das Publikum für ihre Stücke zu gewinnen vermochten.

Es versteht sich, daß in diesem Zusammenhang gerade die Anfangsphase der römischen Tragödie in Betracht zu ziehen ist, die durch die drei Dichter Livius Andronicus, Naevius und Ennius repräsentiert wird. Bei ihren Tragödien ist die überraschende Beobachtung zu machen, daß sie offenbar versucht haben, mit der in Rom neuartigen Dichtung vor allem den historischen Sinn der Römer anzusprechen, und zwar, wie noch deutlich erkennbar ist, auf zweierlei Weise: Einerseits entnahmen sie ihre Stoffe der für Rom besonders wichtigen Troia-Sage, zum anderen wählten sie aus dem griechischen Mythos mit Vorliebe solche Helden aus, die in irgendeiner Beziehung zu Italien, meist Latium oder gar Rom, gestanden hatten. Man darf in den historischen und aitiologischen Tendenzen der frührömischen Tragödie den Grund für ihre Entstehung in Rom überhaupt vermuten.

Die Troia-Sage ist schon in alter Zeit mit der römischen Frühgeschichte in Verbindung gebracht worden. So soll Odysseus auf seinen Irrfahrten, wie bereits die Griechen zu berichten wußten, auch zu der an der südlichen Küste Latiums lokalisierten Kirke gelangt sein. Der Historiker Hellanikos von Lesbos im 5. Jahrhundert überlieferte sogar, daß Odysseus mit Aeneas in Latium zusammengetroffen sei und beide Rom gegründet hätten. Wenngleich man sich später für Aeneas als Nationalheros entschied, darf nicht vergessen werden, daß sich auch Odysseus als Ktistes eines guten Renommées in Rom erfreute. Es ist von hohem Interesse, daß die troische Abstammung der Römer gerade in der Zeit, als die Tragödie Fuß faßte, besondere Aktualität gewann, insofern sie politischer Argumentation nutzbar gemacht wurde. Als 281 die Tarentiner König Pyrrhus von Epirus um Hilfe gegen die Römer baten, gab dieser der Hoffnung Ausdruck, wie Pausanias 1, 12, 1 berichtet, er werde als Nachkomme Achills gegen die Nachkommen der Troer erfolgreich zu Felde ziehen: [...] στρατεύειν γὰρ ἐπὶ Τρώων ἀποίκους Ἀχιλλέως ὢν ἀπόγονος.

Umgekehrt wurde das Argument im Sinn der Römer verwendet, als bald nach 240 die Akarnanen die Römer um Hilfe gegen die Aitoler mit der Begründung baten, wie der Geograph Strabo 10, 2, 25 überliefert, sie seien die einzigen Griechen, deren Vorfahren nicht am Kampf gegen Troia teilgenommen hätten. Es bedarf kaum der Anführung weiterer Zeugnisse, um zu erkennen, daß 240 und in der Folgezeit Tragödien mit Themen aus dem troischen Sagenkreis sowohl aufgrund der mythologischen Überlieferung als auch aufgrund des aktuellen politischen Geschehens auf besonderes Interesse der Zuschauer stoßen mußten. So ist es nicht verwunderlich, daß fünf der acht oder neun bekannten Tragödientitel des ersten Tragödiendichters in Rom, des aus dem griechischen Sprachraum kommenden Livius Andronicus, der Sage um Troia und die Troia-Kämpfer entstammten: *Achilles*, *Aiax*, *Equos Troianus* (Das troische Pferd), *Aegisthus*, *Hermiona*. Noch eindeutiger ist das Verhältnis der Troia-Titel zu anderen Stoffen bei dem ersten römischen Tragödiendichter, dem Kampaner Naevius, der von sechs bekannten Stücken vier diesem Themenkreis widmete: *Hector proficiscens* (Der zum Kampf aufbrechende Hector), *Equos Troianus*, *Hesiona*, *Iphigenia*. Noch Ennius, der schon auf eine längere Tradition der römischen Tragödie zurückblicken konnte, hat etwa die Hälfte seiner tragischen Stoffe – soweit wir sehen können: zehn von zwanzig – dem troischen Sagenkreis entnommen.

Die Beliebtheit der Aeneas-Sage gründete sich darauf, daß ein Held aus einem berühmten Geschlecht und einer traditionsreichen Stadt aus dem Osten nach Italien kam und hier zum (Mit)begründer des römischen Volks wurde. Eben diese Verbindung bestimmt die Struktur vieler anderer Stoffe, die die frühen Tragödiendichter auf die Bühne brachten. So schrieben Livius und Naevius eine *Danae*. Die Königstochter wurde von ihrem Vater Akrisios ausgesetzt, weil sie ein Kind erwartete (dessen Vater Zeus selbst war, der sich ihr in Gestalt eines Goldenen Regens genaht hatte, was aber Akrisios nicht wissen konnte). Nach griechischer Tradition trieb sie auf der Insel Seriphos an, nach römischer aber in Latium, wo sie Ardea gründete und somit Stammutter des Rutulerfürsten Turnus wurde. Livius schrieb vielleicht eine *Ino*. Diese – auch sie eine Königstochter – wurde aus Theben vertrieben, weil sie gegen Heras Willen dem kleinen Dionysos beigestanden hatte. Während sie nach griechischer Tradition zur Meergöttin Leukothea wurde, kam sie nach römischer ausgerechnet nach Latium in die Gegend des späteren Rom. Ihr Sohn Palaimon wurde dem römischen Hafengott Portunus gleichgesetzt. Ja selbst von Medea, deren Schicksal zu allen Zeiten an Kolchis und Korinth gebunden war, wußte man zu berichten, daß sie in die Nähe Roms gelangt war und die Marruvier Heilmittel gegen Schlangengift gelehrt hatte. Alle diese Stoffe haben dieselbe Wurzel. Helden kommen aus dem Osten nach Latium, von denen sich viele dort ansiedeln – wobei die Blickrichtung der Römer natürlich umgekehrt ist: Mit Hilfe solcher aitiologischen Konstruktionen konnten sie ihre Herkunft auf berühmte troische oder griechische Heroen zurückführen, ein Bemühen, das für das noch immer aufstrebende Rom bezeichnend war. Gewiß gestalteten spätere Dichter wie Pacuvius und Accius aufgrund der zunehmenden literarischen Bildung des Publikums einerseits und des im 2. Jahrhundert wachsenden Verständnisses für die griechische Geisteswelt andererseits auch anspruchsvollere Probleme – so möchte man jedenfalls vermuten – auf der römischen Bühne. Aber es ist bezeichnend, daß auch sie nicht auf aitiologisch-historische Verklammerungen verzichten mochten. So berichtet der spätantike Vergilkommentator Servius (auctus), daß Accius in seinem *Atreus*, der das gräßliche Mahl des Thyestes zum Inhalt hatte, ausführlich darauf hingewiesen habe, daß Atreus ebenso von Atlas abstamme wie Euander. Dieser war der bekannte Arkaderkönig, der am Palatin die Stadt Pallanteum gegründet hatte, die Keimzelle des späteren Rom, wie es auch Vergil im 8. Buch der *Aeneis* dargestellt hat. Servius' Nachricht lehrt, wie der letzte bedeutende republikanische, bis in Ciceros Zeit reichende Tragödiendichter Roms mit Hilfe eines aitiologischen Exkurses den auf die eigene Geschichte fixierten römischen Zuschauern ein Geschehen aus dem griechischen Mythos interessant machen konnte. Auch in dieser letzten Phase der republikanischen Tragödie dürfte das alte Motiv, daß ein Held aus dem Osten nach Latium gekommen war, noch immer die Darstellung des griechischen Mythos gerechtfertigt haben. In welchem Umfang solche ‚Verklammerungen' eine Rolle spielten, läßt sich nicht mehr feststellen, doch scheint es, daß die mythologische Tragödie der Römer nicht nur in ihrer frühen Phase zu einem wesentlichen Teil von aitiologisch-historischen Tendenzen bestimmt war.

Lenkte das aitiologische Interesse der Römer ihre Aufmerksamkeit primär auf den Inhalt der Stücke, verstand es sich von selbst, daß die Sympathie mit den darin agierenden ‚Vorfahren' auch eine Identifizierung mit den repräsentierten Haltungen einschloß. Auf diese Weise wurde der Römer, der nach Horaz von Natur aus zu Pathos und Erhabenheit neigte (er sei *natura sublimis et acer*, *Epist.* 2, 1, 165), von den großen Haltungen der tragischen Personen gefesselt – ohne wiederum die Probleme und Fragestellungen der Personen, die erst zu den Haltungen geführt hatten, als Deutung des eigenen Daseins zu begreifen. So hielten neben den troischen Helden auch andere traditionelle Gestalten der tragischen Bühne in Rom Einzug. Wie sehr es auf die Darstellung erhabener Haltungen ankam, zeigt etwa Ciceros Bemerkung, Pacuvius habe in den *Niptra* (Die Waschung) die große Sterbeszene von Odysseus ‚besser' (*melius*) als Sophokles gestaltet, weil der Held nicht so weine und jammere wie in dem Vorbild; seine Seele habe der Vernunft wie ein folgsamer Soldat dem gestrengen Feldherrn gehorcht (*rationi sic paruit ut severo imperatori miles pudens*, *Tusc.* 2, 51). Auch in der mythologischen Tragödie stand die *virtus*-Ideologie im Vordergrund, nicht die tragische Situation, daß der Sohn unwissentlich den eigenen Vater tödlich verwundet hatte. Man vergleiche etwa die Veräußerlichung, daß Ennius in der *Iphigenia* statt des Jungfrauenchors des Originals einen rauhen Soldatenchor einführte, der in einem Lied über Langeweile klagte und sich nach Taten sehnte: Das entsprach römischer Mentalität.

Es ist daher nicht verwunderlich, daß diese Tendenzen in der einzigen genuin römischen Dramenform, der nach der purpurgesäumten Toga der kurulischen Würdenträger und Feldherren benannten Praetexta, ihren angemessenen Ausdruck fanden. Schöpfer dieses nationalrömischen Schauspiels war Naevius, der mit dem *Bellum Poenicum* (Der Punische Krieg), dem Epos über die römische Frühgeschichte unter besonderer Berücksichtigung des Ersten Punischen Kriegs, zugleich der Schöpfer des römischen Nationalepos war. Gerade diese Species, die ohne Vorbilder entstand, vermag eindeutiger als jede adaptierte Form der griechischen Tragödie zu demonstrieren, worauf es den Römern in der frühen Phase des Bühnenspiels ankam. Unter den noch kenntlichen Prätexten heben sich zwei

Stoffkreise heraus: einmal die Sagen aus der Frühzeit Roms – *Romulus* von Naevius, *Sabinae* (Die Sabinerinnen) von Ennius, *Brutus* von Accius –, zum anderen historische oder zeitgenössische außenpolitische Ereignisse – *Clastidium* von Naevius, *Ambracia* von Ennius, *Paullus* von Pacuvius und *Aeneadae vel Decius* von Accius. Bei Clastidium hatte der römische Konsul Claudius Marcellus 222 den Gallierhäuptling Virdumarus besiegt; Ambracia in Ätolien hatte der römische Konsul Marcus Fulvius Nobilior 189 belagert; im *Paullus* von Pacuvius handelt es sich um den entscheidenden Sieg des römischen Konsuls Aemilius Paullus über den Makedonenkönig Perseus bei Pydna 168, der die endgültige Unterwerfung Griechenlands bedeutete. In diesen Stücken ging es keineswegs um die anschauliche Vergegenwärtigung dramatischer Kriegsaktionen; der um die Erforschung der republikanischen Tragödie hochverdiente Gelehrte O. Ribbeck hat aus der Überlieferung stets nur Episoden rekonstruieren können, die sich zu einem mehr oder weniger gleichförmigen Kontinuum reihten. Vielmehr waren die Historien, wie man sie am ehesten bezeichnen könnte, einerseits panegyrische Darstellungen der Leistungen Einzelner – Romulus, Marcellus, Fulvius Nobilior, Aemilius Paullus, Decius Mus –, zum anderen aber, da gemäß der Ideologie des römischen Volks der Einzelne hinter der *res publica* zurücktrat, eine Selbstdarstellung der römischen *virtutes*. Im *Paullus* von Pacuvius etwa dürfte die Gegenüberstellung des verzweifelnden und kleinmütigen Perseus mit der eindrucksvollen Erscheinung des siegreichen, die Römertugenden überlegen repräsentierenden Konsuls den Höhepunkt gebildet haben, während in Accius' *Aeneadae vel Decius* (Die Nachkommen des Aeneas oder Decius) die Selbstaufopferung des jüngereu Publius Decius Mus ihre Wirkung nicht verfehlen konnte. Wie sehr Panegyrik des Individuums mit der Darstellung altrömischer Art Hand in Hand ging, zeigt der *Brutus* von Accius, der die heroische Tat des älteren Brutus, des Befreiers des römischen Volks von den Königen um 510, zum Inhalt hatte, zugleich aber zum Ruhm des Nachkommen D. Iunius Brutus, des Konsuls von 138, der ein Freund des Dichters war, beitragen sollte.

Während es in den begrenzten Möglichkeiten der Bühne begründet ist, daß die äußere Dramatik des Kriegsgeschehens nicht dargestellt werden konnte, ist es um so auffallender, daß sich in keiner der Prätexten Ansätze zur Gestaltung eines tragischen Geschehens erkennen lassen. In den *Sabinae* von Ennius stiften die geraubten Sabinerinnen zwischen ihren Vätern und ihren Gatten Frieden, wobei eine der Frauen eine entscheidende Rede zwischen den kämpfenden Männern hielt. Wenn F. Leo meinte, diese stehe zwischen Romulus und Titus Tatius wie Iokaste in Euripides' *Phoinissai* (Die Phönizierinnen) zwischen ihren streitenden Söhnen, zeigt dieser Vergleich, der auf die Struktur der Szene zutreffen mag, gerade den erheblichen Abstand. Denn wie die entsprechenden Reden bei dem Historiker Livius und Ovid lehren, kam es bei dem Konflikt weder wie in dem griechischen Stück auf die Position der einzelnen Parteien noch auf eine Diskussion über Recht und Macht an, sondern einzig und allein auf den Opfermut der tapferen Römerinnen, der sowohl die Menge als auch die Führer ‚rührt' (*movet res cum multitudinem tum duces*, Liv. 1, 13, 4), auf ihre *pietas*, ihr Pflichtgefühl gegenüber den Verwandten und der *res publica*. Die tragische Situation, zwischen zwei gleichwertigen Polen zu stehen, wurde durch den Primat der Ideologie der römischen Seite überspielt. Ganz deutlich wird das im *Decius* von Accius, in dem der jüngere Publius Decius Mus sich in der Schlacht von Sentinum 295 als stellvertretendes Opfer freiwillig den Göttern weihte, um sein Heer zu retten. Opfer für die Allgemeinheit hatten auch die Helden der griechischen Tragödie zu bringen. Agamemnon bekam von den Göttern den Befehl, seine Tochter zu opfern, damit die Flotte zum Feldzug gegen Troia aus Aulis auslaufen konnte. Er stieß seinen Herrscherstab auf den Boden und konnte die Tränen nicht halten: ‚Schwer ist mein Los, wenn ich nicht gehorche, schwer ist es, wenn ich mein Kind opfere' (βαρεῖα μὲν κὴρ τὸ μὴ πιθέσθαι, βαρεῖα δ', εἰ | τέκνον δαΐξω, Aisch. *Ag.* 206–208). Wenn in Euripides' *Phoinissai* Kreons Sohn Menoikeus von den Göttern als Opfer für die Errettung Thebens gefordert wird, weicht dieser, im Gegensatz zum Vater, nicht aus, er stellt sich dem Gebot der Götter – zunächst aus persönlichem Grund, um seine Ehre zu wahren, sodann um die Heimatstadt zu erretten. Von diesen mythologischen Beispielen grundsätzlich verschieden ist die Devotion der römischen Feldherren, die freiwillig geschieht, wie im *Decius* von Accius. Während der Menoikeus des aufgeklärten Euripides in einem langen Entscheidungsmonolog die Rechte und Pflichten abwägt und über den Sinn des Opfers reflektiert, gibt es für den römischen Konsul offenbar nur die bedingungslose Darbringung des Selbstopfers, wie schon für seinen Vater in der Schlacht gegen die Latiner 340. Er bittet den Priester, ihm die Worte der Devotionsformel vorzusprechen, mit denen sein Vater den Staat einst gerettet hatte (*quibus rem summam et patriam nostram quondam adauctavit pater*, Fr. 15 W.). Er geht wissentlich in den Tod: ‚Nach dem Beispiel meines Vaters werde ich mich darbringen und mein Leben den Feinden opfern' (*patrio exemplo et me dicabo atque animam devoro hostibus*, Fr. 14 W.). Hier geht es nicht um das Schicksal des Individuums wie in der griechischen Tragödie, sondern um den bedingungslosen Anspruch der Allgemeinheit, der *res publica*. So sagt Decius bei Livius von seinem Vater und sich, sie seien Opfer, die Bedrohungen der Allgemeinheit zu bannen (*luendis periculis publicis piacula*, 10, 28, 13), und sein Opfer ist ein ungeheurer Ansporn für die anderen, alles für die Allgemeinheit zu wagen (*ingens hortamen ad omnia pro re publica audenda*, 10, 29, 5) – gemeinsame Sache und Staat, das ist im römischen Denken dieser Zeit dasselbe. Hier wird die politische Ideologie in die Weihe der religiösen Sphäre gehoben.

Es dürfte deutlich sein, daß die Praetexta am ehesten dem entspricht, was Schlegel in der 15. *Vorlesung* das ‚Ideal einer ursprünglich römischen Tragödie' nennt, das nie verwirklicht worden sei:

> Mir schwebt das Ideal einer ursprünglich römischen Tragödie vor, dunkel freilich, im Hintergrunde der Zeiten, wie man ein Wesen erkennen mag, das aus dem Schoße des Möglichen nie zur Wirklichkeit geboren worden. Sie hätte von der griechischen an Bedeutung und Gestalt durchaus verschieden, und im altrömischen Sinne religiös und patriotisch sein müssen. Alle wahrhaft schöpferische Poesie kann nur aus dem innern Leben eines Volkes und aus der Wurzel dieses Lebens, der Religion, hervorgehen. Der Geist der römischen Religion war aber ursprünglich, ehe sie nach Einbuße des Gehalts die Oberfläche nach fremder Sitte ausschmückten, ein ganz andrer als der Geist der griechischen. Diese war künstlerisch bildsam, jene priesterlich unwandelbar. Der römische Glaube und die darauf gegründeten Gebräuche waren ernster, sittlicher, frommer, naturdurchschauender, magischer und geheimnisvoller als wenigstens derjenige Teil der griechischen Religion, der außerhalb der Mysterien gelehrt ward. Wie die griechische Tragödie den Kampf des freien Menschen mit dem Schicksal darstellt, so hätte der Sinn einer römischen die Unterwerfung der menschlichen Triebe unter die heiligende, bindende Gewalt, *religio*, und deren offenbare Allgegenwart in allen irdischen Dingen sein müssen.

Als Abglanz dieses Ideals darf die Praetexta gelten, wie sie uns heute kenntlich ist. Denn „im altrömischen Sinne religiös und patriotisch", wie Schlegel das nennt, ist die Praetexta gewiß gewesen. Und in welchem Maß „die Unterwerfung der menschlichen Triebe unter die heiligende, bindende Gewalt, *religio*" der Sinn einer römischen Tragödie sein kann, lehren Accius' *Decius* und Vergils Aeneas.

Die mythologische Tragödie wurde von den Römern in der Frühphase ihrer tragischen Produktion in derselben Art wie die nationale Praetexta verwendet: als poetisches Gefäß zur Gestaltung nationaler Stoffe. Die mythologische Tragödie brachte die Verbindung der römischen Frühgeschichte mit der griechischen und troischen Welt, die Praetexta sowohl die frührömische Sage als auch im besonderen die Zeitgeschichte zur Darstellung. In beiden Genera steht die Panegyrik nationaler Tugenden, in der Praetexta zudem einzelner Personen aus Sage, Geschichte und Gegenwart im Mittelpunkt. Die frühe römische Tragödie stellt daher nicht eine Erscheinungsform dieser Gattung im eigentlichen Sinn dar, sondern ist vom literarhistorischen Standpunkt aus ein atypisches Phänomen. Der Überblick über die Gedankenwelt dieser Stücke macht deutlich, daß es sich bei ihnen um ein Weltbild handelt, das dem des Epos entspricht, das im eigentlichen Sinn untragisch ist, da sich das Individuum noch in Übereinstimmung mit der Gesellschaft befindet. Insofern steht in Rom die Tragödie in ihrer ersten Phase auf der Stufe des Epos, das einer so frühen Zeit eher angemessen ist. Dementsprechend sind manche Stoffe der Prätexten zugleich in der zeitgenössischen Epik dargestellt worden. So hat Ennius, der Schöpfer des bekanntesten Epos dieser Epoche, der

Annales (Jahrbücher), den Raub der Sabinerinnen und die Belagerung von Ambracia ebenso dramatisch wie episch gestaltet. Wenn daher von einer gewissen Auswechselbarkeit der beiden Gattungen gesprochen werden kann, ist gleichwohl nicht zu übersehen, daß die römische Tragödie nicht einfach ein dramatisiertes Epos darstellt. Historisches Argumentieren mit Hilfe des ganzen Werks und Einbindung des Gehalts in ein Heilsgeschehen sind der ursprünglichen Form sowohl des Epos als auch der Tragödie unangemessen: Epos und Tragödie sind in Rom in gleicher Weise atypische literarische Phänomene.

Es war bisher vorwiegend von der ersten Phase der republikanischen Tragödie die Rede, weil sich aus ihr die Bedingungen für die Rezeption der tragischen Gattung in Rom besonders deutlich ableiten lassen. Mit den das 2. Jahrhundert beherrschenden Tragikern Pacuvius und Accius begann eine entscheidende Entwicklung der Tragödie, die schließlich zu ihrem allmählichen Verlöschen führte. Mit einer Spezialisierung, der auch die abgelegensten Themen verdankt wurden, ging eine gewisse Literarisierung Hand in Hand, die nun auch anspruchsvolle Probleme auf die römische Bühne brachte, etwa die Verkörperung des βίος θεωρητικός und des βίος πρακτικός in Pacuvius' *Antiopa* nach dem euripideischen Vorbild, wobei Euripides nach Ansicht einiger Forscher dem ersten, Pacuvius bezeichnenderweise dem zweiten den Vorrang gab. Es bedurfte einer reiferen Stufe der römischen Kultur – Pacuvius gehörte zu den Freunden des jüngeren Scipio und Laelius –, um solche Probleme adäquat wiedergeben zu können.

Nach dem überraschenden Auftreten der Tragödie in republikanischer Zeit hat diese Gattung in der augusteischen Epoche keine besondere Bedeutung erlangt. Dennoch stammen aus ihr zwei Äußerungen, die höchstes Interesse beanspruchen. Sie stehen in der Tradition der beiden Erscheinungsformen der Gattung in der republikanischen Zeit: einerseits der zeitbezogenen mythologischen Tragödie, andererseits der historisch argumentierenden Praetexta.

29 wurde aus Anlaß der Siegesfeier für die Schlacht bei Actium, die für die Begründung des augusteischen Imperiums entscheidend war, ein Stück aufgeführt, das als eine der berühmtesten römischen Tragödien galt und seinem Verfasser die höchste Summe eintrug, die jemals in Rom für ein Bühnenwerk gezahlt worden war: eine Million Sesterzen erhielt Lucius Varius Rufus, wohl von Oktavian, für seinen *Thyestes*. Sowohl der Anlaß für die Aufführung als auch die Belohnung durch den Herrscher lassen vermuten, daß sich der Charakter des Stücks ganz aus der Tradition der republikanischen Tragödie herleitete. In ihm dürfte nicht wie in Senecas *Thyestes* das gräßliche Geschehen im Mittelpunkt gestanden haben, bei dem Atreus seinem Bruder Thyestes aus Rache dessen eigene Kinder zum Mahl vorsetzte, sondern die Fortsetzung des Mythos, nach der Aegisthus

seinen Vater Thyestes an Atreus rächte und den sich über Generationen erstreckenden Streit des Geschlechts zur Ruhe brachte – so wie Oktavian den sich über Generationen erstreckenden Bürgerkrieg beendete. Ein Teil der Handlung dürfte wie im ennianischen *Thyestes* von 169 in Thesprotien gespielt haben, eben jener Landschaft, in der Actium, der Ort der Entscheidungsschlacht lag. Und wenn eine Person bei Ennius ausrief *et me Apollo ipse delectat ductat Delphicus* (Fr. 353 W.), wird das ebenso der Wahlspruch des varianischen Aegisthus gewesen sein, wie er auf den zu feiernden Sieger Oktavian zutraf, der nicht nur bei Actium, sondern zeitlebens Apollo als seinen besonderen Schutzgott betrachtete. Bei diesem Stück dürfte in einem der tragischsten Stoffe der griechischen Bühne zeitgenössische Panegyrik auf der Basis der römischen Herrschaftsideologie demselben untragischen Weltbild entsprochen haben wie in der gleichzeitig entstehenden *Aeneis*.

Auch Vergils Werk darf in einer Betrachtung der römischen Tragödie, zumal in Hinsicht auf das vierte Buch, nicht übergangen werden. Eine ganze Reihe struktureller Kriterien und Entsprechungen zeigt, daß Vergil die Begegnung zwischen Dido und Aeneas als Tragödie gestaltet hat. Die Verwandtschaft der beiden Gattungen kann nach den bisherigen Beobachtungen kaum überraschen. Die Thematik des vierten Buchs ist als der vollendete Ausdruck des Weltbilds der ‚epischen' Tragödie der republikanischen Zeit anzusprechen. Aeneas hat auf der Flucht von Troia den Auftrag der Götter erhalten, in Italien ein neues Reich zu gründen. Seiner Sendung vergißt er anläßlich eines längeren Aufenthalts bei der Karthagerfürstin Dido. Erst nach einer Mahnung der Götter unterzieht er sich von neuem dem Auftrag und fährt nach Italien. Dido gibt sich in unnennbarer Enttäuschung den Tod. Aeneas gerät, wie R. G. Austin gesagt hat, in einen Konflikt von Pflicht und Neigung, "conflict between duty and desire" – doch zerbricht ihn der Konflikt nicht wie den Helden der Tragödie. Das ist ungewöhnlich.

Wenn man bei Aeneas in Rechnung stellt, daß der Götterauftrag von außen an ihn herantritt, steht bei ihm – auf den ersten Blick – in der Tat Pflicht gegen Neigung. Aber richtig verstanden – darin liegt das Außergewöhnliche der römischen Konzeption – steht bei ihm Neigung gegen Neigung. Denn er bejaht seine Pflicht. Er legt zwar immer wieder Säumen an den Tag, ja zuweilen Kleinmut – aber echten Zweifel an seiner Bestimmung kennt er nicht, im tiefsten Inneren bejaht er sie. Er würde trotz aller Enttäuschung niemals ernsthaft erwägen, der Sendung den Dienst aufzusagen. Mag uns seine Entscheidung in Karthago befremden – kein Römer jener Zeit hätte eine andere verstanden. Zu erklären ist dieser ‚Konflikt', der im Grund kein solcher ist, aus dem römischen Sendungsbewußtsein, das jeden Konflikt und damit die Voraussetzungen jeglicher Tragik aufhebt. Wenn man mit Aeneas eine Gestalt aus einer anderen Epoche vergleicht, von der ebenfalls die absolute Erfüllung einer göttlichen Sendung gefordert wird, offenbart sich die Rigorosität der römischen Ideologie. Schillers Johanna schwankt einmal wie Aeneas, dem Auftrag zu willfahren: Wie Dido in sein, tritt Lionel in ihr Leben, doch ist der Unterschied der Konsequenzen bezeichnend. Während Johanna ihrer Sendung gegenüber schuldig wird, wird Aeneas darüber hinaus seiner Umgebung gegenüber schuldig. Während Johanna an ihrem Auserwähltsein zu zweifeln beginnt, so daß sie von allen verlassen wird, kennt Aeneas keinen echten Zweifel. Während sich Johanna strengster Buße unterwirft, wird Aeneas für sein Zaudern nicht zur Rechenschaft gezogen. Während Johanna erst im Tod wieder mit dem Göttlichen versöhnt wird, genügt bei Aeneas die bloße Befolgung des Auftrags. Dieser ist so erhaben, daß er nicht gestattet, Aeneas für seine Schuld gegenüber der Umgebung zur Verantwortung zu ziehen. Die römische Sendungsideologie überhebt ihren Auserwählten einem Konflikt, an dem der tragische Held gewöhnlich zerbricht – den antiken Gottheiten vergleichbar, die in einer kritischen Situation auf dem Schlachtfeld eine Wolke um ihre Schützlinge hüllen und sie unversehrt auf einem anderen wieder agieren lassen, als wäre nichts geschehen. Insofern erinnert diese Konzeption an die Stücke Corneilles, deren Personen zwar auch innerlich zwischen ‹passion› und ‹devoir› stehen, bei denen aber die Erringung der ‹gloire› den Konflikt, wie K. Heitmann gesagt hat, „in den absolut untragischen zwischen einer Glücksaussicht und einer anderen Glücksaussicht" verwandelt. J. Maurens hat daher von einer ‹tragédie sans tragique› gesprochen. Corneilles Bezeichnung einiger seiner Stücke als ‹comédies héroiques› läßt sich gut auch auf die römischen Gebilde übertragen.

Die Tragödie des vergilischen Aeneas ist ebenso untragisch wie die republikanische Tragödie. Das bis in die augusteische Zeit unveränderte Vorherrschen der Ideologie erklärt zwei literarhistorische Merkwürdigkeiten zugleich: erstens, daß in Rom die Tragödie bereits am Beginn der Literatur in Blüte steht und ein Substitut des Epos darstellt; zweitens, daß die augusteische Zeit keine eigentliche Tragödie hervorgebracht hat, wie man es von einer ‚klassischen' Literatur erwarten könnte.

Die republikanische und die spärliche augusteische Tragödie sind bis zu einem gewissen Grad politische Dichtung, die von der Anerkennung der offiziellen Staatsideologie durch den Dichter und sein Publikum bestimmt wird. Mit dem Ende des augusteischen Staats verlor seine Ideologie an Verbindlichkeit: *res privata* und *res publica* traten auseinander. Daß dieser Wechsel so abrupt vonstatten ging, lag darin begründet, daß der augusteische Staat nicht ein gewachsenes, sondern ein restauratives Gebilde und dementsprechend seine Ideologie nicht von natürlicher Evidenz, sondern zu einem guten Teil Postulat war. Oppositionelle Strömungen aus der voraugusteischen Zeit, die latent vorhanden blieben, brachen unvermindert auf. Die Tragödie spiegelt diese Entwicklung beispielhaft wider, wozu sie in Rom aufgrund ihres von Haus aus politischen

Charakters in der Lage war. Atypisch wie sie in Rom eingesetzt hatte, ist auch ihre Erscheinungsform in der Kaiserzeit. Waren sowohl die mythologische Tragödie als auch die Praetexta bisher patriotisch-panegyrisch gewesen, wurde der Geist beider jetzt vielfach antipatriotisch-antipanegyrisch. Die Tragödie und mit ihr die Praetexta wurden eine bevorzugte Gattung der Oppositionsliteratur.

Von der Hauptperson des taciteischen *Dialogus*, dem Dichter Curiatius Maternus, heißt es, er habe mit seinem *Cato* die Gesinnung der Mächtigen (*potentium animos*) verletzt, was das Tagesgespräch der ganzen Stadt sei (2, 1). Ebenso dichtete er eine Praetexta *Domitius*, deren Titelheld der Vater Domitius Ahenobarbus, ein scharfer Gegner Caesars, oder dessen Sohn, ein Gegner Oktavians, gewesen ist. Er und Cato wurden in Maternus' Prätexten wegen ihrer Haltung g e g e n den Prinzeps verherrlicht. Der jüngere Cato – der 46 aus Protest gegen Caesars Regime Selbstmord begangen hatte – war überhaupt die Idealfigur der stoischen Opposition im ersten nachchristlichen Jahrhundert und die Hauptfigur des bedeutendsten Epos dieser Epoche, des *Bellum Civile* Lukans. Doch nicht nur die Praetexta, sondern auch die mythologische Tragödie tendierte zum ‚Widerstandsdrama'. Von Maternus wird berichtet, er habe einen *Thyestes* von eben der politischen Gesinnung des *Cato* konzipiert, von Mamercus Scaurus, er habe einen *Atreus* geschrieben, der Verse enthielt, die auf Tiberius bezogen werden konnten. Dieser soll ihn zum Selbstmord gezwungen haben.

Unter diesen Gegebenheiten sind zu einem wesentlichen Teil auch die acht oder neun mythologischen Dramen des bedeutendsten Tragikers dieser Zeit, des stoischen Philosophen Lucius Annaeus Seneca, zu würdigen. Zwar wissen wir, daß die Stoiker gerade die tragischen Gestalten im Sinn ihrer Lehre zu interpretieren und als Beispiele menschlichen Verhaltens zu zitieren pflegten, doch ist eine stoische Tragödie vor Seneca nicht faßbar. Andererseits soll Diogenes von Sinope in sieben Stücken die kynische Lehre für breitere Kreise populär zu machen versucht haben. Ihm diente das gräßliche Mahl des Thyestes dazu, das Essen von Menschenfleisch schmackhaft zu machen, das Geschick des Oedipus, den Inzest als natürlich zu erweisen. Doch reichen solche vereinzelten abstrusen Versuche dichtender Philosophen nicht aus, Senecas Tragödien aus griechischer Tradition zu erklären; die Herkunft der stoischen Philosophie aus Griechenland jedenfalls darf dafür am wenigsten in Anspruch genommen werden, da sie im ersten nachchristlichen Jahrhundert in Rom eine überragende Rolle gespielt hat, die durch die dem Individuum feindlichen politischen Verhältnisse begünstigt wurde. Auch die Werke der zeitgenössischen Dichter, Lukan und Persius, sind von ihr geprägt, ohne daß sich entscheidende griechische Einflüsse auf ihre Entstehung geltend machen ließen. Im Gegenteil, Senecas Tragödien, Lukans Epos vom Bürgerkrieg und Persius' Satiren setzen innerhalb ihrer Gattungen eindeutig römische Traditionen fort.

Senecas Tragödie ist immer wieder als eine philosophische angesprochen worden – was zweifellos zutrifft: Sie ist aber bis zu einem gewissen Grad auch eine politische. Es genügt, die Atreus- und Thyestes-Dramen von Scaurus und Maternus, die die *animos potentium* verletzten, neben Senecas *Thyestes* zu stellen, dessen Held der Tyrann κατ' ἐξοχήν Atreus ist, um die gemeinsame Wurzel zu erkennen – ja Senecas Stücke sind in einer nur wenig variierenden Weise *in tyrannos* gerichtet. Gewiß eignen sich große Stellungen dazu, große Wahrheiten zu sagen, gewiß ist der Mächtige moralisch besonders gefährdet, doch erklärt das nicht allein, warum sich Seneca im Gegensatz zu seinem philosophischen Œuvre in den Tragödien vorwiegend mit dem *tyrannus* beschäftigt, den er in der Schrift *De clementia* (Über die Milde) als entarteten Herrschertyp scharf von dem *rex* stoischer Prägung abhebt. Zu welchem Zweck Seneca seine Stücke bestimmt hatte, wissen wir nicht; aber es verdient Beachtung, daß uns keine eindeutige Nachricht über eine tatsächlich erfolgte Rezitation überliefert ist. Auf der anderen Seite hat sich Seneca jeglicher d i r e k t e n Anspielungen auf seine Zeit enthalten, was gewiß dazu beigetragen hat, daß man seine Stücke der Überlieferung für wert erachtete, die seiner sich wohl allzu direkt äußernden Kollegen nicht. Eine Ausnahme macht die Praetexta *Octavia*, die Nero als vollendeten Tyrannen, als Bruder des Prototyps Atreus, zeichnet. In Senecas Tragödien begegnen zwei grundsätzlich verschiedene Personenkreise: der dem stoischen Ideal nahekommende und der in verdammenswerter Weise den Affekten unterliegende Mensch. Dieser letzte interessiert den Stoiker freilich nicht nur in seinem politischen, sondern auch – und vor allem – in seinem rein menschlichen Verhalten. Als eindrucksvollster Vertreter der politischen *pravitas* kann Atreus gelten, der im ersten Auftritt programmatisch Herrschaftsmaximen verkündet, die in pointiertester Weise in einer auf den Kopf gestellten politischen Moral begründet sind. Daneben hat Seneca die im persönlichen Bereich von ihren Affekten überwältigten Personen wie etwa die bekannten Frauengestalten Medea und Phaedra vorgeführt, ohne jedoch auch bei ihnen ausdrückliche Hinweise auf die hohe Stellung zu unterlassen. Demgegenüber tritt der stoische ‚Weise', auf den es Seneca am meisten ankam, etwas zurück, so wie er selbst sagt, daß es ihn im Leben nur selten gebe. Mehrfach hat er ihn jedoch wirkungsvoll als Kontrastfigur eingeführt: Die besonnene Iocasta steht neben dem rasenden Oedipus, die gefaßte Cassandra neben dem leidenschaftlichen Agamemnon. Es ist folgerichtig, daß der stoisch Gebildete, der seiner Umgebung gänzlich unerschütterlich gegenübersteht, den weder ein körperlicher Schmerz noch ein Angriff auf sein moralisches Empfinden rührt, eine im Grund untragische Gestalt ist, an der die Probleme der griechischen Tragödie – Seneca hat sich offenbar vor allem Stücke des klassischen 5. Jahrhunderts zum Vorbild genommen – zuschanden werden. Wieder wird die Tragik durch eine Ideologie überwunden, durch die absolute ἀταραξία der Stoiker, die auch für den äußersten

Fall gerüstet ist, indem sie den als Wohltat angesehenen Freitod jederzeit parat hat: ‚Ach, welch süßes Übel ist den Sterblichen gegeben: die unheilvolle Liebe zum Leben, obwohl ihnen doch ein Ausweg aus den Leiden offensteht und der freiheitbringende Tod die Elenden ruft, ein sanfter Hafen in ewiger Ruhe. Kein Schrecken und kein Schlag der übermächtigen Fortuna bewegt sie, auch nicht der Blitz des feindlichen Donnergotts':

```
        heu quam dulce malum mortalibus additum
590     vitae dirus amor, cum pateat malis
        effugium et miseros libera mors vocet
        portus aeterna placidus quiete.
        nullus hunc terror nec impotentis
        procella Fortunae movet aut iniqui
595     flamma Tonantis.
```

So bekennen die gefangenen Troerinnen bei ihrer Ankunft in Mycenae im *Agamemnon* (589–595). Sie fahren fort: ‚Brechen wird jede Knechtschaft, wer die leichthinlebenden Götter verachtet, wer das Antlitz des schwarzen Acheron, wer den traurigen Styx nicht traurig erblickt und es wagt, seinem Leben ein Ende zu setzen. Gleich wird er einem König, gleich wird er den Überirdischen sein. O wie kläglich ist es, nicht sterben zu wissen' (605–611):

```
605     perrumpet omne servitium
        contemptor levium deorum,
        vultus Acherontis atri,
        qui Styga tristem non tristis videt
        audetque vitae ponere finem.
610     par ille regi, par superis erit.
        o quam miserum est nescire mori!
```

Sind diese Frauen stoisch gebildet und angesichts ihrer aussichtslosen Lage geradezu bewunderungswürdig gefaßt, können sie wenig später doch nicht umhin, gewisse Regungen des Gemüts zu zeigen und Troias Geschick zu beweinen (654–655), ja in fast unstoischer Weise zuzugeben, daß es erleichtere, bei Unglücksschlägen gemeinsam Tränen zu vergießen (664–667). Der wahre stoische Charakter kennt solche kleinlichen Regungen freilich nicht. Und so ist diesen stoischen Laien mit Cassandra, der harschen leiderfahrenen Jungfrau (*dura virago patiensque mali*, 668), eine stoische Professionelle gegenübergestellt, die sich jegliches Mitleid kurzerhand verbittet: ‚Mein Leid braucht keinen Gefährten (*aerumnae meae socium recusant*). Haltet bitte die Klagen von meinen Schicksalsschlägen fern (*cladibus questus meis removete*). Mit meinen eigenen Leiden werde ich schon selbst fertig (*nostris ipsa sufficiam malis*)' (661–663). In dieser erschreckenden Autarkie und absoluten Imperturbabilität zeigt sich die Rigorosität der Ideologie auf das deutlichste. Doch ist es verständlich, weshalb die stoische Philosophie im kaiserzeitlichen Rom eine so überragende Rolle spielen konnte. Disziplin, Sittenstrenge, *virtus* waren die Ideale des alten Rom gewesen, und es wird im Rückblick deutlich, welches Maß an stoischem Tugendstreben und stoischer Selbstdisziplin schon ihnen zugrunde lag. Der sich dem Fatum willig unterwerfende Aeneas ist daher in der Antike als stoischer Charakter gedeutet worden. Seneca hat seine Worte an die Sibylle als beispielhaft angeführt: ‚Keine Gestalt einer Gefahr begegnet mir, Jungfrau, neu oder unvermutet; alles habe ich im Geist vorweggenommen und erwogen' (*Aen.* 6, 103–105):

> non ulla laborum,
> o virgo, nova mi facies inopinave surgit;
> 105   omnia praecepi atque animo mecum ante peregi.

Die alten Römerideale erhielten ihren vollen Sinn erst in der Unterordnung der *res privata* (Individuum) unter die *res publica* (Allgemeinheit). Als zunächst unter Caesar, vollends unter Augustus' Nachfolgern die *res publica* zerfiel, d. h. das, was bis dahin von allen getragen wurde, von der Willkür eines Einzelnen abhing, wurde das Individuum auf sich zurückgeworfen; durch die Entwicklung der politischen Verhältnisse wurde es vielfach gezwungen, seine Tugenden nicht mehr im Einsatz f ü r, sondern im Einsatz g e g e n den Staat unter Beweis zu stellen. Die Ideologie der Selbstaufopferung für den Staat wurde bis zu einem gewissen Grad durch die Ideologie der Selbstbehauptung gegen den Staat abgelöst. Selbst-Behauptung – der Begriff bestimmt sich sowohl in dem Anspruch auf die Bewahrung der *virtus* als auch in der Willensstärke der *disciplina*: Keine andere Philosophie als die stoische vermochte die Basis einer solchen Ideologie zu werden. Politiker wie Literaten wurden vielfach Vertreter der sogenannten stoischen Opposition. Hegel hat in der *Geschichte der Philosophie* über die Rezeption der stoischen Philosophie durch die Römer gesagt:

> Im Unglück der Wirklichkeit wird der Mensch in sich hineingetrieben und hat da die Einigkeit zu suchen, die in der Welt nicht mehr zu finden ist. [...] In solchem Zustande der Zerrissenheit war es Bedürfnis, Befriedigung zu suchen und zu finden. [...] Die Philosophie ist so in engem Zusammenhang mit der Weltvorstellung.

Zeiten des Übergangs – daß bei der augusteischen Zeit nur bedingt von einem natürlichen Höhepunkt zu sprechen ist, klang schon an – münden in verschiedene Versuche der Weltinterpretation (▸ S. 4–5): Von diesen treffen auf die hier besprochene Zeit derjenige der Philosophie und derjenige der Offenbarungsreligion zu. Senecas Denken ist zu einem wesentlichen Teil der Versuch, mit Hilfe einer philosophisch begründeten Ideologie gegen das Chaos zu bestehen, so wie das bei dem etwa gleichzeitig aufkommenden Christentum der Fall ist: Beide machen eine eigentliche Tragödie unmöglich. Für Seneca ist das deutlich, für die Offenbarungsreligion demonstriert das Ezechiels Moses-Drama *Exagoge*. B. Snell hat gezeigt, wie in ihm die Idee der Heilsgeschichte jegliche Tragik aufhebt, und diese Interpretation der Geschichte derjenigen der römischen Epiker Naevius, Ennius, Vergil verglichen: Er hätte ebensogut auf die republikanische Praetexta und einen guten Teil der mythologischen Tragödie verweisen können, die von derselben Ideologie bestimmt sind. Im Gegensatz zu seinem Neffen Lukan hat Seneca darauf verzichtet, politische Stoffe zu gestalten, sondern sein Interesse vor allem auf die Darstellung menschlicher Verhaltensweisen konzentriert. Ob es sich um den Tyrannen handelt (Atreus, Oedipus) oder den von Affekten Überwältigten (Phaedra, Medea) oder den stoisch Gebildeten (Iocasta, Cassandra): In allen diesen Fällen bot der Mythos Personen, die Seneca mit Hilfe der stoischen Psychologie neu deuten konnte.

Wie am Beginn der römischen Literatur war die Tragödie auch in der Kaiserzeit nicht ein gewachsenes Gebilde, sondern ein atypisches Phänomen. Kam sie zunächst durch einen äußeren Anlaß nach Rom und fungierte sie dementsprechend als Substitut des Epos, haftet ihrer Erscheinungsform in der Kaiserzeit nicht minder etwas Künstliches an. Sie ist vielfach das Produkt kleiner literarischer Zirkel, die oft der Opposition angehören; sie wird, soweit wir wissen, nicht so sehr an den offiziellen staatlichen Festen aufgeführt, sondern vorwiegend – darin liegt das entscheidend Neue – in beschränkten Kreisen rezitiert. Wieder erweist sie sich als eine uneigentliche Erscheinungsform, die dem Epos nahesteht. Auch die *Aeneis* ist ein Beispiel für die Verwandtschaft, oder besser: Vermischung, ja Austauschbarkeit der beiden Gattungen. Ebenso machen das die Gedankenwelt und die Struktur des in Senecas Zeit gehörenden Epos Lukans deutlich, das wie Maternus' Praetexta den stoischen Idealhelden Cato von Utica verherrlicht. Stoische Rezitationstragödie – stoisches Rezitationsepos in gleicher Funktion: In Rom entstanden die literarischen Gattungen nicht aufgrund natürlicher Gegebenheiten, sie waren frei verfügbar. Sie nahmen deshalb notwendig in jeder Epoche und in jedem Stadium ihre eigenen, fast stets atypischen, jedoch stets charakteristischen Züge an.

2 Die Komödie

Ebenso atypisch, doch ebenso charakteristisch wie die Tragödie ist in Rom die Erscheinungsform der Komödie. Wenn die Tragödie eine reife Gattung darstellt, die einen hohen Grad an Bewußtheit des Menschen voraussetzt und demgemäß im fortgeschrittenen Stadium einer Kultur aufzutreten pflegt, gilt das in noch größerem Maß für die Komödie. Ihren höheren ‚ästhetischen Wert' hat Schiller in der Schrift *Über naive und sentimentalische Dichtung* betont:

> Es ist mehrmals darüber gestritten worden, welche von beiden, die Tragödie oder die Komödie, vor der andern den Rang verdiene. Wird damit bloß gefragt, welche von beiden das wichtigere Objekt behandle, so ist kein Zweifel, daß die erstere den Vorzug behauptet; will man aber wissen, welche von beiden das wichtigere Subjekt erfordere, so möchte der Ausspruch eher für die letztere ausfallen.– In der Tragödie geschieht schon durch den Gegenstand sehr viel, in der Komödie geschieht durch den Gegenstand nichts und alles durch den Dichter. Da nun bei Urteilen des Geschmacks der Stoff nie in Betrachtung kommt, so muß natürlicherweise der ästhetische Wert dieser beiden Kunstgattungen in umgekehrtem Verhältnis zu ihrer materiellen Wichtigkeit stehen. Den tragischen Dichter trägt sein Objekt, der komische hingegen muß durch sein Subjekt das seinige in der ästhetischen Höhe erhalten. [...] Der Tragiker muß sich vor dem ruhigen Räsonnement in acht nehmen und immer das Herz interessieren; der Komiker muß sich vor dem Pathos hüten und immer den Verstand unterhalten. [...] Wenn also die Tragödie von einem wichtigern Punkt ausgeht, so muß man auf der andern Seite gestehen, daß die Komödie einem wichtigern Ziel entgegengeht, und sie würde, wenn sie es erreichte, alle Tragödie überflüssig und unmöglich machen. Ihr Ziel ist einerlei mit dem Höchsten, wornach der Mensch zu ringen hat, frei von Leidenschaft zu sein, immer klar, immer ruhig um sich und in sich zu schauen, überall mehr Zufall als Schicksal zu finden und mehr über Ungereimtheit zu lachen als über Bosheit zu zürnen oder zu weinen.

Die Tragödie tritt in Zeiten des Übergangs auf und ist der literarische Ausdruck für das Bestreben, nach dem Sinn des Transzendenten und der Weltordnung zu forschen und sie schließlich in Frage zu stellen. Wenn hierauf nach Jaspers ein Stadium philosophischer Weltinterpretation folgt, handelt es sich um den Boden, auf dem auch die echte Komödie gedeiht. An die Stelle der Konzeption eines Kosmos tritt die Erkenntnis des Zufälligen als obersten Prinzips – eine Entwicklung, die nicht zu Resignation führen muß, sondern durchaus eine ausgeglichene, ja heitere Lebensdeutung erlaubt. Jedenfalls bedeutet das Leugnen einer planvollen Weltordnung noch nicht das Eingestehen eines totalen Chaos. Wenn der Zufall als allgültiges Prinzip anerkannt wird, wenn die τύχη den Platz der εἱμαρμένη einnimmt, wenn nach Schiller „überall mehr Zufall als Schicksal zu finden" ist, wenn, wie Hegel in der *Aesthetik* sagt, „die innere Zufälligkeit sich zum Meister aller Verhältnisse und Zwecke macht", kann gleichwohl der Weltlauf akzeptiert werden. Ja, für die Entstehung der Komödie sind das Postulat einer gewissen Ordnung und die Gültigkeit von Normen notwendige Voraussetzungen. Es ist daher nur natürlich, daß in der Neuen Komödie Athens, die beispielgebend für die gesamte abendländische Komödie geworden ist, die ‚gute' Tyche (ἀγαθὴ Τύχη), nicht die ‚böse' Tyche (κακὴ Τύχη), ja im Grund nicht einmal die ‚blinde' Tyche (τυφλὴ Τύχη) die Welt regiert. Wenn in Menanders *Aspis* die Göttin selbst auftrat und erklärte, daß sie, Tyche, bevollmächtigt sei, das Geschehen zu entscheiden und zu lenken (πάντων κυρία | τούτων βραβεῦσαι καὶ διοικῆσαι, 147–

148), gab es keinen Zuschauer im Theater, der ihre Worte nicht als Ausdruck eines sanften höheren Waltens empfunden hätte, in dem er sich trotz aller seiner Unberechenbarkeit letztlich geborgen fühlte, das er zwar nicht als ‚Ordnung', aber doch als ‚in Ordnung' anerkannte. In ihrer Tyche-Konzeption war die Neue Komödie der Ausdruck hellenistischer Weltanschauung, wie sie sich auch in anderen Genera, der Geschichtsschreibung oder dem Roman, niedergeschlagen hat. Freilich war die ἀγαθὴ Τύχη nur e in Aspekt der Deutungsskala dieser Zeit.

Die Alte Komödie, die durch Aristophanes repräsentiert wird, war ebenso wie die Tragödie auf dem politischen Boden der Polis erwachsen. Mit dem Ende der politischen Bedeutung Athens starben beide Formen ab. Das Erbe der Tragödie übernahm die unpolitische Neue Komödie, an die Stelle des mythischen Gleichnisses trat das bürgerliche Schauspiel. Bezeichnenderweise hatte Tyche auch schon im Spätstadium der Tragödie eine wichtige Rolle gespielt, wie etwa in Euripides' *Ion*, in dem sie aufgrund des für die Menschen nicht durchschaubaren Geschehens als Gottheit apostrophiert wurde, die das Geschick Tausender ‚ändere' – zum Unglück und auch zum Glück: ὦ μεταβαλοῦσα μυρίους ἤδη βροτῶν | καὶ δυστυχῆσαι καὖθις αὖ πρᾶξαι καλῶς, | Τύχη (1512–1514). Dieses Tyche-Verständnis war eine entscheidende Grundlage für die Ausbildung des komödienhaften, jedoch keineswegs schlechthin komischen Bühnengeschehens des bürgerlichen Schauspiels der Neuen Komödie. Entsprach der unpolitische Charakter dieses Genus der unpolitischen Zeit – Athen war in Abhängigkeit von Makedonien geraten –, war wie bei jeder echten Komödie eine festgefügte Gesellschaft der Nährboden für die Neue Komödie. Denn darin bestimmt sich der soziale Charakter dieses Genus, daß es gleichgesinnte Mitglieder einer Gesellschaft voraussetzt, die sowohl die dargestellten Normen als auch die Abweichungen beurteilen und aufgrund des geordneten Weltbilds als komisch empfinden können.

Aus der typischen Ausprägung der athenischen Gesellschaft leiten sich die eingeschränkten, stereotypen Handlungsschemata der Neuen Komödie her. Mittelpunkt des Geschehens ist fast stets der Hausvater, den entweder der Sohn oder der Sklave im Interesse des Sohns, zuweilen die Ehefrau, zu hintergehen versuchen. Anlaß ist vorwiegend die Liebschaft des Sohns, sei es mit einem Bürgermädchen, sei es mit einer Hetäre. Wenn bei dieser Thematik die verschiedensten Konstellationen stets von neuem durchgespielt werden und sogar von dem beliebten Mittel der Anagnorisis, der Wiedererkennung eines verlorenen oder ausgesetzten Kindes, Gebrauch gemacht wird, wäre es jedoch verfehlt, von einer Lebensunwirklichkeit der Neuen Komödie zu sprechen. Jede einzelne Person – der gutmütige oder engstirnige Hausvater, die strenge Ehefrau, der liberaler als der Vater denkende Sohn, der listige Sklave, Hetäre und Kuppler – entsprach der athenischen Lebenswirklichkeit. Nur repräsentierten sie nicht in der Konzentration, wie sie die Komödie bot, die g a n z e Lebenswirklichkeit. Aber das ist auch nicht der Sinn der Komödie. Diese will vielmehr in einem Ausschnitt ä u ß e r e n Geschehens die i n n e r e n Probleme der Gesellschaft vorführen. Ihr Thema ist der Widerspruch von Sein und Schein, von Plan und Erfolg, die stets neue Erfahrung, daß der Mensch, je schlauer er zu sein glaubt, desto sicherer sein Ziel verfehlt. Die stereotypen Handlungsschemata sind ebenso wie die manchmal seltsamen Fügungen Tyches nur äußere Mittel zum Zweck der Sichtbarmachung der inneren Probleme.

Es bedarf keiner Betonung, daß im Rom des dritten vorchristlichen Jahrhunderts gänzlich andere Voraussetzungen als in Athen bestanden und weder der Oberbau der Neuen Komödie, das von der Tyche-Konzeption geprägte Weltbild, noch der Unterbau, das Bild einer unpolitischen von bestimmten bürgerlichen Interessen geleiteten Gesellschaft, der römischen Wirklichkeit entsprachen. Waren aber Weltbild und Abbild der Gesellschaft unverbindlich, ergab sich zwangsläufig, daß die Komödie nur in einer denkbar veräußerlichten Form rezipiert werden konnte. In der Tat sank die Neue Komödie in Rom auf die Ebene der reinen Belustigung der Zuschauer herab – dies freilich in einer so genial-komischen Weise, daß sie in ihrer Art ebenfalls etwas Einzigartiges darstellt. Wie es in einem römischen ‚Theater' zuging, in welcher Weise das Publikum auf den Genuß eines Kunstwerks eingestimmt war, geht aus der Rede des Prologsprechers des plautinischen *Poenulus* (Der Punier) hervor: Kein Hurenstück möge im Proszenium Platz nehmen, kein Liktor schwatzen oder die Amtsruten mucksen lassen, kein Platzanweiser die Sicht versperren und Zuschauer zum Platz führen, wenn das Spiel begonnen habe. Wer zu Hause faul die Zeit verschlafen habe, müsse mit Recht den Gleichmut besitzen zu stehen oder aber vorher nicht so lange schlafen. Auch die Sklaven sollten nicht sitzen, damit die Freien Platz hätten, oder sie sollten sich gefälligst freikaufen. Wenn sie das nicht könnten, sollten sie nach Hause gehen und zweifaches Unglück vermeiden, damit sie nicht im Theater von Amtsruten und zu Hause von der Peitsche gebläut würden, wenn etwas nicht erledigt sei und der Herr heimkehre. Die Ammen sollten die Wickelkinder lieber zu Hause versorgen, damit sie selbst nicht Durst und die Kinder Hunger erlitten und mit leerem Magen wie die Böcklein blökten. Die Matronen sollten still zuschauen, still lachen, sich ihrer hellen Stimmen hier enthalten und nur zu Hause schwatzen, damit sie nicht auch im Theater wie daheim die Männer belästigten:

        scortum exoletum ne quis in proscaenio
        sedeat, neu lictor verbum aut virgae muttiant,
        neu dissignator praeter os obambulet
20   neu sessum ducat, dum histrio in scaena siet.
        diu qui domi otiosi dormierunt, decet
        animo aequo nunc stent vel dormire temperent.

```
           servi ne opsideant, liberis ut sit locus,
           vel aes pro capite dent; si id facere non queunt,
     25    domum abeant, vitent ancipiti infortunio,
           ne et hic varientur virgis et loris domi,
           si minus curassint, quom eri reveniant domum.
           nutrices pueros infantis minutulos
           domi ut procurent neu quae spectatum adferat,
     30    ne et ipsae sitiant et pueri pereant fame
           neve essurientes hic quasi haedi obvagiant.
           matronae tacitae spectent, tacitae rideant,
           canora hic voce sua tinnire temperent,
           domum sermones fabulandi conferant,
     35    ne et hic viris sint et domi molestiae.
```

Wenn man auch annehmen möchte, daß es nicht in jeder Vorstellung so zugegangen war, spricht doch der Umstand, daß ein Dichter sein Publikum überhaupt in dieser Weise anredet, deutlich genug: Er war sich dessen bewußt, daß er in erster Linie Unterhaltung bot, ja wohl auch bieten mußte. Denn noch Terenz widerfuhr das doppelte Mißgeschick, daß er bei der ersten Aufführung seiner *Hecyra* durch Boxer und Seiltänzer, bei der zweiten durch Fechter Konkurrenz bekam.

Bei der Transplantation der Neuen Komödie von Athen nach Rom ist zweifellos der Verlust der metaphysischen Komponente am folgenreichsten gewesen. Das zeigt eindrücklich Plautus' *Casina*, ein burleskes, ja obszönes Stück, das Machiavelli für würdig erachtete, seiner *Clizia* von 1525 als Vorlage zu dienen. Bei Plautus lieben Vater (Lysidamus) und Sohn (Euthynicus) ein in ihrer Familie als Sklavin aufwachsendes Findelkind (Casina). Um sich ihrer ungestört erfreuen zu können, betreibt jeder von ihnen die Verheiratung Casinas mit einem ergebenen Mittelsmann, Lysidamus mit seinem Gutsverwalter Olympio, Euthynicus, den seine Mutter Cleostrata verständlicherweise unterstützt, mit seinem Reitknecht Chalinus. Während Euthynicus' Abwesenheit schmiedet Cleostrata ein Komplott gegen ihren ungetreuen Ehemann, indem der als Braut verkleidete Reitknecht dem Gutsverwalter verheiratet wird und diesem sowie dem lüsternen Alten bei dem Vollzug der Hochzeitsnacht übel mitspielt. Lysidamus ist bloßgestellt und gelobt Besserung. Das ist eine Farce schwer überbietbaren Grades. Ganz anders war der Gehalt des Originals, obwohl sich die Handlung nicht wesentlich unterschied. In Diphilos' *Klerumenoi* (Die Losenden), die nach einer auch von Plautus nachgebildeten Szene benannt sind, kam alles auf die Anagnorisis, die Wiedererkennung Casinas als Athenerin und freie Bürgerin, an – einen Handlungsstrang, den Plautus weggeschnitten hat, wie er selbst witzig andeutet. Denn von dem Sklaven, der Casina gefunden hat und im Original die Wiedererkennung herbeiführt, heißt es im Prolog, er liege ‚in einer Krankheit', doch um nicht zu lügen, er liege vielmehr

‚im Bett', *in morbo cubat,* | *immo hercle vero in lecto, ne quid mentiar* (37–38). Der Zuschauer wird darauf vorbereitet, daß etwas mit dem Sklaven nicht stimme und er demzufolge nicht unbedingt mit der Wiedererkennung rechnen dürfe. Damit auch die letzte Hoffnung auf eine bevorstehende Hochzeit zwischen Casina und Euthynicus ausgeräumt wird, warnt der Prologsprecher, die Zuschauer möchten nicht darauf warten, daß der abwesende Euthynicus heute zurückkehre; Plautus habe das nicht gewollt und die Brücke abgebrochen, die auf seinem Weg war – eine Wendung, die ebenso wörtlich wie metaphorisch zu verstehen ist (64–66):

>   is, ne exspectetis, hodie in hac comoedia
> 65   in urbem non redibit: Plautus noluit,
>   pontem interrupit, qui erat ei in itinere.

Im Original wendet sich Casinas Schicksal zum Guten, indem sie Euthynicus heiratet, wie es Plautus noch am Ende für die Zukunft andeutet (1014). Die Wiedererkennung ist in der Neuen Komödie das vorzügliche Mittel, durch das sich das Walten der ἀγαθὴ Τύχη offenbart: Schien es, als könne der Sohn des Hauses die Sklavin aus Standesgründen nicht ehelichen, als würde sie zum Heiratsobjekt eines Sklaven und zum Lustobjekt eines Alten herabgewürdigt, fügt Tyche alles zum besten, sie zeigt, wie auch sonst, einen Ausweg aus dem Wirrsal der Menschen. Casina und Euthynicus sind ihr zu Dank verpflichtet, aber auch Cleostrata, die ihr Mann Lysidamus hintergehen will. Führt Tyche die guten Absichten der Menschen trotz allen Bedrängnissen zum Ziel, so vereitelt sie ihre schlechten Wünsche. Sosehr sich Lysidamus in immer neuen Anläufen bemüht, seine Pläne durchzuführen, sowenig gelingt es ihm. Da die Welt der Komödie keinen echten Bösewicht kennt, sondern nur durchschnittliches Fehlverhalten und Abweichen von der Norm, toleriert sie auch einen Lysidamus: Mit wenigen Worten ist alles in die rechte Ordnung gebracht. Bei Plautus aber fehlt der metaphysische Überbau, der nicht dem Denken der Zeit entsprach; bei ihm sind Spiel und Personen nicht mehr eingebunden in ein zwar nicht starres, aber doch fest umrissenes Weltbild – sie sind frei und verfügbar geworden: Das abgewogene Spiel wird zur Posse, seine Personen zu Marionetten der Phantasie des Dichters. Plautus interessiert im Grund nur **ein** Thema: der verspottete Alte, der unter dem Pantoffel der resoluten Ehefrau steht. Auf ihn ist die burleske Szene mit der falschen Braut zugeschnitten, er ist ein Nichts, eine grauhaarige Mücke (*cana culex*, 239), der am Ende ‚nackt und bloß' dasteht (*expalliatus*, 945), der es nicht wagt, seiner Frau in die Augen zu sehen (939), der überhaupt nicht nur auf die Stufe von Sklaven, sondern gar schlechter Sklaven abgesunken ist (*ut* | *improbos famulos imiter*, 953–954) – er, der freie Bürger und *pater familias*.

Cleostrata nennt ihren Mann einen Bigamisten mit einem hybride gebildeten, aber deshalb um so witzigeren Wort: *dismaritus* (974). Die Bigamie eines ansonsten angesehenen Bürgers und Familienoberhaupts mußte in Rom in ihrer Unmöglichkeit grotesk erscheinen. Eben sie ist auch das Hauptthema eines Terenz-Stücks, des *Phormio*, der nach dem *Epidikazomenos* Apollodors von Karystos (dessen Titel auf eine attische Gerichtspraxis anspielt) gestaltet ist. In ihm bemüht sich der alte Chremes, eine außereheliche Tochter, die in Lemnos aufwächst, dem Sohn seines Nachbarn Demipho zu verheiraten [[s. aber Lefèvre 2014, 648 Anm. 27]]. Als er aus Lemnos, wo er seine Tochter nicht antrifft, nach Athen zurückkehrt, muß er feststellen, daß der Nachbarsohn inzwischen geheiratet hat. Beide Väter bemühen sich in stets neuen Anläufen um die Auflösung der Ehe, bis sie endlich einsehen, daß der Sohn unwissentlich das Mädchen geheiratet hat, das ihm die Väter zugedacht hatten. Das, wofür die Alten kämpften, ist trotz allen Rückschlägen eingetreten, das, wogegen sie sich mit allen Mitteln zur Wehr setzten, war das, was sie selber wünschten. Wieder hat sich Tyche als gute Lenkerin des menschlichen Irrens, als ἀγαθὴ Τύχη, erwiesen. Das erkennt schließlich auch Chremes, wenn er ausruft, wie oft geschehe durch Zufall, was man nicht zu hoffen wage! Bei seiner Rückkehr habe er die Tochter dem vermählt gefunden, mit dem er es wünschte. Das, worum sich die beiden Alten mit größter Anstrengung bemüht hätten, habe der Sohn ohne ihr Zutun, nur mit seinem Tun vollendet (757–761):

>   di vostram fidem, quam saepe forte temere
>   eveniunt quae non audeas optare! offendi adveniens
>   quicum volebam et ut volebam conlocatam amari:
> 760 quod nos ambo opere maxumo dabamus operam ut fieret,
>   sine nostra cura, maxima sua cura solus fecit.

Hier scheint die Tyche-Konzeption des Originals deutlich durch, doch ist sie nicht das Thema des römischen Stücks. In ihm geht es vielmehr um den ‚lysidamischen' Charakter des an sich ehrbaren Chremes. Während sich dieser bei Apollodor um die angemessene Verheiratung seiner Tochter kümmert und um dieses Ziels willen keine Anstrengungen scheut, hat Terenz das ganze Gewicht auf seine Beziehungen zu der Frau in Lemnos gelegt. Während es sich bei Apollodor um ein einmaliges anderthalb Dezennien zurückliegendes Ereignis handelt, kam Terenz auf den grotesken Einfall, das Verhältnis zu perpetuieren und Chremes nicht nur in Athen, sondern auch in Lemnos verheiratet sein zu lassen. Was bei Plautus Vorwurf war, ist bei Terenz Faktum: Chremes ist Bigamist, ein *dismaritus*, er hat zwei Frauen, *uxores duas* (1041). Sollte bei Apollodor das Irren und Hoffen des Menschen gezeigt werden, geht es bei Terenz um Lug und Trug. Ist die Kleinheit des Menschen bei Apollodor metaphysisch begründet, ist sie es bei Terenz moralisch. Hat der griechische Chremes Anlaß, mit seinen Bemühungen, die Tochter zu verheiraten, zufrieden zu sein, hat der römische Chremes allen Grund zu fluchen, überhaupt für die Tochter eingetreten zu sein. Mit einem Wort: Bietet der *Epidikazomenos*

Weltdeutung, ist der *Phormio* in seinem von Terenz stammenden Finale auf die Stufe der Farce abgesunken. Ebenso resolut wie Cleostrata ist Nausistrata, ebenso kleinlaut wie Lysidamus ist Chremes. Nausistrata wünscht das, was ihm die Tränen in die Augen treibt (*quod* [...] *oculi doleant*, 1053), Chremes gerät aus Angst ins Delirium (*delirat miser | timore*, 997–998), er ist am Ende total erledigt: ‚tot‘, *mortuus* (1015).

Es bedarf keiner Betonung, daß die Alten, Lysidamus in der *Casina* und Chremes im *Phormio*, nicht aus moralischen Gründen von den römischen Dichtern umgewertet, ja abgewertet werden, sondern lediglich wegen der damit verbundenen komischen Wirkung. Dies zeigen ganz deutlich Plautus' *Bacchides* (Die Schwestern Bacchis). In ihnen agieren zwei Väter, von denen der eine, Nicobulus, strenge, der andere, Philoxenus, großzügigere Erziehungsprinzipien vertritt. Beide versuchen ihre Söhne vor den Hetären zu bewahren, doch verfallen die Grauköpfe ihnen schließlich selbst. Plautus hat im Gegensatz zu Menander, von dem das Original *Dis exapaton* (Der Doppelbetrüger) stammt, die Schlußszene in reichen Gesangspartien so umgestaltet, daß die Hetären die Alten gehörig verspotten. Dabei wird, wie es plautinischer Art entspricht, die Metapher, daß die Alten Schafe seien, fast zu Tode geritten. Bacchis I: ‚Was ist hier los? Wer trieb diese Schafe her?' Nicobulus: ‚Schafe nennen uns diese Verkommenen.' Bacchis II: ‚Ihr Hirte schläft, während sie sich blökend von der Herde entfernt haben.' Bacchis I: ‚Sie glänzen, scheinen beide gar nicht schlecht.' [1125:] Bacchis II: ‚Geschoren sind sie beide ganz und gar.' Philoxenus: ‚Sie scheinen uns zu verlachen!' [...] [1133:] Bacchis I: ‚Die sollten zu uns hineingenötigt werden.' Bacchis II: ‚Ich wüßte nicht, warum, da sie weder Milch noch Wolle haben. Laß sie so stehen. [1135:] Sie haben eingelöst, was sie wert waren, jegliche Frucht ging ihnen aus. Siehst du nicht, wie sie allein herumlaufen und frei schweifen? Ich glaube, sie sind vor Alter stumm: Sie blöken nicht einmal, wenn sie sich von der Herde entfernt haben. Sie scheinen dumm, jedoch nicht schlecht.' [1140:] Bacchis I: ‚Laß uns hineingehen, Schwester!' Nicobulus: ‚Bleibt beide, auf der Stelle! Die Schafe wollen euch.' Bacchis II: ‚Ein Wunder: Die Schafe reden uns mit menschlicher Stimme an.'

```
1121    BA. I. quid hoc est negoti nam, amabo?
1121ᵃ   quis has huc ovis adegit?
        NI. ovis nos vocant pessumae. BA. II. pastor harum
        dormit, quom haec eunt a pecu balitantes.
        BA. I. at pol nitent, hau sordidae videntur ambae.
1125    BA. II. attonsae hae quidem ambae usque sunt. PH. ut videntur
1126    deridere nos! [...]
1133    BA. I. cogantur quidem intro. BA. II. hau scio quid eo opus sit,
        quae nec lact' nec lanam ullam habent. sic sine astent.
1135    exsolvere quanti fuere, omnis fructus
```

	iam illis decidit. non vides, ut palantes
	solae, liberae
	grassentur? quin aetate credo esse mutas:
1138ª	ne balant quidem, quom a pecu cetero apsunt.
	stultae atque hau malae videntur.
1140	BA. I. revortamur intro, soror. NI. ilico ambae
1140ª	manete: haec oves volunt vos.
	BA. II. prodigium hoc quidemst: humana nos voce appellant oves.

Das Unerhörte ist nicht, daß die Hetären die biederen Alten verspotten, sondern daß diese den Spott völlig akzeptieren. Das hätte es in Athen kaum gegeben, in Rom aber war es ganz und gar lebensunwirkliches Treiben. Hieraus folgt als natürliche Konsequenz, daß man solche Konstellationen beliebig potenzieren konnte, bis vollends ein Spiel der reinen Phantasie entstand.

Die Abwertung an sich achtbarer Alter war ein beliebtes Motiv der römischen Komödie. Zur Verdeutlichung dessen bedürfte es keines weiteren Beispiels. Doch weil Micios Fall in Terenz' *Adelphoe* (Die Brüder) immer wieder mißdeutet worden ist, mag er hier neben Lysidamus, Chremes, Nicobulus und Philoxenus stehen. In diesem Stück, das nach Menanders gleichnamiger Vorlage gestaltet ist, vertreten die Brüder Demea und Micio ebenso wie Nicobulus und Philoxenus in den *Bacchides* unterschiedliche Erziehungsprinzipien: Demea gibt sich streng und starr, Micio liberal und verständnisvoll. Am Ende aber schlägt die Handlung so um, daß Micio bloßgestellt und damit sein Erziehungsprinzip widerlegt ist, andererseits Demea triumphiert und damit als Verfechter der richtigen Methode erscheint, obschon die ersten viereinhalb Akte den gegenteiligen Ausgang erwarten ließen. Schon im 18. Jahrhundert hatte man Anstoß an der Entwicklung der Charaktere genommen. So sagte Voltaire in der *Vie de Molière* über Demea:

> Le dénoûment des ‹Adelphes› n'a nulle vraisemblance: il n'est point dans la nature qu'un vieillard qui a été soixante ans, chagrin, sévère, et avare, devienne tout à coup gai, complaisant, et libéral.

Zu Micio, dem am Ende Schlag auf Schlag versetzt wird, bemerkte Lessing im 100. Stück der *Hamburgischen Dramaturgie*:

> Solange der ehrliche Micio nur von seinem Vermögen dabei zusetzt, lassen wir uns den hämischen Spaß ziemlich gefallen. Aber nun kömmt es dem Verräter gar ein, den guten Hagestolze mit einem alten verlebten Mütterchen zu verkuppeln. Der bloße Einfall macht uns anfangs zu lachen; wenn wir aber endlich sehen, daß es Ernst damit wird, daß sich Micio wirklich die Schlinge über den Kopf werfen läßt, der er mit einer einzigen ernsthaften Wendung hätte ausweichen können: wahrlich, so wissen wir kaum mehr, auf wen wir ungehaltner sein sollen; ob auf den Demea oder auf den Micio. [...]
> ‚Nein', sagt die Kritik; ‚das ist zu viel' Der Dichter ist hier mit Recht zu tadeln. Das einzige, was

man noch zu seiner Rechtfertigung sagen könnte, wäre dieses, daß er die nachteiligen Folgen einer übermäßigen Gutherzigkeit habe zeigen wollen. Doch Micio hat sich bis dahin so liebenswürdig bewiesen, er hat so viel Verstand, so viele Kenntnis der Welt gezeigt, daß diese seine letzte Ausschweifung wider alle Wahrscheinlichkeit ist und den feinern Zuschauer notwendig beleidigen muß. Wie gesagt also: der Dichter ist hier zu tadeln, auf alle Weise zu tadeln!'
Aber welcher Dichter? Terenz? oder Menander? oder beide?

Mit beiden Vätern zugleich ging Diderot hart ins Gericht, dessen Kritik Lessing im 86. Stück der *Hamburgischen Dramaturgie* übersetzt hat:

> Die zwei kontrastierten Väter darin sind mit so gleicher Stärke gezeichnet, daß man dem feinsten Kunstrichter Trotz bieten kann, die Hauptperson zu nennen; ob es Micio oder ob es Demea sein soll? Fällt er sein Urteil vor dem letzten Auftritte, so dürfte er leicht mit Erstaunen wahrnehmen, daß der, den er ganzer fünf Aufzüge hindurch für einen verständigen Mann gehalten hat, nichts als ein Narr ist, und daß der, den er für einen Narren gehalten hat, wohl gar der verständige Mann sein könnte. Man sollte zu Anfange des fünften Aufzuges dieses Dramas fast sagen, der Verfasser sei durch den beschwerlichen Kontrast gezwungen worden, seinen Zweck fahren zu lassen und das ganze Interesse des Stücks umzukehren. Was ist aber daraus geworden? Dieses, daß man gar nicht mehr weiß, für wen man sich interessieren soll. Vom Anfange her ist man für den Micio gegen den Demea gewesen, und am Ende ist man für keinen von beiden. Beinahe sollte man einen dritten Vater verlangen, der das Mittel zwischen diesen zwei Personen hielte und zeigte, worin sie beide fehlten.

Der Schluß war natürlich ironisch gemeint. Er zeigt glänzend, welche totale Verwirrung die römischen Komödiendichter mit der unbedenklichen Umwertung der Charaktere stifteten. Doch Lessing verstand in diesem Punkt keinen Spaß, wenn er unmittelbar hinzufügte:

> Nicht ich! Ich verbitte mir ihn sehr, diesen dritten Vater; er sei in dem nämlichen Stücke, oder auch allein. Welcher Vater glaubt nicht zu wissen, wie ein Vater sein soll? Auf dem rechten Wege dünken wir uns alle: wir verlangen nur, dann und wann vor den Abwegen zu beiden Seiten gewarnet zu werden.

Die Philologen tun gut daran, sich diese Urteile von Dichtern zu vergegenwärtigen und vor allem die Konsequenzen aus ihnen zu ziehen. Daß Micio ebenso wie die bisher betrachteten Väter der römischen Komödie am Schluß ‚abgewertet' wird, kann nicht zweifelhaft sein. Kompliziert wird das Problem nur dadurch, daß sein Pendant, Demea, nicht auch verspottet wird, so wie in den *Bacchides* am Schluß beide Väter gleichermaßen bloßgestellt werden. Im Gegenteil: Demea erringt über Micio einen Triumph. In dieser Änderung glaubte man die Ursache für die gesamte Umdichtung sehen zu müssen, indem man meinte, Terenz habe es sich nicht leisten können, den Vertreter der Strenge in Rom unterliegen zu lassen. Das sei um so folgerichtiger, als Micio, der Vertreter der Liberalität, in Rom kaum Verständnis gefunden hätte. Abgesehen davon, daß man Terenz in diesem Fall den Vorwurf, bei der Auswahl des Stücks einen groben Mißgriff getan zu haben, nicht ersparen könnte, widerlegt sich diese Auffassung schon dadurch, daß Terenz mit wenigen Änderungen Demea zum Sieger hätte machen können, ohne Micio allzusehr bloßzustellen. Die völlig selbständige Gestaltung der Schlußszenen zeigt jedoch, daß das nicht in seiner Absicht lag. Er hat vielmehr durch eine Reihe von grotesken Einfällen Micio Schritt für Schritt planmäßig abgewertet und zu einer Witzfigur, die alles mit sich geschehen läßt, werden lassen. Micio war ganz eindeutig das – einzige – Ziel der Umdichtung. Am liebsten hätte Terenz wie Plautus beide Väter verspottet, doch war das von der Anlage des Stücks her nicht möglich. Während die Väter der *Bacchides* in dem Sklaven Chrysalus einen allmächtigen Gegenspieler hatten, auf dessen alleinigen Sieg es ankam, gab es in Menanders *Adelphoi* einen solchen Kontrahenten nicht. Hier waren die beiden Alten zugleich auch ihre Gegenspieler: Sollte einer von ihnen unterliegen, avancierte der andere notwendig zum Sieger. Demeas Aufwertung war also nur das Mittel zum Zweck der Abwertung Micios. Bei Menander siegte Micio, der von Anfang an innerlich Überlegene, und unterlag Demea, der scheinbar Starke und Sichere. Sie waren Abbilder der Lebenserfahrung. Terenz aber fand Gefallen daran, den überlegenen Typ, an dessen Position kein Zweifel erlaubt schien, am Ende überraschend vom Podest zu stürzen, ihn ‚hineinfallen' zu lassen. Terenz zielte einzig und allein auf die Komik des Handlungsumschlags, nicht auf die Korrektur von Prinzipien. Dafür hatte ihm Plautus mit einer Reihe von Beispielen den Weg gewiesen. Da die *Adelphoe* sehr viel philosophischer und theoretischer angelegt sind als die *Bacchides*, verkannte man, daß Terenz' Ziel nicht philosophischer, sondern komischer Art war.

Ebenso ist Terenz im *Heautontimorumenos* verfahren, in dem Menander mit dem alten Chremes einen Vertreter der Humanität par excellence auf die Bühne gestellt hatte, der in einer berühmten Sentenz bekannte, daß er ein Mensch sei und sich nichts Menschliches für fremd erachte: *homo sum, humani nil a me alienum puto* (77). Gerade dieses Paradigma mußte Terenz besonders reizen. Während Chremes im Original erfolgreich bemüht ist, den Nachbarn wieder mit dem Sohn zu versöhnen, wird er bei Terenz von dem eigenen Sohn hintergangen. Wieder war es von hervorragender Wirkung, daß der Überlegene, innerlich Sichere am Schluß selbst ‚hineinfiel': Die Tiefe seines Sturzes bemaß sich nach der Höhe, die Menander seiner Position zuerkannt hatte. Wieder war Plautus Terenz vorangegangen. Die *Bacchides* schlossen mit der Feststellung, daß die Väter, die ihren Söhnen Fallen gestellt hätten, selbst hübsch ‚gefangen' seien: *lepide ipsi hi sunt capti, suis qui filiis fecere insidias* (1207). Terenz schuf den, der anderen zu helfen weiß, selbst aber hineinfällt. Seine Gestaltung war um soviel feiner im Vergleich zu der plautinischen, als seine Vorlagen der *Adelphoe* und des *Heautontimorumenos* feiner waren. Doch verrät schon ihre Auswahl einen ausgeprägten Kunstverstand in der Verfolgung eigener Vorstellungen.

Wenn auch in diesen Originalen die Darstellung bestimmter menschlicher Verhaltensweisen im Mittelpunkt stand, gaben die Stücke dem Charakter der Neuen Komödie gemäß doch zugleich Weltdeutung. Micio und Chremes sind Menschen, die vor anderen in der Lage sind, ihren Lebensraum zu gestalten und Wirrnisse und Gefährdungen zu meistern. Doch geraten bei Menander auch solche herausragenden Personen in Situationen, in denen sie vor aller Welt bloßgestellt und in ihren Lebensprinzipien widerlegt erscheinen. Daß sich diese Widersprüche später auflösen und nur als Irrtum der unwissenden Menschen erweisen, zeigt dann wieder das Walten der ἀγαθὴ Τύχη, die andererseits auch die von den gesellschaftlichen Normen abweichenden Personen wie Demea mit sanfter Hand zur Erkenntnis führt. So ist die Neue Komödie in Athen immer zugleich Weltspiel, in Rom beliebig veränderbares Unterhaltungstheater.

Das läßt auch eine andere bevorzugte Figur erkennen: der gegen seinen alten Herrn intrigierende und selbst die schwierigsten Hindernisse überwindende Sklave, der zuweilen durch einen Sykophanten oder Parasiten vertreten wird. Diese beherrschende Gestalt ist in den Originalen ebenfalls fest in das von Tyche bestimmte Geschehen eingebunden. Phormio glaubt mit seiner Intrige völlig selbstherrlich allen festgelegten Planungen entgegenzuarbeiten, ohne zu ahnen, daß er nur ausführt, was die Göttin vorbestimmt hat. Auch ein Phormio ist in die Tyche-Konzeption integriert. Ein schönes Beispiel stellt der plautinische *Pseudolus* (Der Lügenbold) dar, dessen Hauptfigur der gleichnamige das Geschehen beherrschende Sklave ist. Dieser hat sich anheischig gemacht, auf Kosten des alten Herrn Simo ein Mädchen für den jungen Herrn Calidorus zu schaffen, das in der Gewalt des Kupplers Ballio ist, ohne daß er freilich weiß, wie er es anfangen könnte. Da bietet sich ihm plötzlich die völlig unvorhersehbare Möglichkeit, mit Hilfe eines Briefs das Mädchen auszulösen. In einem Monolog sagt er denn auch, daß die ‚Gelegenheit', *Opportunitas*, also Tyche, deren Füllhorn er erwähnt, ihm überraschend geholfen habe. Er stellt ausdrücklich fest, daß eines Menschen Verstand sich danach bemesse, wie er Fortuna (= Tyche) zu ‚nutzen' verstehe. Das ist stimmig und läßt wieder die hellenistische Weltdeutung erkennen. Plautus hat den Sklaven jedoch schon vorher großsprecherisch tönen lassen, er habe einen festen Plan (*consilium*, 575), obwohl das gar nicht der Fall sein kann. Für den römischen Komödiendichter ist der Sklave eine autonome Figur, deren Handeln in kein höheres Walten eingebunden ist. Daher muß Plautus bei der Übernahme des griechischen Monologs die im folgenden kursiv gesetzten Verse einschieben, um zu erklären, warum der erste, praktisch gar nicht existierende Plan nicht ausgeführt wird: ‚Unsterbliche Götter, dieser Mensch hat mich durch sein Kommen gerettet. *Auf seine Kosten hat er mich aus dem Irren wieder auf den Weg geführt.*

Selbst die Gelegenheit konnte mir nicht gelegener kommen als dieser Brief. Er war in einem Füllhorn, in dem alles ist, was ich will: Hier sind Listen, alle Betrügereien, Streiche, hier ist Geld und das Mädchen für den Herrn. Ich werde mich nun berühmt und allmächtig erweisen. *Wie ich das einzelne ausführen würde, um dem Kuppler das Mädchen zu entreißen, hatte ich schon alles festgesetzt und der Reihe nach vorbestimmt, abgegrenzt und fest umrissen, so wie ich es vorhatte; aber wahrlich, das wird so sein: Hundert kluger Menschen Pläne übertrifft allein die Göttin, Fortuna.* Das ist wahr: wie einer Fortuna nutzt, so ragt er hervor, und alle nennen wir ihn weise. Wenn etwas gut ausgegangen ist, sprechen wir von einem klugen Mann, von einem dummen aber, wenn es schlecht ausgeht. Wir Toren wissen nicht, wie wir vergeblich sind, wenn wir etwas heftig wünschen, so als könnten wir beurteilen, was uns nützt. Sicheres lassen wir fahren, während wir Unsicheres erstreben. Und es passiert bei der Arbeit und im Schmerz, daß uns der Tod überkommt' (667–686):

>   di inmortales, conservavit me illic homo adventu suo.
>   suo viatico redduxit me usque ex errore in viam.
>   namque ipsa Opportunitas non potuit mi opportunius
> 670 advenire quam haec allatast mi opportune epistula.
>   nam haec allata cornu copia est, ubi inest quidquid volo:
>   hic doli, hic fallaciae omnes, hic sunt sycophantiae,
>   hic argentum, hic amica amanti erili filio.
>   atque ego nunc me ut gloriosum faciam et copi pectore:
> 675 *quo modo quidque agerem, ut lenoni surruperem mulierculam,*
>   *iam instituta, ornata cuncta in ordine, animo ut volueram,*
>   *certa, deformata habebam; sed profecto hoc sic erit:*
>   *centum doctum hominum consilia sola haec devincit dea,*
>   *Fortuna.* atque hoc verum est: proinde ut quisque Fortuna utitur,
> 680 ita praecellet atque exinde sapere eum omnes dicimus.
>   bene ubi quod scimus consilium accidisse, hominem catum
>   eum esse declaramus, stultum autem illum quoi vortit male.
>   stulti hau scimus frustra ut simus, quom quod cupienter dari
>   petimus nobis, quasi quid in rem sit possimus noscere.
> 685 certa mittimus dum incerta petimus; atque hoc evenit
>   in labore atque in dolore, ut mors obrepat interim.

An dieser Stelle stehen die hellenistische Tyche-Konzeption und das Ignorieren ihrer Gültigkeit durch den römischen Komödiendichter unmittelbar nebeneinander. Der griechische Pseudolus ist wie die anderen Menschen im Irren (*error*, 668) befangen, bis ihm Tyche einen (Aus)Weg zeigt. Nur dadurch unterscheidet er sich von anderen Menschen, daß er die Gelegenheit beim Schopf packt (*Fortuna utitur*, 679), darin besteht seine Weisheit (*sapere*, 680), darin ist er ein kluger Mensch (*homo catus*, 681). Der römische Pseudolus ist erhaben über solche Hilfestellung, er bedarf Tyches nicht, er weiß alles vorher und besser, er ist ein Allerweltskerl, der sich selbst ‚glorifiziert' (*gloriosum facit*, 674). Ihm steht es an, große Taten aus eigenem zu vollbringen, die noch nach ihm lange berühmt sind: *magna me facinora decet ecficere | quae post mihi clara et diu clueant* (590 – 591). Da dieser Typ aus der griechischen Weltordnung herausgetreten ist, kann sein Handeln und seine Bedeutung beliebig potenziert werden. Er pflegt deshalb Cantica anzustimmen, in denen er vor dem römischen Publikum seine Glorifizierung vorträgt. Während es sich dabei nur um Zusätze zu der Aktion der Vorlagen handelt, hat Plautus in anderen Fällen die Handlungen selbst in dieser Richtung verändert. So betrügt in dem Original der *Bacchides*, dem *Dis exapaton*, der Sklave Chrysalus, wie schon der Titel sagt, seinen Herrn zweimal. Plautus ließ ihn dagegen den Alten dreimal hereinlegen, um das Stück mit einer weiteren wirkungsvollen Betrugsszene zu bereichern. Entsprechend hatte Plautus seine liebe Not, in der Triumpharie, die Chrysalus anstimmt (925 – 978), den zweimaligen Betrug des Originals und den dreimaligen Betrug der eigenen Konzeption zu koordinieren. Das war deshalb so schwierig, weil die Überlistung des Alten in witziger Weise mit der Einnahme Troias verglichen wurde und jeder einzelne Betrug mit einer entsprechenden Stufe der Eroberung in Einklang gebracht werden mußte. [[...]]

In Athen hielt sich das Spiel mit dem Komödienvater in den Grenzen, die eine liberal denkende Gesellschaft je nach dessen Charakter und Verhalten gestattete. Die Intrige des Sklaven war stets dem angestrebten Ziel untergeordnet, ohne sich wie in Rom zu verselbständigen, ja zum Selbstzweck zu werden. Da das Widerspiel zwischen Hausherr und Sklave auch in der in Athen praktizierten gemäßigten Form für die römischen Verhältnisse absolut undenkbar war, konnte es in Rom selbst unverändert nicht übernommen werden, ohne den Charakter eines unwirklichen Spiels zu haben. Unter diesem Aspekt der Irrealität aber verlor es jede Verbindlichkeit und konnte nach Belieben ausgestaltet, und das bedeutete: gesteigert werden. Mit dem Sieger, der stets von neuem einen in der Wirklichkeit des Lebens unvorstellbaren Triumph erzielte, konnte sich das Wunschdenken eines großen Teils des Publikums identifizieren und sich in eine Welt hineinträumen, die ihm auf das strengste verschlossen war. Auf der anderen Seite hatten die römischen Komödiendichter die zuweilen bittere Niederlage des Hausherrn mit einem derartigen Feuerwerk komischer Einfälle überlagert, daß auch der Teil des Publikums, der eine solche Wendung des Geschehens theoretisch nicht ohne weiteres als natürlich empfinden konnte, die Praxis der komischen Bühne akzeptierte. Nur unter diesem Aspekt ist der Erfolg des *miles gloriosus* in Rom zu verstehen, der sich in der Gesellschaft eines ganz anderen Renommées als in Athen erfreute. Plautus' geniale Darstellung dieser Figur ist bekannt, und auch Terenz war von ihr so angetan, daß er sie in die Handlung des menandrischen

Eunuchus einbaute. Ebenso exotisch erschien den Römern die Person des schmarotzenden Parasiten. Sie mußte auf sie eo ipso komisch wirken. Plautus war mit ihr offenbar so erfolgreich gewesen, daß auch Terenz nicht auf sie verzichten mochte, obwohl sie die Vorlagen nicht boten. So hat er sie ebenfalls dem Personal des *Eunuchus* hinzugesellt und im *Phormio* den Titelhelden von einem Sykophanten zu einem Parasiten umfunktioniert. Es war nur natürlich, daß die römische Gesellschaft auch kein Verständnis für die spätbürgerliche Figur der griechischen ‚edlen Hetäre', der ἑταίρα χρηστή, haben konnte und die Dichter mit ihr nach Belieben verfuhren. Am schlimmsten erging es Thais aus Menanders *Eunuchos*, einer der hervorragendsten Vertreterinnen attischer Humanität. Um eines bloßen komischen Schlußeffekts willen ließ Terenz ihr, der wie Micio Sicheren, der Umgebung innerlich Überlegenen, die Schmach zuteil werden, daß sie zwischen ihrem Liebhaber und einem lächerlichen *miles gloriosus* ‚aufgeteilt' wurde. Es kam den römischen Komödiendichtern nicht so sehr auf die Personen als Symbole der Weltdeutung, als Träger von Ideen oder als Charaktere und Repräsentanten von Verhaltensweisen an als vielmehr auf eine sich stets nur an der komischen Wirkung des Augenblicks orientierende Handlung. Das aus der Bindung attischen Denkens herausgelöste Personal der Vorlagen konnte ihnen zur Erreichung dieses Ziels nur recht und billig sein. Die Neue Komödie war in Rom nicht wie in Athen ein Spiegel des Lebens, sondern der Phantasie.

So wie die Tragödie im Gegensatz zu Athen nicht Ausdruck tragischer Weltdeutung war, sondern von den Anfängen an bis in die augusteische Zeit hinein der Erbauung diente, war die Komödie nicht Ausdruck bürgerlicher Weltdeutung, sondern diente der Unterhaltung. Tragödie und Komödie waren in Rom atypische literarische Phänomene.

II Die Struktur des römischen Dramas

1 Die Tragödie

Wenn es zutrifft, daß die Struktur eines literarischen Werks, die οἰκονομία, sich nach der Weltdeutung und dem Menschenbild bestimmt, muß aufgrund der totalen Andersartigkeit der Gehalte der griechischen und römischen Tragödie auch ihre Struktur grundverschieden sein. Die griechische Tragödie zeigt die Auseinandersetzung des Menschen mit der Welt, wie sie ihm im Bereich des Transzendenten und der Gemeinschaft der Mitmenschen begegnet. Der tragische Mensch begreift die in der Welt auftretenden Gegensätze als solche und versucht in stets neuem Ringen, zwischen ihnen Position zu beziehen. Es versteht sich, daß die Darstellung des permanenten Räsonnements in der Tragödie feste Formen ausbildet wie Rede und Gegenrede, Wechselrede, Reflexion im Monolog und Kommentar auf höherer Ebene im Chor. Deshalb ist die Struktur der Tragödie nicht parataktisch wie die des Epos, sondern hypotaktisch, in ihren Teilen aufeinander bezogen. Hölderlin hat die Wechselwirkung von Gehalt und Struktur der griechischen Tragödie in den *Anmerkungen zum Oedipus* im Prinzip richtig erklärt:

> Die Darstellung des Tragischen beruht vorzüglich darauf, daß das Ungeheure, wie der Gott und Mensch sich paart, und grenzenlos die Naturmacht und des Menschen Innerstes im Zorn Eins wird, dadurch sich begreift, daß das grenzenlose Eineswerden durch grenzenloses Scheiden sich reiniget. [...] Darum der immer widerstreitende Dialog, darum der Chor als Gegensatz gegen diesen. Darum das allzukeusche, allzumechanische und faktisch endigende Ineinandergreifen zwischen den verschiedenen Teilen, im Dialog, und zwischen dem Chor und Dialog und den großen Partien oder Dramaten, welche aus Chor und Dialog bestehen. Alles ist Rede gegen Rede, die sich gegenseitig aufhebt.

Die Konsequenz der Fragestellungen und Lösungsversuche bewirkt eine ungewöhnlich feste Grundstruktur der griechischen Tragödie. Deshalb spricht Hölderlin von Technik (μηχανή), von dem „gesetzlichen Kalkül", von der „Schule" und dem „Handwerksmäßigen" in der Weise, daß die „Verfahrensart berechnet und gelehrt, und wenn sie gelernt ist, in der Ausübung immer zuverlässig wiederholt werden kann". Aristoteles hatte im 6.–8. Kapitel der *Poetik* festgestellt, daß die Tragödie die Darstellung einer in sich geschlossenen und ganzen Handlung sei (τελείας καὶ ὅλης πράξεως μίμησις), und die Interdependenz von Handlung und Struktur hervorgehoben. Denn es müsse in der Tragödie, wie in den anderen nachahmenden Künsten, die Einheit der Darstellung (μίμησις) auf der Einheit des Gegenstands beruhen, der Stoff, da er Nachahmung von Handlung sei, die Darstellung einer einzigen, und zwar einer ganzen Handlung sein; ferner müßten die Teile der Geschehnisse so zusammengefügt sein, daß sich das Ganze verändere und durcheinandergerate, wenn irgendein Teil umgestellt oder weggenommen werde; denn was ohne sichtbare Folgen vorhanden sein oder fehlen könne, sei gar nicht Teil des Ganzen (1451a 30–35).

Es versteht sich, daß der Zerfall eines einheitlichen Weltbilds auch einen Zerfall der dramatischen Form bedingt, und so ist schon immer beobachtet worden, daß bei Euripides die traditionellen Bestandteile der Tragödie in steigendem Maß ein Eigenleben zu führen beginnen. Die Auflösung der alten Polis hatte jedoch nicht nur den Verfall der Tragödie zur Folge, sondern auch den der Alten – politischen – Komödie. Die beiden letzten Stücke des bedeutendsten Vertreters, Aristophanes, *Plutos* (Der Reichtum) und *Ekklesiazusen* (Die Weibervolksversammlung), spiegeln mit der Auflösung der alten Form die inneren Veränderungen deutlich wider.

Es ist folgerichtig, daß für die römischen Dichter, die aufgrund ihres andersartigen Weltverständnisses die Gehalte und Ideen der griechischen Tragödien nicht übernehmen konnten, auch die originale Struktur unverbindlich sein mußte. Da die römische Tragödie auf Erbauung und statische Darstellung menschlicher Verhaltensweisen zielte, nicht jedoch auf Diskussion und Auseinandersetzung wie die griechische, steht sie prinzipiell auf der Stufe des Epos, das ebenfalls nicht argumentiert, sondern darstellt. Gemäß diesem epischen Charakter ist die Struktur der römischen Tragödie nicht hypotaktisch, sondern paratatktisch, sind ihre einzelnen Teile nicht einander untergeordnet, sondern gleichgeordnet: Die Tragödie ist in Rom wie die Komödie durch den Verzicht auf eine organisch sich entwickelnde Handlung gekennzeichnet.

Für die erhaltenen Dramen, die Komödien und Senecas Tragödien, ist die Auflösung des Dramenkörpers in Einzelszenen leicht nachweisbar, doch darf sie, nicht nur aus Gründen der Analogie, auch für die republikanische Tragödie angenommen werden. Jedenfalls ist es für die am ehesten römische Erscheinungsform derselben, die Praetexta, bezeichnend, daß sie nicht ein durchgängig dramatisches Geschehen, sondern aneinandergereihte Episoden zur Darstellung gebracht hat, wie die Rekonstruktionen mit ziemlicher Wahrscheinlichkeit erkennen lassen. Wenn ferner eine Reihe von Episoden aus der römischen Geschichte oder Sage von denselben Dichtern ebenso im Epos wie in der Praetexta behandelt wurde, zeigt sich darin ebenfalls der epische Grundzug der römischen Tragödie, zugleich aber auch der uneigentliche Charakter der römischen Epik: Die Dichter argumentierten zwar nicht innerhalb ihrer Werke, aber sie argumentierten mit ihren Werken. Sie stellten das Geschehen nicht einfach dar, sondern sie wollten etwas mit ihm aus der Sicht der römischen Heilsdeutung beweisen. Das hätte ein ursprünglicher epischer Dichter nicht getan. Die Bezeichnung der römischen Tragödie als ‚episch' ist formal zu verstehen.

Wenn in dem Verzicht auf eine organisch sich entwickelnde Handlung wiederum ein wesentlicher Unterschied zu der griechischen Dramaturgie zu erkennen ist, bedarf der Begriff der Handlung der Präzisierung. Handlung im Sinn eines bewegten Bühnengeschehens war dem antiken Drama überhaupt fremd: In ihm wurde nicht gehandelt, sondern von etwas gehandelt, wie Thomas Mann in dem *Versuch über das Theater* unterschieden hat:

> Das aber, was man heute unter ‚Handlung' versteht, schloß das antike Drama bekanntlich gerade aus, verlegte es vor den Anfang des Dramas oder hinter die Bühne, und was es eigentlich vorführte, war die pathetische Szene, der lyrische Erguß, ein Handeln von etwas, mit einem Worte die Rede.

Obschon sich Thomas Mann vor allem auf die griechische Tragödie bezogen haben dürfte, kann bei dieser doch insofern von Handlung gesprochen werden, als die von der Argumentation bestimmten Szenen wie in der Komödie logisch miteinander verzahnt sind, sich auseinander entwickeln. Das ist in der römischen Tragödie so wenig wie in der römischen Komödie der Fall. Wenn im folgenden auch bei Senecas Tragödien die Tendenz zur Einzelszene dargelegt wird, ist damit zugleich zu zeigen, welche Art von Einheit an die Stelle der handlungsmäßigen und argumentativen Geschlossenheit der griechischen Stücke getreten ist. Ein herausragendes Beispiel für eine an äußerer Handlung arme, an innerer Entwicklung reiche Tragödie ist Sophokles' *Oidipus*, bei dem sich das entscheidende Geschehen schon vor Beginn des Stücks abspielt und der gleichwohl die ‚zusammengesetzteste Handlung' hat, wie Schiller am 2. Oktober 1797 an Goethe schrieb:

> Ich habe mich dieser Tage viel damit beschäftigt, einen Stoff zur Tragödie aufzufinden, der von der Art des ‚Oedipus Rex' wäre und dem Dichter die nämlichen Vorteile verschaffte. Diese Vorteile sind unermeßlich, wenn ich auch nur des einzigen erwähne, daß man die zusammengesetzteste Handlung, welche der tragischen Form ganz widerstrebt, dabei zum Grunde legen kann, indem diese Handlung ja schon geschehen ist und mithin ganz jenseits der Tragödie fällt. [...] Der ‚Oedipus' ist gleichsam nur eine tragische Analysis. Alles ist schon da, und es wird nur herausgewickelt. Das kann in der einfachsten Handlung und in einem sehr kleinen Zeitmoment geschehen, wenn die Begebenheiten auch noch so kompliziert und von Umständen abhängig waren. Wie begünstiget das nicht den Poeten!

Über Senecas *Oedipus* hätte Schiller schwerlich dieses Urteil abgeben können. In Sophokles' Tragödie vollziehen sich zwei Abläufe: der der äußeren Handlung und der des Wissens und der Wahrheit. Obschon beide in engstem Zusammenhang stehen, kommt es hier nur auf die οἰκονομία an, die in durchweg strenger Motivation und dramatischer Folgerichtigkeit durchgeführt ist: Szene folgt aus Szene. Anlaß der Handlung ist die Pest, deren Ursache Oidipus zu ergründen sucht. Er hat deshalb Kreon nach Delphi gesandt. Dieser kommt zurück und berichtet. Oidipus schickt nach Teirasias, der Kreons Nachricht verdeutlichen soll. Dabei beschuldigt er den inzwischen abwesenden Kreon. Als dieser davon hört, kehrt er erneut zurück, um Oidipus zur Rede zu stellen. Iokaste, Oidipus' Gattin, tritt auf, um den entstehenden Streit zu schlichten. Sie will Oidipus beruhigen, doch trägt sie nur zu größerer Beunruhigung bei. Mit dem Erscheinen des Mannes aus Korinth kommt der einzige Handlungsanstoß von außen, ereignet sich die Katastrophe. Die Positionen verkehren sich: Oidipus beruhigt sich, Iokaste gerät in größte Bedrängnis. Dann wird nach dem alten Hirten geschickt, um Klarheit zu erlangen. Wovon man sich Erlösung erhofft, macht die Katastrophe vollkommen.

Ganz anders ist Senecas *Oedipus* strukturiert. In ihm stehen die einzelnen Szenen äußerlich gesehen nahezu unverbunden nebeneinander. Dem Stück fehlt der Motor, die treibende Kraft. Während der sophokleische Oidipus auf die Pest mit einer tatkräftigen Untersuchung reagiert, will der senecaische fliehen und sterben. Iocasta kann ihn nur mit Mühe zurückhalten. Darauf kommt Creo, der jedoch nicht von Oedipus geschickt wurde. Creo erwähnt den verhängnisvollen Dreiweg (*trigemina via*, 278), doch es ist, als höre Oedipus gar nicht zu. Sodann tritt Tiresia auf, ebenfalls nicht auf Oedipus' Veranlassung, sondern weil er von Apollos Orakel gehört hat – was aber gar nicht vorstellbar ist. Während der sophokleische Teiresias voll informiert ist, hat der senecaische keine Ahnung. Im Sinn einer verknüpfenden Dramaturgie hätte man erwartet, Oedipus ließe Tiresia holen, der aber wisse nichts. Doch kam es Seneca darauf nicht an. Nachdem diese Szene nicht weiterführt, hält Tiresia ein Extispicium ab, doch auch dieses bringt kein Ergebnis, so daß er beschließt, vor der Stadt eine Unterweltsbeschwörung ins Werk zu setzen. Wenn Creo davon später in einer überlangen Rede berichtet, wird deutlich, daß Tiresias ganzer Auftritt im Hinblick auf den Handlungsablauf höchst überflüssig war, insofern die Beschwörungsszene auf den ersten Creo-Auftritt hätte folgen können. Da Oedipus Creo nach seinem Bericht verdächtigt, ist das senecaische Stück nach über Zweidritteln dort angelangt, wo das sophokleische am Beginn in der Teiresias-Szene steht. Bei Sophokles taucht in dieser Begegnung die Wahrheit kurz auf, aber Oidipus hörte sie nicht, und so durfte sie auch der Zuschauer vergessen. Bei Seneca aber ist das Aussprechen der Wahrheit endgültig, bald darauf folgt die Katastrophe. Doch vor dieser ist ein tiefer Schnitt im dramatischen Gefüge – so tief, wie es attische Dramaturgie schwerlich geduldet hätte. Iocasta tritt auf, völlig unmotiviert; bei Sophokles wollte sie den Streit zwischen Oidipus und Kreon schlichten, der bei Seneca, durch ein Chorlied abgetrennt, schon zurückliegt. Auch nach hinten ist die Szene nicht verknüpft, insofern gar nicht auszumachen ist, wann Iocasta abtritt. Auf den Bericht des Korinthers reagiert sie nicht, während sie in der sophokleischen Szene eine erschütternde Rolle spielt.

Nicht weniger auffallend ist Oedipus' Verhalten. Bei Sophokles bohrt er von Szene zu Szene konsequent nach der Wahrheit, nutzt er jeweils sein Wissen aus der vorhergehenden Szene aus. Senecas Oedipus hätte schon bei der Creo-Erzählung das Richtige kombinieren können, wenigstens aber in der gewiesenen Richtung nachforschen müssen. Das unterbleibt. In der Iocasta-Szene versucht Seneca dann, die unterbrochene Untersuchung wieder in Gang zu bringen, indem er Oedipus sich selbst mehr oder weniger zufällig – *tenue per vestigium* (768) – an das erinnern läßt, auf was er vorher mehr als deutlich hingestoßen wurde. Denn wenn Oedipus selbst vom Dreiweg zu sprechen beginnt (772), geschieht das reichlich spät und zufällig, nachdem er schon 278 erwähnt worden war. Seneca legt auf eine folgerichtige Motivierung und dramaturgische Verknüpfung der Szenen keinen Wert.

Es dürfte somit deutlich geworden sein, daß bei dem griechischen Stück zu Recht von der ‚zusammengesetztesten Handlung' gesprochen werden kann. In ihm geht es um das schrittweise Herausfinden der Wahrheit, um das konsequente Enucleieren des Verborgenen, das sich erst am Schluß nach dem Beschreiten mancher Irrwege zeigt. Der *Oidipus* ist in seinem Geist und demzufolge auch in seiner Struktur der Ausdruck höchster Ratio. Ganz anders ist Senecas Stück. In ihm gibt es kein Ereignis der Wahrheit, sondern nur die Bestätigung eines von vornherein feststehenden Tatbestands: An die Stelle des Logos ist das Pathos getreten, das keine Entwicklung, sondern nur Steigerung kennt. Geist und Struktur des Stücks sind nicht von Maß, sondern vom Überbieten des schon Ausgesprochenen bestimmt. Beliebigkeit nimmt den Platz der Notwendigkeit ein. Insofern kann das Extispicium Tiresias völlig gleichberechtigt neben der Unterweltsbeschwörung stehen, indem gezeigt wird, mit welcher Beharrlichkeit das Fatum, dem Oedipus zu entfliehen sucht, näherrückt – so wie es von Anfang an feststeht. Dies ist das eine große Thema des senecaischen Stücks.

Sophokles' *Oidipus* ist oft als Darstellung eines Gerichtsverfahrens bezeichnet worden. Es könnte daher den Anschein haben, daß seine strukturelle Verzahnung in der besonderen Fragestellung begründet sei. Daß es dennoch berechtigt ist, von einem grundsätzlichen Unterschied griechischer und römischer Dramaturgie zu sprechen, möge das Beispiel der *Medea* zeigen, bei der man noch weniger von Handlung reden kann als beim *Oidipus*. Schiller hat in einem Brief an Goethe vom 26. April 1799 unter Bezug auf den Stoff zu *Maria Stuart* von der ‚Euripidischen Methode', welche in der ‚vollständigsten Darstellung des Zustandes' bestehe, gesprochen:

> Besonders scheint er sich zu der Euripidischen Methode, welche in der vollständigsten Darstellung des Zustandes besteht, zu qualifizieren, denn ich sehe eine Möglichkeit, den ganzen Gerichtsgang zugleich mit allem Politischen auf die Seite zu bringen, und die Tragödie mit der Verurteilung anzufangen.

Beim *Oidipus* würde man Schillers Formulierung von der ‚zusammengesetztesten Handlung' gern für die sophokleische Fassung, die von der ‚vollständigsten Darstellung des Zustandes' für die senecaische in Anspruch nehmen. Sollte bei der Gestaltung der *Medea* Euripides schon auf der Seite Senecas stehen? In der Tat ist die Handlung, überspitzt ausgedrückt, eine einzige große Rede Medeias, zu der nacheinander verschiedene Personen treten: Kreon, Iason, Aigeus, abermals Iason, der Bote und wieder Iason. Die Monologe werden durch Dialoge unterbrochen. Von diesen Szenen ist keine für den Handlungsablauf dramaturgisch unentbehrlich. Die Iason-Szenen dienen der gegenseitigen Explizierung der unterschiedlichen Standpunkte, der Botenbericht hat traditionell eine mehr epische Funktion, Aigeus' Erscheinen ist insofern nicht notwendig, als Medeia auch ohne sein Asylangebot nicht auf ihre Rache verzichten würde, und die Verbannung brauchte nicht der König selbst zu überbringen, sondern konnte von Anfang an bekannt sein. Daß alle diese Szenen andererseits die Funktion haben, Medeias Auseinandersetzung mit ihrer Umgebung zur Darstellung zu bringen, bedarf keiner Betonung. Jeder an Senecas Dramaturgie gewöhnte Zuschauer würde sich damit zufriedengeben. Überraschenderweise hat Euripides jedoch ein Mittel gefunden, die so verschiedenen Szenen argumentativ zu verklammern und ihrer Abfolge bis zu einem gewissen Grad eine dramaturgische Notwendigkeit zu verleihen, indem er das Stück als Rachedrama gestaltete und der Handlung eine bis in Einzelheiten ausgesponnene Intrige zugrunde legte. In diesem Zusammenhang ist die Kreon-Szene wichtig, in der Medeia ihre Intrige ins Werk zu setzen beginnt. Es ist im höchsten Maß auffallend, wie planvoll und überlegen sie Kreon belügt und hintergeht, wie sie die verschiedenen Wege der Rache durchspielt (πολλὰς ὁδούς, 376), wie sie gar bedenkt, was nach der Rache aus ihr wird (386–389). Wenn sie sich selbst ermuntert, sie möge keine ihrer Kenntnisse bei der Planung ungenutzt lassen (φείδου μηδὲν ὧν ἐπίστασαι, | Μήδεια, βουλεύουσα καὶ τεχνωμένη, 401–402), wird deutlich, daß nicht allein der Schmerz die Triebfeder des Handelns ist, sondern Medeia eine Intrigantin beachtlichen Formats verkörpert. Sie bezieht auch Aigeus in ihr Spiel mit ein, da er kaum Schutz angeboten hätte, wenn ihm ihre Pläne bekannt gewesen wären. Immerhin bewundert er die minutiöse Planung (πολλὴν προμηθίαν, 741). Die ganze zweite Iason-Szene ist dermaßen von Medeias Intrige bestimmt, daß sie nicht allein Ausdruck des Schmerzes zu sein scheint, sondern zum Selbstzweck zu werden droht. Die Art, wie Medeia genüßlich dem Boten zuhört oder sich in der letzten Szene an Iasons Schmerz weidet, erinnert schon an senecaische Gestalten, zeigt aber auch den Erfolg der Intrige, indem sie unverhohlen der Freude über die Richtigkeit ihrer Kalkulation Ausdruck verleiht. Es fällt auf, daß Euripides nicht eine dramaturgische Verknüpfung der Szenen in der Weise gewählt hat, daß er n a c h der Kreon-Szene in Medea den Gedanken an die Ermordung Kreons und Kreusas und n a c h der Iason-Szene den Plan zum Kindermord aufkommen ließ. Statt dessen wird die Handlung in einem erheblich äußereren Sinn durch die sich über fast 1000 Verse von Kreons Auftritt (271) bis zu Kreons Tod (1230) erstreckende Intrige zusammengehalten. Für das moderne Empfinden wird Medeias Größe dadurch Eintrag getan, für den griechischen Kunstverstand war offenbar eine weitgehend von der Ratio bestimmte Handlungsführung unverzichtbar. Von Euripides führt ein direkter Weg zur Neuen Komödie.

Sehr viel einfacher ist Senecas *Medea* strukturiert, in der das ganze Geschehen in noch größerem Maß auf die Heldin konzentriert ist. Äußerlich kommt das schon darin zum Ausdruck, daß der Chor nicht mehr auf ihrer Seite steht und sich demgemäß nicht mehr aus Frauen zusammensetzt, sondern aus Männern, die die Handlung aus neutraler Sicht kommentieren. Durch diesen mangelnden Rückhalt ist Medea von vornherein sehr viel einsamer als ihr griechisches Vorbild. Weiterhin fehlt die Aigeus-Szene. Senecas Medea hat nicht ein sicheres Asyl in der Hinterhand: Sie ist ganz auf sich gestellt und bringt sich unserer Sympathie dadurch nur näher. Ferner sind bei Euripides zu Beginn die Kinder bei Medeia; sie hat die Möglichkeit, mit ihnen zu fliehen. Bei Seneca sind die Kinder von Anfang an bei Iason: Medeas Verlassenheit und Einsamkeit ist vollkommen. Die Konzentration des Geschehens auf ihre Person zeigt sich auch in der Zurückdrängung alles Nur-Faktischen. So ist der Botenbericht von Kreons und Kreusas Tod von 103 Versen bei Euripides auf 12 Verse bei Seneca komprimiert. Bezeichnenderweise wird die Wirkung der Zauberei bei Euripides von dem neutralen Boten geschildert, bei Seneca hingegen als Teil von Medeas Wesen gedeutet, insofern sie in einer über 100 Verse langen Rede als Zauberin vorgeführt wird (740–848): Alles dient der totalen Explizierung ihres Inneren. Vor allem aber ist die Intrige nicht so breit bis in alle Verästelungen hinein ausgesponnen wie in dem griechischen Vorbild. Die gesamte zweite Iason-Szene fehlt, die Medeia bei Euripides dazu dient, ihren Betrug zu inszenieren, während sie bei Seneca lediglich in der ersten Iason-Szene in wenigen Versen darum bittet, ihre Kinder noch einmal sehen zu dürfen (551–557). Die unterschiedliche Dramaturgie spiegelt auch schon die Creo-Szene wider. Bei Euripides spricht Kreon die Verbannung aus und gibt damit den Anlaß zu Medeias Intrige. Während es nahezu das alleinige Ziel Medeias ist, Kreon ihre Harmlosigkeit zu beweisen, diskutiert Senecas Medea offen über ihr *crimen* und verteidigt ihre *scelera*. Die Verbannung taucht keineswegs als neues Moment auf, sondern ist Medea längst (*iamdudum*, 191) bekannt. Die Creo-Szene dient lediglich dazu, die ‚inneren' Positionen Medeas und damit auch Creos und Iasons darzulegen. Die sich anschließenden Szenen offenbaren abermals die strukturelle Verschiedenheit in einer höchst aufschlußreichen Weise. Bei Euripides hält Medeia eine Rede (364–409), bei Seneca führt sie formal einen Dialog mit der Amme (380–430). Euripides' Medeia spricht den Chor an, rechtfertigt vor ihm ihr Tun, erwägt, was man über sie denken werde, diskutiert, wer sich später um sie kümmern werde, und bezieht schließlich sich und den Chor in die Frauengemeinschaft ein: πεφύκαμεν (407). In Senecas Szene reden sowohl die Amme als auch Medea für sich, ohne aufeinander einzugehen. Medeia spricht – obschon in einer Einzelrede – aus der Gemeinschaft heraus im Hinblick auf die Gemeinschaft, Medea spricht – obschon in einem Dialog – aus der Einsamkeit heraus im Hinblick nur auf sich. Medeia argumentiert von außen und nach außen, Medea argumentiert von innen und nach innen.

Der Konzentration auf die Person entspricht eine konsequente Vernachlässigung des Faktischen. Senecas Art, den Stoff seiner Dramen zu exponieren, mag das verdeutlichen. So läßt die Exposition des *Oedipus* viele Fragen offen. Bei Sophokles gibt Oidipus in 1–13 eine allgemeine Exposition, indem er den Schauplatz und die Personen, sich eingeschlossen, vorstellt, während der Priester in 14–57 die spezielle Exposition im Hinblick auf die Pest anfügt. Bei Seneca tritt hingegen ein Mann auf, der in 1–5 ein Stimmungsbild und in 6–11 eine Sentenz über die Königsherrschaft ausmalt, sodann sagt, sein Vater heiße Polybus, er sei geflohen und in ein Königreich ‚geraten' (*incidi*, 14) – Rätsel über Rätsel. Aber die innere Situation, auf die es allein ankommt, ist deutlich: Ein Mann ist auf der Flucht vor dem Schicksal und sich selbst; dieser Mann hat auch eine Frau, deren Namen ebensowenig genannt ist, deren Haltung aber klar umrissen wird, indem sie fest dafür eintritt, jeder vom Schicksal bestimmten Situation standzuhalten. Es wird nicht deutlich, wer der Mann und die Frau sind, dafür aber, daß in stoischem Sinn der Mann sich falsch, die Frau richtig verhält.

In Euripides' *Medeia* gibt die Amme in den ersten 19 Versen eine genaue Exposition: Fahrt der Argo, Mord an Pelias, Korinth als Schauplatz, neue Heirat Iasons, Medeias Verlassenheit als Folge. Wenn sie dann fortfährt, Medeia klage über die Eheeide (βοᾷ μὲν ὅρκους, 21) und rufe die Götter zu Zeugen an (καὶ θεοὺς μαρτύρεται, 22), konnte sich jeder Zuschauer ein genaues Bild über die Handlungssituation machen. Seneca führt jedoch mit dem ersten Vers Medeas βοᾶν und ἀνακαλεῖν in seinem ganzen Pathos vor, indem er die gesamte Exposition kurzerhand streicht. Zwar fallen im achten Vers die Namen Iason und Medea, aber es mußte völlig unklar sein, wer die neue Gattin, wer der Schwiegervater, wer die Kinder seien, denen Medea in den Versen 17 und 18, in denen ihre Rede – ein einziger Racheruf von 18 Versen – gipfelt, den Tod wünscht: *coniugi letum novae | letumque socero et regiae stirpi date*. Das gilt für den ganzen 55 Verse umfassenden Monolog. Der Zuhörer konnte – und sollte – nur realisieren, daß eine Frau in namenlosem Schmerz spricht und auf namenlose Rache sinnt: Das Pathos schwemmte alle rationalen Verknüpfungen der einzelnen Argumente mit sich fort.

Heiter und gelöst, aber ebenfalls nur auf Stimmung, nicht auf realistische Erfassung der Zusammenhänge angelegt ist der Prolog zur *Phaedra*. Hippolytus singt ein Jagdlied allgemeinster Prägung, das auf jede andere ähnliche Situation übertragbar ist. Man kann die 84 Verse lange Arie nicht besser charakterisieren, als es W. H. Friedrich getan hat: „Er liefert zunächst, indem er die Jagdgenossen im Gelände verteilt, einen Abriß der attischen Landeskunde mit einer Fülle von tönenden Namen. Dann gibt er Anweisungen wegen der Hunde, indem er die wichtigsten Rassen nennt, und weist den einzelnen Jägern ihre Aufgaben zu. Er schließt mit einem Gebet an Diana, deren Wirkungsbereich er ausführlich würdigt, und eilt endgültig in den Wald."

Die Betrachtung der Expositionen der römischen Komödie wird bestätigen, daß die immer wiederholte Ansicht unzutreffend ist, Seneca habe den Stoff so mangelhaft exponiert, weil er den Hörern und Lesern allbekannt sei. Es zeigt sich vielmehr ein grundlegender Unterschied in der Gewichtung, die Griechen und Römer der Darstellung faktischer Zusammenhänge gaben. Für die meisten von Euripides auf die Bühne gebrachten Stoffe galt, daß sie den Zuschauern zur Genüge bekannt waren, und doch exponierte er teilweise so pedantisch, daß Aristophanes seine Manier in den *Fröschen* auf das Korn nahm. Andererseits haben die römischen Komödiendichter die komplizierten Handlungen der Vorlagen so oberflächlich exponiert, daß sie den Zuschauern oft nicht durchschaubar sein konnten. Wie in anderen Genera der römischen Literatur kam es im Drama mehr auf den Ausdruck von Haltungen und Ideen als auf deren Voraussetzungen und Begründungen an.

Es ist hinreichend deutlich, daß die griechische Tragödie die folgerichtige Verknüpfung der einzelnen Szenen, die römische die pathetische Reihung derselben kennt. Der organischen Entfaltung der Handlung der griechischen Tragödie entspricht die dynamische Entwicklung der Charaktere. Der statischen Struktur der römischen Tragödie entspricht die statische Darstellung der Charaktere. Die einzelnen Szenen bringen für diese nicht so sehr neue Situationen, die ihr Handeln entscheidend beeinflußten, sondern dienen der Ausmalung und Ausgestaltung von Anfang an festgelegter Bestimmungen und Züge der Charaktere. Daher zeigen schon die ersten Szenen, oft die Prologe, die Personen fast in ihrer endgültigen Situation. Mit ihnen ereignet sich nicht etwas, sondern sie selbst sind das Ereignis, das dargestellt werden soll. Die römische Tragödie führt im Gegensatz zur griechischen nicht vor, wie Oidipus stürzt oder wie Medea zur Kindermörderin wird, sondern demonstriert von Beginn an den gestürzten Oedipus und die Kindermörderin Medea.

Bei Sophokles tritt Oidipus reinsten Gewissens auf; er hat nicht den geringsten Anlaß zu der Annahme, er könne an der Pest schuld sein. Erst im Verlauf der Handlung kommt er zu der Erkenntnis, daß die Gottheit ihn wegen seiner Taten als Befleckung des Landes (μίασμα) empfinde und daher die Pest geschickt habe. Bei Seneca kann Oedipus zwar feststellen, daß er bisher vermieden habe, den Vater zu erschlagen und die Mutter zu heiraten, aber nach der stoischen Prädestinationslehre ist er schuldig von dem Augenblick an, als er die betreffenden Orakel erhielt. Demgemäß ist er in seinem Bewußtsein schuldig, noch ehe er erfährt, daß er die vorausgesagten Taten bereits begangen hat. Während der sophokleische Oidipus zur Pest ein neutrales Verhältnis hat, bezieht sie der senecaische sofort auf sich: ‚In dem Verderben der Stadt und den immer neu zu beklagenden Leichenzügen und dem Sterben des Volkes stehe ich unversehrt – ganz offensichtlich als Angeklagter Apollos. Konntest du hoffen, für solche Verbrechen werde ein gesundes Reich gegeben? Ich habe den Himmel schädlich gemacht' (32–36):

> inter ruinas urbis et semper novis
> deflenda lacrimis funera ac populi struem
> incolumis asto – scilicet Phoebi reus.
> 35 sperare poteras sceleribus tantis dari
> regnum salubre? fecimus caelum nocens.

Oedipus spricht von seinen *scelera*, noch ehe er weiß, daß er welche vollbracht hat, er bekennt sich schuldig, noch ehe er weiß, daß er schuldig ist. Er spricht von seiner tödlichen Hand (*letalis manus*, 77), noch ehe er weiß, daß er den Vater erschlagen hat, und nennt seine Verfehlungen als Ursache für die Verpestung des Himmels (*tabifica caeli vitia*, 79), noch ehe er weiß, daß er die Pest verursacht hat. Für Oedipus' Bewußtsein und Haltung trägt die gesamte Handlung des Stücks nichts bei. Während das Geschehen des sophokleischen *Oidipus* ein Ecce homo zeigt, indem der Mensch zu Beginn auf der höchsten Stufe und am Schluß im tiefsten Elend steht, zu Beginn strahlender Herrscher ist und am Schluß in die Verbannung zieht, ist der senecaische Oedipus von Anfang an elend und auf der Flucht. Während Oidipus eine Wandlung durchmacht, erfährt Oedipus nur eine Bestätigung. An die Stelle der Dynamik ist Statik getreten.

Während Oedipus sein Schicksal durch das Orakel kennt und desto leichter von der Realisierung in seinem Bewußtsein noch nicht vollbrachter Taten sprechen kann, entfällt bei anderen Personen dieser äußere Anstoß. Dennoch hat Seneca bei ihnen keineswegs die Entwicklung zu einer Entscheidung hin oder gar die Entfaltung ihres Wesens zeigen wollen. Vielmehr war für ihn die darzustellende Person eine konstante Größe, deren Umriß von Beginn an feststand und bei der es nur galt, die einzelnen Züge nach und nach zu einem vollständigen Porträt zusammenschießen zu lassen. Der vorgegebene, sozusagen für ihr Wesen verpflichtende Rahmen einer Person ist bei Medea besonders gut zu beobachten. Sie hat schon früher Schandtaten (*scelera*) begangen: Raub des Goldenen Vlieses, Beihilfe zu den Morden am Bruder, am Vater und an Pelias. Wenn sie überlegt, wie sie sich an Iason rächen könne, geht es ihr nicht um die Sache, um Iasons Person, sondern um ihre eigene Person: Sie muß sich mit einem *scelus* rächen, wie es ihrer angemessen ist. Der furchtbare Anlaß, der für die euripideische Medeia allein Gewicht hatte, verliert völlig an Bedeutung gegenüber der Größe ‚Medea'. Es kommt nicht so sehr darauf an, daß Iason gestraft wird, als vielmehr darauf, wie Medea straft. Sie beruft sich konsequent auf ihre vergangenen *scelera*, um aus ihnen die Verpflichtung für die Gegenwart abzuleiten: *scelera te hortentur tua | et cuncta redeant* (129–130). Freilich kann der Fall eintreten, daß die gegenwärtige

Situation wie bei Medea eine besondere Reaktion erfordert. Denn es ist ja unbestreitbar, daß ihre Lage noch nie so zugespitzt war. So kann sie sagen, daß ihr jetzt größere *scelera* anstünden: *maiora iam me scelera* [...] *decent* (50). Damit ist aber keine Entwicklung ihres Wesens, sondern lediglich eine quantitative Steigerung ihrer Handlungsgewohnheiten gemeint. Wenn es ihr gelingt, diesen den i-Punkt aufzusetzen, ist sie endlich ganz Medea. Dann füllt sie den von Anfang an vorgegebenen Rahmen aus. Dies bedeuten die beiden oft zitierten Wendungen, Medea wolle Medea werden, *Medea fiam* (171), und nach vollbrachter Tat: Sie sei nun Medea, *Medea nunc sum* (910). Lediglich ihre Erfindungsgabe ist durch das Leid gewachsen, ihr Wesen hat sich nicht entwickelt: *crevit ingenium malis* (910). In diesem Zusammenhang erklären sich auch die vieldiskutierten Andeutungen der zukünftigen Taten Medeas im Prolog. Dort spricht sie offen aus, daß sie Creo und Creusa den Tod wünscht (17–18). Dann überlegt sie, wie sie Iason Schlimmeres wünschen könne: Er möge leben und durch unbekannte Städte bedürftig, verbannt, in Furcht, verhaßt und unstet irren, schon bekannt, stets an fremde Türen klopfen; Medea möge er wieder zur Frau wünschen und – das Schlimmste von allem – Kinder, die Vater und Mutter ähnlich seien. In diesem Augenblick, in dem Medea von Kindern spricht, ruft sie aus: Geboren sei die Rache, denn sie habe geboren, d. h. sei Mutter von Kindern, an denen die Rache vollzogen werden könne (20–26):

> 20 vivat. per urbes erret ignotas egens
>   exul pavens invisus incerti laris,
>   iam notus hospes limen alienum expetat,
>   me coniugem optet, quoque non aliud queam
>   peius precari, liberos similes patri
> 25 similesque matri – parta iam, parta ultio est:
>   peperi.

Das ist natürlich doppeldeutig formuliert, aber wenn Medea wenig später sagt, sie wolle den Weg der Rache durch den eigenen Leib hindurch suchen (*per viscera ipsa quaere supplicio viam*, 40), spielt sie ebenfalls auf den Kindermord an, mit dem sie sich selbst trifft. Durch die situationsbedingte Doppeldeutigkeit lasse man sich nicht täuschen: Während die euripideische Medeia erst 792 auf den Gedanken an den Kindermord verfällt, steht die senecaische Medea von Anfang an als potentielle Kindermörderin da. Medea wird durch kein Ereignis während des Stücks zu irgendeiner vorher undenkbaren Entscheidung, zu einer Entfaltung oder gar Veränderung ihres Wesens getrieben. Sie braucht lediglich ihre Erfindungsgabe, ihr *ingenium*, einzusetzen, um die neue Situation zu meistern. Sie ist von Anfang an die, die sie am Schluß ist. Eine Entwicklung kennt sie so wenig wie andere Gestalten der römischen Bühne.

Die Emanzipation der Person von der Handlung bewirkt, daß die Einzelrede in der römischen Tragödie eine besondere Bedeutung erlangt. Freilich ist es unverkennbar, welch fein nuanciertes Instrument die attische Tragödie mit der Umsetzung menschlichen Denkens und Fühlens in Rede und Gegenrede allen nachfolgenden Epochen in einzigartiger Weise bereitgestellt hat. Nietzsche hat das im 80. Kapitel des zweiten Buchs der *Fröhlichen Wissenschaft* so gesehen:

> Die Griechen (oder wenigstens die Athener) hörten gerne gut reden: ja sie hatten einen gierigen Hang danach, der sie mehr als alles andere von den Nicht-Griechen unterscheidet. Und so verlangten sie selbst von der Leidenschaft auf der Bühne, daß sie gut rede, und ließen die Unnatürlichkeit des dramatischen Verses mit Wonne über sich ergehen [...]. Nun haben wir uns alle, dank den Griechen, an diese Unnatur auf der Bühne gewöhnt. [...] Es ist uns ein Bedürfnis geworden, welches wir aus der Wirklichkeit nicht befriedigen können: Menschen in den schwersten Lagen gut und ausführlich reden zu hören: es entzückt uns jetzt, wenn der tragische Held da noch Worte, Gründe, beredte Gebärden und im ganzen eine helle Geistigkeit findet, wo das Leben sich den Abgründen nähert, und der wirkliche Mensch meistens den Kopf und gewiß die schöne Sprache verliert. Diese Art *Abweichung von der Natur* ist vielleicht die angenehmste Mahlzeit für den Stolz des Menschen; ihretwegen überhaupt liebt er die Kunst, als den Ausdruck einer hohen, heldenhaften Unnatürlichkeit und Konvention [...]. Der Athener ging ins Theater, *um schöne Reden zu hören!* Und um schöne Reden war es dem Sophokles zu tun! – man vergebe mir diese Ketzerei!

Noch ketzerischer war Grillparzer in dem 3556. Stück des *Tagebuchs* vom Herbst 1841, wenn er zu Aischylos anmerkt:

> In den Wechselreden brauchen die Unterredenden die längste Zeit um sich über die einfachsten Verhältnisse zu verständigen, und was der Zuseher bei der ersten Antwort begriffen hat, wird oft durch zehn Verse durch gefragt, bis die Redenden in's Klare kommen [...]. Später beim Euripides, ja schon beim Sophokles, ist es jene Redseligkeit, die den Athenern, aus der Gewohnheit von öffentlichen Reden und Gerichtsverhandlungen, zum eigentlichen Labsal geworden war. Solche Geschwätzigkeit im guten Sinne kommt selbst in den Dialogen des Plato nicht selten vor.

Form und Funktion der tragischen Rede haben bei Seneca gegenüber der griechischen Tragödie einige entscheidende Modifikationen erfahren. Zunächst hat der Verzicht auf eine argumentative Weltdeutung bewirkt, daß die Personen nicht nur ganz auf sich gestellt sind und nur auf sich bezogen empfinden und sprechen, sondern daß ihre Reden auch aus dem argumentativen Gesamtzusammenhang herausgenommen sind und ein Eigenleben führen. Daher steht nicht nur Szene neben Szene zuweilen unverbunden nebeneinander, sondern letztlich auch Rede neben Rede. Da es nicht mehr um den Widerstreit von Ideen geht, gibt es auch keine Agone mehr, ja nicht einmal echte Dialoge. Äußerlich zeigt sich das darin, daß oft nicht feststellbar ist, wann Personen zu einer sprechenden Person hinzutreten oder an einem Gespräch nicht mehr teilnehmen. Bezeichnend ist dafür die Rolle Iocastas im *Oedipus*. Das Stück beginnt mit einem 81 Verse umfassenden Monolog des Oedipus, bei dem kein anderer Teilnehmer denkbar ist. Dann spricht plötzlich Iocasta, ohne daß man weiß, ob sie von Anfang an ‚Zuhörerin' war oder erst später hinzuzudenken ist. Es ging Seneca nur um Oedipus: Zu dessen unstoischem Verhalten brauchte er als Regulativ die stoische Gegenposition, damit seine Haltung möglichst deutlich wurde. Iocasta ist keine ‚lebendige' Person, kein organischer Bestandteil der Szene, sondern nur die Verkörperung einer Idee. Sie erfüllt eine ganz bestimmte Funktion, und zwar in Hinsicht auf Oedipus' Argumentation. Von hieraus wird auch verständlich, daß sie bei ihrem schon betrachteten zweiten Auftritt von einem bestimmten Zeitpunkt an einfach vergessen werden kann, obschon es um das Äußerste geht, aus dem die griechische Iokaste die letzte Konsequenz zieht. Aber auch Dialoge sind oft im Grund nur Monologe, die durch Zusatzargumente größeres Profil erhalten. So ist der Dialog mit dem Satelles im *Thyestes* (204b – 219) nur eine Fortsetzung von Atreus' Monolog (176 – 204a), auf die sofort wieder ein Monolog folgt (220 – 244). In dem Zwischenstück sollten durch die Einwürfe Atreus' sarkastische Maximen fortlaufend pointiert von der Normalansicht abgehoben werden. Nicht anders ist die Funktion der bei Seneca so beliebten Domina-Nutrix-Szenen in der *Phaedra*, im *Agamemnon* und in der *Medea*, wo jeweils nur die Position der Hauptheldin nach allen Richtungen hin abgesteckt wird. Am deutlichsten ist das in der *Medea*, wo weder die beiden Szenen mit der Amme noch, wie dargelegt, die von diesen eingeschlossene Creo-Szene einen echten Dialog darstellen, sondern der Explizierung von Medeas Wesen dienen.

Weiterhin ist für die besondere Ausprägung der senecaischen Rede eine literarische Form wichtig geworden, die zuerst bei den Neoterikern begegnet und am ehesten der modernen Technik des ‚inneren Monologs' vergleichbar ist. In der Epoche, in der das Individuum durch die Entwicklung der politischen und gesellschaftlichen Verhältnisse auf sich selbst zurückgeworfen wurde, bildete sich in der Literatur eine Form aus, in der das Ich, ohne sich an ein fest umrissenes Gegenüber zu richten, über seine Situation reflektiert und die verschiedensten Vorstellungen an sich vorüberziehen läßt. Diese zum erstenmal in Catulls Ariadne-Klage zu beobachtende Technik haben die Elegiker geradezu virtuos ausgebildet. Seitdem gibt es in der römischen Literatur den von Person zu Person schweifenden, an keine bestimmte Situation gebundenen, von Zeitstufe zu Zeitstufe springenden und die Gedanken assoziativ verbindenden ‚inneren Monolog', den Vergil in den Reden Didos, Ovid in den *Heroides*, vor allem aber Seneca aufgenommen und weiterentwickelt haben. Das Rezitationsdrama ist literaturgeschichtlich gesehen die konsequente Fortsetzung dieser römischen Ausdrucksform.

Als dritte Komponente hat zur Ausbildung der senecaischen Rede die stoische Philosophie beigetragen, die das gesamte Weltgeschehen nur aus dem Blickwinkel des einzelnen Menschen heraus betrachtete. Für die von ihr geprägte Grundhaltung konnte nicht das Handlungsganze, sondern nur der jeweilige Handlungsausschnitt von Bedeutung sein, weil es immer auf die Reaktion des Einzelnen ankam. Die stoische Psychologie hatte eine Betrachtungsweise entwickelt, die auch die feinsten Regungen und Nuancen der menschlichen Seele erfassen und beschreiben konnte. Sie fiel in dieser literarischen Situation in Rom bei dem senecaischen Rezitationsdrama auf besonders fruchtbaren Boden.

Diese vielschichtigen Voraussetzungen haben bewirkt, daß die senecaische Rede eine literarische Form sui generis wurde, die in ihrer Modernität eine Nachwirkung ohnegleichen erlebt hat. Wenn Schiller in der unterdrückten Vorrede zu den *Räubern* die echte ‚dramatische Manier' von der der französischen Tragödie absetzt, so ist mit der letzten zugleich die senecaische Manier und damit der Archetyp innerhalb der Entwicklung der europäischen Tragödie charakterisiert:

> Wirklich ist dieses große Vorrecht der dramatischen Manier, die Seele gleichsam bei ihren verstohlensten Operationen zu ertappen, für den Franzosen durchaus verloren. Seine Menschen sind (wo nicht gar Historiographen und Heldendichter ihres eigenen hohen Selbsts) doch selten mehr als eiskalte Zuschauer ihrer Wut, oder altkluge Professore ihrer Leidenschaft.

Die senecaische Manier kann bis zu einem gewissen Grad der Monolog veranschaulichen, den im *Hercules Furens* (Der rasende Hercules) der aus dem Wahnsinn erwachende Hercules hält, wenn er die Leichen seiner von ihm getöteten Frau und Kinder erblickt (1138–1186). An dieser Stelle spricht sein griechisches Vorbild in Euripides' *Herakles* folgendes: ‚Ah! Ich atme und sehe, was ich muß, [1090:] Himmel, Erde und die Strahlen der Sonne; ich bin in wogenden furchtbaren Wahnsinn gefallen und hole aus meiner Lunge unsteten heißen Atem herauf. Sieh, warum sitze ich wie ein Schiff mit Stricken [1095:] um die starke Brust und den Arm festgebunden an einen halbzerborstenen Stein und habe meinen Platz neben Leichen? Und die geflügelten Pfeile! Der Bogen liegt am Boden fortgeschleudert, der mich sonst in meinen Armen [1100:] schützte, so wie ich ihn. Kam ich wieder in den Hades, ein zweites Mal für Eurystheus? In den Hades? Woher? Aber ich sehe nicht Sisyphos' Fels und Pluton und nicht das Szepter der Demeter-Tochter. [1105:] Ich bin geschlagen. Wo bin ich und weiß nicht weiter? He, welcher Freund ist nah oder fern, der meinen Irrtum heilt? Denn das Gewohnte erkenne ich nicht' (1088–1108):

ἔα·
ἔμπνους μέν εἰμι καὶ δέδορχ' ἄπερ με δεῖ,
1090 αἰθέρα τε καὶ γῆν τόξα θ' Ἡλίου τάδε.
ὡς ἐν κλύδωνι καὶ φρενῶν ταράγματι
πέπτωκα δεινῷ καὶ πνοὰς θερμὰς πνέω
μετάρσι', οὐ βέβαια, πνευμόνων ἄπο.
ἰδού, τί δεσμοῖς ναῦς ὅπως ὡρμισμένος
1095 νεανίαν θώρακα καὶ βραχίονα
πρὸς ἡμιθραύστῳ λαΐνῳ τυκίσματι
ἧμαι, νεκροῖσι γείτονας θάκους ἔχων;
πτερωτά τ' ἔγχη· τόξα δ' ἔσπαρται πέδῳ,
ἃ πρὶν παρασπίζοντ' ἐμοῖς βραχίοσιν
1100 ἔσῳζε πλευρὰς ἐξ ἐμοῦ τ' ἐσῴζετο.
οὔ που κατῆλθον αὖθις εἰς Ἅδου πάλιν,
Εὐρυσθέως δίαυλον; εἰς Ἅδου; πόθεν;
ἀλλ' οὔτε Σισύφειον εἰσορῶ πέτρον
Πλούτωνά τ', οὐδὲ σκῆπτρα Δήμητρος κόρης.
1105 ἔκ τοι πέπληγμαι· ποῦ ποτ' ὢν ἀμηχανῶ;
ὠή, τίς ἐγγὺς ἢ πρόσω φίλων ἐμῶν,
δύσγνοιαν ὅστις τὴν ἐμὴν ἰάσεται;
σαφῶς γὰρ οὐδὲν οἶδα τῶν εἰωθότων.

Demgegenüber äußert sich Senecas Hercules folgendermaßen: ‚Welcher Ort, welche Gegend ist das, welcher Platz der Welt? Wo bin ich? Gegen Sonnenaufgang, gegen die Achse [1140:] der eisigen Bärin? Setzt hier die äußerste Küste am Hesperischen Meer dem Ozean die Grenze? Welche Luft atme ich? Welcher Boden ist unter dem Erschöpften? Ich bin gewiß wieder zurück – warum sehe ich zu Hause blutige Körper niedergestreckt? Hat der Geist noch nicht [1145:] die unterirdischen Bilder abgelegt? Irrt noch nach der Rückkehr vor meinen Augen die Totenschar? Ich bekenne mit Scham: Ich habe Furcht. Irgendein, ein großes Unglück ahnt mein Geist. Wo bist du, Vater? Wo ist meine auf die Kinderschar [1150:] stolze Gattin? Warum entbehrt meine linke Seite des Löwenfells? Wohin ist mein Schutz, der zugleich ein weiches Polster für Hercules' Schlaf war? Wo sind die Pfeile? Wo ist der Bogen? Wer konnte mir, solange ich lebe, die Waffen nehmen? Wer hat solche Beute gemacht [1155:] und schreckte nicht selbst vor Hercules' Schlaf zurück? Ich habe Lust, meinen Besieger zu sehen, wirklich Lust. Erscheine, Verkörperung der Virtus, für den mein Vater den Himmel verließ, um ihn als neuen Helden zu erschaffen, bei dessen Zeugung die Nacht länger anhielt als die unsrige – welch Verbrechen sehe ich? [1160:] Die Kinder liegen in blutigem Mord hingerafft, ermordet die Gattin. Welcher Lycus herrscht als König? Wer wagte es, nach Hercules' Rückkehr solche Verbrechen in Theben zu begehen? Der du die Gegend des Ismenus, die attischen Fluren, [1165:] des dardanischen Pelops Reich, das auf beiden Seiten vom Meer bespült wird, bewohnst, komm zu Hilfe, melde den Urheber des wilden Mordes! Mein Zorn richte sich gegen alle: Feind ist mir, wer mir nicht den Feind nennt. Sieger über den Alkiden, verbirgst du dich? Tritt vor, ob du das trotzige Gespann [1170:] des blutigen Thrakers, Geryones' Herde oder die Herren von Libyen rächen willst, der Kampf wird nicht verzögert. Da stehe ich nackt; ja mit meinen Waffen magst du den Waffenlosen angreifen. Warum meiden Theseus und der Vater meinen Anblick? Warum verbergen sie ihr Gesicht? [1175:] Laßt das Weinen! Sprich, wer die Meinen alle zusammen getötet hat – was schweigst du, Vater? So sage es du, Theseus, aber mit deiner bekannten Zuverlässigkeit! Beide bedecken schweigend ihr schamerfülltes Antlitz und vergießen heimlich Tränen. Wessen müßte man sich bei solchem furchtbaren Geschehen [1180:] schämen? Hat der übermütige Herrscher über die argivische Stadt, hat ein feindliches Heer des sterbenden Lycus uns mit solchem Unheil überfallen? Bei dem Ruhm meiner Taten bitte ich dich, Vater, bei dem mir immer [1185:] günstigen Schutz deines Namens, sprich: Wer hat das Haus heimgesucht? Wem lag ich als Beute da?'

> quis hic locus, quae regio, quae mundi plaga?
> ubi sum? sub ortu solis, an sub cardine
> 1140 glacialis ursae? numquid Hesperii maris
> extrema tellus hunc dat Oceano modum?
> quas trahimus auras? quod solum fesso subest?
> certe redimus – unde prostrata ad domum
> video cruenta corpora? an nondum exuit
> 1145 simulacra mens inferna? post reditus quoque
> oberrat oculis turba feralis meis?
> pudet fateri: paveo; nescio quod mihi,
> nescio quod animus grande praesagit malum.
> ubi es, parens? ubi illa natorum grege
> 1150 animosa coniunx? cur latus laevum vacat
> spolio leonis? quonam abit tegimen meum
> idemque somno mollis Herculeo torus?
> ubi tela? ubi arcus? arma quis vivo mihi
> detrahere potuit? spolia quis tanta abstulit
> 1155 ipsumque quis non Herculis somnum horruit?
> libet meum videre victorem, libet.
> exurge, virtus, quem novum caelo pater
> genuit relicto, cuius in fetu stetit
> nox longior quam nostra – quod cerno nefas?
> 1160 nati cruenta caede confecti iacent,
> perempta coniunx. quis Lycus regnum obtinet?
> quis tanta Thebis scelera moliri ausus est
> Hercule reverso? quisquis Ismeni loca,
> Actaea quisquis arva, qui gemino mari
> 1165 pulsata Pelopis regna Dardanii colis,

```
           succurre, saevae cladis auctorem indica.
           ruat ira in omnes: hostis est quisquis mihi
           non monstrat hostem. victor Alcidae, lates?
           procede, seu tu vindicas currus truces
1170       Thracis cruenti sive Geryonae pecus
           Libyaeve dominos, nulla pugnandi mora est.
           en nudus asto; vel meis armis licet
           petas inermem. cur meos Theseus fugit
           paterque vultus? ora cur condunt sua?
1175       differte fletus; qui meos dederit neci
           omnes simul, profare – quid, genitor, siles?
           at tu ede, Theseu, sed tua, Theseu, fide.
           uterque tacitus ora pudibunda obtegit
           furtimque lacrimas fundit. in tantis malis
1180       quid est pudendum? numquid Argivae impotens
           dominator urbis, numquid infestum Lyci
           pereuntis agmen clade nos tanta obruit?
           per te meorum facinorum laudem precor,
           genitor, tuique nominis semper mihi
1185       numen secundum, fare. quis fudit domum?
           cui praeda iacui?
```

Der griechische Herakles hält eine knappe Rede, deren Gedanken sich folgerichtig in vier Schritten entwickeln: 1. physische Verfassung: ‚Ich bin wieder bei Besinnung, atme aber noch schwer' (1088–1093). 2. Äußere Lage: ‚Ich sitze gefesselt neben Leichen, waffenlos' (1094–1100). 3. Folgerung bezüglich des Orts: ‚Sollte ich wieder im Hades sein? Doch dem Anschein nach trifft das nicht zu' (1101–1104). 4. Folgerung bezüglich der Situation: ‚Was tue ich? ἀμηχανῶ' (1105–1108). Herakles stellt wenige berechtigte Fragen: Warum er gefesselt sei? Ob er wieder im Hades sei? Wo er dann sei? Welcher Freund ihm helfe? Im Grund ist das eine einzige und zudem angemessene Frage. Während Herakles mühsam aus der Ohnmacht erwacht, ist Hercules auf der Stelle hellwach und entlädt sich sofort eines wahren Feuerwerks von Fragen. Wenn man Leos oben gegebenem Text folgt, sind es nicht weniger als 28 Fragen, davon 17 in den ersten 18 Versen. Da seine Lage nicht anders als die des Vorbilds ist, muß seine Geisteshaltung eine andere sein. Dies zu berücksichtigen ist deshalb wichtig, weil es ein alter Fehler ist, die Vielzahl der Fragen für den Ausdruck leerer, seelenloser Rhetorik zu halten. Vor allem sollte man in diesem Zusammenhang mit dem Begriff ‚kalter' Gelehrsamkeit vorsichtig sein, etwa wenn Hercules gleich zu Anfang die verschiedenen Möglichkeiten umschreibt, ob er sich im Osten, Norden oder Westen befinde? Lessing hätte jedenfalls einen solchen Vorwurf nicht zugelassen, wenn er gegen die Kritik des französischen Jesuitenpaters Pierre Brumoy an den Versen 944–952, in denen Hercules von dem Tierkreiszeichen des Löwen spricht, in der Abhandlung *Von den lateinischen Trauerspielen welche unter dem Namen des Seneca bekannt sind* bemerkt:

> Mit [...] wenig Grunde tadelt *Brumoy* diejenigen Stellen, in welchen Herkules raset. „Herkules, sagt er, bildet sich ein den himmlischen Löwen, den er in dem Nemeäischen Walde überwunden, zu sehen, wie er eben bereit ist, die Zeichen des Herbstes und des Winters zu überspringen, um den Stier zu zerreissen, welcher ein Zeichen des Frühlings ist. Das ist wahrhaftig eine gelehrte Raserey!" Wie artig der Jesuit spottet. Aber warum ist sie denn gelehrt? Ohne Zweifel darum, weil ein Jesuiterschüler nicht ganz und gar ein Ignorante seyn muß, wenn er wissen will, daß *Herkules* einen Löwen umgebracht habe. Aber was für eine Gelehrsamkeit braucht denn *Herkules*, dieses von sich selbst zu wissen? Oder steckt etwa die Gelehrsamkeit in der Kenntniß der Zeichen des Thierkreizes? Wenn das ist, so werden ziemlich alle Bauern gelehrt seyn.

Es ist nicht zu bestreiten, daß Hercules mehr als mancher andere weiß, es ist auf der anderen Seite aber ganz natürlich, daß er gerade auf den Löwen Bezug nimmt, da das Sternbild mit dem von ihm getöteten Nemeischen Löwen in Verbindung gebracht wurde (daß das erst eine spätere Zeit tat, ist eine senecaische Pointe, auf die es hier nicht ankommt). Von kalter Gelehrsamkeit könnte man nur sprechen, wenn Hercules ein beliebiges Sternbild, nicht aber sein ‚persönliches' genannt hätte: *primus en noster labor* (944). Ebenso verhält es sich zu Anfang des Monologs. Hercules hat ein besonderes Recht, die verschiedenen Himmelsrichtungen aufzuzählen, da er ja durch die ganze Welt gezogen ist, um die Ungeheuer aller Gegenden zu erlegen. Es handelt sich in beiden Fällen darum, daß die unbelebte Natur, die Welt, sogar das Weltall von dem subjektiven Empfinden des Einzelnen durchsetzt wird, ja nur im Hinblick auf den Einzelnen eine Funktion, sozusagen Leben erhält. Darum fährt Hercules auch nicht fort zu fragen: ‚Welche Luft ist das? Welcher Boden ist das?' Sondern er fragt: ‚Welche Luft atme ich? Welcher Boden trägt den Erschöpften?' Er bringt sein Atmen und sein Erschöpftsein sogleich in die Fragen mit ein. Er bezieht seine Umwelt auf sich, nicht sich auf seine Umwelt.

Die senecaischen Helden nehmen keine Person so wichtig wie die eigene. Insofern sind sie ohne Unterlaß beschäftigt, sich zu beschreiben und zu preisen, die beiden Funktionen also zu erfüllen, die Schiller meint, wenn er von ‚Historiographen und Heldendichtern ihres eigenen hohen Selbsts' spricht. So beschreibt Hercules da, wo der griechische Herakles nur den Bogen nennt, auch seine ‚Rüstung', das Löwenfell, und fügt hinzu, daß es ihn nicht nur schütze, sondern ihm auch als angenehmes Schlafpolster zu dienen pflege (1150–1152). Der griechische Herakles hat einen konkreten Anlaß, vom Bogen zu sprechen, weil er ihn auf dem Boden liegen sieht. Hercules hingegen kann nicht von seinen Waffen sprechen, ohne auch seines Wahrzeichens Erwähnung zu tun (es fehlt nur die Keule) – wie ein Historiograph seiner Person. So läßt er auch einfließen, daß bei der Erzeugung eines so gewaltigen Helden, wie er es ist, die Nacht anhalten mußte, damit Iupiter das Werk überhaupt vollbringen konnte (1157–1159) – nicht aber, damit er seine *voluptas* verlängerte, wie es die Tradition wollte! Ansonsten hat Hercules in der betrüblichen Situation natürlich wenig Veranlassung, sich herauszustellen. Doch hat er das schon vorher gebührend getan. Während der griechische Herakles bei der Rückkehr aus der Unterwelt in der ersten Hälfte des Stücks sofort von seiner Gattin Megara in ein sachliches Gespräch gezogen wird und ausdrücklich beschließt, ehe er in das Geschehen eingreift, den Göttern für die glückliche Rückkehr zu danken (606–609), hält Hercules eine ausführliche, ja geradezu panegyrische Rede auf seine Leistung: Er ist nicht nur weit davon entfernt, den Göttern zu danken, er erhebt sich im Gegenteil über sie. Nach dem Sonnengott Phoebus, nach Iupiter und Neptun wendet er sich Iuno und dem Herrscher der Unterwelt zu: ‚Mich zu bestrafen und mir Mühe zu schaffen, dazu ist die Erde nicht groß genug für Iunos Haß: Ich sah den Ort, der allen unzugänglich und Phoebus unbekannt ist und den ein minder guter Himmel einem schrecklichen ‚Iupiter' zugestanden hat; und wenn mir der Ort des dritten Loses gefiele, hätte ich ihn beherrschen können: Das Chaos der ewigen Nacht und Schlimmeres als die Nacht, die traurigen Götter und den Tod sah ich; den Tod verachtend kehrte ich zurück – was gibt es noch? Ich habe die Unteren gesehen und zugänglich gemacht' (604–613):

```
                 in poenas meas
     605   atque in labores non satis terrae patent
           Iunonis odio: vidi inaccessa omnibus,
           ignota Phoebo quaeque deterior polus
           obscura diro spatia concessit Iovi;
           et, si placerent tertiae sortis loca,
     610   regnare potui: noctis aeternae chaos
           et nocte quiddam gravius et tristes deos
           et fata vidi, morte contempta redi –
           quid restat aliud? vidi et ostendi inferos.
```

So hat auch Hercules in echt senecaischer Weise als ‚Heldendichter seines eigenen hohen Selbsts' die rechte Einstellung zu sich. Freilich ist die Situation des aus dem Wahnsinn Erwachenden eine andere, aber auch hier ist er nicht fähig, das Geschehen angemessen zu betrachten oder selbstlos zu empfinden, so wie bei wahrem Mitleid der Bemitleidete wichtiger als der Mitleidende ist. Der griechische Herakles fühlt echten Schmerz, als er vom Tod der Kinder hört. Sein erstes Wort lautet: ‚Weh mir! Was sehe ich Elender hier?' (οἴμοι· τίν' ὄψιν τήνδε δέρκομαι τάλας; 1132). Seine zweite Reaktion lautet: ‚Weh! Denn eine Wolke von Jammer umgibt mich' (αἰαῖ· στεναγμῶν γάρ με περιβάλλει νέφος, 1140). Kein Wort von Rache, vielmehr wünscht er sich selbst den Tod. Hercules hingegen empfindet nicht Schmerz, sondern Wut (*ira*, 1167). Er ist nicht fähig, unreflektiert zu leiden oder gar mitzuleiden, sondern nur zu fragen, was es für ihn bedeute, daß ihm dieses Leid zugefügt wurde. Er hat keinen anderen Bezugspunkt als seine Person, er ist wie andere senecaischen Helden grenzenlos monoman. Der griechische Herakles weiß nicht, was er davon halten soll, daß sein Bogen auf der Erde liegt, Hercules kann nur sofort schließen, daß er besiegt ist, obschon er unbesiegbar ist. Und damit hat er recht. Denn hier erfüllt sich, was Iuno im Prolog vorhergesagt hat: Keiner sei dem Alkiden gewachsen außer er sich selbst; daher möge er mit sich selbst Krieg führen: *quaeris Alcidae parem?* | *nemo est nisi ipse: bella iam secum gerat* (84–85). Er möge sich selbst besiegen: *se vincat* (116). Gemäß Iunos Einschätzung laufen zweimal Hercules' ichbezogene Folgerungen ab. Aus der Tatsache, daß er waffenlos ist, folgert er, daß es einen stärkeren Helden gebe, eine personifizierte *virtus* (1157), bei deren Zeugung durch Iupiter die Nacht noch länger gedauert haben müsse als bei der seinigen; und aus dem weiteren Faktum, daß es sich bei den Leichen um die Seinen handelt, schließt er zunächst wieder auf einen Besieger seiner Person (*victor Alcidae*, 1168), dann aber auf einen Rächer seiner früheren Taten. Beidemal bezieht er in die Beurteilung der Gegenwart die eigene – glorreiche – Vergangenheit mit ein. Das ist dieselbe Haltung wie die schon betrachtete Medeas, die aus ihren vergangenen *scelera* eine Verpflichtung für die Art der gegenwärtigen ableitet (129–134). Die senecaischen Helden erkennen für ihr Handeln keine außerhalb ihrer Person liegende Instanz an. Verpflichtend für sie sind nur sie selbst.

Hercules reagiert erzürnt. Bezeichnenderweise begegnet aber nicht das Adjektiv *iratus* oder ein grammatisches Äquivalent, sondern das Substantiv *ira* (1167). Im Sinn der stoischen Psychologie, aber auch der Neigung der Römer, solche Abstrakta zu Leitbegriffen zu erheben, handelt es sich um eine Konstante, über die der Träger nicht ohne weiteres bestimmen kann, sondern die im Innern der Person ihr Eigenleben behauptet. So beschreibt Hercules wenig später mehrere Konstanten, die er im Grund nicht regieren kann, von denen er im Gegenteil regiert wird: Durch seinen Wahnsinn (*furor*) sei sein Schamgefühl (*pudor*) noch nicht so weit erloschen, daß er alle Völker durch seinen ruchlosen Anblick vertreiben möchte. Er fordert, daß Theseus ihm die Waffen zurückgebe. Wenn sein Geist geheilt sei, möge man ihm die Geschosse bringen, wenn dagegen der Wahnsinn (*furor*) andauere, möge der Vater zurücktreten: Er werde schon einen Weg zum Tod finden (1240–1245):

> 1240 non sic furore cessit extinctus pudor,
> populos ut omnes impio aspectu fugem.
> arma, arma, Theseu, flagito propere mihi
> subtracta reddi – sana si mens est mihi,

> referte manibus tela; si remanet furor,
> 1245 pater, recede: mortis inveniam viam.

Hercules hat keinen Einfluß darauf, wann seine *mens* wieder *sana* wird und wie lange der *furor* andauert. Er nimmt das ganz ruhig als selbstverständlich hin. Gemäß der Funktion dieser Konstanten treten die senecaischen Gestalten aus sich heraus, um sich gleichsam von einem außerhalb ihrer Person liegenden Standpunkt zu betrachten und zu analysieren. Soweit es um ihr Äußeres geht, sind sie ‚Historiographen', soweit es um ihre Leistungen geht, ‚Heldendichter ihres eigenen hohen Selbsts', und soweit es um ihr Inneres geht, ‚altkluge Professore ihrer Leidenschaft'.

Eine Meisterin in der Beschreibung ihrer Psyche, eine ‚Professorin ihrer Leidenschaft', ist Medea, die die psychologischen Konstanten ihres Innern bei der Tötung der Kinder geradezu als Partner empfindet, so daß sie mit ihnen während der einzelnen Stadien der furchtbaren Handlung ohne weiteres Zwiesprache halten kann. Aus der großen Zahl der Apostrophen sind drei besonders lehrreich. Medea spricht nicht nur den Zorn, ihre *ira*, wie etwas außerhalb ihrer Person Liegendes an, sie ordnet sich ihm sogar unter, wenn sie ausruft, sie wolle ihm folgen, wohin er sie führe: *ira, qua ducis, sequor* (953). In welchem Maß Seneca mit dieser Konzeption in einer allgemeinen römischen Tradition steht, zeigt das zweifellos als Vorbild anzusehende Bekenntnis der Medea Ovids *quo feret ira, sequar* (*Heroides* 12, 209). Anderseits lehren zwei weitere Apostrophen, daß es sich eher um ein ‚partnerschaftliches' Verhältnis handelt. Medea genießt ihren Schmerz und fordert ihn auf, sich geeigneten Stoff zu suchen, *quaere materiam, dolor* (914); und beim Tod des zweiten Kinds ruft sie aus, der Schmerz möge nicht eilen und das Verbrechen ausführlich genießen, *perfruere lento scelere, ne propera, dolor* (1016). In diesem Zusammenhang gewinnt Schillers Wort von den ‚eiskalten Zuschauern ihrer Wut' an Bedeutung, wenn man ‚eiskalt' im Sinn von gelassen, kontrolliert, versteht.

Angesichts des Umstands, daß es schwerfällt, ohne weiteres von der Einheit einer Person im herkömmlichen Sinn zu sprechen, wird es einsichtig, daß nicht einmal die einzelne Rede die kleinste organische Einheit senecaischer Stücke darstellt. Diese Personen, die unaufhörlich damit beschäftigt sind, das Geschehen nur aus ihrer Sicht zu deuten und ihr Inneres nach allen Richtungen hin zu durchforschen, die nicht bereit sind, auch nur den unbedeutendsten auf sie bezüglichen Gedanken der Mitteilung für unwert zu erachten, sprechen nicht eine zielstrebige, an der Sache orientierte Sprache, sondern nähern sich auf Umwegen, keine Regung oder Anregung auslassend, ihrem Ziel. Nicht nur sie führen ein Eigenleben, sondern auch ihre Gedanken innerhalb der Reden. Nichts wäre verfehlter, als hierin den Einfluß oder gar die Folge der Rhetorik zu sehen. Vielmehr ist bei Seneca nur weitergeführt, was von Anfang an im römischen Drama zu beobachten ist: daß seine Figuren, denen keine Nebensächlichkeit für die anderen Gesprächsteilnehmer unwichtig ist, wenn sie ihnen nur selbst wichtig erscheint, sich eines kommentierenden, ‚glossematischen' Stils befleißigen. Bei den senecaischen Sprechern ist der Stil nicht anders Selbstzweck als schon bei den plautinischen und terenzischen, wie noch zu zeigen sein wird.

Obschon die römische Tragödie im offiziellen Bereich als panegyrisch-aitiologisches Erbauungsspiel begonnen hatte und aufgrund der politischen Verhältnisse mehr und mehr das Individuum in den Mittelpunkt rückte, ist ihre Struktur offenbar stets gleich geblieben. Ihre Einheit lag nicht in der unmittelbaren organischen Tektonik, sondern auf einer abstrakten, übergeordneten Ebene: bei der frühen Form in der Heilsideologie der Allgemeinheit, bei der späten in der Psyche des Individuums.

2 Die Komödie

Die Neue Komödie zeichnet sich, soweit sie kenntlich ist, durch die Beachtung strengster Formen aus. Ihre Struktur ist wie die der älteren Tragödie Ausdruck der konsequenten Weltdeutung. Hatte bei Euripides die zunehmende Einsicht, daß statt einer planvollen Ordnung der Zufall, Tyche, die Welt regiert, zu einer Auflösung der Formen, ja schließlich der Tragödie selbst geführt, war eine neue Tyche-Konzeption die entscheidende Voraussetzung für das Entstehen der Neuen Komödie. Solange Tyches Walten unter dem Aspekt des reinen Zufalls und der blinden Beliebigkeit gesehen wurde, war ein konsequentes Weltverständnis nicht möglich. Sobald aber Tyches Wirken als ‚gut' verstanden wurde und das oberste Prinzip die ἀγαθὴ Τύχη war, sobald, wie bei der Neuen Komödie, Tyche bevollmächtigt erschien, alles zu entscheiden und zu lenken (πάντων κυρία τούτων βραβεῦσαι καὶ διοικῆσαι), wie es an der schon betrachteten Menander-Stelle heißt, sobald sie letztlich alles zum Guten fügte, entstand wieder ein ‚geordnetes' Weltbild. Wenn das oberste Prinzip als so überlegen gesehen wurde, dann mußte deren Dramaturgie um so viel planvoller und konsequenter als die der Tragödie sein, um wieviel das Weltbild der Komödie planvoller und konsequenter als das der Tragödie ist. Dies ist in der Tat der Fall: Die Struktur der Neuen Komödie ist in den erhaltenen Stücken Menanders von einer nicht gekannten und nie wieder erreichten, wohl auch kaum erstrebten Stringenz. Sie bildet Planung und Fehlplanung der Menschen, Verständnis und Mißverständnis, Betrug und Aufdeckung, Aufeinander-Einwirken und Aneinander-Vorbeireden beispielhaft ab, wodurch die

Handlungen, ehe sie ihr Ziel erreichen, immer wieder in falsche Richtungen getrieben werden.

Sowenig die Römer das Weltbild der griechischen Tragödie übernehmen konnten, sosehr war auch das Weltbild der Neuen Komödie von dem römischen Denken im 3. und 2. Jahrhundert verschieden. Damit konnte aber die Nachbildung der Struktur der Originale kaum sinnvoll sein. Das die einzelnen Szenen der Vorlagen einigende Band verlor in Rom an Gültigkeit und gab die einzelne Szene den Bearbeitern zu beliebiger Verwendung frei. In der Komödie ist die Herauslösung der Einzelszene aus dem Strukturganzen ebenso deutlich zu beobachten wie in der Tragödie. Ihre Dichter haben Szenen der Vorlagen aufgeschwemmt oder gekürzt, umgestellt, ausgelassen oder gar eigene Szenen eingeschoben, so daß sich bei der streng kalkulierten Struktur der Originale für die nachrechnende Ratio Unstimmigkeiten und Widersprüche in Menge ergaben. Während sich in der griechischen Komödie die Aussage durch das vollständige Handlungsgefüge explizierte, hatte der römische Dichter nicht so sehr eine Gesamtwirkung im Auge als vielmehr den Effekt einzelner Szenen, so daß die Wirkung eines Stücks vor allem auf einer Reihung besonders gelungener Szenen beruhte. Dies wird deutlich, wenn man die von den römischen Dichtern eingeschobenen Passagen betrachtet, wie etwa die Hetärenschau des Kupplers Ballio im *Pseudolus*. Während das Original in der Szene I 2 nur den Appell des Kupplers an sein Hausgesinde, gehörig zu arbeiten, kannte, gefiel Plautus die Ansprache so sehr, daß er noch einen umfangreichen Appell an die Hetären des Etablissements anfügte und von zwei der Hauptpersonen kommentieren ließ. Es mußte auf das römische Publikum von 191 in seiner Fremdheit äußerst belustigend wirken, wenn der Kuppler in der Haltung eines Praetors den Hetären folgendes Edikt (*edictio*, 172) erließ: ‚Ihr, die ihr in Pracht, Dekadenz und Vergnügen euer Leben mit vornehmen Herren verbringt, stadtbekannte Freundinnen, heute will ich es wissen und erproben, welche nur für ihren Kopf, welche für ihren Bauch sorgt und welche nur auf ihr Geld, welche auf ihren Schlaf achtet; wen ich freilassen und wen ich verkaufen muß, werde ich heute noch erfahren. Strengt euch gefälligst an, daß ich heute viele Geschenke von den Liebhabern bekomme; denn wenn ich heute nicht Vorrat für das ganze Jahr erhalte, biete ich euch morgen öffentlich dem Volk an. Ihr wißt, s'ist mein Geburtstag heute: Wo sind nun die, denen ihr Äuglein, Leben, Liebreiz seid, Busenherz und Honigpuppen? Macht, daß sie in Kompaniestärke präsentebeladen hier vor dem Haus antanzen!' (173–181):

>   vos quae in munditiis, mollitiis deliciisque aetatulam agitis,
>   viris cum summis, inclutae amicae, nunc ego scibo atque hodie experiar
> 175   quae capiti, quae ventri operam det, quaeq' suae rei, quaeque somno studeat;
>   quam libertam fore mihi credam et quam venalem hodie experiar.
>   facite hodie ut mihi munera multa huc ab amatoribus conveniant.

>   nam nisi mihi penus annuos hodie convenit, cras poplo prostituam vos.
>   natalem scitis mi esse diem hunc: ubi isti sunt quibus vos oculi estis,
> 180 quibus vitae, quibus deliciae estis, quibus savia, mammia, mellillae?
>   maniplatim mihi munerigeruli facite ante aedis iam hic adsint.

Daß durch die Einfügung der Partie eine Reihe von Unstimmigkeiten auftrat, kümmerte Plautus wenig: Ihm kam es vor allem auf den wortschwelgerischen und musikalischen Effekt und die witzige Wirkung der über 60 Verse langen Hetärenschau an. Ebenso hat Terenz in den *Adelphoe* durch die Einarbeitung einer Partie aus Diphilos' *Synapothneskontes* (Die gemeinsam Sterbenden) eine wirkungsvolle Szene geschaffen, indem er die Entführung des Mädchens Bacchis, über die das Original lediglich berichtete, in Einzelheiten vorführte. Während bei Menander nur die Phantasie der Zuschauer angesprochen wurde, wird ihnen bei Terenz ein turbulentes Geschehen mit Schlägereien und Beschimpfungen geboten, das von der Feinheit der Vorlage weit entfernt ist. Wie bei der plautinischen Szene war die Einfügung nicht ohne Unstimmigkeiten möglich, doch sie setzte für den Augenblick dem Geschehen ein effektvolles Glanzlicht auf, das das zarte attische Gewebe der Vorlage zu verbrennen drohte.

Der Tendenz zur Ausgestaltung der Einzelszene entspricht auf der anderen Seite eine zuweilen erhebliche Vernachlässigung der verschiedenen Handlungsstränge der Originale. Die neugefundenen Fragmente des menandrischen *Dis exapaton* lehren, daß Plautus in seiner Nachgestaltung, den *Bacchides*, zwei Szenen zwischen Vater und Sohn, Nicobulus und Mnesilochus, gestrichen hat, um das Geschehen ganz auf die Haupthandlung zu konzentrieren. In diesem Fall war Plautus so geschickt vorgegangen, daß man die Auslassungen nicht vermutet hatte; doch gibt es viele Partien in den römischen Komödien, bei denen es evident ist, daß die Verkürzung der originalen Handlung zu auffälligen Unklarheiten im Faktischen geführt hat. Dies ist insbesondere bei den sorgfältigen Expositionen der voraussetzungsreichen Handlungen der attischen Stücke zu beobachten. Nicht nur, daß der griechische Zuschauer in anderer Weise als der römische gewohnt war, die Stimmigkeit des Faktischen als unabdingbar zu betrachten: Für die Absicht der Dichter war es überdies entscheidend, daß der Zuschauer jede einzelne Wendung des Geschehens verstehen und vor allem beurteilen konnte, weil er nur so imstande war, das Spiel der Personen als Ausdruck der Weltdeutung der Stücke zu begreifen. Er sollte sich nicht mit den Personen identifizieren, sondern von einer höheren Warte aus in ihnen gleichsam sich selbst von außen her beobachten und verstehen. Daher wurden in den griechischen Stücken, zumal solchen mit einer Anagnorisis, die Voraussetzungen der Handlung meist in einem Prolog am Beginn oder nach einer der ersten Szenen sorgfältig exponiert. Aufgrund ihrer ganz anderen Zielsetzung entfiel diese Notwendigkeit für die römischen Dichter. Die Exposition des nach einem Sklaven benannten *Stichus* von

Plautus ist hierfür typisch. In den ersten beiden Szenen werden die Schwestern Panegyris und Pamphila vorgestellt, die ihr Vater Antipho erneut verheiraten will, weil ihre Männer seit drei Jahren auf Reisen sind. Breit werden in dem Gespräch die Charaktere der Schwestern und ihr Verhältnis zum Vater entwickelt, mangelhaft hingegen der Zusammenhang des Geschehens. Statt daß der berechtigte Grund für das Handeln des Vaters angegeben wird, erhält der Zuschauer ein negatives Bild von ihm: ‚Das, Schwester, martert mich, daß unser Vater, der in einzigartiger Weise vor allen Bürgern als rechtschaffen gilt, nun nach eines unrechtschaffenen Mannes Art verfährt, da er uns in Abwesenheit unserer Männer ohne unsere Schuld solches Unrecht antut und uns von ihnen trennen will' (11–17):

>   hoc, soror, crucior
>   patrem tuom meumque adeo, unice qui unus
>   civibus ex omnibus probus perhibetur,
>   eum nunc inprobi viri officio uti,
> 15 viris qui tantas apsentibus nostris
>   facit iniurias inmerito
>   nosque ab eis abducere volt.

In einem wirkungsvollen Canticum erscheint der Vater eindrücklich als *inprobus vir*, der gegen die Schwiegersöhne und Töchter *inmerito* verfährt. Erst sehr viel später wird dem Zuschauer mitgeteilt, daß die jungen Männer ihr Vermögen durchgebracht hatten und deshalb zwischen ihnen und dem Alten eine Spannung, *inimicitia* (409), bestand. Antipho konnte ihnen also mit Recht mißtrauen und sie auszubooten versuchen. Doch vermochte der Zuschauer das Geschehen nicht adäquat zu beurteilen. Plautus kam es nicht so sehr auf den Zusammenhang der Handlung als vielmehr auf das Auskosten der einzelnen Situation an; alles, was nicht unmittelbar dazugehört, schnitt er kurzerhand weg. Nicht anders ist er im *Curculio* (Der Kornwurm) verfahren, in dem er auf die Wiedergabe des originalen Prologs verzichtet hat. Dadurch erfuhren die Zuschauer erst spät und nur bei größter Aufmerksamkeit, daß das Stück den ungewöhnlichen Schauplatz Epidaurus hatte (341). Auch wurde das entscheidende Faktum, daß das in der Gewalt eines Bordellbesitzers befindliche Mädchen Planesium freie Bürgerin war, ebenso mangelhaft exponiert wie die Person des Offiziers Therapontigonus in Curculios Erzählung II 3. Wenn man daraus, wie F. Leo, schließt, ein entsprechender plautinischer Prolog sei in der Überlieferung verloren gegangen, verkennt man die Zielsetzung der römischen Komödiendichter.

Daß es falsch wäre, die gegenüber den Originalen unvollständigen Expositionen auf das Bestreben, die Spannung der Zuschauer zu erhöhen, zurückzuführen, zeigt das Verfahren, durch das Terenz die Prologe aller seiner Vorlagen ersetzt hat. Es läßt sich noch nachweisen, daß er in jedem der sechs Komödien bemüht war, die durch die Eliminierung der Prologe entstandenen Lücken in den Voraussetzungen durch Einschübe größerer und kleinerer Informationen innerhalb der Stücke auszugleichen, wo immer es möglich war. Es ist auffallend, daß er diese Informationen jeweils an der frühest möglichen Stelle gab – früher jedenfalls, als es für das unmittelbare Verständnis der Handlung nötig gewesen wäre. Das gilt etwa für den exponierenden Einschub, den man in dem Monolog des Sklaven Davos in der *Andria* I 3 (Das Mädchen von Andros) erkannt hat: Der Zuschauer bekommt mit der Andeutung, Glycerium bezeichne sich als Bürgerin, einen Wink, der ihn davor bewahrt, hinsichtlich des Ausgangs der Handlung falsche Schlüsse zu ziehen. Der ganze Einschub ist keineswegs, wie man geglaubt hat, für das Verständnis der folgenden Szene notwendig, sondern höchstens die einzelne Nachricht, daß Glycerium in anderen Umständen sei; und auch das hätte leicht in der folgenden Szene I 4 dem originalen Text hinzugefügt werden können. In der *Hecyra* (Schwiegermutter) hat Terenz die Vorgeschichte an vier verschiedenen Stellen kunstvoll exponiert, obschon eine generelle Aufklärung am Ende zum Verständnis des Hintergrunds genügt hätte. Keine andere Funktion hat die Exposition der Bürgerschaft Pamphilas durch Thais in ihren ersten Äußerungen im *Eunuchus*, obgleich das die anwesenden Personen gar nicht wissen durften. Terenz war bemüht, die Exposition der Vorgeschichte und der Zusammenhänge früher als nötig, ja so früh wie möglich zu geben. Es kann daher nicht sein Bestreben gewesen sein, mit der Eliminierung der Prologe die Spannung der Zuschauer zu erhöhen und deren Handlungsverständnis sich auf einer unmittelbareren Ebene als der der griechischen Zuschauer vollziehen zu lassen. Vielmehr dürften es künstlerische Gründe gewesen sein, die ihn veranlaßten, auf die überlangen, undramatischen Prologerzählungen der Originale zu verzichten. Er muß so empfunden haben, wie es Goethe am 22. April 1797 in einem Brief an Schiller formuliert hat:

> Aber eben deshalb, dünkt mich, macht die Exposition dem Dramatiker viel zu schaffen, weil man von ihm ein ewiges Fortschreiten fordert, und ich würde das den besten dramatischen Stoff nennen, wo die Exposition schon ein Teil der Entwicklung ist.

Freilich war es Terenz nicht immer möglich, mit der Methode, die Stücke aus sich selbst heraus zu exponieren, Unklarheiten auszuschließen. Doch da die römischen Dichter nicht in gleichem Maß wie die griechischen auf eine exakte Exposition und Verknüpfung der Fakten Wert legten und die römischen Zuschauer daran keinen Anstoß nahmen, es also nichts ausmachte, wenn Personen auftraten, von denen man nicht gleich wußte, wer sie waren, oder sich eine Handlung entwickelte, bei der man nicht vermuten konnte, worauf sie hinauslaufe, kann kein Zweifel sein, daß Terenz mit der Eliminierung der Prologe nicht das Ziel verfolgte, die Spannung der Zuschauer zu steigern, sondern seine Art der Exposition der griechischen für gleichwertig erachtete. Das römische Interesse an der einzelnen Szene statt an der Geschlossenheit und Einheit der Handlung kam ihm dabei zustatten.

Es liegt auf der Hand, daß die Betonung der Einzelszene erhebliche Konsequenzen für die Gesamtstruktur haben mußte. Insbesondere hat Plautus in diesem Punkt seine eigenen Ziele bedenkenlos verfolgt. So gestaltete er im *Poenulus* (Der Punier) den Auftritt I 2 als umfangreiche ‚Toilettenszene' der beiden Hetären Adelphasium und Anterastilis, indem er Ansätze des Originals mit seiner weiterspinnenden Phantasie aufgeschwemmt hat. Eingerahmt wird diese Szene jeweils durch ein Gespräch zwischen Adelphasiums Liebhaber Agorastocles und seinem Sklaven Milphio. Während das Original erst in der I 3 entsprechenden Szene die Darlegung der Intrige brachte, mit deren Hilfe man sich Adelphasiums versichern wollte, hat Plautus den Plan schon in I 1 entwickeln lassen. Wahrscheinlich hatte er den Eindruck, daß wegen der auf 200 Verse ausgedehnten ‚Toilettenszene' das Stück zu spät in Gang käme, wenn die Intrige erst in I 3 eingefädelt worden wäre. Damit hat er jedoch gleich zwei Szenen isoliert, zu ‚Einzelszenen' gemacht: Nicht nur ist die ‚Toilettenszene' Selbstzweck geworden, sondern es ist auch die sinnvolle Verknüpfung von I 1 zu I 2 und I 3 verloren gegangen. Die originale Szenenfolge war offenbar so: Agorastocles sprach zu Milphio von seiner Liebe, dann schritt die Geliebte vorüber zum Tempel, und auf die neuerliche Bewußtwerdung der Liebe hin kam es zur Verabredung der Intrige. Bei Plautus wird das Ergebnis der ersten Szene nicht für die beiden Lauscher in der ‚Toilettenszene' fruchtbar gemacht. Vor allem klappt I 3 durch die Antizipation der Intrige in I 1 bedenklich nach: Die Szene ist funktionslos geworden. In der Struktur ist an die Stelle der organischen Dynamik des Originals Statik getreten.

Diese Besonderheit plautinischer Dramaturgie spiegelt die eigentümliche Konzeption seiner Personen wider. Es wird von Anfang an kein Zweifel daran gelassen, wer der Sieger, wer der Verlierer ist. Nachdem die Handlung des *Poenulus* erst 40 Verse fortgeschritten ist, prophezeit Milphio, er werde seinem Herrn noch heute den ganzen Kuppler mit seinem gesamten Anhang (also auch Adelphasium) ‚schenken': *totum lenonem tibi cum tota familia | dabo hodie dono* (168–169). Der Plan, *consilium*, steht am Anfang zwar erst im Rohbau, er ist *rude* (189), und der Erfinder muß ihn noch ausfeilen, *expolivero* (188), aber sein Gelingen steht schon zu Beginn unbezweifelbar fest.

Es ist daher konsequent, daß Plautus versucht hat, den tatsächlich errungenen Erfolg schon so früh wie möglich eintreten zu lassen, auch wenn dabei der organische Aufbau des Originals Schaden nahm. In der *Mostellaria* (Gespensterkomödie) versucht der Sklave Tranio dem alten Herrn Theopropides weiszumachen, der Sohn habe während seiner Abwesenheit das Haus des Nachbarn Simo gekauft. In einem genial gelenkten Gespräch kann Tranio Theopropides zu dieser Überzeugung bringen, ohne daß Simo merkt, worum es geht. Plautus hat es im Gegensatz zum Original *Phasma* (Das Gespenst), das wahrscheinlich von Philemon stammt, nicht unterlassen können, den Triumph Tranios schon in dieser Szene (III 2) zu demonstrieren, obwohl das Spiel keineswegs entschieden ist. Wo der griechische Sklave vorsichtig zu Werk geht, da schon ein einziges Wort den gewagten Betrug gefährden mußte, stimmt der römische ungeniert und in gesundem Selbstvertrauen ein Siegeslied auf seinen Erfolg an, indem er sich mit den größten Feldherren, Alexander und Agathokles, vergleicht (775–782).

In letzter Konsequenz ist diese plautinische Manier im *Pseudolus* zu erkennen, wo sich der intrigierende Sklave seines Siegs so sicher ist, daß er schon im ersten Akt als Herr der Lage, ja als Sieger vorgeführt wird, obwohl er noch nicht den leisesten Anhaltspunkt für einen erfolgversprechenden Plan hat. Deshalb sagt bereits in Pseudolus' erstem Gespräch mit dem Herrn Simo dieser zu seinem Nachbarn, er möge Pseudolus' königliche Haltung beachten: *statum vide hominis, Callipho, quam basilicum!* (458), und Pseudolus bemerkt dazu, ein Sklave, der ein gutes Gewissen habe, könne seinem Herrn gegenüber stolz sein (*superbus*, 461). Sodann eröffnet er in einem Dialog von 18 Versen dem Herrn, daß er das benötigte Geld ihm selbst noch am gleichen Tag abjagen werde (504–521), obwohl er unmittelbar darauf einen anderen Plan entwickelt. Man konnte sich diese ‚Doppelung' nur mit der Annahme einer Kontamination zweier Vorlagen durch Plautus erklären, doch ist die Lösung des Problems viel einfacher: Plautus hielt es für besonders wirkungsvoll – was zweifellos auch zutrifft –, daß der Sklave dem Herrn in frechster Überheblichkeit entgegentritt und seine Niederlage dreist vorhersagt. Noch ärger ist Plautus verfahren, wenn er Pseudolus kurze Zeit später, während sich absolut nichts Neues ereignet hat, einen Triumphgesang anstimmen läßt, so daß der Zuschauer annehmen mußte, Pseudolus habe einen aussichtsreichen Plan: ‚O Iupiter, wie mir alles, was ich betreibe, hübsch und glücklich ausgeht: [575:] in meiner Brust ist ein Plan verborgen, bei dem ich weder Zweifel noch Furcht zu haben brauche. Das ist Torheit, eine große Tat einem furchtsamen Herz anzuvertrauen. Denn alle Dinge laufen so, wie man sie anpackt, welche Bedeutung man ihnen beimißt. Daher habe ich schon rechtzeitig in meiner Brust Truppen derart bereit gestellt – [580:] doppelte und dreifache Listen und Schliche –, daß ich, wo ich auch Feinde treffe, (auf meiner Vorfahren Tüchtigkeit vertrauend, auf meinen Fleiß und meine Schelmerei) leicht siege und durch meinen Verrat die Gegner leicht der Beute beraube. Nun werde ich meinem und euer aller gemeinsamen Feind Ballio [585:] hübsch eins ballern: Gebt acht! Diesen Ort will ich belagern, daß er heute noch fällt. Meine Legionen werde ich herführen; wenn die Eroberung glückt, werde ich meinen Bürgern die Sache leicht machen; darauf werde ich sofort mein Heer geradewegs gegen diese alte Stadt führen: dort will ich mich und alle Streitgenossen mit Beute beladen und beschweren, daß meine Gegner wissen, ich sei ihnen zu Furcht und Flucht geboren. [590:] Ich bin von der Art: Mir steht es an, große Taten zu vollbringen, die noch nach mir lange berühmt sein werden' (574–591):

	pro Iuppiter, ut mihi quidquid ago lepide omnia prospereque eveniunt:
575	neque quod dubitem neque quod timeam meo in pectore conditumst consilium.
576–577	nam ea stultitiast, facinus magnum timido cordi credere; nam omnes res perinde sunt ut agas, ut eas magni facias; nam ego in meo pectore prius ita paravi copias,
580	duplicis, triplices dolos, perfidias, ut, ubiquomque hostibus congrediar (maiorum meum fretus virtute dicam, mea industria et malitia fraudulenta), facile ut vincam, facile ut spoliem meos perduellis meis perfidiis. nunc inimicum ego hunc communem meum atque vostrorum omnium
585	Ballionem exballistabo lepide: date operam modo;
585ᵃ	hoc ego oppidum admoenire ut hodie capiatur volo. atque hoc meas legiones adducam; si hoc expugno facilem hanc rem meis civibus faciam, post ad oppidum hoc vetus continuo meum exercitum protinus obducam: ind' me et simul participes omnis meos praeda onerabo atque opplebo, metum et fugam perduellibus meis me ut sciant natum.
590	eo sum genere gnatus: magna me facinora decet ecficere quae post mihi clara et diu clueant.

Die Arie ist an dieser Stelle um so befremdlicher, als Pseudolus die Idee zu seinem Plan erst in der darauffolgenden Szene kommt. Wenn der griechische Pseudolus in der schon betrachteten Szene II 3 folgerichtig seiner Freude Ausdruck gibt, muß der römische, wie dargelegt, erst einmal einschieben, daß er den ‚früheren Plan' fallengelassen habe, damit der Widerspruch nicht allzu deutlich hervortritt.

Die Argumentation der Originale ist, soweit sichtbar, konsequent, vom Logos bestimmt, die Argumentation der römischen Nachbildungen da, wo sie selbständig ist, oft inkonsequent, vom Pathos bestimmt. Der konsequenten Argumentation der Originale entspricht eine organische Handlungsverknüpfung, eine dynamische Handlungsentwicklung; der inkonsequenten Argumentation der römischen Nachbildungen entspricht eine unorganische Auflösung der Handlung in Einzelszenen, eine im Grund statische Handlungsführung. Derselbe Unterschied gilt für die Auffassung der Personen. Während die Darstellung einer Charakterentwicklung auch den griechischen Dichtern fremd ist, machen ihre Personen doch insofern eine Entwicklung durch, als sie auf die stets wechselnden Gegebenheiten der Handlung reagieren. Die Auffassung der römischen Personen ist dagegen durchaus statisch. Plautus' Lieblinge, die Sklaven, triumphieren unabhängig von dem Stand der Handlung am Anfang ebenso wie am Ende, und seine Väter sind, wenn er es auf sie abgesehen hat, am Anfang ebenso läppisch wie am Ende. Auch bei der unvermuteten Abwertung herausragender Personen am Schluß durch Terenz handelt es sich nicht um konsequent angelegte Charakterstudien, sondern um punktuelle, auf das jeweilige Handlungsstadium bezogene Darstellungen eines überraschenden Geschehens. Nur so ist es zu erklären, daß man bei der Betrachtung der Hetäre Thais (*Eunuchus*) oder Micios (*Adelphoe*) immer wieder zu divergierenden Ergebnissen kommt. Ohne Frage ist das terenzische Verfahren durch den Verzicht auf die metaphysische Komponente begünstigt worden: Wenn Thais in die Situation kam, daß ein Mitspieler ihre ganzen Pläne vereitelt zu haben schien (*conturbasti mihi | rationes omnis*, 868–869), und der erziehungsbewußte Micio vor die Tatsache gestellt wurde, daß sein Sohn ihn mit der Entführung einer Hetäre und dem folgenreichen Verhältnis zu einer Bürgerin offenbar hinterging, wollte Menander zeigen, wie Tyche letztlich alles in Ordnung brachte; für Terenz aber waren Personen, denen solches widerfahren konnte, Objekte, denen a l l e s widerfahren konnte. Bei der mangelnden Absicht einer Weltdeutung wurden sie zum Freiwild seiner auf den komischen Effekt zielenden Phantasie. Wenn bei Plautus in entsprechenden Fällen die Abruptheit des Übergangs nicht ganz so deutlich erscheint, liegt das an der Art, über seine Opfer die Schale des Spotts z u j e d e r Z e i t auszugießen, nicht aber in dem Bestreben, die Personen konsequent zu zeichnen, deren Kern mit oberflächlichen Witzen kaum zu erfassen ist. Auch der in mancher Hinsicht feiner vorgehende Terenz hat es unterlassen, durch kleine Einschübe oder behutsame Änderungen, die ohne weiteres möglich gewesen wären, Micios oder Chremes' Position (*Heautontimorumenos*) von vornherein so zu umreißen, daß der spätere Fall, wenn auch keineswegs vorausschaubar, so doch ‚psychologisch' glaubhaft war: Terenz störte es ebensowenig wie die Zuschauer, daß die Aspekte der einzelnen Szenen noch keine g a n z e Person ergaben, wenn nur eine komische Handlung zustande kam. Bei ihm stehen im Grund zwei Aspekte einer Gestalt unverbunden nebeneinander. Eine Entwicklung kennen auch seine Personen nicht.

Der Verzicht auf die Darstellung einer Entwicklung der Personen bedeutet nicht ein Desinteresse an ihnen überhaupt. Im Gegenteil haben sich die römischen Dichter ihrer Personen mit einer Liebe angenommen, daß sie darüber das Ganze aus den Augen zu verlieren drohten. E. Fraenkel hat im Hinblick auf die plautinischen Parasiten und parasitären Sklaven treffend bemerkt, es hätten „die gefräßigen Lieblinge des Plautus, die Chrysalus und Ergasilus mit ihrer ganzen Sippe auch als dichterische Gestalten in den Dramen fast so verheerend gehaust wie ihre Urbilder in Küche und Keller".

Es versteht sich, daß die unterschiedliche Personenauffassung besonders deutlich in den Reden zu beobachten ist. Während man jedoch bisher in nahezu allen Fällen auf die Ergebnisse der analytischen Forschung angewiesen war, haben neuerdings bekanntgewordene Fragmente aus dem Vorbild der plautinischen *Bacchides*, dem *Dis exapaton* Menanders, den direkten Vergleich zwischen einem griechischen und einem römischen Komödien-Monolog ermöglicht. Der junge Athener Mnesilochus – bei Menander: Sostratos – hat auf Samos die Hetäre Bacchis kennengelernt und seinen Freund Pistoclerus in Athen beauftragt, sie dort während seiner Abwesenheit ausfindig zu machen. Als er heimkehrt, erfährt er, daß der Freund sich in Bacchis verliebt habe, ohne zu wissen, daß es sich um die gleichnamige Schwester handelt. Enttäuscht beschließt er, das Geld, das sein Sklave Chrysalus dem Vater abgelistet hat, diesem zurückzuerstatten: ‚Schon ist er fort. Auf einen Schlag wird sie ihn besitzen. Sostratos hast du zuerst gefangen. Sie wird es leugnen, das ist mir klar – denn sie ist unverschämt –, und alle Götter werden (als Zeugen) kommen. „Schlecht möge es mir gehen (wenn ich es tat)" – ja, bei Zeus! –, „schlecht der Schlechten"– Auf, Sostratos, vielleicht wird sie dich überreden: „Du kommst also als Sklave des Vaters?" Ja, sicher. Sie soll mich nur, wenn ich leer bin und nichts habe, überreden! Ich werde das ganze Gold dem Vater zurückgeben; sie wird schon aufhören, mich zu überreden, wenn sie merkt, daß sie, wie das Sprichwort sagt, einem Toten eine Geschichte erzählt. Aber jetzt muß ich zu ihm gehen. Doch da sehe ich ihn schon':

   ΣΩ. ἤδη ’στὶν οὗτος φροῦδ[ο]ς· ἐν πληγῆι μιᾶ[ι]
   τούτου καθέξει. Σώστρα[τ]ον προήρπασας.
 20 ἀρνήσεται μέν, οὐκ [ἄ]δηλόν ἐστί μοι –
   ἰταμὴ γάρ – εἰς μέσον τε π[ά]ντες οἱ θεοί
   ἥξουσι· ‚μὴ τοίνυν ὀνα[ί]μην‘ νὴ Δία·
   ‚κακὴ κακῶς τοίνυν‘ – ἔ[πάν]αγ[ε, Σ]ώστρατε·
   ἴσως σε πείσει· ‚δοῦλο[ς ἥκ]ε[ις ἄ]ρα πατρός‘.
 25 ἐγὼ μάλισθ’, ἡ δ’ ὡ[ς κενὸν συ]μπεισάτω,
   ἔχοντα μηδ[έν· πᾶν ἀποδώσω τ]ῷ πατρὶ
   τὸ χ]ρυσίον· π[ι]θαν[ευομέν]η γὰρ παύσεται
   ὅταν] ποτ’ αἴσθητα[ι, τὸ τῆς πα]ροιμίας,
   νεκρῷ λέγουσα [μῦθον· ἀλλ’] ἤδη [με] δεῖ
 30 χωρεῖν ἐπ’] ἐκεῖνον[. ἀλλ’ ὁρῶ γὰ]ρ τ[ουτο]νὶ

Erheblich länger ist die Rede, die der römische Mnesilochus in derselben Situation hält: ‚[500:] Wen ich für meinen größeren Feind halten soll, den Freund oder Bacchis, ist noch sehr unklar. Hat sie ihn vorgezogen? Mag sie ihn haben. Bestens. Das wird sie wahrlich tun zum Schaden von −− mir; niemals möge mir einer an meinen Schwur glauben, [505:] wenn ich sie nicht auf jede Weise und ganz klar –– liebe. Ich werde bewirken, daß sie nicht sagen wird, sie habe einen zum Verspotten gefunden. Ich werde jetzt nach Hause gehen und –– etwas dem Vater stehlen. Ich treibe sie so weit, daß zum Bettler wird –– mein Vater. Aber bin ich noch ganz bei Trost, [510:] der ich auf diese Weise von zukünftigen Dingen spreche? Ich bin verliebt, glaube ich, ja weiß ich sicher. Ehe sie auch nur um eine Flaumfeder von meinem Geld schwerer wird, will ich an Betteln selbst den Bettler übertreffen. [515:] Solange sie lebt, wird sie mich nicht verlachen. Denn ich habe beschlossen, dem Vater das ganze Geld zurückzugeben. Dann wird sie mir, der ich leer bin und nichts habe, schmeicheln, wenn ihr Schmeicheln nicht mehr nützt, als wenn sie einem Toten am Grab eine Geschichte erzählt. [520:] In der Tat steht es bei mir fest, dem Vater das Geld zurückzugeben. Zugleich werde ich ihn bitten, daß er nicht meinetwegen Chrysalus etwas tut oder ihm zürnt, weil er ihn meinetwegen mit dem Geld hintergangen hat; denn es ist recht und billig, daß ich für ihn sorge, der ihm meinetwegen [525:] eine Lüge gesagt hat':

```
500   inimiciorem nunc utrum credam magis
      sodalemne esse an Bacchidem incertum admodumst.
      illum exoptavit potius? habeat. optumest.
      ne illa illud hercle cum malo fecit –– meo;
      nam mihi divini numquam quisquam creduat,
505   ni ego illam exempli plurumis planeque –– amo.
      ego faxo haud dicet nactam quem derideat.
      nam iam domum ibo atque –– aliquid surrupiam patri.
      adeo ego illam cogam usque ut mendicet –– meus pater.
      sed satine ego animum mente sincera gero,
510   qui ad hunc modum haec hic quae futura fabulor?
      amo hercle opino, ut pote quod pro certo sciam.
      verum quam illa umquam de mea pecunia
      ramenta fiat plumea propensior,
      mendicum malim mendicando vincere.
515   numquam edepol viva me inridebit. nam mihi
      decretumst renumerare iam omne aurum patri.
      igitur mi inani atque inopi subblandibitur
      tum quom mihi nihilo pluris referet,
      quam si ad sepulcrum mortuo narret logos.
520   profecto stabilest me patri aurum reddere.
      eadem exorabo Chrysalo caussa mea
      pater ne noceat neu quid ei suscenseat,
      mea caussa de auro quod eum ludificatus est;
      nam illi aequomst me consulere, qui caussa mea
525   mendacium ei dixit.
```

Daß Plautus größeres Interesse an der Ausgestaltung der individuellen Rede als Menander hatte, geht schon daraus hervor, daß sein Monolog von doppelter Länge ist. Plautus hat das menandrische Vorbild im großen und ganzen 500–502 und 512–519 nachgebildet und die Partie 503–511 sowie den Schluß 520–525 neu hinzugefügt. Durch diese Zusätze hat er dem Monolog sowohl eine ganz andere Richtung als auch eine ganz andere Struktur gegeben. Bei Menander ist die Argumentation eindeutig: Sostratos stellt fest, Bacchis habe mit ihm nur gespielt, auch wenn sie es leugnen werde; das möge sie büßen. Dann erwägt er, ob sie ihn dennoch überreden könne; doch werde sie schon aufhören, wenn er kein Geld mehr habe. Er schwankt nur einmal, aber es steht für ihn fest, daß Bacchis sich schlecht und unverschämt, κακή und ἰταμή, beträgt, daß sein Freund hingegen der Verführte ist. So sagt er wenig später an einer von Plautus nicht übersetzten Stelle, er halte nicht den ‚dummen' Moschos (τὸν ἀβέλτερον Μόσχον) für schuld an dem geschehenen Unrecht, sondern jene, die unverschämteste von allen: οὐκ ἐκεῖνον τοῦ γεγονότος αἴτιον | ἀδικήματος νενόμικα, τὴν δ' ἰταμωτάτην | πασῶν ἐκείνην. Das ist eine typische Szene der Neuen Komödie. Der Spieler zieht mit aller Bestimmtheit aus einer mißdeuteten Situation eine Folgerung, die ihn noch weiter in die Irre führt. Erst in einer der nächsten Szenen erfährt er über seinen Irrtum Aufklärung. Dem Weltbild der Neuen Komödie entsprechend bewegt sich die Handlung zwischen Schein und Wahrheit. Nichts davon bei Plautus. Er hat sozusagen überhaupt keine Linie. Die Antithese Bacchis / Pistoclerus wird sogleich aufgelöst, indem beide als in demselben Maß ‚feindlich' eingestuft werden (500–502). Sodann folgt der plautinische Einschub, in dem alle Positionen relativiert werden und der Zuschauer vollends den Faden, an den er sich halten könnte, verliert. Zu dem menandrischen Teil, bei dem 512 an 502 nahtlos anschließt und an der Distanzierung von Bacchis kein Zweifel bleibt, paßt die plautinische Partie nur in sehr äußerlichem Sinn. Durch die dreimal wiederholte Technik, daß der Sprecher am Versende eine Wendung gebraucht, die den erwarteten Gedankenablauf unvermutet in sein Gegenteil verkehrt, wird deutlich zu erkennen gegeben, daß der Sprechende im Grund nicht so denkt, wie er spricht. Freilich ist Plautus weit davon entfernt, eine psychologische Studie zu geben. Vielmehr zeigt das Auftreten dieser Aprosdoketon-Technik in der Alten Komödie klar, welcher Aussagewert ihr beizumessen ist. Ein schönes Beispiel bietet Plautus selbst in der Losszene der *Casina*, in der der alte Lysidamus die Sklavin Casina für seinen Gutsverwalter Olympio gewinnen möchte, um sich selbst ihrer ungestört erfreuen zu können, während seine gewitzte Ehefrau Cleostrata sie einem Reitknecht ihres Sohns verheiraten will. Dabei kommt es zu folgendem komischen Dialog, in dem sich Lysidamus mehrmals bezeichnenderweise ‚verspricht': Lysidamus: ‚Ich glaubte, bei dir, liebe Frau, durchsetzen zu können, daß Casina m i r vermählt werde; und ich glaube das noch.' Cleostrata: ‚D i r vermählt werde?' Lysidamus:

‚Ja, mir – ah, das wollte ich nicht sagen: während ich ‚mir' sagen wollte, sagte ich ‚diesem', und während ich sie so sehr mir wünsche – ach, ich fasele laufend falsch daher.' Cleostrata: ‚Weiß Gott, du machst es wirklich falsch.' Lysidamus: ‚Diesem – nein, mir – weh, kaum finde ich den rechten Weg.' Cleostrata: ‚Du vertust dich ziemlich oft.' Lysidamus: ‚So geht es, wenn man etwas so sehr ersehnt' (364–370):

> LY. atqui ego censui aps te posse hoc me impetrare, uxor mea,
> 365 Casina ut uxor mihi daretur; et nunc etiam censeo.
> CL. tibi daretur illa? LY. mihi enim – ah, non id volui dicere:
> dum ‚mihi' volui, ‚huic' dixi, atque adeo mihi dum cupio – perperam
> iam dudum hercle fabulor. CL. pol tu quidem, atque etiam facis.
> LY. huic – immo hercle mihi – vah! tandem redii vix veram in viam.
> 370 CL. per pol saepe peccas. LY. ita fit, ubi quid tanto opere expetas.

Sostratos ist wie die meisten Jünglinge Menanders ernsthaft mit seinen Problemen befaßt und auf seine Entscheidung konzentriert. Mnesilochus ist hingegen von Plautus zu einer komischen Figur gemacht worden, deren Lapsus linguae die Zuschauer zum Lachen bringen sollen. Sostratos beschließt, sich von Bacchis abzuwenden: Mnesilochus verrät durch die beiden ersten Aprosdoketa, daß er der Geliebten doch verfallen bleibt und seine Entscheidung nicht ernst gemeint sein kann. Sostratos kündigt an, er werde dem Vater das Geld zurückgeben: Mnesilochus deutet mit den beiden letzten Aprosdoketa an, daß er den Vater im Gegenteil um weiteres Geld betrügen werde. Er widerruft damit praktisch beide Punkte des Beschlusses seines griechischen Pendants. Gleichwohl fährt er mit 512 im menandrischen Sinn fort, indem er tut, als hätte er nie etwas anderes durchblicken lassen. Der mangelnden Konsequenz einer Entscheidung entspricht die mangelnde Einheit der Struktur des Monologs. Plautus gefällt sich statt dessen in der Ausmalung der Gedanken des Jünglings nach allen Seiten hin, aber es kommt keine Einheit des Charakters zustande. Er häuft Einzelzug auf Einzelzug, ohne doch ein Ganzes zu erzielen. Auch die Betrachtung einer Rede lehrt, daß in der griechischen Komödie Dynamik herrscht, in der römischen Statik. Plautus tritt in seinen Einschüben auf der Stelle.

Wie später bei Seneca beschäftigen sich die Personen der römischen Komödie hauptsächlich mit sich selbst und ihren eigenen Problemen. Das zeigt klar der plautinische Einschub in Mnesilochus' Monolog. Auch in dem römischen Schluß bewahrt der Jüngling den persönlichen Blickwinkel, indem er nicht weniger als dreimal betont, Chrysalus habe seinetwegen (*mea causa*) den Vater hintergangen. So wie es dem römischen Komödiensklaven ‚ansteht', etwas Bestimmtes zu tun, steht es Mnesilochus an (*aequom est*), für den einzutreten, der ihn unterstützt. Bei der liebevollen Versenkung der römischen Komödiendichter in das Innere ihrer

Personen machte es nichts aus, wenn diese dabei zu einem Wissen gelangten, über das sie eigentlich nicht verfügen durften. Terenz hat das oft bei der Eliminierung der Prologe der Vorlagen praktiziert, um den dadurch entstehenden Mangel an Information auszugleichen. Der großzügige Begriff von der Einheit einer Person, den die römischen Dichter hatten, begünstigte ein solches Verfahren. Auch Plautus' Personen operieren immer wieder mit Möglichkeiten, die sich erst aus dem weiteren Verlauf der Stücke ergeben. Bei Mnesilochus war die Antizipation späteren Wissens jedoch so offenkundig, daß Plautus sich gezwungen sah, durch einen direkten Hinweis das Merkwürdige der Situation zu entschärfen, indem er den Jüngling sagen ließ, ob er denn bei Trost sei, daß er von Zukünftigem schwatze: *sed satine ego animum mente sincera gero, | qui ad hunc modum haec hic quae futura fabulor?* (509–510). Der Kern der plautinischen Person zerfließt damit vollends.

Wie Senecas Personen ist Mnesilochus in der Lage, gleichsam aus sich herauszutreten und seine Gesinnung und seine Entscheidungen zu kommentieren. Bereits in dem ersten Monolog, in dem er das künftige Handeln absteckt, ist er bemüht, sein Verhalten exakt zu definieren. Wie Pseudolus (*decet*) oder er selbst in der schon betrachteten Partie (*aequom est*) mißt er es an einem abstrakten Begriff (*oportet*) und betont, daß das auch die Umwelt tun werde, da sein Handeln nicht verborgen bleibe (*hau celabis*). Wie Medea oder Hercules ist er in der Lage, sich von außen zu betrachten und zu beschreiben, wenn er, zumal mit senecaischer Selbstapostrophe, in typisch plautinischen Wendungen auseinandersetzt: ‚Nun, Mnesilochus, wird die Probe erprobt, nun die Entscheidung entschieden, ob du bist, wie sich es gehört oder nicht, schlecht oder gut, wie du willst, gerecht oder ungerecht, freigebig oder knauserig, gefällig oder ungefällig. Hüte dich, daß du dich vom Sklaven im Wohltun übertreffen läßt. Wie du auch sein wirst, daran mahne ich dich, wird nicht verborgen bleiben' (399–403):

> nunc, Mnesiloche, specimen specitur, nunc certamen cernitur
> 400 sisne necne ut esse oportet, malus, bonus quoivis modi,
> iustus iniustus, malignus largus, comincommodus.
> cave sis te superare servom siris faciundo bene.
> utut eris, moneo, hau celabis.

Er ist im Schillerschen Sinn durchaus ‚Historiograph seines eigenen Selbsts'. Und wie die tragischen Personen sind die Liebhaber der Komödie auch schon ‚Professore ihrer Leidenschaft', etwa wenn Philolaches in der *Mostellaria* I 2 oder Lysiteles im *Trinummus* II 1 in Arien, die Plautus stark erweitert hat, ihre Liebe analysieren oder gar der alte verliebte Lysidamus in der *Casina* eine Beobachtung (*coniectura*, 224) hinsichtlich seines eigenen durch die Liebe veränderten Betragens macht. Vor allem aber sind die komischen Personen wie die tragischen bereits, um noch einmal Schillers Formulierung zu gebrauchen, ‚Heldendichter ihres eigenen hohen Selbsts', indem sie zu ihrem persönlichen Ruhm kräftig in die Tasten greifen. Hierher gehören insbesondere die Selbst-Glorifizierungen der Sklaven, die sich nicht genug tun können, in militärischen Metaphern ihre noch von der Nachwelt zu bewundernden Taten zu beschreiben. Auf derselben Stufe stehen die umfangreichen Elogien, in denen Parasiten ihre geistigen Fertigkeiten besingen. Selbst der gemäßigte Terenz hat an ihnen solchen Gefallen gefunden, daß er entgegen der Konzeption der Vorlagen die Parasiten Gnatho im *Eunuchus* und Phormio in dem gleichnamigen Stück jeweils mit einem Preislied auf die Parasitenkunst auftreten ließ. Dem ausgeprägten römischen Interesse für die eigene Person gemäß erkennen die Gestalten der römischen Komödie niemanden außer sich an und verwenden im Bezug auf die eigene Person am liebsten den Superlativ. Niemand, der so tapfer, niemand, der so klug wäre wie sie; aber auch niemand, der solches Leid hätte wie sie: ‚Die da sind, die da sein werden, die da waren und die künftig kommen werden – ich allein übertreffe sie alle leicht, der elendeste Mensch zu leben', *qui sunt, qui erunt quique fuerunt quique futuri sunt posthac, | solus ego omnibus antideo facile, miserrumus hominum ut vivam* (*Persa* 777–778). Und da es sich um Komödien handelt: Niemand, der so töricht wäre wie sie, wenn sie merken, daß sie hereingelegt worden sind: ‚Wen auch immer es gibt, wen es gab und wen es künftig geben wird, Toren, Dumme, Einfaltspinsel, Pilze, Stumpfsinnige, Tölpel, Hohlköpfe – ich allein übertreffe sie alle leicht an Dummheit und törichtem Benehmen', *quiquomque ubi sunt, qui fuerunt quique futuri sunt posthac | stulti, stolidi, fatui, fungi, bardi, blenni, buccones, | solus ego omnis longe antideo stultitia et moribus indoctis* (*Bacchides* 1087–1089). Die Personen der Komödie kennen ebenso wie die der Tragödie kein Maß in ihrem Stolz, in ihrem Leid, in ihrer Freude oder ihrem Ärger. Vor allem kennen sie keinen Konkurrenten, auch sie sind in einer erstaunlichen Weise monoman.

Der statische Charakter der römischen Komödie äußert sich wie der der römischen Tragödie in dreifacher Hinsicht: hinsichtlich der Struktur in der Verselbständigung der Einzelszene, hinsichtlich der Personengestaltung in der Anhäufung von Einzelzügen, hinsichtlich der Rede im Selbstzweck der einzelnen Formulierung. Die ersten beiden Eigenarten finden ihren Ausdruck vor allem in der charakteristischen Ausprägung der Rede. Überall dort, wo sich längere oder kürzere Einschübe der römischen Dichter feststellen lassen, dienen sie nicht so sehr der Weiterführung der Handlung als vielmehr der Ausmalung von Situationen. Umfangreiche Partien, in denen die römischen Dichter auf der Stelle treten und sich in immer neuen Variationen und Assoziationen gefallen, sind etwa der Hetärenappell des Kupplers Ballio im *Pseudolus* I 2, die Toilettenszene der Hetären Adelphasium und Anterastilis im *Poenulus* I 2, die Auftritte der Parasiten Phormio und Gnatho im *Phormio* II 2 bzw. *Eunuchus* II 2 sowie natürlich die Triumpharien und Selbst-Glorifizierungen der Sklaven. Auch solche längeren Reden sind nicht auf ein bestimmtes Ziel hin ausgerichtet, sondern zerfließen letztlich in der Anhäufung von Pointen. Man darf überspitzt sagen: Eine kürzere Passage der römischen Komödiendichter dient der Einfügung einer Pointe, eine längere der Einfügung einer Summe von Pointen. Dies ist ein grundlegender Unterschied zwischen griechischer und römischer Rede. Treffender als E. Fraenkel in dem Buch ‚Plautinisches im Plautus' kann man Plautus' Redeweise nicht charakterisieren (413 – 414):

> Der Dialog des Plautus begnügt sich nicht mit der Funktion des Mittlers, er ist sehr stark Selbstzweck. Nicht die Worte nur und ihre Fügungen, auch die Gedanken selbst machen sich in weitem Umfange ganz unabhängig von dem Grundgehalt und der Aktion der Szene und führen ein Sonderleben. Auch wo die eigentlichen Skurrilitäten fehlen, entstehen durch die Art, in der von dem Hauptgedanken auf kleinen Umwegen abgebogen wird, immerfort Sonderspannungen, dem Hörer werden Rätsel aufgegeben, die sich im Folgenden lösen, unvermutete Aspekte bekannter Dinge tauchen auf, der Dichter schießt plötzlich einen Pfeil in die Luft und holt irgend einen glänzenden Vogel herunter. Es ist als sollte man niemals zur Ruhe kommen, sich nicht in die Sphäre einer besonderen Stimmung einschließen dürfen. Die Rede hat etwas unaufhörlich Prickelndes; alles das, was man allenfalls als rhetorische Figuren bezeichnen könnte, macht nur einen geringen Teil dieser Wirkung aus.

Ebensowenig wie der plautinische oder terenzische ist der senecaische Stil rhetorisch im schulmäßigen Sinn. Vielmehr zeigt sich bei diesen Dichtern ein ausgeprägtes Interesse an der Rede in ihren kleinsten Bestandteilen. Ihre Personen sind stets bemüht, nichts ungesagt sein zu lassen, auch das Nebensächlichste für bedenkenswert und mitteilungswürdig zu halten, und bereit, sich noch in die äußerste Assoziation zu verlieren. K. Büchner hat im Hinblick auf Terenz von dem ‚Glossematischen' seines Stils gesprochen – eine Charakteristik, die ebenso auf Plautus und Seneca zutrifft. Nicht auf Handlungsstrukturen sind diese Dichter aus, sondern auf das Glossieren als konstante Begleitung der Handlung. In der Komödie überwiegt naturgemäß die bloße Pointe, aber auch der tragische Stil ist in einer oft als unangemessen empfundenen Weise von Pointen bestimmt. Wie die tragischen Personen sind die komischen vornehmlich damit beschäftigt, das eigene Verhalten zu beobachten und zu beschreiben, nicht einfach etwas zu sagen, sondern stets auch die Bedeutung des Gesagten zu bedenken. Ihr Stil ist dementsprechend kommentierend. Die Personen des römischen Dramas sind nicht nur Darsteller, sondern auch ‚Historiographen ihres eigenen Selbsts'.

Ausblick: Die Einheit des römischen Dramas

Wenn das römische Drama nicht auf die Einheit der Handlungsstruktur, nicht auf die Einheit der Person, ja nicht einmal auf die Einheit der Rede zielt, erhebt die Frage, worin seine Einheit liege oder ob eine solche gar nicht vorhanden sei. Wenn es keine konsequente argumentative Verknüpfung der einzelnen Szenen gibt, bedeutet das noch nicht, daß es keine Argumentation gebe. Auch das römische Drama argumentiert – jedoch nicht in der Weise, daß Argumente aus Argumenten entwickelt oder Argumente gegeneinander abgewogen werden. Die Argumentation ist, wenn man so sagen darf, nicht dynamisch, sondern statisch. Bestimmte Thesen oder Verhaltensweisen werden nicht im Entstehen gezeigt, sondern als von Anfang an fertige Muster demonstriert, ja zuweilen eingehämmert. Die griechischen Stücke gleichen einem strömenden Gewässer, bei dem auch die bewegteste Oberfläche der richtungweisenden, in stets neuen Bahnen verlaufenden Tiefe geordnet folgt, die römischen Stücke einem stehenden Gewässer, bei dem die Oberfläche ganz nach Belieben einmal ruhig verharren, ein andermal in ungeordneter Bewegung durcheinandergeraten kann, die Tiefe jedoch unverändert bleibt. Im römischen Drama ist wie in der römischen Dichtung überhaupt zuallererst nach der den einzelnen Szenen zugrundeliegenden Idee, nach dem die konkreten Geschehnisse zusammenhaltenden abstrakten Band zu fragen. Selbst die klassische Dichtung wie Vergils *Aeneis* kennt keine organische Tektonik, sondern die gedankliche Einheit römischer Kunstwerke. Der Leser darf sich nicht einfach dem Gang des konkreten Geschehens anvertrauen wie bei Homer, sondern ist aufgerufen, bei jeder einzelnen, vom Dichter beliebig herausgegriffenen scheinbar konkreten Szene die Bedeutung derselben mitzubedenken: Ohne deren Kenntnis ist er nicht imstande, jene zu verstehen. Ein grundlegender Unterschied zwischen griechischer und römischer Epik und Geschichtsschreibung liegt darin, daß diese Genera bei den Griechen einen literarischen Eigenwert hatten, bei den Römern aber von vornherein einen argumentativen, über sich selbst hinausweisenden Charakter. Die Römer schufen zu Beginn nicht autonome Literatur, sondern wollten mit der Literatur etwas ‚beweisen', sei es – wie Naevius oder Fabius Pictor – den Griechen, sei es sich selbst. Es wurde schon dargelegt, wie der unverhältnismäßig hohe Anteil des Troia-Stoffs in der römischen Tragödie sich daraus erklärt, daß die Römer ihre troische Abstammung als politisches Argument gegenüber dem Osten verwandten. Andererseits bedeuteten diese Stoffe für ihr Selbstverständnis ein Stück Selbstdarstellung, einen Beitrag zu ihrer Heilsgeschichte. Für die aitiologischen Themen der frühen Tragödien ist das ebenso einsichtig wie für die panegyrischen Tendenzen der Prätexten. Noch Varius verfolgte mit dem Festspiel *Thyestes* einen außerhalb des Stücks liegenden Zweck. Dasselbe gilt in einem ganz anderen Sinn sowohl von den Rezitationsdramen der

Kaiserzeit, soweit sie der Oppositionsliteratur zuzurechnen sind, als auch von Senecas Tragödien, die die Bedingungen des Individuums abstecken. Alle diese Stücke wollen nicht eine Argumentation entwickeln, sondern sollen als G a n z e s wirken. Dieses Ganze, ihre Idee, steht von vornherein fest. Ihr ist alles untergeordnet. Nicht die einzelne Szene, nicht die Summe der einzelnen Szenen führt zum Ganzen, sondern jede einzelne Szene verkörpert bereits das Ganze. Deshalb stehen die einzelnen Szenen nicht zueinander in Verbindung, sondern nur in Bezug zu der Idee des Stücks. Deshalb kann die einzelne Szene ohne Rücksicht auf die vorhergehenden oder folgenden Szenen beliebig ausgestaltet und umgestellt werden, da sie nur der Idee des ganzen Stücks verantwortlich ist. Wenn der römische Dramatiker seine Aufmerksamkeit auf die Einzelszene konzentriert, meint er damit immer zugleich das Ganze. Dementsprechend kennen die Personen des römischen Dramas keine Entwicklung. Sie stehen von Anfang an als fertige Muster da. Die plautinischen Sklaven sind schon zu Beginn Sieger, die Väter und Kuppler Verlierer. Daher kann der Sklave schon am Anfang eine Triumpharie anstimmen, auch wenn die Handlung keinen Anlaß bietet. Denn es geht bei ihm um die Idee des triumphierenden Sklaven, nicht aber darum, zu zeigen, wie es zu diesem Triumph kommt. Ebenso ist schon zu Beginn Senecas Oedipus der Gestürzte, Verfolgte, Medea die Kindermörderin. Die römischen Dramen kennen weder Organik noch Ökonomie.

Der abstrakten Idee gegenüber verliert alles Konkrete an Bedeutung. Die Exposition des Faktischen ist ebenso zweitrangig wie die Abgrenzung des Örtlichen. Oft hat man den Eindruck, daß das römische Drama im luftleeren Raum spielt. In der Komödie gehen griechische und römische Örtlichkeiten munter durcheinander, und in Senecas Tragödien ist der Schauplatz zuweilen überhaupt nicht zu fixieren. Terenz ist in seinem Stil schon wesentlich ungegenständlicher als Plautus, weniger konkret, er ist auf dem Weg zu Seneca. Grillparzer konnte zu Recht sagen:

> Kann ich nicht genug Lateinisch, oder sind die Exemplare des Terentius so mangelhaft, vieles verstehe ich in diesen Komödien nicht. Aus dem Sinn erraten kann ich es so gut als die Kommentatoren, daß aber das römische Volk so gewandt gewesen sein sollte, um derlei dunkle Andeutungen im Vorüberrollen der Rede zu verstehen, bleibt mir immer rätselhaft.

Die Einheit des griechischen Dramas liegt im Logos, die des römischen im Pathos. Wenn der einzelne Baustein nicht von der Umgebung gestützt wird, sondern beliebig vergrößert werden kann, da er das Ganze verkörpert, ist es natürlich, daß er so repräsentativ wie möglich ausgestaltet werden muß. Dem Pathos ist als bestimmendem Element damit keine Grenze gesetzt. Diesen Prozeß spiegelt die Sprache des römischen Dramas in ihrer Abundanz und Exuberanz folgerichtig wider. Das aus Menanders *Dis exapaton* überlieferte Stück, das Mnesilochus' Monolog vorhergeht, zeigt den Unterschied zu den griechischen Vorbildern ebenso deutlich wie der besprochene Monolog selbst. Wo Menander νουθέτει sagt, heißt es bei Plautus *animum atque ingenium regas*, aus αὐτόν wird *sodalem et filium*, aus χρῆσαι πικρῶς, ἔλαυνε das dreigliedrige *cura, i, concastiga*, aus ἅπαντας ἡμᾶς τοὺς φίλους das viergliedrige *te, me, amicum atque alios* (*Bacchides* 494–498). Cassandras Warnung aus Ennius' *Alexander* erhebt sich in den Alliterationen am Beginn und den Antithesen am Schluß zu eindrücklichem Pathos: ‚Mutter, beste aller Frauen, ich bin von Weissagungen getrieben worden, und Apollo schlägt mich – nicht wider Willen – durch Prophezeiungen mit Wahnsinn. Ich meide die gleichaltrigen Mädchen und schäme mich meiner Tat vor meinem Vater, dem besten Mann. Liebe Mutter, deinetwegen empfinde ich Jammer, meinetwegen Verdruß. Die besten Kinder hast du Priamus geboren – außer mir; das schmerzt mich: daß ich schade, sie nützen, daß ich nicht gehorche, sie willfährig sind!'

> mater optumarum multo mulier melior mulierum,
> missa sum superstitiosis hariolationibus,
> neque me Apollo fatis fandis dementem invitam ciet.
> virgines vereor aequalis, patris mei meum factum pudet
> optumi viri. mea mater, tui me miseret, mei piget.
> optumam progeniem Priamo peperisti extra me; hoc dolet:
> med obesse, illos prodesse, me obstare, illos obsequi!

Cicero, der diese Verse in der Schrift *De divinatione* 1, 66 zitiert, unterbrach sich an dieser Stelle und rief aus: *o poema tenerum et moratum atque molle*, welch zarte, charaktervolle und dahinströmende Dichtung! Höchstes Pathos spricht aus Andromachas überbordender Klage in Ennius' gleichnamigem Stück: ‚O Vater, Vaterland, Priamus' Haus, heiliger Bau, geschlossen von tönender Angel; ich sah dich, als unsere Macht noch stand, königlich mit deinen Kassettendecken, Gold und Elfenbein. Dies alles sah ich in Flammen aufgehen, Priamus gewaltsam sterben, Iupiters Altar von Blut entweiht werden':

> o pater o patria o Priami domus!
> saeptum altisono cardine templum;
> vidi ego te, adstante ope barbarica,
> tectis caelatis laqueatis
> auro ebore instructam regifice.
> haec omnia vidi inflammari,
> Priamo vi vitam evitari,
> Iovis aram sanguine turpari.

Auch bei dem Zitieren dieser Verse in den *Tusculanae Disputationes* 3, 44–45 unterbrach sich Cicero nach dem fünften Vers mit dem Ausruf *o poetam egregium*, welch herrlicher Dichter! Und er sagte vom Ganzen, es sei ein einzigartiges Gedicht; es drücke sowohl in den Gedanken als auch in den Worten und im Rhythmus Trauer aus, *praeclarum carmen; est enim et rebus et verbis et modis lugubre.*

Beidemal hebt Cicero den Duktus und den Rhythmus der Verse hervor. Mit Recht kann man angesichts des Auskostens der Formulierungen und des Schwelgens in Klangmalereien bei großen Teilen der republikanischen Tragödie und Komödie von einer alle logischen Brüche überdeckenden, alle verstandesmäßigen Bedenken fortschwemmenden Wortmusik sprechen. Überdies wurden bis zu zwei Dritteln dieser Stücke – jedenfalls der Komödien, vielleicht ebenso der Tragödien der republikanischen Zeit – im Gegensatz zu den griechischen Vorlagen zu Musikbegleitung rezitiert oder gar gesungen. Man verwandelte die attischen Sprechdramen in Singspiele, die auf einer ganz anderen Ebene von den Dichtern konzipiert und von den Zuschauern rezipiert wurden. Scheint im römischen Drama ein Monolog oder eine Szene in eine Summe von einzelnen Gedanken und Einfällen zu zerfallen, so werden diese auf der Ebene des Klangs und der Musik wieder zu einer die verschiedenen Elemente zusammenstimmenden Einheit verschmolzen. Auch senecaische Monologe und Chorlieder, die wohl ohne Musikbegleitung vorgetragen wurden, haben in ihrer von Paradoxien und Pointen geprägten Klangfülle eine auf dieser Ebene bestrickende Einheit.

Während die Einheit des griechischen Dramas in seiner vom Logos bestimmten Dynamik liegt, läßt zwar die Statik des römischen Dramas die Stücke in Einzelszenen auseinanderfließen und die einzelnen Teile zum Selbstzweck werden, doch sind diese auf der Ebene des Pathos, mit dem die Ideen und Haltungen verkörpert, demonstriert, nicht jedoch entwickelt werden, wieder zu einer mehr die Sinne und das Gefühl als den Verstand ansprechenden Einheit zusammengeschlossen. Dieser einheitliche Grundzug der römischen Tragödien und Komödien hat seine Wirkung auf das europäische Drama nicht verfehlt.

Zweiter Teil: **Republikanische Tragödie**

3 Die politisch-aitiologische Ideologie der Tragödien des Livius Andronicus

I Die Notwendigkeit der Legitimation der Tragödie ―― S. 95
II Die trojanische Abstammung der Römer ―― S. 97
III Die griechische Abstammung der Römer ―― S. 100
IV Rückblick ―― S. 104

I Die Notwendigkeit der Legitimation der Tragödie

Bei kaum einer anderen Literatur kann man den Zeitpunkt ihrer Entstehung so genau bestimmen wie bei der römischen, da im Jahr 240 v.Chr. der aus Tarent stammende Grieche Livius Andronicus von den Ädilen den Auftrag erhielt, je eine griechische Tragödie und Komödie für die römische Bühne zu bearbeiten. Die Intention der Magistrate dürfte klar gewesen sein: Man wollte es den Griechen gleichtun, an den großen Festen wirkungsvolle Bühnenspiele zu veranstalten. Viele Römer waren während des langen Kriegs gegen Karthago in Unteritalien und Sizilien mit dem lebendigen griechischen Theater in Berührung gekommen und verlangten nach ähnlichen Darbietungen in der Heimat. Für Livius war die Aufgabe schwierig – besonders hinsichtlich der Tragödie, von der im folgenden die Rede ist. Sollte er Aischylos' *Sieben gegen Theben*, Sophokles' *Oidipus* oder *Antigone* oder gar Euripides' *Medea* – gefeierte Stücke des 5. Jahrhunderts – übersetzen? Konnte er dabei auf breite Resonanz bei dem römischen Publikum hoffen? Hätte man die Tragödie des Bruderkampfs, die Tragödie der mangelnden Selbsterkenntnis, die Tragödie der Auflehnung des Individuums gegen die Staatsgewalt oder die Tragödie der verlassenen Frau, die ihren Mann straft und sich dabei selbst trifft, überhaupt verstanden? Livius wählte diese Stoffe und die ihnen von den großen Dichtern gegebenen Gestaltungen nicht. Offenbar erschienen sie ihm nicht geeignet. Aber auch die Staatsorgane mochten kaum Interesse daran haben, ihren Bürgern die Probleme einer Antigone oder Medea vorzuführen.

Welche waren die Prinzipien, auf die man sich bei der Auswahl der in Frage kommenden Stücke einigte? Lassen sie sich noch aus den spärlichen Fragmenten, die erhalten sind, ablesen? Folgende Tragödien werden Livius zugeschrieben: *Achilles, Aegisthus, Aiax mastigophorus, Andromeda, Danae, Equos Troianus,*

Quaderni di Cultura e di Tradizione Classica 8, 1990 (erschienen 1992), 9–20 (Università degli Studi, Palermo).

Hermiona, Ino, Tereus.[1] Die Liste ist umstritten.[2] In diesem Zusammenhang soll jedoch weder die Berechtigung der Zuweisung einzelner Titel noch die Rekonstruktion einzelner Tragödien untersucht, sondern lediglich geprüft werden, ob die allgemein als livianisch geltenden Stücke einen einheitlichen Nenner in ihrer Tendenz erkennen lassen oder ob es sich mehr oder weniger um Zufallsprodukte handelt. Auch das letzte ist nicht von vornherein unwahrscheinlich, da in der Zeit nach dem Ersten Punischen Krieg in Rom wohl nur eine begrenzte Auswahl griechischer Literatur zur Verfügung stand, jedenfalls aber die Beschaffung bestimmter Vorbilder mit erheblichen Schwierigkeiten verbunden war. Noch hatten die römischen Feldherren die griechischen Bibliotheken nicht ausgebeutet.

A. S. Gratwick definiert die Ziele, die der frühen römischen Tragödie im allgemeinen zugeschrieben werden, wie folgt: "The province of Roman tragedy was firstly the celebration of contemporary aristocratic ideals through myth, with concessions neither to the Athens of Pericles or Cleon, nor to the distant mythical past; next, the stimulation not of the intellect but of the emotions; thirdly, the cultivation of rhetoric; lastly, to a limited extent, the retailing of current philosophical-scientific views".[3] Dieser konventionelle Blickwinkel ist sicher zutreffend, nur ist zu fragen, ob er die Eigenart der republikanischen Tragödie hinreichend erfaßt. Konnten die Dichter mit diesen Kriterien den römischen Zuschauern das ihnen fremde Genos der Tragödie wirklich nahebringen? Stand nicht gerade der Archeget Livius Andronicus vor einer besonders schwierigen Aufgabe?

Im folgenden soll zu zeigen versucht werden, daß die vier von Gratwick genannten Kategorien durch ein politisch-ideologisches Band zusammengehalten wurden, das die griechische mythologische Tragödie in einzigartiger Weise den Römern interessant machen mußte. Es handelt sich um das Bestreben, mit Hilfe der Literatur die Vergangenheit der Römer bis in den griechischen mythologischen Bereich zu verlängern und damit die eigenen Ursprünge zu verklären. Neben der griechischen Welt hatten die Römer eine Vorliebe für die Geschichte Trojas. Es ist wohl dem überragenden Einfluß von Homers *Ilias* zu verdanken, daß beide Bereiche sowohl als verwandt wie auch als gleichwertig galten.[4]

---

1 Cancik 1978, 323.
2 Das betrifft vor allem die *Antiopa* (deren einziges Fragment gegen die Überlieferung meistens Pacuvius' *Antiopa* zugeschrieben wird) und die *Ino* (deren einziges Fragment [Hexameter] gegen die Überlieferung öfter Laevius zugeschrieben wird). Mit der überwiegenden Zahl der Forscher (z. B. Bieler, Büchner, Cancik, Leo, Schanz-Hosius, Waszink) wird hier von einer livianischen *Ino* ausgegangen, ohne die Echtheit des umstrittenen Fragments zu behaupten.
3 1982, 130. Zum Thema La Penna (1977) 1979, 49–104.
4 Andeutungen bei Lefèvre 1978 (2), 8–10 (▶ S. 24–26); 1985 (1), 1243–1246 (▶ S. 343–345).

II Die trojanische Abstammung der Römer

Es ist schon immer aufgefallen, daß die republikanische Tragödie den trojanischen Sagenkreis in ganz besonderem Maß bevorzugt hat. Das ist nicht verwunderlich, da die Troja-Sage bereits in alter Zeit mit der römischen Frühgeschichte in Verbindung gebracht worden war.[5] So soll Odysseus auf seinen Irrfahrten, wie selbst die Griechen zu berichten wußten, auch zu der an der südlichen Küste Latiums lokalisierten Kirke gelangt sein. Der Historiker Hellanikos von Lesbos überlieferte sogar, daß er mit Aeneas in Latium zusammengetroffen sei und beide Rom gegründet hätten.[6] Wenn man sich später auch für Aeneas als Nationalheros entschied, darf nicht vergessen werden, daß sich Odysseus als Ahnherr in Latium eines guten Renommées erfreute. Es fügt sich zu diesen Gegebenheiten, daß fünf der neun livianischen Titel dem Troja-Stoff entstammen, sei es unmittelbar (*Achilles*, *Aiax mastigophorus*, *Equos Troianus*), sei es mittelbar in der Fortsetzung (*Aegisthus*, *Hermiona*). Hiermit war also der historische Sinn der Römer auf das stärkste angesprochen. Aber das genügt noch nicht, um Livius' geniale Wahl voll zu erklären. Denn die trojanische Abstammung der Römer gewann gerade in seiner Zeit an besonderer Aktualität, insofern sie politischer Argumentation nutzbar gemacht wurde.[7] Als 281 die Tarentiner König Pyrrhos von Epiros um Hilfe gegen die Römer baten, gab dieser der Hoffnung Ausdruck, er werde als Achilles' Nachkomme gegen die Nachkommen der Trojaner erfolgreich zu Felde ziehen.[8] Umgekehrt wurde das Argument im Sinn der Römer verwendet, als bald nach 240 die Akarnanen die Römer um Hilfe gegen die Aitoler mit der Begründung baten, sie seien die einzigen Griechen, deren Vorfahren nicht am Kampf gegen Troja teilgenommen hätten.[9] Es bedarf nicht der Anführung weiterer Zeugnisse, um zu erkennen, daß im Jahr 240 und in der Folgezeit Tragödien mit Themen aus dem trojanischen Sagenkreis sowohl aufgrund des Postulats der mythischen Abstammung als auch aufgrund des aktuellen politischen Geschehens auf größtes Interesse bei den Zuschauern in Rom stoßen mußten.

---

5 Bömer 1951; Alföldi 1957.
6 Dion. Hal. *Ant. Rom.* 1, 72, 2 = FGrHist 4 F 84 (Jacoby). Die Zuschreibung an Hellanikos wurde von Solmsen 1986 verteidigt.
7 Weber 1972, ferner Alföldi 1957, 30–34.
8 στρατεύειν γὰρ ἐπὶ Τρώων ἀποίκους Ἀχιλλέως ὢν ἀπόγονος (Paus. 1, 12, 1).
9 Strabo 10, 2, 25; vgl. Weber 1972, 218. Zu weitgehend erschien ihm 1972, 219 freilich die Zustimmung von Bengtson, man habe mit Recht darauf aufmerksam gemacht, „daß die Äneaslegende in jenen Tagen schon längst ein Instrument der römischen Ostpolitik geworden war" (1970, 81 mit Bezug auf Alföldi 1957, 33).

Auf diesem Hintergrund wird es erlaubt sein, eine protrojanische ~ antigriechische Tendenz der livianischen Tragödien[10] zu vermuten. So wird sicher der *Equos Troianus* das bedauernswerte Los der Trojaner dargestellt und die verabscheuenswerte List der Griechen bei der Eroberung Trojas angeprangert haben. Die Sympathie der Zuschauer dürfte wie in der eindrücklichen Ausmalung Vergils im zweiten Buch der *Aeneis* ganz auf seiten der Trojaner gelegen haben. Ein Fragment ist erhalten (R.³):

>   da mihi hasce opes,
>   quas peto, quas precor:
>   porrige, opitula!

Ribbeck deutete es so, daß Cassandra Apollo in einem Canticum anflehe, „ihr die Kraft der Ueberredung, Gewalt über die Gemüther und Beistand zur Errettung des Vaterlandes zu verleihen".[11] Ihr Flehen war umsonst.

Auf der anderen Seite gibt es zwei Tragödien, die die Namen berühmter griechischer Helden tragen, *Aiax* und *Achilles*. Daß es sich aber nicht um Verherrlichungen der Feinde Trojas handeln muß, zeigt zumindest der *Aiax*. Denn diesem Helden spielten die Griechen übel mit. Jedenfalls war es leicht, Sophokles' *Aias* in diesem Sinn zu interpretieren. Aiax mochte sich bitter beklagen (I R.³):

>   mirum videtur, quod sit factum iam diu?

Ribbeck ergänzte ⟨*oblitos esse*⟩ und verstand den Vers ironisch: Aiax selbst scheine „es ganz natürlich zu finden, dass die Achäer seine grösste That, die Rettung der Schiffe vor dem Feuer der Troianer, vergessen haben".[12] Das zweite erhaltene Fragment wird in der Regel Teucer in den Mund gelegt, der wie bei Sophokles seinen toten Halbbruder gegen Agamemnon verteidigt (II R.³):

>   praestatur laus virtuti, sed multo ocius
>   verno gelu tabescit.

Dazu Soph. *Ai.* 1266–1267:

>   φεῦ, τοῦ θανόντος ὡς ταχεῖά τις βροτοῖς
>   χάρις διαρρεῖ καὶ προδοῦσ' ἁλίσκεται.

„Setzen wir bei Livius die gleiche Situation voraus, den Streit zwischen A g a - m e m n o und T e u c e r über die Bestattung des Aiax, so ist von ihm das bei

---

10 Sorgfältige Bemerkungen bei Waszink 1972, 891–901.
11 1875, 27, gebilligt von Waszink 1972, 896.
12 Ribbeck 1875, 26.

Sophokles nur kurz angeschlagene Thema, wie schnell die Dankbarkeit für Verdienste verwehe, etwas n a c h d r ü c k l i c h e r behandelt worden":[13] Ist es ‚nachdrücklicher' behandelt,[14] dann wurde die Sympathie für Aiax und die Antipathie gegen die Griechen um so stärker ausgedrückt.

Auch mit Achilles verfuhren die Griechen nicht freundlich. Den Eingangsvers der *Ilias* kannte jedes Schulkind auswendig: μῆνιν ἄειδε, θεά... Das eine erhaltene Fragment hat Ribbeck (indem er mit den Humanisten *malos* statt *malas* las) so gedeutet: „Der einzige Vers

> si malos imitabo, tum tu pretium pro noxa dabis

scheint sich auf die Anträge zu beziehen, welche Agamemno durch seine Gesandten dem e r z ü r n t e n Achill machen liess, um ihn zu versöhnen und zur Rückkehr in das Lager zu bewegen. (Ilias IX 260 ff.)".[15] Der ‚erzürnte Achill' stellte den Griechen kein gutes Zeugnis aus. Ribbecks textkritische Änderung hat wenig Anklang gefunden. Da *malas* auf eine Frau als Sprecher weist, glaubte E. Bickel, Euripides' *Skyrioi* seien Livius' Vorbild gewesen, in denen Deidamia Achilles Vorwürfe gemacht haben könnte.[16] Aber auch diese Annahme ist sehr hypothetisch. G. Aricò hat eine ansprechende Vermutung geäußert, indem er *malas* ebenfalls hielt und den Vers auf Klytaimestras Rede 1180–1190 aus der euripideischen *Iphigenie in Aulis* zurückführte.[17] Wenn man dieser These folgt, erhält man ein Vorbild, in dem die Atriden denkbar schlecht abschneiden, indem sie den ahnungslosen Achilles in eine Intrige verwickeln. Eine ‚antigriechische' Tendenz wäre auch hier spürbar.[18]

Die beiden Tragödien *Aegisthus* und *Hermiona* wußten ebenfalls nichts Gutes über die Griechen zu berichten. Weder spielten Aegisthus in der ersten noch Neoptolemus in der zweiten eine rühmliche Rolle. Ob man annimmt, der *Aegisthus* habe Agamemnons Tod[19] oder aber Aegisthus' und Clytaemnestras Tod[20] dargestellt (Aricò ist mit guten Gründen wieder für die erste These eingetreten[21]): In

---

13 Ribbeck 1875, 26 (die letzte Sperrung ad hoc).
14 Leo 1913, 70 Anm. 2: „χάρις" wird gegen die Absicht des Dichters [sc. Sophokles] stark in einem eignen Satz hervorgehoben und das in διαρρεῖ leise anklingende bildliche Element zu einem sorgfältig ausgeführten Bilde mit poetischem Ausdruck erweitert ".
15 Ribbeck 1875, 25 (Sperrung ad hoc).
16 1937, 1–22; vorsichtig zustimmend Waszink 1972, 891.
17 1979 (1), 129–141.
18 Sie läge auch bei der Handlung der *Skyrioi* vor; nur säße hier Achilles auf der Anklagebank.
19 Das ist die übliche Ansicht: z. B. Ribbeck 1875, 28–31 und Waszink 1972, 891–892. Weitere Literatur bei Aricò 1979 (2), 3 Anm. 1.
20 Terzaghi 1924 / 1925, 668–674.
21 1979 (2), 3–9.

jedem Fall kamen die Greuel des Atridenhauses ausgiebig zur Sprache. Diese Annahme wird noch dadurch gestützt, daß Seneca im *Agamemnon* Livius' Stück gefolgt ist:[22] In ihm war Agamemnon ein ὑβριστής.[23] Man mag sogar umgekehrt vermuten, im *Aegisthus* sei die Klage um den Untergang Trojas wie in Ennius' *Andromacha* oder Vergils *Aeneis* mit Anteilnahme dargestellt gewesen. Jedenfalls deutet Fr. I R.³ darauf hin:

> nam ut Pergama
> accensa et praeda per participes aequiter
> partita est.

In diesen Zusammenhang gehört auch die *Hermiona*. Waren im *Achilles* der Titelheld und Agamemnon die Gegenspieler, so sind es in diesem Stück ihre Söhne Neoptolemus und Orestes. Offenbar waren weder Menelaus noch Neoptolemus anziehende Gestalten. Wenn Andromacha in dem einzigen erhaltenen Fragment ihren Sohn, den sie von Neoptolemus hat, beschwört

> obsecro te, Anciale, matri ne quid tuae advorsus fuas,

wird man an ihre Situation mit Astyanax in Senecas *Troades* – einem griechenfeindlichen Stück par excellence – erinnert. Zu Andromacha hatten die Römer eine besondere Beziehung. Vergil hat sie im dritten Buch der *Aeneis* con amore geschildert.

III Die griechische Abstammung der Römer

War also die trojanische Abstammung der Römer im 3. Jahrhundert ein politisches Argument, so bedeutete es offenbar keine Beeinträchtigung dieses Postulats, daß die Römer mindestens ebenso sehr die Griechen als ihre Vorfahren in Anspruch nahmen. Daß in der Frühzeit Roms Odysseus und Aeneas eine nahezu gleichwertige Rolle spielten, spiegelt dieses ‚dualistische' Denken in bezeichnender Weise wider. Es ist hier das Bestreben erkennbar, den griechischen Mythos in seiner Gesamtheit für die römische Geschichte fruchtbar zu machen. Wenn man seine Ursprünge mit denen der vorbildhaften Griechen verknüpfen konnte, bedeutete das eine Weihung der Anfänge des eigenen Daseins. Griechischer Mythos und römische Geschichte verflossen in eins, ja die letzte wurde aufgrund des Ansehens der ersten Heilsgeschichte.

---

[22] Ribbeck 1875, 29–30; Aricò 1979 (2), 6–7; Lefèvre 1973, 90 (▸ S. 297).
[23] Dazu Lefèvre 1973 (▸ S. 275–297).

So ließ man Odysseus nicht nur zu einem unbedeutenden kurzen Aufenthalt zu Kirke nach Latium gekommen sein, sondern schrieb ihrer Verbindung die Söhne Agrius, Latinus, Telegonus,[24] Romus, Antias und Ardeias[25] zu. Agrius soll Alba Longa, Latinus Lavinium,[26] Telegonus Tusculum,[27] Antias Antium, Ardeias Ardea und Romus Rom[28] gegründet haben. Alle diese Städte rühmten sich einer ehrwürdigen ‚griechischen' Vergangenheit. Umgekehrt gilt: Odysseus hatte eine ungeahnt folgenreiche ‚römische' Zukunft: Er war zu einem durch und durch römischen Helden geworden. Livius spricht in dem Vorwort seines Geschichtswerks mit Sympathie davon, daß die alten Zeiten die Anfänge der Städte durch Mischen von Göttlichem und Menschlichem geweiht hätten: *datur haec venia antiquitati ut miscendo humana divinis primordia urbium augustiora faciat* (6). Die Rücksichtnahme auf eben dieses Denken dürfte auch Livius Andronicus veranlaßt haben, bei der Wahl eines homerischen Epos für eine römische Version die *Odyssee* der *Ilias* vorzuziehen. Das ist überraschend. Denn die Kriegswelt der *Ilias* mußte römischem Denken eng entsprechen. Daß die *Odyssee*, mit Aristoteles zu sprechen, ἠθική war, dürfte kaum den Ausschlag gegeben haben. Freilich hatte F. Leo gemeint, kein griechisches Werk sei geeigneter gewesen, den Schein eines lateinischen Gedichts anzunehmen, „als die Odyssee mit ihrem ganz m e n s c h l i c h e n , dem griechischen und römischen Rittersaal wie der römischen und deutschen Kinderstube gleich gemäßen Inhalt".[29] Ähnlich hat auch E. Paratore argumentiert: «Il poema che nella sua redazione definitiva celebra la poesia del focolare domestico, lo smanioso attaccamento alla patria, anche se povera e ingrata, la preminenza assoluta del *pater familias* che, assente, condanna la casa allo sfacelo, e presente la ricostruisce e la fa fiorire, doveva riuscire ai Romani ben più gradito dell'*Iliade*, che cantava le sconfitte subite dai Troiani, loro progenitori».[30] Das letzte trifft nur bis zu einem gewissen Grad zu, wie Vergils zweites *Aeneis*-Buch zeigt. Eher wird man sagen dürfen, daß Livius in eben der Weise an Odysseus in Latium anknüpfte wie später Vergil an Aeneas in Latium. Beide Helden waren für die Römer in einem bestimmten Bereich gleichwertig. Es empfiehlt sich, ihn als das aitiologische Denken der Römer zu bezeichnen. In welchem Maß dieses auch in der Tragödie eine Rolle spielte, mag aus Accius'

---

24 Die ersten drei nennt der umstrittene Schluß der *Theogonie* Hesiods (1013–1014).
25 Die letzten drei nennt Xenagoras FGrHist 240 F 29. Dazu Alföldi 1957, 26 mit Anm. 176 (Literatur).
26 Zu Agrius und Latinus Alföldi (1965) 1977, 220 (der Agrius mit Silvius gleichsetzt).
27 Hor. *Epod.* 1, 29–30; *Carm.* 3, 29, 8; Prop. 2, 32, 4.
28 Xenagoras (Anm. 25); Strasburger (1968) 1982, 1023–1024.
29 Leo 1913, 73 (Sperrung ad hoc).
30 1961, 23.

Atreus hervorgehen, in dem der Dichter dem Publikum den Atridenstoff dadurch interessant machte, daß er die Verwandtschaft von Atreus mit Euander betonte, deren gemeinsame Urgroßeltern Atlas und Asterope waren.[31]

Ein eindrückliches Beispiel ist Danae, deren Schicksal Livius in einer gleichnamigen Tragödie darstellte. Sie war die Gründerin von Ardea. Es dürfte kaum einen Zuschauer gegeben haben, der nicht das wenige Meilen südlich von Rom gelegene Städtchen kannte und daher mit Aufmerksamkeit von dem Leid der ersten Königin hörte. Römische Antiquare hatten festgestellt, daß sie nicht, wie die Griechen berichteten, mit der Arche in Seriphos angetrieben sei, sondern in Latium.[32] Dort habe sie Perseus geboren, den König Pilumnus geheiratet und mit diesem Ardea gegründet.[33] Somit war also auch Perseus für die Römer von Interesse, und es ist daher beinahe folgerichtig, daß Livius dessen bedeutendste Tat, die Befreiung Andromedas, in der gleichnamigen Tragödie auf die Bühne brachte. Mit Danae verband man nicht nur Perseus, sondern auch zwei Söhne, Argus und Argeus, die sie von Phineus gehabt habe und mit denen sie nach Latium gekommen sei. Mit diesen habe sie an der Stelle des späteren Rom gesiedelt. Argus sei von den Aboriginern getötet worden und habe dem Argiletum seinen Namen gegeben.[34] Diese Fassung ist also noch ‚römischer'. – Nur am Rand sei erwähnt, daß nach der Version, die Hygin. *Fab.* 45 von dem Tereus-Mythos gibt, auch Lynceus eine Rolle spielt.[35] Sollte das auch in Livius' *Tereus* der Fall gewesen sein, könnte dieses Stück ebenfalls in den Danae-Bereich gehört haben; denn Lynceus war der Großvater von Danaes Vater Acrisius. Sein Sohn Abas wird bei Vergil erwähnt (*Aen.* 3, 286). Vielleicht gab es hier wichtige Zusammenhänge, die heute nicht mehr zu durchschauen sind.

Von den ‚trojanischen' Stücken sind die *Hermiona* und der *Equos Troianus* auch in aitiologischer Hinsicht bedeutsam. Denn Hermiones Gatte Orestes war mit Aricia in Latium eng verbunden. Man wußte zu berichten, daß er das Kultbild Dianas auf der Flucht aus Tauris dorthin gebracht habe. Als später der Diana-Kult

---

31 Serv. *Aen.* 8, 130 *quod Accius in Atreo plenius refert*. Nach Ribbeck 1875, 448 kam dafür der Prolog in Frage.
32 Robert 1920, 234.
33 Serv. *Aen.* 7, 372: *Danae, Acrisii regis Argivorum filia, postquam est a Iove vitiata, pater eam intra arcam inclusam praecipitavit in mare. quae delata ad Italiam, inventa est a piscatore cum Perseo, quem illic enixa fuerat, et oblata regi, qui eam sibi fecit uxorem, cum qua etiam Ardeam condidit*, ferner Serv. *Aen.* 7, 410; Verg. *Aen.* 7, 371–372; 408–411; Plin. *Nat.* 3, 56; Solin. 2, 5; Myth. Vat. 1, 157; 2, 110 (Bode); Schol. Stat. *Theb.* 2, 220.
34 Serv. auct. *Aen.* 8, 345: *alii Danaen cum duobus filiis Argo et Argeo, quos de Phineo habuit, venisse in Italiam et locum ubi nunc Roma est tenuisse, ibique Argum Aboriginum insidiis interfectum loco nomen dedisse*.
35 Ribbeck 1875, 37–38.

in Aricia zu grausam geworden sei, habe man ihn nach Sparta überführt und Orestes' Gebeine in Rom vor dem Saturn-Tempel beigesetzt:[36] Orestes war also zugleich ein aricischer und ein römischer Held. In der *Hermiona*, in der wohl Schatten auf Neoptolemus fiel, mochte Licht auf Orestes fallen. Vielleicht ist es kein Zufall, daß das Stück vom Untergang Trojas *Equos Troianus* hieß. Denn der Erbauer des Hölzernen Pferds hieß Epeus und war Gründer der italischen Städte Pisae,[37] Lagaria[38] und Metapontum.[39] Er wurde also zu einem durch und durch ‚italischen' Helden;[40] doch ist nicht klar, ob Livius für ihn bei dem Untergang Trojas Sympathien wecken konnte. Immerhin wird er in Chrysalus' Troja-Canticum ausdrücklich erwähnt (Pl. *Bacch.* 937). Wenn dieses Lied, wie allgemein angenommen, eine Tragödienparodie ist, mochte er auch bei Livius – oder Naevius – eine Rolle gespielt haben. Es ist nicht zu vergessen, daß Ulixes in Rom großes Ansehen genoß; das konnte auf Epeus abfärben.

Wenn schließlich Livius eine *Ino* geschrieben haben sollte, dann hätte er den Römern ein römisches Stück κατ' ἐξοχήν geschenkt. Ino hatte, wie die Sage erzählte, den Sohn ihrer Schwester Semele, Bacchus, gepflegt und mußte vor ihrem mit Wahnsinn geschlagenen Gatten Athamas fliehen. Mit dem Sohn Melicertes stürzte sie sich in das Meer. Nach griechischer Überlieferung wurden sie zu den Göttern Leucothea und Palaemon, nach römischer zu den Göttern Magna Matuta und Portunus.[41] „Man sieht, die Fabel griff unmittelbar in italischen Cultus hinüber".[42] Ovid erzählt die römische Appendix am schönsten:[43] Danach gelangten die beiden Flüchtlinge zur Mündung des Tiber, wo ein Hain war, den ausonische Mänaden innehatten. Von ihnen erfuhr Ino, daß sie Arkader seien und Euander als

---

36 Serv. *Aen.* 2, 116: *simulacrum [...] Ariciam detulit. sed cum postea Romanis sacrorum crudelitas displiceret, quamquam servi immolarentur, ad Laconas est Diana translata, ubi sacrificii consuetudo adulescentum verberibus servatur [...]. Orestis vero ossa Aricia Romam translata sunt et condita ante templum Saturni, quod est ante clivum Capitolinum iuxta Concordiae templum*; ferner Serv. *Aen.* 6, 136; Hygin. *Fab.* 261; Ov. *Met.* 15, 487–490; Solin. 2, 11; Ps.Acro zu Hor. *Carm.* 1, 7, 10; Myth. Vat. 2, 202 (Bode).
37 Serv. auct. *Aen.* 10, 179.
38 Strabo 6, 1, 14; Lykophr. *Alex.* 930 (und Tzetzes z. St.).
39 Iustin. 20, 2, 1.
40 Dieser Umstand könnte auch ein altes Problem lösen. Ribbeck 1875, 27 hatte vermutet, Livius sei Sophokles' *Sinon* gefolgt. Waszink 1972, 896 nimmt in diesem Zusammenhang die alte These von de la Ville de Mirmont 1903, 166 auf, wonach Livius den Titel geändert haben könnte, weil „der Name des Sinon, der ja in der ‚Odussia' nirgends genannt wird, dem römischen Publikum völlig unbekannt gewesen" sei. Epeus war eben ein in Italien bekannter Held.
41 Cic. *Tusc.* 1, 28; *De nat. deor.* 3, 48; Hygin. *Fab.* 2 und 224; Plut. *Cam.* 5, 1–2; Lact. *Inst.* 1, 21, 23; Serv. zu *Georg.* 1, 437 u. a.
42 Ribbeck 1875, 33.
43 *Fast.* 6, 475–550.

König herrsche. Gegen den Angriff der Mänaden sei Hercules vom Aventin zu Hilfe geeilt. Schließlich habe Carmentis sie gastlich aufgenommen und in den römischen Kult integriert. Wörtlich (541–548):

> ‚laeta canam: gaude, defuncta laboribus Ino',
> dixit ‚et huic populo prospera semper ades!
> numen eris pelagi, natum quoque pontus habebit,
> in vestris aliud sumite nomen aquis:
> 545 Leucothea Grais, Matuta vocabere nostris,
> in portus nato ius erit omne tuo;
> quem nos Portunum, sua lingua Palaemona dicet.
> ite, precor, nostris aequus uterque locis!'

Es war wohl kaum möglich, bei einer Ino-Tragödie in Rom von solchen aitiologischen Klammern abzusehen.

IV Rückblick

Wenn auch manche der vorgetragenen Vermutungen den Rahmen des Beweisbaren überschreiten, wird man insgesamt doch sagen dürfen, daß es ein genialer Schritt des Archegeten Livius Andronicus gewesen ist, den Römern die Tragödie mit Hilfe politischer und aitiologischer Bezüge nahezubringen. Ihre Schwester, die Praetexta, hat die politische und die genealogische Komponente sofort aufgegriffen. Bis zu Accius hin ist sowohl die politische als auch die aitiologische Ausrichtung der römischen Tragödie nachzuweisen. Und politisch ist sie über Varius Rufus bis zu Mamercus Scaurus, Seneca und Curiatius Maternus geblieben. Es verdient größte Beachtung, daß bereits der Grieche Livius Andronicus – gewiß in Absprache mit den Magistraten – diese urrömische Komponente der römischen Tragödie geschaffen und dem Mythos in Roms Literatur von Anfang an eine symbolische Funktion zugewiesen hat.

4 Die Politisierung der griechischen Tragödie durch die Römer im 3. und 2. Jahrhundert v. Chr. Accius' *Philocteta* – ein Beispiel*

I Historische Bedingungen —— S. 105
  1 Mythenbildung und Identitätsbildung —— S. 106
  2 Bühnenspiel als politisches Instrument —— S. 107
  3 Gegenwartsbezug des Mythos —— S. 108
II Accius' *Philocteta* – ein Beispiel —— S. 109

Unter den repräsentativen Gattungen der republikanischen Literatur hat die Forschung die römische Ausprägung der Geschichtsschreibung und des Epos hinreichend herausgearbeitet, die Tragödie in dieser Hinsicht jedoch völlig vernachlässigt. Das liegt nur zum Teil an der schlechten Überlieferung des Genus. Sowohl die Geschichtsschreibung als auch das Epos erleichtern schon vom Inhalt her die Erkenntnis der römischen Eigenart. Die Tragödien mit griechischen Titeln werden dagegen noch immer als mehr oder weniger gelungene Übersetzungen griechischer Vorbilder mißverstanden. Nach einem eigenen Gehalt wird nicht gesucht, wenn man nicht Einzelheiten wie etwa den römischen Charakter des Soldatenchors in Ennius' *Iphigenia* heraushebt.

Das Problem, was Individuen und Gruppen unterschiedlichster Größe dazu bringt, sich in der Abgrenzung von Anderen als unverwechselbare Einheit zu verstehen, bezeichnet in fundamentaler Weise das Problem der Entstehung der römischen Tragödie. Es läßt sich zeigen, daß diese ebenso auf die Zeit bezogen und auf die Zeit wirkend war wie die Geschichtsschreibung und das Epos.

I Historische Bedingungen

Die Tragödie war entscheidend von den Konstanten Individuum (*res privata*) und Gemeinschaft (*res publica*) sowie von der aufgrund der historischen Situation notwendigen Gleichung Andere = Feinde geprägt, wobei das Individuum seine

---

Grenzgänger zwischen Kulturen, hrsg. von M. Fludernik / H.-J. Gehrke, Identitäen und Alteritäten 1, 1999, 367–378 (Ergon, Würzburg).
* Programmatischer Beitrag anläßlich der Einrichtung des in der Einleitung beschriebenen Sonderforschungsbereichs ‚Identitäten und Alteritäten' (▸ S. V – VI). Der ursprüngliche Untertitel ‚Eine literarische und geographische Grenzüberschreitung' ist hier ersetzt.

Identität über die Gemeinschaft und diese die ihre über den Gegensatz zu den Anderen erfuhr. Dieses Denken war über Jahrhunderte in unterschiedlicher Weise bestimmend. Hegel hat in den *Vorlesungen über die Ästhetik* in dem Kapitel über die ‚Auflösung der klassischen Kunstform' den Geist der römischen Frühzeit aus dem defensiven Charakter des entstehenden Gebildes abgeleitet und geurteilt, der Geist der römischen Welt sei die „Herrschaft der Abstraktion, des toten Gesetzes", „überhaupt die Aufopferung der Individualität, welche sich an den Staat hingibt und im Gehorsam gegen das abstrakte Gesetz ihre kaltblütige Würde und verständige Befriedigung" finde. Die kalte Härte dieser politischen Tugend unterwerfe sich nach außen alle Völkerindividualität. Die Bewohner des aufstrebenden Rom waren vor das existentielle Problem einer Identitätsfindung gestellt.

1 Mythenbildung und Identitätsfindung

Die Identitätsfindung wurde durch die Heranbildung eines schicksalhaften Sendungsbewußtseins zur Legitimierung der Herrschaft über die Anderen gefördert, das die bedingungslose Einbindung des Individuums in den Kollektivverband notwendig machte. Die ‚religiöse Konstruktion des Kriegs',[1] die das Töten des Anderen zur Pflicht werden ließ, war eine geradezu ‚natürliche' Folge solchen Denkens. Hand in Hand ging damit die Konstruktion einer Vergangenheit in mythischer Zeit, deren Anspruch das Verhalten in der Gegenwart rechtfertigte. In Ermangelung einer eigenen Vorgeschichte wurde der reiche griechische Mythos bedenkenlos in den Dienst der Schaffung einer ‚römischen' Vorzeit gestellt. Die künstliche Verlängerung der Vergangenheit förderte den schwierigen Prozeß der Identitätsfindung.

Besonderes Gewicht hatte die Fiktion der Abstammung von den Trojanern.[2] Diese Mythenbildung entsprang keinesfalls einem romantischen Bestreben nach poetisch verklärten Ursprüngen, sondern war von politischer Zielgerichtetheit: Die Abstammung spielte bei der Auseinandersetzung mit anderen Völkern eine bedeutende Rolle. Sie war im 3. Jahrhundert von besonderer Aktualität.[3] Rom sah sich in der Auseinandersetzung mit italischen Städten, die ihre Gründung Griechen zuschrieben, den Kampf führen, den schon ihre ‚Vorfahren' gegen die Griechen gekämpft hatten. Welche politische Bedeutung solche Vorgänge hatten, wird auch aus dem Umstand deutlich, daß die mittel- und unteritalischen Gegner

---

1 Rüpke 1990, 235.
2 Lefèvre 1990 (3), 11–14 (▶ S. 97–100).
3 Weber 1972, 213–225.

den im 4. und 3. Jahrhundert zu mächtig werdenden Römern eine nach außen prächtige Gründungssage konstruierten, die eine Reihe von negativen Zügen enthielt, welche die ‚Beschenkten' nie mehr loswurden.[4]

So betrachtet, stellt die Funktion des Mythos in der Tragödie eine erstaunliche Parallele zu Vorgängen in der frühgriechischen Zeit dar, in der sich die Phänomene ‚Mythos als intentionale Geschichte', ‚Mythos als Argument', ‚Mythos als Geschichte' und ‚Geschichte als Mythos' ebenfalls beobachten lassen.[5] Der Nachweis, daß die römische Tragödie vor einem vergleichbaren Hintergrund zu sehen ist, kann unter mehreren Gesichtspunkten geführt werden.

2 Bühnenspiel als politisches Instrument

Seit der Mitte des 3. Jahrhunderts ist das einmalige Phänomen zu beobachten, daß Literatur als Instrument einerseits zur Förderung der bedingungslosen Identitätsfindung, andererseits zur bedingungslosen Abgrenzung des Kollektivs von den Anderen gebraucht wird. Beides steht in engem Zusammenhang. Nach dem Ende des siegreichen Ersten Punischen Kriegs (264–241) erkannten die staatlichen Stellen die Wichtigkeit einer offiziell instaurierten Literatur für die öffentliche Bewußtseinsbildung im Kampf um die (weitere) Vorherrschaft in Italien. Der erste entscheidende Schritt war die Einrichtung von Bühnenspielen durch die Ädilen. Daß die schriftliche römische Literatur mit einem Schlag um 240 v. Chr. einsetzte, war nicht ein kunstbezogener, sondern ein politischer Vorgang. „Das staalich finanzierte Theater Roms ist wegen seiner politischen Funktion Volkstheater".[6]

Das Datum ist bezeichnend. In dem Augenblick, als die Römer nach dem Ende des ersten Kriegs gegen das von Karthago beherrschte Unteritalien die Grenzen Mittelitaliens zunächst nach Süden und später nach Osten zu überschreiten begannen, brachen sie aus den Grenzen ihrer ‚mündlichen' Literatur aus und drangen in die Literatur des Raums ein, den sie zu unterwerfen versuchten. Sie unternahmen es, die Griechen mit ihren eigenen ‚Waffen' zu schlagen, indem sie ihre Mythen – zumal in der visuell und emotional eindrucksvollen Form der Tragödie – okkupierten und als Argument in der geistigen Auseinandersetzung mit ihnen verwendeten: Die geographische Grenzüberschreitung wurde im Blick auf die folgenreiche Instauration der Tragödie in Rom zu einer literarischen Grenzüberschreitung.

---

[4] Strasburger (1968) 1982, 1054–1055.
[5] Gehrke 1994, 239–264.
[6] Blänsdorf 1978, 111.

Der zweite Schritt war die Umbildung des traditionellen mythologischen zu einem historischen Epos durch Naevius, der dritte das Bestreben der Oberschicht, die religiös motivierten Annalen der Priester zu einer politisch argumentierenden Annalistik umzufunktionieren – ein wiederum politischer, nicht erkenntnistheoretischer Vorgang, der sich sowohl nach innen als auch nach außen richtete. Die Untersuchung der Literatur kann die Intentionen der Magistrate bei der Einrichtung von Bühnenspielen erkennen helfen.

3 Gegenwartsbezug des Mythos

Die klassische griechische Tragödie war nur sekundär und partiell von politischen Tendenzen bestimmt. Am ehesten können in diesem Zusammenhang Aischylos' *Persai* von 472 oder bis zu einem gewissen Grad seine *Oresteia* von 458 genannt werden.[7] Auch hat man in der Titelgestalt von Sophokles' *Oidipus Tyrannos* Züge des großen Staatsmanns Perikles gesehen. Als sich die römischen Dichter des dritten vorchristlichen Jahrhunderts an diese griechischen Vorbilder anschlossen, war deren politische Ausrichtung vergessen: Es handelte sich für sie um ‚Literatur'. Diese wurde als willkommene Form aufgegriffen, in die eigene politische Aussagen eingeschmolzen werden konnten. Die Tragödie eignete sich in hervorragender Weise dazu, die Zurückleitung des eigenen Mythos bzw. der eigenen Geschichte bis in die trojanische Zeit öffentlich zu proklamieren. Livius' und Naevius' *Equos Troianus* oder des letzten *Hector proficiscens* zeugten vom Ruhm der ‚Vorfahren', des ersten *Aiax mastigophorus* und des zweiten *Iphigenia* von der Skrupellosigkeit der griechischen Gegner. Naevius' *Hesiona* rief Euanders Bekanntschaft mit Priamus und Anchises wach (Verg. *Aen.* 8, 157–164), und Accius' *Atreus* war interessant, weil der Titelheld mit Euander verwandt war, worauf der Dichter ausdrücklich hinwies (Serv. auct. Verg. *Aen.* 8, 130). Berücksichtigt man, daß der trojanische Stoffkreis immer beherrschend blieb, ist an der politischen Ausrichtung der Tragödienaufführungen nicht zu zweifeln. Die alten Stoffe wurden einer aitiologisch-panegyrischen Funktion dienstbar gemacht, die griechischen Mythen ‚romanisiert'. Wie es scheint, kam es gerade in der frühen Periode auf die Konfrontation zwischen den Trojanern und den Griechen an, indem die Präsentation der übermächtigen Griechen Sympathie für die schwächeren, aber edlen Trojaner weckte. Die Diskussion der politischen Wirklichkeit wurde auf der Bühne gezeigt. Aber diese bot nicht ein einfaches Abbild, sondern war selbst ein Instrument, die ‚Alterität' der Anderen zu demonstrieren und über sie die eigene

---

[7] Meier 1988, 76–93, 117–156.

Identität zu stützen. Noch Cicero wurde durch die Klagen der ennianischen Andromacha über den Untergang Trojas gerührt (*Tusc.* 3, 44–45), noch Vergil beschrieb im zweiten Buch der *Aeneis* den Untergang der Stadt in erschütternden Farben: Den Hörern und Lesern wurde ein beklemmendes ‚Tua res agitur' vorgeführt. Bis zum Ausgang der Republik behielt die mythologische Tragödie ihren zeitbezogenen Charakter. Man hörte hinter den Versen der Dichter den Zeitbezug heraus. So wurden bei Caesars Beisetzung im Jahr 44 v.Chr. emotionsauslösende Teile aus Pacuvius' *Armorum iudicium* rezitiert. Aias wurde als Sympathieträger verstanden, dem seine eigenen Landsleute, die Griechen, Unrecht angetan hatten. Das stimmt mit der Beobachtung überein, daß offenbar schon Livius Andronicus die ‚guten' Trojaner den ‚schlechten' Griechen vorzog.[8]

Während Oktavians Triumphspielen anläßlich des entscheidenden Siegs bei Actium über den Rivalen Antonius wurde 29 v.Chr. der *Thyestes* von Lucius Varius Rufus – eine der erfolgreichsten römischen Tragödien überhaupt – aufgeführt, der im mythologischen Gewand eine gleichnishafte Deutung der Gegenwart vermittelte.[9]

Die republikanische Tragödie der Römer spiegelte nicht nur frühes Identitäts- und Alteritätsdenken, sondern förderte es sogar. Es handelt sich um einen selten in so klarer Weise sichtbaren Vorgang der Verquickung von Literatur und Politik. Eine Untersuchung der republikanischen Tragödie unter dieser Fragestellung ist geeignet, die Anlässe und Wege ihrer staatlichen Lenkung und das damit in Zusammenhang stehende Bestreben der Förderung von Identitätsbildung und der Festigung von Alteritätsdenken zu erkennen und zu erklären.

II Accius' *Philocteta* – ein Beispiel

Ein Beispiel kann die skizzierte Problematik verdeutlichen. Es wird aus dem Werk des jüngsten republikanischen Tragikers gewählt, um zu zeigen, daß die aitiologisch-politischen Tendenzen des Genus auch anderthalb Jahrhunderte nach seiner Einführung in Rom Geltung behalten hatten. Lucius Accius verfaßte eine Tragödie *Philocteta* über die Versöhnung des von einer Schlange in den Fuß gebissenen Helden Philoktet, den die Griechen während der Fahrt nach Troia wegen der übelriechenden Wunde auf der menschenleeren Insel Lemnos ausgesetzt

---

[8] Lefèvre 1990 (3), 12 (▸ S. 98).
[9] Lefèvre 1976 (▸ S. 167–200).

hatten.¹⁰ Die großen griechischen Tragiker behandelten diesen Stoff unter dem Gesichtspunkt ‚Individuum und Gemeinschaft', da Philoktet im Besitz des immertreffenden Bogens seines Freunds Herakles war, ohne den Troia nicht erobert werden konnte: Nach zehn Jahren stand er vor dem Problem, ob er die Schmach der Aussetzung vergessen oder den Griechen die Hilfe verweigern solle.

Cicero liebte Accius' *Philocteta* in besonderem Maß. Der Titelheld erschien ihm als ein Sinnbild dessen, der ein unverdientes Schicksal und ein körperliches Leiden – wenn auch nicht immer vorbildlich – erträgt. Die Forschung hat sich bisher mit diesem Stück vor allem unter dem Gesichtswinkel der Quellenanalyse befaßt und gefragt, ob es den aischyleischen, sophokleischen oder euripideischen *Philoktetes* zum Vorbild habe. In Ermangelung einer eindeutigen Antwort nahm man an, Accius habe mindestens zwei, wenn nicht gar alle drei Tragödien des 5. Jahrhunderts oder eine hellenistische Version benutzt. Die sorgfältige Untersuchung von C. W. Müller kam zu folgendem Ergebnis: „Der *Philoktet* des Accius folgt im Großen den Handlungsschritten der euripideischen Tragödie. Im Einzelnen und wohl auch in der Sinnrichtung des Ganzen hat er sich stärker an Sophokles angeschlossen, in der Beschreibung von Philoktets Leidenszustand an Aischylos, möglicherweise nach einer hellenistischen Vorlage".¹¹ Die Entstehung des accianischen Stücks wird hier als ein innerliterarisches Puzzlespiel verstanden.

Wie in anderen Fällen könnte man sagen, daß der gelehrte Dichter – offenbar als erster Römer – den Stoff um seiner Abgelegenheit willen wählte. Aber das widerspräche der Tradition der römischen Tragödie, die von aitiologischen und panegyrischen Tendenzen geprägt war. Accius selbst fühlte sich, wie dargelegt, genötigt, als er den *Atreus* auf die Bühne brachte, die Stoffwahl zu rechtfertigen. Mit welchen Argumenten konnte beim *Philocteta* geworben werden?

So wenig wie Euander war Philoktet in Italien ein Unbekannter. Gleich vielen griechischen Helden war er dorthin verschlagen und hinterließ eindrückliche Spuren. Eine ganze Reihe von Städten nördlich von Kroton – Petelia, Krimisa, Makalle, Chone, Thurioi¹² – war mit seinem Namen verbunden. Wenn Vergil in der *Aeneis* von *Philoctetae Petelia* sprach (3, 402), konnte er das Wissen seiner Leser als selbstverständlich voraussetzen, daß Petelia auf Philoktet zurückging.¹³ Servius berichtet zur Stelle, er habe aufgrund seines Traumas nicht in die Heimat zurückkehren wollen, sondern Petelia in Kalabrien gegründet.

Wenn somit Philoktet ein ‚Vorfahr' der Römer war, gewann sein Leiden auf der römischen Bühne eine besondere Qualität: Hier litt ein ‚Römer' unschuldig – und

---

10 Ribbeck 1875, 376–401.
11 Müller 1997, 282.
12 Türk 1902 / 1909, 2325.
13 Prinz 1979, 138.

vorbildlich. Die griechische *patria* war nach Servius' Nachricht so geartet, daß der Held nicht in sie zurückkehren mochte: Aber Italien nahm ihn auf, ihn selbst und des großen Herakles Waffen, ja gewährte ihm einen Kult. Unteritalien, das man längst als römisch begriff, war ‚besser' als Griechenland. Auch Herakles war nach Italien, sogar nach Latium, gekommen. Der Philoktet-Stoff war heimisches Geschehen. Er verlängerte römische Geschichte in die Vorzeit. Er war ein Baustein in der Konstruktion der eigenen Identität. Rom hatte mit der geographischen sowohl die mythologische als auch die literarische Grenze überschritten.

Der Schauplatz des Stücks hatte aber auch eine ‚religiöse' Bedeutung für die Römer. Unter den erhaltenen Partien verdient besonders Fr. 525–536 R.³ (= 527– 530, 533–540 W.) Aufmerksamkeit:

525 Lemnia praesto
litora rara, et celsa Cabirum
delubra tenes, mysteria quae
pristina castis concepta sacris
+++
Volcania (iam) templa sub ipsis
530 collibus in quos delatus locos
dicitur alto ab limine caeli
+++
nemus expirante vapore vides,
unde ignis cluet mortalibus clam
divisus: eum dictus Prometheus
535 clepsisse dolo poenasque Iovi
fato expendisse supremo.

Hier ist von den Mysterien der Kabiren die Rede. Diese hatten ihren Kult zu gleichen Teilen auf Samothrake und auf Lemnos. So nennt Cicero in der Schrift *De natura deorum* 1, 119 Samothrake und Lemnos in einem Atemzug und zitiert ein Tragödienfragment, das Warmington dem *Philocteta* zugewiesen hat (Fr. 531–532 W. = inc. inc. fab. 37 R.³). Cicero läßt Cotta sagen: *praetereo Samothraciam eaque, quae Lemni*

nocturno aditu occulta coluntur
silvestribus saepibus densa.

Es bestand offenbar kein prinzipieller Unterschied zwischen dem auf Samothrake und dem auf Lemnos angesiedelten Kult.

Samothrake war für die Römer von besonderem Interesse, weil von dort ihre Penaten stammten.[14] Nach Varro hatte Dardanos sie nach Troia und Aeneas sie von

---

14 Suerbaum 1986, 277.

dort nach Italien (Macr. *Sat.* 3, 4, 7), nach Cassius Hemina Aeneas sie direkt von Samothrake nach Italien gebracht (Serv. Verg. *Aen.* 1, 378). Diese Konstruktion genoß zu Accius' Zeit besten Kredit. Im *Philocteta* wurde den Römern der Schauplatz geboten, von dem aus ihre heiligen Penaten den Weg nach Rom gefunden hatten. Die Handlung war um so geeigneter, als sie in der Zeit des Trojanischen Kriegs spielte, nach dessen Ende sich Aeneas auf den Weg machte, die Penaten in die neue Heimat zu befördern.

In diesem Sinn war es passend, daß Philocteta die gesitteten Trojaner gegen die ungesitteten Griechen ausspielte: *Phrygiam miti more esse, animo immani Graeciam* (Fr. 560 R.³ = 568 W.). Damit befand sich Accius in der Tradition, die wohl schon Livius Andronicus begründet hatte: Manche Stücke ließen gemäß dem Postulat der trojanischen Abstammung der Römer eine ‚protrojanische' Tendenz erkennen, der auf der anderen Seite eine ‚antigriechische' Tendenz entsprach.

In den zufällig überlieferten Fragmenten 520–536 werden die wichtigsten Ereignisse und Sehenswürdigkeiten, die Lemnos zu bieten hat, vorgestellt: Das Kabiren-Heiligtum, der Volcanus-Tempel, wobei des Himmelsturzes des Gottes, Prometheus' Feuerdiebstahls und dessen Bestrafung Erwähnung getan wird. Das ist sicher mehr, als für den Schauplatz eines traditionellen Philoktet-Dramas notwendig war. Die Annahme, daß Lemnos auch als Heimat der trojanisch-römischen Penaten vorgestellt wurde, bereitet daher keine Schwierigkeit.

Überhaupt ist zu sehen, daß Accius' Einfall, den Kabirenkult in die Handlung einzuschwärzen, in Widerspruch zu dem traditionellen Philoktet-Schicksal auf Lemnos steht. Bei Sophokles handelt es sich um eine einsame Insel, zu der nie Schiffe gelangen, die den ausgesetzten Helden mit in die Heimat nehmen könnten. Euripides erfindet zwar einen Chor von Einheimischen, aber diese besuchen den Ausgesetzten zum erstenmal, wofür sie sich entschuldigen.[15] Ein Heiligtum setzt aber einen gewissen Menschenverkehr voraus, auch wenn es heißt, daß es *litora rara* seien. Offenbar war Accius das trojanisch-römische Penaten-Thema wichtiger als die Glaubwürdigkeit des Philoktet-Schicksals. Daher befindet sich Ulixes' Frage nach Philocteta *ubi habet? urbe agrone?* (Fr. 537 R.³ = 541 W.) zwar in Übereinstimmung mit Accius' Konzeption, aber eben nicht mit Philoctetas ‚Gefangensein' auf der Insel.

Der Philoktet-Stoff gewann in Rom aufgrund dieser Konstruktion eine politische Dimension. 148 wurde Makedonien römische Provinz, und seit 146 – nach dem Fall von Korinth – erschienen die Römer auf Samothrake. Es fällt auf, daß sich die römischen Statthalter von Makedonien in den Kult einweihen ließen – wie die Inschriften überhaupt mehr offizielle Delegationen als private Initiativen bezeu-

---

[15] Müller (1992) 1997, 17.

gen. Die Absicht, die dahinterstand, hatte ein hochpolitisches Ziel. Die ‚Geschichte', daß die Römer durch die Penaten seit der trojanischen Zeit mit Samothrake – und ebenso mit Lemnos – verbunden waren, bedeutete den Herrschaftsanspruch auf eines der ältesten und angesehensten griechischen Kultheiligtümer.[16] Es wird kein Zufall sein, daß die ‚Nachricht' bei Cassius Hemina, Aeneas habe die Penaten von Samothrake nach Italien gebracht, genau in die Zeit fällt, als Rom nicht nur äußeren, sondern auch inneren Anspruch auf den Kabirenkult erhob.[17]

Der *Philocteta* ist nicht zu datieren. Dennoch ist zu berücksichtigen, daß die Römer seit mindestens 100 Jahren eine Tradition der Bühnendichtung – sowohl der Tragödie als auch der Komödie – hatten. Die Forschung der letzten Jahrzehnte konnte zeigen, daß die Dichter der Palliata in erheblichem Maß selbständig dichteten, wenn sie nicht gar auf Vorlagen ganz verzichteten. Für die eine eigene Gattung bildende Praetexta gab es überhaupt keine Vorbilder. Angesichts dieses Umstands ist es von vornherein unwahrscheinlich, daß sich Accius bei dem bekannten Mythos an alle drei großen Tragiker hielt. Als Gelehrter spielte er möglicherweise auf sie an. Aber als Dichter schaltete er mit Sicherheit frei. Aufgrund seiner aitiologischen und historischen Fragestellungen konnte er an dem spezifischen Gehalt der griechischen Philoktet-Dramen nicht interessiert sein. Ihm kam es allein auf den Stoff an, den er natürlich kannte. Nur aus Bequemlichkeit mochte er sich streckenweise an ein ihm erreichbares Original anschließen.

Wenn Accius den Zuschauern die aitiologische Bedeutung des *Philocteta* erklärte, liegt es nahe, einen Prolog anzunehmen. Hierfür eignet sich gut die von Müller nach G. Hermann, F. G. Welcker und Th. Zielinski postulierte Minerva als Sprecherin. In dem von Apuleius *De deo Socratis* 24 bezeugten Eingang des Stücks macht sie Ulixes mit den Denkwürdigkeiten der Insel bekannt (Fr. 520 – 524 R.³ = 522 – 526 W.):

> 520   inclute, parva prodite patria,
>   nomine celebri claroque potens
>   pectore, Achivis classibus ductor,
>   gravis Dardaniis gentibus ultor,
>   Laertiade!

Müller macht wahrscheinlich, daß weder ein Begleiter von Ulixes noch ein Lemnier oder ein Chor von Lemniern diese Worte sprachen. Ein Begleiter könne Ulixes anreden, aber nicht begrüßen; Lemnier könnten ihn zwar begrüßen, aber

---
16 Guettel 1989, 1590.
17 Guettel 1989, 1589.

nicht mit Namen nennen. Nur zu einer Gottheit passe „die gleichsam Noten vergebende, schulterklopfende Attitüde [...] mit der rühmenden Gegenüberstellung des kleinen Heimatlandes und der hohen Intelligenz des Angesprochenen".[18] Stimmt man dieser Auffassung zu, ist die Annahme naheliegend, daß sich Minerva zuvor direkt an die Zuschauer wendete. Das ist für das römische Theater keineswegs ungewöhnlich, wie der plautinische *Amphitruo* zeigt. In ihm spricht Mercurius zuerst als Prologgottheit im Auftrag des Dichters zu den Zuschauern und erklärt ihnen Eigenheiten des Stücks; in der darauffolgenden Szene und auch später spielt er dagegen als dramatis persona eine Rolle in der Handlung.

Eine gewisse Schwierigkeit liegt darin, daß Fr. 520 – 536 Anapäste sind. Diese begegnen in der republikanischen Tragödie wie in der klassischen griechischen bei Auftritten neuer Personen und in Klagen. Das letzte trifft auf Philoctetas Klage Fr. 562–565 R.³ (= 564–567 W.), das erste vielleicht auf die in Rede stehenden Explikationen 520 – 536 R.³ zu, wenn damit die auftretende Minerva charakterisiert werden soll. Möchte man wegen des Versmaßes lieber der communis opinio folgen und einen Chor als Sprecher annehmen, käme vor allem ein Chor von Priestern in Frage, der selbst oder dessen Sprecher dem hochberühmten Besucher Auskunft gibt. Über das Heiligtum zu sprechen war wohl kaum jemand so legitimiert wie er. Immerhin gab es in Aischylos' *Kabeiroi* einen Chor, der aus weinspendenden Dämonen bestand, „die mit den in Lemnos gelandeten Argonauten freundlich verkehren".[19]

Der Chorführer der Priester könnte Ulixes auch die überlieferten Auskünfte über Philoctetas Behausung und sein Leiden geben, die man gewöhnlich einem Hirten in den Mund legt.

Philoctetas zitierte Ausspielung der gesitteten Trojaner gegen die ungesitteten Griechen gehört nach W. H. Friedrich[20] und Müller[21] in einen Redeagon zwischen Griechen und Römern. Es dürfte bezeichnend sein, daß Accius in diesem Fall Euripides gefolgt ist, weil er so die Trojaner mit den Griechen konfrontieren konnte.

Der *Philocteta* trug somit zur Identität der Römer bei. Auch in Accius' Zeit ging die politische und geistige Auseinandersetzung mit Griechenland weiter. Man schuf sich Selbstbewußtsein gegenüber dem übergewaltigen Griechenland: Insofern ist der *Philocteta* auch unter dem Aspekt der Alterität, der Auseinandersetzung mit

---

18 Müller 1997, 264.
19 Kern 1919, 1420.
20 Friedrich 1941, 122.
21 Müller 1997, 271.

‚Anderen', zu sehen. Er ist ein Lehrbeispiel für die geographische wie zugleich mythologische, kultische und literarische Grenzüberschreitung.

5 Aitiologisch-politische Implikationen in Naevius' *Danae*

I Danae eine Römerin —— S. 116
II Danae und Saguntum —— S. 118
III Ausblick —— S. 124

Man darf davon ausgehen, daß die frühe republikanische Tragödie vielfach einen im weiteren Sinn politisch-offiziellen Charakter hat, indem sie in geschichtsbildender, d.h. in aitiologischer, in außen- oder in innenpolitischer Hinsicht das nationale Interesse der Römer widerspiegelt, ja in nicht wenigen Fällen sogar fördert – insofern also einen Beitrag zur Herausbildung ihrer Identität leistet.[1]

I Danae eine Römerin

Interessante Beispiele für den politisch-panegyrischen Bezug der frührömischen Tragödie sind die *Danae* von Livius Andronicus und das gleichnamige Stück von Naevius,[2] über deren Datierung wie über die anderer Tragödien der beiden Dichter nichts Sicheres bekannt ist.[3] Danae gilt in Rom als die Gründerin des an der Via Appia gelegenen Ardea. Während Dionysios von Halikarnassos unter Berufung auf Xenagoras zu berichten weiß, daß diese Stadt von Odysseus' und Kirkes Sohn Ardeias gegründet sei,[4] geht sie bei Vergil auf Danae zurück: *quam dicitur urbem | Acrisioneis Danae fundasse colonis.*[5] Servius, für den Turnus ein *Graecus* ist,[6] überliefert: *Danae, Acrisii regis Argivorum filia, postquam est a Iove vitiata, pater eam intra arcam inclusam praecipitavit in mare. quae delata ad Italiam, inventa est a piscatore cum Perseo, quem illic enixa fuerat, et oblata regi, qui eam sibi fecit uxorem, cum qua etiam Ardeam condidit: a quibus Turnum vult originem ducere.*[7]

Identität und Alterität in der frührömischen Tragödie, hrsg. von G. Manuwald, Identitäten und Alteritäten 3, 2000, 175–186 (Ergon, Würzburg).
1 Dazu Lefèvre 1999, 367–378 (▸ S. 105–115).
2 Sie werden nicht behandelt bei: A. J. Traver Vera, El mito de Dánae: interpretación y tratamiento poético desde los orígenes grecolatinos [...], Cuadernos de Filología Clásica, Estudios latinos 11, 1996, 211–234.
3 Auch die Frage möglicher griechischer Originale der *Danae*-Tragödien ist weitgehend ungeklärt. Zu Naevius Morelli 1974.
4 *Ant.* 1, 72, 5.
5 *Aen.* 7, 409–410; ebenso Plin. *Nat.* 3, 56.
6 *Aen.* 7, 367 (Thilo p. 155).
7 *Aen.* 7, 372 (Thilo p. 155).

Der *rex* ist Pilumnus,⁸ ein altitalischer Gott. Zusammen mit seinem Bruder Picumnus wird er zu den *coniugales di*⁹ oder *infantium di*¹⁰ gerechnet. Danae und Turnus sind somit für die römischen Leser Vergils und sicher auch für die römischen Zuschauer der andronikischen und nävianischen *Danae* ‚Römer'. Es wird – wie in anderen ‚griechischen' Tragödien – die Überzeugung des Tua res agitur vermittelt.¹¹

Mit Recht betont F. Bernstein, Andronicus und Naevius könnten „selbst in diesen Inszenierungen den Bogen zu nationalen Themen geschlagen haben." Es sei denkbar, daß sie „den Mythos in einer Weise bearbeiteten, wie es später Vergil tun sollte. War doch die Argiverin nach Latium gelangt und hatte Ardea gegründet, war die Perseus-Mutter doch schließlich die Ahnfrau des Turnus geworden."¹²

Wie könnten ‚nationale Themen' in den *Danae*-Tragödien aussehen? Von Andronicus' *Danae* ist nur ein Zitat bekannt. Die wenigen Fragmente des nävianischen Stücks lassen dagegen noch erkennen, daß Danaes Schicksal eindrücklich vorgeführt wird. So ruft die von ihrem Vater Verstoßene aus (Fr. VIII R.³ = 2 DS):¹³

 indigne exigor patria innocens.

Sie ist die Sprecherin. Mit Recht bezeichnet sie sich als *innocens*; denn Iupiter selbst hat ihr Los bewirkt, insofern er sich ihr in der Gestalt eines Goldenen Regens nahte. Ganz in diesem Sinn berichtet sie wahrscheinlich, wie sie über ihr Geschick sprachlos war (Fr. III, 4 R.³ = 4 DS):

 excidit orationis omnis confidentia.

Mit diesen Worten bezeichnet sie „ihre bange Gemüthsbewegung".¹⁴ In einer solchen Stimmung könnte sie Iupiter um Hilfe anflehen (Fr. X, 11 R.³ = 5 DS):¹⁵

 manubias suppetat pro me.

---

8 In D zu *regi* hinzugesetzt.
9 Serv. auct. *Aen.* 9, 4 unter Berufung auf Varro (Thilo p. 308).
10 Serv. auct. *Aen.* 10, 76 unter Berufung auf Varro (Thilo p. 394).
11 Lefèvre 1990 (3), 16–17 (▸ S. 102).
12 1998, 243.
13 Zitiert nach Ribbeck 1897; Alternativangabe: Di Salvo 1972, auch im folgenden.
14 Ribbeck 1875, 55. Auch Di Salvo 1972, 63 nimmt gegen Marmorale 1950, 187 (Sprecher: Acrisius) Danae als Sprecherin an.
15 „Vielleicht rief die Unglückliche Iuppiters Zeugniss an" (Ribbeck 1875, 54). „Non satis plane constat a quo auxilium Danae petat" (Di Salvo 1972, 63). Die Bedeutung von *manubiae* ist umstritten. Ribbeck 1875, 54: ‚Blitze des Iuppiter' (nach Festus 129 M. = 114 L.); Warmington 1936, 113: 'hand's strippings' (in der Anm. 'flashes of lightning' als wahrscheinlich angesehen); Di Salvo 1972, 63: *manubias* = *manus exuvias* (nach Nonius p. 201 L.).

Alle genannten Fragmente legen nahe, daß Danae selbst ihr schweres Los erzählt. Das könnte sie gemäß der traditionellen Sage auf Seriphos tun, wohin sie nach der Vertreibung aus Argos kommt. Es wäre aber im Sinn der dargelegten römischen Aktualität auch möglich, daß sie ihr Schicksal in Latium dem Chor oder einem Partner darlegt, so daß *patria* in Fr. VIII, 9 R.³ = 2 DS Griechenland im allgemeinen einschließlich Seriphos bedeutet. Die drei Verse sind übrigens trochäische Tetrameter; daher ist es nicht auszuschließen, daß sie einem zusammenhängenden Bericht bzw. Monolog entstammen. Die römischen Zuschauer hätten in diesem Fall das stolze Gefühl, daß Latium die Unglückliche einst aufnahm und den Grundstein für ein blühendes Geschlecht legte.

Noch eine zweite aitiologische Spur ist erkennbar, und zwar in Rom selbst. Danach ist Danae mit ihren beiden Söhnen Argus und Argeus, die sie mit Phineus hat, in die Gegend des nachmaligen Rom gekommen, wo der in einem Hinterhalt der Aborigines getötete Argus dem Argiletum den Namen gibt: *alii Danaen cum duobus filiis Argo et Argeo, quos de Phineo habuit, venisse in Italiam et locum ubi nunc Roma est tenuisse, ibique Argum Aboriginum insidiis interfectum loco nomen dedisse.*[16]

In jedem Fall konnte das aitiologisch begründete Tua res agitur sowohl für Andronicus als auch für Naevius eine ausreichende Motivation sein, den Danae-Stoff zu dramatisieren. Die Inanspruchnahme der erlauchten Gestalt aus dem griechischen Mythos für die eigene Frühgeschichte fügt sich zu dem bekannten Bestreben der Römer, möglichst viele Städte und Geschlechter auf Troer oder Griechen zurückzuführen. Besonders jene Griechen wie Teukros[17] oder Philoktetes,[18] die von ihren eigenen Landsleuten schlecht behandelt wurden, sind in Italien willkommen. Danae stammt wie Euander aus Argos. Durchgängig ist das Bemühen der Römer erkennbar, sich mit der Konstruktion einer angesehenen Abkunft eine eigene Identität zu schaffen.

II Danae und Saguntum

Es bestehen also ausreichende Gründe für die Dramatisierung des Danae-Stoffs in Rom. U n a b h ä n g i g von ihnen wäre es interessant zu wissen, ob er auch aktuelle Bezüge spiegelt. Soweit erkennbar, hat Rom zu Andronicus' und Naevius' Zeit keine Probleme mit Ardea: Es ist seit 443 latinische Kolonie[19] und somit eng an

---

16 Serv. auct. *Aen.* 8, 345 (Thilo p. 250).
17 Lefèvre 2000 (2), 211–212.
18 Lefèvre 1999, 371–376 (▶ S. 109–115).
19 Liv. 4, 9–4, 11.

Rom gebunden.[20] Wohl aber rückt es im Jahr 220 in das besondere öffentliche Interesse der Römer, als Hannibal sich anschickt, Saguntum zu erobern, über dessen Bewohner Livius sagt: *oriundi a Zacyntho insula dicuntur, mixtique etiam ab Ardea Rutulorum quidam generis.*[21] Der letzte Zusatz soll wohl „die Hinneigung der Saguntiner zu Rom erklären".[22] Diese beordern, wie Livius berichtet, Gesandte nach Rom, die um Hilfe bitten. Während der Senat verhandelt und beschließt, seinerseits Gesandte zu Hannibal zu schicken, trifft schon die Nachricht von der Belagerung Saguntums ein, worauf der Senat erneut berät, wie zu reagieren sei. Ohne Erfolg reisen Publius Valerius Flaccus und Quintus Baebius Tampilus zunächst nach Saguntum und sodann nach Karthago. Nach achtmonatiger Belagerung fällt Saguntum 219 ohne Unterstützung durch Rom in Hannibals Hand. Livius schildert anschaulich das Hin und Her der Verhandlungen in Rom über die angemessene Form der Reaktion.[23] Saguntums Fall bedeutet ein Fanal. So heißt es bei Livius:[24]

> tantusque simul maeror patres misericordiaque sociorum peremptorum indigne et pudor non lati auxilii et ira in Carthaginienses metusque de summa rerum cepit, velut si iam ad portas hostis esset, ut tot uno tempore motibus animi turbati trepidarent magis quam consulerent: nam neque hostem acriorem bellicosioremque secum congressum nec rem Romanam tam desidem unquam fuisse atque imbellem. [...] Poenum hostem veteranum, trium et uiginti annorum militia durissima inter Hispanas gentes semper victorem, duci acerrimo adsuetum, recentem ab excidio opulentissimae urbis, Hiberum transire; trahere secum tot excitos Hispanorum populos; concituram avidas semper armorum Gallicas gentes; cum orbe terrarum bellum gerendum in Italia ac pro moenibus Romanis esse.

> Es ergriff die Väter in solchem Maße zugleich Trauer und Jammer um die Bundesgenossen, die auf unwürdige Weise zugrunde gegangen waren, Scham darüber, daß man nicht Hilfe gebracht hatte, Erbitterung gegen die Karthager und, als stünde der Feind schon vor den Toren, Furcht um das Wohl des ganzen Staates, daß sie von so vielen Gemütsbewegungen verwirrt mehr ängstlich geschäftig waren als sich berieten. Denn es habe keinen leidenschaftlicheren und kriegslustigeren Feind gegeben, der mit ihnen zusammengestoßen sei, noch sei der römische Staat jemals so untätig und kriegsuntüchtig gewesen. [...] Der Punier, ein unter den Waffen ergrauter Feind, seit 23 Jahren in dem sehr harten Kriegsdienst unter den spanischen Völkern immer siegreich, gewohnt an seinen sehr tatkräftigen Heerführer, überschreite unmittelbar nach der Zerstörung einer sehr reichen Stadt den Ebro; er habe so

---

20 Daß die Ardeaten im Zweiten Punischen Krieg 209 (Liv. 27, 9, 7) und 204 (Liv. 29, 15, 5) die weitere Stellung von Soldaten verweigern, dürfte deswegen nicht besonders in das Gewicht fallen, weil Livius jeweils elf weitere Städte mit derselben Entscheidung nennt.
21 21, 7, 2.
22 Weißenborn / Müller 1921, 21.
23 21, 6.
24 21, 16, 2–6. Übersetzung: Titus Livius, Der Punische Krieg 218–201, übers. u. hrsg. von H. A. Gärtner, Stuttgart 1968.

viele Völker Spaniens aufgeboten und ziehe sie mit sich; er werde die Völker Galliens herbeirufen, die immer begierig nach Waffentaten seien. Mit dem ganzen Weltkreis müsse man in Italien und vor den Mauern Roms Krieg führen.

Es geht also *pro moenibus Romanis*.[25] Unmittelbar danach beschreibt Livius die Vorbereitungen zum Krieg gegen Hannibal. Bei einem öffentlichen Bittfest wird die Hilfe der Götter beschworen.[26] Noch einmal werden Gesandte nach Karthago geschickt, um zu klären, ob Hannibal Saguntum *publico consilio* belagert habe. Es kommt dort zu einer eingehenden Verhandlung über die Kriegsschuldfrage, die die Römer mit der Kriegserklärung beenden.[27] Saguntum ist über längere Zeit das bestimmende öffentliche Thema.[28]

Es ist zumindest eine dichterische Gestaltung dieser Ereignisse erhalten. Die Überlieferung der Herkunft der Saguntiner aus Ardea ist von Silius Italicus „geschickt benutzt worden, um dem Kampfe um Sagunt im zweiten punischen Kriege so viel mehr Bedeutung f ü r L a t i u m u n d R o m zu geben."[29] So spricht der Führer der Gesandtschaft Sicoris in Rom (1, 658 – 671):[30]

```
         per vos culta diu Rutulae primordia gentis
         Laurentemque larem et genetricis pignora Troiae,
  660    conservate pios, qui permutare coacti
         Acrisioneis Tirynthia culmina muris.
         vos etiam Zanclen Siculi contra arma tyranni
         iuvisse egregium, vos et Campana tueri
         moenia depulso Samnitum robore dignum
  665    Sigeis duxistis avis. vetus incola Dauni
         (testor vos, fontes et stagna arcana Numici),
         cum felix nimium dimitteret Ardea pubem,
         sacra domumque ferens et avi penetralia Turni
         ultra Pyrenen Laurentia nomina duxi.
  670    cur ut decisa atque avulsa a corpore membra
         despiciar, nosterque luat cur foedera sanguis?
```

---

[25] 21, 16, 6.
[26] 21, 17, 4.
[27] 21, 18.
[28] Die Darstellung bei Polybios 3, 15 – 30 ist zu vergleichen. Ausführlich wird die Kriegsschuldfrage 3, 29 – 30 diskutiert.
[29] Preller / Jordan 1883, 331 (Sperrung ad hoc).
[30] Übersetzung: Silius 1866 (Orthographie und Interpunktion modernisiert).

5 Aitiologisch-politische Implikationen in Naevius' *Danae*

      Bei dem Laurentischen Lar, und dem Pfande trojanischer Abkunft,
      Helft dem getreuen Sagunt! Der Gewalt nur weichend, vertauscht es
      Einst die Acrisische Stadt[31] mit der Burg des Tirynthischen Hügels.[32]
      Habt Ihr edel und groß, den Sizilierfürsten von Zancle[33]
      Nicht vor Zeiten verjagt und getreu den Sigeischen Ahnen[34]
      Von der Kampanierstadt[35] die Samnitischen Heere vertrieben?
665 Ich, Alt-Daunier selbst, ruf auf als Zeugen, Numicus,[36]
      Deinen geheiligten Strom, daß, als aus Ardea wegzog,
      Was es zuviel an Bewohnern besaß, wir haben des Ahnherrn
      Turnus erhabenes Haus und die heiligen Götter des Herdes
      Über Pyrene weg und Laurentums Namen getragen.[37]
670 Dürft Ihr uns als fremd und verworfene Glieder verachten?
      Soll Eur' eignes Geblüt den Vertrag nun büßen und Bündnis?

„Sicoris, ut senior et princeps legatorum, nomine Saguntinorum loquitur, eorumque cum Romanis arctam coniunctionem et veluti consanguinitatem, seque ipsum coloniae Ardeatium ad Saguntum ducem prodit."[38] Der Anführer der Gesandtschaft beschwört die gemeinsame italische Herkunft der Römer und der Rutuler-Saguntiner.[39] Es handelt sich um eine Szene, die Naevius in seiner Tragödie voraussetzen könnte: Aufgrund der Abstammung der Saguntiner von den Rutulern seien die Römer verpflichtet, ihnen in der Not Hilfe zu bringen. Sicoris formuliert den Vorwurf an Rom klar; Saguntum repräsentiere «la partie que Rome sacrifierait pour ne pas risquer une guerre contre Carthage.»[40] Man kann die Situation vergleichen, in der die Römer einst auch der Stammutter der Rutuler, Danae, Hilfe gebracht haben. Es ist nicht notwendig anzunehmen, daß Silius Naevius' *Danae* noch bekannt ist;[41] es wird sich um eine von der Geschichtsschreibung öfter pathetisch ausgemalte Szene handeln, auf der Silius fußt.

---

31 Ardea.
32 Saguntum.
33 Messina im Jahr 263 gegen Hieron II. von Syrakus.
34 *Sigaeis:* Troianis.
35 Capua. Die Kämpfe mit den Samniten gehören in das 4. Jahrhundert.
36 Der Numicius / Numicus, in den Aeneas entrückt wird, «était lié aux Rutules (e. g. vers 8, 356sqq.) et donc aux Sagontins, leurs descendants (vers 1, 291sqq.)» (Spaltenstein 1986, 100).
37 «ils affirment être restés latins, c'est-à-dire qu'ils ont conservé les noms de leur ancienne patrie» (Spaltenstein 1986, 100).
38 Ernesti 1791, 62.
39 Silius nennt auch 1, 291–295 die ardeatische Herkunft von Saguntum.
40 Spaltenstein 1986, 100.
41 „Mein Gefühl spricht [...] dagegen, mir Silius als Leser von altrömischen Tragödien vorzustellen" (J. Delz per litteras am 29. November 1999).

So ist die Vermutung nicht abzuweisen, daß Naevius, patriotisch wie er ist, in diesem Zeitraum – sicher im Einklang mit den Magistraten – einen Beitrag zu der öffentlichen Diskussion leistet, indem er das beklagenswerte Schicksal der Stammutter der Rutuler und damit auch der Saguntiner, der römischen Bundesgenossen, auf der Bühne in der ihm eigenen klangreichen Sprache beschwört. Ob das vor oder nach dem Fall Saguntums geschähe, spielt für die hier verfolgte prinzipielle Fragestellung keine Rolle. Wenn er auf die gerechte Sache des von Rom erklärten Kriegs anspielte oder sie gar suggerierte, wäre das Vorgehen in vollkommenem Einklang mit seiner Stellungnahme zu der Kriegsschuldfrage am Anfang des Ersten Punischen Kriegs, die er im *Bellum Poenicum* abgibt. Jedenfalls wird das Fragment 35 *scopas atque verbenas sagmina sumpserunt* vielfach als solche gedeutet.[42] „Indem er die Erfüllung der vorgeschriebenen völkerrechtlichen Formalien stark betonte, hat auch er anscheinend indirekt die durchaus berechtigten Vorwürfe der Gegenpartei zu entkräften und zu widerlegen versucht."[43] Berücksichtigt man, daß Naevius nach Ciceros Zeugnis das Epos in seiner *senectus* schreibt,[44] wird man mit C. Cichorius schließen dürfen, man erkenne aus dem Fragment, „wie peinlich in Rom noch zur Zeit des zweiten Punischen Krieges jene Beschuldigungen empfunden wurden."[45] Treffen die geäußerten Vermutungen hinsichtlich des Zusammenhangs zwischen Saguntums Fall und der *Danae* zu, wäre es nicht ausgeschlossen, daß Naevius etwa gleichzeitig zu den umstrittenen Kriegsschuldfragen der b e i d e n Punischen Kriege Stellung nähme. Jedenfalls lehrt der Zeitbezug im *Bellum Poenicum*, daß es nicht abwegig ist, einen solchen auch in den Tragödien zu vermuten.

Naevius muß in irgendeiner Weise in die Handlung einführen. Stellt er, wie vermutet, auch die römische Appendix dar, bietet sich dafür ein Götter-Prolog an. Zwei Fragmente in jambischen Trimetern könnten aus ihm stammen. In Fr. I, 2 R.³ = 6 DS

> omnes formidant homines eius valentiam

versteht Ribbeck „unter der allen Sterblichen furchtbaren Gewalt die unwiderstehliche Macht entweder des Götterkönigs oder noch lieber des Amor."[46] Dann

---

42 Richter 1960, 47; Morel / Büchner / Blänsdorf 1995, 57 („praeparatio iusti belli').
43 Cichorius 1922, 27.
44 *Cato* 49–50. Die Angabe ist nach Fraenkel 1935, 637 glaubwürdig (unter Berufung auf F. Marx).
45 1922, 27.
46 1875, 55. Nach Warmington 1936, 113 bezeichnet *valentia* 'the might of Jupiter'. Marmorale 1950, 186 und Di Salvo 1972, 64 geben *hominis* den Vorzug und beziehen es auf Acrisius.

könnte etwa Merkur der Sprecher sein und erzählen,[47] daß Iupiter ein gutes Zeichen gab (Fr. XI, 12 R.³ = 11 DS):

> suo sonitu claro fulgorivit Iuppiter.

Merkur mag auch daran erinnern, wie er als Iupiters Begleiter die schöne Danae zum erstenmal erblickt (Fr. II, 3 R.³ = 1 DS):[48]

> contemplo placide formam et faciem virginis.

Das ist im einzelnen unsicherer als die allgemeine Annahme eines Götter-Prologs. Wenn man die Nachricht für zuverlässig hält, Accius lege im *Atreus* ausführlich (*plenius*) die Verwandtschaft des ‚Römers' Euander mit dem Griechen Atreus dar,[49] und schließt, davon sei in dem Prolog die Rede gewesen,[50] kann auch vermutet werden, daß Merkur oder ein anderer Gott in die römische Appendix der Danae-Geschichte einleitet.

Der höchste der Götter führt alles einem glücklichen Ausgang zu. Aus Danaes Leid erwächst ihre große Aufgabe, eine der angesehensten Städte Latiums zu gründen und damit sozusagen eine latinische Stammutter zu werden. Ihre weiteren Nachkommen in Saguntum geraten nunmehr in Not, und auch diese wird zu einem guten Ende gelangen. Es ist des Schweißes des Edlen, Naevius, wert, die Römer, die nach Horaz eine Ader für die Tragödie haben,[51] mit Hilfe dieses Appells an ihren Nationalstolz gegen den gewaltigen Feind zusammenzuschweißen. Der Kontext, in dem Fr. VII, 8 R.³ = 10 DS steht, ist unbekannt:[52]

> quin, ut quisque est meritus, praesens pretium pro factis ferat.

Das klingt wie ein Fabula docet. Es ist denkbar, daß man den Vers nicht auf Danae, sondern auf die Zukunft zu beziehen hat: eben auf Hannibals *facta*.[53]

---

47 Sein Auftreten erwägt Ribbeck 1875, 55.
48 *contemplo* ω, *contempla* Ribbeck. Andere Interpretationen bei Ribbeck 1875, 55; Di Salvo 1972, 62.
49 Serv. auct. *Aen.* 8, 130 (Thilo p. 218).
50 Ribbeck 1875, 448; Lefèvre 1990, 16 Anm. 31 (▶ S. 102).
51 *spirat tragicum satis* (*Epist.* 2, 1, 166).
52 Ribbeck 1875, 53–54 erwägt Acrisius als Sprecher. Di Salvo 1972, 66, die *praesens* auf *quisque* bezieht und *meritus*, *pretium* und *factis* als voces mediae ansieht, versteht den Vers in dem Sinn, daß der Sprecher sage, von den Anwesenden erhalte der Unschuldige wie der Schuldige seinen gerechten Lohn.
53 Es verdient Beachtung, daß Dangel 2001, 183 die Datierung von Naevius' *Danae* auf etwa 208 unter Hinweis auf die von Livius im 27. Buch geschilderten Ereignisse in Argos erwägt. Damit ist ein im Prinzip richtiger Versuch unternommen, das Stück in den zeitgenössischen Kontext einzuordnen.

III Ausblick

Es ist eine vieldiskutierte Frage, wie sich Andronicus' und Naevius' *Danae*-Tragödien zueinander verhalten. Es wird erwogen, daß Andronicus keine *Danae* schrieb und der einzige erhaltene Vers aus Naevius' Version stammt.[54] Wenn aber dessen Tragödie die spätere ist, dürfte der politische Bezug für sie anzunehmen sein, während bei Andronicus nur die aitiologische Bedeutung ausschlaggebend für das Aufgreifen des Stoffs gewesen sein dürfte.[55]

Unausgesprochen – oder im Prolog ausgesprochen – könnte hinter Naevius' Gestaltung der Gedanke stehen, in einer historisch entscheidenden Situation mit Hilfe der Mythenbildung eigene Identität durch die implizierte Alterität zu beschwören. (Hinsichtlich der aitiologischen Bedeutung gälte das auch schon für Andronicus.) „Wichtig ist die Tatsache, daß Naevius im Epos ein Kollektiv zum Haupthelden macht. Der einzelne steht exemplarisch für das Ganze."[56] Trotz der Individualität der Personen werden die unmittelbarer wirkenden Bühnenstücke mindestens dieselbe Konzeption haben. Bernstein hebt nach Behandlung der beiden *Danae*-Tragödien hervor, es sei kaum zu unterschätzen, „wie sehr durch die Inszenierung solcher Dramen weite Schichten der römischen Bevölkerung mit der griechischen Mythologie und den klassischen griechischen Tragödien vertraut gemacht wurden. Des weiteren mußte eine Verbindung mit nationalen Aspekten die Ausbildung eines römischen Bewußtseins von den eigenen Wurzeln auf breiter Ebene fördern. So kommt der Bühne als Multiplikator zweifellos eine große Bedeutung zu."[57]

---

54 Warmington 1936, 9 Anm. b.
55 Lefèvre 1990 (3), 16–17 (▶ S. 102).
56 v. Albrecht 1979, 29.
57 1998, 243.

6 Ennius' *Medea* im römisch-politischen Kontext

I Die sympathische Medea —— S. 125
II Die exilierte Medea —— S. 126
III Die italische Medea —— S. 128
IV Die aktuelle Medea —— S. 133

Da Cicero Fragmente aus Ennius' *Medea* mit Sympathie zitiert und das Stück selbst ein weitgehend positives Bild der Heldin vermittelt, liegt die Frage nahe, ob das Interesse der Römer für diesen Tragödienstoff denselben Vorgang widerspiegelt wie etwa bei Naevius' *Danae*, Pacuvius' *Teucer* oder Accius' *Philocteta*: Die Griechen der Magna Graecia bzw. die Römer nehmen Flüchtlinge auf, welche die Griechen des Festlands verstoßen haben. Medea ist nach römischer Überlieferung bis zu den Marruviern gekommen und hat sie Zauber gegen Schlangengifte gelehrt.[1]

I Die sympathische Medea

Cicero führt Fr. CIV = 217–218[2] als Beispiel für *miseratio ac maeror* an – eine *flebilis vox*:[3]

> 217   quo nunc me vortam? quod iter incipiam ingredi?
> 218   domum paternamne? anne ad Peliae filias?

Eine Befriedigung, daß Medea ihr Los mit Recht zuteil werde, ist nicht festzustellen. Im Gegenteil: Unmittelbar darauf wird Ennius' *Andromacha* mit der Klage der Titelheldin über das untergehende Troia in Erinnerung gerufen: *o pater, o patria, o Priami domus.* Wenig später heißt es: *haec omnia vidi inflammari, | Priamo vi vitam evitari* (Fr. 87, 92–93) – Verse, die Cicero in den *Tusculanae Disputationes* noch einmal mit Anteilnahme zitiert.[4] Die aitiologische Beziehung der Römer zum Troia-Mythos läßt sie für Andromacha Partei ergreifen.[5]

Studien zu antiken Identitäten, hrsg. von St. Faller, Identitäten und Alteritäten 9, 2001, 39–51 (Ergon, Würzburg).
1 Lefèvre 1978 (2), 10 (▸ S. 25).
2 Ennius wird nach Jocelyn 1967 (Tragödien) und Skutsch 1985 (*Annales*) zitiert.
3 *De orat.* 3, 217.
4 3, 44–45.
5 Dazu Auhagen 2000, 199–210 allgemein sowie Eigler 2000, 15 zu den genannten Versen: „Sicher haben die Zuschauer die Griechen auch als ihre Gegner empfunden und sich mit der

In einem Brief an den befreundeten Juristen Trebatius Testa, der Caesar auf dessen zweiter Britannien-Exkursion begleitet, schreibt Cicero im Mai 54:[6]

> tu modo ineptias istas et desideria urbis et urbanitatis depone et, quo consilio profectus es, id adsiduitate et virtute consequere. hoc tibi tam ignoscemus nos amici quam ignoverunt Medeae quae Corinthum arcem altam habebant matronae opulentae optumates, quibus illa manibus gypsatissimis persuasit ne sibi vitio illae verterent quod abesset a patria. nam
> 219   multi suam rem bene gessere et publicam patria procul;
> 220   multi qui domi aetatem agerent propterea sunt improbati.
> quo in numero tu certe fuisses, nisi te extrusissemus. sed plura scribemus alias. tu, qui ceteris cavere didicisti, in Britannia ne ab essedariis decipiaris caveto et (quoniam Medeam coepi agere) illud semper memento:
> 221   qui ipse sibi sapiens prodesse non quit nequiquam sapit.

Nicht nur, daß Cicero seinem Freund kaum eine verabscheuungswürdige Person als Muster vor Augen stellte – auch nicht in einem scherzhaft formulierten Schreiben –, Medea ist im Gegenteil sehr positiv gesehen. Sie rechnet sich offenbar zu denen, die in der Fremde *suam rem bene gessere et publicam*. Das ist erstaunlich. In dem zweiten Zitat wird ihr die Fähigkeit zugesprochen, von der *sapientia* die rechte Anwendung zu machen – ein Gedanke, den Cicero später in *De officiis* noch einmal zustimmend zitiert.[7] Sympathie und Anerkennung liegen auf Hand.

II Die exilierte Medea

Von den 14 bei Jocelyn abgedruckten Fragmentgruppen (CIII-CXVI) sind drei Ennius' *Medea exul* zugewiesen, alle anderen Ennius' *Medea* oder nur Ennius; einige sind ohne Autornamen überliefert. CIII-CXI und CXIII gehen auf Euripides'

---

trojanischen Seite identifiziert. Dabei mag einerseits eine durch die römische Theatertradition provozierte und nicht zuletzt von Ennius selbst akzentuierte Gewöhnung, andererseits auch eine ideologische Komponente dem Dichter Themenwahl und -präsentation erleichtert und vorgezeichnet haben. In jedem Fall ist das notwendige Wissen noch weitgehend in einer allgemeinen extratextuellen gesellschaftlichen Praxis situiert, auf der die theaterimmanente Wissenserweiterung aufbauen kann. Dem Publikum wird damit die Parteinahme als Gemeinschaftsleistung des gesamten *populus Romanus* im Raum des Theaters möglich."
6 *Ad fam.* 7, 6, 1–2.
7 *De off.* 3, 62: *nemo est qui hoc viri boni fuisse neget; sapientis negant, ut si minoris quam potuisset vendidisset. haec igitur est illa pernicies, quod alios bonos, alios sapientes existimant. ex quo Ennius nequiquam sapere sapientem qui ipse sibi prodesse non quiret. vere id quidem, si quid esset prodesse mihi cum Ennio conveniret* (= Fr. CVb).

Medeia zurück, CXIV-CXVI sind mit ihr vereinbar. Nur CXII = 239–240 fällt aus dem Rahmen. Hier scheint eine Person einer anderen die Lage Athens zu erklären:

> 239 asta atque Athenas anticum opulentum oppidum
> 240 contempla et templum Cereris ad laevam aspice.

Die Vermutung liegt nahe, daß sich diese Verse auf Medeas Exil in Athen bei König Aegeus beziehen. Wenn es eine *Medea* und eine *Medea exul* gab, gehören sie in das letzte Stück. 239–240 sind aber von Nonius[8] und 240 von Varro[9] nur als aus Ennius' *Medea* stammend genannt, ohne daß *exul* hinzugesetzt wird. Da umgekehrt drei Fragmentgruppen Ennius' *Medea exul* zugeschrieben werden, die eindeutig auf Euripides' *Medeia* zurückgehen (CIX-CXI), zeigt sich, daß die Grammatiker ungenau zitieren: Es ist gleichgültig, ob sie *Medea* oder *Medea exul* schreiben. Aus diesem Befund ergibt sich unschwer, daß Ennius eine *Medea* dichtete, die den Zusatztitel *exul* hatte.[10] (Wir können von Schillers *Jungfrau* sprechen und meinen *Die Jungfrau von Orleans*.) Schwieriger ist dagegen die Folgerung, daß es von Ennius zwei Stücke, *Medea* und *Medea exul*, gab. Der letzten wäre dann Fr. CXII = 239–240 zuzuweisen.

Folgt man der näherliegenden Annahme eines einzigen ennianischen Medea-Dramas, ist zu sehen, daß dieses mindestens zwei Schauplätze hat, Korinth und Athen – will man nicht Fr. CXII = 239–240 auch auf die Korinth-Handlung beziehen.[11] Ennius legt offenbar großen Wert darauf, daß seine Medea eine *exul* ist. Sie spricht das in Fr. CVIII = 229–231 – nach Euripides[12] – auch aus:

> 229 ille traversa mente mi hodie tradidit repagula
> 230 quibus ego iram omnem recludam atque illi perniciem dabo
> 231 mihi maerores, illi luctum, exitium illi, e x i l i u m mihi.

Es ist zu bedenken, daß Medea schon in Korinth eine *exul* ist und in Athen erneut zu einer *exul* wird, da sie vor Aegeus – dessen Sohn Theseus sie töten will – fliehen muß.

Medea ist eine *exul* schlechthin.

---

8 p. 469, 34 Mercier.
9 *De lingua Lat.* 7, 9.
10 So vorsichtig zuletzt Vogt-Spira 2000, 268 Anm. 15.
11 Jocelyn 1967, 344 nennt vier verschiedene Versuche in dieser Richtung.
12 φυγὰς ἐμᾶς χθονός (Eur. *Med.* 400).

III Die italische Medea

Was kann die Römer an der Wende vom 3. zum 2. Jahrhundert überhaupt an Medea und ihrem Schicksal interessieren? Eine Frau, die ihre Söhne (Söhne!) tötet, nur weil sie von ihrem Mann verlassen wird, muß eindeutig als Verbrecherin erscheinen – wenn nicht andere Gründe ein Verständnis nahelegen.

Wie so viele trojanische und griechische Heldinnen und Helden kommt auch Medea nach Italien.[13] Sie reiht sich damit würdig in die Schar von Aeneas, Danae,[14] Diomedes,[15] Orestes[16] oder Philocteta[17] ein. Sie alle finden hier eine neue Heimat. Servius berichtet zu *Aeneis* 7, 750: *Medea quando relictis Colchis Iasonem secuta est, dicitur ad Italiam pervenisse,*[18] *et populos quosdam circa Fucinum ingentem lacum habitantes, qui Marrubii appellabantur quasi circa mare habitantes, propter paludis magnitudinem, docuit remedia contra serpentes: quamquam alii Marrubios a rege dictos velint. hi ergo populi Medeam Angitiam*[19] *nominaverunt ab eo quod eius carminibus serpentes angerent.*[20] Das ist eine späte Notiz,[21] aber nicht später als viele andere Servius-Nachrichten, die als zuverlässig angesehen werden. Eine ähnliche Überlieferung findet sich bei dem ‚Mythographus secundus': *deinde Medea eum* [sc. *Iasonem*], *relictis Colchis, sequens dicitur in Italiam pervenisse, et populos quosdam, circa Fucinum habitantes lacum, remedia contra serpentes docuisse; a quibus etiam Angitia nominata est, eo quod ejus carminibus serpentes angerentur.*[22] Ferner begegnet in den ‚Glossae Latinograecae et Graecolatinae' der Eintrag: ‚Μήδεια *anguitia*'.[23]

Die Verbindung von Medea mit den Marsern – Marruvium liegt im Gebiet der Marser – ist offenbar auch Ovid bekannt (*Ars* 2, 101–104):

---

[13] Letta 1972, 56 mit Anm. 58 und 59.
[14] Lefèvre 2000 (1), 175–184 (▸ S. 116–124).
[15] Lefèvre 2000 (2), 213.
[16] Petaccia 2000, 87–112.
[17] Lefèvre 1999, 371–376 (▸ S. 105–115).
[18] Strenggenommen erlaubt der knapp formulierte Text die Auslegung, daß Medea zusammen mit Iason nach Italien gekommen (und später nach Korinth weitergezogen) ist. Auch in diesem Fall wäre sie eine *exul*. Aber das ist trotz den Phantastereien des vierten *Argonautika*-Buchs von Apollonios Rhodios unwahrscheinlich. Es kommt hinzu, daß Iasons Aufenthalt bei den Marruviern nicht belegt ist.
[19] Zu dieser Göttin Radke 1965, 65–66.
[20] Thilo p. 191–192.
[21] Vogt-Spira 2000, 266.
[22] Bode 1834, 122.
[23] Goetz / Gundermann 1888, 370 (der Akzent ist ad hoc gesetzt).

> non facient, ut vivat amor, Medeides herbae
> mixtaque cum magicis nenia Marsa sonis:
> Phasias Aesoniden, Circe tenuisset Ulixem,
> si modo servari carmine posset amor.

Wenngleich Ovid nicht viel von Medeas Zauberkräutern hält, spielt er gleichwohl auf deren bekannte Wirkung an.

In diesen Zusammenhang gehört eine Stelle im Truppenkatalog bei Silius Italicus, der zu den Marsern folgendes bemerkt:[24]

> 495 hae bellare acies norant. at Marsica pubes
> et bellare manu et chelydris cantare soporem
> vipereumque herbis hebetare et carmine dentem.
> Aeetae prolem Angitiam mala gramina primam
> monstravisse ferunt tactuque domare venena
> 500 et lunam excussisse polo, stridoribus amnes
> frenare ac silvis montes nudasse vocatis.
> sed populis nomen posuit metuentior hospes,
> cum fugeret Phrygias trans aequora Marsya Crenas,
> Mygdoniam Phoebi superatus pectine loton.
> 505 Marruvium veteris celebratum nomine Marri
> urbibus est illis caput, interiorque per udos
> Alba sedet campos pomisque rependit aristas.
> cetera in obscuro famae et sine nomine vulgi,
> sed numero castella valent.

> 495 Diese verstanden den Krieg, ein Mehreres aber der Marser
> Tapfere Jugend; sie zwingt durch Zaubergesänge zum Schlafe
> Natterngezücht und beschwört durch Kräuter und Lieder den Giftzahn.
> Dort sind, heißt es, zuerst von Angitia, Tochter Aeetes',
> Schädliche Kräuter gezeigt: wie Gift durch bloße Berührung
> 500 Matt wird, finster der Mond, wie Zaubergemurmel den Stromlauf
> Hemmt und dem Rufe gemäß von dem Berghang steigen die Wälder.
> Marsyas, als er in Furcht, von den phrygischen Quellen, an welchen
> Phoebus' Leier besiegt die mygdonische Flöte, geflohen
> Über das Meer, gab hier als Gastfreund Namen dem Volke.

---

24 *Pun.* 8, 495–509. Übersetzung nach Silius 1866, 281–282 (Orthographie und Interpunktion modernisiert).

> 505 Unter den Städten ist hier Marruvium, welchem der alte
> Marrus den Namen verlieh, die Gebieterin; Alba im Innern
> Sumpfig gelegen, ersetzt, was mangelt an Saaten, mit Obstfrucht.
> Wenig berühmt und bekannt ist das Übrige, aber von vielen
> Burgen geschützt.

Hier ist die von Servius mit Medea identifizierte Angitia als Aeetes' Tochter bezeichnet. Es könnte also Medea gemeint sein, zumal auch Marruvium genannt ist. Andererseits wird dem Annalisten Gellius die Überlieferung verdankt, daß Aeetes drei Töchter hatte: *Cn. Gellius Aeetae tres filias dicit, Angitiam, Medeam, Circen.*[25] Es ist nicht zu entscheiden, welche Vorstellung Silius hat.[26] Doch ist mit ziemlicher Sicherheit festzustellen, daß bereits Gellius' Nachricht einen primären Sachverhalt sekundär erklärt. Denn natürlich hat Aeetes keine Tochter mit dem lateinischen Namen Angitia. Dementsprechend findet sich in der umfangreichen griechischen Überlieferung kein Hinweis auf diese dritte Tochter. Es liegt der typische rationalistische Versuch vor, die Gleichsetzung Medea / Angitia genealogisch glaubwürdiger zu machen. Mit (dem freilich schwer faßbaren) Gellius gelangt man schon in die Nähe zu Ennius.

Auch Vergil und seinen Lesern ist die Kunst der Marser, Schlangen durch Zaubergesänge und Handberührung einzuschläfern, sowie das *nemus Angitiae* bekannt:[27]

> 750 quin et Marruvia venit de gente sacerdos
> fronde super galeam et felici comptus oliva
> Archippi regis missu, fortissimus Umbro,
> vipereo generi et graviter spirantibus hydris
> spargere qui somnos cantuque manuque solebat
> 755 mulcebatque iras et morsus arte levabat.
> sed non Dardaniae medicari cuspidis ictum
> evaluit neque eum iuvere in vulnera cantus
> somniferi et Marsis quaesitae montibus herbae.
> te nemus Angitiae, vitrea te Fucinus unda,
> 760 te liquidi flevere lacus.

Wissowa faßt den Befund so zusammen: „Da die Marser als der Kräuterkunde und namentlich auch des Schlangenzaubers mächtig bekannt waren (Verg. Aen. VII 750ff. Sil. Ital. VIII 495ff. u. a.), so bezog man die Wirksamkeit der Göttin [sc. Angitia] hierauf und leitete ihren Namen bald von *anguis* ab (wie die schlechte

---

[25] Solin. 2, 28, p. 39 Mommsen (der *C. Coelius* liest; ebenso Radke 1965, 65); Gellius Fr. 9 Peter (der *Cn. Gellius* liest).
[26] Spaltenstein 1986, 539.
[27] Aen. 7, 750–760.

Schreibung *Anguitia* in einem Teile der Hss. zeigt), teils davon *quod eius carminibus serpentes angerent* (Serv. Aen. VII 750). Die hellenisierende Sage brachte sie darum mit der Zauberin Medea zusammen, mit der man sie teils identificierte (Serv. a.a.O.), teils in der Weise verband, dass A. als Tochter des Aietes und Schwester der Medea und Circe angesehen wurde (Cn. Gellius [vgl. H. Peter Hist. Rom. reliqu. p. CCXXXXII[28]] bei Solin. 2, 28 f."[29]

Von Interesse ist, daß sich bei Gellius noch eine andere Spur für die Verbindung Medeas mit den Marsern findet: *Medeam ab Iasone Buthroti sepultam filiumque eius Marsis imperasse.*[30]

Die Verankerung Medeas bei den Marruviern dürfte relativ früh erfolgt sein. Circe, ihre Schwester, war seit Jahrhunderten in Südlatium ansässig,[31] und es gab die Überlieferung, daß ihr Sohn Marsus Stammvater der Marser geworden sei.[32] Man wird sagen dürfen, daß die Circe-Tradition die Medea-Konstruktion (Angitia = Medea) nach sich zog. Dazu gehört, daß jeder der beiden Heroinen ein Sohn zugeschrieben wurde, der über die Marser geherrscht habe. Die italische Appendix der griechischen Heldengeschichte könnte – wie auch sonst[33] – auf italische Griechen zurückgehen.[34] Die Römer greifen – wie auch sonst – die Heimatsehnsucht der griechischen Siedler auf, um ihre eigene Vorgeschichte bedeutungsvoll auszuschmücken.

Es ist nicht genau zu eruieren, welche Assoziationen zu Ennius' Zeit mit Medea und den Marsern / Marruviern im Schwange waren. Aber Gellius ist eine beachtlich frühe, Ovid keine allzu späte Quelle. Da die Marser bereits seit 304 Roms Bundesgenossen waren, weiß man zu Ennius' Zeit gut über sie Bescheid.

Wenn es wahrscheinlich ist, daß es mit Athen (mindestens) einen zweiten Schauplatz der *Medea exul* gibt, ist zu erwägen, ob die von Cicero in *De natura deorum* 3, 67 zitierten Verse über eine Medea (Fr. trag. inc. 165–171 R.³) diesem Stück zuzuteilen sind:

---

28 = ²1914, CCVII.
29 1895, 2191.
30 Solin. 2, 30, p. 39 Mommsen; Gellius Fr. 9 Peter.
31 Letta 1972, 53–54.
32 Quellen bei Letta 1972, 53 Anm. 43.
33 Prinz 1979.
34 Zum griechischen Ursprung der Transposition Medeas Letta 1972, 57–58.

```
165                             postquam pater
        adpropinquat iamque paene ut conprehendatur parat,
        puerum interea obtruncat membraque articulatim dividit
        perque agros passim dispergit corpus: id ea gratia
        ut, dum nati dissipatos artus captaret parens,
170     ipsa interea effugeret, illum ut maeror tardaret sequi,
        sibi salutem ut familiari pareret parricidio.
```

Obwohl die drei in 3, 65–66 vorhergehenden Zitate in trochäischen Tetrametern Ennius' *Medea exul* zugewiesen werden (Fr. CVIII = 225–231), pflegt diese in demselben Metrum stehende Partie nur deshalb nicht als zu demselben Stück gehörig betrachtet zu werden,[35] weil sie sich nicht auf Euripides' *Medeia* zurückführen läßt. Cicero nennt in allen vier Fällen keinen Autor, spricht aber wie von etwas Zusammengehörigem. Das vierte Zitat leitet er zudem mit *atque e a d e m Medea patrem patriamque fugiens* ein.[36] Es wird an dieser Stelle in das Spiel gebracht, weil es gut möglich ist, daß Ennius' *Medea exul* eine umfangreichere und von Euripides' *Medeia* unabhängigere Handlung hat, als man ihr gewöhnlich zutraut. Die Verse könnten zur Anklage oder Verteidigung[37] Medeas in Korinth oder in Athen gesprochen worden sein. Sie sind aber auch geeignet, prologartig Medeas Schicksal zu exponieren. Ähnliche Einführungen haben, wie es scheint, Naevius' *Danae*[38] und Accius' *Philocteta*[39] – Stücke, für die ebenfalls eine italische Appendix vermutet werden kann.[40] Bei dieser Gelegenheit mochte Ennius an die nachbarlichen Marruvier und die Aitiologie ihrer Kunst erinnern.

---

35 Ribbeck 1875, 535 hält es für möglich, daß sie aus Accius' *Medea* stammen. „Bei Accius konnte sie der ältere Bruder sprechen, den Aeetes der Medea nachgeschickt hatte. Weder im Hause übrigens noch auf dem Fluss, sondern auf dem Felde lässt der Verfasser jener Verse die That geschehen."
36 Im Grund ist a l l e s unsicher. Ribbeck spricht Ciceros zweites Zitat (Fr. CVIII = 228) der *Medea exul* ab (= Fr. trag. inc. 161). Doch bemerkt er 1875, 154, der Vers werde in solchem Zusammenhang (zwischen zwei sicheren Versen aus Ennius' Stück) angeführt, „dass man kaum Bedenken tragen kann, ihn wenigstens der Medea zuzuschreiben."
37 In diesem Fall spricht vielleicht die Amme.
38 Lefèvre 2000 (1), 181–182 (▶ S. 122–123).
39 Lefèvre 1999, 375–376 (▶ S. 114).
40 Vgl. die beiden vorhergehenden Anmerkungen.

IV Die aktuelle Medea

Die bisherigen Überlegungen machen Medeas allgemeine Aktualität für Rom wahrscheinlich, so daß der Bezug auf sie in einer Tragödie nicht ungewöhnlich ist. Unabhängig davon könnte auch eine bestimmte Aktualität vorliegen.

Die *Medea exul* hat mindestens für den größten Teil der Handlung Korinth als Schauplatz. Wann konnte man sich in Rom zu Ennius' Lebzeiten von dieser Stadt eine Vorstellung machen? Ist die öffentliche Aufmerksamkeit bis 201 vor allem auf die süditalischen und nordafrikanischen Kriegsschauplätze konzentriert, tritt Griechenland während des Zweiten Makedonischen Kriegs (200–197) bei den Auseinandersetzungen mit Philipp V. von Makedonien scharf in das römische Bewußtsein. 202 gibt es ein Hilfegesuch der Aitoler in Rom, 201 eine rhodisch-pergamenische Gesandtschaft. Den Römern wird klar, daß das Gleichgewicht im hellenistischen Osten gefährdet ist. Im August 200 erklären sie Philipp den Krieg. Titus Quinctius Flamininus übernimmt im Mai 198 das Kommando. In seinem „Verhalten kommt deutlich zum Ausdruck, daß sich die Römer gegenüber dem Makedonenkönig als die Beschützer der griechischen Freiheit betrachteten, sie besaßen damit ein zündendes Schlagwort, dem die Makedonen nichts Vergleichbares entgegenzustellen hatten."[41] Im November 198 findet eine Konferenz im lokrischen Nikaia statt, auf der die römischen Bundesgenossen und die Makedonen beschließen, Gesandte nach Rom zu schicken. Dort legen die ersten dar, daß Griechenland nicht frei sein könne, wenn Philipp nicht Demetrias in Thessalien, Chalkis auf Euboia und Korinth in Achaia räume: *ipsum Philippum non contumeliosius quam verius compedes eas Graeciae appellare.*[42] Da die makedonischen Gesandten das nicht zusagen können, geht der Krieg weiter. Flamininus gelingt es nicht, den makedonischen Kommandanten Korinths, Philokles, zu überzeugen, die Stadt freiwillig zu übergeben.[43] Ende Mai / Anfang Juni 197 kommt es zu der Entscheidungsschlacht von Kynoskephalai.

Nach dem Krieg wird noch einmal die große Bedeutung Korinths durch die Freiheitserklärung von 197 deutlich. Bei den Isthmischen Spielen, zu denen Gesandte aus ganz Griechenland kommen, läßt Titus Flamininus durch einen Herold den Griechen die Freiheit verkünden und erweisen sich in Livius' Darstellung die Römer als den Griechen überlegen. „Die Proklamation wurde in Griechenland mit größter Begeisterung aufgenommen. Sie gewann den Römern viele neue Freunde,

---

41 Bengtson 1970, 112.
42 Livius 32, 37, 4.
43 Livius 32, 40, 5–6.

und auch außerhalb des griechischen Mutterlandes, vor allem in Kleinasien tat sie ihre Wirkung."⁴⁴

Das wäre eine exakte Parallele: Auch hinsichtlich Medeas zeigen sich die Römer den Griechen überlegen. In beiden Fällen handelt es sich um einen Akt der – römischen – Humanitas. Livius schildert den korinthischen Vorgang mit Inbrunst wie selten, indem er *cogitationes* und *sermones* wiedergibt: *esse aliquam in terris gentem, quae s u a impensa, s u o labore ac periculo bella gerat pro libertate a l i o r u m , nec hoc finitimis aut propinquae vicinitatis hominibus aut terris continentibus iunctis praestet, sed maria traiciat, ne quod toto orbe terrarum iniustum imperium sit, ubique ius fas lex potentissima sint.*⁴⁵ Es ist vielleicht nicht übertrieben zu sagen, daß dieser Akt für Livius den Höhepunkt der römischen Geschichte bedeutet.

Wird Korinth somit sowohl während des Zweiten Makedonischen Kriegs als auch anläßlich der Freiheitserklärung der römischen Öffentlichkeit bekannt, könnte Ennius' *Medea exul* mit ihrem korinthischen Schauplatz aus dem einen wie aus dem anderen Grund aktuell gewesen sein. Bedenkt man, daß das römische Volk über den neuen Krieg „geradezu bestürzt" ist,⁴⁶ muß eine Vergegenwärtigung dessen, was Korinth der nachmaligen italischen Heldin Medea einst antat, die Öffentlichkeit für eine militärische Auseinandersetzung gegen die ‚frevlerische' Stadt, die jetzt eine makedonische Festung ist, einnehmen. Damit ergäbe sich eine Parallele zu der wahrscheinlichen Situation, in der Naevius' *Danae* entsteht.⁴⁷ Es genügt, Danaes Klage (Fr. VIII R.³)

      indigne exigor patria innocens

mit Medeas schon zitierten Worten

    217   quo nunc me vortam? quod iter incipiam ingredi?
    218   domum paternamne? anne ad Peliae filias?

zu vergleichen. Auch der Ausruf der Amme, den Cicero zu denen rechnet *quos in luctu cum ipsa solitudine loqui saepe delectat*,⁴⁸ gewinnt in diesem Zusammenhang besondere Bedeutung:

---

44 Bengtson 1970, 114.
45 33, 33, 5–7.
46 Bengtson 1970, 110.
47 Lefèvre 2000 (1), 175–184 (▶ S. 116–124).
48 *Tusc.* 3, 63.

222 cupido cepit miseram nunc me proloqui
223 caelo atque terrae Medeai miserias.

Das verdient Beachtung, obwohl schon die euripideische Amme Erde und Himmel δεσποίνης τύχας klagt (58).

Andererseits könnte Ennius' *Medea exul* an den Triumphspielen für Quinctius Flamininus, den Helden von Korinth, 194 aufgeführt worden sein. Freilich gibt es keine Nachrichten über Bühnendarbietungen bei diesem Fest. Aber das will nicht viel besagen. „Daß an ludi triumphales szenische Spiele veranstaltet wurden, ist bezeugt. Doch überliefern die Historiker in der Regel nicht, um welche Theaterstücke es sich bei diesen oder bei vergleichbaren Spielen handelte. Livius beschreibt 45, 43 L. Anicius Gallus' Triumph von 167, doch nur Polybios berichtet 30, 13 von den dabei auftretenden Künstlern. Cassius Dio schildert 51, 21–22 Oktavians Triumph von 29, ohne Varius Rufus' *Thyestes* zu erwähnen. Plutarch stellt *Aem.* 39 Aemilius Paullus' Leichenspiele von 160 dar, ohne an die Aufführung von Terenz' *Hecyra* und *Adelphoe* ein Wort zu verschwenden. Livius kommt 36, 36 auf die Einweihung des Tempels der Magna Mater von 191 und sogar die Dedikationsspiele (*ludique ob dedicationem eius facti*) zu sprechen, aber für Plautus' *Pseudolus*, der wahrscheinlich bei dieser Gelegenheit aufgeführt wurde, interessierte er sich nicht. So ist es nicht verwunderlich, daß weder Livius (34, 52) noch Plutarch (*Flam.* 13–14) bei Flamininus' Triumph ein Theaterstück anführen, weder eine Prätexta noch eine Palliata."[49] Mit den Triumphspielen werden vermutungsweise schon zwei Theaterstücke in Zusammenhang gebracht: Ennius' *Andromacha*[50] und Plautus' *Captivi*.[51] Die Annahme ist nicht notwendig, daß dabei alle drei szenischen Darbietungen über die Bühne gehen: Die öffentlichen Feste des Jahrs 194 bieten genügend andere Möglichkeiten.

Flamininus' Verdienst ist unbestritten.[52] Auf seine Freiheitserklärung von Korinth kommt Ennius wohl etwa 20 Jahre später im 11. Buch der *Annales* zurück. Hierhin könnte Fr. V = 357 Sk. gehören:

contendunt Graecos, Graios memorare solent sos.

"V may be comment on kinship between Greece and Rome caused by Flamininus' announcement of independence for Greece."[53] Jedenfalls hält es Ennius immer

---

49 Lefèvre 1998 (1), 33–34 = 2014, 339–344.
50 Auhagen 2000, 208.
51 Lefèvre 1998 (1), 31–36 = 2014, 341.
52 „Es kann kaum ein Zweifel darüber bestehen, daß die Freiheitserklärung in der äußeren Form, aber auch in der Sache wesentlich von dem römischen Feldherrn geprägt worden war" (Bengtson 1970, 114).
53 Skutsch 1985, 520–521.

noch für angemessen, der "successful conclusion of the war against Philip and the declaration of freedom for Greece" zu gedenken.[54]

---

[54] Skutsch 1985, 520.

7 Diomedes und andere ‚italische' Helden bei Accius

I Republikanische Tragödie —— S. 137
II Accius und seine Zeit —— S. 138
III Accius' *Diomedes* —— S. 140
  1 Zeitbezug —— S. 140
  2 Aitiologie —— S. 142
IV *Diomedes* und *Philocteta* —— S. 146

I Republikanische Tragödie

Die Tragödie der republikanischen Zeit Roms ist trotz aller Abhängigkeit im einzelnen nicht eine bloße Reproduktion der mythologisch orientierten griechischen Vorbilder. Vielmehr zeichnet sie sich in mehr oder weniger großem Maß durch eine Aktualisierung der alten Stoffe aus, wie es bei unvoreingenommener Betrachtung ja auch natürlich ist. Da von ihr nur Fragmente erhalten sind, ist es schwierig, das ‚Zeitgemäße' noch nach über 2000 Jahren in jedem Einzelfall zu eruieren. Dieses scheint in zwei Punkten zu bestehen.

    1. Die Römer haben zu zahlreichen Helden der griechischen Mythologie eine aitiologische Beziehung. Bekanntestes Beispiel ist Aeneas. Wie er kommen Ulixes, Hercules, Orestes, Philocteta, Medea, Ino-Leucothea, Danae und andere nach Italien, wenn nicht gar nach Latium oder Rom. Im Lauf der Zeit führen viele römische Gentes ihre Ursprünge auf die Trojaner oder die vor Troia kämpfenden Griechen zurück. Es kann in der Frühzeit von einer „mythischen Begründung der kollektiven Identität des *populus Romanus*" gesprochen werden. Später gibt es eine ganze Reihe zunächst patrizischer Gentes, die sich mit dieser mythischen Begründung „identifizieren", „indem sie sich entweder Aeneas selbst oder einen anderen Trojaner aus der immer noch wachsenden Schar seiner Weggefährten als Stammvater nehmen."[1] Auch in der Zeit, als Rom den Griechen in politischer Hinsicht überlegen wird, hält diese Bewegung zur Bestimmung sowohl der Identität als auch der Alterität an. „Nach wie vor konnten die ‚griechischen' wie die (kulturell gesehen natürlich genauso griechischen) ‚trojanischen' Mythen der Selbstidentifizierung und -einordnung in eine überzeitliche, allgemeine und

---

Accius und seine Zeit, hrsg. von St. Faller / G. Manuwald, Identitäten und Alteritäten 13, 2002, 187–197 (Ergon, Würzburg).
[1] Hölkeskamp 1999, 7.

umfassende Ordnung und dabei zugleich der Distanzierung und deutlichen Konturierung der eigenen Identität durch Absetzung dienen. Denn indem man sich wie die ‚historischen' Griechen von der gleichen Generation ‚vor-historischer' Heroen herleitete, stellte man sich ja nicht nur neben sie und mit ihnen auf die gleiche Stufe. Zugleich brauchte man die ‚historischen' Griechen nicht als Vermittler oder Verwalter der kulturellen Tradition – und erst recht nicht die politisch und militärisch erbärmlichen, besiegten und unterworfenen Griechen der eigenen Gegenwart. Vielmehr konnten die römischen Sieger (und insbesondere ihre Elite und deren ja durchweg griechisch gebildete Mitglieder) sich als eigenständige und eigentlich die heroischen Maßstäbe erst erfüllende Empfänger und Vollender eines gemeinsamen uralten und ehrwürdigen Kulturerbes begreifen."[2]

2. Die Römer erkennen folgerichtig hinter den dargestellten Ereignissen – wie auch die Zuschauer der großen attischen Tragödien des fünften Jahrhunderts – Bezüge auf die eigene Gegenwart. Das ‚quid ad nos?' versteht sich für sie von selbst. Hierbei kann es sich um eine bestimmte Stadt bzw. Kolonie handeln, deren aktueller Status durch die mythisch-geschichtliche Vergangenheit verklärt wird, oder um Unternehmungen eines bestimmten Römers, der sich mit dem Glanz der mythisch-geschichtlichen Vorzeit schmückt.

II Accius und seine Zeit

Ähnlich wie mit Lucilius, dessen Satire erst durch die innenpolitischen Umwälzungen der Gracchenzeit möglich wird, fängt mit Accius ein neues Kapitel der römischen Literatur an. „In Lucilius erwacht das literarische Ingenium in einer Zeit schwerster Bedrängnis des Staats zum Bewußtsein der unverwechselbaren Identität und Autarkie, um sich selbständig von den seiner Ansicht nach Andersgearteten und Andersdenkenden abzusetzen." Es ist auf dem Feld „der gesellschaftlichen und politischen Polemik die Abgrenzung von den anderen, ja die Ausgrenzung anderer ein bewußtes und souveränes Bestimmen von Alterität."[3] Für Lucilius wie für Accius gilt, daß der Dichter aus der Gemeinschaft heraustritt und beginnt, sich als Individuum zu äußern und die Umwelt mit seinem Werk zu kommentieren.

Accius ist als Philologe und Dichter im Vergleich zu den Vertretern der älteren republikanischen Tragödie das Kind einer anderen Epoche. Seine tragische Pro-

---

2 Hölkeskamp 1999, 15.
3 Lefèvre 2001 (4), 147.

duktion fällt zu einem großen Teil in die Umbruchszeit des von den Gracchischen Reformen bis in die Grundfesten erschütterten römischen Staats. Mag er als Philologe, der sich mit Didaskalien beschäftigt, ‚weltfremd' (ein Vorläufer seiner modernen Kollegen) sein: Es ist unvorstellbar, daß er als Dichter nicht die zeitgenössischen politischen Verhältnisse in den mythologischen Handlungen seiner Tragödien spiegelt. Ribbeck erkannte diese Tendenz scharfsichtig wie kaum ein anderer Forscher: „Das stark hervortretende politische Element, die Darstellung von bürgerlichen Unruhen, Erhebung Sturz Wiedereinsetzung Ermordung von Königen und Tyrannen, Bestrafung von Usurpatoren paßt zu den Zeiten der Gracchen, des Marius, Saturninus, Livius Drusus und Sulla."[4]

Eines der wichtigsten Zeugnisse für die aitiologische Komponente der accianischen Tragödie ist die Nachricht, daß im *Atreus* – wohl im Prolog[5] – dargelegt werde, der Titelheld sei ein Verwandter des in Rom wohlbekannten Euander.[6] Es darf angenommen werden, daß damit den Zuschauern der griechische Stoff als Vorgeschichte der römischen Historie interessant gemacht werden solle.[7] Die Klammer dient der Verklärung nicht nur der Frühzeit, sondern auch der Gegenwart. Denn Euander gilt als Vater Rhomes, der Stammutter der Fabier.[8] Daneben scheint der *Atreus* eine weitere gegenwartbezogene Aussage zu vermitteln. Jedenfalls bemerkt Seneca zu der berüchtigten Sentenz (*vox*) der Titelfigur *oderint dum metuant*:[9] *Sullano scias saeculo scriptam*.[10] Ihm ist die Tatsache einer aktuellen Deutung nicht zweifelhaft. Ob speziell das *Sullanum saeculum* gemeint ist oder eine vorhergehende Periode, ist eine andere Frage.

Eine aitiologische Tendenz haben viele accianische Tragödien. Der *Philocteta* ist dafür ein Beispiel.[11] Der Protagonist entstammt dem Osten und findet in Süditalien rettende Aufnahme. Er wird Gründer verschiedener Städte. Besondere Brisanz gewinnt das Stück offenbar dadurch, daß in ihm von den Mysterien auf Samothrace und Lemnos die Rede ist, auf dessen Kult Rom zu dieser Zeit Anspruch erhebt.

---

4 1887, 186.
5 Ribbeck 1875, 448; Dangel 1995, 276.
6 Serv. auct. *Aen.* 8, 130 Thilo: *quod Accius in Atreo plenius refert*.
7 Lefèvre 1978 (2), 8–16 (▸ S. 24–30).
8 Hölkeskamp 1999, 10 mit Anm. 45.
9 Fr. V R.³ = X D.
10 *De ira* 1, 20, 4.
11 Lefèvre 1999, 371–376 (▸ S. 109–115).

III Accius' *Diomedes*

In dem dargestellten Rahmen ist der *Diomedes* zu sehen, von dem 12 Fragmente bekannt sind.[12] Obschon die Handlung nur in Umrissen zu rekonstruieren ist, liegen die beiden Charakteristika des Zeitbezugs und der Aitiologie zutage.

1 Zeitbezug

Der König von Calydon, Oeneus, wird von seinem Bruder Agrius des Throns beraubt, der (er ist als Tyrann gezeichnet) an seine Stelle tritt. Oeneus' Enkel Diomedes – der Sohn Tydeus ist bereits gestorben – gelingt es, den Großvater zu befreien und wieder in die Herrschaft einzusetzen. Die Parteien sind damit klar umrissen: Dem Usurpator steht der edle junge Held gegenüber. Hygin berichtet: *Agrius Parthaonis filius ut vidit Oeneum fratrem orbum liberis factum, egentem regno expulit atque ipse regnum possedit. interim Diomedes Tydei filius et Deipyles Ilio devicto ut audivit avum suum regno pulsum, pervenit in Aetoliam cum Sthenelo Capanei filio et armis contendit cum Lycopeo Agri filio, quo interfecto Agrium egentem e regno expulit atque Oeneo avo suo regnum restituit. postque Agrius regno expulsus ipse se interfecit.*[13]

Oeneus schildert – wohl nach der Befreiung[14] – seine Leiden im Gefängnis, wo er das Augenlicht sowohl durch Weinen als auch durch die Dunkelheit, in der er es nicht gebrauchen konnte, verloren hat (Fr. VI R.³ = IV D.):

> 275 ita et fletu et tenebris obstinatus speciem amisi luminis
> 276 conspiciendi insolentia.

Das ist eine rührende Szene, zumal wenn, wie es scheint, der Enkel dem blinden Großvater[15] begegnet und sagt (Fr. VII R.³ = V D.):

> 277 adsum apud te, genitor.

Diomedes erscheint als vorbildlicher Held. Er verfügt über ‚römische' Tugend (Fr. III R.³ = VI D.):

> 272 non genus virum ornat, generi vir fortis loco.

---

12 Ribbeck 1897, 197–199; Dangel 1995, 214–217.
13 *Fab.* 175.
14 Ribbeck 1875, 525.
15 Warmington 1936, 415 Anm. a zu *genitor*: "Affectionately said for 'grandfather.'" Vgl. Mette 1964, 148.

‹Ce n'est pas la naissance qui ennoblit un homme, mais le courage de l'homme qui honore sa naissance.›[16] Es handelt sich geradezu um eine Schlüsselstelle für das Denken der Zeit. „Daß die *virtus* die wahre *nobilitas* ausmache und viel wichtiger sei als die Herkunft, wird immer wieder betont."[17] Nach Ribbeck ist der Spruch gegen „den Dünkel der Aristokratie" gerichtet, „der im Munde des ebenso tapferen als adligen Diomedes ein doppeltes Gewicht haben" kann.[18] Die zeitbezogene Tendenz ist deutlich. Auf diesem Hintergrund ist auch das Streben nach Freiheit zu sehen, das schon aus dem Anfang des Stücks zu sprechen scheint: „Der Tyrann Agrius wird hier als besonders grausam und verabscheuungswürdig dargestellt: die ganze Bürgerschaft, oder doch ein Theil derselben, nicht Oeneus allein, scheint unter ihm zu leiden und seinen Sturz zu ersehen. Denn so klagt ein Unterdrückter im Namen der Uebrigen" (Fr. I R.³ = I D.):

269   ferre exanclavimus
270   tyranni saevom ingenium atque execrabile.

Nach Mette kommt der Prolog für diese Verse in Frage.[19]

Das folgende Fragment könnte in dieselbe Richtung weisen (Fr. VIII R.³ = III D.):

278   multa amittuntur tarditie et socordia.

Es wird auf „ungesäumtes und umsichtiges Handeln [...] gedrungen".[20] Mette bezieht die Worte auf Diomedes, „der zur Rachetat entschlossen" sei.[21] Demgegenüber gibt Dangel zu bedenken: «Pourtant, en raison de son allure sentencieuse et d'un vocabulaire moral dépréciatif, ce texte pourrait plutôt dénoncer la lâcheté (*socordia*) et l'apathie (*tardities*) de ceux qui n'ont marqué aucune opposition au tyran.»[22]

Jedenfalls dürfte der *Diomedes* wie der *Atreus* in tyrannos, besser: in tyrannum geschrieben sein. Die accianische Tragödie scheint in besonderer Weise das Streben des römischen Volks nach *libertas* zu betonen. Ob mit Agrius, dem ‚Wilden', auf die „Zeiten der Gracchen, des Marius, Saturninus, Livius Drusus" oder „Sulla" (um Ribbecks Worte aufzunehmen) angespielt wird, ist schwer zu sagen.

---

16 Dangel 1995, 216.
17 Hölkeskamp 1987, 207 Anm. 31, der neben dem Accius-Fragment Belegstellen aus Cato, Cicero und Sallust anführt.
18 1875, 525; Dangel 1995, 357.
19 1964, 147.
20 Ribbeck 1875, 525.
21 1964, 148.
22 1995, 357.

Es gibt zu denken, wenn Mommsen feststellt, Gaius Gracchus konzentriere mit ‚beispielloser Tätigkeit' die verschiedenartigsten und verwickeltsten Regierungsgeschäfte in seiner Person.[23] „Daß nun Gaius Gracchus keineswegs, wie viele gutmütige Leute in alter und neuer Zeit gemeint haben, die römische Republik auf neue demokratische Basen stellen, sondern vielmehr sie abschaffen und in der Form eines durch stehende Wiederwahl lebenslänglich und durch unbedingte Beherrschung der formell souveränen Komitien absolut gemachten Amtes, eines unumschränkten Volkstribunats auf Lebenszeit, anstatt der Republik die Tyrannis, das heißt nach heutigem Sprachgebrauch die nicht feudalistische und nicht theokratische, die napoleonisch absolute Monarchie einführen wollte, das offenbart die Sempronische Verfassung selbst mit voller Deutlichkeit einem jeden, der Augen hat und haben will. In der Tat, wenn Gracchus, wie seine Worte deutlich und deutlicher seine Werke es sagen, den Sturz des Senatsregiments bezweckte, was blieb in einem Gemeinwesen, das über die Urversammlungen hinaus und für das der Parlamentarismus nicht vorhanden war, nach dem Sturz des aristokratischen Regiments für eine andere politische Ordnung möglich als die Tyrannis?"[24] Mag Mommsens Deutung auch einseitig sein: Abwegig ist es nicht, den *Diomedes* auf die eigene Zeit zu beziehen. Sicher ist er nicht im luftleeren ‚mythischen' Raum angesiedelt.

2 Aitiologie

Das wird weiterhin einsichtig, wenn man berücksichtigt, daß es für die Römer eine aitiologisch-emotionale Bindung an Diomedes gibt. Wenn eine Tragödie in Rom seinen Namen ankündigt, denken nur wenige Gebildete an die *Ilias*, die meisten Zuschauer aber an den ‚italischen' Helden, der wohl der bedeutendste Stadtgründer in Unter- und Mittelitalien ist.[25] Ihm werden unter anderem die Ursprünge von Arpi, Brundisium, Sipontum, Canusium[26] und Venusia[27] zugeschrieben.[28] Von dem letzten Ort her schätzt ihn Horaz.[29] Ferner führen sich Venafrum, Benevent, Aequum Tuticum, Lanuvium und Spina auf ihn zurück. Mit Lanuvium, dessen

---

23 1903, II, 113.
24 1903, II, 115.
25 Zum folgenden Lefèvre 2000 (2), 213–214.
26 Zu diesen Städten Strabon 6, C 283–284.
27 Serv. auct. *Aen.* 11, 246.
28 Robert 1926, 1491, 1495.
29 *Carm.* 1, 15.

Iuno-Heiligtum von ihm geweiht wird,[30] kommt ein ‚Vorort' von Rom in den Blick. Diomedes steht schon früh mit dessen Anfängen in Zusammenhang. Der von ihm nach Latium geschickte Trojaner Rhomos erbaut die nach ihm benannte Stadt.[31] Wer hätte bei diesen Bezügen primär ein homerisches Bildungserlebnis? Diomedes ist zu einem Italiker durch und durch geworden.[32] Wie bei anderen griechischen Helden wird bei seiner Person ein besonderes römisches Selbstverständnis offenbar. Es gibt die Erzählung, daß Aphrodite aus Zorn über die Verwundung, die Diomedes ihr vor Troia zugefügt hat, seine Frau Aigialeia zum mehrfachen Ehebruch anstiftet und sie einen Mordanschlag auf den heimkehrenden Helden vorbereitet. Diomedes ergreift daraufhin die Flucht.[33] „Deutlich ist hier der Aufbruch nach Italien durch die für ihn in Argos untragbar gewordenen Verhältnisse [...] motiviert."[34] Wie mit Philocteta[35] oder Danae[36] nehmen die Römer mit Diomedes einen Griechen auf, der in seiner Heimat nicht willkommen ist. Wie bei jenen erweisen sie sich bei diesem als ‚besser' im Vergleich zu den Griechen.

Diomedes ist in der *Aeneis* das Symbol für die gemeinsame Sache Troia / Griechenland und damit Rom / Griechenland.[37] Nach Rengakos weist seine Rede 11, 252–293 deutlich über das Epos hinaus, „indem sie auch als eine aktuelle Botschaft des Dichters an die griechische Welt aufgefaßt werden will, sich nicht gegen die von den Göttern bestimmte Vorherrschaft der Römer zu stemmen, sondern nach dem vorangegangenen Beispiel beider Gegner der Vergangenheit, des Aeneas und des Diomedes, die Haßgefühle zu überwinden."[38] Hier spricht der ‚Italiker' Diomedes als italische Autorität. Wie wohl Accius und Horaz argumentiert Vergil aus der Vergangenheit heraus für die Gegenwart.

Neben Vergil und Horaz ist Iullus Antonius, der Sohn des Triumvirn Marcus Antonius, zu nennen, der ein Diomedes-Epos in 12 Büchern schreibt, wie Ps.Acro zu Horaz *Carm.* 4, 2 berichtet: *heroico metro Diomedias duodecim libros scripsit egregios*. Da er „an Augustus' Hofe nächst Agrippa und den eigenen Stiefsöhnen die vornehmste Stelle einnahm",[39] wird er nicht ganz an der Zeit vorbei schreiben. Die Dichtung hat, wie zu erwarten, eine aitiologische Tendenz, da die Gründung

---

30 Preller / Jordan 1881, 282 mit Anm. 3.
31 Robert 1926, 1496 (mit Nachweisen).
32 Horaz nimmt in *Carm.* 1, 15 das auch für seinen Wagenlenker Sthenelos an: Lefèvre 2000 (2), 212.
33 Schol. Lyk. *Alex.* 610 (Prinz 1979, 410).
34 Prinz 1979, 159–160.
35 Lefèvre 1999, 372 (▸ S. 110–111).
36 Lefèvre 2000 (1), 177 (▸ S. 118).
37 Lefèvre 2000 (2), 213–214.
38 1993, 124.
39 Kießling / Heinze 1930, 392 unter Hinweis auf Plut. *Ant.* 87.

Argyrippas durch Diomedes dargestellt wird.⁴⁰ Sie dürfte nicht unabhängig von der *Aeneis* entstehen⁴¹ – entweder während der letzten Lebensjahre Vergils oder unmittelbar nach dessen Tod. Sie könnte ein ‚Konkurrenzwerk' sein.

Auch für Ovid ist Diomedes ein zweiter Aeneas, wie aus seiner ‚eigenen' Erzählung im 14. Buch der *Metamorphoses* hervorgeht. Es ist die Szene, in der die Troer und die Rutuler bei den italischen Völkern um Unterstützung werben. Zu Beginn wird der ‚italische' Euander genannt, auf dessen aitiologische Aktualität sich der *Atreus* beruft (14, 454–482):⁴²

          auget uterque suas externo robore vires
455   et multi Rutulos, multi Troiana tuentur
          castra. neque Aeneas Euandri ad moenia frustra,
          at Venulus frustra profugi Diomedis ad urbem
          venerat. ille quidem sub Iapyge maxima Dauno
          moenia condiderat dotaliaque arva tenebat;
460   sed Venulus, Turni postquam mandata peregit,
          auxilium petiit; vires Aetolius heros
          excusat: nec se aut soceri committere pugnae
          velle sui populos aut, quos e gente suorum
          armet, habere ullos; ‚neve haec commenta putetis,
465   admonitu quamquam renovetur luctus amarus,
          perpetiar memorare tamen. postquam alta cremata est
          Ilion et Danaas paverunt Pergama flammas
          Naryciusque heros a Virgine virgine rapta,
          quam meruit poenam solus, digessit in omnes,
470   spargimur et ventis inimica per aequora rapti
          fulmina, noctem, imbres, iram caelique marisque
          perpetimur Danai cumulumque Capherea cladis,
          neve morer referens tristes ex ordine casus:
          Graecia tum potuit Priamo quoque flenda videri.
475   me tamen armiferae servatum cura Minervae
          fluctibus eripuit; patriis sed rursus ab agris
          pellor, et antiquo memores de vulnere poenas
          exigit alma Venus, tantosque per alta labores
          aequora sustinui, tantos terrestribus armis,
480   ut mihi felices sint illi saepe vocati,
          quos communis hiems inportunusque Caphereus
          mersit aquis, vellemque horum pars una fuissem.
          […].'

---

40 Schanz / Hosius 1935, 281.
41 Darauf weist die Zwölfzahl der Bücher hin (Schanz / Hosius 1935, 273: „Vergil als Vorbild").
42 Text nach W. S. Anderson (Leipzig 1977).

In 465–466 ist *Aen.* 2, 12–13 zitiert: *quamquam animus meminisse horret luctuque refugit, | incipiam.* Am Ende scheint Aeneas' Wunsch *Aen.* 1, 94–98 durch:

>   o terque quaterque beati,
> 95   quis ante ora patrum Troiae sub moenibus altis
>   contigit oppetere! o Danaum fortissime gentis
>   Tydide! mene Iliacis occumbere campis
>   non potuisse tuaque animam hanc effundere dextra.

Diomedes' Schicksal klingt an. Er ist es, der dasselbe Los des Vertriebenen, über das Meer Verschlagenen und in Italien Aufgenommenen erleidet wie Aeneas. Beide Helden heiraten die Tochter des ihnen Zuflucht gewährenden Königs (Latinus bzw. Daunus).⁴³

Diomedes rettet zwar nicht den Vater, aber doch den Großvater. Er ist somit ein *pius* wie Aeneas. Als solcher kann er leicht mit seiner Rolle bei der Entführung des Palladions aus Troia in Verbindung gebracht werden. Er raubt es zusammen mit Ulixes, und es wird ihm wie Aeneas zugesprochen.⁴⁴ Es ist möglich, daß Accius nicht nur daran erinnert, sondern den Zuschauern auch in das Gedächtnis ruft, daß Diomedes es sogar dem *pius* Aeneas bzw. dem greisen Priester Nautes⁴⁵ übergeben hat, wie Servius überliefert: *credens* [sc. Diomedes] *sibi non esse aptum, propter sua pericula, quibus numquam cariturum responsis cognoverat, nisi Troianis Palladium reddidisset, transeunti per Calabriam Aeneae offerre conatus est. sed cum se ille velato capite sacrificans convertisset, Nautes quidam accepit simulacrum.*⁴⁶ Es handelt sich um den Stammvater der römischen Gens Nautia, die besonders Minerva verehrt.⁴⁷ Hier ist abermals eine aitiologische Verbindung zu Diomedes erkennbar. Das Palladium wird im Vesta-Tempel auf dem Forum aufbewahrt⁴⁸ und ist jedem Römer vertraut.

---

43 Bömer 1986, 148 zu Diomedes in Italien: „hier verbindet sich mit seinem Namen ein eigenes Stück italischer Frühgeschichte, das in manchem der Geschichte des Aeneas ähnelt: Auch Diomedes kam (ebenso wie Antenor, XIII 201ff. [...]) *profugus* (XIV 457. 478f.) nach dem Westen, gewann die Hand einer Erbtochter (XIV 459 *dotalia arva*) und übernahm das Reich seines Schwiegervaters (Daunus: XIV 458)".
44 Auffarth 1997, 616.
45 Dieser rät bei Vergil Aeneas in Sizilien, nach Italien weiterzuziehen (*Aen.* 5, 709–718).
46 Serv. (teils Serv. auct.) *Aen.* 2, 166 Thilo (dort auch andere Versionen).
47 Serv. *Aen.* 5, 704 unter Berufung auf Varro *De familiis Troianis*.
48 Liv. 5, 52, 7. Weitere Belege bei Pötscher 1975, 432.

IV Diomedes und Philocteta

Wenn Accius Diomedes' Handeln vorführt und seine Virtus verherrlicht, weiß er, womit er die Quiriten anspricht. So könnte sich ein Bogen vom *Diomedes* zum *Philocteta* spannen, in dem offenbar aus aktuellem Anlaß auf die Heimführung der Penaten durch Aeneas angespielt wird: Es geht um Roms Anspruch auf die Mysterienheiligtümer in Lemnos und Samothrace[49] gegenüber den Griechen.[50]

---

49 Lefèvre 1999, 374–375 (▸ S. 112–113).
50 Es ist unabhängig davon zu überlegen, ob es in Accius' Zeit einen weiteren aktuellen Anlaß gibt, diesen Mythos auf die römische Bühne zu bringen. Diomedes' Gefährten, die wegen ihrer Hybris gegen die Götter in reiherähnliche Vögel verwandelt werden (Verg. *Aen*. 11, 272–274; Ov. *Met*. 14, 483–509), sind auf einer bzw. mehreren Inseln vor der kalabrischen Küste lokalisiert. *hae aves hodieque* [!] *Latine Diomedeae vocantur, Graeci eas* ἐρωδιούς *dicunt. habitant autem in insula quae est haud longe a Calabria, in conspectu Tarentinae civitatis. quinetiam de his avibus dicitur quod Graecis navibus laetae occurrant, alienas vehementer fugiant, memores et originis suae et quod Diomedes ab Illyriis interemptus est* (Serv. *Aen*. 11, 271 Thilo). Wenn Vergil Diomedes sagen läßt, auch jetzt noch verfolgten ihn die Gefährten als schaurige Zeichen (*nunc etiam horribili visu portenta secuntur, Aen*. 11, 271), kann er voraussetzen, daß der Mythos den Rezipienten vertraut ist. Es ist sehr wahrscheinlich, daß die Sage erheblich älter ist. Sie dürfte auch Accius und seinen Zuschauern bekannt sein. Tarent (*Tarentina civitas*) ist in den Jahren 123 / 122 von öffentlichem Interesse, als in Rom heftige Diskussionen über neue Kolonien geführt werden. In C. Gracchus' zweites Tribunat gehört die Lex de coloniis deducendis. Capua und Tarent sind die nächsten Gründungen; um die Wiederbesiedelung Karthagos wird erbittert gestritten (Bengtson 1970, 159). Wenn bei den erheblichen Auseinandersetzungen Accius an Tarent erinnerte, könnte er mit der Aufmerksamkeit der Zuschauer rechnen. Vielleicht ist sogar einem der Ädilen an diesem Thema gelegen.

8 Tableau I*

I Der literaturgeschichtliche Rahmen —— S. 148
  1 Der historisch-politische Charakter der Hauptgattungen —— S. 148
    a Geschichtsschreibung —— S. 148
    b Epos —— S. 149
    c Praetexta —— S. 149
  2 Der Casus der Tragödie —— S. 150
  3 Der Casus der Komödie —— S. 151
II Der historisch-politische Rahmen —— S. 152
  1 Bühne und Politik —— S. 152
  2 Vergangenheit und Gegenwart —— S. 153
    a Die trojanische Abstammung der Römer —— S. 154
    b Die griechische Abstammung der Römer —— S. 155
  3 Zeitbezug —— S. 157
III Die Originalität der republikanischen Tragödie —— S. 159
IV Die Rezeption der republikanischen Tragödie —— S. 160
  1 Hellhörigkeit der Zuschauer —— S. 161
  2 Aktualisierung älterer Tragödien im 1. Jahrhundert —— S. 161

Die republikanische Tragödie ist nicht als isoliertes Phänomen, sondern aus dem Gesamtzusammenhang der archaischen Literatur heraus zu würdigen. Unter den repräsentativen Gattungen ist die römische Ausprägung der Geschichtsschreibung, der Epik und der Praetexta von der Forschung hinreichend herausgearbeitet, die mythologische Tragödie in dieser Hinsicht jedoch vernachlässigt worden. Das liegt nur zum Teil an ihrer schlechten Überlieferung. Sowohl die Geschichtsschreibung als auch die Epik und die Praetexta erleichtern schon vom Inhalt her die Erkenntnis römischer Eigenart. Tragödien mit mythologischem Inhalt können dagegen leicht als Übersetzungen griechischer Vorbilder mißverstanden werden. Nach einem eigenen Gehalt wurde in der Regel nicht gesucht, wenn man nicht Einzelheiten wie etwa den römischen Charakter des Soldatenchors in Ennius' *Iphigenia* hervorhob.[1] Selbst die Komödie mit ihrer alltäglichen Thematik ist keine wirkliche Parallele für die Annahme einer unpolitischen Tragödie.

Originalbeitrag 2014.
* Dem Charakter eines Tableaus entsprechend sind einige Passagen aus den vorstehenden Aufsätzen übernommen und in größere Zusammenhänge gestellt. Das gilt auch für die folgenden Tableaus.
1 Büchner (1973) 1979, 1–15.

I Der literaturgeschichtliche Rahmen

> "Literature and politics were never
> far apart in Roman culture."[2]

1 Der historisch-politische Charakter der Hauptgattungen

a Geschichtsschreibung

Die römische Geschichtsschreibung hat von Beginn an einen über die Darstellung ihres Gegenstands hinausweisenden Zweck. Sie ist mehr praktischer als theoretischer Natur. Dies machen bereits die Ῥωμαίων πράξεις von Fabius Pictor deutlich. Ob sie als Antwort auf die Darstellung des karthagerfreundlichen Philinos von Akragas oder als Beitrag zu dem auch von diesem behandelten Vorwurf, die Römer hätten zu Unrecht den Ersten Punischen Krieg begonnen, aufgefaßt wird – in jedem Fall nahm Fabius zu hochpolitischen Fragen Stellung. Polybios bezweifelte sowohl seine als auch Philinos' Objektivität (1, 14). Fabius' Werk hatte eine ‚Tendenz', den Tenor, die ‚römische Größe und Sieghaftigkeit' herauszustellen,[3] sein Zweck lag nicht so sehr in ihm als außerhalb seiner. Daß Fabius „historische Realitäten veränderte und Ereignisse aus der Folgezeit in die Anfänge der Stadt zurückdatierte, um die geschichtliche Bedeutung Roms in der Frühzeit größer erscheinen zu lassen, als sie in Wirklichkeit war, ist allgemein bekannt."[4]

Die Geschichtsschreibung behielt diesen Charakter zunächst bei. Wandten sich Fabius und die ältesten Annalisten vornehmlich an die griechische Welt, schrieb Cato die *Origines* für die Römer. Im Proömium sprach er vom Nutzen der Geschichtsschreibung (*historiae bonum*, Fr. 3 P.); sein Werk war von einer patriotischen Tendenz bestimmt und wollte zur sittlichen Erziehung des Volks beitragen. Jedenfalls sagte er im vierten Buch, er habe keine Lust zu berichten, was von dem Pontifex Maximus aufgezeichnet werde, wie oft der Getreidepreis gestiegen sei und wie oft eine Sonnen- oder Mondfinsternis geherrscht habe (Fr. 77 P.). Ebenso eindeutig distanzierte sich Sempronius Asellio im Proömium von den Tatsachenberichten der Annalistik. Diese könne niemanden dazu bewegen, daß er freudiger bereit sei, den Staat zu verteidigen, und abgehalten werde, falsch zu

---

[2] Boyle 2006, 123.
[3] Timpe 1972, 958–959 = 2007, 168.
[4] Scheithauer 1998, 289–290.

handeln (Fr. 2 P.). Das Postulat der patriotisch-ethischen Wirkung steht in Catos Tradition.

Das πρῶτον ψεῦδος der römischen Historiographie liegt darin, daß für den Römer die Vergangenheit weniger einen Eigenwert als einen Wert im Hinblick auf die Gegenwart hatte. Im Gegensatz zu den Griechen hatten die Römer der älteren Zeit kein ausgeprägtes Epochenbewußtsein, somit kein wirkliches Geschichtsbewußtsein.[5] Die Distanzlosigkeit zum Vergangenen und die In-Dienstnahme desselben zu eigenen Zwecken bewirkten das, was Mommsen ‚harmlose Unkritik', ‚naive Akrisie' und ‚naiven Patriotismus' nannte.

b Epos

Auch die Epik war gegenwartsbezogen. Livius Andronicus wählte die *Odyssee* aus aitiologischen Gründen statt der *Ilias* für eine lateinische Bearbeitung. Deutlich wird der Zeitbezug bei Naevius im *Bellum Poenicum*, in dem er wie Fabius Pictor zur Kriegsschuldfrage im Ersten Punischen Krieg Stellung nahm. Hiermit könnte in Zusammenhang stehen, daß er das Epos offenbar am Beginn des Zweiten Punischen Kriegs dichtete. Es verdient Beachtung, daß er wie Vergil die Dido-Aeneas-Geschichte als Präfiguration der späteren Auseinandersetzungen zwischen Karthago und Rom zu verwenden scheint. Ennius führte den Stoff der *Annales* sogar bis auf seine Zeit hinab.

c Praetexta

Die republikanischen Tragiker dichteten neben den mythologischen Tragödien Prätexten mit Inhalten, die auch in enger Sicht als historisch zu bezeichnen sind. Der der weiteren oder näheren Vergangenheit angehörende Stoff wurde bei Anlässen wie Votivspielen, Triumphen oder Ludi funebres beschworen – woraus sich der panegyrische Charakter der Stücke ergibt. Das vergangene Geschehen wurde für die Gegenwart fruchtbar gemacht. In diesem Sinn hat man – um ein Beispiel zu nennen – Naevius' *Clastidium* gedeutet, das das Geschehen von 222 für die Situation von 207 auszuwerten unternehme. Naevius dürfte „mit seiner Praetexta *Clastidium* einen wichtigen Beitrag zur Bewältigung der Krise von 207 geliefert haben. Die besondere psychologische Disposition der Römer in diesem ‚dramatischen' Jahr, jener gewaltige Furchtkomplex von *metus Gallicus* und *metus*

---

5 Drexler 1966, 260.

Punicus verlangte nach unerschütterlichen Gewißheiten. Das tiefe Erlebnis der Furcht hat gewiß quälende Fragen aufgeworfen. Eine Antwort aber dürfte die zeitgeschichtliche Praetexta des Naevius gegeben haben, deren Aufführung gerade in jener potenzierten Angstsituation von 207 sehr gut vorstellbar ist. Das *exemplum virtutis* Clastidium erinnerte an die Tatsache, daß man den gallischen Angstfeind letztlich doch bezwungen hatte. Und wenn es nun galt, den neuen Angstfeind, die Karthager, zu besiegen, so sollte das Naevianische Drama wohl zugleich die Furcht in Hoffnung und Zuversicht ummünzen."[6] Andererseits hat man das Stück auf aktuelle Anlässe in den Jahren 208 oder 205 datiert.[7]

Es ist kaum anzunehmen, daß sich diese ‚politischen' Dichter mit den Tragödien ein nur mythologisches Spiel erlaubten – man könnte auch sagen: Es ist kaum anzunehmen, daß ihnen die Magistrate ein nur mythologisches Spiel erlaubten.

2 Der Casus der Tragödie

Es wäre ungewöhnlich, wenn die mythologische Tragödie nicht wie die anderen Hauptgattungen einen historisch-politischen Hintergrund hätte. Schon die klassische griechische Tragödie war von politischen Tendenzen bestimmt. Aischylos' *Persai* von 472 boten ebenso Zeitgeschichte wie der Schluß der *Oresteia* von 458. Auch Sophokles' Tragödien waren in seinem gesellschaftlichen und politischen Umfeld verankert.[8] Als sich die römischen Dichter an die griechischen Vorbilder anschlossen, war deren politische Ausrichtung vergessen. Es handelte sich für sie um ‚Literatur'. Wenn es zutrifft, daß die Römer wenig Interesse an ihrer Vergangenheit um ihrer selbst willen hatten, ist zu folgern, daß sie noch weniger Interesse an den mythologischen Geschehnissen der Griechen hatten. In natürlicher Weise mußten ihnen, rein stofflich gesehen, die Schicksale von Eteokles, Prometheus, Oidipus oder Antigone ferner liegen als die von Romulus, Remus, Tarquinius oder Cloelia. Der Schluß dürfte unabweisbar sein, daß sie, wenn sie sich für die ‚eigenen' Helden der Vergangenheit um gegenwärtiger Ziele willen erwärmten, auch das Empfinden hatten, daß die ‚fremden' Helden des griechischen Mythos Entscheidendes mit ihrer Gegenwart zu tun hatten. Es war natürlich, daß die Tragödie als willkommenes Gefäß aufgegriffen wurde, in das politische Aussagen eingeschmolzen werden konnten. Sie eignete sich in besonderer Weise dazu, die Zu-

---

6 Bernstein 2000, 168.
7 ▸ unten S. 157.
8 Lefèvre 2001 (1), 266–278.

rückleitung des eigenen Mythos bzw. der eigenen Geschichte bis in die trojanische und frühgriechische Zeit öffentlich zu proklamieren. Ribbeck betonte mit Recht den „Localpatriotismus des italischen Publicums und die antiquarische Neigung, griechischen Mythus mit Roms Vorgeschichte in Verbindung zu bringen".[9] Die alten Stoffe wurden einer aitiologisch-panegyrischen Aussage dienstbar gemacht, die griechischen Mythen ‚romanisiert'. Sie wirkten bis in die Gegenwart fort.

Es ging aber nicht nur um ‚Politik', auch allgemeine Thematik konnte Aufmerksamkeit finden, wenn sie römischen Charakter bekam. Ein Beispiel bieten Pacuvius' *Niptra*, die darstellen, wie die Amme ihrem nach Ithaca heimgekehrten Herrn Ulixes die Füße wäscht. Wenn dieser „der guten Alten über seine Irrfahrten bei der Rückkehr von Troia so ausführlich Rede stand, wie aus den Resten des Pacuvius zu schliessen ist, so war das eine ziemlich überflüssige und recht unwahrscheinliche Episode, deren sich Sophokles gewiss nicht wird schuldig gemacht haben."[10] Für die Römer war dagegen der Leidensweg wie bei dem des vergilischen Aeneas von besonderem Interesse: Es ging um die Vergegenwärtigung des Geschicks eines römischen Stammvaters.

Im ganzen wurde der griechische Mythos für römisches Denken – politisches wie ethisches – instrumentalisiert. Die Tendenzen waren die nämlichen wie in Geschichtsschreibung, Epos und Praetexta.

3 Der Casus der Komödie

Nicht einmal die Palliata entbehrte – im Gegensatz zu den griechischen Vorbildern – des Zeitbezugs. So werden die Verse, mit denen Naevius die Meteller und Scipio Africanus,[11] *principes civitatis*, angriff, allgemein auf Komödien bezogen, zumal er sich in den Komödien *Hariolus* und *Leon* davon distanzierte.[12] Plautus ergriff im *Trinummus* in den Auseinandersetzungen zwischen Cato und den Scipionen Partei,[13] und Terenz spielte im *Heautontimorumenos* und in den *Adelphoe* auf zeitgenössische juristische Reformen an – teilweise sogar in satirischer Beleuchtung.[14] Vieldiskutiert ist der unmittelbare Zeitbezug in den 160 anlässlich der Beisetzung des Griechendlandbezwingers Aemilius Paullus aufgeführten *Adel-*

---

[9] Ribbeck 1875, 279.
[10] Ribbeck 1875, 274.
[11] Gell. 7, 8, 5.
[12] Gell. 3, 3, 15.
[13] Lefèvre 1995 (1), 139–144.
[14] Lefèvre 1994, 178–184; 2013 (1), 146–159.

phoe, zumal zu bedenken ist, daß die Paullus-Söhne Fabius Aemilianus und Scipio Aemilianus Festgeber waren.[15]

Recht verstanden ist die ganze Palliata als politisch zu bezeichnen. In ihr ging es nicht nur bei Plautus, sondern auch bei Terenz um die Herabsetzung und Verspottung der Autorität. Nicht junge Männer und Frauen waren betroffen, sondern ehrbare Familienväter und Matronen. Diese Konzeption bedeutete auf dem tatsächlichen gesellschaftlichen Hintergrund einen Zündstoff sondergleichen, der, soweit wir sehen, einen besonderen Grund hatte. Die Spiele gab es nur an begrenzten Terminen, vor allem an staatlich genehmigten bzw. ausgerichteten Festen, die wie die Saturnalien eine Ventilfunktion hatten, bei denen für eine kontrollierte Zeit die normalen Machtverhältnisse außer Kraft gesetzt wurden.[16]

II Der historisch-politische Rahmen

> «Roma opera una rivitalizzazione del mito tragico, investendolo di problematiche di attualità e facendone un'occasione per un ripensamento delle ragioni della propria identità, della sua funzione etico-politica.»[17]

1 Bühne und Politik

Daß die schriftliche römische Literatur mit einem Schlag um 240 v. Chr. einsetzte, ist nicht nur ein kunstbezogener, sondern auch ein politischer Vorgang, der möglichst breite Kreise zu erfassen versuchte. Denn das „staatlich finanzierte Theater Roms ist wegen seiner politischen Funktion Volkstheater."[18] Der Umstand, daß ein offizielles Organ, die Ädilen, für die Ausrichtung der Ludi zuständig war, läßt vermuten, daß es einerseits um organisatorische und finanzielle Probleme ging, andererseits um die Auswahl der Stücke und damit um die darzustellenden Stoffe.[19] Für Terenz ist eine Probevorlesung vor den Ädilen bezeugt.[20] Wenn dagegen eingewendet wird, daß dem ‚durchschnittlichen, auch gebildeten Besucher'

---

15 Lefèvre 2013 (1), 160–164.
16 Lefèvre 1988, 32–46 = 2014, 81–94.
17 Aricò 1997 (1), 78.
18 Blänsdorf 1978, 111.
19 Bernstein 1998, 237.
20 *Eun.* 20–26.

historische und aitiologische Bezüge verschlossen blieben,[21] ist zu berücksichtigen, daß die Dichter auf sie sehr wohl hinweisen konnten, wie das bekannte Zeugnis von Servius auctus zu *Aen.* 8, 130 lehrt, daß Accius im *Atreus* die Verwandtschaft von Atreus und dem heimischen Euander hervorgehoben habe (*quod Accius in Atreo plenius refert*). Nach Ribbeck kam der Prolog in Frage.[22] Accius hielt es für angemessen, dem Unwissenden klarzumachen, daß es sich um die eigene Vorgeschichte und damit um ein ‚Tua res agitur' handele. Solche Verbindungen mußten sowohl dem gebildeten als auch dem durchschnittlichen römischen Zuschauer die Streitigkeiten in griechischen mythologischen Palästen interessant machen.

Es kam ein weiterer Anstoß hinzu. Viele Römer waren während des langen Kriegs gegen Karthago in Unteritalien und Sizilien mit dem lebendigen griechischen Theater in Berührung gekommen und verlangten in der Heimat nach ähnlichen Darbietungen. Für Livius Andronicus war die Aufgabe schwierig – besonders hinsichtlich der Tragödie. Sollte er Aischylos' *Sieben gegen Theben*, Sophokles' *Oidipus Tyrannos*, dessen *Antigone* oder gar Euripides' *Hippolytos* – gefeierte Stücke des 5. Jahrhunderts – bearbeiten? Konnte er dabei auf breite Resonanz beim römischen Publikum hoffen? Hätte man die Tragödien des Bruderkampfs, der mangelnden Selbsterkenntnis, der Auflehnung gegen die Staatsgewalt oder der liebenden Frau überhaupt verstanden? Livius wählte sie nicht. Auch die Staatsorgane dürften kaum Interesse gehabt haben, den Bürgern solche Probleme vorzusetzen. Freilich durfte man nicht allzu wählerisch sein. In der Zeit nach dem Ersten Punischen Krieg stand in Rom nur eine begrenzte Auswahl griechischer Literatur zur Verfügung. Noch beuteten die römischen Feldherren die griechischen Bibliotheken nicht systematisch aus.

2 Vergangenheit und Gegenwart

In Ermangelung einer bedeutenden eigenen Vorgeschichte wurde der reiche griechische Mythos in den Dienst der Schaffung einer ‚römischen' Vorzeit gestellt. Die griechische Tragödie bot in bequemer Weise ein unermeßliches Rohmaterial. Zwei Bereiche heben sich heraus.

---

21 Weber 2000, 139.
22 Ribbeck 1875, 448.

a Die trojanische Abstammung der Römer

Die republikanische Tragödie bevorzugte in besonderem Maß den trojanischen Sagenkreis. Das ist nicht verwunderlich, da die Trojasage bereits in alter Zeit mit der römischen Frühgeschichte in Verbindung gebracht wurde.[23] Besonders Aeneas avancierte zu einem Gründungsvater. Es ist daher konsequent, daß fünf der acht oder neun bekannten Tragödientitel von Livius dem Trojastoff entstammen, sei es unmittelbar (*Achilles, Aiax mastigophorus, Equos Troianus*), sei es mittelbar in der Fortsetzung (*Aegisthus, Hermiona*). Hiermit wurde der historische Sinn der Römer auf das stärkste angesprochen. Aber das genügt noch nicht, um Livius' geniale Wahl voll zu erklären. Denn die trojanische Abstammung der Römer gewann gerade in seiner Zeit an besonderer Aktualität, insofern sie in politischer Hinsicht verwertet wurde.[24] Man argumentierte ebenso konsequent wie spitzfindig. Nach Alföldi ist es über jeden Zweifel erhaben, daß die trojanische Herkunft spätestens seit Pyrrhos in den Vordergrund der römischen Außenpolitik geschoben wurde, ferner daß wir die Andeutungen der Schriftquellen als Brocken eines einst reichen Bestandes von Zeugnissen zu betrachten haben und ohne Bedenken in das Gesamtbild der Senatspolitik einfügen dürfen. So hätten die Römer bei einer Annäherung des syrischen Diadochen Seleukos Kallinikos (etwa 247–242) von ihm gefordert, ihre Stammverwandten in der Troas von allen Abgaben zu befreien. Um 238 hätten die Akarnanen unter Berufung darauf, daß sie die einzigen Griechen seien, die am Krieg gegen Troja nicht teilnahmen, die Römer veranlaßt, sich in ihrem Interesse bei den Aitolern einzusetzen. Es sei oft dargelegt worden, welche Wichtigkeit die Parole der trojanischen Herkunft der Römer seit dem Hannibal-Krieg gewonnen habe.[25]

Die Konstruktion der trojanischen Abstammung war von politischer Zielgerichtetheit: Rom sah sich in der Auseinandersetzung mit italischen Städten, die ihre Gründung Griechen zuschrieben, den Kampf führen, den schon ihre ‚Vorfahren' gegen die Griechen gekämpft hatten. Auf diese Weise erklärt sich der Umstand, daß die Tragödien auch trojanische Helden im Blick hatten, die, von Troja kommend, in Italien eine neue Heimat fanden und somit zu römischen Helden wurden, etwa A e n e a s (Accius, *Decius vel Aeneadae*) oder A n t e n o r (Accius, *Antenoridae*).[26] Selbst A n d r o m a c h a (Ennius, *Andromacha*) wurde als

---

[23] Bömer 1951; Alföldi 1957.
[24] Alföldi 1957, 30–34; Weber 1972, 213–225.
[25] Alföldi 1957, 33.
[26] Auhagen 2002, 23–25; Petaccia 2002, 230–232.

‚mythische Vorfahrin'[27] der römischen ‚Geschichte' einverleibt. Die Tragödien konnten dieses Wissen voraussetzen.

b Die griechische Abstammung der Römer

Ist die trojanische Abstammung im 3. Jahrhundert ein politisches Argument, bedeutete es keine Beeinträchtigung dieser Konstruktion, daß die Römer mindestens ebensosehr Griechen als Vorfahren in Anspruch nahmen. Es war ihr Bestreben, griechischen Mythos möglichst umfassend für die eigene Geschichte fruchtbar zu machen. Wenn sie ihre Ursprünge mit denen der vorbildhaften Griechen verknüpften, war das eine Weihung des eigenen Daseins. Griechischer Mythos und römische Geschichte verflossen vielfach in eins.

Trojaner und Griechen wurden gleichermaßen vereinnahmt. Daß in der Frühzeit Aeneas und Odysseus eine nahezu gleichwertige Rolle spielten, spiegelt dieses ‚dualistische' Denken wider. So soll Odysseus auf den Irrfahrten, wie selbst die Griechen berichteten, zu der an Latiums Küste lokalisierten Kirke gelangt sein. Hellanikos von Lesbos bezeugt sogar,[28] daß er Aeneas in Latium getroffen habe und beide Rom gegründet hätten.[29] Wenn man sich später auch für Aeneas als Nationalheros entschied, ist nicht zu vergessen, daß sich Odysseus als Ahnherr in Latium eines guten Renommées erfreute. Man schrieb der Verbindung mit Kirke die Söhne Agrius, Latinus, Telegonus,[30] ferner Antias, Ardeias und Romus[31] zu. Agrius (Silvius) soll Alba Longa, Latinus Lavinium,[32] Telegonus Tusculum,[33] Antias Antium, Ardeias Ardea und Romus Rom[34] gegründet haben. Odysseus wurde zu einem durch und durch römischen Helden. Die Rücksichtnahme auf diese Filiationen dürfte Livius auch veranlaßt haben, bei der Wahl eines homerischen Epos für eine römische Version die *Odyssee* der *Ilias* vorzuziehen.

Zahlreiche Tragödien behandelten griechische Helden, die in Italien eine neue Heimat fanden und somit zu ‚Römern' wurden. Darauf konnte angespielt werden. Genannt seien D a n a e (Livius und Naevius, *Danae*, gründete Ardea, ‚Danae eine

---

27 Auhagen 2000, 204.
28 Dion. Hal. *Ant. Rom.* 1, 72, 2 (FGrHist 4 F 84).
29 Solmsen 1986, 93–110.
30 Hes. *Theog.* 1013–1014.
31 Xenagoras, FGrHist 240 F 29.
32 Alföldi (1965) 1977, 220.
33 Hor. *Epod.* 1, 29–30; *Carm.* 3, 29, 8; Prop. 2, 32, 4.
34 Strasburger 1968, 11–12 = 1982, 1023–1024.

Römerin',[35] nach ihrem Sohn Argus das Argiletum benannt);[36] D i o m e d e s (Accius, *Diomedes*, bedeutendster Stadtgründer in Mittel- und Unteritalien);[37] E p e u s (Livius und Naevius, *Equos Troianus*, gründete Pisae, Lagaria und Metapontum);[38] I n o (umstrittene Tragödie von Livius, Mutter des römischen Hafengotts Portunus);[39] M e d e a (Ennius und Accius, *Medea*, in Latium als Angitia verehrt);[40] M e d u s (Pacuvius, *Medus*, Sohn von Aigeus und Medea, herrschte über die Marser);[41] O r e s t e s (verschiedene Tragödien, in Rom und Latium mindestens seit dem 5. Jahrhundert bekannt; Begründer des Diana-Kults in Aricia;[42] Ennius, *Eumenides*, Prozeß vor dem Areopag mögliches ,Modell für römische *patria potestas* und *pietas*');[43] P h i l o c t e t a (Accius, *Philocteta*, Gründer mehrerer Städte in Unteritalien, ,Vorfahr' der Römer);[44] T e l a m o (Ennius, *Telamo*, Gründer der gleichnamigen Hafenstadt 25 km südöstlich Grosseto, dort begraben); U l i x e s (Pacuvius, *Niptra*, durch den Besuch bei Circe in Latium bekannt, ,vorbildlicher Römer').[45]

Auch die Sage, daß die A r g o n a u t e n auf der Durchreise den Hera-Tempel in Poseidonia gründeten,[46] gehört hierher (Accius, *Medea sive Argonautae*).

Assoziationen konnten eine wichtige Rolle spielen, wie Accius' *Atreus* musterhaft lehrt (A t r e u s Verwandter Euanders, der aus der Peloponnes zum Palatin kam);[47] weitere Beispiele: A i a x (Livius und Ennius, *Aiax*, Sohn Telamos, des Gründers der gleichnamigen Stadt, s. o.); A n d r o m e d a (Livius, Ennius und Accius, *Andromeda*, wurde von Perseus, Iupiters und Danaes Sohn, befreit); C h r y s e s (Pacuvius, *Chryses*, Bezug von Orestes auf den Diana-Kult in Aricia);[48] H e r m i o n a (Livius und Pacuvius, *Hermiona*, Orestes' Frau);[49] H e s i o n a (Naevius, *Hesiona*,[50] erste Frau Telamos, s. o.); P e r i b o e a (Pacuvius, *Periboea*,

---

35 Lefèvre 2000 (1), 175–177 (▸ S. 116–118).
36 Lefèvre 1990 (3), 17 (▸ S. 102).
37 Lefèvre 2002, 189–195 (▸ S. 140–146).
38 Lefèvre 1990 (3), 17 (▸ S. 103).
39 Lefèvre 1978 (2), 9 (▸ S. 25).
40 Lefèvre 1978 (2), 10 (▸ S. 25); 2001 (3), 39–51 (▸ S. 125–136); Falcone 2011, 81–98.
41 Gellius, Fr. 9 P. (= Solin. 2, 28).
42 Petaccia 2000, 87–112.
43 Zimmermann 2000, 282.
44 Lefèvre 1999, 372 (▸ S. 110).
45 Baier 2000, 295, ▸ auch oben S. 151.
46 Prinz 1979, 153.
47 ▸ S. 153.
48 Slater 2000, 322,
49 Lefèvre 1990 (3), 17 (▸ S. 102–103).
50 Lefèvre 1999, 370 (▸ S. 108).

Diomedes' Großmutter, s. o.); T e l e p h u s (Ennius, *Telephus*; Pacuvius, *Atalanta*; Accius, *Telephus*, Vater von Tarchon und Tyrrhenos / Tyrsenos, den Gründern mehrerer italischer Städte, sowie von Rhome, Aeneas' Frau; Aeneas' Schwiegervater; Bündnis zwischen den Brüdern und Aeneas);[51] T e u c e r (Pacuvius, *Teucer*, Sohn Telamos, s. o.).[52]

3 Zeitbezug

Es ist verfehlt, den Begriff des Politischen im Blick auf die republikanische Tragödie allzu eng zu fassen. Wie ‚politisch' auf die Polis zu beziehen und die griechische Tragödie in diesem Sinn ‚politisch' ist, ist auch die römische Tragödie ‚politisch', und zwar zeitpolitisch. Gleich den Historikern hatten die Tragiker vornehmlich die Gegenwart im Sinn. Nicht minder gilt das für die Epiker. Ein schlagendes Beispiel ist die *Aeneis*, die die trojanische Vorgeschichte in erschütternder Weise im zweiten Buch darstellt und die historische Argumentation (wie die Iupiter-Rede des ersten, die Heldenschau des sechsten und die Schildbeschreibung des achten Buchs zeigen) bis in die Gegenwart fortführt: Die Frühgeschichte ist nicht von der Zeitgeschichte zu trennen. Dasselbe ist in Ennius' *Annales* der Fall, deren Inhalt bis in die Gegenwart reicht. Ihre politische Welt ist nicht von der mythologischen Welt seiner Tragödien zu trennen; "to suggest that Ennius' tragedies, performed at public religious festivals financed by both the state and the Roman elite and (after 194 BCE) before a hierarchical image of Roman social and political power, were not firmly rooted in contemporary political and social debates beggars belief."[53] Freilich ist es schwierig, die zeitgenössischen Konnotationen noch zu erkennen. Dennoch hat die Forschung in zunehmendem Maß sowohl in den Tragödien als auch in den Prätexten gegenwartsbezogene Anspielungen erwogen. Einige seien vorgeführt. Wenn auch im einzelnen Unsicherheiten bleiben, ist der Befund im ganzen überzeugend.

Naevius: *C l a s t i d i u m* (Bezug des Geschehens von 222 auf M. Claudius Marcellus' Leichenspiele 208[54] oder die Krise von 207[55] oder die Einweihung des bei Clastidium gelobten Tempels durch den Sohn 205);[56] *D a n a e* (Bezug auf die

---

51 Petaccia 1999, 159–162; Stockert 2002, 312–313.
52 Lefèvre 2000 (2), 211–212.
53 Boyle 2006, 70.
54 Ribbeck 1875, 75 (auch 222 oder 205 erwogen)
55 Bernstein 2000, 168 (▸ oben S. 150).
56 Flower 1995, 183–184; Boyle 2006, 50.

Kämpfe um Saguntum 220 / 219);[57] *Lycurgus* (Bezug auf den Bacchus-Kult in Rom).[58]

Ennius: *Ambracia* (Bezug auf die Eroberung Ambracias durch M. Fulvius Nobilior 189);[59] *Andromacha* (Bezug auf T. Quinctius Flamininus' Triumph 194);[60] *Hectoris Lytra* (Bezug auf den Krieg gegen Antiochos den Großen);[61] *Sabinae* (Bezug auf die Rolle der römischen Frauen in der Zeit der Lex Oppia);[62] *Thyestes* (Bezug auf die Kämpfe der Römer in Makedonien 169 bzw. 171–168).[63]

Pacuvius: *Paullus* (Bezug auf L. Aemilius Paullus' Triumph 168 oder Leichenspiele 160);[64] *Pentheus* (Bezug auf Bacchus-Kult in Rom).[65]

Accius: *Aeneadae vel Decius* (Bezug auf die Gallier als Gegner in der Gegenwart);[66] *Antenoridae* (Bezug auf C. Sempronius Tuditanus, cos. 129);[67] *Astyanax* (Bezug auf P. Cornelius Scipio Aemilianus);[68] *Atreus* (Bezug auf Ti. Sempronius Gracchus);[69] *Bacchae* (Bezug auf ‚Abwehrreaktionen gegen fremde Erscheinungen, die den *mos maiorum* und die römische Identität gefährden');[70] *Brutus* (Bezug auf D. Iunius Brutus, cos. 138);[71] *Diomedes* (Bezug auf die Gracchen[72] und die Diskussion über neue Kolonien 123 / 122);[73] *Eurysaces* (Bezug auf P. Cornelius Scipio Nasica);[74] *Medea sive Argonautae* (Bezug auf die Kämpfe der Römer in Hispania ulterior gegen Viriatus 140);[75] *Oenomaus* (Bezug auf Diskussionen der Zeit über die ethische Problematik des Reichtums);[76] *Philocteta* (Bezug auf Roms Anspruch auf das Mysterienheiligtum in Samo-

---

57 Lefèvre 2000 (1), 177–183 (▸ S. 118–124).
58 Flower 2000, 28–29.
59 Ribbeck 1875, 207–211.
60 Auhagen 2000, 208.
61 Faller 2008, 545–549 (vorsichtig).
62 La Penna 2000, 54–55; Boyle 2006, 83.
63 Garelli-François 1998, 169 bzw. Boyle 2006, 79 (▸ S. 223).
64 Manuwald 2001 (1), 186.
65 Flower 2000, 29.
66 Jocelyn 2000, 355–356.
67 Auhagen 2002, 25–30, Petaccia 2002, 232–241.
68 Auhagen 2002, 33.
69 Lana 1959, 348–351; Auhagen 2002, 30–31.
70 Zimmermann 2002, 341.
71 Ribbeck 1875, 593 (▸ unten S. 164).
72 Lefèvre 2002, 191 (▸ S. 142).
73 Lefèvre 2002, 195 Anm. 50 (▸ S. 146).
74 Auhagen 2002, 31–32.
75 Baier 2002, 58–59.
76 Baldarelli 2002, 68–74.

thrake etwa 146);⁷⁷ *Stasiastae vel Tropaeum Liberi* ('commentary on the fall of Gaius Gracchus and his followers'; 'events of 122 BC');⁷⁸ *Tereus* (Bezug auf zeitgenössische ‚Tyrannis').⁷⁹

III Die Originalität der republikanischen Tragödie

Eine einfache Überlegung stehe am Anfang. Naevius und Ennius verfaßten sowohl Epen als auch Prätexten ohne jegliche griechische Vorbilder. Dasselbe gilt für Pacuvius' und Accius' Prätexten. Die Annahme, die Dichter hielten sich dagegen in den mythologischen Tragödien eng an griechische Vorbilder, ist von vornherein unwahrscheinlich. Ebenso ist zu berücksichtigen, daß unter den Komikern besonders Plautus in freier, zuweilen freiester Weise den Originalen folgte. Es genügt, an den *Stichus* zu erinnern.⁸⁰ Vor allem: Das Weltbild der plautinischen Komödien unterscheidet sich, soweit wir sehen, toto coelo von dem der Komödien Menanders, Diphilos' oder Philemons. Aber auch Terenz sprang mit Menander übel um. Es genügt, auf den Schluß der *Adelphoe* zu verweisen.⁸¹ Nichts spricht dafür, daß die Tragiker mit Originalen sklavischer umgingen als die Komiker.

Cicero hat sich über die Originalität der römischen Tragödie geäußert. Sein Urteil stützt die Annahme einer weitgehenden Selbständigkeit der Autoren.⁸² In den *Academici libri* betont er klar, Ennius, Pacuvius, Accius und viele andere hätten nicht die Wörter der griechischen Dichter, sondern den Duktus des Geschehens nachgeahmt, *Ennius Pacuvius Accius multi alii* [...] *non verba sed vim Graecorum expresserunt poetarum*. Doch gebrauchte er auch – zu Recht – den Begriff ‚Nachahmen', *ut illi Aeschylum Sophoclem Euripidem* [...] *imitentur* (1, 10). Denn die römischen Tragiker verwendeten griechische Grundhandlungen – nur eben nicht wörtlich. Wenn Cicero in *De finibus* an einer oft mißverstandenen Stelle von römischen Bühnenstücken spricht, die den griechischen *ad verbum* nachgebildet seien (*fabellas Latinas ad verbum e Graecis expressas*, 1, 4), ist der Zusammenhang zu beachten. Es genügt nicht, einschränkend ‚certae fabulae'⁸³ zu verstehen; vielmehr ist zu sehen, daß Cicero sich bei seinem Bemühen, eine Philosophie in lateinischer Sprache zu schaffen, gegen die Kritiker wendet, die

---

77 Lefèvre 1999, 374–375 (▶ S. 112–113).
78 Flower 2000, 29–30.
79 Ribbeck 1875, 585; Degl'Innocenti Pierini 2002, 134–136; Boyle 2006, 134.
80 Lefèvre 2014, 565–577.
81 Lefèvre 2013 (1), 58–70.
82 Boyle 2006, 86–87.
83 Madvig 1876, 12; Philippson 1939, 1185.

scripta Latina überhaupt verachten, indem er ihnen die Inkonsequenz entgegenhält, daß sie bei wichtigster Materie (*in gravissimis rebus*: wie der Philosophie) der *patrius sermo* nicht erfreue, während sie *fabellas Latinas ad verbum e Graecis expressas* gern läsen. Es handelt sich um keine quellenanalytische Aussage, sondern darum, daß es Stücke sind, die sich an griechische Vorbilder halten (im Gegensatz zu den beliebten Genera Mimus und Atellane), so wie Cicero selbst die griechische Philosophie in lateinischer Sprache bieten will. Daß er das nicht sklavisch tut (im Gegenteil!), jedenfalls auf das Ganze gesehen nicht *ad verbum*, ist heute allbekannt. Er hat Tragödien und Komödien im Auge, weil er wenig später Caecilius, Terenz und Afranius erwähnt. Da bei Plautus und Terenz wörtliches Nachschaffen nur in beschränktem Umfang anzunehmen ist, wäre Ciceros Aussage eindeutig falsch, wenn man *ad verbum exprimere* als ‚wörtlich übersetzen' verstünde. Cicero versucht geschickt, „seine detractatores der Unlogik zu zeihen."[84]

Ungeachtet der Tatsache, daß Plautus und Terenz Handlung und Ethos griechischer Stücke, besonders am Schluß, auf den Kopf stellten, sprechen wir davon, daß sie nach griechischen Vorbildern dichteten. Der gesunde Menschenverstand sagt, daß eben dasselbe auf die Tragödien zutrifft. Andererseits gibt es partiell genaues Nachbilden. Dieses hat Cicero ebenfalls in *De finibus* im Sinn. Obwohl er von der eigenen Selbständigkeit überzeugt ist, kündigt er an, bestimmte Stellen, wenn es ihm gut dünke, aus griechischen Philosophen zu übertragen, wie Ennius aus Homer und Afranius aus Menander zu tun pflegten, *locos quidem quosdam, si videbitur, [...] transferam, [...] ut ab Homero Ennius, Afranius a Menandro solet* (1, 7). Es geht um *loci quidam*. Das gilt selbstverständlich für die Palliata und wird auch bei der Tragödie so gewesen sein.

Im übrigen übertreibt der Redner Cicero wie jeder Redner. Während er die Originalität seiner Philosophischen Schriften immer wieder verteidigt, spricht er Atticus gegenüber selbstironisch von ‚Abschriften', ἀπόγραφα sunt.[85] ἀπόγραφα ist ebensowenig wörtlich zu nehmen wie *ad verbum*. Es ist ein Grundfehler, Aussagen dieser Art zu isolieren und nicht aus dem Zusammenhang heraus abzuwägen.

IV Die Rezeption der republikanischen Tragödie

Es war viel von der Absicht der Magistrate und der Dichter die Rede. Darf man damit rechnen, daß das Publikum ihre Absichten verstand?

---

84 Th. Baier per litteras.
85 *Ad Att.* 12, 52, 3.

1 Hellhörigkeit der Zuschauer

Unschätzbar ist Ciceros Zeugnis, daß es in Schauspielen nie eine vom Dichter zeitbezogen formulierte Stelle gegeben habe, die dem Publikum entgangen wäre:[86] *quoniam facta mentio est ludorum, ne illud quidem praetermittam, in magna varietate sententiarum numquam ullum fuisse locum, in quo aliquid a poeta dictum* **cadere in tempus nostrum** *videretur, quod aut populum universum fugeret aut non exprimeret ipse actor* (da ich nun einmal auf die Schauspiele gekommen bin, will ich auch dies nicht unerwähnt lassen: wenn sich unter den mannigfachen Aussprüchen der Dichter irgend etwas auf unsere Zeit zu beziehen schien, dann hat es nie eine Stelle gegeben, die sich das versammelte Publikum hätte entgehen lassen oder die nicht schon vom Schauspieler bedeutungsvoll vorgetragen worden wäre). Wie *fuisse* zeigt, ist klar, daß nach Ciceros Meinung nicht erst das Publikum in der Mitte des 1. Jahrhunderts, sondern auch das Publikum der Vergangenheit hellhörig war (zumal wenn es aufgeklärt wurde).

2 Aktualisierung älterer Tragödien im 1. Jahrhundert

In Tragödien der republikanischen Zeit ist die Inanspruchnahme der dargestellten Vergangenheit für die Erklärung bzw. Verherrlichung der Gegenwart zu beobachten. Es gibt Belege, daß im 1. Jahrhundert älteren Stücken neue aktuelle Bezüge unterlegt und diese vom Publikum verstanden wurden.[87] Der Schluß, daß das möglich war, weil die Zuschauer schon immer gewohnt waren, zeitgenössische Bezüge zu erkennen, liegt nahe.

An den Ludi Apollinares 57 sprach der bedeutende mit Cicero befreundete Schauspieler Clodius Aesopus Partien aus Accius' *Eurysaces* mit Bezug auf Ciceros Rückberufung aus dem Exil. Das einzigartige Zeugnis lehrt, wie Aktualisierungen vonstatten gingen; nur das erste Drittel des ausführlichen Berichts wird hier zitiert:[88]

> quid fuit illud quod, recenti nuntio de illo senatus consulto quod factum est in templo Virtutis ad ludos scaenamque perlato, consessu maximo summus artifex et me hercule semper partium in re publica tam quam in scaena optimarum, flens et recenti laetitia et mixto dolore ac desiderio mei, egit apud populum Romanum multo gravioribus verbis meam causam quam egomet de me agere potuissem? summi enim poetae ingenium non solum arte sua, sed etiam dolore exprimebat. qua enim vi:

---

86 *Pro Sest.* 118 (Übersetzung M. Fuhrmann).
87 Stärk 2000, 123–133 (127 Anm. 16 ältere Literatur).
88 Cic. *Pro Sest.* 120–121 (Übersetzung M. Fuhrmann).

> qui rem publicam certo animo adiuverit,
> statuerit, steterit cum Achivis –
>
> vobiscum me stetisse dicebat, vestros ordines demonstrabat! revocabatur ab universis –
> re dubia
>
> haut dubitarit vitam offerre nec capiti pepercerit.
>
> haec quantis ab illo clamoribus agebantur! cum iam omisso gestu verbis poetae et studio actoris et exspectationi nostrae plauderetur:
>
> summum amicum summo in bello –
>
> nam illud ipse actor adiungebat amico animo et fortasse homines propter aliquod desiderium adprobabant:
>
> summo ingenio praeditum.

Was für ein Ereignis: als die frische Kunde von dem Senatsbeschluß, der im Tempel der Tugend gefaßt worden war, zu den Spielen und zum Theater gelangte, da hat der große Künstler, der – beim Herkules! – sowohl in der Politik als auch auf der Bühne stets die besten Rollen spielt, vor dem zahlreichen Publikum geweint, weil ihn die plötzliche, mit Schmerz und Sehnsucht nach mir vermischte Freude überwältigte, und meine Sache vor dem römischen Volke mit viel eindringlicheren Worten vertreten, als ich selbst es für mich hätte tun können! Er hat nämlich dem Genie des großen Dichters nicht nur durch seine Kunst, sondern auch durch echten Schmerz zur Wirkung verholfen. Wie gewaltig klangen die Worte:

> Der den Staat mit festem Mut verteidigt hat,
> der mit treuem Sinn zu den Achivern hielt!

Zu euch, gab er zu verstehen, hätte ich mit treuem Sinn gehalten; denn er wies auf eure Reihen! Das ganze Publikum verlangte eine Wiederholung, als es hieß:

> Es schwankte das Geschick;
> er hat nicht geschwankt, sein Leben einzusetzen und sein Blut.

Wie rief man ihm zu, als er das Weitere sprach – wobei man, ohne das Spiel zu beachten, allein die Worte des Dichters und die Anteilnahme des Schauspielers und die Aussicht auf meine Rückkehr mit Beifall bedachte:

> Unsern größten Freund im größten Krieg.

Denn die folgenden Worte fügte der Schauspieler selbst aus Freundschaft hinzu, und vielleicht waren die Leute eben deshalb einverstanden, weil sie mich vermißten:

> Der mit größter Geisteskraft begabt ist.

Aesopus jonglierte mit den Versen der alten Dichter – er interpolierte (außer dem eigenen) im folgenden auch Verse aus Ennius' *Andromacha* – und verlieh ihnen einen neuen Zeitbezug.

Musterbeispiele sind ferner die Tragödien *Armorum iudicium* (Pacuvius) und *Electra* (Acilius), aus denen, wie Sueton berichtet, emotionsauslösende Teile – unter denen Cantica waren[89] – anläßlich der Beisetzung Caesars dargeboten wurden: *inter ludos cantata sunt quaedam ad miserationem et invidiam caedis eius accommodata, ex Pacuvi Armorum iudicio ‚men servasse, ut essent qui perderent?'*

---

[89] Ribbeck 1875, 609.

et ex Electra Acili ad similem sententiam.[90] Unbeschadet der – nicht mehr erkennbaren – Aussage, die diese Stücke in der Zeit ihrer Entstehung hatten, bekamen sie 44 einen neuen aktuellen Sinn: Das Unrecht, das Ajax und Agamemnon durch die eigenen Landsleute bzw. durch die eigene Familie angetan worden war, sollte das Unrecht wachrufen, das Caesar durch die eigene Umgebung erlitten hatte. Wie im Fall des *Eurysaces* Telamo wird beim *Armorum iudicium* Ajax als Sympathieträger verstanden worden sein, dem seine Landsleute, die Griechen, übel mitgespielt hatten. Nicht anders waren die Anwesenden für Agamemnon eingenommen, den die Gattin mit ihrem Buhlen erschlagen hatte. Ribbeck dachte sinngemäß an Elektras Klage bei Sophokles 245–250, in der es heißt, daß αἰδώς und εὐσέβεια sterben, wenn die Mörder nicht für den Mord büßen. Acilius mochte Orestes eine flammende Rede gegeben haben, die nunmehr eine besondere Wirkung erlangte. Es zeigt sich, daß es für die Römer ganz natürlich war, sich mit den Helden der tragischen Bühne zu identifizieren. Dieser Vorgang ist nicht erst in Ciceros Zeit aufgekommen, sondern darf als konsequente Fortsetzung der bei der älteren Tragödie geübten Gepflogenheiten gewertet werden.

Ein hochinteressanter ‚Dreischritt' über mehr als viereinhalb Jahrhunderte hinweg kann bei Accius' Praetexta *Brutus* beobachtet werden. Sie behandelte, wie die Fragmente erkennen lassen, die Vertreibung des letzten Königs Tarquinius und die Etablierung der Republik durch Brutus um 510. Da Accius dem Konsul von 138 D. Iunius Brutus freundschaftlich verbunden war und wohl ihm zu Ehren das Stück dichtete,[91] ist der Bezug der Vergangenheit auf die Gegenwart klar. Doch damit nicht genug. Die Bruti waren ein langlebiges Geschlecht. Und so erwartete Brutus, der Tyrannenmörder von 44, an den Ludi Apollinares von C. Antonius, der für die Ausrichtung der Spiele zuständig war, eine Aufführung von Accius' *Brutus*, in dem der Tyrannenmord gerechtfertigt wird. Doch Antonius „ging einer so directen Demonstration aus dem Wege und wählte den Tereus."[92] Zwar entfiel die provozierende Namensgleichheit, aber die Stoßrichtung *in tyrannos* blieb die nämliche. Die berühmte Tat des älteren Brutus wurde somit zweimal, 138 und 44, als Verherrlichung der Gegenwart betrachtet – wenn es das zweite Mal auch nicht zu einer Realisierung kam.

Beim *Tereus* ist derselbe ‚Dreischritt' wie beim *Brutus* zu beobachten. Accius hat mit ihm – wohl 104[93] – ebenfalls ein Anti-Tyrannenstück geschrieben, das parallel zu der Tendenz der Praetexta zu sehen ist. Verschiedene Forscher haben sich über den Zeitbezug bei der ersten Aufführung Gedanken gemacht, denn an

---

90 *Div. Iul.* 84, 2.
91 Ribbeck 1875, 593, ▸ S. 158.
92 Ribbeck 1875, 593.
93 Cic. *Phil.* 1, 15, 36.

eine reine Mythendarstellung mochten sie nicht glauben.[94] Nach Ribbeck muß Accius den Charakterzug des Tyrannen Tereus „stark hervorgehoben und sogar eine erfolgreiche Erhebung gegen seine Gewaltherrschaft in die Handlung mit aufgenommen haben. Sonst hätte die Aufführung dieser Tragödie an den Apollinarischen Spielen des Jahres 710 nicht zu jener lebhaften Demonstration für Brutus, den Tyrannenmörder, Anlaß geben können, von der Cicero in den Briefen an Atticus wiederholt spricht."[95]

Sowohl der *Brutus* als auch der *Tereus* sind eindrückliche Beispiele für die zeitpolitische Ausrichtung der republikanischen Tragödie. Damit schließt sich der Kreis der Betrachtungen.

---

94 Bilinski 1958, 44; Degl'Innocenti Pierini 2002, 127–139; Boyle 2006, 134 (▸ oben S. 159).
95 Ribbeck 1875, 585.

Dritter Teil: **Augusteische Tragödie**

9 Der *Thyestes* des Lucius Varius Rufus. Zehn Überlegungen zu seiner Rekonstruktion*

Erico Burck
septuaginta et quinque annos nato

I Einleitung —— S. 167
II Zehn Überlegungen zur Rekonstruktion —— S. 174
  1 Das Motiv des Bruderkampfs —— S. 174
  2 Die politische Relevanz —— S. 176
  3 Varius als panegyrischer Dichter —— S. 178
  4 Thyestes' Schicksal nach der cena —— S. 179
  5 Griechische Thyestes-Tragödien —— S. 181
  6 Accius' *Pelopidae* und Ennius' *Thyestes* —— S. 183
  7 Die Rolle Apollos —— S. 186
  8 Der Schauplatz Thesprotien —— S. 188
  9 Die Gestalt des Aegisthus —— S. 191
  10 Antike Zeugnisse? —— S. 195
III Ausblick —— S. 198

I Einleitung

Eine der schmerzlichsten Lücken in der Überlieferung der römischen Literatur bedeutet der Verlust des 29 v.Chr. in Rom aufgeführten *Thyestes* von Lucius Varius Rufus. „Unter dem vielen Mißlichen, was die Rekonstruktion der römischen tragischen Dichtung mit sich bringt, ist es wohl das Mißlichste, daß wir von diesem einst hochangesehenen Werk noch weniger wissen als etwa vom Atreus des Accius. Die vergangene literarische Epoche abschließend und zugleich in die Zukunft weisend, würde es uns wie kein zweites helfen, die Entwicklung als ein Ganzes zu verstehen: so verschieden die Lebensbedingungen der Gattung in der Republik und in der Kaiserzeit waren, so sehr sich Bühnen- und Lesedrama unterschieden, kann man doch nur von Naevius und Ennius in die Zukunft, von Seneca in die Vergangenheit blickend hoffen, den kostbaren Resten das Erdenkliche abzugewinnen und sich im

---

Akademie der Wissenschaften und der Literatur Mainz. Abhandlungen der Geistes- und Sozialwiss. Klasse 6, 1976 (Steiner, Wiesbaden).
* Der Verfasser ist der Akademie der Wissenschaften und der Literatur für die Aufnahme dieser Abhandlung, Prof. H. Dahlmann für ihre Vorlage, Prof. H. Diller für seine Unterstützung zu Dank verpflichtet.– Die Nachbetrachtungen sind zu beachten (▸ S. 220–227).

Geiste Ribbecks das ähnlichste der noch möglichen Bilder von der römischen Tragödiendichtung zu machen."[1] Bekannt sind die Urteile von Quintilian und Tacitus. Während dieser den *Thyestes* in einem Zug mit Ovids *Medea* nannte: *nec ullus Asinii aut Messallae liber tam illustris est quam Medea Ovidii aut Varii Thyestes*,[2] war Quintilian der Meinung, er könne jeder griechischen Tragödie verglichen werden: *iam Vari Thyestes cuilibet Graecarum comparari potest*.[3] Hierher gehört wohl auch die Notiz bei Philargyrius zu Verg. *Buc.* 8, 6, die sich wahrscheinlich auf Varius bezieht:[4] *eiusdem autem Vari est tragoedia Thyestes omnibus tragicis praeferenda*.[5] Was wir sonst noch von diesem Stück wissen, ist wenig genug. Erhalten ist im Parisinus 7530 aus dem 8. Jh. und im Casanatensis 1086 aus dem 9. Jh.[6] folgende Notiz: *Lucius Varius cognomento Rufus Thyesten tragoediam magna cura absolutam post Actiacam victoriam Augusto ludis eius in scaena edidit, pro qua fabula sestertium deciens accepit*. Über den genauen Wortlaut dieses "welcome but tantalizing entry"[7] ist nicht volle Sicherheit zu gewinnen. Den Parisinus haben Quicherat und Schneidewin, den Casanatensis Lindsay eingesehen. Danach ist *tragoediam*[8] Verbesserung für *tragoedia* und *absolutam*[9] für *absoluto*.[10] Das Verständnis des Texts ist jedoch gesichert: Der *Thyestes* wurde 29 zur Feier des aktischen Siegs aufgeführt und brachte seinem Dichter die unerhörte Summe von einer Million Sesterzen ein. Vor

---

1 Friedrich 1968, XL.
2 Maternus im *Dialogus* 12, 6.
3 *Inst.* 10, 1, 98. Paratore 1961, 512: «[...] che fu subito salutata come il capolavoro del teatro tragico latino e fece dimenticare le tragedie di Pollione».
4 Dazu Housman 1917, 45; Bardon 1956, 32; Alfonsi 1963, 274.
5 Text nach H. Hagen 1902.
6 Zu dieser Handschrift Lindsay 1922, 180.
7 Lindsay 1922, 180.
8 Die Konjektur geht auf J. Quicherat zurück, den ersten Herausgeber nach dem Parisinus: Bibliothèque de l'école des chartes, Paris 1839 / 1840, I, 52. Sie ist unbestritten.
9 Die Konjektur, die ebenfalls von Quicherat stammt, wird allgemein akzeptiert. Doch haben Welcker 1841, 1429 Anm. 24 und nach ihm Schneidewin 1842, 638 *absoluto* gehalten, „da doch das Beywort auch auf August bezogen volle Wahrheit hat, die Construction aber durch die Aenderung nur verliert" (Welcker). Man wird eher sagen dürfen, daß die Konstruktion durch die Konjektur in zweifacher Hinsicht leichter wird: 1. *magna cura* würde ohne Stütze zu *in scaena edere* gehören: Es kommt aber nicht so sehr darauf an, daß ein Stück sorgfältig inszeniert wurde, als vielmehr darauf, daß es mit großer Sorgfalt verfertigt worden ist. 2. *Augusto* ist sicher Dativ, wie Schneidewin 1841, 108 (▶ S. 196) klargestellt hat. (Quicherat ergänzte *reduce*.) Wenn man *absoluto* dazusetzt, könnte es ebensogut Ablativ sein. Doch in beiden Fällen wäre zu fragen, wovon Augustus ‚befreit' war. Man kann das ohne weiteres beliebig ergänzen, nur sollte man zugeben, daß die Konstruktion mit *absolutam* einfacher ist. [[Zu dem schwierigen Satz: Heubner 1979, 362.]]
10 Nach Housman 1917, 42 ist im Parisinus nur *TRAG...* und *AUG...* zu lesen; letzteres ergänzt er zu *AUGUSTI*.

dieser Notiz sind noch die verheißungsvollen Worte *incipit Thuestes*[11] *Varii* erhalten, doch folgen dann gänzlich andere Texte.[12] Schneidewin klagte daher im Hinblick auf den Parisinus: „Wer grollte nicht dem bösen Schreiber, daß er die durch sein INCIPIT erregte Hoffnung auf das köstliche Stück so bitter täuschen konnte! Hätte ihm doch gern Jedermann für nur 25 Verse des Varius seinen ganzen in allen Bibliotheken steckenden Isidorus so gern geschenkt."[13] Bardon kam zu der resignierten Feststellung: «A quoi tiennent les destinées des chefs-d'œuvre de l'esprit! L'inconsequence d'un copiste a peut-être privé le monde moderne de la pièce qui fut, avec la Médée d'Ovide, également disparue, la meilleure réussite du théâtre latin».[14] Jedoch ist aus dem Abbrechen des Texts nicht unbedingt zu schließen, daß den Schreibern des 8. und 9. Jahrhunderts der vollständige Wortlaut des *Thyestes* zur Verfügung gestanden hat,[15] vielmehr können beide voneinander abhängen[16] bzw. sich auf eine gemeinsame – auch schon unvollständige – Vorlage bezogen haben.[17]

Als einziges direkt bezeugtes Fragment sind die Worte des Atreus *iam fero infandissima, | iam facere cogor* bei Quintilian überliefert: *neque enim quisquam est tam malus ut videri velit. [...] sic Atreus apud Varium ‚iam fero' inquit ‚infandissima, iam facere cogor'* (*Inst.* 3, 8, 44 – 45). 1893 glaubte L. Müller, ‚wenigstens' den Anfang des *Thyestes* aufgefunden zu haben,[18] indem er das bei Seneca im 80. Brief an Lucilius begegnende Tragikerzitat diesem Stück zuschrieb: *ille qui in scaena latus incedit et haec resupinus dicit,*

> en impero Argis; regna mihi liquit Pelops,
> qua ponto ab Helles atque ab Ionio mari
> urguetur Isthmus,[19]

servus est, quinque modios accipit et quinque denarios (7). Den ersten Vers überliefert auch Quintilian *Inst.* 9, 4, 140. Ribbeck reihte jedoch das Bruchstück unter die

---

11 Nach Housman 1917, 42: *Thuesta*.
12 Der Parisinus enthält die *Origines* Isidors von Sevilla (Schneidewin 1841, 107), der Casanatensis eine Epitome aus Priscian des Bischofs Ursus von Benevent (Lindsay 1922, 180).
13 1841, 107.
14 1956, 31.
15 Das ist freilich die communis opinio; vgl. etwa die soeben gegebenen Zitate von Schneidewin und Bardon sowie Housman 1917, 42, Helm 1955, 413 und zum Parisinus Quicherat 1839 / 1840, I, 52.
16 Die ältere Handschrift ist der Parisinus (8. Jh.) und stammt aus Monte Cassino (Lindsay 1922, 180); er könnte der Beneventer Handschrift des 9. Jh.s zum Vorbild gedient haben.
17 So Lindsay 1922, 180.
18 1893, 738 – 739.
19 Zum Inhalt Jachmann 1915, 640 – 644.

Fragmenta incerta ein (LV).[20] Für Müller war die „strengste, von den Alexandrinern festgestellte Form" der Trimeter ausschlaggebend, die Verse nicht der älteren, sondern der klassischen Tragödie zuzuschreiben[21] und sie in die Nähe des sicher bezeugten Fragments des *Thyestes* zu rücken: „Atreus sagte also nach den Eingangsworten, daß er trotz aller Macht und Herrlichkeit doch die größten Frevel zu erdulden und mit gleichen zu vergelten gezwungen sei." Wenige Jahre später hatte Wilamowitz eine weitere Quintilian-Stelle herangezogen: *itaque in iis quae ad scaenam componuntur fabulis artifices pronuntiandi a personis quoque adfectus mutuantur, ut sit Aerope in tragoedia tristis, atrox Medea, attonitus Aiax, truculentus Hercules* (*Inst.* 11, 3, 73). Aerope könne nur auf Varius' *Thyestes* anspielen: „Denn worauf sonst sollte das gehen? Sie ist doch keine typische Figur wie die nach ihr genannten Medea, Aiax, Hercules. Es ist nicht unwichtig, daß wir wissen, sie kam zwischen dem Gatten und dem Verführer überhaupt und in dieser Haltung bei Varius vor."[22]

Schließlich ist zu erwähnen, daß früher zwei weitere Fragmente dem *Thyestes* zugesprochen wurden. Marius Victorinus überliefert von Varius folgende Verse:

> primum huic
> nervis septem est intenta fides
> variique apti vocum moduli,
> ad quos mundi resonat canor in
> sua se vestigia volventis.[23]

J. Rutgers hatte 1699 diese Verse in anapästische Monometer abgeteilt und für den *Thyestes* in Anspruch genommen:

> primum huic
> nervis septem est
> intenta fides:
> variique modi
> additi vocum,
> ad quos mundi
> resonare tenor,
> volventis sua
> se in vestigia.[24]

---

20 1897, 289.
21 Zu Müllers These bemerkte Bardon 1956, 31 Anm. 9: «Hélas! Sénèque ne parle là ni de Varius ni de Thyeste». Doch ▸ S. 199 zu diesem Fragment.
22 1899, 226. Auch Bardon 1956, 32 Anm. 1 hält es für möglich, daß Aerope eine Rolle in dem Stück gespielt hat.
23 GL VI, 1874, 60.
24 1699, 247. Rutgers bemerkt: „Quae mutatio certè nulla est."

Aus metrischen Gründen sind immer wieder Umstellungen vorgenommen worden, etwa von C. Barth oder F. H. Bothe.[25] Schneidewins Gliederung und Verbesserung[26]

> primum huic
> nervis septem est intenta fides
> variique apti vocum moduli,
> ad quos mundi resonat canor, in
> sua se vestigia volventis

hat Ribbeck leicht modifiziert, wobei er wegen des Hiats nach V. 3 eine lacuna annahm, „in qua motus chori memorari poterant":[27]

> primum huic
> nervis septem est intenta fides
> variique apti vocum moduli
> +++
> ad quos mundi resonat canor in
> vestigia se sua volventis.

In dieser Form hat auch Klotz 1953, 309 das Fragment in seine Sammlung aufgenommen. Während für die Forscher von Rutgers bis Schneidewin kein Zweifel daran bestand, daß die Verse aus dem *Thyestes* seien, hat Ribbeck – und nach ihm Klotz – sie unter die Fragmenta ex incertis fabulis gestellt.

Die größte Schwierigkeit für die Zuweisung dieser Partie an den *Thyestes* dürfte darin liegen, daß Vergil – wie allgemein angenommen – auf die letzten beiden Verse[28] *Georg.* 2, 401–403 anspielt:

> redit agricolis labor actus in orbem
> atque in se sua per vestigia volvitur annus.

---

[25] Weichert 1836, 101.
[26] 1841, 112. Seine Herstellung hat Schneidewin in der Rezension von Weichert 1836 unter Hinweis auf Gaisford GGA 1839, 685 begründet.
[27] 1871, 229 = 1897, 265. Einen weiteren Versuch der Herstellung unternahm Th. Bergk mit folgender Begründung: „Bei dem Grammatiker [sc. Marius Vict.] liest man: *de qua re Varius sic tradit* (*tradidit*): *primum huic* etc., aber *tradit* gehört zu den Worten des Dichters. Wer die nicht eben gelungenen Versuche der Kritiker kennen lernen will, mag sie bei Ribbeck einsehen. Nur *dati* V. 4 hat Bothe richtig statt *addit* hergestellt. Der letzte Vers lautet: *Sua se volventis in vestigia*, was ich richtig verbessert zu haben glaube" (1884, 355 Anm. 53). Seine Ergänzung des Anfangs hat sich nicht durchgesetzt.
[28] Joh. Heinr. Voss hat sie so übersetzt: ‚Nach welchen der Welt Fortwandel ertönt, | umdrehend sich selbst in eigener Spur' (Weichert 1836, 101).

Heyne war der Meinung, Varius habe die Formulierung „ante Virgilium" gebraucht,[29] und W. Richter betonte, Vergil habe seinem Freund Varius „ein Denkmal (ge)setzt, dessen Verse *mundi resonat canor in vestigia se sua volventis* (vielleicht aus der Tragödie ‚Thyestes' d. J. 29 v.Chr.) ein Glücksfall [...] erhalten" habe.[30] Wenn die Annahme zutrifft, müßte Vergil die Partie noch in dem Jahr eingearbeitet haben, das allgemein als das der Publikation gilt.[31] Die umgekehrte Abhängigkeit dürfte wohl deshalb nicht in Frage kommen, weil Vergil auch sonst auf Verse seines Freundes Varius in den *Georgica* anspielt.[32] Natürlich könnte auch eine gemeinsame Quelle vorliegen.

Weiterhin hat Weichert die Notiz von Philargyrius zu Verg. *Buc.* 2, 70 auf Varius bezogen: ‚*frondosa vites*' *idest de qua quis biberit, furit. Sic Varus* (*avarus* codd.): ‚*et frondosam*' *inquit ‚et semiputatam queritur vitem*'. Rutgers habe das Zitat zu Recht in anapästische Monometer gegliedert: *et frondosam | semiputatam | queritur vitem*.[33] Welcker folgte der Zuweisung Weicherts (1841, 1429 Anm. 24), doch stellten Ribbeck und Klotz das Bruchstück in der Form *et frondosam | semiputatam queritur vitem* ebenfalls zu den Fragmenta ex incertis fabulis.[34]

Da die beiden zuletzt besprochenen Fragmente keine Rückschlüsse auf den Inhalt der Handlungen zulassen, bleibt als einziges – unsicheres – Argument für ihre Zuweisung an den *Thyestes* der Umstand, daß wir von keiner anderen Tragödie dieses Dichters wissen. Denn „man nimmt an, daß Varius nur diese einzige Tragödie schrieb, und wie die Löwin nur ein Junges wirft, aber einen Löwen, so würde die Kraft des einen Werks für den Mangel an größerer Fruchtbarkeit entschädigt haben."[35] Ribbecks und Klotz' Vorsicht besteht daher zu Recht.

Da es kaum möglich scheint, aufgrund des einen mit Sicherheit echten Fragments den Inhalt des *Thyestes* zu rekonstruieren, hat man ihn, soweit man überhaupt darüber Vermutungen anstellte, am ehesten in Senecas gleichnamigem Stück wiederzufinden gemeint. Daß er in der senecaischen Tragödie Spuren

---

29 1830, I, 467.
30 1957, 242.
31 Richter vertritt die Ansicht, die *Georgica* seien „frühestens nach 26" veröffentlicht (13). Skeptisch gegen seine Argumente Burck 1959, 229–230 = 1981, 142.
32 Dazu Anm. 61.
33 1836, 101–102 (das Philargyrius-Zitat nach Hagen).
34 Ribbeck 1897, 266; Klotz 1953, 310. Bergk 1833, 12–13, der Weicherts (schon in einer früheren Arbeit vorgetragenen) Zuweisung der Worte an den varianischen *Thyestes* folgt, glaubte in ihnen eine Anspielung auf den wunderbaren Weinstock zu sehen, von dem Sophokles in einem Fragment (234 N.²) des Θυέστης ἐν Σικυῶνι gesprochen hat.
35 Welcker 1841, 1429, der jedoch meint, daß Varius mehrere Tragödien geschrieben haben müsse, da „die dramatischen Dichter selten sich auf einzelne Versuche beschränken, und Varius ganz den Musen gelebt zu haben scheint."

hinterlassen habe, ist jedenfalls immer wieder betont worden. Schon D. Heinsius hatte über Senecas „tragoedia nulla caeterarum inferior" gesagt: „quis dubitat, quin Vario aliquid debuerit?", wobei der Zusammenhang zeigt, daß er keineswegs nur Einzelheiten meinte.[36] Wenn Leo nicht zu entscheiden wagte, welcher griechischen Vorlage Seneca gefolgt sei, „quia Varii quoque Thyesten Senecae in manibus fuisse certum est",[37] ist eine solche Feststellung nur bei der Annahme sinnvoll, daß sich der Inhalt des varianischen und der des senecaischen Stücks weitgehend entsprochen haben. Leos Schüler F. Strauß[38] und nach ihm viele andere[39] haben denn auch die Ähnlichkeit beider argumenta behauptet. Dagegen setzen die schon erwähnten Thesen von Wilamowitz und Bardon, Aerope habe im varianischen *Thyestes* eine Rolle gespielt, voraus, daß die zur cena Thyestea führende Vorgeschichte, Thyestes' Ehebruch mit Aerope, Atreus' Frau, entweder ausschließlich dargestellt[40] oder miteinbezogen war.[41]

Angesichts des Umstands, daß der Streit der Brüder zu den düstersten Kapiteln des griechischen Mythos zählt, drängt sich die Frage auf, welchen Sinn dessen Vergegenwärtigung bei einem so festlichen Anlaß gehabt haben sollte. Es genügt kaum, mit Schneidewin allein auf der künstlerischen Ebene zu argumentieren und zu erwägen, „daß der Reiz des Stückes nicht sowohl in dem von zahllosen frühern Dichtern, Griechischen wie Römischen, selbst von dem gleichzeitigen Gracchus, ausgenutzten Stoffe, als vielmehr in der neuen, geistvollen und gewandten Behandlung liegen mußte" (1841, 106). Friedrich betonte demgegenüber, daß Varius nicht um ästhetischer Wirkungen willen den *Thyestes* für den Triumph des Jahres 29 bestimmt haben dürfte, „sondern doch wohl, weil das Unheil des Bruderzwistes noch einmal Erinnerungen an die jüngste, durch den siegreichen Caesar gottlob überwundene Vergangenheit wachrufen und als warnendes Exempel seine Wirkung tun sollte."[42] Ähnlich postulierte I. Opelt eine „politische Anspielung, die in der Wahl des Streites der Brüder mit ihrer wohl-

---

36 Gronovius 1682 zu V. 1.
37 1878, 173.
38 1887, 66.
39 So scheint Birt 1911, 346 damit gerechnet zu haben, daß Varius' *Thyestes* die ‚Schandtat' der cena zum Inhalt hatte. In diesem Sinn sind auch die vorsichtigen Bemerkungen zu verstehen bei Herrmann 1924, 313 und 1961, II, 87 sowie bei Lesky 1966, 540, die die Quellenfrage behandeln. Ebenso Knoche 1941, 66. Anliker 1960, 24 spricht von „allfälligen Einflüssen des unfaßbaren ‚Thyestes' des Varius" auf Senecas Stück. Housman 1917, 42 meint, daß Varius im *Thyestes* "had portrayed a cannibal banquet".
40 Diese hatte wohl der sophokleische Ἀτρεὺς ἢ Μυκηναῖαι zum Inhalt: ▶ S. 181.
41 Es genügte, daß das Personal des senecaischen Dramas um Aerope erweitert und die Vorgeschichte nur in der Rückerinnerung von Bedeutung war.
42 1968, XXXIX-XL.

verstandenen Parallele zum eben beendeten Bürgerkrieg liegen mußte"[43]. Auch Lana nahm einen politischen Bezug an: Das Stück sei «un riferimento, più o meno aperto, ad Antonio, presentato come un tiranno» (1959, 326), ohne daß klargestellt würde, welche Figur ihn verkörpert habe und ob auch auf Oktavian angespielt worden sei.[44]

Wenn es auch scheinen möchte, daß solche Erwägungen bei einem Stück, von dem nicht mehr als ein Vers erhalten ist, die Grenzen des Wißbaren überschreiten, möge es erlaubt sein, im folgenden erheblich weiter zu gehen und zehn Überlegungen vorzutragen, die einerseits von der Berücksichtigung des gesamten Thyestes-Stoffs und andererseits von dem besonderen Anlaß für die Entstehung des Stücks ausgehen.

II Zehn Überlegungen zur Rekonstruktion

1 Das Motiv des Bruderkampfs

Die Annahme, Varius habe mit der Darstellung des Bruderkampfs eine Vergegenwärtigung des Bürgerkriegs als Bruderkampfs geben wollen, dürfte der Bedeutung des Rahmens, für den das Stück geschrieben wurde, kaum hinreichend Rechnung tragen. Denn eine Handlung, wie sie dem senecaischen *Thyestes* zugrunde liegt, ist nach hinten ‚offen' und daher denkbar ungeeignet, für die B e e n d i g u n g des Bürgerkriegs als Parallele zu dienen. Auch der oft behauptete Charakter der Seneca-Tragödien als Warnbilder, die auf abschreckende Wirkung zielten, ist kaum zu vergleichen. Denn Seneca führt oft Haltungen vor, die in ihren Voraussetzungen negativ verstanden werden sollen. Sie konnten im wesentlichen nur als Konstanten begriffen und als Kontinuum zur Darstellung gebracht werden. Die Schilderung einer Wandlung über die Einsicht in das eigene Verhalten hinaus oder gar einer Läuterung mit allen sich ergebenden Konsequenzen überstieg die Möglichkeit antiker Charakterdarstellung. Dagegen war es üblich, Handlungen und Handlungsketten, die sich aus dem Verhalten der Charaktere herleiteten, zu einem eigentlichen Abschluß zu bringen. Dieses ist bei dem cena-Stoff jedoch nicht der Fall, er ist nach hinten ‚offen'. Senecas Stück schließt mit Thyestes' Worten an Atreus: *vindices a d e r u n t dei;* | *his puniendum vota te tradunt mea* (1110–1111). Auch schon Ennius' Thyestes verfluchte Atreus wegen der furcht-

---

[43] 1978, 431–432.
[44] Über das aitiologische Interesse der Römer am Atriden-Stoff ▸ S. 193–194.

baren cena. Cicero hat den Fluch in den *Tusculanae* 1, 107 einer philosophischen Deutung unterzogen:

> exsecratur luculentis sane versibus apud Ennium Thyestes, primum ut naufragio pereat Atreus; durum hoc sane; talis enim interitus non est sine gravi sensu; illa insania
> ‚ipse summis saxis fixus asperis, evisceratus,
>   latere pendens, saxa spargens tabo sanie et sanguine atro.'
> non ipsa saxa magis sensu omni vacabunt quam ille latere pendens cui se hic cruciatum censet optare. quae essent dura si sentiret, nulla ⟨sunt⟩ sine sensu. illud vero perquam inane ‚neque sepulcrum quo recipiat habeat, portum corporis,
>   ubi remissa humana vita corpus requiescat malis.'
> vides quanto haec in errore versentur. portum esse corporis et requiescere in sepulcro putat mortuum. magna culpa Pelopis qui non erudierit filium nec docuerit quatenus esset quidque curandum.[45]

Ebenso zitiert Cicero *In Pis.* 43 *Thyestea ista exsecratio*, wobei er auf die ersten beiden der angeführten Verse Bezug nimmt.[46] Man wird sagen dürfen, daß diese Verfluchung des Bruders trotz ihrer Exuberanz angesichts der Situation, in der sich Thyestes befindet, völlig angemessen ist. Soll man aber annehmen, daß ein Festspiel zur Feier des Siegs von Actium mit einem solchen Fluch oder einer entsprechenden Szene oder Haltung schließen konnte?[47] Diese ‚Öffnung' der Handlung[48] hätte das Stück kaum als Warnung erscheinen lassen, die bei der Beendigung der Bürgerkriege angebracht wäre: Sie hätte vielmehr fast notwendig auf eine Fortsetzung des Bruderkampfs gewiesen; die Parabel hätte nicht ein Ende, sondern einen Anfang bedeutet. Das konnte weder in Varius' Absicht liegen noch im Sinn Oktavians sein. Es mochte einem lyrischen Dichter wie Horaz freistehen, noch nach der Schlacht von Actium pessimistische Töne anzuschlagen und nicht an eine endgültige Beilegung des Bürgerzwists zu glauben[49] – zumal wenn in derselben Gedichtsammlung auch ganz andere Aussagen begegnen[50] –, aber es ist schwerlich anzunehmen, daß in einem Spiel zur Feier der Beendigung der Bürgerkriege eine Handlung wie die des senecaischen *Thyestes* dargestellt worden war. Die cena Thyestea kann nicht den Mittelpunkt des varianischen Stücks gebildet haben.

---

45 Fr. CLb (296–299) Joc.
46 *Thyestea est ista exsecratio, poetae volgi animos, non sapientium, moventis, ut tu naufragio expulsus uspiam ‚saxis fixus asperis, evisceratus' latere penderes, ut ait ille, ‚saxa spargens tabo sanie et sanguine atro*' (= Fr. CLa Joc.).
47 Zum Schluß des ennianischen *Thyestes* ▸ S. 185.
48 Zum Inhalt des ennianischen *Thyestes* ▸ S. 184–185.
49 Etwa in der ersten Augustus-Ode 1, 2, bes. V. 21–24.
50 Etwa in den Römer-Oden trotz ihren mäßigenden und warnenden Untertönen.

2 Die politische Relevanz

Ein an der Siegesfeier für Actium aufgeführtes Drama dürfte von einer erheblichen politischen Relevanz gewesen sein. Das war aber nur dann möglich, wenn es eine Handlung hatte, die in Parallele zum politischen Anlaß gesehen werden konnte. Daß eine solche Annahme beim *Thyestes* nicht unberechtigt ist, geht aus der Nachricht hervor, daß er dem Dichter eine Million Sesterzen eingebracht habe. Es wird freilich nicht gesagt, von welchem Spender. Schneidewin hatte sich vorsichtig geäußert: „Von wem? ist eine neugierige Frage. Ich mag nicht ins Blaue hineinrathen, wer die curatores ludi gewesen, ob Prätoren oder Aedilen oder wer sonst, und ob jene Summe von ihnen gegeben oder aus dem Aerarium oder wohl am Ende aus Octavians Fiscus geflossen sei. Denn das Honorar – oder lieber Geschenk – von einer Million Sesterzen ist fürstlich."[51] Aber es ist seit langem communis opinio – sie dürfte zu Recht bestehen –, daß Oktavian die unerhörte Summe zahlte.[52] Zwar sind wir kaum über Honorare bei vergleichbaren Anlässen unterrichtet, doch darf man annehmen, daß die Summe einmalig war. Sueton hatte in der Terenz-Vita vermerkt, der Dichter habe mit dem *Eunuchus* 8000 Sesterzen verdient – eine Summe, die niemals vorher gezahlt worden sei und deshalb dem Titel beigeschrieben werde: *Eunuchus [...] meruit [...] pretium quantum nulla antea cuiusquam comoedia, id est octo milia nummorum. propterea summa quoque titulo ascribitur* (3). Trotz gewandelten Währungsverhältnissen ist die Summe nicht derjenigen zu vergleichen, die Varius für den *Thyestes* erhielt. Gewiß war Oktavian in erheblichem Maß literarisch gebildet und insbesondere an der Dichtung interessiert. Aber es ist kaum anzunehmen, daß er aus reiner Begeisterung für die literarische Qualität des *Thyestes* eine solche Summe gezahlt hätte – ebensowenig wie in dem Fall, daß das Stück eine Warnung darstellen sollte, nicht in die alten Frevel zu verfallen. Im Gegenteil: Wir haben Zeugnisse, daß Augustus gerade für panegyrische Dichtung zu zahlen pflegte. So berichtet Horaz in dem Abschnitt der Augustus-Epistel, der von der Hofpoesie handelt, daß er Vergil und Varius panegyrische Dichtungen entgolten habe: *at neque dedecorant tua de se iudicia atque | munera, quae multa dantis cum laude tulerunt, | dilecti tibi Vergilius Variusque poetae* (*Epist.* 2, 1, 245–247). Servius bemerkt zu dem Elogium auf Marcellus im 6. Buch der *Aeneis*, dies habe Vergil aus Schmeichelei eingefügt, und Augustus habe es ihm gelohnt: *ergo modo in Augusti adulationem quasi epitaphion ei dicit. et*

---

51 1841, 111. Doch fährt er in einer Anmerkung fort: „Leutsch erinnert mich, daß auch Octavia dem Virgilius für jeden Vers zehn Sesterzen habe zufließen lassen. Deshalb hält er es für wahrscheinlicher, daß unsere Stelle ebenfalls eher von einem Geschenke des Princeps, als von dem Dichterhonorare zu verstehen ist."
52 So etwa Bardon 1956, 31.

constat hunc librum tanta pronuntiatione Augusto et Octaviae esse recitatum, ut fletu nimio imperarent silentium, nisi Vergilius finem esse dixisset. qui pro hoc aere gravi donatus est, id est massis: nam sic et Livius argentum grave dicit, id est massas (zu 861). Bardon hat nicht zu Unrecht von einer «politique littéraire» bei Augustus gesprochen: «C'était un moyen de populariser un regime qui s'opposait, en dépit des fictions juridiques, à la tradition républicaine.»[53]

Was Oktavian 29, also zu dem Zeitpunkt, als er nach der Schlacht von Actium zum erstenmal italischen Boden betrat, von einer Dichtung erwarten konnte und wohl auch erwartete, zeigt die in Suetons Vergil-Vita überlieferte Begebenheit, daß ihm Vergil in Atella, wo er zur Erholung weilte, an vier Tagen – mit Unterstützung durch Maecenas – die soeben beendeten *Georgica* vorlas: *georgica reverso post Actiacam victoriam Augusto atque Atellae reficiendarum faucium causa commoranti per continuum quadriduum legit, suscipiente Maecenate legendi vicem quotiens interpellaretur ipse vocis offensione.*[54] Oktavian hätte auch ohne die Erwähnungen seiner Person und seiner Leistungen mit dem Preisgedicht auf das italische Bauerntum zufrieden sein können – mehr jedenfalls als mit einem Theaterstück, das als warnendes Exempel zu verstehen war. Doch darüber hinaus nahm das Gedicht auf ihn und seine entscheidende Rolle im Bürgerkrieg direkt Bezug. Nachdem das erste Buch mit einem Gebet an die Götter Roms, Oktavian das *eversum saeculum* wieder ins Gleichgewicht bringen zu lassen, geschlossen hatte, gipfelte das sogenannte Lob Italiens darin, daß er neben die alten Helden wie Decius, Marius, Camillus gestellt wurde – und zwar wegen der Überwindung des mit Antonius paktierenden Ostens,[55] also der Ereignisse, zu deren Preis der *Thyestes* aufgeführt wurde (2, 167–172):

> haec genus acre virum, Marsos pubemque Sabellam
> adsuetumque malo Ligurem Volscosque verutos
> extulit, haec Decios Marios magnosque Camillos,
> 170 Scipiadas duros bello et te, maxime Caesar,
> qui nunc extremis Asiae iam victor in oris
> imbellem avertis Romanis arcibus Indum.

Es ist daher sehr wahrscheinlich, daß die Begeisterung Oktavians über den *Thyestes*, die sich in der ungewöhnlichen Summe von einer Million Sesterzen niederschlug, unter der Voraussetzung, daß sie von ihm selbst oder nahestehenden Kreisen gezahlt wurde, sich dadurch erklärt, daß auch diese Dichtung auf die

---

53 1940, 67; S. 68 weitere Beispiele für die Förderung der Dichter durch Augustus.
54 C. Suetoni Tranquilli [...] Reliquiae, ed. A. Reifferscheid, Leipzig 1860, 61.
55 Daß *imbellis Indus* (172) auf diese Ereignisse anspielt, legt Richter 1957 dar. Vgl. Buchheit 1972, 21.

Ereignisse von Actium anspielte, vielleicht sogar – natürlich partiell – direkt oder indirekt den Charakter eines Panegyricus auf Oktavian hatte.

3 Varius als panegyrischer Dichter

Daß Varius sich in seinen Dichtungen in panegyrischer Weise über Oktavian / Augustus geäußert hat, ist mehrfach bezeugt. So nennt Horaz in der Augustus-Epistel als Dichter, die den Princeps verherrlicht hätten und dafür, wie schon erwähnt, belohnt worden seien, *dilecti tibi Vergilius Variusque poetae* (2, 1, 247)[56] – eine Wendung, die es leichter macht, den vorgenommenen Vergleich zwischen den *Georgica* und dem *Thyestes* durchzuführen. Ferner hat Horaz in *Carm.* 1, 6 gegenüber Agrippa Varius als Dichter genannt, der geeignet sei, seine Taten würdig zu preisen,[57] woraus hervorgeht, daß Varius als panegyrischer Dichter jedenfalls in Frage kam. Es ist von Interesse, daß Porphyrio zu Hor. *Epist.* 1, 16, 27 – 29 ‚*tene magis salvum populus velit an populum tu,* | *servet in ambiguo qui consulit et tibi et urbi* | *Iuppiter*' anmerkt: *sunt notissimo ex panegyrico Augusti*, während die pseudacronischen Scholien noch den Verfasser-Namen angeben: *haec enim Varus de Augusto scripserat*, der allgemein als Varius gedeutet wird. Ob der *Panegyricus Augusti*, den man Varius nach diesen Zeugnissen zuschreibt, das in *Carm.* 1, 6 angeregte Epos darstellt[58] oder sich auf den Oktavian der Dreißigerjahre bezieht, ist nicht zu sagen.[59] Immerhin zeigen die Stellen ebenfalls, daß man mit Varius' Namen Augustus' Verherrlichung verband. Auf das von Macrobius mehrfach erwähnte 'mysterious poem'[60] *De morte*,[61] das man teils seit J. H. Voß – unter Er-

---

[56] Ebenso nennt Horaz Vergil und Varius in einem Zug als Repräsentanten der zeitgenössischen Dichtung *Ars* 55 *Vergilio Varioque*.

[57] *scriberis Vario fortis et hostium* | *victor Maeonii carminis alite* (*Carm.* 1, 6, 1–2). Dazu auch Anm. 173.

[58] Es sollte *laudes egregii Caesaris et tuas* (sc. Agrippae) zum Inhalt haben (11).

[59] Diskussion bei Helm 1955, 412–413.

[60] Der Ausdruck bei Nisbet / Hubbard 1970, 81.

[61] Nach Macrobius lehnte sich Vergil mehrfach an Verse aus diesem Werk an: *Buc.* 8, 85–89 nach Varius *ceu canis umbrosam lustrans Gortynia vallem* | *si veteris potuit cervae comprendere lustra,* | *saevit in absentem et circum vestigia latrans* | *aethera per nitidum tenues sectatur odores.* | *non amnes illam medii, non ardua tardant,* | *perdita nec serae meminit decedere nocti* (Fr. 4 Morel: Macr. 6, 2, 20); *Georg.* 2, 506 nach Varius *incubet ut Tyriis atque ex solido bibat auro* (Fr. 2 Morel: Macr. 6, 1, 40); *Aen.* 6, 621–622 nach Varius *vendidit hic Latium populis agrosque Quiritum* | *eripuit, fixit leges pretio atque refixit* (= Fr. 1 Morel: Macr. 6, 1, 39). Zur letzten Stelle Norden 1927, 292: „Durch das fast wörtliche Zitat der berühmten Verse seines verehrten Freundes machte Vergil diesem nach der bekannten Sitte hellenistischer Dichter ein Kompliment".

gänzung des Genetivs *Caesaris* – als Preisgedicht auf Caesar, teils – heute überwiegend – als philosophisches Lehrgedicht in der Art von Philodems Περὶ θανάτου deutet,[62] sei wegen der Schwierigkeiten, den Inhalt zu rekonstruieren, nur verwiesen.[63]

Wenn auch die Zeugnisse manche Frage offen lassen, geht aus ihnen zumindest hervor, daß Varius als Panegyriker hinsichtlich der Person und der Taten Oktavians bekannt war. «Plus qu'en Virgile, Auguste a trouvé en Varius le poète du principat».[64] Er dürfte daher kaum anläßlich des bis dahin größten Triumphs im Leben Oktavians ein ‚neutrales' Werk verfaßt haben, ja man darf sogar vermuten, daß er gerade wegen seiner früheren panegyrischen Dichtungen den Auftrag erhalten hatte, für die Siegesfeier das Festspiel zu schreiben.

4 Thyestes' Schicksal nach der cena

Wenn die Darstellung der cena Thyestea als hauptsächliche Begebenheit des varianischen Stücks nicht in Frage kam, bot sich um so mehr die Fortsetzung dieses Stoffs an, in der die gräßliche Handlungskette der Thyestes-Sage tatsächlich zu einem positiven Abschluß kam. Es ist willkommen, daß Hygin den Fortgang der Ereignisse überliefert. Nach dem Mahl sei Thyestes zum König Thesprotus gekommen und von da nach Sikyon gelangt,[65] wo seine Tochter Pelopia lebte. Dort habe er sich, um ein Opfer für Minerva nicht zu stören, in einem Hain verborgen. Pelopia sei beim Tanzen ausgeglitten und habe ihr Kleid mit dem Blut eines Opfertiers beschmutzt; als sie es zum Säubern an einem Fluß abgelegt habe, sei Thyestes hervorgesprungen und habe sie vergewaltigt. Das Schwert, das sie ihm entriß, habe sie im Minerva-Tempel verborgen. Thyestes sei am nächsten Tag nach Lydien zurückgekehrt. Inzwischen sei in Mycenae Dürre ausgebrochen und Atreus der Orakelspruch zuteil geworden, sie werde erst enden, wenn Thyestes zurückkehre. Daher sei Atreus zu Thesprotus gegangen, weil er Thyestes bei ihm vermutete. Dort habe er Pelopia gesehen und sie zur Frau genommen, ohne ihre Herkunft zu kennen. Pelopia habe in Mycenae Aegisthus geboren, dessen Vater

---

62 Rostagni 1959, 380–394.
63 Helm 1955, 412; Bardon 1956, 28–30, der zu folgendem ‚Kompromiß' kommt: «L'histoire se transposait donc dans le domaine moral. Synthèse d'Ennius et de Lucrèce, sous l'égide de Catulle, ainsi se présente à nous le *De morte* [...]. Varius a voulu concilier l'épopée et la philosophie – le contemporain et l'éternel» (30). Zu Varius und Vergil Buchheit 1972, 138–141 (zu Varius' Gedicht *De morte* insbesondere 141 Anm. 598).
64 Bardon 1956, 33.
65 Zu den geographischen Schwierigkeiten des Berichts ▸ S. 182–183.

Thyestes war. Das ausgesetzte Kind habe Atreus suchen lassen und wie sein eigenes erzogen. Später habe Atreus Agamemnon und Menelaus ausgesandt, um Thyestes zu suchen. Diesen hätten sie in Delphi gefangen genommen und zu Atreus geschleppt. Als Aegisthus zu ihm geschickt worden sei, um ihn zu töten, habe Thyestes das Schwert erkannt. Die herbeigerufene Pelopia habe sich mit dem Schwert umgebracht, als sie erkannte, wer sie vergewaltigt hatte. Mit dem blutigen Schwert habe Aegisthus schließlich Atreus getötet, er selbst sei mit seinem Vater heimgekehrt. *Fab.* 88, 3–11:

> (3) Thyestes scelere nefario cognito profugit ad regem Thesprotum, ubi lacus Avernus dicitur esse; inde Sicyonem pervenit, ubi erat Pelopia filia Thyestis deposita; ibi casu nocte cum Minervae sacrificarent intervenit, qui timens ne sacra contaminaret in luco delituit. (4) Pelopia autem cum choreas duceret lapsa, vestem ex cruore pecudis inquinavit; quae dum ad flumen exit sanguinem abluere, tunicam maculatam deponit. capite abducto Thyestes e luco prosiluit. et ea compressione gladium de vagina ei extraxit Pelopia et rediens in templum sub acropodio Minervae abscondit. postero die rogat regem Thyestes ut se in patriam Lydiam remitteret. (5) interim sterilitas Mycenis frugum ac penuria oritur ob Atrei scelus. ibi responsum est ut Thyestem in regnum reduceret. (6) qui cum ad Thesprotum regem isset, aestimans Thyestem ibi morari, Pelopiam adspexit et rogat Thesprotum ut sibi Pelopiam in coniugium daret, quod putaret eam Thesproti esse filiam. Thesprotus, ne qua suspicio esset, dat ei Pelopiam, quae iam conceptum ex patre Thyeste habebat Aegisthum. (7) quae cum ad Atreum venisset, parit Aegisthum, quem exposuit; at pastores caprae supposuerunt, quem Atreus iussit perquiri et pro suo educari. (8) interim Atreus mittit Agamemnonem et Menelaum filios ad quaerendum Thyestem, qui Delphos petierunt sciscitatum. casu Thyestes eo venerat ad sortes tollendas de ultione fratris; comprehensus ab eis ad Atreum perducitur, quem Atreus in custodiam conici iussit, Aegisthumque vocat, aestimans suum filium esse, et mittit eum ad Thyestem interficiendum. (9) Thyestes cum vidisset Aegisthum et gladium quem gerebat, et cognovisset quem in compressione perdiderat, interrogat Aegisthum unde illum haberet. ille respondit matrem sibi Pelopiam dedisse, quam iubet accersiri. (10) cui respondit se in compressione nocturna nescio cui eduxisse et ex ea compressione Aegisthum concepisse. tunc Pelopia gladium eripuit, simulans se agnoscere, et in pectus sibi detrusit. (11) quem Aegisthus e pectore matris cruentum tenens ad Atreus attulit. ille aestimans Thyesten interfectum laetabatur; quem Aegisthus in litore sacrificantem occidit et cum patre Thyeste in regnum redit.[66]

Allein in dieser Fortsetzung finden die gräßlichen Taten der Brüder Atreus und Thyestes ihren Abschluß. Der Fluch, der auf ihnen lastet, endet: Thyestes und Aegisthus ziehen heim in das Reich der Väter. Was wäre naheliegender als in dieser Beilegung des unseligen Streits der Brüder eine Parallele zur Beendigung der

---

66 Text nach Hygini Fabulae, rec. H. I. Rose, Leiden o. J., 64–65. Verkürzte Fassungen bei Serv. Verg. *Aen.* 11, 202; Lact. Stat. *Theb.* 4, 306 (dazu Anm. 75).

Bürgerkriege zu sehen? Wir dürften hier den Stoff fassen, der sich für die Rekonstruktion des varianischen *Thyestes* anbietet.

5 Griechische Thyestes-Tragödien

Hygins Referat enthält, wie man erkannt hat, argumenta attischer Tragödien. Es war für Varius ein leichtes, sich hinsichtlich des Inhalts an ein griechisches Vorbild anzuschließen. Nach früheren Forschern hat A. Lesky in einer umsichtigen Analyse die Vorlagen des Hygin-Referats genauer zu bestimmen versucht.[67] Danach lag der im ersten Teil geschilderte Stoff im großen und ganzen drei sophokleischen Stücken zugrunde: die Vorgeschichte dem Ἀτρεὺς ἢ Μυκηναῖαι (Aeropes Ehebruch mit Thyestes, Diebstahl des Goldenen Lamms, Zeus' Eingreifen durch Hermes und Sonnenwunder), dem Θυέστης der Kindermord und die cena Thyestea, dem Θυέστης ἐν Σικυῶνι Aegisthus' Zeugung als Rächer des Geschlechts. Der euripideische Θυέστης[68] habe im wesentlichen den Inhalt des zweiten sophokleischen Stücks gehabt, die Aktionen um die cena,[69] während das letzte Stadium (Aeropes Selbstmord, Atreus' Ermordung durch Aegisthus) Gegenstand einer nacheuripideischen Tragödie[70] gewesen sei.[71] Demnach rechnet man sowohl bei Sophokles als auch bei Euripides mit einem Stück, das in den Grundzügen den Inhalt des senecaischen *Thyestes* gehabt habe – eine Reihe, in die man gewöhnlich auch Varius' *Thyestes* stellt.

Es kann nicht dieses Ortes sein, auf die Rekonstruktion der griechischen Thyestes-Dramen einzugehen, doch sollen hier schon zwei Probleme des bei Hygin referierten Mythos berührt werden, die für die folgenden Betrachtungen von Bedeutung sind: 1. die göttliche Lenkung der Geschehnisse (Kapitel 7), 2. der Schauplatz Thesprotien (Kapitel 8). 1. In Zusammenhang mit cap. 88 ist cap. 87 bei Hygin zu sehen, wo es heißt, Thyestes habe den Orakelspruch erhalten, daß ihn nur ein mit der Tochter gezeugter Sohn an Atreus rächen werde. Diesen habe Pelopia später ausgesetzt, doch hätten ihn Hirten gefunden und von einer Ziege ernähren lassen. Daher habe er den Namen Aegisthus bekommen: *Thyesti Pelopis et Hippodamiae filio responsum fuit quem ex filia sua Pelopia procreasset, eum*

---

67 (1922 / 1923) 1966, 519–540.
68 Zu diesem Stück Webster 1967, 113–115.
69 Jocelyn 1969, 419 betont die Unsicherheit der Rekonstruktion: "one should not conclude that Euripides' tragedy was set in Mycenae and included the feast within its action."
70 Thyestes-Dramen der tragici minores nennt Mette 1964, 65.
71 Lesky (1922 / 1923) 1966, 522–527. Die Handlungsführung dürfte jedoch nicht so weit von Euripides' *Ion* abweichen, wie es Lesky annimmt.

fratris fore ultorem; quod cum audisset...[72] *puer est natus, quem Pelopia exposuit, quem inventum pastores caprae subdiderunt ad nutriendum; Aegisthus est appellatus ideo quod Graece capra aega appellatur.* In dieser Version geschieht der Inzest nicht zufällig, sondern nach dem Plan eines göttlichen Spruchs. Während Robert die beiden einander ausschließenden Versionen zwei verschiedenen sophokleischen Stücken zuschrieb, glaubte Lesky, in der Handlung, in der die Gottheit den Inzest befiehlt, Sophokles zu erkennen, in der Gestaltung der vom Zufall[73] bestimmten Begegnung zwischen Vater und Tochter eine nacheuripideische Fassung. Doch ist bei der Rekonstruktion der ersten Version Vorsicht geboten, insofern Pelopia nicht wissentlich[74] dem Orakel gehorcht zu haben braucht,[75] sondern Thyestes den Götterspruch empfangen haben kann, er werde den Rächer mit seiner Tochter zeugen, ohne daß er bei der späteren nächtlichen Begegnung weiß,[76] daß er seiner Tochter gegenübersteht.[77] Denn die Vorstellung eines b e - w u ß t e n Inzests gäbe wohl eher „eine Senecaische Megära, nicht die Muse des Sophokles" ein.[78]

2. Bei Hygin 88 heißt es, Thyestes sei nach der cena zu Thesprotus[79] und sodann nach Sikyon gekommen, wo seine Tochter gelebt habe. Dort habe er ihr Gewalt angetan. Später sei Atreus zu Thesprotus gelangt und habe Pelopia zur Frau erbeten. Es ist klar, daß die referierte Handlung ganz in Thesprotien spielen muß und Thyestes' Gang nach Sikyon ein unpassender Einschub ist,[80] der die

---

72 Hier weist der Text eine Lücke auf.
73 *casu* (Hyg. *Fab.* 88, 3).
74 Robert sah das so: Pelopias „Liebe zu ihrem Geschlecht ist so groß, daß sie sich ihrem Vater hingibt und ihm den Aegisthos gebiert" (1920, 198).
75 Auch der Bericht Apollod. Epit. 2, 14 kann verkürzt sein: Θυέστης δὲ κατὰ πάντα τρόπον ζητῶν Ἀτρέα μεθελθεῖν ἐχρηστηριάζετο περὶ τούτου καὶ λαμβάνει χρησμόν, ὡς εἰ παῖδα γεννήσει τῇ θυγατρὶ συνελθών. ποιεῖ οὖν οὕτω καὶ γεννᾷ ἐκ τῆς θυγατρὸς Αἴγισθον. Hygin 254: *Pelopia Thyestis filia in patrem* (sc. *piissima fuit*), *ut eum vindicaret*; Lact. Stat. *Theb.* 1, 604: *cum responsum accepisset Thyestes aliter malorum remedium inveniri non posse, nisi cum Pelopeia filia concubuisset, paruissetque responsis, natus est ex ea Aegisthus*; zu 4, 306: [...] *unde illicitos filiae amplexus invasit* (zitiert nach der Ausgabe von R. Jahnke, Leipzig 1898).
76 So wie Oidipus das Orakel erhält, er werde seinen Vater erschlagen und seine Mutter heiraten, ohne später zu wissen, daß das Orakel in Erfüllung geht, als er Laios erschlägt und Jokaste heiratet.
77 Auch Pearson 1917, 186 wendet sich dagegen, daß Thyestes und Pelopia den Inzest bei Sophokles wissentlich vollzogen hätten.
78 Welcker 1839, 367.
79 Dazu unten Anm. 114.
80 Das hat Robert 1920, 299 Anm. 1 richtig gesehen, nach dem die Worte aber nicht von einem Interpolator, sondern vom Autor selbst stammen. Jocelyn 1969, 413 Anm. 1 hält (nach Robert) den Bezug auf Sikyon für einen 'error'.

Geschehnisse mit der Handlung des sophokleischen Θυέστης ἐν Σικυῶνι kombinieren will. Während dieser offenbar Sikyon zum Schauplatz hatte, spielte Thesprotien in der von Hygin referierten – von Lesky als nacheuripideisch bezeichneten – Tragödie eine wesentliche Rolle. Es ist jedoch nicht mehr zu bestimmen, ob in dieser die Handlung erst mit Thyestes' Gefangennahme in Delphi durch Agamemnon und Menelaos einsetzte[81] und die Geschehnisse in Thesprotien als ‚Vorgeschichte' referiert wurden[82] oder ob Thesprotien schon Schauplatz einer griechischen Tragödie war.[83] Diese Frage dürfte erst bei einer römischen Tragödie zu beantworten sein.[84]

6 Accius' *Pelopidae* und Ennius' *Thyestes*

Neben der griechischen bot Varius auch die römische Tragödie die vielleicht entscheidende Anregung, das letzte Stadium des Thyestes-Mythos in seinem Festspiel zur Darstellung zu bringen. Ribbeck erwog nach Welcker,[85] den Stoff des 88. Hygin-Kapitels von Thyestes' Gefangennahme in Delphi bis zu Atreus' Tötung durch Aegisthus Accius' *Pelopidae* zuzuschreiben, obwohl „in einem Sagenkreise, der so sehr den Tummelplatz tragischer Dichter abgab wie das Pelopidenhaus, [...] die Variationen und Combinationen des Stoffs fast unberechenbar" seien.[86] Ihm folgte Robert,[87] wobei er als Accius' Vorlage die von ihm als sophokleisch, von Lesky als nacheuripideisch angesprochene Tragödie[88] postulierte. Wie Ribbeck vermutete er, daß die Handlung von Thyestes' Gefangennahme in Delphi durch Agamemnon und Menelaus bis zu Atreus' Tod dargestellt, die Vorgeschichte aber referiert worden sei. Mette nahm diese These in seinen Forschungsbericht auf,[89]

---

81 Hygin 88, 8–11.
82 Das nahm Robert 1920, 299 an.
83 Men. *Sam.* 495–496 werden in einer Partie, die tragische Frevler nennt, die λέχη Οἰδίπου τε καὶ Θυέστου zitiert (Hinweis von L. Koenen). Dort ist wegen der Parallele zu Oidipus wohl nicht an Thyestes' Ehebruch mit Aerope zu denken (so Lloydd-Jones und Stoessl bei Austin 1970, 84 und Blume 1974, 194 Anm. 42), sondern an den Inzest mit der Tochter. (Beide Versionen nennen Gomme / Sandbach 1973 z. St.) Der Passus dürfte zeigen, daß der Thyestes-Stoff nach der cena ein tragischer Gemeinplatz war.
84 Dazu das 6. Kapitel.
85 1839, 369–370.
86 1875, 457–458.
87 1920, 298–299.
88 ▸ S. 181.
89 S. 155–156 (oben Anm. 70), wo er Fr. 512 R.³ (514 W.) dieser Handlung zuzuordnen sucht.

Jocelyn nannte sie sogar 'very plausibly'.[90] Freilich läßt sich Genaueres über Accius' *Pelopidae* nicht mehr feststellen.

Auf sichererem Boden bewegen wir uns bei Ennius' *Thyestes*, dem hochberühmten Alterswerk des Dichters, das in seinem Todesjahr 169 aufgeführt wurde.[91] Obschon etliche Fragmente überliefert sind, ist man erst in neuerer Zeit in einem wichtigen Punkt weitergekommen. Während nach Welcker[92] auch Ribbeck die cena Thyestea als Haupthandlung vermutet hatte,[93] nahm Warmington, dem sich Lana anschloß, eine Verlängerung nach hinten an, indem er als ersten Schauplatz Atreus' Hof mit der cena und als zweiten Thesprotien ansah, wo Thyestes mit Pelopia zusammengetroffen sei und Atreus um sie geworben habe.[94] Kürzlich ist Jocelyn einen Schritt weitergegangen und hat lediglich die Ereignisse in Thesprotien als Handlung vorausgesetzt.[95] In der Tat ist es unbestreitbar, daß mehrere Fragmente am sinnvollsten so zu interpretieren sind, daß sie Teile einer Unterhaltung zwischen dem Chor und dem nach Thesprotien gelangten Thyestes darstellen. Warmington hat das insbesondere für die Fragmente 354–370[96] angenommen. Das vom Auctor ad Herennium 2, 25, 39 für Ennius bezeugte Fragment

> eho tu: di quibus est potestas motus superum atque inferum
> pacem inter sese conciliant, conferunt concordiam

ist mit großer Wahrscheinlichkeit dem *Thyestes* zuzuteilen, obwohl der Name des Königs Thesprotus nicht eindeutig überliefert ist: *nam ita pro suo iure hoc exemplo utentem* (Kayser: *usum* E: *utuntur* M) *Thesprotum* (M: *threspontem* E) *Ennius induxit quasi iam* (E: *quaesitam* M) *satis certis rationibus ita* (id ita Hl) *esse demonstrasset*.[97] Immerhin handelt es sich bei *Thesprotum* um "the better class of manuscripts",[98] so daß Vahlen und Warmington[99] nicht zu Unrecht das Fragment für den *Thyestes*, in dem Thesprotus doch wohl aufgetreten ist, in Anspruch genommen haben.[100] Denn daß Thesprotus in der römischen Tragödie eine Rolle im

---

90 1969, 414. Hingegen dachte Warmington an die Ermordung des Pelops-Sohns Chrysippus durch Atreus und Thyestes als Inhalt des Stücks (II, 500–501).
91 Cic. *Brut.* 78.
92 1839, 680–685.
93 Ribbeck 1875, 199–204.
94 Warmington I, 346–357; Lana 1959, 321–323.
95 1969, 412–426.
96 Fr. 354 W. = CLVII J.; 355 W. = CLI J.; 356–360 W. = CXLIXb J.; 361 W. = CXLIXa J.; 362 W. = CLIV J.; 363–365 W. = CLXXV J.; 366–370 W. = CLb J.
97 Text nach Jocelyn 1969, Fr. CLXIIa.
98 Jocelyn 1969, 271.
99 Fr. 342–343 Vahlen² = 371–372 W.
100 Beide lassen das Fragment von Thesprotus gesprochen sein.

Zusammenhang mit dem Thyestes-Stoff gespielt hat, ist mit Sicherheit durch Charisius bezeugt.[101]

Diese Rekonstruktionen gehen allein von einer Zuordnung der Fragmente zu bestimmten Teilen des Mythos aus und nehmen zu wenig Rücksicht auf die Erfordernisse einer Tragödienhandlung. Es ist kaum glücklich, den abstrusen Höhepunkt der cena mit den Vorgängen in Thesprotien zu kombinieren, die nicht in sich ihr τέλος haben, sondern ganz auf den Fortgang der Handlung ausgerichtet sind. Nicht weniger unbefriedigend ist es, das Geschehen in Thesprotien als alleinigen Inhalt der ennianischen Tragödie anzunehmen und sie mit der Hochzeit zwischen Atreus und Pelopia schließen zu lassen.[102] Diese war zu sehr auf Unheil angelegt, als daß sie einen dramaturgischen Ruhepunkt bedeuten konnte. Es dürfte vielmehr naheliegen, daß eine Tragödie, die den Thyestes-Stoff nach der cena zum Inhalt hat, bis zu Atreus' Tötung durch Aegisthus geführt wurde. Nur auf diese Weise wird ein Ausgleich für Atreus' Verhalten bei der cena erreicht. Da für Ennius' *Thyestes* die Thesprotien-Handlung mit einiger Sicherheit vorausgesetzt werden kann, müßte sie den ersten Teil, das Geschehen von Thyestes' Gefangennahme bis Atreus' Ende den zweiten gebildet haben. Es ist daher von Interesse, daß Theodor Ladewig in diesem Sinn bereits 1848 argumentiert hat: „Jam vero circumspicientibus nobis, quale argumentum Ennius hac fabula exornaverit, occurrit longa illa historia Hygini fab. 87–88. de Aegistho, filio Thyestis et Pelopiae [...], quam respiciunt Ovid. Ib. 361, Serv. ad Verg. XI, 262. schol. ad Stat. Theb. IV, 307., quae non temere Welck. p. 367. conjicit, haec omnia ex fonte aliquo Latino hausta esse. Qui fons quin Enni Thyestes fuerit, non dubito, conversa fortasse ex Soph.– Jam videamus, num fragmenta huic argumento conveniant. Fr. 2. [= CLV Joc.] respicit oraculi illam vocem, qua Thyestes jussus erat cum filia ultorem gignere. Fr. 6. [= CLVI Joc.] a nullo alio nisi a patre parato filiam, si ita res ferat, ad se recipere, dici posse videtur; nihil igitur obstat, quominus ad Thesprotum referamus, de quo adveniente dictum videtur fr. 9. Quodsi recte conjeci, fr. inc. poet. 35. et 37. [= inc. frg. LXV, LXVI R.³] Thyestae Ennii, nec Pelopidis Attii, quo relegavit, sed incommode, Welck. p. 370., adscribenda erunt" (1848, 40 [= 2001, 248]).

Es bedarf noch der Erwähnung, daß in neuerer Zeit Lana und Friedrich unabhängig voneinander vermutet haben, auch die Handlung des *Atreus* von Accius, der, wie die Fragmente mit Bestimmtheit lehren, das Geschehen um die cena zum Inhalt hatte, sei bis zu Atreus' Bestrafung geführt worden. Cicero bemerkt *Phil.* 1, 33–34 *carum esse civem, bene de re publica mereri, laudari, coli, diligi gloriosum*

---

101 ▸ S. 198.
102 Jocelyn 1969, 413.

est; metui vero et in odio esse invidiosum, detestabile, imbecillum, caducum. quod videmus etiam in fabula illi ipsi qui ‚oderint dum metuant' dixerit perniciosum fuisse. Darf man aus dieser Stelle schließen, daß in Accius' *Atreus* die berühmte Maxime *oderint dum metuant*[103] „ihrem Bekenner schlecht bekommt"? „Accius übte also nach der Katastrophe des Thyestes insofern noch poetische Gerechtigkeit, als er – anders als Seneca in seinem ‚Thyestes' – den Übeltäter Atreus noch seiner Strafe zuführte".[104] Sollte damit auf einen Fall von Atreus angespielt sein, käme kaum die Darstellung der Geschehnisse in Argos / Mycenae wie bei Ennius in Frage, da eine solche Handlungsfülle mit größter Wahrscheinlichkeit die Kapazität eines einzigen Stücks überschritte. Lana dachte dagegen nur daran, daß Atreus für seine Frevel vom Volk gestürzt worden sei (1959, 312–315), wobei Thyestes die Gefangennahme betrieb, indem er ausrief: *ecquis hoc animadvortet? vincite!* (Fr. 198 W.). Leichter wäre die Annahme, daß Cicero sich allgemein auf Atreus und seine Maxime, nicht aber speziell auf Accius' Stück bezog, und nur allgemein auf Atreus' Ende anspielte, wie es aus der Fortsetzung des Thyestes-Stoffs von der tragischen Bühne her bekannt war.

Varius hatte also wohl die Möglichkeit, sich bei der Gestaltung des Endes der *Thyestes*-Handlung nicht nur an griechischen, sondern auch an römischen Vorbildern zu orientieren,[105] unter denen eine der berühmtesten Tragödien der republikanischen Zeit war: Ennius' *Thyestes*.

7 Die Rolle Apollos

Über die zu einem befriedigenden Ende gelangende Handlungskette hinaus dürfte die göttliche Motivation der Vorgänge geeignet gewesen sein, Varius zu inspirieren, die Ereignisse um Thyestes' Rache mit dem Geschehen bei Actium in Parallele zu setzen. Es ist, wie ein großer Teil der Überlieferung bezeugt, Apollo, der die Ereignisse mit Orakeln lenkt. So ist in dem Referat Hygins zumindest erwähnt, daß Thyestes' Gefangennahme durch Agamemnon und Menelaus in Delphi vor sich geht (88, 8), wo die Brüder Apollo um Rat fragen wollen, während in 87 nur von einem *responsum* im Hinblick auf den Inzest die Rede ist. Wer dieses gegeben hat, erfahren wir aus etlichen lateinischen Zeugnissen. In Senecas *Agamemnon* wirft

---

103 Fr. 168 W.
104 Friedrich 1968, XVIII Anm. 14.
105 Welcker glaubte, daß Hygin, Serv. Verg. *Aen.* 11, 262 und Lact. Stat. *Theb.* 4, 306 „vermuthlich [...] aus einer Römischen Quelle geschöpft" hätten (1839, 367). Ladewig hielt diese, wie das oben gegebene Zitat zeigt, für Ennius' *Thyestes*: Es spricht ebensoviel dafür, daß es Varius' Stück war.

Clytaemestra Aegisth vor, zugleich Thyestes' Sohn und Enkel zu sein, und Aegisthus antwortet: *auctore Phoebo gignor: haud generis pudet* (294), was natürlich auf das Orakel anspielt. Servius berichtet zu *Aen.* 11, 262: *cum Thyestes post cognitum facinus* (sc. cenam) *requireret ultionem, ei Apollo respondit, posse alio scelere illius facinoris vindicem nasci, scilicet si cum Pelopia, filia sua, concumberet. quo facto natus est Aegisthus*. In diesen Zusammenhang gehört auch Thyestes' oder Aegisthus' Ausspruch bei Ennius[106] *set me Apollo ipse delectat ductat Delphicus* (Fr. CLV Joc.), in dem Nonius *delectare* mit *inlicere, adtrahere* paraphrasiert. Apollo darf man als Sprecher auch in dem Sophokles-Fragment 226 N.² vermuten:

> σοφὸς γὰρ οὐδεὶς πλὴν ὃν ἂν τιμᾷ θεός.
> ἀλλ' εἰς θεοὺς ὁρῶντα, κἂν ἔξω δίκης,
> χωρεῖν κελεύῃ, κεῖσ' ὁδοιπορεῖν χρεών·
> αἰσχρὸν γὰρ οὐδὲν ὧν ὑφηγοῦνται θεοί.

Lesky sagte daher, daß der delphische Gott als „eigentlicher Protagonist über der ganzen Handlung"[107] stehe (1966, 522). In gleicher Weise dürfte Apollo auch bei Ennius,[108] wie Nonius' Zeugnis lehrt, Thyestes und Aegisthus durch die Fährnisse des Lebens geleitet haben.

Wie sehr diese Funktion Apollos Varius gereizt haben mag, wird deutlich, wenn man in Betracht zieht, daß Apollo damals schon seit mehr als einem Jahrzehnt der besondere Schutzgott Oktavians gewesen ist.[109] Bereits die 43 / 42 gestorbene Atia, seine Mutter, soll behauptet haben, daß sie ihren Sohn von Apollo beim Tempelschlaf empfangen habe.[110] Wohl in das Jahr 40 fällt das vielzitierte *lectisternium*, die *cena* δωδεκάθεος, das Zwölfgöttermahl, bei dem Oktavian selbst

---

[106] Gegen Welcker, der geglaubt hatte, der Ausspruch beziehe sich auf ein Orakel, das Thyestes während seines ersten Exils, also vor der cena empfangen habe (1839, 680), hat Jocelyn eingewandt, daß ein solches Orakel nirgends in der mythologischen Tradition bezeugt sei (1969, 413–414); er nahm deshalb an, daß entweder Thyestes sich mit diesen Worten auf den gottgewollten Inzest mit seiner Tochter beziehe oder daß Atreus davon spreche, daß ihm Apollo geraten habe, seinen Bruder aus Thesprotien in die Heimat zurückzuholen. Warmington ließ Thyestes die Worte nach der cena und vor der Flucht nach Thesprotien sprechen: "Thyestes bewails his fate [...] and plans to consult Apollo about vengeance on Atreus" (I, 351). Doch hat ein solcher Ausspruch wohl eher n a c h einem Orakel seinen Platz. Er dürfte in ein späteres Stadium gehören; ob der Sprecher Thyestes oder Aegisthus war, ist nicht zu entscheiden.
[107] Des sophokleischen Θυέστης ἐν Σικυῶνι in Leskys Rekonstruktion.
[108] Vielleicht besteht ein Zusammenhang damit, daß Ennius' *Thyestes*, wie Cic. *Brut.* 78 überliefert, an den *ludi Apollinares* zum erstenmal aufgeführt wurde.
[109] Dazu Binder 1971, 252–255, der 252 Anm. 468 reiche Literaturangaben bietet.
[110] Cass. Dio 45, 1, 2. Vgl. auch Suet. *Aug.* 94, 4 (*Augustum* [...] *ob hoc Apollinis filium existimatum*) sowie Binder 1971, 253.

als Apollo aufgetreten war.¹¹¹ Schon 36 gelobte er den palatinischen Apollo-Tempel, und bei Actium galt Apollo als sein Schützer, dem die Entscheidung zugeschrieben wurde. An Properz 4, 6 und Vergils Schildbeschreibung sei nur erinnert. Später erreichte Augustus' Apollo-Verehrung einen Höhepunkt, doch ist das für diesen Zusammenhang nicht mehr von Belang.¹¹² Es dürfte schon jetzt deutlich sein, daß es für Varius bei dem Auftrag, für den bisher größten Triumph Oktavians das Festspiel zu dichten, naheliegen mußte, einen Stoff zu wählen, bei dem seinem besonderen Schutzgott die entscheidende Rolle zufiel. Wenig später hob auch sein Freund Vergil bei der Darstellung von Aeneas, in dem er Augustus sich spiegeln ließ, immer wieder dessen enge Beziehung zu Apollo hervor.¹¹³ Es wäre nicht ausgeschlossen, daß Apollo im varianischen *Thyestes* sogar aufgetreten ist, um seine Pläne kundzutun. Blandikulös wäre das 29 niemandem erschienen, nur adäquat.

8 Der Schauplatz Thesprotien

Wenn es Varius reizen mußte, die Thyestes-Handlung schon wegen der dominierenden Rolle Apollos, des Schützers Oktavians, für die Siegesfeier zu wählen, ließ ein zweiter Gesichtspunkt den Stoff für diesen Anlaß geradezu prädestiniert erscheinen. Wie dargelegt, kannte sowohl die griechische als auch die römische Tragödie Thesprotien als Schauplatz des ersten Teils der Ereignisse, und zwar den Hof des Königs Thesprotus. Und ausgerechnet in Thesprotien lag Actium, der Ort der Entscheidungsschlacht, die es zu feiern galt! Der Überblick über die griechischen Tragödien dieses Stoffs hatte ergeben, daß für eine Version Thesprotien als Schauplatz feststand, für eine zweite Apollo als Lenker der Handlung. Zwar wäre es durchaus naheliegend, beide Versionen zu verbinden, doch gibt es dafür keine Überlieferung. Wohl aber sind die beiden Gegebenheiten mit größter Wahrscheinlichkeit schon im *Thyestes* von Ennius vereint. Man braucht also für Varius nicht erst zu postulieren, er habe aus der einen – nach Lesky sophokleischen – Tragödie die Rolle Apollos und aus einer anderen – nach Lesky nacheuripideischen – Tragödie Thesprotien als Schauplatz für die besonderen Zwecke seines Stücks kombiniert, sondern nur darauf zu verweisen, daß ihm diese Verbindung bereits der ennianische *Thyestes* bot (was natürlich nicht ausschließt, daß es sie

---

111 Suet. *Aug.* 70, 1–2. In Zusammenhang mit diesem Mahl bemerkt A. Schenk von Stauffenberg: „Der Gedanke scheint mir keineswegs abwegig, daß Caesar damals eine Selbsterhöhung und -vergottung als νέος Ἀπόλλων im Auge gehabt hat" (1943, 60 = 1963, 186).
112 Binder 1971, 254.
113 Zusammenstellung bei Binder 1971, 251–252.

schon im griechischen Bereich gegeben hat,[114] da Ennius wohl weniger Anlaß zu dieser Verbindung gehabt hatte als Varius).[115] Sind die Vermutungen richtig, stünde über dem Geschehen bei Varius nicht – wie im Griechischen – der delphische Apollo, sondern, wenn man so sagen darf, der ‚aktische' Apollo. Er könnte den grauenhaften Streit der Brüder nach so langer Zeit planvoll zu einem guten Ende geführt haben. Man wagt es kaum abzuschätzen, welche Wirkung es erzielen mußte, wenn Apollo (Actiacus) etwa im Prolog auftrat, um ein Ende des langen Bruderkriegs anzukündigen.

Wenn es wahrscheinlich ist, daß ein Teil des varianischen *Thyestes* in Thesprotien spielte, gewinnen zwei bei Charisius überlieferte Fragmente eines anonymen Tragikers an Bedeutung, die in Ribbecks Herstellung[116] lauten:

> Thesprote, si quis sanguine exortam tuo
> prolem inter aras sacrificas sacram immolet,
> quid meritus hic sit, dubium id an cuiquam fuat?

> rite Thesprotum pudet
> Atrei, quod ipse a Tantalo ducat genus.

Während Welcker beide Fragmente den *Pelopidae* von Accius zugewiesen hatte,[117] schrieb Ladewig sie dem ennianischen *Thyestes* zu,[118] worin ihm Jocelyn gefolgt ist, der ebenfalls Thesprotien als Schauplatz dieses Stücks annahm.[119] Denn darüber kann kein Zweifel bestehen, daß sie auf die Handlung zwischen Thyestes bzw. Atreus und Thesprotus aus dem Thyestes-Mythos Bezug nehmen.[120] Wenn man nun auch für den varianischen *Thyestes* Thesprotien als Schauplatz an-

---

114 Nach Scherling hat Apollo ursprünglich nichts mit der Thesprotien-Handlung des Thyestes-Mythos zu tun gehabt, da es in Thesprotien, wo der Acheron floß und der Acherusische See lag, ein altes νεκρομαντεῖον gab, das Thyestes um Rat gefragt hätte. Scherling sieht hierin den Grund dafür, daß Thesprotus überhaupt in die Atreus / Thyestes-Sage ‚hineingezogen' wurde (1936, 69). Andererseits waren Aktion und wohl auch Kassope (Franke 1961, 58–59) mit dem Apollon-Kult verbunden. Insofern konnte auch die Verbindung der Thyestes-Gestalt mit Apollon primär sein.
115 An Thesprotien könnte Ennius freilich persönliches Interesse wegen seiner Teilnahme am Ätolischen Feldzug von Marcus Fulvius Nobilior 189 gehabt haben. Er nannte ja seine Praetexta *Ambracia* nach der in dieser Landschaft liegenden Stadt.
116 1875, 628 (zum Text Jocelyn 1969, 417). Ribbeck nahm die Fragmente als frg. inc. inc. fab. LXV und LXVI in seine Ausgabe auf (dort schrieb er *dubiumne an*; cod.: *dubiam an*).
117 1839, 370; vgl. Jocelyn 1969, 417.
118 1848, 40 = 2001, 248 (▸ S. 185).
119 1969, 417 (▸ S. 184).
120 Über die Sprecher dieser Fragmente ▸ S. 198.

nimmt,[121] kann man mit demselben, ja besserem Recht die Fragmente diesem Stück zuweisen.[122]

Properz hat in der Elegie 4, 6 ebenso wie Vergil in der Schildbeschreibung die Schlacht von Actium ‚direkt' dargestellt. Im Gegensatz dazu zeigt eine andere Passage der *Aeneis* schön, wie das historische Geschehen in den Mythos transponiert werden konnte. Im dritten Buch gelangt Aeneas auf der Fahrt von Zakynthos über Same (= Kephalenia), Ithaca und Leucas zum Kap von Actium.[123] In der vorvergilischen Tradition hatte Aeneas auch schon Actium passiert,[124] aber es handelte sich dabei um eine Station wie viele andere auf diesem Abschnitt der Irrfahrt, nicht aber bei Vergil (278–283):

> ergo insperata tandem tellure potiti
> lustramurque Iovi votisque incendimus aras,
> 280 Actiaque Iliacis celebramus litora ludis.
> exercent patrias oleo labente palaestras
> nudati socii: iuvat evasisse tot urbes
> Argolicas mediosque fugam tenuisse per hostis.

Während die Legende zu berichten wußte, daß Aeneas und die Seinen ihre Reise in Zakynthos unterbrochen hatten, um Sportwettkämpfe durchzuführen,[125] hat Vergil diese nach Actium verlegt "linking the past with the present by giving a prototype for Augustus' Actian games".[126] Man darf annehmen, daß sein Freund Varius nicht weniger die Vergangenheit mit der Gegenwart verbunden hat – zumal bei dem ‚aktischen' Anlaß par excellence: Die frühere Lenkung Apollos konnte wahrlich als 'prototype' für die gegenwärtige erscheinen.[127]

---

121 Thesprotien steht als Schauplatz der Thyestes-Sage fest (dazu Anm. 114). Es ist daher abwegig, wenn Ribbeck erwägt, ob Thesprotus „in der Nähe von Sikyon" gewohnt habe (1875, 629), da es sich bei der Phrase *inde Sicyonem pervenit* Hyg. *Fab.* 88, 3 um einen Zusatz handelt (▶ S. 182 mit Anm. 80).
122 ▶ S. 198.
123 Zu den geographischen Schwierigkeiten Williams 1962 zu 274 ff. und Della Corte 1972, 63–67.
124 Dionys. Hal. 1, 50, 3–4 (Williams 1962 zu 274 ff.).
125 Dionys. Hal. 1, 50, 3 (Williams 1962 zu 270–271).
126 Williams 1962 zu 278 ff.
127 Ähnlich ist nach Servius auctus auch die Anspielung in Aeneas' Abschiedsrede in Buthrotum, wo er diese und die von ihm zu gründende Stadt als *cognatas urbes* bezeichnet (3, 502): ‚cognatas' vero ‚urbes' quidam in honorem Augusti dictum accipiunt; is enim cum in Epiro Nicopolim conderet, cavit in foedere civitatis ipsius, ut cognati observarentur a Romanis.

9 Die Gestalt des Aegisthus

Wenn die Handlung des varianischen *Thyestes* sich aufgrund der göttlichen Lenkung zu einem guten Ende wendete, ruhte der ganze Glanz auf der Person des Aegisthus. Auch wenn man nicht so weit gehen wird, Aegisthus mit Augustus gleichzusetzen,[128] wird der moderne Betrachter Skrupel haben, Aegisthus überhaupt als eine Gestalt anzusehen, die geeignet wäre, den Fluch eines ganzen Geschlechts zu lösen. Schon bei Homer figurierte er als Frevler κατ' ἐξοχήν,[129] und die Tragödie ließ ihn gar bei der Darstellung des Agamemnon-Stoffs zu einem *semivir*, einem weibischen Schwächling,[130] degenerieren. Hier ist zu bedenken, daß uns von den tragischen Gestaltungen des Pelopiden-Stoffs nach der gräßlichen cena Thyestea nur die *Orestie* von Aischylos und die *Elektren* von Sophokles und Euripides erhalten sind, die das des ganzen Geschlechts wahrlich würdige Schicksal des Atreus-Sohns Agamemnon und seiner Kinder zum Inhalt hatten. Zudem haben die modernen Versionen dieses zu allen Zeiten faszinierenden Stoffs ein übriges dazu getan, Aegisthus in unserem Bewußtsein in einem wenig günstigen Licht erscheinen zu lassen. Aber es kann kein Zweifel sein, daß in den Darstellungen des anderen Zweigs des Pelopiden-Mythos Aegisthus eine durchaus positive Rolle gespielt haben muß. Die Anlage der von Apollos Orakelspruch gelenkten Handlung legt das nahe. So sagt Hygin ausdrücklich am Ende seines Berichts: *Aegisthus* [...] *cum patre Thyeste in regnum avitum redit*.[131] Auf eine weitere Fortsetzung des Stoffs im Sinn der tragischen Gestaltungen der Orestes-Handlung deutet nichts hin. Auch die Epitome aus Apollodors *Bibliothek* berichtet, daß Aegisthus mit Atreus' Tötung seinem Vater Thyestes die Herrschaft wieder zurückgegeben habe: Αἴγισθον, [...] ὃς ἀνδρωθεὶς καὶ μαθών, ὅτι Θυέστου παῖς ἐστι, κτείνας Ἀτρέα Θυέστῃ τὴν βασιλείαν ἀποκατέστησεν.[132] Die tragische Version dieses Stoffs ist in ihrer Verkettung der aischyleischen *Orestie* ziemlich gut vergleichbar. Zwar ist nicht mehr festzustellen, ob die drei Sophokles-Dramen Ἀτρεὺς ἢ Μυκηναῖαι (Aeropes Ehebruch mit Thyest), Θυέστης (cena Thyestea) und Θυέστης ἐν Σικυῶνι (Aegisthus' Zeugung) als Kontinuum gedichtet waren, aber es ist unbestreitbar, daß sich der Stoff wie die *Orestie* in einer entsprechenden

---

128 E. Doblhofer macht mich auf die Assonanz Aegisthus / Augustus aufmerksam, doch ist es fraglich, ob schon 29 der Beiname Augustus zur Debatte stand.
129 α 35–43.
130 Aisch. *Ag.* 1625 γύναι (Chor zu Aig.), *Choe.* 304 δυοῖν γυναικοῖν (Klyt. u. Aig.), 305 θήλεια [...] φρήν (von Aig.), Sen. *Ag.* 890 *semivir* (Cass. über Aeg.).
131 *Fab.* 88, 11.
132 2, 14; auch in dieser Version wird der göttliche Auftrag zu Aegisthus' Zeugung vorausgesetzt: ▸ S. 182.

Dreiteilung gliedern läßt.¹³³ Wie bei Aischylos hatte auch hier Apollo den entscheidenden Anstoß zu der befriedigenden Wendung der Dinge gegeben.

Daß Aegisthus' schlechtes Renommée in seiner Einseitigkeit ein modernes Vorurteil ist, wird einsichtig, wenn man in Rechnung stellt, daß es dem antiken Deuter bei dem freien Verhältnis, das er zum Mythos hatte, nichts ausmachte, dieselbe Figur einmal ‚positiv' und ein andermal ‚negativ' darzustellen,¹³⁴ und er dessen gewiß sein konnte, daß der Glaubwürdigkeit seiner Personen dadurch kein Eintrag getan wurde. Gerade die Tragödie – und nicht erst die euripideische – ist hierin unbefangen verfahren. Odysseus wurde in ihr zu einer schillernden Gestalt, und Eteokles und Polyneikes konnten auch einmal die Anlage ihres Charakters vertauschen. Daß Varius mit einer positiven Auslegung der Aegisthus-Gestalt auch in Rom keineswegs Befremden erregt hätte, mag der für die römischen Verhältnisse erheblich gravierendere Fall des Romulus illustrieren. Galt er seit je als der angesehene Gründer Roms, hatte sich sein Bild in der Zeit Ciceros bemerkenswert gewandelt, insofern er nunmehr als Archetyp des Brudermörders galt.¹³⁵ So hat Horaz in der frühen *Epode* 7 den Bruderkrieg / Bürgerkrieg auf den Brudermord von Romulus zurückgeführt: *sic est: acerba fata Romanos agunt | scelusque fraternae necis | ut inmerentis fluxit in terram Remi | sacer nepotibus cruor.*¹³⁶ Andererseits hatte Oktavian nach der Rückkehr aus dem Osten erwogen, den Beinamen ‚Romulus' anzunehmen, so daß die Dichter von ihrer negativen Deutung Abstand nehmen mußten. Und gerade in diesem – neuen – Sinn ist die dritte Römer-Ode zu sehen, in der Romulus wieder als Heilsbringer erscheint. Varius brauchte also keine negativen Assoziationen bei Aegisthus zu befürchten. Der angedeutete Gedankengang ist geeignet, überhaupt zu fragen, ob nicht eine Parallele zwischen Romulus und Aegisthus intendiert ist. Beide konnten sich göttlichen Einflusses hinsichtlich der Abstammung rühmen: Romulus' Vater war Mars, und Aegisthus' Zeugung hatte Apollo initiiert, so daß er mit einigem Recht sagen konnte: *auctore Phoebo gignor: haud generis pudet.*¹³⁷ Beide Kinder wurden ausgesetzt und von Tieren gesäugt: Romulus von der Wölfin, Aegisthus von einer Ziege (αἴξ, von der er

---

133 Es ist freilich nicht zu erkennen, ob die Handlung des Θυέστης ἐν Σικυῶνι bis zu Atreus' Ende geführt wurde; nur in diesem Fall wären die sophokleischen Stücke der *Orestie* vergleichbar.
134 Nachdem Atreus sich in der römischen Tragödie – insbesondere bei Accius – keines guten Renommées erfreut hatte, war es gleichwohl möglich, daß Ovid in dem Schlußwort der *Metamorphosen*, das eindeutig auf Augustus Bezug nahm, das Verhältnis des Princeps zu seinem Vater Caesar mit dem Agamemnons zu Atreus verglich: *sic m a g n u s cedit titulis Agamemnonis A t r e u s* (15, 855).
135 Literatur zu dieser Frage bei Binder 1971, 151 Anm. 5 und 156 Anm. 34.
136 *Epod.* 7, 17–20.
137 Sen. *Ag.* 294, vgl. auch *Phoebum nefandae stirpis auctorem* (295) und weiter oben (▸ S. 187).

seinen Namen trägt).[138] Mit beiden Gestalten verband sich der Gedanke, daß sie dazu berufen waren, den auf ihrem Geschlecht lastenden Fluch zu lösen. Bei der vorgeschlagenen Rekonstruktion des varianischen *Thyestes* ist das für Aegisthus deutlich, aber auch mit Romulus hat man gerade in dieser Zeit solche Vorstellungen verbunden, wie die dritte Römer-Ode zeigt: Mit Romulus endet die Erbschuld der Troer. Auffälligerweise wird das troische Königshaus als ein seit Laomedons Betrug dem Fluch verfallenes Geschlecht gesehen. Dieser Fluch löst sich erst durch Romulus, mit dem ein neuer Anfang gemacht wird. Es ist wohl kaum zu bestreiten, daß Romulus und Aegisthus auch und vor allem in dieser Hinsicht dieselbe Funktion erfüllen. Es ist vielleicht kein Zufall, daß Horaz gerade in der Zeit diese Deutung der Romulus-Gestalt dichterisch propagiert hat, in der das varianische Festspiel aufgeführt wurde und man in der Öffentlichkeit darüber diskutierte, Oktavian den Beinamen Romulus zu geben.[139] Es sollte nicht unterschätzt werden, welche Assoziationen geweckt wurden, wenn 29 bei der Siegesfeier für Actium ein Heilsbringer[140] auf der Bühne erschien, der *auctore Phoebo genitus* den über einem sich selbst zerfleischenden Geschlecht lastenden Fluch zu lösen berufen war.

Schließlich muß in diesem Zusammenhang auf ein weiteres Argument für die Aktualität des Pelopiden-Stoffs in der augusteischen Zeit hingewiesen werden. Es stand für die Römer fest, daß Euander mit den Atriden verwandt war. So konnte Aeneas zu Euander im achten Buch der *Aeneis* sagen, er sei nicht darüber erschrocken, daß jener Grieche und überdies den beiden Atriden verwandt sei: *non equidem extimui Danaum quod ductor et Arcas | quodque ab stirpe fores geminis coniunctus Atridis* (129–130). Die Verwandtschaft gründet sich darauf, daß Euanders Geschlecht auf die Atlas-Tochter Maia und der Atriden Geschlecht auf die Atlas-Tochter Asterope zurückgeht.[141] Hierzu wird durch Servius auct. zu *Aen.* 8,

---

138 *Aegisthus est appellatus ideo quod Graece capra aega appellatur*, Hyg. *Fab.* 87 (▶ S. 182).
139 Suet. *Aug.* 7, 2.
140 Zu Augustus als Heilsbringer Binder 1971, 156.
141 Hinzu tritt im folgenden die Verwandtschaft der Troer mit Euander (8, 131–142). In einem vereinfachten Stemma ergeben sich folgende Genealogien:

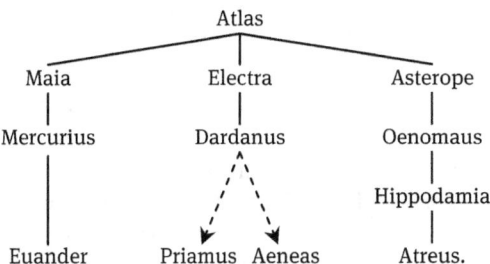

130 eine interessante Variante, vor allem aber eine für die römische Tragödie äußerst wichtige Nachricht überliefert. Danach seien Oenomaus und Maia Kinder von Atlas und Asterope (hierin liegt die Variante[142]), und auf Oenomaus führe Atreus, auf Maia Euander sein Geschlecht zurück; dieses habe (hierin liegt die überraschende Nachricht) Accius im *Atreus* ausführlich referiert: *alii ita tradunt: Steropes et Atlantis filios Oenomaum et Maiam fuisse, Oenomai Hippodamiam filiam, unde Atreus natus; at Maiae filius Mercurius, ex quo Arcades, de quibus Euander, quod Accius in Atreo plenius refert.*[143] Accius dürfte auf diese Verwandtschaftsverhältnisse wohl im Prolog[144] hingewiesen haben, um den Atriden-Stoff für die römischen Zuschauer interessant zu machen.[145] Da aber Atreus, der Sprecher der allbekannten Maxime *oderint dum metuant*,[146] eindeutig negative Züge trug, konnte Accius nur einem antiquarischen Interesse des Publikums entgegenkommen, das bei der römischen Tragödie am ehesten durch aitiologische Thematik anzusprechen war. Reichte eine solche mehr äußerliche Motivierung für Accius' Tragödie aus, war das bei dem Festspiel des Jahres 29 nicht mehr möglich. Dieser Anlaß erforderte nicht Befriedigung antiquarischen, sondern nationalen Interesses: Das war nicht durch Darstellung des gräßlichen cena-Stoffs, sondern nur durch die Vorführung der erlösenden Fortsetzung desselben möglich. In diesem Zusammenhang ergab sich eine weitere schlagende Begründung für die Parallele Oktavian / Aegisthus. Varius konnte dieselbe Genealogie propagieren wie kurze Zeit später der vergilische Aeneas. Gemäß dessen Argumentation über die *cognati patres* der Nachkommen (*Aen.* 8, 132) stammten von Atlas über die Tochter Maia die Arkader mit Euander ab, über die Tochter Electra die Troer mit Aeneas, über die Tochter Asterope die Atriden mit Aegisthus (*Aen.* 8, 126–142). Wenn Aeneas gegenüber Euander betont, es teile sich sein und der Troer Ge-

---

142 Ribbeck spricht von „eigenthümlicher, aber mythologisch ansprechender Genealogie" (1875, 449).
143 Accius rechnete nach Serv. auct. mit folgendem Stammbaum:

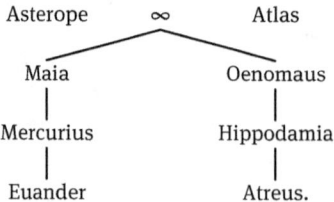

144 So vermuteten schon Ribbeck 1875, 448 und Warmington II, 381.
145 „Die Erwähnung des letzteren (sc. Euanders) für die Vorgeschichte Italiens und Roms so wichtigen Heros musste das Publicum des Accius interessiren" (Ribbeck 1875, 448).
146 Fr. 168 W.

schlecht von einem Blut (dem atlantischen) ab, *sic genus amborum scindit se sanguine ab uno* (142), gilt diese Feststellung ebenso von dem *genus* der Atriden und des Stammvaters Aeneas[147] – um so mehr, als Aeneas kurz zuvor die Atriden in den Stammbaum miteinbezogen hatte (130). Das bedeutet: Wenn Aeneas mit den Atriden verwandt ist, ist dasselbe bei deren Nachkommen Oktavian und Aegisthus der Fall! (Daran, daß sowohl Aegisthus als auch Oktavian als ‚Söhne' Apollos galten, sei noch einmal erinnert.[148]) Mögen diese Parallelen auch sehr gesucht erscheinen, lehren uns die Genealogie des vergilischen Aeneas allgemein, womit man in dieser Zeit rechnete, und die Genealogie des accianischen Atreus im besonderen, daß auch die römische Tragödie auf solche aitiologischen Verklammerungen nicht verzichtete.

10 Antike Zeugnisse?

Der Kreis von Mutmaßungen, der bisher durchschritten wurde, gründet sich darauf, daß ein Festspiel anläßlich des Actium-Triumphs von zwei unerläßlichen Komponenten bestimmt sein mußte: der gebührenden Berücksichtigung sowohl Oktavians als auch seines göttlichen Schützers, des Apollo Actiacus, durch deren Zusammenwirken der ungewöhnliche Erfolg zustande gekommen war. Das Stück

---

147 Für Aeneas gilt dieselbe Genealogie wie für Priamus:

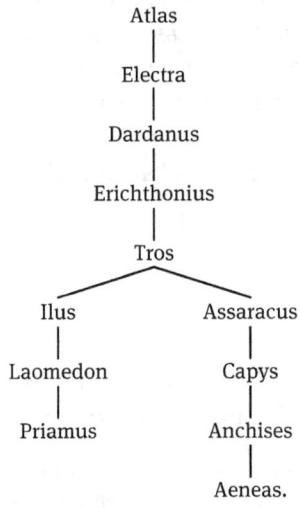

Dazu Pfister 1970, 296.

148 Aegisthus: *auctore Phoebo gignor* (Sen. *Ag.* 294); Octavian: *Apollinis filius* (Suet. *Aug.* 94, 4).

mußte sozusagen in honorem Octaviani et Apollinis sein. Es dürfte evident sein, daß sich dafür der von Hygin 88 referierte Stoff[149] wie kein zweiter aus dem Thyestes-Mythos eignete. Freilich ist man angesichts des beklagenswerten Eifers, mit dem sich Libitina des Stücks angenommen hat, nur auf Vermutungen über den Inhalt angewiesen. Es wäre jedoch eine Bestätigung für die Richtigkeit der in den vorhergehenden Kapiteln gemachten Voraussetzungen, wenn sich Zeugnisse wenigstens dafür fänden, daß der *Thyestes* in honorem et Octaviani et Apollinis gedichtet war. Als solche können zwei vielleicht auf die Antike zurückgehende Nachrichten gelten. Zunächst ist noch einmal die Scholiasten-Notiz zum *Thyestes* in Betracht zu ziehen, in der es heißt: *Lucius Varius cognomento Rufus Thyesten tragoediam magna cura absolutam post Actiacam victoriam Augusto ludis eius in scena edidit.*[150] Es genügt, die alte Erklärung von Schneidewin danebenzusetzen: „*Augusto* (natürlich Dativus) *in scena edidit* sollte verstanden werden in honorem Augusti *in scena edidit*. Letzterer sonst nicht nachzuweisende Ausdruck statt anderer üblicher, wie *in scenam deferre*, scheint absichtsvoll gewählt, um nicht an bloße Recitation denken zu lassen."[151] Zumindest ist doch wohl zuzugeben, daß dieser Ausdruck weniger passend wäre, wenn er sich auf die rein künstlerischen Qualitäten des Stücks oder eine anfechtbare – schon besprochene – Warnerfunktion bezöge als vielmehr auf die dargelegte panegyrische Tendenz.

Es ist auffällig, daß die Aufführung des *Thyestes* direkt lediglich durch die erwähnte Notiz bezeugt ist. Um so größere Aufmerksamkeit verdient daher ein nur durch den Brügger Professor Cruquius bekanntes Scholion, auf das Schneidewin als erster in diesem Zusammenhang aufmerksam gemacht hat:[152] *itaque cum Augustus ab Actio Epiri promuntorio superato Antonio esset victor reversus, ludos scenicos Romae celebravit in honorem Apollinis et Dianae, sed praecipue Apollinis quod putaret se ab illo praecipue fuisse defensum et propter hos ludos et carmen Augustus Divus tunc esse meruit in cuius gratiam Horatius in Capitolio decantari fecit a pueris et puellis hoc carmen a se edoctis.*[153] Dieses zum *Carmen Saeculare* überlieferte Scholion Cruquianum[154] ist nicht so klar formuliert, wie

---

149 ▸ S. 180.
150 ▸ S. 168.
151 1841, 108 (Sperrung ad hoc).
152 1842, 639.
153 Hier ist der Text nach der Horaz-Ausgabe von J. Cruquius, Leiden 1597, 299a zitiert, den mir U. Schindel, Göttingen, freundlicherweise übermittelt hat. Geringe Abweichungen bei Franke 1839, 164, auf den sich Schneidewin bezieht.
154 Es kann nicht dieses Ortes sein, die Frage der Glaubwürdigkeit der Scholia Cruquiana aufzurollen. In neuester Zeit sind skeptisch Nisbet / Hubbard 1970, LI, zuversichtlicher hingegen Brink 1971, 39, 47–50. Zu den zitierten Scholien merkte Franke 1839, 164 an: „Haec equidem non dixerim ab imperito homine scripta esse."

man es sich wünschte, insofern es sowohl von den ludi des Jahres 29 als auch von dem carmen des Jahres 17 spricht,[155] doch genügt für den hier betrachteten Zusammenhang die Nachricht, daß es nach Oktavians Rückkehr von Actium ludi scaenici gegeben habe, und zwar in honorem Apollinis. Da außer dem *Thyestes* kein anderes Bühnenspiel für diesen Anlaß bezeugt ist, dürfte Schneidewin – und nach ihm Gardthausen aufgrund der Sueton-Notiz *Tib.* 6, 4[156] – zu Recht den *Thyestes* den ludi scaenici zugerechnet haben.[157] Sollte diese Kombination zutreffen, hätten wir ein Zeugnis dafür, daß Varius' *Thyestes* in honorem Apollinis gewesen wäre und die vorgeschlagene Rekonstruktion zuträfe. Ob die Wendung *propter hos ludos* [...] *Augustus Divus tunc esse meruit* darauf hindeutet, daß Oktavian in dem Bühnenspiel als von den Göttern Geleiteter und Anerkannter erschien, ist nicht zu beweisen, aber auch nicht auszuschließen. Jedenfalls lassen diese unabhängig von den Überlegungen 1–9 ausgewerteten Grammatiker-Notizen es nicht als unwahrscheinlich erscheinen, daß der *Thyestes* des Jahres 29 ein Festspiel in honorem et Octaviani et Apollinis gewesen ist und demzufolge Atreus' Bestrafung und Thyestes' Wiedereinsetzung in seine Herrschaft durch Aegisthus zum Inhalt gehabt hat.

---

155 Die Schwierigkeit liegt darin, daß in der Wendung *propter hos ludos et carmen* die verschiedenen Anlässe gemeint sind: Von den ludi scaenici des Jahres 29 ist vorher, von dem *Carmen saeculare* des Jahres 17 ist danach die Rede. Daß sich das ganze Scholion nur auf das *Carmen saeculare* bezöge, ist aus zwei Gründen unwahrscheinlich: 1. Weder das Säkularfest noch Horazens Säkulargedicht waren allein zu Ehren Apollos und Dianas gedacht (dazu Fraenkel 1957, 364–382). 2. ludi scaenici gab es nur 29, nicht aber 17. (Diese Feststellung ist unberührt von dem Umstand, daß Cruquius, die Nachricht des Scholiasten vereinfachend, nur von dem Säkularfest spricht: „Ceterum ludos saeculareis ab Augusto publice post Actiacam victoriam exhibitos Dion historicus libro quinquagesimo quarto, hos Quinctius, inquit, perfecit, F. Furnio C. Iunio Silano conss." [301b]).
156 Gardthausen 1891 zur Feier von 29: „Ausserdem wurde die Einweihung der Tempel durch scenische Aufführungen gefeiert, bei denen gelegentlich der junge Tiberius den Vorsitz führte [...]. L. Varius, ein Freund des Horaz, hatte eine Tragödie Thyestes geschrieben, die damals zuerst aufgeführt wurde; er erndtete damit vielen Beifall und fürstlichen Lohn" (II, 1, 475). Und zu Sueton, der anläßlich des Actium-Triumphs über Tiberius berichtet *praesedit et asticis ludis* (*Tib.* 6, 4): „*Astici* darf nicht geändert werden in *Actii*, s. Mon. Anc. ed. M.² p. 43n. Vgl. die griechische Inschrift Ephem. archaiol. 1885 p. 143 [τὸν στέφα]νον Διονυσίων τε τῶν ἐν ἄστει τραγωιδῶν; und Sueton *C. Caligula* 20: *edidit – Syracusis asticos ludos*" (II, 1, 260 Anm. 17).
157 Schanz / Hosius 1935, 162–163.

III Ausblick

Nach der vorstehenden Rekonstruktion liegt dem *Thyestes* die Handlung zugrunde, die Hygin 88 referiert. Danach hätte der erste Teil in Thesprotien, der zweite in Argos gespielt. Dem ersten könnten die beiden von Charisius überlieferten Fragmente zugeteilt werden,[158] die auf die Thesprotien-Handlung Bezug nehmen. Ribbeck hatte beobachtet, daß es sich um Trimeter handelt, die „regelrecht gebaut" seien:[159] Sie können ohne weiteres der augusteischen Zeit zugewiesen werden.

Welcker meinte, die Worte frg. inc. inc. fab. LXV R.³

> Thesprote, si quis sanguine exortam tuo
> prolem inter aras s(acrificas) sacram immolet,
> quid meritus hic sit, dubium⟨ne⟩ an cuiquam fuat?

seien „an den abwesenden Thesprotus" gerichtet[160] – doch wohl nur deshalb, weil er sie Accius' *Pelopidae* zuschrieb, die er mit Thyestes' Gefangennahme in Delphi beginnen ließ.[161] Wahrscheinlicher ist es, daß sie von Thyestes unter Anspielung auf den Tod seiner Kinder durch Atreus direkt zu Thesprotus gesprochen wurden. Schwieriger ist es, den Sprecher und die Situation des frg. inc. inc. fab. LXVI R.³ zu bestimmen:

> rite Thesprotum pudet
> Atrei, quod ipse a Tantalo ducat genus.

Ribbeck hielt den ‚Brautwerber Atreus' für den Sprecher dieser ‚sarkastischen' Worte: „Zuerst unter einem Vorwande von Thesprotus zurückgewiesen macht er, hochfahrend und herbe wie er ist, seinem Unmuth mit höhnischen Unterstellungen Luft."[162] Ob Atreus jedoch im ersten Teil selbst aufgetreten ist, kann nicht erwiesen werden und ist nach seiner Rede, mit der der zweite Teil vielleicht begonnen hat, sogar unwahrscheinlich.

---

158 ▸ S. 189–190.
159 1875, 628.
160 1839, 370.
161 ▸ S. 183.
162 Er berief sich auf Charisius: „*„sarcasmos* [...] *per hoc enim vult intelligi, ignobilem esse Thesprotum*' Charisius. Durchaus nöthig ist der überlieferte Conjunctiv *ducat*. Thesprotus stammt keineswegs von Tantalus, sondern Atreus selbst, und eben darüber spottet dieser, dass der verhältnismässig Dunkelgeborene einen so glänzenden Eidam zurückweist, als wäre er selbst wer weiss wie vornehm" (1875, 629 Anm. 4).

Dem Beginn des zweiten Teils wird man gern das von Seneca *Epist.* 80, 7 überlieferte Zitat frg. inc. inc. fab. LV R.³ zuordnen,[163] das Atreus gesprochen hätte:

> en impero Argis; regna mihi liquit Pelops,
> qua ponto ab Helles atque ab Ionio mari
> urgetur Isthmus.

F. A. Lange hatte diese Verse aus metrischen Gründen dem varianischen *Thyestes* zugewiesen,[164] und auch Ribbeck bemerkte, daß die Trimeter „nach griechischem Gesetz gebaut" seien.[165] Eben diese „strengste, von den Alexandrinern festgestellte Form" veranlaßte L. Müller, in ihnen ein Fragment unseres Stücks zu sehen.[166] Unabhängig davon war auch G. Jachmann zu dem Ergebnis gekommen, es lasse sich „gar kein passenderer Ort für unsere Verse denken als der Thyestes des Varius."[167] Für diese Vermutung spricht jedenfalls, daß die Verse gut mit dem einzigen sicher bezeugten Fragment zusammenstimmen:

> iam fero infandissima,
> iam facere cogor.

„Atreus sagte also nach den Eingangsworten, daß er trotz aller Macht und Herrlichkeit doch die größten Frevel zu erdulden und mit gleichen zu vergelten gezwungen sei."[168] Mit diesen Worten dürfte Atreus nicht, wie man bisher annahm, die cena Thyestea als Reaktion auf den Ehebruch seiner Frau gerechtfertigt, sondern allgemein seine Absicht begründet haben, Thyestes durch Aegisthus töten zu lassen. Beide Fragmente zusammen lassen vermuten, daß es sich um eine Auftrittsrede gehandelt hat; dann wäre es wenig wahrscheinlich, daß Atreus schon im ersten Teil aufgetreten ist: Das besprochene frg. inc. inc. fab. LXVI könnte in diesem Falle nicht Atreus als Sprecher gehabt haben.

Es sei erwähnt, daß die Handlung auch n u r in Thesprotien (wie es Jocelyn für den ennianischen *Thyestes*) oder n u r in Argos spielen konnte (wie es Lesky für die nacheuripideische und Welcker, Ribbeck und Robert für die *Pelopidae* von Accius annahmen). Im ersten Fall hätte Apollo im Prolog oder am Ende ankün-

---

163 ▸ S. 169.
164 1851, 30.
165 1875, 627. Aufgrund eines alten Mißverständnisses wollte Ribbeck mit der Datierung jedoch nicht „unter das siebente Jahrhundert der Stadt" hinabgehen. Doch haben Müller 1893, 738–739 und Jachmann 1915, 642 klargestellt, daß Cic. *Orator* 163 nicht auf dieses Fragment anspielt, so daß eine Zuweisung desselben an den varianischen *Thyestes* zeitlich durchaus möglich ist.
166 ▸ S. 170.
167 1915, 643.
168 ▸ S. 170.

digen können, daß das von Thyestes unwissentlich mit seiner Tochter gezeugte Kind Aegisthus der zukünftige Rächer sein werde; doch wurde schon gesagt, daß eine solche Beschränkung der Handlung dramaturgisch unbefriedigend ist. Andererseits hätte Apollo bei der zweiten Möglichkeit die Vorgeschichte aus Thesprotien referieren können. Dann hätte sich Varius weiter von Ennius entfernt, als es seinen panegyrischen Absichten förderlich war, doch wäre wie im ersten Fall Apollo Actiacus dennoch zu seinem Recht gekommen.

Insgesamt gesehen ist jedoch die vorgeschlagene Rekonstruktion am wahrscheinlichsten. Nach ihr sind für den varianischen *Thyestes* nicht nur zwei verschiedene Schauplätze anzunehmen, sondern auch eine erhebliche Zeitspanne zwischen den beiden Teilen des Stücks – so wie es in gleicher Weise schon Ladewig für den ennianischen *Thyestes* postuliert hatte. Die Vernachlässigung der Einheiten von Ort und Zeit im Drama ist für die römische Tragödie, insbesondere für die Praetexta nichts Ungewöhnliches.[169] Wenn man das Verfahren Ezechiels in der *Exagoge*[170] als charakteristisch für seine Zeit ansieht – das ist vielfach der Fall[171] und schon für die Rekonstruktion des Gyges-Dramas fruchtbar gemacht worden[172] –, dürfte auch in dieser Hinsicht die hellenistische Tragödie als Vorläuferin der römischen angesprochen werden.

Der 29 v.Chr. aus Anlaß der Siegesfeier für Actium aufgeführte *Thyestes* von Lucius Varius Rufus dürfte sich jedoch trotz allen Einflüssen in entscheidender Weise von den griechischen Vorgängern unterschieden haben: So wie die römische Tragödie von Anfang an im Gegensatz zu den attischen Vorbildern einen panegyrischen Charakter gehabt hat, ist auch der varianische *Thyestes* mit hoher Wahrscheinlichkeit, wie vielleicht seine Erwähnung bei Horaz bezeugt,[173] eine echt römische Tragödie gewesen.

---

169 Büchner 1968, 58. Was die Tragödie betrifft, rechnet Warmington bei Accius' *Amphitruo* mit drei Schauplätzen: Mycenae, Theben, Taphos (II, 341).
170 Snell 1967, 153.
171 Lesky 1953, 1–10 = 1966, 204–212 (mit älterer Literatur).
172 Lesky (wie Anm. 171).
173 Horaz empfiehlt Agrippa in *Carm.* 1, 6 Varius als panegyrischen Dichter im Gegensatz zu seiner eigenen der großen Dichtung abgeneigten Person. Dabei werden zunächst der *Ilias*- und der *Odyssee*-Stoff allgemein für die epische Dichtung (5–7) und sodann die Wendung *saevam Pelopis domum* (8) für die tragische Dichtung genannt. Der letzte Vers wird seit der Antike fast durchweg auf Varius' *Thyestes* bezogen: *propter Atreum et Thiestem, a quibus diis epulae humanae carnis appositae sunt, unde et tragoediam Var⟨i⟩us scripsit* (Ps.Acro, ed. O. Keller 1902). Wenn das richtig ist, hätten wir ein Zeugnis, daß dieses Stück panegyrische Dichtung war; denn um diese, um die *laudes egregii Caesaris*, geht es in dieser Ode, so daß die Deutung, die Tragödie stehe hier allgemein für ‚große' Dichtung, wenig befriedigend ist (Porphyrio: *tragoedias* [...], *quarum stilus non nisi sublimitate ornatur, cui se negat hic poeta sufficere* [ed. A. Holder 1894]).

10 Dido und Aias.
Ein Beitrag zur römischen Tragödie*

I Einleitung: Vergil und Homer —— S. 201
II Vergil und Sophokles —— S. 204
   1. Leitzitate —— S. 204
   2. Schwertmotiv —— S. 207
   3. Trugrede —— S. 210
   4. Dido und Aias —— S. 217
III Ausblick: Aeneas und Aias —— S. 218

I Einleitung: Vergil und Homer

Zu einer der eindrücklichsten Szenen des Unterweltbuchs der *Aeneis* hat Vergil das Zusammentreffen zwischen Aeneas und Dido werden lassen. Herausgehoben aus der Vielzahl der Begegnungen ist es nicht nur durch die innere Beziehung der Personen zueinander, durch das Aufbrechen der Erinnerung und des Schuldgefühls, sondern auch durch die formale Gestaltung: Mit dieser Szene (450–476) beginnt die zweite Hälfte des sechsten Buchs, das 900 Verse umfaßt. Besonderes Gewicht hat Vergil überdies dem Zusammentreffen dadurch verliehen, daß er die 27 Verse dieser Partie in genauer Entsprechung den 27 Versen nachgebildet hat, in denen die *Odyssee* die Begegnung zwischen Odysseus und Aias in der Nekyia erzählt (λ 541–567). Dabei hat er sich auch an die Dreiteilung seines Vorbilds gehalten.[1] Servius bemerkte zu 468: *tractum autem est hoc de Homero, qui inducit Aiacis umbram Ulixis conloquia fugientem, quod ei fuerat causa mortis*. Die formale Übereinstimmung beider Szenen beweist, daß man weder bei dem Ganzen an eine Zwischenquelle[2] zu denken braucht noch bei Didos Schweigen an die Aufnahme

---

Akademie der Wissenschaften und der Literatur Mainz. Abhandlungen der Geistes- und Sozialwiss. Klasse 2, 1978 (Steiner, Wiesbaden).
* Der Verfasser ist der Akademie der Wissenschaften und der Literatur für die Aufnahme dieser Abhandlung, Prof. H. Dahlmann und Prof. C. Zintzen für ihre Vorlage zu Dank verpflichtet. Prof. E. Burck und Prof. Zintzen gaben eine Reihe von bedenkenswerten Anregungen, die dankbar berücksichtigt wurden.
1 Knauer 1964, 110. Der Beginn der zweiten Buchhälfte ist nur eine formale Hervorhebung, da die Dido-Begegnung mit den vorhergehenden Szenen zusammenhängt: Kraggerud 1968, 78. Zur Szene selbst v. Albrecht 1965, 54–64.
2 „Daß nun ein griechischer Dichter schon vor Vergil die berühmte homerische Szene in dieser Weise in den Stil der neueren Poesie umgesetzt hatte, wäre an sich glaublich, läßt sich aber wenigstens mit unseren Mitteln nicht beweisen" (Norden 1927, 248).

eines Topos, wie es eine Stelle der Schrift Περὶ ὕψους nahelegen könnte:³ ὅθεν καὶ φωνῆς δίχα θαυμάζεταί ποτε ψιλὴ καθ' ἑαυτὴν ἡ ἔννοια δι' αὐτὸ τὸ μεγαλόφρον, ὡς ἡ τοῦ Αἴαντος ἐν Νεκυίᾳ σιωπὴ μέγα καὶ παντὸς ὑψηλότερον λόγου.⁴ Freilich verdankt Vergil Homer nur die formale Anregung, da der Einfluß der hellenistischen Dichtung mindestens ebenso bestimmend ist wie der Homers. Überhaupt ist das Ethos der vergilischen Gestaltung grundverschieden von dem des Vorbilds: "situation and sensitive perception have made this passage one of the great moments of literature".⁵ Die Verinnerlichung der Darstellung gilt für beide Personen Vergils. Während Aias bei Homer schweigend fortgeht, heißt es von Dido, daß sie auf den Boden starre, unbeweglich wie ein Fels verharre und sich schließlich (*tandem* 472) abwende: Diese Verzögerung zeigt eine stärkere Bindung Didos an Aeneas, als sie Aias an Odysseus aufweist.⁶ Hinsichtlich der Gestaltung von Aeneas möge es gestattet sein, an die bewundernde Interpretation eines Dichters zu erinnern: "But I have always thought the meeting of Aeneas with the shade of Dido, in Book VI, not only one of the most poignant, but one of the most civilised passages in poetry. It is complex in meaning and economical in expression, for it not only tells us about the attitude of Dido – what is still more important is what it tells us about the attitude of Aeneas. Dido's behaviour appears almost as a projection of Aeneas' own conscience: this, we feel, is the way in which Aeneas' conscience would *expect* Dido to behave to him. The point, it seems to me, is not that Dido is unforgiving – though it is important that, instead of railing at him, she merely snubs him – perhaps the most telling snub in all poetry: what matters most is, that Aeneas does not forgive himself – and this, significantly, in spite of the fact of which he is well aware, that all that he has done has been in compliance with destiny, or in consequence of the machinations of gods who are themselves, we feel, only instruments of a greater inscrutable power. Here, what I chose as an instance of civilised manners, proceeds to testify to civilised consciousness and conscience".⁷

---

3 Norden spricht zu 6, 469 ff. unter Hinweis auf diese Stelle von einer „bewußten Technik" Vergils. (Daß das schon Heyne ‚bemerkt' habe, ist fraglich: Er notierte lediglich die Parallele.)
4 9, 2 (über heroische Gesinnung).
5 Austin 1977, 163.
6 469–472.
7 Eliot 1944, 20–21. In der ‚berechtigten' Übersetzung von Süskind 1963, 15–16 lautet diese Passage: „Mir ist aber von jeher die Begegnung des Aeneas mit dem Schatten der Dido in Buch VI nicht nur als eine der prägnantesten, sondern als eine der kultiviertesten Episoden in der gesamten Poesie erschienen. Sie ist höchst reich an Sinngehalt und dabei höchst sparsam im Ausdruck, denn sie berichtet uns nicht allein von Didos Verhalten – wichtiger noch ist das, was sie uns über Aeneas erzählt. Was Dido tut, wirkt geradezu als eine Spiegelung von Aeneas' Gewissen: wir gewinnen den Eindruck, daß dieses Verhalten Didos und kein anderes der inneren

Ist der direkte Einfluß der homerischen Aias-Gestalt auf die Schilderung Didos in der Unterweltszene nicht zu bezweifeln, sollen daneben vielleicht noch Hinweise auf eine andere berühmte Gestaltung des Aias-Stoffs nicht überhört werden. Zu dem letzten Vers von Aeneas' kurzer Rede an Dido *quem fugis? extremum fato quod te adloquor hoc est*[8] merkte Heyne an:[9] „Ad v. 466 facile in mentem veniat Sophocleum illud: σὲ δ' ὦ φ. - προσεννέπω Πανύστατον δὴ κοὔποτ' αὖθις ὕστερον. (Aiace 871 sq.)."[10] Die unmittelbar folgende Wendung *talibus Aeneas ardentem et torva tuentem | lenibat dictis animum* (467–468) kommentierte Norden so: „Die kühne Personifikation *torva tuens animus* ist eine τραγικὴ λέξις wie Soph. Ai. 955 κελαινώπας θυμός (vgl. Aisch. Choeph. 854 [...])" – eine Erklärung, der sich Williams angeschlossen hat.[11]

Diese Parallelen sind aus den Einzelstellen heraus nicht strikt als bewußte Anspielungen zu erweisen, doch gewinnt eine solche Annahme dadurch an Wahrscheinlichkeit, daß Vergil schon im vierten Buch bei der Schilderung der unglücklichen Dido das Schicksal des tragischen Aias über längere Passagen hin gegenwärtig gehabt hat: „oft genug hat [...] die griechische Poesie von Unglücklichen erzählt, die aus anderen Gründen als getäuschter Liebe Hand an sich legten, und wenigstens eine, vielleicht die berühmteste dieser Darstellungen hat Vergil [...] herangezogen: den Aias des Sophokles", wie Heinze aufgrund einer ganzen Reihe von Parallelen sicher zu Recht behauptet hat.[12] Diese Anlehnung Vergils an ein Vorbild über die Grenzen der Gattung hinweg ist keineswegs so ungewöhnlich, wie es auf den ersten Blick erscheinen mag. Der epischen Situation des sechsten Buchs ist der Bezug auf das berühmte epische Vorbild, der Nekyia, ebenso angemessen wie der Dido-Tragödie der Bezug auf den tragischen Aias.

Erwartung bei Aeneas entspricht. Dabei ist es, glaube ich, nicht das Entscheidende, daß Dido unversöhnlich bleibt – wiewohl es sehr bezeichnend ist, daß sie nicht über Aeneas herfällt, sondern ihn nur ‚abfahren' läßt: es ist vielleicht das deutlichste ‚Abfahrenlassen' in der gesamten Poesie. Das Entscheidende ist, daß Aeneas sich selbst nicht verzeihen kann – und dies, wohlverstanden, obwohl er sich durchaus im klaren ist, daß er sich mit all seinem Handeln in Übereinstimmung mit dem Schicksal befunden und sich zum Werkzeug hergegeben hat für die Machenschaften von Göttern, die ihrerseits ganz deutlich nur Werkzeuge einer höheren unerforschlichen Macht sind. Was ich hier als Beispiel für eine Kultiviertheit der Sitten angeführt habe, bezeugt uns darüber hinaus eine Kultiviertheit des Bewußtseins und des Gewissens."
8 Vergil wird nach Mynors 1969 zitiert.
9 1832 zu 6, 450 ff.
10 Nach der modernen Zählung sind es die Verse 856–858. Die Vergil-Parallele führt Kamerbeek 1963 zu 858 an.
11 "Deliberately reminiscent perhaps of this kind of phrase in Greek tragedy (Soph. *Ajax* 955, Aesch. *Choeph.* 854)" (1972 zu 467–468).
12 1915, 133.

Denn Vergil hat das vierte Buch, wie man schon immer betont hat, sowohl in der Form als auch im Gehalt als Tragödie gestaltet:[13] E. Norden nannte die Dido-Tragödie „die einzige römische, die den Namen verdient."[14]

II Vergil und Sophokles

1 Leitzitate

Zunächst sind auch im vierten Buch etliche Einzelstellen zu nennen, bei denen man sich an Passagen des sophokleischen *Aias* erinnert fühlt (ohne daß die Abhängigkeit im einzelnen Fall beweisbar wäre). Zu Didos Rede 305–330 bemerkte Heinze,[15] die Bitten gemahnten an Tekmessas flehende Worte, das Ganze ‚besage' ἐμοὶ γὰρ οὐκέτ' ἔστιν εἰς ὅ τι βλέπω | πλὴν σοῦ (*Ai.* 514–515).[16] Mit Didos erschütternder Feststellung *si bene quid de te merui, fuit aut tibi quicquam | dulce meum, miserere* [...] (317–318) dürfte Vergil auf *Ai.* 520–521 anspielen: ἀνδρί τοι χρεών | μνήμην προσεῖναι, τερπνὸν εἴ τί που πάθοι, wie allgemein angenommen wird.[17] Kann Dido zunächst noch wie Tekmessa sprechen, gleicht ihre Situation im folgenden immer mehr der des sich von allen verraten fühlenden Aias. Jackson Knight hat den Vergleich zwischen Dido und Aias grundsätzlich durchgeführt: Es sei "exactly the world of Sophocles, whose play, *Ajax*, strongly guided Vergil in the Fourth Aeneid. The connexion, long ago observed, is incontestable, and only at first sight hard to believe. Dido, like Ajax who killed the sheep of the Greeks in mad mistake for the Greek leaders, is furious with herself, and hopeless, and resolves to die. In the end, as Ajax falls on the sword of Hector his foe, so Dido falls on the sword of Aeneas, once her dearest, crying to the sun that sees all; they both pray for

---

13 Beide Gesichtspunkte hat Pease 1935 in dem Kapitel 'Tragedy in Book IV' gut dargestellt (8–11). Auch Heinze 1915, 119 hat von einer ‚Tragödie' gesprochen. Diesem Gegenstand sind kürzlich die beiden umsichtigen Abhandlungen von Wlosok und Zintzen (bes. 182–184) gewidmet worden.
14 1966, 597.
15 1915, 134 Anm. 1.
16 Highet 1972, 223: "she resembles [...] Tecmessa pleading with her self-doomed love and lord in Sophocles' *Ajax* 514–524".
17 Wagner bei Heyne 1832 zu 315, Heinze 1915, 134 Anm. 1, Pease 1935 zu 317 und Austin 1955 zu 317f. Ausdrücklich vermerken die *Aeneis*-Parallele als Reminiszenz Vergils Kamerbeek und Stanford (London 1963) in ihren *Aias*-Kommentaren.– Eine weitere Parallele sieht Pease zwischen dem unmittelbar vorhergehenden Vers *per conubia nostra, per inceptos hymenaeos* (316) und *Ai.* 492–493: καί σ' ἀντιάζω πρός τ' ἐφεστίου Διὸς | εὐνῆς τε τῆς σῆς, ᾗ συνηλλάχθης ἐμοί. Doch vgl. Cat. 64, 141.

vengeance, Ajax to the Erinyes, the Furies, and Dido to 'Angels of Dido at her death'; and Dido's long curse is, like the curse of Ajax, half a prophecy. But her curse reaches down Roman history, to Hannibal."[18] So hat Didos Rede 534–552, in der sie ihr Ausgestoßensein erkennt, ihre Entsprechung in Aias' Feststellung bei Sophokles 457–480, worauf Heinze,[19] Pease,[20] Austin[21] und Highet[22] hingewiesen haben:[23]

       καὶ νῦν τί χρὴ δρᾶν; ὅστις ἐμφανῶς θεοῖς
       ἐχθαίρομαι, μισεῖ δέ μ' Ἑλλήνων στρατός,
       ἔχθει δὲ Τροία πᾶσα καὶ πεδία τάδε.
460 πότερα πρὸς οἴκους, ναυλόχους λιπὼν ἕδρας
       μόνους τ' Ἀτρείδας, πέλαγος Αἰγαῖον περῶ;
       καὶ ποῖον ὄμμα πατρὶ δηλώσω φανεὶς
       Τελαμῶνι; πῶς με τλήσεταί ποτ' εἰσιδεῖν
       γυμνὸν φανέντα τῶν ἀριστείων ἄτερ,
465 ὧν αὐτὸς ἔσχε στέφανον εὐκλείας μέγαν;
       οὐκ ἔστι τοὔργον τλητόν. ἀλλὰ δῆτ' ἰὼν
       πρὸς ἔρυμα Τρώων, ξυμπεσὼν μόνος μόνοις
       καὶ δρῶν τι χρηστόν, εἶτα λοίσθιον θάνω;
       ἀλλ' ὧδέ γ' Ἀτρείδας ἂν εὐφράναιμί που.
470 οὐκ ἔστι ταῦτα.
       [...]

Weiterhin dürften auch in Didos Anrufung der Götter 607–612 Anspielungen auf die Rede 835–849 des sophokleischen Aias vorliegen:[24]

       Sol, qui terrarum flammis opera omnia lustras,
       tuque harum interpres curarum et conscia Iuno,
       nocturnisque Hecate triviis ululata per urbes
610 et Dirae Ultrices et di morientis Elissae,
       accipite haec, meritumque malis advertite numen
       et nostras audite preces.

---

18 1944, 100.
19 „Die Art, den Tod als unvermeidlich zu erweisen, stammt aus dem Aias [...]: ich bin allen verhaßt, Göttern, Hellenen, Troern" (1915, 136 Anm. 1).
20 "For such ἀπορήσεις or διαπορήσεις cf. Soph. Aias 457–460" (1935 zu 534).
21 1955 zu 534.
22 "She is locked into a dilemma (534–546) like that of Ajax resolving to kill himself (Soph. Aj. 457–470)" (1972, 227).
23 Sophokles wird nach Pearson 1924 zitiert (auch im folgenden).
24 "Her solemn prayer and curse (607–621) contains echoes from the imprecations [...] of Ajax in Sophocles' Ajax 835–844" (Highet 1972, 229). Vgl. auch oben (▸ S. 204–205) das Zitat von Jackson Knight.

Dido ruft zunächst Sol an, dann die Götter der Unterwelt; bei Aias ist es umgekehrt: Er bittet erst die Erinyen, dann Helios um Erhörung (835–849):

> 835 καλῶ δ' ἀρωγοὺς τὰς ἀεί τε παρθένους
> ἀεί θ' ὁρώσας πάντα τἀν βροτοῖς πάθη,
> σεμνὰς Ἐρινῦς τανύποδας, μαθεῖν ἐμὲ
> πρὸς τῶν Ἀτρειδῶν ὡς διόλλυμαι τάλας.
> καί σφας κακοὺς κάκιστα καὶ πανωλέθρους
> 840 ξυναρπάσειαν, ὥσπερ εἰσορῶσ' ἐμὲ
> αὐτοσφαγῆ πίπτοντα· τὼς [αὐτοσφαγεῖς
> πρὸς τῶν φιλίστων ἐκγόνων] ὀλοίατο.
> ἴτ', ὦ ταχεῖαι ποίνιμοί τ' Ἐρινύες,
> γεύεσθε, μὴ φείδεσθε πανδήμου στρατοῦ.
> 845 σὺ δ', ὦ τὸν αἰπὺν οὐρανὸν διφρηλατῶν
> Ἥλιε, πατρῴαν τὴν ἐμὴν ὅταν χθόνα
> ἴδῃς, ἐπισχὼν χρυσόνωτον ἡνίαν
> ἄγγειλον ἄτας τὰς ἐμὰς μόρον τ' ἐμὸν
> γέροντι πατρὶ τῇ τε δυστήνῳ τροφῷ.

Sowohl die Apostrophen für sich – Anrufung des Sonnengotts[25] und der Unterweltsgötter[26] – als auch ihre Umkehrung[27] machen es wahrscheinlich, daß Vergil Sophokles gefolgt ist.[28] Schließlich ist Didos Auftrag an die alte Amme, Anna

---

25 Cartault 1926, 326 (Hinweis bei Pease 1935, 11 Anm. 77) sowie Pease 1935 zu 607 und Austin 1955 zu 607 ff.
26 „Die Verwünschungen [...] wieder zuerst im Aias 835" (Heinze 1915, 136 Anm. 2). Vgl. Pease 1935 zu 610.
27 Darauf hat Kamerbeek 1963 aufmerksam gemacht, der die Vergil-Stelle zu *Ai.* 845sqq. anführt: "In like manner Dido addresses herself in her soliloquy to Sol (*Aen.* IV 607), but especially as a witness to the injustice done to her (the *Dirae ultrices* follow, whereas with Ajax the Erinyes precede)." Sol erhält bei Vergil ein ganz anderes Gewicht.
28 La Cerda 1612 kommentierte zu 607 folgendermaßen: „Credibile est, contendisse Virgilium ad exemplum Soph. in Aiace: ubi Aiax ipse iã moriturus, Atridisque imprecatus, ad Solem dirigit sermonem, hunc in modum, Σὺ δ' ὦ [...] [845–849]. Ex hac imitatione apparet, eo consilio advocatum Solem ab Elissa ante diras, ut hae quocunque terrarum perveniant, Sole ipso, qui videt, nuntium perferente. Nam aliter, quî ad diras Sol invocetur? Hic animus est Poëtae. verba verò, & sententia inniti videntur imitatione Ennij, cuius versus in Med. hi leguntur [Fr. 291–293 W.]:
> Iuppiter, túque adeo summe Sol,
> Qui res omnes inspicis,
> Quique tuo lumine,
> Mare, terram, ac caelum
> Contueris: hoc facinus dispice,
> Priusquam fit, prohibe scelus.

[...] Dixi initio huius Notae, quae esset mens Poëtae. hîc addo posse esse aliam ex Sophocle,

herbeizuholen, zu nennen: *Annam, cara mihi nutrix, huc siste sororem* : | *dic corpus properet fluviali spargere lympha,* | *et pecudes secum et monstrata piacula ducat* (634–636). "Why? To help her in completing the magic ritual, she says: that is false. 'To comfort her as she dies', says Austin in his edition of Book Four; but surely Dido expects and hopes to die instantly like Ajax (Soph. *Aj.* 831–834). ‚Ut sola et sine arbitro esset', says Heyne; but a queen can always dismiss her attendants without giving an elaborate reason. She sends for Anna so that her next of kin may be the first to reach her dead body, compose it, and prepare it for decent burial. Thus Ajax prays Zeus to send a messenger for Teucer, who will be the first to lift his body off the sword and protect it from dishonor (Soph. *Aj.* 823–830)".[29] Zu Annas letzten Worten an Dido *his etiam struxi manibus patriosque vocavi* | *voce deos, sic te ut posita, crudelis, abessem* (680–681) führte Heinze *Ai.* 909–912 an: οἷος ἄρ' αἱμάχθης, | ἄφαρκτος φίλων· | ἐγὼ δ' ὁ πάντα κωφός, ὁ πάντ' ἄιδρις, | κατημέλησα – ein Vergleich, den Austin ausdrücklich gebilligt hat.[30] Und bei dem unmittelbar folgenden Vers *exstinxti te meque, soror* (682) wies Heinze[31] auf die Chorverse κατέπεφνες ⟨ἄμ'⟩, ὦναξ, | τόνδε συνναύταν, ὦ τάλας (901–902).

2 Schwertmotiv

Vergil empfand, wie wohl hinreichend deutlich geworden ist, die Situation Didos, die sich gegenüber ihrem Gatten, ihren Untergebenen, den um ihre Hand anhaltenden Fürsten und schließlich gegenüber Aeneas in einem Zustand des totalen Ausgestoßen-Seins wähnt, der Lage des sophokleischen Aias, der sich von den Atriden und überhaupt von den vor Troia kämpfenden Griechen ausgeschlossen fühlt, in einem solchen Maß ähnlich, daß er an Schwerpunkten seiner Dido-Handlung unmißverständlich auf Äußerungen des schicksalverwandten griechischen Helden anspielte. Den stärksten Hinweis in dieser Richtung hat er zweifellos auf dem Gipfel der Dido-Tragödie gegeben: Bei der Kontroverse, ob sich Dido mit ‚ihrem' oder mit Aeneas' Schwert umbringe,[32] darf man feststellen, daß es

---

apud quem Ajax moriturus Solem alloquitur, non iterùm alloquuturus. Cur non huc trahi possit Dido Virgiliana ? versus Sophoclei sunt, Σὲ δ' ὦ [...] [856–858]."
29 Highet 1972, 230–231, nach dem diese Vermutung von Penquitt 1910 stammt. Heinze 1915, 137 Anm. 1: „Entsprechend dem Gebet des Aias (827), Zeus möge den Teukros zuerst seinen Leichnam finden lassen: nur daß bei Dido nicht die Sorge um die Bestattung, sondern der Wunsch, daß die geliebteste Hand ihr die Augen zudrücke, das Motiv ist."
30 Heinze 1915, 144 Anm. 1; Austin 1955 zu 681.
31 Heinze 1915, 144 Anm. 1; vgl. Pease 1935 zu 682.
32 Diese Alternative bei Heinze 1915, 143 Anm. 3 formuliert.

zumindest ,Aias' Schwert' ist, das sie benutzt. Dreimal ist von ihm die Rede. Zunächst weist Dido Anna an, sie möge Aeneas' Waffe(n), die er im Schlafgemach aufgehängt habe, auf den Scheiterhaufen legen: *arma viri thalamo quae fixa reliquit | impius [...] | [...] super imponas* (495–497). Wenig später heißt es, daß sie selbst das von Aeneas zurückgelassene Schwert auf den Scheiterhaufen lege: *super [...] ensemque relictum | [...] toro locat* (507–508). Schließlich wird das Schwert, wenn Dido es beim Selbstmord aus der Scheide zieht, als Aeneas' Geschenk bezeichnet, das nicht zu solchem Gebrauch erbeten worden sei: *ensemque recludit | Dardanium, non hos quaesitum munus in usus* (646–647). Trotz der leichten Unstimmigkeit an den ersten beiden Stellen, daß der Auftrag an Anna mit der Ausführung durch Dido nicht übereinstimmt,[33] kann kein Zweifel darüber bestehen, daß an allen drei Stellen dasselbe Schwert gemeint ist. Daher bemerkte Servius zu *arma* (495): *gladium dicit abusive; nam ait paulo post* (507) *,ensemque relictum'; proprie enim arma sunt quae armos tegant.* Servius auctus schlug die Deutung vor: *hic ideo generaliter ,arma' nominavit, ne mentione solius gladii consilium proderetur.* Auch die modernen Kommentatoren[34] treten seit Burman und Heyne[35] für die Identität der Waffe ein. Nicht ebenso einfach ist die Frage zu beantworten, in welcher Funktion Aeneas' Schwert in Didos Hände gelangt ist. Nach 495 hat er es im Thalamus aufgehängt und dann zurückgelassen – eine Vorstellung, die wohl auch 507 zugrunde liegt (*ensem relictum*). Nach 647 aber handelt es sich um ein Geschenk, *munus*. Zunächst ist klarzustellen, daß es nicht das Prachtschwert sein dürfte, das Dido Aeneas zusammen mit einem Mantel geschenkt hatte (261–264),[36] sondern doch wohl ein Schwert von Aeneas, das deshalb *Dardanius* genannt wird (647). Mit diesem sind hier zwei im Grund verschiedene Vorstellungen verbunden. In 495 (und entsprechend 507) ist vielleicht intendiert, daß Aeneas seine Waffen im Schlafgemach aufgehängt habe "as a symbol that his warfare was over and the life of love begun; cf. Hor. C. 3, 26, 3–6, where *arma* are hung in a temple after the warfare of love has passed".[37] Wagner hatte Eur. *Hek.* 919–922 verglichen:[38] πόσις ἐν θαλάμοις ἔκει- | το, ξυστὸν δ' ἐπὶ πασσάλῳ, | ναύταν οὐκέθ' ὁρῶν ὅμι- | λον Τροίαν | Ἰλιάδ' ἐμβεβῶτα.[39] Auf der

---

33 Heinze 1915, 141 Anm. 1.
34 Conington / Nettleship, Pease, Austin, Williams.
35 „Burmann. de ense pro munere ab Aenea Didoni dato accipere iubet: non male. v. 507. ensem *relictum* et 647. ensem *quaesitum*, acceptum, memorat" (Heyne 1832 zu 495).
36 Die Deutung wurde von Conington 1884 zu 647 erwogen, aber doch verworfen, weil in dem Fall eine Anspielung auf diese Beziehung zu erwarten wäre. Vgl. auch Pease 1935 zu 647.
37 Pease 1935 zu 495.
38 Bei Heyne 1832 zu 494–498.
39 Vgl. Pease, der noch Sen. *HO* 868–869 ("probably with a reminiscence of the Dido story") vergleicht: *utinam esset, utinam fixus in thalamis meis | Herculeus ensis: huic decet ferro inmori.*

anderen Seite ist in 646–647 mit Sicherheit an Aias' Schwert gedacht, das ihm Hektor schenkte; Aias hatte ihm dafür seinen Waffengurt gegeben, wie es in der *Ilias* erzählt wird (H 303–305). Es ist interessant, daß Servius Homer, nicht aber Sophokles als Quelle angenommen hat: *hoc autem tractum est de Homero, qui dicit gladium Aiaci datum ab Hectore et Hectori ab Aiace balteum, quae eis exitio fuerunt; nam alter tractus est balteo, alter se donato telo interemit.* Gerade aber der düstere Ausgang, daß sich Aias mit dem von Hektor geschenkten Schwert tötet, stammt nicht aus Homer, sondern aus Sophokles,[40] dessen Aias darüber klagt, daß er seit diesem Geschenk von den Argivern nur Schlechtes erfahren habe;[41] in der Tat seien, wie das Sprichwort sage, Feindesgaben Unglücksgaben[42] (661–665):

> ἐγὼ γὰρ ἐξ οὗ χειρὶ τοῦτ' ἐδεξάμην
> παρ' Ἕκτορος δώρημα δυσμενεστάτου,
> οὔπω τι κεδνὸν ἔσχον Ἀργείων πάρα.
> ἀλλ' ἔστ' ἀληθὴς ἡ βροτῶν παροιμία,
> 665 ἐχθρῶν ἄδωρα δῶρα κοὐκ ὀνήσιμα.

Freilich sind die beiden Vorstellungen – Zurücklassen des Schwerts bzw. Geschenk an Dido – nicht so verschieden, daß man nicht versuchen könnte, sie zu kombinieren: „Nun, eine juristisch gültige Schenkung wird wohl nicht stattgefunden haben, sondern Aeneas hat, auf Didos Bitten (*quaesitum*), sein Gewaffen im gemeinsamen Thalamus aufgehängt, gleichsam als Pfand seiner Liebe (ecl. VIII 94) – kein deutlicheres Symbol der gänzlichen Ergebung eines Kriegsmannes ist denkbar [...]."[43] Ist eine solche Kombination möglich, ist sie dennoch wenig be-

---

40 Heinze 1915, 143 Anm. 3, Jackson Knight 1944, 100 (▶ S. 204) und Highet 1972, 231, der auch auf folgende Übereinstimmung hinweist: "Ajax is the only figure in extant Greek tragedy who commits suicide on stage; and Vergil represents Dido's last actions as though she were a tragic heroine killing herself before our watching eyes." Und doch geben beide Dichter letzten Endes (übereinstimmend) eine indirekte Schilderung vom Ende der Helden: Aias begibt sich in das auf der Bühne vorgestellte Buschwerk (892), und auch bei Dido wird 663–665 nur das Ergebnis, nicht aber der Vollzug geschildert, obwohl der Leser ‚Zeuge' ist (Williams 1972 zu 663–665). Zu *arma* merkte La Cerda 1612 an: „Intellige ensem, quem dederat Aeneas dono Didoni: & allusum fortasse occultè ad Graecum illud δῶρα ἄδωρα."
41 Die Verknüpfung des Tods beider Männer mit ihren gegenseitigen Geschenken vergleicht bei Sophokles ausführlich Teukros 1028–1037.
42 Zu δῶρα ἄδωρα (665) Fehling 1968, 142–155.
43 Heinze 1915, 143 Anm. 3. Heyne hatte in diesem Sinn erklärt: „*quaesitum*, paratum, acceptum, adeoque etiam datum; sup. 507 dixerat *ensem relictum* sc. dono ac munere. *Arma viri, thalamo quae fixa reliqui* sup. 495 (1832 zu 642–647). Von 647 aus versteht auch Austin 1955 das *arma relinquere* in 495, der von einem 'present' spricht. Ebenso schon Pease 1935 zu 495: "We may perhaps, however, gather from the expression *quaesitum manu* (4, 647) that these objects had been given by Aeneas to Dido at her request."

friedigend, und man sollte ein Bekenntnis wie das von Conington nicht vergessen, der sich mit einem Bezug der zweiten Vorstellung auf die erste nur notgedrungen abfand "while professing myself unable to reconcile it satisfactorily with v. 507. Possibly it may be another instance of 'Vergilius aliquando dormitans'."[44] Der Grund für die nicht klare Darstellung des Vorgangs wird auch kaum in der zitierten Erklärung von Servius auctus liegen, daß Dido Anna gegenüber verhüllend rede, um sich nicht zu verraten; denn 507 bestand keine Notwendigkeit für eben dieselbe irreführende Formulierung. Eher wird man annehmen dürfen, daß Vergil die mit der Aias-Gestalt verbundene Schwertsymbolik nur deshalb in einer Andeutung aufklingen ließ, weil ein Schwert "was not a natural present to a lady",[45] nicht ein „passendes Angebinde für eine Dame" war.[46] Es kommt hinzu, daß bei Dido und Aeneas nicht eine wechselseitige Schenkung wie bei Hektor und Aias vorliegt, sondern nur eine einseitige[47] und, wie gesagt, eine nicht einmal im vollen Sinn ‚passende' – Vergil konnte das sophokleische Motiv nur zögernd in den Ablauf der Dido-Handlung einbauen. Seine Nachfolger haben es dann freilich ohne Bedenken verwendet.[48]

3 Trugrede

An der Art, wie Dido stirbt, dürfte Vergil gegenüber der Tradition nicht viel geändert haben, doch liegt ein wesentlicher Unterschied in der Begründung für ihren Tod. Timaios überliefert, daß Dido sich den Heiratsabsichten des Libyerkönigs nur dadurch entziehen konnte, daß sie, ein Totenopfer für ihren früheren Gatten

---

44 1884 zu 647.
45 Conington 1884 zu 647.
46 Heinze 1915, 143 Anm. 3.
47 Man sollte nicht die – doch ungleiche Rechnung aufmachen (dazu Heinze 1915, 143 Anm. 3), Dido habe Aeneas ein Schwert und einen Mantel geschenkt, und Aeneas habe ihr ‚dafür' – nur – ein Schwert überreicht.
48 Ovid, Ars 3, 39–40: *et famam pietatis habet, tamen hospes et ensem | praebuit et causam mortis, Elissa, tuae.* Her. 7, 187–188: *quam bene conveniunt fato sua munera nostro; | instruis inpensa nostra sepulcra brevi.* ib. 195–196: *praebuit Aeneas et causam mortis et ensem; | ipsa sua Dido concidit usa manu* (= *Fast.* 3, 549–550). Sil. 8, 149–150: *haec dicens ensem media in praecordia adegit, | ensem Dardanii quaesitum in pignus amoris* (wo Aen. 4, 647 deutlich aufgenommen ist). Es mag auch erwähnt werden, daß Senecas Phaedra durch Hippolytus' Schwert stirbt. Dieser hatte es in seiner wütenden Flucht auf Phaedras Antrag hin zurückgelassen: *abit | ensemque trepida liquit attonitus fuga* (728–729) – so wie Aeneas sein Schwert zurückließ, *arma reliquit* (495), *ensem relictum* (507). Mit Hippolytus' Schwert bringt sich Phaedra nach ihrem Geständnis um (1197): *mucrone pectus impium iusto patet* (Kunst 1924 zu 1196).

vortäuschend, sich auf den angeblich dafür errichteten Scheiterhaufen stürzte: τοῦ τῶν Λιβύων βασιλέως θέλοντος αὐτὴν γῆμαι, αὐτὴ μὲν ἀντέλεγεν, ὑπὸ δὲ τῶν πολιτῶν συναναγκαζομένη, σκηψαμένη τελετήν τινα πρὸς ἀνάλυσιν ὅρκων ἐπιτελέσειν, πυρὰν μεγίστην ἐγγὺς τοῦ οἴκου κατασκευάσασα, καὶ ἅψασα, ἀπὸ τοῦ δώματος αὐτὴν εἰς τὴν πυρὰν ἔρριψεν.[49] Hier ist nur der Scheiterhaufen erwähnt. Aber auch das Schwert dürfte Vergil vorgegeben gewesen sein, wie Iustins Bericht nahelegt: *cum successu rerum florentes Karthaginis opes essent, rex Maxitanorum Hiarbas decem Poenorum principibus ad se arcessitis Elissae nuptias sub belli denuntiatione petit. quod legati reginae referre metuentes Punico cum ea ingenio egerunt, nuntiantes regem aliquem poscere, qui cultiores victus eum Afrosque perdoceat; sed quem inveniri posse, qui ad barbaros et ferarum more viventes transire a consanguineis velit? tunc a regina castigati, si pro salute patriae asperiorem vitam recusarent, cui etiam ipsa vita, si res exigat, debeatur, regis mandata aperuere, dicentes quae praecipiat aliis, ipsi facienda esse, si velit urbi consultum esse. hoc dolo capta diu Acherbae viri nomine cum multis lacrimis et lamentatione flebili invocato ad postremum ituram se, quo sua et urbis fata vocarent, respondit. in hoc trium mensium sumpto spatio, pyra in ultima parte urbis instructa, velut placatura viri manes inferiasque ante nuptias missura multas hostias caedit et sumpto gladio pyram conscendit atque ita ad populum respiciens ituram se ad virum, sicut praeceperint, dixit vitamque gladio finivit.*[50]

In beiden Versionen wurde Dido gezwungen, ihre Umgebung über ihre wahren Absichten bei der Errichtung des Scheiterhaufens zu täuschen.[51] Ganz anders bei Vergil, der Iarbas nicht für Didos Tod verantwortlich macht: Dido begeht in namenloser Enttäuschung über Aeneas' Abfahrt Selbstmord. Da dieser aber nicht mehr anwesend ist, bestand auch kein Anlaß, ihn – oder jemanden sonst – zu täuschen. Der Scheiterhaufen entspringt bei Vergil nicht mehr objektiver Notwendigkeit,[52] er ist nur noch von symbolischer Bedeutung.[53] Bezie-

---

49 FGrHist Nr. 566, F 82 Jacoby.
50 18, 6, 1–7 Seel.
51 Richtig Heinze 1915, 141 Anm. 1: „Man kann fragen, wozu überhaupt die komplizierten Todesvorbereitungen nötig sind: konnte Dido nicht einfach wie Deianeira auf dem lectus iugalis sitzend das Schwert sich ins Herz stoßen? Die gleiche Frage kann man an die historische Dido richten und wird für sie antworten müssen: sie wollte sterben nicht im Versteck und der Einsamkeit, als hätte sie sich dessen zu schämen, sondern das gesamte Volk sollte Zeuge dessen sein, wie Dido Treue zu halten versteht."
52 Nach Iustins Erzählung kam es Dido darauf an, Zeit zu gewinnen (*in hoc trium mensium sumpto spatio*). Außerdem brauchte Dido dort den Scheiterhaufen zur öffentlichen Demonstration, da sie *decem Poenorum principes* verraten hatten. Dazu auch die folgende Anmerkung.

hungsreich leuchtet sein Feuer über das Meer bis hin zu den ahnungvollen Römern und Aeneas, wie es in verhaltenen, aber eindrücklichen Versen ausgemalt wird: *quae tantum accenderit ignem | causa latet; duri magno sed amore dolores | polluto, notumque furens quid femina possit, | triste per augurium Teucrorum pectora ducunt* (5, 4 – 7). Darüber hinaus kam es Vergil wohl auf die historische Beziehung an, daß „die düsteren Flammen des Scheiterhaufens, den Dido errichtete, den grauenden Tag des Imperium Romanum erleuchtet" hatten.[54]

Vor allem aber bot Vergil die Beibehaltung des Scheiterhaufenmotivs die Möglichkeit, Didos Trug zu inszenieren. Denn darüber sollte Klarheit bestehen, daß die übliche Interpretation[55] nicht zu halten ist, Dido werde zu ihrer Trugrede 478 – 498 gezwungen, um den Scheiterhaufen in Ruhe aufschichten zu lassen. Abgesehen davon, daß Dido den Scheiterhaufen nicht ‚braucht', könnte sie ihn als Königin jederzeit errichten lassen. Anna kann einfach ‚vergessen' oder wie Barce 632 – 641 mit einem Auftrag entfernt werden. Die Trugrede ist nicht die Voraussetzung für den Scheiterhaufen, sondern der Scheiterhaufen, der schon keine notwendige Funktion hat, ist die Voraussetzung für die Trugrede. Auch diese hat im Gegensatz zur Überlieferung keine notwendige Funktion mehr. Vergil hat den Trug Didos ausschließlich um seiner selbst willen übernommen. Wenn aber die Trugrede für die Handlung entbehrlich ist, kann man aufgrund der bisher beobachteten Bezüge auf den sophokleischen *Aias* mit Sicherheit behaupten, daß die Verse 478 – 498 nach Aias' berühmter Trugrede 646 – 692 gestaltet sind.[56]

Die Handlung des letzten Drittels des vierten Buchs ist in mancher Hinsicht merkwürdig geführt. So stellte Eitrem fest: „Das Inszenieren der Selbstverbrennung Didos fiel dem Dichter offenbar nicht leicht. Es gibt auch in dem uns vorliegenden Text Dunkelheiten und Ungereimtheiten, die sich nicht weginterpretieren lassen."[57] Dies hat jedoch kürzlich Tupet versucht, während Setaioli in

---

53 Deshalb fuhr Heinze fort (s. Anm. 51): „Dieses (mutmaßliche) Motiv fällt für Virgil fort: der Scheiterhaufen wird *penetrali in sede* insgeheim errichtet, auch ist hier der freiwillige Tod nichts eben Rühmliches. So meine ich denn, das überlieferte ergreifende Bild, Dido sich mit allem Pomp des großartigen Totenopfers selbst dem Hades darbringend, haftete in Virgils Phantasie, und erst nachträglich fand er die Vorstellungen hinzu, die das Gewollte motivieren".
54 Eitrem 1933, 29 – 30.
55 Z. B. Klingner 1967, 453: „die List, mit der sie um ihres Z i e l e s willen die Schwester täuscht" (Sperrung ad hoc).
56 Pease wies auf die Aias-Rede als mögliche Parallele, nicht als Vorbild: "We may perhaps compare the famous passage in Soph. *Aias*, 646 – 692, with its deliberate deception of Tecmessa and the chorus" (1935 zu 479).
57 1933, 30.

seinen analytischen Arbeiten sehr viel nüchterner vorgegangen ist.[58] In diesem Zusammenhang ist vor allem die Zauberszene zu sehen. Wenn die Annahme richtig ist, daß es Vergil in erster Linie auf Didos Trugrede ankam, dann ist nicht nur der Scheiterhaufen, sondern ebenso die Zauberszene Voraussetzung und Setaiolis Fazit daher durchaus einsichtig, daß nämlich «la scena di magia e quella di Barce, che si chiude col bozzetto della nutrice che affretta il suo passo di vecchia, sono fra quelle più e s t e r i o r m e n t e alessandrine del libro.»[59]

Hier soll nur soviel festgestellt werden, daß die Schwierigkeiten im äußeren Handlungsablauf des letzten Buchdrittels zum wesentlichen Teil auf der Sophokles-Imitation beruhen: einerseits auf der Adaption des Schwertmotivs, andererseits auf der Einfügung der Trugrede in die Anordnung der letzten Ereignisse vor Didos Tod. Es bedarf jedoch kaum der Betonung, daß Vergil keineswegs ein Mangel an Gestaltungskunst vorzuwerfen ist, daß vielmehr diese Szenen, wie es für die *Aeneis* charakteristisch ist, nur in ihrer inneren Bedeutung zu verstehen und zu beurteilen sind. Hierin hat Vergil Einzigartiges geleistet. Im Grund ist das ganze letzte Drittel des Buchs von 450 bis zum Schlußvers 705 eine einzige weitgespannte, von Retardationen und Accelerationen bestimmte Inszenierung des Selbstmords durch Dido. Sie wünscht den Tod, *mortem orat*, und empfindet Ekel vor der Welt, wie es die vier Worte *taedet caeli convexa tueri* (451) unnachahmlich in alliterierendem Chiasmus ausdrücken. "The narrative now becomes laden with death"[60] – ohne Hoffnung, bis zum Ende. Von nun an laufen beide Sterbemotive, Schwert und Scheiterhaufen, mehr oder weniger fest verbunden bis zum Schluß nebeneinander her. Dido könnte sich ohne weiteres wie die Heroinen der griechischen Tragödie auf ihrem Lager[61] mit dem Schwert töten, ohne den Scheiterhaufen zu besteigen. Sie ersticht sich aber auf dem Scheiterhaufen, wozu keinerlei Notwendigkeit besteht, da sie bei Vergil nicht coram populo, sondern *penetrali in sede* (504) stirbt.

---

58 Tupet resumiert ihre These so: «la scène de magie des vers 504 à 521 n'est pas une fantaisie littéraire ni une digression épisodique. Elle donne, au contraire, tout leur sens à la malédiction des vers 607 à 627, dirigée contre Enée et contre Rome, et au suicide de Didon, qui est un sacrifice rituel, comparable à la *devotio*, et le dernier geste d'une opération magique destinée à amener les malheurs des guerres puniques» (1970, 229). Auf Setaiolis Erwiderung 1974, 159–164 ist Tupet 1976, 232–266 nicht eingegangen.
59 1974, 164 (Sperrung ad hoc). Zur Zauberszene auch weiter unten passim.
60 Williams 1972 zu 450 ff.
61 Im griechischen Bereich ist meist Tod durch Erhängen üblich. Der den Römern geläufige Schwerttod mag für Vergil ein zusätzliches Argument gewesen sein, die Parallelisierung mit dem *Aias* durchzuführen, vor allem da der Tod durch Erhängen etwas Schmachvolles auch schon in der Antike an sich hatte, Vergil aber Dido nicht auf diese Ebene bringen wollte.

Dido geht auffallend langsam ans Werk. Zunächst täuscht sie die Schwester (478–498). Als dann der Scheiterhaufen errichtet und von Dido geschmückt ist, wird er keineswegs genutzt. Dido bringt ein Opfer[62] dar (509–521) und begibt sich erst zur Ruhe. Die ganze Nacht hat sie schlimme Gedanken (534–552); und nachdem sie bemerkt, daß Aeneas endgültig abfährt, stößt sie ihre Jahrhunderte einbeziehende Fluchrede aus (590–629). Erst dann besteigt sie den Scheiterhaufen und scheidet nach einer ergreifenden Abschiedsrede (651–662) aus dem Leben.

Es ist notwendig, sich die einzelnen Stadien dieser Inszenierung von Didos Selbstmord zu vergegenwärtigen, um dessen inne zu werden, daß hier eine bedeutsame Vorstufe zu den breitangelegten Selbstmorden kaiserzeitlicher Helden vorliegt. Man denke nur an das Abwägen des senecaischen Oedipus, welches die angemessenste Todesart für ihn sei. Zwar entscheidet er sich für die Blendung, jedoch nur deshalb, weil diese furchtbarer als der Tod sei. Seine umständlichen Erwägungen im Hinblick auf den Tod unterstreicht er mit der bezeichnenden Selbstanrede *utere ingenio, miser* (947). Im Prinzip Vergleichbares begegnet durchaus in der Dido-Erzählung. Einerseits ist Dido von Wahnsinn gepackt und umhergetrieben wie Pentheus und Orestes auf der tragischen Bühne (465–473), andererseits geht sie denkbar überlegen und planvoll zu Werk. Beide Pole ihrer seelischen Situation spiegeln die Verse 474–477 eindrucksvoll wider:

   ergo ubi concepit f u r i a s evicta dolore
475 d e c r e v i t que mori, t e m p u s secum ipsa m o d u m que
   exigit, et maestam dictis adgressa sororem
   c o n s i l i u m vultu tegit ac s p e m fronte s e r e n a t.

In ihrer Raserei (*furias*) faßt (*decrevit*) Dido in höchster Klarheit einen Plan (*consilium*), indem sie heiter erscheint (*spem serenat*), dabei aber bewußt nur die Inszenierung des Sterbens = *tempus modumque* im Auge hat. Auf Dido trifft – zumindest in einem ersten Ansatz – nicht nur das Wort von der ‚Leidenswollust' senecaischer Helden zu, sondern auch das von ihrer ‚kalten Raserei'.[63]

Unmittelbar auf die betrachtete Passage folgt Didos Trugrede 478–498. Da sie in keiner Beziehung dramaturgisch notwendig ist, muß sie um ihrer selbst willen eingefügt sein. Ganz anders das sophokleische Vorbild: Aias' Rede ist bis zu einem gewissen Grad dramaturgisch wichtig, wenn auch nicht in der Weise, daß er sonst, wie oft behauptet wird, nicht den Weg zum Selbstmord fände. Denn so wie er nach

---

62 Es handelt sich aufgrund der typischen Attribute um ein Zauberopfer (Hecate-Anrufung, Bronzewerkzeuge, Milch, Barfüßigkeit der Opfernden).
63 Regenbogen 1961, 430 bzw. 436.

seinem Todesmonolog 865 in das Gebüsch geht, um sich in das Schwert zu stürzen, hätte er das schon früher – im Zelt oder abseits – tun können. Aber es kam Sophokles natürlich darauf an, den schwer gekränkten Helden seine Tat in grundsätzlicher Rede rechtfertigen zu lassen; dazu mußte er allein auf der Bühne sein. Es ist interessant zu sehen, daß Sophokles die Trugrede keineswegs auf ihre täuschende Funktion beschränkte – was der Tiefe der tragischen Situation wenig angemessen wäre –, sondern sie bereits zu einer Auseinandersetzung des Helden mit der Welt genutzt hat. Diese Auseinandersetzung hätte er ausschließlich in den Todesmonolog des allein auf der Bühne befindlichen Aias verlegen können, doch hat er es vorgezogen, Aias in „furchtbarem Doppelsinn" vor seiner Umgebung so sprechen zu lassen, als würde alles wieder gut, als stünde einer Versöhnung mit den Atriden nichts im Weg: Tekmessa und der Chor müssen unter dem σῴζεσθαι (692) das Leben verstehen, Aias aber meint den Tod. Der wissende Zuschauer kann dieser Rede nur mit „Schaudern und Mitleid" folgen.[64]

Gerade dieser letzte Aspekt muß Vergil zur Nachgestaltung der Aias-Rede gereizt haben. Denn auch Didos Rede, dramaturgisch entbehrlich, ist doppeldeutig vom ersten bis zum letzten Vers. Zwar hat Vergil das Schwertmotiv, das bei Aias in der Trugrede und im Todesmonolog aufklingt, in seiner besonderen Funktion auf Didos Sterbeszene beschränkt (646–647), doch hat er Dido den Trug mit ähnlichem Vorwand begründen lassen wie Sophokles seinen Helden Aias. Denn dieser spricht davon, daß er sich durch ein Bad im Meer entsühnen wolle, um so dem Zorn der Göttin Athena zu entgehen (654–656):

> ἀλλ' εἶμι πρός τε λουτρὰ καὶ παρακτίους
> 655 λειμῶνας, ὡς ἂν λύμαθ' ἁγνίσας ἐμὰ
> μῆνιν βαρεῖαν ἐξαλύξωμαι θεᾶς·

Eben dieses Sühnopfermotiv liegt Didos Trugrede in abgewandelter Form zugrunde. Sie will mit Hilfe einer *sacerdos* alle Erinnerungsstücke an Aeneas auf einem Scheiterhaufen verbrennen, um – wie sie sagt – den Geliebten wiederzugewinnen oder die Liebe zu ihm zu überwinden (479). Es kommt in diesem Zusammenhang nicht auf die Einzelheiten der in der anschließenden Ausführung beschriebenen Riten an, die die Kommentare und zuletzt Setaioli und Tupet zu erklären versuchen, sondern vielmehr auf die Feststellung, daß Dido ebenso wie Aias keinen Moment an einen glücklichen Ausgang glaubt und nur wie er den Tod im Blick hat, daß andererseits aber Anna ebenso wie Tekmessa und der sopho-

---

64 Pohlenz, 1954, I, 175: „Mit Schaudern und Mitleid hören wir es an [...]. Wir empfinden den furchtbaren Doppelsinn der Worte, die für Tekmessa so beruhigend klingen, für ihn selbst aber die tiefernste Wahrheit, den Gang in den Tod, bedeuten."

kleische Chor annehmen muß, alles werde sich zu einem guten Ende wenden. Daß man das bei Vergil wie auch bei Sophokles verkannt hat, zeigt nur, daß in diesen Reden jeder Passus in seinem ‚furchtbaren Doppelsinn' zu verstehen ist. Noch in ihren Worten an Barce 634–640 hält Dido ihr Täuschungsmanöver durch, obwohl, wie Austin anmerkt, "the need for pretence is nearly over."[65] Aber Notwendigkeit zur Täuschung hatte von Anfang an nicht bestanden. Dido ist überlegen bis zu ihrem Ende.[66]

Dido geht ihren Weg zum Tod allein – wie Aias. Als sie an den Opfergaben das erste Mal bemerkt, daß die Götter nicht länger auf ihrer Seite sind, sagt sie das niemandem, auch nicht der Schwester: *hoc visum nulli, non ipsi effata sorori* (456); und im Traum fühlt sie sich auf sich allein zurückgeworfen: *semperque relinqui | sola sibi, semper longam incomitata videtur | ire viam* (466–468). Daß sie nicht heimlich den Scheiterhaufen errichten läßt und ohne Aufsehen aus dem Leben scheidet, sondern überlegen jede einzelne Anordnung trifft, ohne daß es die ihr wohlmeinende Umgebung merkt – darin liegt ihre Größe. Bei dieser Geste des beherrschten Sich-Lossagens von der Welt spielt die Technik der von Sophokles übernommenen doppelsinnigen Trugrede die hervorragendste Rolle. In ihr erweist Dido ihre souveräne Haltung. Der Trug war das formale, das Opfer das inhaltliche Mittel, das Vergil aus der Überlieferung kannte, das er aber auch bei Sophokles vorfand. Doch welche Verinnerlichung liegt darin, daß Vergil nicht einen in seiner Ehre gekränkten Helden handeln ließ. Er transponierte das schmerzvolle Geschehen aus dem Bereich des Heroischen in die Sphäre des Menschlich-Privaten, er gestaltete nicht den Helden, sondern den Menschen.[67] Am meisten zeigt sich das in der Adaption des Schwertmotivs. Aias hatte das Schwert als Geschenk von seinem ärgsten Feind: παρ' Ἕκτορος δώρημα δυσμενεστάτου (662); δῶρον μὲν ἀνδρὸς Ἕκτορος ξένων ἐμοὶ | μάλιστα μισηθέντος, ἐχθίστου θ' ὁρᾶν (817–818). Dido aber hatte das Schwert von dem ihr liebsten Mann – welch Schmerz, welch leidvolle Tragik!

Die Absicht eines zum Tod Entschlossenen, die Wahrheit auszusprechen und doch die Umgebung durch doppelsinnige Formulierung zu täuschen, erinnert an einen der letzten Briefe W e r t h e r s, in dem er scheinbar auf Wilhelms Vorschlag eingeht, sich von ihm abholen zu lassen. Goethe nennt den in dramaturgischer

---

65 1955 zu 634.
66 Daher ist es kaum zutreffend, wenn Austin 1955 zu 638 erwägt, Dido betone, daß die *sacra rite incepta* seien, "because of her shame at having recourse to magic and in order to legitimatize it as much as possible."
67 Auch Dido ist tatkräftige Herrscherin und Königin, doch steht nicht dieser Aspekt mit ihrem Untergang in Beziehung, sondern ihr persönlich-menschliches Schicksal.

Hinsicht vollkommen entbehrlichen Brief ‚zweideutig' – Sophokles und Vergil haben solche Hilfe dem Hörer bzw. Leser nicht gegeben: „Endlich war er mit dem traurigen Gedanken immer mehr verwandt und befreundet und sein Vorsatz fest und unwiderruflich, wovon folgender zweideutige Brief, den er an seinen Freund schrieb, ein Zeugnis abgibt. ‚Am 20. Dezember. Ich danke deiner Liebe, Wilhelm, daß du das Wort so aufgefangen hast. Ja, du hast recht: mir wäre besser, ich ginge. Der Vorschlag, den du zu einer Rückkehr zu euch tust, gefällt mir nicht ganz; wenigstens möchte ich noch gern einen Umweg machen, besonders da wir anhaltenden Frost und gute Wege zu hoffen haben. Auch ist mir es sehr lieb, daß du kommen willst, mich abzuholen; verziehe nur noch vierzehn Tage, und erwarte noch einen Brief von mir mit dem Weiteren. Es ist nötig, daß nichts gepflückt werde, ehe es reif ist. Und vierzehn Tage auf oder ab tun viel. Meiner Mutter sollst du sagen: daß sie für ihren Sohn beten soll, und daß ich sie um Vergebung bitte wegen alles Verdrusses, den ich ihr gemacht habe. Das war nun mein Schicksal, die zu betrüben, denen ich Freude schuldig war. Leb' wohl, mein Teuerster! Allen Segen des Himmels über dich! Leb' wohl!'"

4 Dido und Aias

Wenn es somit offenkundig ist, daß über Hunderte von Versen hin durch die Gestalt Didos der sophokleische Aias hindurchschimmert, wird man kaum annehmen können, daß Vergil sich bei seiner Nachgestaltung nur von dem Selbstmördertum des tragischen Helden leiten ließ. Er muß überhaupt in dem Schicksal der beiden Personen etwas Verbindendes, Verwandtes gesehen haben, wenn es sich auch von selbst versteht, daß das sophokleische Menschenbild nicht das vergilische sein kann. Deshalb mögen Andeutungen genügen. Besonders eindrücklich stehen vor dem Hörer bzw. Leser der sterbende Aias wie die sterbende Dido, die beide auf ihrem letzten Weg einsam sind. Aber auch die Anfänge ihres Leidens gleichen sich in gewisser Weise. Zwar haben weder Sophokles noch Vergil bei ihren Personen Schuld und Sühne gegeneinander aufgerechnet, doch kann andererseits kein Zweifel daran sein, daß beider Schicksal im äußerlichen Sinn durchaus vermeidbar ist. Bei Sophokles hat Aias im Gegensatz zu anderen Versionen den Mordplan gegen die Atriden bereits gefaßt, ehe er von Athena mit Wahnsinn geschlagen wird, damit Schlimmeres verhütet werde;[68] Sophokles hat Aias damit belastet, der aus gekränkter Ehre Menschenmaß überschreitet. Mag Aias' Heldentum so gewaltig sein, daß es sich nicht in die Welt einfügen kann, mag

---

[68] Pohlenz 1954, I, 171.

Aias ein σῶμα περισσὸν καὶ ἀνόνητον verkörpern (758) und sein Scheitern damit im tiefsten Sinn begründet sein, hat er doch als οὐ κατ' ἄνθρωπον φρονῶν sich die ἀστεργὴς ὀργή Athenas zugezogen (776–777), da er gegen ihr Gebot der σωφροσύνη verstieß, wie sie ausdrücklich feststellt (127–133). War für den Helden die Verletzung der Ehre die Ursache, daß er der σωφροσύνη vergaß, hat Dido aus Liebe gegen *pudor* und *fama* verstoßen.[69] Bei beiden hat der Zustand der Verblendung eine entscheidende Rolle gespielt; denn nur in diesem vermag Dido die Bindung an Aeneas als vollgültige Ehe zu interpretieren (170–172). Beide kommen am Schluß zur Erkenntnis, beide scheiden in voller Überlegung aus dem Leben. So unterschiedlich ihre Schicksale und die Motivationen im einzelnen sind, scheint Vergil doch im Bezug auf die Frau dargestellt zu haben, was Sophokles am Mann gezeigt hatte.[70] Während Aeneas' Schicksal in seiner Bezogenheit auf die Weltordnung durch die Forderungen des Staatsdenkens typisch ‚römisch' ist, gründet das Schicksal Didos, der Städtebauerin, der ebenso Hochgestellten, letztlich im Persönlichen. Im Gegensatz zu Aeneas' römischer Sendung ist das eine ‚griechische' Tragödie.

III Ausblick: Aeneas und Aias

Vergil hat Didos Weg zum Tod über die Gattungsgrenzen hinweg im Blick auf das leidvolle Schicksal des sophokleischen Aias gestaltet. Er war offenbar von dieser Figur so beeindruckt, daß er auch seinen Haupthelden Aeneas, der auf das ganze gesehen nicht weniger Leid als Dido zu erdulden hat, sich ausdrücklich in einer seiner letzten Reden auf ihn beziehen ließ. Es darf als das bekannteste Wort des sophokleischen Helden der Wunsch an seinen Sohn gelten (550–551):

550 ὦ παῖ, γένοιο πατρὸς εὐτυχέστερος,
     τὰ δ' ἄλλ' ὁμοῖος· καὶ γένοι' ἂν οὐ κακός.

---

[69] Didos „Schuld besteht darin, daß sie die Pflicht der Treue, die sie als bindend anerkennt, wissentlich verletzt" (Heinze 1915, 125). „Didos ‚Schuld' ist eine echte ἁμαρτία im Sinn der attischen Tragödie. Den Treueschwur, den sie zu Beginn des Buches emphatisch ihrem toten Gatten Sychaeus leistet, bricht sie und setzt ihren guten Ruf und die αἰδώς aufs Spiel" (Zintzen 1976, 182).
[70] Der Einfluß der euripideischen Medea und Phaidra ist unverkennbar. Doch „nicht nur im Ethos ist Dido wie eine attische Tragödienfigur gezeichnet; es läßt sich leicht nachweisen, daß Vergil auch viele Requisiten des attischen Dramas übernommen hat" (Zintzen 1976, 184, der im einzelnen zu vergleichen ist).

Diesen Wunsch nimmt Aeneas auf, als er sich vor dem Entscheidungskampf mit Turnus von Ascanius verabschiedet (12, 435–436):

> 435 disce, puer, virtutem ex me verumque laborem,
> fortunam ex aliis.

Dieses ist kein beliebiges Zitat, sondern eine wesentliche Deutung des vergilischen Helden, der ebenso wenig ‚glücklich' wie der sophokleische ist.[71] Wenn Macrobius *Sat.* 6, 1, 58 behauptet, Vergil habe in der Aeneas-Rede den Ajax aus Accius' *Armorum Iudicium* vor Augen gehabt, der zu seinem Sohn die Worte *virtuti sis par, dispar fortunis patris* spricht, gilt das angesichts der Vorbildhaftigkeit, die das sophokleische Stück für Vergil hatte, ganz sicher höchstens für die Formulierung. Mit der Darstellung von Didos und Aeneas' Leid dürfte sich Vergil d i r e k t auf den τάλας Αἴας der sophokleischen Tragödie bezogen haben.[72]

---

[71] Vergil hat auf diesen Vergleich Wert gelegt, obschon Aias' ἀτυχία verschieden ist von Aeneas' *fortuna*, dem leidvollen Umhergetriebensein, über das er auch 1, 372–385 klagt (dazu Lefèvre 1978 (4), 97–110).

[72] Klingner 1967, 466 betont, daß „das Seelenleid des Aeneas nicht leichter" sei als das Didos.

11 Nachbetrachtungen zu Varius' *Thyestes*

I Tradition des Sujets —— S. 220
  1 Von Euripides bis Varius —— S. 220
  2 Maternus' *Thyestes* —— S. 221
II Zeitbezug des Sujets —— S. 223
  1 Ennius' *Thyestes* —— S. 223
  2 Varius' *Thyestes* —— S. 223
III Zur Dramaturgie —— S. 226
  1 Prolog —— S. 226
  2 Ort und Zeit —— S. 226
IV Warum ging Varius' *Thyestes* verloren? —— S. 227

Einige Ergänzungen zu der Untersuchung von 1976[1] scheinen angebracht, wenngleich neuere Ansätze nur spärlich erfolgt sind. Doch kann manches genauer gefaßt werden.

I Tradition des Sujets

1 Von Euripides bis Varius

Die schwierige Frage, welches Vorbild Ennius' *Thyestes* hatte, wurde früher behandelt. Es verdient Beachtung, daß nach Jocelyn Euripides' *Thyestes* "remains a possible model of the Ennian *Thyestes*".[2] Auch Kannicht hat in neuerer Zeit erwogen, daß Euripides' *Thyestes* das Geschehen n a c h der cena Thyestea zum Inhalt gehabt habe.[3] Dann ergäbe sich eine Linie Euripides → Ennius → Varius (wenn die frühere Rekonstruktion zutrifft). Euripides, Ennius und Varius hätten ein ‚positives', jedenfalls geschlossenes, Seneca als Kind der Kaiserzeit ein ‚negatives', jedenfalls offenes Ende dargestellt. Der Bürgerkrieg der dreißiger Jahre wurde zu Recht als Bruderkrieg empfunden. Bei Varius war es sicher zu einer Bestrafung des feindlichen Bruders gekommen. Es ist nicht vorstellbar, daß er nicht darauf zielte, sondern weiter auf die niederträchtigste Entzweiung.

Aber statt die Linie Euripides → Ennius → Varius hat die Forschung zumeist die Linie Accius (*Atreus*) → Varius → Seneca gezogen. Der Umstand, daß das erste wie das dritte Stück die cena zum Inhalt haben, verleitete zu dem Parallelschluß, daß

Originalbeitrag 2014.
[1] Dazu Ross 1977 / 1978, 205–206.
[2] 1969, 419.
[3] TrGF V, 1 (2004), p. 437 (‚fortasse').

das auch für das zweite gelte.⁴ Man sehe aber, daß Accius ein weiteres Stück mit dem Atreus / Thyestes-Stoff gedichtet hat: die *Pelopidae*, die freilich schwer faßbar sind.⁵ Sie dürften Varius Anregungen gegeben haben, zumal Welcker, Ribbeck, Ladewig und Robert als Handlung das Geschehen nach der cena und zwar bis zu Atreus' Tod vermuteten.⁶ In neuerer Zeit wurde auch von La Penna,⁷ Baldarelli⁸ und Boyle⁹ vorsichtig in dieser Richtung argumentiert. Wenn das richtig ist, ergäbe sich, inhaltlich gesehen, die Linie Euripides → Ennius → Accius (*Pelopidae*) → Varius. Auf jeden Fall sollte nicht ohne weiteres von Accius' *Atreus* auf Varius' *Thyestes* geschlossen¹⁰ werden.¹¹

2 Maternus' *Thyestes*

Wie es scheint, kann die Linie noch weiter gezogen werden. Tacitus berichtet im *Dialogus de oratoribus*, daß auch Curiatius Maternus in der Zeit Vespasians an einem *Thyestes* gearbeitet habe (3, 3). Über den Inhalt werden keine Angaben gemacht, außer daß er – jedenfalls partiell – oppositioneller Natur sei. Da andererseits 9, 2 Agamemnon als Person einer Maternus-Tragödie genannt wird, liegt die Annahme nahe, daß der *Thyestes* gemeint ist, zumal der dort ebenfalls auf-

---

4 Dagegen bemerkt Tarrant 1985, 41 sehr richtig: "there is no secure basis for regarding Varius as the model for any particular aspect of Seneca's play."
5 Ausführliche Rekonstruktion: Baldarelli 2004, 267–284.
6 ▸ S. 183–184 (die These wird von Mette 1965, 155–156 ausführlich zu den *Pelopidae* referiert, was zumindest nicht auf Ablehnung schließen läßt).
7 1979, 133.
8 2004, 277.
9 Jedenfalls bis zu dem Zeitpunkt, als Aegisthus im Begriff ist, Thyestes zu töten, worauf nach Hygin 88, 8–11 bald Atreus' Tod erfolgt: 2006, 119.
10 Es ist unzutreffend, von einem "tyrannical image of Atreus and Thyestes offered by Accius and Varius Rufus" zu sprechen (Champlin 2003, 307). Bei Varius lagen offenbar auf Thyestes Sympathien, da sonst Aegisthus' Rachehandlung nicht motiviert wäre.
11 In Anm. 173 der Abhandlung von 1976 wurde dargelegt, daß Hor. *Carm*. 1, 6, 8 auf Varius' *Thyestes* bezogen zu werden pflegt und die Erläuterung von Ps.Acro zitiert. Hierzu ist nachzutragen, daß aus dem genannten Menschenopfer keineswegs auf den Inhalt dieses Stücks zu schließen ist. Es ist wohl das Pelopidenhaus als tragischer Stoff par excellence gemeint, um den Tragiker Varius allgemein zu charakterisieren – so wie in 6–7 *Ilias* und *Odyssee* genannt werden, um den Epiker Varius allgemein zu charakterisieren. Es sei jedoch nicht die 200 Jahre alte Vermutung des feinsinnigen Horaz-Kommentators Mitscherlich vergessen, nach dem sich 8 ebenfalls auf epische Darstellung bezieht: „propter antecedentia et vv. 13–16. quae epici carminis argumenta exhibent, etiam hoc de Pelopis familia epice tractatum intelligere malim" (1815, 83).

scheinende Iason in die 3, 4 erwähnte *Medea* gehört. Freilich ist es eine bequeme Annahme, Maternus habe auch einen *Agamemnon* geschrieben, obwohl von ihm in dem Gespräch über seine Tragödien (2–3) nicht die Rede ist. Die Erläuterung, die Gudeman, der den ‚bequemen' Weg ging, gab, ist interessant. 9, 2 „scheint mir jetzt[12] darum nicht notwendigerweise auf den Thyestes in Delphi (Hygin fab. 88) bezogen werden zu müssen, weil Aper nicht ohne weiteres voraussetzen konnte, daß Maternus die auf die ‚cena Thyestea' folgenden Ereignisse, in denen Agamemnon eine Hauptrolle spielte, dramatisch bearbeiten würde. Falls wir also hier nicht annehmen wollen, T. habe seine spätere Kenntnis des Stückes antizipierend jene Worte dem Aper in den Mund gelegt, so hätte Maternus, wie Schöll vermutete, schon früher, neben der Medea, noch eine andere Tragödie, in der Agamemnon auftrat oder auftreten konnte, gedichtet."[13] Wenn man diese Ansicht auf den Punkt bringt, ergibt sich, daß es für Gudeman noch 1914 die natürlichste Annahme war, Maternus habe in seinem *Thyestes* den Nach-cena-Stoff gestaltet – wie doch wohl Varius. In der Tat hatte Gudeman in der ersten Auflage seines Kommentars 1894 diese Auffassung vertreten.[14] Der historische Maternus kann sich über den Inhalt durchaus vor der endgültigen Fertigstellung des Stücks in einem Gespräch geäußert haben. Außerdem: Wenn die von Tacitus wiedergegebene Unterhaltung ‚authentisch' ist, braucht er sie nicht vollständig berichtet zu haben!

Es gibt zu denken, daß es Maternus ist, der das vielzitierte Urteil über Varius' *Thyestes* ausspricht: *nec ullus Asinii aut Messallae liber tam illustris est quam Medea Ovidii aut Varii Thyestes* (12, 6). Wenn wir Tacitus trauen dürfen, hat Maternus mit der *Medea* und dem *Thyestes* gerade die beiden römischen Tragödien neu gestaltet, die er selbst am höchsten schätzte![15] Nichts liegt näher als die Vermutung, er habe, äußerlich gesehen, in beiden Fällen denselben Inhalt gewählt.

War Varius' *Thyestes* panegyrischer Art (Bestrafung des Übeltäters Atreus), konnte später die Handlung in oppositioneller Hinsicht interessant werden. Denn es gab inzwischen genügend Atreusse auf dem kaiserlichen Thron bzw. unter den (in 2, 1 genannten) *potentes*. Es kommt immer auf den Blickwinkel an.

---

12 Im Gegensatz zur ersten Auflage, s. weiter unten.
13 1914, 200.
14 1894, 72–73. Zu Hygin 88: "This story certainly offered ample opportunities for the eloquent harangues of Agamemnon unmistakebly alluded to by Aper."
15 *liber* = ‚oratio' (Gudeman 1914, 272). Rein theoretisch schließt Maternus' Formulierung die Auffassung nicht aus, daß die beiden Tragödien nur Beispiele sind und er andere durchaus ebenso (oder sogar höher) schätzte. Aber diese beiden sind offenbar als seine Vorbilder für ihn besonders interessant! Gudeman 1894 nannte sie 'models of Maternus' own dramas'.

Nach dieser Betrachtung erhalten wir die Linie Euripides → Ennius → Accius (*Pelopidae*) → Varius → Maternus. Es ist lohnend, den Stoff der varianischen Tragödie einzukreisen.

II Zeitbezug des Sujets

1 Ennius' *Thyestes*

Es ist von Interesse, daß man bereits Ennius' *Thyestes* eine zeitpolitische Ausrichtung zugeschrieben hat. So erwog M.-H. Garelli-François, die der Verlegung der Handlung nach Thesprotien durch Jocelyn (dem Ladewig und Warmington vorangegangen waren) folgt, daß das auf 169 zu datierende Stück «fait partie d'une propaganda anti-macédonienne précédant de peu la victoire à Pydna de Paul-Emile». Das erlaube, den *Thyestes* neben Ennius' *Ambracia* und Pacuvius' *Paullus* zu stellen.[16] Deutlicher ist die Nähe von (republikanischer) Tragödie und Praetexta nicht zu betonen.[17] Nicht anders macht das Datum für Boyle (der ebenfalls Jocelyns Handlungsrekonstruktion übernimmt) es "unevitable that political resonances were intended by the setting of this play in Epirus" – mitten im Dritten Makedonischen Krieg (171–168). "Atreus and Thyestes may well have exemplified to Ennius' audience the corruption, deviousness and decadence of Rome's Greek enemies."[18]

Wenn Epirus im Jahr 169 wegen des Makedonischen Kriegs für die Römer interessant gewesen sein sollte, dann war es für sie im Jahr 29 wegen des Siegs von Actium (das dort liegt) noch viel interessanter. Ennius' *Thyestes* war berühmt. Hätte Varius ihn ignoriert, hätte er an einem hochpolitischen Fest einen hochpolitischen Stoff zugunsten einer Freßorgie verschenkt.

2 Varius' *Thyestes*

Forschung: Zeitpolitische Züge der varianischen Triumphtragödie sind mehrfach angenommen worden[19] – allgemein etwa von Friedrich oder speziell von

---

16 1998, 169.
17 Dazu Manuwald 2004, 146.
18 2006, 79 (ohne Bezug auf Garelli-François 1998).
19 Geleugnet wurden sie von Wimmel 1981 und 1983, der den cena-Stoff als Inhalt verteidigt, indem er (a) den Gedanken an eine panegyrische Tendenz abweist und sowohl (b) den *Thyestes* aus der Tradition der römischen Tragödie als auch (c) Varius aus der ‚augusteischen Haupt-

Lana, der von einem «riferimento, più o meno aperto, ad Antonio, presentato come un tiranno» sprach.[20] Diese Ansicht liegt auf den ersten Blick nahe, führt aber, wenn die cena im Mittelpunkt stand, zu der Aporie, wie dann die mit Atreus unlöslich verbundene Figur des Thyestes zu deuten sei: als Oktavian, der seine Kinder teilweise – wenngleich unfreiwillig – verspeist? Auch M. Leigh hat neuerdings zu beweisen versucht, daß es bei Varius' Atreus um Antonius' 'appetite for blood' gehe.[21] Die Beweisführung ist ein 'heroic attempt'. Atreus hat keinen Appetit auf Blut, vielmehr bereitet er das Mahl für den Appetit eines anderen, für Thyestes, der das Blut der Opfer trinken soll (und trinkt), wie es Atreus bei Seneca beschreibt: *mixtum suorum sanguinem genitor bibat* (*Thy.* 917). Die Gleichung geht nicht auf. Denn bei der cena-Handlung gehört Thyestes dazu, der in die höchste Verzweiflung gerät. Wie hätte Varius Oktavian damit eine Freude machen können? Der Stoff hätte sich eher für ein Anti-Oktavian-Stück geeignet.

Ähnlich steht es mit der These von M. Erasmo (der ebenfalls an dem cena-Geschehen als Inhalt festhält), nach dem umgekehrt Oktavian als 'a modern Atreus' erschien und sein Gegner Antonius als 'a usurping Thyestes deserving punishment'.[22] Oktavian als Schlächter?

Etwas anderes ist es, wenn die Ermordung der Kinder in der Vorgeschichte der Tragödie angesiedelt war[23] und die Personen sich darauf bezogen. Dann brauchte man sich keine Gedanken zu machen, welche Person der Gegenwart 'appetite for blood' gezeigt habe und wer der Gegenspieler war. Schon deshalb liegt die Annahme nahe, daß Varius ein späteres Handlungsstadium wählte, in dem n i c h t Thyestes' Mahl im Mittelpunkt stand – so wie wahrscheinlich bei Euripides, Ennius, Accius (*Pelopidae*) und Maternus.

A e g i s t h u s : Man hat sich daran gestoßen, daß bei der vorgeschlagenen Rekonstruktion Oktavian mit dem Ehebrecher Aegisthus in Parallele gesetzt werde.

---

entwicklung' ausklinkt. (a): Der *Thyestes* sei „im Kern weder ein Bürgerkriegs- noch ein Siegesdrama" (1981, 21); (b): Varius habe eine Tragödie verfaßt, „die kein römisch-nationales Weihespiel war, sondern [...], w i e g e w ö h n l i c h i m r ö m i s c h e n T h e a t e r, eine vielbedichtete griechische Fabel in freier römischer Bearbeitung bot" (1981, 29, Sperrung ad hoc); (c): Es scheine, daß Varius „mit seinem ‚Thyestes' als einem Stück, das in der herkömmlichen griechischen Thematik verharrte, sich aus der augusteischen Hauptentwicklung eher herausgerückt hat" (1981, 30). Sollte der *Thyestes* entgegen der zeitpolitischen Grundierung der römischen Tragödie ein Stück ‚zeitlose' Literatur sein?
20 ▸ S. 174.
21 In der Arbeit mit dem bezeichnenden Titel 'Varius Rufus, Thyestes and the Appetites of Antony' (1996, 171–197).
22 2004, 110.
23 So nach Jocelyn 1969, 413 in Ennius' *Thyestes*.

Der Ehebruch gehört aber in ein anderes Stadium der Pelopidensage. Man bedenke, daß Oktavian offenbar als Orestes gesehen wurde.²⁴ Gewiß, Orestes rächte (wie Oktavian) seinen Vater, aber er war zugleich ein Muttermörder – eine ambivalente Figur. Dieses Beispiel zeigt, daß bei solchen Gleichsetzungen immer nur partielle Aspekte zur Debatte standen. Wenn bei Orestes der Muttermord ausgeblendet werden konnte, war es erheblich unproblematischer, bei Aegisthus den Ehebrecher auszublenden – um so mehr, als bei Orestes die Rache für den Vater in der umstrittenen Tötung der Mutter, bei Aegisthus aber in der unumstrittenen Tötung des Atreus bestand. Zudem lagen die beiden Phasen der mythologischen Überlieferung (Tötung des Atreus / Tötung des Agamemnon) zeitlich weit auseinander.

Unfruchtbare Gleichsetzungen: Bei Varius wird nach der vorgelegten Rekonstruktion keineswegs eine Gleichung Aegisthus = Octavianus aufgemacht, sondern lediglich die Beendigung eines blutigen Streits zwischen zwei Brüdern gezeigt, indem den in der Vorgeschichte schuldig gewordenen Bruder die Strafe ereilt. Damit erledigt sich die oft diskutierte Frage, wer hinter Atreus und Thyestes zu sehen sei. Denn wenn der eine für Antonius stünde, stünde der andere für Oktavian – was unsinnig ist. Man sollte alle Identifikationen der Brüder unterlassen und sich mit der Feststellung begnügen, daß Varius' Festspiel die Beendigung eines Bruderkriegs zeigte – was den panegyrischen Nagel hundertprozentig auf den Kopf traf: Ein Mann brachte einen sich mindestens über zwei Generationen erstreckenden Bruderkrieg zu Ende. Das hatten Aegisthus und Oktavian getan, aber Oktavian war deshalb noch kein Aegisthus.

Apollos Aktualität: Ennius' *Thyestes* wurde an den Ludi Apollinares aufgeführt, und eine der Personen sagte *set me Apollo ipse delectat, ductat Delphicus*.²⁵ Varius' *Thyestes* wurde an den Ludi triumphales für Oktavian aufgeführt, der Apollo als Schutzgott betrachtete. Ein Zusammenhang liegt auf der Hand.²⁶ Man bedenke, daß ein Jahr später der von ihm gelobte Tempel auf dem Palatin dem verehrten Gott geweiht wurde. Oktavian war gewissermaßen von der Apollo-Ideologie besessen. Nichts lag näher, als daß auch in dem während der Triumphspiele am 13.–15. August 29 aufgeführten *Thyestes* Apollo eine überragende Rolle zufiel. Die Tragödie stellte dankbar dar, was Apollo für Oktavian getan hatte – wie die Tempelweihung einen Dank für den Gott bedeutete. Letztlich spiegelt

---

24 Champlin 2003, 308–310 unter Verweis auf einschlägige Forschungsliteratur (M. Dewar; Ph. Hardie; N. Cecioni; T. Hölscher).
25 Fr. 136 Man.
26 Lefèvre 1976, 28–30 (▶ S. 186–188).

sich darin das religiöse *do ut des*-Denken der Römer. Die Oktavianer hatten während der Abwesenheit des Siegers genügend Zeit, alles minutiös zu planen.

III Zur Dramaturgie

1 Prolog

In Senecas *Agamemnon* spricht die Umbra Thyestis den Prolog. Der tote Thyestes berichtet davon, wie er einst das Orakel bekam, daß er sich mit seiner Tochter vereinigen werde. Daraus entstand Aegisthus, der seinen Vater (Thyestes) rächen sollte – an A g a m e m n o n ! Das ist ein Generationensprung. Der Mythos legt zwangsläufig die Handlungsführung nahe, daß Aegisthus Thyestes an A t r e u s rächen soll, so wie es Hygin erzählt[27] und es als Inhalt des varianischen *Thyestes* erwogen wurde. Senecas Prolog sieht wie eine Sekundärfassung aus. Man könnte daher als Gedankenspiel vermuten, bei Varius sei Thyestes als Prologus aufgetreten, der in das Geschehen einführte und dabei sinngemäß die ennianischen Worte äußerte: *set me Apollo ipse delectat, ductat Delphicus.*[28] Bei Seneca spricht Thyestes bezüglich des Orakels etwas schwammig von *Fortuna* (28), *fata* (33) und *sors* (38), obwohl Aegisthus später klar sagt: *auctore Phoebo gignor*: ‚Das von Apollo gegebene Orakel ist der Grund dafür, daß ich gezeugt wurde' (294). Seneca hätte es sich bei der Erfindung – wie öfter – leichtgemacht: Er hätte Varius' ‚lebenden' Thyestes durch den ‚toten' Thyestes ersetzt – nicht um den strafenden Mord an Atreus, sondern um den strafenden Mord an Agamemnon zu motivieren. Das wäre das Musterbeispiel einer Sekundärmotivation, stoffgeschichtlich gesehen: einer Dublette.[29]

2 Schauplätze

Nach der vorgelegten Rekonstruktion hatte der *Thyestes* wenigstens zwei Schauplätze (Thesprotien und Delphi). Es sollte erlaubt sein, von der Praxis Senecas und

---

[27] *eum fratris fore ultorem* (Fab. 87).
[28] Wenn das zuträfe, entfiele die frühere Erwägung, daß Apollo den Prolog des varianischen *Thyestes* gesprochen habe.
[29] In diesen Zusammenhang gehört die Nachbetrachtung über die dramatische Funktionslosigkeit des *Agamemnon*-Prologs (▶ S. 594–595).

des *Octavia*-Dichters Rückschlüsse auf frühere Formen zu ziehen:[30] die *Phoenissae* haben je nach Zählung zwei, drei oder vier, der *Oetaeus* zwei Schauplätze.[31]

IV Warum ging Varius' *Thyestes* verloren?

So wie kein annalistischer Historiker vor dem gewaltigen Livius und kein archaischer Epiker vor dem gewaltigen Vergil in späterer Zeit der systematischen Überlieferung für wert erachtet wurde, wurde kein republikanischer, augusteischer oder frühkaiserzeitlicher Tragiker vor dem gewaltigen Seneca in späterer Zeit der systematischen Überlieferung für wert erachtet. Jedenfalls ging Varius' *Thyestes* nicht deshalb verloren, weil Seneca speziell d i e s e n Stoff ‚besser' zur Darstellung gebracht hätte. Er teilte vielmehr ein allgemeines Schicksal. Hätte es eine gewaltige augusteische oder kaiserzeitliche Komödie gegeben, wäre Plautus und Terenz wohl ein vergleichbares Schicksal zuteil geworden. Daran ermißt man, welche fatalen Nachteile dieses ‚Auswahlprinzip' hatte.

---

30 Boyle 2006, 259 Anm. 84.
31 ▶ S. 559–560.

12 Tableau II

I Von der offiziellen zur ‚privaten' Literatur —— S. 228
II Von Varius' *Thyestes* zu Ovids *Medea* —— S. 229
III Ausblick —— S. 231

Es ist eine Ironie der Überlieferung der römischen Literatur: Die beiden offenbar berühmtesten Tragödien, Varius' *Thyestes* und Ovids *Medea*, sind mit der gesamten augusteischen Tragödie so gut wie vollständig verloren gegangen.[1] Von der ersten ist ein Vers, von der zweiten sind zwei Verse erhalten. Wie ist das zu erklären?

I Von der offiziellen zur ‚privaten' Literatur

Sicher fehlte Cicero als Herold, dem so viele Fragmente der republikanischen Tragödie verdankt werden.[2] Aber das ist nicht die alleinige Ursache. Vielmehr wird man festzustellen haben, daß die weitgehende Ausrichtung der Spiele durch den Prinzeps und ihre weitgehende Ausrichtung auf seine Person[3] die Dichter nicht sonderlich zu öffentlichen Darbietungen inspirierten. Man möchte mit Tacitus kurz und bündig sagen: *postquam bellatum apud Actium atque omnem potentiam ad unum conferri pacis interfuit, magna illa ingenia cessere.*[4] Man pflegte nunmehr, recht verstanden, ‚private' Literatur. In der Geschichtsschreibung ist Livius ein gutes Beispiel. Nicht kommt er wie viele republikanische Historiker aus dem aktiven politischen Leben, er operiert vielmehr vom Schreibtisch aus, Archive ersetzen Erfahrungen. Die Elegiker verkehren in freundschaftlichen Zirkeln wie schon die Neoteriker. Vergil schreibt zwar mit der Dido-Geschichte eine ‚Tragödie', aber er ist ein scheuer Zeitgenosse, der nicht an die Öffentlichkeit drängt, sondern

---

Originalbeitrag 2014.
1 Zur Tragödie der augusteischen Zeit Opelt 1978, 427–432; Della Corte 1983, 227–243; Boyle 2006, 160–176.
2 „Wer an Ennius' Tragödien denkt, kann es nicht tun, ohne sich auch Ciceros dankbar zu erinnern. Auch Pacuvius' und Accius' Andenken profitiert von seinem Interesse" (Friedrich 1968, XVII).
3 Kienast 1982, 170 betont, daß die dramatischen Aufführungen Augustus' „Bestrebungen unterstützten und von mehr oder minder offenen Schmeicheleien nicht frei waren." Boyle 2006, 170: "In many senses the senatorial elite lost control of the theatre in the final years of the republic, just as they lost control of the republic itself. Augustus gradually took back control of the *ludi* and the theatre – to and for himself."
4 *Hist.* 1, 1, 1.

ihr aus dem Weg geht. Und Horaz wendet über Jahrzehnte hin seine ganze Diplomatie auf, sich den Aufträgen zu ‚offizieller' Dichtung so weit wie möglich zu entziehen.

Offenbar gab es keine nennenswerte augusteische Tragödie. Die drei Werke, die man anführen kann, Varius' *Thyestes*, Vergils ‚Dido' und Ovids *Medea*, sind Sonderfälle. Der *Thyestes* ist ein Auftragswerk, ‚Dido' hat einen nicht unwesentlichen, *Medea* einen ganz ‚privaten' Charakter. Einzig Vergils Gestaltung ist aufgrund ihrer überragenden Qualität – im Kontext der *Aeneis* (die sofort berühmt wurde) – erhalten.

II Von Varius' *Thyestes* zu Ovids *Medea*

Varius' *Thyestes* steht noch ganz in der Tradition der republikanischen Tragödie: Er wurde für Oktavians Ludi triumphales bestellt. Der Umstand, daß man längere Zeit von ihm sprach, wurde sicher durch den Glanz des Festes und das fürstliche Honorar gefördert. Vergleichbar ist, daß man mehr als ein Jahrhundert bei Aufführungen der *Aida* betonte, sie verdanke ihre Entstehung und das ägyptische Kolorit der Einweihung des Suez-Kanals.

Zudem bot der *Thyestes* das, was man aus der republikanischen Zeit gewohnt war: einen zeitpolitischen Bezug. Ein Festspiel bei einem der größten Triumphe Roms konnte sich nicht auf eine rein literarische Faktur beschränken. Das hätte niemand verstanden. Jeder, der die Tradition der römischen Tragödie kannte, erwartete ein panegyrisches Stück, das in gleichnishafter Weise Oktavians überragenden Sieg spiegelte. Es wurde zu zeigen versucht, daß sich Varius Ennius' berühmten *Thyestes* zum Vorbild nahm, in dem Apollo offenbar eine besondere Rolle spielte: Oktavians Hausgott war damit in angemessener Weise berücksichtigt.[5]

Obwohl Oktavian erst im Sommer 29 nach Rom zurückkehrte und die Spiele bereits am 13.–15. August stattfanden, darf man voraussetzen, daß Varius während der Abwesenheit des zu Ehrenden genügend Zeit hatte, alles genau zu bedenken.

Vergils *Aeneis* wird in der Regel ‚politisch' gelesen.[6] In diesem Sinn sieht man hinter der Figur des *pius Aeneas* in Umrissen Augustus, ohne daß sich einzelne Züge entsprechen, wie das bei einer Allegorie der Fall wäre. Die Parallele zum

---

5 Lefèvre 1976, 25–30 (▶ S. 183–188).
6 „Deutlich wird, dass die Aeneis ganz wesentlich ein politisches Epos ist, das die Rechtfertigung des augusteischen Staates zum Ziel hat, und seine Gründung auf göttlichen Willen zurückführt" (Zintzen 2013, 8).

rekonstruierten *Thyestes* ist sehr eng. Oktavian / Augustus hatte viele Kämpfe und unendliche Mühen zu bestehen gehabt, um die Res publica neu zu begründen: *tantae molis erat Romanam condere gentem* heißt es programmatisch im Proömium. Ebendas war der Anlaß für Varius' Festspiel.

Vergil hat die italischen Kämpfe in großer Ausführlichkeit geschildert, um zu zeigen, daß schließlich die bessere Sache siegte – wenn auch nach schlimmen Mühen. Er setzte voraus, daß beide Seiten zusammenwachsen. Daran läßt die Iupiter-Rede im letzten Buch keinen Zweifel (12, 834–839): Mit einer positiven Aussicht muß auch der *Thyestes* geschlossen haben.

Wie fügt sich in diesen Zusammenhang die Dido-Tragödie? Ist die scheiternde Liebe zwischen Dido und Aeneas rein privater Natur? Ihre Darstellung hat einen bedeutenden menschlichen Aspekt,[7] Catull als Wegbereiter ist nicht zu verkennen, sie selbst bereitet den *Heroides*, zumindest dem Dido-Brief, den Weg. Aber sie vollzieht sich auf historischem Hintergrund. Didos Vorausdeutung auf die Punischen Kriege und Hannibal verleiht dem Geschehen eine politische Dimension: Die Römer werden die Karthager besiegen. Die private Liebestragödie ist in einen historisch-zeitpolitischen Rahmen gespannt.[8]

Ovids *Medea* war im Gegensatz zu Varius' *Thyestes* und Vergils ‚Dido' sicher ‚private', jedenfalls auf das Individuum bezogene Poesie. Wenn in ihr ein Konflikt ausgetragen wurde, war es einer, der das römische Volk nichts anging, obwohl es ein weitverbreiteter Vorgang war: Eine Frau wurde von ihrem Mann verlassen. Ovid dürfte das Medea-Schicksal nicht auf der aitiologisch-panegyrischen Ebene der republikanischen Tragödie abgehandelt haben, sondern auf der individuell-privaten Ebene der neoterischen und elegischen Zirkel. Damit waren ganz andere Rezipienten angesprochen. Man kannte schon Properz' Arethusa-Brief. Bezeichnenderweise war die *Medea* im Gegensatz zu Varius' *Thyestes* zur Rezitation bestimmt.[9] Bald folgten die geistesverwandten *Heroides*.[10] Nunmehr hatte man geradezu ein Lehrbuch für die Emotionen, die eine verlassene Frau bewegen. Fast möchte man verstehen, daß angesichts dieses massiven Tränen-Corpus nicht auch noch die dramatische Gestaltung der verlassenen Heroine Medea der Überliefe-

---

7 Dazu kürzlich Birbaumer / Zintzen 2013.
8 Zu Didos Fluchmonolog 590–629 bemerkt Klingner 1967, 459 treffend: „Hier mündet die Geschichte der unseligen Leidenschaft in den Weltzusammenhang des römischen Schicksals ein, der ja doch [...] auch in diesen Teilen der Aeneis, offen oder insgeheim, ihr eigentlicher Gegenstand bleibt."
9 Kraus (1942) 1968, 87.
10 Zur Chronologie: Kraus (1942) 1968, 71; Döpp 1992, 71 (‚einigermaßen sicher').

rung für wert erachtet wurde. Ihr Verlust wiegt schwer, aber wir möchten doch nicht wie einst Friedrich Leo Senecas neun Tragödien für sie hingeben.[11]

Mit der Ansiedelung des Medea-Schicksals im privaten Bereich stieß Ovid die Tür weit auf zur Tragödie der Kaiserzeit. Wenn sich Seneca bei seiner *Medea* von einer früheren römischen Gestaltung anregen ließ, dann wohl nicht so sehr von einer republikanischen als vielmehr von der ovidischen. Aber wie allen Tragödien vor ihm verschloß er auch ihr den Weg in die Neuzeit.

III Ausblick

Es zeigt sich, daß das hauptsächliche Erbe der republikanischen Tragödie – Aitiologie,[12] Panegyrik und Zeitpolitik – in je unterschiedlicher Ponderierung noch bei Varius und Vergil anzutreffen ist. Die Gegenwartbezogenheit war eine bedeutsame Hypothek auch für die frühkaiserzeitliche Tragödie, die man bei Dichtern wie Mamercus Scaurus und Curiatius Maternus seit langem erkannt, bei Seneca aber beharrlich verkannt hat. Tanzte der Philosoph aus der Reihe? Bewegte er sich auf der Linie des *lusor amorum?* Wohl kaum.

Andererseits ist zu sehen, daß sich die Tragödie der augusteischen Zeit, wie Horaz beklagte, veräußerlicht hatte, daß die ganze Freude vom Ohr zu den unsteten Augen und zu leerem Vergnügen gewandert war, *migravit ab aure voluptas | omnis ad incertos oculos et gaudia vana.*[13] Niedere Gattungen wie Mimus und Pantomimus gewannen stark an Boden. Danach mußte es schwer sein, die Tragödie wiederzubeleben. Eine Voraussetzung war, daß sie in der frühen Kaiserzeit sich der strengen Kontrolle des Prinzeps zu entziehen suchte und schließlich – zumindest partiell – in kritische Distanz zu ihm begab.[14]

---

11 „libenter [...] Ovidii Medea novem Senecae tragoedias venderemus" (1878, 149)!
12 Diese könnte bei Varius mit Apollo und seinem Kult zusammengehangen haben (der 28 eingeweihte Apollo-Tempel auf dem Palatin war sicher in der Planung).
13 *Epist.* 2, 1, 187–188.
14 Auch ein Stück wie der *Hercules Furens*, von dem man annimmt, er gebe Nero eine Lehre, hat keine panegyrische, sondern eine kritische Sicht: ▸ S. 529–534.

Vierter Teil: **Frühkaiserzeitliche Tragödie**

13 Schicksal und Selbstverschuldung in Senecas *Agamemnon**

Erich Burck zum 65. Geburtstag

I Charakter der Seneca-Tragödie —— S. 235
II Agamemnon —— S. 237
III ‚Selbstzerstörung' —— S. 240
IV Cassandra —— S. 241
V Der Sieger als Besiegter —— S. 242
VI Verantwortung und Freiheit —— S. 244

I Charakter der Seneca-Tragödie

Die Tragödien Senecas haben sich einer wechselnden Wertschätzung erfreut, die aus dem jeweiligen Blickwinkel, unter dem man sie betrachtet hat, resultierte. Während die Geringschätzung des 19. Jahrhunderts aufgrund einer Überbewertung des rhetorischen Charakters noch in den Literaturgeschichten von E. Norden[1] und M. v. Schanz / C. Hosius[2] bis in die dreißiger Jahre des 20. Jahrhunderts nachwirkte, hatte der berühmte Vortrag von O. Regenbogen,[3] der vor allem die Großartigkeit von Pathos und Todesvertrautheit senecaischer Personen verstehen lehrte, eine neue Sehweise zur Folge, deren Stimmführer W. H. Friedrich war.[4] Er baute Regenbogens These von der Auflösung des Dramenkörpers[5] aus, indem er wie gleichzeitig H. Diller[6] für Ovid[7] die Selbständigkeit der Einzelszene postulierte. Eine solche rigorose Ansicht forderte naturgemäß zum Widerspruch heraus, und so scheint der Nachweis von Einheit und bewußter Komposition der Tragödien –

Hermes 94, 1966, 482–496 (Steiner, Wiesbaden) = Senecas Tragödien (WdF), hrsg. v. E. Lefèvre, 1972, 457–476 (Wiss. Buchgesellschaft, Darmstadt).
* Nach der Vorlage von 1972 abgedruckt (etwas gestrafft, inhaltlich unverändert). Einige Thesen wurden 1973 mit neuen Argumenten gestützt (Aufsatz Nr. 16). Nachbetrachtungen (vor allem zum Fatum / Fortuna-Begriff und zur Gestalt Cassandras) aus der Sicht von 2014 gibt Aufsatz Nr. 38.
1 1927, 74.
2 1935, 466–470.
3 (1930) 1961, 409–462.
4 1933.
5 (1930) 1961, 430.
6 1934, 25–37 = 1971, 544–558.
7 1934, 36 (über das „künstlerische Prinzip, [...] Einzelnummern zum Selbstzweck werden zu lassen").

zumal damit die alte Frage verbunden ist, ob es sich um Lese- oder Bühnenstücke handelt – zum Hauptgegenstand der Forschung geworden zu sein. Beiträge in dieser Richtung lieferten W. Steidle für *Troades, Medea* und *Thyestes*,[8] G. Müller[9] für *Oedipus* und G. Streubel[10] für *Agamemnon*, dem sich K. Stackmann[11] in gleicher Hinsicht auf anderem Weg näherte. Die Frage nach dem Weltbild trat unter diesem Blickwinkel meist zurück, da die Meinung geltend ist, Seneca habe in den Tragödien die stoische Anschauung von der εἱμαρμένη, der sowohl Fatum als auch Fortuna entsprechen können, sowie die stoische Lehre von den Affekten als der Ursache allen Übels dargestellt und seine Personen unter die Wirkung dieser beiden Mächte gestellt. So teilt zum Beispiel Müller die Stücke in „Fatums- und Leidenschaftsdramen [...] nach dem hauptsächlichen oder alleinigen Motor des Geschehens" ein.[12]

K. v. Fritz hat in der Abhandlung ‚Tragische Schuld und poetische Gerechtigkeit in der griechischen Tragödie'[13] nachzuweisen versucht, daß die stoische Moralphilosophie in ihrer hauptsächlichen Ausrichtung auf die Vernunft des menschlichen Handelns im Grund untragisch sei und daher eine Tragödie nach den attischen Vorbildern des 5. Jahrhunderts unmöglich mache. Der Begriff ‚Fatumstragödie' erscheint in mancher Hinsicht revisionsbedürftig. Gerade am Beispiel des *Oedipus*, der sich als Fatumstragödie anbot und den Müller auch als solche versteht, zeigt v. Fritz, daß Seneca, wiewohl es „nicht immer leicht war, die alten tragischen Sujets mit einem stoischen Inhalt zu füllen",[14] einen Affekt zum beherrschenden Faktor des Stücks gemacht hat: die Furcht vor dem Schicksal.[15]

Die Schwierigkeiten, Senecas gedankliche Konzeption in der Gestaltung der Tragödien exakt zu erfassen, erwachsen vor allem aus der Tatsache, daß in ihnen popularphilosophische Vorstellungen und traditionell-poetisches Gedankengut in einem Maß dominieren, daß zuweilen die eigentliche Thematik nicht nur zuge-

---

8 1941, 266–284 = 1972, 210–229 (*Troades*); 1944, 250–264 = 1972, 286–291, 490–499 (*Medea, Thyestes*).
9 1953, 447–464 = 1972, 376–401.
10 1963. Die umsichtige Arbeit beschränkt sich fast durchweg auf die Untersuchung der Einheit.
11 1950, 180–221.
12 1953, 460 = 1972, 395.
13 (1955) 1962, 1–112, 463–474.
14 (1955) 1962, 26 = 1972, 73.
15 Die Schwierigkeiten, die sich aus dem Verhältnis der Unwissenheit bei Oedipus' eigentlichen Verfehlungen zu dem sekundären Affekt der Furcht ergeben, hebt v. Fritz hervor: „Hier bleibt also ein ungelöster Rest, und es zeigt sich, wie die größte der klassischen griechischen Tragödien sich am stärksten dagegen wehrt, sich in eine moralisch-exemplarische Tragödie nach der Art Senecas umwandeln zu lassen" ((1955) 1962, 29).

deckt, sondern auch durch Widersprüche belastet wird.[16] Dieser Umstand erschwert eine genaue Definition des Fatum / Fortuna-Begriffs, der traditioneller Topik gemäß eine Macht bezeichnet, die unabhängig von menschlichem Verschulden wirkt. Da der *Agamemnon* in dieser Hinsicht auf den ersten Blick keine Ausnahme macht, soll im folgenden versucht werden, den Fatum / Fortuna-Begriff in ihm präziser zu bestimmen.

II Agamemnon

Einen guten Ausgangspunkt bildet das erste Chorlied, das das bekannte Thema[17] von der Unbeständigkeit der Fortuna anschlägt: *o regnorum magnis fallax | Fortuna bonis, in praecipiti | dubioque locas nimis excelsos* (57–59). In der für Seneca typischen Art wird der Gedanke in einer langen Beispielreihe bis zu dem Paradoxon über die *reges* hochgespielt: *metui cupiunt metuique timent* (73), um dann in die nicht minder geläufige Lobpreisung[18] des ruhigen Schicksals dessen, der der *turba media* zugehört, einzumünden.[19] Doch schon der Mittelteil bringt einen ungewöhnlichen Gedanken, der im Lauf des Stücks mehrfach anklingt: *licet arma vacent cessentque doli, | sidunt ipso pondere magna, | ceditque oneri Fortuna suo* (87–89). Hier erscheint Fortuna nicht mehr als unberechenbare Macht, sondern der Verfallsprozeß wird in die Dinge selbst verlagert, indem die ihnen einwohnende Fortuna sich selbst zerstört. Es ist der Haupthelld, an dessen Schicksal dieser Gedanke exemplifiziert wird. In Clytaemnestras Rede 162–191, die Agamemnons Verfehlungen resumieren will, zeigen drei Paradoxa sein ungewöhnliches Schicksal: Er ist *amore captae captus* (175) aufgrund des Verlangens nach Chryseis; und als Sieger über Troja wird er wegen seiner Liebe zu Cassandra *captae maritus* genannt (191). Daß hinter diesen Bezeichnungen mehr als nur pointiertes Wortspiel zu sehen ist, wird noch zu zeigen sein. Hier ist nur festzuhalten, daß es vor allem diese Verfehlungen gegen die Ehe sind, die Clytaemnestra zu ihrem Handeln veranlassen und die Agamemnon in den Untergang führen. Der Zusammenhang der Rede zeigt, worauf es ankommt: Agamemnon hat sein Schicksal selbst verschuldet. Dieser Gedanke wird durch das dritte Paradoxon prägnant

---

16 Daneben ist nicht zu übersehen, daß die „Versenkung in die Seele seiner Personen [...] den Tragiker unwillkürlich über die philosophische Theorie" hinausführt (Pohlenz 1959, I, 326).
17 Dieses ist dem Philosophen Seneca selbst in den Prosawerken nicht fremd: Giomini 1956, 49.
18 Auch der Chor des aischyleischen *Agamemnon* kennt sie: κρίνω δ' ἄφθονον ὄλβον· | μήτ' εἴην πτολιπόρθης (471–472).
19 *felix mediae | quisquis turbae sorte quietus | aura stringit litora tuta | timidusque mari credere cumbam | remo terras propiore legit* (103–107).

formuliert: Er ist *sine hoste victus* (183). So zeigt bereits Clytaemnestras Rede, wie sehr in diesem Stück Fortuna als von außen wirkende Kraft zurückgedrängt und zugunsten eines Triebs zum Schuldhaften im Menschen modifiziert ist: *sidunt ipso pondere magna.*

Um diese Konzeption bei der Gestalt des Agamemnon durchzuführen, mußte Seneca gegenüber dem aischyleischen Vorbild[20] eine entscheidende Änderung vornehmen: Im Sinn der Selbstverschuldung wird die Darstellung, daß Agamemnon zur Opferung Iphigeniens gezwungen war und somit ‚objektiv' schuldig wurde, weitgehend in ihrer Bedeutung ausgeklammert. Wie man auch das Problem der Schuld bei Aischylos versteht, ob ihr der Mensch durch göttliches Einwirken oder auch durch zusätzliche Dreingabe seines Willens[21] verfällt: So viel kann gesagt werden, daß er vor allem einer ‚objektiven' Schuld erliegt, der er auch bei idealer Erfüllung seines Menschentums nicht entgeht. Diesen Prozeß hat der Stoiker Seneca zu einer subjektiven, durch die Dominanz der Affekte hervorgerufenen Schuld umgeschmolzen. So klingt das bei Aischylos tragende Motiv von Iphigeniens Opferung bei Seneca nur beiläufig 162–173 an. Bezeichnenderweise wird es lediglich unter anderen Verfehlungen Agamemnons genannt und zudem mit keinem Wort als notwendige Folge einer Konfliktsituation charakterisiert. Die Kette des Geschlechtsfluchs, in die die aischyleischen Personen der Orestie gestellt sind und von der ihre Taten wesentlich bestimmt werden, ist zu einer weitgehenden Freiheit des Menschen aufgelöst. Zwar wird bei der Erwähnung von Iphigeniens Opferung von ferne auch auf den Geschlechtsfluch angespielt, doch ist der Kausalnexus zugunsten bloßer Hybris reduziert. Während es bei Aischylos heißt τὸ δυσσεβὲς γὰρ ἔργον | μετὰ μὲν πλείονα τίκτει, | σφετέρᾳ δ' εἰκότα γέννᾳ (758–760),[22] ruft Clytaemnestra lediglich aus: *o scelera semper sceleribus vincens domus!* (169).

Für die stoische Ausdeutung des Agamemnon-Stoffs bot sich die bei Aischylos vorgegebene erotische Beziehung zwischen dem Helden und Cassandra an.[23] Clytaemnestra fügt in der Anklagerede 172–191 noch zwei unerlaubte Liebesbeziehungen hinzu: zu der *sacra virgo* Chryseis (175–184a) und zu der Achilles

---

20 Die Quellenfrage ist trotz den Untersuchungen von Strzelecki und Stackmann ungeklärt. Seneca dürfte Aischylos' *Agamemnon* auf jeden Fall gekannt haben.
21 Diese Auffassung wird vor allem von Lesky 1964, 96–97 vertreten.
22 Ferner 763–765: φιλεῖ δὲ τίκτειν ὕβρις | μὲν παλαιὰ νεά- | ζουσαν ἐν κακοῖς βροτῶν ὕβριν.
23 Jedenfalls in der Sicht Clytaemnestras. [[Bei Aischylos (*Ag.* 1438–1443) liegt auf dem Motiv weniger Gewicht als bei Seneca. "Clytemnestra exaggerates here, for the purpose of her self-justification, the insult done to her by Agamemnon's relations with Chryseis and Cassandra. Actually this, as the prophetess declared (1260f.), merely adds a flavour to the draught of her revenge (cf. 1447)" (Fraenkel 1950 z. St.).]]

entrissenen Briseis (184b-187).²⁴ Diese Verfehlungen sind es, die Seneca als Ursache für Agamemnons Fall verantwortlich macht. Es ist eine Ironie, daß der Eroberer Trojas in stoischer Interpretation als ‚erotischer Missetäter' abgestempelt wird.

Es ist von Bedeutung, diese Schuld, wie gering sie auch sein mag, zu sehen und nicht nur in Clytaemnestras Einbildung existieren zu lassen. Die Frage, ob ihre Vorwürfe zu Recht bestehen, ist für das Stück irrelevant.²⁵ Ebensowenig darf man die Wirksamkeit von Clytaemnestras Argumentation, aufgrund deren sie sich zum Mord entschließt, für die dramatische Entwicklung der Tragödie bestreiten und für Agamemnon ein unverdientes Schicksal in Anspruch nehmen. Wer der üblichen Interpretation im Sinn des verwaschenen Begriffs der ‚Fatumstragödie' zuneigt, muß damit die logische Folgerichtigkeit des Stücks preisgeben.

Hätte Seneca ein unverschuldetes Schicksal Agamemnons darstellen wollen, wie es etwa Streubel²⁶ und offenbar Müller²⁷ annehmen, hätte er ihn als stoischen Tugendhelden gestalten können, wie er es später an einer anderen Person zeigt. Fortunas Gewalt ist für den Stoiker nicht an sich interessant, sondern nur in der Hinsicht, wie sich seine Helden zu ihr verhalten. Wir können nicht umhin zuzugeben, daß Seneca das Schicksal seiner Gestalten moralisierend zu sehen liebte.²⁸ Weiter hätte sich die Betonung des aischyleischen Geschlechtsfluchs angeboten, doch löste er ihn zugunsten der subjektiven Freiheit auf: *nam, ut nihil extra lacessat aut quatiat, in se ipsa Fortuna ruit* heißt es an einer Stelle, die, wie zu zeigen sein wird, an das erste Chorlied anklingt.

---

24 Diese Beziehung wird mit einer Pointe als Sucht zum Unerlaubten eingeführt, indem die Kausalität durch Umkehrung von Ursache und Folge pervertiert ist: *neve desertus foret | a paelice umquam barbara caelebs torus | ablatam Achilli diligit Lyrsenida* (184–186). Es ist die gleiche Figur, mit der Leporello Don Giovannis Hang zum weiblichen Geschlecht bezeichnet: ‹Delle vecchie fa conquista | pel piacer di porle in lista›. In anderem Zusammenhang vergleichbar *HF* 17–18 in Iunos Rede: *ne qua pars probro vacet, | mundus puellae serta Gnosiacae gerit* (von Ariadnes Versetzung unter die Gestirne).
25 Zu Recht bemerkt Müller 1953, 463 Anm. 1 = 1972, 399 Anm. 42 gegen Stackmann, daß die Frage, wie Clytaemnestra von den Ehebrüchen erfuhr, ein Scheinproblem sei.
26 passim (z.B. 1963, 207).
27 Dazu unten Anm. 40.
28 Diesen Einwand macht v. Fritz (1955) 1962, 27 Anm. 26 gegen Müller unter Hinweis auf *Epist.* 108, 24ff.; 88, 6ff.

III ‚Selbstzerstörung'

Seneca deutet Agamemnons Selbstverschuldung im Rahmen des Topos von der Kraft, die sich selbst zerstört.[29] So heißt es bei Horaz: *suis et ipsa Roma viribus ruit* (*Epod.* 16, 2). Die Sicht ist zunächst auf die selbstzerstörerische Kraft, die in Roms Bürgerkriegen wirksam wird, beschränkt: *nec totiens propriis circum oppugnata triumphis | lassa foret crines solvere Roma suos* (Prop. 2, 15, 45–46); *frangitur ipsa suis Roma superba bonis* (Prop. 3, 13, 60).[30] Später kennt sie Manilius, ebenfalls in Beziehung auf die Bürgerkriege: *vixque etiam sicca miles Romanus harena | ossa virum lacerosque prius super astitit artus, | imperiumque suis conflixit viribus ipsum* (1, 910–912). Livius vertritt in der Praefatio[31] die gleiche These, daß die zu große Blüte Roms einen Umschlag bedinge: *res [...] ab exiguis profecta initiis eo creverit, ut iam magnitudine laboret sua. [...] festinantibus ad haec nova, quibus iam pridem praevalentis populi vires se ipsae conficiunt* (4).[32]

Bei Seneca erhält der Gedanke eine allgemeine Ausweitung: *nam, ut nihil extra lacessat aut quatiat, in se ipsa Fortuna ruit* (*De brev. vit.* 4, 1) – eine Vorstellung, die mit der zitierten *Agamemnon*-Stelle verwandt ist. Der konzessive Zusatz *ut nihil extra lacessat* entspricht dem *sine hoste victus*. Wenn man daneben die Worte der Amme aus der *Phaedra* rückt: *sed fata credas desse: sic atram Styga | iam petimus ultro [...] | [...] hoc erit, quidquid vides, | unius aevi turba et in semet ruet* (477–480), wird offenbar, daß einerseits die Vorstellung der Selbstzerstörung vorliegt, andererseits nur ein Schritt zu der Lust am Tod ist, die ein Hauptthema in Senecas Tragödien darstellt.[33] Im *Agamemnon* verfällt nicht die Titelfigur dieser *prava voluptas*, sondern Cassandra.

Die Sentenz fand ferner Eingang in das Werk Lukans – dem Thema des Epos gemäß in Bezug auf Rom: *invida fatorum series summisque negatum | stare diu nimioque graves sub pondere lapsus | nec se Roma ferens* (1, 70–72); etwas allgemeiner: *in se magna ruunt* (1, 81). *summa* und *magna* bei Lukan entsprechen Senecas *magna* (*Ag.* 88). Die Verwandtschaft der Stellen wird weiterhin bestätigt durch das auf die horazische Formulierung zurückgehende Verbum *ruere* bei Lukan. Seneca gebraucht es nicht nur an den zitierten Stellen *De brev. vit.* 4, 1 und *Phae.* 480, sondern in demselben Sinn auch im *Agamemnon*: *quidquid in altum Fortuna tulit | ruitura levat* (100–101). Daß Petron 120, 84–85[34] in dem eingelegten

---

29 Dutoit 1936, 365–373; zu der Seneca-Stelle Cattin 1963 (1), 22.
30 Hier liegt wohl eine direkte Beziehung zwischen Horaz und Properz vor.
31 Auch 7, 29, 2.
32 Diese Stelle ahmt Florus 3, 12 nach: [...] *eo magnitudinis crescere, ut viribus suis conficeretur*.
33 Darauf hat Regenbogen (1930) 1961, 454–460 hingewiesen.
34 *ipsa suas vires odit Romana iuventus | et quas struxit opes, male sustinet.*

Kurzepos, das als Gegenstück zu Lukan gedacht ist, den Topos nur wenig variiert, bestätigt, wie bekannt die Konzeption in Senecas Umkreis war.

In diesem Zusammenhang könnte man eine pointierte Formulierung aus dem *Hercules Furens* vergleichen. Hercules ist in Iunos Sicht der einzige Mensch, der es mit ihm selbst aufnehmen kann: *quaeris Alcidae parem? | nemo est nisi ipse: bella iam secum gerat* (84–85); *me vicit et se vincat* (116). *se vincat* steht in der Formulierung mit *sine hoste victus* (*Ag.* 183) auf einer Stufe.

IV Cassandra

Das stoische Konzept vom Weisen, der ungerührt ein unverdientes Schicksal erträgt, wird an einer Person durchgeführt, die gewöhnlich als Nebenfigur betrachtet wird, Cassandra. Die Änderung gegenüber Aischylos, daß sie zu der beherrschenden Figur der zweiten Hälfte der Tragödie wird, zeigt das Gewicht ihrer Rolle. Wie bei Aischylos klagt sie über ihr Schicksal. Doch hat Seneca eine entscheidende Verschiebung vorgenommen: Während sie bei Aischylos von Apollon gestraft wird, weil sie sich ihm versagte, hat Seneca jegliche Motivation für ihr Los unterlassen. Den Stoiker interessiert hier die Reaktion des Menschen auf das Geschick, nicht dessen objektive Begründung. Der Unterschied geht noch weiter: Während die aischyleische Kassandra im Grund ihr Los in Anerkennung des Gottes trägt, reißt es die senecaische in ‚perverser' Lust an sich, um es auszukosten: *video et intersum et fruor* (873); *iam, iam iuvat vixisse post Troiam, iuvat* (1011). Ihre Haltung ist deutlich gegen die ebenfalls zum Sterben bestimmte Electra abgesetzt, die Aegisthus um den Tod bittet und von diesem zynisch pariert wird: EL. *concede mortem.* AEG. *si recusares, darem* (994). Cassandra ist nicht nur als ‚stoische Weise' im Hinblick auf ihr Schicksal angelegt, sondern noch um die senecaische Komponente der *prava voluptas* bereichert.[35]

Das Chorlied ihrer Mitgefangenen (589–658) ist geradezu ein stoisches Bekenntnis, indem es das Thema der *mors libera* angesichts der Schicksalsschläge kunstvoll variiert und eine der nachdrücklichsten Glorifizierungen dieses Gedankens in Senecas Tragödien anstimmt. Ein Satz wie *nullus hunc terror nec impotentis | procella Fortunae movet aut iniqui | flamma Tonantis* (593–595) kann programmatischer nicht gedacht werden. Daß eine solche Haltung, die die an den Menschen von außen herantretenden *casus* als irrelevant neutralisiert, eine echte Tragik nicht nur im Sinn der klassischen griechischen Tragödie, sondern der

---

[35] [[Damit ist klar, daß Cassandra nicht eine ‚Weise' aus dem stoischen Schullehrbuch ist. Das wurde zuweilen verkannt. ▸ jetzt S. 601–603]]

Tragödie überhaupt unmöglich macht, liegt auf der Hand. Die Gestalt der griechischen Kassandra, die sich gegen ihr Schicksal aufbäumt, aber doch darein ergibt, wertet Seneca in die sich über Fortuna erhebende Repräsentantin stoischer Gelassenheit um: *Fortuna vires ipsa consumpsit suas* (698).

V Der Sieger als Besiegter

Die Ausweitung der Cassandra-Gestalt im Sinn der stoischen Lehre und die daraus resultierende Verschiebung zu einer Hauptfigur bedingt eine eigenartige Umwertung des ‚Sieger'-Begriffs. Aischylos hatte das schmähliche Ende Agamemnons nicht als Folge der erfolgreichen Eroberung Trojas gedeutet, sondern sein Schicksal aus dem seines Volkes herausgenommen und als Einzellos betrachtet, das allein mit den Taten des Geschlechts verknüpft ist. Seneca hat diesen Bezug eliminiert und Agamemnons Schicksal zugunsten freier Verantwortung für sich gedeutet. Während die erste Hälfte des Stücks auf Agamemnon als Individuum bezogen ist, wird er in der zweiten Hälfte als Eroberer Trojas meist nur noch als Teil seines Volkes gesehen. Bedingt ist dieser Wechsel einerseits durch die Konfrontation mit Cassandra und dem Chorus Iliadum, der ein ganzes Volk repräsentiert, andererseits durch eine besondere Konzeption Senecas: der Sieger als Besiegter. Cassandra gibt das Stichwort, indem sie nach Agamemnons Fall die Vaterstadt apostrophiert: *parens, [...] terga dat victor tuus* (871).

Umgekehrt steht der Verlierer am Ende als Sieger da: *vicimus victi Phryges* (869). Die Pole charakterisieren moralische Positionen. Äußerlich gesehen sind beide Parteien Verlierer, da sie dasselbe Schicksal erleiden. Cassandra drückt die Gleichheit prägnant aus, indem sie ihren und Agamemnons Tod prophezeit: *haec hodie ratis | Phlegethontis atri regias animas vehet | victamque victricemque* (752–754).[36] Das Stück schließt, indem Cassandra verkünden will: *mille ductorem ducum, | ut paria fata Troicis lueret malis, | perisse* (1007–1009). Auf die *paria fata* beider Parteien kommt es Seneca an; daß Cassandra als *persona triumphans* gezeichnet ist und somit die Position des Besiegten als Sieger in den Vordergrund tritt, ist durch die stoische Gestaltung des überlegenen ‚Verlierers' bedingt.

---

36 Die von Giomini 1956, 166 gegebene Erklärung, wonach *victamque victricemque* sich allein auf Cassandra beziehe, indem *victam* «la vita di C. dopo la caduta di Pergamo» meine und *victricemque* ihre «vittoriosa messagera di vendetta per i suoi», ist nicht haltbar, da der Plural *animas* zwei Personen umfassen muß. Vielmehr ist mit *victam* Cassandra und mit *victricem* Agamemnon gemeint.

Im Sinn dieser Umgestaltung ist es zu erklären, daß Agamemnon in Hinsicht auf sein Schicksal mit Priamus ebenso gleichgesetzt wird wie Mykene mit Troja (875–880):

> 875 epulae regia instructae domo,
> quales fuerunt ultimae Phrygibus dapes,
> celebrantur: ostro lectus Iliaco nitet
> merumque in auro veteris Assaraci trahunt.
> et ipse picta veste sublimis iacet,
> 880 Priami superbas corpore exuvias gerens.

In Cassandras Vision erscheint Agamemnons letztes Mahl wie die *ultimae dapes* der Troer vor dem Fall der Stadt, mit ilischem Purpur ist das Speisesofa gedeckt, man trinkt troischen Wein, und Agamemnon schwingt Priamus' Szepter. Die beziehungsreiche Ironie deutet in poetischen Bildern, was der Dichter an anderen Stellen expressis verbis sagt: Der Sieger geht dieselbe Bahn wie der Besiegte.[37] In diesem Sinn konnte Cassandra ihren Triumph mit der Wiederauferstehung Trojas beginnen: *bene est, resurgis Troia; traxisti iacens, | parens, Mycenas* (870–871). Pointiert beherrscht dieser Gedanke die Antilabai zwischen Agamemnon und Cassandra (791–795):

> AG. festus dies est. CA. festus et Troiae fuit.
> AG. veneremur aras. CA. cecidit ante aras pater.
> AG. Iovem precemur pariter. CA. Herceum Iovem?
> AG. credis videre te Ilium? CA. et Priamum simul.
> 795 AG. hic Troia non est. CA. ubi Helena est Troiam puto.

Viermal versucht Agamemnon von der gegenwärtigen Situation zu sprechen, und viermal setzt Cassandra in harter Konfrontation die Szene mit Troja in Beziehung. Dann endlich korrigiert Agamemnon das vermeintliche Rasen der Seherin, ohne die Ironie der verborgenen Wahrheit zu durchschauen und Cassandras Antworten zu verstehen.

Es ist zu betonen, daß die am Schluß proklamierte These des Siegers als Besiegter in keinem direkten Zusammenhang mit dem persönlichen Schicksal Agamemnons steht. Dieses ist vielmehr aufgrund der Entwicklung, die Clytaemnestra in Gang setzt, durch die ἁμαρτίαι des Helden bedingt. In der Interpretation der gefangenen Troerinnen wird Agamemnons Tod freilich in direkter Beziehung auf das eigene Schicksal gedeutet, so daß die Meinung entstehen konnte,

---

[37] Überhaupt ist die Darstellung von Agamemnons Tod als Vision der Priesterin – hervorgewachsen aus der visionären Beschwörung alter Freveltaten des Geschlechts während Agamemnons Fall bei Aischylos – eine der glänzendsten Szenen des Stücks.

Seneca habe den Fall Agamemnons als Laune Fortunas dargestellt. Aber es wird nicht gesagt, er stürze, w e i l er Troja erobert habe. Dieser Eindruck ist durch die Ausweitung der Cassandra-Szenen zu erklären, in denen die gefangenen Troerinnen nur den Fall des Mächtigen sehen, ohne dessen Begründung zu kennen. Für sie stellt sich der Wechsel der Fortuna als nahezu objektiv-gerechter Vorgang dar. Daß der Blickwinkel der Troerinnen solchen Anklang gewann, läßt an den Schluß des *Oedipus* denken, bei dem v. Fritz zu der Feststellung kam, daß ein ‚ungelöster Rest' bleibe.[38]

VI Verantwortung und Freiheit

Wenn nunmehr die Frage gestellt wird, was Seneca mit seiner Fassung des Agamemnon-Stoffs beabsichtigt, welches Maß an Verantwortung und Freiheit er dem Menschen gegenüber dem Schicksal zugesteht, sei der von traditionellen Vorstellungen belastete Fatum / Fortuna-Begriff der Tragödie in seinem Doppelaspekt unterschieden. Zwei Komponenten hat die Forschung als dominant in Senecas Tragödien erwiesen, deren eine je nach Anlage des Stücks beherrschend ist: die Lehre von der Verderblichkeit der Affekte, die als stoisches Gedankengut zu verstehen ist, und die Lehre vom Weisen, der sich über sein Schicksal unerschütterlich erhebt. Der *Agamemnon* kann weder der einen noch der anderen Gruppe von Tragödien zugerechnet werden, sondern ist, wenn man so sagen darf, was die Gestalt der Titelfigur angeht, – um die bekannten Termini zu gebrauchen – eine Leidenschaftstragödie,[39] in Hinsicht auf Cassandra eine Fatumstragödie.[40] Es ist

---

38 Oben in Anm. 15 zitiert.
39 Daß in diesem Drama von Leidenschaften bei Agamemnon nur in abgeschwächter Form die Rede sein kann, liegt auf der Hand. Vielleicht ist der aus relativ geringen Verfehlungen resultierende Fall mit der Absicht dargestellt, das Problem zu verschärfen.
40 Es ist nicht ganz deutlich, was Müller 1953, 461 = 1972, 399 meint, wenn er den *Agamemnon* für eine Mischung von Leidenschafts- und Fatumstragödie hält, indem er die Akzentverschiebung von der Leidenschaftstragödie auf die Fatumstragödie „schon mit dem Bericht vom Schiffbruch" einsetzen läßt. Offenbar sieht er auch Agamemnons Schicksal als Auswirkung des Fatums. Gewiß ist der Seesturm durch die *fata* bewirkt (*quid fata possunt!*, 512. *ignava fortes fata consument viros?*, 518), aber er ist für den Vollzug des Geschehens im ganzen nicht relevant. Ebenso ist das Fatum in Verbindung mit dem Ende des *Agamemnon* lediglich traditionelle Vorstellung, nicht treibende Kraft. Die Wendung *fata se vertunt retro* (758) deutet nicht den Tod Agamemnons als „Vollzug des Fatums", sondern meint in Cassandras Rede lediglich ‚jetzt hat es die anderen ebenfalls getroffen' (gut Herrmanns Übersetzung: ‹ce fatal retour des choses humaines!›). Nach dem bisher Dargelegten darf man im *Agamemnon* nur in Hinsicht auf Cassandra von einer Fatumstragödie sprechen.

Vorsicht geboten, Gedanken des ersten Teils als Aussagen für das ganze Stück zu werten und umgekehrt vom Schluß her den *Agamemnon* als Fatumstragödie zu verstehen. Das gilt vor allem für das erste Chorlied (57–107), das aufgrund des in stoischer Popularphilosophie vorgetragenen Fortuna-Begriffs dazu verleitet. Gerade in ihm wird die besondere Konzeption der sich selbst zerstörenden Fortuna sichtbar. In dem Maß, wie das dritte Chorlied (589–658) für die Haltung Cassandras programmatisch ist (der *contemptor levium deorum* könne sich jederzeit durch den Freitod den Schlägen des Schicksals entziehen), hat das erste auf Agamemnon Bezug. Unterstrichen wird das durch die Aufnahme des Gedankens der Selbstzerstörung bei der Deutung von Agamemnons Schuld in Clytaemnestras Rede (162–191). Daß Seneca das Geschehen im ersten Chorlied unter das Wirken Fortunas stellt, bedingt der Irrsinn einer Welt, in der der Mensch voll verantwortlich für seine Schuld ist und ihr in einem Maß verfällt, daß der Dichter diesem Vorgang den Stempel eines ‚objektiven' Prozesses aufdrückt: *sidunt ipso pondere magna | ceditque oneri Fortuna suo* (88–89).

Dergestalt ist die Deutung des Agamemnon-Schicksals eine der pessimistischsten Aussagen, die Seneca in den Tragödien gemacht hat. Leos These, der *Agamemnon* sei wie der *Oedipus* ein Jugendwerk,[41] wird von der heutigen Forschung weder für das eine noch für das andere Stück gebilligt. Man kann aufgrund des überaus negativen Weltbilds die Vermutung wagen, daß er in den letzten Jahren des Dichters entstanden sei:[42] An Agamemnon exemplifiziert Seneca die Verschuldung des Menschen durch eigene Verfehlungen, an Cassandra die Fähigkeit, dem Schicksal zu begegnen – Gedanken, die die beiden Komponenten seiner Weltanschauung sind und in diesem Stück von den beiden Hauptgestalten verkörpert werden.

---

41 „utraque pueri manum refert" (1878, 163).
42 Herrmann 1924 (2) (passim) datiert den *Agamemnon* auf 61 / 62 als vorletztes Stück vor dem *HO*. Unabhängig von Herrmann setzt Herzog 1928, 98–100 den *Agamemnon* ebenfalls als vorletzte Tragödie vor dem *HO* an.

14 *Quid ratio possit?*
Senecas *Phaedra* als stoisches Drama*

I Stoisches Fundament der Seneca-Tragödie ——— S. 246
II Hippolytus ——— S. 248
III Theseus ——— S. 253
IV Phaedra ——— S. 258
V Chor ——— S. 264
VI Ausblick ——— S. 268

I Stoisches Fundament der Seneca-Tragödie

In der Eigenart römischen Denkens, den Wert der individuellen Leistung nach ihrem Verhältnis zum Gemeinwohl zu messen und verbindliche Deutungen des menschlichen Lebens in den Bezug zur Geschichte des römischen Volks zu setzen, liegt es begründet, daß die repräsentative Kunstform zu allen Zeiten das Epos war. Naevius hatte die Verbindung von erzählter Geschichte und gedeutetem Mythos im *Bellum Poenicum* begründet, Ennius sie in den *Annales* auf eine erste Höhe, Vergil in der *Aeneis* zur Vollendung geführt. Bis zur Wende zum zweiten nachchristlichen Jahrhundert ist das Epos in alter Tradition die dominierende Gattung geblieben. Erst mit dem Verblassen der Dichtung hörte auch ihr Leben auf. Wenn Seneca die Tragödie, die in Rom nicht eigentlich zu den bevorzugten Gattungen gehört hatte, aufgenommen hat, darf man erwarten, daß in ihr nicht wie im Epos das römische Volk und seine Geschichte, sondern aufgrund der traditionellen Voraussetzungen der einzelne Mensch im Mittelpunkt steht. Auch von der stoischen Moralphilosophie her kann nur dieses Thema sein Interesse an dramatischer Gestaltung geweckt haben. Obwohl das *Bellum Civile* des Neffen Lukan von stoischem Gedankengut geprägt ist, ist das Epos nicht geeignet, die stoische Interpretation des Handelns des Einzelnen in dem Maß darzustellen, wie es die Tragödie vermag. Es ist daher natürlich, daß die stoische Moralphilosophie in der Tragödie die bevorzugte Dichtungsform für die Demonstration ihrer Lehre gesehen hat: τί γὰρ εἰσιν ἄλλο τραγῳδίαι ἢ ἀνθρώπων πάθη τεθαυμακότων τὰ ἐκτὸς διὰ μέτρου τοιοῦϑ' ἐπιδεικνύμενα; (Epikt. 1, 4, 26). So wurde von den Stoikern der Oidipus-Mythos in ihrem Sinn umgedeutet.[1]

Wiener Studien N. F. 3, 1969, 131–160 (Böhlau, Wien / Köln / Graz) = Senecas Tragödien (WdF), 1972, 343–375 (Wiss. Buchgesellschaft, Darmstadt).
* Nach der Vorlage von 1972 abgedruckt.
1 Schetter 1968, 24 mit Anm. 10 = 1972, 404 mit Anm. 10.

Es ist daher nicht verwunderlich, daß Seneca nicht Tragödien in der Art der attischen Vorbilder geschrieben hat. Die Forschung hat längst erkannt, daß der Philosoph mit seinem umfangreichen Werk nicht von dem Tragödiendichter zu trennen ist. Aufgrund von Parallelen läßt sich nachweisen, daß er die Tragödien als Exempla verstanden wissen wollte.[2] So wie der stoische Philosoph, hierin einer alten römischen Gepflogenheit folgend, immer wieder auf Leitbilder weist, gibt der Tragödiendichter sowohl positive wie – vor allem – negative Beispiele menschlichen Verhaltens. Er bedient sich vorgeprägter Formen, deren äußere Gegebenheiten Allgemeingut sind und nur in der gewünschten Richtung umgedeutet zu werden brauchen: *multum interest utrum ad consumptam materiam an ad subactam accedas: crescit in dies, et inventuris inventa non obstant. praeterea condicio optima est ultimi: parata verba invenit, quae aliter instructa novam faciem habent. nec illis manus inicit tamquam alienis; sunt enim publica* (Epist. 79, 6). Dementsprechend hat Seneca die konventionellen Sujets mit einem neuen, gemäß seiner Weltanschauung: stoischen Gehalt gefüllt.[3] Angesichts des stark lehrhaften Charakters des Prosawerks ist es unangemessen, die Tragödien als Ausdruck bloßer Freude an poetischem Schaffen oder kunstvoller Rhetorik zu verstehen. Sie sind, wie es scheint, weder für die Aufführung bestimmt gewesen[4] noch aufgrund der inneren Struktur in erster Linie nach den herkömmlichen Regeln der Tragödieninterpretation wie Einheit und Folgerichtigkeit von Komposition, Handlung oder Charakter zu verstehen. In ihrem Wesen sind sie zutiefst römisch: Sie wollen belehren, erziehen. Wie die Geschichtsschreibung von ihren Anfängen her über Sallust und Livius bis zu Tacitus einen moralischen, lehrhaften Grundzug[5] hatte, sind Senecas Tragödien vom römischen Exempla-Denken bestimmt, wozu sich ihr philosophischer Charakter vorzüglich eignet: *virtus non contingit animo nisi in - stituto et edocto et ad summum adsidua exercitatione perducto* (Epist. 90, 46).

Was das Verständnis dieser Tragödien erschwert, ist das unangemessene Bestreben, sie mit den Kategorien der attischen Vorbilder zu messen – ein Verfahren, das sie notwendig zu sekundären Gebilden stempelt. Es ist nicht nur erlaubt, sondern unerläßlich, bei ihrer Betrachtung die Frage der Weltanschauung,

---

[2] Egermann 1940, 18–36 = 1972, 33–57. Grundlegend die Einleitung von Knoche 1941, 60–66 = 1972, 58–66.
[3] Prinzipiell betont von v. Fritz (1955) 1962, 23–29 = 1972, 67–73.
[4] Aufgrund der eigenartigen Struktur der Stücke kann das als wahrscheinlich, aber nicht sicher gelten – wenn auch Zwierlein 1966 beachtliche Argumente dafür geltend macht (dazu Lefèvre 1968, 782–789). Für das Verständnis ist die Frage der Aufführbarkeit von sekundärer Bedeutung.
[5] Diese Tendenz der römischen Geschichtsschreibung wird oft betont: Knoche 1939 (1), 193–207; 1939 (2), 289–299; Drexler 1954, 168–190; Meister 1964, 13–26; zu Sallust Leeman 1954, 323–339; 1955, 38–48, zu Livius Walsh 1955, 369–383, zu Tacitus Drexler daselbst.

der Weltdeutung des Philosophen, in den Mittelpunkt zu rücken. Bei jedem Stück ist zu berücksichtigen, daß es sich um eine oft gestaltete Materie handelt, um *parata verba*, denen der späte Nachgestalter eine *nova facies* zu geben bemüht ist: Es ist nicht leicht, A. W. Schlegels hartes Urteil, daß in Senecas Tragödien „jeder tragische Gemeinplatz [...] bis auf den letzten Atemzug abgehetzt" werde,[6] beiseite zu schieben. Die vornehmste Aufgabe der Erklärung kann daher nur sein, diese *nova facies* der altvertrauten Gestalten herauszustellen, d.h. in jedem Fall die Ansatzpunkte der stoischen Interpretation aufzuspüren. Denn bei vielen Personen läßt sich noch die Stelle in der traditionellen Konzeption eruieren, die Seneca zum Ausgangspunkt für die stoische Deutung gewählt hat.

Die *Phaedra* ist so häufig wie kein anderes Stück kommentiert[7] und – gerade in jüngster Zeit – behandelt[8] worden. Dabei stand vor allem die seit Valckenaer diskutierte Frage nach dem Vorbild im Mittelpunkt. Nach den Untersuchungen von W. H. Friedrich[9] und C. Zintzen[10] wird man Euripides' verlorenen *Hippolytos Kalyptomenos* als vornehmliche Quelle ansehen.[11] Es ist bezeichnend, daß die – teilweise scharfsinnig geführte – Diskussion sich fast ausschließlich auf das Quellenproblem und die damit verbundene Strukturanalyse konzentriert und die Frage nach dem für Seneca Charakteristischen, soweit es sich im Gedanklichen und in der Deutung ausdrückt, weitgehend ignoriert hat. Es sei deshalb gestattet, die Frage nach der von Seneca angestrebten *nova facies* zu stellen und die Ergebnisse der Quellenanalyse nur dort zu Rat zu ziehen, wo sie der Deutung des Weltbilds förderlich sind.

II Hippolytus

Die stoische Interpretation der mit dem Phaedra-Stoff verbundenen Personen läßt sich gut bei der Gestalt erkennen, die den beiden euripideischen Tragödien, dem verlorenen *Hippolytos Kalyptomenos* und dem erhaltenen *Hippolytos Stephanephoros*, im Gegensatz zu Sophokles' *Phaidra* den Titel gegeben hat: bei Hippolytus, an dessen Schönheit sich Phaedras Leidenschaft entzündet und dessen Haltung

---

6 *Vorlesungen über dramatische Kunst und Litteratur*, 15. Vorl.
7 Kunst 1924; Giomini 1955 (1); Grimal 1965.
8 Giomini 1955 (2); Lloyd-Jones 1965, 164; 1966, 14–15; Runchina 1966, 12–37; Lefèvre 1966 (2), 689–695; Heldmann 1968, 88–117; Vretska 1968, 153–170.
9 1953, 110–133.
10 1960.
11 Anders Paratore 1952, 199–234; 1955, 339–343; Grimal 1963, 297–314 = 1972, 321–342. Zur Quellenfrage auch Herter 1971, 44–77.

ihren Konflikt verschärft. Wenn man den Phaedra-Stoff unvoreingenommen betrachtet, erwartet man für die Gestaltung eines tragischen Geschicks bei Hippolytus, daß Phaedra ihm einen Antrag machte bzw. sich beide zueinander hingezogen fühlten. Hippolytus hätte vor allem aus Achtung vor dem Vater und in Respektierung des Verwandtschaftsverhältnisses eine Liebe zu überwinden, gegen die nach natürlichen Gesetzen nichts spräche. Wenn er die Entscheidung zugunsten des honestum durch die Verleumdung Phaedras bzw. der Amme mit dem Leben bezahlte, erfüllte er ein tragisches Geschick herkömmlicher Prägung. Es ist nicht zu entscheiden, ob Euripides im ersten *Hippolytos*, dessen hemmungslose[12] Phaidra einen derartigen Gegenspieler vertragen könnte, eine solche Konzeption durchgeführt hat, wie Barrett vermutet, der bemerkt, daß Hippolytos' "downfall will have seemed wholly unmerited".[13] Rückschlüsse aus der Struktur des senecaischen Stücks gestatten die Vermutung, daß sich Hippolytos auch im *Kalyptomenos* durch eine zu enge Bindung an Artemis zuungunsten Aphrodites ausgezeichnet hat.[14] Jedenfalls spricht das von Stobaios und Plutarch überlieferte Fragment, wer Kypris zu sehr fliehe, kranke gleicherweise wie der, der ihr zu sehr nachgehe, dafür, daß Hippolytos nicht ganz im Recht gewesen ist (Fr. 428 N.²):[15]

> οἱ γὰρ Κύπριν φεύγοντες ἀνθρώπων ἄγαν
> νοσοῦσ' ὁμοίως τοῖς ἄγαν θηρωμένοις.[16]

Auch beim Hippolytos des *Stephanephoros* hat man 'a flaw' des Charakters betont[17] (was jedoch nicht berechtigt, von einer Schuld des Jünglings zu sprechen: ► S. 253). Es ist durch die Umwandlung der hemmungslosen Phaidra des *Kalyptomenos* in die maßvolle Königin des *Stephanephoros* bedingt, daß Hippolytos in der zweiten Fassung in der Richtung eines Frauenfeinds gezeichnet ist, damit die Zurückweisung Phaidras als Frevel erscheinen und diese somit bis zu einem gewissen Grad entschuldigt werden kann. Deshalb beklagt sich Aphrodite zu Beginn über Hippolytos' Haltung: Er werde dafür büßen und Phaidra mit in das Verderben reißen (47–50):

> ἡ δ' εὐκλεὴς μὲν ἀλλ' ὅμως ἀπόλλυται,
> Φαίδρα· τὸ γὰρ τῆσδ' οὐ προτιμήσω κακὸν
> τὸ μὴ οὐ παρασχεῖν τοὺς ἐμοὺς ἐχθροὺς ἐμοὶ
> 50 δίκην τοσαύτην ὥστε μοι καλῶς ἔχειν.

---

12 Darauf weist schon der Titel des Stücks: Schmid 1940, 378.
13 Barrett 1964, 15.
14 Friedrich 1953, 126.
15 Zum Potiphar-Motiv Schmid 1940, 376 Anm. 7.
16 Barrett 1964, 19.
17 Barrett 1964, 15.

Man sieht leicht, daß Hippolytos' Frauenfeindlichkeit dramaturgisches Erfordernis, nicht charakterliche Voraussetzung zur Ermöglichung der Handlung an sich ist: Nicht weil Hippolytos Frauenfeind ist, gelangt Phaidra nicht zum Ziel, sondern weil Phaidra entlastet werden soll, muß Hippolytos Frauenfeind sein. Denn wollte Aphrodite für Hippolytos' Abneigung gegen Frauen ein Exempel statuieren, triebe sie ihn schwerlich in eine verbotene Liebe. Wenn man von dem Götterprolog absieht, der in erster Linie die Funktion hat, die Phaidra des *Stephanephoros* gegenüber der ersten Fassung in einem günstigeren Licht erscheinen zu lassen, bricht Hippolytos' Abneigung vor allem als Reaktion auf Phaidras (von der Amme offenbartes) unerlaubtes Begehren hervor – so wie es der Stoff an sich erheischt und es weitgehend auch für den *Kalyptomenos* angenommen werden darf. Zwar reagiert Hippolytos zunächst auf die Vermittlung der Amme mit einer allgemeinen Kritik an den Frauen 616–650, aber die Begründung zeigt, daß der aktuelle Anlaß die Voraussetzung ist: ὡς καὶ σὺ [...] ἦλθες (651–652). Die beiden Komponenten seiner Rede sind „die Schmähung des Selbstgerechten" und „das Entsetzen des Reinen".[18]

Was für Euripides nur eine dramaturgische Notwendigkeit war, ist für den Stoiker Seneca der Ausgangspunkt der Interpretation. Eine kleine Änderung ermöglicht die neue Deutung. Bei Seneca offenbart Hippolytus seine Abneigung gegen das weibliche Geschlecht aus freien Stücken, also unabhängig von Phaedras Begehren, in der langen Unterredung mit der Amme, noch bevor diese von den Wünschen ihrer Herrin sprechen kann. Sie fordert ihn lediglich zum Lebensgenuß auf und nennt unter anderen Freuden auch die der Liebe: Ihre Rede 435–482 bleibt ganz allgemein. Da überdies die Götterhandlung unterdrückt ist und Phaedra nicht entlastet zu werden braucht, wird deutlich, daß Seneca im Gegensatz zu Euripides eine menschliche Grundhaltung demonstrieren wollte. Hippolytus brauchte Phaedras Antrag nur aus Gründen der verwandtschaftlichen Bindung abzulehnen, um ein tragisches Geschick zu erfüllen. Aber darauf kam es Seneca nicht an, dem als Stoiker ein unverdient leidender Mensch nur interessant war, wenn er ihn in der Erduldung und endlichen Überwindung des Leids vorführen konnte, wie es bei Cassandra und Hecuba der Fall ist. Dazu bot Hippolytus' von der Tradition vorgegebener plötzlicher Tod keine Gelegenheit, so daß an ihm nur die Affektlehre demonstriert werden konnte. Es ist eine schwierige Lage, in die die stoische Interpretation den Jüngling brachte. Das Nachgeben gegenüber der Liebe wäre ein verdammenswerter Affekt gewesen, der jedoch aufgrund der vorgegebenen Handlung ausschied. Da er sich aber eines unerlaubten Affekts schuldig machen sollte, mußte seine Ablehnung des speziellen Affekts auf einem

---

18 Lesky 1968, 195.

allgemeinen Affekt beruhen – was um so schlimmer war. Daher begründet Seneca Hippolytus' Haltung nicht als Ergebnis objektiver Überlegungen, sondern als Folge einer affektiven Grundeinstellung: Sobald die Rede auf das weibliche Geschlecht kommt, bricht Hippolytus, ohne die geringste Veranlassung, in eine erregte Verwünschung aus. Indem er ein berühmtes Vergil-Wort[19] pointiert umwertet, gipfelt sein Ausbruch nach dem Einwand der Amme, daß man nicht unerlaubt verallgemeinern dürfe, in dem Bekenntnis, daß er vor a l l e n Frauen Abscheu empfinde (559–568):

> HI. sed dux malorum femina: haec scelerum artifex
> 560 obsedit animos, huius incestae[20] stupris
> fumant tot urbes, bella tot gentes gerunt
> et versa ab imo regna tot populos premunt.
> sileantur aliae: sola coniunx Aegei,
> Medea, reddet feminas dirum genus.
> 565 NU. cur o m n i u m fit culpa paucarum scelus?
> HI. detestor o m n e s, horreo fugio execror.
> sit ratio, sit natura, sit dirus furor:
> o d i s s e p l a c u i t.

Es handelt sich selbstverständlich kaum um *ratio*, sondern um *dirus furor*. Dieser Wahn äußert sich in Haß, er ist etwas, was seinem Träger bewußt gefällt. Nicht ein augenblicklicher, durch ein bestimmtes Ereignis ausgelöster Affekt leitet Hippolytus, sondern eine als Affekt gekennzeichnete bewußte Grundeinstellung. Seneca steigert diese Haltung noch dadurch, daß er die Lust am Affekt hinzutreten läßt, die nach stoischer Lehre im höchsten Maß verwerflich ist (*Epist.* 92, 6); denn nicht einmal, wenn die V e r n u n f t zum Handeln rät, darf die Lust an ihm hinzutreten.[21] Deutlicher konnte der Stoiker seine Interpretation der traditionellen Gestalt nicht durchführen. Herrmanns Auffassung ist verfehlt: Hippolytus sei «présenté comme un héros sans tache dont la misogynie même semble approuvée par l'auteur [...]. Il ne fait [...] aucune faute qui puisse le faire haïr de Vénus».[22] Das trifft eher auf den *Stephanephoros* als auf Senecas Gestaltung zu.

Obschon der Agon zwischen Hippolytus und der Amme ein Beispiel dafür ist, daß die „Versenkung in die Seele seiner Personen [...] den Tragiker unwillkürlich über die philosophische Theorie" hinausführt,[23] stehen zwei Bemerkungen der Amme in deutlichem Zusammenhang mit der dargelegten Ausdeutung der Hip-

---

19 *dux femina facti* (*Aen.* 1, 364).
20 *huius* E, *incestae* A.
21 ▸ S. 264
22 1924 (2), 441 mit Anm. 1. Prinzipiell richtig Giomini 1955 (2), 61.
23 Pohlenz 1964, I, 326.

polytus-Gestalt. Im Hinblick auf die Haltung ihres Gesprächspartners sagt sie 439, er bezwinge sich selbst wie sein eigener Feind: *quod te ipse poenis gravibus infestus domas*. Später meint sie, es sei nicht Schuld der *fata*, sondern eigene, daß der Mensch zugrunde gehe (477–478): *sed fata credas desse, sic atram Styga | iam petimus ultro*. Diese an den Titelgestalten anderer senecaischer Dramen wie Hercules, Agamemnon oder Medea explizierte These, daß sich der Mensch als sein eigener Feind zugrunde richte,[24] klingt hier bedeutungsvoll an. Gerade diese Selbstvernichtung unterscheidet den römischen Hippolytus von dem griechischen Vorbild. Ist schon die Reserviertheit des euripideischen Hippolytos vor allem ein dramaturgisches Erfordernis, ist überdies für den Griechen die Bindung eines Jünglings an Artemis, wie die vielen Gestalten des Mythos zeigen, verständlicher als für den Römer der neronischen Epoche. Es ist ein feiner Zug des erhaltenen Hippolytos-Dramas, daß die Haltung des Jünglings nicht negativ als prinzipielle Abneigung gegen das weibliche Geschlecht verstanden wird, sondern positiv als Bindung an Ἄρτεμις παρθένος, die notwendig mit dem Anspruch Aphrodites in Konflikt kommt. Zur Demonstration der Gleichberechtigung dieser Welten hat Euripides im *Stephanephoros* beide Göttinnen auftreten lassen. Dementsprechend nennt Artemis ihre Rivalin die größte Feindin der παρθένειος ἡδονή (1302), während sie ausdrücklich den sie verehrenden Hippolytos als ἄνδρα πάντων φίλτατον βροτῶν preist (1333). Die Gleichrangigkeit beider Welten wird vollends deutlich durch Artemis' Rechtfertigung gegenüber Theseus, warum sie Hippolytos nicht habe beistehen können: Ihn habe Kypris vernichten wollen, und es sei νόμος unter den Göttern, einander nicht in den Plänen zu stören. Daher habe sie aus Scheu vor Zeus den ihr liebsten Sterblichen nicht vor dem Tod retten können (1327–1334). Die Gleichrangigkeit der beiden Welten hat der Stoiker schon dadurch zu der schuldhaften Dominanz einer derselben umgedeutet, daß er die Götter aus dem Stück verbannt und damit auch Artemis' Wirken als positive Weltmacht eingeschränkt, ja abgelehnt hat. Römisches Empfinden und stoische Interpretation sind für die Gestaltung des senecaischen Hippolytus gleichermaßen verantwortlich.

Noch eine andere Reaktion reißt Hippolytus ins Verderben. Nach Phaedras Geständnis ihrer heimlichen Liebe reagiert er ohne jeglichen Versuch, menschliches Fehlen zu verstehen oder gar, wie es Aufgabe des stoisch Gebildeten wäre, zu heilen. Vielmehr ergeht er sich in heftigsten Verwünschungen und stürzt in dem Wahn, das Dasein des Jägers sei das wahre Leben, in seine geliebten Jagdgründe. Der Hippolytos des *Stephanephoros* fällt, weil er durch den Eid, über Phaidras Liebe zu schweigen, gebunden ist. Er geht, wie Artemis bestätigt, durch seine edle

---

[24] Lefèvre 1966 (1), 487–490 (▶ S. 240–241).

Art, τὸ εὐγενές (1390), zugrunde: Auf diesen Konflikt kommt es Euripides an, durch ihn spricht er Hippolytos von jeglicher ‚Schuld' frei.[25] Dagegen hätte Senecas Jüngling, wenn schon nicht Phaedra, so doch Theseus gegenüber die Lage klären können, wie der Stoiker fordert: klären müssen. Wer richtig lebt, versucht den anderen Menschen zu verstehen und ihm zu helfen, er ist *in commune auxilium natus ac bonum publicum, ex quo dabit cuique partem.*[26] Statt dessen ergreift ihn der alte *furor*, der sich im Übermaß des Zorns, der *ira*, äußert. So wie Knoche bei Atreus den „Affekt der Zornmütigkeit" herausgestellt[27] oder Maurach die *Medea* „eine Tragödie des Zornes" genannt hat,[28] sind *ira*[29] und *furor* ebenfalls Anlaß zu Hippolytus' Fall. Als ein anderes Beispiel der tragischen Bühne nennt Seneca den rasenden Aias: *Aiacem in mortem egit furor, in furorem ira* (*De ira* 2, 36, 5).

III Theseus

Die in Hippolytus' Charakter ausgedeuteten Komponenten stoischer Interpretation kehren bei dem später auftretenden Theseus prinzipiell wieder. Auch hier gestattet ein Blick auf den *Stephanephoros* die Erkenntnis, daß die von Seneca herausgestellten Züge seines Charakters schon in der euripideischen Darstellung angelegt sind.

In diesem Zusammenhang ist der Doppelvorwurf zu beachten, den Phaedra in ihrer letzten Rede Theseus macht: *pervertis domum | amore semper coniugum aut odio nocens* (1166–1167). *amor* bzw. *odium coniugum* werden als Theseus' entscheidende Verfehlungen verstanden. Die allzu starke Liebe zu Phaedra, will Seneca sagen,[30] hat Theseus blind gemacht, so daß er den Sohn ins Verderben stürzte. Der *ira* wird somit überraschend ein Motiv an die Seite gestellt, das bei dem Stoiker gleicherweise einer negativen Interpretation entstammt. Wichtiger ist der zweite Teil des Vorwurfs: die Tötung Antiopes, der Mutter des Hippolytus. Die Amme deutet die Tat angesichts der *castitas coniugis* schuldhaft: *immitis etiam coniugi castae fuit: | experta saevam est barbara Antiope manum* (226–227). Wenn

---

25 Friedrich 1953, 147.
26 *De clem.* 2, 6, 3. Vgl. weiterhin ebendort und Pohlenz 1964, I, 310.
27 1941, 69 = 1972, 481.
28 1966, 126 = 1972, 294.
29 Zur Bedeutung des *ira*-Motivs in Senecas Tragödien Birt 1911, 348–349.
30 Grimal 1965, 158: «c'est par amour pour Phèdre qu'il a banni Hippolyte, mais par haine qu'il a tué Antiopé.»

sich Theseus 926–927 ihrer rühmt,[31] ist das eine Folge der ungehemmten *ira* beim Fluch über Hippolytus. Dem *odium* in Phaedras Rede 1167 entspricht in ihrer ersten Klage 91–98 der Vorwurf der mangelnden *fides* des Theseus:

> profugus en coniunx abest
> praestatque nuptae quam solet Theseus fidem.
> fortis per altas invii retro lacus
> vadit tenebras miles audacis proci,
> 95 solio ut revulsam regis inferni abstrahat;
> pergit furoris socius. haud illum timor
> pudorque tenuit – stupra et illicitos toros
> Acheronte in imo quaerit Hippolyti pater.

Mit den Worten *praestat quam solet fidem* spielt Phaedra, wie Zintzen und Grimal zu Recht anmerken, darauf an, daß Theseus schon Ariadne verlassen habe.[32] Es ist daher wahrscheinlich, daß Phaedra in 1167 *s e m p e r coniugum* [...] *odio* neben Antiope auch Ariadne mitversteht. Andererseits bezieht sie sich 91–92 selbst mit ein, so daß ihm insgesamt Verfehlungen gegen Ariadne, Antiope und Phaedra zur Last gelegt werden.[33] Die Schuld gegenüber Ariadne und Antiope gibt Theseus expressis verbis 1211 zu: *sidera et manes et undas scelere complevi meo*.[34]

Hinzu tritt als weiterer Vorwurf Phaedras Motivierung von Theseus' Hadesfahrt 96–98. Er sei *furoris* (sc. Pirithoi) *socius*, kenne weder *timor* noch *pudor*, wenn er *stupra* und *illicitos toros* im Acheron suche. Wenn man darin auch nicht, wie Schmid und andere,[35] eine Anspielung auf ein erotisches Verhältnis zwischen Theseus und Pirithous zu sehen braucht, sondern der Ausdruck wahrscheinlich auf Pirithous' Absicht, Proserpina zu rauben, zu beziehen ist, läßt die Formulierung – zumal im Zusammenhang mit den vorhergehenden Worten – gleichwohl keinen Zweifel an der Tendenz der Phaedra-Rede.[36] Und wenn Phaedras „Klagen über den ungetreuen Gatten 98 in der Bezeichnung *Hippolyti pater* gipfeln, läßt die

---

31 iam iam superno numini grates ago, | quod icta nostra cecidit Antiope manu.
32 So auch Ov. Her. 4, 116.
33 Farnabius 1676 nennt noch Helena und Meliboea (auch Giomini 1955 (1), 46).
34 Der Vers ist verschieden gedeutet worden. Giomini 1955 (1) 165: «[...] al ricordo della sua Ariadne (*sidera*), della sua sposa Antiope (*manes*), del padre Egeo (*undas*).» Kunst 1924, 66 bezieht *manes* auf Antiope und Hippolytus, während Grimal 1965, 162 darin eine Anspielung auf Theseus' Beteiligung am Raub der Proserpina durch Pirithous sieht.
35 1940, 378 Anm. 4. Weitere Vertreter dieser Auffassung bei Herter 1940, 287 Anm. 25 (wo Friedrich 1933, 41–42 zu Unrecht genannt wird). Unter *stupra* (97) versteht auch Grimal 1965 «les amours avec Pirithoos», während er *illicitos toros* auf das Verhältnis Pirithous / Proserpina bezieht.
36 Ebenso repliziert Phaedra dem Argument der Amme 244, Theseus könne zurückkehren und ihre Pläne stören: NU. aderit maritus. PH. nempe Pirithoi comes?

schneidende Anspielung auf Antiopes Schicksal fühlbar werden, wie sehr die Vergangenheit ihres Gatten dem neuesten Auswuchs seiner Schamlosigkeit entspricht."[37]

Nach Kunst haben Friedrich und Zintzen geschlossen,[38] daß sich Plutarchs Notiz *Mor.* 27 F-28 A auf den *Kalyptomenos* beziehe: καὶ ὁ σύσκηνος αὐτοῦ (sc. Σοφοκλέους) πάλιν ὁρᾷς ὅτι τήν τε Φαίδραν καὶ προσεγκαλοῦσαν τῷ Θησεῖ πεποίηκεν, ὡς διὰ τὰς ἐκείνου π α ρ α ν ο μ ί α ς ἐρασθεῖσαν τοῦ Ἱππολύτου. Wenn der Vorwurf der παρανομίαι des Theseus schon in den *Kalyptomenos* gehörte, bestätigte sich die beobachtete Tendenz Senecas, bei Euripides angelegte Motive aufzunehmen und in stoischer Interpretation erheblich auszuweiten. Während das Motiv bei Euripides offenbar Phaidras Entlastung diente,[39] hat es Seneca im Sinn eigentlicher Verfehlungen des Theseus als selbständige Komponente zugespitzt. Dieses Verfahren ist für ihn keineswegs singulär. Wie sich die Vorwürfe hinsichtlich Ariadnes, Antiopes und Phaedras durch das Stück ziehen, hat Seneca den Eroberer Troias, Agamemnon, mit unerlaubten Beziehungen nicht nur, wie es in der Tradition angelegt war, zu Cassandra, sondern auch zu Chryseis und Briseis belastet (*Ag.* 175–191) – aufgrund deren er letztlich zu Fall kommt.[40] Der stoische Deuter findet zuweilen überraschende Wege, den traditionellen Gestalten eine *nova facies* zu verleihen.

Auch die zweite Komponente, die Seneca bei Theseus vertieft, ist mit der Umdeutung des Hippolytus verwandt. Bei Euripides bestätigt Artemis zwar Theseus, er habe keine vorsätzliche Untat begangen (1334–1335), aber sie spricht nicht nur von einer objektiven ἁμαρτία (1334), sondern auch von Verblendung (ἄτη, 1289) und sagt, daß Theseus sich allzu schnell zum Fluch habe hinreißen lassen (1320–1324):

> 1320 σὺ δ᾽ ἔν τ᾽ ἐκείνῳ κἀν ἐμοὶ φαίνῃ κακός,
> ὃς οὔτε πίστιν οὔτε μάντεων ὄπα
> ἔμεινας, οὐκ ἤλεγξας, οὐ χρόνῳ μακρῷ
> σκέψιν παρέσχες, ἀλλὰ θ ᾶ σ σ ο ν ἤ σ᾽ ἐχρῆν
> ἀρὰς ἀφῆκας παιδὶ καὶ κατέκτανες.

---

[37] Herter 1940, 287; Paratore bei Giomini 1955 (1), 46–47; Zintzen 1960, 13: „Die Vorhaltungen Phaedras schließen wirkungsvoll mit einer der bei Seneca so beliebten Pointen: aus einem solchen *stuprum* stammt ja auch Hippolytos, er ist ein Bastard und sozusagen ein lebendes Zeugnis für die *fides* seines Vaters."
[38] Kunst 1924; Friedrich 1953; Zintzen 1960.
[39] Kunst 1924, 10; Zintzen 1960, 12.
[40] Lefèvre 1966, 486 (▸ S. 238–239).

Diese Verfehlung des Theseus ist der Punkt, an dem der stoische Interpret wiederum ansetzen konnte. Es ist daher nicht verwunderlich, daß Theseus auf die Verleumdung des Hippolytus durch Phaedra mit wahren *ira*-Kaskaden reagiert und den Sohn dem Tod preisgibt. Bezeichnenderweise hält er einen über fünfzig Verse langen Monolog, ohne eine Zwischenfrage an Außenstehende wie Chor und Amme zu tun (903–958). Wie Theseus im *Kalyptomenos*, in dem Phaedra ebenfalls die Verleumdung vorbrachte, reagiert hat, wissen wir nicht. Im *Stephanephoros* stellte er in einem langen Dialog Hippolytos selbst zur Rede, in dem dieser sich wegen seines Eids nicht glaubhaft verteidigen konnte. Zudem mußte Theseus durch Phaidras bereits vollzogenen Selbstmord in beträchtlich höherem Maß der Anklage Glauben schenken. So bedeutet die senecaische Deutung eine ganz erhebliche Steigerung zu einer nahezu völlig ungerechtfertigten Reaktion des Theseus. Der erlangt denn auch von selbst, wenn es zu spät ist, die Einsicht (1207), daß seine *ira* ihm und dem Sohn zum Verderben wurde. Auch hinsichtlich der Theseus-Gestalt ist es eine ‚Tragödie des Zorns'. Nimmt man die besprochenen Verfehlungen hinzu, ergibt sich ein konsequentes Bild: «Roi, c'est-à-dire corrumpu par sa toute-puissance, il est le tyran que son incapacité à se modérer entraîne dans le crime».[41]

Theseus und Hippolytus sind Personen, die aufgrund ihrer Affekte – *amor*, *odium*, *ira* – weitgehend in Blindheit leben und reagieren, ohne es zu wissen. Hippolytus ist durch den plötzlichen Tod die Einsicht verwehrt. Theseus dagegen erhält sie, obschon zu spät: *crimen agnosco meum* (1249). Phaedra öffnet ihm die Augen: Auf leeren Schein gründe sich sein Strafgericht: *vana punisti* (1194). Nun läßt sich freilich nicht übersehen, daß Theseus' Einsicht recht äußerlich bleibt und sowohl im Hinblick auf die stoische Interpretation wie auf allgemein dramaturgische Gesetze nicht befriedigend dargestellt ist. Es ist auffallend, daß Theseus auf die Enthüllung des wahren Geschehens hin zunächst in einer sich über vierzig Verse erstreckenden Selbstverwünschung den Tod herbeisehnt und dann bei dem Einwand, Hippolytus' Leichnam werde hereingetragen, nach kurzer Klage verstummt.[42] Im *Kalyptomenos* trat ein deus ex machina auf,[43] der das furchtbare Geschehen in das rechte Geleise brachte, im *Stephanephoros* söhnen sich der noch lebende Hippolytos und Theseus aus, und Artemis erklärt den Menschen die höhere Absicht der Götter. Da Seneca die Götterhandlung eliminiert,

---

[41] Grimal 1965, 17.
[42] Daran ändert auch nichts die Personenverteilung von A (nach der Theseus 1247–1280 spricht), die von Zwierlein 1966, 180–182 mit guten Gründen verteidigt wird. E gibt 1256–1280 dem Chor, während Leo (und nach ihm moderne Editoren) ab 1262 wieder Theseus sprechen läßt.
[43] Zintzen 1960, 138 mit Anm. 9.

könnte es rein äußerlich begründet sein, daß das Stück hinsichtlich der Theseus-Gestalt so unvermittelt schließt.[44] [[...]]

Hippolytus' und Theseus' Handeln wird durch ihre Affekte bestimmt; *amor, odium* und *ira* lassen sie in Blindheit leben, ohne daß ihnen eine Einsicht zuteil wird. Auf sie trifft das Beispiel der alten Harpaste zu, das Seneca Lucilius schildert: ‚Wie du weißt, ist Harpaste, die einfältige Dienerin meiner Frau, als lästiges Erbe in meinem Haus geblieben. [...] Das Augenlicht dieser Törin begann plötzlich schlechter zu werden. Es ist unglaublich, aber wahr: Sie weiß nicht, daß sie blind ist. Wiederholt bittet sie den Hofmeister, ausziehen zu dürfen, weil das Haus zu dunkel sei. Möge dir klar sein, daß das, was wir an ihr belachen, auf uns alle zutrifft. [...] Warum täuschen wir uns? Unser Übel ist nicht außerhalb, sondern in uns, es sitzt in unseren Eingeweiden, und deshalb gelangen wir so schwer zur Genesung, weil wir nicht wissen, daß wir kranken': *Harpasten, uxoris meae fatuam, scis hereditarium onus in domo mea remansisse. [...] haec fatua subito desiit videre. incredibilem rem tibi narro, sed veram: nescit esse se caecam; subinde paedagogum suum rogat ut migret, ait domum tenebricosam esse. hoc quod in illa ridemus omnibus nobis accidere liqueat tibi. [...] quid nos decipimus? non est extrinsecus malum nostrum: intra nos est, in visceribus ipsis sedet, et ideo difficulter ad sanitatem pervenimus quia nos aegrotare nescimus* (Epist. 50, 2–4). Das eindrücklichste Beispiel einer in der Welt des Scheins lebenden Person hat Seneca, wie noch zu zeigen sein wird, in der Gestalt des Atreus im *Thyestes* geschaffen. Während dieser jedoch eine Hyperbel darstellt, damit sein Handeln um so deutlicher zu erkennen und durchschauen sei, sind Hippolytus und Theseus nicht insgesamt verdammenswert. Herrmanns Urteil über diesen gilt auch für jenen: «On voit que c'est un caractère complexe où les bons et les mauvais sentiments se mêlent curieusement» (408). In den entscheidenden Verhaltensweisen, die das Drama repräsentiert, muß sie jedoch der Stoiker verdammen.

Bei Hippolytus und Theseus versagt die *ratio* ihren Dienst. Die Herrschaft derselben ist aber Voraussetzung für das richtige Leben, für die *vita beata*, nur sie entscheidet über die Tugend, über das Ehrenhafte, über das Gute und Böse: *illa quemadmodum de beata vita, quemadmodum de virtute, de honesto, sic et de bono maloque constituit* (Epist. 124, 4). Nur von ihr ist das wahre Gute abhängig: *nisi ubi rationi locus est, bonum non est* (13). Für den Stoiker stellt sich immer wieder die Grundfrage nach dem Verhältnis λόγος / πάθη bzw. *ratio / adfectus*.

---

44 Grimal 1965, 17.

IV Phaedra

Gegen die in Unwissenheit handelnden und fehlenden Gestalten des Hippolytus und Theseus setzt sich die von Anfang an wissende Phaedra ab. Ihre Haltung könnte ein Dictum der Amme charakterisieren: Das erste sei, ehrenhaft zu handeln und nicht vom rechten Weg abzukommen; wenn das nicht möglich sei, stelle den nächsten Grad der Ehrenhaftigkeit dar, das Maß der Sünde zu kennen: *honesta primum est velle nec labi via,* | *pudor est secundus nosse peccandi modum* (140 – 141). Phaedra vermag nicht ihrer Leidenschaft zu widerstehen, aber sie kennt ihr Ausmaß genau. So betont sie, die Amme sei mit den Vorhaltungen im Recht, aber die Leidenschaft zwinge sie, dem Schlechteren zu folgen. Sie stürze wissentlich in den Abgrund: *furor cogit sequi* | *peiora. vadit animus in praeceps s c i e n s* (178 – 179). Damit zitiert sie fast wörtlich die bekannte Maxime der ovidischen Medea, die auch das Bessere sieht und billigt, aber dem Schlechteren folgt: *video meliora proboque:* | *deteriora sequor* (*Met.* 7, 20 – 21). Mit dem Bezug auf Ovid stellt sich Seneca zugleich in die Tradition der euripideischen ὀργή-Tragödien, in denen das Verhältnis von Wissen und irrationalem Antrieb eine wesentliche Rolle spielt. So betont Medeia, sie wisse sehr wohl, welche κακά zu tun sie im Begriffe sei, aber die Leidenschaft sei Herr über ihre Pläne (Eur. *Med.* 1078 – 1079):[45]

> καὶ μανθάνω μὲν οἷα δρᾶν μέλλω κακά,
> θυμὸς δὲ κρείσσων τῶν ἐμῶν βουλευμάτων.

Ebenso weiß die Phaidra des *Stephanephoros*, daß nicht falsche Einsicht am Handeln der Menschen schuld sei, sondern Trägheit und Nachgeben gegenüber der ἡδονή (377 – 387):

> καί μοι δοκοῦσιν οὐ κατὰ γνώμης φύσιν
> πράσσειν κακίον· ἔστι γὰρ τό γ' εὖ φρονεῖν
> πολλοῖσιν· ἀλλὰ τῇδ' ἀθρητέον τόδε·
> 380   τὰ χρήστ' ἐπιστάμεσθα καὶ γιγνώσκομεν,
> οὐκ ἐκπονοῦμεν δ', οἱ μὲν ἀργίας ὕπο,
> οἱ δ' ἡδονὴν προθέντες ἀντὶ τοῦ καλοῦ
> ἄλλην τιν'· εἰσὶ δ' ἡδοναὶ πολλαὶ βίου,
> μακραί τε λέσχαι καὶ σχολή, τερπνὸν κακόν,
> 385   αἰδώς τε· δισσαὶ δ' εἰσίν, ἡ μὲν οὐ κακή,
> ἡ δ' ἄχθος οἴκων. εἰ δ' ὁ καιρὸς ἦν σαφής,
> οὐκ ἂν δύ' ἤστην ταῦτ' ἔχοντε γράμματα.

Wieder ist der Ansatzpunkt in der Tradition zu fassen, von dem Seneca ausgegangen ist. Vor allem läßt sich deutlich erkennen, daß er Phaidras Reflexion aus

---

[45] Zur Deutung der umstrittenen Verse Diller 1966, 267 – 275.

stoischer Sicht entscheidend weiterbildet. Während bei Euripides „dieses Raisonnement [...] nur in lockerer Beziehung zu dem, was der Phaidra wirklich widerfahren ist", steht, „ja die Verse 373 bis 390 [...] für die Handlung und für den eigentlichen Sinn der Rede Phaidras getrost fehlen" könnten,[46] handelt es sich bei Seneca um den Grundsatz, aus dem heraus Phaedras Gestalt entwickelt ist. Während Phaidra eine „längere Erörterung, welche verschiedenen ἡδοναί den Menschen verführen", vorträgt, „wobei sich der Gedanke vorschiebt, daß es Gefühle gibt, die (wie die αἰδώς) bald gut, bald schlecht sind",[47] ist das Problem bei Phaedra scharf zugespitzt und zugleich verengt: Sie kennt den Affekt, wird seiner aber nicht Herr. Daß es ein ‚Gefühl' gebe, das zur Leidenschaft rate, kann den Stoiker nicht interessieren. Auch λέσχη und σχολή sind für ihn Begriffe, die nicht in diesen Zusammenhang gehören. Für ihn gibt es nur die Feststellung, d a ß die Leidenschaft übermächtig ist, so wie Phaedra alle Götter anruft, sie möchten bezeugen, daß sie nicht wolle, was sie wolle: *vos testor omnes, caelites, hoc quod volo | me nolle* (604–605). Es hat keinen Sinn, den Affekt in seinem Ursprung oder seiner Bedeutung zu relativieren; entscheidend ist sein Auftreten überhaupt. Auch auf das Ausmaß kommt es nicht an: *nihil interest quam magnus sit adfectus: quantuscumque est, parere nescit, consilium non accipit* (Epist. 85, 8). Phaedras Zustand repräsentiert in diesem Punkt die stoische Lehre. Denn Seneca differenziert, daß die *ratio* nur das Entstehen der Leidenschaft, nicht aber die gegen ihren Willen entbrannte Leidenschaft bekämpfen könne: *si ratio proficit, ne incipient quidem adfectus; si invita ratione coeperint, invita perseverabunt. facilius est enim initia illorum prohibere quam impetum regere* (Epist. 85, 9). Wenn die *ratio* auch Einsicht in die Leidenschaft gewinnt, ist sie dennoch machtlos. Eben diese Erkenntnis spricht Phaedra aus (181–185):

> sic, cum gravatam navita adversa ratem
> propellit unda, cedit in vanum labor
> et victa prono puppis aufertur vado.
> q u i d r a t i o p o s s i t ? vicit ac regnat furor
> 185 potensque tota mente dominatur deus.

Die Einsicht in das Fehlen ist für Senecas dramatisches Werk durchaus ungewöhnlich, da der Stoiker das Unterliegen unter die Affekte zumeist mit der Blindheit der Menschen in Verbindung bringt, wie es bei Theseus, Hippolytus oder Agamemnon der Fall ist. Bei diesen zeigt sich die verdammungswürdigste Stufe des Handelns; denn sie fehlen in B l i n d h e i t , d. h. unreflektiert und ohne Einsicht in die Verkehrtheit des Handelns – es sei denn, wenn es zu spät ist (Theseus).

---

46 Snell 1948, 127.
47 Snell 1948, 127.

Zur nächsten Stufe gehören die Personen, die offen das Bekenntnis ablegen, – nach allgemeinen Maßstäben gemessen – bewußt ‚schuldhaft' handeln zu wollen, wie Medea oder Atreus: Sie fehlen reflektiert, ohne doch echte Einsicht zu haben. Während Iason der Unwissende ist, der von den *fata* hin- und hergeworfen wird, erscheint Medea als von Anbeginn bewußt Planende und bewußt Handelnde. Wenn sie am Schluß ihre Rache vollzogen hat und befriedigt konstatiert, sie sei nun wieder Medea selbst geworden,[48] stellt sie in Wahrheit, wie Maurach gesagt hat, das „Bild des pervertierten Selbstgewordenseins" dar: „Ihre vermeintliche Stärke ist bloß Schwäche, ihr Ruhm [...] nur Tadel. Sich aufzugeben [...] dünkt sie ihrer unwürdig zu sein, doch hätte gerade dies, wie Epiktet wohl richtig sagt, ihr die echte Würde und den wahren Sieg verliehen."[49] Medea glaubt recht zu handeln, wenn sie ‚fehlt'. Sie weiß, daß sie *scelera* begeht (50), sie weiß, daß sie schon in der Vergangenheit schuldig geworden ist (*sum nocens, fateor*, 246), aber sie „irrt im Unwissen und meint, ihr Heil darin zu finden, daß sie wieder wird, was sie einst war, statt sich zu wandeln."[50] Ebenso handelt es sich bei Atreus im *Thyestes*, der sich von Anfang an für das Böse entscheidet und sich dessen auch bewußt ist, um ein Wissen, das vom Standpunkt des Stoikers aus in allerhöchstem Maß Schein ist.[51] Gegen Medea und Atreus, die sich bewußt zu den *scelera* verstehen, aber die Verkehrtheit ihres Handelns nicht einsehen, hebt sich Phaedra in einer für Seneca einmaligen Weise ab. Ihr Handeln darf man zu der dritten Stufe zählen, da es mit der Erkenntnis seiner Verkehrtheit verbunden ist. Es ist dennoch nach stoischer Lehre zu verurteilen.

Phaedras Wissen bedeutet nicht, daß sie als bewußte Verbrecherin erscheinen soll, die für ihr Verhalten im subjektiven Sinn voll verantwortlich wäre. Das erhellt schon daraus, daß Seneca zu Beginn des zweiten Akts eine Szene nach dem Vorbild des *Stephanephoros* gestaltet hat, obwohl er sonst weitgehend dem *Kalyptomenos* folgt. Auf diese Weise konnte er die von ihrer Leidenschaft überwältigte Frau eindrucksvoll darstellen und die im ersten *Hippolytos* geschilderte Hemmungslosigkeit mildern. Zu Phaedras Entlastung läßt Seneca ein Motiv durchklingen, das bei Euripides im zweiten *Hippolytos* nur beiläufig erwähnt wird,[52] die hybride Liebe Pasiphaes, der Mutter Phaedras, zu einem Stier. Wenn Phaedra wie Hippolytus zur Jagd ziehen will, bekennt sie, in ihrem Geschlecht sei die Liebe gewohnt, in den Wäldern zu fehlen, *peccare noster novit in silvis amor* (114), um sodann die fehlgeleitete Liebe auf Venus' Rache an Pasiphae, der Tochter

---

48 *Medea nunc sum* (910): dazu Friedrich 1967, 46–54.
49 1966, 140 = 1972, 318.
50 1966, 140 = 1972, 318.
51 Knoche 1941, 66–76 = 1972, 477–489.
52 ὦ τλῆμον, οἷον, μῆτερ, ἠράσθης ἔρον (337).

des Sonnengotts, zurückzuführen, der die bekannte, im θ der *Odyssee* erzählte Liebesgeschichte zwischen Venus und Mars ans Licht brachte (124–128):

> stirpem perosa Solis invisi Venus
> 125 per nos catenas vindicat Martis sui
> suasque, probris omne Phoebeum genus
> onerat nefandis: nulla Minois levi
> defuncta amore est, iungitur semper nefas.

Es handelt sich um eine der Stellen in Senecas Tragödien, an denen die Rezeption traditionell poetischen Gedankenguts mit der eigentlichen Deutung des Dichters in Widerstreit gerät. Das Motiv des Fluchs, mit dem Venus die weiblichen Nachkommen des Sonnengeschlechts verfolgt, indem sie diese zu verbotener Liebe zwingt, übernimmt Seneca, da es im *Stephanephoros* nicht dominant ist, offenbar aus dem *Kalyptomenos*.[53] Für diesen wird es durch das von Stobaios 4, 34, 50 überlieferte Fr. 444 N.² wahrscheinlich gemacht (Barrett 1964, 22):

> ὦ δαῖμον, ὡς οὐκ ἔστ' ἀποστροφὴ βροτοῖς
> τῶν ἐμφύτων τε καὶ θεηλάτων κακῶν.[54]

Das wird auch durch den Nachklang bei Ovid, *Her.* 4, 53–54 nahegelegt.[55] Hierauf spielt Seneca 124–128 wohl an. Auch die Bezeichnung der Liebe Pasiphaes als *fatale malum* (113) könnte in diesem Sinn gedeutet werden, wenngleich in *fatale* die gängige Bedeutung ‚schrecklich' überwiegen mag.[56]

Seneca hat mit diesem Motiv Gedanken aus dem euripideischen Vorbild übernommen, die er als Stoiker nicht gut billigen konnte. Einen Erbfluch, der durch eine göttliche Macht bewirkt wird, durfte er schon deshalb nicht anerkennen, weil für den Stoiker die traditionelle Götterwelt nicht existiert. Das betont Seneca oft genug, und in diesem Stück ist es die Amme, die sogar die Existenz des Gottes, der das ganze Geschehen zu bestimmen scheint, entschieden leugnet:

---

[53] Friedrich 1953, 119; Zintzen 1960, 19–20. Anders Grimal 1965, 46 zu 113.
[54] "It is presumably in Phaidra that the κακά are innate and sent by a god [...]; perhaps a comment at the end of the play, with the truth revealed and Phaidra dead" (Barrett 1964, 22).
[55] Auch 165–166 (Phaedra zu Hippolytus): *flecte, ferox, animos. potuit corrumpere taurum | mater; eris tauro saevior ipse truci?*
[56] Kunst versteht *fatale* als ‚vom Schicksal verhängt' wie auch als ‚verderblich', Giomini 1955 (1) 48 («ricordo del peccato materno, che fatalmente si perpetua in lei») und Grimal 1965 nehmen nur die erste Bedeutung an.

195   deum esse amorem turpis et vitio favens
      f i n x i t libido, quoque liberior foret
      titulum furori numinis falsi addidit.

202   vana ista demens animus ascivit sibi
      Venerisque numen f i n x i t atque arcus dei.

Hier spricht natürlich Seneca, nicht Euripides.[57] Des weiteren kann der Stoiker einen Erbfluch nicht gelten lassen, da nach seiner Auffassung der Mensch voll verantwortlich für sein Tun und Leiden ist. Ihm kann die εἱμαρμένη nur äußere Schwierigkeiten im Sinn von Prüfungen bereiten, aber es liegt an ihm, ob er sie überwindet oder nicht.[58] Ausweglos ist keine Situation. Dementsprechend hat Seneca sogar den in der attischen Tragödie am nachdrücklichsten gestalteten Erbfluch, wie er in der *Orestie* wirksam ist, zu einer subjektiven Verantwortung des Menschen aufgelöst – sowohl in der Generation Atreus / Thyestes[59] als auch in der Generation Clytaemnestra / Agamemnon.[60] An der betrachteten Stelle konnte der Gestalter traditioneller Sujets seine Hauptfigur sich rechtfertigen lassen: Entschuldigen durfte sie der Stoiker nicht. Er hätte höchstens einen Erbfluch in subjektivem Sinn einführen können, indem mehrere Mitglieder eines Geschlechts derselben Leidenschaft verfallen, ohne daß ein objektiver Zusammenhang anzunehmen ist. Wenn Phaedra an späterer Stelle, als Hippolytus auf die ebenfalls von Helios abstammende Medea anspielt, sagt, sie kenne die *fata* ihres Hauses,

---

[57] Zintzen 1960, 28.
[58] v. Fritz (1955) 1962, 27.
[59] Der Prolog des *Thyestes*, in dem die Furie den Schatten des Tantalus heraufführt, damit er Verderben über das Haus seiner Enkel bringe, hat – wie Lesky (1922 / 1923) 1966, 533–535 gezeigt hat – eine merkwürdige Funktion. Die Furie erklärt 62–64 Tantalus, er solle bei der schrecklichen *cena* als Fluchgeist dabeisitzen, nur deshalb habe sie ihn aus der Unterwelt geholt: 105–106 wird er dann plötzlich mit einer für die Handlung recht äußerlichen Begründung (Weltendurst) wieder in den Tartarus geschickt. Das Motiv ist rigoros abgebrochen (Anliker 1960, 28–29). Lesky hat daher vermutet, daß Seneca es nicht selbständig erfunden habe (wie Frenzel 1914, 63 meint), sondern einer griechischen Vorlage folge, in der er wegen struktureller Kriterien den *Thyestes* des Euripides sieht. Aus dem oben behandelten Zusammenhang heraus ergibt sich als weitere Stütze für diese These, daß die Vorstellung eines Erbfluchs aufgrund der Unverträglichkeit mit dem stoischen Denken ebenfalls auf die griechische Tragödie weist. – Daß Seneca im Prolog des *Thyestes* nicht an eine ‚Erbsünde' gedacht hat, betont Knoche 1941, 75 = 1972, 488.
[60] Lefèvre 1966, 486–487 (▸ S. 239). Nachzutragen wäre, daß aus der Rede der umbra Thyestis im Prolog, die offenbar stark von der Eingangsszene des *Thyestes* abhängt (Lesky (1922 / 1923) 1966, 534), nicht auf die Intention eines Erbfluchs zu schließen ist. Auch hier ist nur ein großes poetisches Gemälde ohne eigentliche dramatische Funktion ausgebreitet. Denn daß der Schatten Zukünftiges prophezeit, wird man nicht als ungewöhnlich empfinden: Über den kausalen Zusammenhang des Geschehens ist damit nichts ausgesagt.

darf auch dort nicht an einen objektiv wirkenden Erbfluch gedacht werden (698–699):

> et ipsa n o s t r a e fata cognosco d o m u s :
> fugienda petimus; sed mei non sum potens.

Zugleich zeigt sich an dieser Stelle erneut, daß Phaedra im Gegensatz zu den anderen Personen des Stücks wissentlich fehlt (*cognosco*).

Darüber hinaus ist es nicht unwahrscheinlich, daß Seneca einen neuen Zug zu Phaedras Entlastung den Vorbildern hinzugefügt hat.[61] Wenn sie 596–597 erwägt, Hippolytus zu heiraten, da Theseus als tot gilt (254, 623), ist dieser sonst nicht belegte Gedanke kaum mit ihrer sophistischen Argumentation bei Ovid, *Her.* 4, 137–146 zu vergleichen und entspringt auch kaum dem Wunsch, „ihr Verbrechen vertuschen zu können".[62] Jedenfalls ist nicht zu verkennen, daß Seneca nicht wieder eine Person, deren Affekte er als Stoiker verurteilen mußte, mit so viel Sympathie gezeichnet hat.

Trotz den positiven Zügen der Phaedra-Gestalt ist ihre Haltung nach stoischer Lehre nicht zu billigen. Denn es kommt nicht auf das Ausmaß der Affekte an, sondern auf das Auftreten derselben überhaupt; hat man ihnen erst einmal Einlaß in die Seele gewährt, ist es unmöglich, ihnen Einhalt zu gebieten: *si in nostra potestate non est an sint adfectus, ne illud quidem est, quanti sint: si ipsis permisisti i n c i p e r e , cum causis suis crescent tantique erunt quanti fient. adice nunc quod ista, quamvis exigua sint, in m a i u s e x c e d u n t ; numquam perniciosa servant modum; quamvis levia initia morborum serpunt et aegra corpora minima interdum mergit accessio* (*Epist.* 85, 12). Das hat auch Phaedra erkannt: *quid ratio possit?* (184). Es ist daher von Bedeutung, daß sie sich von den beiden anderen Hauptgestalten, Hippolytus und Theseus, nicht nur dadurch unterscheidet, daß sie gegenüber der Blindheit jener von Anfang an wissend ist, sondern sich auch durch die aus der Erkenntnis ihres Fehlens resultierende Haltung auszeichnet, die Konsequenzen auf sich zu nehmen. Daher scheidet sie bewußt und gefaßt aus dem Leben.[63] Mit einem feinen Zug hat der Dichter gezeigt, daß sich an ihrer Liebe nichts geändert hat. Mit denselben Worten, die sie früher zu Hippolytus gesprochen hatte, sie werde ihm, wohin er gehe, durch Feuer, Meer, Felsen und Flüsse folgen (700–703; vgl. auch 615–623), verkündet sie dem Toten, sie werde ihm über Wasser, Ströme und Feuer folgen – freilich sind es dieses Mal die Gewässer der Unterwelt. An beiden Stellen gebraucht sie das Wort *amens* für ihre Haltung (702,

---

61 Grimal 1963, 312.
62 Zintzen 1960, 69.
63 Zum Problem des Freitods bei Seneca Pohlenz 1964, I, 323–324, 326–327 (Belege II, 160–161).

1180), d.h. auch jetzt ist sie nicht Herr über ihre Liebe; an ihr hat sich nichts geändert (1179–1180):

> et te per undas perque Tartareos lacus,
> 1180 per Styga, per amnes igneos amens sequar.

Wenn als eines der letzten Worte D'Annunzios Fedra *Ippolito, son teco* spricht, ist dieser Dichter auch hierin seinem Vorbild Seneca gefolgt.

Hoch erhebt sich Phaedra zum Schluß über Theseus. Kein Wort des Hohns; keines des Vorwurfs. Gegen die unbesonnenen Ausbrüche des Hippolytus und Theseus – ähnlich ist die Haltung des Hercules furens –, die sich in namenlosem Zorn bzw. Schmerz den Tod aufs Haupt wünschen, kontrastiert Phaedras Beherrschtheit deutlich. ‚Denn für beides bedürfen wir der Ermahnung und der Ermutigung', erklärt Seneca im 24. Brief an Lucilius, ‚sowohl, daß wir das Leben nicht zu sehr lieben, als auch, daß wir es nicht zu sehr hassen. Auch wenn die Vernunft rät, das Leben zu beenden, darf der Anlauf dazu nicht leichthin genommen werden. Der tapfere weise Mann soll nicht aus dem Leben fliehen, sondern aus ihm fortgehen. Und besonders soll auch jener Affekt gemieden werden, der viele ergriffen hat: die Lust am Sterben.' *in utrumque enim monendi ac firmandi sumus, et ne nimis amemus vitam et ne nimis oderimus. etiam cum ratio suadet finire se, non temere nec cum procursu capiendus est impetus. vir fortis ac sapiens non fugere debet e vita sed exire; et ante omnia ille quoque vitetur adfectus qui multos occupavit, libido moriendi* (24–25).

V Chor

Die Tendenz der Dramen Senecas, exempla darzustellen, hat zur Folge, daß weder Phaedras Schicksal noch das der anderen Hauptgestalten individuell gesehen werden soll, sondern – aus stoischer Sicht – als repräsentativ für das Tun und Leiden der Menschen zu verstehen ist. Wenn W. Marx zu Recht behauptet hat,[64] Senecas Chor stehe über den Ereignissen, seine Lieder seien nicht ein Akt der Hingabe, sondern eher eine Zugabe, er gewinne keine Einsicht, sondern habe eine Ansicht, er fühle sich vom Geschehen nicht angesprochen, sondern sage etwas dazu – darf man erwarten, daß Seneca die Deutung des Geschehens in den Chorliedern vorträgt. In der Tat gilt für den Chor Senecas weitgehend das Wort, das A. W. v. Schlegel über den Chor der attischen Tragödie ausgesprochen hat,[65] daß

---

[64] 1932, 8–9.
[65] Müller 1967, 212–213 (dazu Flashar 1968, 558–566).

wir ihn „als den personifizierten Gedanken über die dargestellte Handlung, die verkörperte und mit in die Darstellung aufgenommene Teilnahme des Dichters" begreifen müssen.[66] Wenn diese Funktion auch keineswegs für alle Cantica vorauszusetzen ist,[67] trifft sie für die Chorlieder der *Phaedra* doch vollkommen zu.[68] Während sich in den vorstehenden Betrachtungen gezeigt hat, daß der stoische Interpret die subjektiven Verfehlungen der einzelnen Gestalten deutlich in der Weiterbildung traditioneller Ansätze dargestellt hat, ergibt sich überraschenderweise in den Cantica eine ganz andere Deutung des Geschehens. Es wird daher zu fragen sein, welche Verknüpfung diese zur Handlung haben bzw. ob sich eine Verbindung überhaupt erkennen läßt. Denn gerade aus dem Umstand, daß nicht immer eine eindeutige Funktion der senecaischen Cantica evident ist, hat man die ‚Bühnenfremdheit' der ganzen Stücke abgeleitet.[69]

In seinem ersten Lied 274–357 stellt der Chor Phaedras Geständnis ihrer Liebe in den großen Zusammenhang der Allmacht der Liebesgöttin, so wie im *Stephanephoros* der Chor im ersten Stasimon 525–564 Eros anruft: Ἔρως, Ἔρως, ὃ κατ' ὀμμάτων | στάζεις πόθον. Die gedankliche Übereinstimmung beider Lieder zeigt gut, daß das schon bei Euripides dargestellte Schicksal Phaidras den Stoiker Seneca zur Nachgestaltung anregen mußte. Vielleicht darf man den charakteristischen Unterschied beider Auffassungen darin erblicken, daß für den euripideischen Chor Eros nicht an sich ein Übel bedeutet, daß hingegen der Stoiker seine Allmacht allgemein verdammen muß. Denn bei Euripides bittet der Chor: μή μοι ποτὲ σὺν κακῷ φανείης | μηδ' ἄρρυθμος ἔλθοις (528–529), d.h. er fleht in einem Hymnus[70] den allmächtigen Gott an, gnädig zu sein, denn man wisse aufgrund von Ioles und Semeles Schicksal, wie hart er wirken k a n n . Der stoisch gebildete Chor Senecas singt keinen Hymnus auf Amor, er konstatiert nur, daß er überhaupt ein Übel ist: *impotens* (276), *lascivus* (277), *furor* (279), *vorat* (282), *nulla pax* (283), etc. Während Euripides zwei einzelne Beispiele für das Wirken des Eros gibt, weitet Seneca dieses allgemein auf die Welt der Götter (294–316), der Menschen (317–329) und der Tiere (338–352) aus.[71] Auch in diesem Fall läßt sich der Ansatzpunkt

---

66 5. *Vorlesung über dramatische Kunst und Litteratur* ((1809) 1966, 64).
67 Ausnahmen bilden beispielsweise die Lieder *Thy*. 336–403 und 546–622, in denen der Chor als Bühnenperson nicht einmal über die Hintergründe der Handlung informiert ist: Lefèvre 1968, 785–786.
68 Zu dem Umstand, daß der Chor Dinge berichtet, die er als Bühnenperson gar nicht wissen kann, weiter unten.
69 Zwierlein 1966, 72–87.
70 Barrett 1964, 257 zu 525–564.
71 Wenn Seneca zum Beweis der Allmacht des Eros das Lied in den Vers *vincit saevas* | *cura novercas* (356–357) gipfeln läßt – wobei wie in 558 *taceo novercas* die Anspielung auf Ovids

in der Überlieferung eruieren, von dem die interpretatio Stoica Senecas ausgehen konnte.

Nach Hippolytus' rasendem Abgang als Reaktion auf Phaedras Antrag handelt das zweite Lied 736–828 von dem zweifelhaften Wert der Schönheit. Dieser Gesang ist ein Beispiel der meisterhaft gleitenden Assoziationstechnik senecaischer Cantica. Zunächst werden mythische Gestalten von überirdischer Schönheit vorgestellt. Daran schließt sich die Reflexion an, Schönheit sei ein *anceps bonum* (761); doch ist damit nur die bekannte Erfahrung gemeint, daß sie kurz wie die Blüte der Blumen sei. Darauf ist von wirklicher Gefahr die Rede, jedoch wiederum in mythischem Gewand: wenn Najaden, Dryaden oder Diana eines Sterblichen begehren. Das folgende Lob der Schönheit des Hippolytus steht schon unter dem Gedanken der Gefahr, wenn sie in der Form eines Gebets für ihre Erhaltung gepriesen wird. Dann folgt endlich der reale Bezug auf Hippolytus: Die entfesselte Leidenschaft einer Frau dürfte auch ihn zu Fall bringen, wie man weiß: *saecula perspice* (820). So wie im ersten Canticum Phaedras Geschick o b j e k t i v verstanden wurde, erscheint hier das Schicksal, das Hippolytus ereilen wird, als objektive Macht – die subjektiven Verfehlungen bzw. Grundhaltungen, die sich jeweils in den Dialogen offenbaren, werden in den Chorliedern nicht erwähnt. Wie Amor schon an sich ein Übel bedeutet (Phaedra), bringt Schönheit schon an sich den Menschen zu Fall (Hippolytus). Der Chor fungiert als objektiver Deuter, obwohl er gerade während der entscheidenden Szene auf Phaedras Geheiß abtreten mußte (600; vgl. 724). Hier spricht nicht jemand, der Schlimmes a h n t , wie es in der attischen Tragödie so oft begegnet, sondern einer, der genau w e i ß , wie alles kommen wird. Daß es sich nicht um einen am Geschehen teilhabenden Chor, sondern um einen objektiven Sprecher handelt, erhellt vollends daraus, daß der frauenfeindliche Gedanke par excellence – die Schönheit des Mannes gehe durch den *praeceps furor* der Frau (824) zugrunde – von einem Frauenchor vorgetragen wird, der hier schwerlich Phaedras vertraute Kreterinnen repräsentiert. Überdies enthalten die Verse 824–828 mit der Beschreibung von Phaedras Zustand sowie der Andeutung ihres zukünftigen Betrugs Einzelheiten, von denen ein nur aus dem Geschehen heraus deutender Chor weder optisch noch ideell Kenntnis haben könnte.[72] Man darf also annehmen, daß diese Gedanken einen Teil der Deutung

---

lurida terribiles miscent aconita novercae (*Met.* 1, 147) nicht zu überhören ist (Kunst 1924, 34–35; Giomini 1955 (1), 70–71) –, ist das eine ‚unangemessene' Pointe.

[72] Kunst 1924, 49 meint, der Chor sehe Phaedras verbrecherisches Tun „gleichsam vor seinem geistigen Auge". Dazu auch Grimal 1965, 123–124; Zwierlein 1966, 43–44. Nach Giomini 1955 (1), 116 und 1955 (2), 73 ist von der Amme die Rede, doch würde das nichts an der dramaturgischen Inkonsequenz ändern. Leo 1897, 512 mit Anm. 3 sieht in dem Umstand, daß der Chor „gradezu in

des Dichters darstellen, auch wenn sich in den Dialogpartien ein anderes Bild zeigt.

Ebenso gibt der Chor im nächsten Lied 959–988, noch ehe der Bote die endgültige Nachricht gebracht hat, eine Deutung der Theseus / Hippolytus-Handlung. Auch hier spricht der objektiv urteilende Chor, da er als Bühnenperson zu diesem Zeitpunkt noch nicht Kenntnis haben kann, daß Phaedra wissentlich falsch Zeugnis abgelegt hat und Hippolytus im Recht ist. Seine Deutung beschränkt sich freilich auf das Gesetz der Sinnlosigkeit von Fortunas Wirken: *res humanas ordine nullo | Fortuna regit sparsitque manu | munera caeca, peiora fovens* (978–980). Der Chor weiß offenbar nicht nur, daß Hippolytus gestürzt ist, ehe er darüber informiert wird, er muß auch meinen, daß Hippolytus Phaedra gegenüber im Recht, Theseus ihm gegenüber im Unrecht ist: Sonst wäre das Lied an dieser Stelle unverständlich. Wieder wird die Handlung ungeachtet der subjektiven Kausalität objektiv gedeutet. Während das erste Canticum Phaedras und das zweite Hippolytus' Schicksal in objektive Zusammenhänge rücken, bezieht sich der Chor im dritten Lied auf Theseus, der unmittelbar zuvor in einer über fünfzig Verse langen Rhesis (903–958) Hippolytus verflucht hat. Da er die Unschuld des Sohns vollkommen verkennt, fordern sein Handeln und Hippolytus' daraus resultierendes Leiden geradezu das Thema der Sinnlosigkeit von Fortunas Walten heraus.

Nachdem die drei ersten Cantica sich jeweils auf das Schicksal der drei Hauptgestalten bezogen haben, ist das Thema des letzten 1123–1153, das auf die Nachricht von Hippolytus' gräßlichem Ende folgt, so allgemein, daß man es nur als Fazit des gesamten Geschehens verstehen kann. Der Gedanke des vorhergehenden Gesangs, am hochragenden Königshof regiere der Trug, *fraus sublimi regnat in aula* (982), beherrscht das ganze letzte Canticum: Weniger wüte Fortuna in kleinen Verhältnissen, *minor in parvis Fortuna furit* (1124); nicht das plebeische Haus, sondern die Königsburg werde heimgesucht (1138–1140):

> non capit umquam magnos motus
> humilis tecti plebeia domus.
1140　circa regna tonat.

Wiederum wird das Geschehen objektiv kommentiert. Aber diese Perspektive kann sinnvollerweise nur aus den subjektiven Verfehlungen des Einzelnen resultieren. Denn die beliebte stoische Maxime, die Seneca auch sonst in den Tragödien po-

---

epischer Form" berichtet, eine ‚Stilwidrigkeit', die einen bühnenfremden Charakter erkennen lasse: Zwierlein 1966, 60.

pulär ausgeführt hat,[73] will sagen, daß der einzelne desto leichter zum Fehlen verführt werde, je höher seine soziale Stellung ist.

VI Ausblick

Wenn auch die einzelnen Aspekte der stoischen Popularphilosophie in der *Phaedra* noch unverbunden nebeneinander stehen, präludiert sie dem in späteren Dramen sich geschlossener darstellenden Weltbild. Der stoisch gebildete Betrachter des menschlichen Handelns verdammt den einzelnen, weil er seinen Affekten unterliegt. Diese Deutung ergibt sich eindeutig aus den Dialogpartien. Andererseits objektiviert sich dem Betrachter dieser Vorgang aufgrund des Handelns a l l e r Menschen derart, daß er – das ist die Deutung der Chorlieder – darin gleichsam eine höhere Notwendigkeit sieht. So schwach ist der Mensch, daß er praktisch nicht anders handeln k a n n : Das vermag nur der stoische Weise, wie Hecuba oder Cassandra. Die *Phaedra* kennt kein solches Gegenbild. Diese ‚Kausalität' des menschlichen Handelns hat sich im *Agamemnon* so verdichtet, daß Seneca das Handeln des subjektiv voll verantwortlichen Menschen gleichsam unter dem Wirken eines sich mit Notwendigkeit vollziehenden objektiven Prozesses sieht: *sidunt i p s o pondere magna | ceditque oneri Fortuna suo* (88–89).[74] Wenn man der gedanklichen Konzeption der *Phaedra* ein Mindestmaß an Kohärenz zugesteht, kann man die gemeinsame Wurzel des in den Dialogen subjektiv begründeten Handelns der Personen und der in den Chorliedern objektiv vorgetragenen Deutung nur in der angedeuteten Weise verstehen. Sie ist die *nova facies*, die die *parata verba* des traditionellen Phaedra-Stoffs zu einem stoischen Drama werden ließ.

---

73 Zum Beispiel *Thy.* 339–443, 446–449.
74 Zum Problem Lefèvre 1966, 484–490 (▸ S. 237–241).

15 Seneca als moderner Dichter

I Der neue Stil —— S. 269
II Das neue Denken —— S. 270
III Zurückweisen des Menschen auf sich selbst —— S. 271
IV Zurücktreten formaler Ausgewogenheit —— S. 273

Es ist keinem Autor vergangener Zeiten förderlich, durch die Heraushebung einzelner Züge unangemessen aktualisiert zu werden, doch vermag gerade Seneca unser Interesse zu beanspruchen als ein Literat, der sich mit ganzer Konsequenz den Tendenzen der klassischen Literatur entgegengestellt hat und mit solcher Bewußtheit ‚modern' sein wollte, daß er nicht nur seinen Zeitgenossen, sondern auch den folgenden Generationen als moderner Autor galt. Es sind sowohl die Probleme der Zeit, die sich ihm stellten, als auch die Reaktion, mit der er sie zu bewältigen versuchte, die ihn unserem Denken verwandter erscheinen lassen als manchen anderen Autor der Antike.

I Der neue Stil

Seneca ist der bedeutendste Vertreter der kaiserzeitlichen Literatur Roms, die in ihrer Struktur und ihrem Weltbild eine Negation der auf altrömischen Traditionen beruhenden Grundhaltung der augusteischen Literatur darstellt, wie sie ihren Ausdruck vor allem in dem Geschichtswerk des Livius, der *Aeneis* Vergils und den Oden des Horaz gefunden hatte. Das zeigt sich deutlich an der Entwicklung des Stils der nachaugusteischen Zeit, der von einer ungewöhnlichen Blüte des Asianismus bestimmt wurde, indem Pointierung, Rhetorik, Streben nach Kürze und sentenziöser Formulierung an die Stelle der Ausgewogenheit und der Angemessenheit traten: Die „moderne Richtung erreichte in Poesie und Prosa ihren Höhepunkt in der neronischen Zeit mit deren Repräsentanten Seneca [...]. Im klaren Bewußtsein, Kind einer neuen Zeit zu sein, deren neue Ideen auch neuer Formen bedurften",[1] hatte er sich von den früheren Autoren deutlich abgesetzt. Gellius tadelte ihn als *homo nugator* (12, 2, 8), weil er in dem – fast ganz verlorenen – 22. Buch der *Epistulae* Kritik an Ennius, Cicero und Vergil geübt habe. Im 114. Brief dieser Sammlung ist uns die Kritik an Sallust erhalten. Auf der anderen Seite hatte schon am Ende des 1. Jahrhunderts Quintilian Senecas Stil abgelehnt, und es ist deutlich, daß sein Urteil „zugleich der gesamten modernen Stilrichtung" gilt,

---

Senecas Tragödien (WdF), hrsg. v. E. Lefèvre, 1972, 1–7 (Wiss. Buchgesellschaft, Darmstadt).
1 Norden 1909, I, 254, 307.

„deren beliebtester und gefeiertster Vertreter Seneca in den zurückliegenden Jahrzehnten Seneca war".[2] So ist es kein Wunder, daß er später den Archaisten wie Fronto und Gellius als Repräsentant der ‚Modernen' erschien: Im „Kampf der Parteien, der in der traianischen Zeit, nachdem er lange unter der Asche geglimmt hatte, emporflammte, in diesem Kampf [...] hielt die Partei der Modernen das Banner hoch, auf dem der Name Senecas leuchtete, während die reaktionäre Partei dies Banner herabreißen und ein anderes mit Cicero als Devise aufpflanzen wollte."[3]

II Das neue Denken

Der moderne Stil Senecas ist Ausdruck der konsequenten Absage seiner Zeit an die Ideale der vergangenen Epoche. Für diese war der Bezugspunkt des Denkens die sich in der Rom-Ideologie darstellende Geschichtsauffassung, die den Einzelnen fest in die Gemeinschaft einband und ihm als Sinn des Daseins die Förderung der gemeinsamen Sache wies. Diese Unterordnung unter den Primat der *res communis*, der *res publica* hatte ihren gültigen Ausdruck in der Gestalt des vergilischen Aeneas gefunden, dessen Schicksal von dem Widerstreit zwischen individueller Gestaltung und überpersönlicher Forderung bestimmt ist und durch den endlichen Einklang beider Komponenten entschieden wird. Von ganz anderen Tendenzen ist die Literatur des ersten nachchristlichen Jahrhunderts geprägt. In Lukans Epos über den Bürgerkrieg zwischen Caesar und Pompeius etwa manifestiert sich der Widersinn des Geschichtlichen. In ihm wird die *virtus* als eine Haltung definiert, die nicht mehr im Einklang mit den politischen und geschichtlichen Gegebenheiten steht, sondern sich in der Opposition gegen diese darstellt. Das bedeutete, wie G. Pfligersdorffer formuliert hat, „das Auseinanderbrechen des römischen Geschichtskosmos, wie er in Vergils Epos gesehen war".[4] Mit dem *Bellum Civile*, dem herausragenden Epos der neronischen Epoche, war ein absoluter Gegenpol zur *Aeneis*, dem repräsentativen Epos der augusteischen Zeit, erreicht – so wie man treffend Lukan einen ‚Gegen-Vergil' genannt hat.[5] Wie konnte es zu dieser ‚Anti-Literatur' kommen?

Eine Deutung, wie sie Vergil gegeben hatte, konnte nur so lange sinnvoll sein, wie die Ideale der *res publica* und der *res privata* ein Gleichgewicht bildeten. Sobald dieses gestört wurde, mußte eine Weisung, wie sie für Aeneas Geltung

---

2 Trillitzsch 1971, I, 63.
3 Norden 1909, I, 307.
4 Pfligersdorffer 1959, 350.
5 Thierfelder (1935) 1970, 63.

gehabt hatte, preisgegeben werden. Das war schon im letzten Drittel der Regierungszeit des Augustus der Fall – jedenfalls wenn man das dichterische Werk Ovids als repräsentativ für seine Zeit ansprechen darf. Für ihn galt es, eine nach außen gefestigte ‚heile' Welt in ihrem Schein zu durchschauen. In den beiden Hauptwerken, den *Metamorphosen* und den *Fasten*, stellte er nur noch die Fassade dieser Welt dar: Spielerische Grazie und intellektuelle Paradoxie bestimmten seine Gestaltung der traditionellen Stoffe. Pointiert hat F. Mehmel das Verhältnis von Ovids ‚Weltgedicht', den *Metamorphosen*, zur *Aeneis* charakterisiert: „Bei Virgil halten sich äußeres Geschehen und innere Bedeutung gegenseitig. Ovid streicht die Bedeutung [...]. Das äußere Geschehen, das keine Bedeutung mehr hält, wird wertlos und gleichgültig".[6] Durch die zunehmende Bedeutungslosigkeit der an den Menschen herangetragenen Postulate einer Daseinsbestimmung war, wenn man so sagen darf, ein Vakuum entstanden, in das in steigendem Maß die stoische Moralphilosophie stoßen konnte. Ist bei Ovid ein weitgehendes Verblassen des Geschichtlichen zu beobachten, konnte bei der sich in der römischen Kaiserzeit ständig weiter ausbreitenden Erkenntnis vom Widersinn des Geschichtlichen vor allem eine Überzeugung an Boden gewinnen, die wie die stoische Weltanschauung alles von außen auf den Menschen Einwirkende in seiner Bedeutung paralysiert: In unterschiedlicher Prägung bestimmte diese Philosophie das Denken und die Werke der hervorragendsten Dichter nach Ovid: Manilius, Seneca, Lukan, Persius und zu einem Teil auch Petron.

III Zurückweisen des Menschen auf sich selbst

Das vollständige Zurückweisen des Menschen auf sich selbst ist der hervorstechende Zug des senecaischen Denkens, der wohl als ein modernes Charakteristikum angesprochen werden darf. Da in der Tragödie wesensgemäß der Mensch im Mittelpunkt steht, eignete sie sich vorzüglich als poetisches Gefäß für die Darstellung der moralphilosophischen Lebensdeutung der Stoiker. Seneca steht hinsichtlich der interpretatio Stoica mythischer Gestalten in einer langen Tradition, doch bilden die acht oder neun Stücke neben der unter seinem Namen überlieferten *Octavia* die einzigen erhaltenen Beispiele stoisch geprägter Tragödien der Antike. In ihnen stellt sich, wie man oft betont hat, die Deutung unter zwei Aspekten dar, indem auf der einen Seite der Mensch im inneren Widerstreit von λόγος und πάθη, *ratio* und *affectus*, gezeigt und auf der anderen seine Reaktion auf die von außen auf ihn einstürzenden Widerfahrnisse sichtbar gemacht wird. Das

---

6 Mehmel 1934, 106.

Wesentliche dieser Anschauung ist es, daß der Mensch als die oberste Instanz fungiert, die über Sinn und Sinnlosigkeit des Daseins allein entscheidet. Während Seneca in den Prosawerken, etwa in der Schrift *De providentia*, die stoische Lehre von der εἱμαρμένη, der göttlichen πρόνοια, darlegt, die dem Menschen *mala* widerfahren läßt, um ihm die Chance der Bewährung zu geben, ist in den Tragödien der Fatum / Fortuna-Begriff von traditionellen Vorstellungen überlagert. Doch ist es immerhin deutlich, daß auch in ihnen Fortuna nicht als eine Macht, die dem Menschen böswillig Fallen stellt, erscheint als vielmehr in der Funktion, daß sich der stoisch Gebildete als ihr gewachsen erweisen kann, ohne daß ihr Wirken nach moralischen Kriterien gemessen wird. Bei dem Verhältnis von Mensch und Fatum / Fortuna ist es stets der Mensch, der den Stoiker in seinem Verhalten interessiert: Auf die Fähigkeit, dem Geschick zu begegnen, kommt es ihm an; denn nicht, w a s der Mensch erträgt, ist entscheidend, sondern w i e er es erträgt: *non quid, sed quemadmodum feras, interest*. Er kann sich stärker erweisen als alles von außen Einwirkende: *est enim omnibus externis potentior* (*De prov.* 2, 4 bzw. 2, 1).

Freilich zeigt sich in Senecas Tragödien ein etwas anderes Bild als in den Philosophischen Schriften, insofern in ihnen (schon aus dramaturgischen Gründen) die Darstellung des in seine Affekte verstrickten Menschen dominiert – in einem Maß, daß man mit einigem Recht von einer Tragödie der Selbstvernichtung sprechen darf. Denn da nach stoischer Auffassung die vernunftgemäße Gestaltung des Geschicks in der Hand des Menschen liegt, kann jedes nicht auf dieses Ziel gerichtete Handeln nur als Selbstzerstörung verstanden werden. So stellt Seneca Menschen dar, die aus dem Kosmos sinnvollen Handelns herausgetreten sind und sich eine Welt geschaffen haben, in der Recht und Unrecht, Gut und Böse vertauscht sind, in der alle konventionellen Werte auf den Kopf gestellt sind – eine Welt, in der, wie es einmal heißt, weder Recht noch das allgemeine Unrecht Geltung haben (*fas valuit nihil | aut commune nefas*, *Thy.* 138–139), so als ob ein gewisses Maß an Unrecht schon etwa Gutes wäre – eine Welt, in der es nicht einmal auf den Erfolg des Verbrechens ankommt, sondern auf die möglichst scheußliche Durchführung desselben (*Thy.* 907) – eine Welt der Paradoxie.[7] Hier steht nicht wie in Lukans Epos der Widersinn der Geschichte, sondern, wie es der Tragödie gemäß ist, der Widersinn des Menschen selbst zur Diskussion. Doch hat beides dieselbe Wurzel. Denn dieser ist die Voraussetzung für jenen. Die alte Formel, Seneca gebe Schaubilder, die abschrecken sollen, ist zwar an sich zutreffend, aber zu eng. Seine Tragödie zielt nicht allein auf Warnung, sie gibt – darin liegt der furchtbare Sinn – auch Deutung. Ihre Gestalten sind denen verwandt, die

---

[7] Lefèvre 1970, 69–74 / 1992, 224–228, 231–234 (▶ S. 413–420).

bei Lukan, Statius und später Tacitus begegnen.⁸ Und doch wird Seneca nicht müde, an das Verantwortungsbewußtsein und Bewährungsvermögen des Menschen zu glauben. Denn noch nicht, sagt er in der Schrift *De providentia*, hätten die Laster vom menschlichen Geschlecht in einem solchen Maß Besitz ergriffen, daß bei der Möglichkeit, das Schicksal selbst zu wählen, nicht mehr Menschen das Los des hart geprüften Regulus als das des luxusgewöhnten Maecenas wählten: *non usque eo in possessionem generis humani vitia venerunt, ut dubium sit an, electione fati data, plures nasci Reguli quam Maecenates velint* (3, 11). Denn der Luxus pervertiert den Menschen, wie Seneca immer wiederholt; und so hat er nicht nur in den Philosophischen Schriften, sondern auch in den Tragödien den stoisch Gebildeten dargestellt, wie etwa Cassandra im *Agamemnon*.

Die Konzeption der sittlichen Autarkie, des Auf-sich-selbst-Gestelltseins, war gegenüber der archaischen und klassischen Epoche eine gewiß moderne Weltanschauung. Sowenig das theoretische Fundament der senecaischen Philosophie eklektischer Züge enträt, sosehr bedeutete die Verschmelzung mit den traditionellen römischen Wertvorstellungen eine eindrucksvolle moralphilosophische Lebensdeutung, deren Wirkung sich aus den geschichtlichen Gegebenheiten der Zeit erklärt. L. Bieler hat Senecas Leistung gut umrissen: „Ohne ganz den Zusammenhang mit den alten Wertbegriffen des Römertums zu verlieren, entwickelt Seneca eine auf das Individuum gestellte, nach innen gewandte Sittlichkeit; dem entspricht, daß er – wohl als erster – seelische Zustände exakt beschrieben hat (z. B. die Langeweile, dial. 9, 2). ‚Modern' ist auch seine Humanität, etwa das Eintreten für die menschliche Achtung des Sklaven [...]; Seneca ist bereits in jenem Sinn ‚human', den Nietzsche, im ganzen mit Recht, der Antike absprach."⁹ (Von unerwarteter Seite wird die ‚Modernität' dieses Denkens durch das Kuriosum bestätigt, daß bei Artemis eine Sammlung von Seneca-Gedanken unter dem Titel ‚Seneca für Manager' – herausgegeben von einem solchen – erschienen ist, bei der als „Hauptkriterium für die Auswahl [...] die Aktualität" galt!)

IV Zurücktreten formaler Ausgewogenheit

Jedenfalls ist die ganz auf das sittliche Bewußtsein gegründete Weltanschauung Senecas geeignet, unseren Sinn für seine Tragödien zu öffnen, die mit den Pauschalurteilen der Rhetorik und der mangelnden Klarheit der Struktur abgewertet zu werden pflegen. Die beiden Phänomene dürfen nicht isoliert betrachtet werden,

---

8 Burck 1971 (2), 37–60 = 1981, 251–277.
9 Bieler 1972, II, 86.

sondern sind in Verbindung mit dem Anliegen der Tragödien zu würdigen. In ihnen hat die Beschränkung auf die Situation und die Probleme des Menschen zur Folge, daß auf alle Nebenumstände – wie das überhaupt zu einem wesentlichen Teil römischer Art entspricht – verzichtet und vor allem weder Klarheit noch Folgerichtigkeit der Handlung um ihrer selbst willen erstrebt werden. Die Dominanz der Darstellung des Menschen über die Evidenz der Struktur, ja das bewußte In-Kauf-Nehmen von Widersprüchen zur Erreichung des Ziels sind Kriterien, die Seneca auch in dieser Hinsicht als modern erscheinen lassen – als so modern jedenfalls, daß man aufgrund des unzulässigen Vergleichs mit den klassischen griechischen Vorbildern die Struktur der Seneca-Tragödien immer wieder verkannt und bis in die jüngste Zeit hinein verurteilt hat. Was die Rhetorik angeht, ist auch in diesem Punkt zu beachten, daß ihre Bedeutung keineswegs nur aus der Zeit heraus erklärt werden kann, sondern vor allem aus dem Wesen der Stücke selbst: Sie haben den Menschen zum Mittelpunkt, sie bilden den Rahmen für die Selbstdarstellung des Einzelnen, der dem Hörer in einer ununterbrochenen Folge seine Regungen und Probleme expliziert. Dieser Entfaltung des Ichs werden alle nur denkbaren Möglichkeiten der Sprache nutzbar gemacht, die Seneca als den bedeutendsten Repräsentanten des modernen Stils erscheinen lassen. Wenngleich Nordens pathetisches Urteil über seinen Prosastil ein wenig äußerlich ist, sei es hierher gesetzt, weil aus demselben Blickwinkel auch der Dichter Seneca charakterisiert werden kann: „Wer möchte wünschen, daß dieser Schriftsteller, erfüllt von Pathos und getragen von einer maniera grande, in einer Zeit voll maßloser Aufregungen in dem ruhigen, von dem Leben und Treiben der großen Welt nicht berührten Stil der philosophischen Schriften Ciceros geschrieben hätte? Gerade weil er dem Fühlen einer Zeit, in der Genie und Verbrechen, Grandioses und Fürchterliches ineinander übergingen wie später am Hofe eines Cesare Borgia, durch seinen Stil in Bewunderung und Verdammung so gewaltigen Ausdruck zu leihen verstanden hat, gehören seine pompösen Stilmalereien, seine Deklamationen über die Selbstgenügsamkeit der Tugend, die Glückseligkeit des wie ein Fels im Meer stehenden von Schicksalsstürmen umtosten Weisen, den siegreichen Kampf des Geistesathleten mit den alle anderen Menschen unterjochenden Leidenschaften, die ungeheure Verderbnis in Religion und Sitte zu dem Großartigsten, was wir aus dem ganzen Altertum besitzen."[10]

---

10 Norden 1909, 313.

16 Die Schuld des Agamemnon. Das Schicksal des Troia-Siegers in stoischer Sicht*

I Das erste Chorlied —— S. 277
II Clytaemnestras Anklage —— S. 285
III Der Botenbericht —— S. 289
IV Euripides' *Troades* —— S. 293
V Troia und Griechenland —— S. 294
VI Cassandra und Agamemnon —— S. 295
VII Rückblick —— S. 296

„Da nun die stoische Weltanschauung, die den Hintergrund der Dramen Senecas bildet, [...] untragisch und antitragisch ist, so liegt hier offenbar ein entscheidender historischer Wendepunkt in der Geschichte der Tragödie."[1] Es ist für das Verständnis der senecaischen Dramen von entscheidender Bedeutung, zu sehen, in welchem Maß die stoische Moralphilosophie mit der Gedankenwelt der griechischen Tragödie des 5. Jahrhunderts unvereinbar ist. Seneca ist Stoiker und als solcher überzeugt, daß der Mensch durch vernunftgemäßes Handeln und Verhalten in der Lage ist, auf sein Schicksal weitgehend Einfluß zu nehmen, insofern er im Einklang mit dem Fatum zu leben versucht: *si quid credis mihi, intimos adfectus meos tibi cum maxime detego: in omnibus quae adversa videntur et dura sic formatus sum: non pareo deo sed adsentior; ex animo illum, non quia necesse est, sequor. nil umquam mihi incidet quod tristis excipiam, quod malo vultu; nullum tributum invitus conferam.*[2] Da die vollkommene Verkörperung dieses Verhaltens, der stoische Weise, für die Entwicklung einer dramatischen Handlung nicht in besonderem Maß geeignet ist, sind in Senecas Dramen vor allem die mit den Affekten im Kampf liegenden Personen anzutreffen, die je nach ihrem Verhalten diesen unterliegen oder sie überwinden. Denn „das eigentliche Interesse des Dichters wie des Philosophen gilt [...] den Leidenschaften, die in der Brust des Menschen toben und sein Handeln in unheilvolle

---

Hermes 101, 1973, 64–91 (Steiner, Wiesbaden).
* Die Ausführungen knüpfen an den Aufsatz Nr. 13 an, ohne ihn ersetzen oder korrigieren zu wollen. Es wird die Untersuchung der Selbstverschuldung Agamemnons in grundsätzlicher Betrachtung weitergeführt. Clemens Zintzen, Saarbrücken, bin ich für förderliche Kritik verpflichtet.– Der Nachdruck ist etwas gestrafft, inhaltlich unverändert. Nachbetrachtungen (vor allem zum Fatum / Fortuna-Begriff und zur Gestalt Cassandras) aus der Sicht von 2014 gibt Aufsatz Nr. 38.
1 v. Fritz (1955) 1962, 24 = 1972, 70–71.
2 *Epist.* 96, 2. Dazu Pohlenz 1959, I, 322.

Bahn lenken".³ Dabei hat er die Aufmerksamkeit, vielleicht durch persönliche Erfahrungen beeinflußt, besonders dem Problem zugewandt, wie der Mensch auf Macht und Gunst der Stunde reagiere: Dieses ist das zweite große Thema der Tragödien, das am eindrucksvollsten im *Thyestes* behandelt wird. Vor allem unter diesen beiden Aspekten hat Seneca die überkommenen tragischen Sujets in stoischer Interpretation umgedichtet. Es wäre unbillig, wollte man in jedem Drama nur ein Lehrstück, in jeder Szene nur die Demonstration eines typischen Verhaltens und in jeder Person nur die Verkörperung eines bestimmten Charakterzugs erblicken: Wie in jeder Dichtung behalten die Handlungen bis zu einem gewissen Grad ihr Eigengewicht, leben die Personen ihr eigenes Leben – nicht allein deswegen, weil es sich durchweg um traditionelle Stoffe handelt, die nicht ohne weiteres mit stoischem Geist erfüllt werden konnten. Aber es läßt sich schwerlich bestreiten, daß für Seneca die stoische Lehre der entscheidende Ansatzpunkt war, den er je nach den Umständen mehr oder minder auf die Gestaltung der ganzen Handlung und ihrer Charaktere auszudehnen bemüht war. Es ist daher erstaunlich, daß der interpretatio Stoica nicht die Aufmerksamkeit gewidmet worden ist, die sie verdient. Den Weg dazu haben U. Knoche und K. v. Fritz jeweils an einem Beispiel – Knoche nahm dieses Wort in den Titel seiner Abhandlung – gezeigt, an *Thyestes*⁴ und *Oedipus*.⁵ Es wurde versucht, diese Betrachtungsweise auf *Medea*,⁶ *Agamemnon* und *Phaedra*,⁷ auszudehnen. Für die beiden letzten gibt es aus jüngster Zeit eine reiche Literatur, in der gerade der *Agamemnon* verschiedentlich Fehldeutungen ausgesetzt ist. Die alte These von Th. Birt, die Idee des Stücks sei „nichts anderes als ‚Rache für Ilions Fall'",⁸ wirkt noch heute nach. So verstand K. Anliker das Stück als ‚Rachedrama', in dem an dem Titelhelden die Sühne für die Eroberung Trojas vollzogen werde,⁹ während es G. Streubel vornehmlich als Schicksalstragödie deutete.¹⁰ K. K. Lohikoski meinte, der Römer habe „Agamemnons Schicksal als eine gerechte Strafe für seine Tat gegen die Trojaner auffassen" können.¹¹ In einer bemerkenswerten Arbeit über Senecas Tragödien hat B. Seidensticker Anlikers ein-

---

3 Pohlenz 1959, I, 325.
4 Knoche 1941, 60–76 = 1972, 58–66, 477–489.
5 v. Fritz (1955) 1962, 27–29.
6 Maurach 1966, 125–140 = 1972, 292–320.
7 Lefèvre 1966, 482–496 (▸ S. 235–245); 1969, 131–160 (▸ S. 246–268).
8 1911, 358.
9 1960, 98–103.
10 Agamemnon sei „als Titelheld der Tragödie [...] zuallererst dazu prädestiniert, Instrument und Spielball des Fatums zu sein" (1963, 219). S. 222–223 wird betont, „daß alle Hauptgestalten das Fatum [...] in seiner Unerbittlichkeit an sich erfahren."
11 1966, 63.

deutige These übernommen und weitergeführt.[12] Schließlich hat sich O. Zwierlein in einer kurzen, aber grundsätzlichen Bemerkung zu dieser Frage geäußert.[13] Diesen Arbeiten ist es eigen, daß sie die Schicksale von Troia und Mycenae, Priamus und Agamemnon in vereinfachender Interpretation schematisch koppeln und mit einem Fatum-Begriff operieren, der schwerlich stoischer Provenienz ist. Auch wenn nicht zu bestreiten ist, daß sich der Charakter des Fatum bei Seneca aufgrund der Verquickung mit popularphilosophischen Gedanken nicht immer eindeutig erkennen läßt, ist zu fragen, ob Deutungsversuche, die von einem unsenecaischen Fatum-Begriff ausgehen, der neronischen Neugestaltung des Agamemnon-Stoffs gerecht werden.

I Das erste Chorlied

Es ist eine entscheidende Frage für das Verständnis des ganzen Stücks, wie das erste Chorlied 57–107, dessen Thema das Verhältnis der *reges* zur Fortuna bildet, zu verstehen ist. Denn da Agamemnon schon vorher von der Umbra Thyestis als *rex regum* angesprochen wurde (39), darf man in dem Eingangslied so etwas wie eine programmatische Aussage erblicken. Seidensticker hat es zu Recht als ‚thematische Exposition' bezeichnet.[14] Wie läßt sich dieses Thema genauer bestimmen?

Gegen die Interpretation, in diesem Lied werde der Mensch als voll verantwortlich für seine Taten verstanden,[15] hat Zwierlein eingewandt: So wenig wie die Verschuldung durch eigene Verfehlungen dargestellt werde, so eindeutig handele es sich um „Äußerungen, aus denen erhellt, daß Seneca im Schicksal Agamemnons seine Lieblingsvorstellung von der Gefährdung alles Großen [...] exemplifiziert sah, nach dem Motto *o regnorum magnis fallax fortuna bonis*".[16] Was bedeutet das? Wenn der Mensch nicht subjektiver Schuld verfällt, ginge die Aktion von Fortuna aus; sie wäre es, die dem Menschen Fallen stellt, auf daß er

---

12 1969, 119–140. Seidensticker vertritt im Anschluß an Anliker die Meinung, Agamemnons Fall sei als Folge der ausgleichenden Gerechtigkeit für Troias Fall zu erklären, als Sühne im Sinn eines Zusammenhangs von Ursache und Wirkung. Er zieht noch andere Kriterien in Betracht wie etwa den Geschlechtsfluch des Atridenhauses oder Agamemnons Eheverfehlungen, so daß sich eine Reihe von ‚Motivationsfäden' ergibt, deren Verhältnis zueinander nicht immer deutlich wird.
13 1970, 197 Anm. 1.
14 1969, 121 Anm. 129 unter Hinweis auf *HF* 125 ff., *Phaedr.* 274 ff.
15 Lefèvre 1966, 484–485 (▶ S. 237).
16 Zwierlein weist auf Steidle 1968, 60 Anm. 1, die Vorstellung von der Gefährdung alles Großen sei ein „Lieblingsgedanke von Senecas Tragödien".

seine Nichtigkeit spüre. Selbst ein Weltverständnis, das nicht eine ordnende Macht als oberstes Prinzip annimmt, könnte diesen Gedanken nur in allgemeiner Hinsicht gelten lassen, indem es jeden Menschen einbezieht. Bedenklich wird es in dem Fall, in dem die Vorstellung auf die Mächtigen und Reichen eingeschränkt wird: Dann wäre Fortuna tückisch, indem sie nicht mehr wahllos den einen wie den anderen zu Fall brächte, sondern ihre Macht willkürlich an einer bestimmten Gruppe ausließe; sie wäre nicht *caeca*, sondern *malevola*. Warum sollte der Mächtige und Reiche Fortuna mehr Anlaß bieten als der Arme? Vielleicht weil sie sich an dem Schauspiel seines tiefen Sturzes besonders gern weidet? Ja, ihre Bösartigkeit wäre ohne Grenzen, da sie es ja ist, die den Menschen erst auf seine Höhe führt, nicht etwa er selbst sie aus eigener Tüchtigkeit erklimmt: *in praecipiti | dubioque locas nimis excelsos* (58–59). Noch deutlicher hieße es in diesem Sinn 101–102, daß Fortuna die Menschen nur erhöhe, um sie zu stürzen: *quidquid in altum Fortuna tulit, | ruitura levat*.

Wenn sich Fortuna nur einer bestimmten Gruppe ‚feindlich' zeigt, sollte dann nicht der Gedanke naheliegen, daß diese Menschen besonderen Anlaß zu ihrem Handeln bieten, sollte Fortuna nicht in einer Reaktion statt in einer Aktion ‚wirken'? Das aber könnte nur bedeuten, daß der Mächtige und Reiche, der in extremer Position Stehende (*regna* 57, *excelsi* 59, *reges* 71, *arces* 77) den Verlockungen zum Fehlen besonders ausgesetzt wäre: Es ist leichter, daß ein Kamel durch ein Nadelöhr komme denn ein Reicher in den Himmel, εὐκοπώτερόν ἐστιν κάμηλον διὰ τρήματος ῥαφίδος εἰσελθεῖν ἢ πλούσιον εἰς τὴν βασιλείαν τοῦ θεοῦ (*Matth.* 19, 24). Der in bescheidenen Verhältnissen Lebende (*modicae res* 102, *media turba* 103–104) wäre nicht ‚besser' als der Mächtige, sondern er ermangelte der Möglichkeiten, ebenso leicht verführt zu werden. Er eignete sich daher nicht gleichermaßen zur Demonstration dieser popularphilosophischen Maxime. Ein klassisches Beispiel für die These der Gefährdung des Großen aufgrund seines subjektiven Verhaltens bieten Agamemnons Worte *Tro.* 258–270:[17]

---

[17] Sie führt Zwierlein als Parallele für s e i n e Deutung an.

>   violenta nemo imperia continuit diu,
>   m o d e r a t a durant; quoque Fortuna altius
> 260 evexit ac levavit humanas opes,
>   hoc se magis s u p p r i m e r e felicem decet
>   variosque casus tremere metuentem deos
>   nimium faventes. magna momento obrui
>   vincendo didici. Troia nos t u m i d o s facit
> 265 nimium ac f e r o c e s. stamus hoc Danai loco,
>   unde illa cecidit. fateor, aliquando i m p o t e n s
>   regno ac s u p e r b u s altius memet tuli;
>   sed fregit illos spiritus haec quae dare
>   potuisset aliis causa, Fortunae favor.
> 270 tu me superbum, Priame, tu t i m i d u m facis.

Agamemnon spricht deutlich aus, daß der Mensch nicht ohne Anlaß fällt. Der, den Fortuna hochgetragen hat, muß das rechte Maß einhalten, *se supprimere decet* (261): ‹ceux qui sont dans la prospérité doivent s e m o d é r e r eux-mêmes›.[18] Der Mächtige muß die allzu große Gunst Fortunas fürchten – weil es schwer ist, ihr gewachsen zu sein. Denn der Erfolg bläht ihn auf (*tumidus*) und läßt ihn anmaßend werden (*ferox*).[19] Deshalb stürzt er von seiner Höhe, so daß es den bekannten Kreislauf gibt: *stamus hoc Danai loco, | unde illa* (sc. Troia) *cecidit* (265–266). Agamemnon selbst war zuweilen zügellos (‹dépasser la mesure›: Herrmann), aber das Wissen um den *Fortunae favor*, der andere über die Stränge schlagen läßt, ließ ihn zur Besinnung kommen (266–269). Deshalb empfindet er bei Priamus' Fall Stolz, aber auch Furcht (270) – jedoch nicht vor der objektiven Macht Fortunas, sondern vor der subjektiven Schwäche der eigenen Person. Schon zu Beginn spricht er klar aus, daß nur die gemäßigte Herrschaft (*m o d e r a t a imperia*) Bestand hat, nicht aber die ungemäße (*violenta imperia*): Es liegt in der Hand des Mächtigen, ob er Fortuna standhält.[20]

---

18 Herrmann 1961, I, 68. Thomann 1961, 175: „um so mehr ziemt es sich für den Glücklichen, sich zu bescheiden".
19 Leo, Morrica, Herrmann und Giardina setzen hinter *feroces* ein Fragezeichen. Das bedeutet, daß Agamemnon nicht die Hybris voll eingestünde, die er mit *fateor* 266–267 in beschränktem Umfang bekennt. Aber die Griechen verfallen als Sieger der Hybris, wie es sich in Pyrrhus' unbilliger Forderung zeigt. Nur Agamemnon weiß, welche Gefahr die Hybris bedeutet; deshalb tritt er als Warner auf, der Hybris bei den Griechen sieht. Er bezweifelt sie nicht durch eine Frage, sondern konstatiert sie (richtig Thomann).
20 Es besteht kein Anlaß, an dem Ernst von Agamemnons Haltung zu zweifeln: Müller 1953, 461 mit Anm. 2 = 1972, 396 mit Anm. 38; Seidensticker 1969, 177 Anm. 89. Giancotti 1953, 113–114 legt die völlige Verschiedenheit der beiden Agamemnon-Charaktere in den *Troades* und im *Agamemnon* dar. ▶ S. 292 über den bezeichnenden Unterschied beider hinsichtlich des *timor*-Motivs.

So ausführlich legt Seneca nicht immer diese Konzeption dar; vielmehr verkürzt er meist den Gedanken im Sinn der poetischen Evidenz, indem er sagt, der Arme bekomme Fortunas Macht nicht so zu spüren wie der Mächtige: *minor in parvis Fortuna furit | leviusque ferit leviora deus; | servat placidos obscura quies | praebetque senes casa securos. | admota aetheriis culmina sedibus | Euros excipiunt, excipiunt Notos, | insani Boreae minas, | imbriferumque Corum* (Phae. 1124–1131).[21] Eben das ist der Gedanke des ersten *Agamemnon*-Lieds. Am Anfang wird das Verhältnis des Großen zu Fortuna angesprochen: *o regnorum magnis fallax | Fortuna bonis, in praecipiti | dubioque locas nimis excelsos* (57–59), und das Ende nimmt auf das Los des Kleinen Bezug: m o d i c i s *rebus | longius aevum est: felix mediae | quisquis turbae sorte quietus | aura stringit litora tuta | t i m i d u s que mari credere cumbam | remo terras propiore legit* (102–107). Es handelt sich um dieselbe Vorstellung wie in der *Agamemnon*-Rede *Tro.* 258–270: Die *modicae res* entsprechen den *moderata imperia* (*Tro.* 258–259). Auf das Maßhalten kommt es an. Der in diesen Verhältnissen Lebende ist *timidus*, wie es Agamemnon von sich sagt (*Tro.* 270). Bei der herkömmlichen Interpretation hätte der, der der *turba media* zugehört, keinen Anlaß, *timidus* zu sein, da er Fortuna nicht zu fürchten brauchte. Es heißt vielmehr: Weil er *timidus* ist, d. h. Fortuna nicht herausfordert, d e s h a l b braucht er sie nicht zu fürchten.[22] Es wird wie bei dem Mächtigen das eigene Dazutun, Sich-Verhalten vorausgesetzt. Es verdient Beachtung, daß in der Licinius-Ode des Horaz (*Carm.* 2, 10), die Seneca wohl zitiert,[23] a k t i v e Bemühung um das Maßhalten so eindrücklich geschildert ist, daß der Leser diesen Gedanken am Ende des Chorlieds assoziieren mußte.[24] Mette betont richtig, daß Seneca von dem „Träger maßgebundener Haltung" spreche, also demjenigen, der sein Geschick durch seine Haltung zu beeinflussen in der Lage ist.[25]

---

21 Dort heißt es 1139–1140: *non capit umquam magnos motus | humilis tecti plebeia domus; | circa regna tonat* (zum letzten Vers Leo 1878, 139).
22 *quietus* bedeutet ‚mit seinem Los zufrieden, nicht aufbegehrend'; Herrmann 1961, II, 52: ‹se contente›. Die Bescheidenheit ist charakteristisch für den hier geschilderten Menschen.
23 „Die Parodos schließt (102–107) mit einer unmittelbaren Umsetzung von Horaz c. 2, 10, 1–8" (Mette 1964, 185).
24 Insbesondere ist das Bild, daß das Meer zu vermeiden sei, der ersten und zweiten Horaz-Strophe verwandt, wenn dort auch im Sinn des Mittelwegs die allzu große Ufernähe abgelehnt wird. Ähnlich auch 11–12 *feriuntque summos | fulgura montes* und *Ag.* 96 *feriunt celsos fulmina colles.* Daneben dürfte Seneca Prop. 3, 3, 23–24 vorgeschwebt haben (Butler / Barber 1933, 268: Sen. *Ag.* 104 sei "a verbal echo of this passage").
25 Die *media turba* bezeichnet sowohl den sozialen Stand wie die innere Haltung. Wäre es eine philosophische Erörterung, müßte Seneca darlegen, inwieweit auch der Reiche maßvoll und der Arme maßlos sein kann. Im Sinn der poetischen Evidenz ist die Alternative auf die üblichen Positionen Macht / Reichtum → Maßlosigkeit und Armut → Einhalten des Maßes reduziert.

16 Die Schuld des Agamemnon in stoischer Sicht — 281

Wie sehr Vorsicht geboten ist, die Fortuna-Aussagen zu isolieren, ohne Senecas Vorstellungen insgesamt zu berücksichtigen, zeigt Medeas Rede, in der sie Creo berichtet, wie sie aus ihrem Glück, in dem die Vornehmsten um sie warben, durch Iason in das Unglück gerissen wurde (*Med.* 219–222):

>   rapida Fortuna ac levis
> 220 praecepsque r e g n o eripuit, exilio dedit.
>   confide r e g n i s , cum levis m a g n a s o p e s
>   huc ferat et illuc casus –

Wenn man Medeas Erzählung für sich betrachtet, muß man annehmen, daß sie als hochgestellte Person (*regno*, 220; *regnis*, 221, *magnas opes*, 221) der Willkür (*levis casus*, 221–222) Fortunas (*Fortuna*, 219) zum Opfer gefallen sei. Aber Seneca läßt im Zusammenhang des ganzen Stücks keinen Zweifel daran, daß Medea von Anfang an schuldhaft ihrer Leidenschaft unterliegt. Ihre *scelera* resumiert sie 129–136 selbst: Verrat des Vlieses, Tod des Bruders, Tod des Vaters, Pelias' Tod. Quelle der *scelera* war der *infelix amor* (136).

Die Bedeutung des subjektiven Verhaltens des Menschen hebt Seneca auch im Mittelteil des *Agamemnon*-Lieds hervor (77–89):

>   quas non arces s c e l u s alternum
>   dedit in praeceps? i m p i a quas non
>   arma fatigant? iura pudorque
> 80   et coniugii sacrata fides
>   f u g i u n t aulas; sequitur tristis
>   sanguinolenta Bellona manu
>   quaeque s u p e r b o s urit Erinys,
>   n i m i a s semper comitata domos,
> 85   quas in planum quaelibet hora
>   tulit ex alto.
>   licet arma vacent cessentque doli,
>   sidunt ipso pondere magna
>   ceditque oneri Fortuna suo.

Man darf sich durch die pointierte Formulierung des Schlusses nicht zu der Annahme verleiten lassen, das Schuldproblem spiele keine Rolle. 77–79 besagen klar: *arma i m p i a* und *s c e l u s alternum* bewirken den Untergang der *arces*; ihre eigene Schuld ist angesprochen, keine fremde Macht. Auch daß *iura*, *pudor* und *fides coniugii* den Höfen fremd seien, kann eindeutiger nicht gesagt werden. Die F o l g e der *superbia* (*superbos, nimias domos*, 83–84) sind Bellona und Erinys. Es ist kaum möglich, die geschilderten Verhaltensweisen nicht auf die Verantwortung ihrer Träger zurückzuführen. Das Ende der Klimax 87–89 lautet: Die *magna* gehen an ihrem eigenen Gewicht zugrunde, selbst wenn *arma* (vgl. *arma impia*, 78–79) und *doli* (vgl. *scelus alternum*, 77) fehlen. Der Zusammenhang kann nur bedeuten: Die *arces* sind so verderbt, daß sie durch *scelus* etc. zugrunde gehen; sie sind in einem solchen Grad verderbt, daß es nicht einmal der äußeren – verschuldeten – Einwirkung bedarf, sondern der innere, ihnen einwohnende Verfall ist so stark, daß sie, wie *ipso pondere* und *oneri suo* deutlich machen, durch ihr eigenes Gewicht, an sich bzw. durch sich selbst, an ihrer inneren Beschaffenheit zugrunde gehen. Nicht *arma* und *doli* wirken auf sie ein, sondern aufgrund der mangelnden *virtutes* richten sie sich selbst zugrunde. Dieser Prozeß kann nur schuldhaft verstanden werden: Das fordert nicht nur die Konsequenz der Klimax, sondern vor allem der Inhalt des ganzen Lieds. Die Antithese besteht nicht in den Positionen ‚verschuldet' / ‚unverschuldet', sondern ‚von außen' / ‚von innen'.[26] So wenig in dem Diktum von dem Kamel und dem Nadelöhr der Reiche gegenüber dem Armen entschuldigt wird, so weit ist Seneca davon entfernt, den Mächtigen / Reichen

---

26 Bei dieser Deutung, die 1966, 484–485 (▶ S. 237) vorgetragen wurde, habe ich nicht, wie Zwierlein behauptet, Fortuna „als die (aktive) Schicksalsmacht" vorausgesetzt. Vielmehr wurde die ‚Aktivität', das ‚Von-außen-Einwirken' zurückgewiesen: „Hier erscheint Fortuna nicht mehr als unberechenbare Macht, die aus Willkür schadet, sondern der Verfallsprozeß wird in die Dinge selbst verlagert, indem die ihnen einwohnende Fortuna sich selbst zerstört und somit einem objektiven Vorgang unterworfen wird, den ihre Träger selbst auslösen." Ebenso hat Zwierlein die Deutung von *De brev. vit.* 4, 1 mißverstanden: Denn „daß Seneca ihn (sc. den aischyleischen Geschlechtsfluch) zugunsten einer subjektiven Freiheit auflöste, zeigt, daß er alles von außen auf die Gestalt des Agamemnon Einwirkende eliminierte und ihn auf sich selbst stellte: *nam, ut nihil extra lacessat aut quatiat, in se ipsa Fortuna ruit* [...]" (1966, 487; vgl. 488 (▶ S. 239, 240) über die ‚Selbstzerstörung' im Zusammenhang mit dieser Stelle). Fortuna bedeutet hier nicht die „aktive Schicksalsmacht", sondern so etwas wie den ‚Glückszustand'. – C. Zintzen teilt mir mit: „Das Chorlied bietet Anhaltspunkte dafür, daß Seneca die Verantwortlichkeit des einzelnen Hoch-Stehenden nicht ausschaltet zugunsten einer Mechanik der Fortuna, die alles Hohe trifft. 77: *scelus alternum* [...], 78–79: *impia arma* [...] *fatigant* weist doch auf den hin, der das *scelus* begeht und die *arma* führt. Vor allem ist auch die Darstellung der Unmoral an den Höfen 79–86 ein sehr deutliches Zeichen dafür, daß nach Ansicht des Stoikers ethisches Minderverhalten das eigentliche Substrat des Tragischen ist. Der Zerstörungsmechanismus der Fortuna führt ü b e r diese ethische Sicht (87–102). Darum steht die wichtige Aussage 101–102 auch i n n e r h a l b der Gegendarstellung zu der *vita modica*. Ich verstehe diesen Vers, daß hier nicht einfach ein Gesetz der Fortuna, die bösartig sein müßte, formuliert wird; vielmehr ist der Hoch-Stehende eben in seiner Handlungsfreiheit einzubeziehen: er hat nicht die *modica vita* oder die *tranquilla vitae quies* gewählt – sozusagen nicht in stoischer *praemeditatio* die Gefahren seiner Stellung begriffen; erst darum gerät er in diese Mechanik. Es ist sicher bedeutsam, daß gerade das erste Chorlied des *HF* am Schluß eine ziemliche Ähnlichkeit zu diesem Chorlied aufweist. Offensichtlich hat doch Seneca, wenn er diese Lieder exponiert an den Anfang stellte, seinem Publikum eine Koordinate geben wollen, an der es das nun einsetzende Geschehen messen sollte."

durch die Konzeption einer ihm im besonderen Maß ungnädigen Fortuna zu entlasten.

Als entscheidendes Argument kommt hinzu, daß die Konzeption der sich selbst zerstörenden Kraft topisch ist[27] und sich etwa bei Hor. *Epod.* 16, 2; Prop. 2, 15, 45–46; 3, 13, 60; Liv. Praef. 4; Lukan 1, 81; Petron 120, 84–85 findet. Daß sie Seneca vertraut war, geht daraus hervor, daß er das den Verfall bezeichnende *ruere*, das bei Horaz (*suis et ipsa Roma viribus ruit*) und Lukan (*in se magna ruunt*) begegnet, in demselben Zusammenhang *Phae.* 480 (*in semet ruet*) und *De brev. vit.* 4, 1 (*in se ipsa Fortuna ruit*) verwendet.[28] Es ist entscheidend, daß in allen diesen Fällen die mit der Vorstellung einer subjektiven Schuld verbundene Selbstzerstörung angesprochen ist.

Die schneidende Pointe der Verse *Ag.* 87–100 liegt darin, daß sie so formuliert sind, als handele es sich um einen objektiven Vorgang, d. h. die Konsequenz der subjektiven Verschuldung tritt mit objektiv anmutender Notwendigkeit ein. Nichts anderes bedeutet die Wendung 101–102: *quidquid in altum Fortuna tulit, | ruitura levat*. Seneca ist als Stoiker überzeugt, daß der Mensch in der Lage ist, sich dem Schicksal gewachsen zu zeigen. Die Vorstellung einer Fortuna, die dem Menschen aus Tücke nachstellt, ist ihm fremd.[29] Im Gegenteil: *quae causa est dis bene faciendi? natura. errat si quis illos putat nocere nolle: non possunt. nec accipere iniuriam queunt nec facere*.[30] Chrysipp hatte gelehrt, daß die Übel selbstverschuldet sind:[31] καὶ ὁμοίως ἐν τῷ πρώτῳ περὶ Δικαιοσύνης τὰ Ἡσιόδεια ταυτὶ προενεγκάμενος.

> τοῖσιν δ' οὐρανόθεν μέγ' ἐπήλασε πῆμα Κρονίων,
> λιμὸν ὁμοῦ καὶ λοιμόν. ἀποφθινύθουσι δὲ λαοί.[32]

---

27 Dazu Dutoit 1936, 365–373 und Lefèvre 1966, 487–490 (▸ S. 240–241).
28 Die Lukan-Stelle ist sprachlich mit *Ag.* 88 verwandt.
29 Unzutreffend Giomini 1956 zu 90–102, es handele sich um eine Fortuna «che a suo talento e a suo cieco arbitrio gode di avventarsi contro *humanas opes*».
30 *Epist.* 95, 49 (dazu Pohlenz 1959, I, 321). C. Zintzen weist mich auch auf *Epist.* 4, 7; 36, 9 und 82, 6 hin.– Überhaupt ist Vorsicht geboten bei der Bestimmung des zuweilen zwiespältigen Fatum-Begriffs, wie er in Senecas Tragödien anzutreffen ist. Dazu v. Fritz (1955) 1962, 27: „Prinzipiell und theoretisch ist dieser (sc. der stoische) Charakter des Fatums wohl auch noch in Senecas Tragödien gewahrt; aber faktisch geht die stoische Vorstellung des Fatums oder der πρόνοια mit den Vorstellungen von dem Fortwirken eines Fluches oder einer Befleckung, die vielen griechischen Tragödien zugrunde liegt, eine Verbindung ein, die das Fatum zu einer düsteren und schrecklichen Macht werden läßt. Die Schwierigkeiten, die sich aus diesem doppelten und widersprüchlichen Ursprung des Fatums bei Seneca ergeben, treten vielfach hervor".
31 Plut. *De Stoic. repugn.* cp. 15 p. 1040 = SVF II, 1175.
32 Hes. *Erga* 242–243 (Text nach dem Plutarch-Zitat).

‚ταῦτά φησι τοὺς θεοὺς ποιεῖν, ὅπως, κολαζομένων τῶν πονηρῶν οἱ λοιποὶ παραδείγμασι τούτοις χρώμενοι ἧττον ἐπιχειρῶσι τοιοῦτόν τι ποιεῖν.' Seneca selbst stellt *De providentia* die Frage *quare multa bonis viris adversa eveniunt* (2, 1) und beantwortet sie in der Weise, daß der *bonus vir* von den Übeln heimgesucht werde, um sich bewähren zu können; sie bedeuten nur eine Prüfung. Im vierten Kapitel berührt er kurz das Thema, das für unseren Zusammenhang wichtig ist. Obschon alles, was das Maß überschreite, schädlich sei, sei doch das Übermaß des Glücks (*felicitatis intemperantia*) am gefährlichsten; es errege das Gehirn, treibe den Geist in eine Scheinwelt und bewirke eine Verschleierung von Wahr und Falsch: *cum omnia quae excesserunt modum noceant, periculosissima felicitatis intemperantia est: movet cerebrum, in vanas mentem imagines evocat, multum inter falsum ac verum mediae caliginis fundit* (4, 10). Demokrit habe den Reichtum von sich geworfen, weil er glaubte, er sei eine Last für die *bona mens*: *Democritus divitias proiecit, onus illas bonae mentis existimans* (6, 2). Eben das ist das Thema, das der Agamemnon der *Troades* behandelt: Wer im Übermaß des Glücks nicht Maß hält, *se supprimit* (261), verliert die Herrschaft über sich und stürzt in eine Scheinwelt, in der er nicht mehr Wahr und Falsch unterscheiden kann.

Die Verantwortung für sein Handeln gesteht Seneca j e d e m Menschen zu, dem Mächtigen wie dem Schwachen, dem Reichen wie dem Armen. Doch stellt er in den Tragödien in bevorzugtem Maß den ersten dar; denn „namentlich war ihm nach seiner Lebenserfahrung der alte aischyleische Satz geläufig, daß allzu großes Glück und übermäßige Machtfülle die Hybris wecken, die den Menschen dazu verführt, sich jenseits von Gut und Böse zu stellen".[33] Es kann kein Zweifel sein, daß Seneca auch das Schicksal Agamemnons[34] in diesem Sinn deutet.[35] Gewiß sind seine Chorlieder allgemeingültigen Inhalts, so daß nicht jede Aussage auf die Handlung bezogen zu werden braucht; wenn aber in dem Eingangslied vor allem Agamemnons Schicksal gemeint ist, wird bei der weiteren Untersuchung darauf zu achten sein, inwieweit die Anschuldigungen, die den *reges* gemacht werden – *scelus alternum*, *impia arma*, Mangel an *iura* und *pudor*, *coniugii sacrata fides* und *superbia* –, auch auf den *rex regum* zutreffen.

---

33 Pohlenz 1959, I, 324.
34 Daß das Eingangslied auf das „Schicksal Agamemnons" Bezug nimmt, betont Seidensticker 1969, 137.
35 Es dürfte deutlich sein, daß die Meinung unzutreffend ist, in diesem Stück finde sich „nirgends ein Hinweis darauf, daß man in der Person und in den Handlungen des Agamemnon [...] die ‚Verschuldung des Menschen durch eigene Verfehlung' verkörpert sehen könnte" (Zwierlein 1970).

II Clytaemnestras Anklage

Wenn das Eingangslied, die ‚thematische Exposition' des Stücks, die Vermutung nahelegt, daß das Schicksal des Haupthelden unter dem Aspekt der subjektiven Verfehlung gesehen ist, erhebt sich die Frage, wie Seneca diese Umdeutung – etwa gegenüber der aischyleischen Gestaltung[36] – vorgenommen hat. Es versteht sich, daß die stoische Schicksalsauffassung den Geschlechtsfluch, der die aischyleischen Personen der *Orestie* bindet und ihre Taten bestimmt, nicht anerkennen kann: Der Ausruf Clytaemnestras *o scelera semper sceleribus vincens domus!* (169) zeigt gut, wie an die Stelle der Verkettung der *scelera* die Übersteigerung derselben tritt.[37] Es hängt damit zusammen, daß der Stoiker auch die Darstellung einer weitgehend ‚objektiven' Schuld seiner Personen nicht durchführen kann.

Die entscheidenden Verfehlungen, aufgrund deren Agamemnon zu Fall kommt, werden in Clytaemnestras Anklagerede 162–202 genannt und von Aegisthus 244–259 ergänzt. Stackmann nahm daran Anstoß, daß sowohl Clytaemnestra als auch Aegisthus über Einzelheiten des Geschehens vor Troia und der Rückkehr Agamemnons informiert seien, die sie eigentlich erst nach dem Bericht des Eurybates wissen könnten, etwa über Agamemnons Beziehungen zu Cassandra (188–189) oder den Umstand, daß er Helena verziehen habe und diese zusammen mit Menelaus zurückkehre (273–274). Doch könnte, wer nachrechnen wollte, noch annehmen, daß sich das nach Mycenae herumgesprochen hat. Schwieriger wird es mit der Nachricht, daß Agamemnon auf dem Schiff eine *turba paelicum* mit sich führe (253–254), doch wäre auch hier ein Durchsickern vorstellbar. Man darf wohl nicht so sehr mit Stackmann auf die Benutzung anders strukturierter bzw. verschiedener Vorlagen schließen[38] als vielmehr konstatieren, daß Seneca die Gelegenheit benutzt, a l l e Verfehlungen, deren sich Agamemnon

---

36 Stackmann 1950, 180–221 versucht nachzuweisen, daß zwischen Aischylos und Seneca mehrere Gestaltungen liegen, die nicht ohne Einfluß auf die Struktur des senecaischen Stücks gewesen sind.
37 Dazu Lefèvre 1966, 485–487 (▸ S. 237–239). Daß ebensowenig der Geschlechtsfluch in der *Phaedra* eine entscheidende Wirkung hat, wurde 1969, 152–153 mit Anm. 63 und 64 gezeigt (▸ S. 262). Marx hatte recht: „der Geschlechtsfluch im Agamemnon ist beseitigt" (1932, 61). Demgegenüber versucht Seidensticker 1969, bes. 134 mit Anm. 172, ihn wieder zur Geltung zu bringen. Wenn er meint, es sei kein Zweifel, daß Seneca bei Agamemnons Mahl 875–880 auch auf das Thyestes-Mahl anspiele, seien Zweifel erlaubt. Aber selbst wenn ein Bezug vorläge, wäre nicht mehr als eine pointierte Anspielung gewonnen – über die kausale Beziehung wäre nichts ausgesagt, eine „Motivkette" und „Rache für Thyestes" nicht intendiert.
38 1950, 221. Müller 1953, 463 Anm. 1 = 1972, 399 Anm. 42 bemerkt gegen Stackmann, daß die Frage, woher Clytaemnestra von der Rückkehr und der Untreue ihres Gatten wisse, ein ‚Scheinproblem' sei.

schuldig gemacht hat, wie in einem Register vorzuführen. Dadurch erhält die Exposition über die auf die Ebene der Personen bezogene Funktion hinaus ein Gewicht für die Deutung des Agamemnon-Geschicks.

Den ersten Punkt der Anklage stellt die Opferung Iphigenies dar (162–173) – jenes Motiv, das für den aischyleischen Agamemnon von entscheidender Bedeutung ist. Im Gegensatz dazu sieht Seneca in stoischer Interpretation nicht eine Zwangslage, sondern Hybris.[39] Während sich Agamemnon bei Aischylos kaum anders, jedenfalls nicht ‚richtiger', entscheiden konnte, handelt er bei Seneca als *impius*; an keiner Stelle wird wie bei Aischylos (ἐπεὶ δ' ἀνάγκας ἔδυ λέπαδνον, 218) betont, daß er zu seinem Handeln gezwungen war. Daher hat Seidensticker recht, wenn er zum Aulis-Opfer bemerkt: „Wahrung und Nutzung der Macht forderten neue verhängnisvolle Taten (der Führer der Griechen mußte seine Tochter ‚ermorden' und Troja zerstören)."[40] Man darf nicht einwenden, daß das Aulis-Opfer bei Seneca nur in Clytaemnestras Rede und daher subjektiv gefärbt erscheine. Gerade der Umstand, daß Seneca nicht wie Aischylos die objektive Verflechtung in einem Chorlied darstellt, ist für die unterschiedliche Sicht der Dichter bezeichnend: An die Stelle des tragischen Helden tritt der Eroberer, der aus ‹egoismo› und ‹desiderio di gloria› handelt.[41] Wenn auch bei Aischylos mit dem Opfer in Aulis „ein Schatten auf das Bild des Helden" fällt,[42] ist doch Artemis durch das Opfer versöhnt und das Unternehmen der Flotte gebilligt. Bei Seneca fehlt die Gunst der Götter, wie ausdrücklich betont wird: *non est soluta prospero classis deo* (172),[43] die Schiffe verlassen als *impiae* den Hafen: *eiecit Aulis impias portu rates* (173), sie erkaufen die Ausfahrt mit Blut: *cruore ventos emimus, bellum nece* (170).

---

39 Zu Unrecht behauptet Zwierlein, Iphigenies Opferung sei „durchaus als die notwendige Folge einer Konfliktsituation charakterisiert (160f., 170f., vgl. Tro. 332)." 160–161 betont die Amme nur die Folge der Tat für die Flotte, um Clytaemnestra zu beschwichtigen. 170–171 ist, wie gleich zu zeigen sein wird, gerade das Konstatieren einer hybrishaften Haltung. Was eine Konfliktsituation ist, kann man bei Aischylos sehen, wo Agamemnon den Stab auf den Boden stößt und ihm die Tränen in die Augen stürzen: βαρεῖα μὲν κὴρ τὸ μὴ πιθέσθαι, βαρεῖα δ', εἰ | τέκνον δαΐξω (*Ag.* 206–208); nicht minder prägnant 211: τί τῶνδ' ἄνευ κακῶν; *Tro.* 332 liegt keine Konfliktsituation vor.
40 1969, 138.
41 Giomini 1956, 69.
42 Snell 1928, 125. Doch ist die ἁμαρτία des aischyleischen Agamemnon von der Hybris des senecaischen verschieden.
43 *deo* ist schon wegen des Geschlechts kaum auf Diana zu beziehen (gemeint wäre damit ihr Verhalten vor dem Opfer, das dann wie ein *omen* nachwirken könnte), sondern wohl eher allgemein zu verstehen. Herrmann 1961 übersetzt: «ce n'est point avec la faveur des dieux», Thomann 1969: „nicht löste die Flotte ihre Anker mit eines Gottes Gunst" (was allgemein gesagt ist).

Daß es verfehlt wäre, diese Partie als Entlastung Agamemnons zu deuten, als wäre er in einer Zwangslage gewesen, zeigt der Zusammenhang: Agamemnons Verhalten in Aulis war das *auspicium*, unter dem er den ganzen Krieg führte: *sic auspicatus bella non melius gerit* (174). Welche Haltung Agamemnons vor Troia damit angesprochen wird, ist zunächst überraschend, doch wird sie später in einem größeren Rahmen gesehen. Der breit dargelegte zweite Anklagepunkt (175 – 202) beginnt mit der programmatischen Pointe, Agamemnon sei *amore captae captus* (175), weil er Chryseis liebte. Wie jedermann aus der *Ilias* wußte, hatte Agamemnon zunächst Chryseis begehrt und dann, als das mit Schwierigkeiten verbunden war, Achilleus Briseis, sozusagen als Ersatz, entrissen. Achilleus war daraufhin dem Kampf, auch in der Not der Griechen, ferngeblieben. Seneca setzt die Nuancen anders, so daß eine neue Motivation entsteht. Bei ihm ist nicht Achilles, sondern Agamemnon unbeugsam, er ist es, den die Not des Volks ungerührt läßt, indem er untätig der Liebe frönt: *inter ruentis Graeciae stragem ultimam | sine hoste victus marcet ac Veneri vacat | reparatque amores* (182– 184a). Wenn 184b-187 Briseis als zweites Opfer seiner Begierde eingeführt wird, soll das gegenüber dem traditionellen Zusammenhang als unabhängige, neuerliche Untat verstanden werden – damit Agamemnons Lager auch ja nicht einer Frau ermangele, wie es 185 pointiert heißt. Hinzu tritt 188 – 191 als dritte Beziehung das Verhältnis zu Cassandra. Wie bezeichnend für die stoische Interpretation der Unterschied zu der Andeutung dieser Liebe bei Aischylos ist, erhellt daraus, daß die Beziehung für Klytaimestras Handeln irrelevant ist, insofern sie zu ihrer Tat fest entschlossen ist, noch ehe sie von Kassandra etwas erfährt. Die anderen beiden Liebschaften Agamemnons – mit Chryseis und Briseis – sind vollends neu gegenüber Aischylos: Auf dieser Argumentation liegt also um so mehr Gewicht. Es ist eine ungewöhnliche Metamorphose, die der Sieger über Troia erfahren hat, wenn er in der interpretatio Stoica als ‚erotischer Missetäter'[44] erscheint. Ebenso belastet Seneca Theseus in derselben Hinsicht dreifach, so daß sich die verlassene Clytaemnestra dieselbe Argumentation wie die verlassene Phaedra zu eigen machen kann.[45] Entscheidend ist bei Agamemnon der Zusammenhang, in dem seine Verfehlungen zu sehen sind. Aus ihnen resultiert die brutale Rücksichtslosigkeit gegen den greisen Priester Chryses (175 – 176), gegen das durch ihn in Drangsal geratene Heer (*populus aeger*, 181 – 182), gegen Achilles (184 – 187), wobei er des

---

44 Lefèvre 1966, 486 (▸ S. 239). Zu Recht betont Seidensticker 1969, 131 Anm. 163, daß Clytaemnestras „entscheidende Motive neben der Opferung Iphigeniens Agamemnons Verfehlungen gegen die Ehe sind." „Es ist bei dieser Anschuldigung des Agamemnon auch noch zu berücksichtigen, daß sie bei der traditionellen hohen Einschätzung der Ehe und der ehelichen Treue durch die Stoiker gerade sehr belastend wirken muß" (Hinweis von C. Zintzen).
45 Lefèvre 1969, 140 – 141 (▸ S. 254 – 255).

pudor gänzlich ermangelt, gegen Clytaemnestra (194) und gegen seine Kinder (195–199). Eben diesen Zusammenhang betont auch Aegisthus: Vor Troia sei Agamemnon *gravis sociis* (249) gewesen, denn er habe seinen *animum suapte natura trucem* (250) bewiesen; und für einen Menschen von solcher Anlage sei die *turba paelicum* (253–254) bezeichnend.

Es ist unmöglich, die Wirksamkeit von Clytaemnestras Beweggründen für die dramatische Entwicklung der Tragödie zu leugnen. Denn Agamemnon stirbt weder vor Troia noch kommt er im Seesturm um: Er fällt vielmehr Clytaemnestra zum Opfer. Mag sie auch schwanken,[46] ihre Motive spricht sie deutlich genug aus,

---

46 Richtig hebt Seidensticker 1969, 132 Anm. 165 hervor, hinsichtlich der Taten Agamemnons als Ursache für seinen Sturz werde es „deutlich, warum Seneca in der Domina-Nutrix-Szene des zweiten Aktes so ausführlich alle Verfehlungen Agamemnons in Erinnerung ruft (162ff.): Iphigenie, Chryseis, Briseis, Kassandra! Auch der zweite Akt ist gut integrierter Bestandteil der Tragödie". Demgegenüber behauptet Zwierlein 1970, die Liebesbeziehungen Agamemnons stellten „– wie Clytaemnestra 262f. selbst einräumt – kaum ein ernstes Vergehen dar (man vgl. auch die freilich pointierten Ausführungen in Eur. Andr. 222ff.)." Mit Parallelen aus der griechischen Tragödie ist für Seneca nichts zu beweisen, da der Stoiker gerade k e i n e ‚attischen' Dramen schreibt. Zum Hinweis auf 262–263: In der ersten Szene 108–225 spricht Clytaemnestra offen ihr Denken aus, in der zweiten 226–309 schwankt sie angesichts der Größe ihres Wagnisses. Während in der ersten die Nutrix abrät, rät Aegisthus in der zweiten zu. Diese Folge von rigoroser Behauptung und anschließendem Schwanken ist gut senecaische Technik, wie ein Vergleich mit der *Phaedra* zeigt, in der die Titelheldin zunächst entschlossen ist und dann in der folgenden Szene schwankt. Es besteht jedoch „kein Widerspruch zwischen einer aktiven und einer passiven Phaedra: Senecas dramatische Psychologie ist auch hier ganz einwandfrei" (Müller 1953, 462 Anm. 3 = 1972, 398 Anm. 41, der die *Phaedra*-Parallele für die beiden Clytaemnestra-Szenen anführt). Daß Seneca „bekanntlich den plötzlichen Gesinnungswechsel seiner Personen" liebt, betont Kunst 1924 / 1925, 153 bei der Interpretation der beiden Szenen (zur Dramaturgie Friedrich 1953, 110–149, zur Quellenfrage Herter 1971, 73 mit Literatur). Es ist kaum zulässig, die Motivation für das Verhalten einer Person aus dem Moment des Schwankens heraus zu isolieren und als repräsentativ für ihr Handeln anzusehen. Schließlich kommt es darauf an, daß Clytaemnestra tatsächlich handelt, wie sie geplant hat. Bei der Einschätzung der Argumente ist die Struktur des Dialogs zu beachten: „Solches Schwanken bedingt auch die Umkehr der Rollen zwischen Heldin und Confidente, wie hier etwa Aegisth. Sieht man solche Dialogszenen immer als D i a l o g, d. h. berücksichtigt Rede und Gegenrede, so entdeckt man, daß es Seneca im Sinne seiner Protreptik gar nichts ausmacht, wenn er den Helden plötzlich eine veränderte Meinung vertreten läßt: das Korrektiv (hier Aegisth) ist ja sogleich zur Hand und damit verkoppelt; so wird der Zuschauer nicht irre geleitet, denn im Grunde weiß er ja, daß jetzt die rechte Meinung von der Nebenrolle vertreten wird: also in der Addition passen die Dinge wieder zusammen" (Hinweis von C. Zintzen).– Es sei noch bemerkt, daß Zwierlein seine These mit einer Reihe von bedenklichen Parallelen bzw. Hinweisen zu stützen versucht. Für den Umstand, daß Clytaemnestra sich vor der Entdeckung ihrer Untreue fürchte, weist er auf 133 bzw. 147; in 133 steht *timor*, aber das unmittelbar folgende Wort heißt i n v i d i a. 147 wird von der Amme gesprochen, nicht von Clytaemnestra; jene sagt gerade, daß k e i n e Gefahr der Entdeckung be-

und aus ihnen heraus handelt sie eindeutig genug: Agamemnon hat Clytaemnestra in seiner hybrishaften Haltung die Argumente selbst geliefert, er hat seinen Untergang selbst beschworen. Er hat sich sogar freiwillig einer Gefangenen unterworfen, *captae maritus* (191). Nicht der Feind überwindet ihn: Er ist sein eigener Feind, *sine hoste victus* (183).[47]

Wenn man die im Eingangslied den *reges* gemachten Anschuldigungen überblickt, sieht man, daß sie ziemlich alle auf den *rex regum* zutreffen – soweit eine Kongruenz solcher Begriffe angenommen werden kann: Mit dem *scelus alternum* und der Mißachtung der *iura* könnte man Agamemnons Verhalten gegen Achilles vergleichen,[48] den *impia arma* entspricht das von vornherein hybrishafte Unternehmen des Heers (*impiae rates*, 173), *pudor* wird Agamemnon ausdrücklich aberkannt (187), der *superbia* entspricht sein Verhalten gegen die Bundesgenossen (249); und daß er die *coniugii sacrata fides* nicht geachtet hat, wird niemand bestreiten. Der Theorie der subjektiven Verfehlung im Eingangslied entspricht das im folgenden gezeichnete Agamemnon-Bild in aller Deutlichkeit.

III Der Botenbericht

Nach der eingehenden Exposition in den ersten Szenen bietet sich in dem langen Botenbericht des Eurybates die nächste Gelegenheit, auf Agamemnons Geschick Bezug zu nehmen. Daß er früher oft als unnötige Ekphrasis rhetorischen Charakters abgetan wurde,[49] ist nicht überraschend. Es ist daher wichtig, daß in den letzten Jahren nach seiner Bedeutung gefragt worden ist. So war Müller der

---

stehe. In 262–263 räume Clytaemnestra ein, daß die „Liebesbeziehungen" Agamemnons „kaum ein ernsthaftes Vergehen" darstellten. Dort ist aber nur von Cassandra die Rede (*captam*); die Stelle darf nicht auf Chryseis und Briseis ausgedehnt werden, die wohlweislich nicht erwähnt sind; zudem handelt es sich um die Schwankungsszene. Schließlich die Behauptung, die Verse 1001–1003 seien für Clytaemnestras Handeln „nicht von Belang:" *at ista poenas capite persolvet suo | captiva coniunx, regii paelex tori* (1001–1002). Darf man eine so eindeutige Aussage ignorieren? Zumal Anliker 1960 Anm. 267 und Seidensticker 1969, 136 Anm. 177 der Meinung sind, daß Clytaemnestra mit den Worten *furiosa, morere* Cassandra höchstpersönlich in das Jenseits befördert?– Von der Herrschaft der ‹passion› her interpretiert Clytaemnestra Croisille 1964, 464–472.
47 183 im Zusammenhang mit seiner Untätigkeit wegen der Liebschaften während des Kriegs.
48 Mit *scelus alternum* (77) ist wohl das Verhalten des einen *rex* gegen einen anderen gemeint: In diesem Sinn sind sowohl Achilles wie Agamemnon *reges*. Übrigens wird man Agamennons Verhalten nicht nur gegenüber Achilles, sondern auch gegenüber dem greisen Chryses (175–177) als Verstoß gegen die *iura* zählen können. Es kommt aber nicht auf die Deckung der Begriffe an.
49 Urteile bei Seidensticker 1969, 128 Anm. 157. Zwierlein 1966, 113 Anm. 3 spricht in diesem Zusammenhang von ‚Prunkerzählungen'.

Meinung, daß in ihm die „Akzentverschiebung von der Leidenschafts- auf die Fatumstragödie" einsetze;[50] Anliker sah in dem Sturm die ‚Vergeltung für Troja',[51] und Seidensticker behauptete, daß „der Bericht von der Vernichtung der griechischen Flotte als erster Vergeltungsschlag für die Zerstörung Troias und als Präludium für die Ermordung Agamemnons eine tiefe Bedeutung für die Thematik des Stücks" habe.[52] ‚Fatumstragödie', ‚Vergeltung', ‚Vernichtungsschlag': Es ist kaum zu bestreiten, daß das Fatum hier eine bestimmende Rolle spielt. Welcher Art ist sie?

Am ehesten erschließt sich die Bedeutung, wenn man die Tendenz der beiden Partien am Schluß berücksichtigt, die das Geschehen über die aischyleische Thematik hinaus verlängern: den Tod des lokrischen Aiax (528–556) und die Täuschung des Nauplius (557–576). Die Aiax-Partie hat man für besonders überflüssig gehalten.[53] Mit Aiax wird der Grieche eingeführt, der auf der Rückfahrt von Troia traditionsgemäß wegen seiner Hybris gestraft wurde und dessentwegen Pallas so heftig eingriff: *unius ob noxam et furias Aiacis Oilei*, wie es bei Vergil in der Partie heißt, die Seneca vorgelegen haben dürfte.[54] Die *noxa* wird bei Vergil und Seneca nicht genannt, konnte aber als bekannt vorausgesetzt werden[55] – um so mehr, als Accius in der *Clytaemnestra*[56] Aiax' Schiffbruch geschildert hatte, wie Servius auct. zu *Aen.* 1, 44 *transfixo pectore* bezeugt: *qui legunt pectore, de Accio translatum affirmant, qui ait in Clytemestra de Aiace ‚in pectore fulmen incochatum flammam ostentabat Iovis'.*[57] Seneca hat das Stück wohl gekannt.[58] Daß es falsch wäre, aus dem Umstand, daß die Ursache für Aiax' Bestrafung nicht erwähnt ist, auf ein unverdientes Los zu schließen, zeigt seine Reaktion auf Pallas' Blitz 545–546: *iuvat | vicisse caelum, Palladem, fulmen, mare*. Aiax ist der Prototyp des in voller Verantwortlichkeit handelnden hybrishaften Menschen, den sein Geschick verdientermaßen ereilt: *terraque et igne victus et pelago iacet* (556).

---

[50] 1953, 463 = 1972, 399.
[51] 1960, 98.
[52] 1969, 128 Anm. 157.
[53] Mendell 1941, 150: "This is another interesting passage; it has no bearing whatsoever on the plot; the messenger speech is disproportionately long even without it. But here was a magnificent opportunity for the most melodramatic narrative imaginable: Ajax, flung burning into the sea to rise enveloped inflame".
[54] *Aen.* 1, 41.
[55] So etwa Eur. *Tro.* 70: Αἴας εἶλκε Κασσάνδραν βίᾳ.
[56] ▸ auch S. 297.
[57] Fr. 241–242 W. Hierher gehört vielleicht das von Cicero ohne Fundort überlieferte Fr. 239–240 W., das Ribbeck 1875, 463 mit den zitierten Versen kombiniert.
[58] Ribbeck 1875, 463; Venini 1954, 325.

Nicht anders ist die Tendenz des Schlußteils 557–576. Derjenige, der die Flotte am Kaphareus in das Verderben reißt, ist nicht das unberechenbare Fatum, sondern Nauplius, *Palamedis ille genitor* (568). Das ist ein altes Motiv, das schon bei Euripides *Tro.* 90, *Hel.* 767, 1126 und dann u. a. bei Quintus von Smyrna 14, 611–628, Pacuv. Fr. 124 W.,[59] Prop. 4, 1, 115–116 oder Ov. *Rem.* 735–736 begegnet.[60] Wieder verdient es Beachtung, daß es im aischyleischen Botenbericht nicht vorkommt. Der Grund, der Nauplius zu seinem Handeln veranlaßte, war jedermann vertraut: Er nahm Rache für die heimtückische Ermordung seines Sohns Palamedes durch die Griechen vor Troia. Auch dessen Steinigung ist ein reich bezeugtes Motiv,[61] das Seneca als bekannt voraussetzen konnte. Cicero behauptet *De off.* 3, 97, die Erzählung, daß Palamedes den sich wahnsinnig stellenden Odysseus überlistet habe, sei eine Erfindung der Tragödiendichter. Neben der Überlieferung, daß Odysseus Palamedes' Tod verursacht habe, gibt es die Version, daß Agamemnon beteiligt war. Schon früh taucht das Motiv auf, daß sich Palamedes wegen seiner σοφία den Neid der anderen zugezogen habe (Xen. *Mem.* 4, 2, 33). Bei Apollodor heißt es: [...] τῷ βασιλεῖ Ἀγαμέμνονι, μεθ' οὗ τὸν Παλαμήδην ἀνεῖλεν Ὀδυσσεύς.[62] Später wird Agamemnon allein genannt: ὁ δὲ Ἀτρέως ἐκεῖνος ὁ μέγας, ὁ τῶν ἡμιθέων ἡγούμενος καὶ τῆς Ὁμήρου τυχὼν φωνῆς, ἀσθενέστερα λόγου ποιήσας ἔργα τὸν Παλαμήδην ἀπέκτεινε.[63] Welcher Version Seneca folgt, spielt keine Rolle: Entscheidend ist, daß er in dem inhaltlichen Höhepunkt[64] der Schilderung – in dem der stark angeschlagenen Flotte sozusagen der Rest gegeben wird – wiederum mit voller Deutlichkeit die Griechen als hybrishafte Sieger sieht. Aiax-Strafe und Nauplius-Rache, die mit fast 50 Versen ziemlich genau ein Drittel des Berichts umfassen und den gewichtigen Abschluß bilden, dürften über die Tendenz des Ganzen keinen Zweifel lassen.[65] Die Hybris der Griechen zeigt sich in ihrem Verhalten gegen die Feinde (*impia arma*, 78–79) – das ist der Sinn der Aiax-Partie – und in ihrem Verhalten untereinander (*scelus alternum*, 77) – das ist der Sinn der Nauplius-Partie.

---

59 Es ist umstritten, ob sich *pater Achivos in Capharei saxis pleros perdidit* auf Nauplius (Ribbeck 1875, 240–241; Valsa 1957, 23: wahrscheinlich) oder Agamemnon (Warmington) bezieht.
60 Wüst 1935, 2007.
61 Wüst 1942, 2501–2503.
62 Epitome 6, 9.
63 Libanios *Epist.* 791, 3 Förster.
64 Diomedes spricht bei Ovid in diesem Zusammenhang von dem Höhepunkt des Unglücks: *cumulumque Capharea cladis* (*Met.* 14, 472).
65 Mißverständlich ist der Begriff ‚Fatumstragödie', den Müller auf den Inhalt des Botenberichts anwendet. Der Ausruf *quid fata possunt!* (512) dürfte bedeuten: ‚So übel kann einem mitgespielt werden, daß man sogar die Feinde beneidet'; treffend Thomann 1969: ‚Was vermag nicht die Todesnot!'

In Verbindung mit der Aussage des Botenberichts sind die ersten Szenen des Dramas zu sehen. Dort wurde Agamemnon von Clytaemnestra im Hinblick auf ihr Handeln als dreifacher Ehebrecher charakterisiert – eine Schuld, der er schließlich u n m i t t e l b a r zum Opfer fällt. Daneben wurde deutlich, daß er allgemein als brutaler Tyrann vorgestellt ist, der, den Affekten folgend, sich schamlos gegen Achilles und den greisen Priester durchsetzt, der auf die Not der Soldaten keine Rücksicht nimmt (182–183) und durch dessen Opfer in Aulis das ganze Unternehmen von vornherein einen Makel erhält: *non prospero deo* (172), *impiae rates* (173). Sein Handeln in Aulis ist als *auspicium* für den g a n z e n K r i e g aufzufassen (174). Aegisthus deutet den größeren Zusammenhang an, wenn er Agamemnon als *gravis sociis* (249) anspricht und seinen Charakter als *animus natura trux* (250) bezeichnet. Daher verdient Seidenstickers Hinweis Beachtung, daß das frevelhafte Töten des alten Priamus am heiligen Altar auf die Person Agamemnons zurückfalle.[66] Cassandra spielt mit den Worten *cecidit ante aras pater* (792) in beziehungsreicher Ironie Agamemnon gegenüber auf seinen Tod an. Bei der Heimkehr spricht er das hybrishafte Wort: *victor t i m e r e quid potest?* (799). Der Ausspruch wirkt geradezu wie der Kontrapunkt zu dem Bekenntnis des ganz anders gearteten Agamemnon der *Troades*: *tu me superbum, Priame, tu t i m i d u m facis* (270).[67] Die hybrishafte Haltung bewahrt Agamemnon konsequent bis in den Tod beim Wiedersehensmahl in Mycenae (875–880):

> 875   epulae regia instructae domo,
>   quales fuerunt ultimae Phrygibus dapes,
>   celebrantur: ostro lectus Iliaco nitet
>   merumque in auro veteris Assaraci trahunt.
>   en ipse picta veste sublimis iacet,
> 880   Priami superbas corpore exuvias gerens.

Bevor Clytaemnestra ihn zum Anlegen des Truggewands überredet, in dem er sterben soll, ist Agamemnon „zunächst unpassend gekleidet, ausgerechnet in ein Beutestück, das kostbare Gewand, das Priamus bei seinem letzten Fest und noch im Tod trug, und damit fällt auf ihn ein eigentümliches Licht. Das ist nicht der äschyleische Agamemnon, der jeden Anschein der Überheblichkeit im Glück und der Anmaßung göttlicher Vorrechte scheut und sich nur schwer von seiner Gattin dazu überreden läßt, den Purpurteppich zu betreten, den sie unter seine Füße breiten läßt; es ist aber derselbe Agamemnon, der soeben Kassandras Warnungen abgewiesen hat (V. 799 bei Seneca). Er tut hier genau das, was er bei Äschylus durchaus vermeiden will: er gibt selber durch eine triumphierende Geste dem

---

66 1969, 128.
67 ▸ S. 279.

Unheil eine Handhabe; das Kostüm, in dem er seinen Sieg über Gebühr zur Schau trägt, liefert seiner Mörderin den Vorwand, ihn zu dem verhängnisvollen Kleiderwechsel zu überreden."[68]

Neben dem Schicksal Agamemnons wird im Botenbericht das ganze Heer in das Blickfeld gerückt – sowohl an Aiax' Tat als auch am Tod des Palamedes waren nach den verschiedenen Überlieferungen mehrere Helden beteiligt.[69] Seneca führt das nicht weiter aus, sondern bleibt trotz der eindeutigen Tendenz der Erzählung in den Einzelheiten vage: Den Stoiker interessiert nicht ein Kollektivverhalten oder eine Kollektivschuld, sondern das Verhalten des Einzelnen. Deshalb greift er aus dem Heer Einzelne heraus, Mächtige, denen es an *continentia* mangelt und die dem Erfolg nicht gewachsen sind – *prospera animos efferunt* sagt Aegisthus (252): Aiax beim Raub der Cassandra, wohl Ulixes und vielleicht Agamemnon beim Tod des Palamedes, vor allem aber Agamemnon, dessen Verhalten er am umfassendsten darlegt.

Es dürfte einleuchtend sein, daß es unzutreffend ist, „die Ermordung Agamemnons als ausgleichende Gerechtigkeit für Troias Fall zu verstehen."[70]

IV Euripides' *Troades*

Während für die Deutung des Agamemnon-Schicksals keine Verbindungslinien zu Aischylos führen, ist es wahrscheinlich, daß sich Seneca von Euripides' *Troades* anregen ließ. In ihnen werden in einer für die Zeit ganz ungewöhnlichen Weise die Sieger über Troia als hybrishafte Eroberer und skrupellose Zerstörer dargestellt.[71] Im Eingangsdialog zwischen Poseidon und Athene wird kein Zweifel gelassen, daß die Griechen nicht für die Tatsache der Eroberung, sondern für die hybrishaften Begleitumstände gestraft werden. Poseidon hätte aufgrund seiner besonderen Beziehung zu Troia allen Grund, dieses an den Griechen zu rächen. Doch liegt ihm der Gedanke fern; er wünscht lediglich, die zerstörte Stadt zu verlassen. Erst Athene bewegt ihn, die heimkehrende Flotte in den verheerenden Sturm geraten

---

68 Dieses ist die vorzügliche Interpretation von Friedrich 1967, 151.
69 Zum Tod des Palamedes s. oben, zu Aiax' Tat Verg. Aen. 2, 402–408 (*agmen*).
70 Seidensticker 1969, 128 im Anschluß an Anlikers These.
71 Wenn Lesky 1968, 211 hinsichtlich des zweiten Stücks der Trilogie, des *Palamedes*, bemerkt, es handele sich um „ein Sonderschicksal, das wir uns kaum in festeren trilogischen Zusammenhang gefügt denken dürfen", ist zu berücksichtigen, daß das Stück die heimtückische Ermordung des Helden durch die Griechen zum Inhalt hatte – ein Thema, das zu dem Bild paßt, das Euripides in dem dritten Stück, den *Troades*, von den Griechen zeichnet (Pohlenz 1954, I, 365–366 und 372).

zu lassen, weil Aias Hand an Kassandra gelegt habe, ohne daß ihn die Griechen gehindert hätten. Es ist klar, daß die Griechen nicht für die Eroberung an sich büßen, da Athene, ihre Schutzgöttin, ja den Sieg begünstigt hat: Erst die Entartung der Griechen bei der Zerstörung Troias stellt ihre Schuld dar. Hierher gehören auch die anderen Themen des Stücks: Priamos' Ermordung am heiligen Altar, die Tötung des Astyanax und vor allem das Schicksal der troischen Frauen in der griechischen Gefangenschaft. Agamemnon wird herausgehoben, denn er hat sich Kassandra unter diesen ausgewählt. Der Zuschauer muß sich fragen: „Hat Agamemnon mehr Scheu vor dem Göttlichen als Aias, wenn er die Seherin in sein Bette zwingt?"[72] Damit ist die senecaische Interpretation des Geschicks der Griechen und ihres Führers vorgezeichnet, wobei der Thematik gemäß die Gestalt Agamemnons in dieser Richtung noch weiter umgedeutet und in den Mittelpunkt des Stücks gerückt ist. Entscheidend ist die Übereinstimmung, daß weder Euripides noch Seneca, sosehr in ihren Tragödien die Eroberung Troias verurteilt wird, auf das ganze gesehen diese Tat an sich für die Heimsuchung der Griechen und Agamemnons verantwortlich machen.

V Troia und Griechenland

Wenn man bei Seneca nicht einfach von einer mechanisch ausgleichenden Gerechtigkeit sprechen kann, erhebt sich die Frage, wie sich das Verhältnis Troia / Griechenland und insbesondere Priamus / Agamemnon in seiner Sicht darstellt. Daß in immer neuen Wendungen und Anspielungen auf diese Beziehungen hingewiesen wird, lehrt ein flüchtiger Blick auf das Stück.[73] Doch dürfte deutlich geworden sein, daß es sich nicht um einen „tiefen Zusammenhang von Ursache und Wirkung"[74] in dem Sinn handelt, daß Agamemnon fällt, weil er Troia zerstört habe, sondern um eine P a r a l l e l e : Die Griechen werden ebenso heimgesucht wie die Troer, Agamemnon fällt ebenso wie Priamus. So heißt es am Schluß, daß Agamemnon dasselbe Schicksal erleide wie Troia: [...] *ut p a r i a fata Troicis lueret malis* (1008) – von einem kausalen Zusammenhang ist auch hier nicht die Rede.[75]

---

72 Pohlenz 1954, I, 371.
73 Anliker 1960, Lefèvre 1966, Lohikoski 1966, Seidensticker 1969.
74 Seidensticker 1969, 127, ferner 127–128 („das Schicksal des Ilionsiegers als Rache und Sühne für Troia").
75 Unzutreffend ist die Auffassung dieses Verses von Birt 1911, 359 („denn zur Rache für Troja ist nun auch Agamemnon umgebracht"), ebenso Herrmann 1961 («expiant ainsi par une semblable fin les maux qu'il a infligés aux Troyens») und Thomann 1969 („daß mit gleichem Geschick

Trägt Troia zu seinem Fall bei? Man könnte einige Stellen nennen, die in diese Richtung zu weisen scheinen: das – wohl teilweise – Niederreißen der von Göttern erbauten Stadtmauern beim Einholen des Hölzernen Pferds (*moenia, divum fabricata manu,* | *diruta nostra,* 651–652); die verhängnisvolle Rolle des Paris beim Streit der Göttinnen (*fatalis* [...] *arbiter,* 730–731); überhaupt die Tatsache, daß Troia entgegen allen Warnungen Paris aufgezogen hat *(timete reges, moneo, furtivum genus:* | *agrestis iste alumnus evertet domum,* 732–733); oder Laomedons Betrug an Poseidon und Apollo (*mendax Dardanidae domus,* 863). Aber das hat im ganzen gesehen wenig Bedeutung; jedenfalls wird an keiner Stelle gesagt, daß Troias Sturz damit in Zusammenhang stünde.[76] Auf diesen Aspekt ist es Seneca nicht angekommen.

VI Cassandra und Agamemnon

Seneca hat mit der Demonstration des troischen Leidens eine bestimmte Konzeption verfolgt, wie die ersten Verse des Auftrittslieds der Troerinnen zeigen (589–595):

>   heu quam dulce malum mortalibus additum
> 590   vitae dirus amor, cum pateat malis
>   effugium et miseros libera mors vocet
>   portus aeterna placidus quiete.
>   nullus hunc terror nec impotentis
>   procella Fortunae movet aut iniqui
> 595   flamma Tonantis.

Unter den ersten Worten, die Cassandra auf der Bühne spricht, begegnet die Wendung *nostris ipsa sufficiam malis* (663). Weder die Auftrittsworte des Chors noch die Cassandras konnte der Leser anders verstehen denn als programmatisch für die Haltung des stoisch gebildeten Menschen.[77] Da die Darstellung des absolut stoischen Weisen in einem Drama kaum möglich – und wohl kaum erstrebenswert – ist, trägt auch Cassandra durchaus Züge einer dramatis persona, die an der Handlung beteiligt ist: Sie kann Visionen haben (750–758) oder über den Untergang ihrer Feinde triumphieren (873, 1011). Ihre Gestalt ist dazu um die se-

---

er büße für Trojas Unglück'); zutreffend Miller (1917) 1929 ('that so he might meet doom equal to Troy's woes').

76 Anders sieht Vergil Troias Fall (*Aen.* 2, 54–56): *et si fata deum, si mens non laeva fuisset,* | [...] | *Troiaque nunc staret, Priamique arx alta maneret* (Hinweis von C. Zintzen).
77 Lefèvre 1966, 490–491 (▶ S. 241–242).

necaische Komponente der *prava voluptas* bereichert,[78] indem sie „Leid und Tod mit Leidenswollust duldet"[79] – darin eine typische Figur des neronischen Tragikers.

Es kann somit nicht zweifelhaft sein, daß wir es beim *Agamemnon* mit einer „moralisch-exemplarischen Tragödie nach der Art Senecas"[80] zu tun haben. In Cassandra hat er eine Gestalt geschaffen, die „dem Fatum willig folgt". Agamemnon ist die ‚interessantere' Figur. Da Seneca „das Verderbliche der Affekte und Leidenschaften zeigen will, und da das Unterliegen des Menschen unter seinen Affekten nach stoischer Lehre niemals dem Fatum zugeschrieben werden kann",[81] steht es außer Frage, daß Agamemnon in stoischer Interpretation subjektiv voll schuldig geworden ist. Er büßt sowohl für die Verfehlungen, deren er sich Clytaemnestra gegenüber schuldig gemacht hat, als auch für das hybrishafte Verhalten bei Palamedes' Tod – zwei Motivstränge, die in dem senecaischen Stück mit großer Kunst in die traditionelle Gestaltung hineingewoben sind: Enger ließ sich die Kausalität in der vorgegebenen Handlung nicht knüpfen, doch immerhin so deutlich, daß sie dem aufmerksamen Leser nicht entgeht. Agamemnon steht als Einzelner im Mittelpunkt des Geschehens; sein Verhalten wird nicht von den Taten des Geschlechts und der Umwelt bestimmt. Wenn man gesagt hat, daß Seneca im allgemeinen „das Einzelgeschehen aus seiner Vereinzelung löst und in einen großen Zusammenhang von Schicksal, Schuld und Sühne rückt"[82] und insbesondere den *Agamemnon* „aus der Enge eines ‚Familiendramas' herausgehoben und in einen weltweiten Rahmen und Schicksalszusammenhang gestellt" hat,[83] darf damit nicht die subjektive Verantwortlichkeit des Einzelnen eingeschränkt oder gar bestritten werden.

VII Rückblick

Wieweit der *Agamemnon* in der interpretatio Stoica von dem *Agamemnon* des Aischylos entfernt ist, bedarf keiner Betonung. Wohl aber ist zum Abschluß die Frage erlaubt, ob es für die senecaische Gestaltung Vorbilder in der älteren rö-

---

78 Lefèvre 1966, 490 (▸ S. 241) über die beiden Komponenten der Cassandra-Gestalt. Übrigens: Innere Gelassenheit schließt äußerlichen Jubel kaum aus.
79 Regenbogen (1930) 1961, 430.
80 v. Fritz (1955) 1962, 29.
81 Die beiden letzten Zitate bei v. Fritz (1955) 1962, 27.
82 Regenbogen (1930) 1961, 440.
83 Anliker 1960, 101.

mischen Tragödie gegeben hat.[84] Daß Seneca Livius' *Aegisthus* gekannt hat, darf man vor allem aufgrund von Fr. 5–6 W. annehmen;[85] aber für das hier behandelte Problem läßt sich nichts mehr eruieren. Dagegen ist es von Interesse, daß in Accius' *Clytaemnestra*, die Seneca wohl kannte,[86] Fr. 235–236 W. *ut quae tum absentem rebus dubiis coniugem | tetinerit, nunc prodat ultorem* darauf hindeuten könnte, daß Clytaemnestra ihrem Gatten während seiner Abwesenheit die Treue gehalten hätte.[87] Man kann jedoch daraus nicht schließen, daß bereits alle Schuld auf Agamemnons Haupt versammelt wäre, da in dieses Stück wahrscheinlich die von Hygin *Fab.* 117 erzählte Intrige gehört, nach der Oeax, der Bruder des Palamedes, Agamemnon bei Clytaemnestra hinsichtlich des Ehebruchs mit Cassandra verleumdet hat.[88] Da es bei Hygin aber heißt: *quod ementitus est, ut fratris iniurias exsequeretur*, dürfte nicht einmal dieser Vorwurf zu Recht bestanden haben, so daß auf andere Verfehlungen wohl nicht geschlossen werden kann.

Solange die Überlieferung der republikanischen Tragödie so mangelhaft bleibt, darf man annehmen, daß die eigenwillige Interpretation der Agamemnon-Gestalt vor allem durch den stoischen Umdeutungsprozeß des neronischen Tragikers entstanden ist, der die entscheidenden Züge des Griechenbilds in den *Troades* des Euripides bei Agamemnon, dem als Einzelnen sein besonderes Interesse galt, konsequent weitergebildet und damit im Sinn der interpretatio Stoica dem Sieger über Troia eine *nova facies*[89] gegeben hat.

---

84 Dazu die Praefatio bei Moricca 1947, bes. XXV-XXX.
85 Ribbeck 1875, 28–29; Warmington 1936, II, 2–3; Moricca 1947, XXVIII.
86 ▸ S. 302.
87 Ribbeck 1875, 462; Moricca 1947, XXIX; Stackmann 1950, 202. Anders Venini 1954, 325: «si può arguire che l'adulterio di Clitemestra avvenisse soltanto poco prima del ritorno di Agamennone».
88 Ribbeck 1875, 460–464; Warmington 1936, II, 406–407; Moricca 1947, XXVIII.
89 *Epist.* 79, 6, dazu Lefèvre 1969, 132 (▸ S. 258).

17 Die Kinder des Thyestes*

I Die Zahl der Kinder in der Schlachtungsszene —— S. 298
II *tot* und *turba* —— S. 302
III Namen und Zahl der Thyestes-Kinder in der Überlieferung —— S. 303
IV Welche drei Personen werden umarmt? —— S. 303

In Senecas *Thyestes* spricht Atreus, indem er seinem Bruder die Reste der geschlachteten Kinder überreicht, folgende Verse (1021–1023):

> iam accipe hos potius libens
> diu expetitos – nulla per fratrem est mora:
> fruere, osculare, divide amplexus t r i b u s.

Die Worte legen die Annahme nahe, daß sich Atreus auf die Reste dreier Kinder bezieht, und so rechnet die Forschung überwiegend mit der Dreizahl der Thyestes-Kinder.[1] Auf der anderen Seite werden nur die Namen zweier Söhne genannt: Tantalus (718) und Plisthenes (726). Auch die Handschriften setzen, wie aus den Szenenüberschriften hervorgeht,[2] nur zwei Thyestes-Söhne voraus.[3] Wie ist dieser Widerspruch zu erklären?

I Die Zahl der Kinder in der Schlachtungsszene

Der Annahme dreier Kinder steht entgegen, daß Atreus gemäß dem Botenbericht offenbar nur zwei Kinder schlachtet. Darauf weist die Schilderung des zögernden Atreus 707–714, die ein Gleichnis einleitet, in dem eine *tigris ieiuna* zwischen z w e i Rindern die Wahl hat.

Symbolae Osloenses 48, 1973, 97–108 (Universitetsforlaget, Oslo).
* Der Aufsatz ist gegenüber der Fassung von 1973 etwas gestrafft und um einige Argumente erweitert. Die Grundthese ist dieselbe. Peter L. Schmidt wird 1973, Jürgen Blänsdorf 2013 je eine ermunternde Kritik verdankt. Ihre Bemerkungen sind verschiedentlich angeführt.
1 So Farnabius 1676, 222; Gronovius 1682, 100; Lessing bei Barner 1973, 139; Lesky (1922 / 1923) 1966, 528; Paratore 1956 (1), 257; Herrmann 1961, 89; Mette 1964, 189; Tarrant 1985, 195; Giancotti 1989, 149.
2 Vor 404 nennt E: *Thyestes. Tantalus. Plisthenes tacitus*, A: *Thyestes. Plisthenes filius* (unterschiedliche Schreibweise, ihm werden die Stellungnahmen zugewiesen, die E Tantalus gibt), vor 491 E: *Atreus. Thyestes. Tantalus. Plisthenes taciti*, A: *Atreus. Thyestes.*
3 So auch Knoche 1941, 72 = 1972, 484.

> ieiuna silvis qualis in Gangeticis
> inter iuvencos tigris erravit duos,
> utriusque praedae cupida quo primum gerat
> 710 incerta morsus (flectit huc rictus suos,
> illo reflectit et famem dubiam tenet),
> sic durus Atreus capita devota impiae
> speculatur irae, quem prius mactet sibi
> dubitat, secunda deinde quem caede immolet.

Die Ausführung der Schlachtung 717–743 erscheint nicht so eindeutig. 720–725 wird Tantalus geschlachtet, 726 kommt Plisthenes an die Reihe, dem Atreus das Haupt vom Rumpf trennt (727–729):

> colla percussa amputat;
> cervice caesa truncus in pronum ruit,
> querulum cucurrit murmure incerto caput.

Der Tod wird nicht vermerkt. Der Chorführer erkundigt sich (730–731):

> quid deinde gemina caede perfunctus facit?
> puerone parcit an scelus sceleri ingerit?

Sind die Verse so zu verstehen, daß nach dem zweifachen Mord noch ein Knabe übrig sei, der der Schonung bedürfe? Hat Gronovius zu Recht die Anmerkung von Delrius zu 731 „tres ergo nepotes ex fratre iugulavit" aufgenommen? Hat Paratore die Verse richtig verstanden? «E dopo aver compiuto il duplice scempio, che fa? Risparmia il più piccolo dei fratelli o accumula delitto su delitto?» Die Antwort des Boten ermöglicht scheinbar die Annahme eines dritten Sohns. Nach dem Gleichnis mit dem *leo Armenius* 732–736 heißt es 737–743:

> non aliter Atreus saevit atque ira tumet,
> ferrumque gemina caede perfusum tenens,
> oblitus in quem fureret, infesta manu
> 740 exegit ultra corpus; ac pueri statim
> pectore receptus ensis in tergo exstitit.
> cadit ille et aras sanguine extingens suo
> per utrumque vulnus moritur.

Der Knabe stirbt an zwei Wunden. Wenn man nicht die skurrile Vorstellung postuliert, Seneca verstehe darunter das Eindringen des Schwerts in die Brust und sein Heraustreten aus dem Rücken,[4] ist in *puero* (731) noch immer Plisthenes zu sehen. 727–729 wurde ihm das Haupt abgeschlagen, aber er war offenbar noch

---

[4] Farnabius 1676, 246: ‚pectoris et tergi', ebenso Gronovius.

nicht tot: Erst mit dem zweiten Schwertstreich 740–743 sinkt er tot dahin. Es ist von Interesse, daß A in 731 *puerisne* überliefert, und die Frage offenbar so versteht: ‚Ließ er es bei den beiden Hieben bewenden, oder tat er den beiden Kindern noch mehr an?' Neben den erwähnten Szenenüberschriften setzt diese Lesart nur zwei Kinder voraus. Die Recentiores haben das zu *puerone* verbessert, worauf wahrscheinlich auch *querone* im Etruscus zurückgeht. Gegen die Annahme eines dritten Knaben ist zu bedenken, daß der Vorgang ohne Namensnennung oder einen differenzierenden Zusatz kaum verständlich ist – zumal bei einem Rezitationsdrama. Daher dürfte *puerone* im Sinn von *puerisne* richtig sein und der Chor befürchten, Atreus werde sich bei Plisthenes nicht mit dem Abtrennen des Kopfes zufrieden geben (*parcit*), sondern noch einmal ausholen. Nach P. L. Schmidt ist die Frage *an scelus sceleri ingerit?* (731) nicht quantitativ zu verstehen, sondern im Sinn einer ‚qualitativen Steigerung', d. h. nicht die Ermordung eines weiteren Sohns ist gemeint, sondern das Einstechen auf den schon geköpften Plisthenes. Ebenso weise die Wendung *oblitus in quem fureret* (739) in diese Richtung: Auch hier ist eine Steigerung gegenüber den bisherigen Mordstreichen nur in der Weise sinnvoll, daß Atreus gegen den wehrlosen *truncus* rast.[5] Nach Schmidt schändet er einen Toten. Wahrscheinlicher ist die Annahme, daß der *truncus* noch nicht tot und zu Boden gestürzt ist, zumal erst 742 das Niederfallen genannt wird (*cadit*); *in pronum ruit* (728) bedeutet: Der *truncus* taumelt nach vorne. „Daß sich noch Leben im Körper der Ermordeten befindet, ist in 755–756 ausgedrückt!"[6]

> 755 erepta v i v i s exta pectoribus tremunt
> spirantque venae c o r q u e a d h u c p a v i d u m s a l i t.[7]

Nicht nur der Körper ‚lebt' noch, auch das schon abgeschlagene Haupt murmelt noch (729) im Sinn des „von Ennius inaugurierten Automatismus des getrennten Gliedes".[8] Daß ein des Hauptes beraubter Körper durchaus aktionsfähig ist, zeigt – von der deutschen Sage von Klaus Störtebecker abgesehen – der sportliche Ascanius bei Silius Italicus 13, 246–248, der dem abgetrennten Kopf nachzusetzen fähig ist:

> deiectum protinus ense
> ante pedes domini iacuit caput; ipse secutus
> corruit ulterior procursus impete truncus.

---

5 Man müßte sonst annehmen, daß der dritte Sohn erheblich kleiner oder schwächer als die beiden anderen wäre. Aber davon steht nichts da.
6 Anmerkung von J. Blänsdorf
7 Nach Tarrant 1985, 198 ist Ov. *Met.* 15, 136 Vorbild.
8 Fuhrmann 1968, 36–37 mit Parallelen.

Erst mit *corruit* wird wie wahrscheinlich bei Seneca mit *cadit* (742) durch das Niederfallen des Körpers das endgültige Eintreten des Tods bezeichnet. In diesem Fall heißt *gemina caede* (730, 738) nicht ‚zweifacher Mord', sondern ‚zweifacher Mordstreich'.

Eine literarische Parallele stützt den Bezug von *utrumque vulnus* auf zwei verschiedene Wunden. Vorbild der Schlachtungsszene des *Thyestes* ist die Schlachtung des Itys Ov. *Met.* 6, 636–660.[9] Das macht nicht nur die Ähnlichkeit[10] wahrscheinlich, sondern vor allem der Umstand, daß Itys wie die Thyestes-Kinder erst geschlachtet, dann gekocht und schließlich dem eigenen Vater als Mahl vorgesetzt wird. Bei Ovid stößt Procne Itys zunächst mit einem Schwertstreich in die Flanke nieder. Daraufhin bemerkt der Dichter ausdrücklich, diese eine Wunde (*unum vulnus*) hätte für den Tod ausgereicht, aber Philomela greift ihrerseits zum Schwert und sticht Itys durch die Kehle, sodann zerfleischen sie die noch lebenden Glieder (641–645):

> ense ferit Procne, lateri qua pectus adhaeret,
> nec vultum vertit. satis illi ad fata vel unum
> vulnus erat: iugulum ferro Philomela resolvit;
> vivaque adhuc animaeque aliquid retinentia membra
> 645 dilaniant.

Auch bei Plisthenes hätte der erste Streich ausgereicht (Abtrennen des Kopfes). Aber in beiden Fällen empfängt das Opfer eine zweite schlimme Wunde, nach der noch Leben in den Gliedern ist. Die Steigerung Senecas gegenüber dem Vorbild liegt darin, daß er die Taten der beiden Schwestern auf eine Person vereinigt, die Pointe darin, daß er den Streich in die Brust bzw. in den Hals u m k e h r t , was der gebildete Hörer / Leser zweifellos würdigen sollte.[11]

---

9 Dazu Gebhardt 1968, 543.
10 Procne wird 636–637 als Schlächterin mit einer *tigris Gangetica* verglichen, was Seneca 707–711 auf Atreus überträgt. Das könnte erklären, warum Seneca ein weibliches Tier wählt. Daß die Glieder des Getöteten noch leben (Ov. 6, 644), begegnet *Thy.* 755–758, daß das Fleisch an den Bratspießen zischt (*pars veribus stridunt*, Ov. 6, 646), *Thy.* 770 *stridet in veribus iecur*.
11 Daß ein abgeschlagenes Haupt noch zu murmeln in der Lage ist (729), hat ebenfalls eine Parallele bei Ovid, wenn Chromis dem Greis Emathion das Haupt abtrennt: *decutit ense caput, quod protinus incidit arae | atque ibi semianimi verba exsecrantia lingua | edidit et medios animam exspiravit in ignes* (*Met.* 5, 104–106). Dazu Fuhrmann 1968, 36–37.

II *tot* und *turba*

Eine schwierige Stelle bezüglich der Zahl der Thyestes-Kinder sind 522–524. Atreus fordert sowohl seinen Bruder als auch dessen Söhne auf, ihn zu umarmen:

> meosque potius amplexus pete.
> vos quoque, senum praesidia, tot iuvenes, meo
> pendete collo.

Es ist nicht leicht, *tot* mit der Zweizahl der Kinder zu vereinbaren. Gronovius erschien *tot* sogar bei drei Kindern erklärungsbedürftig: „Non inane vocabulum *tot*. Statius ad Julium Menecratem [*Silv*. 4, 8]: *tot dominis clamata domus* [16]. Hi quoque non ultra tres erant. Ibidem: – *ulterius sed enim producere questus | Non licet, en hilaris circumstat turba tuorum | Defensatque patrem. quem non hoc agmine vincas?* [42–44]".[12] Gronovius' Bemerkung ist um so interessanter, als er gegen die Konjektur *vos* von D. Heinsius polemisiert. Diese hatte auch Farnabius in den Text gesetzt, obwohl er drei Kinder annahm. Heinsius' Vorschlag wäre angesichts der Zweizahl der Thyestes-Kinder eine angemessene Emendation.[13]

Eine weitere Stelle, die bezüglich der Kinderzahl Schwierigkeiten bereitet, ist Atreus' zynisches Wort an Thyestes *totumque turba iam sua implebo patrem* (979). *turba* ist sowohl bei der Zweizahl als auch bei der Dreizahl der Kinder ungewöhnlich. Giancotti erschien selbst der zweite Fall (den er postuliert) erklärungsbedürftig: Wie bei *tot* handele es sich um eine psychologisch motivierte Übertreibung.[14] Nun ist aber zu sehen, daß sich *turba* auch auf eine Zweizahl von Personen beziehen kann, so wie in den Worten der Umbra Tantali im Prolog: *iam nostra subit | e stirpe turba quae suum vincat genus | ac me innocentem faciat* (18–20). Sie weist auf Atreus und Thyestes voraus.[15]

---

12 Tarrant 1985, 165 hält trotz Postulat dreier Kinder ebenfalls eine Erklärung für notwendig und deutet *tot* psychologisch: "Atreus lingers for a moment over the number of Thyestes' children, savoring his revenge in advance." Dasselbe Problem erhebt sich bei Atreus' Formulierung 915 *tot hostiarum*, zu der Tarrant 1985, 220 bemerkt: "gloating over the extent of the slaughter, as at 523."
13 Den Text hält auch P. L. Schmidt für korrupt, „zumal eine Betonung der Zahl hier ganz überflüssig erscheint, es sei denn ‚zwei Greise' / ‚zwei iuvenes'."
14 1989, 220 («motivazione psicologica»).
15 Farnabius 1676, 223 („Atreus & Thyestes"). Tarrant 1985, 90 laviert und bietet selbst eine Parallele: "The word refers most obviously to Atreus and Thyestes, but since a *turba* normally numbers more than two (as is clear from Ovid's witty *nos duo turba sumus* of Deucalion and Pyrrha, *Met*. 1. 355), Tantalus is probably including more remote descendants such as Aegisthus and Agamemnon". Es liegt eben kein ‚normaler', sondern wie bei Ovid ein pointierter Ausdruck vor. Bömer hatte 1958, 133 und 1976, 121 diesen rhetorisch-pointierten Sprachgebrauch erklärt

Fazit: Weder *tot* (523) noch *turba* (979) erlauben einen Schluß auf die Zahl der Thyestes-Kinder.

III Namen und Zahl der Thyestes-Kinder in der Überlieferung

Die Annahme, daß in der Schlachtungsszene nur von zwei Kindern die Rede ist, dürfte sich von einer ganz anderen Seite her bestätigen. Es werden sowohl drei als auch zwei Namen der Thyestes-Kinder überliefert. So erscheinen in der Epitome Vaticana aus ‚Apollodors' *Bibliotheke* 2, 13 drei Kinder: Ἀγλαός, Καλλιλέων und Ὀρχομενός. Andererseits heißt es bei Hygin *Fab.* 88, 1: *Atreus* [...] *cupiens a Thyeste fratre suo iniurias exsequi, in gratiam cum eo rediit et in regnum suum eum reduxit, filiosque eius infantes Tantalum et Plisthenem occidit et epulis Thyesti apposuit.* Der Schluß liegt nahe, daß das die Version ist, der Seneca folgt, denn auch bei ihm heißen die Kinder Tantalus (718) und Plisthenes (726); ein potentieller dritter Sohn wäre namenlos – weshalb Lessing trocken bemerkte: „der Name des dritten aber kömmt in dem Stücke nicht vor"[16]. Will man keine große Konfusion postulieren, muß man sehen, daß Seneca – und Atreus! – mit zwei Kindern operiert.

IV Welche drei Personen werden umarmt?

Um zum Ausgangspunkt zurückzukehren: Wenn Seneca nur zwei Kinder voraussetzt, könnte *tribus* in 1023, das man auf die Kinder zu beziehen pflegt, eine bloße Nachlässigkeit sein.[17] Aber ist das wahrscheinlich? 520–524 lauten:

```
520   TH.                  obsides fidei accipe
      hos innocentes, frater. AT. a genibus manum
      aufer meosque potius amplexus pete.
      vos quoque, senum praesidia, tot iuvenes, meo
      pendete collo.
```

---

und Parallelen (außer *Met.* 1, 355) angeführt: *Met.* 6, 200 (von Latonas zwei Kindern); *Fast.* 2, 716 (von Tarquinius' beiden Söhnen Titus und Arruns); Tib. 3, 19–20 (*in solis tu mihi turba locis*, zur Geliebten gesprochen); Martial 12, 87, 3 (von e i n e m Sklaven). Giancotti 1989, 220 erwägt zu *turba* in 979 den Unterton ‹turbamento›, ‹confusione›. Dasselbe könnte in 19 der Fall sein.
16 Barner 1973, 139.
17 So spricht die Umbra Thyestis *Ag.* 26–27 von drei Kindern: *liberis plenus tribus | in me sepultis*. Doch kann der *Agamemnon* der anderen Version folgen. Namen werden nicht genannt.

Thyestes übergibt die Kinder als Geiseln für seine *fides*. Darauf fordert Atreus zunächst den Bruder auf, ihn zu umarmen und sodann die Kinder. Der Pakt der *fides* wird geschlossen, indem Atreus den Bruder und dessen beide Söhne umarmt. In der korrespondierenden Szene, in der Atreus die ‚Kinder', die *obsides fidei*, zurückgibt, heißt es (1021–1024):

> AT. iam a c c i p e hos potius libens
> diu expetitos – nulla per fratrem est mora:
> fruere, osculare, divide amplexus tribus.
> TH. hoc foedus? haec est gratia, haec f i d e s ?

Thyestes erinnert mit dem Stichwort *fides* an die Szene des Paktes; in beiden Fällen wird die Übergabe der Kinder mit *accipe* eingeleitet. So liegt es nahe, auch den dritten Anklang, *amplexus*, entsprechend zu verstehen. In der ersten Szene umarmt Atreus den Bruder und die Söhne, nun soll Thyestes bei der Rückgabe dasselbe tun: Er soll den Bruder und die Söhne umarmen, d. h. der dritte wäre dann nicht ein dritter Sohn, sondern Atreus. Gestützt wird diese Deutung durch den ausdrücklichen Zusatz *nulla per fratrem est mora*. Zunächst fordert Atreus 1004–1005 den Bruder auf, die Söhne zu umarmen: *expedi amplexus, pater:* | *venere. gnatos ecquid agnoscis tuos?* Sodann hebt er seinen Anteil an der Rückgabe mit den Worten *nulla per fratrem est mora* hervor: ‚Endlich hast du sie durch die Hilfe deines Bruders wieder; du hast also Grund, nicht nur sie, sondern auch mich zu umarmen.' Auf diese Weise erklärt sich der merkwürdige Ausdruck *divide amplexus* durch die Aufteilung der Umarmung auf den Bruder einerseits und die Kinder andererseits.

Daß Seneca bei Atreus' Übergabe der Hände und Köpfe der Kinder an Thyestes den Gedanken an das Bündnis 520–524 mitschwingen läßt, mag der Vers 764 stützen, in dem es heißt, daß Atreus eben diese Hände, die ihm beim Bündnis der *fides* anvertraut waren, für die Wiedererkennung aufhebt: *tantum ora servat et d a t a s f i d e i manus*. Eine weitere Stelle zeigt, daß Bündnis und Umarmung, *fides* und *amplexus*, in Verbindung stehen. 507 schließt Atreus seinen Monolog mit der Selbstaufforderung *praestetur fides*, um den Vorsatz in den nächsten beiden Versen zu konkretisieren: *complexus mihi* | *redde expetitos* (508–509). 522–524 besiegelt dann die Umarmung das Bündnis, auf das Atreus 1021–1023 so prägnant anspielt.

Das ist eine zynische Pointe. Aber sie ist diesem zynischsten Stück Senecas und seinem Helden, dem ‚Titan des Bösen', wie U. Knoche Atreus genannt hat,[18] angemessen.

---

[18] 1941, 69 = 1972, 481.

18 Senecas Tragödien*

I Leben und Werk Senecas —— S. 306
II Neubeginn der Gattung —— S. 307
III Individuumbezogene Literatur vor Seneca —— S. 308
IV Stoische Psychologie —— S. 310
V Modernität der Personen —— S. 311
VI Modernität der Struktur —— S. 313

Obschon Senecas Tragödien ohne die attischen Tragiker nicht denkbar sind, haben sie sich einer unvergleichlich größeren Nachwirkung erfreut als die Urbilder der europäischen Tragödie. Die Wiedererweckung der vier bekannten antiken Tragiker ist im Verhältnis zu ihrer zeitlichen Reihenfolge den umgekehrten Weg gegangen: Hat Seneca nahezu uneingeschränkt die tragische Produktion der Jahrhunderte vom beginnenden Humanismus bis zum Ende des Barock in den europäischen Literaturen beherrscht, wurde er mit dem Aufkommen des Griechenenthusiasmus am Ende des 18. Jahrhunderts in der allgemeinen Wertschätzung durch die attischen Tragiker abgelöst. Es sind jedoch keineswegs sprachliche Gründe – die bessere Kenntnis der lateinischen Sprache – gewesen, die Seneca in den vorhergehenden Jahrhunderten so eindeutig den Vorrang vor den griechischen Dichtern gegeben hatten; vielmehr war die besondere Struktur seiner Stücke geeignet, die Dichter der beginnenden Neuzeit überhaupt in den Stand zu setzen, ihre Probleme und Weltdeutungen in dramatischer Form auszudrücken. Als die Rezeption der griechischen Tragödie in den Vordergrund trat, traf sie in den europäischen Literaturen auf eine vielfältig ausgestaltete Form des Dramas, die unter Senecas Einfluß nicht nur entstanden war, sondern sich darüber hinaus in stetiger Begegnung mit dem römischen Dichter weiter ausgebildet hatte. Die besondere Struktur seiner Stücke, die diesen Prozeß ermöglichte, soll im folgenden kurz in Betracht gezogen werden.

Der Einfluß Senecas auf das europäische Drama, hrsg. v. E. Lefèvre, 1978, 1–11 (Wiss. Buchgesellschaft, Darmstadt).

* Die Charakterisierung der Seneca-Tragödien berücksichtigt das Thema des Bandes, für den sie verfaßt wurde. Als Motto könnten über ihr die Worte von O. Regenbogen stehen, daß die Wiedererweckung der Tragödie im Abendland „im Zeichen Senecas" geschah und seine „Tragödie als Mittler von unermeßlicher historischer Bedeutung" war (1961, 415 bzw. 463).

I Leben und Werk Senecas

Der Philosoph und Dichter Lucius Annaeus Seneca wurde frühestens 4 v.Chr. in Cordoba in der römischen Provinz Hispania Ulterior geboren. Sein Vater – als Seneca Rhetor bekannt – hatte in Rom Rhetorik studiert und im Alter für seine drei Söhne ein Werk mit dem Titel *Oratorum et rhetorum sententiae divisiones colores* verfaßt, von dem in großen Teilen 10 Bücher *Controversiae* (Rechtsfälle) und ein Buch *Suasoriae* (Entscheidungsreden) erhalten sind. Der junge Seneca studierte in Rom Redekunst und Philosophie; er hörte den Pythagoreer Sotion, den Sextier Papirius Fabianus und den Stoiker Attalos. Bei einer Stiefschwester seiner Mutter Helvia, der Gattin des Präfekten von Ägypten, verbrachte er einen längeren Aufenthalt und kehrte mit ihr 31 / 32 nach Rom zurück. Danach war er als Sachwalter tätig, wurde Quaestor und kam in den Senat. Mit dem Regierungsantritt des Kaisers Claudius wurde er 41 durch eine Intrige der Kaiserin Messalina bis zu ihrem Tod auf die Insel Corsica verbannt. Ihre Nachfolgerin Agrippina holte ihn 49 aus dem Exil zurück und bestellte ihn zum Erzieher ihres Sohnes Nero; 50 wurde Seneca Praetor. Nach Claudius' Tod (54) wuchs sein Einfluß bei dem 17jährigen Kaiser Nero. Er wurde 55 Konsul und lenkte zusammen mit dem Gardepräfekten Burrus praktisch die Geschicke des Römischen Reiches, doch konnte er der zunehmenden Entartung des kaiserlichen Zöglings immer weniger entgegentreten. Nach Burrus' wahrscheinlich gewaltsamem Tod 62 verlor er an Einfluß und wurde drei Jahre später von Nero zum Selbstmord gezwungen.

Seneca hat ein umfangreiches Œuvre hinterlassen. Zehn seiner Schriften zur praktischen Ethik wurden zu der Sammlung *Dialogi* zusammengefaßt: *De providentia, De constantia sapientis, De ira, Ad Marciam de consolatione, De vita beata, De otio, De tranquillitate animi, De brevitate vitae, Ad Polybium de consolatione, Ad matrem Helviam de consolatione*. In denselben Zusammenhang gehören *De clementia* und *De beneficiis*, besonders aber das Alterswerk *Epistulae ad Lucilium*, in denen Seneca mit großer Meisterschaft noch einmal seine Moralphilosophie dargelegt hat. Neben den Philosophischen Schriften stehen als größeres Prosawerk die sieben Bücher *Naturales quaestiones*, die unter anderem astronomische, meteorologische und geographische Fragen behandeln.

Als Dichter ist Seneca außer durch die witzige *Apocolocyntosis* (Verkürbissung), eine Satire auf den kurz vorher gestorbenen Kaiser Claudius, sowie einige Epigramme vor allem durch seine Tragödien bekannt geworden. Während man seit dem Bischof von Clermont-Ferrand Sidonius Apollinaris im fünften Jahrhundert für die Tragödien hin und wieder einen zweiten Verfasser gleichen Namens annahm oder doch nur einzelne Stücke dem Philosophen Seneca zuschrieb, gelten heute acht Tragödien als echt: 1. *Hercules furens* (Der rasende Hercules), 2. *Troades* (Die Troerinnen), 3. *Phoenissae* (Die Phönizierinnen), 4. *Medea*, 5. *Phaedra* – alle diese Stücke im wesentlichen nach Euripides; 6. *Oedipus* nach Sophokles, 7. *Agamemnon* nach Aischylos und 8. *Thyestes* nach Sophokles oder Euripides, das einzige Stück ohne erhaltene Vorlage. Von vielen Forschern wird der *Hercules Oetaeus* (Der auf dem Berg Oeta sterbende Hercules), von nahezu allen die Praetexta *Octavia*, ein Stück mit zeitgenössischem Inhalt um Neros Gemahlin Octavia, für unecht gehalten. Die Datierung der senecaischen Tragödien ist äußerst umstritten.

II Neubeginn der Gattung

Als Seneca um die Mitte des ersten nachchristlichen Jahrhunderts die Tragödien dichtete, hatte die Gattung in Rom schon eine lange Geschichte. Seit 240 v.Chr. sind regelmäßige Tragödienaufführungen bezeugt. Als erster hatte der süditalische Grieche Livius Andronicus attische Stücke bearbeitet, bald waren ihm mit Naevius und Ennius bekannte römische Dichter gefolgt. Im 2. Jahrhundert hatten Pacuvius und Accius die römische Tragödie zu einem Höhepunkt geführt, doch dann verblaßte das Genus mit dem Beginn des ersten vorchristlichen Jahrhunderts – von wenigen Ausnahmen abgesehen. Die republikanische Tragödie, von der nur Fragmente erhalten sind, hielt sich offenbar in der Handlungsführung an griechische Vorbilder. Worin ihre eigentliche Aussage bestand, ist schwer zu sagen. Erkennbar ist nur, daß sie weitgehend von aitiologischen Tendenzen bestimmt war, indem sie romnahe Mythen zur Darstellung brachte und damit den historischen Sinn der Zuschauer ansprach. Besonders die römische Sonderform der Praetexta, des Schauspiels mit Stoffen aus der römischen, zuweilen zeitgenössischen Geschichte, dürfte diese Eigenart deutlich machen. Es war daher konsequent, daß Lucius Varius Rufus, als er von Oktavian, dem späteren Kaiser Augustus, den Auftrag erhielt, für die Siegesfeier von Actium das Festspiel zu schreiben, mit dem *Thyestes* – der als eine der berühmtesten römischen Tragödien galt – auf diese Gattung zurückgreifen konnte. Wenig später schrieb Ovid die – ebenfalls verlorene – hochgeschätzte Tragödie *Medea*, aber eine neue Tradition vermochte auch dieser geniale Dichter nicht zu begründen. In der Frage, was und – gegebenenfalls – wieviel Seneca der republikanischen Tragödie verdankt, hat die Forschung keine überzeugenden Ergebnisse erzielen können.

So bedeutet die senecaische Tragödie innerhalb der Gattung einen Neubeginn. Doch ist sie andererseits der römischen Literatur seit dem Absterben der republikanischen Tragödie zutiefst verpflichtet, ja ohne deren Entwicklung überhaupt nicht denkbar: Senecas Tragödie hat die mit den Neoterikern aufkommenden und sich stetig weiter ausbildenden Tendenzen der römischen Literatur über die Gattungsgrenzen hinweg eingeschmolzen und stellt ein im Grund sehr modernes literarisches Gebilde dar.

III Individuumbezogene Literatur vor Seneca

Eine ganz wesentliche Komponente verbindet freilich die kaiserzeitliche mit der republikanischen Tragödie. Wenn angenommen werden darf, daß die frühe Form der römischen Tragödie aufgrund ihrer aitiologischen und historischen Tendenzen bis zu einem gewissen Grad patriotisch gewesen ist, wurde sie umgekehrt unter dem die Freiheit des Individuums einschränkenden Regiment der römischen Kaiser bis zu einem gewissen Grad antipatriotisch: Sie wurde zu einer bevorzugten Form der Oppositionsliteratur. Dies gilt sowohl für die mythologische Tragödie wie den *Atreus* von Mamercus Scaurus unter Tiberius als auch für die historische Tragödie wie den *Cato* von Curiatius Maternus unter Vespasian. Aus dem Charakter dieser Stücke, die nicht für eine breite Öffentlichkeit und festliche Anlässe bestimmt sein konnten, erklärt es sich, daß sie rezitiert, nicht aufgeführt wurden. Ganz in diesem Sinn sind Senecas Tragödien wahrscheinlich Rezitationsdramen, die sich zum Teil *in tyrannos* richten: Der Tyrann in seiner alles vernichtenden Schreckensherrschaft ist eine ihrer Hauptfiguren, die Seneca in immer neuen Abwandlungen darzustellen und anzuprangern nicht müde wird. Den Umschlag der Einstellung des Bürgers zum Staat von der republikanischen Epoche zur Kaiserzeit spiegelt die römische Tragödie beispielhaft wider.

Dennoch ist die senecaische Tragödie nicht primär politisch orientiert, sie ist in einer bis dahin nicht gekannten Weise auf die Selbstaussage und Selbstdeutung des Einzelnen gerichtet. Es ist ein Grundzug der römischen Literatur seit ihrem Bestehen, die Darstellung vergangenen Geschehens, sei es historischer, sei es mythologischer Art, der Deutung der Gegenwart zunutze zu machen, d. h. in der Vergangenheit sich selbst, die eigene Gegenwart wiederzufinden. Bekannt ist diese Tendenz der römischen Geschichtsschreibung im Vergleich zur griechischen, die durchaus von Erkenntnisstreben und Wißbegierde – ἱστορίη nennt es Herodot – geleitet wurde. Epos und Tragödie (Praetexta) wurden von denselben Prinzipien bestimmt. Als jedoch der römische Staat in die große und entscheidende Krise der Bürgerkriege von der Zeit der Gracchen bis zum Sieg Oktavians geriet, war eine Identifizierung des Einzelnen mit dem Staat, der *res privata* mit der *res publica*, nur noch bedingt möglich. Es war konsequent, daß sich diese einschneidende Wendung in der Literatur niederschlug und eine ganz ‚neue' Dichtung entstand, die Dichtung der ‚Neoteriker', deren bedeutendster und als einziger noch heute voll kenntlicher Vertreter in der ersten Hälfte des ersten vorchristlichen Jahrhunderts Catull gewesen ist. Sie schufen nicht nur die eigentliche subjektive

Form der römischen Literatur, die Lyrik, *nugae* (Kleinigkeiten), sondern durchglühten mit subjektivem Empfinden auch die ‚großen' mythologischen Stoffe, wie es eindrucksvoll das Peleus-Epos Catulls zeigt, in das die berühmte Klage der von Theseus verlassenen Ariadne eingelegt ist (*Carm.* 64). Hier sprengt die Ich-Aussage alle Formen: Die Erzählung von Ariadne umfaßt 213 Verse, doch entwickelt sie sich diskontinuierlich, stets nur das Leid der Verlassenen im Blick habend, das faktisch unbedingt Notwendige in Rückwendungen nachtragend und in der 70 Verse langen Klagerede gipfelnd. Stellt man in Rechnung, daß auch die erzählenden Partien des mythologischen Gedichts stets nur das subjektive Empfinden des dichtenden Individuums ausströmen, erkennt man, daß das eine wahrhaft ‚neue' Art der Dichtung war, die entscheidend auf die Weiterentwicklung der römischen Literatur einwirken mußte. Sie setzte sich nicht nur in der Welt der ‚poetischen Reflexion' von Vergils *Bucolica* und in den ‚inneren Monologen' der römischen Elegiker Tibull und Properz fort, sondern auch in der ‚großen' Gattung des Epos, der repräsentativsten Dichtung Roms: in Vergils *Aeneis*. Die Erzählung von Didos Leid und Tod im vierten Buch ist in den poetischen Mitteln eine direkte Fortsetzung von Ariadnes Klage bei Catull. Vergil hat die Begegnung zwischen Dido und Aeneas aus dem Bereich der Staatsgeschichte heraus in einer für das Epos einzigartigen Weise in den Bereich des Menschlichen transponiert: Dem Fühlen und Empfinden der beiden wird schon bei ihrem ersten Gegenübertreten eine solche Sorgfalt der Motivierung gewidmet, daß R. Heinze gestand, dies sei ein ‚In-Szene-Setzen', wie er es sonst aus der antiken Literatur nicht kenne (1915, 120). Vergil hat das ganze Geschehen nicht als der traditionelle Erzähler von einem objektiven Standpunkt aus, sondern ganz aus dem Denken und Fühlen der Personen heraus gestaltet. Das Hervorbrechen und Überströmen der Affekte sprengt jede herkömmliche Form. Allein das vierte Buch, das 705 Verse umfaßt, enthält 20 Reden und Monologe, die mehr als die Hälfte des Buchs ausmachen. Von der Struktur dieser Erzählung war es nur noch ein Schritt zu zwei erfolgreichen literarischen Gattungen der römischen Literatur. Wenn man berücksichtigt, daß Dido allein in diesem einen Buch 9 große Reden und Monologe mit insgesamt 223 Versen hält, sieht man, daß hier die wichtigste Vorstufe für Ovids *Heroides* vorliegt, die Briefe, die verlassene Heroinen an ihre ehemaligen Geliebten schreiben – wie ja Ovid auch einen Brief der Liebe von Dido und Aeneas gewidmet hat. Auf der anderen Seite führt von den 20 Reden des vierten Buchs der *Aeneis* ein direkter Schritt zu Senecas Tragödien: Denn das, was an faktischen Verknüpfungen zwischen den Reden notwendig war, konnte entweder in diese hineingenommen werden, oder aber es wurde weitgehend darauf verzichtet. Der Grund für ein solches Verfahren liegt nicht so sehr darin, daß es sich um bekannte Stoffe handelte, als vielmehr in der Eigenart der römischen Literatur überhaupt, die Darstellung des Faktischen zugunsten der Evidenz des Affektischen zu vernachlässigen. Der Rezitationscharakter der senecaischen Tragödien konnte dieser Technik nur förderlich sein, doch läßt er sich aus ihr nicht erweisen.

So war es von weither angelegt, daß Seneca, als er sich entschloß, Tragödien zu schreiben, eine Literatur vorfand, die wie nie zuvor in der Antike subjektiv und auf das Individuum bezogen war. Das ist zweifellos eine Eigenart der römischen Literatur von Anfang an, doch wurde sie durch die politischen Verhältnisse des ersten vorchristlichen Jahrhunderts entscheidend ausgebildet und verfestigt. Daß sich diese Tendenz auch in politisch gesicherter Zeit, in der Vergils *Aeneis* entstand, weiter ausprägte, zeigt, in welchem Maß sich hierin spezifisch römisches Denken und Empfinden ausspricht.

IV Stoische Psychologie

So war der Boden bereitet für die ‚Modernität' des senecaischen Dramas. Die Entwicklung der griechischen Tragödie spiegelt den Weg vom Mythos zum Logos wider: Die Griechen mußten die hohe Welt des Mythos zu sich heranholen, sie mußten ihn vermenschlichen, um sich seiner zu versichern; der mythenfernen Zeit Senecas dagegen konnte der Mythos von vornherein nur als Chiffre, als Spiegel, als Gefäß dienen, das sie mit eigenem Leben füllte und somit wieder aufrichtete. Der alte Mythos hatte seine Verbindlichkeit verloren, er war in einer Weise verfügbar geworden, daß die Tragödie aller Zeiten an ihn anknüpfen und jeweils mit i h r e m Leben erfüllen konnte. Der Hörer oder Leser brauchte nicht mehr zu gewärtigen, daß ihm hohe Figuren aus einer fernen Welt etwas zu verkünden hatten, er konnte, ja sollte vielmehr sich selbst in ihnen wiedererkennen. Von jetzt an stand man mit den tragischen Gestalten des Mythos auf du und du. Man brauchte sich nicht mehr nach ihnen zu richten, s i e waren es, die sich anzupassen hatten.

Die ungeheure Nachwirkung senecaischer Figuren ist von dem Paradox bestimmt, daß sie in ihren Charakteren sehr viel weniger individualisiert erscheinen als die Personen der griechischen Tragödie, auf der anderen Seite aber in der Psychologie sehr viel moderner. Seneca war stoischer Philosoph und somit in seinem Denken von der Lehre geprägt, daß die Leidenschaften im Menschen (πάθη / *affectus*) mit der Vernunft (λόγος / *ratio*) im Widerstreit lägen. Die griechischen Stoiker hatten die Wirkungen und Funktionen der Affekte so durchdacht und beschrieben, daß nichts näher liegen konnte, als den Konflikt zwischen Vernunft und Leidenschaft den traditionellen Konflikten der tragischen Stoffe nutzbar zu machen. So ist es kein Wunder, daß die senecaischen Gestalten, aus sich heraustretend, von einem geradezu ‚objektiven' Standpunkt aus mit ihrem *dolor* oder ihrer *ira* Gespräche führen und dem Hörer in alle Stadien der Entwicklung ihrer Affekte Einblick gewähren, ihm sozusagen ihre Seele offenlegen. Es war daher folgerichtig, daß Tragödiendichter durch Jahrhunderte hindurch Seneca studierten, um sich dieser Technik und vor allem, wie sie meinten, dieser Kenntnis der menschlichen Seele zu bemeistern. Es wäre jedoch falsch anzunehmen, Seneca habe der Tragödie allein durch die Anwendung der stoischen Affektlehre diese neue Dimension erschlossen. Das römische Denken – und damit die römische Literatur – war vielmehr von Anfang an von der Tendenz bestimmt, sich an abstrakten Begriffen zu orientieren und sie als entscheidend für das Handeln und Leiden des Einzelnen zu empfinden. Hegel hatte in der *Ästhetik* gesagt, der Geist der römischen Welt sei „die Herrschaft der Abstraktion" gewesen. Dieser Geist schlug sich jedoch nicht nur in staatstheoretischen Schriften oder der Geschichtsschreibung nieder, sondern auch in der Dichtung. Vergils Dido etwa nennt als Leitbegriffe *pudor* und *fama*, die sie auch selbst ‚anspricht'. Wenn der Dichter ihren Zustand beschreibt, fallen sogleich Begriffe wie *gravis cura* und *caecus ignis*, um wenig später geradezu von einer Pathologie der liebeskranken Königin abgelöst zu werden (4, 65–85). Es war klar, daß in einem Rezitationsdrama, das den Erzähler nicht kannte, ausschließlich die Personen mit diesen Begriffen operieren mußten. Man darf also sagen, daß die Anwendung der stoischen Psychologie nicht allein für die senecaische Personengestaltung ausschlaggebend war, sondern daß sie in der römischen Literatur auf einen besonders empfänglichen Boden fiel, ja vielleicht nur auf ihm zu solcher Blüte gelangen konnte.

V Modernität der Personen

Auf der anderen Seite darf nicht übersehen werden, daß die Personen, je mehr der ‚Menschenkenner' ihr Seelenleben zergliederte, desto weniger faßbar wurden, desto weniger als bestimmte, unverwechselbare Individuen erschienen. Im Gegensatz dazu waren die Personen der griechischen Tragiker, obschon ohne eine solche Psychologie gestaltet, Individuen ganz eigener Art, um den modernen Begriff des Charakters an dieser Stelle zu vermeiden; sie waren unwiederholbar in dem Sinn, daß spätere Zeiten, wenn sie glaubten, die griechischen Gestalten d i r e k t adaptieren zu können, sie oft unbewußt in der von Seneca inaugurierten Art rezipierten, jedenfalls aber nachgestalteten. Senecas Figuren hingegen haftet unbeschadet der Durchformung ihres Seelenlebens etwas Gleichförmiges, Typenhaftes an. Gerade das machte sie im Gegensatz zu ihren griechischen Urbildern für spätere Dichter so interessant: Dadurch, daß sie sich in gewisser Weise amorph darboten, waren sie disponibel, konnten sie von den Nachgestaltern mit den Zügen ausgestattet werden, die ihnen am Herzen lagen. Mit den griechischen Gestalten konnte das nicht so ohne weiteres geschehen, sie mußten jeweils radikal neu konzipiert werden – und waren dann nicht mehr die alten, sondern ganz neue

Gestalten. Senecas Personen hingegen erschienen so modern, daß man sie nicht als wesenhaft verschieden von den eigenen empfand. Sie haben ebenso wie die Figuren der römischen Komödie gerade aufgrund ihrer Nähe zu bestimmten Typen des menschlichen Lebens einen Siegeszug ohnegleichen durch die europäische Literatur angetreten. Es versteht sich aber auch, daß dieser Siegeszug mit dem ausgehenden 18. Jahrhundert enden mußte, als man nach einem festen Kern der Bühnenfiguren verlangte, aus dem heraus Entscheidungen getroffen und Handlungen motiviert werden konnten. Es war die Epoche, in der die tragischen Personen der Griechen hell in das Bewußtsein der Zeit traten.

Nicht zuletzt ist es die stoische Weltdeutung gewesen, die Senecas Stücken zu hohem Ansehen verholfen hat. Denn so wie das Christentum in vielen Punkten große Verwandtschaft zur stoischen Philosophie zeigt, waren es gerade die christlich geprägten Epochen vom ausgehenden Mittelalter bis zum Barock, die sich von Senecas Weltanschauung angesprochen fühlten. Schon die Kirchenväter des Altertums zitierten Seneca zustimmend, ja man unterlegte ihm einen Briefwechsel mit dem Apostel Paulus, so daß es kein Wunder ist, wenn spätere Jahrhunderte seine Philosophie mit christlichen Gedanken verschmolzen – hier sei nur Justus Lipsius genannt – und etwa eine Florilegiensammlung aus seinen Werken unter dem Titel ‚Seneca christianus' zusammenstellten, wie sie 1637 in Augsburg erschien. Ging man hierbei vornehmlich von den Prosaschriften aus, weckten diese doch auch wieder Interesse für die Tragödien.

Zwei Hauptströme des europäischen Theaters gehen auf Seneca zurück: das Märtyrerdrama und das Tyrannenstück. Das Märtyrerdrama konnte seinen Helden ohne weiteres so konzipieren, wie senecaische Helden gegen die *Fortuna mala* zu bestehen hatten. Und das Tyrannenstück konnte sich stets von neuem die zynischen und sarkastischen Tyrannen Senecas zum Vorbild nehmen. Freilich ist die stoische Basis der beiden ‚Helden'-Typen von überaus unterschiedlicher Prägung. Während der sich gegen Widrigkeiten behauptende Mensch durchaus stoische Weltdeutung verkörperte, wie sie Seneca in seiner Schrift über die Vorsehung (*De providentia*) gegeben hat, entsprach der Tyrann nur als Negativ-Bild dieser Anschauung. Doch indem Seneca bei ihm die verderbliche Auswirkung der Affekte und die Blindheit ihres Trägers zeigte, entsprang auch er aus stoischem Grund. So waren es, wie O. Regenbogen betont hat, zwei spezifische Komponenten der stoischen Psychologie Senecas, die diese beiden Formen des europäischen Dramas immer wieder inspiriert haben: die ‚Leidenswollust' das Märtyrerdrama und die ‚Tatenwollust' das Tyrannenstück (1961, 430).

VI Modernität der Struktur

Erschienen Senecas Stücke späteren Zeiten hinsichtlich des Stoffs, der Personen und des Weltbilds ‚modern', wurde das noch besonders durch die Struktur gefördert. Die griechische Tragödie war von den Antinomien des Göttlichen und Menschlichen, der Gesellschaft und des Individuums beherrscht und stellte sie durch ihre Handlung dar, die sich zu Agonen und Stichomythien verdichten konnte, immer aber zugleich ein wesentlicher Ausdruck der Deutung war. Bei Seneca hingegen rückte der Einzelne, und nur er, mit seinen Problemen und Leidenschaften in den Mittelpunkt. Wenn Fortuna eine Rolle spielte, kam es nicht auf deren Aktionen an, sondern auf die Reaktionen des Menschen. Das auf ihn allein sich konzentrierende Interesse mußte den Rahmen herkömmlicher, jedenfalls griechischer Dramaturgie sprengen. Jede Szene verkörperte die Problematik des ganzen Stücks, jeder Ausspruch verkörperte die Problematik der ganzen Person. Eine dramatische Entwicklung fand nicht mehr statt: Es dominierte die einzelne Szene und in dieser wieder der einzelne Ausspruch oder die einzelne Sentenz. Diese konnten sich gut aus dem Zusammenhang lösen und im luftleeren Raum zu immer größeren Pointierungen aufschichten, da ja Handlung und Rede nicht aus dem Willenszentrum eines Charakters heraus entwickelt, sondern aus den kleinsten Bausteinen des Seelenlebens, die letztlich austauschbar waren, addiert wurden.

Gerade dieser additive Charakter von Handlung und Rede machte die Seneca-Stücke so leicht rezipierbar. Man konnte sie schnell verstehen, oder glaubte es doch wenigstens, und konnte sie ebenso schnell adaptieren, ja imitieren. So wie man lange Zeit nicht den zusammenhängenden Charakter römischer Komödienhandlungen erkannte, war das bei der Rezeption der senecaischen Tragödie der Fall. Man las einzelne Akte und betrachtete sie als abgeschlossene Einheiten – was nicht so abwegig ist, insofern die senecaischen Helden meist schon von vornherein das Ende ihres Geschicks und damit den Ausgang des Stücks ‚kennen', da ja die Einzelszene weitgehend das Ganze repräsentiert. Es hängt hiermit zusammen, daß man lange Zeit – wohl zu Recht – davon ausging, es handele sich um Lese- und Rezitationsstücke. Man achtete mehr auf die Einzelheit als auf das Ganze. Es war entscheidend, daß Senecas Stil von ungewöhnlicher Prägnanz und Pointierung ist. Seine Neigung, Sentenzen in einer Weise zu formulieren und zu häufen, die an Schillers *Tell* denken läßt, sein Talent, Moral in gängige Münze umzusetzen, sein Vermögen, aufgrund der Ambivalenz des Personals j e d e n Geschmack anzusprechen – all das waren Vorzüge, die mehrere Jahrhunderte zu seinen Bewunderern zwangen. Aber sie waren nicht der g a n z e Seneca: Je mehr man diesen erkannte, desto weniger vermochte er neben den attischen Tragikern zu bestehen. Doch es ist bezeichnend, daß ihn das 20. Jahrhundert neu entdeckt und Schritt für

Schritt einem tieferen Verständnis zugeführt hat. Der Weg bis zur Gegenwart war lang.

19 Das erste Chorlied in Senecas *Oedipus* – Ein innerer Monolog?

I Komposition —— S. 315
   1 Erster Teil (110–123) —— S. 316
   2 Zweiter Teil (124–159) —— S. 316
   3 Dritter Teil (160–179) —— S. 318
   4 Teil 1–3 —— S. 319
   5 Vierter Teil (180–201) —— S. 319
II Sprecher —— S. 321

In einem bekannten Aufsatz hat F. Leo die Ansicht vertreten, der Chor habe in Senecas Tragödien „hauptsächlich das Geschäft, die vier Zwischenakte mit Liedern auszufüllen".[1] Gewiß hat Senecas Drama anders als die attische Tragödie keinen kultischen Ursprung, sondern einen rein literarischen Charakter, aber Leos Feststellung verhehlt kaum den Unterton, daß Seneca recht mechanisch verfahren sei. In der Folgezeit hat man immer wieder seine Chorlyrik unter verschiedenen Gesichtspunkten – formalen,[2] thematischen,[3] metrischen[4] oder philosophischen[5] – untersucht, doch hat sich eine allgemeine Auffassung über ihren Charakter nicht bilden können. Aus diesem Grund mag der Versuch gestattet sein, ein einzelnes Chorlied, das überdies von der Forschung vernachlässigt zu sein scheint, zu analysieren und seine Funktion in der Dramaturgie des Stücks zu bestimmen.

I Komposition

Wenn auch die Komposition des Lieds, in dem der Chor die Auswirkung der auf Theben lastenden Pest beschreibt, leicht zu überschauen ist, gibt es im einzelnen schwierige Passagen.

Orpheus 1, 1980, 293–304 (Università di Catania).
1 1897, 511.
2 Marx 1932.
3 Cattin 1963.
4 Bishop 1964; 1968.
5 Gil 1979.

1 Erster Teil (110 –123)

Dies gilt schon für die Eingangspartie, in der der Chor klagt, daß in Theben auch Bacchus' Soldat, der ihn auf seinem Zug bis Indien begleitet habe, der Pest zum Opfer falle. Das ist sehr merkwürdig, denn der Indien-Zug liegt traditionell vor Dionysos' Ankunft in Theben. In Euripides' *Bakchai* berichtet der Gott selbst im Prolog, er komme gerade aus dem Osten und wende sich nun als erster griechischer Stadt Theben zu: λιπὼν [...] | ἐς τήνδε πρῶτον ἦλθον Ἑλλήνων πόλιν (13 / 20). Auch bei Ovid, Senecas unmittelbarem Vorgänger, liegt der Zug in den Osten vor der Pentheus-Zeit.[6] Es können also keine thebanischen Soldaten an ihm teilgenommen haben. Wenn man annimmt, Seneca habe die Sage so umgeformt, daß Bacchus nach seiner Ankunft in Theben dort Soldaten rekrutiert hat, ergeben sich andere Schwierigkeiten. Denn Pentheus, in dessen Zeit das Ereignis fiele, gehört derselben Generation an wie Oedipus' Großvater Labdacus. Die Teilnehmer an jenem sagenhaften Zug müßten also längst das Zeitliche gesegnet haben. Deshalb kann nicht, wie man wörtlich verstanden hat,[7] «le soldat lui-même qui a combattu pourtant contre de terribles dangers (Indiens, Parthes, Arabes [...])» von der Pest dahingerafft werden. Man muß zum besseren Verständnis wohl den ersten Vers des nächsten Teils *stirpis invictae genus interimus* (124) hinzunehmen und beziehen: ‚Wir gehen zugrunde, ein Geschlecht, deren Vorfahren unter Bacchus in den Kämpfen mit den Arabern, Parthern und Indern unbesiegt waren.'

Man versteht, daß Seneca in seiner säkularisierten Tragödie nicht auf eine Götteranrufung in dem ersten Chorlied verzichten wollte. Es hätte sich angeboten, daß der Chor wie in den Eingangsliedern des *Thyestes* und der *Medea* den göttlichen Beistand erfleht hätte: Bacchus, der aus Theben stamme, möge der bedrängten Stadt helfen. Statt dessen hat Seneca so formuliert, als lebten Teilnehmer an dem mythischen Indienzug noch in Oedipus' Zeit. Eine Erklärung dieses Vorgehens könnte sich aus dem Zusammenhang der ersten drei Teile ergeben.

2 Zweiter Teil (124 –159)

Nach dem Rückblick auf den mythischen Bereich folgt eine Beschreibung der gegenwärtigen Opfer der Pest (124 –153), bei der Seneca systematisch verfährt: Zunächst werden die Menschen genannt, an zweiter Stelle die ihnen nahestehenden Haustiere, sodann die Weidetiere und schließlich die wilden Tiere; hierauf

---

6 Jedenfalls werden die Ereignisse in dieser Reihenfolge *Met.* 4, 20 –23 genannt.
7 Cattin 1963, 41.

weitet sich der Blick des Betrachters, indem auch die Pflanzenwelt miteinbezogen wird. Der zweite Teil gliedert sich wie folgt:

124–132	Menschen
133–144	Haustiere
145–153	Weidetiere und wilde Tiere
154–158	Pflanzen.

Die metrische Form korrespondiert exakt mit dem inhaltlichen Aufbau. Wie schon nach dem ersten Teil 123 hat der Adoneus auch 132 und 144 gliedernde Funktion.[8] Nach 153 wechselt das Versmaß: Es folgen Anapäste, die bis zum Ende des Lieds beibehalten werden. Der letzte Passus der betrachteten Reihe ist somit einerseits metrisch markiert wie die vorhergehenden Bereiche, andererseits verschieden durch das neue Metrum. Wie es scheint, entspricht das dem Inhalt, insofern die Verse 154–158 eine Gelenkfunktion erfüllen. Nach oben setzen sie die konzentrische Einbeziehung der Umwelt des Menschen fort; zugleich ist die Feststellung *omnia nostrum sensere malum* das Fazit aller zuvor genannten Bereiche, wobei der Monometer 159[9] als Klausel den Adoneen entspricht. Nach unten hingegen bereitet diese Partie die folgende Betrachtung 160–179 vor: die höllische Komponente der Pest. An dieser Stelle ist ein Blick auf die Quellenlage[10] geboten. Seneca hat für die Beschreibung der Pest 133–153 verschiedene Vorbilder: Lukr. 6, 1138–1286, Verg. *Georg.* 3, 478–566 und Ov. *Met.* 7, 523–613. In diesen ausführlichen Schilderungen, die Seneca sowohl im ganzen als auch in einzelnen Wendungen aufnimmt, werden die Auswirkungen der Pest auf die Menschen und die Tiere beschrieben, nicht aber auf den Bereich der Pflanzenwelt, wie das in dem Chorlied 154–158 der Fall ist. Seneca hat also einen neuen Bereich hinzugefügt,[11] was um so mehr Beachtung verdient, als er ganz und gar unpassend ist. Denn daß die Pest auch Wälder, Felder und Weinberge befällt, entspricht kaum der Realität. Der Passus dürfte daher eher symbolischen Charakter haben: In der Tat leitet er zu der Beschreibung der Höllenwirkung der Pest in den Versen 160–179 über.

---

8 Zu Unrecht sagt Leo, die Adonii seien „an willkürlich gewählten Stellen" unter die Sapphici verstreut (1897, 515).
9 So bei Giardina 1966 abgeteilt. Leo 1879 druckt *bracchia curvat* (158) als Monometer.
10 Da Cattin 1963, 42–49 die Quellen für die Pestbeschreibung untersucht und die Parallelen 50–51 zusammenstellt, wird hier und im folgenden darauf verzichtet, die Anklänge zu notieren.
11 Doch ist Soph. *Oid. Tyr.* 25 (πόλις) φθίνουσα μὲν κάλυξιν ἐγκάρποις χθονός und 171–172 οὔτε γὰρ ἔκγονα | κλυτᾶς χθονὸς αὔξεται zu beachten.

3 Dritter Teil (160–179)

Für diese Partie des Lieds gibt es wiederum bekannte Vorbilder, „e quibus Seneca sua mutuatus est":[12] Verg. *Aen.* 6, 255–258, 298–304, *Georg.* 1, 476–488 und Ov. *Met.* 15, 783–798. Am reizvollsten für den gebildeten Leser ist die Variation von Vergils berühmtem Vers über Charons Jugendlichkeit *iam senior, sed cruda deo viridisque senectus* (*Aen.* 6, 304):[13] *durus senio | navita crudo* (167–168). Während es sich bei den genannten Stellen um die Schilderung der Unterwelt bzw. der Vorzeichen bei Caesars Ermordung handelt, um Anlässe also, bei denen das Numinose eo ipso am Platz ist, hat Seneca die Bereiche der Ober- und Unterwelt vermischt. Er sagt nicht einfach: Es sterben so viele Menschen, daß die Unterwelt das kaum bewältigen kann – dies drückt der Charon-Passus 166–170 per se aus –, sondern es heißt gleich zu Anfang programmatisch, daß die Unterwelt geöffnet ist und der Phlegethon sich mit den Wassern Thebens vermischt hat (160–163): Die Unterwelt herrscht auf der Oberwelt, ja die Unterwelt ist die Oberwelt. Auch Cerberus treibt sein Wesen nunmehr in den oberen Regionen, *nostris locis* (172–173). Im *Hercules Furens* hat Hercules die Unterwelt aufgebrochen (57 *rupto* / *Oed.* 160 *rupere*) und den verschreckten Höllenhund auf die Oberwelt geschleppt (57–61). Dessen Funktion ist es, die Unterwelt zu bewachen: *regnum tuetur* (785), er ist ihr *custos* (Verg. *Aen.* 6, 424). Nicht aber ist es seine Aufgabe, auf der Oberwelt zu agieren. Es sind keine ‚realen' Szenen, die Seneca beschreibt. Die Wasser der Ober- und Unterwelt konnten sich mischen, Cerberus auf die Oberwelt transportiert werden, kaum aber Charon und sein Tätigkeitsfeld. Durch die Aneinanderreihung untereinander nicht zusammengehöriger Bilder sollte einfach die Vorstellung ‚Hölle auf Erden' erzeugt werden. Die einzelnen Phasen haben symbolischen Charakter. Ebenso ist Seneca bei der Schilderung der Opferstätte verfahren, an der Atreus die Kinder seines Bruders schlachtet (*Thy.* 665–682). Zunächst wird das trübe Gewässer nur mit der Styx verglichen: *talis est dirae Stygis | deformis unda quae facit caelo fidem* (*Thy.* 666–667). Doch dann werden schon die Unterweltgötter und die Manen auf die Oberwelt bemüht: *hinc nocte caeca*

---

[12] Leo 1878, 184.
[13] „Die Berühmtheit des Ausdrucks, der auch in die Prosa drang (z. B. wird Tac. Agr. 29 *affluebat omnis iuventus et quibus cruda ac viridis senectus* angeführt), beruht nicht auf der Metapher (vgl. *virgo cruda, iuventus viridis*), die so geläufig war, daß sie als solche kaum mehr empfunden wurde, sondern auf der kühnen begrifflichen Antithese, die, wie Heyne bemerkt, nach ὠμογέρων (Ψ 791, anders ὠμὸν γῆρας ο 357) gebildet ist. Die wirkungsvolle Pointe ist absichtlich in einen Vers zusammengedrängt und an den Schluß der ἔκφρασις gestellt, ein rhetorischer Kunstgriff, den besonders Lucanus mit Virtuosität verwendet" (Norden 1927 (1), 224).

gemere ferales deos | fama est, catenis lucus excussis sonat | ululantque manes (668–670). Schließlich wird unmittelbar klargestellt, daß die Szene die Hölle selbst ist:[14] *nox propria luco est, et superstitio inferum | in luce media regnat* (678–679). Auch im *Thyestes* gehen Realität und Symbolik eine bedeutungsvolle Verschmelzung ein.

4 Teil 1–3

Nunmehr kann versucht werden, eine Antwort auf die Frage nach der ungewöhnlichen Formulierung des Liedanfangs zu geben. Seneca wollte offenbar das Ausmaß der Pest als so gewaltig darstellen, daß er wie so oft kosmische Dimensionen zu Hilfe nahm. So betonte er gleich zu Beginn, daß es sich keineswegs um ein irdisches Ereignis handele, sondern daß auch die göttliche Welt – Bacchus – über die (Nachkommen der) Teilnehmer an dem mythischen Zug nach dem Osten tangiert sei. Ebenso bezog er die Unterwelt mit ein, so daß sich eine Verknüpfung folgender drei Bereiche ergab:

1. Teil: 110–123 Überirdische Welt
2. Teil: 124–159 Irdische Welt ⎫ Gesamt-Kosmos
3. Teil: 160–179 Unterwelt ⎭

Sowenig der letzte Passus real-logisch zu verstehen ist, sosehr gilt das auch für die einleitende Schilderung, die sich rationaler Erklärung entzieht. Seneca hat in kühner Assoziation religiöse und mythologische Kategorien mit gegenständlichen Bereichen vermischt, um sowohl die ideelle als auch die reale Komponente des Kosmos als Schauplatz des Geschehens zu erweisen.

5 Vierter Teil (180–201)

Mit Recht kann daher der Chor den letzten Teil des Lieds mit der Feststellung einleiten, daß es sich um eine *novi facies leti* handele, um etwas noch nie Dagewesenes – einen Tod, der schlimmer als der Tod ist, *gravior leto* (180–181). Wenn der Chor, wie der alte Kommentator Farnabius zur Stelle sagt, „descrit pestis notas et symptomata",[15] tritt er damit nicht in Konkurrenz zu den Ausführungen des zweiten Teils, da dort im Hinblick auf die Menschen nur von den Leichenzügen

---

14 Lefèvre 1981 / 1982, 34–35 (▶ S. 339–340).
15 1676, 80.

die Rede war. Vielmehr kann man sagen, daß der vierte Teil durch die ersten drei Teile vorbereitet wird und den Höhepunkt der ganzen Pestschilderung bildet. Demzufolge gibt Seneca nicht nur eine Beschreibung der Krankheit, sondern zugleich eine Deutung. Bei der Beschreibung ist er wiederum den Vorbildern verpflichtet. Der in seiner Bedeutung umstrittene, gleichwohl in diesem Zusammenhang beliebte *sacer ignis*[16] fehlt bei ihm (187) ebensowenig wie bei Lukrez (6, 1167) und Vergil (*Georg.* 3, 566). Bei der Deutung geht Seneca über seine Vorgänger hinaus. Freilich war auch schon Lukrez weit davon entfernt, dem Wüten der Pest eine Sinngebung zu verleihen. Er konstatierte Götterferne: *nec iam religio divom nec numina magni | pendebantur enim: praesens dolor exsuperabat* (6, 1276–1277). Doch wo Lukrez ‚neutral' beschreibt und Ovid sich am Paradoxen erfreut,[17] wird Seneca zynisch. Zunächst folgt er Ovids Spuren, wenn bei ihm die Kranken wie bei jenem Kühlung suchen,[18] die Pfleger sterben[19] und die Patienten zu den Brunnen eilen;[20] *aliturque sitis latice ingesto* (196) ist ein ovidisches Paradoxon. Dann aber folgt ein eigenes Bild, mit dem Seneca zugleich das Lied beschließt (197–201):

> prostrata iacet turba per aras
> oratque mori: solum hoc faciles
> tribuere dei; delubra petunt,
> 200 haut ut voto numina placent,
> sed iuvat ipsos satiare deos.

Ein religiöser Schluß? Wohl kaum. Äußerlich gesehen ist es ein friedliches Bild: Eine Menschenmenge betet vor den Tempeln zu Göttern. Aber sie erfleht nicht das Leben, sondern den Tod. In dem kultischen Rahmen ist das etwas anderes als die Rede- und Denkweise ‚sich den Tod wünschen'. Die Götter sind gnädig, *faciles* – welch Hohn: weil sie nicht Leben, sondern Tod gewähren! Dementsprechend erhoffen sich die Menschen keine Rettung, sondern betrachten sich willig als Opfer. Sie wenden sich an die Götter „deplorata quidem salutis suæ spe, sed ut Diis exprobrarent crudelitatem."[21] Die Grausamkeit der Götter muß gesättigt werden, und das macht den Menschen Freude: *iuvat ipsos satiare deos*. So sinnlos ist das Leiden, daß die Menschen die Lust am Untergang ergreift. Es ist die *prava voluptas*, die viele senecaische Gestalten erfaßt. Cassandra ruft es aus: *iuvat per ipsos*

---

16 Dazu die Erklärung von Richter 1957, 328.
17 *immoriuntur aquis; aliquis tamen haurit et illas* (*Met.* 7, 571).
18 *dura sed in terra ponunt praecordia, nec fit | corpus humo gelidum* (*Met.* 7, 559–560). Sen. *Oed.* 192–193 erklärt Farnabius 1676, 80: „interius æstuantes refrigerium petunt, marmora amplexantes, et humi strati."
19 *nec moderator adest, inque ipsos saeva medentes | erumpit clades* (*Met.* 7, 561–562).
20 *fontibus et fluviis puteisque capacibus haerent* (*Met.* 7, 568).
21 Farnabius 1676, 80.

ingredi Stygios lacus, | *iuvat videre Tartari saevum canem* | *avidique regna Ditis* (*Ag.* 750–752). Ihr letztes Wort ist: *iam, iam i u v a t vixisse post Troiam, iuvat* (*Ag.* 1011). Es ist Zynismus, daß sich solches Geschehen in einem traditionellen kultischen Rahmen vollzieht, es ist wie in anderen senecaischen Tragödien 'a cult without god'.[22]

II Sprecher

Wer ist der Sprecher des Chorlieds? *Chorus Thebanorum* schreibt der Etruscus, und die modernen Ausgaben wiederholen die Angabe. Im formalen Sinn ist das gewiß richtig und entspricht einerseits der Tradition und wohl andererseits Senecas Intention. Aber kaum hat man den Eindruck, daß hier eine Bühnenperson spricht, jemand, der mitten im Geschehen steht und von ihm betroffen ist. Dies zeigt deutlich ein kurzer Blick auf die Parodos des sophokleischen *Oidipus Tyrannos* (151–215), in der die Vertreter des schwer heimgesuchten Volks von Theben als unmittelbar Geschlagene klagen (168–170):

  ὢ πόποι, ἀνάριθμα γὰρ φέρω
  πήματα· νοσεῖ δέ μοι πρόπας
170 στόλος.

Solche Wendungen wird man in Senecas Gestaltung vergeblich suchen. Bei ihm spricht jemand, der nicht von den Ereignissen tangiert ist, sondern sie aus der Distanz des Beobachters kommentiert, der trotz allen Schicksalsschlägen die Übersicht behält und kühl bis ans Herz hinan die einzelnen Bereiche einer systematischen Schau unterzieht. Dementsprechend erwartet der senecaische Sprecher so wenig eine Hilfe der Götter wie die Personen, die er schildert. Ganz anders der sophokleische Chor: Kaum ein Gott, der nicht um Hilfe angerufen wird. Sinnreich beginnt das Gebet mit Zeus und endet mit Bakchos, dem thebanischen Gott, τᾶσδ' ἐπώνυμον γᾶς (210). Der senecaische Sprecher ruft nur einen Gott an: Bacchus zu Beginn. Doch bittet er ihn um keinerlei Hilfe. Vielmehr hat man den Eindruck, er wolle ihm etwas demonstrieren, ihn auf die Unmöglichkeit der Lage aufmerksam machen: *carpitur leto tuus ille, Bacche,* | *miles, extremos comes usque ad Indos* (113–114). Wenn Müller meint, das erste Chorlied sei „sehr handlungsnah",[23] darf diese Feststellung auf die sophokleische Parodos beschränkt werden. Senecas Lied ist denkbar handlungsfern.

---

22 Lefèvre 1981 / 1982, 32–36 (▸ S. 337–341).
23 (1953) 1972, 382.

Es ist entscheidend zu sehen, daß es sich dabei nicht um die Folge des Fehlens einer metaphysischen Basis in dem römischen Stück handelt, sondern um die spezifische Struktur senecaischer Tragödien überhaupt. Wo in dem griechischen Stück Betroffenheit herrscht, kennt das römische nur Kommentar. Wo das griechische Stück Dynamik hat, zeigt das römische Statik.²⁴

Statik bestimmt aber nicht nur das Lied selbst, sondern den gesamten bisherigen Verlauf des Stücks. Bei Sophokles ist die Exposition auf den ἱερεύς und den König aufgeteilt. In den Reden beider kommt das enge Band, das Oidipus mit dem Volk verbindet, zum Ausdruck. Senecas Oedipus exponiert alles selbst: Er ist monoman. Beim Anblick des Massensterbens denkt er nicht an das Volk, sondern nur an sich. Oidipus hat sozialen Kontakt, Oedipus ist einsam. Selbst Iocasta steht ihm fern. Daß man nicht weiß, wann sie im Prolog ‚auftritt', ist bezeichnend. Sie ist nur Stichwortlieferantin.

Ebensowenig hat der Chor eigenes Gewicht, eigenes ‚Leben'. Man hat nicht den Eindruck, daß in ihm eine Gemeinschaft spricht, zu der Oedipus in Beziehung stünde. Vielmehr wird das, was Oedipus darlegt, bruchlos weitergeführt, intensiviert. Dieses läßt sich schon äußerlich daran erkennen, daß der Chor Themen aufnimmt, die zuvor Oedipus unter demselben Blickwinkel behandelt hat. So begegnet die Beschreibung der Leichenzüge 126–130 bereits in Oedipus' Monolog 59–70. Daß Seneca diese Stellen zusammen gesehen hat, erhellt daraus, daß b e i d e auf dem Hintergrund der ovidischen Pestschilderung zu verstehen sind. *non satis septem patuere portae* (130) spitzt Ovids Formulierung *neque enim capiebant funera portae* (*Met.* 7, 607) zu. Ovids Fortführung (609–610, 613)

                et iam reverentia nulla est,
610   deque rogis pugnant alienisque ignibus ardent.

        nec locus in tumulos, nec sufficit arbor in ignes.

zitiert Oedipus bereits 64–65, 68:

        tum propria flammis corpora alienis cremant;
65   diripitur ignis: nullus est miseris pudor.

        dest terra tumulis, iam rogos silvae negant.

---

24 Ausgezeichnet erklärt Marx 1932, 7 den Unterschied zwischen den beiden Chorliedern: „Der Gegensatz ist deutlich: bei Seneca berichtet der Chor ü b e r die Situation, bei Sophokles ruft er a u s der Situation; dort ist diese Situation Gegenstand einer Beschreibung – hier Objekt eines Tuns in Klage und Bitte. Senecas Chor i s t kein Subjekt – nach diesem Lied: er hat bloß ein S u j e t."

Auch die Schilderung des Chors, daß die Pest selbst die Pflanzenwelt nicht verschont (154–158), hat Oedipus vorweggenommen (49–51):

>   denegat fructum Ceres
> 50   adulta, et altis flava cum spicis tremat,
>   arente culmo sterilis emoritur seges.

Wenn schließlich beim Chor die Hades-Vision unmittelbar folgt (160–179), geht dieser ganz ungewöhnliche Gedanke in Oedipus' Monolog der soeben zitierten Stelle unmittelbar voran: *obtexit arces caelitum ac summas domos | **inferna facies*** (48–49).

Es ist, als klinge im Chor Oedipus' innere Stimme nach, als spinne er die von Oedipus geäußerten Gedanken weiter. Sowenig Iocasta in den Versen 81–86 eine ‚Person' ist, sondern nur Oedipus' innere Gedanken ausspricht, sowenig ist der Chor als ‚Person' anzusprechen. Im Gegensatz zu Sophokles begegnet hier die vollkommene Entpersönlichung des Chors. Seine Stimme könnte in einer modernen Inszenierung über den Lautsprecher kommen, um sinnfällig zu machen, daß sie gleichsam der ‚innere' Monolog des monomanen Oedipus ist. Das Imaginäre der Höllenvision findet dadurch seine Erklärung.

20 Senecas *Oedipus*: Probleme griechischer und römischer Dramaturgie

I Senecaische Dramaturgie —— S. 324
II Prolog: Der monomane Oedipus —— S. 326
III Erstes Chorlied: Ein ‚innerer' Monolog des Oedipus? —— S. 329
IV Creo-Szene: Deutung statt Information —— S. 330
V Statische Dramaturgie —— S. 334

I Senecaische Dramaturgie

Bei dem Bemühen der Lateinischen Philologie, die Eigenständigkeit der römischen Literatur im Verhältnis zu den griechischen Vorbildern zu erweisen, konzentrierte man sich lange auf die Erhellung der römischen Weltanschauung und die Herausstellung römischer Werte, kurz: auf den Gehalt der Werke. Die Frage nach der spezifisch römischen Struktur wurde zunächst nur vereinzelt in den Blick genommen. Eine so vorzügliche Untersuchung wie die von R. Heinze über Vergils epische Technik von 1903[1] gehörte zu den rühmenswerten Ausnahmen. Besonders hilflos stand man dem römischen Drama gegenüber – sowohl Plautus und Terenz als auch Seneca, den einzigen Autoren, von denen vollständige Werke erhalten sind. Schätzte man schon bald den Witz der römischen Komiker, die urwüchsige Kraft und den unvergleichlichen Klang ihrer Sprache, stellte man auf der anderen Seite fest, daß sie die großartige οἰκονομία der griechischen Originale nicht verstanden und nur in mangelhafter Weise wiedergegeben hätten. Bei Seneca setzte man dem Defekt der Struktur nicht einmal das Schätzen des Stils entgegen. Im Gegenteil: Man empfand ihn als rhetorisch aufgebläht und hohl. Natürlich bedauerte man diese Tatbestände, doch machte man nicht den Versuch, nach einer gemeinsamen Wurzel für die auffallende Dramaturgie der römischen Komödien und Tragödien zu suchen. Vielmehr beruhigte man sich mit der einfachen Erklärung des Noch-Nicht und des Nicht-Mehr: Die archaische Literatur habe das Empfinden für strukturelle Ausgewogenheit noch nicht und die kaiserzeitliche Literatur habe es nicht mehr gehabt.

Dennoch bedeutete es für die Seneca-Freunde einen Schock, als O. Regenbogen in seinem berühmten Vortrag über ‚Schmerz und Tod in den Tragödien

---

Dioniso 52, 1981, 243–259 (Università degli Studi, Catania) (Originaltitel: L'*Edipo* di Seneca: Problemi di drammaturgia greca e latina).
1 1903, ³1915.

Senecas' von der ‚Auflösung des Dramenkörpers' sprach[2] und W. H. Friedrich bald darauf in den ‚Untersuchungen zu Senecas dramatischer Technik' herausstellte, daß Senecas Stücke keine organische Szenenentwicklung erkennen ließen, sondern vielfach aus Episoden bestünden, die ihren Zweck in sich trügen.[3] Seit dieser Zeit sah sich die Seneca-Forschung herausgefordert, die Einheit der senecaischen Tragödien auf den verschiedensten Ebenen mit mehr oder weniger Erfolg nachzuweisen. Hinsichtlich des *Oedipus* sei auf die wichtigen Abhandlungen von G. Müller, ‚Senecas Oedipus als Drama',[4] E. Paratore, ‹La Poesia nell'*Oedipus* di Seneca› (die einen Überblick über die ältere Forschung bietet)[5] und W. Schetter, ‚Senecas *Oedipus*-Tragödie'[6] verwiesen. In ihnen ist richtig gesehen, daß die Handlung und die Verknüpfung der Szenen nicht nach den Regeln der attischen Tragödie gemessen werden dürfen und die Einheit des Stücks auf einer anderen Ebene liegt. Stellvertretend sei Müllers Interpretation genannt: „Es fehlt nicht an einer Handlung, nur vollzieht sie sich wesentlich im Bereich der psychischen Entwicklung: von der im Prolog sich aussprechenden Angst, verflucht und verdammt zu sein, ist der Held am Schluß zu der entsetzlichen Gewißheit seines Fluches und seiner Verdammnis gelangt."[7] Hieran ist richtig, daß die Einheit dieser Tragödie – wie die Einheit aller senecaischen Tragödien – nicht auf der Ebene der konkreten Handlung, sondern auf der Ebene des seelischen Geschehens zu suchen ist. Friedrich betonte, in Senecas Stücken müsse „die Phantasie des Rezipierenden das ihrige dazutun, damit die Einheitlichkeit gewahrt bleibt, die sie in der Idee des Schaffenden besaßen."[8]

Somit ist auf Senecas Tragödien ein anderer Begriff der Dramatik anzuwenden als auf seine griechischen Vorbilder. Während diese sowohl bezüglich der äußeren als auch der inneren Handlung dramatisch – das heißt: dynamisch – sind, gilt für Senecas Tragödien, daß sie bezüglich der äußeren Handlung undramatisch – das heißt: statisch –, bezüglich der inneren Handlung dynamisch sind.

In den folgenden Betrachtungen soll noch einen Schritt weitergegangen und gezeigt werden, daß auch die einzelnen Szenen der senecaischen Tragödien, gemessen am traditionellen Maßstab, in sich undramatisch, statisch sind und daß sie ihre Bedeutung ebenso wie die Summe der gesamten Szenen auf der Ebene der inneren Handlung gewinnen. Der Vergleich des *Oedipus* mit dem sophokleischen

---

2 1930, 188 = 1961, 430.
3 1933, bes. 134–136.
4 (1953) 1972, 376–401.
5 1956 (2), 97–132 = 2011, 41–86.
6 (1968) 1972, 402–449.
7 (1953) 1972, 392–393.
8 1933, 136.

Oidipus Tyrannos ist deshalb besonders fruchtbar, weil dieser offenbar das direkte Vorbild für Seneca ist.[9]

II Prolog: Der monomane Oedipus

Bereits die Umsetzung der griechischen Prologszene durch Seneca läßt den charakteristischen Unterschied zwischen griechischer und römischer Dramaturgie erkennen. Sophokles stellt in den ersten 150 Versen eine sowohl äußerlich als auch innerlich bewegte Handlung vor: Der Priester bittet zusammen mit der Jugend Thebens Oidipus um Hilfe gegen das Wüten der Pest und gibt eine Beschreibung der Zustände in der Stadt. Der König drückt seine Verbundenheit mit dem Volk aus und berichtet, daß er bereits den Schwager Kreon nach Delphi geschickt habe, um Apollon um Rat zu fragen. Er erscheint wenig später und meldet die Botschaft des Gottes. Der Priester und die Jugend sind vorerst zufriedengestellt, und Oidipus hat endlich einen Faden in der Hand, den er weiterverfolgen kann. Die Exposition ist vollkommen: Der Zuschauer ist über die Pest, über Oidipus' Verhältnis zu den Untertanen sowie über einen erheblichen Teil der Vorgeschichte umfassend informiert und zugleich auf die weitere Handlung gespannt. Diese statischen Gegebenheiten hat Sophokles in dynamische Handlung umgesetzt. Ihre Entfaltung läßt Schritt für Schritt die Hintergründe deutlich werden.

Seneca dehnt die Szene auf fast die doppelte Länge aus: auf den überdimensionalen Monolog des Oedipus, zu dem am Schluß Iocasta tritt (1–109), und den Dialog zwischen Oedipus und Creo (202–287), der durch ein Chorlied von dem Monolog getrennt ist (110–201). Oedipus' Monolog und Iocastas kurzer Auftritt entsprechen etwa den Versen 1–77 bei Sophokles. Ribbeck beurteilte den Unterschied scharf: „Gleich im Anfange hat sich der römische Rhetor nicht versagen können, den Helden in voller Seelenangst über die ihm verheißenen Greuel vorzuführen, und damit der dramatischen Entwickelung des Charakters und seines Schicksals den Nerv zu durchschneiden. Statt der herrlichen Verhandlung des Königs mit den Hilfeflehenden und ihrem priesterlichen Vertreter schüttet Oedipus in langer pathetischer Rede, die von einem Monolog nicht zu unterscheiden ist, der Jocasta sein sorgenvolles Herz aus, beschreibt die Pest (die Farben zum Teil

---

[9] Ribbeck 1892, 69. Paratore (1956 (2)) 2011, 47 spricht von der «letteraria sudditanza al modello sofocleo». Vgl. Müller (1953) 1972, 377 und 380.

aus den Schilderungen des Priesters und des Chors bei Sophokles entlehnend) und erzählt, wie sich die Sphinx dereinst vor ihm geberdet habe."[10]

Wenn man feststellt, daß bei Seneca die gesamte Exposition von Oedipus selbst gegeben wird, ist doch auf den fundamentalen Unterschied hinzuweisen, daß der römische Dichter etwas ganz anderes als der griechische darstellt. Oidipus und der Priester exponieren das F a k t u m der Pest, Oedipus gibt R e f l e x i o n e n über die Pest. Oidipus exponiert in den ersten 13 Versen den Ort der Handlung Theben, seinen Namen, die allgemeine Stimmung in der Stadt, die Haltung der Bittflehenden sowie sein Angebot, ihnen zu helfen. Oedipus beginnt hingegen mit einem gewaltigen Stimmungsbild, das deutlich macht, daß die Pest kosmische Ausmaße hat (1–5):[11]

>   iam nocte Titan dubius expulsa redit
>   et nube maestum squalida exoritur iubar,
>   lumenque flamma triste luctifica gerens
>   prospiciet avida peste solatas domos,
> 5   stragemque quam nox fecit ostendet dies.

«Orbene, proprio questa indimenticabile impressione iniziale di livida luce, di paesaggio greve e marcido imprime alla tragedia tutto il suo carattere: la poesia dell'*Oedipus* ci si rivela fatta di una particolare atmosfera, poesia di sfondi e di toni che finiscono per permeare di sè tutto il dramma».[12] Man sieht leicht: Sophokles gibt Handlung, Seneca gibt Atmosphäre.

Das ‚Stimmungsbild' in den Versen 1–5 ist Anlaß für Oedipus' beispiellosen Narzißmus. Es folgt eine Reihe von Reflexionen:

>   6–36:   Oedipus' vergangenes und gegenwärtiges Schicksal
>   37–70:   Vergegenwärtigung der Umgebung
>   71–81a: Oedipus' zukünftiges Schicksal
>   81b–109: ‚Dialog' mit Iocasta über richtiges Verhalten.

Schon dieser Überblick lehrt: Die unterschiedliche Dramaturgie bei Sophokles und Seneca spiegelt ein unterschiedliches Menschenbild wider. Für Oidipus stellt sich nur e i n e Konsequenz angesichts der Pest: Er will helfen, ὡς θέλοντος ἄν | ἐμοῦ προσαρκεῖν πᾶν (11–12). Kein Wort davon bei Oedipus! Kein Gedanke an andere Menschen! Jedes Wort ist auf die eigene Person bezogen! Der griechische Oidipus hat sozialen Kontakt; in der Rede des Priesters und der Antwort des Königs zeigt sich dessen Verhältnis zum Volk, es korrespondieren Vertrauen und Für-

---

10 1892, 69.
11 Seneca wird nach Giardina 1966 zitiert.
12 Paratore (1956 (2)) 2011, 64.

sorge. Solche Bindungen sind dem römischen Oedipus gänzlich unbekannt. Er ist grenzenlos monoman. Sein Egoismus hat letztlich nur einen Partner, den Kosmos.[13]

Das ist Oedipus' erster Kommentar zur Pest (6–11):

> quisquamne regno gaudet? o fallax bonum,
> quantum malorum fronte quam blanda tegis!
> ut alta ventos semper excipiunt iuga
> rupemque saxis vasta dirimentem freta
> 10 quamvis quieti verberat fluctus maris,
> imperia sic excelsa Fortunae obiacent.

Oedipus assoziiert nicht: Wie kann ich helfen? Sondern: Was hat die Pest mit mir zu tun? Bei dieser Frage versteht er sich nicht als Individuum, sondern als König, der gemäß der senecaischen Popularphilosophie stets vom Sturz bedroht ist. Man beachte: Hier argumentiert nicht Oedipus in seiner Rolle, sondern Seneca in seiner Philosophie. *quisquamne regno gaudet?* (5) bedeutet nicht: Welche Sorgen hat ein König, um sein Volk zu schützen? Sondern: Welche Sorgen hat ein König, um seinen Thron zu schützen! Als Individuum weiß sich Oedipus unschuldig, als König weiß er sich schuldig: *fecimus caelum nocens* (36). In dieser Erkenntnis gipfelt seine Reflexion darüber (6–36), daß er das *regnum* in Korinth zu vermeiden suchte und daß ihm das *regnum* in Theben von selbst zufiel: *in regnum incidi* (14).

Nach dieser Einsicht schildert Oedipus ausführlich die Pest (37–70): die Übel, die Natur und Vieh treffen, das Leid, das die Menschen trifft. Wenn man erwartet, daß Oedipus nach dieser Vergegenwärtigung der kosmischen Heimsuchung seiner Umgebung irgendwelche Maßnahmen als König oder als Mensch träfe, sieht man sich getäuscht. Oedipus will sich der Verantwortung entziehen (71–74):

> adfusus aris supplices tendo manus
> matura poscens fata, praecurram ut prior
> patriam ruentem neve post omnes cadam
> fiamque regni funus extremum mei.

Dieser Oedipus ist in der Tat nicht in der Lage, an etwas anderes zu denken als an sich selbst. Er bezieht den ganzen Kosmos nur auf sich, einen anderen Partner hat er nicht. Eine Partnerin für ihn ist auch Iocasta nicht. In dem Augenblick, in dem er nach dem Tod die Flucht erwägt, also ein unstoisches Verhalten erkennen läßt (75–81a), wird ihm durch Iocasta die stoische Gegenposition entgegengehalten (81b-86):

---

[13] Lefèvre 1980 (1), 303 (▶ S. 321).

> quid iuvat, coniunx, mala
> gravare questu? regium hoc ipsum reor:
> adversa capere, quoque sit dubius magis
> status et cadentis imperi moles labet,
> 85 hoc stare certo pressius fortem gradu:
> haud est virile terga Fortunae dare.

Wenn Oedipus entgegnen kann, daß er körperliche Feigheit nicht kenne (87–102), wird deutlich, daß er innerlich seinem Schicksal nicht gewachsen ist: *ducunt volentem fata, nolentem trahunt*: Oedipus ist nicht *volens*, sondern *nolens*; für ihn gilt nicht *ducitur*, sondern *trahitur*. Das will der Stoiker Seneca mit aller Deutlichkeit demonstrieren. Ihn interessiert einzig und allein die Hauptgestalt. So wie Oedipus keinen Kontakt mit der Umgebung kennt, hat er auch keinen Dialog mit Iocasta. Man weiß nicht, wann die Königin überhaupt auftritt. Als Individuum ist sie unwichtig. Sie erfüllt eine abstrakte Funktion, indem sie lediglich zur rechten Zeit die stoische Folie zu Oedipus abgeben muß. So ist im Grund der Prolog ein einziger Monolog des gehetzten Helden, der ausschließlich seine persönlichen Probleme exponiert. Daß diese Szene absolut statisch im Vergleich mit der Dynamik der sophokleischen Eingangsszene ist, hat seinen guten Sinn: Gegenüber dem aktiven und sozialen Helden des griechischen Stücks führt Seneca einen passiven und auf die eigene Person konzentrierten Helden vor. Dramaturgie und Sinn der Szene sind in beiden Stücken grundverschieden, doch bilden sie in beiden Stücken eine Einheit.

III Erstes Chorlied: Ein ‚innerer' Monolog des Oedipus?

Auch im Hinblick auf die jeweils folgenden Chorlieder entfalten beide Dichter eine in ihrem Sinn folgerichtige Dramaturgie. Sophokles zeigt Sprecher einer Gemeinschaft, die Kontakt zu den Göttern und Kontakt untereinander haben (151–215). Wenn Oidipus sich mit dem ersten Wort seiner anschließenden Rede an sie wendet – αἰτεῖς (216) –, wird deutlich, daß sie auch Kontakt zu ihrem König haben. Demgegenüber kann eine genaue Interpretation zeigen, daß der senecaische Chor 110–201 nicht den Charakter einer eigenständigen Person hat, sondern vollkommen entpersönlicht ist und wie ein ‚innerer' Monolog der Oedipus-Rede nachklingt:[14] Neben Oedipus hat nichts Bestand.

---

14 Lefèvre 1980 (1), 293–304 (▶ S. 315–323).

IV Creo-Szene: Deutung statt Information

Bisher ist noch nicht Oedipus' Szene mit Creo in den Blick genommen (202–290), die auf den Chor folgt und dem zweiten Teil des sophokleischen Prologs entspricht (80–141). Läßt sich auch bei diesem Dialog, der eine entscheidende neue Information bringt, die These aufrechterhalten, Senecas Szenen seien statisch? Wieder hat Ribbeck scharf beobachtet: „Im Bericht Creons ist die Befragung des delphischen Gottes lyrisch, in trochäischen Tetrametern, aufgeputzt und das Orakel selbst in daktylischen Versen, gleichsam in authentischer Form wiedergegeben: jene Doppelzeilen stürmischer Frage und zurückhaltender Antwort, die wie ferner Donner rollen, sind fortgefallen. Statt des Aufrufs an das Volk bittet Oedipus die Götter, dem Mörder des Laius keine Gnade zu gewähren, und gelobt es selbst. Sehr unpassend wird Creon, der doch nicht dabei gewesen ist, veranlaßt, den Dreiweg, wo das Zusammentreffen stattgefunden hat, umständlich zu beschreiben."[15]

Während der griechische Hörer von Oidipus 69–77 erfährt, daß Kreon nach Delphi geschickt wurde, und daraus auf die Aktivität des Königs schließen kann, erhält der römische diese Mitteilung vom Chor 205.[16] Oedipus wird sozusagen mit Creos Auftreten konfrontiert, er erscheint gegenüber seinem griechischen Vorbild passiv (206–209):

> horrore quatior, fata quo vergant timens,
> trepidumque gemino pectus affectu labat:
> ubi laeta duris mixta in ambiguo iacent,
> incertus animus scire cum cupiat timet.[17]

Diese Verse sind in mehrfacher Hinsicht von Interesse. Erstens: Zwar kann man voraussetzen, daß Oedipus Creo nach Delphi schickte. Aber das wird bezeichnenderweise nicht gesagt. Dieser Oedipus hat nicht die Fäden des Geschehens in der Hand. Die Handlung vollzieht sich nicht mit einer eigengesetzlichen Dynamik, sondern nur im Bezug auf Oedipus. Daher kommt die neue Person erst dann in den Gesichtskreis des Hörers, wenn sie in Oedipus' Bewußtsein tritt. Zweitens: *horrore quatior, fata quo vergant timens:* Oedipus befindet sich auf derselben Bewußtseinsstufe wie in seinem Eingangsmonolog. *horrore quatior* entspricht *magna horreas* (25), *timens* entspricht sowohl *metuas* (26) als auch *expavesco* (27), und die

---

15 1892, 69.
16 Davon ist die Frage unberührt, ob die Verse 202–204 vom Chor oder von Oedipus gesprochen werden.
17 In 207 lese ich mit N. Heinsius, Bentley und Leo *affectu* statt des offenbar verderbt überlieferten (nicht vor Apuleius bezeugten) *afflictu*. Dem entspricht Paratores Übersetzung ‹passione›.

fata entsprechen den *fata* in 28. Alle Stichwörter kehren wieder: Oedipus ist noch immer auf der Flucht vor dem Schicksal. Drittens: Die Verse 208 und 209 lassen eine Eigenart des senecaischen Stils erkennen, die selbstverständlich schon für Oedipus' Monolog gilt, dort aber nicht so auffällig ist wie in einem Dialog: die Neigung, keine Gelegenheit auszulassen, die eigenen oder fremde Gedanken zu glossieren. Oedipus hat einen Affekt (*timor*) bei sich festgestellt und sieht sich veranlaßt, eine Reflexion darüber anzufügen, in welchem Verhältnis dieser Affekt zu einer Situation freudiger Erwartung steht. Freilich hat dies nicht so sehr mit ‚Psychologie' zu tun als vielmehr mit dem Bestreben, in einer gegebenen Situation alle Möglichkeiten der Kommentierung auszuschöpfen.

Die Eingangsverse dieser Szene lehren, daß Oedipus wiederum vollauf mit sich selbst beschäftigt ist. Während Sophokles' Oidipus bei Kreons Auftritt von den leuchtenden Augen des Ankömmlings spricht (λαμπρὸς ὥσπερ ὄμματι, 81), bezieht sich Senecas Oedipus nur auf die eigene Person. Will man die Verse 206–209 als kleinen Monolog bezeichnen, zeigt auch der anschließende Dialog zwei Personen, die unfähig sind, eine **direkte** Sprache zu sprechen (210–216):

```
210   OE. germane nostrae coniugis, fessis opem
      si quam reportas, voce properata edoce.
      CR. responsa dubia sorte perplexa iacent.
      OE. dubiam salutem qui dat adflictis negat.
      CR. ambage flexa Delphico mos est deo
215   arcana tegere. OE. fare, sit dubium licet:
      ambigua soli noscere Oedipodae datur.
```

Der Dialog beginnt mit einer Reihe charakteristischer Glossen. Mit welchem Recht kann Creo sagen, Apollo habe *reponsa dubia* gegeben? Daß der Mörder des vorigen Königs Laius zu bestrafen sei, ist eine absolut klare Forderung, wenn sie auch schwierig zu verwirklichen ist. Deshalb berichtet Kreon bei Sophokles, er habe eine gute Kunde, φάτις ἐσθλή, wenn sie auch in den Bereich des Schwierigen, τὰ δύσφορα, gehöre (87–88). Es ist klar: Seneca will auf den bekannten Charakter Delphischer Orakel anspielen, wie es in 214–215 deutlich ausgesprochen wird. Oedipus müßte nun nach dem Inhalt fragen, wenn es ihm um die Sache ginge. Statt dessen schweift er noch weiter ab und kommentiert den Charakter solcher Orakel *dubiam salutem qui dat adflictis negat*. Auch Creo macht keine Anstalten, zur Sache zu kommen: Ja, sagt er, so ist das in Delphi üblich. Dann fährt Oedipus fort: *fare*, aber nur um zu konstatieren, er sei für die Lösung von *dubia* und *ambigua* zuständig. Wie beziehungsreich (man soll an das Rätsel der Sphinx denken), ja wie witzig! So geistreich der Dialog ist, so sehr entfernt er sich vom Geschehen. Oedipus und Creo könnten ohne Mühe noch weiter glossieren. Vom logischen Standpunkt aus ist der Dialog vollkommen statisch, ja er ist, streng genommen, unlogisch. Oedipus und Creo haben absolut keinen Anlaß, Apollos Auskunft als *responsa dubia* zu bezeichnen. Und doch ist diese Feststellung richtig. Denn man kann sagen: Was Oedipus als gute Auskunft erscheint, ist in Wahrheit eine schlechte, da er ja nicht weiß, daß er selbst der Mörder ist. Das aber heißt: Hier spricht nicht die Person, sondern der Dichter, hier wird nicht eine Handlung (dynamisch) entwickelt, sondern eine Situation (statisch) gedeutet. Nebenbei bemerkt: Es ist bei Seneca Vorsicht geboten, aus einzelnen Äußerungen seiner Personen ein kohärentes Charakterbild zu entwickeln.

Aufschlußreich für die Struktur senecaischer Dialoge ist kurz darauf Creos Ekphrasis, die er auf Oedipus' Frage nach weiteren Einzelheiten gibt: 10 Verse schildern den bekannten Sitz der Pythia (223–232), 6 Verse geben ihre Antwort (233–238) – ein wahrer Mühlstein im fließenden Gewässer des sophokleischen Dialogs! Wiederum Statik statt Dynamik. Und doch trägt Senecas Schilderung ausgezeichnet zur Verdeutlichung seiner Absichten bei: das Furchtbare des Geschehens herauszuheben. Es genüge, einzelne Wörter zu nennen: *horrida* (223), *torpor* (224), *frigidus sanguis* (224), *fremitus* (227), *tremere* (228), *lympha stetit* (229), *horrentes comae* (230), *vastus fragor* (232). Diese Schilderung, die keinerlei Entsprechung bei Sophokles hat, ist nur aus dem Gesamtzusammenhang des Stücks heraus zu verstehen. Es ist deutlich: Senecas Personen sprechen nicht v o n der Sache, sondern ü b e r die Sache.

Das Referat der Pythia-Rede 233–238 zeigt andererseits, daß man die Schrecklichkeit des Geschehens nicht allzu ernst nehmen soll. Die Rede ist derart voller offener und versteckter Anspielungen auf Oedipus als Mörder, daß der Hörer seine wahre Freude daran hat. Er darf sich darüber wundern, daß Oedipus *hospes* nicht auf sich bezieht, obwohl er sich selbst in 80 als solchen bezeichnet hat! Er darf die Anspielungen auf Iocasta und die Kinder, die Oedipus nicht verstehen kann, mit Genuß auflösen: Die Doppeldeutigkeit ist nicht furchtbar, sondern pointiert. Auch hier wird nicht für die Personen, sondern für die Hörer berichtet, auch hier spricht nicht eine Person, sondern der Dichter.

Mit Creos Rede ist der ‚Dialog' vollends auf eine handlungsferne, abstrakte Ebene verlagert. Es ist deshalb nicht verwunderlich, daß Oedipus darauf mit einem Kommentar reagiert, der nicht auf die Handlung, sondern auf Laius und sein Königtum Bezug nimmt (239–243):

> quod facere monitu caelitum iussus paro,
> 240 functi cineribus r e g i s hoc decuit dari,
> ne s a n c t a quisquam s c e p t r a violaret dolo.
> r e g i tuenda maxime r e g u m est salus:
> queritur peremptum nemo quem incolumem timet.

Senecas Oedipus bleibt sich treu: Nicht das Volk ist ihm Verpflichtung, sondern seine Person und sein Stand. Auch Sophokles' Oidipus ist ein solcher Gedanke im Prinzip nicht fremd (139–141), doch steht bei ihm die Intention, vor allem dem Land zu helfen (σύμμαχον | γῇ τῇδε, 135–136), an erster Stelle. Diese Erwägung kommt Senecas Oedipus nicht in den Sinn. Creo hat noch die Gelegenheit, in zwei Versen von der Sphinx zu sprechen (244, 246) – dann ist es mit dem Dialog endgültig vorbei: Oedipus hält einen Monolog von 29 Versen (247–275), Creo liefert seine zweite Ekphrasis von 12 Versen ab (276–287). Man hört gar nicht mehr aufeinander hin.

Von Oedipus' Rede stellen die Verse 248–273 nichts weiter dar als die Verfluchung des Mörders – wie der Hörer weiß, eine Selbstverfluchung. Eine solche bringt auch Sophokles in der späteren Szene 236–251. Doch welch Unterschied! Erstens: Oidipus nennt in diesem Zusammenhang keinen Gott. Oedipus zitiert sogleich einen ganzen Katalog von Göttern – wer auch immer ihn erhöre: Iupiter (249), Sol (250–252), Luna (253–254), Neptunus (254–255) und Pluto (256). Das ist eine interessante Reihe. Sie hat nichts mit einer Rangordnung zu tun, denn dann gehörten Sol und Luna nicht hinein. Vielmehr beschwört Oedipus – besser: Seneca – in akademischer Weise das Weltall systematisch von oben nach unten. Hier ist Oedipus wahrhaft in seinem Element – eine kosmische Aufgabe für Oedipus Annaeanus! Das übersteigerte Pathos ist nicht leer, sondern eingebunden in Senecas kosmisches Menschenbild. Zweitens: Es versteht sich, daß Oedipus' folgende (Selbst-)Verfluchung auf diesem Hintergrund besonders betont ist. In der Länge (257–273) entspricht sie dem griechischen Vorbild (236–251), doch ist sie wiederum in charakteristischer Weise von ihm verschieden. Es ist weder wie bei Sophokles von Apollo noch von der Gemeinschaft oder dem göttlichen Auftrag die Rede, sondern alles auf Oedipus selbst sowie einerseits auf seine wirklichen (260–263), andererseits auf seine vermeintlichen Verwandten (270–273) bezogen. Doch spricht die Monomanie nicht so sehr das Gefühl als vielmehr den Verstand des Hörers an. Das zeigt die ‚tragische Ironie' in 260–263:

> 260 thalamis pudendis doleat et prole impia;
> hic et parentem dextera perimat sua,
> faciatque (num quid gravius optari potest?)
> quidquid ego fugi – non erit veniae locus.

Auch Sophokles kennt die ‚tragische Ironie', doch verwendet er sie sparsam (z. B. 105). Bei ihm wirkt die Doppeldeutigkeit furchtbar, bei Seneca ist sie ein Kitzel für den Intellekt.

Dasselbe gilt für Creos abschließende Ekphrasis von dem Dreiweg (276–287). Bei Sophokles genügen zwei Verse über die σχιστὴ ὁδός (733–734), um die Katastrophe auszulösen, daß Oidipus alles durchschaut. Bei Seneca ist eine ausführliche Schilderung von 12 Versen nicht genug – Oedipus reagiert nicht mit einem einzigen Wort auf sie. Deutlicher kann Seneca nicht demonstrieren, daß sein monomaner Oedipus unfähig ist, auf die Umgebung zu hören. Das ist der Grund, warum ein echter Dialog nicht zustande kommt: Oedipus bewegt sich ausschließlich in dem Netz der eigenen Gedanken, ihm ist weder Iocasta in der ersten noch Creo in der zweiten Szene ein Partner. Dieser Oedipus ist – wie Senecas Personen überhaupt – ein antiker Vorläufer moderner ‹incomunicabilità›. Deshalb ist sowohl das erste Chorlied als auch die Creoszene im Grund eine Fortführung des Eingangsmonologs.

Ein anderes Beispiel für das bei Oedipus zu beobachtende Verhalten ist Medea. Auch sie hat keinen Partner, auch sie ist monoman. Das hat für das Verhältnis zu Iason W.-L. Liebermann gut gezeigt: „Der griechische Dichter führt einen Agon vor (s. Eur. Med. 522 ff., 546), mit gleichwertigen Partnern, in dem beide ihr Recht haben und es vertreten. Das ist konstitutiv für die euripideische Tragödie und ihre Form von Tragik. Bei Seneca ist dagegen – schon äußerlich – Iasons Part verkümmert, er ist kein eigentlicher Gegenspieler für Medea, auf die sich hier nahezu ausschließlich das Interesse richtet. Sie erdrückt alles; ihr Versuch der Selbstverwirklichung wird vorgeführt."[18]

V Statische Dramaturgie

In Senecas Tragödien gibt es keine dynamische Handlungsentwicklung. Corsaro hat richtig betont, daß in ihnen «manca la 'suspense' dell'incertezza, che tende a soddisfare progressivamente la curiosità dello spettatore (o lettore); v'è, al suo posto, la 'suspense' dell'anticipazione, per cui lo spettatore conosce in qualque modo, sin dall'inizio, la conclusione degli eventi».[19] Deshalb besteht der *Oedipus*, wie die Forschung zu Recht betont hat, aus einer Reihe von Einzelszenen. Seine Dramaturgie ist ‚statisch'. Hier sollte gezeigt werden, daß dieses auch für den Aufbau der einzelnen Szenen selbst gilt. Führt Sophokles ein δρᾶμα vor, in dem die Handlung ‚läuft', dynamisch ist, zeichnet Seneca ein – statisches – Gemälde, das sich aus einzelnen Partien zusammensetzt und doch auch in seiner Weise ein höchst lebendiges Ganzes bildet. Sophokles' Stück umfaßt 1530, Senecas 1061 Verse. Aus ihrer wesentlich unterschiedlichen Dramaturgie ist Paratores Eindruck zu erklären: «chiunque legga le due tragedie senza fare l'attento computo dei

---
18 1974, 185–186.
19 1978 / 1979, 326 Anm. 78.

versi, ha l'impressione che quella di Sofocle, tutta tesa allo scioglimento del nodo, sia molto piu asciutta e stringata, e quella di Seneca, aduggiata com'è dalle scene tenebrose e reboanti, sia più prolissa».[20]

---

20 (1956 (2)) 2011, 63.

21 Kult ohne Gott
oder
Die Unfreiheit der Freiheit in Senecas Tragödien*

I Mensch und Gott —— S. 336
II Kult ohne Gott —— S. 338
III Unfreiheit der Freiheit —— S. 341

Kein Volk ist nach Cicero so gesittet oder so unzivilisiert, welches nicht weiß, daß man auch dann eine Gottesvorstellung haben muß, wenn man in Unkenntnis darüber ist, welcher Art sie zu sein hat, *nulla gens est neque tam mansueta neque tam fera, quae non etiamsi ignoret qualem haberi deum deceat, tamen habendum sciat.*[1]

I Mensch und Gott

Nach der Vorstellung der Stoiker ist die Welt von der Gottheit durchwaltet, nichts geschieht ohne sie, weder auf der Erde noch im Himmel noch im Meer, wie es in Kleanthes' Zeus-Hymnos heißt:[2]

> οὐδέ τι γίνεται ἔργον ἐπὶ χθονὶ σοῦ δίχα, δαῖμον,
> οὔτε κατ' αἰθέριον θεῖον πόλον οὔτ' ἐνὶ πόντῳ.

Daher ist es selbstverständlich, daß sich der stoisch Gebildete willig der Gottheit anvertraut und im Lauf der Welt die alles bestimmende Vorsehung erkennt. ‚Führe du mich, Zeus, und du, Schicksal, wohin ihr mich bestimmt habt; ich folge ohne Zögern', betet Kleanthes:[3]

Classical Journal 77, 1981 / 1982, 32–36 (Originaltitel: 'A Cult without God or The Unfreedom of Freedom in Seneca Tragicus').

* Die Ausführungen geben einen Vortrag wieder, der am 29. Dezember 1978 bei dem jährlichen Treffen der American Philological Association in Vancouver gehalten wurde. Professor William Calder III und dem Editorial Staff des Classical Journal werden wertvolle Hinweise verdankt.

1 *De Leg.* 1, 24.
2 SVF I 537.
3 SVF I 527.

ἄγου δέ μ', ὦ Ζεῦ, καὶ σύ γ', ἡ Πεπρωμένη,
ὅποι ποθ' ὑμῖν εἰμὶ διατεταγμένος·
ὡς ἕψομαί γ' ἄοκνος.

Freilich begegnen dem Weisen auch Übel in der Welt, obwohl es eine Vorsehung gibt. Senecas Schrift *De providentia* hat dieses Thema: *quare aliqua incommoda bonis viris accidant cum providentia sit*. Aber der Gute weiß, daß es die Gottheit gut mit ihm meint und nicht will, daß er erschlafft; sie gibt ihm die Chance, sich immerfort zu bewähren: *omnia adversa exercitationes putat*.[4] Deswegen gehorcht er nicht Gott, sondern stimmt ihm freiwillig zu: *non pareo deo sed adsentior; ex animo illum, non quia necesse est, sequor*.[5]

In solchen Situationen kann der Mensch zu heroischer Größe wachsen. Es versteht sich, daß Seneca dieses Thema eher in seinen Tragödien als in den Philosophischen Schriften zu anschaulicher Darstellung bringen konnte. Die griechische Tragödie stellte ihm einen unerschöpflichen Vorrat an Stoffen bereit, in denen sich der Mensch gegen ein unverhofftes, ja widriges Schicksal behaupten mußte. In seinem Werk bildete sich jedoch ein verwaschen-dehnbarer Fortuna-Begriff heraus, der im Grund weder der attischen Tragödie noch der stoischen Vorstellung entsprach. Es liegt auf der Hand, daß er nicht weltanschaulich interpretiert werden darf, sondern seine Funktion entweder nur als Kontrapart zum Wollen des Menschen erhält oder populärer Anschauung entspricht. Daß es stoischer Tradition gemäß ist, das Sich-Behaupten des Menschen in der attischen Tragödie als vorbildlich zu empfinden, lehrt der Umstand, daß Kleanthes in dem zitierten Fragment 527 die Worte aufnimmt, mit denen Polyxena in Euripides' *Hekabe* sich ihrem Schicksal freiwillig unterwirft: ‚Ich werde folgen, weil es notwendig ist und weil ich sterben w i l l; wenn ich es aber nicht wollte, erwiese ich mich als Frau, die feige ist und am Leben hängt' (346–348):

ὡς ἕψομαί γε τοῦ τ' ἀναγκαίου χάριν
θανεῖν τε χρῄζουσ'· εἰ δὲ μὴ βουλήσομαι,
κακὴ φανοῦμαι καὶ φιλόψυχος γυνή.

Kleanthes: ‚Ich werde ohne Zaudern folgen; wenn ich aber nicht will, werde ich feige sein und dennoch folgen':

ὡς ἕψομαί γ' ἄοκνος· ἢν δέ γε μὴ θέλω,
κακὸς γενόμενος οὐδὲν ἧττον ἕψομαι.

---

4 *De Prov.* 2, 2.
5 *Epist.* 96, 2.

Seneca liebt solche Gestalten, die ihr Schicksal willig auf sich nehmen. Wenn der Mensch am wenigsten zu verlieren hat, ist er am freiesten. So sagt Cassandra im Angesicht des äußeren Zwangs: *libertas adest* (*Ag.* 796), denn "the paradox is that only the slave is free", wie William Calder III bemerkt.[6]

II Kult ohne Gott

Doch weitaus größere Aufmerksamkeit widmete Seneca den Personen, die aus der sinnvollen Ordnung der Welt herausgetreten sind und für die zugleich mit der Leugnung sittlicher Werte die göttliche Macht an Gültigkeit verloren hat. Auf sie trifft das Wort des Chors aus dem *Thyestes*, daß göttliches Recht nicht mehr gelte (*fas valuit nihil*, 138), ebenso zu wie Thyestes' Einsicht, daß die Götter die Flucht ergriffen hätten (*fugere superi*, 1021):[7] Es ist eine Welt ohne Gott, die Senecas Tragödie über weite Strecken widerspiegelt.

Es stellt zweifellos den Gipfel des Zynismus und damit die äußerste Zuspitzung einer Weltdeutung dar, wenn sich das Handeln dieser Personen nach ihrem eigenen Selbstverständnis in den Formen kultischer Handlungen vollzieht. ‚Ich beurlaube die Götter' (*dimitto superos*, 888), sagt Atreus und tritt selbst an ihre Stelle. In diesem Sinn beschreibt Seneca in den *Troades* die Opferungen von Polyxena und Astyanax als kultische Akte, obschon kein Zweifel daran gelassen wird, daß es im höchsten Grad gottlose Handlungen sind. Der entscheidende Unterschied zwischen dem hauptsächlichen Vorbild für die Polyxena-Handlung, Euripides' *Hekabe*,[8] und Senecas Gestaltung ist darin zu sehen, daß bei Euripides sogar Hekabe Verständnis für den Beschluß der Griechen aufbringt und empfindet, „daß diese nicht aus Grausamkeit, sondern aus einem Zwang heraus handeln".[9] Demgegenüber wird bei Seneca von Anfang an das Gottlose und Verbrecherische der Handlungsweise der Griechen betont: Wie schon Priamus' Tod ein *nefas* ist (44, 48), ist auch Polyxenas Opferung ein verbrecherischer Mord (*caedes dira*, 255), ein *scelus* (1129). Dadurch daß Euripides die Berechtigung der Opferung nicht diskutiert,[10] wird sie als kultischer Akt akzeptiert. Dadurch daß Seneca die Berechtigung der Opferung bestreitet, wird sie als gottloser Akt abgelehnt. Es ist das Schneidende und Zynische der senecaischen Konzeption, daß in ihr gleichwohl die kultischen Formen beibehalten werden: Ein Kult ohne Gott.

---

6 1976, 34 = 2005, 347.
7 Vgl. *Med.* 1026–1027.
8 Zur Quellenfrage Calder III 1966, 551–559; 1970, 75–82 = 2005, 387–401.
9 Pohlenz 1954, I, 281.
10 Pohlenz, 1954, I, 282.

Gegenüber Euripides begegnet bei Seneca die Pointe, daß Polyxena dem toten Achilles als Braut geopfert wird und die Hochzeitsriten streng eingehalten sind: In dem Schmuck, den thessalische, jonische oder mykenische Bräute zu tragen pflegen, soll Pyrrhus dem Vater die Gattin übergeben (*quo iugari Thessalae cultu solent | Ionidesve vel Mycenaeae nurus, | Pyrrhus parenti coniugem tradat suo*, 362– 364). Die Hochzeit, das heißt: der Mord wird *rite* vollzogen (365). Agamemnon will es nicht dulden, daß das gräßliche Verbrechen Hochzeit heiße (*facinus atrox caedis ut thalamos vocent*, 289), doch vergeblich. Nach Art einer wirklichen Hochzeit geht die Schlachtung vor sich (*thalami more*, 1132), indem Fackeln vorweggetragen werden und Helena als Brautführerin fungiert (*pronuba*, 1133), worin zweifellos ‚etwas Raffiniertes' liegt.[11] Der Mord hat seine ‚Ordnung' (*hic ordo sacri*, 1162). Senecas Sicht ist toto coelo von Euripides verschieden. Während in dem griechischen Stück Neoptolemos die Opferung Polyxenas vollzieht, Priester ist (ἱερεύς, 224), vindiziert sich in der römischen Gestaltung bei der Opferung des Hector-Sohns Astyanax ausgerechnet der Ränkeschmied und Urheber des Frevels Ulixes (*machinator fraudis et scelerum artifex*, 750) die Rolle des Priesters: ‚Er spricht die Worte und Gebete des weissagenden Priesters und ruft die wilden Götter zum Opfer' (*verba fatidici et preces | concipit Ulixes vatis et saevos ciet | ad sacra superos*, 1100–1102). Trevet spürte die schneidende Hohlheit der Formulierung, wenn er *ad sacra* kommentierte: „id est ad execrabilia".[12] Es handelt sich um die Worte dessen, dem Andromacha – das ist wohl auch die Interpretation Senecas – vorwirft, daß er die ‚unschuldigen' Götter bei seinem eigenen Verbrechen vorschütze (*vatem et insontes deos | praetendis? hoc est pectoris facinus tui*, 753–754).[13]

Ebenso ist im *Thyestes* von Anfang an klar, daß die Tötung der Kinder durch Atreus das höchste Verbrechen bedeutet. Er selbst verbannt aus seiner Welt jedes Empfinden für menschliches und göttliches Recht, wenn er ausruft: *excede, Pietas!* (249). Doch ist ihm die Rache so ‚heilig', daß er die Schlachtung in den strengsten Formen eines Opfers vornimmt – wiederum ein Kult ohne Gott. Das zeigt schon der äußere Rahmen. In wörtlicher Anspielung wird Atreus' Palast nach dem des vergilischen Latinus geschildert (*Aen.* 7, 170–191). Bei Vergil ist es ein wahrhaft heiliger Bau, frommen Schauder erregend durch die Religion der Väter (*horrendum [...] religione parentum*, 172), in dem die *sacrae epulae* stattfanden (174–175), gestaltet nach dem Vorbild des Iupiter-Tempels auf dem Kapitol,[14] des religiösen Herzens des römischen Reichs. In eben dieser Szenerie, in der *arcana regio* (650),

---

[11] Ribbeck 1892, 62.
[12] Trevet 1977, 77.
[13] Zum *fatum* in den *Troades* Schetter 1965, 412 Anm. 1 = 1972, 250 Anm. 30.
[14] Fordyce 1977, 96.

läßt Seneca in schneidendem Hohn Atreus, den ‚Titan des Bösen',[15] agieren. Bezeichnenderweise fügt er an die ‚vergilische' Beschreibung einen Vergleich des Hains mit der Unterwelt an (666–667), verläßt aber bald die Form des Vergleichs und stellt in direkter Deutung fest: ‚Nacht lastet im Hain, und ängstliche Scheu vor den Unterirdischen herrscht mitten am Tag', *nox propria luco est et superstitio inferum | in luce media regnat* (678–679). Kein Zweifel: Dieser Ort i s t die Hölle.

Die Götter haben diese Welt verlassen, doch ihre Stellvertreter agieren, als wären sie noch da. Wenn bei Vergil die Elfenbeinbilder der Götter anläßlich der Ermordung Caesars weinen, *maestum inlacrimat templis ebur*,[16] nimmt Seneca das bei Atreus' Freveltat auf: *flevit in templis ebur* (702). Welche Pervertierung der Welt Vergils! Atreus selbst ist der Priester, er selbst singt mit gewaltiger Stimme das Todeslied, *ipse est sacerdos, ipse funesta prece | letale carmen ore violento canit* (691–692). Bei der Schlachtung beachtet er peinlichst die Opferriten: *nulla pars sacri perit* (695). ‚Die gesamte Zeremonie wird eingehalten, damit ein solches Verbrechen nicht ohne Ritus vor sich gehe': *servatur omnis ordo, ne tantum nefas | non rite fiat* (689–690). Hier prallt der aberwitzige Gegensatz zwischen Verbrechen und Kult, *nefas* und *rite*, unmittelbar aufeinander und geht eine unheilige Allianz ein. Daß der Kult keinen Sinn hat, sondern pures Vergnügen darin liegt, das Verbrechen ‚ordentlich' durchzuführen, wird deutlich gesagt: *nec interest, sed […] saevum scelus | iuvat ordinare* (715–716). Das ist die Ästhetisierung des Terrors, das ist die scheinbare Sinngebung des Sinnlosen.

Es steht außer Frage, daß Atreus das Opfer sich selbst, seiner *ira*, darbringt. Vor der Schlachtung, heißt es, sind die Kinder seinem Zorn verfallen: *capita devota impiae | […] irae* (712–713). Das trifft auch auf Medea zu, die nach der Tötung des zweiten Sohns in einer Apostrophe an ihren Schmerz konstatiert, mehr habe sie nicht, was sie ihm opfern könne: *plura non habui, dolor, | quae tibi litarem* (1019–1020). Das ist keine beiläufige, sondern eine im höchsten Maß charakteristische Äußerung aus stoischer Sicht. Ein Vergleich des Schlusses der *Medea* mit dem der *Aeneis* zeigt abermals, wie sehr die vergilische Wertordnung bei Seneca auf den Kopf gestellt ist. Aeneas ‚opfert' Turnus dem von ihm getöteten Pallas: *Pallas te hoc vulnere, Pallas | immolat* (12, 948–949). Die Tötung wird damit der ‚Sphäre des Sakralen' zugewiesen. „Aeneas handelt also gewissermaßen nur stellvertretend, als ‚Priester'".[17] Aeneas, Atreus und Medea opfern einer höheren Instanz, doch weicht bei Seneca die Sphäre des Sakralen der des Privaten. Wenn die Kinder das Opfer sind, sind *ira* und *dolor* die Gottheit, die im Innern des Menschen wohnt.

---

[15] Knoche 1941, 69 = 1972, 481.
[16] *Georg.* 1, 480.
[17] v. Albrecht 1970, 4.

Eben das ist die Pervertierung der stoischen Philosophie, nach der im Menschen der göttliche λόγος wohnt. Ihn zeichnet vor anderen Wesen der Verkehr mit Gott durch den λόγος aus, ἡ συναναστροφὴ κατὰ τὸν λόγον.[18] So schreibt Seneca an Lucilius, Gott sei ihm nahe, sei mit ihm, ja wohne in ihm: *prope est a te deus, tecum est, intus est.*[19] Der Weise lebt mit den Göttern auf einer Stufe: *cum dis ex pari vivit.*[20] Medeas Gott aber ist der *dolor*, ihr Führer die *ira*; ‚Zorn, wohin du mich führst, folge ich dir', *ira, qua ducis, sequor* (953). Sie ist, wie Atreus, den psychologischen Konstanten ihres Innern unterworfen. Doch man hat nicht den Eindruck, daß diese mit der *ratio* in Widerstreit liegen. Vielmehr verselbständigen sich die Affekte und beherrschen den Menschen. Er hat ihnen in seiner Hilflosigkeit nichts entgegenzusetzen. Senecas Personen erschienen August Wilhelm von Schlegel als ‚riesenhafte unförmliche Marionetten'.[21]

III Unfreiheit der Freiheit

Das ist das Paradox der Philosophie Senecas: Wer Gott anerkennt und sich ihm unterwirft, ist in Wahrheit frei. Das ist das Paradox der Tragödien Senecas: Wer Gott nicht anerkennt und sich selbst zum Gott erhebt, ist in Wahrheit unfrei. Er ist ein Beispiel für die Unfreiheit der Freiheit. Wie sagte Goethe?[22]

> Was der Mensch als Gott verehrt,
> Ist sein eigenstes Innere herausgekehrt.

---

18 Epikt. *Diatr.* 1, 9.
19 *Epist.* 41, 1.
20 *Epist.* 59, 14.
21 15. *Vorlesung über dramatische Kunst und Litteratur*, 1809.
22 *Zahme Xenien*, 4. Buch, 1827.

22 Die politische Bedeutung der römischen Tragödie und Senecas *Oedipus**

I Republikanische Tragödie —— S. 343
II Augusteische Tragödie —— S. 346
III Kaiserzeitliche Tragödie —— S. 346
IV Senecas *Oedipus* —— S. 349
   1 Iocastas Ende —— S. 349
   2 Oedipus als Muttermörder —— S. 352
   3 Oedipus als Mutterschänder —— S. 353
   4 Oedipus als Vatermörder —— S. 354
   5 Oedipus als Herrscher —— S. 357
   6 Senecas Publikum —— S. 358
V *Oedipus* und *Octavia* —— S. 360

In den verschiedenen Nationalliteraturen stellt die Tragödie in der Regel ein Genos dar, das in klassischen Epochen anzutreffen ist, wie es im Athen des 5. und im Deutschland des 18. und 19. Jahrhunderts der Fall ist. Demzufolge spricht sich in ihr die jeweilige Kultur zumeist auf dem Höhepunkt ihrer geistigen Bewußtwerdung aus. In Rom liegt hingegen der vom literarhistorischen Standpunkt aus auffallende Umstand vor, daß die reife Gattung der Tragödie bereits am Anfang der Literatur mit vollem Gewicht auftritt. Als nach dem Ende des Ersten Punischen Kriegs ab 240 v.Chr. auch Tragödien – nach griechischem Vorbild – zur Aufführung kamen, standen die Initiatoren vor dem schwierigen Problem, einem bis dahin vorwiegend an Possen gewöhnten Publikum diese anspruchsvolle Gattung interessant machen zu müssen. Schon die beiden ersten Dichter, der aus Unteritalien stammende Livius Andronicus und der Kampaner Gnaeus Naevius, haben, wie es scheint, den Charakter der römischen Tragödie für Jahrhunderte geprägt.

ANRW II, 32 / 2, 1985, 1242–1262 (de Gruyter, Berlin / New York).

* Die nachfolgenden Ausführungen geben einen Vortrag wieder, der im Oktober 1980 an den Universiäten Santa Barbara, Stanford, Berkeley, Bloomingten, Columbus und Toronto gehalten wurde. Hinweise der Kollegen wurden dankbar berücksichtigt. Insbesondere ist Professor Elaine Fantham (Toronto) und Professor Richard J. Tarrant (Harvard) für förderliche Durchsicht zu danken. – Zu neuerer Literatur über die hier vertretene These ▶ S. 613–614.

I Republikanische Tragödie

Daß die Römer auf der tragischen Bühne von Anfang an eigenständige Ziele verfolgt haben,[1] lehrt deutlich die von Naevius geschaffene Gattung der Praetexta.[2] Wenn in ihr Stoffe der sagenhaften Frühzeit auf die Bühne gebracht wurden – etwa in Naevius' *Romulus* oder Ennius' *Sabinae* –, handelte es sich für das Selbstverständnis der Römer um historische Ereignisse wie in den Prätexten, deren Stoffe der Zeitgeschichte verpflichtet waren – etwa in Ennius' *Ambracia* oder Pacuvius' *Paullus*. Schon eine Übersicht über die erhaltenen Titel zeigt, daß die Gattung einen panegyrischen Charakter hatte. Ennius' beide Stücke können das veranschaulichen. Hersilias Rede aus den *Sabinae* hat in späteren Darstellungen Reflexe hinterlassen,[3] wie bei Ovids Hersilia:[4]

> o pariter raptae, quoniam hoc commune tenemus,
>   non ultra lente possumus esse p i a e .
> stant acies, sed utra di sint pro parte rogandi,
>   eligite! hinc coniunx, hinc pater arma tenet.
> quaerendum est, viduae fieri malimus an orbae:
>   c o n s i l i u m vobis forte p i u m que dabo.

F. Bömer übersetzt *piae:* ‚in den Pflichten zu den Unsrigen' und *consilium pium:* ein Vorschlag, der ‚uns [...] unsere Pflicht (dem Manne und dem Vater gegenüber) tun läßt'.[5] Die Annahme ist naheliegend, daß schon bei Ennius die römische Tugend der *pietas* verherrlicht wurde. Mit der *Ambracia* trat neben den Preis der Gemeinschaft der Preis des Einzelnen, da Ennius in ihr die Siegestat des Gönners Marcus Fulvius Nobilior darstellte. F. Leo vermutete, daß Ennius sehr wahrscheinlich an der „Vergrößerung der Taten seines Protektors", wie sie auch in der annalistischen Überlieferung vorlag, beteiligt gewesen sei.[6] Nach O. Ribbeck[7] und E. H. Warmington[8] beziehen sich die Worte von Aurelius Victor, *De viris illustribus* 52 über die Eroberung Ambrakias auf Ennius' Darstellung in der Praetexta, nicht auf die der *Annales: quam victoriam per se magnificam Q. Ennius amicus eius* (sc. *Fulvii Nobilioris) insigni laude celebravit*.

---

1 Zu Kapitel I Lefèvre 1978 (2), 8–16 (▸ S. 24–30).
2 Zur Praetexta: Zorzetti 1980; Zehnacker 1983, 31–48.
3 Ribbeck 1875, 206 Anm. 286.
4 *Fast.* 3, 207–212.
5 1957, 145.
6 1913, 159.
7 1875, 210 Anm. 297.
8 1961, 359.

Nicht minder entscheidend als Naevius' Schöpfung der Praetexta war der Schritt, den Livius Andronicus getan hatte, um der mythologischen Tragödie in Rom ein Heimatrecht zu sichern. Ohne Frage war er es, der ihren Stoff durch Herausstellung aitiologischer Tendenzen dem historischen Sinn der Römer nahebrachte. Die trojanische Abstammung des römischen Volks war nicht nur seit alters ein beliebtes Postulat,[9] sondern im 3. Jahrhundert, als Livius dichtete, auch ein politisches Argument.[10] Es ist daher nicht verwunderlich, daß Livius vorwiegend auf Stoffe aus dem Troia-Mythos zurückgriff: *Achilles*, *Aiax*, *Equos Troianus*. Auch die Fortsetzung desselben mußte Anklang finden: *Aegisthus*, *Hermiona* und vielleicht *Teucer*. Es ist bekannt, daß die späteren Tragödiendichter Livius hierin gefolgt sind. Doch verstand es der geniale Archeget der römischen Literatur, die griechischen Stoffe noch enger mit Rom zu verknüpfen, indem er die aitiologischen Bemühungen der Römer, griechische Helden mit Italien, Latium und sogar Rom in Verbindung zu bringen, nutzte. So schrieb er – wie nach ihm Naevius – eine *Danae*. Über die griechische Königstochter, auf die Vergils Turnus seine Abstammung zurückführte (*Aen.* 7, 371–372), wußte Servius zu berichten: *Danae, Acrisii regis Argivorum filia, postquam est a Iove vitiata, pater eam intra arcam inclusam praecipitavit in mare. quae delata ad Italiam, inventa est a piscatore cum Perseo, quem illic enixa fuerat, et oblata regi, qui eam sibi fecit uxorem, cum qua etiam Ardeam condidit: a quibus Turnum vult originem ducere* (*Aen.* 7, 372).[11] Der bedeutendste aus dem Osten nach Rom gelangte Held war Aeneas.

Es mag auf den ersten Blick verwundern, daß die Römer mit besonderer Vorliebe den Atridenstoff, zumal die Ereignisse um die cena Thyestea, rezipierten.[12] Doch lehrt eine kostbare Notiz bei Servius auctus den aitiologischen Bezugspunkt auch in diesem Fall verstehen; dort wird über Euanders Abstammung berichtet und angemerkt: *quod Accius in Atreo plenius refert* (*Aen.* 8, 130). Offenbar empfand noch Accius, der letzte bedeutende Tragiker der republikanischen Zeit, die Notwendigkeit, den Atridenstoff dadurch den Zuschauern interessant zu machen, daß er die Verwandtschaft von Atreus und Euander hervorhob,[13] deren gemeinsame Urgroßeltern Atlas und Asterope waren.[14]

Aitiologie bedeutete Panegyrik. Denn durch die Usurpation der griechischen Mythen wurde die römische ‚Frühgeschichte' um etliche Generationen nach oben

---

9 Bömer 1951; Alföldi 1957.
10 Weber 1972, 213–225.
11 Vgl. *Aen.* 7, 409–414.
12 Lana 1959, 293–385; La Penna 1979, 127–141.
13 Nach Ribbeck 1875, 448 und Warmington II, 381 benutzte Accius den Prolog dazu.
14 Lefèvre 1976, 36 mit Anm. 143 (▶ S. 194).

verlängert. Und Panegyrik bedeutete letztlich Politik. Praetexta und mythologische Tragödie verdankten ihre Entstehung und Entwicklung in Rom weitgehend derselben Denkweise. Sie behielten diesen Charakter bis zum Ausgang der republikanischen Epoche bei. Ein bizarres Beispiel für die Gattung der Praetexta ist das *Iter*[15] von Lucius Cornelius Balbus, der in einem eigenen Stück seine gescheiterte diplomatische Mission des Jahres 49 darstellte und bei der Aufführung, wie Asinius Pollio berichtet,[16] von Tränen der Rührung überwältigt wurde: *cum ageretur, flevit memoria rerum gestarum commotus.*[17]

Bevor die späteren Epochen der Tragödie in Betracht gezogen werden, mögen drei Beispiele politischer Rezeption der älteren Tragödie deutlich machen, daß die Gattung ihren politischen Charakter behielt: Bei Wiederaufführungen konnte den alten Stücken vielfach ein neuer – politischer – Sinn unterlegt werden. So berichtet Cicero in der Rede *Pro Sestio*, wie der bekannte Schauspieler Aesopus das Canticum des Eurysaces aus Accius' *Eurysaces*, in dem er für den verbannten Telamo eintrat, zu einem flammenden Aufruf für den verbannten Cicero umfunktionierte. Es genügt, den Schluß der ausführlichen Darlegung zu zitieren:

> illud scripsit disertissimus poeta pro me, egit fortissimus actor, non solum optimus, de me, cum omnis ordines demonstraret, senatum, equites Romanos, universum populum Romanum accusaret:
> > exsulare sinitis, sistis pelli, pulsum patimini!
> quae tum significatio fuerit omnium, quae declaratio voluntatis ab universo populo Romano in causa hominis non popularis, equidem audiebam: existimare facilius possunt qui adfuerunt (122).

Bei den Spielen anläßlich der Beisetzung Caesars wurden, wie Sueton, *Div. Iul.* 84, 2, überliefert, einige Partien aus dem *Armorum Iudicium* von Pacuvius *ad miserationem et invidiam caedis* gesungen. Aiax' Klage über den Undank der Atriden *men servasse, ut essent qui me perderent?* wurde wohl auf Caesar bezogen.[18] Schließlich faßte man im Juli desselben Jahres Accius' *Tereus* als Anti-Tyrannenstück auf, in dem nach Cicero das Volk Brutus feierte und das *desiderium liberatoris sui* ausgedrückt sah.[19] Bis zu dem Rezitationsdrama der Kaiserzeit war es von hier aus nur noch ein kleiner Schritt.

---

15 Der Titel ist unsicher: Ribbeck 1875, 625–626.
16 Cic. *Ad Fam.* 10, 32, 3.
17 Die republikanische Tragödie wird hier nicht weiter verfolgt, da es nur auf das Prinzipielle ankommt. Weiterführend (mit Literatur): La Penna 1979, 49–104.
18 Della Corte 1983, 235: «Antoine et Octavien luttaient pour en prendre la succession comme Ulysse et Ajax autrefois luttèrent pour les armes d'Achille defunt.»
19 Cic. *Phil.* 1, 36; vgl. *Ad Att.* 16, 2, 3; 16, 5, 1 sowie Ribbeck 1875, 585–586.

II Augusteische Tragödie

Das Absterben der republikanischen Tragödie zu Beginn des 1. Jahrhunderts v. Chr. erklärt sich gerade aus ihrem politischen Charakter. In den ersten Dezennien des Revolutionszeitalters, in denen die Verherrlichung römischen Wesens suspekt wurde, erlebten die gleicherweise auf Panegyrik angelegten Gattungen des Epos und der Tragödie einen empfindlichen Rückschlag.

Es war nur konsequent, daß entsprechend den gewandelten Zeitumständen Octavianus / Augustus die ihm verbundenen Dichter anhielt, sowohl das Epos als auch die Tragödie – d i e politischen Literaturgattungen Roms – mit neuem Geist zu erfüllen.[20] In diesem Sinn setzten die Dido-Aeneas-Tragödie im vierten Buch der *Aeneis* Vergils – nach E. Norden die einzige römische Tragödie, die diesen Namen verdient[21] – die altrömische Praetexta und der 29 v. Chr. aus Anlaß der Siegesfeier für Actium aufgeführte *Thyestes* von Lucius Varius Rufus die altrömische mythologische Tragödie in ihrem politischen Charakter fort. Beide Werke galten schon in der Antike als Gipfel ihrer Gattungen.[22] Aufgrund der dargelegten Prämissen wird es verständlich, daß für ein Fest von höchster politischer Bedeutung ausgerechnet eine Tragödie in Auftrag gegeben wurde und daß ihr Dichter dafür eine Million Sesterzen, wohl vom Herrscher, erhielt – eine Summe, die kein anderes römisches Bühnenspiel jemals auch nur annähernd einem Autor einbrachte. Beide Werke sind an anderer Stelle ausführlich behandelt worden.[23]

III Kaiserzeitliche Tragödie

Es war natürlich, daß die römische Tragödie auch in der Kaiserzeit ihren politischen Charakter behielt. War sie in der republikanischen und augusteischen Zeit panegyrisch-national ausgerichtet, wurde sie nunmehr den Zeitumständen entsprechend vorwiegend antipanegyrisch-antinational: Sie war über weite Strecken hin eine bevorzugte Gattung der Opposition gegen den Prinzeps.

Diese Erscheinung ist zum erstenmal unter Tiberius nachzuweisen. Tacitus berichtet *Ann.* 6, 29, 3, daß Mamercus Scaurus angeklagt wurde, weil Verse aus einer seiner Tragödien auf Tiberius bezogen wurden: *versibus, qui in Tiberium*

---

20 Zur augusteischen Tragödie: Della Corte 1983, 227–243.
21 1966, 597.
22 Vergil: Prop. 2, 34, 66. Varius: Quint. *Inst.* 10, 1, 98; Tac. *Dial.* 12, 6.
23 Vergil: Wlosok 1976, 228–250; Lefèvre 1978 (2), 16–18 (▶ S. 11–12); 1978 (3) (▶ S. 201–219); Lamacchia 1979, 431–462. Varius: Lefèvre 1976 (▶ S. 167–200); ferner Wimmel 1981; 1983, 1586–1605 (beide Arbeiten wenig förderlich).

flecterentur. Cassius Dio überliefert ergänzend, daß Tiberius den aus Eur. *Phoin.* 393 zitierten Vers τὰς τῶν κρατούντων ἀμαθίας φέρειν χρεών mit sich in Verbindung brachte und Scaurus zum Selbstmord zwang: Ἀτρεὺς μὲν τὸ ποίημα ἦν, παρῄνει δὲ τῶν ἀρχομένων τινὶ ὑπ' αὐτοῦ, κατὰ τὸν Εὐριπίδην, ἵνα τὴν τοῦ κρατοῦντος ἀβουλίαν φέρῃ· μαθὼν οὖν τοῦτο ὁ Τιβέριος ἐφ' ἑαυτῷ τε τὸ ἔπος εἰρῆσθαι ἔφη, Ἀτρεὺς εἶναι διὰ τὴν μιαιφονίαν προσποιησάμενος, καὶ ὑπειπὼν ὅτι ‚καὶ ἐγὼ οὖν Αἴαντ' αὐτὸν ποιήσω', ἀνάγκην οἱ προσήγαγεν αὐτοεντεὶ ἀπολέσθαι (58, 24, 4). Es ist zweifelhaft, ob Suetons Nachricht, Tiberius sei gegen einen *poeta* eingeschritten, *quod in tragoedia Agamemnonem probris lacessisset* (*Tib.* 61, 3), auf Scaurus oder einen anderen Dichter zu beziehen ist.[24] Noch in domitianischer Zeit galt *Atrides* für synonym mit ‚Kaiser'.[25] Hier wird ein Grundzug der Tragödie erkennbar, der am besten mit dem bekannten Schlagwort *in tyrannos* zu erfassen ist.

In diesen Zusammenhang gehörten offenbar auch die Stücke der Hauptperson des taciteischen *Dialogus*, Curiatius Maternus. Mit der Rezitation der Praetexta *Cato* hatte er die *animi potentium* verletzt (2, 1): Er verherrlichte den Tyrannengegner Cato von Utica mit aktuellem Zeitbezug. Dieselbe Tendenz dürfte der *Domitius* gehabt haben (3, 4), dessen Held entweder Caesars bekannter Gegner oder dessen Sohn war, der mit Oktavian in Konflikt kam.[26] Doch auch die mythologische Tragödie war bei Maternus ‚Widerstandsliteratur'. Tacitus ließ ihn sagen, daß er einen *Thyestes* von eben der politischen Gesinnung plane, die der *Cato* gehabt habe (3, 3). Damit sind Praetexta und (zumindest teilweise) mythologische Tragödie wie in der Republik auch in der Kaiserzeit politische Literatur – freilich unter umgekehrtem Vorzeichen.

In die Mitte der skizzierten Entwicklung gehören die mythologischen Tragödien Senecas. Sie sind zu Recht als philosophisch angesprochen worden: Sie sind jedoch zu einem wesentlichen Teil auch politisch. So hat schon Martin Opitz in der *Außlegung* der *Troades* von 1625 zu dem Dialog zwischen Pyrrhus und Agamemnon (203–352) angemerkt:

> „Agamemnon vnd Pyrrhus zancken sich allhier wegen der Polyxena; dann Agamemnon in jhren Todt nicht willigen will. Calchas aber giebet seinen Außspruch hierüber. Es scheinet Seneca vnter deß Pyrrhus Namen den Keyser Nero heimlich vorzubilden / vnnd seine vnbändige Freyheit zu tadeln. Wie man dann dergleichen Exempel mehr findet / daß die Poeten Sicherheit halben durch eines andern Person die Laster der Tyrannen vnnd Boßheit jhrer Zeit bestochen haben."[27]

---

24 Für einen Bezug auf Scaurus: Gudeman 1914, 200; Koestermann 1965, 311.
25 Iuv. 4, 65 (dazu Friedlaender 1895, 244).
26 Gudeman 1914, 203.
27 Zitiert nach: Martini Opitij Weltliche Poemata, zum Viertemal vermehret vnd übersehen heraus geben, Franckfurt am mayn 1644, 396.

1882 äußerte der Historiker Leopold von Ranke die Meinung, daß Senecas Tragödien politischer Natur seien. Bei der Interpretation des *Thyestes* kam er zu folgender Feststellung: „In alledem tritt die dramatische Wahrscheinlichkeit zurück; den handelnden Personen werden Worte in den Mund gelegt, die sie gewiß nicht aussprechen konnten; – in ihren Aeußerungen kommen vielmehr Seneca's eigene Gedanken zum Ausdruck. Auf das Theater ließ sich Das nicht bringen, wohl aber in einem zusammengebeteten Kreise von Freunden vortragen. Es ist die Tragödie der Opposition, die sich nicht öffentlich zeigen darf".[28] Besonders wichtig war Rankes Erkenntnis, daß Senecas Tragödien – jedenfalls ein Teil von ihnen – Ausdruck der stoischen Opposition gewesen seien. Freilich hatte diese Ansicht so gut wie keinen Einfluß auf die Forschung ausüben können. Es bedeutete schon viel, daß Th. Birt in der vielzitierten Abhandlung von 1911 ‚Was hat Seneca mit seinen Tragödien gewollt?'[29] Senecas Zögling Nero als Adressaten der Tragödien bezeichnete, indem er meinte, daß teils seine künstlerischen Neigungen, teils sein moralisches Empfinden – warnend – angesprochen werden sollten. Diese Richtung der Interpretation hat 1938 A. Sipple in der Tübinger Dissertation ‚Der Staatsmann und Dichter Seneca als politischer Erzieher' weiter vertieft.[30] In neuerer Zeit war es W. M. Calder III, der in der Abhandlung von 1976 / 1977 'Seneca: Tragedian of Imperial Rome' den politischen Aspekt der Seneca-Tragödien hervorhob. Er versuchte an einigen Beispielen nachzuweisen, daß Formulierungen und Handlungen vielfach einen doppelten Boden haben, den der Wissende aufzulösen vermochte, gegen den der Kaiser aber nicht vorgehen konnte: "Things are written so that different people will understand them on different levels."[31]

Es versteht sich, daß die politische Aussage der einzelnen Tragödien von der jeweiligen Entstehungszeit abhängig ist. Es ist ein erheblicher Unterschied, ob Seneca den Kaiser warnen oder aber verurteilen wollte. Deshalb ist es nicht möglich, für alle Stücke eine einheitliche Formel zu finden, die die politische Tendenz auch nur einigermaßen präzise umschriebe. Aus diesem Grund wird ein einzelnes Stück näher in Betracht gezogen – der *Oedipus*, der in letzter Zeit wieder in den Vordergrund des Interesses gerückt ist. Gerade an ihm läßt sich im Vergleich mit der *Octavia* zeigen, daß auch bei Seneca wie schon in der republikanischen Epoche Praetexta und (zumindest teilweise) mythologische Tragödie dieselbe – politische – Wurzel haben.

---

28 1888, 38 (Sperrung ad hoc).
29 1911, 336–364.
30 1938, 87–126.
31 1976 / 1977, 5 = 2005, 318.

IV Senecas *Oedipus*

Es ist nicht verwunderlich, daß Sophokles' *Oidipus* vor Seneca offenbar nur einmal in Rom nachgestaltet wurde: durch Caesar, dessen Jugendwerk Augustus, wie Sueton berichtet, zu veröffentlichen untersagte.[32] Das griechische Spiel von Wahrheit und Schein, von Erkennen und Nichterkennen war nicht geeignet, ein Gefäß für römische Gehalte abzugeben. Auch der Oedipus-Mythos als solcher stand den Römern fern. Sollte Seneca ausgerechnet dieses einzigartige Gewebe intellektueller Gestaltungskunst nur dazu benutzt haben, ihm seine stoische Moralphilosophie zu unterlegen[33] – er, von dem C. J. Herington zu Recht gesagt hat, daß er "seems not to have been able to write a line of prose or verse that did not crackle with conceit and epigram"?[34]

1 Iocastas Ende

Schon immer ist es aufgefallen, daß Seneca gegenüber Sophokles eine merkwürdige Änderung im Handlungsverlauf vorgenommen hat, insofern Iocasta ihrem Leben nicht wie ihr griechisches Pendant in der Mitte des Stücks durch den Strang, sondern am Ende durch das Schwert ein Ende setzt (1033–1039):

>   restat hoc operi ultimum:
>   rapiatur ensis; hoc iacet ferro meus
> 1035 coniunx – quid illum nomine haud vero vocas?
>   socer est. utrumne pectori infigam meo
>   telum an patenti conditum iugulo inprimam?
>   eligere nescis vulnus: hunc, dextra, hunc pete
>   uterum capacem, qui virum et gnatos tulit.

R. Peiper, der alte Herausgeber der Seneca-Tragödien, hatte 1870 darauf hingewiesen, daß Tacitus und Cassius Dio mit ähnlichen Worten Agrippinas Tod geschildert haben. In Tacitus' Darstellung zeigt Agrippina dem Centurio, der das Schwert gezogen hat, um sie zu töten, ihren Schoß und fordert ihn auf, er möge i h n treffen: *iam in mortem centurioni ferrum destringenti protendens uterum ,ventrem feri' exclamavit multisque vulneribus confecta est* (*Ann.* 14, 8, 5). Bei Cassius Dio heißt es: ἰδοῦσα δέ σφας (sc. τοὺς δορυφόρους) ἐκείνη ἔγνω τε ἐφ' ἃ

---

32 *Div. Iul.* 56, 7.
33 Eine vorzügliche Interpretation der stoischen Konzeption des *Oedipus* hat Schetter (1968) 1972, 402–449 gegeben.
34 1961, 24.

ἤκουσι, καὶ ἀναπηδήσασα ἐκ τῆς κοίτης τήν τε ἐσθῆτα περιερρήξατο, καὶ τὴν γαστέρα ἀπογυμνώσασα ‚παῖε', ἔφη, ‚ταύτην, Ἀνίκητε, παῖε, ὅτι Νέρωνα ἔτεκεν' (62, 13, 5).

Wie berechtigt es ist, Iocastas und Agrippinas Ende zusammenzusehen, geht auch daraus hervor, daß Agrippinas Tod in der Seneca zeitlich nahestehenden *Octavia* in eben derselben Weise geschildert wird (368–372):

> caedis moriens illa ministrum
> rogat infelix, utero dirum
> 370   condat ut ensem:
> ‚hic est, hic est fodiendus' ait
> ‚ferro, monstrum qui tale tulit.'

Wegen der Ähnlichkeit der letzten Worte Iocastas und Agrippinas schloß Peiper auf eine Entstehung des *Oedipus* vor Agrippinas Ende: Eine Anspielung Senecas auf das bereits Geschehene zog er nicht in Betracht.[35] Auch L. Herrmann erschien der Wortlaut der Stellen 1924 als eine «coïncidence curieuse».[36] Ohne Bezug auf diese ältere Diskussion ist in neuerer Zeit in ganz anderer Richtung argumentiert worden. 1967 vertrat R. S. Pathmanathan in der Abhandlung 'The Parable of Seneca's *Oedipus*' eine Anspielung Senecas auf Agrippinas Tod, indem er die Tendenz des ganzen Stücks politisch deutete. Darüber hinaus hob er hervor, daß "in Oedipus' own case parricide and incest assume a prominence they do not have in the Sophoclean version and, even more remarkably, incest is singled out as the more abominable of the two crimes."[37] Hiermit seien die Agrippina und Nero nachgesagten inzestuösen Beziehungen gemeint. Die sich daraus ergebende Alternative 'warning' oder 'incrimination' hängt natürlich mit der Datierung des *Oedipus* zusammen. Pathmanathan entschied sich für eine Entstehung des Stücks in der Zeit nach Senecas Abschied aus der Politik, also zwischen 62 und 65: "It is possible that from his place of retirement he was emboldened to attack the emperor through the parable of this story. For Oedipus, like Nero, was guilty of a twofold violation of natural law. The consequences to Rome would be as terrible as they had been to Thebes if the monster was allowed to go on living."[38] Dagegen

---

[35] „Nec novi certius argumentum Oedipum ante Agrippinae caedem esse factam atque etiam recitatam vel lectitatam, quam quae morientem illam clamasse fama fert sive vera sive falsa: ‚παῖε ταύτην, Ἀνίκητε, παῖε ὅτι Νέρωνα ἔτεκεν' vel ut est in Octavia: ‚hic est hic est fodiendus, ait, ferro monstrum qui tale tulit': Tacitus XIIII 8 dubitans ni fallor, nec vero totum subducere sustinens quod acceperat, solum hoc refert ‚ventrem feri'. Nam haec ex Jocastae verbis 1061 detorta sunt: ‚hunc dextra hunc pete uterum capacem qui virum et gnatum tulit'" (1870, 19).
[36] 1924 (2), 94 (Peipers These falsch referiert).
[37] 1967 / 1968, 19.
[38] 1967 / 1968, 20.

brachte 1972 der Aufsatz von J. Hind 'The Death of Agrippina and the Finale of the 'Oedipus' of Seneca' keinen Fortschritt, insofern er nicht zu entscheiden wagte, ob Agrippina durch ein Zitat aus Senecas *Oedipus* ihr Ende selbst dramatisiert habe (!) oder ob Tacitus' und Dios Darstellungen auf Gerüchte "from the stuff of tragedies" zurückgingen.[39] Demgegenüber trat W. M. Calder III 1976 klar für Anspielungen auf das historische Geschehen durch Seneca ein und kam zu folgender unkonventionellen Deutung: "The ubiquitous view is that Seneca has changed the Sophoclean version, that is substituted stabbing in the womb for hanging, in order to admonish Nero, saying words to the effect of: 'Listen to teacher: it's naughty to murder Mom.' I view this view as grotesquely naive. Nero was an absolute dictator, capricious and unburdened by conscience. Seneca never would have risked a public reprimand which would have done no good. Agrippina was dead. Seneca had written the senate condoning the matter. The alteration was made to flatter Nero and amuse him. Of course it was understood that the naive would think that Seneca had admonished the matricide. I think that Hannah Arendt's conception of the hierarchy of contempt in dictatorships is of importance for the understanding of Seneca. Things are written so that different people will understand them on different levels."[40] Schließlich hat J. D. Bishop 1977 in der scharfsinnigen Abhandlung 'Seneca's *Oedipus:* Opposition Literature' die Bezüge Iocasta / Agrippina und Oedipus / Nero, wie schon der Titel andeutet, im Sinn einer oppositionellen Aussage gedeutet und darüber hinaus eine – teilweise komplizierte – Erklärung des schwierigen zweiten Chorlieds (403–508) gegeben, in dem er zahlreiche Anspielungen auf Neros Welt zu zeigen versuchte. Der Schluß des Stücks zielt nach Bishop auf eine Vertreibung Neros: "Although the climactic scene is the death of Jocasta / Agrippina [...], the play urgently calls for the removal of Oedipus / Nero. [...] The story pattern does demand the expulsion of a parricide, a ruler with two family lines behind him, who had relations with his mother and a responsibility for her death. At Rome, the ruler can be only Nero [...]. [...] The Pisonian conspiracy provides good sources for Nero's need to be removed. [...] The play thus is not only brilliant poetry and tragedy but also a very interesting document, quite possibly unique from antiquity, because it calls for revolution."[41]

In der Tat: Es ist schwer vorstellbar, daß die wohl von Seneca erfundene Todesart Iocastas – im Zusammenhang mit ihrer inzestuösen Beziehung zu Oedipus – anders verstanden werden konnte denn als gezielte Anspielung auf Agrippina. Daß die Historiker die *Octavia* als Quelle benutzten, ist möglich, wenn

---

39 1972, 208–209.
40 1976 / 1977, 5 = 2005, 317–318.
41 1977, 293–294; das letzte Zitat 299.

auch unwahrscheinlich; daß sie den *Oedipus* verwerteten, ist unmöglich. Andererseits kann die Übereinstimmung zwischen Iocastas und Agrippinas Ende nicht Zufall sein, da Seneca im allgemeinen die stofflichen Gegebenheiten der Vorlagen nicht wesentlich veränderte. Diese waren für ihn *parata verba*, ja *publica verba*, denen er nur eine *nova facies* gab.[42] Überdies bestand der Reiz der – politischen – Anspielungen gerade darin, daß man die alten Sujets lediglich pointierte und nuancierte, so daß sie einen zweiten – politischen – Sinn bekamen. Wenn Seneca einmal massiv in den Handlungsverlauf eingriff wie am Ende des *Oedipus*, mußte er einen massiven Grund haben!

Es ist mit allem Nachdruck zu betonen, daß es bei dem Versuch, in Senecas *Oedipus* ‚historische' Anspielungen zu identifizieren, nicht darum geht, die zeitgenössischen Ereignisse zu eruieren oder auch nur vorauszusetzen. Vielmehr kommt es lediglich darauf an, was man in Senecas Zirkel für ‚wahr' hielt bzw. was die öffentliche Meinung kolportierte. Wenn in der *Octavia*[43] das *uterus*-Motiv mit Agrippinas Tod verbunden wurde, konnte darauf im *Oedipus* ohne weiteres ‚historisch' angespielt werden; und wenn man sich in Rom von inzestuösen Beziehungen zwischen Nero und Agrippina erzählte, brauchte sich Seneca im *Oedipus* nur – oder: gerade – auf dieses Gerede zu beziehen, um eine zündende Anspielung vorzunehmen, die j e d e r verstand – unabhängig davon, wie sich die Dinge wirklich verhielten.

2 Oedipus als Muttermörder

Bei Seneca wird der Selbstmord Iocastas so pointiert beschrieben, daß er als Oedipus' Mord an der Mutter erscheint. Iocasta sagt ausdrücklich zu dem Sohn: *commoda matri manum* (1032), und er selbst nennt sich *parricida* (1044), was ja auch ‚Muttermörder' heißt, und fährt fort: *matrem peremi* (1045). Während sowohl der sophokleischen als auch der stoischen Welt der Gedanke an eine Strafe, die Iocasta oder Oedipus zu zahlen hätten, fernliegt, ist eine solche Vorstellung durchaus sinnvoll, sofern hinter diesen Figuren Agrippina und Nero zu sehen sind. Wenn 926 und 937 das *poena*-Motiv im Hinblick auf Oedipus sowie 1025 und 1030 im Hinblick auf Iocasta auftaucht, konnte es der inzwischen ‚wissende' Hörer bzw. Leser befriedigt auflösen.

---

[42] *Epist.* 79, 6.
[43] Zur Datierung ▸ S. 360.

Es ist keine Frage, daß Nero als Muttermörder galt. Vielzitiert ist die öffentliche Inschrift, die Sueton[44] und Cassius Dio[45] überliefern:

Νέρων Ὀρέστης Ἀλκμέων μητροκτόνοι.

Besonders raffiniert war folgende Rechnung, die Sueton an derselben Stelle zitiert:

νεόψηφον· Νέρων ἰδίαν μητέρα ἀπέκτεινε.

Wenn man für die Buchstaben von Νέρων einerseits und ἰδίαν μητέρα ἀπέκτεινε andererseits die entsprechenden Zahlen einsetzt, ergibt sich jeweils die Summe 1005; d. h. es wird die Gleichung Nero = Muttermörder aufgemacht.

3 Oedipus als Mutterschänder

Iocasta hebt in ihrer Schlußrede den Inzest mit Oedipus in einer Weise hervor, die weit über die sophokleische Vorlage hinausgeht: *omne confusum perit, | incesta, per te iuris humani decus* (1025–1026). Aber es zeigt sich schon früher, daß Seneca auf diesen Tatbestand größten Wert legt. Wie bei Sophokles folgt auf die erste Creo-Szene ein Auftritt des blinden Tiresia, von dem sich Oedipus nähere Auskunft erhofft. Doch ist der Seher nicht in der Lage, sich zu dem Mörder zu äußern. Statt dessen beschreibt seine Tochter Manto die Opferszene in allen Einzelheiten, aus denen der mit dem Mythos vertraute Hörer die zukünftigen Ereignisse herauslesen kann. Zunächst wird vor allem auf Oedipus' Schicksal vorausgedeutet (307–334a), sodann ist auf Iocastas Ende und Oedipus' Blendung (334b-351) sowie schließlich auf die Zwietracht der Oedipus-Söhne und den Zug der Sieben gegen Theben (352–365) angespielt. Bis dahin ist die Prophezeiung im großen und ganzen chronologisch gegeben. Erst dann folgt ab 366 Iocastas Inzest: Vatermord, Freitod, Blendung und Bruderkampf – will Seneca wohl sagen – sind ganz ‚normale' Vorgänge, nicht aber, daß die Mutter vom Sohn Kinder empfängt. Diese Tatsache wird als absoluter Gipfel der Perversionen des Oedipus-Mythos interpretiert – ganz im Gegensatz zu Sophokles. Dementsprechend fallen einprägsame schlagwortartige Formulierungen:

---

44 *Ner.* 39, 2.
45 61, 16, 2.

366: *mutatus ordo*
367: *acta retro cuncta*
371: *natura versa*
371: *nulla lex utero*
374: *nec more solito.*

Darauf läuft die gesamte Szene zu: Das ist das Schlimmste, Widernatürlichste, Niedagewesene – ein Geschehen, dessen sich sogar die Götter schämen: *pudet deos* (334). Was lag da näher, als bei dieser Schilderung an den bekanntesten Inzest zu denken, der in Rom Tagesgespräch war? Wieweit an den Gerüchten etwas Wahres ist, spielt, wie gesagt, keine Rolle. Es kommt nur darauf an, was man dachte. Tacitus überliefert: *tradit Cluvius Agrippinam ardore retinendae potentiae eo usque provectam, ut medio diei, cum id temporis Nero per vinum et epulas incalesceret, offerret se saepius temulento comptam et incesto paratam; iamque lasciva oscula et praenuntias flagitii blanditias adnotantibus proximis, Senecam contra muliebres inlecebras subsidium a femina petivisse, immissamque Acten libertam.*⁴⁶ Und Sueton weiß zu berichten: *nam matris concubitum appetisse [...] nemo dubitavit, utique postquam meretricem, quam fama erat Agrippinae simillimam, inter concubinas recepit. olim etiam quotiens lectica cum matre veheretur, libidinatum inceste ac maculis vestis proditum affirmant.*⁴⁷

4 Oedipus als Vatermörder

So schlimm die bisher genannten Vorwürfe gegen Nero waren, erschöpfte sich in ihnen keineswegs das öffentliche Gerede. Auch Seneca scheint noch weiter gegangen zu sein, wie die Unterweltszene zeigt. Man hat auf die Frage, warum er außer Tiresia noch Laius' Schatten bemühte und damit den Mittelteil des Stücks über die Maßen ausweitete, geantwortet, daß sich hierin der Sinn der Römer für das Numinose und ihre Freude an solchen Beschwörungen zeige. Das dürfte zu oberflächlich argumentiert sein. Für das Verständnis der langen Erzählung, die Creo von Tiresias Konsultation der Unterwelt vorträgt, ist es entscheidend zu sehen, daß Seneca ein Pendant zu Aeneas' Besuch der Unterwelt in Vergils *Aeneis* geschaffen hat: Laius muß wie Anchises aufgesucht werden, weil er als einziger die gewünschte Auskunft erteilen kann. Den Weg zu ihm zeigt – entsprechend der *longaeva Sibylla* – der *senior sacerdos* (548), der uralte Tiresia. Wie bei Vergil Aeneas die Hauptperson darstellt, ist bei Seneca das ganze Geschehen auf

---

46 *Ann.* 14, 2, 1.
47 *Ner.* 28, 2.

Oedipus bezogen, der aus dramaturgischen Gründen von Creo vertreten wird. Aber Laius läßt mit seiner Anrede in der zweiten Person keinen Zweifel daran, daß Oedipus d i r e k t angesprochen ist (642–646):

> te, te cruenta sceptra qui dextra geris,
> te pater inultus urbe cum tota petam
> et mecum Erinyn pronubam thalami traham,
> 645 traham sonantes verbera, incestam domum
> vertam et penates impio Marte obteram.

Die ‚vergilische' Konstellation der Unterweltszene macht Seneca durch mehrere Zitate evident. Zunächst das Opfer 556–557: Bei Vergil werden schwarze Rinder und ein schwarzes Schaf, bei Seneca schwarze Rinder und schwarze Schafe geschlachtet. Hierbei sind die Schwarz-Attribute – absichtlich? – vertauscht:

> Aen. 6, 243:   *nigrantis* terga iuvencos
> Aen. 6, 249:   *atri* velleris agnam
> Oed. 556:   *nigro* bidentes vellere atque *atrae* boves.

Bei Vergil heißt es 6, 253: *solida imponit taurorum viscera flammis*, wobei *solidus* ‚ganz' bedeutet;[48] Seneca sagt 564: *solidas pecudes urit*. Vergil läßt die ganzen Eingeweide, Seneca die ganzen Tiere brennen: Soll man eine Steigerung hören?

In der *Aeneis* sind *primis in faucibus Orci* unter anderen folgende Personifikationen anzutreffen (274–277):

> Luctus et ultrices posuere cubilia Curae,
> 275 pallentesque habitant Morbi tristisque Senectus
> et Metus et malesuada Fames ac turpis Egestas,
> terribiles visu formae, Letumque Labosque.

Diese Stelle hat Seneca säuberlich auseinandergenommen, indem er vier Gestalten der ersten drei Verse in 592–594 und die letzten beiden in 652 zitiert:

> 592   Luctus avellens comam
> aegreque lassum sustinens Morbus caput,
> gravis Senectus sibimet et pendens Metus.
>
> 652 Letum Luesque, Mors Labor Tabes Dolor.

Schließlich ist der Vergleich der Seelen mit Nebeln, Blättern und Vögeln (598–607) an Vergils berühmtem Gleichnis 6, 309–312 orientiert.[49]

---

48 Austin 1977, 112 (Hinweis auf Plin. *Nat. hist.* 8, 36).
49 Norden 1927, 223–224, der „die Nachbildung unserer Verse bei Seneca Oed. 604 ff." vermerkt.

Im Zusammenhang dieser klaren Anspielungen darf eine Vermutung zu der *frons*, die Tiresia 552 schwingt, geäußert werden. Um was für einen Zweig handelt es sich? Schon Th. Farnabius erklärte: „funestam, feralem, utpote taxum seu cupressum",[50] ähnlich R. J. Tarrant: "It might be natural to see the *frons* as part of the paraphernalia of necromantic ritual (cf. *Medea* 804 f.: *tibi iactatur tristis Stygia ramus ab unda*, Stat. *T.* 4, 467 f. [in a scene influenced by Seneca's *Oedipus*])".[51] Das ist in äußerlichem Sinn natürlich zutreffend: Aber sollte Seneca nicht für den wissenden Hörer, der an solchen Anspielungen seine Freude hatte, auf Vergils berühmten *aureus ramus*,[52] der den Zugang zur Unterwelt gewährte,[53] hingewiesen haben?

Senecas Szene ist als absolutes Gegenbild zu Vergil angelegt: Hinter den äußerlichen Entsprechungen werden schneidende Kontraste sichtbar. Aeneas rettete den Vater – Oedipus ermordet den Vater. Anchises prophezeite dem Sohn Ruhm und Erfüllung – Laius prophezeit dem Sohn Fluch und Tod. Anchises segnete den Sohn – Laius verflucht den Sohn. Dem *pius Aeneas* ist der *impius Oedipus* entgegengesetzt: Damit wird der augusteische Wertkosmos auf den Kopf gestellt. Es ist für Seneca nicht nur ein artistisches – d. h. literarisches – Vergnügen, die berühmte klassische Szene sozusagen zu parodieren, sondern auch ein ernstes – d. h. weltanschauliches – Anliegen, seine Deutung der Welt von der vergilischen Welt scharf abzuheben.[54] Dasselbe trifft auf Lukan zu, den Thierfelder glücklich einen Gegen-Vergil[55] genannt hat;[56] auch sein Werk spiegelt das „Aus-

---

50 1676, 91.
51 Brieflich am 9. Juli 1982, doch fuhr er fort: "although I must confess that I am somewhat troubled by the way the phrase *frondem quatit* comes in the middle of a physical description of Tiresias."
52 Die Variante *frontem quatit* (,er zieht die Stirn in Falten') ist entweder eine bloße Verschreibung wie *Ag.* 583 oder eine rationalistische Verbesserung, da man mit dem Zweig nichts anzufangen wußte.
53 Daß der ‚Zugang' zur Unterwelt anders als bei Vergil dadurch geschieht, daß die Schatten bei einem Opfer herangelockt werden, hat sein bekanntes Vorbild in der Νέκυια der *Odyssee*.
54 R. J. Tarrant teilte am 9. Juli 1982 freundlicherweise mit, die hier vorgetragenen 'reversals' könnten noch weiter entwickelt werden: "For example, there is a similar purpose in the two appeals to the Underworld: Aeneas goes to his father to discover what he must do to found his city, Creon (as Oedipus' envoy) invokes Laius to discover what must be done to save Thebes. In other words, besides the personal conjunction Aeneas / Oedipus, there is a public dimension to the scenes. Along these lines, one could argue that the climax of Anchises' revelations to Aeneas is the glorious vision of the triumphant Augustus: the salvation of Rome consists in her ruler (a figure projected into the future in the context of the poem, but contemporary for the poet and his audience). In direct contrast, the salvation of Thebes consists in driving out its present ruler."
55 (1935) 1970, 63.

einanderbrechen des römischen Geschichtskosmos, wie er in Vergils Epos gesehen war".⁵⁷

Doch damit nicht genug: Man versteht erst dann die ganze Pointe, wenn Laius = Claudius gesetzt wird. Claudius war Neros Adoptivvater, und Nero galt als sein Mörder. Sueton berichtet: *parricidia et caedes a Claudio exorsus est; cuius necis etsi non auctor, at conscius fuit, neque dissimulanter, ut qui boletos, in quo cibi genere venenum is acceperat, quasi deorum cibum posthac proverbio Graeco conlaudare sit solitus.*⁵⁸ Das letzte erklärt Cassius Dio genauer: τοὺς γὰρ μύκητας θεῶν βρῶμα ἔλεγεν εἶναι, ὅτι καὶ ἐκεῖνος διὰ τοῦ μύκητος θεὸς ἐγεγόνει.⁵⁹

Auch auf der Bühne hielt man Nero den Mord an Claudius vor: *Datus Atellanarum histrio in cantico quodam*

ὑγίαινε πάτερ, ὑγίαινε μῆτερ

*ita demonstraverat, ut bibentem natantemque faceret, exitum scilicet Claudi Agrippinaeque significans.*⁶⁰ Daß Seneca hierauf anspielt, dürfte außer Frage stehen. Denn daß Oedipus ein e c h t e r Mörder war, ein *rex cruentus* (634), wie ihn Laius nennt, gibt der Mythos beim besten Willen nicht her: *rex cruentus, pretia qui saevae necis | sceptra et nefandos occupat thalamos patris* (634–635). Wie sollte man dies n i c h t auf Nero beziehen?⁶¹

5 Oedipus als Herrscher

Wenn Seneca Oedipus in der Unterweltszene an Aeneas mißt, ist zu bedenken, daß man Nero ebenfalls an Aeneas – und damit an Augustus – maß. Cassius Dio überliefert folgendes ‚Sibyllinische' Orakel:

ἔσχατος Αἰνεαδῶν μητροκτόνος ἡγεμονεύσει.⁶²

---

56 Auch Lukan hat eine vergleichbare Umdeutung der vergilischen Unterweltszene: die Begegnung zwischen Sextus Pompeius und Erichtho im sechsten Buch (Hinweis von R. J. Tarrant).
57 Pfligersdorffer 1959, 350.
58 *Ner.* 33, 1.
59 60, 35, 4.
60 Suet. *Ner.* 39, 3.
61 Nero wurde noch ein dritter Mord zur Last gelegt: an Britannicus; doch war dieser der Oedipus-Fabel nicht zu unterlegen. Immerhin sah Peiper 1870, 19 in *proelia fratrum* (750) eine Anspielung darauf: „Quis quaeso non statim illis versibus auditis Britannici oppressi admonitus esset [...]".
62 62, 18, 4.

Sueton hat ein witziges lateinisches Distichon erhalten, das die doppelte Bedeutung von *tollere* = ‚aufheben (tragen) / töten' voraussetzt:[63]

> quis negat Aeneae magna de stirpe Neronem?
> sustulit hic matrem, sustulit ille patrem.

Seneca stellte Nero als entarteten Herrscher, als Gegenpol zu Augustus dar.

An diesem Punkt trifft sich die vorgetragene Interpretation mit der allgemeinen Auffassung, daß Seneca in den Tragödien als bevorzugte Figur den Tyrannen dargestellt hat. In der Tat ist auch Oedipus bis zu einem gewissen Grad diesem Typ zuzurechnen.[64] Zwar hat Seneca in der Schrift *De clementia* zwischen dem gemäßigten *rex* und dem maßlosen *tyrannus* unterschieden, doch meint *rex* in den Tragödien oft den Tyrannen. In diesem Sinn fällt das Stichwort *rex* allein in dem kurzen Dialog zwischen Oedipus und Creo 519–525 fünfmal: *regis* (519), *reges* (520), *rege* (524), *regi* (525), *regno* (525). Damit korrelieren die Begriffe ‚Minimalfreiheit', *ulla libertas minor* (523), ‚Schweigen', *tacere* (523, 526, 527) und ‚Furcht', *metus* (511). Oedipus ist Gewaltherrscher, Creo Untertan. Nicht anders ist es in der Fortsetzung dieses Gesprächs 659–708. Ein Signal gibt Oedipus' Ausspruch 703–704:

> odia qui nimium timet
> regnare nescit; regna custodit metus.

Oedipus variiert den berühmten Wahlspruch des römischen Bühnentyrannen Atreus, den Accius geprägt hatte:[65]

> oderint dum metuant.

Diese Maxime, die sich der Kaiser Caligula nach Suetons Zeugnis zu eigen gemacht hatte,[66] war zu bekannt, als daß sie mißverstanden werden konnte.

6 Senecas Publikum

Es soll nicht die alte Frage untersucht werden, was Seneca mit der Darstellung der verschiedenen Tyrannen in anderen Stücken im Hinblick auf den Kaiser bezweckt habe. Wohl aber läßt sich nach den vorstehenden Betrachtungen sagen, daß der *Oedipus* kaum dazu bestimmt gewesen sein konnte, dem Kaiser oder kaiser-

---

63 *Ner.* 39, 2.
64 Mette 1964, 182, der auf die „Verhöhnung des ‚Maßes' durch Oidipus in 682–684" hinweist.
65 Fr. 168 W.
66 *Cal.* 30, 1.

freundlichen Kreisen zur Kenntnis gebracht zu werden. Ein entscheidendes Faktum kann diese Behauptung bekräftigen: der von Sueton bezeugte Umstand, daß Nero selbst auf der Bühne den Oedipus darstellte (*Oedipus excaecatus*).[67] Ging eine solche Aufführung voraus, war es unwahrscheinlich, daß Seneca seine anspielungsreiche Version veröffentlichte. Aber auch wenn dies nicht der Fall war, wird das Stück erst nach 68 bekannt geworden sein, da Nero noch kurz vor seinem Sturz Oedipus dargeboten hatte, wie Sueton berichtet: *observatum etiam fuerat novissimam fabulam cantasse eum publice Oedipodem exsulem atque in hoc desisse versu:*

θανεῖν μ' ἄνωγε σύγγαμος, μήτηρ, πατήρ.[68]

Andererseits ist zu berücksichtigen, daß eine große Kunst darin lag, absolut ‚stoffimmanent' zu argumentieren, also an keiner Stelle d i r e k t e Anspielungen vorzunehmen, so daß – von künstlerischen Gründen abgesehen – den Dichtern nur schwer etwas nachzuweisen war.[69]

Es dürfte kaum Zweifel bestehen, daß Senecas *Oedipus* weder öffentlich rezitiert noch veröffentlicht wurde. Vielmehr ist es wahrscheinlich, daß er zur Rezitation im engsten Freundeskreis bestimmt war. Dergleichen war gang und gäbe. Interessanterweise sagt Tacitus über Calpurnius Piso: *tragico ornatu canebat*,[70] und über Paetus Thrasea: *habitu tragico cecinerat.*[71] Zwar ist bei diesen Stellen an öffentliches Auftreten gedacht, doch zeigen sie, daß die der Opposition zugehörenden Männer Interesse an tragischen Gestaltungen hatten. Sie werden in ihren privaten Zirkeln nicht gerade Tragödien rezitiert haben, die den Kaiser verherrlichen. Man verstand sich sofort: Schon aus diesem Grund waren d i r e k t e Worte überflüssig. Seneca konnte darauf verzichten, den überlieferten Schluß noch mehr zu ändern und etwa Oedipus durch Creo oder den Chor vertreiben zu lassen. Es genügte, wenn Oedipus die ganze Schuld auf sich nahm und zum Aufatmen aller sagte, mit seinem Fortgehen werde sich die Lage schlagartig bessern (1054–1061):

---

67 *Ner.* 21, 3. Cassius Dio nennt Epit. 63, 9, 4 unter Neros Lieblingsrollen (ὡς πλήθει ὑποκρινόμενος) den Oedipus.
68 *Ner.* 46, 3.
69 Calder III 1976 / 1977, 8–9 = 2005, 322–323. ▸ auch S. 348.
70 *Ann.* 15, 65.
71 *Ann.* 16, 21, 1.

> relevate colla. mitior caeli status
> 1055 post terga sequitur: quisquis exilem iacens
> animam retentat, vividos haustus levis
> concipiat. ite, ferte depositis opem;
> mortifera mecum vitia terrarum extraho.
> violenta Fata et horridus Morbi tremor,
> 1060 Maciesque et atra Pestis et rabidus Dolor,
> mecum ite, mecum. ducibus his uti libet!

Auch Creos Aufforderung zum Rücktritt an Oedipus (675–677)[72] war schon pointiert genug – zumal wenn man mit Birt Züge Senecas in Creo erkennen will.[73] Es ist damit zu rechnen, daß der *Oedipus* nach Senecas Rücktritt in den Jahren 62– 65 entstanden ist.[74] Ein Anhaltspunkt könnte sein, daß es 783 gegen die sophokleische Zeitrechnung heißt, Laius – und auch Claudius? – sei zehn Jahre tot. Das Stück dürfte nach Senecas und Neros Tod von der Familie oder Freunden zusammen mit anderen Schriften veröffentlicht worden sein. Daß es solche Schriften gab, berichtet Cassius Dio 62, 25, 2–3: οὐ μέντοι πρότερον ἑαυτοῦ ἥψατο πρὶν τό τε βιβλίον ὃ συνέγραφεν ἐπανορθῶσαι καὶ τἆλλα (ἐδεδίει γὰρ μὴ καὶ ἐς τὸν Νέρωνα ἐλθόντα φθαρῇ) παρακαταθέσθαι τισίν. Daß manches aus dem Sterbezimmer tatsächlich an die Öffentlichkeit gelangte, mag aus Tacitus' Bemerkung *Ann.* 15, 63, 3 hervorgehen: *et novissimo quoque momento suppeditante eloquentia advocatis scriptoribus pleraque tradidit, quae in vulgus edita eius verbis invertere supersedeo.*

V *Oedipus* und *Octavia*

Diese Betrachtungen gingen davon aus, daß die Praetexta und (zumindest teilweise) die mythologische Tragödie derselben Wurzel entstammten, d.h. gleicherweise eine politische Bedeutung hatten. Das kann für die neronische Zeit neben dem *Oedipus* die *Octavia* verdeutlichen. Bekanntlich ist es umstritten, in welche Zeit das Stück aufgrund historischer Anspielungen zu datieren ist. Es soll wenigstens daran erinnert werden, daß P. Maas alle Bezüge auf die Zeit nach Senecas Tod bestritt und die Praetexta auf die ersten Monate des Jahres 65 datierte.[75] Freilich braucht aus einer solchen Datierung nicht auf Seneca als Verfasser

---

[72] Büchner 1965, 80.
[73] Zu 687–693 bemerkt Birt 1911, 355, Creo rede, „als ob Seneca selber spräche". Zustimmend Münscher 1922, 106.
[74] In die Jahre 60 / 61 wurde der *Oedipus* von Herzog 1928, 97 gesetzt. Die Datierung von Fitch 1981, 307 auf die Zeit vor 54 ist sehr unwahrscheinlich.
[75] (1927) 1973, 606.

geschlossen zu werden, da die stilistischen und metrischen Besonderheiten diese Annahme erschweren. Aber das Stück könnte von einem Freund oder Schüler Senecas noch zu seinen Lebzeiten geschrieben und rezitiert worden sein – als Ausdruck der gemeinsamen Gesinnung und zugleich der Huldigung. Ja, es ist nicht ausgeschlossen, daß es mehrere Freunde oder Schüler zugleich waren, die dem Meister mit Anklängen an seine Stücke eine Freude bereiten wollten. Jedenfalls ist es nur schwer vorstellbar, daß die *Octavia* allzu weit entfernt von den Ereignissen, die sie darstellt, entstanden sein sollte: Sie wäre so nur ein leeres Rhetorenprodukt. Aber auch wenn mit der überwiegenden Zahl der *Octavia*-Forscher angenommen wird, daß in ihr auf Neros Tod angespielt sei (629–631, 732–733), wird man sie bald nach diesem Ereignis datieren müssen, als die Erinnerung an Seneca noch lebendig war.[76] Die Huldigung an Seneca bestand offenbar vor allem darin, daß man ihn in den Szenen 377–592 als weisen Mahner selbst auftreten ließ, der Nero zu mäßigen versuchte. Gerade darin bestand ja nach Auffassung vieler die eigentliche Leistung des historischen Seneca, solange er Einfluß auf den Kaiser hatte. Dieser Leistung wurde damit ein Denkmal gesetzt. Als Freunde seine nachgelassenen Schriften herausgaben, stellten sie die *Octavia* zu seinen Tragödien. Zunächst wird sie eine Appendix gewesen sein, da sie der Etruscus nicht enthält. Erst der Archetypus der A-Überlieferung hat sie am Ende zusammen mit dem in der Echtheit umstrittenen *Hercules Oetaeus* aufgenommen, so daß sie unter Senecas Schriften geriet.

Oedipus und *Octavia* bieten manche Berührungspunkte. In beiden Stücken fungieren Nero als Tyrann κατ' ἐξοχήν und – wenn man Birt folgt[77] – Seneca als Mahner. Beidemal spielt auch Agrippina eine wesentliche Rolle. Vor allem aber: So wie Laius' (~ Claudius') Schatten im *Oedipus* die Bestrafung seines Mörders verlangt, fordert das Claudius' Schatten in der *Octavia*: *poscit auctorem necis* (617): Man denke!

Genug! Es dürfte deutlich geworden sein, daß die Römer, so wie sie von Anfang an das Epos vorwiegend als politische Gattung verstanden haben, auch die Tragödie als ein Gefäß rezipierten, in dem sie ihre politischen Vorstellungen zum Ausdruck bringen konnten. Beide Gattungen spiegeln den Weg von panegyrischem Frohmut zu düsterer Gefaßtheit, aber auch Fassungslosigkeit eindrucksvoll wider. Es ist der Weg, den römisches Denken durch die Jahrhunderte ging.

---

76 Nach Barnes 1982, 215–217 ist die *Octavia* "in the last months of 68" entstanden.
77 Dazu oben Anm. 73.

23 Die philosophische Bedeutung der Seneca-Tragödie am Beispiel des *Thyestes*

I Die philosophische Interpretation der Seneca-Tragödie —— S. 362
II Senecas *Thyestes* —— S. 365
III Die Gestalt des Thyestes —— S. 368
   1 Thyestes' Bild in der Forschung —— S. 368
   2 Thyestes' Bild in Atreus' Schilderung —— S. 371
   3 Thyestes' Bild in den beiden Auftritten —— S. 374
IV Die Lehre des *Thyestes* —— S. 379
V Ausblick: Atreus und Nero —— S. 381

I Die philosophische Interpretation der Seneca-Tragödie

Nachdem die Philologie des 20. Jahrhunderts das alte Vorurteil, Senecas Tragödien seien ‚rhetorisch', überwunden hatte, wurde der Blick frei für eine tiefere Interpretation derselben. Bereits 1911 stellte Th. Birt in einer berühmten Abhandlung die Frage ‚Was hat Seneca mit seinen Tragödien gewollt?', und er beantwortete sie wie folgt: „Senecas Tragödie ist eine Tragödie der Furcht und nicht des Mitleids. Der Dichter geht überall darauf aus, Entsetzen und Schrecken zu erregen, und Gestalten, die uns rühren und menschlich ergreifen, gibt es in seinen Dramen kaum. Denn alle Leidenschaften sind in ihnen weit über das normale Maß hinaus gesteigert, was ein natürliches Mitempfinden in uns unmöglich macht. Was also war der Zweck des Dichters? Es war kein dichterischer, sondern ein pädagogischer. Denn er ist Stoiker. Der Stoiker fordert vom Menschen die Beherrschung und Bändigung der Leidenschaft. Die Tragödie ‚Phaedra' oder ‚Medea' zeigt das Verhängnisvolle der ungebändigten Triebe. Sie sind Abschreckungsbilder, und so wie Seneca in seiner Schrift ‚De ira' (II 36, 5) den Ajax des Sophokles als warnendes Beispiel gegen den Zorn verwendet, so warnt seine eigene Medea, Phädra oder Thyest den Römer vor der Maßlosigkeit in Haß, Liebe und Rache, wie sie damals zur Zeit des Caligula und Nero das gesellschaftliche Leben tatsächlich zerstörte. Durch das Ajaxzitat in der Schrift ‚De ira' gibt uns der Autor selbst an, wie seine Stücke gemeint sind."[1]

Damit begründete[2] Birt eine Forschungsrichtung, die bis heute ihre Anhänger, aber auch Gegner gefunden hat. 1940 verstand F. Egermann Seneca als ‚Dichterphilosophen' und seine Tragödien analog den Prosaschriften als „Zeugen seines stoisch-ethischen Gesamtwollens [...]. Sie sind ein Fall von Unterordnung der Dichtkunst unter die Forderung einer Weltanschauung. Wie der Staatsmann ist auch der Dichter Seneca stoischer Philosoph."[3] Seneca verwende gute und schlechte Exempla: Das gute und im eigentlichen Sinn vorbildliche wirke protreptisch und bezwecke direkte Nachahmung; daneben gebe es das apotreptische, das nicht nachahmenswerte ‚Vorbild'.[4] Ein Jahr nach Egermanns Aufsatz veröffentlichte U. Knoche eine meisterhafte Abhandlung, in der er „eine Brücke vom Philosophen Seneca zum Tragiker Seneca zu spannen" versuchte,[5] da Senecas Tragödie für ihn „ihrer Absicht nach eine philosophische" war:[6] Atreus diente als ‚Beispiel'. 1945 begann B. Marti ihre Untersuchung 'Seneca's Tragedies – A New Interpretation' mit dem programmatischen Satz: "Seneca's aim in the tragedies as well as in the prose works was to teach Neo-Stoicism."[7] Wenig später trat N. T. Pratt mit dem nicht weniger programmatischen Titel seines Aufsatzes 'The Stoic Base of Senecan Drama' in Martis Spuren: "Stoic dogma concerning evil and the conflict between reason and passion lies beneath the plays in various aspects including choral passages, concept of character, introspection, and tone, to a degree which amounts to a distinctive concept of the tragic. [...] here at least we have one of the components of the originality of Senecan drama, and an approach to a more adequate understanding of its nature and great historical influence. Stoicism contributed largely to make Senecan drama a drama of character, full of strong emotions and violence, and marked by intensity of tone: a landmark in fact, in the development of psychological drama."[8] 1953 sprach F. Giancotti von einem «moralismo o didascalismo moralistico» der Seneca-Tragödien und sah die Antithese zwischen «*furor* passionale e *mens bona*», wie sie das zweite Chorlied des *Thyestes* beherrsche, als «il *leitmotiv*, l'idea-madre del *corpus* tragico senechi-

---

1 1911, 336–337. Das Zitat aus De ira lautet: *multi itaque continuaverunt irae furorem nec quam expulerant mentem umquam receperunt: Aiacem in mortem egit furor, in furorem ira.*
2 Dingel 1974, 11–12 führt Zeugnisse für die philosophische Interpretation bereits von Trevet, D. Heinsius und Farnabius („hic philosophia dominatur cothurnata, personata regnat Stoa") an.
3 (1940) 1972, 37.
4 (1940) 1972, 38.
5 (1941) 1972, 59.
6 (1941) 1972, 63.
7 1945, 216.
8 1948, 11.

ano».[9] In der bekannten Abhandlung ‚Tragische Schuld und poetische Gerechtigkeit in der griechischen Tragödie' von 1955 stand für K. v. Fritz ebenfalls fest, daß die stoische Weltanschauung den Hintergrund der Dramen Senecas bilde.[10] 1957 behauptete P. J. Enk unter Hinweis auf die Aufsätze von Knoche und Marti, daß Seneca in den Tragödien "a philosophic aim" gehabt habe.[11] Für M. Pohlenz war Seneca Tragödiendichter und Philosoph „in unlöslicher Einheit".[12] Schließlich ging G. A. Staley davon aus, daß "Seneca's Stoicism explains as much about his dramatic practice as it does about his dramatic meaning."[13] Von den zahlreichen Arbeiten der letzten Jahrzehnte zu einzelnen Stücken Senecas sei nur auf C. Zintzens Analyse des *Hercules Furens* verwiesen, da sie eine ausführliche allgemeine Einleitung enthält: Es liege Seneca an der „philosophisch-protreptischen Einwirkung" auf das Publikum; die „philosophische Adhortatio" sei umgesetzt in ein szenisches Spiel.[14]

Auf der anderen Seite ist die Berechtigung der philosophischen Interpretation der senecaischen Tragödien immer wieder bezweifelt[15] oder gar bestritten[16] und statt dessen das „Dichterisch-Unmittelbare, Ästhetisch-Elementare" der Stücke[17] hervorgehoben worden. Es ist gewiß nicht richtig, den philosophischen, erzieherischen, politischen oder ästhetischen Aspekt zu isolieren,[18] da über die Abfassungszeit und den Adressatenkreis der Tragödien zu wenig bekannt ist: Alles könnte davon abhängen, ob ein Stück für Nero bestimmt war oder umgekehrt der Opposition gegen ihn Ausdruck verlieh: Im ersten Fall mußte der ästhetische oder auch der erzieherische – und damit zugleich der politische – Aspekt wichtig sein; im zweiten Fall dominierte der politische Aspekt – und schloß doch zugleich weder den ästhetischen noch den philosophischen Aspekt aus.[19] Aus diesem Grund empfiehlt es sich, nicht nach einer für alle Tragödien verbindlichen Formel zu suchen, sondern bei jedem einzelnen Stück das Gewicht der verschiedenen Aspekte gebührend gegeneinander abzuwägen.

Daß die senecaischen Tragödien ein philosophisch-stoisches Substrat haben, ist nicht verwunderlich: In ganz natürlicher Weise argumentiert der stoische

---

9 1953, 55.
10 (1955) 1972, 70.
11 1957, 302.
12 1964, I, 324.
13 1981, 234.
14 1972, 153 = 2000, 245.
15 In jüngerer Zeit: Heldmann 1974.
16 In jüngerer Zeit: Dingel 1974 (dazu Lefèvre 1977, 123–130).
17 Liebermann 1974, 11.
18 Seidensticker 1969, 12.
19 Lefèvre 1981 / 1982, 35 (▸ S. 340) über "the estheticism of terror."

Philosoph, welches Ziel er auch verfolgt, immer seiner Weltanschauung gemäß. Wer wollte bestreiten, daß der in den Prosaschriften sich als Lehrmeister gebende Autor auch in den Tragödien zuweilen ein mehr oder weniger erzieherisches Ziel vor Augen hatte, auch wenn wir nicht wissen, an wen er sich wandte oder ob er ein Stück überhaupt veröffentlichte? Andererseits ist zu berücksichtigen, daß Seneca mit den Tragödien im Bann des literarischen Genos und der poetischen Tradition stand und daher nicht jede Vorstellung philosophisch interpretiert werden darf:[20] Zu oft führte auch „die Versenkung in die Seele seiner Personen [...] den Tragiker unwillkürlich über die philosophische Theorie hinaus."[21]

II Senecas *Thyestes*

An der philosophischen Grundkonzeption des *Thyestes* kann kein Zweifel sein: Knoche hat sie in seiner Untersuchung einleuchtend gezeigt. Oft behandelt ist das erste Epeisodion zwischen Atreus und dem Satelles. Dieser gibt im Gegensatz zu Atreus' provozierenden Herrscher-Maximen gleich in seinen ersten Antworten 204–219 ‚Normalpositionen' wieder. Es ist jedoch zu beachten, daß diese zugleich stoische Anschauungen sind: Alle Ansichten des Satelles finden sich sinngemäß auch in der Schrift *De clementia*. Gerade die Koppelung von Ehrenhaftigkeit des Herrschers (213) und Stabilität der Herrschaft (217) entspricht der Grundtendenz des Fürstenspiegels: *clementia [...] non tantum honestiores, sed tutiores praestat ornamentumque imperiorum est simul et certissima salus* (*De clem.* 1, 11, 4). Wenn sich Atreus in völlig entgegengesetztem Sinn äußert, kann das nur bedeuten, daß er eine absolut unstoische Haltung vertritt, anders gesagt: eine Haltung, die aus stoischer Sicht verwerflich ist.[22] Dieselbe Konfrontation ist in dem ersten Dialog zwischen Phaedra und der Nutrix in der *Phaedra* (85–273) zu beobachten, in dem die Amme geradezu stoische Lehrsätze zitiert:[23] Auch hier will Seneca deutlich

---

20 Sehr gut Pohlenz 1964, I, 324.
21 Pohlenz 1964, I, 326.
22 Pohlenz 1964, I, 325: „Wenn er [sc. Seneca] in seiner Denkschrift an Nero das Bild des Tyrannen, der nach dem Grundsatz *Oderint dum metuant* von seiner Macht schrankenlosen Gebrauch macht, und das des wahren Königs, der sich die Liebe seiner Untertanen verdient, einander gegenüberstellt, so liefert dazu eine k o n k r e t e E r g ä n z u n g der ‚Thyestes', in dem Atreus stolz auf den Namen des Tyrannen ist und die Größe seiner Stellung darin sieht, daß sie ihm erlaubt, ohne Rücksicht auf die Stimme des Volkes alle Sittengesetze mit Füßen zu treten, während sein Bruder, durch seine Lebenserfahrung gewitzigt, bereit ist, die Herrschaft, die nur Gefahren und Sorgen bringt, niederzulegen" (Sperrung ad hoc).
23 132–135, 138–139, 162–164 u. ö. Dazu jeweils Grimal 1965.

machen, daß Phaedras Leidenschaft vom stoischen Standpunkt aus nicht zu billigen ist.

Ist das erkannt, wird einsichtig, daß auch die weiteren Äußerungen des Protagonisten Atreus auf dieser Ebene zu beurteilen sind – etwa seine Schilderungen, wie der Mordplan aus dem Unbewußten entsteht (260 – 262 und 267 – 270):

>   260   tumultus pectora attonitus quatit
>   penitusque volvit; rapior et quo n e s c i o ,
>   sed rapior.
>
>   n e s c i o quid animus maius et solito amplius
>   supraque fines moris humani tumet
>   instatque pigris manibus – h a u d quid sit s c i o ,
>   270   sed grande quiddam est.

Hier zeigt sich, daß Atreus trotz aller Berechnung letztlich affektgetrieben ist – eine ‚Marionette' seiner Leidenschaft wie andere senecaische Personen.[24] Den Gegenpol stellt die Lehre der Stoa dar, nach der der λόγος als ἡγεμονικόν der Psyche fungiert. Atreus aber ist an solchen Stellen der Vertreter eines unstoischen Irrationalismus.

Daß es berechtigt ist, Atreus' Haltung auf dem stoischen Hintergrund zu sehen, nicht aber auf der Folie einer ‚Normalposition', geht eindeutig daraus hervor, daß Seneca der programmatischen Szene zwischen Atreus und dem Satelles ein programmatisches Chorlied unmittelbar folgen läßt (336 – 403), das stoischer Popularphilosophie reinsten Wassers Ausdruck gibt. Was vorher e contrario zu schließen war, wird hier d i r e k t ausgesprochen: Auf die Praxis folgt sozusagen die Theorie. Deutlicher konnte Seneca seine Absicht nicht dartun.[25] Eine ausführliche Interpretation des Lieds, dessen künstlerischer Wert sowohl gepriesen[26]

---

24 A. W. Schlegel über die Personen der Seneca-Tragödien: „Ihre Personen sind weder Ideale noch wirkliche Menschen, sondern riesenhafte unförmliche Marionetten, die bald am Draht eines unnatürlichen Heroismus, bald an dem einer ebenso unnatürlichen, vor keinem Greuel sich entsetzenden Leidenschaft in Bewegung gesetzt werden" ((1809) 1966, I, 235, 15. Vorlesung).
25 Pohlenz fährt an der in Anm. 22 zitierten Stelle fort: „Um über seine Tendenz keinen Zweifel zu lassen, hat Seneca hier unmittelbar nach der Szene, in der Atreus sein Wesen offenbart, ein Lied eingelegt, in dem der Chor – mit hörbarem Anklang an Horaz' dritte Römerode – als wahren König den Weisen preist, der alles Irdische verachtet und durch nichts erschüttert werden kann."
26 Nach Enk 1957, 294 ist es von Mackail in die Sammlung 'The Hundred Best Poems in the Latin Language' (S. 92) aufgenommen worden.

als auch bezweifelt[27] worden ist, erübrigt sich.[28] Nur zu den Schlußgedanken sei angemerkt, daß sie nicht so sehr aus der traditionellen Schulphilosophie als vielmehr aus dem Denken der von Seneca durchlebten Epoche herzuleiten sind (391–403):

> stet quicumque volet potens
> aulae culmine lubrico:
> me dulcis saturet quies;
> obscuro positus loco
> 395 leni perfruar otio,
> nullis nota Quiritibus
> aetas per tacitum fluat.
> sic cum transierint mei
> nullo cum strepitu dies,
> 400 plebeius moriar senex.
> illi mors gravis incubat
> qui, notus nimis omnibus,
> ignotus moritur sibi.

Der *Thyestes* ist eine Tragödie der Macht, genauer: des Mißbrauchs der Macht, die in eine Zeit gehört, in der das Beharren in einer einfachen Lebensposition oder der rechtzeitige Rückzug dorthin oft die einzige Möglichkeit zum Überleben war.[29] Seneca hat diese Erfahrung am eigenen Leib machen müssen. In der Schrift *De otio* hatte er ausdrücklich vom Standpunkt des Stoikers aus definiert, daß der Rückzug aus einem Staat erlaubt sei, der *corruptior est quam ut adiuvari possit*.[30] Es ist prinzipiell vergleichbar, daß Tacitus das Leben seines Schwiegervaters Agricola als Beispiel dafür ansah, daß Sich-Fügen und Bescheidenheit unter schlechten Kaisern oberste Tugenden seien, wenn man dem Staat nützen wolle: […] *posse*

---

27 Mette 1964, 187 sprach von einem „schwachen Canticum": „auffällige Kongruenz von Periode und Satzkolon; peinlich gehäufte Anaphern, wie *non–non–non, non–non–non, qui–qui, nil–nil, rex–rex*."
28 Der Anfang des Lieds *tandem regia nobilis, | antiqui genus Inachi, | fratrum composuit minas* (336–338) schließt gut an die vorhergehende Szene an, wenn man *componere* mit dem Th. l. L. III, 2112, 24–25 versteht als „de pugnantibus, i. q. opponere (proprie de gladiatoribus, hinc translate de aliis),“ worauf Giardina 1966 im Apparat hinweist. Bei dieser Auffassung werden die Erörterungen von Zwierlein 1966, 78–80 und Lefèvre 1968, 785 gegenstandslos.
29 Über die existentielle Aktualität dieses Denkens Seeck 1978, 406: „nicht über die anderen hinauszuragen konnte bedeuten, zu überleben. Der Satz des Thyestes ‚Welch großes Gut, niemandem im Wege zu stehen!' (Thy. 449: *o quantum bonum est obstare nulli*) war unter Nero nicht Ausdruck bequemer epikureischer Selbstzufriedenheit und Egozentrik, sondern enthielt eventuell eine Entscheidung über Leben und Tod; mancher, der sie zu spät getroffen hatte, mußte es mit dem Leben bezahlen."
30 3, 3. Zu dem Schluß dieses Lieds Knoche (1941) 1972, 483; ▸ auch S. 381–382.

etiam sub malis principibus magnos viros esse, obsequiumque ac modestiam, si industria ac vigor adsint, eo laudis excedere, quo plerique per abrupta, sed in nullum rei publicae usum ambitiosa morte inclaruerunt (42, 4).[31]

III Die Gestalt des Thyestes

Die beiden Hauptgestalten des *Thyestes* sind Atreus und Thyestes. So faszinierend Atreus wirkt, ist nicht zu übersehen, daß er aufgrund der hyperbelhaften Ausformung auf das ganze gesehen plakativ gezeichnet ist. Dementsprechend besteht über seinen Charakter – zumal nach Knoches vorzüglicher Darstellung – in der Forschung weitgehend Einigkeit. Er braucht zunächst nicht weiter in Betracht gezogen zu werden. Auf der anderen Seite ist es in der Auffassung des Thyestes bisher nicht zu einem befriedigenden Konsens gekommen. Im Gegenteil: Bei kaum einer anderen senecaischen Gestalt begegnen derart konträre Interpretationen. Daher sind die weiteren Ausführungen ihr gewidmet.

1 Thyestes' Bild in der Forschung

Die nachdrücklichste Kritik hat die Thyestes-Gestalt wohl von O. Gigon erfahren, der bestritt, daß sie auf einer einheitlichen Konzeption beruhe. Der Widerspruch zwischen dem Bild, das Atreus von Thyestes entwerfe, und dessen Verhalten in den beiden ersten Auftritten könne nur durch die Benutzung zweier verschiedener Vorlagen erklärt werden.[32] Gewiß ist bei den Personen des römischen Dramas Vorsicht geboten, divergierende Züge in psychologischer Interpretation aus ihrem Charakter herzuleiten – ein Verfahren, das weder der Tragödie[33] noch der Komödie[34] angemessen ist. Aber bei einem so überlegen gestaltenden Dichter wie

---

31 *Agr.* 6, 3: *gnarus sub Nerone temporum, quibus inertia pro sapientia fuit. Hist.* 1, 49, 3: *metus temporum* [...], *ut, quod segnitia erat, sapientia vocaretur.*
32 1938, 182.
33 „Wir müssen darauf verzichten, die Charakterisierung der einzelnen Personen als Entfaltung von einem seelischen Zentrum her verstehen zu wollen. Sie sind auch nicht durch eine Vielzahl individueller Einzelzüge gekennzeichnet. Im römischen Epos und Drama überwiegen vielmehr generalisierende, ja oft typisierende Wesenszüge. Das Bild der einzelnen Persönlichkeit setzt sich mehr aus verschiedenen Ausschnitten, aus partiellen Anblendungen und situationsmäßig wechselnden Aspekten als aus zentral bezogenen psychischen Wesensmerkmalen zusammen. Nicht die Individualität einer Person, sondern die seelische Situation, die Einzelphänomene menschlicher Triebe und Leidenschaften sind dem Dichter wesentlich" (Burck 1971 (1), 42–43).
34 Lefèvre 1974, 53–59 = 2014, 73–78.

Seneca darf man vermuten, daß seinen Personen auch da, wo verschiedene Versionen ineinandergearbeitet werden, eine folgerichtige Konzeption zugrunde liegt: Senecas Tragödie ist eine argumentierende. Ihr philosophischer Charakter bedingt es, daß hinter den Personen in ganz besonderem Maß Ideen stehen, so daß es sich empfiehlt, wenn schon nicht eine Einheit der Gestalten angenommen werden kann, bei der alle Äußerungen und Handlungen aus einem individuell durchgeformten Charakter abzuleiten sind, zumindest eine einheitliche ideelle Konzeption vorauszusetzen.

Die Schwierigkeiten einer adäquaten Deutung des Thyestes resultieren vor allem daraus, daß bei ihm vier auf verschiedenen Ebenen liegende und scheinbar teilweise divergierende Aspekte zu berücksichtigen sind: 1. Der subjektive Eindruck, den Atreus von ihm in der Szene 176–335 hat. 2. Die objektive Beschreibung seiner früheren Freveltaten 221–241. 3. Die abgeklärte und gereifte Haltung, die er selbst in den Dialogen 404–490 und 512–545 erkennen läßt. 4. Die enthemmte Reaktion in der Schlußszene 920–1112. Da man bei der Charakterisierung dieser Gestalt einen oder mehrere, nicht aber alle genannten Aspekte zu berücksichtigen pflegt, ergeben sich ganz natürlich erheblich voneinander abweichende Auffassungen. Lessing sah „in dem Thyest eines von den rechtschaffenen Herzen, die sich durch den geringsten Anschein von Güte hintergehen lassen, auch wenn ihnen die Vernunft noch so viel Ursachen, nicht allzuleichtgläubig zu seyn, darbiethet. Was für zärtliche und edele Gedanken äussert er, da er sich auf einmal blos deswegen für schuldig erkennet, weil sein Bruder sich jetzt so gütig gegen ihm erzeige. Und was für eine besorgte Liebe für diesen ruchlosen Bruder verräth die einzige Wendung, da er eben sein Unglück erfahren soll, welches durch die ganze Natur ein schreckliches Entsetzen verbreitet, und noch sagt:

> – – quicquid est, fratri precor
> Gnatisque parcat; omnis in vile hoc caput
> Abeat procella – –

Aber nun möchte ich wissen, warum der Dichter diesen vortrefflichen Charakter durch einen Zug hat schänden müssen, der den Thyest zu nichts geringern, als zu einem Gottesleugner macht?

> – – & patrios deos
> (Si sunt tamen dii) cerno – –

Dieses sind fast seine ersten Worte, und ich gestehe es ganz gern, daß, als ich sie zuerst las, ich mir einen sehr abscheulichen Thyest versprach."[35]

---

[35] Barner 1973, 152.

Ganz in diesem Sinn hat O. Gigon 1938 die These aufgestellt, daß Seneca Thyestes „bewußt gegen die Tradition (soweit wir sehen) zu einem stoischen σοφός umgearbeitet" habe, wobei er die Aufzählung von Thyestes' Vergehen 221– 241 auf die Berücksichtigung einer anderen Quelle durch Seneca zurückführte.[36] Demgegenüber hat Knoche 1941 für die beiden Dialoge zwischen Thyestes und Tantalus bzw. Atreus in der Mitte des Stücks die Deutung vertreten, daß Thyestes eine durch das Leiden gereifte Vernunft erkennen lasse, aber sich noch nicht ganz von der „Welt des Wahnes" gelöst habe, daß er zwar wie ein stoisch Gebildeter spreche, aber seine Lehrsätze nicht aus einem „geläuterten, gesunden Geist" kämen.[37] Gegen Gigon – und indirekt auch gegen Knoche, dessen Abhandlung er nur noch in einer Anmerkung berücksichtigen konnte – hat sodann W. Steidle 1944 Thyestes als eine Gestalt gedeutet, die von „innerer Zermürbung" und „verzweifelter Resignation" geprägt, die „seelisch gebrochen" und deren Zwiespältigkeit nicht „Zeichen einer inneren Spannung, sondern der Labilität" sei.[38] Ohne schon die Thesen von Knoche und Steidle zu kennen, hat B. Marti 1945 gegen Gigon dargelegt, daß Thyestes zu den senecaischen Helden gehöre, "who, in spite of appearances, are responsible for their fate:" Sie seien "the architects of their fate"; bemerkenswerterweise sei Thyestes im Gegensatz etwa zu Oedipus und Agamemnon zur Einsicht in seine Lage gekommen.[39] 1957 hat P. J. Enk Thyestes als "a deeply miserable man" charakterisiert: "He feels remorse for seducing the wife of Atreus. His misfortunes have caused him to repent; he only longs for peace and rest."[40] I. Lana sah 1959 Thyestes «come un povero vecchio, stanco e desideroso unicamente di pace, di oblio, di riposo, sincero nelle sue proteste di non nutrire alcuna ambizione per il regno [...], il suo cuore è straziato unicamente dal dolore di essere stato privato, e in tal modo!, dei figli.»[41] 1969 erschien Thyestes J. P. Poe als "comparatively innocent, and even a good man," als "an easily recognizable type – the wandering ascetic sage," doch habe er zum Schluß "subjection to passion" mit Atreus gemein, ja sein *furor* sei "more violent and destructive than Atreus'".[42] E. Burck hob 1971 hervor, daß Thyestes „durch das Leid und Elend der Verbannung Abstand von der Herrschsucht gewonnen hat, ja daß er in der rauhen Umwelt des Exils zu innerer Stärke und Freude gelangt" sei, andererseits betonte er jedoch, daß Seneca „in Thyest trotz seiner Abklärung im Exil einen Trieb zur Herrschaft

---

36 1938, 177 bzw. 182.
37 (1941) 1972, 484 und 485.
38 (1944) 1972, 492, 493, 494 mit Anm. 14.
39 1945, 239 und 241.
40 1957, 302.
41 1959, 320.
42 1969, 360 und 375.

verborgen sieht, der durch den Fluch der Furie und die Worte seines Sohnes virulent zu werden" drohe.⁴³ 1977 betonte V. Pöschl, Seneca lege Thyestes in dreifacher Hinsicht gegen die Tradition an: Er sei kein Machtgieriger, er sei kein Verbrecher, er sei bereit, Buße zu tun.⁴⁴ 1981 meinte H. Hine zu Thyestes: "An assessment in Stoic terms is inviting. He can certainly be regarded as a *prokopton*, someone advancing on the road of moral improvement, and he has been claimed as a Stoic sage. Be that as it may, his tragedy is that, despite the reform which his own character has undergone, he still cannot escape the mesh of hatred and vengefulness that he has previously helped to create and in which he is still entangled. This makes him not just an innocent victim, but, by Senecan standards, a tragic one."⁴⁵ Schließlich wendet sich G. A. Staley gegen Poes Auffassung der Schlußszene: Thyestes werde nicht von Emotionen überwältigt, sondern gebärde sich kaum anders, als es dem stoischen *sapiens* erlaubt sei; er sei zwar kein *sapiens*, "but he does act in the way Seneca prescribes for a man in his position".⁴⁶

2 Thyestes' Bild in Atreus' Schilderung

Wenn man davon absieht, daß Tantalus' Schatten Thyestes zu der *turba* der Nachkommen zählt, die seine Verbrechen noch übertreffen werde (18–20), ferner, daß der Chor im ersten Lied ausschließlich von Freveln der *progenies impia Tantali* (137) zu berichten weiß, von der Thyestes auszunehmen kein Anlaß besteht, ist die erste Charakteristik, die von ihm direkt gegeben wird, in dem scharf pointierten Bild zu sehen, das Atreus von ihm entwirft. Er malt sich ein Verbrechen von der Art aus, daß Thyestes wünschen werde, es sei ‚seines', *nefas | atrox, cruentum, tale quod frater meus | suum esse mallet* (193–195). Atreus kennt seines Bruders Unbelehrbarkeit: Sein Sinn sei nicht zu ändern, nur zu brechen, *novi ego ingenium viri | indocile: flecti non potest – frangi potest* (199–200). Bevor er sich wappne, müsse er angegriffen werden, damit er nicht dem Untätigen zuvorkomme, *proinde antequam se firmat aut vires parat | petatur ultro, ne quiescentem petat* (201–202). Atreus kennt nur die Alternative: er oder ich, *aut perdet aut peribit* (203). Das Verbrechen liege in der Mitte zwischen beiden, und es komme nur darauf an, wer es als erster ergreife, *in medio est scelus | positum occupanti* (203–204). Es handele sich um ein Verbrechen, das Thyestes' und Atreus' würdig sei, das jeder von ihnen

---

43 1971 (1), 48 mit Anm. 42.
44 (1977) 1979, 316.
45 1981, 272–273.
46 1981, 244.

ausführen möchte, *dignum est Thyeste facinus et dignum Atreo,* | *quod uterque faciat* (271–272). Es ist klar: Atreus sieht in dem Bruder sein würdiges Ebenbild.

Wenn aber Thyestes wenig später auftritt, läßt er eine ganz andere Art erkennen. Wie stimmt das zusammen? Knoche meinte, bei Atreus zeige sich, daß selbstgeschaffene Furcht zum Wesen des maßlosen Übeltäters gehöre: „Alles, was von Natur wild und reißend ist, erschrickt vor Blendwerk; das gleiche widerfährt unruhigen und törichten Menschen: Verdacht verwundet sie" (*De ira* 3, 30, 1–2) – *quidquid terret, et trepidat* (*De ira* 2, 11, 4).[47] Gewiß ist das eine gut senecaische Vorstellung – man könnte die Maxime über die *reges* aus dem *Agamemnon* hinzunehmen: *metui cupiunt* | *metuique timent* (72–73) –, doch es ist fraglich, ob sie auf Atreus zutrifft: Er wird nicht, wie es sonst bei Senecas Übeltätern der Fall ist, als ein von Affekten Getriebener, ihnen Unterliegender gezeichnet; zwar ist der Zorn das Motiv der Rache (180); und er stößt manche Verwünschungen aus, aber es handelt sich bei ihm mehr um den Zustand, den O. Regenbogen als ‚kalte Raserei' bezeichnet hat.[48] Denn Atreus ist der Bewußteste aller senecaischen Frevler, der sich nicht zum Verbrechen hinreißen läßt, der vielmehr aufgrund der für ihn geltenden ‚Umwertung aller Werte'[49] das Verbrechen für seine Person zum Prinzip erhoben hat, für den ein ‚normales' Verbrechen gar nicht in Frage kommt,[50] sondern nur das größte aller möglichen, von dem noch die Nachwelt sprechen solle.[51] Lediglich bei der Entstehung des Mordplans hat Seneca gezeigt, daß letztlich auch dieser Gewaltmensch irrationalen Kräften ausgesetzt ist.[52] Aber wenn er den Plan ausführt, indem er die Kinder des Bruders schlachtet und Stück für Stück zerlegt, ist er kalt bis ans Herz hinan: Er kontrolliert seine *ira* und seinen *furor* erschreckend genau. Während bei dem Hybristes in stoischer Deutung die *ratio* den Affekten unterliegt, steuert sie bei Atreus wie bei dem Weisen die Affekte in überlegener Weise – nur in umgekehrter Richtung. Während der Weise bemüht ist, die Affekte soweit wie möglich auszuschalten, trachtet Atreus danach, sie so wirkungsvoll wie möglich einzusetzen und auszukosten. Atreus ist eine Hyperbel, das absolute Gegenbild zum stoischen Weisen[53] – aber Furcht kennt er wohl kaum.

Wie ist also Atreus' vorbeugende Haltung gegenüber seinem Bruder zu erklären? Zu Recht hat K. Heldmann gesagt, Atreus' Begründung für die angebliche Notwehrsituation sei „äußerst schwach", wenn Thyestes' Haltung, die er bei sei-

---

47 (1941) 1972, 483–484. Ebenso Enk 1957, 302.
48 (1930) 1961, 436.
49 So treffend von Seidensticker 1969, 41 formuliert.
50 Der Chor sagt 138–139: *fas valuit nihil* | *aut commune nefas.*
51 *age, anime, fac quod nulla posteritas probet,* | *sed nulla taceat* (192–193).
52 ▸ S. 366.
53 Knoche (1941) 1972, 479 [[▸ S. 459–474].

nem Erscheinen erkennen läßt, dagegengehalten wird.⁵⁴ Ein anderes Bild ergibt sich aber, wenn man Atreus' Urteil aus der Vergangenheit aufgrund des Verhaltens, das Thyestes früher an den Tag gelegt hat, herleitet. Denn ganz offensichtlich bewahrt nicht nur Atreus, sondern auch der Chor eine negative Vorstellung im Gedächtnis: Wenn der Bote nach dem Kindermord auftritt und ausruft, es sei eine solche Untat geschehen, daß er sie kaum aussprechen könne, fordert ihn der Chor nicht auf zu sagen, wer, sondern welcher von den beiden Brüdern sie begangen habe: *quid sit quod horres ede et auctorem indica: | non quaero quis sit, sed uter* (639–640).⁵⁵ Ihm gelten Atreus und Thyestes unterschiedlos als die beiden einzigen, die für einen Frevel in Frage kommen. Das ist gleichsam eine objektive Information für den Hörer: Bei Atreus ist also nicht ‚selbstgeschaffene' Furcht wirksam.

Die gemeinsame Quelle dieser Urteile ist deutlich in der Haltung zu sehen, die Thyestes in der Vergangenheit gezeigt hat. Sie wird in 221–241 ausführlich dargelegt, einer Partie, die vielfach ignoriert oder gar als störend⁵⁶ empfunden wurde. Thyestes hatte erstens mit der Frau seines Bruders, Aeropa, Ehebruch begangen, so daß Atreus fürchtete, er sei nicht der Vater von Agamemnon und Menelaus; und Thyestes hatte zweitens den goldenen Widder, das Unterpfand der Pelopidenherrschaft, mit Aeropas Hilfe in seine Gewalt gebracht, so daß Atreus in die Verbannung gehen mußte. Es wird nicht geschildert, wie Atreus wieder an die Herrschaft gekommen und Thyestes seinerseits in die Verbannung geschickt wurde, aber es wird klar vorausgesetzt, daß Thyestes in erheblichem Maß widerrechtlich vorgegangen war. Auch hierbei handelt es sich um eine objektive Information für den Hörer. Es ist konsequent, daß sowohl Atreus als auch der Chor zur Zeit der Handlung des Stücks von Thyestes den Eindruck haben, daß er seines Bruders würdig sei und immer noch nach der Herrschaft strebe. Die ersten beiden der genannten Aspekte,⁵⁷ unter denen die Thyestes-Gestalt zu sehen ist, passen eindeutig zueinander. Daß Thyestes sich während des Exils bis zu einem gewissen Grad gewandelt hat, steht auf einem anderen Blatt.

---

54 „Diese scheinbare Unabdingbarkeit der geplanten Tat ist zwar ein Merkmal aller Affektdarstellungen Senecas [...], sie ist aber überall einleuchtender begründet als im Thy." (1974, 100).
55 Die Auffassung von Gigon 1938, 182, der dieses Wort des Chors bei seiner Interpretation als „höchst sonderbar" empfinden muß (Seneca habe hier „den Gesamtsinn der pointierten Wendung geopfert"), ist auf Ablehnung gestoßen.
56 Gigon 1938, 182.
57 ▸ S. 369.

3 Thyestes' Bild in den beiden Auftritten

Nach Atreus' Schilderungen des Bruders hat der Hörer Gelegenheit, sie während seiner beiden Auftritte (404–545, 920–1112) selbst zu überprüfen. Der erste, in dem Thyestes Dialoge mit dem Sohn Tantalus (404–490) und mit Atreus (512– 545) führt, stellt die Partie dar, aus der heraus vielfach die gesamte Gestalt verstanden worden ist, obwohl sie nur einen – wichtigen – Aspekt widerspiegelt. Thyestes' Ausführungen gegenüber dem Sohn sind ein Lehrstück über *falsa nomina*. Er erklärt dem Jüngeren eindringlich die Ambiguität der Begriffe: Angeblich Großes (wie Macht) gefalle zu Unrecht, angeblich Hartes (wie Bescheidenheit) werde umsonst gefürchtet, *falsis magna nominibus placent,* | *frustra timentur dura* (446–447). In solcher Weise sind Thyestes' Formulierungen immer wieder paradox zugespitzt – ganz im Sinn der *Paradoxa Stoicorum*.[58] Diese ‚Umwertung' braucht nicht weiter verfolgt zu werden, da sie im Zusammenhang mit Thyestes' Revozierung in seinem Canticum 920–969 ausführlich zur Sprache kommen wird.[59] Es ist jedoch nachdrücklich hervorzuheben, daß das Bild eines stoischen Weisen, das aus Thyestes' verschiedenen Äußerungen – insbesondere aus der Diatribe 446–470 – spricht, bereits in diesem ersten Auftritt erhebliche Trübungen erfährt. Es ist eine Ironie, daß sich Thyestes ausgerechnet von einem Knaben zu einem Handeln überreden läßt,[60] das seiner soeben vorgetragenen Ansicht völlig widerspricht. Thyestes weiß genau, daß Atreus' Angebot nicht echt sein kann (476–482): Er tut den Schritt zur Macht wider besseres Wissen. Seneca hat das für den aufmerksamen Hörer deutlich ausgesprochen. Wenn Atreus zu Thyestes sagt: *recipit hoc regnum duos* (534), akzeptiert dieser das Angebot; und doch hatte er zuvor ausdrücklich das Gegenteil festgestellt: *non capit regnum duos* (444). Ebenso wird Thyestes von seinem inneren Gefühl gewarnt, indem er Furcht empfindet, aber er kann sich diese nicht erklären: *causam timoris ipse quam i g n o r o exigis.* | *nihil timendum video, sed timeo tamen* (434–435). Der λόγος ist im Begriff, die Rolle des ἡγεμονικόν wieder aufzugeben. Thyestes handelt wider Wissen und Gewissen: Auf dem Weg zur Macht, will Seneca sagen, stehen Lüge und Selbsttäuschung.

Daß Thyestes durch den Wiedereintritt in die Königsherrschaft wieder der ‚alte' Thyestes, der nach ihr durch Verbrechen strebte, geworden ist, zeigt sein Lied 920–969 auf das deutlichste. Es klingt wie eine Wort für Wort, Begriff für Begriff aufnehmende Palinodie der Weltanschauung, die er bei seinem ersten Auftritt

---

[58] Zu den Paradoxa in den Tragödien Lefèvre 1970, 69–74 / 1992, 224–229 (▸ S. 413–418).
[59] ▸ S. 375–377.
[60] Darauf hat Knoche (1941) 1972, 485 zu Recht hingewiesen.

vertreten hat. Während er sich dort von der traditionellen Wertewelt zugunsten einer stoischen Position distanzierte, beschreitet er jetzt den umgekehrten Weg, indem er sich die damals abgelehnten Anschauungen zu eigen macht. Durch diese Argumentation, die jeweils auf verschiedenen Ebenen liegt, ist es bedingt, daß die stoischen Werte beim ersten Auftritt positiv, beim zweiten negativ verstanden werden. Die ersten fünfeinhalb Verse stellen sofort das neue Denken vor (920 – 925):

> 920 pectora longis hebetata m a l i s,
> iam sollicitas ponite curas.
> fugiat m a e r o r fugiatque p a v o r,
> fugiat t r e p i d i comes exilii
> t r i s t i s e g e s t a s rebusque gravis
> 925 p u d o r afflictis.

Im ersten Vers fällt ein – entscheidendes – Stichwort: *malis*. Thyestes bezeichnet die Zeit der Verbannung als *mala*, doch vorher hatte er von *mala | iam victa* (425 – 426) gesprochen: Er habe die scheinbaren Übel innerlich überwunden und als Glück empfunden (417 – 418). Gerade diese der allgemeinen Auffassung widersprechende Weltanschauung hatte er in einen pointiert formulierten Satz gefaßt, den jeder Hörer noch im Ohr haben mußte: *m a l a m bonae praeferre fortunam licet* (454). Die Sentenz klang wie ein stoisches Paradoxon, doch brauchte sie nicht paradox formuliert zu werden, um doch dasselbe auszusagen. Statt *malam* hätte Thyestes *modicam*[61] oder *parvam* sagen können, um die Provokation zu vermeiden und nicht das allgemein minder Geltende als das Richtige auszugeben. Von dieser stoischen Erkenntnis ist Thyestes bei seinem Auftritt 920 ebensoweit entfernt wie bei den früheren Taten. Dieselbe Sinnesänderung demonstrieren die folgenden Verse, die gleich fünf Begriffe in neuer Interpretation bringen. Jetzt schreibt Thyestes der früheren Lage Traurigkeit, *maeror*, zu, damals sagte er, daß er in ihr fröhlich war (*laetus* 418). Jetzt bringt er mit der früheren Lage Furcht, *pavor*, in Verbindung, damals sagte er, daß Furcht zu haben (*pavere / timere*), ein Dauerzustand gewesen sei, solange er an hoher Stelle gestanden habe (447 – 449). Jetzt bezeichnet er die Zeit der Verbannung als von innerer Unruhe erfüllt, *trepidum*, damals sagte er das Gegenteil und erkannte allein ihr Sorglosigkeit (*securas dapes* 450, *tutus cibus* 452), äußere (*tuta domus* 468) und innere Ruhe (*alta quies* 469) zu. Jetzt gilt ihm die Armut als öde, damals pries er in immer neuen Variationen ihre Vorzüge: Er sprach von seiner Wunschlosigkeit (443) und der Torheit, die Armut zu fürchten (447), er lobte die Bescheidenheit der Lebensweise (*humi iacentem* 451, *mensa angusta* 452) und führte in längerer Rede noch eine ganze Reihe von

---

61 *Ag.* 102: *modicae res.*

Merkmalen seiner und des stoisch Gebildeten Bedürfnislosigkeit aus (455–467). Während die bisher genannten Begriffe je nach Weltanschauung der einen oder anderen Lebensweise bzw. Lebensstellung zuzuordnen sind, kann bei dem fünften Begriff, *pudor*, nicht von Relativität gesprochen und er im Grund nicht mit einem negativen Attribut (*gravis*) in Verbindung gebracht werden. Wenn Thyestes sagt, der *pudor* gehöre den *res afflictae* zu, disqualifiziert er seinen jetzigen (Wunsch-) Zustand selbst. Es genügt, in diesem Zusammenhang auf Atreus' Dialog mit dem Satelles über die Relevanz von *honestum* und *pudor* zu verweisen (214–218): Thyestes steht nunmehr eindeutig auf Atreus' Stufe, er ist ein zweiter Atreus.

Das wird noch deutlicher, wenn sich Thyestes von der während des Exils durchlaufenen Phase seiner Weltanschauung grundsätzlich distanziert (933–937):

>   sed iam saevi
>   nubila fati pelle ac m i s e r i
> 935 temporis omnes dimitte notas;
>   redeant vultus ad l a e t a boni;
>   v e t e r e m ex animo mitte T h y e s t e n.

Thyestes bezeichnet die besinnliche Zeit des Exils jetzt als *tempus miserum*, obwohl er früher in einem nicht weniger pointierten Paradoxon als in 454 (*malam bonae praeferre fortunam licet*) gesagt hatte: *esse iam m i s e r u m iuvat* (427). Daß jene Sentenz provozieren sollte, ist klar, denn Seneca hätte statt *miserum esse* nur zu sagen brauchen *miserum videri*. So aber mußte jedem Hörer das stoische Paradoxon noch im Ohr sein und das jetzige Negieren der stoischen Weltanschauung um so mehr auffallen. Auch wenn Thyestes die neue – und doch eben vorgestrige – Lebensweise als *laeta* bezeichnet, sollte der Hörer daran gemahnt werden, daß derselbe Sprecher gesagt hatte, er sei im Exil, in der Armut, *laetus* gewesen (417/418). Die letzte Steigerung des nunmehr nach allen Richtungen durchgespielten Relativierens der entscheidenden Begriffe stellt Thyestes' Absicht dar, sich von dem ‚alten' Thyestes der ‚stoischen' Periode im Exil grundsätzlich zu trennen: *veterem ex animo mitte Thyesten*.[62]

Spricht die Partie 920–937 der ‚neue' Thyestes, so ist danach ein charakteristischer Umbruch in der Stimmung – und demzufolge in der Terminologie – des Sprechenden zu beobachten (938–941):

>   proprium hoc m i s e r o s sequitur vitium,
>   numquam rebus credere l a e t i s:
> 940 redeat f e l i x fortuna licet,
>   tamen a f f l i c t o s gaudere piget.

---

[62] In der früheren Erklärung dieser Stelle (1970, 73 / 1992, 228) ist ‚schuldhaft' zu streichen.

Während in Thyestes eine düstere Ahnung, daß etwas Schreckliches geschehen sei, aufsteigt, fällt er aus seiner neuen Selbstsicherheit heraus und zählt sich wieder zu den *miseri* und *afflicti*, von denen er sich gerade distanziert hat. Doch ist es bezeichnend, daß er damit noch nicht zum ‚alten' Thyestes wird, denn er argumentiert nicht von dessen Ebene aus, sondern von der des ‚neuen' Thyestes. Jener lehnte die *laeta* und die *felix fortuna* in dem hier gemeinten Sinn ab[63] und war froh, *miser* und *afflictus* zu sein: Ebendies bedauert der ‚neue' Thyestes. Er fühlt sich äußerlich auf die alte Stufe zurückgeworfen, sein Denken aber ist, wenn auch momentan bar aller Arroganz, unverändert das des ‚neuen' Thyestes, das aus dem ersten Teil des Canticums 920–937 sprach. In diesem Sinn sind auch die Verse 952–953 aufzufassen:

> m a e r o r lacrimas amat assuetas,
> flendi m i s e r i s dira cupido est.

Wieder schreibt er sich jetzt *maeror* zu und zählt sich zu den *miseri*, ohne doch das ‚Positive', wie früher, zu sehen. Thyestes ist zerrissen, sein Denken gespalten:[64] Er vermag weder die Position des alten, von stoischem Denken geprägten (404–490) noch die des neuen, das Gegenbild darstellenden Thyestes (920–937) durchzuhalten. Er befindet sich in einem schwebenden Zustand, aus dem sein labiles Denken nach dieser oder jener Richtung gelenkt werden kann, je nach den äußeren Umständen, die auf ihn einwirken. Seneca hat an der Gestalt des Thyestes eindrucksvoll demonstriert, wie der Eintritt in die Sphäre der äußeren Machtfülle zugleich einen Verlust an innerer Sicherheit bedeutet.

Daß die in dem Dialog mit Atreus (970–1112) Schritt für Schritt an das Licht tretende Wahrheit über das Mahl nicht geeignet ist, Thyestes in den Zustand stoischen Gleichmuts zurückzuversetzen, liegt auf der Hand. Sein Verhalten in der Schlußszene ist in zweierlei Hinsicht von Interesse: Sowohl das Schuldbewußtsein als auch die Maßlosigkeit der Reaktionen zeigen, daß Seneca Atreus eine einheitlich konzipierte Figur an die Seite gestellt hat.

---

63 Auch *credere* ist ein in diesen Zusammenhang gehörender Terminus: Seinerzeit wußte Thyestes, daß es nicht richtig ist, den unbeständigen Dingen zu vertrauen (*rebus incertissimis* | [...] *credis?*, 424–425), nunmehr bedauert er, zu ihnen nicht Zutrauen haben zu können.
64 Knoche (1941) 1972, 486 bemerkt zu diesem Canticum: „Trieb und Vernunft haben dort fast die Rollen vertauscht. Der Trieb, durch das Mahl roh zur äußersten Gewalt gesteigert, gibt sich kund in lauter Rede und gröhlendem Gesang; er umkleidet das häßliche Tun mit klugen Reden. ‚Entlaß den alten Thyest aus deinem Geist', sagt er (937): und dieser ‚alte' Thyest war es ja, der mit der eigenen Läuterung begonnen hatte; gerade er soll jetzt entlassen werden. Die Vernunft, die Ratio ist ganz zurückgewichen in die geheimnisvolle Sphäre einer fast tierhaften Angst; sie hat geradezu die Maske des Irrationalen vorgenommen. Und doch ist sie immer noch da."

Wenn Atreus seinem Bruder den Kelch mit dem Blut der Kinder als Weintrunk anbietet und dabei der Boden schwankt und sich der Himmel verfinstert, bittet Thyestes um Schonung für Bruder und Kinder, indem er das sich offenbar ankündigende Unheil auf sich zu beziehen und zu ertragen bereit ist (995–997):

> 995   quidquid est, fratri precor
> natisque parcat, omnis in vile hoc caput
> abeat procella.

Da er Atreus' Untat noch nicht kennt, andererseits sich bei der Bitte um Schonung ausschließt, dürfte es sich um ein Schuldbewußtsein im Hinblick auf die 221–235 geschilderten Untaten handeln. Ganz in diesem Sinn spricht er 1103 von seinem *scelus*, was sich ebenfalls auf die Vergangenheit bezieht. Vielzitiert ist auch sein Bekenntnis 512–515, an dem nach Regenbogen der „Ausdruck von Reue und Sündenbewußtsein überrascht, weil er unantik anmutet".[65] Zu Recht hat daher Marti Thyestes zu den "architects of their fate" gezählt.[66] Nach dem Aufdecken der Untat verflucht er nicht einseitig den Bruder, sondern wertet ihn und sich gleichermaßen als Frevler: *uterque* (1012), *nos* (1015), *noxiae animae* (1016–1017), *causa utriusque mala* (1087–1088). Man sieht: Seneca hat am Schluß noch einmal deutlich machen wollen, daß Atreus und Thyestes innerlich verwandt, wahrhaft ‚Brüder' sind. Natürlich unterscheiden sie sich dadurch, daß Thyestes zur Einsicht gekommen ist, Atreus aber von konsequenter Uneinsichtigkeit bleibt. Burck hat glücklich darauf hingewiesen, daß sich die Konfrontation eines Partners, der „latent die gleichen verbrecherischen Leidenschaften und Ziele" habe, bei Lukan in den Personen von Caesar und Pompeius wiederhole.[67]

Bemerkenswerterweise hat Seneca am Schluß die Anlage zur Maßlosigkeit in Thyestes aktualisiert: Die enthemmten Reaktionen 1006–1021 und 1068–1096 sind – so verständlich sein Schmerz auch ist – kaum als Äußerungen eines stoisch Gebildeten anzusprechen. Bekannt war Thyestes' Fluch schon aus dem *Thyestes* von Ennius, der damit, wie Cicero sagte, das Volk, nicht aber die Weisen bewegte: *Thyestea est ista exsecratio poetae vulgi animos, non sapientium, moventis*.[68] "Thyestes' passionate outburst at the play's climax is far more than an unhappy sufferer's passionate cry for oblivion. It is clear enough that the author wishes to suggest that Thyestes, if not as consciously evil as Atreus, at least is as dangerous."[69]

---

65 (1930) 1961, 438. Wenig überzeugend Gigon 1938, 180 und Steidle (1944) 1972, 495.
66 1945, 241–242.
67 (1971 (2)) 1981, 269.
68 *In Pis.* 43.
69 Poe 1969, 375.

IV Die Lehre des *Thyestes*

Gibt es eine Lehre des *Thyestes?* Seneca hat sein Drama – wie Ennius und Varius – nach Thyestes benannt. Offenbar erschien er ihm als die interessantere Figur. Das ist insofern berechtigt, als Thyestes zwei Wandlungen durchmacht: einmal vom Frevler zum (fast) Geläuterten, dann wieder vom (fast) Geläuterten zum Frevler. Hat Seneca mit dieser Darstellung eine tiefere Absicht verfolgt? Die Kernszene des Dramas dürfte Thyestes' erster Auftritt sein (404–545). Knoche hat richtig gesehen, daß er hier ein Mann ist, dem das Leiden den Blick für wahr und unwahr geschärft, den es aber noch nicht geläutert hat: Deshalb unterliege er schließlich in dem Kampf zwischen der Vernunft und der Gier nach den glänzenden Gütern.[70] Da Thyestes in dieser Szene immer wieder Lehrsätze stoischer Provenienz zitiert, wollte Seneca offenbar einen stoischen προκόπτων vorführen, der besten Willens zu sein meint, aber in seiner Überzeugung doch nicht so gefestigt ist, daß er nicht schließlich der Versuchung – und das heißt: der eigenen Schwäche – unterläge. Denn auch darin hat Knoche recht, daß Tantalus nicht ein objektiver Gegenspieler, sondern ein Teil von Thyestes' eigener Seele ist[71] – sozusagen eine innere Stimme. Das beliebte Argument, Thyestes nehme die Herrschaft nur an, um seinen Kindern die Zukunft zu sichern, ist inkonsequent: Wenn er wirklich von den so eindrucksvoll vertretenen Maximen überzeugt wäre, müßte er sie auch den Söhnen zu vermitteln versuchen und sie nicht zu einer verabscheuungswürdigen Lebensweise führen! Es ist klar, daß Atreus Thyestes nur in die Falle locken kann, weil dieser potentiell seinem Bruder gleicht. Atreus weiß das und spricht es dem Satelles gegenüber aus (288–294):

> non poterat capi,
> nisi capere vellet. regna nunc sperat mea:
> 290 hac spe minanti fulmen occurret Iovi,
> hac spe subibit gurgitis tumidi minas
> dubiumque Libycae Syrtis intrabit fretum,
> hac spe, quod esse maximum retur malum,
> fratrem videbit.

Warum kehrt Thyestes zurück wenn nicht um der Herrschaft willen? Atreus hat sehr richtig erkannt, daß in ihm noch immer eine Spur des *vetus regni furor* lebendig ist (302).

Daß Thyestes eine Gestalt ist, die nicht nur Senecas – und wohl ebenso moderner – Lebenserfahrung, sondern auch seiner Philosophie entspricht, liegt

---

70 (1941) 1972, 484.
71 (1941) 1972, 484.

auf der Hand. Im 75. Brief an Lucilius handelt er von den verschiedenen Klassen der προκόπτοντες, der *proficientes*, also derer, die noch nicht die Stufe des Weisen erreicht haben. Die ersten seien die, die schon der Weisheit nahestünden, aber noch außerhalb ihrer seien; sie fielen in den alten Zustand nicht mehr zurück, wenn sie davon auch kein Bewußtsein hätten: *primi sunt qui sapientiam nondum habent sed iam in vicinia eius constiterunt; tamen etiam quod prope est extra est.* [...] *iam tamen in illa quae fugerunt decidere non possunt; iam ibi sunt unde non est retro lapsus, sed hoc illis de se nondum liquet* (9). Zu der zweiten Art gehörten die, welche die schwersten Übel der Seele und die Affekte zwar abgelegt, aber noch nicht den festen Besitz der inneren Sicherheit hätten; sie könnten wieder zurückgleiten: *secundum genus est eorum qui et maxima animi mala et adfectus deposuerunt, sed ita ut non sit illis securitatis suae certa possessio; possunt enim in eadem relabi* (13). Die dritte Klasse habe viele große Fehler, aber noch nicht alle überwunden: *tertium illud genus extra multa et magna vitia est, sed non extra omnia* (14). Was läge näher, als Thyestes der zweiten Klasse zuzuordnen? Wie deren Vertreter ist er frei von den *maxima animi mala et adfectus*, wie jene hat er jedoch noch nicht die neue Haltung als festen dauernden Besitz, wie jene ist er ein Beispiel für das Zurückgleiten in die alte Haltung. Die Definition aus dem Brief scheint geradezu für ihn gemacht. Umgekehrt sollte nur in recht verstandenem Sinn behauptet werden, Seneca habe in Thyestes eine Definition seiner Philosophie dramatisiert: Denn in dem Maß, in dem Senecas Philosophie am Leben orientiert ist, ist auch Thyestes eine lebenswahre Gestalt.

Insofern Seneca Thyestes nicht in ein beliebiges *vitium*, sondern in das der Macht zurückgleiten läßt, gewinnt die Tragödie neben der philosophischen auch eine politische Dimension: die Darstellung des verderblichen Einflusses der Macht auf den Menschen. Geradezu lehrbuchmäßig – aber eben auch lebensecht – hat Seneca an Thyestes die Popularmaxime vom Damokles-Schwert, der Koppelung von Macht und Furcht, wirksam werden lassen, die Wahrheit des Satzes: *quantum ad successus accesserit, accedet ad metus.*[72] Der schon besprochene zweite Teil des Thyestes-Canticums[73] ist hierfür bezeichnend. Doch bekennt Thyestes bereits bei seinem ersten Auftritt: *nunc* [...] *in metus | revolvor* (418–419). Insbesondere hat er Furcht im Hinblick auf Atreus, der die Macht symbolisiert: *timendum* (473), *timori* (483), *timendum* (486), *times* (486). Seneca hat an Thyestes anschaulich gezeigt, wie mit dem Eintritt in die Macht die *securitas* verloren geht. Daß es sich hier um die Kernszene der Tragödie handelt, hat Giancotti richtig gesehen: «Quando cede alle preghiere del figlio, Tieste cede agli allettamenti della falsa regalità e si avvia

---

[72] *Epist.* 19, 8.
[73] ▸ S. 377.

alla perdizione. Qui, indipendentemente dalle vecchie offese recate ad Atreo, è il torto di Tieste. Qui è il precipuo senso morale della tragedia.»[74]

V Ausblick: Atreus und Nero

Natürlich liegt es nahe, bei Atreus an Nero zu denken: «Nerone divo Augusto, l'imperatore plebeo, questo pessimo Clodio in porpora reale, crediamo noi possa essere stato dipinto dagli accigliati aristocratici di Roma in maniera molto diversa dal tiranno Atreo?»[75] Wenn Atreus die Sätze des Satelles, die *De clementia* entsprechen, negiert, negiert er auch Senecas Ratschläge an Nero.[76] Wenn Thyestes 463–464 und Atreus 911 von göttlichen Ehren sprechen, mag man ebenfalls an Nero denken.[77] Ranke bemerkte in diesem Zusammenhang, man erkenne, „wie sehr der römische Gesichtskreis der damaligen Zeit überall in die Sage hineingetragen" werde.[78] Sowohl Ranke[79] als auch Herzog[80] deuteten den *Thyestes* als Ausdruck der Opposition gegen den Kaiser.[81] In der Gestalt des Satelles sahen Ranke und Pöschl Seneca selbst gespiegelt. Ob das auch auf Thyestes zutrifft, ist fraglich. Ohne Frage aber kann man in der Distanzierung des Chors von der Macht in 391–403[82] Senecas Überzeugung erblicken,[83] die er für seine Person erst spät – zu spät – verwirklichen konnte – in einer Zeit, als er an Lucilius schrieb: *si te ad privata rettuleris, minora erunt omnia, sed adfatim implebunt: at nunc plurima et*

---

74 1953, 103,
75 Marchesi (1907) 1978, 434.
76 Ranke 1888, 37: „In den Aeußerungen des Satelles bezeigt sich die gemäßigte republikanische Gesinnung, die Seneca eigen war, die das Fürstenthum anerkennt, aber von ihm Selbstbeschränkung und Befolgung der allgemein gültigen Grundsätze des Rechts und der Sittlichkeit verlangt."
77 Zur ersten Stelle Ranke 1888, 38.
78 1888, 38. Hierher gehört auch der Aufruf des Chors 607–614.
79 „Es ist die Tragödie der Opposition, die sich nicht öffentlich zeigen darf" (1888, 38).
80 Der „Thyest ist eine aktuelle Oppositionstragödie" (Herzog 1928, 81, der ihn in Senecas Verbannungszeit datiert).
81 „In der Thyestes-Tragödie spiegelt sich Senecas Erfahrung über den Umgang mit der Macht wider, die Erfahrung der Ohnmacht des Ratgebers, die Erfahrung, welche Vorzüge mit der Entmachtung, ja selbst mit der Verbannung verbunden sein können, und die Einsicht, daß es unmöglich ist, im Umgang mit der Macht schuldlos zu bleiben und nicht von Angst und Gier angesteckt zu werden. Seneca ist der Satelles und er ist auch Thyest, Thyest der Geläuterte, und auch Thyest, der schuldig geworden ist, aber nun bereit ist zu büßen" (Pöschl (1977) 1979, 319).
82 ▶ S. 367.
83 „Kann man denn zweifeln, dass Seneca hier wirklich sich selbst gemeint hat?" (Herzog 1928, 74).

undique ingesta non satiant. utrum autem mavis ex inopia saturitatem an in copia famem? et avida felicitas est et alienae aviditati exposita; quamdiu tibi satis nihil fuerit, ipse aliis non eris.[84]

---

[84] *Epist.* 19, 7.

24 Die Monomanie der senecaischen Phaedra

I Phaidras soziale Eingebundenheit ── S. 384
II Phaedras monomane Isolation ── S. 385
III Phaidras sozialer Tod ── S. 388
IV Phaedras monomaner Tod ── S. 389
V Phaedra und Salomé ── S. 391

In einem Vortrag auf dem Kongreß über Seneca und das Theater, veranstaltet vom Istituto Nazionale del Dramma Antico im September 1981 in Siracusa, habe ich Sophokles' und Senecas *Oedipus* miteinander verglichen und gezeigt, daß dem sophokleischen ‚sozialen' Oidipus der senecaische ‚monomane' Oedipus gegenübersteht. Dieser Vortrag ist unter dem Titel ‹L'*Edipo* di Seneca: Problemi di drammaturgia greca e latina› 1985 erschienen. Dort heißt es unter anderem: «L'Edipo greco è in contatto con la società; nel discorso del sacerdote e nella risposta del re emerge il legame del sovrano con il suo popolo, fiducia ed impegno di assistenza si corrispondono. L'Edipo romano è totalmente ignaro di simili legami, è illimitatamente monomane. Il suo egoismo ha in ultima analisi un solo partner, il cosmo.»[1] «In effetti quest'Edipo non è in condizione di pensare ad altri che a se stesso. L'intero cosmo egli pone in relazione soltanto con se stesso, non ha altri partner.»[2] «Seneca non poteva dimostrare più chiaramente che il suo monomane Edipo è assolutamente incapace di dare ascolto all'ambiente intorno a lui. [...] Edipo si muove esclusivamente nella rete dei suoi pensieri [...]. Quest'Edipo è – come i personaggi di Seneca in generale – un antico predecessore della moderna ‹incomunicabilità›. [...] Un altro esempio dell'atteggiamento qui osservato di Edipo è rappresentato da Medea. Anche lei non ha alcun partner, anche lei è monomane.»[3] Es ist die Absicht der folgenden Ausführungen, dieselbe Haltung bei Senecas Phaedra im Gegensatz zu der Phaidra des (erhaltenen) euripideischen *Hippolytos Stephanephoros* nachzuweisen. Die Frage, wieweit Seneca den (verlorenen) *Hippolytos Kalyptomenos* benutzt hat, kann hierbei außer acht gelassen werden, da dessen Phaidra zwar rigoroser als die des *Stephanephoros*, aber nicht weniger ‚sozial' gewesen sein dürfte.[4]

Quaderni di Cultura e di Tradizione Classica 4 / 5, 1986 / 1987 (erschienen 1990), 207–218 (Università degli Studi, Palermo).
1 Lefèvre 1981 (1), 248 (▶ S. 327–328). Vgl. Lefèvre 1980 (1), 303 (▶ S. 321).
2 Lefèvre 1981 (1), 250 (▶ S. 328).
3 Lefèvre 1981 (1), 257–258 (▶ S. 333–334). Vgl. Liebermann 1974, 185–186.
4 Herter 1971, 53 Anm. 26.

Um diese These zu demonstrieren, werden im folgenden je zwei Passagen miteinander verglichen: 1. Die Szene zwischen Phaidra und der Amme (*Hipp*. 176 – 524; *Phae*. 85 – 273), 2. Phaidras Abschied (*Hipp*. 680 – 731; *Phae*. 1156 – 1200). Damit werden die jeweils ersten und letzten Auftritte dieser faszinierenden Gestalt bei beiden Dichtern in den Blick genommen.

I Phaidras soziale Eingebundenheit

Euripides' Phaidra hat zu den Gruppen bzw. Personen ihrer Umgebung engen sozialen Bezug, der sie bei ihrem Verhalten und ihren Entscheidungen stets bestimmt. Das gilt sowohl der Gesellschaft als auch der Familie gegenüber. Sie setzt, wie sie ausdrücklich sagt, die Gesellschaft als Beurteilerin ihres Tuns hoch an; sie möchte weder Edles im Verborgenen noch Schimpfliches in der Öffentlichkeit tun (403 – 404):

> ἐμοὶ γὰρ εἴη μήτε λανθάνειν καλὰ
> μήτ' αἰσχρὰ δρώσῃ μάρτυρας πολλοὺς ἔχειν.

Sie haßt die Frauen, die mit Worten maßvoll sind, heimlich aber schlimm handeln (413 – 414):

> μισῶ δὲ καὶ τὰς σώφρονας μὲν ἐν λόγοις,
> λάθρᾳ δὲ τόλμας οὐ καλὰς κεκτημένας.

Dementsprechend hat sie ein Vertrauensverhältnis zum Chor. Dieser erkundigt sich besorgt bei der Amme nach Phaidras unglücklichem Zustand (267– 270), ihn spricht Phaidra in ihrer großen Rede (373 – 430) mit den ersten Worten als Partner an (373 – 374):

> Τροζήνιαι γυναῖκες, αἳ τόδ' ἔσχατον
> οἰκεῖτε χώρας Πελοπίας προνώπιον.

Ihre Rede ist an ein echtes Du gerichtet. Auch die Amme steht ihr nahe. Zu Recht redet sie der Chor als βασιλίδος πιστὴ τροφέ an (267). Ihr erstes Wort gilt Phaidra, bezüglich deren Zustands sie nicht weiß, was sie tun, was sie lassen soll (177):

> τί σ' ἐγὼ δράσω, τί δὲ μὴ δράσω;

Respektvoll nennt Phaidra die Amme μαῖα (243),[5] liebevoll die Amme Phaidra τέκνον (297).[6]

---

5 προσφώνησις πρὸς πρεσβῦτιν τιμητική (Hesych s. v. μαῖα).

Vor allem hat Phaidra ihre Familie im Auge. Ihr Entschluß zu sterben, entspringt nicht der Mißachtung ihr gegenüber, sondern der Rücksicht auf sie. Die Amme macht Phaidra unmißverständlich klar, daß ihr Tod die Preisgabe der Kinder bedeute (εἰ θάνῃ, προδοῦσα σοὺς | παῖδας, 305–306). Phaidra reagiert betroffen (315):

> 315   φιλῶ τέκν'· ἄλλῃ δ' ἐν τύχῃ χειμάζομαι.

Welch erschütterndes Geständnis! Hier weiß sie noch nicht, wie sie diese Not meistern kann. Was aber ihren Gatten betrifft, sagt sie ganz entschieden, daß sie sich nicht gegen ihn verfehlen möchte (321):

> μὴ δρῶσ' ἔγωγ' ἐκεῖνον ὀφθείην κακῶς.

Dann folgt ihre Rede, in der die Scham, die αἰδώς (385), ein wesentlicher Punkt in ihrer Rechnung ist und in der sie ihren Entschluß zu sterben begründet.[7] Hier spricht sie klar aus, daß sie gerade deshalb sterben wolle, damit sie weder ihrem Mann noch ihren Kindern Schande bereite, ja die Kinder sollten frei in dem herrlichen Athen leben und wegen ihrer Mutter berühmt sein (419–423):

> ἡμᾶς γὰρ αὐτὸ τοῦτ' ἀποκτείνει, φίλαι,
> 420   ὡς μήποτ' ἄνδρα τὸν ἐμὸν αἰσχύνασ' ἁλῶ,
> μὴ παῖδας οὓς ἔτικτον· ἀλλ' ἐλεύθεροι
> παρρησίᾳ θάλλοντες οἰκοῖεν πόλιν
> κλεινῶν Ἀθηνῶν, μητρὸς οὕνεκ' εὐκλεεῖς.

Diese Worte richtet sie an die Frauen des Chors; ihm offenbart sie ihren Todesentschluß. Der Chor stimmt schmerzvoll zu: Im rechten Maß zu handeln sei vortrefflich und ernte edlen Ruhm (431–432):

> φεῦ φεῦ, τὸ σῶφρον ὡς ἁπανταχοῦ καλὸν
> καὶ δόξαν ἐσθλὴν ἐν βροτοῖς καρπίζεται.

Phaidra ist sozial, sie ist in die Gesellschaft eingebunden.

II Phaedras monomane Isolation

Ganz anders stellt sich Senecas Phaedra in der ersten großen Szene im Gespräch mit der Amme dar. Sie geht gleich zu Beginn des Monologs auf Distanz zu ihrem

---

6 *Hipp.* 288: ὦ φίλη παῖ.
7 Zu diesem Begriff Szlezák 1986, 46–59.

Gatten Theseus, indem sie ihm seine Freundestreue Perithous gegenüber als Untreue ihr gegenüber anrechnet – ein zweifelhaftes Argument (91–98):

> profugus en coniunx abest
> praestatque nuptae quam solet Theseus fidem.
> fortis per altas invii retro lacus
> vadit tenebras miles audacis proci,
> 95 solio ut revulsam regis inferni abstrahat;
> pergit furoris socius, haud illum timor
> pudorve tenuit – stupra et illicitos toros
> Acheronte in imo quaerit Hippolyti pater.

Es ist doch wohl abwegig, Theseus eine erotische Bindung an Perithous zu unterstellen.[8] Die Wendung *furoris socius* zeigt, daß Perithous, nicht Theseus seiner Liebe nachgeht. Phaedra vergleicht den Umstand, daß Theseus früher Ariadne verlassen habe,[9] mit ihrem augenblicklichen Verlassensein. Doch ist das ein ganz unangemessenes Argument, da endgültige Trennung und vorübergehende Verpflichtung einem Freund gegenüber nicht miteinander vergleichbar sind.

Später mahnt die Amme Phaedra, Theseus' Rückkehr in Rechnung zu stellen, aber diese antwortet, sie kenne nur Amors Macht über sich und fürchte niemandes Rückkehr (218–219):

> Amoris in me maximum regnum fero[10]
> reditusque nullos metuo.

Das ist zunächst rein faktisch argumentiert, da noch niemand aus der Unterwelt zurückgekehrt sei (219–221). Wenn aber die Amme zu bedenken gibt, daß Theseus dennoch den verbotenen Rückweg finden könne, versteigt sich Phaedra zu der hybriden Ansicht, er werde ihrer Liebe zu seinem Sohn vielleicht verzeihen (225):

> 225 veniam ille amori forsitan nostro dabit.

So sehr ist Phaedra in ihrer Gedankenwelt gefangen, daß sie nicht – wie die die Vernunft verkörpernde Amme – sieht beziehungsweise: nicht sehen will, in welcher Weise die Umwelt auf ihr frevelhaftes Beginnen reagieren muß. Kinder spielen in ihrer Argumentation überhaupt keine Rolle. Sie kamen auch in Sophokles' *Phaidra* vor;[11] wie es im *Kalyptomenos* aussah, ist unbekannt. Es ist bezeichnend, daß Seneca sie fortläßt. Seine Phaedra ist absolut monoman.

---

8 Lefèvre (1969) 1972, 355 (mit Literatur) (▸ S. 254).
9 Lefèvre (1969) 1972, 354 (mit Literatur) (▸ S. 254).
10 *fero* (A), *puto* (E), trotz Zwierlein 1980, 194–195.
11 Fr. 685 Radt. Vgl. Herter 1971, 53 Anm. 26.

Phaedra beruft sich 113–119 auf die perverse Liebe ihrer Mutter Pasiphae und 124–127 auf Venus' Rache an ihrem Geschlecht. Es ist klar, daß sie damit selbstherrlich der rein subjektiven Schuld einen objektiven Charakter zu geben versucht. Denn natürlich besteht zwischen den Geschehnissen kein kausaler Zusammenhang. Andererseits dürfte Seneca nicht nur auf wirksame Pointen gezielt, sondern seine Hauptgestalt durchaus bewußt charakterisiert haben. Phaedra ist nicht nur in ihrer Vereinzelung monoman, sie ist es umgekehrt auch in ihrem globalen Anspruch, indem sie Taten sowohl des Geschlechts[12] als auch der Götter mit dem eigenen Verhalten in Beziehung setzt.

Es ist daher auf den ersten Blick überraschend, daß Phaedra 250–254 plötzlich von *pudor* und *fama* spricht – sie, für die solche Kategorien bisher keine Geltung hatten:

> 250 non omnis animo cessit ingenuo pudor.
> paremus, altrix. qui regi non vult amor
> vincatur. haud te, fama, maculari sinam.
> haec sola ratio est, unicum effugium mali:
> virum sequamur, morte praevertam nefas.

Die Forschung hat ausführlich das Problem diskutiert, ob es sich in diesen Versen um ein echtes Schwanken Phaedras oder aber um eine Erpressung der Amme handele, die gefügig gemacht werden solle.[13] Es ist wahrscheinlich, daß Seneca seine Heroine unbedingt empfinden und argumentieren ließ. Zintzen hat den Versen eine tiefere Deutung gegeben: „Man fragt sich, ob dies nur ein Trick Phaedras ist, um die Amme für ihre Zwecke zu gewinnen, oder ob die Todesdrohung ernst gemeint ist. Vermutlich trifft beides in gewisser Weise zu. Die leidenschaftlich erregte Phaedra erkennt instinktiv, daß dieser Ausbruch der Leidenschaft – ,Hippolytos oder den Tod' – der einzige Weg ist, um ihr Ziel zu erreichen; sie steigert sich in ihrer Exaltation nun so in ihre Rolle hinein, daß sie fähig wäre, sie bis zum Ende durchzuführen."[14] Vielleicht darf man in der Tat hier schon Phaedras spätere Unbedingtheit sehen: Hippolytus oder Tod. Sie entscheidet sich ja wirklich für den zweiten Weg. So könnte sie an dieser Stelle aussprechen, *pudor* und *fama* würden nicht dadurch verletzt, daß sie Hippolytus liebte (und er sie erhörte), sondern dadurch, daß er ihre Liebe nicht erwiderte und sie verschmähte.[15] Zu dem zunächst angestrebten *nefas* bekennte sie sich nach wie

---

12 Auch 242 beruft sich Phaedra anmaßend auf die Mutter – ein perverses Vorbild!
13 Zwierlein 1987, 12–17 (mit Literatur) tritt für die zweite Auffassung ein.
14 1960, 34.
15 Das verwindet nicht einmal Phaedra: *Hipp.* 728–731.

vor.[16] Die Wirkung auf die Amme wäre dieselbe, die Monomanie somit konsequent gezeichnet. Man darf sagen, daß aus Phaedras Worten 265–266 nicht Einsicht, sondern verhärteter Trotz spricht:

> 265 prohibere nulla ratio periturum potest,
> ubi qui mori constituit et debet mori.

Phaedra weiß, was sie ihrer ‚Reputation' (*fama*) schuldig ist.[17] So wenig auf sie der traditionelle *fama*-Begriff zutrifft, so weit ist schon Ovids Phaedra von ihm entfernt, die mit ihrer bisherigen *fama* eher kokettiert (*Her.* 4, 17–18):[18]

> non ego nequitia socialia foedera rumpam;
> fama, velim quaeras, crimine nostra vacat.

III Phaidras sozialer Tod

Wenn Phaidra bei Euripides, zum Tod entschlossen, das letzte Mal auftritt, ist für sie wiederum ihr guter Ruf in der Gesellschaft das entscheidende Argument. Ihr sind der Gatte Theseus, dessen Großvater Pittheus und die πᾶσα γαῖα von größter Bedeutung (687–692):

> τοιγὰρ οὐκέτ' εὐκλεεῖς
> θανούμεθ'. ἀλλὰ δεῖ με δὴ καινῶν λόγων·
> οὗτος γὰρ ὀργῇ συντεθηγμένος φρένας
> 690 ἐρεῖ καθ' ἡμῶν πατρὶ σὰς ἁμαρτίας,
> ἐρεῖ δὲ Πιτθεῖ τῷ γέροντι συμφοράς,
> πλήσει τε πᾶσαν γαῖαν αἰσχίστων λόγων.

---

16 1192: *nefas*.
17 Ganz ernst nimmt auch Krüger 1973, 71 Phaedras Worte: „Sie will nicht geheilt werden, wohl aber siegen – im Tod, wenn nicht im Frevel: ‚Morte praevertam nefas' – ‚Mit dem Tode will ich dem Frevel zuvorkommen.' [...] Wie sie vorher alle Vernunftgründe der Liebesraserei gegenüber für nichtig erklärte, so nun dem Beschluß zum Selbstmord gegenüber: ‚Zu hindern vermag keine Vernunft den, der zugrunde zu gehen sich anschickt, wenn er zu sterben beschlossen hat und sterben soll'" (= 265–266).
18 Dazu Paratore 1952, 224–225: «[...] il tono è [...] quello di un'esperta cortigiana, che voglia giocare la commedia dell'onestà e aggiungere anche questo pimento ai suoi vezzi, per meglio stimolare il giovane. Il *velim quaeras* del v. 18 è impagabile come rappresentazione di una finta protesta d'onestà, che si fa persino goffa e grossolana nel richiamo all'opinione pubblica, nell'invito a procurarsi referenze che confermino l'insistente assicurazione.»

Phaidra weiß sich dem Chor so verbunden, daß sie ihn zum Schweigen über das Gehörte verpflichten kann (710 – 714):

> 710 ΦΑ. ὑμεῖς δέ, παῖδες εὐγενεῖς Τροζήνιαι,
> τοσόνδε μοι παράσχετ' ἐξαιτουμένῃ·
> σιγῇ καλύψαθ' ἁνθάδ' εἰσηκούσατε.
> ΧΟ. ὄμνυμι σεμνὴν Ἄρτεμιν, Διὸς κόρην,
> μηδὲν κακῶν σῶν ἐς φάος δείξειν ποτέ.

Dann spricht sie ihr letztes Wort: Es gilt den Kindern, ihrem eigenen Ruf, den Eltern und schließlich Theseus (716 – 721):

> εὕρημα δή τι τῆσδε συμφορᾶς ἔχω
> ὥστ' εὐκλεᾶ μὲν παισὶ προσθεῖναι βίον
> αὐτή τ' ὄνασθαι πρὸς τὰ νῦν πεπτωκότα.
> οὐ γάρ ποτ' αἰσχυνῶ γε Κρησίους δόμους
> 720 οὐδ' ἐς πρόσωπον Θησέως ἀφίξομαι
> αἰσχροῖς ἐπ' ἔργοις οὕνεκα ψυχῆς μιᾶς.

Den Kindern, sich selbst, den Eltern und dem Gatten ist Phaidra den Tod schuldig. Ihre soziale Gebundenheit ist ihr Halt – und ihre Tragik.

IV Phaedras monomaner Tod

Ganz anders ist die Abschiedsrede der senecaischen Phaedra (1159 – 1200) gestaltet. In ihr mischen sich *dolor* und *furor* (1156) auf einzigartige Weise. Gerade in ihr wird noch einmal deutlich, daß Phaedra keinen Partner kennt, sondern allein steht. Sie ist absolut außerstande, einen anderen Menschen zu verstehen. Kinder oder Eltern spielen für sie keine Rolle, und auf Theseus nimmt sie nur mit Spott und beißenden Pointen Bezug – in reichlich dubiosen Zusammenhängen. Wenn sie zu Theseus sagt, er sei immer nur zum Verderben der Seinen zurückgekehrt, indem er sowohl dem Vater (Aegeus) als auch dem Sohn (Hippolytus) den Tod gebracht habe, ist das eine ebenso unangemessene Pointe wie der Einfall, er schade seinem Haus immer entweder aus Liebe (Phaedra) oder aus Haß (Antiope) zu den Gattinnen (1164 – 1167):

> o dure Theseu semper, o numquam tuis
> 1165 tuto reverse: gnatus et genitor nece
> reditus tuos luere; pervertis domum
> amore semper coniugum aut odio nocens.

Phaedra geht nicht auf Theseus ein. Sie will ihn vernichten.

Ebenso spielt Phaedra in 1184–1187 nicht um Theseus' willen, sondern um ihrer selbst willen auf ihn an:

> morere, si casta es, viro;
> 1185 si incesta, amori. coniugis thalamos petam
> tanto impiatos facinore? hoc derat nefas,
> ut vindicato sancta fruereris toro.

Phaedra hat die Möglichkeit, ‚*casta*' zu sterben, aber sie weiß selbst, daß das ein Hohn wäre, ja ein *nefas*. Dazu ist sie zu stolz. Theseus findet überhaupt nur in schneidend-ironischer Spekulation Erwähnung: *vindicato toro* – das fehlte noch! Phaedra bekennt sich dazu, *incesta* zu sein und ihrer Liebe zu sterben. *amori* steht für den Geliebten;[19] es ist bezeichnend, daß Phaedra ihn nicht nennt, sondern von ihrer – ganz persönlichen – Liebe spricht. Sie ist sich stets nur selbst Bezugspunkt.

Zum letztenmal würdigt Phaedra 1191–1196 Theseus eines Worts – jedoch nur, um ihn im Innersten zu treffen:

> audite, Athenae, tuque, funesta pater
> peior noverca: falsa memoravi et nefas,
> quod ipsa demens pectore insano hauseram,
> mentita finxi. vana punisti pater,
> 1195 iuvenisque castus crimine incesto iacet,
> pudicus, insons – recipe iam mores tuos.

Wer wollte bezweifeln, daß diese Rede zynisch ist, nicht von Verständnis für den anderen, sondern von äußerster Kälte ihm gegenüber bestimmt? Auch in ihrer letzten Äußerung ist Theseus kein Partner für Phaedra.

Aber Phaedra redet ja 1168–1184 Hippolytus an: Kann man im Hinblick auf ihn von einer echten Partnerbeziehung bei Phaedra sprechen? Es fällt kein Wort des Bedauerns, daß sie ihm den Tod gebracht hat. Gewiß, sie spricht *nil turpe* (1176), aber auch nil honestum, nichts, was das Anders-Sein des anderen in Rechnung stellte. Mit-Leiden liegt dieser Phaedra fern. Sie will dem Toten folgen, immer noch von Sinnen vor Liebe (*amens*, 1180), besser: Sie will ihn immer noch v e r folgen – im Tod wie im Leben.[20] Phaedra bleibt sich in ihrer Monomanie über den Tod hinaus treu. Insofern knüpft sie konsequent an ihre Haltung von 250–254

---

19 Grimal 1965, 159.
20 1179–1180 werden zu Unrecht von Axelson getilgt (bei Zwierlein 1986, 221, der mit sonderbarer Rationalität den Passus als „komisch anmutendes Verspaar" zu erweisen versucht). Zu diesen Versen Lefèvre (1969) 1972, 369 (▸ S. 263–264) und unter Bezug darauf Giancotti 1986, 47 und 76.

an: Hippolytus oder Tod. Eben diese Alternative ist nunmehr zugunsten der zweiten Möglichkeit entschieden (1183–1184):

> non licuit animos iungere, at certe licet
> iunxisse fata.

Phaedras Unbeherrschtheit kennt keine Grenzen. Sie bleibt monoman bis in den Tod. In ihrer sozialen Isolation will sie keinen Halt: Sie entbehrt zwar der Tragik, nicht aber der Größe.[21]

V Phaedra und Salomé

Senecas Phaedra ist, wie sie sein will. Sie ist im Grund mit sich zufrieden, ja sie ist von sich selbst fasziniert – ‚eiskalte Zuschauerin ihrer Wut'.[22] Sie ist bewußt *vecors* (1155), *furiosa* (vgl. 1156), *amens* (1180), *incesta* (1185). Mit Tragik hat ihre Gestalt nichts zu tun.[23] Auch Atreus im *Thyestes*, dessen kleine Schwester sie ist, hat nicht ein tragisches Schicksal. Phaedra ist letztlich so, wie sie zu sein wünscht.

Phaedra hat einen Zug zum *nefas*. Phaidra stirbt aus Resignation und stürzt Hippolytos aus Zwang in den Tod. Phaedra stirbt aus Trotz und reißt Hippolytus aus freien Stücken in den Tod. Sie will sich durchsetzen – um jeden Preis, auch um den des eigenen Lebens.

Das faszinierte Seneca und fasziniert auch uns. Phaedra ist ‚modern',[24] völlig frei, nur sich selbst lebend, sich ihres Handelns – auch im *furor*[25] – stets bewußt.[26]

---

21 Heldmann 1968, 117: Phaedras Leidenschaft führe nicht nur „zur Todessehnsucht, sondern darüber hinaus zum wirklichen Tod, in dem allein sie Heilung zu finden vermag, der ihr aber auch Größe verleiht."
22 Dieser Ausdruck bei Schiller in der unterdrückten Vorrede zu den *Räubern* über die Personen der französischen Tragödie.
23 Krüger 1973, 71–72.
24 Gut wird Phaedra von Paratore 1952, 223 charakterisiert (wobei man nur über den Begriff ‚romantisch' verschiedener Meinung sein kann): «E in quel così acuto, così *vero* ondeggiare della donna disperata fra le accuse a se stessa, le deliranti invocazioni al cadavere, le invettive al marito, doppiamente odiato come ostacolo insormontabile al suo amore e come causa della morte d'Ippolito, in quel torrente di esclamazioni così m o d e r n o nella suprema noncuranza e nel supremo disprezzo dell'eroina per tutti coloro che la circondano, nel tragico i s o l a m e n t o della sua passione al disopra di tutti gli astanti, il motivo della morte torna a giganteggiare in un'imponenza di timbro veramente romantica, confermando, con tecnica prettamente sinfonica, la perfetta coerenza della creazione di Seneca e del modo con cui egli ha analizzato la psiche di Fedra» (Sperrungen ad hoc).

Senecas Phaedra nimmt in manchen Zügen Oscar Wildes Salomé vorweg. Da Phaedra Hippolytus nicht lebend haben kann, bringt sie ihn – wie Salomé Jokanaan – zur Strecke. Da es nicht möglich ist, *animos iungere*, gilt für beide: *fata iungere* (1183–1184). Phaedra schaut gebannt und verlangend auf den toten Hippolytus (1168–1184) – wie Salomé auf den toten Jokanaan. Beide Frauen setzen sich durch, um den Preis des eigenen Lebens.

Wie Salomé ist Phaedra *incesta* (1185), auch ihr *pudor* ist *laesus* (1189). Ein besonderes Labsal ist es ihr, sich mit Hippolytus' Schwert zu töten – welche Perversion! Das alte Motiv, das schon bei Hektor und Aias, bei Aeneas und Dido eine Rolle spielt, ist hier gewandelt:[27] An die Stelle des Schmerzes tritt Wollust.

Phaedra spricht selbst von ihrem *pectus impium* (1197), und Theseus nimmt das auf: *caput impium* (1280). Für Phaedra wie für Salomé gibt es am Ende nur die Ausstoßung aus der Gesellschaft, von der sie sich selbst – bewußt – distanziert haben. Deshalb sagt Theseus am Ende des Stücks (1279–1280):

> istam terra defossam premat,
> 1280 gravisque tellus impio capiti incubet.

Es bleibt kein Zweifel. Nicht gilt: *sit tibi terra levis*, sondern: *incubet tellus gravis*. Unter die Erde mit dem Scheusal! Herod sagt: *Kill that woman!* Die Gesellschaft kann die eine wie die andere nicht dulden.[28]

---

25 In der früheren Arbeit ((1969) 1972, 368–369: ▸ S. 263–264) wurde Phaedra zu positiv gedeutet. Es ist aber andererseits zu bemerken, daß Seneca ihren Zug zum *nefas* mit einer gewissen Sympathie zeichnet und ihr Größe nicht abspricht.
26 Zu Phaedras Bewußtsein ihres Handelns Lefèvre (1969) 1972, 368 (▸ S. 263) und danach Davis 1983, 124.
27 Wie im *Stephanephoros* dürfte sich Phaidra im *Kalyptomenos* erhängen: Zintzen 1960, 137. Seneca wird an Dido denken.
28 Man kann in diesem Zusammenhang auch an D'Annunzios *Fedra* erinnern, dessen Titelgestalt Paratore 1952, 223 eine «estrema e stucchevole reincarnazione della Salome wildiana» nennt; vgl. seinen gehaltvollen Aufsatz 1966, 45–69 = 2011, 253–272.

25 Die Funktion der Götter in Senecas *Troades*

I *fors* —— S. 393
II Polyxenas Opferung —— S. 394
III Astyanax' Opferung —— S. 397
IV Das Handeln des Menschen und die *fata* —— S. 398

I *fors*

Senecas *Troades* sind in der Mitte des ersten nachchristlichen Jahrhunderts in Rom entstanden, als die Republik und mit ihr der konventionelle Götterglaube geschwunden waren. Trotz allen Versuchen, die alten Kulte zu restaurieren, war wohl niemand unter den Zuhörern der ersten Darbietung, der erwartete, Seneca werde in der Neugestaltung des traditionellen Stoffs den Göttern eine zentrale Rolle zuweisen. Wenn Hecuba mit ihrer Rede anhub, mochten sich Kenner der euripideischen *Troades*, die mit einem Auftritt Poseidons und Athenas eröffnet wurden, bestätigt fühlen. Zudem war Seneca den Hörern als Verfasser Philosophischer von stoischer Weltanschauung geprägter Schriften bekannt. Es kam hinzu, daß in der griechischen Fassung die Götter keine verantwortungsvolle Position einnahmen, ja ihre Existenz bestritten wurde[1] und der Mensch demzufolge frei handelte.[2] Man durfte gespannt sein, wie sich der Stoiker in diesem Punkt verhalten würde.

Tatsächlich geschah sogleich etwas Unglaubliches: Hecuba sprach von Göttern und Geschick (1–6):

> quicumque regno fidit et magna potens
> dominatur aula nec leves metuit d e o s
> animumque rebus credulum laetis dedit,
> me videat et te, Troia: non umquam tulit
> 5   documenta f o r s maiora, quam fragili loco
> starent superbi.

Quaderni di Cultura e di Tradizione Classica 6 / 7, 1988 / 1989 (erschienen 1991), 215–222 (Università degli Studi, Palermo).
1 Lefèvre 1989, 59–65.
2 Senecas *Troades* gibt neben Euripides' *Troades* auch dessen *Hekabe* Anregungen. Über andere mögliche ‚Quellen' Fantham 1982, 68–75 (mit Literatur).

Wie sollte der Hörer das verstehen? Die Götter waren *leves*, unbeständig, also wohl kaum eine moralische Instanz. Und dann war von *fors* die Rede, was meistens so viel wie ‚Zufall' bedeutet.³ Wie war das mit stoischer Weltanschauung zu vereinbaren? War die εἱμαρμένη gemeint? Wer den Versen nachdachte, mußte dahinterkommen, daß unter *fors* der Zufall verstanden wurde, das, was Hekabe bei Euripides μεταβολή (*Tro.* 615) oder τύχη (*Tro.* 1204) nannte. Die unzuverlässigen Götter entsprachen genau der Vorstellung, daß der Zufall wie ein wankelmütiger Mensch wesenhaft bald hierhin, bald dorthin springe: τοῖς τρόποις γὰρ αἱ τύχαι, | ἔμπληκτος ὡς ἄνθρωπος, ἄλλοτ' ἄλλοσε | πηδῶσι (*Tro.* 1204–1206). Wurde dem Hörer gleich zu Beginn eine solche ‚Theologie' geboten, mußte er den Schluß ziehen, daß dem Stück die relativ konventionelle Konzeption zugrunde liege, der Mensch handele frei, solange ihm nicht der Zufall einen Strich durch die Rechnung mache – eine Konzeption, die schon Euripides' *Troades* erkennen ließen. Orthodox stoisch konnte man sie nicht nennen.

Dann wandelte sich aber die Terminologie, und es ist das Problem des Stücks, ob sich damit auch die Konzeption wandelte. Im Mittelpunkt von Senecas *Troades* stehen zwei Greueltaten, an deren negativer Bewertung kein Zweifel gelassen wird: die Opferungen von Polyxena und Astyanax. Es ist das Überraschende, ja für den aufmerksamen Hörer Schockierende, daß beide Opfer von den *fata* verlangt werden. Im Hinblick auf Polyxena sagt Calchas: *dant fata Danais quo solent*⁴ *pretio viam:* | *mactanda virgo est* (360–361), und im Hinblick auf Astyanax, die *Hectorea suboles*, sagt Ulixes: *hanc fata expetunt* (528). Wie ist das möglich? Wie konnten *fata* Greueltaten fordern? Das durfte man so, wie es formuliert war, weder als altrömische Religion noch als stoische Philosophie bezeichnen. Wie ließ sich das verstehen? Wollte Seneca gar – im Gegensatz zu Euripides – den Menschen entlasten?

II Polyxenas Opferung

Daß Polyxena am Grab des toten Achilles geopfert werden soll, erfahren die Griechen zuerst aus Talthybius' Bericht über Achilles' Erscheinung, in dem es heißt (190–196):

---

3 Folgende Kommentare sind durchgängig zu Rat gezogen: Caviglia 1981, Fantham 1982, Amoroso 1984. *fors* wird von Caviglia 1981, 115 mit ‹Fortuna›, von Fantham 1982, 128 mit 'Fortune' übersetzt; Amoroso 1984, 22 versteht schon *leves deos* als ‹incostanza della fortuna›.
4 Anspielung auf Iphigenias Opferung in Aulis, die die *via* nach Troia freimachte.

190   implevit omne litus i r a t i sonus:
      ‚ite, ite, inertes, debitos manibus meis
      auferte honores, solvite ingratas rates
      per nostra ituri maria – non parvo luit
      i r a s Achillis Graecia et magno luet:
195   desponsa nostris cineribus Polyxene
      Pyrrhi manu mactetur et tumulum riget.'

Dieses schreckliche Faktum wird weder von Talthybius noch von den Griechen kommentiert. Doch hat Seneca offenbar dafür gesorgt, daß der aufmerksame Hörer vor dem Schluß bewahrt wurde, die Forderung des Toten als richtig anzuerkennen: Es sind die Worte eines Zornigen, *iratus* (190), der darauf besteht, daß sein Zorn, *irae* (194), durch Blut besänftigt werde.[5] Was der Stoiker Seneca vom Zorn hielt, hatte er bereits in der wohl 41 abgefaßten Schrift *De ira* öffentlich bekundet. Gleich im Proömium hatte er ihn den *affectum* [...] *maxime ex omnibus taetrum ac rabidum* genannt und das, wie folgt, begründet (wobei die gesperrt gedruckte Phrase Achilles' Verlangen aus den *Troades* genau beschreibt): *ceteris enim aliquid quieti placidique inest, hic totus concitatus et in impetu est, doloris armorum, s a n g u i n i s s u p p l i c i o r u m m i n i m e h u m a n a f u r e n s c u p i d i t a t e, dum alteri noceat sui neglegens, in ipsa inruens tela et ultionis secum ultorem tracturae avidus.*[6]

Auf Talthybius' Bericht folgt unmittelbar der Agon zwischen Pyrrhus und Agamemnon, in dem es ausschließlich um die Opferung Polyxenas geht. Es wird nur einmal gesagt, daß Achilles sie fordere (*petat*, 245); ansonsten erscheint sie durchweg als Pyrrhus' Wunsch und Wille. Vor allem setzt Agamemnon eindeutig voraus, daß sie vermeidbar ist: *quid caede dira nobiles clari ducis | aspergis umbras?* (255–256). Pyrrhus hat also die Notwendigkeit der Opferung sich ganz zu eigen gemacht.[7] Achilles' *petere* (245) wird durch Pyrrhus' *petere* (330) völlig verdrängt. Auf den Dialog der Kontrahenten folgt das berühmte zweite Chorlied, das das Fortleben nach dem Tod bestreitet (371–408). Über den Widerspruch zu der ‚Tatsache', daß Achilles' Seele über seinem Grab erschienen ist, wird viel gerätselt. Die allerschlechteste Lösung ist es, ihn quellenanalytisch zu erklären. Was denkt man eigentlich von Seneca? Man mag ihm lockere Dramaturgie vorhalten: Seine Konzeption ist meist stringent. Lebt das Individuum nach dem Tod

---

[5] Das Motiv der Achilles-Erscheinung könnte Seneca aus Euripides' *Hekabe* übernommen haben, wo Polydoros' Schatten – wie bei Seneca Talthybius – darüber berichtet (Eur. *Hek.* 37–43): Von Zorn ist dort nicht die Rede.
[6] 1, 1, 1 (Text nach Reynolds).
[7] Richtig Amoroso 1984, 128: «La domanda di Agamennone implica una certa derisione o almeno un razionalistico rifiuto dell'apparizione di Achille».

nicht fort, lebt auch Achilles nach dem Tod nicht fort. Dann ist die Erscheinung seiner *umbra* Einbildung,[8] und die Opferung Polyxenas entbehrt einer überirdischen Motivation. Paratore hat scharf die Konsequenz gezogen, «che il poeta [...] vuole togliere brutalmente ogni giustificazione morale alla crudeltà dei Danai e dipingerla come effetto del loro odio, del loro orgoglio, della loro ebbrezza di vittoria, spinti al parossismo, e ipocritamente ammantati sotto il velo della *pietas*. È il solito studio del guasto prodotto dalle passioni, su cui s'incentra il teatro di Seneca più maturo: il personaggio di Pirro e il suo acceso contrasto con Agamemnone stanno appunto a sottolineare (immediatamente prima del celebre coro) questa impostazione ideologica della tragedia.»[9] Die Achilles-Motivation ist somit Einbildung. Sie ist Symbolisierung, Theologisierung und damit Objektivierung des eigenen Wünschens und Wollens.

So weit, so stimmig. Doch ist die bereits zitierte Calchas-Auskunft bisher nicht berücksichtigt worden, die zwischen dem Dialog der Kontrahenten und dem Chorlied steht. Agamemnon findet sich nur unter der Bedingung zum Nachgeben bereit, daß Polyxenas Opferung von den *fata* gefordert werde: *fata si poscent, dabo* (352). Der eilends herbeigerufene Calchas antwortet denn auch: *dant fata Danais quo solent pretio viam:* | *mactanda virgo est Thessali busto ducis* (360 – 361). Wie ist das möglich? Ist also nachträglich der gemäßigte Agamemnon ein Frevler contra fata und der unmäßige Pyrrhus ein Frommer erga fata? Jeder Hörer, der ein Minimum an moralischem Empfinden und an stoischer Bildung besaß, hatte seine Sympathie längst dem Vertreter der *moderata imperia*, nicht dem der *violenta imperia* (258 – 259) geschenkt.[10] Nun erfuhr er, daß die *fata* auf seiten des Gewalttäters standen, mit ihm an einem Strick zogen. Wie sollte er sich das erklären?

Pyrrhus' Forderung ist nicht durch Achilles, sondern durch sein eigenes Wollen motiviert. Achilles' Erscheinung existiert nur in der Einbildung von Pyrrhus und den Griechen.

Es ist festzustellen: 1. Die Forderung der *fata* und die Forderung von Pyrrhus sind unabhängig voneinander, 2. *fata* und Pyrrhus fordern etwas moralisch Verwerfliches.

---

8 Farnabius 1676, 119 bemerkt zum Chor: „Chorus è mulieribus Trojanis tam mente quam corpore captis, quo Achillis animam apparuisse neget, ex Epicuri sententia, quæ nec Stoicorum multo sanior, stulte & (ut semel de toto choro moneam) impie animam cum corpore interire asserit"! Vielleicht sind die Frauen doch nicht so dumm und haben recht?
9 1956 (1), 48. Zu den Problemen des zweiten Chorlieds gute Bemerkungen bei Paduano 1974, 81–86.
10 Lefèvre 1973, 68–69 (▸ S. 279).

III Astyanax' Opferung

Die Doppelmotivation *fata* / Mensch ist ein zweites Mal bei Astyanax' Opferung mit Händen zu greifen. Bereits Calchas hatte in der Rede, in der er die Forderung der *fata* nach der Opferung Polyxenas offenbarte, angekündigt, daß sie auch Astyanax' Opferung verlangten (366–369):

> nobilior tuo,
> Polyxene, cruore debetur cruor.
> quem fata quaerunt, turre de summa cadat
> Priami nepos Hectoreus et letum oppetat.

Wird Astyanax' nur deshalb geopfert? Dazu nimmt Ulixes in der Rede 524–555 ebenso ausdrücklich wie überraschend Stellung.

In Euripides' *Troades* ist Astyanax' Opferung Odysseus' Idee (721), dem sich alle Griechen anschließen (710–711). Hekabe spricht die Motivation der Griechen aus. Es ist die Furcht vor dem heranwachsenden Sohn Hektors: δείσαντες (1159), ἐδείσατ' (1165), φόβον (1165), φοβεῖται (1166). Eben dieses Furchtmotiv spielt auch bei Seneca eine Rolle. Die Griechen haben einen handfesten Grund, der realpolitisch verständlich, moralisch verwerflich ist (529–533):

>   sollicita Danaos pacis incertae fides
> 530 semper tenebit, semper a tergo t i m o r
>   respicere coget arma nec poni sinet,
>   dum Phrygibus animos natus eversis dabit,
>   Andromacha, vester.

Etwas später wiederholt er das Motiv gegenüber Andromacha und sagt, daß es der einzige Grund für die Opferung sei (550–552):

> 550   magna res Danaos movet,
>   futurus Hector: libera Graios m e t u.
>   haec u n a naves causa deductas tenet.

Soweit ist ausschließlich von menschlicher Motivation die Rede.[11] Doch schon vorher hatte Ulixes hinsichtlich der *Hectorea suboles* verkündet: *hanc fata expetunt* (528) und hinzugefügt: *augur haec Calchas canit* (533). Somit handeln die Menschen keineswegs nur im Einklang mit den *fata*, sondern auch unabhängig von ihnen. Zu allem Überfluß sagt Ulixes: ‚Auch wenn Calchas das nicht geof-

---

[11] Wichtig auch 547–550 die Beweggründe des *senex miles*.

fenbart hätte, würden wir so handeln.' Denn 534–536 dürften – zumal aufgrund der sich anschließenden Gleichnisse – nichts anderes bedeuten:[12]

>   et, si taceret augur haec Calchas, tamen
> 535 dicebat Hector, cuius et stirpem horreo:
>   generosa in ortus semina exurgunt suos.

Es ist wiederum festzustellen: 1. Die Forderung der *fata* und die Forderung der Griechen sind unabhängig voneinander, 2. *fata* und Griechen fordern etwas moralisch Verwerfliches.

IV Das Handeln des Menschen und die *fata*

Die vorstehenden Betrachtungen haben deutlich gemacht, daß der Mensch – in der Welt der *Troades* – frei handelt. Da von Handeln nur bei den Griechen gesprochen werden kann, ist der Mensch auch in seinem moralisch verwerflichen Handeln frei. Auf der anderen Seite fordern die *fata* gerade dieses bestimmte Handeln. Damit kann nicht mehr von einer traditionellen stoischen *fata*-Konzeption gesprochen werden.

Für das Verhältnis der *fata* zu der Willensfreiheit des Menschen ist zu konstatieren, daß Seneca das Handeln des Menschen offenbar wirklich als frei betrachtet. Jedenfalls deutet eine Aussage Andromachas darauf hin. Bei ihrer Bitte, Astyanax möge nicht getötet, sondern nur versklavt werden, beruft sich Ulixes auf Calchas' Spruch, den sie nicht als entlastend anerkennt (749–754):

>   UL. non hoc Ulixes, sed negat Calchas tibi.
> 750 AN. o machinator fraudis et scelerum artifex,
>   virtute cuius bellica nemo occidit,
>   dolis et astu maleficae mentis iacent
>   etiam Pelasgi,[13] vatem et i n s o n t e s deos
>   praetendis? hoc est pectoris facinus tui.

Andromacha streitet nicht den *vates*-Spruch als Lüge ab, sondern sagt nur, Ulixes solle sich nicht hinter ihm und den Göttern verstecken; schließlich handele es sich um seinen eigenen Plan. Die Götter werden *insontes* genannt. Was soll das heißen? Wenn sie mit den von Calchas verkündeten *fata* identisch sind – nichts anderes

---

12 Gute Erklärung von Fantham 1982, 292 zu 534–535: "*dicebat Hector*. The tense and indicative mood startle in this metaphor, for Hector knew his fate too well to predict Astyanax's future as champion of Troy. It means rather 'Hector's greatness declared this to me'."
13 Anspielung auf Palamedes' Schicksal vor Troia.

kommt in Frage¹⁴ –, dann sind sie genauso ‚schuldig' wie Ulixes und die Griechen! Ulixes hätte formulieren müssen: hoc et Ulixes et negat Calchas tibi. Auf der Ebene der Handlung sagt Andromacha einfach – ohne auf die Frage der Authentizität der Calchas-Rede einzugehen –, Ulixes möge die Götter angesichts der Tatsache, daß es um sein eigenes Wollen gehe, aus dem Spiel lassen. Auf der Ebene der ‚Theologie' ist dem Handeln des Menschen absolute Priorität zuzumessen. Die *fata* symbolisieren nur sein Wünschen, Wollen und Handeln,¹⁵ noch schärfer ausgedrückt: Die *fata* sind vom Menschen abhängig!¹⁶

Das ist eine ungewöhnliche Konzeption, aber sie ergibt sich mit absoluter Stringenz aus der Interpretation der *Troades*. Stoisch ist sie nicht, aber sie ist römisch. Eine enge Parallele bietet Lukans nur wenige Jahre später entstandenes Epos *Bellum civile*. In ihm verkörpert Caesar das Böse, und er handelt im Einklang mit Fatum, Fortuna und den Göttern. Friedrich hat gezeigt, daß Lukan alle drei Begriffe unterschiedlos gebraucht.¹⁷ Somit verkörpern auch Fatum, Fortuna und die Götter in seinem Werk das Böse. Im Vergleich mit den *Troades* ist es von Interesse, daß Burck darauf hingewiesen hat, Caesar sei keineswegs ein gläubiger Diener und Vollstrecker des Fatums, sondern Lukan lasse ihn als ebenbürtigen Partner Fortunas agieren, „der sich ihr gewachsen fühlt, ja der ihr letzten Endes überlegen" sei. Als Fortuna in Spanien durch eine gewaltige Überschwemmung Caesars Siegeslauf kurz gehemmt habe, kehre sie bald mit voller Gunst zurück, um nun durch vermehrtes Glück Verzeihung für ihr kurzes Zögern zu erlangen:¹⁸ *sed parvo Fortuna viri contenta pavore | plena redit, solitoque magis favere secundi | et veniam meruere dei* (4, 121–123).¹⁹ Für die *Troades* wie für das *Bellum Civile* gilt: Der Mensch ist dem Fatum ‚überlegen', er ist frei. Wie ist eine solche Konzeption zu erklären? Warum wird auf das Fatum nicht ganz verzichtet? Nach traditioneller Auffassung, wie sie am eindrucksvollsten bei Livius und Vergil zum Ausdruck kommt, handelt der Römer im Einklang mit dem Fatum. Man empfand den Lauf der Geschichte als gerecht = göttlich verankert. Der Intellektuelle des ersten nachchristlichen Jahrhunderts hingegen empfand den Lauf der Geschichte, die

---

14 Zu *deus* bei Seneca Amoroso 1984, 100.
15 Gut sagt Paratore über Calchas' Rede: «Il suo vaticinio è il simbolo della bestialità trionfante dei Danai» (von Amoroso 1984, 141 ohne Nachweis zitiert).
16 [[Diese Konzeption ist schon in Vergils *Aeneis* zu beobachten: ▶ S. 422–423.]]
17 1938, 405–406.
18 (1958) 1966, 302.
19 Hier sind, wie Burck betont, *Fortuna* und *dei* auswechselbar.

von den Kaisern bestimmt wurde, als ungerecht.[20] Dennoch behielten Seneca in den *Troades* und Lukan in seinem schneidenden Paradoxon die Fatum-Konzeption – unter umgekehrtem Vorzeichen – bei: Rom erschien ihnen zum Bösen verdammt. Eine orthodox stoische Konzeption war das natürlich nicht.[21] Es ist der verzweifelte Aufschrei eines Stoikers. Frei handelte der Mensch auch bei Livius und Vergil. Aber was dort eine Freiheit zum Guten war, wurde bei Seneca[22] und Lukan eine Freiheit zum Bösen.

---

20 Pfligersdorffer 1959, 350–351: „Die *virtus* im Widerstand gegen die politischen Gegebenheiten, in der Opposition gegen den als ungerecht empfundenen Lauf der Geschichte, in der Auflehnung gegen das Schicksal – das bedeutete das Auseinanderbrechen des römischen Geschichtskosmos, wie er in Vergils Epos gesehen war, brachte eine Wandlung des Schicksalsgedankens eben auch im römischen Stoizismus".
21 Lefèvre 1973, 73 (▸ S. 283).
22 Damit steht die Konzeption der senecaischen *Troades* derjenigen der euripideischen *Troades* nahe: Lefèvre 1989, 64.

26 Die politische Bedeutung von Senecas *Phaedra*

I Allgemeiner politischer Bezug —— S. 401
II Messalina? —— S. 403
III Agrippina —— S. 404
IV Aktueller Anlaß —— S. 408

Der römischen Tragödie eignete von Anfang an ein über den unmittelbaren Gehalt hinausweisender politischer Bezug.[1] In der Frühzeit äußerte er sich einerseits in der aitiologischen Legitimierung mythologischer Stoffe, andererseits in der Darstellung historischer Geschehnisse durch die Praetexta. Später wurde die politische Bedeutung mythologischer Handlungen gang und gäbe. Es sei daran erinnert, daß der große Schauspieler Clodius Aesopus Partien aus Accius' *Eurysaces* mit Beziehung auf Ciceros Rückberufung aus dem Exil sprach[2] und bei Caesars Beisetzung Teile aus Pacuvius' *Armorum Iudicium* dargeboten wurden.[3] Berücksichtigt man, daß Oktavian für die Siegesfeier anläßlich der Schlacht von Aktium eine Tragödie – Varius' *Thyestes* – in Auftrag gab und noch Tacitus' Maternus seinen Tragödien eindeutige politische Absichten unterlegte,[4] ist die Frage, ob auch Senecas Stücke eine politische Bedeutung hatten, angemessen. Vorsichtig in seinen Vermutungen war L. v. Ranke 1882,[5] zügellos J. D. Bishop 1985.[6]

I Allgemeiner politischer Bezug

Ein politischer Bezug ist nur von Interesse, wenn er die Spitzen des Staats trifft. Daß Senecas *Phaedra* auf diese gemünzt sein könnte, legen die für ihn charakteristischen Worte der Nutrix über die Verfehlungen der Reges nahe (204–217):

Wiener Studien 103, 1990, 109–122 (Österr. Akademie der Wissenschaften, Wien).
1 Lefèvre 1985 (1), 1242–1262 (▶ S. 342–361).
2 Cic. *Pro Sest.* 120–123.
3 Suet. *Div. Iul.* 84, 2.
4 Tac. *Dial.* 2, 1; 3, 3.
5 1888, 19–76.
6 1985.

> quisquis secundis rebus exultat nimis
> 205 fluitque luxu, semper in s o l i t a appetit.
> tunc illa m a g n a e dira f o r t u n a e comes
> subit l i b i d o : non placent suetae dapes,
> non tecta sani moris aut vilis scyphus.
> cur in p e n a t e s rarius t e n u e s subit
> 210 haec d e l i c a t a s eligens pestis d o m o s?
> cur s a n c t a p a r v i s habitat in t e c t i s V e n u s
> m e d i u m que s a n o s v u l g u s a f f e c t u s tenet
> et se c o e r c e n t m o d i c a ? contra divites
> r e g n o que f u l t i plura quam f a s est petunt?
> 215 quod non potest, vult posse qui nimium potest.
> quid deceat a l t o praeditam s o l i o vides:
> metue ac verere sceptra remeantis viri.

Diese Stelle ist ein wahres Nest senecaischer Kerngedanken. K. Kunst bemerkte, daß aus der Nutrix Seneca spreche.[7] Die stoische Grundposition ihrer Äußerungen in diesem Akt steht außer Zweifel.[8] Die Quintessenz des zitierten Passus lautet: Wer reich (*luxu*; *magnae fortunae*; *divites*) und mächtig (*regno fulti*; *alto solio*) ist, den ergreift unmäßiges Verlangen (*insolita*; *libido*), das Unrecht (*plura quam fas*) ist. Die hohen Häuser (*delicatas domos*; *regno fulti*) sind den niederen (*parvis tectis*; *medium vulgus*) entgegengesetzt. Sie neigen zu luxuriösen Mählern, Bauten[9] und Innenausstattungen – alles Topoi der Gesellschaftskritik seit Lukrez, Sallust und Horaz. Ein Punkt wird hervorgehoben: das Unmaß in der Liebe. *sancta Venus* und *sani affectus* – man beachte den stoischen Terminus – eignen den niederen, nicht den hohen Häusern. *regnum* und *fas* sind, taciteisch gesprochen, *res dissociabiles*.

Während Seneca in *De clementia* den (guten) *rex* von dem (schlechten) *tyrannus* unterscheidet,[10] rücken in den Tragödien beide Begriffe in gefährliche Nähe. Es genügt, auf den Sprachgebrauch des Tyrannen der Tyrannen, Atreus, zu verweisen, der sich im *Thyestes* sowohl als *tyrannus* (177) wie auch als *rex* (218) und

---

7 Zumindest sagte er zu 136–139: „Man kann sich bei diesem Einschub schwer des Eindrucks erwehren, daß hier der Berater Neros auch in eigener Sache spricht: jedenfalls ist es s e i n e stoische Philosophie, die ihm Vs. 139 den Tod als ersehnte Befreiung vor Augen rückt (vgl. Agam. 796)" (1924, 12). Zu 204–205 heißt es S. 17, Seneca finde „hier willkommene Gelegenheit, anachronistisch auf die entsprechenden Auswüchse im Rom seiner Zeit anzuspielen".
8 Dazu im einzelnen der Kommentar von Grimal 1965.
9 „*tecta sani moris* sind Häuser, deren Anlage von gesunder Moral zeugt" (Kunst 1924, 17).
10 *quid interest inter tyrannum ac regem – species enim ipsa fortunae ac licentia par est –, nisi quod tyranni in voluptatem saeviunt, reges non nisi ex causa ac necessitate?* (1, 11, 4). *tyrannus autem a rege factis distat, non nomine* (1, 12, 1). *clementia efficit, ut magnum inter regem tyrannumque discrimen sit* (1, 12, 3).

seine Herrschaft als *regnum* (205, 223, 247, 313) bezeichnet.[11] An wen anders als an das Kaiserhaus konnte man denken, wenn in der *Phaedra* von den *regno fulti* die Rede war? Wenn zudem eine *alto praedita solio* genannt wurde, wer als eine Angehörige des Kaiserhauses kam in Betracht, sofern man, wie gewohnt, bereit war, sich auf Anspielungen in Tragödien einzulassen? Wenn es dann weiter hieß, diese Frau kenne nicht die *sancta Venus*, sondern gehe über das, was *fas* ist, hinaus, bot das Kaiserhaus zu Senecas Zeit wahrlich Anlaß, über mögliche Bezüge nachzusinnen.

II Messalina?

An wen mochte Seneca in Phaedras Fall denken? Es versteht sich, daß die Beantwortung der Frage von der Datierung des Stücks und der Art seiner Präsentation abhängt. In mehreren Aufsätzen hatte W. Ribbeck Messalina im Visier[12] – eine Frau, die sich durch bemerkenswerte Unempfindlichkeit gegenüber der *sancta Venus* auszeichnete. Ihr Verhältnis und schließlich ihre ‚Hochzeit' mit Silius sprechen in der Tat für sich. Anlaß für Senecas Dichtung war nach Ribbeck die Verbannung, in der er „die Urheber dieses seines Geschickes mit grimmigem Hasse" verfolgt habe: „Er verschloß diesen Haß nicht schweigend in seiner Brust, sondern entlud ihn in einem Werke, das so gut wie jene ‚Verkürbissung', in der er später das Andenken des toten Claudius verhöhnte, den Namen eines Pamphletes verdient, in seiner Bearbeitung der Phädra des Euripides".[13] Insbesondere das Chorlied 959–988 lasse sich „kaum anders als auf Messalina und ihre Ehe mit C. Silius deuten. Oder wer anders als der Letztere sollte der sein, der als *adulter vitio potens regnat* (996 [= 987–988]), der *fraude regnat sublimi in aula* (990 [~ 982] [...]). Auf ihn, den consul designatus, passen vorzüglich die Verse 991 [= 983–984] *Tradere turpi fasces populus gaudet, eosdem colit atque odit.* Ihm wird die *tristis virtus*, die *perversa tulit praemia recti*, ihm der *castus quem sequitur mala paupertas*, also der auf Corsica verbannt sitzende Seneca gegenübergestellt."[14] Andererseits hielt es Ribbeck für möglich, daß 213–215 erst „nach der Tödtung der Messalina verfasst wären".[15] Mit großem Nachdruck hat 1928 O. Herzog, vor allem

---

11 Ein weiteres schönes Beispiel: *regum tyranne* (*Tro.* 303).
12 1888 (1), 636; 1888 (2), 608–615; 1898, 515–522.
13 1888 (2), 612.
14 1888 (1), 636 (die Seneca-Zitate sind ad hoc kursiv gesetzt).
15 1888 (1), 636. Fälschlich berief sich Ribbeck 1898, 518 für seine These auf Wilamowitz 1891, 48, der Messalina in einem anderen Zusammenhang erwähnte. Auf Ribbecks sinnentstelltes

aufgrund von 981–988, Ribbecks Deutung, „dass auf Messalina und C. Silius, ihren Buhlen, angespielt ist", unterstützt und das Stück „in die letzte Zeit der Verbannung" datiert: „In der Gestalt der Phaedra war, soweit solches überhaupt anging, Messalina getroffen".[16]

In neuerer Zeit hat auch Bishop in dem Stück eine Parabel auf die Claudius-Zeit gesehen und Anspielungen nicht nur auf das Verhältnis Messalina / Silius, sondern auch auf das Verhältnis Seneca / Livilla angenommen, so daß sich komplizierte Doppelungen und Brechungen ergeben: "Of the roles, Livilla and Messalina share that of Phaedra; Seneca and Silius share that of Hippolytus; Claudius has that of Theseus."[17] Diese Konzeption könne auf die Zeit des Exils zurückgehen. Doch damit nicht genug! 62 hätte Seneca das Stück überarbeitet und den schon bestehenden Gleichsetzungen noch die von Phaedra / Agrippina und Hippolytus / Nero hinzugefügt.[18] Hier führt sich die Identifikations-Manier schon im Ansatz ad absurdum – von den zahllosen Anspielungen, die im einzelnen vermutet werden, ganz zu schweigen.

Den Gedanken an Messalina sollte man lieber ganz fallen lassen. Daß Seneca die *Phaedra* im Exil geschrieben hätte, ist deshalb wenig wahrscheinlich, weil ihm dort erstens der Impetus (und das Publikum) fehlte und er zweitens zu seiner Absicht, sich mit der Schrift *Ad Polybium de consolatione* das Wohlwollen des Prinzeps und mit der Schrift *Ad Helviam matrem de consolatione* das Wohlwollen der Öffentlichkeit zu gewinnen, in Widerspruch geraten wäre. Hätte er aber das Stück nach Messalinas und Silius' Tod geschrieben, wäre eine Anspielung Schnee von gestern gewesen.

III Agrippina

1854 lenkte A. Widal den Blick der *Phaedra*-Interpreten auf Agrippinas Ermordung durch Nero im Jahr 59, indem er die Verleumdung der Nutrix 725–735 mit der Beschuldigung von Agrippinas *libertus* Agermus (Tac. *Ann.* 14, 7, 6) verglich.[19] Dieses Argument ist wenig überzeugend, doch war die Richtung zutreffend gewiesen. Auch U. v. Wilamowitz-Moellendorff fühlte sich 1899 bei Phaedra an

---

Zitat mag auch der nicht identifizierbare Hinweis auf Wilamowitz bei Herrmann 1924 (2), 91 zurückgehen.
16 1928, 90–92. Teuffel 1920, 226 meinte: „das Chorlied Phaedr. 959 ff. s c h e i n t auf Messalina anzuspielen" (Sperrung nach dem Original).
17 1985, 225.
18 1985, 466.
19 1854, 116 Anm. 1.

Agrippina erinnert. Jedenfalls meinte er im Blick auf den euripideischen *Hippolytos*, es sei „für die Emanzipation des weiblichen Fleisches vielleicht mehr bezeichnend als für den Wechsel der Anstandsbegriffe, daß der Vertraute Agrippinas und der Höfling Ludwigs XIV. diese Phaidra wieder vorgesucht haben."[20] Vor allem hatte R. Peiper 1870 an Agrippina und Nero gedacht. In der Tat dürfte diese die einzige mögliche Anspielung sein. Ausgehend von der Annahme, daß das Stück in den fünfziger Jahren entstanden sei, schloß Peiper zu Recht: „qui illis annis Phaedram vetiti amoris studiosam conponeret vel recitatam audiret, fieri nullo modo poterat, quin ille Neronem Agrippinae inlecebris petitum reminisceretur, poeta igitur ex Agrippinae moribus transferret in Phaedram, ex Neronis in Hippolytum, auditor ex fabulae personis dominorum mores relegeret."[21] Nicht anders sah 1915 U. Moricca, ohne auf Peiper zu verweisen,[22] hinter Phaedra Agrippina. Mit Bezug auf die einschlägigen antiken Berichte bemerkte er: «Il furore dunque, onde Agrippina s'infiamma agli occhi del figlio e lo invita ai godimenti del connubio, additandogli la propria stanza e slacciandosi il petto con turpi movenze, non mi sembra in alcun modo discorde dal furore con cui abbiam visto Fedra, in orribile ossessione di desiderio al cospetto del figliastro.»[23] 1924 vermutete L. Herrmann in Phaedra und Hippolytus eine Anspielung auf Agrippina und Nero.[24] Schließlich vertrat A. Sipple (ohne Peipers These zu kennen) 1938 die Ansicht, Seneca habe mit der *Phaedra* 54 / 55 Agrippinas „Machtgelüsten" entgegentreten wollen: „Die Tragödie Phaedra könnte sehr wohl ein Mittel im Kampf gegen die Herrschergelüste Agrippinas sein. Wie sollte Seneca auch besser den Kampf führen. [...] Seinen Schüler sucht er mit Nachdruck auf die drohende Gefahr aufmerksam zu machen. [...] Hieraus ist es zu verstehen, daß das Weib als Ursprung alles Übels dargestellt wird (559 ff.)."[25]

Den stärksten Vergleichspunkt stellt zweifellos das unmäßige und sittenwidrige Verlangen der Mutter nach ihrem Sohn dar. Die bekannten Zeugnisse sind anderenorts zusammengestellt.[26] Freilich handelt es sich bei Agrippina um die Liebe zu dem Sohn, bei Phaedra um die Liebe zu dem Stiefsohn: Konnte der Gedanke an eine Anspielung überhaupt aufkommen? Ist die Liebe zu dem Sohn nicht contra naturam, die Liebe zu dem Stiefsohn nur contra morem? Insofern ist

---

20 1907, 111 (der Hippolytos erschien zuerst 1899, das Zitat S. 19), ferner Wilamowitz 1891, 48.
21 1870, 22.
22 Das hat er 1918, 354 nachgeholt.
23 1915, 223.
24 1924 (2), 91–92.
25 1938, 58 (Sperrungen des Originals nicht wiedergegeben).
26 1985 (1), 1253–1254 (▶ S. 354). Man mag noch Tac. *Ann.* 13, 13, 2 hinzufügen.

der Ausgangspunkt ein anderer als bei Iocasta und Oedipus.[27] Aber Seneca hat sich bemüht, die Parallele auch in diesem Fall unmißverständlich anzudeuten. Im *Oedipus* bezeichnet er den Inzest als das schlimmste Übel, das schlimmer als der Vatermord sei.[28] Durch einprägsame Wendungen bei der Beschreibung der Eingeweide des weiblichen Opfertiers (das Iocasta symbolisiert) wird das verdeutlicht:

366: *mutatus ordo est*
367: *acta retro cuncta*
371: *natura versa est*
371: *nulla lex utero manet*
374: *nec more solito.*

Wenn man daneben die Worte der Amme an Phaedra 169–173 hält, springt in die Augen, daß Phaedras Liebe wie Iocastas Liebe als Inzest gesehen wird:[29]

     expelle facinus mente castifica horridum
170 memorque matris metue concubitus novos.
     miscere thalamos patris et gnati apparas
     uteroque prolem capere confusam impio?
     perge et nefandis verte naturam ignibus –

Diese Verse könnten Wort für Wort auf das Verhältnis Iocasta / Oedipus übertragen werden, ja passen im Grund nur bei ihnen, da das Verhältnis Phaedra / Hippolytus keinen Inzest darstellt. Der Gleichklang *natura versa est* (*Oed.* 371) und *verte naturam* (*Ph.* 173) unterstreicht die (unerlaubte) Gleichsetzung. Seneca suggeriert: Phaedras Liebe (die contra morem ist) ist contra naturam. Wer bei Iocasta an Agrippina denkt, wird auch bei Phaedra an sie denken.

---

27 Zur Deutung des *Oedipus* als einer Parabel für die inzestuöse Liebe zwischen Nero und Agrippina 1985, 1249–1258 (▸ S. 353–354). Hiergegen hat Zwierlein 1987, 45 mit Anm. 85 polemisch Stellung genommen, doch ist die Argumentation abwegig: Die beiden Gegengründe – 1. Seneca habe sich zu der Umgestaltung, daß Iocasta durch das Schwert sterbe, von Soph. *Oid.* 1255–1257 „anregen lassen", 2. Tacitus' *ventrem feri* (*Ann.* 14, 8, 5) sei ein „Gemeinplatz" (Sen. *Contr.* 2, 5, 7 *caede ventrem, ne tyrannicidas pariat*, von einem Tyrannen gesprochen) – bedeuteten, daß Seneca erst die ‚Anregung' von Sophokles bezogen und dann die Formulierung nach einem in einen ganz anderen Zusammenhang gehörenden Topos (wenn es überhaupt einer ist) gebildet hätte. Aber auch in diesem Fall wäre über den historischen Bezug nichts ausgesagt. Daß schließlich alle Seneca-Tragödien vor 54 geschrieben seien, ist vollends Spekulation. Es ist noch nachzutragen, daß der *Oedipus* in der verschiedensten Hinsicht politisch gedeutet worden ist: Herzog 1928, 94–98; Sipple 1938, 68–71. [[▸ jetzt auch S. 613–614.]]
28 Lefèvre 1985, 1254 (▸ S. 353–354).
29 Schon das macht eine Anspielung auf das Verhältnis zwischen Messalina und Silius unwahrscheinlich.

Wenn somit deutlich auf Agrippina angespielt zu sein scheint, erhebt sich die Frage, ob irgendwelche Züge an Hippolytus auf Nero weisen. Peiper hatte angenommen, daß die Verse 657–660 und 803–808 Nero beschrieben.³⁰ Das kann zutreffen, wenn auch die Begründungen weit hergeholt sind. (Dagegen ist es wenig wahrscheinlich, daß 554–556 die ‚domus caesarea' meinten; denn das bedeutete, daß die *Phaedra* ein Oppositionsstück wäre. Zudem ist Hippolytus der Sprecher!³¹) Auch Herrmann war der Ansicht, das Chorlied 736–828 sei «évidemment rempli de flatteries à Néron; de là la déformation du type traditionnel d'Hippolyte qui devient un héros viril égal à Hercule, Castor, Pollux (v. 798–823).»³² Hieran dürfte so viel richtig sein, daß man die Verse 804–808 kaum anders als auf Nero beziehen konnte:

> tu licet asperos
> 805 pugnacesque deos viribus audeas
> et vasti spatio vincere corporis:
> aequas H e r c u l e o s nam iuvenis toros,
> Martis belligeri pectore latior.

Es genügt, daran zu erinnern, daß Nero als *Hercules insanus* auftrat und die *Herculis facta* nachzuahmen versuchte.³³ Seine Schönheit, *forma* (761), wurde gerade in dieser Zeit gepriesen.³⁴

Es fällt auf, daß Seneca Hippolytus' Gestalt relativ positiv zeichnet. Wenn er bei ihr eine im Gegensatz zum erhaltenen euripideischen *Hippolytos* sich in *dirus furor* (567) und *odisse* (568) äußernde allgemeine (von Phaedra unabhängige) Abneigung gegen das weibliche Geschlecht betont, ist das eine Haltung, die der Stoiker natürlich nicht loben kann,³⁵ die auf Nero bezogen aber höchstens pikant, nicht jedoch verletzend wirken mußte. Im Gegensatz dazu ist alle Schuld auf Phaedras Haupt versammelt. So steht am Ende des langen Preises von Hippolytus 736–823 hart das Gegenbild zu dem *iuvenis insons* (824–826):

> quid sinat inausum feminae praeceps furor?
> 825 nefanda iuveni crimina insonti apparat.
> en scelera!

---

30 Peiper 1870, 23 (die Verszählung ist die heute übliche).
31 Jonas 1870, 47 hielt in allen drei Fällen die Annahme von Anspielungen für ‚probabile'.
32 Herrmann 1924 (2), 92.
33 Suet. *Ner.* 21, 3 und 53.
34 Tac. *Ann.* 14, 15, 5 *formam principis* [...] *deum vocabulis appellantes* (von den Augustiani).
35 Lefèvre (1969) 1972, 347–353 (▶ S. 248–253), weitergeführt: Leeman 1976, 202–205.

Um von diesem Gegensatz her auf die Frage der möglichen Datierung zu kommen: Anders als beim *Oedipus*, der wahrscheinlich in die Zeit nach 62 gehört, ist nicht von einer Opposition gegen den Prinzeps auszugehen, sondern von seiner Billigung des doppelten Bodens: Entweder wird Seneca die *Phaedra* 57 / 58 auf dem Höhepunkt von Agrippinas Nachstellungen geschrieben haben oder aber 59 kurz nach ihrer Ermordung.

IV Aktueller Anlaß

Entscheidet man sich für das erste Datum, kann das Stück rein literarische Ziele gehabt und nur sekundär dadurch Pointiertheit gewonnen haben, daß der Hörer mit Vergnügen die Parallelen zur Gegenwart zog und sich sagte, das werde kein gutes Ende nehmen. Aber Seneca konnte auch einen bestimmten Zweck verfolgen, indem er sich durch die der Amme in den Mund gelegte stoische Gegenposition zu Phaedra vor der Öffentlichkeit zu salvieren suchte; in der Tat betont Tacitus deutlich Senecas mäßigenden Einfluß in der heiklen Angelegenheit: Wenn er nach dessen Zeugnis das Schlimmste verhütete (*Ann.* 13, 13, 1; 14, 2, 1), warum sollte er nicht selbst darauf gebührend hinweisen? Nero schließlich konnte zufrieden sein, nachdrücklich als der energisch abweisende Partner, sozusagen als Opfer, nicht als Täter zu erscheinen.

Entscheidet man sich für das zweite Datum, gewann das Stück an unglaublicher Brisanz. Es dürfte dann 59, kurz nach Agrippinas Tod, entstanden sein, da die Anspielungen später wieder uninteressant wurden.[36] Für diese Datierung ist Peiper eingetreten, Herrmann hat sich ihr angeschlossen.[37] Natürlich konnte Seneca auch bei dieser Annahme rein literarische Ziele verfolgen; er konnte aber ebensogut die dargelegten Wirkungen im Auge haben. In diesem Fall lag noch eine andere Absicht nahe, auf die Peiper aufmerksam gemacht hat: die Rechtfertigung der Ermordung Agrippinas, die für Nero unausweichlich gewesen sei, wenn sie ihn nicht ins Verderben ziehen sollte.[38] Das ist eine kühne These, die zwingt, von der

---

36 Beim *Oedipus* liegt der Fall anders, da hier auch Nero in das Schußfeld geriet.
37 Peiper 1870, 23; Herrmann 1924 (2), 92. In einem Zürcher Vortrag hat P. L. Schmidt 1984 die *Phaedra* in die Periode 59–62 datiert. [[Ansicht nicht geändert: elektronische Nachricht am 10. August 2013.]]
38 „Igitur post Agrippinae caedem Phaedram scriptam conicio, qua fabula quid de matre Caesaris sentiret, poterat exponere, lasciuiam atque artes, quibus illa potentiam uoluerat recuperare, maiore uerecundia quam alio licebat modo demonstrare, denique nullum Neroni aliunde fuisse subsidium in summo hoc capitis discrimine probare: nam ut Phaedra perdiderat Hippolytum sic Agrippina filium erat peritura. incestum autem illud quod intenderat mater

Vorstellung des ausschließlich literarischen Charakters (einiger) der Seneca-Tragödien Abschied zu nehmen. Was spricht für sie?

Eine ‚öffentliche' Anklage Agrippinas war durchaus nicht überflüssig, wie Neros Brief an den Senat aus Neapel unmittelbar nach ihrem Tod deutlich macht. Tacitus' Kapitel *Ann.* 14, 10 und 11 eröffnen Abgründe. Danach hatte Nero geschrieben, Agrippinas Freigelassener Agermus habe ihn töten wollen und sei entdeckt worden, worauf sie sich im Bewußtsein ihrer Schuld selbst getötet habe. Es seien noch weit hergeholte Anschuldigungen hinzugefügt worden: daß sie die Teilhabe an der Herrschaft, den Eid der Prätorianerkohorten auf eine Frau und dieselbe Schande von seiten des Senats und des Volks erhofft und, nachdem sie sich darin getäuscht sah, aus feindseliger Einstellung zu Soldaten, Senat und Volk dem Geldgeschenk und der Getreidespende widerraten und schließlich gegen vornehme Männer Anklagen bewirkt habe. Mit wieviel Aufwand hätte er es verhindert, daß sie in die Kurie eindringe, um auswärtigen Völkern Bescheide zu erteilen! Nero habe auch alle Schandtaten der Claudius-Regierung in versteckter Anspielung auf die Mutter geschoben, behauptend, sie sei zum Glück des Staats ums Leben gekommen, wobei er auch den Schiffbruch erwähnt habe, *litterasque ad senatum misit, quarum summa erat repertum cum ferro percussorem Agermum, ex intimis Agrippinae libertis, et luisse eam poenam conscientia, qua(si) scelus paravisset. adiciebat crimina longius repetita, quod consortium imperii iuraturasque in feminae verba praetorias cohortes idemque dedecus senatus et populi speravisset, ac postquam frustra habita sit, infensa militi patribusque et plebi dissuasisset donativum et congiarium periculaque viris inlustribus struxisset. quanto suo labore perpetratum, ne inrumperet curiam, ne gentibus externis responsa daret! temporum quoque Claudianorum obliqua insectatione cuncta eius dominationis flagitia in matrem transtulit, publica fortuna exstinctam referens. namque et naufragium narrabat.*[39] Nachdem Tacitus kommentiert hat, daß niemand so dumm gewesen sei, die Zufälligkeit des Schiffbruchs oder den Mordanschlag durch Agrippina zu glauben, folgt die Pointe: Nicht Nero, dessen Ungeheuerlichkeit ohnehin die Klagen aller überstiegen habe, sei in üblen Ruf gekommen, sondern Seneca, weil er den Brief geschrieben und damit ein Geständnis abgelegt habe, *ergo non iam Nero, cuius immanitas omnium questus anteibat, sed Seneca adverso rumore erat, quod oratione tali confessionem scripsisset* (14, 11, 3)!

In dem Brief werden – sofern Tacitus ihn zuverlässig paraphrasiert – alle möglichen (und unmöglichen) politischen Vorwürfe gegen Agrippina aufgezählt.

---

ipse Seneca, qui et detexerat et prohibuerat, qua ratione melius in Neronis gratiam poterat aperire?" (1870, 23). Hierzu Jonas 1870, 48: „Speciosiora haec esse apparet quam certiora." Gewiß: ‚Sicherheit' ist nicht zu gewinnen!

39 *Ann.* 14, 10, 3–11, 2.

Dennoch fehlt ein Motiv, das nur scheinbar ein privates, in Wahrheit ein politisches war: der Inzest. Natürlich konnte das in einem offiziellen Schreiben an den Senat nicht genannt werden, aber es war in diesem Zusammenhang äußerst wichtig. Tacitus überliefert, Cluvius Rufus habe berichtet, Agrippina sei zu dem Inzest *ardore retinendae potentiae* entschlossen gewesen.[40] Es empfahl sich, dieses Motiv vor der Öffentlichkeit ‚nachzuschieben'. Für eine Satire im Stil der *Apocolocyntosis* waren weder die Jahreszeit[41] noch der Ernst der Angelegenheit geeignet. So lag es nahe, daß Seneca zu dem in Rom von Haus aus politischen Gefäß der Tragödie griff.

Das hieße, daß Seneca wie bei Claudius' Tod, als er einerseits Neros Reden bei der Beisetzung und vor dem Senat, andererseits die *Apocolocyntosis* verfaßte,[42] auch bei Agrippinas Tod eine ‚doppelte' Rolle spielte, indem er Neros Brief an den Senat sowie die *Phaedra* verfaßte. Was seinerzeit Scherz war, war dieses Mal blutiger Ernst. Wenn es damals um Nero ging, ging es jetzt auch um ihn selbst. Die Verteidigung des Kaisers war zugleich seine eigene Verteidigung: *adverso rumore erat!* Es hatte seinen gezielten Sinn, wenn Seneca Phaedra mit der Amme eine Instanz gegenüberstellte, die das Schlimmste zu verhüten suchte, so wie es seinen eigenen Bemühungen tatsächlich entsprach. Wenn er aber auf der anderen Seite zeigte, daß Phaedra eine Gestalt war, bei der Hopfen und Malz verloren sei, durfte er sich ebenfalls exkulpiert fühlen. Es fällt ja auf, daß das Stück mit einer für römische Ohren extrem harten Verfluchung endet (1279 / 1280):

>   istam terra defossam premat,
> 1280 gravisque tellus impio capiti incubet.

Agrippina ist nicht *pia*, sondern *impia*, deshalb gilt für sie nicht: *sit tibi terra levis*, sondern: *sit tibi terra gravis*. Das ist nicht weniger als eine *damnatio* – auch: *memoriae*.

Tacitus sagt, man sei der Ansicht gewesen, Seneca habe mit dem Brief eine *confessio* abgelegt, das Eingeständnis der Komplizenschaft.[43] Hätte er sich also distanzieren sollen – oder können? Natürlich: Wer sich entschuldigt – und das tut Seneca mit der *Phaedra* –, klagt sich an. Doch blieb ihm wirklich eine andere Wahl? Man hat freilich gemeint, Seneca habe den Brief gar nicht geschrieben.[44]

---

[40] *Ann.* 14, 2, 1. Zur Quellenfrage Koestermann 1968, 24.
[41] Die *Apocolocyntosis* wurde wohl an den Saturnalien 54 rezitiert.
[42] Tac. *Ann.* 13, 3 / 4. Seneca dürfte auch die Senatsrede aufgesetzt haben: Koestermann 1967, 240.
[43] Nach Tresch 1965, 108 tadelt Tacitus, daß Seneca „eher ein Geständnis Neros als eine Rechtfertigungsschrift" verfaßte. Dagegen Koestermann 1968, 46.
[44] Alexander 1954, 94–97.

Aber das ist aus Tacitus' Formulierung nicht herauszulesen, und Quintilians eindeutiges Zeugnis spricht unabhängig davon gegen diese Annahme.[45] Das ist nicht problematisch. Problematisch ist vielmehr die Frage, ob Seneca Täter oder Opfer, treibende Kraft oder gezwungener Helfer war. Es ist interessant, daß Tacitus berichtet, man habe nach dem Scheitern des ersten Mordanschlags auf Agrippina in der Not Burrus und Seneca genannt, die Nero sofort habe holen lassen; es sei aber unklar, ob sie schon vorher etwas gewußt hätten, *quos statim acciverat, incertum an et ante ignaros.*[46] Tacitus urteilt hier zurückhaltender als Cassius Dio.[47] Aber soviel ist klar: Beim zweiten Anlauf war Seneca ausdrücklich hinzugezogen und mithineingerissen worden. Wie hätte er ausweichen können?

Die Forschung hat diese Frage nach allen Richtungen hin diskutiert. Es soll nur ein Seneca-Freund zu Wort kommen, Denis Diderot, der die Situation nach dem gescheiterten Schiffattentat so charakterisierte: «Après un exécrable forfait auquel il n'y avait plus de remède, que restait-il à faire, sinon d'en p r é v e n i r, s'il était possible, d'autres que des troubles et des conspirations auraient amenés? Séneque a-t-il accusé Agrippine d'une seule action dont elle ne fût coupable? Après l'attentat du vaisseau, que ne devait-on pas craindre du ressentiment de cette femme? Cette question n'est pas de moi, elle est de Tacite.»[48] Diderot war unbeirrbar der Meinung, Seneca habe an Neros Hof ausgeharrt, um Schlimmeres zu verhüten: «Séneque garde une place dangereuse et pénible, où il peut encore servir le prince et la p a t r i e, et on ne lui pardonne pas! Quels censeurs de nos actions! Quels juges!»[49]

Die weiteren Anspielungen auf Nero und Agrippina, die man in der *Phaedra* zu finden gemeint hat, seien hier nicht aufgezählt. Senecas Tragödien sind keine Allegorien, die Vers für Vers, Motiv für Motiv doppeldeutig zu lesen wären. So eindeutig hinter dem vergilischen Aeneas in irgendeiner Weise die Gestalt des Prinzeps Augustus steht, so wenig ist Aeneas – oder gar das ganze Gedicht – in jedem einzelnen Zug allegorisch aufzulösen. Hinsichtlich Vergils besteht darüber Einigkeit, und sie sollte auch hinsichtlich Senecas bestehen. So wie die *Aeneis* ein autonomes Welt- und Menschenbild vermittelt, wollen auch Senecas Tragödien ein

---

45 Inst. 8, 5, 18: *facit quasdam sententias sola geminatio, qualis est Senecae in eo scripto, quod Nero ad senatum misit occisa matre, cum se periclitatum videri vellet: ‚salvum me esse adhuc nec credo nec gaudeo.'*
46 Ann. 14, 7, 2.
47 62, 12, 1.
48 1986, 150, Sperrung ad hoc (Sèneque wurde zu Séneque verbessert). Am Schluß bezieht sich Diderot auf Ann. 14, 7, 2.
49 Diderot 1986, 160 (Sperrung ad hoc). Dazu v. Stackelberg 1960, 231–232.

autonomes – in vielen Punkten stoisch geprägtes – Welt- und Menschenbild vermitteln. Daran kann kein Zweifel sein. Nur sollte man nicht in den entgegengesetzten Fehler verfallen, diese Tragödien als in einem von der Gesellschaft und der Geschichte abgehobenen luftleeren Raum angesiedelt zu betrachten.

Es sei lediglich noch eine mögliche Anspielung genannt. Hippolytus' Monodie, mit der die *Phaedra* beginnt, ist ein Unikum,[50] das man aus der Tradition nicht recht erklären konnte.[51] Vielleicht wurde diese ‚Arie'[52] sogar mit Musikbegleitung vorgetragen. Auf jeden Fall ist sie Selbstzweck[53] und trägt nicht sonderlich viel zum Verständnis des Stücks bei.[54] Ob sie nur gesungen oder von Musik begleitet wurde: Spielte sie auf den Künstler Nero an? Tacitus berichtet, daß im unmittelbaren Anschluß an Agrippinas Tod zwei alte Leidenschaften in Nero aufbrachen, Wagenrennen (*curriculo quadrigarum insistere*) und Gesang zur Leier (*cithara canere*).[55] So wenig erfreulich das im ganzen war,[56] mochte es Seneca in diesem Zusammenhang doch tunlich erscheinen, auf solche vergleichsweise harmlose Beschäftigungen hinzuweisen; Wagenrennen und Jagen waren durchaus austauschbar. Schließlich wollte Nero „mit seiner ganzen Existenz [...] in erster Linie Künstler sein".[57] Das herauszustellen konnte auch einmal bei einem Kaiser nützlich sein. Ein Verstoß contra mores war nicht so schlimm wie ein Verstoß contra naturam.

Aus der hier diskutierten These folgt nahezu notwendig, daß die *Phaedra* – wenigstens zunächst – öffentlich rezitiert wurde: in einem Auditorium, in dem nicht nur Senecas ‚Zirkel' anwesend war. Es mußte schnell gehandelt werden.

Die (meisten) Philosophischen Schriften Senecas sind in ganz bestimmten Lebenssituationen entstanden.[58] Das dürfte auch auf die (meisten) Tragödien zutreffen.

---

50 Heldmann 1974, 71 nannte sie etwas ‚Singuläres'; zur Monodie S. 67–77.
51 Trotz Hippolytos' und seines Gefolges Gebet an Artemis bei Euripides (*Hipp.* 58–72). Barrett 1964, 35: "evidently Seneca's own creation".
52 So im Titel der Dissertation von Stähli-Peter 1974.
53 Barrett 1964, 35: "this is useless dramatically (no indication of character)". Vgl auch Heldmann 1974, 76.
54 Friedrich 1933, 10 meinte von dem Canticum, daß „nicht mit völliger Sicherheit gesagt werden kann, ob es Seneca selber zur Eröffnung des Stückes bestimmt hat".
55 *Ann.* 14, 14, 1.
56 Darüber Tac. *Ann.* 14, 14, 2.
57 Christ 1988, 229.
58 Das hat Pohlenz (1941) 1965, 384–447 gezeigt.

27 Die Bedeutung des Paradoxons bei Seneca[*]

I Das Paradoxon in den Tragödien —— S. 413
II Das Paradoxon in den Philosophischen Schriften —— S. 418

I Das Paradoxon in den Tragödien

Der nächste herausragende Autor nach Ovid, von diesem stark beeinflußt und doch in jeder Hinsicht so eigenständig, daß er als Repräsentant seiner Epoche, der neronischen, verstanden werden kann, ist Seneca, der Verfasser von acht oder neun nach griechischen Vorbildern in stoischer Interpretation umgedeuteten Tragödien. Der grundlegende Unterschied zu den attischen Vorbildern des 5. Jahrhunderts liegt in der moralisierenden Betrachtungsweise, aufgrund deren der stoische Philosoph die πάθη, die Affekte, als Ursache allen menschlichen Leidens versteht. Da sich das Idealbild dieser Lehre, der von Affekten freie ‚stoische Weise‘, nicht als dominierende Figur einer Tragödie eignet, sondern der dramatischen Ökonomie gemäß nur dargestellt werden kann, wenn sein Los mit dem Geschick der interessanteren Personen verknüpft ist,[1] ergibt sich, daß in Senecas Tragödien vor allem die bis zur Perversion gehenden Abgründe menschlicher Leidenschaften das Bild bestimmen. Wenn ein Blick in diese Stücke lehrt, daß in ihnen die Paradoxien auf jeder Seite mehrfach begegnen und sie die der *Metamorphosen* noch überbieten, darf man von vornherein vermuten, daß sie im wesentlichen eine andere Funktion erfüllen als bei Ovid.

Zunächst ist jedoch festzustellen, daß eine große Zahl von Paradoxien bei Seneca wie schon bei Ovid lediglich der Freude am überraschenden Witz, an der pointierten Art der Darstellung entspringen – wie es bei dem Sohn eines der angesehensten Rhetoren seiner Zeit nicht verwunderlich ist. Diesem Einfluß dürfte die erhebliche Menge der Paradoxa, die lediglich die Einzelstelle pointieren, zuzuschreiben sein, etwa bei der Form des Zahlenparadoxons, das Seneca in gleicher Weise wie Ovid liebt, so wenn Medea sich über die kurze Frist für den Abschied von

---

Das Paradox. Eine Herausforderung des abendländischen Denkens, hrsg. v. P. Geyer / R. Hagenbüchle, 1992, 224–228, 231–234 (Stauffenberg, Tübingen).
[*] Auszug aus dem Aufsatz ‚Die Bedeutung des Paradoxen in der römischen Literatur, in: Geyer / Hagenbüchle 1992, 209–246. Die Ausführungen über das Paradoxon in den Philosophischen Schriften werden aufgenommen, um die Verwandtschaft von Tragödien und Philosophica zu zeigen.
[1] Das ist z.B. bei Hecuba (*Troades*) oder Cassandra (*Agamemnon*) der Fall.

ihren Kindern beklagt und feststellt, ihr sei für zwei Kinder nur e i n Tag gegeben, *liberis unus dies | datus est duobus* (*Med.* 421–422) – als ob ihr an einem Tag der Abschied von einem Kind leichter fiele oder sie bei beiden Kindern über zwei Tage befriedigter wäre!

Da Seneca in seinen Tragödien gern ‚negative' Situationen darstellt, um vor ihnen zu warnen, ist es nicht verwunderlich, daß bei ihm die Figur des Paradoxons zur pointierten Verschärfung eines Gedankens oder einer Schilderung eingesetzt werden kann, wobei freilich die Freude an der rein sprachlichen Pointierung nicht auszuschließen ist. Stilistisches Brillieren und echte Deutung gehen oft Hand in Hand. So wenn es von Priamus' Tod heißt, er entbehre der Flamme der Bestattung, obschon ganz Troia brenne, *caret sepulcro Priamus et flamma indiget | ardente Troia* (*Tro.* 55–56). Der Vergleich mit dem Vorbild dieser Partie im zweiten Buch der *Aeneis*[2] lehrt, daß erst Seneca die Pointe aufgesetzt hat; andererseits ist sie geeignet, die unwürdige Situation des trojanischen Königs eindrucksvoll zu demonstrieren. Oder wenn Hector Andromacha im Traum erscheint und fragt, ob sie über Troias Fall klage? Wenn es doch ganz zerstört wäre! *Troia quod cecidit gemis? | utinam iaceret tota!* (damit die Überlebenden nicht solches Leid erlitten).[3] Auch hier zeigt der Vergleich mit dem vergilischen Vorbild,[4] wie Seneca durch die paradoxe Pointe das unheilvolle Los der Überlebenden prägnant angedeutet hat (*Tro.* 454–455). Dieselbe Verbindung von Pointe und echter Deutung begegnet in dem großartigen Paradoxon, mit dem Thyestes feststellt, daß er und sein Bruder Atreus für ihre Greueltaten verbannt würden, aber nicht von den Inseln der Seligen, sondern aus der Unterwelt, in der nur Platz für ‚normale' Verbrecher sei (*Thy.* 1016–1019)!

Diese pointierte Verschärfung des Gedankens durch das Paradoxon geht oft so weit, daß in pervertierter Parodie die konventionellen Vorstellungen bis zur Absurdität auf den Kopf gestellt werden, indem das gänzlich subjektive Belieben des Handelnden als gleichsam objektive Notwendigkeit gedeutet wird, so wenn zwei senecaische Frauengestalten, Medea und Clytemestra, scheußliche Taten erwägen und dann feststellen, diese seien ihrer nicht würdig, ihnen ziemten größere Verbrechen, *maiora scelera decent* (*Med.* 50); *te decet maius nefas* (*Ag.* 124) – *decent*, das eigentlich moralisch positiv ist. Oder wenn Atreus die Verpflichtung fühlt, sich nach römischer Sitte seiner Vorfahren als würdig zu erweisen, und in diesem Sinn die Erzfrevler Tantalus und Pelops als *exempla* bezeichnet (*Thy.* 243).

---

[2] Senecas Schilderung vom Tod des Priamus bezieht sich auf *Aen.* 2, 526–558. 139–141 ist mit *Aen.* 2, 557–558 zu vergleichen.

[3] Speziell: damit nicht Astyanax, wie es später geschieht, von dem einzigen Turm, der die Zerstörung Troias überstanden hat, gestürzt werde.

[4] Hectors Erscheinung vor Aeneas (*Aen.* 2, 268–297).

Es kann somit kein Zweifel sein, daß in Senecas Tragödien das Paradoxon in vielen Fällen nicht eine beliebige Stilform ist, deren Funktion sich in einer pointierten Wirkung erschöpfte. Vielmehr eignet sie sich ideal zur Beschreibung einer Welt, in der Recht und Unrecht, Gut und Böse vertauscht sind, in der überhaupt alle konventionellen Werte auf den Kopf gestellt sind – einer Welt, in der, wie es einmal schneidend heißt, weder Recht noch allgemeines Unrecht Geltung haben, *fas valuit nihil | aut commune nefas* (*Thy.* 138–139), als ob ein gewisses Maß von Unrecht schon etwas Gutes wäre – einer Welt, in der es nicht einmal auf den Erfolg des Verbrechens ankommt, sondern nur auf die möglichst scheußliche Durchführung desselben (*Thy.* 907). Das Handeln der in ihr lebenden Menschen wird deshalb in Paradoxien adäquat beschrieben, wie es an zwei Gestalten kurz verdeutlicht werden soll.

Der Weg der von Euripides und Apollonios Rhodios mit so viel Sympathie gezeichneten Medea von der schwankenden Frau zur entschlossenen Rächerin wird mit mehreren Paradoxa begleitet und gipfelt am Ende in ihrer befriedigten Vorstellung *Medea nunc sum*, ‚nun bin ich Medea' (*Med.* 910).[5] Aber das ist das Hauptparadox, daß sie in Wahrheit ein Zerrbild ist, „das Bild des pervertierten Selbstgewordenseins".[6] Eine andere Figur, deren Handeln und Denken Seneca in Paradoxien beschreibt, ist Atreus, der Vertreter des Bösen. Charakteristisch ist die Auftrittsszene, in der seine Herrschermaximen just das Gegenteil konventioneller Wertungen darstellen: Der größte Vorteil des Herrschers sei, daß das Volk seine Taten dulden, nicht loben müsse; ehrliches Lob gelte für den gemeinen Mann, dem Herrscher zieme falsches Lob; ehrenhaftes Herrschen gründe sich auf Unsicherheit; *sanctitas, pietas, fides* seien *privata bona*, der König genieße die Willkür, usw. (*Thy.* 205–218). Atreus handelt zwar, wie viele Verbrecher in stoischer Interpretation, vorwiegend im Zorn, aber er ist auch Ästhet. Wie und in welcher Reihenfolge er die Kinder seines Bruders zerstückelt, daran liegt ihm nicht, *nec interest*, aber es macht ihm doch Freude, das Verbrechen ästhetisch durchzuführen, *scelus | iuvat ordinare* (715–716). Für einen solchen Menschen ist das Abschlachten der Kinder ein feierlicher Akt: Er entzündet Feuer auf dem Altar und schüttet Opferwein hinein, er selbst ist Priester und stimmt einen gewaltigen Totengesang an, *letale carmen ore violento canit* (692). Peinlich vermeidet er, daß ein Teil des Opfers übergangen wird, *nulla pars sacri perit* (695), und daß ein solches Verbrechen sich nicht nach feierlichem Ritus vollzieht, *ne tantum nefas | non rite fiat* (689–690). In

---

5 Friedrich 1967, 46–56.
6 Maurach (1966) 1972, 317.

dieser Szene gibt Seneca so etwas wie eine Ästhetik des Häßlichen: eine weitere Möglichkeit, dem Gräßlichen mit pikanter Paradoxie beizukommen.[7]

Während sich der Einfluß Ovids auf Senecas Tendenz, das Geschehen weithin als paradox zu begreifen, nicht übersehen läßt, tritt für viele senecaische Paradoxien ein weiterer Einfluß hinzu: der der Stoa, die ihre Lehre zuweilen in Paradoxien vorzutragen liebte. Jedenfalls ist es in der Manier der Stoiker gesagt, wenn es über das Ideal des einfachen Lebens heißt, man könne ein schlechtes Los einem guten vorziehen, *malam bonae praeferre fortunam licet* (*Thy.* 454), oder es mache Freude, elend zu sein, *esse iam miserum iuvat* (*Thy.* 427). Das Paradoxe liegt darin, daß das allgemein minder Geschätzte jeweils als Positives gedeutet wird: Stünde *modestam fortunam* statt *malam fortunam*, *videri miserum* statt *esse miserum*, wären die Formulierungen nicht paradox; so aber muß man *malam* bzw. *esse* in Anführungszeichen setzen, um den wahren Wert der Aussage deutlich zu machen. Hierher gehört auch die stoische Definition des wahren Königs *Thy.* 344 und 388–390:

> regem non faciunt opes.
>
> > rex est qui metuet nihil,
> > rex est qui cupiet nihil,
> 390 hoc regnum sibi quisque dat.[8]

Es ist interessant zu sehen, wie die Vorstellungen der spekulativen Philosophie mit der Dialektik des Theaters verquickt werden können. Häufig begegnet die Maxime, daß der Tod die wahre Freiheit bedeute (z. B. *Phae.* 139; *Tro.* 791; *Ag.* 589–610, 796) – auch das ein stoisches Paradoxon. Von diesem leitet sich eine Reihe von ‚säkularisierten' Variationen innerhalb bestimmter Handlungssituationen her, so wie Andromacha zu Ulixes sagt, wenn er ihr größte Furcht einjagen wolle, solle er ihr das Leben androhen – nicht den Tod, *vitam minare* (*Tro.* 577). Nun kann dieses Paradox der stoischen Lehre pervertiert werden, wenn es in uneigentlichem Sinn, d. h. von einer Person, die nicht von der stoischen Philosophie überzeugt ist, angewendet wird; so wenn Electra Aegisthus um den Tod bittet, dieser aber antwortet, nur wenn sie ihn verweigerte, gewährte er ihn, *si recusares, darem*, und ihrer Frage, ob es Schlimmeres als den Tod gebe, repliziert: das Leben, wenn man sterben will, *vita, si cupias mori* (*Ag.* 494–496). Hier hat die Argumentation einen doppelten Boden. Für die stoisch gebildete Electra ist das Leben in ihrer Situation

---

[7] Lefèvre 1981 / 1982, 35 (▶ S. 340).
[8] Gerade die oft betonte Nähe zu horazischem Gedankengut – man wird hier vor allem an *Carm.* 3, 3 zu denken haben – zeigt gut, wie wenig solche Gedanken allgemein stoisch oder speziell paradox formuliert zu werden brauchen.

schlimmer als der Tod. Ebenso argumentiert Aegisthus, obschon er als Nicht-Stoiker nicht dieser Ansicht ist, jedoch weiß, daß er aufgrund Electras für ihn absurden Standpunkts ihr schaden kann.

Wie auch immer der Einfluß der stoischen Paradoxa auf Senecas Tragödien zu bewerten ist: Es ist nicht zu übersehen, daß er als stoischer Philosoph die von der Macht der Affekte bestimmte Haltung der Menschen negativ mit Paradoxien charakterisiert hat. Ihm mußte nach der Lehre, daß man zu jedem Zeitpunkt sein Schicksal allein in der Hand habe, jedes andere Verhalten widersinnig, paradox erscheinen. Insofern handelt auch Atreus, der Vertreter des Bösen, paradox, denn er schadet, wenn er es auch nicht weiß, nur sich selbst.[9] Es ist nicht überraschend, daß Seneca diesen Gedanken, daß der Mensch, wenn er die Affekte nicht überwindet, sein eigener Feind ist, des öfteren in greller Paradoxie hervorgehoben hat. So heißt es von Hercules, nur er könne es mit sich selbst aufnehmen, nur er sich selbst besiegen, *se vincat* (*HF* 116), d.h. indem er die Affekte nicht überwindet, sondern ihnen unterliegt. Agamemnon, der Siegreiche, ist ohne Feind besiegt, *sine hoste victus* (*Ag.* 183). Medea will sie selbst werden, *Medea fiam* (*Med.* 171), der geblendete Oedipus versucht umgekehrt, sich selbst zu entfliehen, *me fugio* (*Phoe.* 216). Thyestes fordert sich auf, sein altes Wesen abzulegen, *veterem ex animo mitte Thyesten* (*Thy.* 937). So verschiedene Haltungen und Situationen diese Paradoxien charakterisieren, eines haben sie gemeinsam: Seneca wird nicht müde, vor allem die Mächtigen und Reichen zu beschreiben, die aus dem Kosmos sinnvollen Handelns herausgetreten sind, die sich eine eigene Welt geschaffen haben, in der sie aber nicht mit sich eins sind. Ja, es scheint, als habe Seneca diesen Prozeß der Selbstverschuldung als unvermeidbar angesehen und ihn in dem paradoxen Bild von der Kraft, die sich selbst zerstört,[10] als objektiven Vorgang charakterisiert – ein Paradox, das in letzter Konsequenz das Urteil über diese Menschen spricht (*Ag.* 88–89):

> sidunt ipso pondere magna,
> ceditque oneri fortuna suo.[11]

Es zeigt sich, daß bei Seneca die Figur des Paradoxons der angemessene Ausdruck für Spannungen ist; sie ist für ihn das stilistische Mittel, die widersinnigen Tendenzen, die das Verhalten des Menschen bestimmen, zu beschreiben. Denn ein großer Teil der senecaischen Paradoxien dient nicht so sehr der Pointierung akzidentieller Handlungsmomente als vielmehr wie bei Atreus, Medea oder Aga-

---

9 Knoche (1941) 1972, 58–66, 477–489.
10 Eine – unvollständige – Übersicht über dieses Thema gibt Dutoit 365–373.
11 ▸ dazu S. 283.

memnon der Charakterisierung des Gesamtverhaltens. Während bei Ovid die paradoxe Struktur vieler Erzählungen nur indirekt die Konsequenz eines bestimmten Weltverständnisses ist, handelt es sich bei Seneca vielfach um den direkten Ausdruck eines solchen.

II Das Paradoxon in den Philosophischen Schriften

Es war schon von den Paradoxa der Stoiker die Rede. Sie liebten es, ihre Lehrsätze pointiert zuzuspitzen.[12] Wenn ihr Einfluß auf die Tragödien Senecas wahrscheinlich ist, leuchtet es um so mehr ein, daß diese pointierte Manier auch in den Philosophischen Schriften im Übermaß zu erkennen ist. Freilich standen die Stoiker mit den paradoxen Formulierungen philosophischer Lehrsätze nicht allein. So wie ihre Paradoxa, nach Chrysipps Zeugnis, schon auf den Gründer Zenon zurückgingen, hatte auch Epikur eine Vorliebe für paradoxe Aussagen.[13] Seneca kannte diese sehr genau und ließ sich von ihnen anregen. In dem ersten Teil der *Epistulae ad Lucilium* hat er des öfteren am Schluß ein Wort Epikurs direkt zitiert;[14] und gleich das erste Mal, am Ende des zweiten Briefs, ist es eine paradox formulierte Sentenz: Eine ehrenhafte Sache sei freudige Armut, *honesta res est laeta paupertas* (5). Wie das zu verstehen ist, wird erklärt: Nicht handele es sich um Armut, wenn sie Freude bringe (6). Nicht die äußere Situation, sondern die innere Einstellung ist entscheidend.

Im dritten Brief vertritt Seneca die Ansicht, daß weder zu große Betriebsamkeit noch zu große Untätigkeit richtig sei, und zitiert im Blick auf die zweite Haltung das Wort eines – nicht sicher identifizierbaren – Pomponius: Manche hätten sich so sehr in das Dunkel zurückgezogen, daß sie glaubten, es sei im Trüben, was im Licht steht, *quidam adeo in latebras refugerunt, ut putent in turbido esse quidquid in luce est* (3, 6). Seneca borgt paradoxe Aussagen aus beliebigen Quellen, um die Argumentation zu pointieren. Wenn man weiterliest und sieht, daß auch der vierte und fünfte Brief mit – eigenen – paradox formulierten Aussagen schließen (4, 11: ‚Wer mit der Armut auf gutem Fuß steht, ist reich', *cui cum paupertate bene convenit, dives est*; 5, 9: ‚Viele unserer Güter schaden uns', *multa bona nostra nobis nocent*), wird klar, daß Seneca das Paradoxon in den Dienst der Protreptik stellt: Dadurch daß diese besondere Pointe am Ende steht, hallt sie in dem Hörer oder Leser lange nach. Es handelt sich nicht nur um ein stilistisches Phänomen.

---

12 Schmidt 1949, 1134–1137; Kumaniecki 1957, 113–134; Pohlenz 1964, II, 83.
13 Hossenfelder 1985, 109–112.
14 Freise 1989, 532–556.

Auf der anderen Seite ist nicht zu verkennen, daß Seneca die Paradoxa auch an weniger hervorgehobenen Stellen gebraucht. Um auf die betrachteten Briefe zurückzukommen: ‚Nirgends ist, wer überall ist', *nusquam est, qui ubique est* (2, 2); ‚warum soll ich in Gegenwart eines wahren Freunds nicht glauben, allein zu sein?', *quid est, quare me coram illo* (sc. *amico*) *non putem solum?* (3, 3); ‚mache dir das ganze Leben dadurch angenehm, daß du dich nicht darum sorgst', *fac* [...] *tibi iucundam vitam omnem pro illa sollicitudinem deponendo* (4, 6); ‚es ist Zeichen eines schwachen Charakters, Reichtum nicht ertragen zu können', *infirmi animi est, pati non posse divitias* (5, 6). Diese Paradoxa sind in den Fluß der Gedanken eingebettet. Dennoch hat man versucht, auch hinsichtlich ihrer Stellung eine bewußte Verwendung durch Seneca nachzuweisen und ihnen jeweils eine gliedernde, d. h. die Argumentationsreihen strukturierende Funktion zuzuweisen.[15] Aber auch sie sind nicht nur ein stilistisches Phänomen.

Zuweilen geht dem brillanten Stilisten Seneca freilich der Pegasus durch. In der Schrift über den Zorn zitiert er einen paradox formulierten Ausspruch des Mimendichters Laberius: Es sei notwendig, daß derjenige viele fürchte, den viele fürchten, *necesse est multos timeat quem multi timent*. Das wird in Paradoxien weitergeführt: So habe es die Natur eingerichtet, daß das, was durch anderer Furcht groß ist, von eigener nicht frei sei. Wie furchtsam seien der Löwen Herzen bei den leisesten Tönen; und die schärfsten Bestien hetze ein Schatten, eine Stimme oder ein ungewohnter Geruch auf: Was Schrecken errege, zittere selbst, *ita natura constituit, ut quidquid alieno metu magnum est, a suo non vacet. leonum quam pavida sunt ad levissimos sonos pectora! acerrimas feras umbra et vox et odor insolitus exagitat: quidquid terret, et trepidat* (*De ira* 2, 11, 3–4). Dieses Beispiel ist interessant, weil in ihm der paradoxe Vergleich in den Dienst einer unangemessenen Argumentation gestellt ist; denn der Löwe hat kaum Angst, wenn er ein Geräusch hört, er wird sich in hoher Anspannung auf die beste Möglichkeit konzentrieren zuzuspringen. Wenn Seneca die Schlußfolgerung zieht, es gebe keinen Grund, daß der Weise wünsche, gefürchtet zu werden, *non est ergo quare concupiscat quisquam sapiens timeri*, ist er sich dieser ‚Logik' natürlich bewußt. Aber für ihn gilt auch in den Philosophischen Schriften: Lieber ein Zuviel an Ambivalenz als ein Zuwenig an Brillanz.[16] Das Paradoxon war dafür die geeignete Stilfigur. Sein Prosastil blitzt und funkelt. Man versteht, daß schon in der Antike nicht jedem die knappen epigrammatischen Formulierungen gefielen, die *minutissimae sententiae* (zu denen auch die Paradoxa gehören), die Quintilian rügt: Mit ihnen habe Seneca den gewichtigen Inhalt der

---

15 Maurach 1970, 30 (zu 2,2), 33 (zu 3, 3), 37 (zu der Fortführung des Zitats aus 4, 6), 39 (zu 5, 6).
16 Norden 1909, 307 hat diese Eigenart paradox ausgedrückt, daß wir nämlich „nur zu häufig das Gefühl haben, als wenn er zufriedener ist, wenn wir ein geistreiches Aperçu beklatschen, als dem der umgebenden Phrase entkleideten Gedanken wegen seines innern Gehalts folgen."

Aussagen zerstückelt. Der Rhetorikprofessor verkannte nicht, daß die ‚Fehler' des Philosophen verführerisch seien (*dulcia vitia*), und stellte – gewiß zu Recht! – fest, daß er in seinen Stil verliebt gewesen sei.[17] Quintilians Vorwurf formuliert das vorzüglichste Kriterium des Manierismus: eine Vorliebe zur Manier ausarten zu lassen. Da ein paradoxer Sachverhalt ohne paradoxe Formulierung ausgesagt werden kann, ist Seneca auch in seinen Philosophischen Schriften ein herausragender Vertreter manieristischer Stilkunst.

Andererseits wäre es falsch, das Paradoxon bei Seneca als eine beliebige Stilfigur abzutun. Es ist bis zu einem gewissen Grad Ausdruck von Spannungen in seinem Denken, die wiederum mehr oder weniger den Spannungen in seinem Leben entsprachen. Das schon zitierte Paradoxon, daß es Zeichen eines schwachen Charakters sei, Reichtum nicht ertragen zu können, spiegelt die eigene Lebenssituation wider, die ihn zu höchstem materiellen Wohlstand geführt hatte, dem er aber mit größter innerer Unabhängigkeit gegenüber stand. Seine Verteidigung der ‚paradoxen' Situation in *De vita beata* ist durchaus glaubwürdig.

Einen für den Menschen so wichtigen Begriff wie die Zeit hat Seneca, wie schon Philosophen vor ihm, gern in Paradoxien zu bestimmen versucht. J. Blänsdorf hat sogar gesagt, Seneca könne das Phänomen der physikalischen wie der ethisch bewerteten Zeit nur in Paradoxien erfassen; er treibe immer wieder „die Gedanken über die Zeit und die Einstellung des Menschen zu ihr zum Paradox".[18] Die erste der *Epistulae ad Lucilium*, die das Paradoxon der Zeit vorstellt, zeigt, wie wesentlich dieser Begriff in Senecas Denken ist; der Brief ist nichts Geringeres als „ein προτρεπτικὸς εἰς φιλοσοφίαν, aber er handelt nicht von Inhalt und Leistung der Philosophie wie Ciceros ‚Hortensius', sondern von der Dringlichkeit, jetzt sofort mit der Philosophie zu beginnen, weil sonst die eigentliche Lebenssubstanz verfliegt."

So wird man sagen dürfen, daß wie in den Tragödien auch in Senecas Philosophischen Schriften das Paradoxon einerseits der stilistischen Pointierung dient, andererseits als Ausdruck wesentlicher Spannungen des menschlichen Daseins empfunden wird.[19] Manieristisches Denken zeigt sich in dem einen wie in dem anderen.

---

17 *Inst.* 10, 1, 130.
18 Blänsdorf in Blänsdorf / Breckel 1983, 18 und 26. Das nächste Zitat: 24.
19 Cancik 1967, 137 hat – sehr zugespitzt – formuliert, das Paradoxon werde bei Seneca „als Existenzform erfahren und von diesem Bezug her durchdacht. Es wird zum bevorzugten Mittel der Analyse der menschlichen Situation und gleichzeitig zur Manifestation eines Lebens aus der Innerlichkeit".

28 Götter, Schicksal und Handlungsfreiheit in Senecas Tragödien*

I Die allegorische Funktion der Götter —— S. 421
  1 Von Lukrez bis Lukan —— S. 422
  2 Konventionelle Redeweise —— S. 425
  3 Übernatürliche Prologsprecher —— S. 428
  4 Der Mensch als ‚Gott' —— S. 431
II Schicksal und Handlungsfreiheit —— S. 432
  1 Sittliches Handeln —— S. 433
  2 Nichtsittliches Handeln —— S. 434
  3 Handeln und Fatum —— S. 435
  4 Handeln und Fortuna —— S. 438
III Rückblick —— S. 440

I Die allegorische Funktion der Götter

In Senecas Tragödien vermischen sich auf Schritt und Tritt traditionell-poetisches Gedankengut und individuell-philosophische Deutung. Deshalb ist es so schwierig, bei ihrer Auslegung zu eindeutigen Ergebnissen zu gelangen. Häufig wird das Auftreten konventioneller Ausdrucksformen als Argument gegen die stoische Interpretation dieser Werke in Anspruch genommen. Das gilt nicht nur für die Weltanschauung im allgemeinen, sondern auch für die Götterauffassung im besonderen. Es ist jedoch zu fragen, inwiefern es bei Seneca sinnvoll ist, die Götter insgesamt als eine wirksame Macht oder einzelne von ihnen wie Iupiter, Iuno, Apollo als individuell wirkende Wesen aufzufassen. Kann man sich – um ein Beispiel zu nennen – am Anfang des *Hercules Furens* mit der Annahme zufrieden geben, Iuno wolle Hercules verderben? Was sollte eine solche Aussage in der Mitte des ersten nachchristlichen Jahrhunderts bedeuten?[1]

Prinzipat und Kultur im 1. und 2. Jahrhundert, hrsg. v. B. Kühnert / V. Riedel / R. Gordesiani, 1995, 164–185 (Habelt, Bonn).
* Eine erste Fassung dieser Ausführungen wurde 1985 auf dem FIEC-Kongreß in Dublin vorgetragen. Für ein Gespräch danke ich C. W. Müller.
1 Pohlenz hat gut bemerkt, daß Seneca in den Tragödien „von dem Boden der eigenen Weltanschauung aus" gedichtet habe. Er fuhr fort: „Allerdings stand er in seinen Tragödien im Banne des literarischen Genos und der poetischen Tradition; aber wenn er daraufhin einmal die Schrecken der Unterwelt vorführte oder seine Personen von Zeus' Liebschaften reden ließ, konnte er gewiß sein, daß seine Leser über solche unwürdigen Vorstellungen erhaben waren und sie ihm selbst am wenigsten zutrauten" (1964, I, 324). Lesowsky hat betont, daß Seneca „die beiden ‚Theologien', die mythologische und die philosophische, in den Tragödien neben- und

Insofern die folgenden Überlegungen die rein bildliche Funktion der Götter[2] in Senecas Tragödien herausstellen, möchten sie zugleich ein Beitrag zur philosophischen Interpretation dieser Werke sein. Senecas Götterbild ist keineswegs neu. Es kann vielmehr als Konsequenz einer Entwicklung angesprochen werden, die in der Zeit des von epikureischem Denken geprägten Lukrez begonnen hatte. Ein kurzer Rückblick mag das verdeutlichen.

1 Von Lukrez bis Lukan

Das erste vorchristliche Jahrhundert brachte für Rom im Gefolge der innenpolitischen Umwälzungen entscheidende geistige und religiöse Erschütterungen. Ausdruck dieser Zeit ist Lukrez' Werk, über welches Mommsen gesagt hat, das Grauen und der Widerwille gegen die entsetzliche Welt, in der und für die der Dichter geschrieben habe, hätten dieses Gedicht eingegeben.[3] Lukrez sah es als seine Aufgabe an, den Menschen von irrationalen Ängsten zu befreien. Hierunter rechnete er vor allem die Furcht vor dem Tod und die Furcht vor den Göttern. Er eiferte, wie Mommsen sagte, „die Götter zu stürzen, wie Brutus die Könige gestürzt". Ihm war der Mensch *religione refrenatus*, wie ein Pferd an der Kandare (5, 114); daher wollte er ihn aus den engen Knoten der Religio befreien, *artis | religionum animum nodis exsolvere pergo* (4, 6–7). Da Lukrez aussprach, was viele dachten – die Frage nach seinem Einfluß braucht hier nicht gestellt zu werden –, ist es klar, daß eine unreflektierte Verwendung traditioneller Göttervorstellungen künftig kaum noch möglich war. Die theologische Interpretation der augusteischen Dichter ist deshalb so schwierig, weil sie, rein äußerlich betrachtet, den traditionellen Götterapparat weiter gebrauchten, als habe sich gegenüber der Zeit eines Ennius oder Cato nichts geändert. Die Rekonstruktion der verfallenen Tempel durch Augustus hängt zwar mit dem Versuch der Restauration des alten Götterkults zusammen: Soll man aber annehmen, die Dichter hätten ihn ebenso weiter gepflegt? In diesem Zusammenhang können nur Andeutungen gegeben werden.

Am Anfang des zehnten Buchs der *Aeneis* läßt Vergil Iupiter den Streit zwischen Venus und Iuno mit den berühmten Worten schlichten, daß jeder Kämpfer sein eigenes Schicksal in der Hand habe (111–113):

---

durcheinander verwendet" habe; „er selbst glaubte nicht an die Götter der Mythologie und sicherlich auch die meisten seiner Zuhörer nicht" (1950, 123 und 126).
2 Senecas Götter nehmen Dingel 1974, bes. 115 (dazu Lefèvre 1977, 123–130) und Zwierlein 1984 (dazu weiter unten) – jedenfalls partiell – ernst.
3 1903, III, 596.

> sua cuique exorsa laborem
> fortunamque ferent. rex Iuppiter omnibus idem.
> fata viam invenient.

Das ist über die Imitation Homers[4] hinaus ein Stück vergilischer Theologie. Nach ihr sind die Menschen frei, sie schaffen sich ihr Schicksal selbst.[5] In letzter Konsequenz ist damit ausgesagt, daß die Fata der Mitwirkung der Menschen bedürfen und insofern von ihnen abhängen.[6] Da sich bei Vergil das sittlich Gute durchsetzt und das sittlich Schlechte unterliegt, vermag er eine sittliche Weltordnung zu erkennen, die eben durch Iupiter und die Fata repräsentiert wird.[7] Es leuchtet ein, daß in diesen Versen die Vorstellungen Iupiter, Fata und Fortuna in eins verfließen. Vergil hatte keinen personalen Gottesbegriff mehr. Nisus' Ausruf in 9, 184–185 ist weniger pointiert, doch deutet seine Alternative in dieselbe Richtung, wenn er Euryalus fragt, ob ihnen die Götter ihre Glut verliehen hätten oder ob jedem die wilde Leidenschaft zum Gott werde: *dine hunc ardorem mentibus addunt | Euryale, an sua cuique deus fit dira cupido?*

Die ganze Gebrochenheit im theologischen Denken der Zeit kommt nicht minder stark in Horaz' Werk zum Ausdruck. Auch für ihn haben die alten römischen Götter keine festen Konturen mehr. Die Ode 1, 34 ist hierfür bezeichnend:

> Parcus deorum cultor et infrequens,
> insanientis dum sapientiae
> consultus erro, nunc retrorsum
> vela dare atque iterare cursus

---

4 *Il.* 8, 5–27.
5 Deshalb kann Turnus den Fata, die auf seiten von Venus und Aeneas stehen, seine Fata entgegensetzen: *sat fatis Venerique datum* [...] | [...]. *sunt et mea contra | fata mihi* (*Aen.* 9, 135–137). Entsprechend 1, 239: *fatis contraria fata rependens* (Venus); 7, 293–294 *fatis contraria nostris | fata Phrygum* (Iuno).
6 [[Dieselbe Konzeption begegnet etwa in Senecas *Troades*: ▸ S. 399.]]
7 Williams hat die Stelle gut erklärt: "The final phrases [...] convey that the will of the fates, which Jupiter will not permit to be made void, is nevertheless dependent on the human actors; Aeneas and the Trojans receive help from Jupiter when most in need, but they must themselves achieve their destiny" (1973, 329). So schon Otis: "the fates always *find a way*. But this way need not be (and in fact is not) one that precludes or denies human freedom, the toil and the deserved success or failure of human undertakings (exorsa). Aeneas' *pietas* and his temperate wisdom and humanity are not fated: nor is Turnus' *furor*. [...] Destiny is not independent of human will or effort. This idea [...] is implied throughout the *Aeneid* (otherwise *pietas* would not have been a moral achievement at all) but here it is explicitly stated" (1963, 354).

>   5   cogor relictos. namque Diespiter
>   igni corusco nubila dividens
>   plerumque, per purum tonantis
>   egit equos volucremque currum,
>
>   quo bruta tellus et vaga flumina,
>   10   quo Styx et invisi horrida Taenari
>   sedes Atlanteusque finis
>   concutitur. valet ima summis
>
>   mutare et insignem attenuat deus
>   obscura promens: hinc apicem rapax
>   15   Fortuna cum stridore acuto
>   sustulit, hic posuisse gaudet.

Horaz hat erfahren müssen, daß die epikureische Philosophie nicht ausreicht, die Welt auf natürliche Weise zu erklären. Denn nach ihrer Lehre waren Blitz und Donner bei heiterem Himmel unmöglich. So hat der epikureische Dichter einzusehen, daß letztlich der Zufall, eben Fortuna, herrscht. Nicht handelt es sich um eine Bekehrung zur altrömischen Religion; vielmehr ist festzustellen, daß in dem Gedicht die Vorstellungen von Iupiter (Diespiter), dem impersonalen Deus und Fortuna verschmelzen. Was zuerst wie ein Walten Iupiters klingt, stellt sich am Schluß als ein Walten Fortunas heraus. Dieselbe Dreiheit begegnet, ebenfalls auf engem Raum, in *Carm.* 3, 29, wo Deus (*prudens futuri temporis exitum | caliginosa nocte premit deus,* 29 – 30) neben Pater (*cras vel atra | nube polum pater* [= Iupiter] *occupato | vel sole puro,* 43 – 45) und Fortuna (*Fortuna saevo laeta negotio et | ludum insolentem ludere pertinax | transmutat incertos honores,* 49 – 51) steht. Es wird niemand behaupten, daß Fortunas omnipotente Herrschaft neben Iupiters omnipotenter Herrschaft bestehen kann; vielmehr ist klar, daß sich in beiden Fällen Iupiter auf den meteorologischen, Deus auf den imperialen Aspekt einer höheren Macht beziehen, daß diese aber im Grund durch Fortuna, den alles beherrschenden Zufall, repräsentiert wird. Das aber heißt, daß der Mensch sittlich frei ist; Horaz gibt in *Carm.* 3,29 ein Beispiel, wie sich der Mensch Fortuna gegenüber (innerlich) unabhängig verhalten kann. Für seine Weltanschauung ist es bezeichnend, daß er in dem ‚Gebet' für das Gelingen des von Augustus in den Jahren 27/26 geplanten Feldzugs nach Britannien Fortuna anruft (*Carm.* 1, 35). Es versteht sich, daß eine *diva* (*Carm.* 1, 35, 1), die Freude an dem grausamen Geschäft des permanenten Umschlags hat (*Carm.* 1, 34, 14 – 16; 3, 29, 49 – 52), letztlich eine Allegorie ist.[8]

---

8 Es sei nicht verkannt, daß Fortuna eine nicht unbedeutende Rolle im römischen Kult gespielt hat (Nisbet / Hubbard 1970, 387, bes. 396), doch geht Horaz weit darüber hinaus.

Wenn Ovids Scylla ausruft: *sibi quisque profecto | est deus* (*Met.* 8, 72–73), ist sie nicht weit von Vergils Nisus oder Mezentius⁹ entfernt. Sie handelt so frei wie der letzte. Man geht kaum fehl, in ihrem Ausruf einen Zipfel der ‚Theologie' des Geistes zu sehen, von dem das kecke Wort stammt, es sei unter Umständen nützlich, mit Göttern zu rechnen: *expedit esse deos* (*Ars* 1, 637). Demgegenüber liegen die Gedichte von Manilius und Lukan auf einer ganz anderen Ebene, insofern sie von stoischem Denken bestimmt sind. Bei Manilius fungiert das Fatum uneingeschränkt als höchste Macht (4, 14–118). Freilich verwendet er daneben auch den Begriff der *Fortuna vaga* (4, 96–97) oder die Namen der alten Götter Iupiter (4, 29) und Mars (3, 632), doch werden damit keinerlei theologische Aussagen verbunden.¹⁰ Obwohl Lukan wiederum eine andere Fatum-Vorstellung hat, ist auch bei ihm keine besondere Unterscheidung¹¹ im Gebrauch von Di superi, Fatum und Fortuna zu beobachten.¹²

Nach diesen Andeutungen der Funktion der Götter in der Dichtung bis in Senecas Zeit wird man sich hüten müssen, jede Erscheinung oder Nennung eines Gottes in seinen Tragödien für bare Münze zu nehmen. Es wird versucht, im folgenden verschiedene Aspekte des ‚Göttlichen' zu bestimmen. Daß dabei nicht Zufallsäußerungen einzelner Personen verabsolutiert, sondern nach Möglichkeit die Konzeptionen der Stücke als ganze berücksichtigt werden, versteht sich von selbst.

2 Konventionelle Redeweise

Auch für Seneca ist es bezeichnend, daß er traditionelle und aufgeklärte Göttervorstellungen nebeneinander verwendet. Ein gutes Beispiel bietet der Chor der *Troades*. Seinen Zwiegesang mit Hecuba am Beginn des Stücks beendet er mit einem Preis des toten Priamus (156–163):

---

9 *dextra mihi deus* (*Aen.* 10, 773). Mezentius verwandt ist Statius' Capaneus: *ades o mihi, dextera,* [...] | [...] | *te voco, te solam superum contemptor adoro* (*Theb.* 9, 548–550).
10 Reeh 1973, 113–120.
11 Friedrich (1938) 1970, 81–89.
12 Eine wesenmäßige Differenzierung von Fatum und Fortuna für den hier in den Blick genommenen Zeitraum sieht hingegen Pfligersdorffer 1961, 1–30.

> ,felix Priamus' dicimus omnes:
> secum excedens sua regna tulit;
> nunc Elysii nemoris tutis
> errat in umbris interque pias
> 160 felix animas Hectora quaerit.
> felix Priamus, felix quisquis
> bello moriens omnia secum
> consumpta tulit.

Der Chor geht von der traditionellen Vorstellung aus, daß Priamus unter den *piae animae* im Elysium weile. In der folgenden Szene bekommt er sogar noch einen ,Beweis', daß die Abgeschiedenen nach dem Tod weiterleben: Talthybius berichtet, daß Achilles' Umbra aus dem Erebus erschienen sei und Polyxenas Opferung gefordert habe (178–199). Trotzdem kommt der Chor in seinem nächsten Lied bei der Erwägung, ob es ein Weiterleben nach dem Tod gebe, zu dem Ergebnis des ,Nichts' (397–408):

> post mortem nihil est ipsaque mors nihil,
> velocis spatii meta novissima;
> spem ponant avidi, solliciti metum:
> 400 tempus nos avidum devorat et chaos.
> mors individua est, noxia corpori
> nec parcens animae: Taenara et aspero
> regnum sub domino limen et obsidens
> custos non facili Cerberus ostio
> 405 rumores vacui verbaque inania
> et par sollicito fabula somnio.
> quaeris quo iaceas post obitum loco?
> quo non nata iacent.

Da diese Folgerung nicht aus der vorangegangenen Handlung gezogen werden kann, liegt es nahe, daß die Weltanschauung des Dichters durchscheint.[13] Hinsichtlich der zuvor zitierten Passage 156–163 ergibt sich die Konsequenz, daß der Chor nur meinen kann: ,Glücklich Priamus, der alles überstanden hat!' Dieser gängige Gedanke ist aber in die gängige Vorstellung[14] gekleidet, daß Priamus im Elysium weile – ohne daß der Chor damit eine eschatologische Aussage machen will. Bei genauerem Fragen stünde er (jedenfalls Seneca) nur zu der Ansicht, daß Priamus glücklich sei, weil er nicht mehr lebe.

---

13 Es wird nur das Weiterleben der Individuen nach dem Tod verneint, was der stoischen Lehre entspricht, nach der die einzelne Seele in den Weltlogos übergeht. [[Das Verhältnis des Chors zu der vorhergehenden Handlung wurde schon betrachtet: ▸ S. 395–396.]]

14 Nach *Ad Marc.* 19, 4 ist die Unterwelt eine Erfindung der Dichter: *luserunt ista poetae et vanis nos agitavere terroribus.*

Soviel zu den Unterirdischen. Wie steht es mit den Überirdischen? Der Chor des *Thyestes* ruft im ersten Lied (122–175) die *superi* an (122), es möge einer von ihnen Mycenae beistehen (132); und das letzte Lied (789–884) richtet er an den *terrarum superumque parens* (789), den Sonnengott Phoebus. Doch das ist alles Konvention, denn am Ende des dritten Lieds wirft er allerlei Götter in einen Topf (615–622):

> 615   nemo confidat nimium secundis,
>   nemo desperet meliora lassis:
>   miscet haec illis prohibetque C l o t h o
>   stare F o r t u n a m, rotat omne f a t u m.
>   nemo tam d i v o s habuit faventes,
> 620   crastinum ut posset sibi polliceri:
>   res d e u s nostras celeri citatas
>   turbine versat.

Wer wollte bestreiten, daß an dieser Stelle nicht nur *Fortuna* und *fatum* identisch sind, sondern ihnen auch *Clotho*, *divi faventes* und *deus* gleichgesetzt werden? Wer wollte behaupten, daß der Chor etwas anderes äußert als den einfachen Gedanken, die menschlichen Geschicke seien einem steten Wechsel ausgesetzt? Clotho mag den unabänderlichen, Fortuna den launischen Aspekt des *fatum* betonen – aber eine wesenmäßige Differenzierung der Gottheiten ist nicht intendiert. Der ganze ‚metaphysische' Gehalt reduziert sich auf die Aussage des permanenten Wandels. Ist das aber überhaupt eine theologische oder philosophische[15] Erkenntnis? Ist das nicht eher das Eingeständnis, daß es eine göttliche Lenkung der Welt nicht gebe? Wie anders könnten so ohne weiteres im *Agamemnon* der Chor von der *impotens Fortuna* und dem *iniquus Tonans*,[16] wie anders in den *Troades* Hecuba von den *leves di* und *fors*[17] reden? Seneca argumentiert in diesen Fällen nicht anders als Horaz in der Ode 1, 34.

---

15 Tarrant bemerkt zur Stelle: "This view of human affairs makes no attempt at philosophical exactness; it is certainly alien to orthodox Stoicism, in which all that happens belongs to a providentially ordered 'chain of causes' (cf. *Oed.* 980–92 [...]). The Chorus is offering not so much an explanation of events as a response to their apparent unpredictability; the profusion of agents named (*Clotho*, *Fortuna*, *deus*) conveys a sense of helplessness before the forces that seem to control human lives" (1985, 179).
16 *nullus hunc terror nec impotentis | procella Fortunae movet aut iniqui | flamma Tonantis* (*Ag.* 593–595).
17 *quicumque regno fidit et magna potens | dominatur aula nec l e v e s metuit d e o s | animumque rebus credulam laetis dedit, | me videat et te, Troia: non umquam tulit | documenta f o r s maiora* (*Tro.* 1–5).

3 Übernatürliche Prologsprecher

Wenn weder die Unterirdischen noch die Überirdischen eine bestimmende Rolle spielen, muß das auch für die drei Prologfiguren Umbra Thyestis (*Agamemnon*), Umbra Tantali (*Thyestes*) und Iuno (*Hercules Furens*) gelten.[18] Die beiden Umbrae sind Symbole für die im Tantalidenhaus begangenen Frevel. Thyestes' Umbra im *Agamemnon* betrachtet sich keineswegs als unschuldiges Opfer des Bruders Atreus, sondern bekennt offen Schuld und Verbrechen:[18a] Der Ahnherr Tantalus (der Frevler par excellence) sei nur zum geringsten Teil verantwortlich für Thyestes' eigene Schuld; blicke man auf diejenigen, welche der Totenrichter wegen ihrer Frevel schuldig spreche, werde er alle mit seinen Verbrechen übertreffen – auch[18b] den Bruder, der ihm die Kinder zum Mahl vorsetzte (22–27):

>   sed ille nostrae pars quota est c u l p a e senex?
>   reputemus omnes quos ob infandas manus
>   quaesitor urna Gnosius versat reos,
> 25   vincam Thyestes s c e l e r i b u s cunctos meis:
>   a fratre vincar, liberis plenus tribus
>   in me sepultis? viscera exedi mea.

An der eigenen und Atreus' Schuld, und das heißt: Verantwortlichkeit für die Verbrechen ist Thyestes kein Zweifel. Wenn er daher fortfährt, Fortuna habe dem Vater einen noch größeren Frevel befohlen, nämlich das Beilager mit der Tochter, liegt es auf der Hand, daß Fortuna nur eine Umschreibung für den Dämon ist, der Thyestes in seinem Innern zum Bösen trieb (28–30):

>   nec hactenus Fortuna maculavit patrem,
>   sed maius aliud ausa commisso scelus
> 30   natae nefandos petere concubitus iubet.

Denn das Orakel prophezeite lediglich das, was die Menschen vollbrachten. Thyestes spricht deutlich aus, daß er nicht erschrocken war, sondern im Gegenteil das Verbrechen gierig ergriff: *non pavidus hausi dicta, sed cepi nefas* (31).[19] Wenn es

---

18 Zu der Funktion dieser Prologfiguren Lefèvre 1981 (2), 86–89.
18a [[Zum Prolog des *Agamemnon* ▶ jetzt S. 594–596.]]
18b [[‚Außer' ist hier durch ‚auch' ersetzt, da mit Tarrant 1976 hinter *sepultis* (27) ein Fragezeichen gesetzt wird.]]
19 Die drei bei Tarrant 1976, 174 diskutierten Deutungen des Verses sind ebenso unbefriedigend wie seine Annahme einer Textverderbnis. Den Sinn traf schon Farnabius 1676, 145: „Vindictæ cupidine audax, & obvius sceleri." Thyestes ließ sich nicht furchtsam abschrecken, sondern ergriff (*cepi*) das Verbrechen (*capere* hier = *captare*, so Th. l. L. III, 323, 60): Die Freiwilligkeit des Handelns wird geradezu betont. Unzutreffend Dingel 1974, 90 mit Anm. 22.

dann weiter heißt, die Tochter trage, vom Orakel gezwungen, ein Kind, *coacta fatis nata fert uterum gravem* (33), ist es klar, daß nur bezüglich der Tochter von Zwang die Rede sein kann, denn das Kind ist des Vaters würdig: *me patre dignum* (34).

Die Umbra beeinflußt die nachfolgende Handlung nicht, sie beschränkt sich vielmehr darauf, die in dem Stück vorkommenden Greuel vorherzusagen (37–52). Die dort agierenden Menschen sind selbst verantwortlich für ihr Handeln. Die Umbra hat eine übertragene Bedeutung: Sie symbolisiert die Frevel des Atridenhauses.

Ebenso ist das bei Tantalus' Umbra der Fall. Ihre Symbolik liegt klar zutage. Die Furia treibt sie aus der Unterwelt herauf und weist ihr die Funktion zu, im Atridenhaus *furiae* und *furor* zu verbreiten, mit denen alle anderen einschlägigen Eigenschaften verbunden sind (24–30):

> penates impios furiis age.
> 25 certetur omni scelere et alterna vice
> stringatur ensis; nec sit irarum modus
> pudorve, mentes caecus instiget furor,
> rabies parentum duret et longum nefas
> eat in nepotes; nec vacet cuiquam vetus
> 30 odisse crimen.

Noch einmal: *hunc, hunc furorem divide in totam domum* (101). *furor* ist die ἀρχὴ κακῶν, und man kann feststellen, daß hier das allgemeine Symbol der verderblichen Leidenschaft (Furia) das spezielle Symbol der verderblichen Leidenschaft im Atridenhaus (Tantalus) beschwört. Mit der Berührung des Palasts (104) hat die Umbra ihre Schuldigkeit getan, sie kann gehen (105–106). Eine irgendwie göttliche, gar die Menschen von außen lenkende Macht ist sie nicht.

Nicht anders als die Funktion der beiden unterirdischen Umbrae ist die der einzigen überirdischen Gottheit, die in Senecas Tragödien auftritt: Iunos am Beginn des *Hercules Furens*. Man hat sich aufgrund der Tatsache, daß sie Hercules' *labores* befohlen hat, fälschlich zu der Annahme verleiten lassen, der Held komme unverdient zu Fall. Aber schon in Iunos Prolog wird eindeutig festgestellt, daß Hercules ein Vertreter der *superbia* ist, die sich bei der Hadesfahrt über den Auftrag hinaus im Übermaß zeigt. Hercules ist die bloße Rückkehr zu wenig (*parum est reverti*, 49), er zeigt Iupiter prahlend (*iactantem*, 51) seine Beute. Iuno fürchtet, er könne den Unterweltgott selbst gefesselt an das Tageslicht schleppen (52–53), ja es sei sogar für den Himmel zu fürchten (*caelo timendum est*, 64); Hercules sei gewalttätig (*superbifica manu*, 58) und aufgebläht (*tumet*, 68), er wolle in einer Welt herrschen, in der er keinen Rivalen habe: *vacuo volet | regnare mundo* (67–68). Daß dieses Hercules-Bild nicht von der Göttin verzeichnet ist, sondern zutrifft, zeigt sich einerseits in Iunos Worten: *vidi ipsa, vidi* (50), die doch wohl eine ‚objektive' Tatsache vermitteln, und andererseits bei Hercules' Auftritten in der zweiten Hälfte des Stücks ganz deutlich: Hercules kommt durch seine eigene jedes Maß übersteigende *superbia* zu Fall.[20] Deshalb ist Iunos Paradoxon, daß es für ihn nur einen Gegner gebe: er selbst, mehr als ein Bonmot:[21] *quaeris Alcidae parem? | nemo est nisi ipse: bella iam secum gerat* (84–85). Die jüngere Forschung hat zu Recht die Folgerung gezogen, daß Iuno den in Hercules wirksamen *furor* symbolisiere,[22] daß sie "a vivid dramatization of the disorder in the human mind" sei.[23] Wie die Umbrae im *Agamemnon* und *Thyestes* ruft sie den Helden nur dazu auf, wozu er per se disponiert ist.[24] Indem sie sagt, daß sie, wenn Hercules rasen solle, zuvor selbst rasen müsse, legt sie in wünschenswerter Deutlichkeit ihre symbolische Bedeutung sozusagen ex cathedra dar (107–109):

> ut possit animo captus Alcides agi,
> magno furore percitus, nobis prius
> insaniendum est – Iuno, cur nondum furis?

Hercules muß verblendet, in *furor*, sein, wenn er die Kinder tötet. Das ist verständlich. Aber Iuno bedürfte des *furor* nicht, wenn sie sich den Tag der Rache ausdenkt (*inveni diem*, 114). Man könnte auch fragen, wann sie eigentlich in *furor* sei: Beim Ausdenken der Rache (114) oder später bei der ‚Beihilfe' zum Mord (118–121)? Man kann es drehen und wenden, wie man will: Iuno ist keine ‚autonome', von außen in das Geschehen eingreifende Instanz, sondern das Symbol des *furor*, so wie Vergils Iuno den *furor* symbolisiert. Der *furor* ist unabhängig in Hercules

---

20 Dieses haben wichtige Arbeiten in den letzten Jahren gezeigt: Zintzen 1972 = 2000, Shelton 1978, Wellmann-Bretzigheimer 1978, Rose 1979 / 1980.
21 Richtig Zintzen 1972, 160 = 2000, 250.
22 Fitch 1987, 32, der richtig sieht, daß "Hercules' madness has its origin in his own psyche", spricht von "two levels of motivation: one divine and the other human, or one mythological and the other psychological".
23 Shelton 1978, 23; 22: "Although Seneca has used a goddess as a dramatic character, he is not suggesting that the gods control human actions. Quite the opposite. He insists on human responsibility for human actions and his use of a goddess in the opening scene is simply a technique which allows him to present to the audience processes not normally visible to humans, and to explore, therefore, the psychology of his characters." Vgl. auch Zintzen 1972, 161–162 = 2000, 251; Wellmam-Bretzigheimer 1978 143–144 (Iuno „Verbildlichung der psychischen Verfassung des Helden") und Rose 1979 / 1980, 138 Anm. 11. [[S. ferner Paratore 1966 (1), 37.]]
24 Anders Dingel 1974, 110: Iuno ‚vernichte' Hercules. Ebensowenig überzeugend ist Zwierleins Versuch (1984, 15), Iuno als „personal verstandene, autonome Figur der Handlung" zu erweisen. Seine Ansicht, mehrere von Iunos Behauptungen würden im Stück widerlegt (1984, 14 Anm. 25), ist unzutreffend.

wirksam, so wie der *furor* unabhängig von Iuno in Vergils Turnus wirksam ist.[25] Sie erfüllt dieselbe Funktion wie die Furia im *Thyestes*.

4 Der Mensch als ‚Gott'

Von diesen Allegorien ist es nur ein kleiner Schritt zu der Pose mancher senecaischer Gestalten, sich in ihrem perversen Handeln selbst als Gott zu bezeichnen. Ein Musterbeispiel ist der Verbrecher aller Verbrecher, Atreus, der nach der Schlachtung der Kinder seines Bruders und damit nach der Durchführung der perfekten Rache, wie er sagt, sich zu den Sternen erhebt, den Himmel mit dem Scheitel berührt und vor allem Alleinherrscher auf dem väterlichen Thron ist: Da kann er, am Ziel seiner Wünsche, die Götter ‚entlassen', selbst ihm ist genug geschehen (885–889):

> 885 aequalis astris gradior et cunctos super
> altum superbo vertice attingens polum.
> nunc decora regni teneo, nunc solium patris.
> d i m i t t o   s u p e r o s : summa votorum attigi.
> bene est, abunde est, iam sat est etiam mihi.

Daß es in der Welt von Senecas Tragödien keine Götter gibt, zeigt auch der Schluß der *Medea* eindrücklich. Iason ruft der auf dem Flügelwagen entschwindenden Mörderin nach, sie möge sich durch den Äther begeben und bezeugen, daß es da, wo sie fahre, keine Götter gebe: *per alta vade spatia sublimi aetheris, | testare nullos esse, qua veheris, deos* (1026–1027). Die beiden Schlußverse dürften nicht nur die Meinung des Sprechers wiedergeben. Es handelt sich hinsichtlich Medeas kaum um die «inconciliabilità di lei con gli dèi superni»,[26] sondern um eben das, was Eliot bestritt, "a mere outburst of atheism"[27] – jedenfalls im Blick auf den alten Götterglauben. Farnabius dürfte den Sinn der Stelle richtig erkannt haben: Medea möge als Beweis dafür dienen, daß es keine Götter im Himmel gebe, wenn der Verbrecherin die Flucht durch die Lüfte offenstehe: „argumento sis nullos esse in cœlo deos, si tibi insigniter scelestæ per æthera pateat impune via."[28]

---

25 Zu Unrecht vergleicht Zwierlein 1984, 15–18 das Verhältnis Iuno / Hercules mit dem Verhältnis Iuno / Aeneas bei Vergil anstatt mit dem Verhältnis Iuno / Turnus. [[Dazu Liebermann 2004, 22.]]
26 Giancotti 1953, 84.
27 1932, 73 Anm. 2.
28 1676, 35.

Diese Gestalten sind sich selber Gott. Demgemäß versteigen sie sich dazu, ihr perverses Handeln mit kultischen Formen zu verbrämen und in ihren eigenen Affekten göttliches Wirken zu sehen. Das trifft etwa auf die Opferung Polyxenas durch die Griechen in den *Troades*, auf die Schlachtung der Neffen durch Atreus im *Thyestes* oder auf die Tötung der Kinder durch die Mutter in der *Medea* zu. Da diese Haltung ausführlich an anderer Stelle dargelegt ist,[29] genüge der Hinweis, daß in den *Troades* ausgerechnet der Urheber des Frevels, Ulixes, bei der Abschlachtung Polyxenas als ‚Priester' fungiert (1100–1102), daß im *Thyestes* der Erzfrevler Atreus die Neffen wie ein ‚Priester' schauerlich ‚opfert' (691–695) und daß in der *Medea* die Mutter den Tod der Kinder als ‚Opfer' an ihren Schmerz bezeichnet (1019–1020).[30] Während sich der Philosoph Gott, d. h. dem göttlichen Logos, anvertraut und ihm ‚folgt' (*deo* [...] *adsentior; ex animo illum* [...] *sequor, Epist.* 96, 2), ‚folgt' Medea ihrem Affekt: *ira, qua ducis, sequor* (953). Diese Metaphorik spricht für sich: Schneidend demonstriert sie die jedes irdische Maß überschreitende Hybris der Menschen.

II Schicksal und Handlungsfreiheit

Das Ergebnis der bisherigen Betrachtungen kann nur lauten: Senecas Tragödien sind Abbilder einer Welt ohne wirksame Götter. In ihr handelt der Mensch frei. Dennoch begegnen immer wieder die traditionellen Begriffe Fatum und Fortuna in Zusammenhängen, die auf eine Einschränkung der menschlichen Handlungsfreiheit deuten. Liegt hier ein Widerspruch vor? Es wird gegen die philosophische Interpretation der Seneca-Tragödien eingewandt, daß ihr Gehalt der stoischen Lehre nicht immer entspreche. Das ist richtig, doch sollte man berücksichtigen, daß auch Senecas Philosophische Schriften oft genug popularphilosophisches Gedankengut kennen, das von der Schulphilosophie abweicht. Seneca ist darin echter Römer, daß ihn nicht so sehr theoretische Begründungen der stoischen Theologie als vielmehr praktische Erklärungen für das Verhalten des Menschen in entscheidenden Situationen interessieren.

---

29 Lefèvre 1981 / 1982, 32–36 (▶ S. 336–341).
30 *Thy.* 712–713: *Atreus capita devota impiae | speculatur irae.*

1 Sittliches Handeln

Daß der Mensch sittlich frei handelt, macht in den *Troades* die Auseinandersetzung zwischen Agamemnon und Pyrrhus um die Rechtmäßigkeit von Polyxenas Opferung deutlich. Gegenüber dem hemmungslosen Jüngling nimmt der König eine gemäßigte Position ein, die in der Tendenz manchen Passagen der *Epistulae* nahekommt. Agamemnon argumentiert (258–275):

>   violenta nemo imperia continuit diu,
>   moderata durant; quoque F o r t u n a altius
> 260   evexit ac levavit humanas opes,
>   hoc se magis supprimere felicem decet
>   variosque c a s u s tremere metuentem d e o s
>   nimium favantes. magna momento obrui
>   vincendo didici. Troia nos tumidos facit
> 265   nimium ac feroces. stamus hoc Danai loco,
>   unde illa cecidit. fateor, aliquando impotens
>   regno ac superbus altius memet tuli;
>   sed fregit illos spiritus haec quae dare
>   potuisset aliis causa, F o r t u n a e favor.
> 270   tu me superbum, Priame, tu timidum facis.
>   ego esse quicquam sceptra nisi vano putem
>   fulgore tectum nomen et falso comam
>   vinclo decentem? c a s u s haec rapiet brevis,
>   nec mille forsan ratibus aut annis decem:
> 275   non onmibus F o r t u n a tam lenta imminet.

Diese Verse sind in zweierlei Hinsicht interessant. Zunächst fällt auf, daß wieder von Göttern (*deos*) gesprochen wird (262), diese aber mit Fortuna identisch sind. Das beiden Mächten zugesprochene Attribut des ‚Begünstigens' unterstreicht das: *deos faventes* (262–263), *Fortunae favor* (269). Wie wenig aber auch Fortuna als persönliche Macht gedacht ist, zeigt, daß *casus* (273) mit ihr praktisch synonym gebraucht wird.[31] Die zweite wichtige Aussage besteht darin, daß Agamemnon in den göttlichen Mächten keine sittliche Instanz sieht, sondern die Verantwortung für das richtige Handeln allein dem Menschen zuschreibt.[32] Er vertritt in aller Schärfe den Gedanken, daß Macht den Menschen verderbe (*Troia nos tumidos facit | nimium ac feroces*, 264–265) und umgekehrt gerade der Mächtige sittliche Normen einzuhalten habe (*se [...] supprimere felicem decet*, 261). Deshalb dauern *moderata imperia* länger als *violenta imperia* (258–259). Die ‚Königsregel' beschreibt keinen Automatismus, sondern es gilt, daß der Mensch desto mehr in

---

31 In diesem Sinn auch 262.
32 Lefèvre 1973, 68–70 (▸ S. 279–280), vgl. dort Anm. 26 das Zitat von C. Zintzen.

seinem sittlichen Handeln gefährdet ist, je höher er steigt: *o superbia magnae Fortunae stultissimum malum*.[33] Agamemnon kennt die Verführbarkeit des Menschen; er warnt den Jüngeren eindringlich davor, nicht darauf zu vertrauen, daß er immer mächtig sein werde und – so ist zu verstehen – schlechtes Handeln ungestraft bleibe. Das heißt: Die Verantwortung für das sittliche Handeln liegt voll beim Menschen; er ist in dieser Hinsicht frei.

Der Agamemnon der *Troades* ist in der Welt von Senecas Tragödien eine Ausnahmeerscheinung. Die Mächtigen handeln in der Regel anders, wie die Amme der *Phaedra* beklagt. Sie vertritt mit letzter Konsequenz den Standpunkt, daß der, welcher im ‚Glück' und Überfluß sei, immer das Ungewöhnliche erstrebe, Begierde die schlimme Begleiterin großen Glücks sei, *sancta Venus* in kleinen Häusern lebe und das durchschnittliche Volk heilsames Bestreben habe; nur das Bescheidene halte Maß (204–213):

> quisquis secundis rebus exultat nimis
> 205 fluitque luxu, s e m p e r insolita appetit.
> tunc illa magnae dira fortunae comes
> subit libido: non placent suetae dapes,
> non tecta sani moris aut vilis scyphus.
> cur in penates rarius tenues subit
> 210 haec delicatas eligens pestis domos?
> cur sancta parvis habitat in tectis Venus
> mediumque sanos vulgus affectus tenet
> et se coercent modica?

Es ist der *Fortunae favor* (*Tro.* 269) – mit ihm ist hier die *magna fortuna* (206) identisch –, der den Mächtigen verführt. Die stoisch gefärbte Rede[34] gründet auf dem Agamemnon-Satz *se [...] supprimere felicem decet* (*Tro.* 261): Von der Vorstellung eines Automatismus, nach dem der Mächtige nur aufgrund von Fortunas Laune stürze, ist Seneca auch an dieser Stelle weit entfernt.

2 Nichtsittliches Handeln

Wenn nach Senecas Auffassung der sittlich Gute in freier Verantwortung handelt, gilt das auch für den sittlich Schlechten. Atreus im *Thyestes* oder die Griechen in den *Troades* sind evidente Beispiele: Polyxenas und Astyanax' Opferungen sind

---

[33] *De ben.* 2, 13, 1. Zu diesem Problem gute Darlegungen bei Gil 1979, 74–79; 75: „Die herausgehobene Position ist [...] so gefährlich, weil sie auf dem Hochmut (*superbia*) ruht."
[34] Dazu Lefèvre 1990 (2), 110 (▶ S. 402).

Akte der griechischen Hybris.³⁵ Gleichwohl beziehen sich Calchas und Ulixes auf den Befehl der Fata:

360   dant fata Danais quo solent pretio viam:
         mactanda virgo est Thessali busto ducis.

368   quem fata quaerunt, turre de summa cadat
         Priami nepos Hectoreus et letum oppetat.

528   Hectorea suboles [...]: hanc fata expetunt.

Oberflächlich betrachtet, könnte man glauben, die Griechen stünden unter Zwang,³⁶ sie folgten den Fata. Doch lehrt die Konzeption des ganzen Stücks, daß sie freiwillig handeln.³⁷ Die schon besprochene Rede Agamemnons 258–275 setzt eindeutig voraus, daß Polyxenas Opferung vermeidbar ist; und Ulixes (524–555) legt ebenso unmißverständlich dar, daß die Griechen ausschließlich aus Furcht vor Hektors Nachkommenschaft Astyanax' Opferung planen, ja sie auch unabhängig von dem Befehl der Fata vornähmen (534–536). Andromacha erkennt das völlig klar und sagt dementsprechend zu Ulixes, Seher und Götter seien nur zur Verbrämung da, der Plan stamme vielmehr von ihm selbst: *vatem et insontes deos | praetendis? hoc est pectoris facinus tui* (753–754). Die Konzeption des Stücks ist konsequent: Seneca argumentiert erneut wie Vergil,³⁸ daß die Fata von dem Tun der Menschen ‚abhängig' sind.³⁹ Nur ist in der düsteren Welt von Senecas Tragödien Vergils Wertekosmos auf den Kopf gestellt.

Es zeigt sich, daß in Senecas Tragödien sowohl der sittlich Gute als auch der sittlich Schlechte frei handeln.

3 Handeln und Fatum

Vereinzelt begegnen Stellen, an denen das Fatum im orthodox stoischen Sinn, als εἱμαρμένη, zitiert wird. Wie verträgt sich das mit den bisher erzielten Ergebnissen?

---

35 Zur Schuldfrage im Vergleich zu Euripides Lefèvre 1981 / 1982, 33–34 (▶ S. 338–339).
36 Fantham 1982, 262 spricht von "inexorable fate".
37 Dazu ausführlich Lefèvre 1988 / 1989, 215–222 (▶ S. 393–400).
38 Dazu oben Anm. 7.
39 Deshalb kann der Chor im *Oedipus* von *fata fingere* sprechen (882–883); zu individuellen Fata bei Vergil oben Anm. 6. Interessant argumentiert die aufgeklärte Amme der *Phaedra*: *deum esse amorem turpis et vitio favens | finxit libido, quoque liberior foret | titulum furori numinis falsi addidit* (195–197).

So wird die unabänderliche Macht des Fatum in dem Chorlied *Oed.* 980–994 beschworen:

> 980 fatis agimur: cedite fatis;
> non sollicitae possunt curae
> mutare rati stamina fusi.
> quidquid patimur mortale genus,
> quidquid facimus venit ex alto,
> 985 servatque suae decreta colus
> Lachesis dura revoluta manu.
> omnia secto tramite vadunt
> primusque dies dedit extremum:
> non illa deo vertisse licet,
> 990 quae nexa suis currunt causis.
> it cuique ratus prece non ulla
> mobilis ordo: multis ipsum
> metuisse nocet, multi ad fatum
> venere suum dum fata timent.

Farnabius merkt an, der Chor argumentiere „ex disciplina Stoicorum (qui omnia, imo Deum ipsum, subjiciunt, inevitabilibus fatis)."[40] Dennoch kommt es Seneca in diesem Stück darauf an, zu zeigen, daß der Mensch gegenüber dem Unabänderlichen nicht aus Notwendigkeit, sondern im Gegenteil aus Unfähigkeit unfrei ist. Die letzten drei Verse des Lieds sind ja nichts anderes als eine Umschreibung des berühmten Trimeters, den Seneca wohl seiner Übersetzung einer Passage aus Kleanthes' Zeus-Hymnos hinzufügte: *ducunt volentem fata, nolentem trahunt.*[41] Oedipus' Verhalten ist ein eindrucksvolles Beispiel für den zweiten Teil des Satzes. Man darf freilich nicht folgern, daß Oedipus seinen Vater nicht erschlagen und seine Mutter nicht geheiratet hätte, wenn er nicht voll Furcht gewesen wäre, daß er also seine Pflegeeltern in Korinth nicht hätte verlassen dürfen.[42] Der Chor will vielmehr sagen: Dadurch, daß Oedipus auf der Flucht vor dem Schicksal war, lief er ihm um so schlimmer in die Arme – zu seinem Schaden.[43] Denn er war nicht gelassen, sondern innerlich zerrüttet. Non ducitur, sed trahitur! Der Mensch kann auch der Unabänderlichkeit des Fatum gegenüber innerlich frei sein. Hier argumentiert Seneca ganz in stoischem Sinn.

Oedipus' Schicksal ist extrem. Aber das Leben bietet extreme Situationen. Auch auf diese versucht der Stoiker Seneca in seinen Tragödien eine Antwort zu geben.

---

40 1676, 104.
41 *Epist.* 107, 11.
42 Dazu v. Fritz (1955) 1962, 28.
43 Schetter 1972, 402–449 stellt gut die stoische Konzeption des Fatum in diesem Stück heraus.

Wird der stoisch Gebildete in den Philosophischen Schriften als jemand definiert, der über das, was anderen wichtig erscheint, lächelt (*quidquid timemus optamusque ridentem*[44]), begegnet er in der dunkleren Welt der Tragödien des öfteren als einer, der seiner feindlichen Umgebung gänzlich unerschüttert gegenübersteht, den weder ein körperlicher Schmerz noch ein Angriff auf sein moralisches Empfinden rühren. Er hat jederzeit den Freitod als Freiheit zur Verfügung (*Ag.* 589 – 595):

>   heu quam dulce malum mortalibus additum
> 590 vitae dirus amor, cum pateat malis
>   effugium et miseros libera mors vocet,
>   portus aeterna placidus quiete.
>   nullus hunc terror nec impotentis
>   procella Fortunae movet aut iniqui
> 595   flamma Tonantis.

So bekennen die gefangenen Troerinnen im *Agamemnon* bei ihrer Ankunft in Mycenae. Und sie fahren fort (605 – 610):

> 605 perrumpet omne servitium
>   contemptor levium deorum,
>   qui vultus Acherontis atri,
>   qui Styga tristem non tristis videt
>   audetque vitae ponere finem.
> 610 par ille regi, par superis erit.

Hier klingt stoisches Gedankengut auf, aber es ist gedämpft, ja verhärtet. Dementsprechend weist Cassandra jegliches Mitgefühl von sich; ihr Leiden brauche keinen Gefährten. Mit ihm werde sie schon selbst fertig (661 – 663):

> lugete gemitu funera: aerumnae meae
> socium recusant. cladibus questus meis
> removete. nostris ipsa sufficiam malis.

Wenn der Mensch am wenigsten zu verlieren hat, ist er am freiesten. So sagt Cassandra im Angesicht des äußersten Zwangs: *libertas adest* (796), denn "the paradox is that only the slave is free."[45]

---

44 *Epist.* 41, 5.
45 Calder III 1976 (2), 34 = 2005, 347; vgl. Lefèvre 1981 / 1982, 33 (▸ S. 338).

4 Handeln und Fortuna

Freilich hat Seneca den Chor im *Agamemnon* von Fortuna, nicht vom Fatum reden lassen (594). Auch daß ihr eine *procella* zugeschrieben wird, ist eine bedenkliche Metapher. Ja, Cassandra geht so weit, daß sie die Himmlischen nicht eines Gebets für würdig erachtet, sie, die sie ohnehin nicht anerkennt und ihnen rigoros die Möglichkeit abspricht, ihr noch weiter zu schaden, auch wenn sie es wollten; Fortuna habe selbst die eigenen Kräfte aufgezehrt (696–698):

> equidem nec ulla caelites placo prece
> nec, si velint saevire, quo noceant habent.
> Fortuna vires ipsa consumpsit suas.

Das ist eine kühne Sprache, die glänzend zu der wilden Untergangslust dieser kühnen Figur paßt.[46] Aber sind das noch Gedanken eines Stoikers? Wie kann Seneca einen Chor bekennen lassen, Fortuna regiere die menschlichen Dinge ohne Ordnung, sie walte blind und schätze gar das Schlechte? (*Phae.* 978–980):

> res humanas ordine nullo
> Fortuna regit sparsitque manu
> 980 munera caeca, peiora fovens.

Es wurde schon gesagt, daß ein solcher Gedanke im Grund weder eine theologische noch eine philosophische Aussage ist. „Vitam regit Fortuna non Sapientia. ex Epicuri Schola", merkt Farnabius zu der Stelle an.[47] Jedenfalls ist die Feststellung des Chors nicht stoischer Natur, und es ist die Frage erlaubt, wie der stoische Philosoph Seneca solche unstoischen Gedanken vertreten konnte. Es sei daher nachdrücklich darauf hingewiesen, daß auch die Prosaschriften des öfteren eine ‚unstoische' Fortuna-Konzeption[48] kennen. So heißt es im 51. Brief an Lucilius von dem Kampf des stoisch Gebildeten mit Fortuna, sie führe mit ihm Krieg, er sei aber nicht willens, die Befehle auszuführen; nicht nehme er das Joch auf sich, im Gegenteil schüttele er es ab, was er mit noch größerer sittlicher Haltung tun müsse, *Fortuna mecum bellum gerit: non sum imperata facturus; iugum non recipio, immo, quod maiore virtute faciendum est, excutio* (51, 8). Das klingt ganz anders als im 107. Brief, wo Seneca sagt, das Fatum solle uns bereit und willig finden; ein großer Geist übergebe, ein kleiner und gemeiner widersetze sich ihm, *paratos nos inveniat atque inpigros fatum. hic est magnus animus qui se ei tradidit: at contra ille pusillus*

---

46 Lefèvre (1966) 1972, 468 (▶ S. 241).
47 1676, 65.
48 Material bei Gil 1979, 72–74.

et degener qui obluctatur (107, 12). Auch die Kriegsmetaphorik begegnet an der zuletzt genannten Stelle: Nur ein schlechter Soldat folge seinem Feldherrn unter Stöhnen, *malus miles est, qui imperatorem gemens sequitur* (107, 9). Das ist genau das Gegenteil. Im 51. Brief fährt Seneca fort zu fragen, was Freiheit sei: keiner Sache zu dienen, keiner Notwendigkeit, keinen Schicksalsschlägen, Fortuna zu sich auf dieselbe Ebene herabzuziehen, *quae sit libertas, quaeris? nulli rei servire, nulli necessitati, nullis casibus, Fortunam in aequum deducere* (51, 9). Die Antwort beginnt orthodox stoisch, doch dann wird die Schulphilosophie verlassen, und Fortuna erscheint als gleichberechtigter Partner, den man bezwingen kann, ja bezwingen muß. Solche Gedanken[49] sind meilenweit verschieden von der Schrift *De providentia*.[50] Ist es ein Ausweg, daß der 107. Brief vom Fatum, der 51. Brief von Fortuna spricht? Bezeichnet Fatum den unabänderlichen, Fortuna den zufälligen Aspekt des Schicksals? An der zentralen Stelle *Cons. ad Marc.* 10, 5–6 erscheinen Fatum und Fortuna auf engem Raum nebeneinander. Seneca tröstet Marcia, ihr Sohn sei gleich nach der Geburt unter das Gesetz des Todes gestellt worden: *mors enim illi denuntiata nascenti est; in hanc legem genitus ⟨est⟩,*[51] *hoc illum f a t u m ab utero statim prosequebatur* (5). Doch dann folgt unmittelbar eine Schilderung der Herrschaft Fortunas, wie sie den Tragödien entnommen sein könnte; hier übt sie eine harte und unbesiegbare Herrschaft ganz nach Belieben aus, wie eine launische, willkürliche Herrin, der ihre Sklaven gleichgültig sind und die bei der Verteilung von Strafen und Geschenken gleichermaßen irrt: *in regnum F o r t u n a e et quidem durum atque invictum pervenimus, illius arbitrio digna atque indigna passuri.* […] *ut varia et libidinosa mancipiorumque suorum neglegens domina et poenis et muneribus errabit* (6).[52] Fatum könnte den unabänderlichen, Fortuna den willkürlichen Aspekt des Schicksals bedeuten. Τύχη / Fortuna spielt jedoch in der stoischen Schulphilosophie keine Rolle. Für sie ereignet sich alles aus Notwendigkeit nach dem Willen der εἱμαρμένη; von Τύχη spreche der Mensch nur, wenn er die Ursache des Geschehens nicht verstehe. Bei Τύχη handelt es sich nach stoischer Lehre nicht um ein ontologisches, sondern um ein gnoseologisches Phänomen.[53] Es gilt: Τύχη = αἰτία ἄδηλος ἀνθρωπίνῳ λογισμῷ.[54] Von dieser Auffas-

---

49 Ad Pol. 3, 4: *tam iniusta et tam violenta Fortuna*.
50 Dazu Lefèvre 1983, 66.
51 Text nach Reynolds.
52 Zu Recht sagt Favez 1928, LIX, indem er auch diese Stelle nennt: «Malgré sa culture philosophique, Sénèque tombe dans le même défaut que les declamateurs: les lieux communs fourmillent chez lui.» Vgl. Manning 1981, 66–67.
53 Die Zeugnisse: SVF II, Fr. 965–973. Vgl. Pohlenz 1964, I, 102, II, 58; Gegenschatz 1979, 32–33.
54 SVF II, Fr. 967.

sung ist Senecas Position in den Prosaschriften wie in den Tragödien oft genug entfernt.

III Rückblick

Zuweilen mag auch dem in schwieriger Zeit lebenden Philosophen Seneca der Zweifel an dem sinnvollen Walten der εἱμαρμένη, der göttlichen Providentia gekommen sein, wenn er das Schicksal auf den Zufall reduzierte und nur den Blickwinkel des Nicht-Stoikers, nicht aber den alles überschauenden Blick des Sapiens[55] wiedergab. Hierin ging es dem Stoiker Seneca nicht anders als dem Epikureer Horaz in *Carm.* 1, 34. Dennoch stellte er dem nichtsittlich Handelnden keinen Freibrief aus, ließ er dem Bösen keinen freien Lauf. Kommen diese nicht durch äußere Einwirkung zu Fall, erleiden sie nach seiner Auffassung doch schwere Strafe durch ihr Gewissen. Je eine Stelle aus den Tragödien und aus den Philosophischen Schriften mag das zeigen. Die – stoisch gebildete – Amme hält in der *Phaedra* ihrer Herrin die Macht des schlechten Gewissens großartig vor (162–163):

> quid poena praesens conscius mentis pavor
> animusque culpa plenus et semet timens?

Das ist eindrucksvoller Stoizismus, wie ihn Seneca auch in den Prosaschriften vertritt. So spricht er am Ende des 105. Briefs an Lucilius über innere Sicherheit und die Zermürbung durch ein schlechtes Gewissen: Ein großer Teil der inneren Sicherheit bestehe darin, nichts Unrechtes zu tun: Die Maßlosen führten ein zerrüttetes und gestörtes Leben; sie fürchteten so viel, wie sie schadeten, und zu keiner Zeit hätten sie innere Muße. Sie zitterten, wenn sie gehandelt hätten, sie hingen darin fest; ihr Gewissen lasse sie nichts anderes tun und zwinge sie, ihm immer wieder Rechenschaft zu geben. Denn es zahle bereits Strafe, wer sie erwarte; wer sie aber verdient habe, erwarte sie. Äußere Sicherheit könne einem schlechten Gewissen irgendein Umstand gewähren, keiner aber innere Sicherheit; denn man glaube, auch wenn man nicht gefaßt werde, man könne gefaßt werden, man wälze sich im Schlaf; und sooft man über eines anderen Verbrechen rede, denke man an sein eigenes; nicht scheine es dem Täter genügend vergessen, nicht genügend verdeckt. Der Schuldige habe zuweilen das Glück, verborgen zu bleiben, niemals aber die feste Zuversicht: *securitatis magna portio est nihil inique facere: confusam vitam et perturbatam inpotentes agunt; tantum metuunt quantum nocent,*

---

[55] Dazu Lefèvre 1983, 66.

nec ullo tempore vacant. trepidant enim, cum fecerunt, haerent; conscientia aliud agere non patitur ac subinde respondere ad se cogit. dat poenas quisquis expectat, quisquis autem meruit, expectat. tutum aliqua res in mala conscientia praestat, nulla securum; putat enim se, etiam si non deprenditur, posse deprendi, et inter somnos movetur et, quotiens alicuius scelus loquitur, de suo cogitat; non satis illi oblitteratum videtur, non satis tectum. nocens habuit aliquando latendi fortunam, numquam fiduciam (7–8). Nachdrücklicher konnte Seneca kaum sagen, daß der Mensch in seiner Sicht für das Handeln selbst verantwortlich ist.[56]

Insgesamt gilt: Nur wenn man bereit ist, Senecas Prosaschriften das stoische Fundament abzusprechen, sollte man es auch den Tragödien absprechen. Daß diese freier, in größerem Maß ‚poetisch' argumentieren, versteht sich von selbst. Aber auch sie sind Kinder des Philosophen Seneca.[57]

---

[56] Vgl. auch 97, 12 über diejenigen, die ihre Verfehlungen geheimhalten (*peccata dissimulant*): *at bona conscientia prodire vult et conspici: ipsas nequitia tenebras timet.*

[57] Diese Betrachtungen gelangen in manchen Punkten zu demselben Ergebnis, das Seeck 1978, 408 in wenigen Zeilen formuliert hat: „Zwar betet man auch bei ihm [sc. Seneca tragicus] zu Göttern und hofft auf göttliche Vergeltung, aber das ist nur noch Dekoration, tragischer Stil, ein bloßes Requisit gehobener Ausdrucksweise. Hier gibt es keinen Blitz mehr, der den Frevler, der sich über die Götter erheben möchte, in den Staub wirft. [...] An die Stelle der Götter ist auch nicht eine schicksalhafte Ordnung getreten, sondern es walten das launische Glück und der ungerechte Zufall. [...] man will nichts anderes als mit der gegenwärtigen Situation fertigwerden. Das Schicksal ist nicht mehr etwas, worauf man reagiert, sondern der Mensch nimmt es selbst in die Hand."

29 Die Transformation der griechischen durch die römische Tragödie am Beispiel von Senecas *Medea**

 I Soziale Bindung ↔ Monomane Isolation ——— S. 443
  1 Euripides' Medeia ——— S. 443
  2 Senecas Medea ——— S. 446
 II Leidenschaftliche Rationalität ↔ Rationale Leidenschaft ——— S. 449
  1 Euripides' Medeia ——— S. 449
  2 Senecas Medea ——— S. 451
III Distanz ↔ Sympathie ——— S. 454
  1 Euripides' Medeia ——— S. 454
  2 Senecas Medea ——— S. 455
IV Senecas Modernität ——— S. 456

Man wird bei der Einschätzung der Tragödien Senecas ein wesentliches Charakteristikum zu berücksichtigen haben: Da sein Denken in den Philosophischen Schriften von der stoischen Moralphilosophie geprägt war und dieses in ganz natürlicher Weise in die Dichtung Einlaß fand, sind die Tragödien letztlich nur auf ihrem Hintergrund zu verstehen. Sie war in besonderem Maß auf das Individuum ausgerichtet, so daß Seneca nicht so sehr Probleme der Theodizee als vielmehr das Individuum in allen seinen inneren Konflikten zur Darstellung brachte. In der frühen Neuzeit hat die stoische Ausprägung der Tragödien großen Einfluß ausgeübt. Nach Werner Jaeger mag mit Senecas philosophischen Betrachtungen „auch der heutige Ästhet seinen Tag beschließen", ja könnten wir uns mit Horaz und Petron „zwanglos unterhalten, als säßen wir mit ihnen bei Tisch in demselben Zimmer". Diese Autoren stellten Stufen fortschreitender geistiger Verfeinerung dar, deren Vorhandensein in der Antike uns daran erinnere, „daß auch unsere moderne seelische Struktur, unsere Persönlichkeitskultur im Altertum ihre Wurzel" habe.[1] Wenn sich Jaeger auch auf die Philosophischen Schriften bezogen haben wird, dürfte dasselbe auf die Tragödien zutreffen – nicht in dem Sinn, daß wir mit ihrer Lektüre unseren Tag beschließen sollten, sondern daß sie uns näher stehen als die griechische Tragödie. Es wird im folgenden der Versuch unternommen, die ‚Modernität' der senecaischen Tragödie zu erweisen. Die verglei-

---

Tragödie. Idee und Transformation, hrsg. v. H. Flashar, Colloquium Rauricum 5, 1997, 65–83 (Teubner, Stuttgart / Leipzig).
* Die Einleitung, die dem Thema des Kongresses gemäß Gedanken vortrug, die in den ersten drei Teilen des vorliegenden Bandes grundsätzlich dargelegt werden, ist nicht wiedergegeben. Die Zwischenüberschriften sind formal präzisiert.
1 1937, 181.

chende Betrachtung der *Medea*-Dramen von Euripides und Seneca kann das verdeutlichen.

I Soziale Bindung ↔ Monomane Isolation

1 Euripides' Medeia

Es ist bezeichnend, daß für die euripideische Medeia soziale Bindungen sehr viel stärker als für die senecaische gelten, an denen sie sich ausrichtet. In ihren Diensten steht nicht nur die Amme, sondern auch der Paidagogos. Am Beginn des Stücks sind die Kinder bei ihr. Eines ihrer ersten Worte ist daher die Beziehung der Schande, von Iason verlassen zu werden, auf das ganze Haus: πᾶς δόμος ἔρροι (114). Bald darauf tritt sie vor die Frauen von Korinth, die den Chor bilden und auf ihrer Seite stehen. Sie verteidigt sich vor ihnen (μή μοί τι μέμφησθ') und begründet ausdrücklich ihre Rechtfertigung vor der Umgebung. Medeia möchte den Vorwurf, aufgrund des Sich-Verschließens als αὐθάδης zu gelten, vermeiden (214–224).[2] Sie fühlt sich nicht nur als Mitglied der Gesellschaft von ihrer Umgebung, sondern auch – in vielzitierten und vielbekämpften Worten – als Frau vom Mann abhängig: Von allem, was auf der Erde lebe und Verstand habe, sei die Frau das unglücklichste Wesen. Wenn der Mann sich zu Hause ärgere, könne er in die Schlacht ziehen, nicht aber die Frau. Sie, Medeia, möchte lieber dreimal mit dem Schild kämpfen als einmal gebären (230–251). Das sind bittere Worte. Ihre Funktion ist klar: Sie bereiten das Verständnis von Medeias Schicksal, die in der Fremde ausgestoßen wird, vor. Aber sie hat noch einen Gesprächspartner. Deshalb beginnt sie: γυναῖκές ἐσμεν (231). Sie läßt die Frauen des Chors an ihren Überlegungen teilhaben.[3] Die Gesellschaft – das sind nicht nur Freunde, sondern auch Feinde. Deshalb sagt Medeia nach dem Gespräch mit Kreon, darauf sinnend, wie sie an dem König, dessen Tochter und Iason Rache nehmen könne, sie würde, wenn man sie ergriffe, sterbend zum Gespött: θανοῦσα θήσω τοῖς ἐμοῖς ἐχθροῖς γέλων (383). Das Gelächter der Feinde wäre eine Schande, die zu der bisherigen dazukäme.

---

2 Page 1938, 87 hat die schwierige Rede so paraphrasiert: "I have come forward from my seclusion, to refute the charge of σεμνότης [...]. This coming forward is not in itself enough – if you *are* σεμνός, it is possible to be so in public as well as in private. But you must distinguish between those who really are σεμνοί, and those who merely get an undeserved reputation as such because of their reserved and quiet life. People are too hasty in their judgement, and do not stop to make this distinction [...]."
3 "She identifies herself with the Chorus, though her own state is not really at all like theirs" (Page 1938, 89).

Medeia bezieht sie sorgfältig in ihre Planung mit ein. Sie denkt aber nicht nur an die ‚anderen', sie denkt – überraschend – auch an sich selbst, wenn sie überlegt, welches Land oder welche Stadt die Flüchtige aufnehmen werde. Sie habe niemanden, und so müsse sie warten, bis sich eine Rettung zeige. Der Mord müsse dann δόλῳ und σιγῇ durchgeführt werden (386–391). Diese Erwägung führt sie planmäßig weiter, als Aigeus, der kinderlose König von Athen, auf der Rückreise von Delphi in Korinth ist. Ihm berichtet sie von Iasons Untreue und fleht ihn bei seinem Kinn und seinen Knien an, er möge die Ausgestoßene in seinem Land und seinem Palast aufnehmen (709–713). Sie erwähnt mit keinem Wort die furchtbaren Taten, die sie plant. Der ahnungslose König, wie sie an die anderen denkend, sagt unter der Bedingung zu, sie möge von sich aus Korinth verlassen, da er vor seinen Gastfreunden schuldlos dastehen wolle (729–730). Medeia verspricht das, insistiert aber überraschend, sie brauche eine feste Zusage, πίστις (731–732). Es ist nicht verwunderlich, daß Aigeus verwundert ist: Medeia zeige viel Vorbedacht: πολλὴν ἔδειξας ἐν λόγοις προμηθίαν (741). Sie bedenkt alles bis auf den kleinsten Punkt vorher: προμηθία ist für sie bezeichnend. So muß Aigeus schließlich einen Eid schwören. Später kommentiert Medeia ihren Erfolg den Frauen gegenüber, Aigeus sei als λιμήν ihrer βουλεύματα erschienen; an ihn wolle sie ihr Haltetau knüpfen (768–771). Welches Bemühen um die Sicherheit der eigenen Person! Es wäre jedoch unzureichend, hierin nur ein kleinliches Streben nach Unversehrtheit des Lebens zu erblicken. Denn für Medeia bedeutete der Verlust des Lebens ein Unterliegen, für das sie verlacht würde, wie es 797 erneut heißt: οὐ γὰρ γελᾶσθαι τλητὸν ἐξ ἐχθρῶν, φίλαι. Selbst in dieser schlimmen Situation bildet die Gesellschaft den Rahmen, in dem sie ihr Handeln rechtfertigt. Medeia ist, obwohl in Griechenland Fremde, sozial integriert. Noch als Ausgestoßene gehört sie dazu. Sie sieht sich so (807–810):

>   μηδείς με φαύλην κἀσθενῆ νομιζέτω
>   μηδ' ἡσυχαίαν, ἀλλὰ θατέρου τρόπου,
>   βαρεῖαν ἐχθροῖς καὶ φίλοισιν εὐμενῆ·
> 810 τῶν γὰρ τοιούτων εὐκλεέστατος βίος.

Sie setzt stets sowohl den Freund als auch den Feind in ihre Rechnung mit ein. Es ist konsequent, daß aus berechenbarem Handeln, mag es noch so furchtbar sein, Ruhm resultiert. Auch dieser ist ein Faktor von Gewicht. Zu Unrecht ist die Aigeus-Szene immer wieder wegen ihres episodenhaften Charakters gerügt worden: Für Medeias Rache ist die Frage nach ihrem späteren Verbleiben eine conditio sine qua non.[4]

---

4 Erbse 1966, 130. Eine weitere wichtige innere Beziehung der Szene liegt in dem Motiv, daß in

Erst auf dem dargelegten Hintergrund wird Medeias Entschluß zu der unfaßbaren Tat faßbar. Man verkennte sie aber, wenn man meinte, ihr gehe es nur um sich, die Kinder seien ihr längst fremd geworden. Ihre letzte große Rede offenbart in erschütternden Worten ihr Gefühl: Sie habe gehofft, einst von den Kindern bestattet zu werden; nun aber würden sie die Mutter nie mehr wiedersehen. Warum nur die Kinder sie so anschauten und ihr zum letztenmal zulächelten? Nein, sie könne ihre Pläne nicht ausführen (1032–1048). Doch dann bekommt sofort wieder der Gedanke an die Gesellschaft als Korrektiv ihres Handelns Gewicht – als letzter Bezugspunkt (1049–1051):

> καίτοι τί πάσχω; βούλομαι γέλωτ' ὀφλεῖν
> 1050 ἐχθροὺς μεθεῖσα τοὺς ἐμοὺς ἀζημίους;
> τολμητέον τάδ'.

Euripides' *Medeia* entsteht 431, am Vorabend des Peloponnesischen Kriegs, in dem die griechische Polis schwer erschüttert werden sollte. Man wird sagen dürfen, daß das Stück letztlich in deren alten Traditionen wurzelt. In dem 428 aufgeführten *Hippolytos Stephanephoros* zeigt sich dasselbe Bild. Auch Phaidra „hat zu den Gruppen bzw. Personen ihrer Umgebung einen engen sozialen Bezug, der sie bei ihrem Verhalten und ihren Entscheidungen stets bestimmt. Dieses gilt sowohl der Gesellschaft als auch der Familie gegenüber. Sie setzt, wie sie ausdrücklich sagt, die Gesellschaft als Beurteilerin ihres Tuns hoch an; sie möchte weder Edles im Verborgenen noch Schimpfliches in der Öffentlichkeit tun"[5] (403–404):

> ἐμοὶ γὰρ εἴη μήτε λανθάνειν καλὰ
> μήτ' αἰσχρὰ δρώσῃ μάρτυρας πολλοὺς ἔχειν.

Phaidras Schicksal ist ein anderes als das Medeias. Aber wie diese ist sie weit davon entfernt, nur an sich zu denken. Sie spricht klar aus, daß sie gerade deshalb sterben wolle, damit sie weder ihrem Mann noch ihren Kindern Schande bereite, ja die Kinder sollten frei in dem herrlichen Athen leben und wegen ihrer Mutter berühmt sein (419–423):

> ἡμᾶς γὰρ αὐτὸ τοῦτ' ἀποκτείνει, φίλαι,
> 420 ὡς μήποτ' ἄνδρα τὸν ἐμὸν αἰσχύνασ' ἁλῶ,
> μὴ παῖδας οὓς ἔτικτον· ἀλλ' ἐλεύθεροι
> παρρησίᾳ θάλλοντες οἰκοῖεν πόλιν
> κλεινῶν Ἀθηνῶν, μητρὸς οὕνεκ' εὐκλεεῖς.

Medeia durch die Erkenntnis, welche Bedeutung Aigeus seiner Kinderlosigkeit beimißt, der Plan zur Ermordung der Kinder reift, um sie Iason zu entreißen: Latacz 1993, 289.
5 Lefèvre 1986 / 1987, 208 (▶ S. 384); dort auch zum folgenden.

Wie schnell sich die Grundlagen der Polis änderten und wie klarsichtig der Dichter darauf reagierte, zeigen die in der Mitte des Kriegs entstandenen *Troades*. Der Euripides des Jahres 415 hätte *Medeia* und *Hippolytos* mit Sicherheit ganz anders gestaltet.

2 Senecas Medea

Grundverschieden präsentiert sich die in der Mitte des ersten nachchristlichen Jahrhunderts entstandene *Medea* Senecas. Hier ist die Protagonistin von Anfang an allein und sich alleiniger Bezugspunkt. Zwar hat sie noch die Amme, aber weder gibt es einen Paidagogos, noch sind die Kinder bei ihr. Der Chor besteht nicht mehr aus korinthischen Frauen, sondern aus Männern, die Medea völlig fremd sind. Den einzigen echten Gesprächspartner, den sie hat, ist der Kosmos, durch die einzelnen Götter repräsentiert.[6] So beginnt sie mit einem einsamen Monolog, in dem sie die Ehegötter, die Geburtsgöttin, Minerva (die Iasons Steuermann die Kunst der Seefahrt lehrte), den Meergott Neptun, den Großvater Sol, die Zaubergöttin Hecate (deren Priesterin sie ist), die Götter des (Ehe-)Eids, schließlich das Chaos, die Götter der Unterwelt und die Rachegöttinnen um Beistand anfleht (1–15):[7]

```
        di coniugales tuque genialis tori,
        Lucina, custos quaeque domituram freta
        Tiphyn novam frenare docuisti ratem,
        et tu, profundi saeve dominator maris,
    5   clarumque Titan dividens orbi diem,
        tacitisque praebens conscium sacris iubar
        Hecate triformis, quosque iuravit mihi
        deos Iason, quosque Medeae magis
        fas est precari: noctis aeternae chaos,
    10  aversa superis regna manesque impios
        dominumque regni tristis et dominam fide
        meliore raptam, voce non fausta precor.
        nunc, nunc adeste, sceleris ultrices deae,
        crinem solutis squalidae serpentibus,
    15  atram cruentis manibus amplexae facem.
```

---

[6] Sie sind entweder mit Medeas persönlichem Schicksal verknüpft oder entsprechen ihrem Wesen: Liebermann 1974, 156.

[7] Der Text der *Medea* wird nach der umsichtig gestalteten Fassung von Costa 1973 zitiert.

Das irdische Geschehen ist mit dem Kosmos verknüpft: Medea will den Händen ihrer Feinde die Hochzeitsfackel entreißen – und zugleich dem Himmel das Licht: *manibus excutiam faces | caeloque lucem* (27–28). Von da ist es nur noch ein Schritt, daß sie den Sonnengott, ihren Großvater, und ihren Vater anruft, es möge ihr gestattet sein, mit dem Sonnenwagen Korinth in den Abgrund zu stürzen (28– 36). Der Kosmos ist Partner: Er hat für das Individuum zu handeln. Hier ist stoisches Denken in den Dienst der Personenschilderung gestellt.[8] Man hat diese Haltung oft getadelt und von ‚Größenwahn' gesprochen, aber verkannt, daß Seneca auf diese Weise die Bindungslosigkeit seiner Gestalten in letzter Konsequenz demonstriert.

Diese sind aus der Enge der Gesellschaft und der traditionellen Normen herausgelöst. In Medeas Denken soll Iason nicht ‚adäquat' bestraft werden; die Rache ist zu einer abstrakten Größe geworden, die von dem zu Strafenden getrennt ist (40–43):

> 40 per viscera ipsa quaere supplicio viam,
> si vivis, anime, si quid antiqui tibi
> remanet vigoris; pelle femineos metus
> et inhospitalem Caucasum mente indue.

Medea mißt das Maß der Rache nicht an Iason, sondern an der eigenen Person.[9] Diese wird zu einem unverrückbaren Maß: Unsägliche Untaten hat sie selbst schon begangen. Wenn jetzt die schlimmste Rache zu suchen ist, muß sie sich selbst übertreffen. So fährt sie fort (48–50):

> levia memoravi nimis:
> haec virgo feci; gravior exurgat dolor:
> 50 maiora iam me scelera post partus decent.

Es kommt nicht so sehr darauf an, daß Iason gestraft wird, als vielmehr, wie Medea straft. Sie beruft sich konsequent auf ihre vergangenen *scelera*, um aus ihnen die Verpflichtung für die Gegenwart abzuleiten: *scelera te hortentur tua | et cuncta redeant* (129–130). Der Einzelne wird letztlich zum alleinigen Bezugspunkt für seine Handlungen, er taxiert diese nur noch an sich selbst. Deshalb kann Medea unbefangen von einer ‚moralischen' Verpflichtung reden (*decent*). Eine solche ist nicht mehr von den objektiven Normen der Gesellschaft, sondern von den subjektiven Maßstäben des Individuums bestimmt.

---

[8] Shelton 1979, 67.
[9] Schmitt 1994, 584.

In dem Gespräch mit der Amme macht Medea den provozierenden Ausspruch: *Fortuna fortes metuit, ignavos premit* (159). Sie umschreibt in theoretischer Formulierung das Prinzip ihres praktischen Verhaltens. Gab es nach altrömischer Auffassung eine Übereinstimmung zwischen dem Schicksal und dem Handeln des entschlossenen Mannes dergestalt, daß es ihn unterstütze (*fortes Fortuna adiuvat*),[10] läßt Seneca seine Heldin die Maxime umdrehen: Fortuna hilft nicht dem Aufrechten, sondern fürchtet ihn, d. h. dieser ist unabhängig von jeder Macht, er ist absolut frei. Nichts hat er zu scheuen, er kennt Verantwortung nur sich selbst gegenüber. Es ist deshalb nicht verwunderlich, daß weder die Gesellschaft noch irgendwelcher Feinde Hohn einen Faktor in Medeas Rechnung darstellen. Alles Äußere ist irrelevant. Es würde ihr nichts ausmachen – das ist ein wesentlicher Unterschied zu Euripides' Medeia –, bei der Rache alles mit sich in den Abgrund zu reißen (426–428):

> sola est quies,
> mecum ruina cuncta si video obruta:
> mecum omnia abeant. trahere, cum pereas, libet.

Gewiß ist das eine verbreitete Maxime,[11] aber sie bekommt vor dem Hintergrund des euripideischen Medeia-Bilds Gewicht. Medea ist absolut. Sie denkt an kein Nachher. Nur das Jetzt hat Geltung. Zu einer Bitte um Asyl bei Aigeus ließe sie sich nicht herab. Sie empfände das als ebenso große Demütigung wie die, welche ihr Iason angetan hat.

Im Unterschied zu Euripides' Heldin hat Medea auch ein Schuldbewußtsein. Sie bekennt sich zu den vergangenen *scelera*. Nie käme sie auf den Gedanken, diese zu leugnen. *sum nocens*, sagt sie zu Creo (246). Aber sie beharrt Iason gegenüber darauf, daß sie nicht allein schuldig ist, sondern alle *scelera* auch für ihn begangen hat: *totiens nocens sum facta, sed numquam mihi* (280). Als ihr Iason besonders kleinmütig begegnet, ruft sie großartig aus (531–537):[12]

---

10 Ter. *Phorm.* 203.
11 Costa 1973, 111 mit guten Parallelen.
12 B. W. Häuptli hat die Verse gut übersetzt (L. Annaeus Seneca, Medea, Lateinisch / Deutsch, übers. u. hrsg., Stuttgart 1993); von ihm stammt auch die weiter unten zitierte Übersetzung der Verse 895–904.

> nunc summe toto Iuppiter caelo tona,
> intende dextram, vindices flammas para
> omnemque ruptis nubibus mundum quate.
> nec deligenti tela librentur manu
> 535 vel me vel istum: quisquis e nobis cadet
> nocens peribit, non potest in nos tuum
> errare fulmen.

> Jetzt, höchster Jupiter, erdröhn des Himmels Raum,
> streck aus die Rechte, mach der Rache Brand bereit,
> und mit der Wolken Bruch erschüttere die Welt!
> Schwingst du die Waffen gegen uns, so ziele nicht
> 535 auf mich nur oder ihn: wer immer von uns fällt,
> wird schuldig untergehn – zielst du auf uns, so geht
> dein Blitz nicht fehl.

Medea ist auf sich bezogen, sie ist monoman. Das ist auch Senecas Phaedra – ganz anders als ihre euripideische Vorgängerin. Sie ist nicht nur in ihrer Vereinzelung monoman, sie ist es umgekehrt auch in ihrem globalen Anspruch, indem sie Taten sowohl des Geschlechts als auch der Götter mit ihrem eigenen Verhalten in Beziehung setzt.[13] Das gilt ebenso für ihre Abschiedsrede, in der sich *dolor* und *furor* (1156) auf einzigartige Weise mischen. Gerade in ihr wird deutlich, daß sie keinen Partner kennt, sondern allein steht. Kinder und Eltern spielen für sie eine untergeordnete Rolle; auf Theseus nimmt sie nur mit Spott und beißenden Pointen Bezug.

II Leidenschaftliche Rationalität ↔ Rationale Leidenschaft

1 Euripides' Medeia

Euripides' Medeia ist von einer fast erschreckenden Rationalität und Logik. Der Handlung liegt eine von ihr über 1000 Verse durchgeführte Intrige zugrunde.[14] Bereits in der Kreon-Szene setzt sie sie ins Werk. Es ist auffallend, wie planvoll und überlegen sie Kreon belügt und hintergeht, wie sie sich die verschiedenen Wege der Rache (πολλὰς ὁδούς, 376) vergegenwärtigt und bedenkt, was nach derselben aus ihr werde (386–388). Wenn sie sich gar selbst ermuntert, keine ihrer Kennt-

---

13 Lefèvre 1986 / 1987, 211; zum folgenden: 213 (▶ S. 387/389).
14 Lefèvre 1978 (2), 47–48 (▶ S. 57–58).

nisse bei der Planung ungenutzt zu lassen (φείδου μηδὲν ὧν ἐπίστασαι, | Μήδεια, βουλεύουσα καὶ τεχνωμένη, 401–402), wird deutlich, daß sie eine Intrigantin beachtlichen Formats verkörpert. Medeia betrachtet Aigeus wie Iason als Bausteine in ihrem Spiel. Die zweite Szene mit dem letzten ist dermaßen von ihrer Intrige bestimmt, daß diese zum Selbstzweck zu werden droht. Die Art, wie Medeia dem Boten genüßlich zuhört – er möge mit dem Bericht nicht eilen (1133)! – oder sich zum Schluß an Iasons Schmerz weidet, demonstriert den Erfolg der Intrige und die Richtigkeit der Kalkulation. Man höre eine ihrer letzten Reden: ‚Ihr Lieben, ich habe beschlossen, die Kinder so schnell wie möglich zu töten und dieses Land zu verlassen und nicht, zögernd, sie einer feindlicheren Hand zu überliefern, daß sie sie ermorde. Es ist auf jeden Fall notwendig, sie zu töten; und da es notwendig ist, werde ich sie töten' (1236–1241):

> φίλαι, δέδοκται τοὔργον ὡς τάχιστά μοι
> παῖδας κτανούσῃ τῆσδ' ἀφορμᾶσθαι χθονός,
> καὶ μὴ σχολὴν ἄγουσαν ἐκδοῦναι τέκνα
> ἄλλῃ φονεῦσαι δυσμενεστέρᾳ χερί.
> 1240 πάντως σφ' ἀνάγκη κατθανεῖν· ἐπεὶ δὲ χρή,
> ἡμεῖς κτενοῦμεν.

Das ist eine überraschend zwingende Logik. A. Dihle hat treffend gesagt, aus Medeias „mit größter Geistesgegenwart gewonnenen Einsicht" entspringe „ein Racheplan, dessen unerhörte Präzision von der Verstandesschärfe und der kalten Entschlußkraft seiner Urheberin Zeugnis" gebe.[15] Der Racheplan sei „Resultat eines an vorgegebenen Verhaltensregeln orientierten Kalküls, nicht aber, wie bei den Nachfolgern des Euripides, Ausfluß einer übermächtigen Leidenschaft." Damit ist Medeias soziale Bindung gut beschrieben. Doch wird zu Recht eingewandt, daß auch sie von Leidenschaft bestimmt sei.[16] Die vieldiskutierten Verse 1079–1080 lassen daran keinen Zweifel.[17] Bei Medea steht die Ratio im Dienst der Leidenschaft.[18] Diese (~ θυμός) steuert jene (~ βουλεύματα). Jedoch spielt die Ratio

---

[15] 1977, 16, das folgende Zitat 17.
[16] Vor allem: Szlezák 1990, 294–297; zuletzt Schmitt 1994, 590–591.
[17] Zu 1079 sei auf Diller (1966) 1971 verwiesen, dessen Auslegung in neuerer Zeit von Stanton 1987, 101 und Schmitt 1994, 591–593 gestützt wird. Dillers Deutung macht deutlich, daß zwischen Ratio und Leidenschaft kein Gegensatz zu bestehen braucht. Es ist nicht notwendig, in Medeias großem Monolog Athetesen vorzunehmen, um eine (zu) glatte Aussage zu herzustellen.
[18] „[...] der ganze Rachekalkül, den Medea mit überlegter Klarheit ausdenkt und durchführt, ist erklärbar als das Werk eines Verstandes, der im Dienst der Leidenschaft steht. Es ist der leidenschaftliche Rachewille, der das Ziel vorgibt, und der Verstand, der die Ziele erfüllt" (Schmitt 1994, 591).

im Lauf der Handlung eine so beherrschende Rolle, daß die Leidenschaft nicht immer erkennbar bleibt.

Aus dem Dargelegten folgt, daß Medeia im tiefsten Grund irrational handelt. Die Tragödie von Aischylos, Sophokles und Euripides ist in je verschiedener Weise eine Tragödie der Blindheit. In ihr verfehlen die Menschen nahezu durchweg das richtige Tun. K. v. Fritz hat gesagt, daß sowohl Medeias wie Iasons Handeln und Reden aus einem Mangel an Erkenntnis hervorgehe. Beide seien völlig blind in Bezug sowohl auf sich selbst wie auf einander wie schließlich auf den Charakter dessen, was sie tun und sagen.[19] Erst diese Blindheit der beiden Hauptcharaktere mache aus dem Stück eine antike Tragödie und speziell eine euripideische Tragödie.[20] So gesehen, ist Medeia ungeachtet ihres überragenden Intellekts[21] und ihrer planenden Rationalität letztlich blind, vom θυμός fehlgeleitet.

2 Senecas Medea

Verhalten und Handeln der senecaischen Medea sind durchweg emotional bestimmt. Skrupulöses Planen, Verstellung und Lügen gehören nicht von vornherein zu ihrem Kalkül. In langer Rede (203–251) wirbt sie als *clade miseranda obruta,* | *expulsa supplex sola deserta* (207–208) bei Creo, als *supplex* (482) bei Iason um Verständnis für ihre Lage. Erst nachdem sie von diesem zurückgestoßen wird – nach einem auf Versöhnung ausgerichteten Dialog von 120 Versen Länge (431– 550) –, sucht sie in der Verstellung Zuflucht. Man spürt: Intrigieren ist unter ihrer Würde. Es ist ein Merkmal ihrer ‚Modernität', daß sie sich in ihrem großen Monolog am Ende des Stücks (893–977) weder mit Iason und den Kindern noch mit der Gesellschaft, Freunden oder Feinden, auseinandersetzt noch endlich die Zukunft bedenkt, sondern ihre Leidenschaft zu ergründen versucht. Nacheinander spricht sie in langer Reflexion an: *animus* (895), *dolor* (914), *ira* (916), *furor* (930), *animus* (937), *dolor* (944), *ira* (953), *animus* (976).[22] Achtmal wendet sie sich an diese vier ‚Partner' in ihrem Inneren und diskutiert mit ihnen die ‚Lage'. Der *animus* bietet den Raum für die Affekte. Er allein hat in Euripides' Gestaltung eine Entsprechung, dessen Medeia einmal ihren θυμός (1056), ein andermal ihre καρδία (1242) – an weit auseinanderliegenden Stellen – apostrophiert:

---

19 (1959) 1962, 354.
20 (1959) 1962, 356.
21 Der Ausdruck bei Dihle 1977, 17.
22 988: *anime.*

1056 μὴ δῆτα, θυμέ, μὴ σύ γ' ἐργάσῃ τάδε.

1242 ἀλλ' εἶ' ὁπλίζου, καρδία. τί μέλλομεν
τὰ δεινὰ κἀναγκαῖα μὴ πράσσειν κακά;

An seinen θυμός[23] und seine κραδίη[24] wandte sich schon der homerische Odysseus. Insofern gestaltet Euripides konventionell. Demgegenüber geht Seneca über alles Dagewesene hinaus – quantitativ und qualitativ. Während es sich bei Euripides um kurze Apostrophen handelt, spricht Medea am Anfang des Monologs ihren *animus* durch 10 Verse hindurch an (895–904):

895 quid, anime, cessas? sequere felicem impetum.
pars ultionis ista, qua gaudes, quota est?
amas adhuc, furiose, si satis est tibi
caelebs Iason. quaere poenarum genus
haut usitatum iamque sic temet para:
900 fas omne cedat, abeat expulsus pudor;
vindicta levis est quam ferunt purae manus.
incumbe in iras teque languentem excita
penitusque veteres pectore ex imo impetus
violentus hauri.

895 Was säumst du noch, mein Herz? Folg deinem seligen Drang!
Der Rache Teil, die dich beglückt, was ist das schon?
Noch liebst du, rasend Herz, wenn Jason ohne Weib
zu sehn dir reicht. Such eine Art von Rache aus,
die ungebräuchlich und bereite so dich nun:
900 Recht weiche gänzlich, fort, vertrieben sei die Scheu.
Leicht wiegt die Rache, die die reine Hand vollbringt.
Gib deinem Zorn dich hin, erwache, schlaffes Herz!
Den alten Trieb hol mit Gewalt vom tiefsten Grund
der Brust hervor.

Am Schluß wendet sich Medea wieder dem *animus* zu (976). Dazwischen operiert sie mit den Affekten *dolor*, *ira* und *furor*. Einmal wird noch der *animus* als Gefäß für diese genannt, wenn Medea ihr Zerrissensein zwischen den Polen *amor* und *ira* beschreibt (937–939):

quid, anime, titubas? ora quid lacrimae rigant
variamque nunc huc ira, nunc illuc amor
diducit?

---

23 ε 298, 355, 407, 464.
24 υ 18.

Daß *dolor* ein zeitlich frühes Stadium bezeichnet,[25] das aus verletztem *amor* resultiert, liegt auf der Hand – ebenso, daß ihm *ira* und *furor* (wohl in dieser Reihenfolge) entspringen. Daß *furor* sozusagen am Ende steht, geht auch daraus hervor, daß Medeas Monolog in einer Vision der Furien gipfelt (958–968). Es versteht sich von selbst, daß hier eine Passage vorliegt, die ohne die Erkenntnisse der stoischen Psychologie nicht zu denken ist. *furor* ist die allgemeine Bezeichnung für das Beherrschtsein von Affekten. Nur in diesem Zustand ist Medea fähig, die furchtbare Tat zu vollbringen. *ira* und *dolor* sind Vorstufen des *furor*, wenn man so genau distinguieren darf; das Ganze geht in dem Raum des *animus* vor sich.[26] Gewiß handelt es sich um die Anwendung populärstoischer Lehre, doch ist es möglich, Passagen aus *De ira* als Parallelen zu vergleichen. So ist 1, 7, 4 für die Beziehung von *animus* und *ira* (bzw. anderen Affekten) bezeichnend: Wenn der *animus* sich in Zorn, Liebe oder andere Affekte begeben habe, sei es ihm nicht mehr möglich, den Anstoß zu unterdrücken; in die Tiefe reiße ihn notwendig sein eigenes Gewicht und die in den Abgrund führende Natur der Laster, *animus, si in iram amorem aliosque se proiecit adfectus, non permittitur reprimere impetum; rapiat illum oportet et ad imum agat pondus suum et vitiorum natura proclivis.* Nach Laktanz soll Seneca in dieser Schrift gesagt haben, die *ira* sei das Verlangen, Unrecht zu rächen: *ira est cupiditas ulciscendae iniuriae aut, ut ait Posidonius, cupiditas puniendi eius a quo te inique putes laesum* (1, 2, 3[b] Reynolds). Dafür ist Medea ein Musterbeispiel.[27]

Der entscheidende Unterschied zwischen der euripideischen und der senecaischen Heldin liegt darin, daß jene die Liebe zu Iason aufgegeben hat, diese sie aber noch immer in sich trägt. Medeas Leidenschaft ist qualitativ und quantitativ anderer Art als die Medeias.

Medeia handelt, so war festzustellen, letztlich blind. Trifft das auch auf Medea zu? Der Stoiker müßte diese Frage bejahen. Nach seiner Lehre hat sich der Logos gegen die Affekte zu behaupten, nicht ihnen zuzustimmen oder gar ihnen zu folgen. Immer wenn sich ein Trieb (ὁρμή) im Menschen regt,[28] hat erst der Logos die Zustimmung (συγκατάθεσις) zu geben, bevor eine Handlung gestattet ist. Es liegt auf der Hand, daß Medea an keiner Stelle versucht, mit Hilfe der Ratio den Affekten zu steuern. Im Gegenteil: Sie gibt ihnen nach, ermuntert sie zu ihrem Handeln, überläßt sich ihnen gar. Ihre totale Unterwerfung unter sie wertet pointiert die stoische Philosophie um. Kleanthes bat Zeus, die Inkarnation des

---

25 Über seine Bedeutung umsichtig Pötscher 1977.
26 "Of primary importance" sind für Seneca nach Shelton 1979, 67 "the reasons for the disorder in the soul, and the documentation or dramatization of this disorder."
27 Shelton 1979, 67.
28 895: *impetus*.

Logos, und die Vorsehung, ihn dorthin zu führen, wohin er gehöre; er werde ohne Zögern folgen:[29]

> ἄγου δέ μ', ὦ Ζεῦ, καὶ σύ γ' ἡ πεπρωμένη,
> ὅποι ποθ' ὑμῖν εἰμὶ διατεταγμένος,
> ὡς ἕψομαί γ' ἄοκνος.

Medea sagt: *ira, qua ducis, sequor* (953). Im Gegensatz zu Euripides' Medeia unterwirft sich Medea bewußt der Leidenschaft. Sie ist, um es paradox zu formulieren, sehend blind.

III Distanz ↔ Sympathie

1 Euripides' Medeia

Medeia ist in der ersten Auseinandersetzung mit Iason von kaltem Stolz und entschlossener Rache bestimmt: ὦ παγκάκιστε ist ihr erstes (465), der Vorwurf seiner ἀνανδρία ihr zweites Wort (466). Er ist für sie der größte Feind, ἔχθιστος (467), ἀναίδεια in ihrer Sicht für ihn bezeichnend (472). Ein Weg zur Versöhnung wird nicht sichtbar. Medeia rechnet Iason ihre Taten für ihn vor, aber nur, um ihn abzukanzeln. Wenn sie ihn schmäht (λέξασα κακῶς), erleichtert sie sich (κουφισθήσομαι ψυχήν, 473–474). Sie schnürt ihn mit ihrer Rede förmlich ein. Man versteht, daß Iason ihr einen scharfen Verstand (νοῦς λεπτός) vorhält (529).

Aber auch Iason ist bemerkenswert kühl. Er ist aktiv und ungebrochen, von ‚naivem Egoismus'.[30] Ganz bewußt entscheidet er sich für eine bürgerliche Sicherheit. Nicht aus Abscheu vor Medeias λέχος noch aus Verlangen nach der Königstochter oder weiteren Kindern will er wieder heiraten (555–558): Er möchte ganz einfach nicht darben (σπανίζεσθαι, 560); das μέγιστον ist ihm καλῶς οἰκεῖν (559) – das niedrigste aller Motive. Er ist "an insufferable cad."[31] Wie Medeia argumentiert auch er gesellschaftlich, da in seiner Sicht der πένης von Freunden gemieden wird (561).

Medeia und Iason machen es dem Zuschauer schwer, sich für ihre Sache zu entscheiden. Er bleibt zu ihnen lieber auf Distanz.

---

[29] SVF, I, 527.
[30] Maurach (1966) 1972, 305; Heldmann 1974, 175 spricht von Iasons ‚arrogantem und aggressivem Egoismus'.
[31] Shelton 1979, 64.

2 Senecas Medea

Seneca läßt die stoische Lehre nicht in der Konsequenz zum Thema seines Stücks werden, daß er Medeas Handeln an ihr mäße. Es ist daher nicht die Frage zu diskutieren, ob er seine Heldinnen – das gilt auch für viele Helden wie Oedipus oder Atreus – aus stoischem Blickwinkel ‚ablehnt'; es ist nur festzustellen, daß er sie aus stoischem Blickwinkel analysiert. Man darf sogar sagen, daß Medea – auch in Senecas Sicht – ‚sympathisch' ist,[32] daß ihr Fehlen ‚menschliche' Züge trägt.

Ganz anders als die der euripideischen Vorgängerin ist Medeas erste Rede an Iason. Bei den Kindern und den Taten, die sie für ihn vollbrachte, ja bei Himmel und Wasser, den Zeugen ihrer Hochzeit auf der Insel,[33] bittet sie ihn um Erbarmen, ihn, den Glücklichen, sie, die Hilfeflehende (478–482):

> per spes tuorum liberum et certum larem,
> per victa monstra, per manus, pro te quibus
> 480 numquam peperci, perque praeteritos metus,
> per caelum et undas, coniugi testes mei,
> m i s e r e r e , redde supplici felix vicem.

So spräche Medeia nicht. Es wäre unter ihrer Würde. Medea streckt hingegen die Hand zur Versöhnung aus. An die Stelle der unnahbaren Rächerin ist eine Frau mit ‚menschlicheren' Zügen getreten.

Daß Seneca in stärkerem Maß als Euripides die Frevlerin in Medea betont, steht damit keineswegs in Widerspruch. Medeia erwähnt ihre Hilfe bei der Gewinnung des Vlieses, den Verrat an dem Vater und Pelias' Tötung (476–487) – vielleicht ist es sogar bezeichnend, daß sie den Mord an Apsyrtos ausläßt[34] –, aber nur, um zu demonstrieren, was sie alles für Iason getan hat. Daß es sich um Untaten handelt, mag impliziert sein, gesagt wird es nicht. Medea spricht dagegen offen von *scelera*[35] – es ist bezeichnend, daß sie den Mord an Absyrtus nicht ausläßt (473) –, aber nur, um das gemeinsame Schuldigwerden der Gatten hervorzuheben.

Iason ist bei Seneca ebenfalls ‚menschlicher' gezeichnet als bei Euripides. Er ist müde und gebrochen, "a weak and timid figure who is frightened of any and

---

[32] Shelton 1979, 64 und 72.
[33] Die Einbindung des Kosmischen ist an dieser Stelle wiederum sehr sinnvoll.
[34] Page 1938, 108.
[35] In ihrer Rede: 474.

every danger."³⁶ Die ersten Worte sind eine Klage über sein immerfort schweres Schicksal (431–434):

> o dura fata semper et sortem asperam,
> cum saevit et cum parcit ex aequo malam!
> remedia quotiens invenit nobis deus
> periculis peiora.

Er will nur seine Ruhe haben und läßt sich in die Richtung eines leichteren Schicksals treiben. Seneca hebt bei ihm nachdrücklich den „Abfall von sich selber und die Erschlaffung" hervor.³⁷ Iason liebt seine Kinder, denen er zu einer besseren Zukunft verhelfen möchte, aber er wird mit den Ansprüchen der *fides* Medea und der *pietas* den Kindern gegenüber (434–438)³⁸ nicht fertig.³⁹ Im Vergleich zu der egoistischen Aktivität des euripideischen Iason spricht die gebrochene Passivität des senecaischen das moderne Empfinden letztlich mehr an.

IV Senecas Modernität

Medeas Absolutheitsanspruch bestimmt die Modernität ihres Charakters. Jedenfalls steht sie – wie Phaedra – der Neuzeit in ihrer inneren Unbedingtheit näher als die euripideischen Gestalten, die mannigfaltigen äußeren Bedingungen unterworfen sind und Faktor für Faktor eine Rechnung aufmachen, welche für Spontaneität nur begrenzten Raum läßt. Auch in der Bewußtheit des Handelns zeigt sich ein charakteristischer Unterschied. Nach v. Fritz ist Medeia trotz ihrem Bekenntnis καὶ μανθάνω μὲν οἷα δρᾶν μέλλω κακά (1078) „in ihrer blinden Leidenschaft von der Bewußtheit vieler Shakespearescher Helden weit entfernt."⁴⁰ Demgegenüber ist Senecas Medea ihnen hierin verwandt. Nach Schmitt bejaht sie nicht nur in voller Erkenntnis ihre Leidenschaft, sondern hat auch ein bewußtes

---

36 Shelton 1979, 64. Lawall 1979, 423 nennt ihn "a passive character subject to pressures from outside".
37 Maurach (1966) 1972, 305; dazu Liebermann 1974, 181 Anm. 100.
38 Heldmann 1974, 176.
39 Deswegen darf man aber noch nicht von ‚Tragik' bei ihm sprechen wie Zwierlein 1978, 38. Heldmann 1974, 176 betont zu Recht, daß es nach Medeas großem Monolog 447–489 „für Iason keinen wirklichen Konflikt geben darf: die *fides* bedeutet seine unbedingte Verpflichtung, sich nun ebenso und ohne Einschränkung für Medea zu entscheiden, wie sie das unter umgekehrtem Vorzeichen für ihn getan hat." Medeas Argumentation ist auch Senecas. Zu Recht sagt Liebermann 1974, 180–181, Iason gerate Medea gegenüber „völlig in die Defensive" und bestreite Medea das Recht „in kleinlich-zänkerischer Weise".
40 (1959) 1962, 359.

Verhältnis zu der Bedeutung, „die ihre Leidenschaft und ihr leidenschaftliches Tun für sie selbst, für ihre Selbstverwirklichung und Selbstentfaltung haben."[41] Euripides lege den Akzent auf die den Zorn Medeias auslösenden Ursachen, während Senecas Interesse vor allem auf Medeas Umgang mit dem Zorn konzentriert sei. In diesem Sinn sei Seneca moderner als Euripides; er stehe der uns seit dem 18. Jahrhundert geläufigen Überzeugung näher, „daß Gefühl, Wille und Denken seelische Vermögen sind, die einen je eigenen, voneinander unabhängigen Ursprung haben."[42]

Formal ist es ein Unterschied, ob ein Philosoph den Menschen psychologisch analysiert oder eine literarische Person – wie Medea – das ‚selbst' tut. Zu leicht entsteht der Eindruck, daß sie ohne Leidenschaft handele, daß sie Rationalist sei. An der irrationalen Art ihres Tuns ist jedoch bei Medea ebenso wenig Zweifel gestattet wie an der rationalen Art ihres Analysierens. Sie legt sozusagen leidenschaftslos die Leidenschaftlichkeit ihrer Entscheidung dar. Es handelt sich um die rationale Diagnose des Irrationalen: Der stoische Philosoph führt die Gedanken. Medeia ist im Vergleich zu ihr von einer wesentlich ‚kälteren' Ratio bestimmt. Sie analysiert genauestens die Umstände ihrer Umgebung im Hinblick auf die eigene Person und leitet daraus ihr Tun in intelligenter Überlegung ab. Demgegenüber liefert sich Medea der Leidenschaft aus; ihre Rationalität beschränkt sich auf die Analyse derselben.

Seneca beschreibt Menschen, die wie Medea oder Phaedra handeln, in vielleicht gar nicht so lebensfremder Weise. Dieser Typ ist aus allen Bindungen herausgerissen. Für ihn gelten weder die Normen der griechischen Polis noch die der republikanischen Urbs. Es liegt nahe, hierin den Menschen der frühen Kaiserzeit zu sehen,[43] für den die politischen und moralischen Traditionen der römischen Vergangenheit keine Geltung mehr haben, der nicht von der *res publica*, der Allgemeinheit, gehalten wird, sondern auf sich selbst zurückgeworfen ist. So wie Seneca in den *Epistulae* unablässig die Moral des Einzelnen – positiv – bestimmt, beschreibt er in Medea, Iason oder Phaedra den Menschen, der dieser Philosophie nicht folgt. Daß es ihm gut täte, ihr zu folgen, steht nicht zur Debatte. Vielleicht zeigt Seneca sogar Verständnis und bekundet, daß seiner tiefsten Meinung nach viele nicht anders handeln können. Jedenfalls ist nach Maurach Medea „gleichsam das Sinnbild des Menschen überhaupt, der hilflos im Sturme treibt und weiter treibt bis an das Ende, wenn nicht die Philosophie hilfreich herzutritt (ep. 65,16),

---

41 1994, 582.
42 1994, 585.
43 Shelton 1979, 79.

wenn nicht ein Fortgeschrittener helfend die Hand reicht (ep. 48,8 f.)."[44] Man wird sehen müssen, daß die Modernität der Seneca-Tragödie zu einem guten Teil auch aus der Not der Zeit geboren ist.

Die stoische Lehre stellt eine extreme Individualphilosophie dar, die in Griechenland aus der Krise der Polis entstand. Sie ist dort offenbar nie so stark in die hohe Dichtung eingedrungen wie im neronischen Rom, wo sie das Epos (Lukan), die Tragödie (Seneca) und die Satire (Persius) bestimmte. Dieser Prozeß wurde durch die politischen Umstände gefördert, die sie zu einer verbreiteten Philosophie werden ließen. Was die Seneca-Tragödie betrifft, hat sie zu einer Verabsolutierung des Individuums geführt, die bis dahin unbekannt war. In dessen Auffächerung exzellierte Seneca wie kein anderer, sie gab er an die Tragödie der Neuzeit weiter.

Senecas Gestalten sind durch die Herausnahme aus allen sozialen Bindungen ‚offen' im Vergleich zu denen der griechischen Vorbilder, ja ‚amorph',[45] aber gerade deshalb auch nachahmbarer für spätere Dichter. Seneca stellte durch den Verzicht auf "rounded or realistic characters"[46] wirkungsvolle Muster bereit, die in ihrer ‚Modernität'[47] eine Nachwirkung sondergleichen erlebt haben. Ohne sie wäre es wohl nicht zu Schillers Kritik an der Tragödie des ‚Franzosen' – die auch auf Senecas Tragödie zutrifft – gekommen: „Seine Menschen sind (wo nicht gar Historiographen und Heldendichter ihres eigenen hohen Selbsts) doch selten mehr als eiskalte Zuschauer ihrer Wut, oder altkluge Professore ihrer Leidenschaft."[48]

Es ist vielleicht keine müßige Frage, ob auch ohne Senecas Tragödie Robespierre in Büchners *Dantons Tod* ausriefe: ‚Es ist lächerlich, wie meine Gedanken einander beaufsichtigen!' (I 6).

---

44 (1966) 1972, 314; 315–316: „So ist ihre Schuld eine Schwäche, ihre Schwäche aber die des Menschen überhaupt, der gemeinhin wehrlos dem Ansturm der Leidenschaften und des Widrigen ausgesetzt ist."
45 Shelton 1979, 67 bemerkt, daß sie keine 'private lives' haben.
46 Shelton 1979, 69, die andererseits die "extremely effective method of exposing the source of conflict and disorder" hervorhebt.
47 Zu diesem Aspekt Lefèvre 1972 (2), 1–9 (▶ S. 269–274).
48 Unterdrückte Vorrede zu den *Räubern* (Lefèvre 1978 (2), 57: ▶ S. 65–66).

30 Atreus – die Negation des stoischen ‚Weisen'?

I Stoische Kategorien —— S. 460
  1 *furor* —— S. 461
  2 *ira* —— S. 462
  3 *impietas* —— S. 465
II Ästhetische Kategorien —— S. 468
III Politische Kategorien —— S. 470
IV Ausblick: Philosophie, Ästhetik und Politik —— S. 473

Es ist eine alte Streitfrage, ob Senecas Tragödien einen philosophischen, d. h. in seinem Fall: stoischen Gehalt haben oder ob sie eine philosophisch nicht bestimmbare – wenn überhaupt eine – Weltanschauung widerspiegeln. Dieses Problem soll nicht erneut verhandelt werden.[1] Es wird vielmehr davon ausgegangen, daß Seneca mit den Tragödien nicht seine Philosophie poetisch umsetzen, sie gar – Nero oder anderen Adepten – annehmbar machen, sondern bestimmte Situationen und Gehalte darstellen wollte, die er in ganz natürlicher Weise aus seiner persönlichen Weltanschauung heraus – die im allgemeinen stoisch geprägt war – gestaltete. Insofern sind seine Tragödien nicht stoische Lehrstücke, sondern bieten von stoischem Denken mehr oder weniger beeinflußte Deutungen des menschlichen Lebens.[2]

Das schließt nicht aus, daß Seneca hin und wieder die stoische Philosophie stärker vor Augen hatte, als es für die unmittelbare Aussage notwendig war. Ein solches Beispiel ist die großartige Figur des Atreus im *Thyestes*. Sowenig an der philosophischen Deutung seines Bruders Thyestes ein Zweifel sein kann,[3] sowenig scheint das bei Atreus der Fall zu sein.[4] Knoche hat in einer der besten Untersuchungen, die zu Senecas Tragödien vorgelegt wurden, eindrucksvoll gezeigt, daß Atreus frei von gesellschaftlichen und moralischen Bindungen ist und der Gedanke an stoische Vorstellungen naheliegt: Er scheine tatsächlich frei, wie der stoische Weise frei ist – nur im umgekehrten Sinn. Der Weise sei frei durch die

---

Drama 5, 1997, 119–134 (Metzler, Stuttgart).
1 Lefèvre 1985 (2), 1263–1283 (▸ S. 362–382).
2 Seidensticker 1985, 130: „Wir können den Dichter Seneca nicht vom Philosophen Seneca trennen."
3 Nach Lefèvre 1985 (2), 1279–1280 (▸ S. 380) gehört Thyestes aufgrund von *Epist.* 75, 13 zu den προκόπτοντες, *qui et maxima animi mala et adfectus deposuerunt, sed ita ut non sit illis securitatis suae certa possessio; possunt enim in eadem relabi.* Zustimmend Tarrant 1985, 24 Anm. 103. Vgl. auch *Epist.* 92, 29 über den *inperfectus vir*.
4 Staley 1981, 246 versucht zu zeigen, daß das Porträt beider Brüder "is a philosophical one and that Seneca's Stoicism has influenced the dramatic form of the play".

tiefste Erkenntnis der wahren menschlichen Natur und seinen daraus notwendig folgenden Amor fati, die sicherste Gewähr des inneren Friedens. Atreus scheine frei nicht allein durch seine Königsmacht, die Seneca mit der seelischen Großräumigkeit des Römers der Kaiserzeit darstelle, sondern noch mehr dadurch, daß er als einzelner mit seinem Willen zum Bösen in den vollständigsten Gegensatz zur menschlichen Natur, zur Natur überhaupt trete.[5] Diese Interpretation soll im folgenden fortgeführt und durch eine Reihe von Beobachtungen ergänzt werden.

Während die Auslegung der Seneca-Tragödie auf stoischem Hintergrund vielfach bestritten und auch hinsichtlich des *Thyestes* in Abrede gestellt worden ist,[6] fiel Knoches Auffassung der Atreus-Gestalt 1983 bei Calder III, 1985 bei Seidensticker und Tarrant auf fruchtbaren Boden.[7] Für Calder personifiziert Atreus "the upside-down world where Rome and Hell have exchanged places",[8] für Seidensticker stellt er sich dar als der „Anti-sapiens, der stoische Weise auf den Kopf gestellt",[9] für Tarrant sind Atreus und Medea "what might be called a Stoic's nightmare" bzw. "perverted mirror-images of the *sapiens*".[10]

Eine andere für das Verständnis der Atreus-Gestalt wichtige Spur hat Knoche richtig erkannt, aber nicht verfolgt, da er es sich nicht zur Aufgabe machte, das Porträt des Tyrannen Atreus mit den Vorstellungen zu vergleichen, die die antike Kunst und Theorie sonst vom Tyrannen entwickelt hat; insbesondere sollte ein Vergleich mit dem Bild des Gewaltherrn unterbleiben, das die Stoa immer wieder als Gegenstück zu ihrem ‚naturgegebenen' Ideal des gerechten Königs[11] entworfen habe.[12] Es wird daher zu prüfen sein, wieweit sich aus dem stoischen Hintergrund der Atreus-Deutung Erkenntnisse für die politische Interpretation des *Thyestes* gewinnen lassen.

I Stoische Kategorien

Schon im Prolog gibt die Furia mit ihrem Auftrag an die Tantali Umbra die Kategorien vor, an denen im folgenden Atreus – das gilt bis zu einem gewissen Grad auch für Thyestes – gemessen wird (23–29):

---

5 (1941) 1972, 479–480.
6 Dingel 1974, 84–90.
7 Picone 1984, 63.
8 1983, 190 = 2005, 366.
9 1985, 131.
10 1985, 24.
11 *natura enim commenta est regem* (*De clem.* 1, 19, 2).
12 (1941) 1972, 478.

> perge, detestabilis
> umbra, et penates i m p i o s f u r i i s age.
> 25 certetur omni s c e l e r e et alterna vice
> stringatur ensis; ne sit i r a r u m m o d u s
> p u d o r ve, mentes c a e c u s instiget f u r o r,
> r a b i e s parentum duret et longum n e f a s
> eat in nepotes.

Hier ist mit unheimlicher Konsequenz ein antistoisches Programm aufgestellt, das wie eine Reihe negierter Lehrsätze anmutet. Es handelt sich um eine Liste von Leitmotiven: *impius, furiae, scelera, irae, (ne) modus, (ne) pudor, furor, rabies, nefas*. Ebenso programmatisch – und zugleich ergänzend – sind Atreus' Auftrittsworte (176–180):

> ignave, iners, enervis et (quod maximum
> probrum t y r a n n o rebus in summis reor)
> inulte, post tot s c e l e r a, post fratris dolos
> f a s que omne r u p t u m questibus vanis agis
> 180 i r a t u s Atreus?

Direkt nennt sich Atreus *tyrannus* und *iratus*, indirekt bekennt er sich – in der Nachfolge des Bruders – zu *scelera* und *nefas*, womit bereits drei Begriffe aus dem ‚Programm' der Furia aufgenommen werden. Berücksichtigt man, daß sich einige der genannten Begriffe unter andere subsumieren lassen oder wenigstens ihnen verwandt sind, lohnt sich zunächst vor allem die Untersuchung der Kategorien *furor* als Sammelbezeichnung für die Affekte, *ira* als schlimmster Affekt und *impietas* als Negation der Gottähnlichkeit des *sapiens*. Schließlich wird nach der Bedeutung von *tyrannus* – als Gegenbild zum stoischen *rex* – zu fragen sein.[13]

1 *furor*

Die Furia, die die *furiae* beschwört (24) und selbst den *furor* verkörpert, feuert im Prolog die Tantali Umbra an, im Tantalidenhaus *furor* zu verbreiten, womit sie die vorher einzeln geschilderten Affekte zusammenfaßt: *hunc, hunc*[14] *furorem divide in*

---

[13] Dazu das III. Kapitel.
[14] *hunc* bezieht sich auf Tantalus' vorausgehende Schilderung seines ewigen Hungers (*famem*, 97) und Dursts (*siti*, 98); «questo *furor* che in lui è effetto della fame e della sete inestinguibili, deve produrre nei suoi discendenti una furente sete di sangue: 103, *sitiant cruorem*» (Giancotti 1988 / 1989, 20). Damit ist Atreus' (und Thyestes') Gesamtverhalten angesprochen.

totam domum (101). Ganz in diesem Sinn ruft Atreus, nachdem er der *pietas* Absage erteilt hat (249 – 250a), aus (250b-254):

> 250 dira Furiarum cohors
> discorsque Erinys veniat et geminas faces
> Megaera quatiens: non satis magno meum
> ardet furore pectus, impleri iuvat
> maiore monstro.

Um eine extravagante, nie dagewesene Rache durchführen zu können, reicht Atreus der in seiner Brust glühende *furor* nicht aus, er zitiert vielmehr die leibhaftige *Furiarum cohors* herbei. Der Begriff ‚Furie' wird einfach potenziert, denn Erinys ist das griechische Pendant für Furia, und Megaera ist eine der Furien: Nichts ist dem total denkenden Atreus total genug. So ist *furor* von vornherein als Globalbegriff verstanden; «questa parola costituisce un elemento fondamentale delle tragedie di Seneca; significa il disvalore, il male; come *mens ... bona* del v. 380 significa il valore, il bene. La loro contrapposizione forma l'‹idea-madre›, il *Leitmotiv* di Seneca tragico».[15] Die Bedeutung des *furor* wird noch einmal unterstrichen, wenn Atreus in dem unheimlichen Ambiente der Schlachtungsszene, die in über 40 Versen ausgebreitet wird, bei seinem Erscheinen das entsprechende Epitheton erhält: *quo postquam f u r e n s | intravit Atreus* [...] (682– 683). Auch der schauerliche Höhepunkt seines Handelns ist damit leitmotivisch charakterisiert: Atreus ist das Inbild des vom Affekt geleiteten Menschen – das absolute Gegenbild zum stoischen Weisen.[16] Dieser hält – anders als Atreus – „seine Triebe in rechten Grenzen. Nie kommt es bei ihm zu einem Affekt; er ist ἀπαθής."[17]

2 *ira*

Die Furia spricht in ihren programmatischen Worten 23 – 29 zunächst von *furiae* als Sammelbezeichnung für die Affekte (24) und hebt sodann den Zorn als beson-

---

[15] Giancotti 1988 / 1989, 8.
[16] Seidensticker 1985, 131 zu Atreus: „Nach stoischer Auffassung strebt jeder Mensch (oder sollte doch streben) nach Herrschaft, Freiheit und Macht; aber wenn die Herrschaft nicht Herrschaft über sich selbst ist, die Freiheit nicht Gleichgültigkeit gegen äußere Güter und Ereignisse, die Macht nicht Macht über die zerstörerischen Affekte, so müssen sie bloße Illusion bleiben. [...] Der stoische Weise ist suo contentus. Dazu bildet Atreus' unersättliche Gier nach dem *maius aliquid* den denkbar stärksten Kontrast."
[17] Pohlenz 1959, I, 155.

deren hervor: *nec sit irarum modus* (26).[18] Auf ihm liegt das volle Gewicht.[19] Dementsprechend apostrophiert sich Atreus in seiner Auftrittsrede als *iratus Atreus* (180). Mit Absicht ist dieser Affekt pointiert hervorgehoben. In der Tat ist er nicht von beliebiger Relevanz. Am Anfang der Schrift *De ira* spricht Seneca vom Zorn als *adfectus maxime ex omnibus taeter ac r a b i d u s* (1, 1, 1).[20] Die hierauf folgende Begründung stellt den besten Kommentar[21] zu Atreus' auf Rache zielender Haltung gegenüber Thyestes dar: *ceteris enim aliquid quieti placidique inest, hic totus concitatus et in impetu est, doloris, armorum, sanguinis, suppliciorum minime humana furens cupiditate.* Das ‚Reißende' dieses Affekts klingt in der Frage des Satelles an: *quid novi r a b i d u s struis?* (254). Dieses weist wiederum auf die Aufforderung der Furia zurück.[22] *ira* ist "the primary motive force in the play".[23] So spricht Atreus auch 504[24] und 1056 von seiner *ira*, während der Bote sie ihm 713[25] und 737[26] attestiert. Thyestes, der von Atreus' Fleisch ist, will in der Versöhnungsszene seine *ira* ablegen: *ponatur omnis ira* (519). Umgekehrt erreicht Atreus mit seinem teuflischen Racheplan einen einmaligen Gipfel: *maius hoc ira est malum* (259).[27]

Mit dem Zorn ist der Schmerz verbunden. Der Satelles fragt Atreus, was er vorhabe, und dieser antwortet: *nil quod doloris capiat assueti modum* (255). Wenn hierauf nach einigem Geplänkel der Satelles Atreus' Absicht, Thyestes aktiv zu seiner Bestrafung beitragen zu lassen, mit den soeben zitierten Worten *maius hoc ira est malum* kommentiert (259), zeigt sich die Nähe von *dolor* und *ira*. Nach Marchesi bedeutet *dolor* Zorn als «sentimento doloroso per l'offesa ricevuta».[28] Insofern ist der *dolor* Ursache der *irae*; in diesem Sinn beruft sich Seneca *De ira* 1, 3, 3 auf Aristoteles: *Aristotelis finitio non multum a nostra abest; ait enim iram esse*

---

18 Tarrant 1985, 91: "the Fury significantly begins with *ira*, the most destructive of the passions".
19 Heldmann 1974, 98–101.
20 Mantovanelli 1984, 7.
21 Nach Seidensticker 1985, 132 hat die Schrift für den *Thyestes* (und die *Medea*) „beinahe den Wert eines Kommentars". Vgl. schon Staley 1981.
22 "Atreus is again fulfilling the Fury's wish: *rabies parentum duret* (28)" (Tarrant 1985, 126).
23 Tarrant 1985, 91.
24 *sperat ira sanguinem* leitet aus dem Gleichnis "back into the actual situation" (Tarrant 1985, 163).
25 Zu 713 und 1056 ▸ S. 466.
26 Im Gleichnis: 735.
27 «il servirsi di Tieste stesso per colpire Tieste, è male più grave, esorbitante, rispetto all'ira di cui è conseguenza» (Giancotti 1988 / 1989, 41).
28 Zitiert nach Giancotti 1988 / 1989, 40.

*cupiditatem doloris reponendi.*²⁹ Auf der anderen Seite ist es klar, daß in nicht streng philosophischer Argumentation *dolor* auch für *ira* eintreten kann. So kommt Atreus bei seinen Überlegungen über die geeignete Rache Tereus' grausiges Mahl in Erinnerung, und er sinniert: *maius hoc aliquid dolor | inveniat* (274– 275). Wenn Thyestes erscheint, kann sich Atreus vor Rachegefühlen kaum beherrschen: *vix dolor frenos capit* (496). Schließlich bedauert er, daß er, nicht Thyestes selbst, die Kinder geschlachtet hat: *omnia haec melius pater | fecisse potuit, cecidit in cassum dolor* (1065–1066).³⁰ An den letzten Stellen könnte *ira* ohne weiteres für *dolor* stehen.

In welchem Maß Atreus aufgrund des bei ihm betonten Affekts der *ira* im Gegensatz zum stoischen Weisen steht, zeigt ein Passus aus *De ira*: *quid homine aliorum amantius? quid ira infestius? homo in adiutorium mutuum genitus est, ira in exitium; hic congregari vult, illa discedere, hic prodesse, illa nocere, hic etiam ignotis succurrere, illa etiam carissimos petere; hic aliorum commodis vel inpendere se paratus est, illa in periculum, dummodo deducat, descendere. quis ergo magis naturam rerum ignorat quam qui optimo eius operi et emendatissimo hoc ferum ac perniciosum vitium adsignat? ira, ut diximus, avida poenae est, cuius cupidinem inesse pacatissimo hominis pectori minime secundum eius naturam est. beneficiis enim humana vita constat et concordia, nec terrore sed mutuo amore in foedus auxiliumque commune constringitur* (1, 5, 2–3). Der Zorn strebt nach Strafe, aber das Verlangen nach dieser ist nicht *secundum naturam*. Dieser Satz wird wenig später wiederholt: *non est ergo natura hominis poenae adpetens; ideo ne ira quidem secundum naturam hominis, quia poenae adpetens est* (1, 6, 4). Noch einmal: *ergo non est naturalis ira* (1, 6, 5). Der stoische Weise aber strebt danach, *secundum naturam*, ὁμολογουμένως τῇ φύσει, zu leben. Atreus, die Verkörperung der *ira*, ist das absolute Gegenbild.³¹

Der Weise darf nicht einmal gemäßigten Zorn empfinden: *si sapientis est peccatis irasci, magis irascetur maioribus et saepe irascetur: sequitur ut non tantum iratus sit sapiens sed iracundus. atqui si nec magnam iram nec frequentem in animo sapientis locum habere credimus, quid est quare non ex toto illum hoc adfectu liberemus? modus enim esse non potest, si pro facto cuiusque irascendum est* (De ira 2, 6, 3–4). *non irascetur sapiens peccantibus. quare? quia scit neminem nasci sapientem sed fieri, scit paucissimos omni aevo sapientis evadere, quia condicionem humanae vitae perspectam habet; nemo autem naturae sanus irascitur* (De ira 2, 10, 6). Nur der Schatten eines Zweifels ist dem Weisen erlaubt, wie Senecas Anekdote

---

29 *De an.* 403a 30.
30 Es handelt sich um Atreus', nicht Thyestes' *dolor*: Giancotti 1988 / 1989, 239.
31 Vgl. auch *De const. sap.* 9, 3: *caret* [...] *ira sapiens, quam excitat iniuriae species, nec aliter careret ira nisi et iniuria, quam scit sibi non posse fieri*. Das Gegenteil ist bei Atreus der Fall.

über den stoischen Philosophen Diogenes zeigt: *contumeliam tibi fecit aliquis: numquid maiorem quam Diogeni philosopho Stoico, cui de ira cum maxime disserenti adulescens protervus inspuit? tulit hoc ille leniter et sapienter: ‚non quidem'* inquit *‚irascor, sed dubito tamen an oporteat irasci'* (De ira 3, 38, 1). Davon ist Atreus nicht nur weit entfernt, er ist im Gegenteil das Inbild des *iratus*. Er weiß das und pflegt diese extreme Haltung.

3 *impietas*

Atreus bewohnt, wie die Furia gleich zu Anfang feststellt, ein ‚gottloses' Haus, *penates impios* (24). Er ist selbst gottlos. So wie es für die *ira* bezeichnend ist, daß sie die Götter verachtet,[32] ist das bei Atreus in extremer Weise der Fall. Er wertet 217–218 *pietas* als ein *privatum bonum* ab, das für die *reges* nicht gelte, und gibt ihr 249–250 programmatisch den Laufpaß: *excede, Pietas, si modo in nostra domo | umquam fuisti.*[33] Den Laren schwant nichts Gutes bei seinem Aussinnen der Rache: *moti lares | vertere vultum* (264–265). Dementsprechend lenkt Atreus seine Gedanken: *fiat nefas | quod, di, timetis* (265–266). Diese Absicht geht in Erfüllung. Bei Beginn des Opfers weinen die Götterbilder, die Vergil gelesen haben und sich vielleicht Ovids erinnern[34] (*flevit in templis ebur*, 702), und Atreus versetzt die Götter, die ihm mit den Vorzeichen drohen, seinerseits in Angst und Schrecken (*ultro deos | terret minantes*, 704–705). Es hat daher symbolische Bedeutung,[35] daß der Rauch des Feuers, mit dessen Hilfe Atreus die Kinder kocht, die Penaten umnebelt (*ipsos Penates nube deformi obsidet*, 775). Schließlich ist Atreus am Ziel, er ‚entläßt' die Götter: *dimitto superos* (888), diese ‚fliehen' (*fugientes*, 893). Er ist selbst der höchste Gott (*o me caelitum excelsissimum*, 911).

Atreus kommt ohne Götter aus, nicht aber der Stoiker. *bonus [...] vir sine deo nemo est: an potest aliquis supra fortunam nisi ab illo adiutus exsurgere? ille dat consilia magnifica et erecta* (Epist. 41, 2). Für den Weisen gilt: *sapiens [...] vicinus proximusque dis consistit, excepta mortalitate similis deo* (De const. sap. 8, 2). Die stärksten Mauern bieten keinen Schutz, was aber den Weisen – in seinem Innern – schützt, ist uneinnehmbar, den Göttern gleich: *illa quae sapientem tuentur et a*

---

32 De ira 1, 21, 1 heißt es, die *ira* sei *deos despiciens*.
33 Etwas trocken Tarrant: "Atreus has no personal struggle with *pietas* and is simply confirming its absence by a formal announcement" (1985, 126).
34 Georg. 1, 480 (*maestum inlacrimat templis ebur*); Met. 15, 792 (*mille locis lacrimavit ebur*).
35 Tarrant 1985, 201: "the 'disfiguring cloud' [...] settling on the *Penates* symbolizes defilement for the house."

flamma et ab incursu tuta sunt, nullum introitum praebent, excelsa, inexpugnabilia, dis aequa (De const. sap. 6, 8). Der Mensch kann – als Weiser – nicht nur den Göttern ähnlich (similis) werden, sondern das Göttliche ist auch in ihm: *Iuppiter quo antecedit virum bonum? diutius bonus est: sapiens nihilo se minoris aestimat quod virtutes eius spatio breviore cluduntur. quemadmodum ex duobus sapientibus qui senior decessit non est beatior eo cuius intra pauciores annos terminata virtus est, sic deus non vincit sapientem felicitate, etiam si vincit aetate; non est virtus maior quae longior.* [...] *miraris hominem ad deos ire? deus ad homines venit, immo quod est propius, in homines venit: nulla sine deo mens bona est* (Epist. 73, 13; 16). Vielzitiert sind auch die Worte aus dem 41. Brief: *prope est a te deus, tecum est, intus est* (1).

Was ist in Atreus? Von Gott und dem Göttlichen findet sich nicht eine Spur. Was ihn leitet, ist *ira*, der er das Opfer der Kinder darbringt. Ihre Köpfe sind seinem gottlosen Zorn ‚geweiht': *capita devota impiae | [...] irae* (712–713).[36] Er bestimmt das Opfer für sich selbst: [...] *mactet sibi* (713).[37] Tarrant und Giancotti sprechen unter Verweis auf *o me caelitum excelsissimum* (911) zu Recht von einer 'apotheosis' bzw. «delirante ‹autoapoteosi›».[38] Insofern sind seine Worte an Thyestes *ego destinatas victimas superis dabo* (545) doppeldeutig; "the victims will be offered to Atreus' *ira* and Atreus himself".[39]

Atreus' Götze ist der Affekt. Er stellt 1056–1057 fest, daß er die Rache an Thyestes viel zu schnell vollzogen habe: *verba sunt irae data | dum propero*. "Atreus speaks of his *ira* as something independent of himself, to which he owes a loyalty he has failed to honor."[40] So kühl Atreus zu argumentieren scheint, so sehr ist er dem Affekt unterworfen. Seneca schildert diesen in der Tat so, daß er 'independent' von ihm ist und sich beherrschend ausbreitet: *tumultus pectora attonitus quatit | penitusque volvit; rapior et quo nescio, | sed rapior* (260–262).[41] Atreus fährt

---

36 "Atreus' *ira* is the 'deity' to whom the children are to be offered, taking the place of the Di Manes who would normally receive a *devotio*, cf. Livy 8. 9. 8 *legiones ... mecum Deis Manibus Tellurique devoveo*" (Tarrant 1985, 193).

37 Atreus "is here openly usurping the honors of a god" (Tarrant 1985, 193); «nella sua esaltazione Atreo divinizza sé stesso, quindi il massacro dei nipoti si configura come un sacrificio dedicato da lui a sé stesso» (Giancotti 1988 / 1989, 146, der J. Pierrots Kommentar (Paris 1829) zitiert: „*Sibi. Quamvis enim eos ad aras mactaturus sit, non tamen numinibus, sed suae irae, suo odio immolat; quod abunde confirmant superiora, capita impiae irae devota*"). Vgl. auch Picone 1984, 100 und Mantovanelli 1984, 75 Anm. 26.

38 Tarrant 1985, 193; Giancotti 1988 / 1989, 126.

39 Tarrant 1985, 168.

40 Tarrant 1985, 236.

41 "*rapere* is frequently used of divine possession, cf. Hor. C. 3. 25. 1 *quo me, Bacche, rapis ...?* [...] His vagueness about the force that is possessing him is appropriate, since it ultimately

fort: *nescioquid animus maius et solito amplius | supraque fines moris humani tumet | instatque pigris manibus* (267–269).⁴²

So ist in Atreus an die Stelle der Lenkung durch den göttlichen Logos die des Affekts getreten, die ihn statt zu einem vernunftgeleiteten Wesen zu einer Marionette werden läßt. Er folgt – wie Medea⁴³ – dem Affekt, während der Weise dem göttlichen Logos folgt:

> ἄγου δέ μ', ὦ Ζεῦ, καὶ σύ γ' ἡ πεπρωμένη,
> ὅποι ποθ' ὑμῖν εἰμὶ διατεταγμένος,
> ὡς ἕψομαί γ' ἄοκνος.⁴⁴

Herrscht zwischen dem Kosmos und dem Weisen ein unauflöslicher Zusammenhang, ist bei Atreus das Umgekehrte der Fall: Der Kosmos distanziert sich von ihm. Dieses Motiv zieht sich von Anfang an durch das ganze Stück. Am Ende ihrer Rede stellt die Furia fest: *en ipse Titan dubitat an iubeat sequi | cogatque habenis ire periturum diem* (120–121). Damit ist auf den bekannten Topos angespielt, daß sich die Sonne beim Anblick der Cena Thyestea verdunkelt habe.⁴⁵ Dementsprechend herrscht vor der Opferszene Nacht: *nox propria luco est* (678).⁴⁶ Gleich darauf ruft der Chor ängstlich aus: *quo terrarum superumque parens, | cuius ad ortus noctis opacae | decus omne fugit, quo vertis iter | medioque diem perdis Olympo? | cur, Phoebe, tuos rapis aspectus?* (789–793). In dem Augenblick, wenn Atreus nach der Schlachtung der Kinder selbst erscheint und sich als Gott bezeichnet (*o me caelitum excelsissimum*, 911), ist die Sonne verschwunden (*dies recessit*, 892), versagt sich der Kosmos: Statt der engsten Übereinstimmung des Weisen mit dem

---

proceeds from within him" (Tarrant 1985, 127). Giancotti 1988 / 1989, 42 bemerkt gegen C. Marchesis Ansicht (Kommentar Roma / Milano 1908), die Furia sei die Ursache in Atreus' Innerem, zu Recht: «Atreo sente, pensa, agisce, non già come invasato da una forza esteriore, bensì per lo stimolo interiore del proprio *furor*.» Vgl. Mantovanelli 1984, 28–31.

42 Tarrant 1985, 129 hat abermals gut den stoischen Hintergrund der Argumentation erhellt. Zu *supraque fines moris humani*: "Such *folie de grandeur* is, for Seneca, another typical manifestation of *ira*, cf. Ira 1. 20. 2 *omnes quos vecors animus supra cogitationes extollit humanas altum quiddam et sublime spirare se credunt; ceterum nil solidi subest* etc." Zu *tumet*: "Atreus practically diagnoses himself as an *iratus* in Stoic terms by speaking of his swollen *animus*, cf. 519–20, Pho. 352 *tumet animus ira*, Cic. Tusc. 3. 19 *sapientis ... animus semper vacat vitiis, numquam turgescit, numquam tumet; at irati animus eiusmodi est*."

43 *ira, qua ducis, sequor* (Med. 953).

44 Kleanthes, Zeus-Hymnos (SVF I, 527): Lefèvre 1981 / 1982, 32 (▸ S. 337).

45 Tarrant 1985, 105: "the prologue ends with an anticipation of the sun's retreat at the sight of the banquet".

46 Tarrant 1985, 188: "another inversion of the norm that will soon be felt in the outside world".

Kosmos wird die schärfste Trennung demonstriert. Es ist die glänzende Ausdeutung eines alten Motivs[47] in poetischer und weltanschaulicher Hinsicht.

Daß die Sonne stellvertretend für den Kosmos steht, geht auch aus den zahlreichen Vorzeichen hervor, etwa 262–265 oder 990–995:

>   imo mugit e fundo solum,
>   tonat dies serenus ac totis domus
>   ut fracta tectis crepuit et moti lares
> 265 vertere vultum.[48]
>
> 990 vix lucet ignis; ipse quin aether gravis
>   inter diem noctemque desertus stupet.
>   quid hoc? magis magisque concussi labant
>   convexa caeli; spissior densis coit
>   caligo tenebris noxque se in noctem abdidit;
> 995 fugit omne sidus.[49]

Atreus' affektbeherrschte Welt ist der Gegenpol zu der logosbeherrschten Welt des stoischen Weisen. Dieser ist ‚göttlich', Atreus ist sein eigener Gott.

II Ästhetische Kategorien

Die Frage, was Seneca mit seiner pointierten Gestaltung der Atreus-Figur beabsichtigte, ist nicht leicht zu beantworten. Die durchgängige Umkehrung der Eigenschaften des stoischen *sapiens* läßt auf jeden Fall ein ungewöhnliches artistisches Interesse an der Ausführung erkennen. Wer konnte bei Atreus' ungerührtem Verhalten angesichts der unheilvollen Vorzeichen (*sed solus sibi | immotus Atreus constat*, 703–704) die Parodie des von Seneca immer wieder gerühmten Weisen überhören?[50] Nicht anders gibt der ebenfalls zentrale Terminus *securus* ein Signal: *securus vacat | iam fratris epulis* (759–760). *securus* ist der

---

[47] Hierzu Schmitz 1993, 90–114.

[48] "In Senecan drama a dislocation of the moral order can set off correspondingly violent reactions in the physical world, and in no other play does evil make its presence seen and felt as pervasively as in *Thyestes*" (Tarrant 1985, 128).

[49] "The passage recalls several earlier episodes in which the outside world has reacted in horror at the evil being planned or executed" (Tarrant 1985, 227).

[50] Tarrant 1985, 192 spricht zu Recht von Atreus' "travesty of *constantia*"; "Atreus possesses the fixity of purpose that usually marks a *sapiens*". Vgl. Knoche (1941) 1972, 480 und Schmitz 1993, 89 Anm. 262.

Weise, innerlich gelassen, ja heiter.[51] Natürlich handelt es sich bei Atreus um eine pervertierte *securitas*. Er ist bei der schlimmsten Grausamkeit kühl bis ans Herz hinan. In welchem Maß Seneca mit den Begriffen spielt, zeigt sich darin, daß der älteste Thyestes-Sohn, Tantalus, dem sicheren Tod *securus* entgegenblickt: *stetit sui securus et non est preces | perire frustra passus* (720–721). In dieser Szene stehen sich sozusagen der falsche und der echte *sapiens*[52] gegenüber – ein brillanter Kontrast, ein künstlerischer, ja künstlicher Selbstzweck.

Atreus ist ein ‚Künstler'.[53] Penibel ordnet er das Verbrechen: *servatur omnis o r d o , ne tantum nefas | non rite fiat* (689–690). Die Kinder werden wie Opfertiere mit purpurner Binde (*vitta purpurea*) geschmückt; nicht fehlen Weihrauch (*tura*), Wein (*sacer Bacchi liquor*) und Opferschrot (*salsa mola*) (686–688): Atreus hat ein geradezu ästhetisches Vergnügen, das Verbrechen nicht nur um seines Ziels, sondern mehr noch um seiner Ausführung willen zu begehen. Er sagt ja selbst, daß es ihm nicht darauf ankomme, zu sehen, d a ß Thyestes unglücklich sei, sondern w i e er unglücklich werde: *miserum videre nolo, sed dum fit miser* (907). Darin besteht der Erfolg seines Werks: *fructus hic operis mei est* (906). Es ist konsequent, daß für Atreus die Form des Verbrechens vor seinem ‚Inhalt' Vorrang hat. Im Prinzip ist es, wie der Bote sagt, gleichgültig, welches Kind er zuerst schlachtet; aber er zögert, und es macht ihm Freude, die scheußliche Tat genau anzuordnen: *quem prius mactet sibi | dubitat, secunda deinde quem caede immolet. | nec interest, sed dubitat et saevum scelus | iuvat o r d i n a r e* (713–716). Das ist „die Freude des Künstlers an seinem Werk. Atreus ist ein ‚ästhetischer' Verbrecher."[54] Es handelt sich bei ihm um "the estheticism of terror, the seeming bestowal of significance on the meaningless."[55]

Aus Atreus' ‚Künstlertum' folgt, daß auch Seneca in den beschriebenen Szenen in erster Linie Künstler ist, daß der Künstler eindeutig über den Philosophen triumphiert. Atreus' manierierte Pedanterie ist zugleich eine solche des Dichters. Picone ist so weit gegangen, Atreus selbst als ‚poeta' anzusprechen, der – wie der Dichter die Muse – die *Furiarum cohors* anrufe (250–254) und sich von ihr zu dem Übertreffen des Tereus-Mahls (272–278) inspirieren lasse: «il passo acquista il

---

51 *securitas* [...] *proprium bonum sapientis est* (*De const. sap.* 13, 5); *quid est beata vita? securitas et perpetua tranquillitas* (*Epist.* 92, 3): Hadot 1969, 126–135.
52 Auch Atreus' schon besprochene 'apotheosis' fügt sich zu seiner "depiction as an inverse sapiens [...], since the sapiens could claim equality with the gods" (Tarrant 1985, 193).
53 Zu Medeas ‚Künstlertum' Friedrich (1960) 1967, 51.
54 Anliker 1960, 59. Daselbst: Atreus betreibe die Schlachtung der Kinder als ‚Kunstwerk'; er stelle dabei Überlegungen an, die von keinem ‚praktischen Interesse' seien, sondern rein der ‚stilgerechten Durchführung' gälten.
55 Lefèvre 1981 / 1982, 35 (▸ S. 340). Vgl. auch Mantovanelli 1984, 65–69.

sorprendente significato di una riflessione del poeta sulla propria prassi letteraria.»⁵⁶ Wenn Atreus angesichts der Verdunkelung des Himmels wünscht, die fliehenden Götter möchten das Rachemahl s e h e n (doch genüge es auch, wenn es der Vater sehe) (893 – 895), offenbare er eine «concezione ‹spettacolare› del suo *nefas*. Ideato secondo moduli essenzialmente ‹poetici›, esso ha bisogno di un pubblico che confermi la validità della *performance*. [...] il drammaturgo è sulla scena per studiare da vicino la ‹qualità› della sua opera.»⁵⁷

Selten hat sich Seneca so weit von der sachlichen Angemessenheit des Stils im Verhältnis zum Inhalt entfernt wie im *Thyestes*. Öfter als sonst gilt von den Aussagen, *quod abundant dulcibus vitiis*, mehr denn je von dem Autor, daß sein Stück erheblich verlöre, *si non omnia sua amasset*.⁵⁸ Wie bei Ovid ist im Blick auf die Diskrepanz zwischen Form und Inhalt, ja den Vorrang der Form vor dem Inhalt der Begriff des Manierismus angebracht.⁵⁹ Seneca spielt, er verwandelt die philosophischen Sätze in geistreiche Aperçus, er zerkrümelt die Moral zu intellektuellen Concetti.

III Politische Kategorien

Dennoch ist der *Thyestes* kein Stück ohne Philosophie und ohne Moral. Denn nur bei Atreus geht Seneca der Pegasus durch: Thyestes ist eine Gestalt, deren Konzeption sowohl stoischem Denken als auch allgemeiner Lebenserfahrung entspricht.⁶⁰ In ihr mischen sich schwarze und weiße Züge, wobei sich schließlich die ersten gegen die mühsam errungene Position der letzten behaupten. Atreus' Charakterbild ist dagegen ein einseitiges Gemälde in Schwarz, er ist 'determined to

---

56 1984, 53; 56: «La ‹meditazione› di Atreo si configura dunque in termini di assoluta analogia rispetto all'attività creativa del poeta».
57 1984, 110. Auch Poe 1969, 359 bringt den Dichter – und den Zuschauer – mit in das Spiel: "*Thyestes* has something to say about the enormous satisfaction which Atreus derives from his slaughter, and indirectly about the satisfaction derived by the poet from describing the slaughter or by the reader from reading the description: the play declares that it is the satisfaction of a natural human impulse to violence and ultimately to self-destruction." Der letzte Satz zeigt, daß Poe auf anthropologische, nicht artistische Kategorien achtet.
58 Quint. *Inst.* 10 ,1, 129 und 130.
59 Burck 1971 (1), 38 bezeichnete den *Thyestes* als „eines der signifikantesten Zeugnisse des römischen Manierismus".
60 Freilich begegnet auch bei ihr eine äußerst kunstvolle Korrelation bzw. Umwertung der Begriffe: Lefèvre 1985 (2), 1274 – 1278 (▶ S. 374 – 378).

prove a villain'.⁶¹ Seneca zeichnet ein auf die Spitze getriebenes Porträt, das fasziniert, aber nicht ergreift.

Atreus fügt sich in ein negatives Koordinatensystem: Er ist, wie er selbst sagt, ein *tyrannus* (177). Man könnte an ein echt senecaisches Paradoxon denken: Der *tyrannus* steht unter der *tyrannis* der Affekte.⁶² Doch war das Stichwort *tyrannus* seit der um die Wende von 55 auf 56 verfaßten Schrift *De clementia*, in der Seneca den guten *rex* und den bösen *tyrannus* geschieden hatte, in einem bestimmten Zusammenhang zu sehen. *tyranni in voluptatem saeviunt* (*De clem.* 1, 11, 4) – diesen Satz belegt Atreus mit jeder seiner Äußerungen und Handlungen. Man wird an einen politischen Bezug denken müssen.⁶³ Es kommt hinzu, daß Atreus⁶⁴ bzw. Atrides⁶⁵ im ersten nachchristlichen Jahrhundert nahezu Synonyme für den Kaiser waren und eine *Thyestes*-Tragödie⁶⁶ ohne weiteres oppositionelle Gedanken bergen konnte.⁶⁷ Bekanntlich hatte Caligula dadurch, daß er den Ausspruch des accianischen Atreus *oderint dum metuant*⁶⁸ zu seiner Devise machte,⁶⁹ die Gleichung Atreus = Prinzeps sozusagen autorisiert: Eben diese bekämpfte Seneca in *De clementia* mit rationalen Argumenten, wenn er über den *tyrannus* sagte: *contrariis in contraria agitur; nam cum invisus sit, quia timetur, timeri vult, quia invisus est, et illo exsecrabili versu, qui multos praecipites dedit, utitur: ‚oderint dum metuant', ignarus, quanta rabies oriatur, ubi supra modum odia creverunt* (1, 12, 4). Senecas Atreus geht noch einen Schritt weiter,⁷⁰ indem er seine Untertanen nicht nur zwingt, ihn zu ertragen, sondern sogar zu loben: *maximum hoc regni bonum est, | quod facta domini cogitur populus sui | tam ferre quam laudare* (205–207). Die Antwort des Satelles, die Senecas ‚richtige' Ansicht wiedergibt,⁷¹ zeigt durch ihre Formulierung, daß hier tatsächlich der *exsecrabilis versus* diskutiert wird: *quos cogit m e t u s | laudare, eosdem reddit inimicos m e t u s* (207–208). Seneca will durch die Steigerung wohl demonstrieren, daß bei diesem Adepten des acciani-

---

61 Calder III 1983, 188 = 2005, 325: "Atreus is the Richard III of Greco-Roman tragedy" (wichtig: Anm. 40).
62 [...] *in tyrannide illi vivendum est in alicuius adfectus venienti servitutem* (*De ira* 1, 10, 2).
63 *De ira* 3, 16, 3 wird die *ira* in politischem Zusammenhang ein *insigne regium* genannt (gemeint: der Tyrannen).
64 Cass. Dio 58, 24, 3–4 über Aemilius Scaurus und Tiberius.
65 Iuv. 4, 65: Friedlaender 1895, I, 244.
66 Tac. *Dial.* 3, 3 über Maternus.
67 Lefèvre 1985 (1), 1247–1248 (▶ S. 346–347).
68 Fr. 203–204 R.³˙ (aus dem *Atreus*).
69 Suet. *Cal.* 30, 1.
70 Tarrant 1985, 121. Vgl. auch Picone 1984, 45.
71 *Epist.* 105, 4: *qui timetur timet: nemo potuit terribilis esse secure*.

schen Atreus – im Gegensatz zu dem Nero der Jahre 55 / 56 – rationale Argumentation von vornherein keine Aussicht auf Erfolg mehr hatte.

Es genügt also nicht, Atreus einfach als Anti-*sapiens* zu bezeichnen. Er ist zugleich Anti-*sapiens* und Anti-*rex*.[72]

Hatte Seneca Caligula vor Augen? Ist das „Tyrannenbild durch sein eigenes Caligula-Erlebnis bestimmt"?[73] Unterliegt das „keinem Zweifel"?[74] Insofern Seneca in *De ira* Caligula als den herausragenden Vertreter der *ira* betrachtet und Atreus glänzend zu dieser Konzeption stimmt,[75] ist der Gedanke an Caligula nicht per se von der Hand zu weisen. Doch gehört *De ira* in das Jahr 41, während der *Thyestes* später zu datieren ist. Pöschl fühlte sich bei Thyestes' Rückbesinnung auf die Verbannungszeit und seinem Eingeständnis der gegenwärtigen Ängste „unwillkürlich an die sieben harten Jahre erinnert, die Seneca auf Corsica verbrachte, an seine Rehabilitation und seine Rolle als Erzieher und Ratgeber Neros".[76] Das könnte eher zutreffen.[77] Folgt man aber der von Tarrant vorgeschlagenen Datierung des *Thyestes* auf 60 – 62[78] oder der von Nisbet auf 62,[79] ist die Annahme des Bezugs auf Neros letzte Jahre klar. Am ehesten dürfte das Stück auch aufgrund seiner Pointiertheit in die Zeit von Senecas Rückzug aus der Politik zu setzen sein.

Kombiniert man den (anti)philosophischen Aspekt und den zeitgenössischen Bezug des *Thyestes*, ergibt sich eine brisante politische Aussage.[80] Nicht mehr beschränkte sich Seneca darauf, Nero in der einen oder anderen Hinsicht anzusprechen – ihn im Sinn der Schrift *De clementia* zu ‚warnen' (wie im *Hercules Furens*) oder ihn (und sich) nach dem Mord an Agrippina zu ‚verteidigen' (wie in der *Phaedra*[81]) –, sondern er griffe ihn umfassend an und stellte seine Herrschaft von Grund auf in Frage: Denn wenn Atreus als Mensch die absolute Negation des stoischen Weisen ist, ist er als *tyrannus* die absolute Negation des stoischen *rex*, und das heißt: die absolute Perversion des Prinzeps. Seneca kommentierte nach seinem Rückzug Neros Herrschaft in einer an Eindeutigkeit und Pointiertheit nicht zu übertreffenden Weise. So wie Atreus sich bei seiner Rache an den Vorfahren

---

[72] Mantovanelli 1984, 38 – 39.
[73] Knoche (1941) 1972, 478.
[74] Seidensticker 1985, 135.
[75] Mantovanelli 1984, 37: Caligulas «immagine è così ben presente dietro quella di Atreo».
[76] 1977, 229.
[77] Mantovanelli 1984, 39 bemerkt unter Verweis auf *De clementia*, der *Thyestes* scheine «presupporre l'esperienza neroniana.»
[78] 1985, 13.
[79] 1990, 108.
[80] Nach Rose 1986 / 1987, 128 kann man annehmen, daß der *Thyestes* "provides a bitterly realistic commentary on contemporary conditions."
[81] Lefèvre 1990 (2), 109 – 122 (▶ S. 401 – 412).

Tantalus und Pelops orientiert (242–243),[82] hätten für Neros Handeln die Vorgänger Maßstäbe gesetzt! Mindestens Caligula wäre ein unverächtliches Vorbild.[83]

IV Ausblick: Philosophie, Ästhetik und Politik

Die totale Infragestellung Neros fügt sich konsequent in die Zeit von Senecas mehr oder weniger erzwungenem Rückzug aus der Politik: Er hatte nichts mehr zu verlieren. Und doch war er weit davon entfernt, aus kleinlichem Eifer oder schwächlichem Gekränktsein ein Pamphlet zu dichten – im Gegenteil: Vielfach wird der *Thyestes* für das Meisterwerk unter den acht mit Sicherheit echten Tragödien gehalten. Seneca blieb auch als Emeritus der großartige Künstler, der seine Werke mit souveräner Überlegenheit und leichter Hand verfaßte – Prosa wie Dichtung. Die innere Freiheit, zu der er mit der Entfernung aus Neros Nähe gelangt sein mochte, dürfte es bewirkt haben, daß er bei der Abfassung des *Thyestes* – gewiß zu Quintilians Mißvergnügen, wenn er das Stück überhaupt zur Kenntnis nahm – in seinen Stil ‚verliebt war' wie nie zuvor, daß er dem Manieristischen huldigte wie bisher nicht. Es muß ihm eine grimmige Wollust gewesen sein, das Bild des stoischen Weisen, das er so oft pathetisch ausgemalt hatte, gegen Ende seines Lebens nicht zu modifizieren, sondern nach allen Regeln der Kunst – und diese beherrschte er wie kein anderer in seinem Jahrhundert – umzukrempeln, ja auf den Kopf zu stellen. Das war Kunst und doch nicht l'art pour l'art. Denn er hatte Nero im Visier – er, der Künstler, Nero, den Künstler,[84] er, der politisch Geschädigte, Nero, den politischen Schädiger. Natürlich bewunderte er Atreus, sein literarisches Geschöpf, bei dem er den Terror bis zum Exzeß ästhetisierte;[85] ob er aber erwartete, daß Nero ihn seinerseits bewundere,[86] bleibe dahingestellt. ‚Erreichen' wollte er mit seinem Stück nichts mehr, nur einen Tatbestand kommentieren: "It is not Seneca's task to stand the upside-down world on its feet again but to teach us (you could add: and himself) to come to terms with the way things are. He teaches the art of survival in an impossible situation."[87]

---

82 Sie übertrifft er tatsächlich; jedenfalls ruft der Bote nach der Tat aus: *o domus Pelopi quoque | et Tantalo pudenda!* (625–626): Knoche (1941) 1972, 480.
83 Cass. Dio 61, 5, 1 über Nero (im Jahr 54): τέλος ἀπηρυθρίασε καὶ […] πρὸς τὸν Γάιον ἔτεινεν: Mantovanelli 1984, 38.
84 „Mit seiner ganzen Existenz wollte Nero in erster Linie Künstler sein" (Christ 1988, 229).
85 Lefèvre 1981 / 1982, 35 (▸ S. 340).
86 Calder III 1983, 189 = 2005, 363.
87 Calder III 1983, 190 = 2005, 367.

Der *Oedipus* könnte ebenfalls ein Stück sein, in dem Seneca in seinen späteren Jahren in brillant-brisanter Weise auf Nero Bezug nahm und das politische Geschehen pointiert-satirisch kommentierte,[88] so daß der literarische Eigenwert der anspielungsreichen Ausführung offen zutage lag. Es wäre aber verfehlt, anzunehmen, den echten Seneca spiegelten nicht die Prosaschriften, sondern nur die Tragödien.[89] In den letzten war der Philosoph freier, aber nicht anders als in den theoretischen Abhandlungen. Auch im *Thyestes* dominierte der künstlerische Aspekt über den philosophischen, aber er widerlegte ihn nicht.

---

[88] Nach Ansätzen der früheren Forschung Lefèvre 1985 (2), 1249–1260 (▸ S. 349–360).
[89] Das ist die These von Dingel 1974, 118, nach dem der Philosoph Seneca eine ‚Maske' trägt. Dazu Staley 1981, 233 Anm. 1 und 239 Anm. 9 sowie Abel 1976, 150: „Vollends in die Irre geht der Interpret, wenn er den echten S. im dichterischen Werk und nicht in den Prosaschriften sucht, dem für uns verbindlichen taciteischen Zeugnis zum Trotz (ann. 15, 62, 1ff.)."

31 Medea – die Negation des stoischen ‚Weisen'?

I Stoische Kategorien —— S. 476
  1 *furor* —— S. 477
  2 *ira* —— S. 479
  3 *impietas* —— S. 480
II Ästhetische Kategorien —— S. 482
III Politische Kategorien —— S. 486
IV Ausblick: Philosophie, Ästhetik und Politik —— S. 487

Es ist eine alte Streitfrage, ob Senecas Tragödien einen philosophischen, d. h. in seinem Fall: stoischen Gehalt haben oder ob sie eine philosophisch nicht bestimmbare – wenn überhaupt eine – Weltanschauung widerspiegeln. Dieses Problem soll nicht erneut verhandelt werden.[1] Es wird nicht behauptet, daß die Tragödien Senecas versifizierte Philosophie des Stoikers Seneca sind. Aber es wird davon ausgegangen, daß er in der Welt der Dichtung seine Weltanschauung nicht verleugnet hat.[2] So spiegeln auch Nietzsches Gedichte Gedanken seiner Philosophie wider.

Das schließt nicht aus, daß Seneca hin und wieder die stoische Philosophie stärker vor Augen gehabt hat, als es für die unmittelbare Aussage notwendig ist. Ein solches Beispiel ist die großartige Figur des Verbrechers κατ' ἐξοχήν Atreus im *Thyestes*. Knoche hat betont, daß dieser frei zu sein scheine, wie der stoische Weise frei ist – nur im umgekehrten Sinn. Der Weise sei frei durch die tiefste Erkenntnis der wahren menschlichen Natur und seinen daraus notwendig folgenden Amor fati. Atreus scheine frei nicht allein durch seine Königsmacht, sondern noch mehr dadurch, daß er als einzelner mit seinem Willen zum Bösen in den vollständigsten Gegensatz zur menschlichen Natur, zur Natur überhaupt trete.[3] Wie es scheint, ist auch die Protagonistin der *Medea* in diesem Zusammenhang zu sehen.

Für Calder III personifiziert Atreus "the upside-down world where Rome and Hell have exchanged places",[4] für Seidensticker stellt er sich dar als der „Anti-

---

Seneca e il suo tempo. Atti del Convegno internazionale di Roma / Cassino 11–14 novembre 1998, Roma 2000, 395–416 (Salerno Editrice, Roma). Originaltitel: ‹La *Medea* di Seneca – negazione del 'sapiente' stoico?›.

1 Lefèvre 1985 (2), 1263–1283 (▶ S. 362–382).
2 Seidensticker 1985, 130: „Wir können den Dichter Seneca nicht vom Philosophen Seneca trennen."
3 (1941) 1972, 479–480.
4 1983, 190 = 2005, 366.

sapiens, der stoische Weise auf den Kopf gestellt",[5] für Lefèvre als die ‚Negation des stoischen Weisen'.[6] Nicht anders urteilte Tarrant, der neben Atreus auch Medea "what might be called a Stoic's nightmare" nannte bzw. "perverted mirror-images of the *sapiens*".[7] In diesem Sinn bezeichnete Maurach Medea als das „genaue Gegenteil zum [sc. stoischen] Philosophen",[8] sah Lefèvre in der Darstellung ihrer Person die stoische Philosophie 'perverted'[9] und sprachen bei ihr Biondi[10] von «anti-*sapientia*» bzw. Picone von «rovesciamento del *sapiens* stoico».[11]

Wie in der Abhandlung von 1997, nach deren Aufbau vorgegangen wird, ist zu zeigen, daß in Senecas Darstellung Medeas stoische, ästhetische und politische Kategorien eine herausragende Rolle spielen, und zu fragen, ob es einen gemeinsamen Nenner für sie gibt.

I Stoische Kategorien

Nach dem zweiten Chorlied stürzt Medea in höchster Erregung aus dem Haus. Zunächst spricht die Amme sie an und gibt dann, da sie nicht reagiert, in den folgenden 15 Versen eine Beschreibung ihres Zustands (380–396):[12]

```
380   alumna, celerem quo rapis tectis pedem?
      resiste et i r a s comprime ac retine impetum.
      incerta qualis entheos gressus tulit
      cum iam recepto maenas insanit deo
      Pindi nivalis vertice aut Nysae iugis,
385   talis recursat huc et huc motu effero,
      f u r o r i s ore signa lymphati gerens.
      flammata facies, spiritum ex alto citat,
      proclamat, oculos uberi fletu rigat,
      renidet, o m n i s  s p e c i m e n  a f f e c t u s capit:
```

---

5 1985, 131.
6 1997 (2), 119–134 (▸ S. 459–477).
7 1985, 24. [[Schon Opelt 1972 (1), 119 hatte bei Atreus „denselben Ehrenkodex des Verbrechens wie bei Medea" gesehen.]]
8 (1966) 1972, 313.
9 1981 / 1982, 35–36 (▸ S. 340–341).
10 (1989) 1997, 47–50.
11 1986 / 1987, 188.
12 Der Text der *Medea* wird nach Costa 1973 zitiert.

```
390    haeret minatur aestuat queritur gemit.
       quo pondus animi verget? ubi ponet minas?
       ubi se iste fluctus franget? exundat furor.
       non facile secum versat aut medium scelus;
       se vincet: irae novimus veteris notas.
395    magnum aliquid instat, efferum immane impium:
       vultum Furoris cerno.
```

Hier ist mit unheimlicher Konsequenz ein antistoisches Verhalten beschrieben. Seneca gibt eine exuberante Liste von Affekten, die er die Amme prägnant mit *omnis specimen affectus* zusammenfassen läßt.[13] Es handelt sich vor allem um drei Leitmotive, unter die die anderen Punkte der geschilderten Ekstase subsumiert werden können: *furor, ira, impium*. Damit ist Medea als Gegenpol zu dem stoischen *sapiens* gezeichnet, da ihre Haltung eine Negation dessen ist, was dieser zu erstreben sich bemüht. Das Bild der wilden Mänade ist charakteristisch. Es kehrt in 806 und 849, auf Medea bezogen, wieder. An der ersten Stelle schneidet sie sich beim Opfer an Hekate wie eine Mänade mit dem Opfermesser in die Arme, an der zweiten schildert der Chor die Rasende (849–854):

```
       quonam cruenta maenas
850    praeceps amore saevo
       rapitur? quod impotenti
       facinus parat furore?
       vultus citatus ira
       riget.
```

Die Leitmotive *furor* und *ira* sprechen eine deutliche Sprache. Medea erscheint auch im Bild als eine Negation des stoischen Weisen.

Es bietet sich an, im folgenden *furor* als Sammelbezeichnung für die Affekte, *ira* als schlimmsten Affekt und *impietas* als Negation der Gottähnlichkeit des *sapiens* zu untersuchen.

1 *furor*

Wie ,total' Medea in *furor* befangen ist, verdeutlicht ihre Selbstapostrophe *teque in exitium para | furore toto* (51–52): Sie ist ganz *furor*, wie man sagen müßte, so wie es von Ctesipho in Terenz' *Adelphoe* heißt, er sei ganz Liebe, *in amore est totus*

---

[13] Nach Costa 1973, 109 zieht die Amme nicht ein Résumé aus dem Vorhergegangenen, sondern weist auf den folgenden Vers voraus. Es ist aber klar, daß die Verben in 390 inhaltlich auch die vorangegangenen und folgenden Affekte umgreifen.

(589),[14] oder bei Catull von Ariadne, sie sei im Innersten ganz Flamme, *imis exarsit tota medullis* (64, 93). Das Umfassende des Affekts veranlaßt Costa, *Furor* in 396 mit Majuskel zu drucken und anzumerken: "virtually = *Furiae* (cf. 386, 392)".[15]

Später glaubt Medea, die *Furiae* leibhaftig zu sehen. Gegen Ende ihres großen Monologs, in dem sie das Für und Wider des Kindermords abwägt, ruft sie aus (958–966):

>   quonam ista tendit turba F u r i a r u m impotens?
>   quem quaerit aut quo flammeos ictus parat,
> 960 aut cui cruentas agmen infernum faces
>   intentat? ingens anguis excusso sonat
>   tortus flagello. quem trabe infesta petit
>   Megaera? cuius umbra dispersis venit
>   incerta membris? frater est, poenas petit –
> 965 dabimus, sed omnes. fige luminibus faces,
>   lania, perure, pectus en F u r i i s patet.

Wie im *Thyestes* die *Furia*, die die *furiae* beschwört (*Thy.* 24), das Symbol der von Atreus begangenen Verbrechen ist, erscheinen hier die *Furiae* als Symbol des *furor*, der die Voraussetzung für Medeas Mord an den Kindern darstellt.[16] Sie kennt den allgemeinen Zusammenhang genau: *numquam meus cessabit in poenas furor | crescetque semper* (406–407). Während Atreus die *Furiae* herbeiruft (*Thy.* 250–254), wird Medea von ihnen heimgesucht. *Megaera* ist in beiden Fällen ausdrücklich genannt (*Med.* 963, *Thy.* 252). Die *faces* sind für Medea ‚furoris incitamenta'.[17]

Berücksichtigt man, daß die Furien mit den Eumeniden identisch sind, erkennt man, daß Medea sie bereits zu Beginn anruft (13–16):

>   nunc, nunc adeste, sceleris ultrices deae,
>   crinem solutis squalidae serpentibus,
> 15   atram cruentis manibus amplexae facem,
>   adeste.

Farnabius erklärt die *deae* als ‚Eumenides. Pœnæ. Furiæ' und weist auf *HF* 100–109:[18]

---

14 Die Parallele bei Costa 1973, 69, der auch auf *Phoen.* 155–156 *toto impetu, | toto dolore* weist.
15 1973, 109.
16 Lefèvre 1997 (4), 77 (▶ S. 452–453).
17 Farnabius 1676, 33.
18 1676, 2.

> 100   incipite, famulae Ditis, ardentem citae
> concutite pinum et agmen horrendum anguibus
> Megaera ducat atque luctifica manu
> vastam rogo flagrante corripiat trabem.
> hoc agite, poenas petite vitiatae Stygis;
> 105   concutite pectus, acrior mentem excoquat
> quam qui caminis ignis Aetnaeis f u r i t :
> ut possit animo captus Alcides agi,
> magno f u r o r e percitus, nobis prius
> insaniendum est – Iuno, cur nondum f u r i s ?

Diese Partie zeigt eindeutig den Zusammenhang zwischen den Rachegöttinnen und dem durch sie verkörperten *furor*. Ihm unterliegen Iuno, Hercules, Medea. Wie im *Hercules Furens* und im *Thyestes* steht in der *Medea* von Anfang an der *furor* als Leitmotiv über der Handlung.

Nach Seneca gehören auch *discidia*, Trennungen, zu den Dingen, *quae sapientem* [...] *non mergunt* (*De const. sap.* 8, 3). Seine Mahnung *adhibe rationem difficultatibus* (*De tranqu. an.* 10, 4) hat für Medea keine Geltung, ihr Verhalten stellt geradezu das Gegenteil dar: *furor* statt *ratio*. *consilium capere* (155) kommt für sie nicht in Betracht.[19]

2 *ira*

Am Ende des Prologs stachelt sich Medea mit den Worten *accingere ira* an (51). In diese steigert sie sich so hinein, daß sie ausruft, keine noch so mächtige Naturgewalt könne ihre *irae* hemmen: *sternam et evertam omnia* (414). Sie tritt Iason als *irata* (444), mit einem *ira concitum pectus* (506), gegenüber. Auch der Chor stellt fest: *frenare nescit iras | Medea* (866–867). Ihre *ira* liegt mit *amor* (938–939) und *pietas* (943–944) in Konflikt. Medea apostrophiert sie wie etwas außerhalb ihrer Person Liegendes, dem sie unterworfen ist (916–919):

> quo te igitur, i r a , mittis, aut quae perfido
> intendis hosti tela? nescio quid ferox
> decrevit animus intus et nondum sibi
> audet fateri.

---

19 «Tra tutti i personaggi del teatro senecano portatori di *furor* Medea è indubbiamente quello che assolve la sua funzione [...] col massimo di coerenza» (Mazzoli 1997, 99).

Sie ist affektbeherrscht wie Atreus.[20]

Medea war nicht immer von *ira* geleitet. In der Heimat versuchte sie, was Königen schwerfällt, *animum ab ira flectere* (203). Auch die ersten Untaten auf der Flucht beging sie nicht aus *ira*: *nullum scelus | irata feci: saevit infelix amor* (135–136). *amor* war ein entscheidendes Movens. Aus seiner Verletzung resultiert nunmehr *dolor*, der sogleich mit *furor* verbunden ist (*dolor | furiose*, 139–140). *dolor* aber ist Ursache der *ira*, wie Seneca *De ira* 1, 3, 3 unter Berufung auf Aristoteles sagt.[21] Weiterhin ist *odium* die Folge des verletzten *amor* (397–398).

Seneca lehnt als Stoiker *ira* entschieden ab. Er sieht sehr wohl, daß sie – wie es bei Medea der Fall ist – aus Liebe und aus Haß entsteht: Es kommt, wie er ausführt, nicht so sehr auf die Größe der Ursache als vielmehr auf die Individualität des Charakters an; ein großes Feuer nehme Festes nicht an, wohl aber setze ein Funken Trockenes in Brand. Am Ende des Zorns stehe – auch das trifft auf Medea zu – *furor* : *in omnes personas hic exardescit adfectus; tam ex amore nascitur quam ex odio, non minus inter seria quam inter lusus et iocos; nec interest ex quam magna causa nascatur sed in qualem perveniat animum. sic ignis non refert quam magnus sed quo incidat; nam etiam maximum solida non receperunt, rursus arida et corripi facilia scintillam quoque fovent usque in incendium. ita est, mi Lucili: ingentis irae exitus furor est* (*Epist.* 18, 15). Man darf also feststellen, daß Medeas Charakter in besonderem Maß für die Konzeption der *ira* disponiert ist. Dementsprechend ist sie nicht durch die Schwere ihres Schicksals ‚entschuldigt'. Es ist andererseits klar, daß sich der Weise in besonderem Maß vor diesem Affekt hütet: *caret* [...] *ira sapiens, quam excitat iniuriae species* (*De const. sap.* 9, 3). Medea ist keine *sapiens*.

3 *impietas*

Gleich zu Beginn ruft Medea in ihrem Rache-Prolog die *manes impios* an (10) – „Umbras, seu animas impiorum corpore exutas",[22] "spirits of the unholy dead who would be sympathetic to unholy designs".[23] Wenn das auch nur eine Redensart sein sollte, dürfte ihr Gebrauch doch für Medea symptomatisch sein. Absyrtus und die Pelias-Töchter brachte sie, wie sie selbst sagt, *impie* um (134). Ganz in diesem

---

20 *nescioquid animus maius et solito amplius | supraque fines moris humani tumet | instatque pigris manibus* (*Thy.* 267–269: Lefèvre 1997 (2), 126 mit Anm. 42 (▸ S. 467) (dort Tarrant zu dem stoischen Hintergrund).
21 Lefèvre 1997 (2), 123 (▸ S. 463–464).
22 Farnabius 1676, 2.
23 Costa 1973, 63.

Sinn schwant der Amme, daß Medea etwas plane, das *efferum immane impium* sei (395). Es ist konsequent, daß sie die Götter geringschätzt, ja – wie Atreus – sich über sie erhebt. Wenn die Amme einwendet, es sei keine Hilfe mehr übrig, entgegnet sie (166–167):[24]

> Medea superest: hic mare et terras vides
> ferrumque et ignes et deos et fulmina.

In dieser Reihe fällt *deos* auf: Medea hat auch die Götter zur Verfügung.[25] In diesem Sinn sagt sie:

> 159 Fortuna fortes metuit, ignavos premit.

> 520 Fortuna semper omnis infra me stetit.

An beiden Stellen ist nicht die blinde Fortuna im Gegensatz zu dem ‚ordnungsgemäßen' Fatum gemeint, sondern allgemein die göttliche Macht. Medea erhebt sich über diese, während der *sapiens* in Übereinstimmung mit ihr lebt. 159 dreht die alte Weisheit *fortes Fortuna adiuvat* (Ter. *Phorm*. 203),[26] die auch für den Stoiker Geltung hat, pointiert um.[27] 520 stellt nicht weniger pointiert die Position des *sapiens* auf den Kopf, über den es – als stoischen *rex* – *Thy*. 365–366 heißt: *qui tuto positus loco | infra se videt omnia*. Der "*sapiens* was traditionally said to look down on all human concerns, cf. Cic. *Rep*. 1. 28, *Tusc*. 3. 15 *res humanas despicere atque infra se positas arbitrari* (a state boldly appropriated by Seneca's Medea [...] 520)".[28] Die Hybris der Worte *invadam deos | et cuncta quatiam* (424–425) liegt auf derselben Ebene.

In diesem Sinn ist auch die Schlußszene zu verstehen. Medea "portrays the murder of her sons as a sacrifice to her *dolor*. In an apostrophe to her grief after the killing of her second son she says, she has no more that she can offer, *plura non habui, dolor, | quae tibi litarem* (1019–1020). This is not a casual remark, but rather in the truest sense a significant statement made from the Stoic perspective. A comparison of the ending of the *Aeneid* with that of the *Medea* shows [...] the extent

---

[24] Mazzoli 1997, 102.
[25] Denn *hic vides* bedeutet: „quæ omnia hæc arte sua potest perturbare inque opem vocare" (Farnabius 1676, 8); "here (i.e. in me) you see all the forces which I can control and bring to my aid" (Costa 1973, 87).
[26] So auch Verg. *Aen*. 10, 284 *audentes Fortuna iuvat* (von Seneca *Epist*. 94, 28 zitiert), dazu Biondi 1984, 223.
[27] Costa 1973, 87: "a good rhetorical touch which underlines her defiance." Picone 1986 / 1987 spricht von dem «rovesciamento della sapienza stoica». Dazu Mazzoli 1997, 101–102.
[28] Tarrant 1985, 143.

to which the Vergilian world is turned upside-down by Seneca. Aeneas 'sacrifices' Turnus to Pallas killed by Turnus, *Pallas te hoc vulnere, Pallas | immolat* (12, 948– 949). The killing is thus situated within the 'sphere of the sacred'. [...] Both Aeneas and Medea sacrifice to a higher power, but in Seneca the distinction between the sacral and the private sphere is abandoned. If the children are the offering, *dolor* is the god which dwells in the hearts of men. It is precisely at this point that we see the extent to which the Stoic philosophy is perverted. In Stoicism it is the divine λόγος which dwells in the human being. The human person is set apart from other natures by his intercourse with God through the λόγος: ἡ συναναστροφὴ κατὰ τὸν λόγον.[29] That is what Seneca himself wrote to Lucilius: 'God is near you, is with you, dwells in you', *prope est a te deus, tecum est, intus est.*[30] 'The wise man lives on the same level as the gods', *cum dis ex pari vivit.*[31] But Medea's god is *dolor*, her guide *ira*: 'O Wrath, I follow wherever you lead', *ira, qua ducis, sequor* (953)."[32] Das letzte Wort der Tragödie ist konsequent (Iason zu Medea): *testare nullos esse, qua veheris, deos* (1027).

II Ästhetische Kategorien

Die Frage, was Seneca mit der pointierten Gestaltung der Medea-Figur beabsichtigte, ist nicht leicht zu beantworten. Die durchgängige Umkehrung der Eigenschaften des stoischen *sapiens* läßt auf jeden Fall ein erhebliches artistisches Interesse an der Ausführung erkennen. Das impliziert, daß Seneca seiner ungewöhnlichen Zeichnung auch positive Züge abgewonnen hat.

Medea ist eine scharf argumentierende Intellektuelle. Aus ihr spricht ohne Zweifel der Stilist Seneca selbst. Wer – anders als der biedere Quintilian – an ihm Freude hat, muß auch sein Geschöpf Medea schätzen. Am Schluß des Prologs sagt sie über die Form der Rache (52–55):

>   paria narrentur tua
>   repudia thalamis: quo virum linques modo?
>   hoc quo secuta es. rumpe iam segnes moras:
> 55 quae scelere parta est, scelere linquenda est domus.

Das ist keineswegs ein gewöhnlicher Standpunkt. Medea könnte sagen, es sei kein Wunder, wenn eine Ehe, die mit einem Verbrechen beginne, auch mit einem

---

[29] Epikt. *Diatr.* 1, 9.
[30] *Epist.* 41, 1.
[31] *Epist.* 59, 14.
[32] Lefèvre 1981 / 1982, 35–36 (▶ S. 340–341).

solchen schließe. Aber zu folgern, sie müsse mit einem Verbrechen schließen, **weil** sie mit einem solchen begonnen habe – *thalami* (Hochzeit) und *repudia* (Scheidung)[33] sollten sich die Waage halten –, bedeutet eine moralische Perversion, aber auch eine intellektuelle Pointe. Sie dürfte nicht nur Medea, sondern auch Seneca genossen haben. Wie sehr der Dichter seine Person sich auf ihren Einfall etwas einbilden läßt, geht auch daraus hervor, daß es *narrentur*, nicht *sint* heißt: Von dem *ingenium*[34] Medeas soll man noch lange r e d e n ; sie ist – ebenso wie Atreus[35] – von ihrem Nachruhm überzeugt. Die Rechnung ist aufgegangen: Auch nach 2000 Jahren ist das der Fall.

Die Annahme, daß Seneca beabsichtigte, Medea nicht einfach aus philosophischem Interesse ‚negativ' darzustellen, sondern ihr Porträt ästhetisch-pointiert auszumalen, wird dadurch nahegelegt, daß er sie ganz bewußt als Negation des *sapiens* gezeichnet hat. Eine Reihe ihrer Äußerungen gegenüber der Amme sind so formuliert, daß sie auch der *sapiens* machen könnte:[36] *numquam potest non esse virtuti locus* (161).[37] *qui nil potest sperare, desperet nihil* (163).[38] NU. *rex est timendus.* ME. *rex meus fuerat pater* (168).[39] NU. *non metuis arma?* ME. *sint licet terra edita* (169). NU. *moriere.* ME. *cupio.* NU. *profuge.* ME. *paenituit fugae* (170).[40] *Fortuna opes auferre, non animum potest* (176).[41] Aber es ist klar, daß die Sprecherin jeweils in zynischer Weise das Gegenteil von dem meint, was der Weise im Sinn hat.[42] Diese Medea hat Senecas *sapiens*-Theorie gelesen.

Dementsprechend ist die Leidenschaft der senecaischen Medea von der der euripideischen grundverschieden. Während man bei dieser von ‚leidenschaftlicher Rationalität' sprechen muß, handelt es sich bei jener um eine ‚rationale

---

33 *repudia* ist ein gewählter Begriff, der offenbar nach Plautus, Terenz und Lucilius in der Dichtung nicht mehr verwendet wird: Billerbeck 1988, 65.
34 Vgl. 910.
35 *age, anime, fac quod nulla posteritas probet,* | *sed nulla taceat* (Thy. 192–193).
36 Die *sententiae* «che qui, in pochi versi, accumula Medea potrebbero in larga misura figurare degnamente in bocca a un puro eroe stoico della tempra di Catone Uticense, come Seneca lo rappresenta, per esempio, in *prov.* 2, 9, 12, *const. sap.* 2 o *ep.* 24, 6–8» (Mazzoli 1997, 101).
37 Der *sapiens* kann seine *virtus* überall bewähren.
38 Costa 1973, 87: "the thought and its formulation are a typical Senecan epigram. Cf. *Ep.* 5. 7 (quoting Hecato) 'desines timere si sperare desieris'"; Biondi 1984, 223; Mazzoli 1997, 101–102.
39 Farnabius 1676, 8: „Neque tamen eum timui" – der *sapiens* kennt keine Furcht.
40 Der Weise flieht nicht, er hat keine Angst vor dem Tod.
41 Costa 1973, 88: "That Fortune could rob the *sapiens* of his wealth and leave him unimpaired was a characteristic Stoic doctrine, argued at length in *de vita beata* (e.g. 'sapientis quisquis abstulerit divitias omnia illi sua relinquet...' 26. 4)" (dort weitere Parallelen); Biondi 1984, 223; Picone 1986 / 1987, 185; Mazzoli 1997, 101–102.
42 Zu Medeas Ansicht *Fortuna fortes metuit, ignavos premit* (159), die ebenfalls in diesen Zusammenhang gehört, ▸ S. 481.

Leidenschaft',[43] um den ‹*logos* del *furor*›.[44] Diese Haltung, bei der die *ratio* im Dienst der Leidenschaft steht, zeigt in letzter Konsequenz, daß Seneca in paradoxer Zuspitzung Medea als den Gegenpol zum stoischen Weisen zeichnet.

In diesen Zusammenhang gehört auch der parodierende Anklang an Kleanthes' berühmtes Gebet, der zu Zeus und der Vorsehung flehte:

> ἄγου δέ μ', ὦ Ζεῦ, καὶ σύ γ' ἡ πεπρωμένη,
> ὅποι ποθ' ὑμῖν εἰμὶ διατεταγμένος,
> ὡς ἕψομαί γ' ἄοκνος.

Es klingt wie eine Umkehrung, wenn Medea ausruft: *ira, qua ducis, sequor* (953). Zeus verkörpert den λόγος, *ira* aber ist das schlimmste aller πάθη. Man darf annehmen, daß Seneca darauf rechnete, den gebildeten Zuhörern werde die Anspielung nicht entgehen. Sie mußten schließen: Hier wird die Sprecherin philosophisch als Gegenbild zum *sapiens* abgestempelt. Diese Medea hat auch Kleanthes gelesen.

Medea ist eine ‚Künstlerin', wie Atreus ein ‚Künstler' ist;[45] „echtes Künstlertum spricht aus der Genugtuung über ihr Meisterstück, den Kindermord, mit dem sie erreicht hat, was zu erreichen ihr beschieden war"[46] (907–910):[47]

>   prolusit dolor
>   per ista noster: quid manus poterant rudes
>   audere magnum; quid puellaris furor?
> 910 Medea nunc sum; crevit ingenium malis.

Wie Atreus den Mord an den Bruderkindern genießt, genießt sie den Mord an den eigenen Kindern.[48] Sie kostet ihre Untat voll aus (1016–1017):

> perfruere lento scelere, ne propera, dolor:
> meus dies est; tempore accepto utimur.

Welche Perversion! Der Affekt des *dolor* wird nicht einfach ertragen, sondern lustvoll verlängert: Die Ermordung des zweiten Sohns ist der Höhepunkt. Denn ein weiterer steht nicht mehr zur Verfügung, wie sie bedauernd feststellt: *nimium est*

---

43 Dazu die betreffenden Kapitel bei Lefèvre 1997 (4), 74–78 (▶ S. 449–454).
44 Treffend der Titel der Abhandlung Mazzoli 1997 sowie S. 101: «C'è insomma una paradossale *Medea sapiens* al servizio della paradigmatica *Medea furens*.»
45 Lefèvre 1997 (2), 128 (▶ S. 469).
46 Friedrich (1960) 1967, 51.
47 Maurach (1966) 1972, 317 spricht gut von dem „Bild des pervertierten Selbstgewordenseins".
48 Anliker 1960, 93.

dolori numerus angustus meo (1011). Einem Künstler ist das Schaffen ein Vergnügen per se; trotzdem wünscht er einen Zuschauer. Diese beiden Aspekte gelten auch für Medea, die bei ihrer Tat *voluptas* empfindet und zudem nach dem *spectator* verlangt (991–994):[49]

> voluptas magna me invitam subit,
> et ecce crescit. derat hoc unum mihi,
> s p e c t a t o r iste. nil adhuc facti reor:
> quidquid s i n e i s t o fecimus sceleris perit.

Das erinnert an Atreus' Worte *miserum videre nolo, sed dum fit miser* (*Thy.* 907), worin er den Erfolg seines ‚Werks' sieht: *fructus hic operis mei est* (*Thy.* 906).[50] Medea „steigt aufs Dach; nicht aus Furcht, vielmehr wird das zu einer Demonstration ihrer Überlegenheit; das dämonische Weib steht nun erhöht, dem ganzen Volke sichtbar, und dieses Gesehenwerden ist ihre Lust"[51] (976–977):[52]

> nunc hoc age, anime: non in occulto tibi est
> perdenda virtus; approba populo manum.

„Jasons Befehl an die Trabanten, das Haus zum Einsturz zu bringen, ignoriert sie so vollkommen, daß sie eben in diesem Moment durch den bloßen Anblick Jasons, des ‚spectator iste', in höchste Ekstase gerät, in der sie sich zum Äußersten anspornt."[53] In diesem Zusammenhang ist auch die bedeutende Änderung gegenüber Euripides zu sehen, bei dem Medeia die Kinder tötet, ehe Iason zu ihr tritt, während sie bei Seneca den zweiten Sohn erst im Angesicht des Vaters ermordet. Es handelt sich gewiß um das "most theatrical of all Seneca's finales".[54]

Nicht anders als Medea denkt Atreus, der am liebsten die sich abwendenden Götter, mindestens aber Thyestes, als Zuschauer wünscht (*Thy.* 893–895):[55]

> utinam quidem tenere fugientes deos
> possem, et coactos trahere ut ultricem dapem
> 895 omnes viderent; quod sat est, videat pater.

---

49 Picone 1986 / 1987, 188; Boyle 1997, 132.
50 Lefèvre 1997 (2), 128 (▶ S. 469).
51 Anliker 1960, 92.
52 Picone 1986 / 1987, 188; Boyle 1997, 131.
53 Anliker 1960, 92.
54 Boyle 1997, 132.
55 Dazu Picone 1984, 110; Lefèvre 1997 (2), 129 (▶ S. 470).

«Come l'Atreo del *Thyestes*, Medea progetta il proprio *nefas* come 'performance' di eccezionale livello, creazione ‹artistica› che consenta all'autrice di realizzare lo scopo di porre in fuga la divinità.»[56]

Medea und Atreus sind Künstlergestalten,[57] in denen sich bis zu einem gewissen Grad der Künstler Seneca spiegelt.

III Politische Kategorien

In der *Medea* hat Seneca nicht auf die Figur des in der Tragödie des ersten nachchristlichen Jahrhunderts üblichen Tyrannen verzichtet. Creo begegnet Medea klar als solcher.[58] Schon in 143 wird er als *sceptro impotens* vorgestellt, der nach Belieben handelt. Dementsprechend tritt er *tumidus imperio* auf (178). *tumidus* ist ein Fachausdruck für Tyrannen. So sagt Megara zu Lycus: *dominare tumidus, spiritus altos gere* (HF 384). Nimmt man den folgenden Vers hinzu (*sequitur superbos ultor a tergo deus*, HF 385), möchte man an Creos Schicksal denken: Trennte er nicht die Ehe zwischen Iason und Medea gewaltsam (*qui sceptro impotens | coniugia solvit*, 143–144), kämen er und Creusa nicht zu Tod! Creo wird mit dem Terminus des (entarteten, nicht stoischen) *rex* bezeichnet. Der schlimme Affekt der *ira* trifft auf ihn – man möchte sagen: notwendigerweise – zu: *regalis ira* (463), *ira regum* (494). In Medeas Sicht ist bei Creo *regnare* und *iubere* dasselbe (194);[59] er selbst behauptet, sie müsse lernen *regium imperium pati* (189) und dem *rex* gehorchen, ob er Rechtes oder Unrechtes befehle: *aequum atque iniquum regis imperium feras* (195). Mit der Maxime *iniqua numquam regna perpetuo manent* (196) läßt Seneca Medea eine auch sonst von ihm vertretene Theorie zitieren. So heißt es *Tro.* 258–259: *violenta nemo imperia continuit diu, | moderata*

---

[56] Picone 1986 / 1987, 187; 188: Medea «manifesta una concezione ‹spettacolare› della propria vendetta che, ideata secondo moduli essenzialmente ‹poetici›, postula un pubblico che confermi la validità dell'esecuzione.» In diesem Sinn spricht G. Monaco bei Seneca von «testi ‹performativi›, per usare una brutta parola» (bei Picone 1986 / 1987, 193).

[57] Zu Medea Mazzoli 1997, der ihre «nera ‹opera d'arte›» (103) und ‹creazione artistica› (104) hervorhebt.

[58] Costa 1973, 89: "the harsh *tyrannus* of the *controversiae* (like Lycus in *HF* and Aegisthus in *Ag*)"; Picone 1986 / 1987, 190–191 (der auch auf Acastus weist und feststellt, daß «il potere tirannico è, nella visione senecana, il massimo dei mali e il rovesciamento massimo dell'ordine instaurato della divinità»).

[59] Farnabius 1676, 9 unterscheidet zutreffend zwischen (gemäßigtem) *rex* und *tyrannus*: „si rex justus es, de causa mea prius cognosce, si tyrannice pro lubidine imperas, inaudita causa ejice." Costa 1973, 90 "if you are a tyrant".

durant, Thy. 215–217: *ubi non est pudor | nec cura iuris sanctitas pietas fides, | instabile regnum est.*

Damit bewegt sich die Diskussion eindeutig im politischen Bereich. Ob hinter dem *tyrannus*, wenn überhaupt ein Kaiser, Claudius oder Nero zu sehen ist, hängt von der Datierung ab. Sollte Seneca den ersten im Visier haben, wäre freilich kaum an die Zeit seiner Verbannung zu denken.[60] Aber auch eine spätere Entstehung mit einem Bezug auf Nero kommt in Betracht.

IV Ausblick: Philosophie, Ästhetik und Politik

Wenn es zutrifft, daß Seneca in Medea die Negation des stoischen Weisen zur Darstellung bringt, indem er „das Gegenbild zu dem, was er eigentlich verlangt", gibt,[61] stellt sich die Frage, ob der Rezipient sie verurteilen soll oder, wenn er das möchte, sie bewundern darf. Gewiß kann man eine Antwort nach dem eigenen ethischen Wertsystem oder dem eigenen Geschmack geben. Unabhängig davon ist aber das Problem, wie Seneca Medea auffaßt.

Medea tritt unmittelbar vor den Hörer mit einem 55 Verse umfassenden Monolog, in dem sie – anders als ihr griechisches Pendant – die Lage selbst exponiert. Der Dichter stellt sie nicht, wie es Euripides getan hat, in dem Spiegel der Meinungen anderer Personen vor, sondern argumentiert aus ihr selbst heraus. Sie ist gewissermaßen sein Sprachrohr. In so extremer Weise gibt es diese Technik innerhalb der antiken Literatur erst seit Catull, dessen Ariadne in dem 64. Gedicht eine lange Klagerede hält, in der sie ihre Lage schildert (132–201). Beide Frauen haben für den Mann – Theseus bzw. Iason – ihr Leben eingesetzt, sind mit ihm geflohen und werden schließlich von ihm im Stich gelassen. Die jeweils ähnliche Situation wird in derselben Weise literarisch fruchtbar gemacht. Es steht außer Zweifel, daß Catull seine Protagonistin mit großer Sympathie zeichnet, ja die Auffassung ist verbreitet, daß er in ihr sein eigenes Schicksal spiegele, das Los des in der Liebe Enttäuschten. Das ist nicht selbstverständlich. Denn keineswegs ist Ariadne eine Frau, die nur Gutes tut. Daß sie ihr Vaterland verrät und den Tod des Bruders bewirkt, kann ihr ebenso wie Medea vorgeworfen werden.[62] Es ist aber die große Kunst Catulls, daß er ausschließlich Anteilnahme für Ariadne zu wecken versteht.

---

60 Insofern träfe das von Nisbet 1990, 97 erwogene Datum 51 / 52 zu.
61 Maurach (1966) 1972, 313.
62 Catull hatte als Vorbild für seine Ariadne die Medeen von Euripides und Apollonios Rhodios: Klingner (1956) 1964.

In diesem Rahmen ist die hinreißende Rhetorik des Medea-Prologs zu verstehen. Jede der in den ersten 15 Versen angerufenen Gottheiten steht zu ihrem Schicksal in einer besonderen Beziehung.[63] Nicht handelt es sich um eine rhetorisch-frostige Reihung bekannter Himmelsbewohner, sondern um die Kumulation übermäßig vieler Zeugen, die Medea zur Verfügung stehen. Die Expression des einmaligen Schmerzes der Sprecherin ist das Ziel der gigantischen Apostrophe. Aus dem ambivalenten Verhältnis, das der heutige Rezipient zur Rhetorik hat, ist keineswegs eine entsprechende Bewertung der antiken Sprecher abzuleiten. Schon Ariadne übte sich in der ‚Dialektik der Leidenschaft'.[64] Medeas Monomanie, in der sie alle Geschehnisse auf sich selbst bezieht, ist ebensowenig als ein Argument gegen ihren Charakter anzusehen. Auch Ariadne fragt nicht danach, was ihr Vater oder ihre Mutter zu ihrem Verhalten sagten. Was die Verwünschung des Geliebten betrifft – beidemal spielen die Eumeniden eine herausragende Rolle –, läßt sich die interessante Beobachtung machen, daß sie bei Ariadne am Ende (Cat. 64, 189–202), bei Medea aber am Anfang der Rede steht: Medea beginnt da, wo Ariadne aufgehört hat. Insofern ist sie nicht eine Antipodin, sondern eine Steigerung Ariadnes.

Aus der literarischen Herkunft Medeas von Ariadne ist offenbar auf Senecas Sympathie für sie zu schließen.[65] Diese Annahme wird durch die im ersten und zweiten Kapitel beobachtete Konzeption ihrer Gestalt einerseits als pointierte Negation des stoischen Weisen und andererseits als überlegene Künstlerin gestärkt. Es bleibt das Problem, ob Medeas Gestalt auch mit der im dritten Kapitel behandelten politischen Thematik verbunden ist. Keineswegs hat Seneca nur den Tyrannen im Blick. Das zweite und dritte Chorlied vermitteln die allgemeine Aussage, daß der Zug der Argonauten – als erste Seefahrt – Hybris ist, für die viele Teilnehmer zu büßen haben. Auch Iason und Medea sind von diesen Ereignissen betroffen. Medea wird ausdrücklich erwähnt (360–363):

```
360                    quod fuit huius
           pretium cursus? aurea pellis
           maiusque mari Medea malum.
           merces prima digna carina.
```

Was bedeutet das? Geht es (nur) darum, daß Medea Iason die gerechte Strafe bringe? Es dürfte eine umfassendere Deutung anzunehmen sein. Schon Ranke betonte, daß sich Seneca mit der Problematik des Vordringens in immer weiter

---

63 Lefèvre 1997 (4), 71 (▸ S. 446–447).
64 Klingner (1956) 1964, 194.
65 Zu Senecas Sympathie für Medea Lefèvre 1997 (4), 78–80 (▸ S. 455–456).

entfernte Zonen auf die Gegenwart beziehe: Der Chor nehme „seine Stellung in der damals gegenwärtigen Zeit."[66] Regenbogen führte diesen Gedanken fort und meinte, daß Seneca „das Einzelgeschehen aus seiner Vereinzelung löst und in einen großen Zusammenhang von Schicksal, Schuld und Sühne" rücke.[67] Costa sagte in Rankes Sinn zu den in 372–374 genannten Geographica: "Seneca's Corinthian chorus talks like a Roman surveying the ends of his empire."[68] Biondi hielt dem in Regenbogens Sinn wohl richtig entgegen: «noi crediamo invece che il coro stia parlando come un romano che mediti non 'the ends' ma 'the end of his empire' e, conseguentemente, della civiltà.»[69] Es herrscht gewiß eine Stimmung des Untergangs in dieser Tragödie – und sogar so etwas wie eine Lust daran.[70] Seneca muß es „eine grimmige Wollust gewesen sein, das Bild des stoischen Weisen, das er so oft pathetisch ausgemalt hatte, [...] nicht zu modifizieren, sondern nach allen Regeln der Kunst – und diese beherrschte er wie kein anderer in seinem Jahrhundert – umzukrempeln, ja auf den Kopf zu stellen. Das war Kunst und doch nicht l'art pour l'art."[71]

---

66 1888, 55.
67 1930, 197 = 1961, 440.
68 1973, 107.
69 1984, 220.
70 Auf die *Medea* treffen die Worte von Regenbogen 1930, 212 = 1961, 456 voll zu: „Dies Geschlecht ist nicht nur dem Tod und dem Leiden vertraut bis zur Ekstatik, zur Lust des Leidens und Sterbens (Paete, non dolet!), es kennt auch die Lust des Zufügens und Leidenmachens."
71 Lefèvre 1997 (2), 132 (▸ S. 473).

32 Die Konzeption der ‚verkehrten Welt' in Senecas Tragödien*

I Verkehrte Welt —— S. 490
II Ästhetik —— S. 496
III Weltdeutung —— S. 500

Man wird davon ausgehen dürfen, daß das in Senecas Tragödien in vielfältiger Brechung begegnende Thema der ‚verkehrten Welt' auf zweifache Weise zu deuten ist. Auf der einen Seite ist Seneca der wohl bedeutendste Sprachkünstler der frühen Kaiserzeit, der, wie schon Quintilian bemerkte, in seinen Stil selbst verliebt war.[1] C. J. Herington sagte zu Recht, daß er "seems not to have been able to write a line of prose or verse that did not crackle with conceit and epigram."[2] Auf der anderen Seite ist eine manieristische Redeweise in der Regel Ausdruck eines bestimmten Weltbilds – die Folge einer tiefen Verunsicherung oder einer bewußten Distanzierung.

Nach der Konstatierung der Konzeption der ‚verkehrten Welt' in Senecas Tragödien (I) werden die Fragen nach der Ästhetik (II) und der Weltdeutung (III) in den Blick genommen.

I Verkehrte Welt

Weitaus größere Aufmerksamkeit als den Vorbildgestalten widmet Seneca in seinen Tragödien den Personen, die aus der sinnvollen Ordnung der Welt herausgetreten sind und mit der Leugnung göttlicher und sittlicher Werte ‚autark' werden. Es gehört in diesen Zusammenhang, daß der Stoiker Seneca zuweilen den Weisen, die Idealfigur seiner Schule, pointiert in sein Gegenbild verkehrt.

Atreus ist dafür ein Beispiel. Sosehr die philosophische Deutung seines Bruders Thyestes auf der Hand liegt, sowenig scheint das bei ihm der Fall zu sein. Knoche hat eindrucksvoll gezeigt, daß er frei von gesellschaftlichen und morali-

---

Pervertere: Ästhetik der Verkehrung. Literatur und Kultur neronischer Zeit und ihre Rezeption, hrsg. v. L. Castagna / G. Vogt-Spira, BzA 151, 2002, 105–122 (Saur, München / Leipzig).
* Genauere Nachweise bei Lefèvre 1981 / 1982 (▸ S. 336–341), 1985 (1) (▸ S. 342–361), 1985 (2) (▸ S. 362–382), 1997 (2) (▸ S. 459–474), 1997 (4) (▸ S. 442–458), 2000 (3) (▸ S. 475–489). Der Beitrag zu einem Kongreß in der Villa Vigoni wird trotz den Wiederholungen aufgenommen, weil sich die Einzelbeobachtungen zu einem stringenten Gesamtbild fügen.
1 *Inst.* 10, 1, 130.
2 1961, 24.

schen Bindungen ist und der Gedanke an stoische Vorstellungen naheliegt: Er scheine tatsächlich frei wie der Weise – nur im umgekehrten Sinn. Dieser sei frei durch die tiefste Erkenntnis der wahren menschlichen Natur und seinen daraus notwendig folgenden Amor fati, die sicherste Gewähr des inneren Friedens. Atreus scheine frei nicht allein durch seine Königsmacht, sondern noch mehr dadurch, daß er als einzelner mit seinem Willen zum Bösen in den vollständigsten Gegensatz zur menschlichen Natur, zur Natur überhaupt trete. In Atreus sei „die Weltordnung auf den Kopf gestellt."[3] Knoches Auffassung ist auf fruchtbaren Boden gefallen.[4]

Bei Atreus' ungerührtem Verhalten angesichts der unheilvollen Vorzeichen (*sed solus sibi | immotus Atreus constat*, 703–704) liegt die Parodie zutage. Der zentrale Terminus *securus* gibt ein Signal: *securus vacat | iam fratris epulis* (759–760). *securus* ist der Weise, innerlich gelassen, ja heiter. Natürlich handelt es sich bei Atreus um eine pervertierte *securitas*. Er ist bei der schlimmsten Grausamkeit kühl bis ans Herz hinan. In welchem Maß Seneca mit den Begriffen spielt, zeigt sich darin, daß der älteste Thyestes-Sohn, Tantalus, dem sicheren Tod *securus* entgegenblickt: *stetit sui securus et non est preces | perire frustra passus* (720–721). In dieser Szene stehen sich sozusagen der falsche und der echte *sapiens* gegenüber – ein brillanter Kontrast.

In wörtlicher Anspielung wird Atreus' Palast nach dem des vergilischen Latinus geschildert (7, 170–191). Bei Vergil ist es ein wahrhaft heiliger Bau, frommen Schauder erregend durch die Religion der Väter, *horrendum [...] religione parentum* (7, 172), in dem die *sacrae epulae* stattfanden (7, 174–175), gestaltet nach dem Vorbild des Iupiter-Tempels auf dem Kapitol, des religiösen Herzens des römischen Reichs. In eben dieser Szenerie, der *arcana regio* (650), läßt Seneca in schneidendem Hohn Atreus, den ‚Titan des Bösen',[5] agieren. Bezeichnenderweise fügt er an die ‚vergilische' Beschreibung einen Vergleich des Hains mit der Unterwelt an (666–667), verläßt aber bald die indirekte Form und stellt in direkter Deutung fest: ‚Nacht lastet im Hain, und ängstliche Scheu vor den Unterirdischen herrscht mitten am Tag', *nox propria luco est, et superstitio inferum | in luce media regnat* (678–679). Kein Zweifel: Dieser Ort i s t die Hölle – die Hölle auf Erden.

Atreus ist gottlos. Die *pietas* wertet er als ein *privatum bonum* ab (217–218), das für die *reges* nicht gelte, und gibt ihr programmatisch den Laufpaß: *excede, Pietas, si modo in nostra domo | umquam fuisti* (249–250). Den Laren schwant nichts Gutes bei seinem Aussinnen der Rache: *moti lares | vertere vultum* (264–265). Dement-

---

3 (1941) 1972, 479–480.
4 Calder III 1983 = 2005, 353–376; Picone 1984; Seidensticker 1985; Tarrant 1985; Lefèvre 1997 (2) (▸ S. 459–474).
5 Knoche (1941) 1972, 481.

sprechend lenkt er seine Gedanken: *fiat nefas | quod, di, timetis* (265 – 266). Diese Absicht geht in Erfüllung. Bei Beginn des Opfers weinen die Götterbilder, die Vergil gelesen haben und sich vielleicht Ovids erinnern (*flevit in templis ebur*, 702).[6] Atreus versetzt die Götter, die ihm mit Vorzeichen drohen, seinerseits in Angst und Schrecken (*ultro deos | terret minantes*, 704 – 705). Es hat daher symbolische Bedeutung, daß der Rauch des Feuers, mit dem er die Kinder kocht, die Penaten umnebelt (*ipsos penates nube deformi obsidet*, 775). Schießlich ist er am Ziel, die Götter ‚fliehen' (*fugientes*, 893). Er ist selbst der höchste Gott (*o me caelitum excelsissimum*, 911). Es handelt sich um eine ‚verkehrte' Welt.

Atreus kommt ohne Götter aus, nicht aber der Stoiker. Vielzitiert sind die Worte aus dem 41. Brief an Lucilius: *prope est a te deus, tecum est, intus est* (1). Was ist in Atreus? Von Gott und dem Göttlichen findet sich nicht eine Spur. Was ihn leitet, ist *ira*, der er das Opfer der Kinder darbringt. Ihre Köpfe sind seinem gottlosen Zorn ‚geweiht': *capita devota impiae | [...] irae* (712 – 713). Er bestimmt das Opfer für sich selbst ([...] *mactet sibi*, 713): "the victims will be offered to Atreus' *ira* and Atreus himself".[7] Sein Götze ist der Affekt. Er stellt fest, daß er die Rache viel zu schnell an Thyestes vollziehe: *verba sunt irae data | dum propero* (1056 – 1057).[8] "Atreus speaks of his *ira* as something independent of himself, to which he owes a loyalty he has failed to honor."[9] So kühl er zu argumentieren scheint, so sehr ist er dem Affekt unterworfen. Seneca schildert diesen so, daß er 'independent' von ihm ist und sich beherrschend ausbreitet: *tumultus pectora attonitus quatit | penitusque volvit; rapior et quo nescio, | sed rapior* (260 – 262). Atreus fährt fort: *nescioquid animus maius et solito amplius | supraque fines moris humani tumet | instatque pigris manibus* (267– 269).

So tritt in Atreus an die Stelle der Lenkung durch den göttlichen Logos die Lenkung durch den Affekt, die ihn statt zu einem vernunftgeleiteten Wesen zu einer Marionette werden läßt. Er folgt dem πάθος, während der Weise den göttlichen λόγος zum Führer wählt. Herrscht zwischen dem Kosmos und dem Weisen ein unauflöslicher Zusammenhang, ist bei Atreus das Umgekehrte der Fall: Der Kosmos distanziert sich von ihm. Dieses Motiv zieht sich von Anfang an durch das Stück. Am Ende ihrer Rede stellt die Furia fest: *en ipse Titan dubitat an iubeat sequi | cogatque habenis ire periturum diem* (120 – 121). Damit ist auf den bekannten Topos angespielt, daß sich die Sonne beim Anblick der Cena Thyestea verdunkelte. Es ist die glänzende Ausdeutung eines alten Motivs in poetischer und weltan-

---

[6] *Georg.* 1, 480 (*maestum inlacrimat templis ebur*); *Met.* 15, 792 (*mille locis lacrimavit ebur*).
[7] Tarrant 1985, 168.
[8] Ebenso Medeas noch zu besprechende Einstellung: *perfruere lento scelere, ne propera, dolor* (*Med.* 1016).
[9] Tarrant 1985, 236.

schaulicher Hinsicht. Atreus' affektbeherrschte Welt ist der Gegenpol zu der logosbeherrschten Welt des stoischen Weisen. Dieser ist ‚göttlich', Atreus ist sein eigener Gott.

Nicht anders ist Medea als Negation des *sapiens* gezeichnet. Eine Reihe ihrer Äußerungen gegenüber der Amme ist so formuliert, daß sie auch der *sapiens* machen könnte:[10] *numquam potest non esse virtuti locus* (161). *qui nil potest sperare, desperet nihil* (163). NU. *rex est timendus.* ME. *rex meus fuerat pater* (168). NU. *non metuis arma?* ME. *sint licet terra edita* (169). NU. *moriere.* ME. *cupio.* NU. *profuge.* ME. *paenituit fugae* (170). *Fortuna opes auferre, non animum potest* (176). Aber es ist klar, daß die Sprecherin jeweils in zynischer Weise das Gegenteil von dem meint, was der Weise im Sinn hat. Diese Medea hat Seneca gelesen.

Dementsprechend ist Medeas Leidenschaft von der des euripideischen Prototyps grundverschieden. Während man bei diesem von ‚leidenschaftlicher Rationalität' sprechen kann, handelt es sich bei Senecas Heldin um eine ‚rationale Leidenschaft',[11] um den ‹logos del *furor*›.[12] Die Haltung, bei der die *ratio* im Dienst der Affekte steht, zeigt, daß Medea in paradoxer Zuspitzung als Gegenpol zum stoischen Weisen gezeichnet ist. In diesen Zusammenhang gehört der parodierende Anklang an Kleanthes' Zeus-Hymnus (ἄγου δέ μ', ὦ Ζεῦ, καὶ σύ γ', ἡ πεπρωμένη, | ὅποι ποθ' ὑμῖν εἰμὶ διατεταγμένος | ὡς ἕψομαί γ' ἄοκνος); es klingt wie eine bewußte Umkehrung desselben, wenn Medea ausruft: *ira, qua ducis, sequor* (953). Zeus verkörpert den λόγος, die *ira* ist das schlimmste aller πάθη. Man darf annehmen, daß Seneca darauf rechnete, den gebildeten Zuhörern werde die Anspielung nicht entgehen. Sie mußten schließen: Hier wird die Sprecherin philosophisch als das Gegenbild des *sapiens* abgestempelt. Diese Medea hat auch Kleanthes gelesen.

Medea steht Atreus nicht nach. Gleich zu Beginn ruft sie in ihrem Racheprolog die *manes impios* an (10). Wenn das auch nur eine Redensart sein sollte, dürfte die Apostrophe doch für Medea symptomatisch sein. Absyrtus und die Pelias-Töchter brachte sie, wie sie selbst sagt, *impie* um (134). Ganz in diesem Sinn schwant der Amme, daß sie etwas plane, das *efferum immane impium* ist (395). Es ist konsequent, daß sie die Götter geringschätzt, ja – wie Atreus – sich über sie erhebt. Wenn die Nutrix einwendet, es sei keine Hilfe mehr übrig, entgegnet sie: *Medea superest*:

---

10 Die *sententiae* «che qui, in pochi versi, accumula Medea potrebbero in larga misura figurare degnamente in bocca a un puro eroe stoico della tempra di Catone Uticense, come Seneca lo rappresenta, per esempio, in *prov.* 2, 9–12, *const. sap.* 2 o *ep.* 24, 6–8» (Mazzoli 1997, 101).
11 Dazu die betreffenden Kapitel bei Lefèvre 1997 (4), 74–78 (▸ S. 449–454).
12 Treffend der Titel der Abhandlung von Mazzoli 1997 sowie S. 101: «C'è insomma una paradossale *Medea sapiens* al servizio della paradigmatica *Medea furens*.»

hic mare et terras vides | ferrumque et ignes et deos et fulmina (166–167):[13] In der Reihe fällt *deos* auf: Medea hat auch die Götter zur Verfügung. Konsequent sagt sie: *Fortuna fortes metuit, ignavos premit* (159); *Fortuna semper omnis infra me stetit* (520). An beiden Stellen ist nicht die blinde Fortuna im Gegensatz zu dem ordnungsgemäßen Fatum gemeint, sondern allgemein die göttliche Macht. Medea erhebt sich über sie, während der *sapiens* in Übereinstimmung mit ihr lebt. 159 dreht die alte Weisheit *fortes Fortuna adiuvat* (Ter. *Phorm.* 203), die auch für den Stoiker Geltung hat, pointiert um. 520 wendet nicht weniger zugespitzt die Position des *sapiens* in das Gegenteil, über den es – als stoischen *rex* – heißt: *qui tuto positus loco | infra se videt omnia* (*Thy.* 365–366). Die Hybris der Worte *invadam deos | et cuncta quatiam* (424–425) liegt auf derselben Ebene.

Nach der Tötung des zweiten Sohns konstatiert Medea gegenüber ihrem Schmerz, mehr habe sie nicht, was sie ihm opfern könne: *plura non habui, dolor, | quae tibi litarem* (1019–1020). Das ist keine beiläufige, sondern eine im höchsten Maß charakteristische Äußerung aus stoischer Sicht. Ein Vergleich des Schlusses der *Medea* mit dem der *Aeneis* zeigt abermals, wie sehr Vergil bei Seneca umgewertet ist. Aeneas weiht Turnus dem von ihm erschlagenen Pallas: *Pallas te hoc vulnere, Pallas | immolat* (12, 948–949). Der Akt wird der ‚Sphäre des Sakralen' zugewiesen. „Aeneas handelt also gewissermaßen nur stellvertretend, als ‚Priester'."[14] Aeneas und Medea sprechen von einer höheren Instanz, doch weicht bei Seneca die Sphäre des Sakralen der des Privaten. Wenn die Kinder das Opfer sind, ist der *dolor* der Gott, der im Innern des Menschen wohnt. Eben das bedeutet die Pervertierung der stoischen Philosophie, nach der im Menschen der göttliche λόγος waltet. Ihn zeichnet vor anderen Wesen der Verkehr mit Gott durch den λόγος aus, ἡ συναναστροφὴ κατὰ τὸν λόγον.[15] Der Weise lebt mit den Göttern auf einer Stufe: *cum dis ex pari vivit.*[16] Medeas Gott ist der *dolor*. Traditionelles Denken wird in das Gegenteil verkehrt.

Im *Oedipus* befragt der Titelheld den blinden Tiresia. Dieser ist nicht in der Lage, sich zu Laius' Mörder zu äußern. Statt dessen beschreibt seine Tochter Manto die Opferszene in allen Einzelheiten. Zunächst wird vor allem auf Oedipus' Schicksal vorgedeutet, dann folgen Anspielungen auf Iocastas Ende und Oedipus' Blendung sowie schließlich auf die Zwietracht der Oedipus-Söhne und den Zug der Sieben gegen Theben. Bis dahin ist die Prophezeiung im großen und ganzen chronologisch. Erst dann kommt ab 366 Iocastas Inzest mit ihrem Sohn in den Blick. Va-

---

13 Mazzoli 1997, 102.
14 v. Albrecht 1970, 4.
15 Epikt. *Diatr.* 1, 9, 5.
16 *Epist.* 59, 14.

termord, Freitod, Blendung und Bruderkampf, will Seneca wohl sagen, sind ganz ‚normale' Vorgänge, nicht aber, daß die Mutter von dem Sohn Kinder empfängt. Diese Tatsache wird als absoluter Gipfel der Perversionen des Oedipus-Mythos interpretiert – ganz im Gegensatz zu Sophokles. Dementsprechend fallen einprägsame schlagwortartige Formulierungen:

Oed. 366: *mutatus ordo est*
Oed. 367: *acta retro cuncta*
Oed. 371: *natura versa est*
Oed. 371: *nulla lex utero manet*
Oed. 374: *nec more solito.*

Hierauf läuft die gesamte Szene zu: Das ist das Schlimmste, Widernatürlichste, Niedagewesene – ein Geschehen, dessen sich sogar die Götter schämen: *pudet deos* (334). Die Natur ist ‚verkehrt', *versa est* (371).

Für das Verständnis der langen Erzählung, die Creo von Tiresias Konsultation der Unterwelt vorträgt, ist es entscheidend zu sehen, daß Seneca ein Pendant zu Aeneas' Katabasis in der *Aeneis* erfindet: Laius muß wie Anchises aufgesucht werden, weil er als einziger die gewünschte Auskunft erteilen kann. Den Weg zu ihm zeigt – entsprechend der *longaeva Sibylla* – der *senior sacerdos*, Tiresia (548). Wie bei Vergil Aeneas die Hauptperson darstellt, ist bei Seneca das ganze Geschehen auf Oedipus bezogen, der aus dramaturgischen Gründen von Creo vertreten wird. Aber Laius läßt mit seiner Anrede in der zweiten Person keinen Zweifel daran, daß Oedipus d i r e k t angesprochen ist (642–646). Die ‚vergilische' Konstellation der Jenseitsszene macht Seneca durch mehrere Zitate evident. Zunächst das Opfer (556–557): Bei Vergil werden schwarze Rinder und ein schwarzes Schaf, bei Seneca schwarze Rinder und schwarze Schafe geschlachtet. Hierbei sind die Schwarzattribute – absichtlich? – vertauscht (*Aen.* 6, 243, 249 / *Oed.* 556). Bei Vergil heißt es *Aen.* 6, 253: *solida imponit taurorum viscera flammis*; Seneca sagt: *solidasque pecudes urit* (564). Vergil läßt die ganzen Eingeweide, Seneca die ganzen Tiere brennen. In der *Aeneis* ist *primis in faucibus Orci* eine Reihe von Personifikationen anzutreffen: Luctus, Curae, Morbi, Senectus, Metus, Fames, Egestas, Letum, Labos (7, 274–277). Sechs dieser Gestalten zitiert Seneca (592–594, 652). Schließlich ist der Vergleich der Seelen mit Nebeln, Blättern und Vögeln (598–607) an Vergils berühmtem Gleichnis (6, 309–313) orientiert. Senecas Szene ist als absolutes Gegenbild zu Vergil angelegt: Hinter den äußerlichen Entsprechungen werden schneidende Kontraste sichtbar. Aeneas rettet den Vater – Oedipus ermordet den Vater. Anchises sagt dem Sohn Ruhm und Erfüllung vorher – Laius prophezeit dem Sohn Fluch und Tod. Anchises segnet den Sohn – Laius verflucht den Sohn. Dem *pius Aeneas* ist der *impius Oedipus* entgegengesetzt: Damit wird der augusteische Wertkosmos auf den Kopf gestellt.

II Ästhetik

Die durchgängige Umkehrung der traditionellen Werte läßt Senecas ungewöhnliches artistisches Interesse an der Ausführung der verschiedenen Handlungen und Gestalten erkennen.

Der Gipfel des Zynismus ist es, wenn sich das Verhalten der senecaischen Personen nach ihrem eigenen Selbstverständnis in den Formen kultischer Akte vollzieht. Penibel ordnet Atreus das Verbrechen, seine Neffen zu schlachten: *servatur omnis o r d o , ne tantum nefas | non r i t e fiat* (689–690). Die Kinder werden wie Opfertiere mit purpurner Binde (*vitta purpurea*) geschmückt; nicht fehlen Weihrauch (*tura*), Wein (*sacer Bacchi liquor*) und Opferschrot (*salsa mola*) (686–688): Atreus hat ein geradezu ästhetisches Vergnügen, das Verbrechen nicht nur um seines Ziels, sondern mehr noch um seiner Ausführung willen zu begehen. Er sagt ja selbst, daß es ihm nicht darauf ankomme, zu sehen, d a ß Thyestes unglücklich sei, sondern darauf, w i e er unglücklich werde: *miserum videre nolo, sed dum fit miser* (907). Darin besteht der Erfolg seines Werks: *fructus hic operis mei est* (906). Es ist konsequent, daß für Atreus die Form des Verbrechens vor seinem ,Inhalt' Vorrang hat. Im Prinzip ist es, wie der Bote sagt, gleichgültig, welches Kind er zuerst absticht; aber er zögert, und es macht ihm Freude, die scheußliche Tat genau anzuordnen: *quem prius mactet sibi | dubitat, secunda deinde quem caede immolet. | nec interest, sed dubitat et saevum scelus | iuvat o r d i n a r e* (713–716). „Das ist die Freude des Künstlers an seinem Werk. Atreus ist ein ‚ästhetischer' Verbrecher."[17] Es handelt sich bei ihm um "the estheticism of terror, the seeming bestowal of significance on the meaningless."[18]

Aus Atreus' ‚Künstlertum' folgt, daß auch Seneca in den beschriebenen Szenen in erster Linie Künstler ist, der eindeutig über den Philosophen triumphiert. Atreus' manierierte Pedanterie ist zugleich eine solche des Dichters. Picone geht so weit, Atreus selbst als ‹poeta› anzusprechen, der – wie der Dichter die Muse – die *Furiarum cohors* anrufe (250–254) und sich von ihr zu dem Übertreffen des Tereus-Mahls (272–278) inspirieren lasse: «il passo acquista il sorprendente significato di una riflessione del poeta sulla propria prassi letteraria.»[19] Wenn Atreus bei der zukünftigen Enthüllung seines Verbrechens ausruft, die Götter oder wenigstens Thyestes möchten Zuschauer sein (893–895), offenbare Atreus eine «concezione

---

[17] Anliker 1960, 59, ferner daselbst: Atreus betreibe die Schlachtung der Kinder als ‚Kunstwerk'; er stelle dabei Überlegungen an, die von keinem ‚praktischen Interesse' seien, sondern rein der ‚stilgerechten Durchführung' gälten.
[18] Lefèvre 1981 / 1982, 35 (▸ S. 340). Vgl. Mantovanelli 1984, 65–69.
[19] 1984, 53; 56: «La ‹meditazione› di Atreo si configura dunque in termini di assoluta analogia rispetto all'attività creativa del poeta».

‹spettacolare› del suo *nefas*. Ideato secondo moduli essenzialmente ‹poetici›, esso ha bisogno di un pubblico che confermi la validità della *performance*. [...] il drammaturgo è sulla scena per studiare da vicino la ‹qualità› della sua opera.»[20] Selten hat sich Seneca so weit von der sachlichen Angemessenheit des Stils im Verhältnis zum Inhalt entfernt wie im *Thyestes*. Öfter als sonst gilt von den Aussagen, *quod abundant dulcibus vitiis*, mehr denn je von dem Autor, daß sein Stück erheblich verlöre, *si non omnia sua amasset*.[21] Wie bei Ovid ist im Blick auf die Diskrepanz zwischen Form und Inhalt, ja die Dominanz der Form über den Inhalt der Begriff des Manierismus angebracht.[22] Seneca spielt, er verwandelt die philosophischen Sätze in geistreiche Aperçus, er zerkrümelt die Postulate der Moral zu intellektuellen Concetti.

Die durchgängige Umkehrung der Eigenschaften des stoischen *sapiens* läßt auch bei der Medea-Gestalt ein erhebliches artistisches Interesse des Dichters an der Ausführung erkennen. Das impliziert, daß Seneca seiner ungewöhnlichen Zeichnung auch positive Züge abgewonnen hat. Medea ist eine scharf argumentierende Intellektuelle. Aus ihr spricht ohne Zweifel der Stilist Seneca selbst. Wer – anders als der biedere Quintilian – an ihm Freude hat, muß auch sein Geschöpf schätzen. Am Schluß des Prologs verkündet sie über die Form ihrer Rache (52–55):

>   paria narrentur tua
>   repudia thalamis: quo virum linques modo?
>   hoc quo secuta es. rumpe iam segnes moras:
> 55 quae scelere parta est, scelere linquenda est domus.

Das ist keineswegs ein gewöhnlicher Standpunkt. Medea könnte sagen, es sei kein Wunder, wenn eine Ehe, die mit einem Verbrechen beginne, auch mit einem solchen schließe. Jedoch zu folgern, sie müsse mit einem Verbrechen schließen, weil sie mit einem solchen begonnen habe – *thalami* (Hochzeit) und *repudia* (Scheidung) sollten sich die Waage halten –, bedeutet eine moralische Perversion, aber auch eine geistvolle Pointe. Sie hat nicht nur Medea, sondern auch Seneca

---

20 1984, 110. Auch Poe 1969, 359 bringt den Dichter – und den Zuschauer – mit in das Spiel: "*Thyestes* has something to say about the enormous satisfaction which Atreus derives from his slaughter, and indirectly about the satisfaction derived by the poet from describing the slaughter or by the reader from reading the description: the play declares that it is the satisfaction of a natural human impulse to violence and ultimately to self-destruction." Der letzte Satz zeigt, daß Poe mehr auf anthropologische als auf artistische Kategorien achtet.
21 Quint. *Inst.* 10, 1, 129 und 130.
22 Burck 1971 (1), 38 bezeichnet den *Thyestes* als „eines der signifikantesten Zeugnisse des römischen Manierismus".

genossen. Wie sehr der Dichter seine Person sich auf ihren Einfall etwas einbilden läßt, geht daraus hervor, daß es *narrentur*, nicht *sint* heißt: Von dem *ingenium* Medeas soll man noch lange r e d e n ; sie ist von ihrem Nachruhm überzeugt – ebenso wie Atreus: *age, anime, fac quod nulla p o s t e r i t a s probet, | sed n u l l a t a c e a t* (192–193). Die Rechnung ist aufgegangen: Auch nach 2000 Jahren ist das der Fall.

Medea ist wie Atreus eine ‚Künstlerin'; „echtes Künstlertum spricht aus der Genugtuung über ihr Meisterstück, den Kindermord, mit dem sie erreicht hat, was zu erreichen ihr beschieden war"[23] (907–910):[24]

> prolusit dolor
> per ista noster: quid manus poterant rudes
> audere magnum; quid puellaris furor?
> 910 Medea nunc sum; crevit ingenium malis.

Sie kostet ihre Untat voll aus (1016–1017):[25]

> perfruere lento scelere, ne propera, dolor:
> meus dies est; tempore accepto utimur.

Welche Perversion! Der Affekt des *dolor* wird nicht einfach ertragen, sondern lustvoll verlängert: Das Ende des zweiten Sohns ist der Höhepunkt. Denn ein weiterer steht nicht zur Verfügung, wie Medea bedauernd feststellt: *nimium est dolori numerus angustus meo* (1011). Einem Künstler ist das Schaffen ein Vergnügen per se; trotzdem wünscht er einen Zuschauer. Diese beiden Aspekte gelten auch für Medea, die bei ihrer Tat *voluptas* empfindet und zudem nach dem *spectator* verlangt (991–994):[26]

> voluptas magna me invitam subit,
> et ecce crescit. derat hoc unum mihi,
> s p e c t a t o r iste. nil adhuc facti reor:
> quidquid s i n e i s t o fecimus sceleris perit.

Medea „steigt aufs Dach; nicht aus Furcht, vielmehr wird das zu einer Demonstration ihrer Überlegenheit; das dämonische Weib steht nun erhöht, dem ganzen Volke sichtbar, und dieses Gesehenwerden ist ihr Lust"[27] (976–977):

---

23 Friedrich (1960) 1967, 51.
24 Maurach (1966) 1972, 317 hebt gut das „Bild des pervertierten Selbstgewordenseins" hervor.
25 Dazu Atreus' schon besprochene Einstellung: *verba sunt irae data | dum propero* (1056–1057).
26 Picone 1986 / 1987, 188.
27 Anliker 1960, 92.

> nunc hoc age, anime: non in occulto tibi est
> perdenda virtus; approba populo manum.

„Jasons Befehl an die Trabanten, das Haus zum Einsturz zu bringen, ignoriert sie so vollkommen, daß sie eben in diesem Moment durch den bloßen Anblick Jasons, des ‚spectator iste', in höchste Ekstase gerät, in der sie sich zum Äußersten anspornt."[28] In diesem Zusammenhang ist auch die bedeutende Änderung gegenüber Euripides zu sehen, bei dem Medeia die Kinder tötet, ehe Iason zu ihr tritt, während sie bei Seneca den zweiten Sohn erst im Angesicht des Vaters ermordet.

«Come l'Atreo del *Thyestes*, Medea progetta il proprio *nefas* come 'performance' di eccezionale livello, creazione ‹artistica› che consenta all'autrice di realizzare lo scopo di porre in fuga la divinità.»[29] Medea und Atreus sind Künstlergestalten,[30] in denen sich bis zu einem gewissen Grad der Künstler Seneca spiegelt.

In diesem Sinn stellt Seneca auch in den *Troades* die Opferungen von Polyxena und Astyanax als religiöse Vorgänge dar, obschon kein Zweifel daran gelassen wird, daß es ein im höchsten Grad gottloses Geschehen ist. Der entscheidende Unterschied zwischen dem hauptsächlichen Vorbild für die Polyxena-Handlung, Euripides' *Hekabe*, und Senecas Gestaltung ist darin zu sehen, daß bei dem ersten sogar Hekabe Verständnis für den Beschluß der Griechen aufbringt und empfindet, „daß diese nicht aus Grausamkeit, sondern aus einem Zwange heraus handelten."[31] Demgegenüber wird bei Seneca von Anfang an das Gottlose und Verbrecherische in ihrem Tun betont: Wie schon Priamus' Tod ein *nefas* war (44, 48), ist auch Polyxenas Darbringung eine *caedes dira* (255), ein *scelus* (1129). Dadurch daß Euripides die Berechtigung nicht diskutierte,[32] wurde sie als kultisch akzeptiert, dadurch daß Seneca sie bestreitet, wird sie als gottlos abgelehnt. Gegenüber dem griechischen Stück begegnet die Pointe, daß Polyxena Achilles als Braut zugedacht wird und die Riten streng eingehalten sind: In dem Schmuck, den thessalische, jonische oder mykenische Bräute zu tragen pflegen, soll Pyrrhus dem Vater die Gattin übergeben, *quo iugari Thessalae cultu solent | Ionidesve vel My-*

---

28 Anliker 1960, 92.
29 Picone 1986 / 1987, 187, ferner 188: Medea «manifesta una concezione ‹spettacolare› della propria vendetta che, ideata secondo moduli essenzialmente ‹poetici›, postula un pubblico che confermi la validità dell'esecuzione.» In diesem Sinn spricht G. Monaco bei Seneca von «testi ‹performativi›, per usare una brutta parola» (bei Picone 1986 / 1987, 193).
30 Zu Medea Mazzoli 1997, der ihre «nera ‹opera d'arte›» (103) und ‹creazione artistica› (104) hervorhebt.
31 Pohlenz 1954, I, 281.
32 Pohlenz 1954, I, 282.

cenaeae nurus, | *Pyrrhus parenti coniugem tradat suo* (362–364). Die Schlachtung wird *rite* vollzogen (365). Agamemnon will es nicht dulden, daß das gräßliche Verbrechen ‚Hochzeit' heiße, *facinus atrox caedis ut thalamos vocent* (289), doch vergeblich. Nach Art einer solchen geht es vor sich, *thalami more* (1132), indem Fackeln vorweggetragen werden und Helena als Brautführerin, *pronuba*, fungiert (1133), worin zweifellos ‚etwas Raffiniertes' liegt.[33] Der Mord hat seine ‚Ordnung': *hic ordo sacri* (1162). Senecas Sicht ist toto coelo von der des Vorbilds verschieden. Während in dem griechischen Stück Neoptolemos die Opferung Polyxenas vollzieht, Priester ist (ἱερεύς, Hek. 224), vindiziert sich in der römischen Gestaltung bei der Tötung des Hector-Sohns Astyanax ausgerechnet der Ränkeschmied und Urheber des Frevels Ulixes, der *machinator fraudis* und *scelerum artifex* (750), die Rolle des Priesters: ‚Er spricht die Worte und Gebete des weissagenden Priesters und ruft die wilden Götter zum Opfer', *verba fatidici et preces* | *concipit Ulixes vatis et saevos ciet* | *ad sacra superos* (1100–1102). Es ist das Schneidende und Zynische der gottlosen Konzeption, daß in ihr gleichwohl die religiösen Formen beibehalten werden: Es ist eine ‚verkehrte' Welt, ein Kult ohne Gott.

III Weltdeutung

Es ist zu fragen, ob sich das Übermaß des Ästhetischen in Senecas Tragödien in einem bloßen l'art pour l'art erschöpft oder letztlich eine tiefere Bedeutung zu erkennen ist. Verbreitet ist die Auffassung, daß die Stücke einen rein poetischen Charakter haben oder allenfalls eine allgemeine Deutung des Menschen aus stoischem Gesichtswinkel vermitteln. Ein Zeitbezug wird zumeist geleugnet. Wie es scheint, ist das ein entscheidendes Mißverständnis.

Der *Thyestes* fügt sich in ein politisches Koordinatensystem: Atreus ist, wie er selbst sagt, ein *tyrannus* (177). Man könnte an ein echt senecaisches Paradoxon denken: Der *tyrannus* stehe unter der *tyrannis* der Affekte.[34] Doch ist das Stichwort *tyrannus* seit der um die Wende von 55 auf 56 verfaßten Schrift *De clementia*, in der Seneca den guten *rex* und den bösen *tyrannus* scheidet, in einem bestimmten Zusammenhang zu sehen. *tyranni in voluptatem saeviunt* (1, 11, 4) – diesen Satz belegt Atreus mit jeder seiner Äußerungen und Handlungen. Man wird einen politischen Unterton hören müssen. Es kommt hinzu, daß Atreus bzw. Atrides im ersten nachchristlichen Jahrhundert nahezu Synonyme für den Kaiser waren und

---

33 Ribbeck 1892, 62.
34 [...] *in tyrannide illi vivendum est in alicuius adfectus venienti servitutem* (*De ira* 1, 10, 2).

eine *Thyestes*-Tragödie[35] ohne weiteres oppositionelle Gedanken bergen konnte.[36] Bekanntlich autorisierte Caligula dadurch, daß er den Ausspruch des accianischen Atreus *oderint dum metuant*[37] zu seiner Devise machte,[38] die Gleichung Atreus = Prinzeps: Eben diese bekämpft Seneca in *De clementia* mit rationalen Argumenten. Atreus geht einen Schritt weiter,[39] indem er seine Untertanen zwingt, ihn nicht nur zu ertragen, sondern sogar zu loben: *maximum hoc regni bonum est, | quod facta domini cogitur populus sui | tam ferre quam laudare* (205–207). Die Antwort des Satelles, die Senecas ‚richtige' Ansicht wiedergibt, zeigt durch ihre Formulierung, daß hier tatsächlich der *exsecrabilis versus* diskutiert wird: *quos cogit metus | laudare, eosdem reddit inimicos metus* (207–208). Seneca will durch die Steigerung wohl demonstrieren, daß bei diesem Adepten des accianischen Atreus – im Gegensatz zu dem Nero der Jahre 55 / 56 – rationale Argumentation von vornherein keine Aussicht auf Erfolg hat. Es genügt nicht, Atreus als Anti-*sapiens* zu bezeichnen, er ist zugleich Anti-*rex*.[40] Folgt man der Datierung des *Thyestes* auf die Jahre 60–62[41] oder 62,[42] ist die Annahme eines Reflexes auf Neros letzte Jahre klar. Wird der (anti)philosophische Aspekt und der zeitgenössische Bezug des *Thyestes* kombiniert, ergibt sich eine brisante politische Aussage.[43] Nicht mehr beschränkte sich Seneca darauf, Nero in der einen oder anderen Hinsicht anzusprechen, ihn im Sinn der Schrift *De clementia* zu ‚warnen' – wie auch im *Hercules Furens* –, sondern er griffe ihn umfassend an und stellte seine Herrschaft von Grund auf in Frage: Denn wenn Atreus als Mensch die absolute Negation des stoischen Weisen ist, muß er als *tyrannus* die absolute Negation des stoischen *rex*, und das heißt übertragen: die absolute Perversion des Prinzeps sein. Seneca kommentierte nach seinem Rückzug Neros Herrschaft in einer an Eindeutigkeit und Pointiertheit nicht zu übertreffenden Weise.

Nicht anders ist die *Medea* mit einer politischen Thematik verbunden.[44] Auch in ihr verzichtet Seneca nicht auf die Gestalt des Tyrannen. Creo ist Medea als solcher gegenübergestellt. Schon in 143 wird er als *sceptro impotens* bezeichnet, der nach

---

35 Tac. *Dial.* 3, 3 über Maternus' *Thyestes*.
36 Lefèvre 1985 (1), 1247–1248 (▶ S. 347).
37 Fr. 203–204 R.³ (aus dem *Atreus*).
38 Suet. *Cal.* 30, 1.
39 Tarrant 1985, 121. Vgl. Picone 1984, 45.
40 Mantovanelli 1984, 38–39.
41 Tarrant 1985, 13.
42 Nisbet 1990, 108.
43 Nach Rose 1987, 128 kann man annehmen, daß der *Thyestes* "provides a bitterly realistic commentary on contemporary conditions."
44 Grundsätzlich: Grewe 2001, 45–139.

Belieben handelt. Entsprechend tritt er *tumidus imperio* auf (178). *tumidus* ist Fachausdruck für Tyrannen. So sagt Megara zu Lycus: *dominare tumidus, spiritus altos gere* (*HF* 384). Nimmt man den folgenden Vers hinzu (*sequitur superbos ultor a tergo deus*), möchte man an Creos Schicksal denken: Trennte er nicht gewaltsam die Ehe zwischen Iason und Medea (*sceptro impotens | coniugia solvit*, 143–144), kämen er und Creusa nicht zu Tod. Creo wird mit dem Terminus des (entarteten, nicht stoischen) *rex* belegt. Der schlimme Affekt der *ira* trifft auf ihn zu: *regalis ira* (463), *ira regum* (494). In Medeas Sicht fallen bei Creo *regnare* und *iubere* zusammen (194); er selbst behauptet, sie müsse lernen *regium imperium pati* (189) und dem *rex* zu gehorchen, ob er Rechtes oder Unrechtes befehle: *aequum atque iniquum regis imperium feras* (195). Damit bewegt sich die Diskussion eindeutig im politischen Bereich. Ob hinter dem *tyrannus* ein Kaiser, Claudius oder Nero zu sehen ist, hängt von der Datierung ab. Sollte Seneca den ersten im Visier haben, wäre freilich kaum an die Zeit der Verbannung zu denken. Aber auch eine spätere Entstehung mit Bezug auf Nero kommt in Betracht. Das zweite und dritte Chorlied vermitteln die allgemeine Aussage, daß der Zug der Argonauten – als erste Seefahrt – Hybris sei, für die viele Teilnehmer büßen. Auch Iason und Medea sind betroffen. Medea wird vom Chor ausdrücklich erwähnt (360–363). Geht es (nur) darum, daß sie Iason gerechte Strafe bringe? Es dürfte eine umfassendere Deutung anzunehmen sein. Ranke betonte, daß sich Seneca mit der Problematik des Vordringens in immer entferntere Zonen auf die Gegenwart beziehe: Der Chor nehme „seine Stellung in der damals gegenwärtigen Zeit."[45] Regenbogen führte den Gedanken fort und meinte, daß Seneca „das Einzelgeschehen aus seiner Vereinzelung löst und in einen großen Zusammenhang von Schicksal, Schuld und Sühne" rücke.[46] Costa sagte in Rankes Sinn zu den 372–374 genannten Geographica: "Seneca's Corinthian chorus talks like a Roman surveying the ends of his empire."[47] Biondi hielt dem in Regenbogens Sinn wohl richtig entgegen: «noi crediamo invece che il coro stia parlando come un romano che mediti non 'the ends' ma 'the end of his empire' e, conseguentemente, della civiltà.»[48] Es herrscht eine Stimmung des Untergangs in dieser Tragödie – und sogar so etwas wie eine Lust daran.[49] Es muß Seneca „eine grimmige Wollust gewesen sein, das Bild des stoischen Weisen, das er so oft pathetisch ausgemalt hatte, [...] nicht zu modifi-

---

45 1888, 55.
46 (1930) 1961, 440.
47 1973, 107.
48 1984, 220.
49 Auf die *Medea* treffen die Worte von Regenbogen (1930) 1961, 456 voll zu: „Dies Geschlecht ist nicht nur dem Tod und dem Leiden vertraut bis zur Ekstatik, zur Lust des Leidens und Sterbens (Paete, non dolet!), es kennt auch die Lust des Zufügens und Leidenmachens."

zieren, sondern nach allen Regeln der Kunst – und diese beherrschte er wie kein anderer in seinem Jahrhundert – umzukrempeln, ja auf den Kopf zu stellen. Das war Kunst und doch nicht l'art pour l'art."[50]

Auch der *Oedipus* ist politisch zu deuten. Nach Pathmanathan ist in Iokastas Ende eine Anspielung auf Agrippinas Tod zu sehen. Seneca habe die ihr und Nero nachgesagten inzestuösen Beziehungen vor Augen. Die Tragödie sei in der Zeit nach dem Abschied aus der Politik, also zwischen 62 und 65, entstanden: "It is possible that from his place of retirement he was emboldened to attack the emperor through the parable of this story. For Oedipus, like Nero, was guilty of a twofold violation of natural law. The consequences to Rome would be as terrible as they had been to Thebes if the monster was allowed to go on living".[51] Bishop deutete die Bezüge Iocasta / Agrippina und Oedipus / Nero ebenfalls im Sinn einer oppositionellen Aussage.[52] Der Schluß ziele auf eine Vertreibung Neros. Es ist in der Tat schwer vorstellbar, daß die wohl von Seneca erfundene Todesart Iocastas – im Zusammenhang mit ihrer intimen Beziehung zu Oedipus – anders verstanden werden konnte denn als ein gezielter Hinweis auf Agrippina. Von dem Prinzip eines bloßen l'art pour l'art ist der *Oedipus* ebenso weit entfernt wie die anderen senecaischen Stücke.

Es hat tiefen Sinn, wenn Seneca in den Tragödien eine ‚verkehrte' Welt darstellt. Über das ästhetische Vergnügen hinaus, sie vorzuführen, erschien ihm die Umgebung, besonders in politischer Hinsicht, als ‚verkehrt'. Gerade deshalb entspringt die häufig anzutreffende Umdrehung vergilischer Motive der Einsicht, daß für sein Zeitalter eine radikale Umwertung der Werte gegenüber der augusteischen Epoche gilt. Dasselbe trifft auf Lukan, den Gegen-Vergil,[53] zu. Auch sein Werk spiegelt das „Auseinanderbrechen des römischen Geschichtskosmos, wie er in Vergils Epos gesehen war".[54]

---

50 Lefèvre 1997 (2), 132 (▸ S. 473).
51 1967 / 1968, 20.
52 1977 / 1978, 293–298.
53 Thierfelder (1935) 1970, 63.
54 Pfligersdorffer 1959, 350.

33 Das Weltbild des *Hercules Furens*

   I Hercules' Monomanie —— S. 505
      1 Auftrittsmonolog —— S. 505
      2 Wahnsinnsszene —— S. 507
      3 Erwachen —— S. 509
  II Hercules' Schuld —— S. 510
 III Iuno und Hercules —— S. 514
 IV Megaras Hercules-Bild —— S. 517
  V Des Chors Hercules-Bild —— S. 518
      1 Erstes Lied —— S. 518
      2 Zweites Lied —— S. 522
      3 Drittes Lied —— S. 525
      4 Viertes Lied —— S. 527
 VI Theseus als Kontrafaktur zu Hercules —— S. 528
VII Hercules und Nero —— S. 529

Man darf annehmen, daß der *Hercules Furens* zu Senecas frühesten Tragödien gehört. Nisbet datiert ihn um 54.[1] Danach fällt er in die Zeit, als Nero den Thron bestieg. Angesichts der Tatsache, daß er eine besondere Beziehung zu der Hercules-Gestalt hatte,[2] liegt die Vermutung nahe, daß das Stück mit ihm zu tun hat. Doch in welcher Weise? Ein Teil der Forschung hält Hercules in Senecas Darstellung für einen Wohltäter der Menschheit. Das wäre eine platte Adulation. Soll man sie Seneca zutrauen? Ein anderer Teil sieht keinen Bezug zu Nero und unterstellt, daß die zeitgenössischen Rezipienten aus der allen bekannten Vorliebe des Kaisers für Hercules keine Schlüsse zogen. Ist das glaubhaft? Wieder ein anderer Teil betont das Ambivalente des Hercules-Bilds und bemüht sich, Senecas Deutung, ja seine politische Botschaft zu entschlüsseln. Das scheint ein vielversprechender Weg zu sein, der auch im folgenden beschritten wird.

    Es ist zu konstatieren, daß bei der Deutung der Hercules-Gestalt sich zwei Lager kompromißlos gegenüberstehen. Auf der einen Seite wird Hercules als unermüdlicher Helfer der Menschheit, ja gottesfürchtig verstanden, der durch Iunos Intrigen unschuldig zum Mörder wird,[3] auf der anderen Seite als hypertropher Charakter, der durch die ausgeprägte Neigung zu Überheblichkeit und

---

Originalbeitrag 2014.
1 1990, 96. Zur Datierung ▸ S. 529–530.
2 ▸ S. 530.
3 So etwa (mit unterschiedlicher Argumentation): Edert 1909, Ackermann 1912, Egermann 1940, Trabert 1953, Anliker 1960, Caviglia 1979, Motto / Clark 1981, Lawall 1983, Zwierlein 1984, Schmitz 1993, Billerbeck 1999, Eisgrub 2002, Malaspina 2004, Wiener 2006, Fischer 2008. Malaspina 2004, 300 sagt: «l'unico dramma con un eroe positivo» – schon das sollte zu denken geben.

Hybris ins Unglück stürzt.⁴ Rossi spricht von ‹innocentisti› und ‹colpevolisti›.⁵ Es sei schon jetzt bemerkt, daß die folgenden Betrachtungen die eines ‹colpevolista› sind.

I Hercules' Monomanie

Wie andere senecaische Gestalten zeichnet sich Hercules durch eine besondere Monomanie aus. Dieser Begriff meint seine ausgeprägte Ich-Bezogenheit, die im Gegensatz zu einem sozialen Verhalten steht, das sich auf die Gesellschaft und die Personen der Umgebung richtet.⁶ Man kann ebenso gut von Egomanie sprechen.

1 Auftrittsmonolog (592–617)

Mit einem Monolog kehrt Hercules aus der Unterwelt zurück, der durchweg von Ich-Bezogenheit, Maßlosigkeit und Hybris bestimmt ist.⁷ Zwar begrüßt er passend den Sonnengott, aber er macht ihn darauf aufmerksam, er müsse schon entschuldigen, daß seinem Angesicht *quid inlicitum* zugemutet werde.⁸ Das klingt nicht bescheiden.⁹ Daß diese Interpretation richtig ist, geht aus der frechen Anrede an Iupiter hervor, er solle seine Augen mit dem Blitz bedecken. Hercules meint offenbar, Iupiter sei dann so geblendet, daß er nicht den Hund¹⁰ sähe. Der *caelestum arbiter parensque* bedarf wohl kaum eines Rats. Dann erteilt Hercules großzügig einen solchen Neptunus, er möge abtauchen! Auch die nächste Aus-

---

4 So etwa (mit unterschiedlicher Argumentation): Specka 1937, Mette 1966, Friedrich 1967, Galinsky 1972, Zintzen 1972, 1976, Shelton 1978, Wellmann-Bretzigheimer 1978, Rose 1979 / 1980, Lefèvre 1980 (2), Pratt 1983, Abel 1985, Hiltbrunner 1985, Fitch 1987.
5 1999, 28–29.
6 ▶ S. 617–620.
7 Zintzen 1972, 183 Anm. 96 = 2000, 266 Anm. 96 bemängelt, Edert 1909, 11 und Trabert 1953, 79 verkennten den ‚überheblichen' Ton der Rede. In neuerer Zeit tun das ebenso: Zwierlein 1984, 44 mit Anm. 82; Schmitz 1993, 123–125 (der Monolog von ‚pietas' gekennzeichnet); Wiener 2005, 86–87 und Fischer 2008, 81 (im Anschluß an Schmitz: Hercules trete ‚mit großer pietas' auf).
8 *in lucem extuli* | *secreta mundi* (596–597) bezieht sich auf Cerberus (‚Cerberum damnatum tenebris': Farnabius 1676, 195; Billerbeck 1999, 408). Das Perfekt *extuli* kann nur das meinen. Es trifft also nicht zu, allgemein zu sagen, er entschuldige sich für seinen Frevel, „die Geheimnisse der Unterwelt auf Befehl ans Licht bringen zu müssen" (Wiener 2005, 86–87). Es ist vielmehr eine paradoxe Ironie dem s t r a h l e n d e n Sonnengott gegenüber, ihm zuzumuten, den ‚Cerberum damnatum t e n e b r i s' anschauen zu müssen.
9 "This is a boast, not a hymn" (Shelton 1978, 61).
10 Um diesen geht es noch immer (Billerbeck 1999, 409), auch im folgenden.

sage, daß für Iunos Haß nicht genügend *labores* und *terrae* zur Verfügung stünden, ist überheblich, bedeutet sie doch das Unvermögen, wenn nicht Scheitern der Göttin. Iuno hat das schon selbst eingesehen: *nec satis terrae patent* (46), hier heißt es: *non satis terrae patent* (605). Hercules erlaubt sich, die Göttin zu ‚zitieren'. Darauf bekommt auch das dritte Reich seinen Teil ab. Es ist der Gipfel der Hybris,[11] daß Hercules ‚sich brüstet',[12] er hätte Plutos Herrschaft übernehmen können, wenn sie nach seinem Geschmack gewesen wäre.[13] Die Feststellung *fata vici* (612)[14] beschreibt nicht einfach einen Tatbestand, sondern den überheblichen Stolz, das Schicksal besiegt zu haben. Sie liegt auf derselben Ebene wie Megaras hybride Aufforderungen an ihren Gatten *orbe diducto redi* (281) und *erumpe rerum terminos tecum efferens* (290)[15] oder des Chors nicht minder hybrider Wunsch *fata rumpe manu* (566), auf den Farnabius hinweist.[16] Auch daß Hercules sagt, er sei *morte contempta* zurückgekehrt, gehört sich nicht. Er ist nicht tapfer, sondern überheblich. Mancher Hörer mochte daran denken, daß der Sprecher später elendiglich sterben werde. Schließlich fordert er Iuno auf, weiteres zu befehlen (614–615). Auch das ist Hybris:[17] Es geziemte sich, von der Gottheit Aufgetragenes zu erfüllen, nicht aber, sie herauszufordern. Hercules will stets mehr tun, als er muß. Diese Ansicht hat auch Megara: *indigna te sunt spolia, si tantum refers | quantum imperatum est* (294–295). Mann wie Frau haben Standesdenken, besser: Standesdünkel.

Für Hercules ist wie für Oedipus oder Medea nur der Kosmos ein adäquater Partner. Er ist unvorstellbar monoman. Für seine Familie hat er kein Wort übrig. Es darf nicht eingewendet werden, er sehe sie nicht: Er könnte nach ihr fragen. Der euripideische Herakles kehrt *Herakl.* 523 zurück, und schon im dritten Vers nimmt er auf die Kinder Bezug (525). Auch vorher wendet er sich nicht an die Sonne, die drei Herrscher des Weltalls und Hera, sondern er begrüßt ‚bescheiden', jedenfalls

---

11 "The clearest sign of hubris [...] is given [...] in his boastful descriptions of his conquest of the underworld. He could have ruled there if he had been so inclined [...]. Juno accused him earlier of despising the human lot (89 f.); here he shows contempt for its most significant condition. Our knowledge of what is to come casts a deeply ironic light upon all Hercules' posturings and assumptions of invulnerability" (Fitch 1987, 27).
12 So zu Recht Billerbeck 1999, 406. Farnabius 1676, 196 spricht von Hercules' ‚dira cupido', womit die Hybris gut bezeichnet ist.
13 "In other words, Herakles arrogates to himself the power over Death" (Galinsky 1972, 169).
14 Leos Konjektur *vidi* ist eine blasse Abschwächung.
15 Beide werden von Fitch 1987, 205 / 207 als Hybris bezeichnet: ▸ S. 517 bzw. 523.
16 1676, 196.
17 Seidensticker 1969, 115 Anm. 99: ‚hybride Forderung'. Zintzen 1972, 182 = 2000, 265 betont: „Herakles' Frage, was Juno nun befehle, muß dem Hörer zeigen, auf welcher Höhe der Hybris sich dieser unbesiegte Held bewegt."

angemessen μέλαθρον πρόπυλά θ' ἑστίας ἐμῆς (523). Er lebt aus seiner Umwelt heraus. Jede Hybris liegt ihm fern. Er ist ‚sozial'.

Hercules' Rede ist von entscheidender Bedeutung für das Verständnis der Gestalt. Er präsentiert sich exakt so, wie Iuno ihn im Prolog charakterisiert hat:[18] überheblich, monoman. Damit erledigen sich die Interpretationen, die Hercules als vorbildlichen Helden zu erweisen versuchen und Iunos Urteil nur in ihrer Einbildung bestehen lassen. Hercules' Überheblichkeit, die aus dem Monolog spricht, ist nicht durch Iuno verursacht, sie ist ihm angeboren. Denn die Göttin kündigt lediglich an, sie wolle ihm bei der Tötung der Frau und der Kinder Pfeil und Bogen lenken (118–120).

2 Wahnsinnsszene (895–1053)

Die Szene ist eine der kühnsten Schöpfungen der antiken Literatur. Was bei Euripides indirekt durch einen Boten vermittelt wird, begegnet Senecas Hörern direkt durch den Mund des Protagonisten – unmöglich, auch von einer bloßen Rezitation nicht gepackt zu sein.

Hercules' zweiter Auftritt ist die konsequente Folge des ersten, dessen extreme Hybris sich nahtlos fortsetzt. Das erste Gebet (898–918) ist ‚kosmisch' wie seine frühere Rede. Daß er nur solche Götter anruft, die Iupiter zum Vater, nicht aber Iuno zur Mutter haben (das sind sowieso die meisten), und sie als Geschwister apostrophiert,[19] ist ebenso witzig wie ‚blasphemisch'. Wie kommt er überhaupt dazu, die Götter zu zitieren? Offenbar geht es ihm um eine Inszenierung gegen Iuno, die sein kosmisches Gebaren – die Erde genügt ihm ja nicht – demonstriert.

Amphitryon mahnt Hercules mit Recht zur σωφροσύνη. Er möge sich nach dem Mord die Hände reinigen (918–919). Daß er das – anders als Herakles (*Herakl.* 922–924) – nicht von selbst und offenbar auch nicht auf die Aufforderung hin tut, ist erneut Hybris. Er hört überhaupt nicht zu.[20] Vielmehr entgegnet er, er opferte am liebsten statt mit Wein mit Blut, keine *victima* sei Iupiter lieber als ein ungerechter Tyrann (920–924). Menschenopfer waren für die schlimmsten aller

---

18 "his speech proves the truth of Juno's statement that he had become boastful and jealous of the gods (i.e. 51)" (Shelton 1978, 61).
19 Das geht aus *fraterque quisquis incolit caelum meus* (907) hervor.
20 Friedrich 1967, 101: „Schon der Hinweis, daß Hercules mit blutbefleckten Händen zum Altar tritt und die Mahnung Amphitryons überhört, deutet auf seine Hybris." Ebenso Seidensticker, Zintzen, Shelton, Fitch, Rosenmeyer, verkannt von Dingel, Timpanaro, Zwierlein, Billerbeck (Nachweise bei Billerbeck 1999, 503).

Frevler wie Busiris oder Phalaris charakteristisch: Hercules tritt hier endgültig außerhalb jeder für Menschen geltenden sittlichen Norm.

Amphitryon versucht erneut, das Denken des Ungebärdigen in ruhigere Bahnen zu lenken, und legt ihm nahe, Iupiter um Frieden zu bitten (924–926). Daraufhin formuliert Hercules ein zweites ‚kosmisches' Gebet (926–939), das Iupiters und seiner würdig sei, *preces | Iove meque dignas* (926–927).[21] "Arrogance is evident in the snub to Amphitryon and in the hint that Hercules and Jupiter are equals."[22] Das Gebet gipfelt in der Feststellung, die Erde möge sich beeilen, falls sie noch über ein weiteres *monstrum* verfüge – es gebühre ihm (937–939). Das ist dieselbe Hybris, mit der er – Iuno gegenüber – die Auftrittsrede schließt (614–615). Hercules „verspricht der Welt, als bedürfe es dazu keiner göttlichen Hilfe, ein goldenes Zeitalter: er werde alle Ungeheuer, die dem im Wege stehen könnten, beseitigen. In dieser Vermessenheit zeichnet sich eine tragische Schuld ab, die dem griechischen Vorbild gänzlich fremd ist. Aber wir können nicht daran zweifeln, daß die römische Tragödie es so meint."[23]

Hercules bleibt stets derselbe. Eine ‚normale' Steigerung ist nicht mehr möglich. Der 939 einsetzende Wahnsinn ist die Konsequenz seiner maßlosen Selbstüberschätzung. „Eine glückliche Erfindung des Dichters ist es, daß aus dieser grenzenlosen Anmaßung sich der Wahnsinn entwickelt, in dem Hercules schon zum Himmelssturm ansetzt und so seine Unglückstat als Strafe für seine Verblendung erscheint", wie Specka richtig betont.[24] „Es ist wichtig zu sehen, daß Seneca seinen Herakles schon vor dem Wahnsinnsanfall Töne hat anschlagen lassen, die verstärkt zu vernehmen sind in der Fortsetzung dieses Gebetes (Sen. 955ff.) innerhalb der Geistesverwirrung."[25] Der *furor* resultiert aus dem Größenwahn: Hercules ‚hebt' endgültig ‚ab'. Seneca hat die *insania* „hinreichend psychologisch motiviert, nicht als Anflug von außen, sondern als konsequente Fortführung und Steigerung der Wut gekennzeichnet"; es handelt sich um einen

---

[21] Specka 1937, 4 betont richtig, daß Hercules die „höchste Stufe der Selbstüberschätzung [...] in seinem Gebet" erreicht. Zwierlein 1984, 44 spricht von einem ‚würdigen Gebet'. In diesem Sinn auch Schmitz 1993, 125–127.

[22] Fitch 1987, 362, der auf das Ovid-Zitat aufmerksam macht: "The phrase *Iove dignus* is Ovidian, used of H. in *Her.* 9. 22 = *AA* 1. 188, elsewhere to describe the quality of Jove's girls or of his anger; in conjunction with *concipere*, *Met.* 1. 166 *dignas Iove concipit iras.*" Dadurch tritt das scharf Pointierte der Stelle um so mehr hervor.

[23] Friedrich 1967, 101. Zintzen 1972, 192 = 2000, 272: Hercules' Hybris bestehe „in der Gleichsetzung, die er zwischen Juppiter als dem Repräsentanten der göttlichen Macht und sich selbst vollzieht."

[24] 1937, 4.

[25] Zintzen 1972, 192–193 = 2000, 272–273.

„gleitenden Übergang von *ira* in *dementia*".²⁶ Deutlicher kann Seneca nicht demonstrieren, daß der Iuno-Prolog für die Entwicklung der Handlung ‚überflüssig' ist (aber von Anfang an die Hybris des Protagonisten charakterisiert).

Mette erläutert einleuchtend das Bild 944–952: „Der Löwe überspringt in der Vision des beginnenden Wahnsinns die Zodiakalzeichen des Skorpions und des Wassermanns, um auf den Stier zuzustürzen, mit anderen Worten, das Tiersymbol des Sommers stürzt über die Tiersymbole des Herbstes und des Winters hinweg sofort auf das Tiersymbol des Frühlings zu, d i e M a ß e d e r N a t u r s i n d a u s d e n F u g e n ."²⁷ Vergleichbar ist Ciceros Bild am Beginn von *De republica*, in dem zwei Sonnen die Gespaltenheit des Senats und die Verwirrung des Kosmos die Verwirrung auf der Erde widerspiegeln. An Hercules' Vision entzündete sich im 18. Jahrhundert ein gelehrter Streit, ob es sich um Rhetorik handele. Brumoy empfand sie als eine ‚gelehrte Raserey', worauf Lessing antwortete: „Wie artig der Jesuit spottet. Aber warum ist sie denn gelehrt? Ohne Zweifel darum, weil ein Jesuiterschüler nicht ganz und gar ein Ignorante seyn muß, wenn er wissen will, daß *Herkules* einen Löwen umgebracht habe. Aber was für eine Gelehrsamkeit braucht denn *Herkules*, dieses von sich selbst zu wissen? Oder steckt etwa die Gelehrsamkeit in der Kenntniß der Zeichen des Thierkreisses? Wenn das ist, so werden ziemlich alle Bauern gelehrt seyn."²⁸

955–986 setzt Hercules zum Sturm auf den Himmel an:²⁹ Die Erde fasse ihn nicht mehr (960) – absoluter Größenwahn. Was er 957 beginnt, sagt Iuno 64–74 voraus. Hercules führt u n a b h ä n g i g von Iuno aus, was in ihm angelegt ist. Daß er Iupiter als *impius* bezeichnet (966) und die Titanen, die er doch besiegen half, gegen ihn aufreizen will (967–973, 976–981), spricht für sich: Diese Welt ist aus den Angeln.

3 Erwachen (1138–1186a)

In dem 49 Verse langen Monolog³⁰ stellt der Sprecher nicht weniger als 26, 27, 28 oder 29 Fragen.³¹ Es ist gekonnte Rhetorik, die das allmähliche Zur-Vernunft-Kommen des Helden eindrucksvoll vorführt. Hercules bleibt sich auch im Erwa-

---

26 Wellmann-Bretzigheimer 1978, 118.
27 1966, 485 (Sperrung ad hoc).
28 Bei Barner 1973, 125 (▸ S. 664).
29 Er „bestätigt Wort für Wort die Ahnung der Prologgöttin" (Mette 1966, 486).
30 Ausführliche Interpretation unter dem hier behandelten Gesichtspunkt: ▸ S. 66–69 (einiges übernommen).
31 26: Billerbeck; 27: Zwierlein; 28: Leo, Giardina²; 29: Fitch.

chen treu. Er ist egoman, auf die eigene Person konzentriert. Seine Befindlichkeit beschreibt er in jeder möglichen Hinsicht. Der euripideische Herakles fragt angesichts der Leichen, ob er wieder im Hades sei (1101). Hercules dagegen beginnt ohne Anhaltspunkt global – kosmisch –, indem er den Osten, den Norden und den Westen in Betracht zieht (1138–1140). Er denkt, wie sein Vorgänger, auch an die Unterwelt (1144–1145). Die Ahnung eines schlimmen Vorfalls ist in typisch senecaischer Weise beschrieben: *nescioquid mihi, | nescioquid animus grande praesagit malum* (1147–1148). Er argumentiert in gewohnter Weise: Wer es denn gewagt habe, ihm die Waffen fortzunehmen und seinen Schlaf nicht zu achten? Er müsse die Personifizierung der *virtus* und von Iupiter in einer noch längeren Nacht als er selbst gezeugt worden sein (1153–1159). Herakles wunderte sich nur, daß seine Waffen verstreut umherliegen (*Herakl.* 1098–1100). Hercules dagegen konstatiert nicht einfach das Fehlen der Waffen bzw. fragt nach ihnen, sondern reflektiert darüber, was dieses Faktum für den stärksten Mann der Welt bedeute. Er setzt das Geschehen permanent zu seiner Person in Beziehung. Wer habe es gewagt, trotz seiner Rückkehr in Theben solche Verbrechen zu begehen (1162–1163)? Wer habe ihn besiegt (1168)? Wem sei er eine Beute gewesen (1186)? Das ist für seine Ich-Bezogenheit typisch, zugleich eine schöne Pointe, da Iuno doch sagte, nur er könne sich besiegen (84–85, 116).

Es ist bezeichnend, daß Hercules nicht fähig ist, das Geschehen angemessen zu betrachten oder selbstlos zu empfinden. Herakles fühlt echten Schmerz, als er vom Tod der Kinder hört. Sein erstes Wort lautet: ‚Weh mir! Was sehe ich Elender hier?', οἴμοι· τίν' ὄψιν τήνδε δέρκομαι τάλας; (*Herakl.* 1132). Die zweite Reaktion lautet: ‚Weh! Denn eine Wolke von Jammer umgibt mich', αἰαῖ· στεναγμῶν γάρ με περιβάλλει νέφος (*Herakl.* 1140). Kein Wort von Rache, er wünscht sich selbst den Tod. Hercules hingegen empfindet nicht Schmerz, sondern Wut, *ira* (1167). Er kann nicht unreflektiert leiden oder gar mitleiden, sondern nur fragen, was es für ihn bedeute, daß ihm dieses Leid zugefügt wurde. Er hat keinen anderen Bezugspunkt als seine Person, er ist wie die meisten senecaischen Helden grenzenlos monoman.

Insofern Seneca Hercules' Selbstbetrachtung ungewöhnlich ausdehnt, indem er jedes Motiv ausnutzt, in die feinsten Verästelungen hinein variiert und mit Pointen durchsetzt, ist sie auch ein Musterbeispiel manieristischer Literatur.

II Hercules' Schuld (1186b-1344)

Die Schlußszene bietet eine ausführliche Diskussion über Hercules' Schuld. Es ist ein Fehler, aus ihr einzelne Begriffe von der Konzeption des ganzen Stücks zu isolieren und für generelle Aussagen zu halten.

Hercules' erster Gedanke ist die unwillige Frage, ob er ungerächt bleiben solle (*ut inultus ego sim?*, 1187). Wenn es in der Situation überhaupt angemessen ist, statt von Trauer von Rache zu sprechen, müßte sie für die Toten, nicht für den Lebenden gefordert werden: Hercules ist noch immer unfähig, von der eigenen Person abzusehen. Mit einer Pointe, die für seine Monomanie bezeichnend ist, kommt er zu der Erkenntnis der Wahrheit, indem er schließt, außer ihm könne keiner den Bogen spannen, also müsse das Verbrechen seines sein (1194–1199). Er redet ganz natürlich von einem *scelus*. Daß Amphitryon die Tat konventionell auf Iuno abschiebt (1200–1201), ist verständlich, aber unzutreffend. Hierauf bemüht Hercules – zum wievielten Mal? – den Kosmos, mit Iupiter beginnend und der Unterwelt schließend, besser: mit sich schließend: *inferis reddam Herculem* (1202–1218).

Auch nach der furchtbaren Tat läuft Hercules auf Hochtouren. Schon während des Erwachens ruft er aus: *ruat ira in omnis* (1167).[32] Amphitryon sieht richtig, daß die für Hercules typischen Affekte *ira* und *furor* in seiner Selbstverwünschung 1202–1218[33] weiterhin in Aktion sind, indem sie sich dieses Mal gegen ihn selbst richten (1219–1221):

>   nondum tumultu pectus attonito carens
> 1220 mutavit iras, quodque habet proprium furor,
>   in se ipse saevit.

Hercules spricht wenig später von seinem *furor*, den er nicht regieren kann, von dem er im Gegenteil regiert wird: Durch ihn sei das Schamgefühl (*pudor*) noch nicht so weit erloschen, daß er alle Völker durch seinen ruchlosen Anblick vertreiben wolle. Theseus solle ihm die Waffen zurückgeben. Wenn sein Geist geheilt sei, möge man sie ihm bringen, wenn der *furor* andauere, möge der Vater zurücktreten: Er werde schon einen Weg zum Tod finden (1240–1245). Hercules hat keinen Einfluß darauf, wann seine *mens* wieder *sana* wird, wie lange der *furor* andauert. Er nimmt das ganz ruhig als selbstverständlich hin. Wie andere senecaische Gestalten tritt er aus sich heraus, um sich gleichsam von einem außerhalb seiner Person liegenden Standpunkt zu analysieren. Soweit es um ihr Äußeres geht, sind Senecas Figuren ‚Historiographen', soweit es um ihre Leistungen geht, ‚Heldendichter ihres eigenen hohen Selbsts' und soweit es um ihr

---

32 *ira* ist bei dem Stoiker Seneca negativ besetzt: Wellmann-Bretzigheimer 1978, 122–123; Fitch 1987, 419 (anders Billerbeck 1999, 569).
33 „Der Ton dieser Rede unterscheidet sich nicht von ähnlichen Auslassungen des Helden vor der Katastrophe" (Zintzen 1972, 200 = 2000, 278).

Inneres geht, ‚eiskalte Zuschauer ihrer Wut, oder altkluge Professore ihrer Leidenschaft'.[34]

Hercules ist von seiner Schuld überzeugt. Auch der Hinweis auf die *novercales manus* in 1236 „bedeutet nicht, daß Herakles Juno für diese Katastrophe verantwortlich macht."[35] Daß Brumoy unter ihnen Iunos Hände verstand, bezeichnete Lessing als ‚lächerliches Zeug'. „Warum können es denn nicht die eignen Hände des *Herkules* seyn? Ja freylich wäre alsdann die Stelle nicht mehr lächerlich! Aufs höchste liegt in dem Worte novercales blos eine Anspielung auf die Juno, und er nennt seine Hände bloß darum stiefmütterlich, weil sie nicht minder grausam gegen seine Kinder gewesen waren, als die Juno gegen ihn zu seyn pflegte."[36] Das trifft zu.[37] Amphitryon versucht die Schuld nicht Hercules, sondern Iuno zuzuschreiben. Daß das nur seine subjektive Meinung ist, wird dadurch bekräftigt, daß Hercules Amphitryons zweitem Anlauf, die Tat als *error* hinzustellen (1237), mit der Feststellung begegnet, ein großer *error* sei oft ein Verbrechen: *saepe error ingens sceleris obtinuit locum* (1238). „Für den Stoiker muß jedes Irren schuldhaft sein, da in ihm ein Mangel an Vernunfteinsicht zutage tritt."[38] Das sieht Hercules richtig.

Seneca gelingt es, durch Amphitryons Einwand das Geschehen von Hercules voll einschätzen zu lassen. Im folgenden wird seine Ansicht weiter verstärkt. 1262 spricht er wieder von *scelus*. 1268 ist geradezu ein Schlüsselvers für das Verständnis der Hercules-Handlung: *laudanda feci iussus: hoc unum meum est.* Zintzen betont, Hercules erkenne, daß Iuno „ihm zwar den Dodekathlos auferlegte, für seine Katastrophe aber nicht verantwortlich ist".[39] So liegt auch keine Hybris darin, d a ß Hercules die einzelnen Taten ausübte, sondern nur darin, w i e er sie ausübte. Man darf das als Interpretation des Dichters ansehen.[40] 1329 bezeichnet sich Hercules als *impius*.

1272 greift Theseus ein. Er fordert: *Herculem irasci veta* (1277). Erst danach ist dieser fähig bzw. willens, auf Amphitryons Argumentation einzugehen und den Gedanken an Selbstmord fallen zu lassen. Der Alte macht ihm 1300 – 1313 klar, daß er zugleich mit ihm das Leben beenden werde: *ecce iam facies scelus | v o l e n s*

---

34 Zu diesen Termini ▸ S. 65.
35 Zintzen 1972, 201 Anm. 132 = 2000, 278 Anm. 132.
36 Bei Barner 1973, 125 (▸ S. 645).
37 Caviglia 1979, 205 («mani da matrigna»); Billerbeck 1999, 584 – 585.
38 Zintzen 1972, 198 = 2000, 276. ▸ dazu S. 527.
39 1972, 182 Anm. 95 = 2000, 265 Anm. 95. An Eurystheus denkt Farnabius 1676, 219.
40 „Den Dodekathlos hat er auf Geheiß anderer verrichtet, der Kindermord ist allein seine Schuld" (Zintzen 1972, 203 = 2000, 280). Wichtig auch S. 200 = 278: „Seneca sieht in Herakles nicht das Opfer der Göttin, sondern führt die Katastrophe auf das Versagen des Helden selbst zurück."

sciensque (1300–1301); *hic, hic iacebit Herculis sani scelus* (1313). Das ist das entscheidende Argument, das Hercules einsieht: Nach dem Tod der Gattin und der Kinder möchte er nicht auch Amphitryons Tod verschulden. Seneca spitzt durch die Einführung dieses Motivs Hercules' Situation zu: Er beginge einen erneuten Verwandtenmord. Hercules wird durch den äußeren Zwang in seiner Absicht widerlegt, während der euripideische Herakles aus inneren Gründen das (weitere) Leben auf sich nimmt.

Da sich Amphitryon in diesem Zusammenhang als *pater* bezeichnet (1310) und Hercules von *genitor* (1314) und *pater* spricht (1315), könnte Seneca an eine römische Sohn-Vater-Beziehung im Sinn der *pietas* denken: Wie Aeneas gegenüber Anchises hat Hercules gegenüber Amphitryon eine Verpflichtung, die sogar über die zur Gattin hinausgeht. Zweimal stellt Seneca Menschen dar, die nach schwerer Schuld durch Selbstmord das Leben beenden wollen.[41] In den *Phoenissae* reagiert Oedipus auf alle Einwände ablehnend; erst Antigones Liebe, die *pietas natae*, erhält ihn am Leben. Im *Hercules Furens* wird der Titelheld durch die *pietas erga parentem* bestimmt, Amphitryons Mahnungen zu folgen. Seneca deutet die Entscheidung *vivamus* (1317) aus stoischer Sicht, nach der man das Leben nicht einfach fortwerfen darf. Der *sapiens* verläßt es nur, wenn *necessitates ultimae inciderunt*.[42] Vielleicht spricht Seneca aus eigener Erfahrung.[43] Es ist aber zu sehen, daß sich Hercules nicht von Grund auf wandelt: Auch nach dem Entschluß zum Leben denkt er noch immer kosmisch (1322–1334).

Im ganzen gilt: "Hercules destroys himself."[44] Doch wird seine Schuld immer wieder bestritten. Edert spricht gar von einem ‚Hymnus auf den stoischen Weisen'.[45] In jüngerer Zeit ist es vor allem Zwierlein – gefolgt von Schmitz –, der Hercules in dieser Richtung deutet.[46] In solchen Ansichten bedingt der positiv

---

41 Lefèvre (1969) 1972, 359; Zwierlein 1984, 29.
42 *Epist.* 17, 9: Leeman 1971, 330.
43 *saepe impetum cepi abrumpendae vitae: patris me indulgentissimi senectus retinuit. cogitavi enim non quam fortiter ego mori possem, sed quam ille fortiter desiderare non posset. itaque imperavi mihi ut viverem; aliquando enim et vivere fortiter facere est* (*Epist.* 78, 2, dazu Billerbeck 1999, 601).
44 Shelton 1978, 65. Es handelt sich nach Riemer 2012, 28 bei Hercules um „den das Schicksal herausfordernden Machtmenschen, den Seneca auch in den Philosophischen Schriften als negatives Beispiel anführt, so etwa Alexander den Großen in den *Epistulae ad Lucilium* (94, 62f.)."
45 1909, 29.
46 Hercules bringe sich selbst zu Fall, „indem er im unverschuldeten, von der rachsüchtigen Göttin geschickten Wahn seine eigenen Kinder und seine Frau vernichtet" (1984, 28). Wenn Zwierlein auf den Dialog *De providentia* als Parallele hinweist, in dem eine der Antworten auf die Frage, warum *incommoda* den *boni viri* begegnen, lautet: *ut alios pati doceant; nati sunt in*

gesehene Hercules die negativ gesehene Iuno – womit beide Gestalten verkannt werden.

III Iuno und Hercules (1–124)

Der letzte Teil der Rede Iunos[47] wird von dem einen großen Paradoxon bestimmt, Hercules sei der einzige, der ihn überwinden könne: *bella iam secum gerat* (85). Das bedeutet, daß er in besonderem Maß geartet ist, in *furor* zu verfallen. Wenn Iuno ihn als *superbus* apostrophiert (89) und ihm *humana temnere* zuschreibt (90), ist klar, welche Eigenschaft sie in diesem Zusammenhang anspricht: seine Überheblichkeit. Zu den *superbi* zählt Megara den Tyrannen Lycus (385).

Seneca gibt schon vorher unüberhörbare Signale, daß Hercules aus angeborener Hybris handelt. Daß er den Himmel stürmen werde (64), mag eine Unterstellung der ‚geängstigten' Gottheit sein, die man, wenn man mag, psychologisch erklären kann. Zintzen spricht dagegen bei Hercules von ‚vollem Bewußtsein' und ‚hybrishaftem Stolz auf seine Kraft' (68 ff.) sowie von einem „übermenschlichen Heros, der seine Grenzen überschreitet".[48] Doch könnte alles als Iunos subjektives Verständnis abgetan werden. Wenn es aber heißt, der Bezwinger der Unterwelt zeige Iupiter prahlend seine Beute, Cerberus (*spolia iactantem patri*, 51), ist diese Information o b j e k t i v. Dasselbe gilt für die Feststellung *robore experto tumet* (68).[49] *tumidus* ist ein Fachausdruck für überhebliche Personen. So heißt es über den – negativ verstandenen – Politiker: *mobile vulgus | aura tumidum tollit inani* (170–171), oder den Tyrannen (Megara zu Lycus): *dominare tumidus, spiritus altos gere* (384).[50] Hercules ging in die Unterwelt nicht *pectore forti*, sondern n i m i u m *pectore forti* (186).[51] Das sagt alles.

Hercules neigt per se zu *furor* und Überheblichkeit, die er später auch demonstriert. „Der Verlauf des Stückes selbst zeigt, wie solcher *furor* zum Wesen des

---

exemplar (6, 3), zeigt der Vergleich den großen Abstand zwischen den Werken: Hercules ist weder ein *exemplar* noch ein *bonus vir*, noch ist Iuno dem gütigen *deus* des Dialogs, der die Fürsorge (πρόνοια / *providentia*) verkörpert, vergleichbar.

47 Im Anschluß an Novara 1987, 313–325 ist Iuno in jüngster Zeit – wenig überzeugend – „allegorisch als *fortuna*" gedeutet worden (Fischer 2008, 57, ausführlich: 84–91).

48 1972, 159 = 2000, 250.

49 Zu *iter ruina quaeret* (67) erinnert Gronovius (bei Schröder 1728, 8) an Lukan 1, 150 *gaudetque viam fecisse ruina*: Bei der Charakterisierung des Hybristes Caesar erinnert sich wohl der Neffe des Hybristes Hercules bei seinem Oheim.

50 Ebenso Tro. 264–265 *Troia nos* t u m i d o s *facit | nimium ac feroces* (zum Zusammenhang ▶ S. 279).

51 ▶ dazu S. 521.

Herakles gehört und wesentlich ist, daß Seneca darauf hinweist, solcher Affekt richte sich stets gegen sich selbst. Für den Stoiker gehört es zur Pathologie des Zornes, daß der von solchem Affekt Befallene sich selbst zerstört. Seneca hat hier im Prolog in der Form einer mythischen Aussage Juno einen Gedanken aussprechen lassen, den er andernorts theoretisch formulierte."[52] In *De ira* heißt es, die *ira* sei *in vires suas prona*; sowie: *in se ipsa morsus suos vertit* (3, 1, 5), und über den *homo furens*, er sei *non sine pernicie sua perniciosus* (3, 3, 2). Seneca unterlegt „dem szenischen Geschehen einen philosophischen Sinn; danach ist es der Held selbst, der sich vernichtet."[53] Es ist aus diesen Gründen klar, daß Iuno «solo la ‹rappresentazione›, la materializzazione del *furor*» ist, der in Hercules' Innerem wirkt,[54] "a vivid dramatization of the disorder in the human mind".[55]

Iunos Funktion im Prolog ist ihrer Funktion in der *Aeneis* vergleichbar, in der sie sich der Furie Allecto bedient. Wenn diese ihr wahnsinnstiftendes Werk vollbringt und Amata und Turnus zu unüberlegtem Verhalten entflammt, ist zu beachten, daß beide ‚Opfer' keine emotionslosen Individuen sind. Amata ist bereits im höchsten Maß erregt, wenn Allecto sie zu erregen kommt (*quam super adventu Teucrum Turnique hymenaeis | femineae a r d e n t e m c u r a e q u e i r a e q u e c o q u e b a n t*, 7, 344–345). Ebenso ist Turnus, wenn Allecto ihm in Gestalt der Iuno-Priesterin Calybe entgegentritt, bereits im höchsten Maß überheblich (7, 435–444), wie er es später gegenüber Pallas sein wird. Wie in Hercules ist in Amata und Turnus das Verhalten angelegt, zu dem sie die Furie – als bildliche Erscheinung – provoziert. Die Parallele ist noch enger. In der Begegnung mit Turnus gerät Allecto erst selbst in Glut (*exarsit in iras*, 7, 445) und daraufhin der Jüngling (*saevit amor ferri et scelerata insania belli, | ira super*, 7, 461–462) – wie Iuno erst selbst in *furor* gerät, damit Hercules in *furor* gerät (107–108).[56] Niemand wird sagen, daß Turnus' affektgesteuertes Verhalten in der zweiten *Aeneis*-Hälfte auf Iuno zurückgehe – also in Abrede stellen, daß Vergil einen von Natur aus die Affekte Beherrschenden (Aeneas) und einen von Natur aus den Affekten Unterliegenden (Turnus) gegenüberstellt. Es handelt sich um zwei menschliche Grundverhaltensweisen, denen unter den Überirdischen Iupiter und Iuno entsprechen.

---

52 Zintzen 1972, 161 = 2000, 250–251 (Anm. 43 die beiden Stellen aus *De ira*).
53 Zintzen 1972, 161 = 2000, 251.
54 Paratore 1966 (1), 37.
55 Shelton 1978, 23; weitere Vertreter dieser Auffassung: Zintzen 1972, Wellmann-Bretzigheimer 1978, Rose 1979 / 1980, Fitch 1987 (Nachweise: ▶ S. 430 Anm. 23).
56 So wie Allecto „Personifikation [...] der Zwietracht" ist (Heinze 1915, 183), ist Iuno Personifikation des Furor.

Iuno erfüllt dieselbe Funktion wie die Tantali Umbra am Beginn des *Thyestes* und die Thyestis Umbra am Beginn des *Agamemnon*. Es wäre abwegig zu behaupten, der Frevel im jeweiligen Handlungsausschnitt aus dem Tantaliden-Haus werde erst durch die Umbrae initiiert: Er wird durch sie symbolisiert.

Wenn Plautus im Prolog des *Amphitruo* Mercurius von Neptunus, Virtus, Victoria, Mars und Bellona *in tragoediis* sprechen läßt (41– 43), dürfte er sich auf allegorische Prologgottheiten der – römischen – Tragödie berufen.⁵⁷ Auch die Komödie kennt solche Allegorien. Plautus' *Trinummus* beginnt mit einem Prolog Luxurias und Inopias; er ist dialogisch wie der Prolog des *Thyestes*. Inopia geht in Charmides' Haus, das während seiner Abwesenheit der Sohn Lesbonicus heruntergewirtschaftet hat. Luxuria sagt dementsprechend: *is rem paternam me adiutrice perdidit* (13). Inopias Eintritt in das Haus bewirkt nicht etwas Neues, sondern symbolisiert Lesbonicus' Haltung. Aus Luxurias *me adiutrice* ist keine Entlastung des Sohns abzuleiten: Der allegorische Charakter des Ganzen liegt auf der Hand.⁵⁸ In diesem Sinn sind die beiden Umbrae – und eben Iuno – als Allegorien zu verstehen.

Iunos Einführung entspricht dem Verfahren, das Petron in der Kritik an Lukan *Satyrica* 118 fordert: *per ambages deorumque ministeria* solle dichterische Inspiration frei voranstürmen, *praecipitandus est liber spiritus*. Die Gottheiten des *Bellum Civile* (119–124) sind fast ausnahmslos Allegorien. Dis ist die einzige, die Iuno an Rang verglichen werden kann. Der Eingang zeigt, daß die moralisch pervertierten Römer durch eigene Schuld in den verheerenden Zustand gekommen sind. Der daraus resultierende Bürgerkrieg ist nicht fremdbestimmt, sondern hausgemacht. Folglich könnte auf die darüber beratenden Gottheiten Dis und Fortuna zur Gänze verzichtet werden. Sie sind ausschließlich Zeugnis der *furentis animi vaticinatio*, die gräßlich witzig ist: Pax, Fides, Iustitia und Concordia fliehen vor den entarteten Menschen, nicht wie bei Arat und Vergil Δίκη / Iustitia in den Himmel, sondern in die Hölle zu Dis (245– 253) – ein literarisches Paradoxon. An ihre Stelle tritt der *Ditis chorus*: Erinys, Bellona, Megaera, Letum, Insidiae, Mors und Furor. Wenn daraufhin Venus, Minerva und Romulus auf Caesars, Apollo, Diana und Hercules auf Pompeius' Seite treten, dürfte klar sein, daß auch sie nicht mehr als Allegorien sind. So ist es nicht verwunderlich, daß Discordia beherrschend am Schluß steht (271– 295). Petron setzt die Eingangsforderung nach

---

57 Sedgwick 1960, 58: "an interesting light on Roman tragedy."
58 In Philemons *Thesauros* wird nur Τρυφή den Prolog gesprochen haben: Lefèvre 1995 (1), 119– 120.

ambages deorumque ministeria eindrucksvoll in die Praxis um. Senecas Verfahren im *Hercules Furens* ist ganz in Petrons, auf jeden Fall in Eumolpus' Sinn.

Zu welchen Folgen die nichtallegorische Auffassung Iunos führt, möge Lessings Kritik verdeutlichen. Er empfahl, in einer zeitgemäßen Nachgestaltung den Prolog fortzulassen, weil die neuere tragische Bühne die Gottheiten in ‚allegorische Stücke' verwiesen habe.[59] Daß der tugendhafte Held durch die erzürnte Göttin zu Fall komme, sei eine ‚böse Lehre'; offenbar gebe es überhaupt keine ‚Moral des Ganzen'. Einem modernen Dichter wird der Ratschlag gegeben, daß es auf eine feinere Bearbeitung des Hercules-Charakters ankomme. Die „Raserey müßte eine *natürliche* Folge aus demselben werden." Lessing übersah, daß Hercules ganz in seinem Sinn schon bei Seneca aufgrund der Disposition des Charakters zum Maßlosen und zur Hybris stürzt.

IV Megaras Hercules-Bild (279–331)

Megaras Rede 279–308 vermittelt von Hercules das Bild eines gewalttätigen Menschen. "The first half of Megara's speech is marked by an ominous violence of language; there is hubris in the phrases *orbe diducto redi* [281] and *erumpe, rerum terminos tecum efferens* [290], and in the idea of releasing the dead, 291 ff."[60] Nicht weniger eindeutig sind die parallelen Aufforderungen an Hercules *quidquid atra nocte possessum latet | emitte tecum* (282–283) und *quidquid avida tot per annorum gradus | abscondit aetas redde et oblitos sui | lucisque pavidos ante te populos age* (291–293). Das rührt an die Grundfesten des Kosmos. Besonders fällt die Wendung auf: *indigna te sunt spolia, si tantum refers | quantum imperatum est* (294–295). Megaras Rede ist eine rauschhafte Vergegenwärtigung herculischer Hybris. Ihre Charakteristik stimmt zu Iunos Hercules-Porträt: Er tut gern mehr, als verlangt wird. Dadurch werden die Gewalttaten nicht generell entschuldigt, sondern als in seinem Wesen liegend bezeichnet. Hercules ‚mußte' Cerberus aus der Unterwelt holen, aber er braucht ihn nicht prahlend Iupiter zu zeigen (51–52). Es ist entscheidend, daß Megaras Bild ihres Gatten nicht eine Folge der angeblichen Machenschaften Iunos ist, sondern auf ihren f r ü h e r e n Erfahrungen beruht. Dasselbe gilt für die Darlegungen des Chors in dem ersten Lied.[61] Hercules ist der Hybristes κατ' ἐξοχήν.

---

[59] Bei Barner 1973, 127 bzw. 129 (▸ S. 645).
[60] Fitch 1987, 205.
[61] ▸ S. 520–522.

V Des Chors Hercules-Bild

Es ist eine Streitfrage, ob die Lieder die Deutung des Dichters oder die Ansichten des Chors vermitteln. Wie sich zeigen wird, geht es nicht um ein entweder / oder, sondern um ein sowohl / als auch.

1 Erstes Lied (125–204)

Das erste Lied ist ‚Literatur'. Zwar verwendet Seneca wie bei den Einzugschören der griechischen Tragödie Anapäste; aber allein der Umstand, daß sie keine katalektischen Verse aufweisen, zeigt, daß es sich um Gedankenlyrik, nicht um einen dramatischen Text handelt. Entsprechend tritt an die Stelle der aus dem Leben gegriffenen Klage der griechischen Greise über die Mühen des Alters in der Parodos des *Herakles* eine weitausholende Theorie des menschlichen Daseins. Bei Farnabius steht über dem Lied: „Chorus è Thebanis à descriptione ortus diei, magnatum curas studiaque damnat, Herculem audaciæ in laboribus subeundis taxat, vitæ denique humilis laudat tranquillitatem optatque."[62] Der Gesang hat drei Teile, die jeweils die erfüllte Lebensweise der unerfüllten entgegensetzen (Verszählung nach Billerbeck):

    125–174:   Land (125–161) ↔ Stadt (162–174)
    175–191:   *tempora tenere* (175–178) ↔ *properare* (179–191)
    192–201:   *sublimis* (192–196) ↔ *humilis* (197–200 / 201)

125–174: Der Chor nimmt das Schwinden der Nacht und den Sonnenaufgang (125–136) zum Anlaß, über das beginnende Tagewerk des Landmanns und des Fischers zu reflektieren (137–161). Für sie ist ein *labor durus* bezeichnend (137), der nicht negativ gesehen wird, sondern Ausdruck des sich in harter Arbeit erfüllenden Lebens ist.[63] Diese *innocua vita* ist in einer l a e t a *suo parvoque domus* anzutreffen (159–161). Das Stichwort *laetus* wird 178 im Blick auf die ‚richtig' Lebenden wieder aufgenommen: *dum fata sinunt, vivite laeti.* Heiter wie die geschilderten Menschen sind auch die Tiere. Der *iuvencus* spielt und fühlt sich frei (*ludit, liber*, 141), der *haedus* springt leichthin (*levis*, 144) und ist übermütig (*petulans*, 145), die Nachtigall zwitschert, sie ist *stridula* (146) und jauchzt (*gestit*, 148) – in den Büschen

---

62 1676, 181.
63 Vergleichbar ist Vergils bekannte Junktur *labor improbus* (*Georg.* 1, 145–146).

über dem Vieh schwebend.⁶⁴ Der Hirt steht früh auf, um die Tiere auf die Weide zu treiben: Dort hört er noch die Nachtigall und schon andere Vögel (*querulos inter nidos*, 148, *turbaque circa confusa sonat*, 150).⁶⁵

Dieser Idylle erfüllten Daseins sind in 162–174 die Vertreter unerfüllter Lebensweisen in den Städten entgegengesetzt, die traditionell aus φιλοχρήματοι und φιλότιμοι bestehen. Eine Fülle von – vor allem horazischen – Motiven und Bildern veranschaulicht die Argumentation. Es genügt, die Adjektive, die den Typen beigelegt werden, zu beachten, um zu erkennen, daß ihre Welt ohne Einschränkung negativ gesehen wird: *superbus* (164), *pauper in auro* (168),⁶⁶ *attonitus* (169),⁶⁷ *tumidus* (171), *improbus* (174). Es handelt sich einerseits um ‚zeitlose' Fehlhaltungen, andererseits ist ein Zeitbezug mit Sicherheit intendiert. Was die an letzter Stelle genannten Vertreter betrifft, ist an die Lex Cincia zu erinnern, die Tacitus bei der Schilderung des Suillius-Prozesses im Hinblick auf die *qui pretio causas oravissent* anführt (*Ann.* 13, 42). „Das Gesetz war in seinen Bestimmungen im J. 47 abgemildert worden (11, 7, 4), erfuhr aber im Jahr 54 eine neuerliche Verschärfung".⁶⁸ Das ist etwa die Entstehungszeit des *Hercules Furens*.

---

64 Wenn man diesen inneren (‚stimmungsmäßigen') Zusammenhang der Partie erkennt, braucht man nicht mit Zwierlein den Passus 146–151 hinter 136 einzufügen, nur weil die Nachtigall den Tag bezeugt (*testata diem*, 151) und deshalb vor dem Tagewerk des Menschen zu nennen sei. Seneca zeichnet ein heiteres Genrebild, zu dem Menschen und Tiere gleichermaßen beitragen. „Die Umstellung [...] entbehrt jeglicher Grundlage" (Billerbeck 1999, 244 Anm. 5). Es ist überhaupt die Frage, ob Seneca, wie allgemein angenommen wird, die Parodos des euripideischen *Phaethon* vor Augen hatte. Abgesehen davon, daß eine solche ‚Kontamination' nicht seiner Art entspricht, bestehen erhebliche Unterschiede zwischen beiden Liedern. Bei Euripides figurieren zwei kosmologische Signale am Anfang (Eos, Pleiaden), bei Seneca wahllos sechs andere (Sterne, Nacht, Phosphoros = Lucifer, Großer Bär, Sonne, Mond). Euripides reiht Nachtigall, Hirten, Jäger, Schwäne, Schiffer, Seneca wahllos Hirten, Stier, Bock, Nachtigall, andere Vögel, Schiffer, Angler. Die Differenz ist beträchtlich, der Tenor verschieden: bei Euripides ‚naturwissenschaftlich', bei Seneca moralisch. Vieles ist topisch. Ov. *Am.* 1, 13, 8–24 zeigt, daß auch die Rhetorenschule nicht ohne Einfluß ist (Barsby 1973, 31 z. St.: Ovid "gives way to the temptation to elaborate an idea at too great a length"). Für Wilamowitz 1883, 403 ist Senecas Passus „nur eine Travestie" des *Phaethon*-Lieds (das liege „in der Hohlheit dieser ganzen Poesie"): Vielleicht kannte Seneca es aber nicht? Andererseits ist Phaethon (bei Ovid) ein Hybristes wie Hercules (bei Seneca).
65 *Thracia* (149) deutet auf das barbarische Land, in dem sich Philomelas schlimmes Geschick ereignet.
66 Der Stoiker wendet ein stoisches Paradoxon volkstümlich an (Horaz *Carm.* 3, 16, 28: *magnas inter opes inops*).
67 ‚betäubt' (Billerbeck 1999, 105) / ‚benommen' (Billerbeck 1999, 261).
68 Koestermann 1967, 317.

175–191: Im zweiten Teil des Lieds kommen wiederum zuerst die Vertreter einer erfüllten Lebensweise in den Blick (175–178):[69]

> 175 novit paucos secura quies,
> qui velocis memores aevi
> tempora numquam reditura tenent.
> dum fata sinunt, vivite laeti.

Hier begegnet ein neuer Aspekt. Diejenigen, die eingedenk der davoneilenden Zeit = des davoneilenden Lebens[70] sind (*velocis memores aevi*), halten die Zeitabschnitte fest; *tempora tenere* bedeutet ‚temporibus uti'.[71] Es ist das horazische *carpe diem*. Auch die Maxime *dum fata sinunt, vivite laeti* könnte aus Horaz stammen.[72] Es ist der *laetus in praesens animus* gemeint, der nicht an die Zukunft denkt und die Gegenwart versäumt.[73] Er gehört zu den «rari, rarissimi *sapientes*, i quali sanno, unici fra tutti, attuare se stessi nel presente a loro assegnato, senza perdere vanamente le loro *chances* cercando, come gli altri, di porre le mani su un inafferrabile futuro.»[74] Die *secura quies* (175) dieser Menschen entspricht der *tranquilla quies* der Landleute (160), während *trepidi metus* für die *superbi, pauperes in auro, attoniti* und *tumidi* charakteristisch sind. Das ist ein zusammenhängender Gedankengang: φιλοχρήματοι und φιλότιμοι gehören nicht zu den *laeti*.

Der Devise *tempora tenere* steht *properare* exakt gegenüber (179–191). Im Gegensatz zu den *laeti*, die die Zeit ‚festhalten', also genießen, eilen die anderen dem Tod entgegen – eben weil ihnen das Leben unter den Fingern zerrinnt, wie es Seneca so oft in den Philosophischen Schriften anprangert. Bezeichnenderweise heißt es *fertur* (183): Die *gens hominum* steuert ihr Leben nicht selbst, sie wird gemäß dem Satz *ducunt volentem fata, nolentem trahunt* getrieben. Statt *fertur* könnte *trahitur* stehen. Die angesprochene *gens hominum* ist *incerta sui*.

Dieser Abschnitt ist auf Hercules bezogen und deutet dessen Haltung und Schicksal gemäß der zuvor gegebenen Betrachtung des ‚richtigen' menschlichen Lebens. Schon das legt die Annahme nahe, daß Seneca selbst durch den Mund des Chors argumentiert. In ebenso genialer wie manierierter Weise wird der Alkide als

---

69 Der Absatz vor 178 bei Zwierlein statt vor 175 (so Fitch 1987, 72; Billerbeck 1999, 104) zerreißt den Zusammenhang.
70 Billerbeck 1999, 262.
71 „Qui memores quam velox sit tempus, utuntur bono illo irreparabili" (Farnabius 1676, 182).
72 Billerbeck 1999, 263.
73 *Carm.* 2, 16, 25–26. *laetus* ist in dem Chorlied als philosophischer Terminus für eine heiterausgeglichene Lebensweise gebraucht (doch s. Anm. 76).
74 Grisoli 1971, 83.

ein *properans* bezeichnet. Heißt es allgemein im Bild: *Stygias ultro quaerimus undas* (185), wird von Hercules in der ‚Realität' gesagt: *properas maestos visere manes* (187).⁷⁵ Der negative Unterton der Schilderung kommt durch *nimium* in der Junktur *nimium* [...] *pectore forti* klar zum Ausdruck. Es handelt sich um dasselbe Hercules-Bild wie in Iunos Schilderung: *iraque nostra fruitur* (34), *laetus imperia excipit* (42).⁷⁶

Damit wird rückblickend deutlich, daß die idyllische Welt des ersten Teils 125–161 das Gegenbild zu Hercules' Lebensweise darstellt⁷⁷ und dieser in 162–174 miteingeschlossen ist. *superbus* (164) und *tumidus* (171) sind Charakteristika, die auch ihn auszeichnen (58 bzw. 89).

192–201: Die Coda (192–201) schließt an den ersten Teil an: Die *parvae fortuna domus* (200) des *humilis* (vgl. 199) entspricht der *laeta suo parvoque domus* (161) und wird von der hochfahrenden Lebensweise der anderen (*alium*, 192; *alius*, 196) abgehoben. Der *sublimis* (196) ist dem *humilis* entgegengesetzt.⁷⁸ Ein solcher ist der Träger kühner Manneskraft, die schließlich aus der Höhe⁷⁹ zu Fall kommt: *alte virtus animosa cadit* (201). Der *humilis* hat keine Fallhöhe. Daß mit dieser Sentenz, in der das Lied gipfelt, Hercules gemeint ist, dürfte ebenso klar sein wie die Konsequenz, daß das von Haus aus neutrale *animosa* einen negativen Beiklang hat.⁸⁰ *animosa* steht mit *nimium* [...] *pectore forti* (186) auf einer Stufe. Es bedeutet nicht ‚kühn', sondern ‚tollkühn'.

---

75 *properare* dient „der verhohlenen Kritik, welche der Chor an der Hadesfahrt des Hercules übt; ähnlich 867 *quid iuvat durum properare fatum?*" (Billerbeck 1999, 266). Grisoli 1971, 86: «per questo verso Ercole pare al coro comportarsi come la *gens hominum* ignara di sé, ed è questa una grave riserva.» Vgl. 589.
76 Hier charakterisiert *laetus* in nichtphilosophischer Redeweise Hercules' unbekümmert-herausfordernde Art.
77 Das betont richtig Rose 1985, 102 (die "idealized world" als "foil to the world of Hercules' actions"); doch geht sie zu weit, wenn sie meint, daß jedes Bild der Idylle "finds its reversal or distortion in Hercules' world".
78 *pigros* (198) ist positiv gemeint: Kapnukajas 1930, 22 („Die Geruhigen und Sorglosen leben lang"); Caviglia 1979, 111 («persone tranquille»); Billerbeck 1999, 269–270 (‚positive Färbung'). Derselbe Gebrauch *Med*. 331: *sua quisque piger litora tangens*, wo sich aus dem Zusammenhang der Partie 329–334 die positive Bedeutung ergibt: „Otio & pace fretus" (Farnabius 1676, 13). Die *Medea*-Stelle lehnt sich wohl an Hor. *Carm*. 2, 10, 3–4 an (Costa 1973, 192).
79 *alte* = ‚ex alto' (Farnabius 1676, 183): Es ist wohl noch *sublimis* mitzuhören.
80 «L'*animosa uirtus* è quindi nemica, nella sua ansia d'azione, della tranquillità di vita; incapace di *tempora tenere* [177] [...]. Essa è la negazione di quella condizione di vita che il coro si augura di realizzare» (Bertoli 1977, 91). Für den Standpunkt des Chors werden 196–200 zitiert.

Unabhängig von Iunos Betrachtungen im Prolog wird in diesem Lied von Hercules das Bild eines rastlos-tollkühnen und somit gefährdeten Menschen gezeichnet,[81] der selbst den späteren Fall verschuldet. Anders ausgedrückt: Hercules stürzt nicht durch Iunos Eitelkeit oder Kleinlichkeit. Die Göttin verdeutlicht in mythologischem Gewand einen Vorgang, dessen Kausalität auf der menschlichen Ebene angesiedelt ist. Jedenfalls ist die Hörererwartung durch den Prolog und das erste Chorlied in einer ganz bestimmten Richtung gelenkt. Es wäre sonderbar, wenn das nicht den Intentionen des Autors entspräche.

Das Lied drückt epikureisches Denken aus. Die Annahme ist naheliegend, daß Seneca aufgrund der Nähe zu horazischen Maximen, denen er auch sonst folgt, eigene Gedanken anklingen läßt. Nach Degl'Innocenti Pierini scheint es sich um «una denuncia dei difficili tempi che egli si trovò a vivere» zu handeln.[82]

2 Zweites Lied (524–591)

Das Lied entspricht dem ersten Stasimon des *Herakles* (348–450), das die πόνοι des Helden darstellt. Da Seneca sie schon mehrfach in den Blick genommen hat, kann er sie hier nur noch partiell behandeln. Als Einleitung zu dem Thema ‚Hercules als Extremabenteurer' werden kurz die beiden Drachen-Unternehmungen – Hydra und Hesperiden – angedeutet (529–532) und dann die Fahrten zu Hippolyta (533–546) und in den Hades (547–568) ausführlich betrachtet. Daß die letzte einen Gipfel bedeutet, versteht sich. Aber Seneca zählt auch die erste dazu, die in 245–246 unter den übrigen Taten nicht herausgehoben wurde. Nunmehr erscheint Skythien mit der unwirtlichen Kälte als Ende der Welt. Gewiß ist die Begegnung zwischen Hippolyta und Hercules in verschiedener Gestalt Allgemeingut. An dieser Stelle fällt auf, daß die Amazonenkönigin das Wehrgehenk und den Schild selbst ablegt und Hercules auf den Knien als Sieger anerkennt. Daß sie[83] die *nivei vincula pectoris* löst, könnte auf einen erotischen Zusammenhang weisen, wie er in die Elegie gehört.[84] Darüber hinaus mag der intellektuelle Dichter eine Pointe darin sehen, daß die erotische Szene in extrem eisiger Umgebung angesiedelt ist und auf diese das für weibliche Haut konventionelle Adjektiv *nivei* anspielt.

---

81 "The choral ode that follows Juno's prologue suggests that, personal and biased as they may be, her objections to Herakles' *hybris* do not lack an objective justification" (Galinsky 1972, 169).
82 1996, 55.
83 Man hätte ‚er' erwartet (Fitch 1987, 261).
84 Fitch 1987, 262 weist auf Tibull 1, 4, 12 *niveum pectus* (von Knaben). Vgl. Billerbeck 1999, 388.

Caviglia nimmt Cattins Beobachtung auf,[85] daß Seneca im Vergleich zu Vergils und Ovids Darstellungen der Skythen-Landschaft das Schweigen hinzufüge, und vermutet: «Seneca prepara il lettore alla rievocazione dell'altra ‹fatica› di Ercole: il viaggio nei paesi della morte. Questo mare bloccato, senza tempo, è quasi prefigurazione di un altro, infinito silenzio che attende l'eroe.» Seneca könne durch *Georg.* 3, 357 *sol pallentis haud umquam discutit umbras* angeregt worden sein.[86] Entsprechend heißt es für beide Bereiche – jeweils am Versanfang: *stat pontus* (540) / *stat [...] pelagus* (554).

Mit dem Hades-Thema 547–568 kommt Hercules' Hybris in den Blick: Er ist *audax* und hegt *spes* (547–548). „Die Verse variieren den Gedanken von 186 f. *nimium, Alcide, pectore forti | properas maestos visere manes*."[87] Wiederum wird Hercules' Initiative,[88] nicht das Leiden hervorgehoben. Seine Unternehmungen erscheinen unheimlich, der Welt des Chors fremd, da er sich mit Vehemenz in die Lösung der Aufgaben, insbesondere der letzten, der Hades-Fahrt, stürzt. Es entsteht ein gewalttätiges Hercules-Bild. Wenn der Chor bittet, er möge die *iura ferae Stygis* und die *coli non revocabiles* der Parzen besiegen (558–559), und sich darauf beruft, er habe schon einmal vor Pylos den Gott der Unterwelt im Zweikampf überwunden (560–565), rechnet er damit, daß Hercules die Gesetze der Weltordnung außer Kraft setzt. Seneca darf erwarten, daß einige Hörer Homers Ausruf über Hades' Verwundung durch Herakles im Ohr haben: σχέτλιος, ὀβριμοεργός, ὃς οὐκ ὄθετ' αἴσυλα ῥέζων, | ὃς τόξευσιν ἔκηδε θεούς, οἳ Ὄλυμπον ἔχουσιν (E 403). Es ist konsequent, daß die Bitte des Chors in der hybrishaften Aufforderung gipfelt *fatum rumpe manu* (566), die für römische Ohren um so nachdrücklicher klingt, als Vergils berühmte Worte *si qua fata aspera rumpas*, die Anchises zu dem ungeborenen Marcellus spricht, mitgehört werden (*Aen.* 6, 882).[89] Auch Megara gebraucht im Blick auf Hercules "an ominous violence of language",[90] wobei die Wendungen *orbe diducto* (281) und zumal e r u m p e *rerum terminos tecum efferens* (290) dieselbe Vorstellung wie in der Bitte des Chors ausdrücken.

Hercules' Gefährdung zeigt das Orpheus-Gleichnis (569–589). Der Sänger brachte Eurydice den Tod – Hercules wird Megara den Tod bringen.[91] Beide

---

85 1963 (2), 690.
86 1979, 238–239.
87 Billerbeck 1999, 389.
88 Wie 42, 51, 294–295.
89 Der Zusatz *manu* gibt der Junktur "a more physical sense" (Fitch 1987, 267).
90 Fitch 1987, 205.
91 Nach Zintzen 1972, 180 = 2000, 264 (der Seidensticker 1969, 114 Anm. 95 nennt) verwendet Seneca den Orpheus-Mythos dazu, auf Hercules' und Megaras „wirkliches Schicksal vorauszuverweisen". Die Vorstellungskraft des Hörers sei angesprochen: Auch Hercules werde, „wenn er

Überwinder des Hades erreichen letztlich das Gegenteil dessen, was sie erstreben. Orpheus' Unbeherrschtheit ist an dem Unglück schuld – wie es bei Hercules der Fall ist. Das 187 an ihm getadelte *properare*[92] begegnet auch in dem – negativen – Fazit von Orpheus' Hades-Fahrt: *munus dum properat cernere, perdidit* (589). So endet das Lied im Blick auf Hercules düster. "To save his family from Lycus, he must return, but his return means their deaths."[93]

Der Unterschied zu Euripides' entsprechendem Chor (*Herakl.* 348–450) ist bezeichnend. "The ode is a θρῆνος for the dead Heracles. Its first word αἴλινον is a cry of lamentation. Despite the ambiguity of 352f. the words τοῖς θανοῦσιν (358) and ἐκπεραίνει τάλας | βίοτον (428) indicate that Heracles is regarded as dead."[94] Demgegenüber artikuliert der senecaische Chor, obwohl er sich in derselben Situation befindet, die gewalttätige Zuversicht, Hercules werde aufgrund des *fatum rumpere* zurückkehren.

Der geistige Habitus des Chors ist in den ersten beiden Liedern nicht konform. In dem ersten lehnt er eine Lebensweise, wie sie für Hercules charakteristisch ist, ab; in dem zweiten spornt er ihn an. Er spricht wie die dramatis personae Megara und Amphitryon. Der Chor ist nicht als einheitliche Person konzipiert. Der Hörer erhält in dem ersten Lied die Folie, auf der er Hercules' Verhalten beurteilen kann. Er ist somit in der Lage zu erkennen, daß die Ansichten des zweiten Lieds zwar jenes beschreiben, aber nicht als Billigung des Dichters zu verstehen sind.

Wie ist der Eingang 524–525 zu verstehen? Seneca spricht auch in den Prosaschriften von Fortuna als negativer Macht, *Fortuna mecum bellum gerit*. Doch ist der Mensch ihr nicht ausgeliefert. Es ist seine Aufgabe, ihr zu widerstehen, mit ihr zu kämpfen, sie auf seine Ebene herunterzuziehen, *Fortunam in aequum deducere*.[95] Hercules rennt ihr (d.h. Iunos und Eurystheus' Befehlen) aber entgegen (*properat*) – und unterliegt. Diese Aussage stimmt mit Senecas Philosophie überein.

Für für den Chor des zweiten Lieds – wie für Amphitryon und Megara – ist Hercules ein *bonus* (525). Es wird darauf zu achten sein, ob nicht auch in Senecas Sicht Hercules durchaus ein *bonus* ist – nur eben ein durch Affekte Fehlgeleiteter. Auf Turnus trifft diese Konzeption zu. Weder er noch Hercules sind Verbrecher, aber sie bringen durch ihren Ehrgeiz und ihr unbeherrschtes Wesen andere zu Not und Tod. Im übrigen kann nur eine solche Auffassung der Hercules-Gestalt den –

Megara erblickt hat, sie verlieren, indem er sie vernichtet." Ebenso argumentiert unter Berufung auf Zintzen Shelton 1978, 45. Vgl. Billerbeck 1999, 382 Anm. 5.
92 Vgl. auch 179 und 867.
93 Shelton 1978, 45.
94 Bond 1981, 146.
95 *Epist.* 51, 8–9. Dazu Lefèvre 1983, 61–73.

vielfach angenommenen – Bezug auf Nero rechtfertigen. Denn wenn Seneca ihm einen Spiegel vorhalten wollte, um ihn auf einen besseren Weg zurückzuführen, konnte sein ‚Ebenbild' nicht ein κακός sein.

Die ästhetische Durchfeilung des Lieds ist zu beachten. Für römisches Empfinden gehört dazu die Bezugnahme auf berühmte Vorbilder.[96] Die Beschreibung Skythiens lehnt sich an Verg. *Georg.* 3, 349–383 und Ov. *Trist.* 3, 10, die Orpheus-Geschichte an *Georgica* 4 an. Hinzu kommen zahlreiche Anspielungen, besonders auf Horaz und Vergil, die den Text interessant werden lassen. Es sei auf die Verwendung des horazischen Verses über die Skythen *quorum plaustra vagas rite trahunt domos* (*Carm.* 3, 24, 10) verwiesen – ebenfalls ein Asclepiadeus minor! Seneca erlaubt sich das Vergnügen, das horazische *vagas* mit dem vorher nicht belegten *multivagas* zu steigern. Überhaupt ist die Aufnahme des bei Horaz nur dreimal an exponierten Stellen begegnenden stichischen Gebrauchs des Asclepiadeus minor zu beachten: Der gelehrte Hörer durfte ein besonderes poetisches Fest erwarten.[97]

3 Drittes Lied (830–894)

Das dritte Chorlied besteht aus einem düsteren Teil, in dem anläßlich Hercules' Fahrt noch einmal die Unterwelt beschworen wird (830–874), und einem lichten, in dem der Chor Freude über die Rückkehr äußert (875–894). Der Wechsel von Sapphischen Elfsilblern zu Glykoneen setzt die Teile voneinander ab. Wieder gibt das Lied einem ‚normalen' Denken Ausdruck. Schon von daher ist es wahrscheinlich, daß es zu Hercules' Verhalten in Kontrast steht. Es ist vielleicht von Bedeutung, daß gleich zu Anfang der Raub des Höllenhunds unbeschadet der Erfüllung eines Auftrags als *tertiae regem s p o l i a r e sortis* (833) und Hercules wie 548 und 772 in demselben Zusammenhang als *audax* (*ausus es*, 834) bezeichnet wird. Der Chor argumentiert offenbar wie im ersten Lied 183–187. Gewiß, die Tat wurde befohlen; aber es wird immer wieder gesagt, daß Hercules sie mit Freude und Eifer ausführt – nicht wie ein Büßer, sondern wie ein Triumphator.

Die Unterwelt kommt nicht als Schauplatz von Hercules' Glanz, sondern als Stätte der Düsternis und Ausweglosigkeit in den Blick. Der Weg dorthin ist *tristis* (836); auch ein Teil der Schatten, soweit es Alte sind, ist *tristis* (850); die Jungen haben Furcht (*timerent*, 855); alle anderen wandeln traurig durch das Dunkel (*vadunt per opaca tristes*, 857); der Ort ist unheimlich: *stat chaos densum*, 861

---

96 Aufgeführt bei Caviglia 1979.
97 Soll man sagen: horazisches Maß, (vorwiegend) vergilischer Stil?

(„Verb und Attribut sind komplementär und unterstreichen sowohl die Regungslosigkeit als auch das undurchdringliche Dunkel der Unterwelt"); *color noctis malus*, 862 („stärker noch als bei *nox atra* [705] bezeichnet *malus* [...] die Unwirtlichkeit");[98] *tenebrae turpes*, 861 („das grausige Dunkel"); *silentis | otium mundi*, 862–863 („die öde Totenstille").[99]

Aus diesem Gemälde des Chaos zieht der Chor die zwingende Folgerung, man möge so spät wie möglich dorthin gelangen (864–866). Dementsprechend fragt er, wie es Freude machen könne, dem Tod entgegenzueilen, *quid iuvat durum properare fatum?* (867), ‹Perchè affrettare il fato inesorabile?›.[100] Es kämen ohnehin alle in die Unterwelt (868–872). Wenn auch der Tod säume, wir eilten ihm selbst entgegen, *sis licet segnis, properamus ipsi* (873). Nicht das *fatum* eilt, sondern der Mensch. Welcher Mensch? Es ist klar, daß *properare* nicht zufällig gebraucht ist, da es in demselben Zusammenhang in den ersten beiden Chorliedern begegnet. Hercules ist ein Beispiel dessen, der durch das Leben eilt (*properat cursu vita citato*, 179), was im Widerspruch zu der natürlichen Lebensfreude steht (*dum fata sinunt, vivite laeti*, 178). 186–187 wird er wegen seines Eilens getadelt: *nimium, Alcide, pectore forti | properas maestos visere manes*. So liegt der Schluß nahe, daß im dritten Chorlied ebenfalls Hercules der Eilende ist.[101] Auch Orpheus im zweiten Chorlied ist ein Beispiel für unzeitgemäßes Eilen, das einen negativen Ausgang bewirkt: *munus dum properat cernere, perdidit* (589). Der Chor betrachtet ihn als Hercules' Vorläufer.

Es geht in dem Lied nicht um die in den Prosaschriften so oft vertretene Anschauung, daß dem Menschen von Geburt an zu sterben bestimmt sei (so die Kommentare), sondern darum, daß er ohnehin sterben muß und das nicht noch beschleunigen soll. Es sind „Gedanken des stoischen Philosophen, der den Sieg und die Taten des Herakles konfrontieren möchte mit der Forderung des *meditari mortem*; zugleich ist dies ein Hinweis auf die Katastrophe, welche sich im vierten Akt vollziehen wird."[102] Hercules genügt nicht dem *meditari mortem*.

---

98 Billerbeck 1999, 485.
99 Billerbeck 1999, 149.
100 Caviglia 1979, 171. Farnabius 1676, 205: „Non periculis objiciendo, & fatis quasi eundo obviam"; Billerbeck 1999, 486: ‚das unerbittliche Geschick zu beschleunigen'. Nach Caviglia 1979, 251 folgt Seneca Ov. *Met.* 10, 31–35 (bei Jakobi 1988 nicht erwähnt). Dort ist von Eurydices *properata fata* die Rede – ein Beispiel für den transitiven Gerauch von *properare*. Weitere Parallelen bei Billerbeck. Axelsons manierierte Interpunktion bei Zwierlein verkennt den Sinn (Kritik bei Billerbeck).
101 Auch Charon sieht ihn so: *quo pergis, audax? siste properantem gradum* (772).
102 Zintzen 1972, 189 = 2000, 270 zu 870–871.

Mit dem Schatten, der somit auf den Helden fällt, kontrastiert im zweiten Teil die helle Freude, die seine Taten für die (Um)Welt bedeuten (875–894). Diese Komposition zeigt, daß auch ein Rezitationsdrama mit solchen Mitteln arbeitet.

Das dritte Chorlied ist wie seine Vorgänger in die Ideenwelt der Tragödie eingebunden, indem es eine stoische Folie vermittelt, die Hercules' davon abstechendes Schicksal verstehen lehrt.

4 Viertes Lied (1054–1137)

Das Chorlied steht in Kontrast zu der vorhergehenden heftigen Szene. Auf ein Presto folgt ein Adagio. Die Termini verdeutlichen, daß Senecas Tragödie musikalische Bewegungen kennt. Solche scheinen vor allem in der metrischen Gestaltung vorzuliegen, die in der Tradition der griechischen Klageanapäste stehen. Liest man das Lied unter Beachtung der Quantitäten und des Wortakzents, ergibt sich, aufgrund der vielen Längen, eine ruhig gleitende Weise.

Von der Stimmung her vermittelt sich der Eindruck einer Dreiteilung: 1054–1099 ist eine ruhige Klage um Hercules, in 1100–1121 wird zu einer lauten Klage durch die *tria regna* hin aufgefordert, und in 1122–1137 folgt wieder eine ruhige Klage um Hercules' Kinder. Der Mittelteil entspricht der Gewalttätigkeit des Helden.

Der Chor bezeugt Anteilnahme. Andererseits trägt er zu Hercules' Deutung bei. 1093–1094 stellt er fest, *pietas* und *virtus* hätten während der furchtbaren Tat gefehlt, 1099 spricht er von *nefas*, 1096 von *error*. Wenn es heißt, der *error caecus* möge fortdauern, nur der *furor* könne Hercules unschuldig erscheinen lassen (*solus te iam praestare potest | furor insontem*, 1097–1098), bedeutet das, daß er schuldig ist. Nach Zintzen ist Hercules' Schuld hier ‚subjektiv verantwortbar': „Für den Stoiker muß jedes Irren schuldhaft sein, da in ihm ein Mangel an Vernunfteinsicht zutage tritt. Alleine den Irrtum nicht verhindert zu haben bedeutet für den stoisch gesehenen Helden schon Schuld."[103]

Am Schluß ist noch einmal – man möchte sagen: endgültig, da die Aussage ‚nachhallt' – von Hercules' Schuld die Rede, wenn es in der Apostrophe an die toten Kinder heißt: *scelus oppressit patriusque furor* (1134). Nichts läge näher, wenn es Seneca um Iunos Einfluß auf Hercules' Verhalten ginge, als den Chor von dem Neid oder gar der Ungerechtigkeit der Göttin singen zu lassen – nichts lag ihm ferner.

---

103 1972, 198 = 2000, 276 (▸ oben S. 512).

Wiederum vertritt der Chor eine generell deutende Linie, die das Denken des ‚normal' urteilenden Betrachters widerspiegelt. Man wird sie mit dem Blickwinkel des Dichters gleichsetzen dürfen.

VI Theseus als Kontrafaktur zu Hercules (618–661)

Nach Amphitryons Mitteilung, Creo sei ermordet, Lycus neuer Herrscher, Kinder, Vater und Gattin seien bedroht (629–630), ist Hercules nicht über das traurige Geschehen bestürzt, sondern bezieht es egoman nur auf seine Person: Ja, seien denn weder *tellus* noch *orbis*, die ihm so viel verdankten, zu Hilfe gekommen (631–633)? Was denkt er eigentlich? Die Reaktion erinnert an den Eingang des *Oedipus*, in dem Oedipus die Pest mit seiner Person als *rex* in Beziehung setzt, während der sophokleische Oidipus Priester und Kindern Hilfe zusagt.[104] Euripides' Herakles wendet sich besorgt an Apollon (538), er ist echt erschüttert: καὶ πρὸς βίαν ἐθνῄσκετ'; ὦ τλῆμων ἐγώ (550). Hercules kennt nur die Devise: Auf in den Kampf! Der Feind soll geschlachtet werden.[105] Er läßt niemanden zu Wort kommen[106] und ruft Vater und Gattin zu, Umarmungen seien etwas für später (638–639a). Mit dem witzigen Ausruf, Lycus möge Dis melden, daß er auf der Erde zurück sei, ist er fort (639b–640a).[107] Wie anders verabschiedet sich Herakles mit einer 15 Verse langen empfindsamen Rede an die Kinder (622–636).

Ein Kontrast zu Hercules ist Theseus, der sich sofort nach Hercules' Fortstürmen mit warmen Worten an Megara und Amphitryon wendet, sie sollten nunmehr ihre Tränen beenden (640b–642a), was Farnabius so paraphrasiert: ‚Abige, ô Megara, mœstitiam, tuque ô Amphitryon, Hercule salvo serena vultum.'[108] Damit kommt nach Hercules' ‚übermenschlichem' Verhalten eine menschliche Note in die Begegnung. Der Unterschied zeigt sich in Theseus' Antwort auf Amphitryons Bitte um einen Bericht über den Besuch der Unterwelt (650–653):

> 650 memorare cogis acta securae quoque
> horrenda menti. vix adhuc certa est fides
> vitalis aurae, torpet acies luminum
> hebetesque visus vix diem insuetum ferunt.

---

104 Lefèvre 1981 (1), 248–250 (▶ S. 327–328).
105 Leos *hostia* statt *hostis* (634) ist eine blasse Abschwächung.
106 Deswegen sind 634b–636 mit E Hercules, nicht mit A Theseus zuzuteilen.
107 „Er denkt nicht politisch, sondern privat, will in Lycus nicht den *tyrannus*, sondern den *summus hostis Alcidae* (635) umbringen" (Wellmann-Bretzigheimer 1978, 117).
108 1676, 197.

Während Hercules die Hadesfahrt bestens überstanden hat und voll Tatendrang fragt: *quid restat aliud?* (613), bemüht sich Theseus um das lebenswichtige Atmen und um Klarheit des Sehens. Er zögert, an das Geschehen zu erinnern. So weit Hercules über das Mensch-Sein hinausgewachsen ist, so weit ist ihm Theseus als Mensch überlegen. Die Einleitung klingt wie ein Gegenbild zu den Äußerungen des auskunftfreudigen Hercules (658–661, Text nach Fitch und Billerbeck):

>   fas omne mundi teque dominantem precor
>   regno capaci teque quam tota irrita
> 660   quaesivit Aetna mater, ut iura abdita
>   et operta terris liceat impune eloqui.

Er bittet die ‚allgewaltige Ordnung der Welt' (Billerbeck) und die Unterweltsgötter, ungestraft aussprechen zu dürfen, was in der Erde verborgen sei. Er präsentiert sich als Kontrafaktur zu Hercules. Seiner vermittelnden Funktion am Ende wird der Boden bereitet.

Wie es scheint, fällt in Theseus' Bericht[109] ein Licht auf Hercules' Hybris: Charon ruft dem forsch Vordringenden zu: *quo pergis, audax? siste properantem gradum?* (772). Das Leitwort *properare* dürfte nicht ohne Bedeutung an dieser Stelle stehen.

VII Hercules und Nero

Mit Nachdruck hat Birt die Ansicht vertreten, Seneca dichte die Tragödien für den Zögling Nero. Seine Erziehung sei ein unablässiger Kampf gegen den Zorn. Die Stücke seien wie *exempla* zu *De ira. frenare nescit iras* heiße es von Medea (*Med.* 866). „Das Wort ist typisch; denn dasselbe Wort gilt auch von der Raserei des Herkules, von dem Rachedurst des Atreus, von der verschmähten Liebe Phädras usf. Überall nichts als Maßlosigkeit des Eigenwillens."[110] In der Tat dürfte hinter der Hauptgestalt niemand anders als der Kaiser zu sehen sein.[111] Nach verbreiteter Meinung wird der *Hercules Furens* in der wohl an den Saturnalien 54 rezitierten *Apocolocyntosis* parodiert. Er wäre dann zwischen der Thronbesteigung Neros am 13. Oktober und den am 18. Dezember beginnenden Saturnalien entstanden – sozusagen als Begrüßungsgeschenk des Erziehers. Jedenfalls wird er überwiegend

---

109 Der Passus über die Tyrannen (735–747) wird im nächsten Kapitel, der ganze Bericht unter literarkritischen Kriterien in Aufsatz Nr. 34 behandelt.
110 1911, 348.
111 Natürlich sind immer nur partielle Bezüge intendiert. Wenn hinter Vergils Aeneas Augustus steht, ist das nur in sehr begrenzter Weise der Fall.

auf 54 datiert.[112] Doch ist die Annahme einer Parodie völlig unsicher.[113] Dennoch wird an Nero wegen seiner Affinität zu Hercules zu denken sein. Der Bezug erscheint geradezu zwingend.[114] Sueton berichtet, er habe den *Hercules insanus* neben anderen mythologischen Figuren verkörpert (*personatus*: in der Maske);[115] Cassius Dio bestätigt, daß der Ἡρακλῆς zu seinen Rollen gehörte (ὑποκρινόμενος).[116] Nach Sueton hatte er geplant, Hercules' Taten nachzuahmen. Man erzähle, er habe einen Löwen abrichten lassen, den er in der Arena des Amphitheaters entweder mit der Keule oder im Schwitzkasten nackt vor den Zuschauern zermalmen wollte.[117] Als Nero aus Griechenland zurückkehrte, begrüßte ihn nach Cassius Dio das Volk als Νέρων ὁ Ἡρακλῆς.[118] Das letzte Zeugnis gehört in das Jahr 68, doch ist eine durchgängige Vorliebe wahrscheinlich. In diesen Zusammenhang gehört, daß der Mythos lanciert wurde, in der Kindheit hätten ihn Schlangen bewacht; er selbst habe freilich immer wieder gesagt, es sei nur e i n e Schlange im Schlafzimmer gesehen worden.[119] Nach Peiper könnte das Schlangenabenteuer des kleinen Hercules (*HF* 215–222) darauf anspielen.[120]

Hercules beschließt in den Reden 955–973 und 976–986, die Titanen, die er doch besiegen half, gegen Iupiter aufzureizen. Seneca verleiht seiner Konzeption, Hercules als Hybristes zu zeichnen, in Auseinandersetzung mit Horaz eindringliche Transparenz, indem er Hercules „die Paradeigmata der Hybris aus Horaz *c*. 3, 4 zu s e i n e r Hilfe" aufrufen läßt: Kronos, Titanen, Giganten, Tityos, Mimas.[121] Bei Horaz geht es um die *vis consili expers*, die *mole ruit sua* (*Carm*. 3, 4, 65): Auch Hercules verkörpert *vis consili expers*, von der Iuno im Prolog sagt, sie stürze durch sich selbst (85). Horaz verfolgt einen eindeutig auf Augustus zu beziehenden

---

112 Nisbet 1990, 96 ('by 54').
113 Es sei an die Bedenken von Rambelli 1957, 27 erinnert, nach dem es ‹illegittima audacia› ist, aus den ähnlich klingenden Stellen der beiden Schriften chronologische Schlüsse zu ziehen. Mazzoli 2004 / 2008, 194 zitiert zustimmend die These von Mesk 1912, 372, daß das zeitliche Verhältnis umgekehrt sei, und verweist in diesem Sinn auf Russo 1961, 75 (‹più probabile›). Entschieden Schubert 1998, 178: „Abwegig ist die oft wiederholte These, der *Hercules furens* werde in der *Apocolocyntosis* parodiert und müsse daher vor 54 n.Chr. liegen" (ausführliche Begründung in Anm. 25).
114 Peiper 1870, 21 hat die entsprechenden Zeugnisse zusammengestellt.
115 *Nero* 21, 3.
116 62, 9, 4.
117 *Nero* 53.
118 62, 20, 5.
119 Tac. *Ann*. 11, 11, 3 (zum Jahr 47).
120 1870, 21.
121 Mette 1964, 176.

Kontext:[122] Die Folgerung liegt nahe, daß sich auch Seneca in einem auf den Kaiser zu beziehenden Kontext bewegt.

Eine Passage, die nur im Bezug auf Nero sinnvoll zu sein scheint, ist Hercules' Ankündigung 1278–1294, wie er zu sterben gedenke, wenn ihm nicht die Waffen zurückgegeben werden. Er will Theben und die umliegenden Gebirge[123] zerstören und sich unter ihnen begraben und, wenn er noch nicht tot sein sollte, *media pars mundi* einreißen – nach dem Motto ‹après nous le déluge›. Wenn das nicht bloße Rhetorik ist, passen solche globalen Dimensionen nur zum Kaiser: Neros Statue im Vestibül der Domus Aurea, nach der später das Colosseum benannt wurde, war etwa 35 Meter hoch.

Theseus' Unterweltschilderung ist ein Kernstück der Tragödie. Größtes Interesse verdient der Passus über die Bestrafung der Tyrannen (735–747), der sicher aus dem Kontext heraus in die Gegenwart weist: «il tono delle parole di Teseo in 745–47 colla sua diretta esortazione (*abstine*), colla minaccia del castigo che pende sul capo del colpevole, duce o tiranno, in misura maggiore che per l'umanità comune, fa capire che il poeta vuole che il lettore ascolti non Teseo, ma Seneca stesso che parla per bocca del suo personaggio.»[124] Der Adressat kann in Rom nur der Kaiser sein.[125] Es ist dieselbe Thematik wie in *De clementia*.[126] Da der Traktat an Nero gerichtet ist, dürfte das auch auf die Tragödie zutreffen.[127] In beiden Fällen wird

---

122 Lefèvre 1993, 167–168.
123 Zu Axelsons Konjektur *altum* in 1285, die Zwierlein aufnimmt, Billerbeck 1999, 597.
124 Rambelli 1957, 64. «Sicuramente il passo più importante per il pensiero politico nel *Furens*» (Malaspina 2004, 274).
125 Fitch 1987, 311: "The brief homily at 745–47 which forms the climax of the passage, though formally addressed to all rulers (*quicumque, vestra*), could scarcely avoid being taken as directed especially at the reigning emperor." Zu dem (überlieferten) *felicis aevi* (743) weist Billerbeck 1999, 449 auf „die geradezu formelhafte Verbindung *felix saeculum* in der Kaiserpanegyrik" hin.
126 Birt 1911, 351–352: „Jeder sieht: die Schrift De clementia und die Tragödien Senecas haben nicht nur denselben Verfasser; sie sind vom Verfasser auch in derselben Position – der Position eines ethisch-politischen Ratgebers und Vormundes –, mit demselben Zwecke und in derselben Tendenz geschrieben. Also war ihre geheime oder offenkundige Adresse auch dieselbe: Nero." In neuerer Zeit diskutieren ausführlich die Parallele zwischen Theseus' Appell an die Herrscher und *De clementia* Rose 1979 / 1980, 140; Billerbeck 1999, 448 zu 739–745; OKell 2005; vgl. auch Mazzoli 2004 / 2008, 196.
127 Nero als Adressat: Sipple 1938, 65. Rose 1979 / 1980, 140: "If the figure of Hercules in the play was intended as a model for Nero (a reasonable enough supposition in view of Nero's emulation of the hero), we would expect the same sort of treatment here. Seneca accordingly invites Nero to compare himself with Hercules in the play". OKell 2005, 194: "If Nero is to be identified, or identified himself, with Hercules, then the warnings which Hercules receives, of the

der gute Herrscher[128] dem grausamen entgegengesetzt. Nach Rambelli begegnen sogar «echi di concetti romani espressi da Cicerone nel *Somnium Scipionis*».[129] Das Stück kann in die Zeit vor oder nach *De clementia*[130] gehören, doch ist es wahrscheinlich, daß der Mord an Britannicus (Februar 55) auch ihm vorausgeht.[131] Beidemal ist Seneca gezwungen, so zu tun, als glaube er an einen natürlichen Tod.[132] Das Augustus-Exempel, das Nero in *De clementia* vorgehalten wird, zeigt die Entwicklung eines Herrschers von Grausamkeit zu Milde. Bedeutungsvoll sagt Seneca, daß Augustus die schlimmen Taten in dem Alter begangen habe, in dem Nero jetzt stehe (9, 1); *in adulescentia caluit, arsit ira, multa fecit, ad quae invitus oculos retorquebat* (11, 1) – und doch habe er den Weg zu *mansuetudo* und *clementia* gefunden! Die Parallele zum *Hercules Furens* ist nahezu vollkommen.[133] Der stoische Philosoph spricht hier wie dort.

Birt hob einen weiteren Bezug hervor. Die ‚zornigen Könige', *irati reges*, haben „in der Unterwelt eine besondere Station, Herc. 1137. Ganz ebenso lesen wir De clem. I 5, 6: *non decet regem saeva et inexorabilis ira*; der rechte König soll von sich sagen können: *non ira me ad iniqua supplicia compulit* (ib. I 1, 3)."[134] Darin bestehe Senecas Appell an Nero. Theseus fordert Hercules auf: *Herculem irasci veta* (1277)!

Wenn Seneca Theseus 750–759 Büßer(gruppen) nur nennen läßt, weil sie dazugehören, wäre das eine schwache Motivierung. Es fällt auf, daß die letzten beiden eine ‚unkanonische Erweiterung'[135] sind: die Cadmeides und Phineus. Schon Megara bezeichnet die *matres passas et ausas scelera* als typisch für die

---

potential to slip into tyranny and to destroy the world, are ones that the emperor needed to take to heart."
128 In 742 ist *animaeque parcit* überliefert, was die recc. zu *animoque parcit* verbessern. *animae* bedeutet „vitæ civium" (Farnabius 1676, 200, der sich für *animo* entscheidet), *animo parcere* „moderari animo" (Gronovius, der Gruter zitiert (bei Schröder 1728, 57)).
129 1957, 63. De rep. 6, 13: *sic habeto: omnibus qui patriam conservaverint adiuverint auxerint, certum esse in caelo definitum locum, ubi beati aevo sempiterno fruantur.* Gemeint sind die *civitatum rectores et conservatores*.
130 *De clementia* ist zwischen 15. Dezember 55 und 14. Dezember 56 entstanden.
131 So Rose 1979 / 1980, 142.
132 Im Blick auf *De clementia* gut von Fuhrmann 1963, 489–490 betont: „Wenn Seneca nicht die einzige Position aufgeben wollte, die er noch innehatte, die Möglichkeit, Nero durch sein mahnendes Wort zu beeinflussen, dann mußte er so tun, als ob er der offiziellen Version glaube, wonach Britannicus eines natürlichen Todes gestorben war."
133 Rose 1979 / 1980, 141: "Seneca hoped that Nero, too [sc. wie Hercules], would learn to curb the deplorable inclinations which his tutor chose to regard as youthful profligacy" (Belege in Anm. 16).
134 1911, 350.
135 Billerbeck 1999, 451.

Thebana regna (386–387).¹³⁶ Wenn Hercules – als Thebanus – auf Nero weist, könnte man bei den irren Weibern, die vor Mord nicht zurückschrecken, an die Kaiserinnen denken: Messalina und Agrippina stehen Agaue, Ino und Autonoe nicht nach. Mit Phineus,¹³⁷ der den Menschen zuviel von den Göttern verriet,¹³⁸ könnte Seneca sich selbst ins Spiel bringen und sein riskantes Unternehmen im Blick haben, zwischen dem Gott Nero und den gewöhnlichen Menschen zu vermitteln. So gewönnen die beiden Beispiele unglaubliche Brisanz, was unmittelbar nach dem Nero-Bezug im Tyrannen-Passus nicht ungewöhnlich wäre.

Es ist überhaupt zu erwägen, ob sich hinter dem ratenden und mäßigenden Theseus Senecas eigene Person spiegelt, wie das auch bei Creo im *Oedipus* vermutet wird.¹³⁹ "Loyalty is one of Theseus' leading characteristics."¹⁴⁰ Loyalität ist eine von Senecas leitenden Wesenszügen gegenüber Nero. Theseus' Devise *quod quisque fecit, patitur* (735) ist Senecas Devise *quae fecere patiuntur* (*Epist.* 39, 5).¹⁴¹

Was bedeutet das ‚stoische Exemplum'¹⁴² des *vivamus*, wenn Nero hinter Hercules steht? Gewiß erwog er kaum je Selbstmord. Wohl aber könnte Seneca sagen, es sei möglich, trotz einem gräßlichen Frevel umzukehren. Genau diese Botschaft scheint *De clementia* zugrunde zu liegen. Die Lehre lautete dann: Auch Hercules hat sich überwunden. Das war für einen so Großen nicht schändlich, sondern ehrenvoll.¹⁴³

Seneca dürfte das doppelte Ziel verfolgen, einerseits den Kaiser vor der Öffentlichkeit festzulegen, andererseits sich vor ihr zu salvieren.¹⁴⁴ Er wollte nicht als jemand erscheinen, der alles mitmache oder gar gutheiße. Nach Tacitus hat Nero seine *clementia* in zahlreichen *orationes* propagiert, *quas Seneca t e s t i f i c a n d o, quam honesta praeciperet, vel iactandi ingenii voce principis vulgabat.*¹⁴⁵ Ein Baustein der Strategie könnte der *Hercules Furens* sein.

---

136 Inos Leiden unter Hera waren sprichwörtlich (Billerbeck 1999, 339), aber sie war an Pentheus' Tod beteiligt und verfolgte die Stiefkinder Phrixus und Helle. Sie ist eine *passa et ausa scelera*. Fitch 1987, 226 denkt auch an Iocasta.
137 Er erscheint offenbar nur Prop. 3, 5, 41 als Büßer im Hades (Fitch 1947, 314).
138 Apoll. Rhod. *Arg.* 2, 178–182. (Es wäre hier also nicht darauf angespielt, daß er oder seine Frau die Kinder blendeten.)
139 Birt 1911, 355; Münscher 1922, 106; Lefèvre 1985 (1), 1259 (▶ S. 360).
140 Fitch 1987, 460 zu 1334.
141 Ranke 1888, 36.
142 Zwierlein 1984, 29.
143 Baier 2010, 45 spricht von einer ‚freundschaftlichen Warnung'.
144 Abel 1985, 729 sagt zu Recht, die ‚Absicht propagandistischer Beeinflussung' werde man im Auge behalten müssen.
145 *Ann.* 13, 11, 2. Dazu Abel 1985, 729 Anm. 711, *De clementia* atme „einen verwandten Geist wie die Reden von 55, auf die Tacitus sich bezieht."

Vielleicht ist in dem politischen Kontext auch Iunos Gestalt zu sehen, die in oberflächlicher Betrachtung für Hercules' Wahntat Verantwortung trägt. Bei dieser Auffassung war es Seneca möglich, sich vor unliebsamen Auslegern hinter Iuno zu ‚verstecken' und Nero um so unbefangener gegenüberzutreten. Der einsichtige Rezipient konnte tiefer blicken. Doch war das nicht selbstverständlich. Selbst moderne Philologen begnügen sich vielfach mit der Oberfläche.

Seneca blieb bei seinem furchtbaren Schüler ohne Erfolg. Aber jeder Versuch war ehrenwert.[146]

---

[146] La Penna vermutet in Lycus ein Porträt Sejans, der 25 um die Hand Livias, der Witwe des Tiberius-Sohns Drusus, anhielt (1980, 30), was der Kaiser ablehnte (Tac. *Ann.* 4, 39–40). Das ist unwahrscheinlich, da Sejan schon 31 hingerichtet wurde, ehe Seneca Tragödien dichtete. Diese dürften sich grundsätzlich auf aktuelle politische Situationen und Ereignisse beziehen.

34 Manierismus im *Hercules Furens*

I Iunos Monolog ——— S. 535
II Amphitryons Monolog ——— S. 542
III Lycus' Selbstporträt ——— S. 545
IV Megaras rhetorischer Sieg über Lycus ——— S. 547
V Amphitryons rhetorischer Sieg über Lycus ——— S. 549
VI Theseus' Unterweltsbericht ——— S. 552
VII Die Exposition bei Euripides und Seneca ——— S. 555

Der *Hercules Furens* ist nicht nur aufgrund der politischen Aussage, sondern auch aufgrund der literarischen Faktur ein Werk der Zeit. Für die Erfassung des Stils bietet sich der Begriff des Manierismus an, wie er etwa von G. R. Hocke (1959), J. Bousquet (1963), H. Friedrich (1963) oder A. Hauser (1964) definiert worden ist. Er scheint geeignet, die Pointiertheit, Unangepaßtheit, Virtuosität, Geziertheit, Künstlichkeit, Paradoxität, Allusionshypertrophie, Sich-Zurschaustellung, kurz: die Manieriertheit der senecaischen Erzählung und Argumentation zu b e n e n ‍- n e n. Nicht aber wird versucht, Kriterien der modernen Literatur- und Kunstwissenschaft von außen an Senecas Text heranzutragen. Was gemeint ist, hat W. Liebermann gut definiert. „Manierismus ist [...] ein vorrangig sprachlich-stilistischer, in jedem Fall artistischer Begriff, der von der Abgrenzung gegen das Konventionelle lebt."[1]

Sechs hochmanieristischen Partien sei Aufmerksamkeit gewidmet. Man könnte sie auch ohne den Terminus Manierismus beschreiben, denn die Phänomene liegen klar zutage.[2] Am Schluß geht es um ein ebenfalls literarkritisches Phänomen: die unterschiedliche Art der Exposition bei Euripides und Seneca.

I Iunos Monolog (1–124)

Der Prolog ist ein Musterbeispiel manieristischer Literatur. In ihm tritt ein Überhang der Form auf, wie er selbst bei Seneca nicht oft zu beobachten ist. Wenn auch Lyssa im *Herakles* Anregungen gegeben hat, wird man Iunos Gestaltung sowohl in der *Aeneis* als auch in den *Metamorphosen* als bewußte Subtexte Senecas anzusehen haben.[3]

Originalbeitrag 2014.
1 2003, 32 Anm. 85 (dort einschlägige Literatur).
2 ▸ schon S. 420, 510.
3 Heldmann 1974, 21–26; Lawall 1983, 7–8; Fitch 1987, 118; zu Ovid Jakobi 1988, 5–7.

Hera tritt nicht auf, sondern läßt ihre Befehle durch Iris überbringen. Dementsprechend gerät sie nicht selbst in λύσσα, sondern bedarf der Allegorie derselben in Lyssas Gestalt. Ferner wird ihre Aktion erst in der zweiten Hälfte initiiert. Demgegenüber versucht Iuno in beiden Teilen der *Aeneis* jeweils von Anfang an das Geschehen zu lenken. Im ersten Buch bedient sie sich des Herrschers über die Winde Aeolus, im siebten der Furie Allecto als Werkzeuge. Sie verkörpern den Furor. Insofern Iuno sie gerade in dieser Eigenschaft als Helfer wählt, wird sie hinsichtlich des Handlungsganzen selbst zu einer Agentin des Furor, der als auslösendes Element weite Strecken, wenn nicht die gesamte nachfolgende Handlung bestimmt.

Senecas Hörer soll schon zu Beginn die Bezüge zu Vergil und Ovid erkennen. Um ihn dabei zu unterstützen, setzt er mit den ersten beiden Wörtern ein Signal: *soror Tonantis* nimmt *Iovisque | et soror et coniunx* auf (*Aen.* 1, 46–47), ‚bestreitet' aber die Berechtigung der vergilischen – von Iuno ebenfalls selbst gesprochenen – Phrase, indem nur die *soror*, nicht aber die *coniunx* in Geltung bleibt. Auch die Fortsetzung *hoc enim solum mihi | nomen relictum est* ist vergilisch. „Sumpsit à Virgilio, apud quem Dido Aeneae: *cui me moribundam deseris hospes. Hoc solum nomen quoniam de conjuge restat*"[4] (4, 323–324). Das ist kein beliebiges Zitat, da Iuno wie Dido den Verlust ihres *coniunx*-Seins beklagt. Zugleich folgt Seneca einer witzigen Anregung Ovids, dessen Iuno in der vergleichbaren Situation bei Semeles Schwangerschaft beschließt, die Nebenbuhlerin selbst zu verderben (*Met.* 3, 262–266):

> profeci quid enim totiens per iurgia? dixit.
> ipsa petenda mihi est; ipsam, si maxima Iuno
> rite vocor, perdam, si me gemmantia dextra
> 265 sceptra tenere decet, si sum regina I o v i s q u e
> et soror et coniunx, c e r t e   s o r o r .

Bezieht sich schon Ovid auf Vergil, weist Seneca auf beide Vorgänger hin. Aber er zitiert nicht einfach Ovid, sondern kontaminiert dessen Passus mit einem anderen nicht weniger pointierten aus dem zweiten Buch: Iunos Klagerede nach der Verstirnung Callistos, die ebenfalls auf dem vergilischen Vorbild basiert. Dort steigt Iuno mit der Begründung, ihren Platz im Himmel nehme nun eine andere ein, zu den Göttern des Meers hinab (2, 508–513):

---

[4] Gronovius bei Schröder 1728, 2.

>   intumuit Iuno, postquam inter sidera paelex
>   fulsit, et ad canam descendit in aequora Tethyn
> 510   Oceanumque senem, quorum reverentia movit
>   saepe deos, causamque viae scitantibus infit:
>   quaeritis, aetheriis quare regina deorum
>   sedibus hic adsim? pro me tenet altera caelum.

Iuno fühlt sich aus dem Himmel vertrieben (*Iunone pulsa*, 2, 525) und ersucht Tethys und Oceanus, den Septentriones – die das nämliche Sternbild wie die Große Bärin sind – das Meer zu verbieten.[5] Begibt sie sich in die Tiefen des Ozeans, wählt Seneca von dem dreigeteilten Weltall die Erde als ihren Zufluchtsort. Das ist eine Pointe, die beachtet sein will. Während Ovids Iuno nach ihrer Mission in den Himmel zurückkehrt (2, 532), argumentiert Senecas Iuno so, als sei das – zumal Iupiter ihr entfremdet (*alienum*, 2) und sie gleichsam Witwe sei (*vidua*, 3) – ausgeschlossen. Die Behauptung, die Konkurrenzfrauen bewohnten in einer solchen Zahl den Himmel, daß für sie kein Platz sei, ist barer Unsinn: Niemand zweifelt daran, daß Iuno (nimmt man ihre Person existentiell ernst) sich nach dem Absolvieren der Prologrede recta via in den Himmel begibt. Der aufmerksame Hörer bemerkt spätestens nach fünf Versen, daß er sich in einer völlig anderen Welt als der des augusteischen Epikers befindet.

Iunos Ärger über die Verstirnung der Zeus-Geliebten ist somit durch Ovid vorgegeben. Der neronische Dichter schwemmt ihn erheblich auf. Die Begründungen und Assoziationen in 6–18, die der das Gras wachsen hörenden Göttin beim Anblick der Sternbilder kommen, sind großenteils so künstlich, daß der Rezipient erheblichen Scharfsinn aufwenden muß, um folgen zu können. Seneca geht wegen der Ovid-Nachfolge von Callisto aus. Der Bezug von Arctos zu Callisto liegt auf der Hand: Arctos ist Callisto. Aber der *vector Europae* ist nicht Iupiter, sondern der Stier,[6] bei dem Iuno Iupiter nur assoziiert, der wie im vorhergehenden Fall einen Seitensprung tat. Es folgen die Pleiaden. Hier muß sich der Hörer besonders anstrengen: Sollte Iupiter alle sieben Mädchen heimgesucht haben? Wer annimmt, daß das selbst seine Abenteuerlust überschritte, ist im Recht, da nur Maia, Electra und Taygete zu den Erwählten gehörten. Trotzdem sollte man sich hüten, hierin ein Defizit der senecaischen Phantasie zu erblicken. Denn die sieben Pleiaden werden gebraucht, um das rechte Objekt des Jägers Orion abzugeben, der – als ihnen folgendes Sternbild – sie am Himmel ‚jagt'. Was hat Orion mit einem Iupiter-Abenteuer zu tun? Entgegen Poseidons Vaterschaft bei Hesiod gilt er schon bei Pindar als Zeus' Sohn, vor allem bei Ovid, der die merkwürdige Geschichte

---

5 Sie gehen nicht unter den Horizont.
6 Farnabius 1676, 177.

seiner Zeugung aus Iupiters, Neptuns und Merkurs Urin erzählt (*Fasti* 5, 495 – 536).[7] Wenn schon der Schwerenöter Ovid sich mit einer Andeutung begnügt und mit seinem zarten Empfinden kokettiert – *pudor est ulteriora loqui* (5, 532) –, ist Seneca noch sparsamer mit Informationen; aber es ist klar, daß er die Kenntnis Ovids voraussetzt. In diesem Fall begeht Iupiter einen seltsamen Ehebruch. Soll er doch, könnte Iuno denken, aber sie fühlt sich übergangen – „quod zelotypam deam male urit."[8] Bis hierhin richtet sich Seneca an der tatsächlichen Himmelskonstellation aus: Arctos, Stier, Pleiaden, Orion. Es folgen weitere Assoziationen. Perseus, die Dioskuren[9] – der Name weist beide als Iupiter-Söhne aus, obwohl das nur auf Pollux zutrifft – sowie Apollo und Diana sind Sprößlinge von Iupiter-Kebsen. In diese Reihe gehört auch Bacchus, doch haben weder er noch seine Mutter einen Katasterismos erfahren. Aber sie sind Götter geworden. Damit sie von Iuno in dem bisherigen astrologischen Rahmen gebrandmarkt werden können, ermöglicht über einen Umweg Ariadnes Stephanos die Assoziation an Bacchus und so an Iupiters Abenteuer mit Semele.[10] In diesem Fall sollte sich Iuno freilich sagen, daß ihre Rache gekühlt sein müßte, da sie durch den schändlichen Rat an Semele – ihr Liebhaber solle sich in seiner wahren Gestalt zeigen – den schlimmen Tod der Nebenbuhlerin bewirkte.

Niemand erwartet in Tragödien eine Begründung, warum ein Gott erscheint, um etwas zu verkünden. Iuno könnte einfach auftreten und berichten. Der absurde Einfall, für sie sei kein Platz im Himmel, ist ‚überflüssig'. *Ein großer Aufwand, schmählich!, ist vertan*, könnte man denken. Es kommt hinzu, daß die Bezüge zu Iupiters Fehltritten auf völlig verschiedenen Ebenen liegen. Doch verraten beide Punkte nicht dichterische Schwäche, sondern Stärke. Man stelle sich vor, welche Monotonie bei einem Katalog gleichartiger Iupiter-Abenteuer entstanden wäre.

Seneca weitet Ovids bereits pointierten Einzelfall auf acht Fälle aus, die als Begründung für Iunos Vertreibung aus dem Himmel fungieren: 1. Callisto, 2. Europa, 3. Pleiaden, 4. Orion, 5. Danae, 6. Leda, 7. Leto, 8. Semele. Angesichts der Gesuchtheit nicht nur des ganzen Vorgangs, sondern auch der einzelnen Beispiele[11] bietet es sich an, den Passus als ein Muster manieristischer Literatur zu

---

7 Bömer 1958, 321 (mit Belegen).
8 Farnabius 1676, 177.
9 „est autem Anachronismos seu Prole(p)sis, necdum enim Tyndaridæ mortui erant" (Farnabius 1676, 177).
10 Offenbar ist so zu schließen, nicht aber, Iuno wolle sagen, es sei so weit gekommen, daß jetzt schon ein Kebssohn seine Geliebte verstirne – so Trevet 1959, 12 („quasi dicat: totum celum plenum est criminibus et adulteriis Iovis, sed adhuc, quod plus gravat, etiam amasia privigni mei celum occupat cum corona sua"); Paratore bei Caviglia 1979, 221; Billerbeck 1999, 195.
11 Das gilt etwa für die gelehrte Umschreibung in 15.

betrachten, dessen künstliche Strukturen gerade künstlerisches Gewicht bewirken. „Witz und Scharfsinn sind Bekundungen manieristischer Denkformen", wobei Witz als „Scharfsinn geistreicher Erfindung" zu verstehen ist.[12] Es handelt sich um dasselbe künstlich-künstlerische Prinzip, das Ovid bei der Verknüpfung der einzelnen Geschichten in den *Metamorphosen* verfolgt.

Die Methode der Assoziation wird auch im folgenden geübt (19 – 29). Jetzt treten Alcmene und Hercules in Erscheinung, deren Vergöttlichung Iuno erwägt.[13] Alcmene wurde das nicht zuteil, Hercules aber erhebt Anspruch darauf. Hat Iuno, soll man verstehen, die anderen Fehltritte Iupiters geduldet, wird sie nun aktiv, besser: ist sie längst aktiv geworden: Sie führt *aeterna bella* gegen Hercules (29). Auch bei Euripides steht hinter den Herakles von Eurystheus auferlegten Taten Hera,[14] aber das ist dezent angedeutet. So sagt Amphitryon alternativ im Prolog, Herakles handele εἴθ᾽ Ἥρας ὕπο | κέντροις δαμασθεὶς εἴτε τοῦ χρεὼν μέτα (20 – 21).

Hier läßt Seneca Iuno ebenfalls ihre vergilische Vorgängerin zitieren. Diese handelte *dolens* (1, 9) und empfand *irae* und *saevi dolores* (1, 25 – 26). Senecas Iunos spricht von *irae* und *saevus dolor* (28).[15] Die Stelle ist ein Nest vergilischer Begriffe. Iuno nimmt mit *bella geret* (29) Vergils *bella gero* (1, 48) und mit der Qualifikation *aeterna* Vergils *aeternum vulnus* (1, 36) auf. Beide Göttinnen führen einen ‚ewigen Kampf'. Doch welch Unterschied! Vergils Iuno denkt historisch, Senecas Iuno persönlich. Vergils Iuno ist um das künftige Schicksal Karthagos besorgt, Senecas Iuno ist eine beleidigte Ehefrau. Die geschichtliche Dimension geht der Seneca-Tragödie verloren.

Seneca schlachtet das Motiv, daß Iuno gegen Hercules Krieg führt, geistreichwitzig aus. Dabei erscheint sie geradezu als tragische Person, insofern die Rede 30 – 74 von dem einzigen, laufend abgewandelten wirkungsvollen Paradoxon bestimmt ist, daß nicht sie, sondern Hercules Sieger ist, daß überhaupt die von ihr verhängten Strafen stets den gegenteiligen Erfolg haben. Ausgangspunkt wird auch für dieses zweite Bravourstück stilistischer Variationshypertrophie ein bereits paradoxer Einfall Ovids sein. Iuno sagt in ihrer Anklagerede gegenüber Oceanus und Tethys im Blick auf Callisto (die sie mit der Verwandlung in eine Bärin strafen wollte, die Iupiter aber später verstirnte): *quae prosim sola nocendo* (2, 519). Den einen Gedanken, daß Iuno mit ihren Aktionen bei Hercules das Gegenteil erreicht, präsentiert Seneca – wiederum – nicht weniger als achtmal: 1. *crescit malis* (33), 2. *iraque nostra fruitur* (34), 3. *in laudes suas | mea vertit odia* (34 –

---

12 Hocke 1959, 102.
13 Axelsons Fragezeichen (bei Zwierlein 1986) nach 26 ist kaum überzeugend: Billerbeck 1999, 198 – 199.
14 Bond 1981, 68.
15 Ebenso: *dolor* in 99.

35), 4. *dum nimis saeva impero, | patrem probavi* (35–36), 5. *gloriae feci locum* (36), 6. *minorque labor est Herculi iussa exsequi | quam mihi iubere* (41–42),[16] 7. *laetus imperia excipit* (42), 8. *pro telis gerit | quae timuit et quae fudit* (44–45). Das ist eine permanente Abwandlung des Umstands, daß Iuno Hercules nicht zu besiegen vermag. Was schlicht gesagt werden könnte, wird erstens paradox formuliert und zweitens manieristisch verbreitet. Vergils Iuno klagte einfach: *mene incepto desistere victam!* (1, 37). Wieder verselbständigt sich bei Seneca der Stil gegenüber der Aussage. Hauser sieht die Paradoxie als wesentlich für die Erfassung des Manierismus an: „An der Oberfläche drückt sich im Paradoxon ein mehr oder weniger exzentrisches und pikantes Wesen aus, das keinem manieristischen Werk, so tief und ernst es auch sein mag, fehlt."[17]

Die immer erneute Variation des nämlichen Gedankens, die man nur bewundern kann, wird von Fronto bei der Charakterisierung des Stils, wie ihn Seneca übt, scharf kritisiert: *primum illud in isto genere dicendi vitium turpissimum, quod eandem sententiam milliens alio atque alio amictu indutam referunt, ut histriones, quom palliolatim saltant, caudam cycni, capillum Veneris, Furiae flagellum eodem pallio demonstrant, ita isti unam eandemque sententiam multimodis faciunt: ventilant, commutant, convertunt, eadem lacinia saltitant, refricant eandem unam sententiam saepius quam puellae olfactaria sucina.*[18]

Ein weiterer geistreicher Einfall Senecas ist es, daß er den Bereich, in dem Iuno Hercules tätig sieht, exakt in die drei Zonen des Weltalls aufteilt: 1. *terra* (29–46), 2. *limen inferi Iovis* (47–63), 3. *caelum* (64–74). Es mag sich um ein rhetorisches Schema handeln, das man in den Schulen lehrte und lernte. Aber Seneca wendet die Disposition so genial an, daß der Begriff Rhetorik unzureichend wird.

Die erste Zone (29–46) wird durch die besprochenen Paradoxa von Iunos ‚tragischem Handeln' bestimmt.

Die zweite Zone (47–63) kommt durch Assoziationen in den Blick, die Iuno völlig ‚unberechtigt' an die Epiphanie des Höllenhunds knüpft. Hercules erscheint als Hybristes, der die Gesetze der Unterwelt außer Kraft setzt. Iuno stellt nicht in Rechnung, daß es nach der Konzeption, von der sie im Prolog ausgeht, sie selbst ist, die Cerberus' Herbeischaffung befohlen hat. Witzig wird der Hund als der eroberte Verteidiger des überwundenen Höllenkönigs bezeichnet (*opima victi re-*

---

16 Wieder zitiert Seneca Ovid, und zwar „legt er Iuno Worte des Hercules in den Mund" (Jakobi 1988, 6): *defessa iubendo est | saeva Iovis coniunx; ego sum indefessus agendo* (Met. 9, 198–199).
17 (1964) 1973, 13.
18 *De orationibus* 4 (Text nach Van den Hout, der *comvertunt* druckt; Haines (Loeb-Edition) ergänzt vor *saltitant* ⟨varia⟩).

gis, 48).¹⁹ Die schauerliche Vorstellung soll zur Evidenz erhoben werden, daß nunmehr die Hölle auf Erden herrscht. Die Schilderung gipfelt in dem wirkungsvollen Paradoxon *timui imperasse* (63) und knüpft damit an den *terra*-Teil an. Davon, daß die Schatten einen Weg aus der Unterwelt erhalten und die Geheimnisse des Todes offenliegen (55–56), kann keine Rede sein. Auch in diesem Fall handelt es sich um einen charakteristischen Zug manieristischer Kunst. Denn ihre Vertreter lieben das ‚Seltsame‘, ‚Makabre‘ und ‚Ungeheure‘.²⁰

Die dritte Zone (64–74) verdankt ihre Berechtigung vollends Iunos überbordender Einbildungskraft. Zwar sieht sie richtig, wie sich später herausstellt, daß Hercules ein Übermensch ist, aber ihre Befürchtung bewegt sich vorerst im Bereich der Spekulation. Diese wird – darin liegt ihr Raffinement – sauber ‚bewiesen‘: Aus der Tatsache, daß Hercules einst für eine Weile Atlas den Himmel abgenommen hat, schließt sie mit kühner Logik, daß er diesen besiegen könne, aus dem *caelum ferre* folge *posse caelum vinci*! Daß sie selbst seinerzeit angehoben worden sei (*et me prementem*), ist eine witzige Pointe am Schluß.²¹

Dem Prolog eignet in mehrfacher Weise ein pointierter Duktus: 1. Am Anfang hat Iuno den festen Vorsatz, Hercules zu verderben (27–29) – am Ende muß sie feststellen, daß das nur er selbst könne (84–85, 116–117). Man erwartet, daß eine Göttin das vorhersähe. Doch ist Seneca die paradoxe Entwicklung des Gedankengangs wichtiger als die Glaubwürdigkeit der Person. 2. Als Gipfel der herkulischen Leistungen betrachtet Iuno – zu Recht – die Überwindung des Hades und das Herbeischaffen des Hundes (47–51). Es ist für sie im höchsten Grad Hybris, daß die Unterwelt offenliegt (54–56). Dann aber beschließt sie, die Kräfte der Unterwelt selbst heraufzuholen, um ihren Feind, der sie überwunden zu haben meint (*credis*, 91), zu verderben (86–112): Eumeniden (= Furien),²² Discordia, Scelus, Impietas, Error, Furor und unter den Furien besonders Megaera (101–102). 3. Hat Iuno Hercules' letzte Aufgabe – wie alle (40–42) – selbst befohlen, damit er nicht wiederkehre, ändert sie nunmehr den Wunsch: Er möge wiederkehren (um die Kinder zu töten). Die ‚Umkehrung‘ wird hervorgehoben: *vota mutentur mea* (112).²³ 4. Lehnte Iuno bisher Hercules' *virtus* ab (39–40), ist die verhaßte *virtus* nunmehr willkommen: *inveni diem, | invisa quo nos Herculis virtus iuvet* (114–115).

---

[19] Farnabius 1676, 178 erklärt geistvoll: „Spolia opima ipsi Diti erepta, Cerberum sc. tricipitem, Plutonis insigne, ut fulmen trisulcum Jovis, Neptuni tridentem."
[20] Bousquet (1963) 1964, 18.
[21] Nach Billerbeck 1999, 222 weist Iuno darauf hin, daß „sie den Himmel absichtlich beschwerte." Dieser Einfall geht bei der von Zwierlein erwogenen Konjektur *frementem* verloren.
[22] Billerbeck 1999, 226.
[23] Zum Text Billerbeck 1999, 237 (‚Wechsel der Zerstörungsstrategie').

5. Ist Iuno zunächst betrübt, daß sie im Himmel nicht die Rolle der Gattin Iupiters spielt, sondern die der *noverca* (21), akzeptiert sie diese Rolle am Ende und bezeichnet ihren üblen Plan als *dignum noverca* (112). 6. Ist Iuno zu Beginn der Gedanke unerträglich, daß Alcmene und Hercules (wie ihre Vorgänger in Iupiters Gunst) in den Himmel kommen (21–26), findet sie das am Schluß im Blick auf Hercules eine gute Idee – aber *scelere perfecto* (121–122). Mit *licet* (121) nimmt sie die frühere Formulierung (21) auf.

Iuno ist in sechsmaliger Wende ihrer Argumentation schließlich ‚bekehrt'. Es handelt sich um die Konsequenz der Inkonsequenz.

Die Betrachtung des Prologs erweist diesen als manieristisches Kunstwerk par excellence. Die Kehrtwendung im Duktus macht ihn zu einer ‚Nummer', die zum Solovortrag prädestiniert ist.[24] In der Kunst des Manierismus sind allegorische Gestalten verschiedenster Art allbeliebt.

II Amphitryons Monolog (205–278)

Monologe eignen sich bevorzugt zur Ausgestaltung manieristischer Strukturen. Assoziative Gedankenführung ist in ihnen leichter vorzunehmen als in Dialogen. Das ist schon in der Palliata zu beobachten.

Amphitryons Monolog hat eine ungewöhnliche Länge. Er ist vom Inhalt her kaum dramatisch. Der euripideische Prolog wird aufgenommen, den Seneca durch die Iuno-Allegorie ersetzt. Es wird gewissermaßen zweimal exponiert.[25] Bringt Amphitryons Monolog die Handlung nicht weiter, liegt seine Wirkung im pointierten Stil, der Eindringlichkeit erzeugt. Zwar läßt Seneca den Sprecher am Anfang (*mihi*, 207) Betroffenheit äußern, doch unmittelbar darauf verselbständigt sich das Wort.[26] Die Rede hat zwei Themen: 1. Hercules, 2. Theben. Beide behandelt Amphitryon ab ovo, um nicht zu sagen: er handelt sie ab. Der verfolgte Hercules kommt von der Geburt, Theben von der Gründung an in den Blick. Man kann das als rhetorisch bezeichnen, doch ist die Frage, ob das genügt. Seneca beschränkt sich nicht auf die aktuelle Lage, in der sich Hercules und Theben befinden, sondern exponiert möglichst vieles, was ihm zu den Themen ‚Hercules in Not' und ‚Theben in Not' einfällt. Das sind große Komplexe. Erst durch die Beschwörung der vergangenen Taten erscheint Hercules' gegenwärtige Not in voller Größe. Erst

---

24 ▸ S. 624.
25 ▸ S. 555.
26 212–213 sind bereits pointiert formuliert: Hercules hat keine echte Ruhe, außer wenn ihm zwischen den Taten gerade eine neue befohlen wird.

durch die Beschwörung des vergangenen Glanzes (Spartiaten, Amphion, Iupiters Epiphanien) erscheint Thebens gegenwärtige Not in voller Größe. Nicht werden die früheren Ereignisse aus Gründen rhetorischer Bravour angeführt, sondern als Voraussetzung für die Bedeutung der aktuellen Situation. Es kommt beidemal auf den Kontrast zwischen Einst und Jetzt, Licht und Schatten, Gut und Böse an. In diesem Zusammenhang sind die Schilderungen des Dodekathlos und der ruhmreichen Vergangenheit Thebens im Gegensatz zu Hercules' gegenwärtiger Erfolglosigkeit (249) und Lycus' Niedrigkeit (259, 268–270) zu sehen. Damit das einsichtig ist, müssen Hercules' vergangener Ruhm und Thebens vergangener Glanz vergegenwärtigt werden. Nur wenn klar ist, daß schier unglaubliche Diskrepanzen vorliegen, kann der Zuhörer begreifen, daß im folgenden Schlimmstes geschieht. Insofern dienen die scheinbaren Ekphraseis wohlgezielt der Exposition. Um es zugespitzt zu sagen: Sie sind nicht frostig (ψυχρόν), rhetorisch, sondern ermöglichen im Gegentum die Hitze des Pathos – das freilich auf der intellektuellen Ebene angesiedelt ist.

Daß beide Komplexe sachlich ‚überflüssig' sind, zeigt der Prolog zum *Herakles*. Statt des ganzen Dodekathlos ist nur von ἐξημερῶσαι γαῖαν (20), statt von Thebens großer Vergangenheit nur von Amphion und Zethos, den ἐκγόνω Διός, als Stadtgründer (30) die Rede.

Bevor sich Amphitryon dem Tatenkatalog widmet, setzt er pathetisch-witzig das Töten der von Iuno geschickten Schlangen durch den Säugling Hercules in paradoxer Formulierung beziehungsvoll an den Anfang: *monstra superavit prius | quam nosse posset* (215–216)! Das erste Abenteuer ist mit Vergil-Reminiszenzen gespickt (216–222):

> **gemina** cristati caput
> **angues ferebant ora**, quos contra obvius
> reptavit infans igneos serpentium
> oculos remisso pectore ac placido intuens;
> 220 artos serenis vultibus **nodos** tulit,
> et tumida tenera **guttura elidens** manu
> prolusit hydrae.

Die Phrasen sind Hercules' Kampf mit Cacus in der *Aeneis* entnommen. Dort heißt es über Iunos Sendung der Schlangen: *laudes | Herculeas et facta ferunt: ut prima novercae | monstra manu **geminos**que premens **eliserit anguis*** (8, 287–289). Die Wendung *ferebant ora*, bei Seneca auf die *angues* bezogen, gebraucht Vergil bei Hercules' Auftritt: *ecce furens animis aderat Tirynthius omnemque | accessum lustrans huc **ora ferebat** et illuc* (8, 228–229). Die Junktur ist geistreich von Hercules auf die Schlangen übertragen. Schließlich wird deren Erwürgung mit der Erledigung des Riesen Cacus in Parallele gesetzt: *hic Cacum in tenebris incendia* *vana vomentem | corripit in **nodum** complexus, et angit inhaerens | **elisos oculos** et siccum sanguine **guttur*** (8, 259–261). Cacus' *incendia* zieren nunmehr die Augen der Schlangen (*igneos oculos*) – kein Zug geht verloren. Drei Vergil-Stellen werden in eine zusammengezogen, wobei teilweise die Personen vertauscht sind. Ecce poeta doctus! Bei Seneca ist der hohe Ernst des Cacus-Abenteuers sowohl verniedlicht als auch gesteigert – es handelt sich um Manierismus in Reinkultur. Daß ferner am Ende das Töten der Schlangen als Vorspiel, sozusagen als Training, für den Kampf mit der Hydra – der Vergil-Kenner versteht auch: *prolusit Caco* – bezeichnet wird, stellt einen nicht geringen Einfall dar. Es ist eine hochintellektuelle Kunst, die den gebildeten Hörer und Leser voraussetzt.

Die im folgenden genannten Taten sind offenbar nach ‚Sachen' gegliedert: Erst kommen fünf Landtiere in den Blick (Hirsch, Löwe, Hengst(e), Eber, Stier), dann ein Riese, ein Drache (der aber nicht getötet wird), eine Schlange, die getötet wird (Hydra), Vögel, dazwischen das Versetzen von Bergen (Straße von Gibraltar), schließlich ein Mensch (Hippolyta) und ein Stall (Augias). Gemächlich läuft die Reihe an, ehe sie immer bunter wird. Man möchte meinen, es liege bei den letzten beiden Taten eine Antiklimax vor; denn der Kampf mit der Amazonen-Königin, die sich ihm vielleicht sogar freundlich unterwirft,[27] ist ebensowenig mit den vorangegangenen Großtaten vergleichbar wie das Säubern des Augias-Stalls, wozu Hercules ungewohnt den Verstand statt die Muskeln gebrauchte. Vielleicht ist das eine Pointe. Andererseits gehört es zum Handwerk eines rhetorisch versierten Dichters, die Aufzählung formal zu variieren. 1 und 2 (Kerynitische Hirschkuh, Nemeischer Löwe, 222–225): einfache Aussage; 3–5 (Diomedes, Erymanthischer Eber, Kretischer Stier, 226–230): rhetorische Frage; 6 und 7 (Geryon-Rinder, Öffnung der Straße von Gibraltar, 231–238): je vier Verse nach dem Prinzip der wachsenden Glieder; 8 (Hesperiden, 239–240): Nachtrag, mit *post hoc* eingeführt; 9 und 10 (Lernäische Hydra, Stymphalische Vögel, 241–244): rhetorische Frage;[28] 11–12 (Hippolyta, Augias-Stall, 245–248): durch Verneinung des Erfolgs der Gegner vermittelt (*non vicit / nec [...] fugavit*), wobei eine Spannung dadurch entsteht, daß das am Anfang von 245 plazierte *non* parallel zu dem am Anfang von 242 plazierten *non* zu stehen scheint, aber eine entgegengesetzte Konstruktion einleitet.

Eine besondere Kunst liegt darin, daß die Taten nicht immer durch Nennen der Ungeheuer bzw. der unüberwindlich scheinenden Schwierigkeiten in Erinnerung gerufen, sondern pointiert umschrieben werden. Nicht ist es Unvermögen, daß einige Abenteuer dunkel formuliert sind und bei dem modernen Leser Hilfe eines

---

27 *HF* 542–546 (▸ S. 522).
28 Man könnte auch von einer Praeteritio sprechen.

Kommentars erfordern, sondern besonderes Vermögen des Andeutens und Verfremdens. Gerade bei Katalogen, die im (rezitierten) Epos seit der *Ilias* Tradition sind und im Rezitationstheater einen angemessenen Platz finden, kann der manieristische Dichter Virtuosität zeigen. Unter diesem Betracht sind der Dodekathlos und Thebens Frühgeschichte zu sehen. Es handelt sich nicht um Bildungsballast, sondern um manieristischen Selbstzweck.

Die einzelnen Taten des Dodekathlos schwanken. Seneca fühlt sich daher frei. Cerberus wird nicht genannt, weil die Tat noch im Gang ist. Auch bei Thebens Vorgeschichte wird eine Auswahl getroffen. Der Katalog dient dem Kontrast zwischen der göttlich umwehten Vergangenheit und dem niederen Tyrannen Lycus, der ein *exul* ist (269, 274).

Es geht im einzelnen um intellektuelle Bravour bei der Schilderung. Pointen und Paradoxa wuchern. Die Partie am Anfang 208b-213a ist eine Kette dieser Erscheinungen. Zahlreiche Alliterationen sorgen für rationales Pathos. Es genügt, auf den Schluß 275–278 zu verweisen.[29]

III Lycus' Selbstporträt (332–353)

Euripides' Gewaltherrscher, der sich bei seinem Auftritt an Amphitryon und Megara wendet (140), spricht von Anfang an in die Situation hinein. An Lycus' ‚eingeschobenem' Monolog läßt sich daher gut Senecas Eigenheit erkennen: Lycus spricht nicht in die Situation, sondern über die Situation. Er gibt zunächst – den Römern – eine Ekphrasis seines Herrschaftsgebiets (332–336). Daß die thebanische Ebene, vom Ismenos durchströmt, nordwestlich von dem nach Südwesten abfallenden[30] Phocis und südwestlich vom Cithaeron gerahmt wird, ist exakt. Man könnte nur an der Einbeziehung des Isthmos Anstoß nehmen, aber es heißt ja, daß man von dort Lycus' Reich sehe (335):[31] Denkt man an die Blickrichtung gen Nordost, ist die Beschreibung zutreffend. Andererseits wird der Isthmos auch *Oed.* 266–267 Thebens *solum* zugerechnet.[32] Es sind topische Geographica. Man verkennte Seneca, wenn man ihn für einen poeta doctus hielte, der mit Bildung protzt. Im Gegenteil vermittelt er den römischen Hörern das, was sie in geogra-

---

29 Über Hercules heißt es mit Alliteration: *inveniet viam* (276). Ist das eine Anspielung auf Iupiters bedeutsame Wendung *fata viam invenient* (*Aen.* 10, 113)? Es sind ja die *fata* der einzelnen Menschen, die sich durchsetzen: Hier wird sich der einzelne Mensch Hercules durchsetzen. Ähnlich *HO* 33 (▸ S. 562–563).
30 Zwierlein 1986 (2), 48: ‚quer liegend'.
31 Vielleicht ist Akrokorinth gemeint: Billerbeck 1999, 326.
32 Billerbeck 1999, 326.

phischer Hinsicht mit Theben assoziieren. Der Isthmos interessiert sie offenbar auch sonst.[33] Wenn *Med.* 35–36 davon die Rede ist, Korinth möge in Brand geraten, heißt es: *gemino Corinthos litori opponens moras | cremata flammis maria committat duo.* Hierher gehören *Thy.* 112–113 *illinc propinquis Isthmos atque illinc fremit | vicina gracili dividens terra vada* und *Ag.* 564–565 *Isthmon, arto qui recurvatus solo | Ionia iungi maria Phrixeis vetat.* Das sind bemerkenswerte manieristische Umschreibungen, die sowohl Senecas artistische Ader als auch das entsprechende Sensorium seines Publikums offenbaren.

Lycus präsentiert sich erstens als Usurpator (344) und zweitens als homo novus (348).[34] Das Fehlen der *tituli* (339) weist auf Rom: "Lycus is certainly a figure more Roman than Greek."[35] Dementsprechend trägt er – wie Atreus im *Thyestes* als Tyrann (*Thy.* 176–204) – ein Grundsatzprogramm vor (337–344). Es ist rhetorisch brillant formuliert. Die Aussage *qui genus iactat suum, | aliena laudat* (340–341) erinnert an Marius' Statement in Sall. *Iug.* 85. Daß er sich 340 *clara virtus* vindiziert, ist der Beweis für die Richtigkeit der Aussage Amphitryons *prosperum ac felix scelus | virtus vocatur* (251–252).[36] Es geht nicht um Fakten, sondern um ihre Bedeutung: Fünf Sentenzen erläutern sie (340–345). Das Usurpator- und homo novus-Sein wird kommentiert. Auch die stoische Lehre kommt zu Wort: Ein Gewaltherrscher sitzt auf einem unsicheren Thron. *trepidus* ist ein Terminus: *rapta sed trepida manu | sceptra optinentur* (341–342).[37] *alieno in loco | haut stabile regnum* (344–345) klingt wie ein Merksatz aus Senecas Prosaschriften. So heißt es in *De clementia* 1, 11, 4, die *tyranni* hätten eine *brevis potestas*.

Schließlich gibt Lycus seine Absicht kund, Megara zu heiraten und im Fall ihrer Weigerung die *Herculea domus* zu zerstören (345b–353). Das erste wird mit der Sentenz *ducet e genere inclito | novitas colorem nostra* (347–348), das zweite mit der Sentenz *ars prima regni est posse in invidia pati* (353) kommentiert. Lycus spricht immer zugleich über sein Verhalten bzw. über seine Handlungen.

---

[33] Anlaß ist sicher das schon unter Caligula (Suet. *Cal.* 21) geplante Durchstechen des Isthmos, das auch Nero später weiterverfolgte (Suet. *Ner.* 19, 2; 37, 3).
[34] Billerbeck 1999, 322.
[35] Shelton 1978, 32 Anm. 24. Vgl. Billerbeck 1999, 324.
[36] Farnabius 1676, 187.
[37] Der Tyrann Aeetes ist bei Valerius Flaccus 5, 244 *tremens*.

IV Megaras rhetorischer Sieg über Lycus (358–438)

362–369 trägt Lycus eine politische These über den friedlichen Neuanfang nach vorangegangener Gewaltausübung vor. Für sich genommen ist jede Sentenz absolut richtig – unter der Voraussetzung, daß beide Parteien gleiches Recht oder Unrecht haben. In diesem Fall sind jedoch Recht und Unrecht ungleich verteilt, so daß es sich um ein Musterbeispiel rabulistischer Rhetorik handelt. Lycus versucht als sophistischer Kopf τὸν ἥττω λόγον κρείττω ποιεῖν. Jede Wendung klingt gut und ist doch grundfalsch. Das Wort löst sich in manieristischer Weise von der Sache: Die Form gewinnt Überhand über den Gehalt.

In Megaras Antwort – deren ἀδύνατα wiederum rhetorisches Garn spinnen (373–378) – fällt die Schlagfertigkeit 380–383 auf:

> 380 una res superest mihi
> fratre ac parente carior, regno ac lare:
> odium tui, quod esse cum populo mihi
> commune doleo: pars quota ex isto mea est?

Was bleibt Megara nach dem Verlust der Ihren und der Herrschaft? Man erwartet: der Tod. Ihr bleibt aber der Haß. Damit nicht genug: Sie empfindet Schmerz, daß sie den Haß mit dem Volk teilen muß! Der λόγος dominiert über das πάθος, das Wort über die Situation.

Megara erweist sich als die Überlegene. Das ist noch mehr der Fall, wenn sie Lycus – im Sinn seiner Einsicht 341–345 – das baldige Ende der Gewaltherrschaft voraussagt (384–385):

> dominare tumidus, spiritus altos gere:
> 385 sequitur superbos ultor a tergo deus.[38]

tumidus ist der Überhebliche wie Hercules (68) oder der Politiker (171), *superbi* sind Hercules (*superbifica manu*, 58; *superbe*, 89) und die Mächtigen, die *ambitiosi* (164); *superbus luctus* kennzeichnet Niobe, die gestraft wird (390). Megara ‚klassifiziert' Lycus aus allgemein-philosophischem Blickwinkel und tritt aus dem besonderen thebanischen Blickwinkel[39] den Beweis an, daß der *tumidus* und

---

[38] „Opt. insolentiæ vindex, vel Nemesis superbiæ ultrix. Dii enim cum utriusque sexus sint secundum Stoicos, Poëtæ Deum etiam pro Dea ponunt" (Farnabius 1676, 189).
[39] Daß auf dem thebanischen Königshaus ein Fluch liege (Billerbeck 1999, 339), wird nicht gesagt, kann aber erschlossen werden. Es handelt sich immer wieder um neue Frevler.

superbus fällt. Sie teilt die *matres*,[40] Oedipus, dessen Söhne, Niobe und den im fernen Illyrien in einen Drachen verwandelten Cadmus[41] dieser Kategorie zu. Es ist bemerkenswert, daß sich Seneca manieristischer Rätselsprache für die bekannten Frevler Oedipus, Eteocles und Polynices bedient. Megara führt Lycus' Antrag ad absurdum. Sie behält abermals die Oberhand.

Lycus entgegnet, Megara möge sich mäßigen und von Hercules lernen, die Befehle eines Königs zu ertragen (397–398). Das klingt gut kombiniert, ist aber falsch: Eurystheus' Befehle sind ‚gerecht', Lycus' Befehle ungerecht – eine üble Ironie. Dann hält er ein schwungvolles Plaidoyer (*pauca pro causa loquar | nostra*, 401–402) ohne jede Moral. Er stellt den Tod Creos und seiner Söhne als Folge des Kriegs hin, die nun einmal nicht vermeidbar sei (402–405). Das ist wiederum unzutreffend, da der Angriff auf den König ja das Ziel des Kriegs war. Wie schon in 362–369 gebraucht er platte Sentenzen, die in sich ‚wahr' sind, aber nicht auf die Situation passen. Er bemerkt das selbst, weiß aber als Realpolitiker nichts anderes einzuwenden, als den ungerechten status ante zurückzuweisen und wie zuvor von dem scheinbar neutralen status quo auszugehen – und um Megaras Hand anzuhalten (406–413). Diese erstarrt, läßt die Klage jedoch in einer unangemessenen (senecaischen) Pointe enden: Den Krieg habe sie unerschüttert ertragen, jetzt aber zittere sie vor einem Schlafzimmer (414–418). Die Spannung liegt auf der sprachlichen Ebene, indem *thalamos* metonymisch für *nuptias* steht.

Hierauf kommt es zu einer scharfen Stichomythie, in der Lycus jeweils beginnt und Megara kontert (422–437). Neunmal geht die Runde an sie, Lycus' zehnte Vorgabe (438) wird von Amphitryon ausführlich beantwortet, der Megara als Lycus' Gesprächspartner ablöst. Es ist ein rhetorisches Meisterstück, in dem Megara Lycus nach allen Regeln der Kunst ‚besiegt'. Seine Einwände sind teils unsinnig (424), teils albern (427–428), teils verdreht (434: Hercules wird den wilden Tieren ja nicht ‚vorgeworfen'). Nur darin hat er recht, daß er Hercules als *magna loquentem* bezeichnet (436).[42] Die Phrase entspricht Iunos Charakteristik *magna meditantem* für Hercules (75) und Megaras Wendung *magna sed nimium loquor* über seine Gewalttaten (295). Mehrfach gebraucht Megara stoisches Gedankengut: *cogi qui*

---

[40] Die Vagheit des Ausdrucks zeigt sich darin, daß Fitch 1987, 226 Iocasta, Ino, Niobe und Agaue in Erwägung zieht. Die letzten drei nennt schon Farnabius 1676, 189. Billerbeck 1999, 339 denkt an die Bakchantinnen Agaue, Ino und Autonoe, die Pentheus auf dem Gewissen haben.
[41] Nach Ovid *Met.* 4, 563–589. Daraus geht hervor, daß auch Cadmus ein Frevler ist, der bei seiner Ankunft im späteren Theben Mars' heiligen Drachen tötet.
[42] Bentleys Konjektur *sequentem*, die Zwierlein aufnimmt, verkennt im Bestreben, Hercules zu entlasten, Lycus' Intention, ihn als eitlen Großsprecher abzuwerten. Sie wird von Billerbeck 1999, 352 zurückgewiesen.

potest, nescit mori (426);⁴³ *imperia dura tolle: quid virtus erit?* (433).⁴⁴ *virtutis est domare quae cuncti pavent* (435).⁴⁵ *non est ad astra mollis e terris via* (437).⁴⁶ Damit ist entschieden, wem Seneca nicht nur den rhetorischen, sondern auch den moralischen Sieg zuerkennt. Das ist nach Lycus' früheren Statements, die durchweg mit Rhetorik die Schwäche der eigenen Position zu überspielen versuchen, auch nicht verwunderlich.

Eine Eigenheit der Stichomythie ist zu betonen: die wörtliche Aufnahme der Begriffe des Partners und ihre ironische Zurückweisung.⁴⁷ Fünfmal beginnt Lycus: *inferis* (Lycus) / *inferna* (Megara), *premit* (Lycus) / *premetur* (Megara, die auch Lycus' *pondus* mit *onere* repliziert), *cogere* (Lycus) / *cogi* (Megara), *famulus* (Lycus) / *famulus* (Megara) und inhaltlich: *tenebrae* (Lycus) / *astra* (Megara). Zweimal beginnt Megara: *mortem* (Megara) / *moriere* (Lycus), *reges* (Megara) / *regi* (Lycus). Ein doppeltes Kontern ist *virtus* (Megara) / *virtutem* (Lycus) / *virtutis* (Megara), wobei Megara das letzte Wort hat. Wenn es dafür auch in der griechischen Tragödie entfernte Parallelen gibt,⁴⁸ ist dieser exzessive Gebrauch eher dem italischen Par pari respondere zu vergleichen, wie es sich in der plautinischen Komödie spiegelt.⁴⁹

V Amphitryons rhetorischer Sieg über Lycus (439–523)

Wie in einem Spiel übernimmt nach Megara Amphitryon ihren ‚Part' (*partes*, 440). Er geht ausführlich auf Lycus' zehnte Aussage (438) ein und stellt klar, daß Iupiter Hercules' ‚wahrer' Vater sei (439–447). Insofern er damit gegen das ‚eigene Interesse' verstößt, zeigt die Stelle deutlich, daß es Seneca nicht darum geht, Charaktere aus einem unverwechselbaren Kern heraus zu gestalten, sondern daß ein solcher Dialog vor allem verbales Spiel ist und die Form sich erneut vom Inhalt löst, kurz: die manieristische Faktur Oberhand gewinnt.

---

43 *Ad Marc.* 20, 3: *si dominii pertaesum est, licet uno gradu ad libertatem transire* (dazu – auch im folgenden – jeweils Fitch 1987 z. St.). „Stoice. Qui non timet mortem, cogi nequit. Non sumus in ullius potestate cum mors in nostra potestate sit" (Farnabius 1676, 190).
44 *De prov.* 2, 4: *marcet sine adversario virtus*. „Versatur enim virtus circa ardua, dura, formidabilia" (Farnabius 1676, 190).
45 *De prov.* 4, 1: *calamitates terroresque mortalium sub iugum mittere proprium magni viri est.*
46 *De prov.* 5, 10: *vide quam alte escendere debeat virtus: scies illi non per secura vadendum.*
47 Zahlreiche Beispiele bei Zwierlein 1966, 170 Anm. 9. Zur *Hercules*-Szene Billerbeck 1999, 348.
48 Lefèvre 2001 (1), 101–102 zu Soph. *Ant.* 450–470.
49 Wallochny 1992.

Das ist auch im folgenden der Fall. Wieder entwickelt sich ein Rededuell: Lycus stellt achtmal eine These auf, und Amphitryon repliziert jeweils geistreich (447–489). Mehr als vorher geht es um das Jonglieren mit Begriffen, ohne daß auf Treffsicherheit im Inhaltlichen allzu großer Wert gelegt wird. Dabei weiten sich die Stellungnahmen im zweiten Teil über den üblichen Rahmen einer Stichomythie aus. Amphitryon erweist sich als dem Tyrannen turmhoch überlegen, wobei seine Konter zuweilen mehr spitzfindig als treffend sind. Der erste Schlagabtausch ist sachlich in Ordnung (447–448). Wenn aber Lycus fragt, ob Götter vor ihrer Gottwerdung wie Hercules *famuli* gewesen seien, und Amphitryon Apollos Dienst bei Admet anführt (450–451), geht er nur auf den Aspekt ein, daß ein Gott Dienst tun mußte, nicht aber auf den Zusammenhang mit seiner Göttlichkeit.[50] Auch dem folgenden Einwand von Lycus, Apollo sei doch nicht wie Hercules in der Verbannung umhergeirrt (452), wird mit dem ebenso zweifelhaften wie geistreichen Argument gekontert, seine fliehende Mutter Latona habe ihn auf der bis dahin umherirrenden Insel Delos geboren (453). Hierbei werden *exul* und *erravit* mit *profuga* und *errante* zurückgeschlagen.[51] Wenn Lycus einwendet, Apollo – assoziierend an Latona angeschlossen – habe doch nicht wie Hercules Ungeheuer zu fürchten gehabt (454), entgegnet Amphitryon, daß er sehr wohl den Pytho-Drachen zu bestehen hatte (455).[52] Die Pointe wird erst voll erfaßt, wenn man versteht, daß Amphitryon in seiner Argumentation fortfährt, indem er das Wissen voraussetzt, daß Iuno den Pytho-Drachen geschickt hatte, um die schwangere Latona zu verfolgen, so daß Apollo dafür Rache nahm.[53] Amphitryon trägt den rhetorischen Blitzsieg davon: Nur auf einen solchen kommt es im Rezitationsdrama an.

Dann wird der Alte redselig und kontert Lycus' weiterem Argument (456) mit zwei Gegenbeispielen in sechs Versen (457–462). Hierauf schwingt er sich zu einem Par pari respondere bester italischer Tradition[54] auf (463–464):

> LY. quemcumque miserum videris, hominem scias.
> AM. quemcumque fortem videris, miserum neges.

---

50 Fitch 1987, 235.
51 Besonders will die Pointe beachtet sein, daß *errare* von Hercules auf die Insel übertragen ist, obwohl es ohne weiteres möglich gewesen wäre, die von Iunos Eifersucht verfolgte Latona als *errans* (statt *profuga*) zu bezeichnen.
52 Fitch 1987, 236 erklärt *timuit* gut: "Not an imputation of cowardice; if it were, Amphitryon would certainly respond to it. Rather Lycus suggests that to undergo such dangers is unworthy of a prospective god (cf. 434), and that is the point to which Amphitryon replies."
53 Farnabius 1676, 191; Fitch 1987, 236.
54 Gewiß gab es solche Erscheinungen schon in der griechischen Tragödie (Fitch 1987, 238 verweist auf Soph. *Oid. Tyr.* 547–552; s. weiter oben sowie Anm. 47 und 48); die gemeinsame Wurzel liegt im ‚mündlichen' Bereich.

Lycus fühlt sich provoziert, aus Amphitryons Antwort *fortem* aufzunehmen und es an den Anfang der Rede (465) und noch einmal an den Anfang des vierten Verses (468) zu stellen, sich über Hercules' weibische Frisur beim Omphale-Dienst auslassend. *comae* ist das Stichwort (468). Amphitryon greift sofort das Thema auf und hält den weibischen Gott Bacchus dagegen, wobei er mit *crines* (473) und *parum forti gradu* die beiden Stichwörter zitiert. An das Ende der Rede stellt er eine – auch stoische – Sentenz: *post multa virtus opera laxari solet* (476). So heißt es *De tranquillitate animi* 17, 4 über Cato: *vino laxabat animum curis publicis fatigatum.*[55] Auf diese Feststellung hin wird Lycus witzig: Hercules habe das *laxari* doch wohl zu weit getrieben, da er sich einerseits mit Iole vergnügte, andererseits mit den 50 Thespius-Töchtern[56] – was weder Iuno noch Eurystheus befohlen hatten (477– 480). Hier begegnet wieder der Vorwurf, daß Hercules mehr tut, als ihm aufgetragen wird.[57] In tieferem Sinn hat Lycus vollkommen recht.

Das Gespräch nimmt formal eine neue Wendung: Amphitryon geht zunächst nicht auf den speziellen Vorwurf ein, sondern liefert Lycus scheinbar weitere Munition für Hercules' Selbstherrlichkeit, indem er bisher unerwähnte Hercules-Taten aufzählt,[58] ihn in Wahrheit aber als Heilsbringer darstellt. Dabei nimmt er Lycus' Wendung *ipsius haec sunt opera* (480) gleich zweimal – ebenfalls am Versanfang – mit *ipsius opus est* auf (481, 485), besser: schlägt sie ihm um die Ohren. Erst am Ende kommt er auf die Beschuldigung der sexuellen Kraftmeierei zurück und nennt unter Hercules' Gegnern auch den ‚Ehebrecher' Lycus (488– 489): Wenn es schon um sexuelle Ausschweifung geht, dann fällt der Vorwurf auf den, der ihn erhoben hat, zurück!

Lycus ist geschlagen. So rekurriert er wieder auf das Heiratsthema. Wenn er mit Anspielung auf Iupiter / Alcmena sagt: *quod Iovi hoc regi licet* (489), zeigt die Umdrehung des – wohl nachantiken – Sprichworts *quod licet Iovi, non licet bovi* die Hybris seiner Argumentation:[59] Wie er sich zu Iupiter erhebt, erhebt er sich über Hercules, indem er sich im Vergleich zu ihm als *melior vir* bezeichnet (492).

---

55 Fitch 1987, 242.
56 Nur diese können nach dem Zusammenhang gemeint sein, wobei Lycus zynisch unterstellt, Hercules habe sie sich gewaltsam genommen (*oppressi greges*) – das gehört zur rhetorischen Rabulistik.
57 Das ist die Ansicht von Iuno (42, 51), Megara (294–295) und Chor (547–548).
58 Bei Cygnus (486) unterläuft ihm (vielleicht besser: Seneca) zwar die Verwechslung zwischen dem Mars- und dem Neptunus-Sohn gleichen Namens, aber darauf kommt es nicht an. Die Anregung, auf den Wegelagerer Kyknos (den Ares-Sohn) anzuspielen, bekommt Seneca von Eur. *Herakl.* 389–393.
59 Leos Änderung von *dabis* in *dabit* (490), die Zwierlein aufnimmt, «indebolisce l'epigrammatica concettosità dell'espressione» (Caviglia 1979, 236); vgl. die Paraphrasen bei Farnabius 1676, 192 und Fitch 1987, 245.

Die Pointe des Dialogs zwischen Lycus auf der einen und Amphitryon und Megara auf der anderen Seite liegt zweifellos darin, daß der brutale Machthaber, der den Senex und die Frau äußerlich in der Hand hat, den Schwächeren geistig und moralisch unterliegt. Nur wer das würdigt, wird der annäanischen Meisterschaft in der Gesprächsführung gerecht. Man könnte darin stoisches Denken sehen: auch in der größten Gefahr nicht auf die Freiheit des Geistes zu verzichten – sich der äußeren Bedrohung innerlich überlegen zu erweisen.

In diesem Agon zeigt sich der fundamentale Unterschied zwischen der attischen und der senecaischen Tragödie. Bei Euripides gibt es in der entsprechenden Szene nicht einmal Ansätze zu einem verbalen Schlagabtausch. Selbst dieser geistreiche Dichter ist vor allem an der adäquaten Darstellung der Problematik interessiert. Über Amphitryon heißt es nach der langen Rede 170–235, er sei "a poor orator"[60] (βραδὺς [...] λέγειν, 237), aber der Inhalt ist angemessen. Schon die plautinische Komödie ist im Gegensatz zur Nea ein ‚Theater der Rede'.[61]

VI Theseus' Unterweltsbericht (662–829)

Theseus erhält bei Seneca gegenüber Euripides dadurch eine besondere Bedeutung, daß er, während Hercules fortstürmt, Lycus zu bestrafen, einen detaillierten Bericht über die Unterwelt vorträgt. Sicher will Seneca nicht die Zeit von Hercules' Abwesenheit überbrücken – das täte auch ein Chorlied –, vielmehr kommt es ihm auf die Schilderung als solche an. Das Ziel ist klar: Es ergibt sich die willkommene Möglichkeit, politische Gedanken einzuflechten[62] und – in künstlerischer Hinsicht – mit dem sechsten Buch der *Aeneis* in Konkurrenz zu treten.

In der Tat schafft Seneca ein eigenes großartiges Panorama. Zwar knüpft er unüberhörbar an Vergil an, aber er vernachlässigt zunächst das Inhaltliche und operiert auf der stilistischen Ebene. Caviglia weist bei 650 auf *Aen.* 2, 3, bei 657 auf *Aen.* 1, 203, bei 658–661 auf *Aen.* 2, 157–159. Wenn man das akzeptiert, ergibt sich am Anfang signalartig ein Vergil-Bezug, aber nicht auf das sechste Buch, sondern auf andere Lumina der *Aeneis* – sozusagen eine indirekte Vergil-Rezeption. Auch das mag zu Senecas Poetik gehören. Im folgenden wird das sechste Buch in Er-

---

60 Bond 1981, 125.
61 Lefèvre 2001 (2), 153: „Die plautinische Komödie ist ein Theater der Rede. Diese dominiert oft in einer Weise, daß sie sich von der Individualität der Charaktere und der Realität der Situationen löst und ein Eigenleben zu führen beginnt. Das ist vor allem in den beliebten Streit-Gesprächen der Fall."
62 Die Passagen über die Tyrannen (735–747) und die Büßer (750–759), die zeitpolitischen Bezug zu haben scheinen, wurden schon behandelt (▸ S. 531–533).

innerung gerufen, wie es sachlich naheliegt. Caviglia weist bei 665 auf *Aen.* 6, 237 oder bei 668 auf *Aen.* 6, 270–272. Das alles ist dezent und stört nicht den ruhigen Fluß der Erzählung. Dann fühlt sich Seneca verpflichtet, an die vergilischen Abstrakta 6, 274–281 anzuknüpfen; aber auch das geschieht unaufdringlich, obwohl sich gerade in diesem Punkt ein manieristisches Übertrumpfen angeboten hätte. Er verringert sogar die Zahl (11 statt 14). Mit dem Alter am Ende, in einem Genrebild, klingt die Reihe aus.

In der ‚Umarbeitung' des berühmten Vorbilds wird man ein Charakteristikum manieristischer Dichtung erblicken dürfen. Hierher könnte auch die von dem Jesuiten Brumoy getadelte Stelle 642–644 gehören, die Lessing gegen ihn verteidigt:[63]

>   si novi Herculem,
>   Lycus Creonti debitas poenas dabit,
>   lentum est dabit: dat; hoc quoque est lentum: dedit.

Brumoy behauptet, hierauf fuße Harpagons Ausruf bei Molière *je me meurs, je suis mort, je suis enterré* (*Av.* IV 7). Dem hält Lessing zu Recht entgegen: „Wenn es auch wahr wäre, daß *Moliere* bey Gelegenheit dieser Stelle auf seynen Einfall gerathen sey, so würde dieses doch nichts mehr beweisen, als so viel, daß kein ernsthafter Gedancke, keine Wendung so schön sey, die sich nicht ziemlich lustig parodiren lasse. Hieraus aber zu schliessen, daß die Parodie, und die parodirte Stelle gleich ungereimt seyn müßten, ist eine sehr kindische Uebereilung."[64]

Die Schilderung des Eingangs zur Unterwelt ist andererseits in ihrer Schlichtheit suggestiv. Zunächst entsteht der Eindruck ungeheurer Weite: *hiat, immenso specu* (665), *ingens vorago, faucibus vastis, patet* (666), *latum iter, pandit* (667), *ampla spatia, vacuis locis* (673). Auch Vergil betont am Anfang die *domus vacuae* (*Aen.* 6, 269), aber Seneca überbietet ihn – inhaltlich angemessen, nicht künstlich. Die zunehmende Dunkelheit bzw. abnehmende Helligkeit wird Stufe für Stufe geschildert. Vergil hebt kurz die Dunkelheit mit einem langen Gleichnis hervor, während Seneca lang die Dunkelheit mit einem kurzen Gleichnis evident macht.

Vergil fährt mit den Abstrakta 6, 274–281 fort, die bei Seneca erst ab 690 folgen. Dazwischen steht eine eindrucksvolle Partie (675–690). Der Weg ist abschüssig, ein Luftstrom führt in das Innere, das Chaos[65] ist ‚gierig' (*avidum chaos*,

---

63 Es liegt „ein entwickeltes Beispiel von *correctio* verbunden mit *gradatio*" vor (Billerbeck 1999, 421 mit Parallelen).
64 Bei Barner 1973, 124 (▸ S. 643–644).
65 Zu der Bezeichnung der Unterwelt als Chaos Billerbeck 1999, 411.

677),⁶⁶ die Schatten halten die Neuen fest und erlauben kein Zurück. Die Gier des Orkus ist eine geläufige Vorstellung. Hier wird sie dem Chaos zugeschrieben, welches in pointierter Weise als ‚Gähnen' verstanden wird,⁶⁷ das den einwärtsgerichteten Luftzug bewirkt. Das ist beklemmend. Dann kommen Lethe – mit dem großartigen Maeander-Gleichnis – und Cocytus in den Blick, Geier, Eule, Kauz, drei Arten Unglücksvögel, sind schaurige Omina, das Laub ist schwarz. Das alles hat unheilvolle Bedeutung, doch droht es nicht mit Pomp und Gewalt, sondern mit bedrückender Beharrlichkeit.

Auf Amphitryons Frage (697) weiß Theseus 698–706 zu berichten, daß es in der Unterwelt keine blühende Vegetation gebe. Es ist das Ende der Welt,⁶⁸ der Ort des Todes ist schlimmer als der Tod (706). Das ist eine vereinzelte Pointe, die um so nachdrücklicher wirkt. Amphitryon erkundigt sich weiter, wo Dis residiere und wer in der Unterwelt richte (707–708).⁶⁹ Zu welchem Zeitpunkt erfolgt die Bestrafung der Sünder? Aus der Wendung *oblitos sui | sceleris* (728–729) ist sicher nicht zu folgern, daß sie erst durch den Lethestrom gegangen sind und sich nicht mehr an das frühere Leben erinnern. Das wäre sinnlos. Vielmehr muß zu verstehen sein, daß sie nicht mehr mit einer Strafe rechnen. In Theseus' Antwort (731–747) wird *sortitur* (732) heißen, daß die einzelnen Delinquenten aufgerufen werden.

Die ausführliche Beschreibung der Überwindung des Höllenhunds und seiner Reaktionen auf die Kraft des Bezwingers sowie das ungewohnte Licht auf der Oberwelt sind ein Musterstück manieristischer Detailmalerei, wie sie in Rom vor Seneca wohl nur Ovid beherrscht hat. Die Bilder etwa, daß Cerberus mit seinen drei Mäulern besonders laut bellt (wodurch er die seligen Schatten erschreckt), so daß er erschöpft alle Köpfe hängen läßt (803), oder daß er alle Nacken (besiegt) zu Boden beugt (825–826), erinnern an Ovids Einfall, daß am Beginn der *Fasti* Ianus mit dem ‚vorderen' Mund zu ihm spricht (*edidit hos nobis ore priore sonos*, 1, 100). Es ist die Freude, klassische Szenen und Vorstellungen in verfremdendem Realismus auszuschmücken. Nach Kraus' glücklicher Formulierung herrscht bei Ovid „die Pointe, eine immer wache Aufmerksamkeit für alle sich ergebenden logischen Konsequenzen".⁷⁰ Dasselbe ist bei Seneca der Fall. So ist ‚realistisch' beobachtet, daß Cerberus, der nur gewohnt ist, die leisen Schatten zu hören, bei dem schweren Schritt des Helden in Furcht gerät und plötzlich ganz laut bellt (788–797) – oder

---

66 *Tro.* 400 *tempus nos avidum devorat et chaos.*
67 Farnabius 1676, 196 zu 610 *noctis aeternae chaos:* „H i a t u m & cæcam voraginem æternæ noctis, i. d. mortis" (Sperrung ad hoc).
68 703 drückt das gut aus und ist kaum mit Zwierlein zu athetieren.
69 Das ist die Frage, nicht, wer dort wo herrsche. *qui regit sceptro loca* ist ein Relativsatz (Caviglia, Fitch), kein Fragesatz (Zwierlein, Billerbeck).
70 (1942) 1968, 118.

schließlich seinem Bezwinger gegenüber mit dem Schwanz wedelt (812),[71] wie es eben Hunde zu tun pflegen.

VII Die Exposition bei Euripides und Seneca

Der manieristische Dichter fühlt sich nicht verpflichtet, angemessen die Dinge zu exponieren, er zieht es vor, lieber gleich über die Bedeutung der Dinge zu sprechen, sie pointiert zu kommentieren. Das zeigt sich auch bei der unterschiedlichen Exposition des euripideischen *Herakles* und des senecaischen *Hercules*.

Die Exposition umfaßt bei Euripides 106 Verse. Amphitryon führt Schritt für Schritt in die Vorgeschichte ein (1–59), hierauf folgt ein Dialog mit Megara (60–106). Den Fakten in der männlichen Rede folgt das Pathos in den weiblichen Äußerungen. Megara schildert rührend die Angst der Kinder und die eigene Bangnis. Seneca exponiert die Handlung zweimal: zum einen in dem vorgeschalteten Iuno-Prolog (1–124), zum anderen in Amphitryons Monolog und seinem Dialog mit Megara (205–331): Den 106 euripideischen stehen 251 senecaische Verse gegenüber. Aber Seneca vermittelt nicht mehr Informationen als Euripides. Im *Herakles* erfährt der Zuschauer ausführlich, wer Amphitryon, Megara und Lykos sind. Im *Hercules* wird das mehr vorausgesetzt als gesagt. Erst 274 wird der Name des Tyrannen Lycus genannt, dem die gegenwärtige Not zuzuschreiben ist, während der griechische Zuschauer schon zu Beginn (27 bzw. 31) mit ihm bekannt gemacht wird. Seneca verbraucht zehnmal soviel Platz wie Euripides, um zum aktuellen Ausgangspunkt zu gelangen. Umgekehrt wird bei Euripides kurz erwogen, daß Herakles' Arbeiten auf Hera zurückgingen (20–21), während Seneca Iuno das Thema umständlich abhandeln läßt. Sie redet nicht darüber, was Hercules zu tun hat, sondern darüber, was seine Taten für sie bedeuten. Ebenso exponiert Amphitryon nicht die Umstände der gegenwärtigen Lage, sondern die Bedeutung, die Hercules' Taten für diesen selbst (*quid ista prosunt?*, 249) und die kurz angedeutete Not für das ehrwürdige Theben haben (*Cadmea proles atque Ophionium genus | quo reccidistis?*, 268–269).

Der römische Amphitryon spricht nicht aus der Situation, sondern über die Situation. Er beschreibt Hercules' und Thebens Lage, nicht seine, die erst sekundär gemeint ist. Es sind Beiträge zu Hercules und Theben, nicht Beiträge zur eigenen Person. Es geht um die Quantität der Leiden als Qualität. Ganz anders spricht der griechische Amphitryon, der sich echt bedroht fühlt, aus der Situation.

---

[71] „Adulando in obsequium" (Farnabius 1676, 203).

In der Exposition des *Herakles* ergibt sich die Bedeutung aus der Handlung, in der Exposition des *Hercules* wird die Bedeutung durch einzelne Elemente der Handlung belegt. Statik, nicht Dynamik ist für sie bezeichnend. Das Überraschende, Pointierte und Geistreiche schafft sich Raum, genauer: Ihm schafft der manieristische Dichter Raum.

35 Das Weltbild des *Hercules Oetaeus*

I Grundprobleme —— S. 557
   1 Die Hypothek des *Hercules Furens* —— S. 557
   2 Authentizität —— S. 558
II Struktur —— S. 559
   1 Ort —— S. 559
   2 Parallele *Phoenissae* —— S. 560
   3 Umfang —— S. 560
III Der lebende Hercules —— S. 561
   1 Hercules' Monomanie —— S. 561
   2 Hercules' Schuld —— S. 563
   3 Hercules im Spiegel der anderen Personen —— S. 564
     a Frauen von Oechalia —— S. 564
     b Iole —— S. 567
     c Deianira —— S. 567
IV Der sterbende Hercules —— S. 569
V Hercules und Nero —— S. 571
   1 Katasterismos —— S. 571
   2 *belua?* —— S. 573
   3 Alcmene —— S. 573
   4 Die politische ‚Lehre' des *Hercules Oetaeus* —— S. 575
VI Ausblick —— S. 576

Seit Daniel Heinsius wird der *Hercules Oetaeus* immer wieder für unecht erklärt. Doch scheint sich in neuerer Zeit das Blatt zu wenden. Dazu dürfte nicht wenig die Autorität von R. G. M. Nisbet beigetragen haben. Man kann sich des Verdachts nicht erwehren, daß viele Autoren, die Seneca Tragicus behandeln, froh sind, das Stück wegen der von anderen vertretenen Unechtheit nicht berücksichtigen zu müssen.

I Grundprobleme

1 Die Hypothek des *Hercules Furens*

Der *Oetaeus* setzt, äußerlich betrachtet, den *Furens* fort.[1] Nach dessen Ende ist eine Reihe von Jahren vergangen, Hercules ist wiederum verheiratet (mit Deianira) und hat wiederum Nachwuchs (Hyllus). Wiederum beträgt er sich überheblich

---

Originalbeitrag 2014. Zu vergleichen ist Lefèvre 2013 (2), 97–120.
[1] «Il *Furens* non è soltanto una fonte di citazioni, bensì una forma di ‹passato› che agisce nella mente di tutti i personaggi» (Marcucci 1997, 11).

gegenüber der Gattin. Dieses Mal schickt er ihr eine Kebse in das Haus (*patuit una paelici et nuptae domus*, 234). Seine Unbekümmertheit ist erheblich größer geworden. Durch eigene Hybris stürzt er abermals – nunmehr endgültig. Der Hercules des *Oetaeus* ist der gesteigerte Hercules des *Furens*.

Der *Oetaeus* setzt, innerlich betrachtet, den *Furens* fort. Hercules ist vom ersten Vers an als Hybristes gezeichnet. Während er früher prahlte, er hätte, wenn es ihm nur zusagte, Plutos Reich übernehmen können (*HF* 609–610), prahlt er jetzt, er hätte auch den Himmel übernehmen können. Aber er verschonte ihn gnädig, solange er Iupiter für seinen wahren Vater hielt: *non minus caelum mihi | asserere potui – dum patrem verum puto, | caelo peperci* (1302–1304). Der Hercules des *Oetaeus* ist der gesteigerte Hercules des *Furens*.[2]

2 Authentizität

Für Senecas Autorschaft hat sich in neuerer Zeit eine stattliche Reihe von Gelehrten entschieden.[3] Die Echtheitsfrage wird hier nicht erneut diskutiert. Nach Nisbet erklärt eine Datierung des *Oetaeus* "shortly before Seneca's death in 65 [...] the anomalies, the verbosity, the other signs of haste."[4] Diese Ansicht ist erwägenswert. Man kann andererseits nicht ausschließen, daß das Stück aus Senecas Nachlaß veröffentlicht wurde,[5] der einzelne größere Partien für Rezitationen im Freundeskreis dichtete (und sie später in konziserer Form zusammen herauszugeben plante). Dihle hat nachzuweisen versucht, daß aus Senecas Tragödien einzelne Partien aufgeführt wurden.[6] Für Rezitationen ist das noch leichter anzunehmen. Auf jeden Fall ist es unwahrscheinlich, daß es sich um zwei Einzel-

---

2 Nach Stoessl 1945, 118 hat Hercules den Tod „besiegt und durch seine virtus den Himmel gewonnen", nach Walde 1992, 291 ist er „– abgesehen von kleineren Mängeln – eine sublime positive Gestalt". Das trifft kaum zu.
3 Hier eine Auswahl: Ranke (1888, 42–43); Summers (1905, 40–54); Birt (1911, 362); Ackermann (1912, 425–471); Münscher (1922, 119); Herrmann (1924 (2), 57); Herzog (1928, 101); Regenbogen ((1930) 1961 passim); Kroll (1932, 309 Anm. 1); Schanz / Hosius (1935, 465); Specka (1937, 25); Stoessl (1945, 88–126); Heinz (1946, 97); Paratore (1958, 72–79); Griset (1959, 175–180); Runchina (1960, 228 Anm. 216); Thompson (1964, 147–153); King (1971, 215–222); Galinsky (1972, 167); E. G. Schmidt (1975, 113–114); Grimal (1978, 304); Pratt (1983, 128: 'the culmination of Senecan drama'); Rozelaar (1985, 1367–1391); Nisbet (1987, 250; 1990, 109); Dupont (1989, 99–106); Romano (1991, 1144); Fuhrmann (1999, 282–286); Rossi (2000, 6); Averna (2002, 12–13).
4 1987, 250.
5 "I would assume that Seneca, for one reason or another, failed to revise the play" (Galinsky 1972, 183 Anm. 1).
6 1983, 169–171.

dramen handelt.⁷ Denn Seneca hatte – ungeachtet anderer Einflüsse wie Ovids *Heroides* – Sophokles' *Trachiniai* vor Augen, deren Handlung bis zu Herakles' Tod geführt wird.

II Struktur

1 Ort

Nach den älteren Editionen von Farnabius und Schröder⁸ sowie den neueren von Zwierlein und Rossi spielt der *Oetaeus* zuerst bei Oechalia auf Euboea, danach in Trachin. Das ist eine vernünftige Annahme. Zwei Schauplätze hatten die *Eumenides*, fünf die *Aitnaiai*. Dementsprechend gibt es zwei Chöre, am ersten Ort gefangene Frauen aus Oechalia, am zweiten ätolische Frauen (Trachin liegt in Ätolien). Zwierlein meint, Iole singe ihr Lied (173 – 232) bereits in Trachin, denn 195 sage sie *resonetque malis aspera Trachin*.⁹ Das Postulat einer ‚Wanderung' des Chors von Oechalia nach Trachin leuchtet nicht ein. Ioles Argumentation ist auf die Zukunft gerichtet, und die liegt für sie in Trachin. Ebenso haben die Aussagen in 218 – 219 (*iam, iam dominae captiva colus | fusosque legam*) und 224 (*sed iam dominae tecta petantur*) die (vergegenwärtigte) Zukunft vor Augen.

Braun nimmt nach Grimm an, die Szene spiele einheitlich vor dem Palast Deianiras in Trachin¹⁰ und verlegt Oechalia westlich von Trachin nach Thessalien.¹¹ Hercules ziehe von Oechalia nach Osten in das nahegelegene Trachin, von da weiter östlich zum Opfer an Iupiter nach Cenaeum (Κήναιον), dem Kap an der Nordwestspitze Euboeas (102), und von da wieder nach Trachin. Man fragt sich aber, warum Hercules Iupiter das Dankopfer auf Euboea darbringt, wenn das zerstörte Oechalia dort nicht liegt? Das stärkste Argument für Oechalia auf Euboia ist die Geographie der *Trachiniai*: Εὐβοῖδα χώραν [...], Εὐρύτου πόλιν (74). Herakles

---

7 Rozelaar 1985, 1406 spricht von „zwei zusammengefügten Dramen" Senecas. Leo 1878, 73 postuliert zwei Dichter: 1 – 705 Seneca, 706 – 1996 ‚continuator'.
8 1676, 278 bzw. 1728, 616.
9 „Wir haben uns also vorzustellen, daß die Gefangenen zu Beginn des Klagelieds der Iole bereits in Trachis angekommen sind" (Zwierlein 1966, 37).
10 So schon Scaliger (bei Schröder 1728, 615), neuerdings Averna 2002, 16 / 17.
11 1997, 246 – 249. Der Atlas des Bayer. Schulbuchverlags vermutet (ein) Oichalia etwa 40 km westlich des Oita (mit Fragezeichen). A. Külzer, DNP VIII (2000), 1127 sieht das thessalische Oichalia als das von Herakles zerstörte an.

bringt bei Sophokles ebenfalls das Opfer Κηναίῳ Διί dar (238). Es besteht kein Grund, von Sophokles' Lokalisierung abzuweichen.[12]

Seneca erfindet im ersten Teil den Chor der gefangenen Frauen aus Oechalia, weil er ein Demonstrationsobjekt für Hercules' barbarische Willkür braucht – als Parallele zu den gefangenen Troerinnen im *Agamemnon*. Im zweiten Teil übernimmt der Chor der ätolischen Frauen die traditionelle Rolle.

2 Parallele *Phoenissae*

Überspitzt könnte man sagen, daß der *Oetaeus* aus verschiedenen Szenen zusammengesetzt ist. Dadurch wurde er überlang. In vergleichbarer Weise haben die *Phoenissae* zwei,[13] drei[14] oder vier[15] Schauplätze. Trotzdem liegt ihr Umfang mit 664 Versen weit unter der Norm. Wenn Schanz / Hosius feststellen, die vorliegenden Fragmente seien „als Studien des Dichters"[16] zu betrachten, dürften sie das Richtige treffen. Dasselbe könnte bei den Szenen des *Oetaeus* der Fall sein. Bei ihm monierte Ribbeck die „Wiederholungen innerhalb desselben Stückes, so arg stellenweise und in solcher Nähe, daß sie sich wie unfertige Entwürfe und vorläufige Versuche ausnehmen."[17]

3 Umfang

Ob die Szenen des *Oetaeus* aus dem Nachlaß herausgegeben sind oder im großen und ganzen die Form haben, die Seneca plante: Es könnte eine Erklärung ihrer Länge versucht werden. Der *Oetaeus* ist, wie man betont, in gewisser Weise eine Variation des *Furens*, die dessen Motive in großem Maß aufnimmt und weiterführt. Das ist insofern natürlich, als seine Handlung die des *Furens* weiterbildet. Es begegnet in der Weltliteratur öfter, daß die ‚Fortsetzung' eines Werks ausufernde Formen annimmt. Eklatante Beispiele sind Sophokles' *Oidipus auf Kolonos* ge-

---

12 Strabon 10, 448 kennt vier andere Städte dieses Namens, "but Soph. unambiguously chose the Euboean city" (Easterling 1982, 82 zu *Trach*. 74).
13 Zwierlein 1986 (1) („*Scaena* primum prope Thebas in via deinde Thebis').
14 Schanz / Hosius 1935, 460 (auf dem Weg zum Cithaeron, ab 320 „allem Anschein nach auf dem Cithaeron", später Theben).
15 Hirschberg 1989, 1–4 (1–319 Weg in der Nähe des Kithairon, 320–362 im Kithairon, 363–442 Teichoskopie, 443–664 Ebene vor Theben).
16 1935, 461.
17 1892, 69.

genüber dem *Tyrannos*, Horaz' *Saturae* II gegenüber *Saturae* I, *Epistulae* II gegenüber *Epistulae* I, Senecas *Epistulae ad Lucilium* der zweiten Hälfte gegenüber denen der ersten, *Faust II* gegenüber *Faust I*, *Wilhelm Meisters Wanderjahre* gegenüber den *Lehrjahren*. In allen diesen Fällen fühlen sich die Dichter veranlaßt, Motive und Themen des ersten Werks erneut auszubreiten, im einzelnen weiterzuentwickeln und einer Lösung zuzuführen. Es scheint ein ungeschriebenes, gleichwohl gültiges Gesetz zu sein, daß Variationen länger als die ursprünglichen Gestaltungen sind (an die Musik sei nur erinnert). Vielfach kommt ein zweiter Punkt hinzu: Die Fortführungen sind oft Spätwerke. Der alternde Dichter ist in künstlerischer Hinsicht nicht mehr so zielstrebig, er läßt sich Zeit, er verweilt bei Einzelheiten. Schon die Neuaufnahme früherer Themen ist oft ein Zeichen von Alterswerken.

Wenn man Nisbets Datierung ('shortly before Seneca's death in 65') akzeptiert, treffen diese Gesichtspunkte auf den *Oetaeus* zu.

III Der lebende Hercules

1 Hercules' Monomanie (1–98)

Seneca gibt dem Hybristes eine programmatische Auftrittsrede (1–103).[18] In ihr enthüllt er musterhaft sein überhebliches Denken (1–12):

> sator deorum, cuius excussum manu
> utraeque Phoebi sentiunt fulmen domus,
> secure regna – protuli pacem tibi,
> quacumque Nereus porrigi terras vetat.
> 5 non est tonandum: perfidi reges iacent,
> saevi tyranni. fregimus quidquid fuit
> tibi fulminandum. sed mihi caelum, parens,
> adhuc negatur? parui certe Iove
> ubique dignus teque testata est meum
> 10 patrem noverca. quid tamen nectis moras?
> numquid timemur? numquid impositum sibi
> non poterit Atlas ferre cum caelo Herculem?

Hercules klopft in den ersten Worten Iupiter überheblich auf die Schulter und sagt, er könne ruhig herrschen, da der Sohn ihm den Frieden gebracht habe.[19] Das ist

---

[18] Nach Walde 1992, 20 ist Hercules hier „nicht aufgeblasen und arrogant".
[19] Es sei nicht vergessen, daß Specka 1937, 4–5 den Monolog gut charakterisiert hat: Im Gegensatz zum *Furens* besitze „Hercules hier seine Ueberheblichkeit auch ohne Wahnsinn. Gleich

eine Verkehrung der Sachlage. Nicht nur mußte Hercules die Taten auf Iunos und Eurystheus' Geheiß vollbringen, was primär nichts mit der Befriedung der Welt zu tun hat. Zudem hatte Iupiter die unerbetene Hilfe selbstverständlich nicht nötig. Tiere und Menschen bedrohten nicht seine Herrschaft. Also gibt es nicht einmal indirekt einen Grund für die Formulierung, Hercules bringe Iupiter den Frieden (1–4). Freilich spricht er von *perfidi reges* und *saevi tyranni* (5–6): An wen mag er denken? Weder Lycus noch Eurytus, die er getötet hat, griffen Iupiter an. Die Worte sind nur dahingesagt. Es ist daher völlig unpassend, daß Hercules aus diesen Taten den Anspruch auf den Himmel ableitet, der ihm, der sich Iupiters würdig erwiesen habe, verweigert werde. Fürchte man ihn etwa? Könne etwa Atlas nicht das Himmelsgewölbe mit Hercules tragen (7–12)? Was Iuno einst ahnte (*caelo timendum est*, HF 64), tritt nunmehr ein: Hercules fordert aufgeblasen den Himmel. Mit den ironischen Worten über Atlas nimmt er aus Iunos Rede die pointierte Vorstellung auf (*HF* 70–74):

> 70   subdidit mundo caput
> nec flexit umeros molis immensae labor
> meliusque collo sedit Herculeo polus.
> immota cervix sidera et caelum tulit
> et me prementem: quaerit ad superos viam.

Dort trug Hercules den Himmel mitsamt (der schweren) Iuno, hier fragt er, ob Atlas den Himmel mitsamt seiner Person nicht tragen könne? Er dreht gewissermaßen der Göttin die Worte im Mund um. Dazu gehört auch deren letzte Wendung *quaerit ad superos viam*, auf die sich der Hercules des *Oetaeus* in 31–33 bezieht:

> redde nunc nato patrem
> vel astra forti. nec peto ut monstres iter;
> permitte tantum, genitor: inveniam viam.

Iupiter brauche ihm den von Iuno prophezeiten Weg in den Himmel nicht zu zeigen, sondern nur zu erlauben: Er werde ihn schon selbst finden. Die Hybris ist um so größer, als Hercules neben Iuno auch Iupiter selbst zitiert, der bei Vergil die

---

im Prolog trägt uns dieser übermenschliche Held im Selbstgespräch seinen Ruhm vor; er zählt stolz seine Taten auf (16 ff.), betont ihre Freiwilligkeit (61 ff.) und vermißt neue Aufgaben (30 *si negat feras* ...; 55 *ferae negantur*). So übersteigt er alle Schranken des Menschlichen und stellt sich mit den Göttern gleich, ja fühlt sich ihnen überlegen: Jupiter bietet er großmütig seinen Schutz an (3 ff. *secure regna* ...; 87 ff.; ähnlich 794 ff. ... *depone fulmen*), Juno behandelt er ganz von oben her (29 ff. [...]; 52 / 53), die anderen Göttersöhne setzt er herab (51, 92 ff.)" (Seneca-Zitate ad hoc kursiv).

berühmte Wendung *fata viam invenient* (*Aen.* 10, 113) geprägt hat: Hercules mißt sich an den *fata*![20]

Der Hercules des *Oetaeus* präsentiert sich in der Eingangsrede noch hybrishafter als der Hercules des *Furens* in der Auftrittsrede (*HF* 592–615), in der er ebenfalls den Göttern auf die Schulter klopft.[21] Waren es dort der Sonnengott Phoebus, Iupiter, Neptunus und – indirekt – Dis, kapriziert er sich nun zunächst auf Iupiter: *secure regna* (3). Später sieht er sich als potentiellen Beschützer a l l e r Götter: *da, da tuendos, Iuppiter, saltem deos* (87).

Für den Hercules des *Furens* gilt, daß nicht in den Taten an sich (die ihm ja befohlen wurden) Hybris lag, sondern in der Art, wie er sie ausführte. Der Hercules des *Oetaeus* geht noch einen Schritt weiter, indem er mehr Taten als befohlen vollbracht hat und dafür das eigene Wesen in größerem Maß als Iuno verantwortlich macht (61–63):

> o quanta fudi monstra quae nullus mihi
> rex imperavit! institit virtus mihi
> Iunone peior.

‚Schlimmer' als Iuno trieb ihn seine *mala virtus* – die Junktur ist bezeichnend.[22] Er ist die konsequente Weiterentwicklung des zur Hybris neigenden Hercules des *Furens*, der mehr zu tun verlangt, als er muß (*HF* 614–615). Der Hercules des *Oetaeus* tut wirklich mehr. Am Schluß des Monologs wird er noch einmal deutlich: *quem tuli mundum peto* (98). Seine Hybris kennt keine Grenzen.

Variationen sind in der Regel länger als das Thema: Der Hercules des *Furens* präsentiert sich in 24 (*HF* 592–615), der Hercules des *Oetaeus* in 98 Versen. Die Verbreiterung resultiert aus seinem egomanen Drang zu ausufernder Selbstdarstellung.

2 Hercules' Schuld

Hercules kommt zu Fall, weil er Deianira die Beutefrau Iole in das Haus bringt. Seneca hat die Vorgeschichte gegenüber den *Trachiniai* in bezeichnender Weise verändert. Bei Sophokles beleidigte Eurytos, der König von Oichalia, den alten Gastfreund Herakles, indem er sagte, die Pfeile seiner Söhne träfen sicherer als die des Herakles. Aus Rache tötete dieser heimtückisch Eurytos' Sohn Iphitos, indem

---

20 Ähnlich *HF* 276 (▸ S. 545 Anm. 29).
21 ▸ S. 505–506.
22 Dazu das Kapitel ‚Entartete *virtus*' bei Lefèvre 2008, 892–894.

er ihn von einem Felsen stieß. Zeus strafte ihn, weil er nicht offen Rache nahm, und ließ ihn ein Jahr lang bei Omphale Dienst tun. Nachdem die Schuld gesühnt war, zog Herakles mit einem Heer gegen Eurytos, der an seiner Schmach schuld war, und zerstörte Oichalia. Dabei erhielt er Iole als Beutefrau. Seneca verkürzt die Ereigniskette und läßt Hercules Oechalia zerstören, d a m i t er Iole gewinnt. Dergestalt ist seine Rücksichtslosigkeit gegenüber Deianira erheblich gesteigert.[23]

3 Hercules im Spiegel der anderen Personen

a Frauen von Oechalia (104–172)

Der Chor der Frauen von Oechalia ist eine leibhaftige Anklage gegen den hybriden Sieger. In den *Trachiniai* treten zwar auch gefangene Frauen auf, doch haben sie eine stumme Rolle. Sie werden mit Iole von Lichas in Herakles' Palast geführt und geben Deianeira Anlaß, sie und besonders Iole zu bemitleiden. Wenn der römische Dichter sie ein bewegendes Klagelied singen läßt, werden die Opfer von Hercules' Hybris zu Anklägerinnen. Die ‚antiherkulische' Tendenz des *Oetaeus* wird damit verstärkt.

Der Gesang gliedert sich in zwei Teile, die zuerst die betroffenen Frauen (104– 142) und dann den Sieger in den Blick nehmen (143–172). Der *tumidus Hercules* steht ziemlich in der Mitte (142). Er ist durch die Tyranneneigenschaft gezeichnet, die im *Furens* ihm selbst (*tumet*, 68) und Lycus (*tumidus*, 384) zukommt. Das ist ein Signal. Der Chor äußert sich in guter philosophischer Tradition. Wer zu sterben weiß, ist nicht elend (104–118):

```
        par ille est superis cui pariter dies
105     et fortuna fuit; mortis habet vices
        lente cum trahitur vita gementibus.
        quisquis sub pedibus fata rapacia
        et puppem posuit fluminis ultimi,
        non captiva dabit bracchia vinculis
```

---

[23] Der Aufenthalt bei Omphale wird aus Sophokles' Kontext gelöst und erscheint in den Worten der Amme 371–372 als Liebesabenteuer des Schwerenöters.

> 110 nec pompae veniet nobile ferculum:
> numquam est ille miser cui facile est mori.
> illum si medio decipiat ratis
> ponto, cum Borean expulit Africus
> aut Eurus Zephyrum, cum mare dividunt,
> 115 non puppis lacerae fragmina conligit,
> ut litus medio speret in aequore:
> vitam qui poterit reddere protinus,
> solus non poterit naufragium pati.

Es ist ein stoischer Triumphgesang angesichts des Todes. Glücklich ist, wem das Glück hold ist, solange er lebt. Den Tod erleidet bereits (unfreiwillig), wem das Leben unter Stöhnen dahingerissen wird (104–106). Gemeint ist derjenige, der das Leben nicht in seinem Sinn gestalten kann. Bei *trahitur* kommt der Spruch in Erinnerung: *ducunt volentem fata, nolentem trahunt* (*Epist.* 107, 11). Wer den Tod (*fata*) und Charons Nachen verachtet, wird nicht besiegt werden und nicht als Gefangener im Triumphzug eines Siegers marschieren (107–110). Niemals ist einer elend, dem das Sterben leichtfällt (111). Wenn er in einen Seesturm gerät (der für ein schweres Schicksal steht), gilt für ihn: Wer auf der Stelle sein Leben zurückgeben kann, kann als einziger keinen Schiffbruch erleiden (112–118). Farnabius verweist auf das dritte Chorlied des *Agamemnon*,[24] dessen Beginn demselben Denken Ausdruck verleiht (*Ag.* 589–592):

> heu quam dulce malum mortalibus additum
> 590 vitae dirus amor, cum pateat malis
> effugium et miseros libera mors vocet,
> portus aeterna placidus quiete.

Auch hier ist es ein Chor gefangener Frauen (der Troerinnen), die ihrem ausweglosen Schicksal in stoischer Gesinnung die Möglichkeit des Freitods entgegensetzen. In diesen Zusammenhang gehören ferner einzelne Figuren wie Hecuba in den *Troades* oder Cassandra im *Agamemnon*. Wenn der Mensch am wenigsten zu verlieren hat, ist er am freiesten, sagt Cassandra im Angesicht des äußeren Zwangs: *libertas adest* (*Ag.* 796). Schon an diesem Punkt kann der nachdenkliche Hörer der Zeit die Assoziation an die ‚stoische Opposition' nicht abweisen. Vielleicht kommt ihm schon vor der Katastrophe ein Paetus Thrasea († 66) in den Sinn? Jedenfalls wäre es verfehlt, den *Oetaeus* ganz im mythologischen, das heißt: im nichtpolitischen Bereich anzusiedeln.

Natürlich kann man behaupten, die Ansicht des Chors sei subjektiv und unzureichend. Er verstehe die Zusammenhänge nicht und dämonisiere den Sieger

---

[24] 1676, 282.

Hercules. Das wäre eine Rettung der positiven Hercules-Deutung. Aber es ist doch zu fragen, warum der Dichter durch 69 Verse hindurch ein Bild des Helden zeichnet, in dem den Hörern nur negative Aspekte suggeriert werden.

Der zweite Teil des Lieds (143–172)[25] ist der Brutalität des Siegers Hercules gewidmet.[26] Er beginnt eindeutig (143–146):

> quae cautes Scythiae, quis genuit lapis?
> num Titana ferum te Rhodope tulit,
> 145 te praeruptus Athos, te fera Caspia,
> quae virgata tibi praebuit ubera?

Das sind zwar Topoi, doch hat ihre Aussage im Zusammenhang des Lieds Gewicht. «La presentazione di Ercole da parte del Coro sottolinea la forza bestiale dell'eroe».[27] Der zweite Teil gibt die klare Ursache für die Situation des ersten. Der Schluß verbindet beide Teile: Der kampfeswütige Hercules hat das Schicksal der im Elend befindlichen Frauen bewirkt, die aber nichts Schlimmes mehr zu fürchten haben. Die Aussage über Hercules ist vernichtend (170–172):

> 170   commoda cladibus
> magnis magna patent: nil superest mali –
> iratum miserae vidimus Herculem.

Nach Gronovius ist der Sinn: „magnis cladibus patere sive adesse magna commoda: ex ultimis calamitatibus hoc existere commodi, ut nihil sit ultra metuendum."[28] Der Chor hat, nachdem er Hercules' Wüten erlebte, nichts mehr zu verlieren.[29] Der Sieger, der von *ira* geleitet ist, verkörpert exzeptionelle Gewalt. Steht der *tumidus Hercules* am Ende des ersten Teils, bildet der *iratus Hercules* das Ende des zweiten.

---

25 Leos Umstellung der Verse 147–150 nach 142 (der Zwierlein und nach ihm Walde 1992, 112 Anm.72 und Rossi folgen) ist unnötig, jedenfalls nicht beweisbar. Dem Chor kommt bei seinen Erwägungen auch Theben in den Sinn, wo die Mutter des überheblichen Hercules geheiratet hatte. Führe er mit *falsa est de geminis fabula noctibus* (147) fort, wäre das ein lahmer Übergang. Kontert er aber ad vocem *tumidi Herculis* mit *quae cautes Scythiae, quis genuit lapis?* (143), ist das ein wirkungsvoller, vor allem nachvollziehbarer Übergang. Die Überlieferung kann mit Giardina, Thomann (mit Erklärung: 1969, 475 zu 143–146) und Averna gehalten werden.
26 «Nell'ultima parte il Coro mette in relievo la matrice violenta del comportamento di Ercole, anticipando il giudizio espresso da Iole» (Rossi 2000, 63 Anm. 29).
27 Rossi 2000, 67 Anm. 35.
28 Bei Schröder 1728, 628.
29 Walde 1990, 114 Anm. 81; verkannt von Marcucci 1997, 114.

b Iole (173–224)

Als dritte Person wird Iole, die kriegsgefangene Königstochter aus Oechalia, vorgestellt. Ihre sich breit ergießende Klage ist verständlich. Die Heimatstadt ist zerstört, die Eltern und der Bruder sind ermordet – durch Hercules (*letifero stipite*,[30] 208–209). Der Hörer weiß bis jetzt nicht den Grund. Den erfährt er erst am Ende der Monodie: Ioles Schönheit hatte es Hercules angetan; und da ihr Vater Eurytus die Tochter ihm verweigerte, weil er Angst hatte, Hercules' Schwiegervater zu werden, hieb dieser alles kurz und klein (219–223):

> pro saeve decor
> 220 formaque mortem paritura mihi,
> tibi cuncta domus concidit uni,
> dum me genitor negat Alcidae
> atque Herculeus socer esse timet.

Warum fürchtete Eurytus Hercules als Schwiegersohn? Warum fühlte er sich nicht geehrt, einen so bekannten Helden als Tochtermann zu bekommen? Die Frage konnte sich nach den bisherigen Informationen jeder Hörer selbst beantworten.

Die Wirkung von Ioles Monodie ist um so größer, je mehr sie Klagende als Anklagende ist. Die den mittleren Teil bildenden Vergleiche mit Niobe, den Phaethon-Schwestern, Sirene(n), Philomela, Myrrha und Alcyone entspringen nicht frostiger Gelehrsamkeit, sondern vermitteln die ewige Trauer von Frauen, die tief getroffen wurden.

Iole ist – literarhistorisch gesehen – eine seltene Erscheinung.[31] Warum wird sie als individuelle Person eingeführt? Die Antwort ist leicht: Wie Cassandra im *Agamemnon* ist sie ein Opfer des Siegers, wie Cassandra führt sie den Chor der gefangenen Frauen an. Es ist deutlich, welche einheitliche Funktion die ersten drei Szenen des *Oetaeus* haben: Hercules selbst und seine Opfer stellen den Hybristes vor.

c Deianira (233–582)

Sophokles' Deianeira ist eine feine, vielfach bewunderte Gestalt, die in großem Schmerz Herakles' Liebe mit Hilfe des Nessos-Gewands unvorsichtig wiederzu-

---

30 „Clava Herculis" (Farnabius 1676, 284).
31 «In contrasto con Sofocle (e soprattutto, con tutta quanta la tradizione, anche posteriore) è la figura di Iole. La prigioniera non aveva mai avuto un suo spazio, non aveva mai parlato: era considerata semplicemente l'amante di Ercole» (Marcucci 1997, 114).

gewinnen hofft. Von ihr ist die rasende Deianira des *Oetaeus* durch eine Welt verschieden. „Deianirae à Graeco mores tribuuntur matronales. Hic perpetuo furit."[32] Deianeira will Herakles zurückerobern, Deianira Hercules vernichten. Das erste, was man über sie erfährt, ist, daß die Amme ihren *furor* feststellt: *o quam cruentus feminas stimulat furor* (233). Der Dichter holt die sophokleische Gestalt von Anfang an in den römischen Bereich. „Seiner Manier, gleich mit vollem Dampf einherzufahren, entsprechend, läßt er die sanfte Gattin des Hercules sofort in höchster Leidenschaft der Eifersucht gegen Iola und der Rachgier gegen den untreuen Gemahl toben (237 ff. 256 ff.). Sie ist bereits von allem unterrichtet, ist entschlossen, ihn zu töten, sei es mit dem Schwert, sei es durch List, und nur durch das Anerbieten der Amme, die Wirkung von magischen Künsten und Zaubersprüchen zu versuchen, wird sie an das verhängnisvolle Vermächtnis des Nessus erinnert und zur Anwendung dieses Mittels bewogen."[33]

In dem langen Gespräch mit der Amme wird Deianiras Schmerz über Hercules' Untreue vorgeführt. Ganz sicher soll der Hörer auf seiten Deianiras stehen und Hercules' Verhalten als impertinent empfinden. Insofern trägt die Szene wie alle vorhergehenden dazu bei, das Hercules-Bild zu vervollständigen. Seneca ist bemüht, mit den verschiedensten Bausteinen das Charakterbild eines Hybristes zusammenzusetzen.

Der Gegenpart, den die Amme vertritt, ist im allgemeinen nicht stoisch begründet. Sie sagt nicht, Deianiras müsse ihre überstarke Liebe oder ihren überstarken Stolz (die beide verletzt sind) in Schranken weisen – das wäre stoisch argumentiert –, sondern sie versucht, Hercules zu entschuldigen oder besser: die empörende Situation herabzuspielen. Wenn sie später zum Liebeszauber rät, ist sie abermals bemüht, aus der schlimmen Situation das beste zu machen. Seneca wollte offenbar einen Gegenpol zu Deianira schaffen, um deren Position und Denken scharf herauszustellen. Ganz anders gestaltet Sophokles, bei dem der Chor bzw. die Chorführerin Deianeiras Vertraute sind.

Bei Sophokles ist es τόλμα, daß Deianeira den Nessos-Zauber anwendet.[34] Aber sie hat eine gute Absicht. Soll man das auch bei Deianira annehmen, die zuvor in ausführlicher Begründung Hercules den Tod gewünscht hat? Es ist wohl nicht ohne Bedeutung, daß sie Nessus' Zaubermittel ein *malum* nennt (491). Man muß sehen: Es ist der bei Seneca besonders rücksichtslose Hercules, der sie tödlich verletzt. Denn sie spricht ihren S c h m e r z an, er möge eine schreckliche,

---

32 Heinsius (bei Schröder 1728, 616).
33 Ribbeck 1892, 67–68.
34 Lefèvre 2001 (1), 17–19.

unausdenkbare, unsagbare Strafe ersinnen (*o nulla dolor | contente poena, quaere supplicia horrida, | incogitata, infanda,* 295–297).

IV Der sterbende Hercules

1131 kommt Hercules erneut in den Blick und beherrscht das Geschehen bis zum Schluß. Dieser Auftritt ist es, der viele Forscher verleitet, ihn als eine von stoischem Denken geprägte positive Gestalt anzusehen. Das ist oberflächlich geurteilt. Der Stoiker geht dem Ende gefaßt entgegen. Hercules ist dagegen uneinsichtig, rechthaberisch, vorwurfsvoll, überheblich, fordernd, tobend – die ganze Welt will er mit sich in den Untergang reißen. Sein Bild entspricht genau dem, das er im Prolog von sich zeichnet und das die anderen Personen von ihm haben.

Der Herakles der *Trachiniai* ist ebenfalls ein roher Bursche, auch in der Sterbeszene. Besonders Wilamowitz war nicht gut auf ihn zu sprechen: Er „würde die arme Deianeira massakriren, wenn er sie zu fassen bekäme, ohne nach ihrer schuld und ihrer liebe zu fragen. seine frau ist ihm sehr gleichgiltig" – ihm, der „ohne würde leidet und sich als ein tyrann seiner familie, aber jeder inneren größe bar zeigt".[35] Er ist ‚völlig egozentrisch'[36] – wie Hercules. Und doch besteht ein bezeichnender Unterschied zwischen den beiden Sterbenden. Herakles ist vor allem Leidender, er klagt und jammert wie Philoktetes über das Siechtum.

Ganz anders geriert sich Hercules. Er hält sogleich vier Monologe hintereinander, die dreimal vom Chor unterbrochen werden (1131–1336). Da er – nur auf sich konzentriert – dessen Worte gar nicht wahrnimmt, kann man auch von einer einzigen Rodomontade sprechen. Ohne die Einwürfe des Chors ergibt sich ein monomaner Mammutmonolog von 174 Versen. Die Betrachtung des ersten Sektors (1131–1150) genügt vollauf, um Hercules' Charakterbild zu erkennen. Er beginnt ohne Zögern global, die ganze Welt, den ganzen Kosmos umfassend: Die Sonne solle an seinem Sterbetag der Nacht weichen, Iupiter – das zieme sich – wieder das blinde Chaos herrschen, die Fugen des Weltalls und die beiden Pole brechen lassen und auch die Sterne nicht verschonen. Da Iupiter ihn verliere, müsse er auf der Hut sein, daß sich nicht wieder die Giganten erheben. Der frevelnde Pluto werde Saturnus erneut in seine Herrschaft einsetzen (d.h. Iupiter entmachten), kurz: Hercules' Tod werde Iupiters Herrschaft zum Wanken bringen. Iupiter möge ihn unter dem totalen Einsturz des Kosmos begraben, den Himmel, den er verliere,

---

35 1895, I, 155–156. Zum Herakles-Bild der *Trachiniai*: Lefèvre 2001 (1), 26–35. Der Herakles dieser Tragödie wird wie der Hercules des *Oetaeus* vielfach verkannt: Man will es nicht wahrhaben, daß der große Mann kein Gutmensch ist.
36 Latacz 1993, 220.

zerstören. Hercules läuft auf kosmischen Hochtouren.[37] Es ist ihm unvorstellbar, daß das Universum ohne ihn weiter bestehen könne. In der Wahnsinnsszene des *Furens* wollte er selbst Saturnus – gegen Iupiter – in die alte Herrschaft einsetzen (*HF* 965–967).[38] Billerbeck hat von dem „gewalttätigen Ausbruch des Halluzinierenden" gesprochen.[39] Im *Oetaeus*-Monolog halluziniert Hercules aber nicht. Oder doch? Die beiden Stellen zeigen auf jeden Fall, daß Hercules halluzinationsgefährdet ist, wenn er sich in den Affekt steigert.[40] Jedenfalls geriert er sich bei seinem zweiten Auftritt nicht minder megaloman als in der Prologszene.[41]

So geht es weiter. Es ist unnötig, das auch an den anderen Monologen zu zeigen. Nur eines sei bemerkt: Edert hat zu Recht die „unwürdige hülflosigkeit des Herakles, seine bedingungslose kapitulation vor dem körperlichen schmerz" hervorgehoben.[42] Es ist nicht zu verstehen, wie man das Porträt des Sterbenden mit stoischem Verhalten in Verbindung bringen kann.[43]

Herakles' negative Züge kehren bei Hercules – gesteigert – wieder. Doch gibt es einen bezeichnenden Unterschied. Betrug sich Herakles hybrid gegen Deianeira und Hyllos, kommt bei Hercules die Hybris gegen Iupiter hinzu. Die Handlung wird aus dem menschlich-familiären Kreis ins Kosmische geweitet, wie es dem Caesaren-Denken der Zeit entspricht. Herakles war egoman, Hercules ist megaloman.

---

37 Er hält „Sonnenfinsternis, Chaos und Weltuntergang für einen kosmischen Rückschlag, der dem an ihm, dem *pacator mundi*, verübten *nefas* entspricht. Er fordert daher Rückwendung der Natur bis zur völligen Vernichtung der Welt" (Rozelaar 1985, 1384–1385).
38 In dieser Partie zeigt sich Hercules' ‚absoluter Größenwahn' (▶ S. 509).
39 1999, 514.
40 Was man unter Halluzination, Größenwahn oder Wahnsinn versteht, ist natürlich eine Frage der Definition. Trotzdem sei Edert 1909, 88 zitiert, der zu Hercules' Prologrede bemerkt: „Diese eigenartige stufenleiter vom schlichten bericht zu grotesker übertreibung oder – im munde des Herakles – von berechtigtem selbstbewußtsein bis zu einer an w a h n s i n n streifenden arroganz ist wenig geeignet, Herakles zu empfehlen" (Sperrung ad hoc). So ist es.
41 Rossi 2000, 135 Anm. 113 erklärt den Monolog 1131–1150 treffend: «Al suo ritorno in scena in preda al dolore, gli interlocutori di Ercole sono ancora Giove ed il Sole. Non si è modificata rispetto al prologo l'alta considerazione che l'eroe ha di sé [...]: la sua morte provocherà la distruzione dell'intero universo e senza presenza di Ercole sulla terra i Giganti potrebbero assalire nuovamente il cielo. Il passo presenta affinità con il brano de *La follia di Ercole* in cui l'eroe, preda di a l l o c i n a z i o n i, immagina di farsi lui stesso promotore dell'assalto al cielo (965–81)» (Sperrung ad hoc).
42 1909, 102.
43 Kroll 1932, 411 spricht von der „Absicht Senecas in seinen beiden Dramen [...], daß er in den überlieferten dramatischen Stoff das I d e a l d e s W e i s e n habe hineintragen wollen" (Sperrung original). S. 412 wird das ‚Idealbild des stoischen Weisen' bemüht.

V Hercules und Nero

Wie sind die von Seneca vorgeführten Gestalten zu deuten? Hat er (bzw. der *Oetaeus*-Dichter) bestimmte Personen vor Augen? Aus dem Studium des Eingangs der Tragödie folgt, daß es verfehlt wäre, in Hercules ein Autor-Porträt zu sehen, „eine mythologisch dramatisierte Selbstdarstellung Senecas".[44] Daraus folgt, daß es weiterhin verfehlt wäre, hinter Alcmene Helvia zu sehen.[45]

Hercules ist sowohl im *Furens* als auch im *Oetaeus* darauf versessen, den Himmel zu erobern, Unsterblichkeit zu erlangen. Obwohl er sich ihrer wenig würdig verhält, wird sie ihm zuteil. Es fällt schwer, sich nicht an Suetons Worte über Nero zu erinnern, er habe eine unbedachte Gier nach Unsterblichkeit und ewig dauerndem Ruhm gehabt, *erat illi aeternitatis perpetuaeque famae cupido, sed inconsulta*;[46] jede Art von Religion habe er verachtet,[47] *religionum usque quaque contemptor*.[48]

1 Katasterismos

Auf einen sicheren politischen Hintergrund deutet der Katasterismos. Wenn Hercules durch das Gift des Nessus-Hemds im Sterben liegt, ergeht sich der Chor in endlosen Klagen. Er tröstet sich damit, daß der Tote als Stern an den Himmel versetzt werde (1564–1575):

> sed locum virtus habet inter astra.
> 1565 sedis arctoae spatium tenebis
> an graves Titan ubi promit aestus?
> an sub occasu tepido nitebis,
> unde commisso resonare ponto
> audies Calpen? loca quae sereni
> 1570 deprimes caeli? quis erit recepto
> tutus Alcide locus inter astra?
> horrido tantum procul a leone

---

[44] So Rozelaar 1985, 1394–1402, der als Vorgänger dieser Ansicht Münscher 1922, 119 zitiert.
[45] So Rozelaar 1985, 1391–1394. Auch Romano, der den *Oetaeus* in die Zeit des Exils auf Korsika datiert, nimmt (ohne Bezug auf Rozelaar) beide Gleichsetzungen an: «il rapporto Ercole-Alcmena nella tragedia non è che la proiezione del rapporto Seneca-Elvia» (1991, 1145).
[46] *Nero* 55.
[47] So sagt Hercules, indem er feststellt, sowohl er als auch Deianira hätten ihn besiegt, was Iunos Zorn nicht geschafft habe: *pudeat irarum deos* (1191).
[48] *Nero* 56. Christ 1988, 233 nennt Nero einen ‚Verächter aller Religionen'.

>   det pater sedes calidoque cancro,
>   ne tuo vultu tremefacta leges
> 1575 astra conturbent trepidetque Titan.

Jeder Gebildete hatte aus dem Proömium zu Vergils *Georgica* den künftigen Katasterismos Oktavians (1, 24–39) und aus dem Beginn von Lukans *Bellum Civile* den künftigen Katasterismos Neros (1, 45–59) im Gedächtnis.[49] Auf diesem Hintergrund mußten die Worte des Chors auf Neros künftigen Katasterismos bezogen werden. Was ist daraus zu schließen? Vergil hatte eine echte Eloge verfaßt. Aber schon Lukans Verse werden – wohl zu Recht – vielfach als doppelbödig, als ironisch interpretiert. Danach wäre eine naive Auffassung des *HO*-Passus als Hommage ganz unwahrscheinlich – zumal nach dem negativen Bild, das von Hercules bisher gezeichnet worden ist. Einen politischen Bezug des Katasterismos haben Griset[50] und Thompson[51] erwogen.[52]

In methodischer Hinsicht ergibt sich eine wichtige Erkenntnis für das Verständnis des gesamten Stücks: Wie Lukans Kaiserelogium konnten viele Partien des *Oetaeus* pro Nerone oder contra Neronem gelesen werden – je nach Einstellung der Rezipienten. Das war natürlich auch ein Schutz gegen allzu eifrige Delatoren. "Things are written so that different people will understand them on different levels."[53]

---

[49] Lukans erstes Buch dürfte dem *Oetaeus* vorausgegangen sein.
[50] Grisets These ist um die Ecke herum gedacht. Wohl zu Recht hebt er den «pessimismo», den «periodo più acuto della ‹saevitia› neroniana» hervor (1959, 177) – «quell'aria di sconforto, di amaritudine, di disperata angoscia che aleggia nel dramma e lo permea da cima a fondo» (1959, 176). Damit meint er aber nicht Hercules' Gebaren, sondern das schlimme Schicksal, das ihm, dem «rappresentante tipico della sagezza e della virtù stoica» (1959, 179), widerfahre. Es sei «evidente che Seneca intendeva esaltare nel suo eroe la superiorità del saggio virtuoso sulla forza bruta e glorificarlo con l'apoteosi» (1959, 180). Das sei ein wahrer, verdienter Katasterismos, während die Kaiser (also auch Nero) ihn nicht verdient hätten. Insofern biete der *Oetaeus* «la protesta contro l'apoteosi degli imperatori» (1959, 176).
[51] Thompson versucht nachzuweisen "that in his account of Nero's future apotheosis (*BC* 1. 45–63) Lucan has drawn to much greater extent upon Seneca's *Hercules Oetaeus*, especially the description of Hercules' deification, and that the use of this source suggests an assimilation, in Lucan's mind, of Nero to Hercules" (1964, 148). Das ist chronologisch schwierig. Umgekehrt erhebt sich die Frage, ob Seneca im Fall der möglichen Datierung des Lukan-Proömiums auf 62 / 63 an dieses hinsichtlich des Katasterismos gedacht hat.
[52] Anders Dupont 1989, 99–106.
[53] Calder III 1976 / 1977, 5 = 2005, 318 (zur politischen Deutung des *Oedipus*).

2 belua?

In den letzten fünf Versen des Stücks ruft der Chor den deifizierten Hercules an (1992–1996):

> et si qua novo belua voltu
> quatiet populos terrore gravi,
> tu fulminibus frange trisulcis:
> fortius ipso genitore tuo
> fulmina mitte.

Hercules möge, stärker als sein Vater Iupiter, Schützer sein, wenn eine Bestie von neuartigem Aussehen die Völker schrecke. Wie Farnabius[54] fassen Herzog[55] und Nisbet[56] *belua* als ‚Tyrann' auf. Hercules sei ein Rettergott, der Rom vor einem Tyrannen wie Nero bewahren möge. „Man meint so etwas wie Verschwörerstimmung zu spüren."[57] "Seneca had no longer the need to be circumspect."[58] Diese Deutung ergäbe eine verhüllte nerofeindliche Aussage. Das trifft nicht zu, wenn hinter Hercules Nero zu sehen ist. Es wird sich daher eher um die einfache Aussage handeln, Hercules möge, wie bisher als Mensch, künftig als Gott den Menschen beistehen (womit Nero gemeint sein kann). Das Stück schließt scheinbar versöhnlich. Darauf wird zurückzukommen sein.

3 Alcmene

Wenn hinter Hercules Nero steht, ist es nahezu unvermeidlich, hinter Alcmene Agrippina zu sehen. Denn Hercules' Mutter gehört nicht in den mythologischen Zusammenhang mit seinem Tod. Ihre Klage beeinträchtigt eher das Sterben: Es kommt eine allzu menschliche, ja familiäre Note in das Spiel. Nach Daniel Heinsius hat Sophokles in den *Trachiniai* zu Recht Alkmene fortgelassen: „Alcmenae personam optime omisit Graecus. Nam quae verba digna inveniri poterant? Hic ubique sublimitatem quaesivit. Et vix drama invenias, quod aeque assurgeret,

---

54 ‚monstrum, tyrannus' (1676, 334).
55 „Wenn Seneca von einer *belua* spricht, so mag daran erinnert werden, dass Seneca den Prototyp der römischen Tyrannen, Caligula, in de ira III 19, 3 [...] eben mit der Bezeichnung *belua* beehrt hat" (1922, 101).
56 "sensible men regarded Hercules as a saviour not because he protected them from animals but because he destroyed tyrants (Dio Chrys. 1. 84)" (1987, 250).
57 Herzog 1922, 101, der den *Oetaeus* in Senecas letzte Lebensjahre datiert.
58 Nisbet 1987, 250, der den *Oetaeus* kurz vor Senecas Tod datiert.

nisi tumeret."⁵⁹ In den Rhetorenschulen des 2. Jahrhunderts wäre eine adäquate Aufgabe die Frage: ‚Wie reagierte Alcmene auf das unerwartete und unwürdige Sterben ihres Sohns?' Wenn der *Oetaeus* aber in den Grundzügen von Seneca stammt, muß die Ursache für ihre Intrusion eine besondere sein. Die Annahme liegt nahe, daß sie nicht aus mythologischen, sondern aus politischen Gründen eingebaut wird. Trifft das zu, braucht für die Abfassung nicht an ein Datum vor 59 gedacht zu werden. Es könnte ein allgemeiner Bezug auf Agrippina vorliegen. Alcmene ist um Hercules besorgt (1396–1398). Auch Nero war nicht in der Lage, auf Agrippinas Bedenken zu hören.⁶⁰ Er fuhr in seiner Verblendung fort.

Hinter der Dramenfigur Alcmene (partiell) Agrippina zu sehen ist keineswegs so ungewöhnlich, wie es scheinen mag. Bereits im *Oedipus* dürfte Seneca mit Iocasta auf Agrippina angespielt haben.⁶¹ Während Iokaste bei Sophokles durch den Strang endet, tötet sich Iocasta bei Seneca mit einem Dolch. Der Selbstmord wird so pointiert beschrieben, daß er als Oedipus' Mord an der Mutter erscheint. Iocasta sagt ausdrücklich zum Sohn: *commoda matri manum, | si parricida es. restat hoc operi ultimum* (*Oed.* 1032–1033),⁶² und er selbst nennt sich *bis parricida* (*Oed.* 1044), Vater- und Muttermörder, und fährt fort: *matrem peremi* (*Oed.* 1045). Noch deutlicher sind Alcmenes Worte angesichts des nach seinem Bogen verlangenden Hercules (1409–1412):

```
       obire forti meruit Alcmene manu:
1410   vel scelere pereat, antequam letum mihi
       ignavus aliquis mandat ac turpis manus
       de me triumphat.
```

Ihr möglicher Tod von Hercules' Hand – ein *scelus*: Wie waren Assoziationen an Agrippinas von Nero befohlene Ermordung zu vermeiden?⁶³ Das von Tacitus im 14. Buch der *Annales* so eindringlich geschilderte Geschehen hatten ein paar Jahre später noch viele schaudernd in Erinnerung.

Mehr als ganz vorsichtige Erwägungen sollen die vorstehenden Bemerkungen aber nicht sein.

---

59 Bei Schröder 1728, 616.
60 Sueton berichtet, daß Agrippina Neros Taten und Reden sehr scharf beobachtete und kritisierte (*matrem facta dictaque sua exquirentem acerbius et corrigentem* [...], *Nero* 34, 1). Christ 1988, 231 hebt „ihre Vorwürfe wegen seiner nächtlichen Streifzüge, seiner künstlerischen Experimente und seines Ehebruchs" hervor.
61 Pathmanathan, Calder III, Bishop, Lefèvre: Lefèvre 1985 (1), 1251–1253 (▸ S. 350–352, ferner unten S. 613–614).
62 Zu *ultimum* Farnabius 1676, 106: „Ut matrem etiam occidas."
63 Bei *utero HO* 1669 könnte man an *Oed.* 1039 denken.

4 Die politische ‚Lehre' des *Oetaeus*

Setzt man die Hercules-Tragödien miteinander in Beziehung, wird deutlich, daß Hercules, der im *Furens* zu der Entscheidung kommt, nach der schlimmen Tat dennoch zu leben (*vivamus*, 1317), sich im *Oetaeus* nicht gewandelt hat. Er lebt nur weiter, um weiterzumachen wie bisher. Ein friedlicher Hercules ist nach dem *Furens* in der Tat schwer vorstellbar, er wäre ein Widerspruch in sich selbst.

Hieraus ergeben sich erhebliche Konsequenzen für die politische ‚Lehre' des Stücks.[64] Wenn der Hercules des *Furens* auf Nero weist, sollte Nero offenbar vor Augen gerückt werden, daß eine Selbstüberwindung, eine Wandlung zum Maß hin möglich sei. Demgegenüber macht die Hercules-Gestalt des *Oetaeus* unmißverständlich klar, daß das eine Täuschung war. Der Dichter könnte diagnostizieren – wie es ja der historischen Realität entspricht –, daß Nero nicht nur der alte blieb, sondern sich sogar zum Schlimmeren hin entwickelte. Sollte die Tragödie von Seneca selbst oder aus seiner Zeit stammen, könnte sie zwischen 62 und 65 entstanden sein. Auf jeden Fall verlöre sie nach Neros Tod ihren Witz und ihre Brisanz und müßte als hohle Rhetorik erscheinen – als die sie in der Tat vielfach empfunden wird. Der *Furens* lebt auch ohne Bezug auf Nero, der *Oetaeus* nicht.[65]

Daniel Heinsius hat den Unterschied zwischen dem rasenden Hercules im *Oetaeus* und dem vergleichsweise gemäßigten Herakles bei Sophokles hervorgehoben. „Apud Graecum, semel in dolore Herculi tribuitur *rhesis* prolixa: cujus divinitas omnem Poëticum conatum excedit. Idque non nisi in fine. Hic (sc. apud Romanum) Jovis ille filius, membra dum dilaniat sua, trecentos & amplius versus declamat. Et in occupatione tam molesta, multa dicit, quae vix otiosus declamator in schola effunderet."[66] Gewiß, so mag man denken. Versifizierter Mythos k a n n langweilig sein. Wenn aber hinter Hercules Nero zu sehen ist, dessen Ausbrüche täglich zu erleben waren, werden die Hercules-Rodomontaden zündend. Dann mochten die Hörer je nach der Einstellung zum Kaiser einen Schauder oder aber ein Amusement empfinden.

---

[64] Für Walde 1992, 292 hat der *Oetaeus* einen ‚eminent unpolitischen [...] Charakter'; seine Welt sei ‚die der Mythologie'.
[65] Nach Heinz 1946, 100–101 gibt es keinen „Zweifel, dass die Zeitgenossen sich bei den folgenden Worten an das lasterhafte und grausame Treiben Neros erinnert fühlen mussten": 419–422, 874–875, 1589–1592, 1991–1996. Vgl. S. 132.
[66] Bei Schröder 1728, 616.

VI Ausblick

Es wurde zu zeigen versucht, daß Hercules sowohl im ersten als auch im zweiten Teil des *Oetaeus* gleichermaßen megaloman und egoman gestaltet ist und der *Oetaeus* den *Furens* in dieser Hinsicht konsequent fortsetzt. Es handelt sich um ein einheitliches Hercules-Bild. Beide Dramen enden mit einer überraschenden Wendung, der *Furens* mit Hercules' ‚Bekehrung‘, der *Oetaeus* mit Hercules' Apotheose. Hercules' ‚Bekehrung‘ stellt nur eine Episode dar. Seneca gab vielleicht der Hoffnung Ausdruck, daß Nero ernsthaft in sich gehen werde, oder jedenfalls: daß man in der Öffentlichkeit bemerke, daß der Lehrer dazu aufrufe.[67] Der Schüler aber dachte nicht daran sich zu mäßigen – im Gegenteil. Wie fügt sich dazu der Katasterismos? Wer den *Oetaeus* ‚politisch‘ las, konnte die Topik nicht ernst nehmen.[68] Er erinnerte sich daran, daß Seneca Claudius' Apotheose kräftig verspottet hatte, und er verstand, daß nunmehr Neros (mit Sicherheit zu erwartende) Apotheose kräftig verspottet werde. Nero mochte sich gerieren, wie er wollte, die Apotheose war ihm sicher. Was Seneca 54 im Schutz der Saturnalien getan hatte, wiederholte er als Emeritus. "Seneca had no longer the need to be circumspect".[69]

Vielleicht setzte Seneca aber darauf, daß man den Schluß auch anders lesen konnte: als Anerkennung (um sich zu salvieren) – so wie viele modernen Philologen der Meinung sind, Hercules sei ein Dulder, der verdient belohnt werde. Wenn es der junge Lukan wagen konnte, ein doppelbödiges Proömium zu schreiben, in dem der Leser bemerkte, daß das Elogium auf Nero nur vorgegeben war, mochte der viel angesehenere Konsular es um so eher wagen, ein doppelbödiges Spiel zu treiben.[70] "Things are written so that different people will understand them on different levels."[71] Letztlich wird das Seneca aber nicht geholfen haben.

---

67 ▸ S. 533.
68 Edert 1909, 88 hat ganz zu Recht gesagt, man müsse „ernsthaft die frage aufwerfen, ob denn ein autor mit diesen prahlereien (sc. im Eingangsmonolog) den helden könne charakterisiert haben wollen, in dessen apotheose er sein werk ausklingen läßt."
69 Nisbets Wort wurde schon zitiert (s. Anm. 58).
70 Natürlich dachte Seneca, wenn überhaupt, nicht an eine öffentliche Rezitation, sondern an eine im privaten Kreis.
71 Das Wort von Calder III wurde schon zitiert (s. Anm. 53).

36 *Comes invidia est.* Das zweite Chorlied des *Hercules Oetaeus*

I Die Abfolge der Gedanken —— S. 577
II Die Bedeutung des Ganzen —— S. 581

Die Chorlieder in Senecas Tragödien sind teils ἐμβόλιμα, teils handlungsgebunden. Das zweite Lied des *Hercules Oetaeus* wächst zwar aus der Handlung hervor, verselbständigt sich aber in seiner Thematik. Das Stück hat zwei Chöre: die Frauen, die sich um Iole, und die Frauen, die sich um Deianira scharen. Nach den Euböerinnen, die im ersten Lied ihr Los beklagen, erscheinen Ätolerinnen, die im zweiten Lied das Los ihrer Königin beklagen. Das zweite Chorlied hat dieselbe Funktion wie das erste: Es herrscht Trauer über eine Situation, die Hercules verschuldet. Das Lied beginnt mit einem Kommentar zum Schicksal der Herrin, das diese soeben mit der Nutrix diskutiert hat. Sie heißt ihre Begleiterinnen, über sie zu trauern (581–582):

> vos, quas paternis extuli comites focis,
> Calydoniae lugete deflendam vicem.

Hierauf folgt der Chorgesang.

I Die Abfolge der Gedanken

583–603: Der Aufforderung kommen die getreuen Gefährtinnen nach, während Deianira in den Palast geht (583–585):[1]

> flemus casus, Oenei, tuos
> comitum primos turba per annos,
> 585 flemus dubios, miseranda, toros.

Sie beweinen das Geschick der Herrin und ihr Lager, das nunmehr gefährdet ist – „repudium timentes".[2] Wie Deianira nehmen sie die Zumutung, daß Hercules Iole mitgebracht hat, ernst. Nachdem sie die glücklicheren Zeiten in Erinnerung ge-

---

Originalbeitrag 2014.
1 Auf das Mitleid kommt es an. Deshalb wird mit A *miseranda* gelesen (so auch Farnabius, Viansino, Zwierlein, Averna).
2 Farnabius 1676, 295 zu *dubios*.

rufen haben (586–599), stellen sie den Umschlag von Deianiras einst besserem Los³ fest (600–603):

> 600   nunc quoque casum quemcumque times,
>   fidas comites accipe fatis:
>   nam rara fides ubi iam melior
>   fortuna ruit.

Die Sprecherinnen verstehen sich als *fidae comites*. Eine solche *fides* ist *rara*, wenn das Glück der Herrschaft stürzt. Dieser Gedanke ist wichtig. Der Hörer wird auf das nächste Thema vorbereitet: Es ist verbreitet, daß Herrschaft nicht auf Treue zählen kann.

604–639: Der Gedanke wird in einem langen Passus über die Morallosigkeit und den Egoismus derer, die sich an den Höfen tummeln, ausgesponnen. An die treue Gefolgschaft Deianiras wird assoziativ-konträr die treulose Gefolgschaft der Mächtigen angeschlossen. Dort gilt: *in tot populis vix una fides* (608). Ist der erste Abschnitt des Lieds handlungsgebunden, verselbständigt sich der zweite beträchtlich. Es geht nunmehr um den Hof (*aula*) des Königs (*qui sceptra tenes*, 603). Dort herrschen *fraudes*, *doli* und *ferrum latens* (611–612).⁴ Begleiter sind Neid und Mißgunst, *comes invidia est* (613). Es werden die Höflinge an den Pranger gestellt, nicht die Könige. Sogleich folgt, etwas kryptisch formuliert, die schlimmste Attacke (614–615):

> noctem quotiens summovet Eos,
> regem totiens credite nasci.

Farnabius gibt Hilfestellung: „Quoties rex insidias noctis & mortem evaserit, toties novom alium nasci credite, tantum periculi regibus minantur noctes singulæ."⁵ Wenn die Ruhmsucht eines Höflings durch die Worte *urit miserum gloria pectus* ausgedrückt wird (620), handelt es sich um eine Wendung, die wenige Jahre später Valerius Flaccus im Ohr gehabt haben könnte, wenn er über Iasons Ruhmes-

---

3 Zu *melior fortuna* vergleicht Averna 2002, 181 *Phoe.* 25–26 *felices quibus | fortuna melior tam bonas matres dedit.* «In entrambi i casi, *fortuna melior* ha il referente implicito di *fortuna peior* del *nunc.*»
4 *latens:* „ad insidias" (Farnabius 1676, 296).
5 1676, 296. Zwierlein 1986 (2), 367 verweist auf Grotius' Erklärung: „quasi quotidie rex renascitur, quia singulis noctibus mortem metuit".

streben sagt: *tu sola animos mentemque peruris, | Gloria* (1, 76–77).[6] Die Gier nach Reichtum beherrscht die Schilderung bis zum Ende des Abschnitts.

640–674: War bisher von dem in ihrem Sinn erfolgreichen Treiben der Höflinge die Rede, geht es nun um ihr unsicheres und unruhiges Leben. Die Reichen sterben vor der Zeit (640).[7] Glück und Reichtum ändern sich schnell: Die *felices* werden *miseri* (641–643). Es folgt eine lange Diatribe in horazischen Farben, die die ruhige und bescheidene – und damit sichere – Lebensweise mit der unruhigen und aufwendigen – und damit unsicheren – Lebensweise in topischen Bildern kontrastiert. Horazische Farben: Seneca argumentiert, wie so oft, epikureisch.

Zwischendurch wird die Bindung an die Situation des Lieds wieder enger: Es kommt die *coniunx* der Mächtigen / Reichen in den Blick, die der Frau des *modicus maritus* entgegengestellt ist. Damit wird an Deianira im Hintergrund erinnert. Ihr Los rückt durch die Feststellung ganz nahe, die *coniunx* der Mächtigen / Reichen habe *dubios toros* (670), was ja wörtlich über Deianira gesagt wurde: *flemus dubios, miseranda, toros* (585). Hier rundet sich ein Kreis.

Den Abschnitt schließt die Aussage *nec sibi felix pauper habetur | nisi felices cecidisse videt* (673–674). Farnabius' Paraphrase verdeutlicht den Sinn: „Tum se beatum agnoscit pauper, ubi potentes ex alto gradu videt cecidisse." Nicht handelt es sich um Schadenfreude, sondern um eine ‚philosophische' Erkenntnis. Der Arme oder wie man besser sagen muß: der Bescheidene wird in diesem Augenblick dessen inne, daß e r der wahre ‚beatus' ist, nicht aber der *felix*. Das klingt wie ein stoisches Paradoxon.

675–699: Nachdem deutlich geworden ist, daß das Leben der Mächtigen und Reichen abgelehnt wird, stellt der letzte Abschnitt die, welche dem *medium iter* folgen, und die, welche das nicht tun, gegenüber. Phaethon und Icarus sind Beispiele für die letzten; ihre Abenteuer werden mit der Sentenz kommentiert: *male pensantur | magna ruinis* (675–691). Der Chor lehnt diese Lebensweise ab: Ein anderer werde *magnus* und *potens* genannt. Sein bescheidenes Schiff streife am Ufer lang, nicht treibe ‚großer' Wind (*magna aura*) den Kahn mitten auf das Meer (692–696). Die Begründung ist interessant (697–699):

---

[6] Die Forschung schwankt, ob es sich um eine positive oder negative Charakterisierung Iasons handelt: Die *HO*-Stelle legt die zweite Bedeutung nahe.
[7] Es liegt offenbar die Vorstellung zugrunde, daß das *fatum* dem Sterblichen eine bestimmte Zeit zumißt, die er durch eigenes Verschulden verkürzen kann.

> transit tutos Fortuna sinus
> medioque rates quaerit in alto,
> quarum feriunt sipara nubes.

Wie ist das Wirken Fortunas zu beurteilen? Ist sie die «ellenistica τύχη, non solo capricciosa e imprevedibile, ma addirittura ostile e avversa»?[8] Das hieße, daß Fortuna die Großes Wagenden (*magni*) zu Fall brächte. Diese Auffassung widerspricht dem Duktus des ganzen Chorlieds, aber auch dem des letzten Abschnitts. Phaethon und Icarus sind zwei traditionelle Beispiele für junge Männer, die sich überheben und stürzen. Jeder Hörer wußte (zumindest aus dem allbekannten Ovid[9]), daß sie sich gegen den ausdrücklichen Rat der Väter Apollo bzw. Daedalus in die Gefahr begeben hatten – und büßen mußten.[10] Ihre Unternehmungen werden *magna* genannt, die Bestrafung nach sich ziehen (690–691). Ein Hörer mit gutem Gedächtnis mochte sich auch an *Med.* 599–602 (wo Phaethon als *ausus* und *furiosus* erscheint)[11] oder an *Oed.* 892–910 erinnern (wo Icarus als *demens* eine *via audax* einschlägt und folgenden Kommentar erhält: *quidquid excessit modum | pendet instabili loco*).[12] Wie die Chöre der *Medea* und des *Oedipus* geht der Chor der Ätolerinnen auf Distanz. Fortunas Walten kann also weder einen Mechanismus noch ein gezieltes feindliches Vorgehen bedeuten.

Klar heißt es aufgrund des Doppelgleichnisses, daß die Verantwortung für den Fall bei dem liegt, der *magna* erstrebt. Von hier wendet sich der Blick zurück zu den Höflingen, die ‚oben' stehen, die *magni* / *potentes* / *felices* sind. Es versteht sich, daß nach einer Stellung bei Hof zu streben nicht an sich verwerflich ist. Verwerflich ist, die Stellung für üble Machenschaften auszunutzen. Eben diese Konzeption hat Seneca immer wieder dargestellt. Wer ‚oben' steht, ist gefährdet – nicht weil Fortuna das fügt, sondern weil er den verführerischen Möglichkeiten, die die hohe Stellung bietet, moralisch nicht gewachsen ist. Es genügt, an Agamemnons Rede in den *Troades* zu erinnern, wo er unmißverständlich sagt, daß der Mensch sich desto maßvoller zu verhalten habe, je höher ihn Fortuna stelle; der *felix* (der auch in dem Chorlied der Ätolerinnen angesprochen ist) müsse sich beschränken (259–262):

---

8 Averna 2002, 185.
9 *Met.* 1, 748–2, 332 bzw. 8, 152–259.
10 Sie wurden später topisch. So sind sie in Dantes *Inferno* 17, 106–111 zusammen genannt und „mit dem geheimnisvollen Zauber der tragischen Hybris umgeben" (Gmelin 1954, 278).
11 Nach Costa 1973, 122 ist Phaethon hier 'type of reckless presumption'.
12 Nach Töchterle 1994, 572 ist Icarus hier ‚negatives Beispiel'.

>   quoque Fortuna altius
> 260 evexit ac levavit humanas opes,
>   hoc se magis supprimere felicem decet
>   variosque casus tremere metuentem deos
>   nimium faventes.

Glück verleitet! Auf die Eigenverantwortung kommt es an – in den *Troades*, im *Oetaeus* und auch sonst. Der *Fortunae favor* (*Tro.* 269) gibt Phaethon und Icarus die große Möglichkeit, sich durch den Äther zu bewegen, aber sie verlieren dabei das Maß. So gibt der *Fortunae favor* auch den Schiffen die große Möglichkeit, über das hohe Meer zu fahren (und dabei zum Beispiel bedeutenden Handel zu treiben). Aber wie weit sie dabei gehen, haben die Schiffer selbst zu verantworten. Von diesem Risikoverhalten distanziert sich der Chor.

II Die Bedeutung des Ganzen

Zwei Punkte sind vorweg zu bemerken: 1. Der Gedankengang ist assoziativ-gleitend. Nicht wird x abgehandelt und dann y dagegengesetzt; vielmehr wechseln x und y öfter antithetisch, in kurzen Gliedern. 2. Die Begriffe hoch ↔ niedrig, reich ↔ arm usw. sind nicht exakt zu bestimmen; für hoch / reich / mächtig stehen z. B. *felix* / *dives* / *sublimis* / *magnus* / *potens* – je nach dem, welcher Aspekt gemeint ist. Auf die Nuancen kommt es nicht an.

Das Lied gliedert sich in zwei Hauptteile: *I. 583–639*: (a) treue Gefolgschaft Deianiras (583–603) ↔ (b) ungetreue Gefolgschaft der *reges* (604–639). *II. 640–699*: (a) unsichere Lebensweise der *felices* / *divites* (640–651)[13] ↔ (b) sichere Lebensweise der *pauperes* (652–674); (a') risikoreiche Lebensweise der *felices* / *magni* (675–692) ↔ (b') risikolose Lebensweise der *non potentes* (693–699). a' und b' variieren a und b nur unwesentlich. I und II sind etwa gleich lang, I hat 57, II 60 Verse. Wenn das Lied eine gedankliche Einheit hat, lautet sie: Die Reichen / Hohen / Mächtigen stürzen und werden elend (II). Sie sind moralisch verwerflich (Ib). Man darf II nicht absolut nehmen und folgern: Die Reichen / Hohen / Mächtigen stürzen unschuldig (z. B. aufgrund einer Laune Fortunas). Vor diesem Schluß bewahrt Ib.

---

[13] *Bruttia Coro | pulsante fretum lenior unda est* (650–651) schließt den Passus über die Hochstehenden (*sublimis fortuna*) ab. Der Gedankengang lautet: ‚Wie viele Schrecken / Ängste stehen die Hochstehenden aus! Sanfter ist das Bruttische Meer (Farnabius: ‚fretum Siculum'), wenn es vom Corus (Nordwestwind) aufgepeitscht wird.' Die innere Unruhe der *sublimes* ist größer als ein Seesturm.

Die Aussage des Ganzen ist klar. Der Weg der Argumentation ist nicht ebenso klar. Das liegt daran, daß er den Umweg über die Höflinge nimmt, die nach Macht und Reichtum streben (Ib). Wünschte man, daß dieser Passus fehle, verlöre der Gesang zweierlei: 1. Er wäre nicht mehr an die Handlung gebunden (treue Gefährtinnen ↔ ungetreue Höflinge). 2. Er böte nur die topische Aussage der Gefährdung alles Hochstehenden. Es wäre auf die individuelle Attacke (Ib), die das Lied so interessant macht, zu verzichten.

Man wird nicht fehlgehen in der Annahme, daß der vom Standpunkt der Logik aus ‚störende' Umweg,[14] die untopische Charakterisierung der moralischen Verworfenheit der Höflinge, die Hauptsache der ganzen Reflexion ist, zumal der Passus den größten Umfang hat (36 Verse). Man beachte: In Ib wird die Umgebung geschildert, in der sich Seneca 13 Jahre lang bewegt hat, vielleicht darf man sagen: bewegen mußte – auch: bewegt wurde! Das dagegengesetzte Lob der Bescheidenheit, das in horazischen Tönen geschildert wird, dürfte dem Emeritus aus der Seele fließen. Im Grund ist das ein epikureischer Standpunkt, zu dem sich Seneca nach 13 schweren Jahren durchringt, in denen er das stoische Joch des Dienstes am Staat trug.

Wenn diese Interpretation richtig ist, hat man zu konstatieren, daß Seneca nicht den Kaiser im Visier hat, sondern dessen Hof. Über das, was er über Nero dachte, sagt die Hercules-Gestalt genug aus – deutlich genug. Hier rechnet er mit dessen Umgebung ab, die auch die seine war. Man lese nur Tacitus' Bericht über die Umstände des Rücktritts. Nach Burrus' Tod habe sich Nero den Schlechteren zugeneigt, *Nero ad deteriores inclinabat*. Diese hätten Seneca mit verschiedenartigen Verleumdungen angegriffen, *hi variis criminationibus Senecam adoriuntur* (*Ann.* 14, 52, 1–2). Dann folgen die bekannten Vorwürfe: Reichtum, Buhlen um die Gunst der Bürger, alleiniger Anspruch auf die *laus eloquentiae*, öffentliche Herabsetzung der sportlichen und künstlerischen Fähigkeiten des Prinzeps usw. (14, 52, 3–4). Es geht hier nicht darum, inwieweit diese Vorwürfe zutrafen. Ein Kern entsprach sicher der Wahrheit. Wichtig ist vor allem Tacitus' Feststellung, Seneca habe die Verleumder gekannt, da diejenigen sie ihm verraten hätten, die noch einigermaßen Anständigkeit bewahrten, *Seneca criminantium non ignarus, prodentibus iis, quibus aliqua honesti cura* (14, 53, 1). Unmittelbar danach fügt Tacitus Senecas Abschiedsgesuch ein.

---

14 Es ist bezeichnend, daß Farnabius in dem Argumentum, das er dem Chor voranstellt (1676, 295), die Höflinge und das Hofleben übergeht: „Mulieres Calydoniæ Deianiræ sortem deflent: Ambitionem, Avaritiam, Luxum, cæteraque mortalium studia inania detestantur, privatam fortunam laudant."

Es ist vielleicht kein Zufall, daß auf diese Situation die Sektion Ib paßt, wenn es heißt, daß die Scharen der Höflinge Anständigkeit kaum kennten, *in tot populis vix una fides* (608), daß Betrug und verschlagene Listen, ja verborgene Schwerter einträten, wenn die Türen des Hofs sich öffneten, *cum magnae patuere fores, | intrant fraudes cautique doli | ferrumque latens* (610–612), und daß die Mißgunst die Begleiterin dieser Übel sei, *cumque in populos | prodire parant, c o m e s i n - v i d i a e s t* (612–613).¹⁵ *invidia* – das sagt alles.

Wie wollte man verkennen, daß mehr denn je gilt: *expertus dicit* – zumal wenn der *Oetaeus* "shortly before Seneca's death in 65" entstand.¹⁶

---

15 In 613 ist offenbar das überlieferte *parant* mit Giardina und Averna zu halten und die Übel (*fraudes*, *doli* und *ferrum*) als Subjekt anzunehmen: Averna 2002, 182 (mit Darstellung der Forschungslage).
16 Nisbet 1987, 250.

37 Das Weltbild der *Phoenissae*

I Antigona und Iocasta als dramaturgische Klammer beider Teile —— S. 585
II Antigona – Senecas Stimme —— S. 586
III Iocasta – Senecas Stimme —— S. 589
IV Verhallende Stimmen der Vernunft —— S. 592

Die *Phoenissae* bieten zwei ganz unterschiedliche Probleme: einerseits ihre auffallende – unfertige – Struktur,[1] andererseits ihr schwer zu fassendes Weltbild. Nur dem zweiten gelten die folgenden Betrachtungen, obwohl vielleicht das erste die Klarheit des zweiten beeinträchtigt.[2]

Was ist die Thematik der *Phoenissae*? I. Opelt hat „Senecas Drama als die Tragödie des *nefas*" verstanden und auch die *Phoenissae* als solche erklärt.[3] Gewiß sind Eteocles und Polynices schlimme Tyrannen, die wie andere senecaische Kollegen in ihrem Machtstreben vor dem *nefas* nicht zurückschrecken. Es ist aber die Frage, ob in der Demonstration dieser Haltungen Senecas Absicht zu erkennen ist. Es soll gar nicht ins Feld geführt werden, daß Polynices nur in dem letzten Drittel und Eteocles nur ganz am Ende relativ kurz das Wort ergreifen, ebensowenig der Umstand, daß von ihnen im ersten Teil lediglich gesprochen wird. Aber es ist festzustellen, daß ihre Gestalten, wenn der umgangssprachliche Ausdruck gestattet ist, völlig ohne Pfiff gezeichnet sind. Wie pointiert und einfallsreich, ja faszinierend sind die Reden der exorbitanten Verbrecher Atreus und Medea, bei denen man versucht ist, sie als Parodien des stoischen Weisen aufzufassen![4]

Eine andere Thematik hat E. Fantham herausgestellt, nach der das Gewicht auf den Verstößen gegen die menschliche Natur liegt: auf 'incest' und 'fratricide', die Oedipus und Iocasta bzw. Eteocles und Polynices betreffen. Sie kam zu einem eigentümlichen Ergebnis. Die Darstellung des Brudermords begegne oft in der römischen Literatur; und der Inzest habe eine 'special attention from Seneca' gefunden (*Agamemnon*, *Thyestes*, *Oedipus*, *Phaedra*); es sei möglich, daß "the horror of misdirected sexuality provided an outlet for the intensity of his own

---

Originalbeitrag 2014.
1 Schanz / Hosius 1935, 461: „Studien des Dichters". Das führt darauf, daß sie auf verschiedene Anlässe, vielleicht Rezitationen, zurückgehen können und ‚Material' sind, das zu einer ‚normalen' Tragödie umgearbeitet werden sollte. Anders Mazzoli 2002, 165–168 (s. unten Anm. 33). Interessant sind die Erwägungen von Opelt 1972 (2), 284–285 zu Senecas Arbeitsweise. Diskussion der Struktur: Tarrant 1978, 229–230 (Vergleich mit Ezechiels *Exagoge*). Zu den Schauplätzen ▸ S. 560.
2 Es ist nicht beabsichtigt, eine Doxographie der Forschungsmeinungen zu geben. Einige Positionen werden herausgegriffen, um verschiedene Richtungen zu charakterisieren.
3 1972 (2), 274.
4 ▸ S. 459–489.

unreconciled Oedipal conflicts."[5] Danach wäre Allgemeines und Persönliches verbunden. Ist das des Pudels Kern? Oder besteht, wie A. Barchiesi meinte, eine Verbindung zwischen Inzest und Herrschaft?[6]

Liegt der Schlüssel darin, daß die *Phoenissae* eine spezielle politische Bedeutung haben? Gewiß kann man bei den senecaischen Gewaltherrschern nach J. Vogt an Caligula, Claudius oder Nero denken[7] oder, wenn man das Gras wachsen hört, bei Eteocles und Polynices nach Th. Birt an Nero und Britannicus.[8] Ist das glaubhaft?

Oder sind die *Phoenissae*, wie man öfter liest, ein Stück gegen den Krieg? Reichen die entsprechenden Schilderungen hin? Müßte in diesem Fall nicht zumindest ein Botenbericht den Tod der Brüder und mancher ihrer Gefolgsleute anschaulich schildern? Falls Seneca die Tragödie in dieser Weise schließen wollte, wäre eine solche Annahme nicht von der Hand zu weisen. Aber er ließ die Szenen unvollendet.

I Antigona und Iocasta als dramaturgische Klammer beider Teile

Man könnte eine Entsprechung darin sehen, daß in der ersten Hälfte der starre, ja erstarrte Vater es ablehnt, die von Leidenschaften entfesselten Söhne zur Eintracht zu führen, in der zweiten die weich gestimmte Mutter genau das versucht – doch vergeblich. Oedipus kann es[9] und will nicht, Iocasta will es und kann nicht. Es ist aber die Frage, ob diese Brücke trägt. Dagegen gibt es eine äußere – und zugleich innere – Klammer, die die Hälften zusammenhält. Nach dem Oedipus-Teil trifft Antigona noch mit Iocasta zusammen und ermahnt sie 403–408, sie möge die Kampfhähne trennen. Sie gibt gewissermaßen ihre versöhnliche Rolle an die Mutter weiter. Das liegt auf der gedanklichen Ebene. Die damit zusammenhängende strukturell-dramaturgische Klammer hat G. Mazzoli gut herausgestellt: «Unico personaggio osmotico fra le due parti della tragedia – un ‹ponte› strut-

---

5 1983, 73.
6 «L'incesto e il regno»: Titel der Einführung zu seiner Ausgabe (1988, 9).
7 1950, 14–15.
8 Wir „dürfen vermuten, daß Seneca die ‚Phönissen' abbrach und unvollendet liegen ließ, als er wahrnahm, wie der Konflikt zwischen Britannicus und Nero, seitdem Agrippina für Britannicus eintrat, sich zuspitzte; denn die Vorführung des Wechselmordes [...] wäre nicht nur für Britannicus, sie wäre auch für Nero ein böses Omen gewesen" (1911, 354).
9 Das ist jedenfalls die Meinung Antigonas (288–294) und Thebens bzw. des Boten (320–327, 347–349).

turale non abbastanza valorizzato dalla critica – Antigone ottiene così, col suo duplice intervento, di potenziare in modo decisivo la saldatura del dittico.»[10] Insofern passen die Teile sinnvoll zusammen.[11] Wird dieser Duktus gesehen, versteht man, daß Seneca zunächst die beiden einander entsprechenden Blöcke dichtete, dann aber aus irgendeinem Grund auf den bei einem geordneten Drama erforderlichen Zement verzichtete.

Wenn man das vorliegende Stück in einem Zug wie bei einer Rezitation rezipiert, prägen sich die beiden eindringlich modellierten Frauengestalten ein: Antigona im ersten, Iocasta im zweiten Teil. Die die düsteren Gedanken des schwer geprüften Vaters vorsichtig in eine heilsame Richtung zu lenken versuchende Antigona spricht zwar nur 70 Verse, die die finsteren Absichten der machtbesessenen Söhne zu regulieren versuchende Iocasta aber 238 Verse (Halbverse wie ganze gerechnet). Es kommt hinzu, daß sie Positionen vertreten, die Senecas Denken entsprechen.[12] Ihnen gelten die folgenden Betrachtungen.

Daß Seneca für die Darstellungen Antigonas von Sophokles' *Oidipus auf Kolonos* und Iocastas von Euripides' *Phoinissai* Anregungen bekommen hat, liegt auf der Hand. Aber er zeichnet beide Gestalten mit eigener Handschrift. Mazzoli hat das Innovative ihrer Rollen betont. «Drastici» gegenüber Sophokles und Euripides seien «i cambiamenti al livello delle due figure di primo rango, Antigone e Giocasta.»[13]

II Antigona – Senecas Stimme

Das Gespräch zwischen dem blinden Oedipus und der ihn geleitenden Antigona (1–319) ist von tiefer Menschlichkeit geprägt. Oedipus beginnt und beschließt es mit warmen Worten an die Tochter. Man darf von einem persönlichen Verhältnis sprechen.

Oedipus wünscht zu sterben. Das ist angesichts seines schlimmen Geschicks verständlich – nicht aber für den stoisch Gebildeten. Die erste Szene kann als

---

10 2002, 160. Wichtig schon Pratt 1983, 102 (▸ S. 590).
11 Eine andere Verbindung hebt Petrone 1997, 14 im Blick auf Oedipus hervor: «Lo stratagemma compositivo di Edipo ‹ascoltatore› fa apparire dunque la seconda parte come una sorta di proiezione maligna della volontà dell'eroe. Come furia della stirpe Edipo infatti innesca l'azione successiva». Das ist eine ‚negative' Klammer im Gegensatz zu der ‚positiven' durch Antigona / Iocasta.
12 In den *Phoenissae* liegt nach Egermann (1940) 1972, 48 „die Art der geistigen Durchdringung des Stoffes mit der stoischen Idee offen zutage."
13 2002, 160.

Diskussion über den Selbstmord bezeichnet werden, in der Antigona den stoischen Kontrapost zu der ‚unstoischen' Haltung des Vaters vertritt.¹⁴ Da er eine starke Hilfe an ihr hat, ist seine Not gelindert. Gelänge ihm der Freitod, würfe er das Leben fort – was der Stoiker nicht billigen kann. Er darf den letzten Schritt nur tun, wenn *necessitates ultimae inciderunt*.¹⁵ Ist das nicht der Fall, muß er die Situation meistern. In diesem Sinn sagt Antigona (77–79):

> sed flecte mentem, pectus antiquum advoca
> victasque magno robore aerumnas doma;
> resiste: tantis in malis vinci mori est.

‚In solchen Übeln sterben ist ein Unterliegen (*vinci*), nicht ein Sieg.' Oedipus ist von Antigonas *pietas*¹⁶ gerührt, aber in der Sache unbeeindruckt. Seneca hat das Problem auch im *Hercules Furens* behandelt, in dem der in schwere Schuld verstrickte Titelheld aus dem Leben scheiden will und sich erst aufgrund der Ausführungen des Vaters Amphitryon zum Weiterleben entschließt (*vivamus*, 1317). In diesen Diskussionen scheint Senecas persönliche Stimme durchzuklingen: *aliquando enim et v i v e r e fortiter facere est*.¹⁷ Er spricht hier wie dort aus eigener Erfahrung.¹⁸ Das verleiht der Diskussion eine besondere Note.

Oedipus ist nicht überzeugt. Deshalb holt Antigona zu grundsätzlicher Rede aus (188–201):

>   at hoc decebat roboris tanti virum,
>   non esse sub dolore nec victum malis
> 190 dare terga; non est, ut putas, virtus, pater,
>   t i m e r e vitam, sed malis ingentibus
>   obstare nec se vertere ac retro dare.
>   qui fata proculcavit ac vitae bona
>   proiecit atque abscidit et casus suos
> 195 oneravit ipse, cui deo nullo est opus,
>   quare ille mortem cupiat aut quare petat?
>   utrumque t i m i d i est: nemo contempsit mori
>   qui concupivit. cuius haut ultra mala
>   exire possunt, in loco tuto est situs.
> 200 quis iam deorum, velle fac, quicquam potest
>   malis tuis adicere?

---

14 Mader 2010, 309 glaubt in dem Dialog 'pseudo-stoic rhetoric' zu erkennen.
15 *Epist.* 17, 9: Leeman 1971, 330.
16 82 (*pius*), 97 (*pietas*).
17 *Epist.* 78, 2.
18 Zu diesem Komplex ▶ S. 513 sowie Egermann (1940) 1972, 48–49.

Das ist eine stoisch-senecaische Diatribe reinsten Wassers.[19] Sie wird von Petrone gut erklärt. Zu Antigonas ex cathedra gesprochenen Worten, der Mensch dürfe sich nicht von den Übeln besiegen lassen und die Flucht ergreifen, sondern müsse ihnen widerstehen (188–192), weist sie auf Iocastas Ermahnung an Oedipus *haud est virile terga Fortunae dare* (*Oed.* 86), mit der diese die ‚stoische Gegenposition' zu Oedipus' ‚unstoischem Verhalten' vertritt.[20] «È il messaggio di un atletismo spirituale di marca s t o i c a, che vuole il saggio resistente e impavido ai colpi della sorte, innumerevoli volte presente nella filosofia senecana, ma forse chiarificato soprattutto dal *De providentia* (2, 9),[21] dove la lotta con la sventura è rappresentata dall'immagine di un corpo a corpo in cui il fato ha un degno avversario nell'uomo forte.»[22] Antigona fährt fort: Wer das Schicksal unter seine Füße gezwungen, die Güter des Lebens fortgeworfen und das schwere Los noch weiter beschwert habe (wie Oedipus durch die Blendung), wer keinen Gott um Hilfe anzurufen brauche, warum sollte der den Tod wünschen oder sich zufügen (193–196)? «Nelle parole di Antigone si crea una stupefacente prossimità tra il reietto Edipo, al di qua dell'umano per le sue trasgressioni, e l'ammirevole saggio stoico, al di là dell'umano per la sua perfezione. Identica infatti la condizione di partenza, aver disprezzato i beni esteriori e saper avuto far fronte alle sventure (secondo quella concezione per cui ‹la disgrazia è occasione di virtù›, *calamitas virtutis occasio est, De prov.* 4, 6). Proprio Edipo dunque sarebbe a un passo, qualora ascoltasse la figlia, dal raggiungere la meta dell'autarchia e della sagezza.»[23] Beides (den Tod wünschen oder sich selbst töten), sagt Antigona, sei für Furchtsame charakteristisch: Niemand, der den Tod ersehne, verachte ihn. Wessen Leiden nicht noch größer werden könnten, sei an sicherem Ort geborgen. Welcher Gott vermöchte, wenn er es wollte, Oedipus' Leiden noch etwas hinzuzufügen (197–201)? Die Aussage über die Furchtsamen «condensa un luogo commune del pensiero senecano: cfr. *De brev.* 16, 2 *mortem saepe ideo optant qui timent*».[24] Oedipus' Leiden können aber nicht noch größer werden.

Diese Antigona hat, muß man sagen, Senecas Philosophische Schriften gelesen. Sie ist so etwas wie sein Sprachrohr.

---

19 Über den Einfluß von 'Seneca's Stoicism' in der ersten Sektion der *Phoenissae*, besonders in dieser Rede: Frank 1995, 31.
20 Lefèvre 1981 (1), 250 (▸ S. 328–329).
21 *ecce spectaculum dignum ad quod respiciat intentus operi suo deus, ecce par deo dignum, vir fortis cum fortuna mala compositus, utique si et provocavit.*
22 1997, 52 Anm. 47 (Sperrung ad hoc).
23 Petrone 1997, 52 Anm. 48. Hirschberg 1989, 69 merkt an, Oedipus sei „autark wie der stoische Weise" – das ist er nicht, aber Antigona versucht, ihn in diese Richtung zu lenken.
24 Petrone 1997, 53 Anm. 49.

Bemüht sich Antigona zunächst, Oedipus um seiner selbst willen von dem Gedanken an den Freitod abzubringen, stellt sie ihm im folgenden den Sinn des Weiterlebens um anderer willen vor Augen (288–294):

> si nulla, genitor, causa vivendi tibi est,
> haec una abunde est, ut pater natos regas
> 290 graviter furentes. tu impii belli minas
> avertere unus tuque vaecordes potes
> inhibere iuvenes, civibus pacem dare,
> patriae quietem, foederi laeso fidem.
> vitam tibi ipse si negas, multis negas.

Es ist eine große Aufgabe, die Antigona dem Vater zuweist und um deren Erfüllung, wie der Bote berichtet (320–327, 347–349), auch Theben bittet, daß er, wenn er nicht um seiner selbst willen weiterleben wolle, den Bruderkampf verhindere und das Vaterland rette. Das ist wieder stoisch gedacht, denn der nach dieser Lehre Gebildete ist verpflichtet, anderen zu helfen. Seneca spricht das in *De otio* 3, 5 klar aus: *hoc nempe ab homine exigitur, ut prosit hominibus, si fieri potest, multis, si minus, paucis, si minus, proximis, si minus, sibi.* Antigona dreht den Gedanken pointiert um: Wenn Oedipus nicht *sibi* (→ *vitam tibi ipse si negas*) helfen wolle, solle er *multis*[25] (→ *multis negas*) helfen.

Daß der Mensch nach stoischer, jedenfalls nach senecaischer Anschauung dazu geboren sei, anderen zu helfen, ist in dem berühmten Passus *Epist.* 95, 52–53 dargelegt, der Terenz zum Zeugen anruft und in dem Gewölbegleichnis gipfelt: *societas nostra lapidum fornicationi simillima est, quae, casura nisi in vicem obstarent, hoc ipso sustinetur.*

Um weit auszuholen: Wie Nero nicht auf Seneca hörte, hört Oedipus nicht auf Antigona. Aber ihr Versuch verdient höchste Anerkennung. Es ist das letzte Wort, das sie an den Vater richtet.[26]

III Iocasta – Senecas Stimme

Im zweiten Teil ist wieder eine Frau die positive Figur. Iocasta versucht mit allen Mitteln Polynices' und Eteocles' Streit zu schlichten. Bevor sie in das Geschehen aktiv eingreift, fordert Antigona sie zu derselben Aktivität gegenüber den Söhnen auf, die sie selbst dem Vater gegenüber an den Tag gelegt hat: den Bruderkampf zu verhindern (403–406):

---

[25] „In bello perituris illo, quod tu vivendo inhibere poteris" (Farnabius 1676, 267 zu *multis*).
[26] 320–327 spricht – nach A – der Bote (Thomann, Zwierlein, Frank).

> perge, o parens, et concita celerem gradum,
> compesce tela, fratribus ferrum excute,
> 405 nudum inter enses pectus infestos tene:
> aut solve bellum, mater, aut prima excipe.

Iocasta setzt gewissermaßen Antigonas Rolle fort. Pratt meinte, "Antigone's virtue" sei "the only substantive link between the two parts".[27]

Beider Frauen Bemühungen scheitern – wie Antigonas an Oedipus, so Iocastas an Polynices und Eteocles. Aber die richtige Richtung zu weisen ist aller Ehren wert. Auch der Philosoph hat nicht immer Erfolg.

Aus Iocasta spricht die Stimme der Vernunft – Senecas Stimme –, zumal wenn sie sagt (493–494):

> quotiens necesse est fallere aut falli a suis,
> patiare potius ipse quam facias scelus.

In diesem Sinn heißt es an der schon zitierten Stelle *Epist*. 95, 52: *natura nos cognatos edidit, cum ex isdem et in eadem gigneret;* [...] *ex illius constitutione miserius est nocere quam laedi* – eine verbreitete Sentenz.[28] Aber gerade dieser Brief zeigt, daß Seneca selbst zu fassen ist.

Ganz am Ende wird Iocasta noch einmal zu Senecas Sprachrohr, wenn sie auf Polynices' Frage, ob im Fall eines Friedens Eteocles keine Strafe für sein Verbrechen zahlen solle, antwortet (645–651):

> 645 poenas et quidem solvet graves:
> regnabit. est haec poena. si dubitas, avo
> patrique crede: Cadmus hoc dicet tibi
> Cadmique proles. sceptra Thebano fuit
> impune nulli gerere, nec quisquam fide
> rupta tenebat illa: iam numeres licet
> fratrem inter istos.

Iocasta argumentiert überlegen, wenn sie zunächst allgemein darlegt, Eteocles werde schwere Strafe zahlen, König zu sein, und dann zum Beweis thebanische Könige anführt. Herrschen (*regnare*) bedeute Strafe (*poena*), Unglück, Sturz. Niemand habe ungestraft (*impune*) das Szepter geführt, niemand konnte es behaupten, wenn er Verpflichtungen brach.[29] Es geht um Fehlverhalten der Könige. Die Frevel des Labdakidenhauses waren wie die des Tantalidenhauses berühmt,

---

[27] 1983, 102.
[28] Sie geht bis auf Plat. *Gorg*. 469c und Cic. *Tusc*. 5, 56 zurück (Hirschberg 1989, 122; Frank 1995, 209; Petrone 1997, 83 Anm. 89).
[29] 650: *tenebit* (E, Leo), *tenebat* (A, Gronovius, Zwierlein, Frank).

wenn nicht berüchtigt. Jeder Herrscher verschuldete sich neu. Deshalb stellt Iocasta am Anfang die Gleichung auf: *regnare* = *poena*. Das ist ursenecaisches Denken. An Agamemnons Rede *Tro.* 258–275 sei erinnert.[30] Seneca schreibt die Verantwortung für das richtige / unrichtige Handeln dem Menschen zu. Er vertritt in aller Schärfe den Gedanken, daß Macht verderbe (*Troia nos tumidos facit | nimium ac feroces* (264–265) und umgekehrt der Mächtige sittliche Normen einzuhalten habe (*se* [...] *supprimere felicem decet*). Deshalb dauern *moderata imperia* länger als *violenta imperia* (258–259) – zu denen Iocasta das von Eteocles erstrebte *imperium* rechnet. Es gilt, daß man desto mehr im sittlichen Handeln gefährdet ist, je höher man steigt: *o superbia magnae Fortunae stultissimum malum* (*De ben.* 2, 13, 1). Agamemnon kennt die Verführbarkeit des Menschen durch die Macht – so wie Iocasta die Verführbarkeit der Könige (*regnare*) kennt. Ganz in Agamemnons Sinn sagt sie 660: *invisa numquam imperia retinentur diu*. Ebendas hält Medea Creo vor: *iniqua numquam regna perpetuo manent* (*Med.* 196).

Schneidend ist die Aussage der letzten beiden Verse (663–664):

> IO. patriam penates coniugem flammis dare?
> ET. imperia pretio quolibet constant bene.

Petrone hat sie gut erklärt: «Infatti suona provocatoria e davvero troppo netta la domanda di Giocasta al figlio se per il potere sarebbe disposto a mettere a fuoco la patria, i penati e la sposa (v. 663); una battuta, più che da madre angosciata, da antagonista politico, fatta apposta tuttavia per attirarsi quella risposta: ‹il potere si mantiene a qualsiasi prezzo›. Prima che la bestemmia di Eteocle sia detta, Giocasta ne ha così mostrato in anticipo, quasi con accanimento, il campo di pertinenza, specificando quanto vi era eufemisticamente inespresso: qual è il prezzo del potere? Il più alto, quello della rescissione dei legami naturali e civili. Rispetto a questo tema della inconciliabilità tra potere regale e diritto naturale, le *Phoenissae* mostrano un interesse così profondo che sembra quasi che le storie rappresentate servano per dare corpo e anima a questo dilemma. La crudele legge di una forma di potere che non può tener in conto la *pietas* [...] appare come una sorta di *telos* dell'opera, cui tendevano le diverse parti.»[31] Iocasta verficht – wie Seneca – den Standpunkt des ‹diritto naturale› und der *pietas*.[32] Eteocles hat – wie viele Zeitgenossen – taube Ohren.

---

30 Das folgende nach Lefèvre 1973, 68–69 (▶ S. 279); 1995 (2), 176–177 (▶ S. 433–434).
31 1997, 7–8 (Sperrungen ad hoc). Barchiesi 1988, 39 hebt dagegen den familiären Aspekt hervor, was sicher zu kurz greift.
32 *pietas* ist ein Kriterium für Iocastas eigenes Handeln (380–381): Petrone 1997, 71 Anm. 72; Mazzoli 2002, 161. An Antigonas *pietas* sei erinnert (Anm. 16).

Stoisch-senecaisches Gedankengut hätten die *Phoenissae* vor allem in den Chorgesängen transportiert, wenn Seneca plante, eine herkömmliche Tragödie zu schreiben – was natürlich unsicher ist.[33] Aber auch in den ausgeführten Dialogen ist seine Weltanschauung kenntlich.

IV Verhallende Stimmen der Vernunft

In den *Phoenissae* gehen die positiven Signale von zwei Frauen aus, die von der Männerwelt schroff zurückgewiesen werden. Das ist erstaunlich. Bei der machtbesessenen Gesinnung der Brüder könnte man an die römischen Herrscher denken. Auch Oedipus' Unversöhnlichkeit mag in diese Richtung weisen. Was aber aus zeitgeschichtlicher Perspektive ganz ungewöhnlich erscheint, ist der Umstand, daß Frauen als vorbildlich gesehen werden. Birt brandmarkte „so manche der, man muß sagen, viehischen Weiber der damaligen Hofaristokratie und des Hofes".[34] Medea, Phaedra, Clytemestra sind auch keine Vorbilder. Aber es gab natürlich Frauen, die mit Antigona und Iocasta zu vergleichen waren – zum Beispiel Helvia (der Seneca eine Trostschrift widmete) oder Paulina (deren Vater er *De brevitate vitae* widmete).[35] Gewiß standen sie nicht Pate, aber man darf feststellen, daß Seneca persönliche positive Erfahrungen mit Frauen nicht fremd waren.

Antigona erreicht, so eindringlich sie argumentiert, nichts. Weder bringt sie den Vater dazu, die Söhne zur Einsicht zu führen, noch bringt sie ihn vom Todeswunsch ab. Er will nach wie vor sterben und verlangt nach Waffen: *date arma patri* (358).[36] Ebenso erreicht Iocasta, so eindringlich sie argumentiert, nichts. Sie

---

33 Mazzoli 2002, 165–168 stellt vorsichtig die ‹ipotesi› auf, daß Seneca nicht vorhatte, das Stück noch mit Chorliedern zu versehen.
34 1911, 596 Anm. 1.
35 Zu Helvia Mauch 1997, 67–74, zu Paulina 107–160.
36 Gronovius' Konjektur *matri* ist zwar geistreich (ihr folgen die meisten modernen Ausgaben, nicht aber Farnabius, Schröder, Petrone, Aricò), aber kaum richtig. Natürlich will Oedipus mit den Waffen nicht in den Kampf ziehen (so versteht Paul 1953, 112 Anm. 119 die Überlieferung), sondern sich umbringen. Gronovius bemerkt zu *date arma matri*: „quibus ipsa semet interficiat" (bei Schröder 1728, 205). Das ist unnötig um die Ecke gedacht. Oedipus meint: *arma* ‚quibus ipse me interficiam'. Schon 106–107 fordert er Antigona auf: *ensem parenti trade, sed notum nece | ensem paterna. tradis?* 147 wiederholt er: *ferrum negabis?* (Andere Verteidigung der Überlieferung bei Petrone 1997, 68 Anm. 69 und Aricò 1997 (2), 29.)

führt die Söhne nicht zur Einsicht. Welches Ende Seneca vorschwebte, weiß man nicht.[37]

Antigona und Iocasta verkörpern jeweils die Stimme der Vernunft – wie sie in anderen Stücken aus den Ammen spricht. Sie vertreten im Blick auf die drohende Katastrophe senecaische Positionen.[38] Aber ihre Stimmen verhallen vergebens. Insofern sind die *Phoenissae* eine pessimistische Tragödie. Wenn sie 62 entstanden sind,[39] dürften sie Senecas Denken in der Zeit des Rückzugs aus der Politik widerspiegeln.

---

37 Jedenfalls wird Iocasta nicht, wie Zwierlein 1986, 130 (dem Hirschberg 1989, 145 folgt) meint, von Eteocles verbannt (*te* in 652 und *tu* in 662 bezögen sich auf Iocasta). Nach Axelson sei Polynices „bereits exiliert". Man vergleiche 646, wo Iocasta über Eteocles sagt: *regnabit*, obwohl er bereits König ist. Vielmehr beabsichtigt Eteocles, den Bruder e r n e u t zu verbannen. Polynices war bis zum Ablauf der vereinbarten Frist im Exil, nunmehr hat er rechtmäßigen Anspruch auf den Thron, und Eteocles hat in das Exil zu gehen. Der denkt aber nicht daran und will Polynices abermals verbannen. Frank 1995, 253 und 256 bezieht *te* und *tu* richtig auf Polynices.
38 Hiltbrunner 1985, 1002: Antigona ‚vertritt' die *sapientia*.
39 Nisbet 1990, 108; Frank 1995, 44. Nach Tarrant 1985, 11 sind *Phoenissae* und *Thyestes* "Seneca's last plays", nach Zwierlein 1984, 247–248 (‚nicht später als 60'), Dingel 2009, 125 und Mader 2010, 288 sind sie Senecas letztes Stück (der *HO* wird in allen Fällen nicht gerechnet).

38 Nachbetrachtungen zum *Agamemnon*

I Fortuna im Prolog —— S. 594
II Fortuna im ersten Chorlied —— S. 596
III Apollo und Aegisthus —— S. 597
IV Clytemestra, Aegisthus, Agamemnon —— S. 598
V Fatum —— S. 599
VI Cassandra —— S. 601

„Es geht Seneca offenbar einzig um
die Menschen und ihre Schuld."[1]

Die Betrachtung über ‚Schicksal und Selbstverschuldung in Senecas *Agamemnon*', vor nahezu 50 Jahren 1965 verfaßt und 1966 erschienen (Nr. 13), ist der älteste in diesem Band enthaltene Aufsatz. Er stieß auf ein lebhaftes Echo. Soweit es sich um Kritik handelte, wurde ihr 1973 in dem Aufsatz ‚Die Schuld des Agamemnon' begegnet (Nr. 16). Seitdem sind über 40 Jahre vergangen, und es mag förderlich erscheinen, daß zu einigen Positionen der (neueren) Forschung Stellung genommen wird.[2] Die Bemerkungen konzentrieren sich wie in den früheren Arbeiten auf die Frage der Verantwortlichkeit des Menschen für sein Handeln.

I Fortuna im Prolog

Was ist der Sinn des Prologs? Sicher hat Seneca nicht in den Inhalt des Geschehens einführen wollen, wie es die griechischen Tragiker so oft taten. Dann hätte er sich klarer ausgedrückt. Zwar konnte er die bekannten Büßer in der Unterwelt so andeutend reihen, wie es die Umbra tut (10–21), aber schon die Umstände der Geburt der Tochter (28–36) zu verstehen erforderte Spezialkenntnisse. Dann war von einem Orakel (38) die Rede, und an Aegisthus wurden die Worte gerichtet *causa natalis tui,* | *Aegisthe, venit* (48–49) – Rätsel über Rätsel. Es ist klar: Der Prolog soll nicht informieren. Seneca spricht πρὸς εἰδότας. In handlungsmäßiger /

Originalbeitrag 2014.
1 Riemer 2012, 25. S. 26 heißt es: „Der Gesichtspunkt der gleichen Verteilung von Schuld und Sühne ist für das Verständnis von Senecas Dramenkonzeption essentiell."
2 Der bedeutendste Beitrag ist zweifellos der von Shelton 1983. Anführen könnte man außerdem Heldmann (1974), Calder III (1976), Boyle (1983), Motto (1985), Mazzoli (1993), Riemer (1997), Schubert (1998), Wiener (2006), Riemer (2012). Auf Seidensticker 1969 und Zwierlein 1970 wird nicht erneut eingegangen, sondern auf die Abhandlung von 1973 verwiesen.

dramaturgischer Hinsicht ist die Rede der Umbra überflüssig,³ vielleicht sogar
‚sekundär'.⁴

Eines ist sicher: Der Prolog vermittelt düsterste Stimmung. Nicht nur die aus
der Unterwelt heraufkommende schattenhafte Gestalt dient per se dazu, sie – in
der Phantasie der Zuhörer – zu verbreiten, sondern auch die von ihr geschilderte
Vergangenheit und Zukunft (44–47):

>   iam iam natabit sanguine alterno domus:
> 45 enses secures tela, divisum gravi
>   ictu bipennis regium video caput;
>   iam scelera prope sunt, iam dolus caedes cruor.

Nachdrücklich werden Fortuna (28) und ein Orakel (*fatis*, 33 / *sors*, 38) genannt.
Thyestes sagt, Fortuna habe ihn nicht nur hinsichtlich des Kindermahls befleckt
(*maculavit patrem*), sondern auch befohlen (*iubet*), sich mit der Tochter zu vereinigen (28–30). Hier ist man weit von stoischem Denken entfernt: In unphilosophischer Weise wird von einer bösen Fortuna gesprochen. Ihr ‚verdankt' Thyestes sein Unglück. Fortuna und Orakel hängen zusammen. Wie Hygin *Fab.* 87
berichtet, bekam Thyestes das Orakel (*responsum*), daß derjenige, den er mit seiner
Tochter zeuge, ihn an Atreus rächen werde. Das bedeutete eine schlimme Tat –
auch für die Tochter, die, durch das Orakel gezwungen (*fatis coacta*, 33),⁵ mit
Aegisthus schwanger wurde. Dieses Orakel scheint noch in 38 (*sortis*), 48 (*causa
natalis tui*) und 294 (*auctore Phoebo gignor*) auf.⁶ In lockerer Weise wird es auf
Fortuna zurückgeführt. Seneca operiert in den Tragödien öfter mit einem populären Fortuna-Begriff. Um eine ‚theologische' Feststellung handelt es sich auch
hier nicht. Schon daß es von Fortuna heißt, sie ‚wage' nach dem begangenen ein
weiteres Verbrechen (*maius aliud a u s a commisso scelus*, 29), zeigt die transzendente Unverbindlichkeit der Aussage, die sogar den Philosophischen Schriften
Senecas nicht fremd ist: *hoc fuit in rebus humanis Fortuna, hoc erit: nihil i n a u s u m
sibi reliquit* (*Ad Pol.* 16, 5); *sciat nihil i n a u s u m esse Fortunae* (*Epist.* 91, 15).⁷

Thyestes wird demzufolge nicht entlastet, ja er will sich auch gar nicht entlasten. Denn er sagt klar über das Orakel: *non pavidus hausi dicta, sed cepi nefas*

---

3 „Der Prolog ist weder Teil der Handlung noch vorgesetzte Exposition" (Stoessl 1959, 2420).
Auch die weitere Feststellung ist bedenkenswert: „Weder das Auftreten noch der Abgang des
Schattens wird motiviert" (dazu Calder III (1976) 2005, 339–340).
4 Mit äußerster Vorsicht wurde erwogen, der (nicht erhaltene) Prolog zu Varius' *Thyestes* könne
Vorbild sein (▸ S. 226).
5 Natürlich braucht sie bei dem nächtlichen Überfall den Vater nicht erkannt zu haben.
6 Tarrant 1976, 173.
7 Tarrant 1976, 173.

(31). Er war „vindictæ cupidine audax, & sceleri obvius."[8] Nach Farnabius liegt die *audacia* bei Thyestes selbst.[9] Trefflich betont Shelton: "The opening scene [...] introduces us to the concept of human responsibility for the sequence of revenge actions in the family of Tantalus."[10]

Fazit: Fortuna ist im Prolog keine metaphysisch faßbare Macht, die den Menschen von der Verantwortung für sein Handeln entbindet.[11]

II Fortuna im ersten Chorlied

Mit dem Ergebnis, daß Fortuna im Prolog ein allgemeiner populärer Begriff ist, der die Verantwortung für das Handeln des Menschen nicht einschränkt, ist ein wichtiger Baustein für die Bestimmung der Fortuna im ersten Chorlied gewonnen.

Über Fortuna werden vier Aussagen gemacht: 1. *o regnorum magnis fallax | Fortuna bonis, in praecipiti | dubioque locas, nimis excelsos* (57–59). 2. *praecipites regum casus | Fortuna rotat* (71–72). 3. *sidunt ipso pondere magna | ceditque oneri Fortuna suo* (88–89).[12] 4. *quidquid in altum Fortuna tulit, | ruitura levat* (101–102). Die erste, zweite und vierte Aussage hängen zusammen: Fortuna erhöht *regna* und *reges*, um sie zu stürzen (1 / 2), ja stürzt alles, was sie erhöht (4). Sie ist trügerisch, *fallax*[13] (1).[14] Es wurde dargelegt, daß es sich nicht um eine philosophische, schon gar nicht um eine stoische Aussage handelt.[15] τύχη existiert für den Stoiker nicht.[16] Der Fortuna-Begriff des Chorlieds stimmt mit dem des Prologs überein, da dort Fortuna den Menschen ‚befleckt' (genau: einen Menschen befleckt hat: *maculavit*, 28) und auf ein Verbrechen ein noch größeres folgen läßt (*scelus*, 29). Das ist eine

---

[8] Farnabius 1676, 245.
[9] Unter dem Aspekt, daß Thyestes für seine Taten selbst verantwortlich ist, wurde der Prolog schon früher betrachtet: ▸ S. 428–429. Schubert 1998, 186 spricht richtig von einem „willentlichen Inzest".
[10] 1983, 161.
[11] *fatis* in 33 meint das Orakel, *fata* in 38 den Tod (Farnabius 1676, 245: „Post meam fratrisque mortem"; Tarrant 1976, 173). Beides wird öfter verkannt, *fatis* etwa von Boyle 1983 (2), 200 und Fischer 2008, 231 (über *fortuna* und *fatum*: „Diese Mächte dirigieren anscheinend die menschlichen Handlungen"; S. 233: Aegisthus' Handeln werde „vielleicht sogar vom *fatum* bestimmt").
[12] „In se magna ruunt" (Farnabius 1676, 147).
[13] Zur Bedeutung von *fallax* Shelton 1983, 162.
[14] Nach Boyle 1983 (2), 204 ist Fortuna "a quasi-moral force".
[15] Lefèvre 1973, 67–69 (▸ S. 277–280).
[16] Lefèvre 1995 (2), 183–184 (▸ S. 439).

Umschreibung dafür, daß der Mensch die Verbrechen selbst verantwortet, wie die Umbra, auf ihre Person bezogen, ausdrücklich betont (31). Das gilt auch für das Chorlied. Nun heißt es in der dritten Aussage, daß Fortuna ihrem eigenen Gewicht unterliegt.[17] Kombiniert man alle vier Aussagen auf dem Hintergrund des Prologs, ergibt sich die Bedeutung: Hochgestellte Menschen fehlen und stürzen in besonderem Maß.[18] Alle Konsequenzen aus dieser populären Reflexion wurden 1973 ausführlich dargestellt. In neuerer Zeit hat Shelton eine verständige Deutung gegeben. "The chorus' first explanation for crime and turmoil in human life [...] suggests that the disorder begins in the soul of man and is not imposed by any external force." [19]

Nimmt man die Frauen des Chors individuell ernst, kann man nicht mehr sagen, als daß sie ein Unglück im Königshaus befürchten und für ihre Person ein Geschick ‚in der Mitte' vorziehen (102–107). Auf jeden Fall muß man sehen, daß der Hörer nach dem Defilé der Umbra erneut auf ein düsteres Geschehen eingestimmt wird.

Fazit: "It is important to notice [...] that no mention is made of a jealous god as the cause of destruction, and we should therefore resist the temptation to insert the concept here."[20]

III Apollo und Aegisthus

Wenn Clytemestra[21] in 293 herabsetzend auf Aegisthus' Abstammung anspielt, nach der er sowohl Thyestes' Sohn als auch Enkel ist, entgegnet er, die Geburt gehe auf Apollo zurück, er brauche sich ihrer nicht zu schämen (*auctore Phoebo gignor, haud generis pudet*, 294). Hier wird statt Fortuna von Apollo gesprochen: Ist das ein theologisches Statement? Doch wohl nicht. Denn sonst gäbe es eine Konkurrenz zwischen Fortuna und Apollo, dann hätte Fortuna im Auftrag Apollos das Orakel gegeben, oder aber Apollo wäre von Fortuna abhängig. Diese Götter sind austauschbar. Der Mythos wird für pointierte Spielereien genutzt, nicht aber für metaphysische Aussagen.

---

17 Fortuna in 89 ist der Zustand des in der Höhe befindlichen Menschen (*regna*, *rex*). Man schreibt *fortuna* an dieser Stelle besser nicht mit Majuskel (Leo), sondern Minuskel (Tarrant). Das Problem stellte sich für Seneca natürlich nicht.
18 Auf das ‚Fehlen' kommt es an (verkannt von Boyle 1983 (2), 225 Anm. 17).
19 1983, 163.
20 Shelton 1983, 163.
21 Clytaemnestra Leo 1878, Clytemestra Tarrant 1976.

Nachdem der spitzfindig-poetische Gedanke durchgespielt ist, stellt Clytemestra sicher im Sinn des Dichters fest: *quid deos probro addimus?* (297). Der Hörer versteht: Clytemestra hat vollkommen recht.

Fazit: Aegisthus ist eine zweifelhafte Existenz, die durch kein göttliches Wirken entschuldigt wird.

IV Clytemestra, Aegisthus, Agamemnon

Clytemestras und Aegisthus' Handeln wird von Heldmann gut beschrieben. „Atreus, Clytämnestra und Ägisth handeln bei Seneca als jeweils einzelne, die nur von sich selbst bestimmt sind. Ihre Tat wird durch die Prologoi weder direkt noch indirekt verursacht, und die Gebundenheit im Geschlecht ist relativ unwichtig geworden. In den Prologen wird aber auch eine Stimmung derart exponiert, daß das Handeln der Akteure von vornherein exemplarisch erscheint als Maßstab des Verbrechens schlechthin."[22] „Im Ag. Senecas repräsentieren Clytämnestra und Ägisth zwei verschiedene Haltungen zum Verbrechen. Während Clytämnestra noch schwankt und noch mit sich kämpft, gibt es für Ägisth keine Alternative".[23]

Clytemestra gehört zum Königshaus, Aegisthus lebt im Königshaus: Das erste Chorlied hat klargemacht, daß die Könige und Hohen aus eigener Verantwortung schuldig werden. Das trifft auf beide ebenso wie auf Agamemnon zu. Bei Clytemestra wird gern auf das Iphigenia-Opfer als Grund bzw. Entschuldigung für ihr Handeln hingewiesen, doch tritt das Motiv sehr zurück.[24] „Mutterliebe, die noch Medea zeigte, fehlt Klytemnestra völlig."[25]

---

[22] 1974, 59; wenn ‚relativ' bedeutet: ‚im Vergleich zu anderen Gestaltungen', ist es richtig, wenn aber: ‚nur ein wenig', nicht. Einen wirksamen Erbfluch gibt es bei Seneca nicht: Marx 1932, 61; Lefèvre 1966, 486 = 1972, 462 (▶ S. 238); Heldmann 1974, 57 Anm. 150 (‚irrelevant'). Gegen Heldmann bemerkt Wiener 2006, 301 zu Unrecht, Clytemestras Verbrechen sei „nicht isoliert als Einzeltat eines freien Individuums aufzufassen", sondern erhalte „zudem eine überindividuelle und schicksalhafte Dimension". Sie spricht S. 305 von dem „Rache-Mechanismus des Geschlechterfluchs". Das trifft nicht zu.
[23] 1974, 61.
[24] Lefèvre 1966, 485 = 1972, 462 (▶ S. 238).
[25] Schubert 1998, 186, der gut fortfährt: „Fanden bei den bisherigen Tätern *ira* und *furor* im Vollzug der Tat ihr Ziel, zeigt sich ihre völlige Enthemmung deutlich in der Schändung von Agamemnons Leichnam. Zur Besinnung oder gar Reue findet sie bis zum Schluß nicht, wie auch die Figur des Ägisth, der Elektra den Tod verweigert [...], die Gestalten der bisherigen Gewaltherrscher überbietet."

Agamemnon ist der *rex regum* (39). Auf ihn trifft eo ipso die Aussage des ersten Chorlieds zu. Er hat mit den Liebesabenteuern die Argumente für seinen Fall Clytemestra selbst in die Hand geliefert.[26] Auch Clytemestra und Aegisthus werden fallen, wie Cassandra in dem letzten Wort des Stücks prophezeit: *veniet et vobis furor* (1012).[27] Das ist nach dem düsteren Geschehen der Blick in eine düstere Zukunft. Sicher kann man von einem ‚überaus negativen Weltbild des *Agamemnon*' sprechen,[28] weniger von einer 'moral world'.[29]

Fazit: Clytemestra, Aegisthus und Agamemnon sind ein interessantes Trio. Die „zur Person des Agamemnon angeführten Schuldaspekte decken sich mit den Verfehlungen, die Aegisth und Clytaemnestra begehen."[30]

V Fatum

Wenn im *Agamemnon* mit Fortuna kein metaphysisch relevanter Staat zu machen ist, erhebt sich die Frage, wie es mit dem Fatum bzw. den Fata steht.[31] 758 spricht Cassandra das vielstrapazierte Wort *fata se vertunt retro*. Glaubt (wie man gemeint hat) sie oder gar Seneca an eine ausgleichende Gerechtigkeit? Nichts dergleichen ist aus dieser Stelle abzuleiten. Cassandra sagt in ihrer Vision: Nachdem es Troia an den Kragen gegangen ist, geht es nun den Griechen an den Kragen – den

---

26 Lefèvre 1966, 486 = 1972, 462–463 (▸ S. 238–239). Die Tradition dieser Motivierung betont Tarrant 1976, 205, der hinsichtlich Senecas auf Eur. *El.* 101 ff. und Ov. *Ars* 2, 399 ff. verweist: "In contrast to Aeschylus, all three writers make Agamemnon's infedilities and not the sacrifice of Iphigenia the most important cause for Clytemestra's resolve to kill her husband."
27 „Et vates & morti vicina Cassandra ominata prædicit aliis vindictam & mortem ab Oreste, qui matre cæsa & ipse furere cœpit" (Farnabius 1676, 175).
28 Lefèvre 1966, 496 = 1972, 475 (▸ S. 245). Shelton 1983, 178 kommt zu einem bemerkenswerten Ergebnis: "Each episode of Seneca's *Agamemnon* presents a frightening picture of disorder and disintegration, ranging from the individual soul to the familiy, to the state and ultimately to the universe." Nicht anders beurteilt Mazzoli 1990, 209 den *Agamemnon*, der Cassandras vier Schlußworte (1012) mit Thyestes' Eingangsfrage *nonne vel tristes lacus | incolere satius?* (12–13) in Beziehung setzt («Il dramma si chiude ad anello»): «Nel regno del *furor* (potremmo dire altrettanto bene: nel *furor* del regno) non c'è spazio per la vita, moralmente (e stoicamente) assunta. Tutta l'opera filosofica di Seneca è intesa allo sforzo di tenere fuori l'uomo da questo terreno inferno, impegnandolo sulla via del *profectus* verso il τέλος luminoso della virtù.»
29 So Boyle 1983 (2), 209. Zu vergleichen ist unten Anm. 37.
30 Riemer 2012, 26, der vier Punkte diskutiert (seine ausführliche Darstellung von 1997 ist zu vergleichen).
31 Mit der gängigen Wendung *captae fata Dardaniae domus* (223) ist keinerlei theologische Aussage verbunden. Zur Übersetzung von *fatis* in 33 oben Anm. 11.

Kriegern bereits im Seesturm, Agamemnon im Palast. Wenn wenig später in Cassandras Rede der drohende Mord an Agamemnon in den Blick kommt, kommentiert sie: *venere fata* (885). Schlägt jetzt das Schicksal zu? Die Wendung bedeutet nichts weiter als: Jetzt geht es Agamemnon an den Kragen, oder, literarischer ausgedrückt: ‚Gekommen ist der Schicksalstag',[32] nämlich: der Todestag. Schließlich ruft Cassandra am Ende der Tragödie aus, sie wolle den Troern in der Unterwelt melden, das Meer sei voll von zerstörten Schiffen, Mycenae sei erobert, und Agamemnon, der Führer der tausend Führer, sei durch ein Geschenk, durch Unzucht einer Frau und durch List umgekommen – damit er das gleiche Schicksal wie die Troer erleide. Die Verse 1007–1009 *mille ductorem ducum | ut paria fata Troicis lueret malis, | perisse dono, feminae stupro, dolo* bieten, wie Tarrant erkannt hat,[33] ein rhetorisches Spiel: Agamemnon und Troia haben das nämliche Geschick, daß sie durch ein Geschenk (Clytemestras Gewand bzw. das Hölzerne Pferd), durch die Unzucht einer Frau (Clytemestras bzw. Helenas Ehebruch) und durch eine List (die mit Hilfe des Gewands bzw. des Hölzernen Pferds durchgeführt wurde) zugrunde gegangen sind. Wiederum ist nicht von dem Eingreifen einer höheren Macht, sondern nur von einer Parallele[34] die Rede.[35]

Fazit: Keine Stelle legt die Deutung nahe, daß das Fatum bzw. die Fata in Bezug auf Agamemnon und die Griechen irgendeine aktive Rolle spielen.[36] Überhaupt sind die göttlichen Mächte stumm.[37]

---

32 Thomann 1969, 245.
33 1976, 360.
34 So Lefèvre 1973, 87 (▸ S. 294).
35 Auch der Ausruf *quid fata possunt!* (512) ist kein theologisches Statement, er dürfte bedeuten: ‚So übel kann einem mitgespielt werden, daß man sogar die Feinde beneidet'; treffend Thomann 1969: ‚Was vermag nicht die Todesnot!' (▸ S. 291 Anm. 65).
36 Den Einfluß des Fatums versuchen Motto / Clark 1985, 144 Anm. 13 etwas schwammig zu retten: "Lefèvre wishes to exonerate Agamemnon from being subject to fate; yet some aura of fate [?] does appear to surround the heroes. Seneca certainly intended that we note that whether the hero swagger and bark or whether he ramble confusedly, fearfully, uncomprehendingly along, the men of the *Agamemnon* are all tied to the cart, and all of them are dragged, in one ignominious war or another, along".
37 Anders sagt Boyle 1983 (2), 200: "fortune's storm (57ff.), fate, drives the action"; S. 202: "Control there is; even divine control. Phoebus especially seems interwoven with the play's events: Thyestes' oracle (28ff.), Aegisthus' birth (294), the Argive prayer (310ff.), the storm at sea (577), Cassandra-Phoebas (588–710), catalyst of doom." Über das Orakel Aegisthus' Geburt betreffend und das erste Chorlied wurde schon gesprochen; das zweite Chorlied ('the Argive prayer') ist ein konventioneller "hymn of thanksgiving to several gods" (Tarrant 1974, 231), ohne daß die angerufenen Götter Apollo, Iuno, Pallas, Diana und Iupiter als Lenker des speziellen Geschehens anzusehen sind (zu spitzfindig Seidensticker 1969, 131 Anm. 163). In 577 meint

VI Cassandra

Cassandra ist die beherrschende Figur des zweiten Teils der Tragödie, nicht Agamemnon, nicht Clytemestra, nicht Aegisthus. 1966 wurde zu zeigen versucht, daß Seneca sie als ‚stoische Weise' gezeichnet habe, die souverän ihr Schicksal meistert. Diese Auffassung ist verschiedentlich auf Kritik gestoßen, weil man sich unter einem stoischen Weisen – mit Recht – jemanden vorstellt, der seelenruhig spazieren geht oder am Schreibtisch arbeitet, wenn um ihn herum die Welt aus den Fugen geht. Aber jeder Leser von Senecas Tragödien weiß, daß eine solche Erscheinung nicht eins zu eins in der Welt seiner outrierten Personen umzusetzen, sondern entsprechend zu modifizieren ist. Regenbogen hat glücklich auf das Wort von J. L. Klein von der ‚gladiatorischen Tragik' bei Seneca[38] hingewiesen.[39]

Cassandra läuft auf Hochtouren. Sie ist eine wilde Seherin. Clytemestra bezeichnet sie bei ihrem Auftritt als *effrena Phoebas* (588) und in dem letzten Vers der Tragödie als *furiosa* (1012). Es ist zu berücksichtigen, daß diese Haltung zu ihrem Beruf gehört; die troischen Frauen reagieren ruhiger. Cassandra blickt – w i e eine stoische Weise, nicht: a l s stoische Weise – ihrem Tod unerschrocken ins Auge. Das hat Seneca zweifellos positiv gesehen. Pratt zählt sie zu den 'positive models' und spricht von ihrem "morally a g g r e s s i v e heroism".[40] Mazzoli hebt ihre stoische Haltung gegenüber dem Tod hervor: «realizzando l'opzione del *sapiens*, non la (sc. la morte) giudica un pericolo, anzi si prepara [...] con ‹stoica› determinazione al cammino dell'Ade già percorso dal suo sguardo invasato nei vv. 750 – 774»;[41] er bemerkt mit Recht zu ihren Worten *ne trahite, vestros ipsa praecedam gradus* (1004): «difficile non avvertire la piena adesione al dogma stoico poeticamente enunciato dal filosofo Seneca in *epist*. 107, 11, v. 5 *ducunt volentem fata, nolentem trahunt.*»[42] Das trifft es.

Es ist zu berücksichtigen, daß Seneca auch in den Philosophischen Schriften den stoischen Weisen nicht immer in abgeklärter Weise darstellt. Norden hat das

---

Phoebus ‚Sonne / Tag', denn es wird hell. (Auch in 42 und 56 heißt *Phoebus* ‚Sonne' / ‚Tag'; die zweite Stelle ist kaum 'double-edged' [Boyle 1983 (2), 202].) Eine 'governance of events' (Boyle 1983 (2), 202 in dem Kapitel 'Moral Order') ist nicht erkennbar.– Cassandras Geschick ist ein eigenes Thema, wie sogleich zu zeigen sein wird. Es trifft sie genauso wie die troischen Frauen: Seneca will zeigen, wie Menschen auf plötzlich hereinbrechendes Unglück – positiv! – reagieren.
38 1865, 378.
39 (1930) 1961, 459. Regenbogen fuhr fort: „derselbe einsichtige Beurteiler empfand, daß die Tragödien nicht anders als die Prosaschriften ein Pulsschlag des Blutes schwellt, das höher wallte, wenn in der Arena, in Tier- und Gladiatorenkämpfen, das Blut verströmte."
40 1983, 129 (Sperrung ad hoc).
41 1990, 207.
42 1990, 208.

souverän hervorgehoben: „wer möchte wünschen, daß dieser Schriftsteller, erfüllt von Pathos und getragen von einer maniera grande, in einer Zeit voll maßloser Aufregungen in dem ruhigen, von dem Leben und Treiben der großen Welt nicht berührten Stil der philosophischen Schriften Ciceros geschrieben hätte? Gerade weil er dem Fühlen einer Zeit, in der Genie und Verbrechen, Grandioses und Fürchterliches in einander übergingen wie später am Hofe eines Cesare Borgia, durch seinen Stil in Bewunderung und Verdammung so gewaltigen Ausdruck zu verleihen verstanden hat, gehören seine pompösen Stilmalereien, seine Deklamationen über die Selbstgenügsamkeit der Tugend, die Glückseligkeit d e s w i e e i n F e l s i m M e e r s t e h e n d e n v o n S c h i c k s a l s s t ü r m e n u m t o s t e n W e i s e n, den siegreichen Kampf des Geistesathleten mit den alle anderen Menschen unterjochenden Leidenschaften, die ungeheure Verderbnis in Religion und Sitte zu dem Großartigsten, was wir aus dem ganzen Altertum besitzen."[43] Das ist nun einmal Senecas Stil. Und was den Philosophischen Schriften recht ist, ist den Tragödien billig. Im übrigen ist die römische Komponente zu berücksichtigen. Man halte daneben, in welcher Weise Horaz den Gerechten und Standhaften definiert (*Carm.* 3, 3, 1–8):

> iustum et tenacem propositi virum
> non civium ardor prava iubentium,
>   non voltus instantis tyranni
>   mente quatit solida, neque Auster,
>
> 5 dux inquieti turbidus Hadriae,
>   nec fulminantis magna manus Iovis:
>   si fractus inlabatur orbis,
>   impavidum ferient ruinae.

Fraenkel spricht zu V. 7–8 von einer 'vision of Michelangelesque force'.[44] Wer dächte bei dieser Schilderung nicht an den (stoischen) Weisen? Der alte Göttinger Kommentator Christ. Guil. Mitscherlich verwies auf Stellen aus Senecas Philosophischen Schriften über den *sapiens* sowie auf *Thy.* 358–368.[45] Und Heinze merkte zu V. 6 an: „Warum der Weise auch den Blitz nicht fürchtet, lehrt Seneca qu. n. II 59."[46] Es handelt sich um pathetische Schilderungen, die theoretisch darlegen, was Cassandra aktiv lebt.[47]

---

43 1909, 312–313 (Sperrung ad hoc).
44 1957, 269.
45 1816, 36–39.
46 1930, 263.
47 Es sei angemerkt, daß die Übertragung der Charakterisierung von Marcias zwei Jahre währendem Schmerz über den Tod ihres Sohns als *prava voluptas* (*fit infelicis animi prava*

Fazit: "Cassandra and the Trojan women are not martyrs to any cause, but they face death willingly, and they thus win a triumph over man's greated fear, the fear of death."[48] Das ist der wichtigste Schritt in die Richtung zur stoischen *sapientia*.

---

voluptas dolor, Ad Marc. 1, 7) auf Cassandras Lust zu sterben (Lefèvre 1966, 490 = 1972, 468, ▶ S. 241) mißverständlich war. Es ist klar, daß Marcias Verhalten aus stoischer Sicht übertrieben, nicht lehrbuchmäßig ist. Cassandras Verhalten liegt auf einer anderen Ebene. Insofern sie in einer schlimmen Situation ihren unverschuldet drohenden Tod akzeptiert, ist sie zumindest eine stoische προκόπτουσα. Andererseits ist ihre Haltung durch die Lust am Sterben geprägt. Regenbogen sieht darin ein Signum der Zeit (das sich in den Personen der Tragödien spiegelt): „Dies Geschlecht ist [...] dem Tod und dem Leiden vertraut bis zur Ekstatik, zur Lust des Leidens und Sterbens (*Paete, non dolet!*)" ((1930) 1961, 456). Deswegen wurde 1973, 89 (▶ S. 295–296) differenziert, Cassandra sei einerseits bezüglich ihrer Akzeptanz des Sterbens ‚stoisch gebildet', andererseits durch die senecaische Komponente bereichert, daß sie „Leid und Tod mit Leidenswollust duldet" (Regenbogen (1930) 1961, 430). Nur in diesem eingeschränkten Sinn ist Cassandra als ‚stoische Weise' zu bezeichnen.

48 Shelton 1983, 180.

39 Vor und nach Seneca

I Mamercus Scaurus, ein Anonymus (?), Pomponius Secundus —— S. 604
II Der Dichter der *Octavia* —— S. 605
III Curiatius Maternus —— S. 609
IV Fazit —— S. 610

Es ist ein großer Verlust der Literatur des ersten nachchristlichen Jahrhunderts, daß die Tragödie mit Ausnahme Senecas und der *Octavia* verlorengegangen ist. Doch gibt es aufschlußreiche Nachrichten über die Dichter Mamercus Scaurus, Pomponius Secundus und vielleicht einen Anonymus (I). Vor allem aber ist die erhaltene Praetexta *Octavia* ein interessantes Zeugnis für die tragische Produktion der Zeit. Sie ist in Weltbild und Form unter dem Eindruck von Senecas Tragödien entstanden (II). Jedenfalls war Seneca nicht ein Einzeldichter, sondern ein Exponent der Tragiker in den mittleren Jahrzehnten des Jahrhunderts. Das zeigen auch die Stücke des Rhetors und Dichters Curiatius Maternus (III).

Ein wichtiger Punkt, in dem sich die senecaische Tragödie zu den sparsamen Zeugnissen über die zeitgenössische Produktion fügt, ist ihre mehrfach beobachtete zeitpolitische, ja teilweise oppositionelle Ausrichtung.

I Mamercus Scaurus, ein Anonymus (?), Pomponius Secundus

τὰς τῶν κρατούντων ἀμαθίας φέρειν χρεών

Tiberius stand dem Theater skeptisch gegenüber.[1] Erfreulicherweise haben sich einige Spuren der Tragödie im Zusammenhang mit diesem Kaiser erhalten.

Mamercus Aemilius Scaurus: Der Redner und Dichter, cos. suff. 21, trat Tiberius entgegen (Tac. *Ann.* 1, 13, 4–5); er wurde 32 wegen *maiestas* (Tac. *Ann.* 6, 9, 3–4), 34 wegen Ehebruchs mit Livilla (Tac. *Ann.* 6, 29, 4) angeklagt. Er beging Selbstmord. Man hatte dem Kaiser den Inhalt einer Tragödie hinterbracht und Verse angefügt, die auf Tiberius bezogen werden konnten, *qui in Tiberium flecterentur* (Tac. *Ann.* 6, 29, 3). Cass. Dio 58, 24, 3–4 gibt weitere Einzelheiten,[2] die auf einen oppositionellen Charakter der Tragödie deuten. Scaurus habe den Vers Eur.

Originalbeitrag 2014.
1 Schanz / Hosius 1935, 420.
2 ▸ S. 362.

Phoi. 393 τὰς τῶν κρατούντων ἀμαθίας φέρειν χρεών zitiert. Weil Tiberius gemeint habe, dieser sei auf ihn gemünzt, habe er ihn zum Selbstmord gezwungen. Schon der Titel *Atreus* war vielsagend. Die Nachrichten beleuchten nur einen Einzelfall, aber er dürfte bezeichnend für die Zeit sein.

Anonymus (?): Tiberius scheint auch sonst auf diesem Feld keinen Spaß verstanden zu haben. Wenn der von Sueton *Tib.* 61, 3 erwähnte *poeta*, gegen den der Kaiser eingeschritten sei *quod in tragoedia Agamemnonem probris lacessisset*, nicht Scaurus[3] war, wäre er ein weiterer Dichter,[4] der eine Tragödie als politisches Gefäß benutzte.

Pomponius Secundus: Mit Tiberius kam ferner Publius Pomponius Secundus, cos. suff. 44, Politiker und Literat, in Konflikt, der im Gefolge des Sejan-Sturzes sieben Jahre politisch kaltgestellt war, unter Caligula und Claudius aber politisch und literarisch zu Ansehen kam. Er war ein Freund des älteren Plinius. Quintilian bezeichnet ihn als *princeps* unter den Tragikern, die er erlebt habe (*Inst.* 10, 1, 98). Es ist unsicher, ob er einen *Atreus* schrieb.[5] Wenn das zutrifft, dürfte dieser aufgrund des Sujets kaum affirmative Tendenzen gehabt haben. Man hat vermutet, er habe die ‚unfreiwillige Muße' von 31–37 benutzt, Tragödien zu schreiben.[6] Auch über seinen *Aeneas* sind nur Mutmaßungen möglich. Dieser war wohl eine Praetexta.[7]

II Der Dichter der *Octavia*

> "*Octavia* may be the earliest witness in the history of political and libertarian interpretations of Senecan tragedy."[8]

Die Praetexta *Octavia* ist in mehrfacher Hinsicht interessant, da sie, wie es scheint, die einzige erhaltene Tragödie aus Senecas unmittelbarer Umgebung ist. Er selbst hat öfter in entscheidender Weise auf Nero, Agrippina und sich angespielt.[9] Es

---

3 So Koestermann 1965, 311.
4 So Boyle 2006, 177.
5 Klotz 1953, 312; Boyle 2006, 184.
6 Schanz / Hosius 1935, 475.
7 Manuwald 2001 (1), 243–248.
8 Ferri 2003, 70.
9 ▸ S. 613–616.

genügt, an den *Oedipus* zu erinnern. In der *Octavia* sind Nero, Agrippina und Seneca handelnde Personen. Bezüglich des zeitpolitischen Aspekts besteht eine enge Verwandtschaft zwischen der Seneca-Tragödie und dieser Praetexta. Die folgenden Betrachtungen beschränken sich auf die Beleuchtung solcher Verbindungen, zumal das Stück in neuerer Zeit Objekt üppigster Forschung geworden ist.

Die *Octavia* kann zeigen, in welcher Weise man in Senecas Umgebung seine Tragödien verstanden hat. Die Annahme, daß sie auch zeigt, wie Seneca sie selbst verstand, ist nicht beweisbar, aber wahrscheinlich.

Datierung: Die am häufigsten vorgenommene Datierung der *Octavia* ist die Folge eines unzutreffenden, wenn auch psychologisch verständlichen Analogieschlusses. Die Forschung ist sich darüber nahezu einig, daß das Stück nicht von Seneca stammt. Bei Interpolationen in Texten oder bei Atethesen ganzer Werke (wie etwa der *Aspis*, des *Prometheus Desmotes* oder des *Rhesos*) geht man in der Regel davon aus, daß der Nachahmer sein Unwesen nach dem Tod des Primärautors getrieben hat. Das pflegt auch bei der *Octavia* angenommen zu werden. Dieser Schluß ist aber nicht zwingend. Ebensowenig ist die verbreitete Ansicht zwingend, daß eine weitgehende Imitation verbessern oder kritisieren wolle, zumindest aber ein Zeichen der Unselbständigkeit bedeute. Sie kann durchaus einer freundlichen Absicht entspringen, ja eine Huldigung darstellen.

In diesem Sinn wurde 1985 die *Octavia* im Anschluß an die Argumente von Paul Maas noch in Senecas Lebenszeit datiert.[10] Daran wird festgehalten. Unter diesem Betracht ist sie ein Dokument für die Art und Weise, wie ein Schüler oder Freund Senecas[11] das tragische Werk des Meisters auffaßte.[12]

Das Problem der Entstehungszeit ist bei der *Octavia* das nämliche wie beim *Oetaeus*. Wenn man mit Zwierlein (der *Oetaeus* setze Silius, wenn nicht gar Juvenal voraus[13]) oder P. L. Schmidt (das idealisierte Seneca-Bild der *Octavia* scheine eine Entwicklung bis zum frühen zweiten Jahrhundert vorauszusetzen[14]) an extrem späte Datierungen denkt, hat das die Folge, daß beide Stücke sozusagen im luftleeren Raum der Rhetorik angesiedelt wären.[15] Wenn man sie aber in Senecas

---

10 ▸ S. 360–361.
11 Wenn im folgenden der Einfachheit halber von einem Schüler oder Freund Senecas gesprochen wird, ist damit die Möglichkeit, daß mehrere Schüler oder Freunde am Werk waren, nicht ausgeschlossen.
12 Häufig wird die *Octavia* bald nach Neros Tod angesetzt. Auch in diesem Fall ist ein enger Vergleich mit Senecas Tragödien sinnvoll.
13 1986 (2), 339–343.
14 2000, 1097.
15 Das gilt etwa auch für die Datierung der *Octavia* in die neunziger Jahre unter Domitian (so Ferri 2003, 27).

Zeit setzt, gewinnen sie an brennender Aktualität und Brisanz. Für den *Oetaeus* wurde das zu zeigen versucht.[16] Für die *Octavia* dürfte das zu bedenken sein.

A b s i c h t : Die Annahme liegt nahe, daß es dem Autor ein Anliegen war, Senecas Wirken an Neros Hof gebührend zu würdigen. „Die Huldigung an Seneca bestand offenbar vor allem darin, daß man ihn in der Szene 377–592 selbst auftreten ließ in der Rolle des weisen Mahners, der Nero zu mäßigen versuchte. Gerade darin bestand ja nach Auffassung vieler die eigentliche Leistung des historischen Seneca, solange er Einfluß auf den Kaiser hatte. Dieser Leistung wurde damit ein Denkmal gesetzt."[17] In einer umsichtigen Untersuchung hat Stärk die *Octavia* ‚als eine Art Festschrift' für Seneca bezeichnet.[18] Wenn aber Seneca schon gestorben war und das Stück bald nach seinem Tod entstand, wäre es eine Art Nachruf – und zugleich eine Verteidigung des Mannes, der auf den Kaiser einzuwirken versuchte, so gut und so lange es ging.[19] Schon durch eine Datierung in Galbas Zeit, wie sie Barnes erwägt,[20] verliert das Stück an Brisanz, die es in der Nero-Zeit hatte.

L e h r e : Der Dichter hat Nero zwei Szenen gegeben. Die erste ist ein Dialog mit Seneca (438–592), die zweite ein durch einen Monolog eingeleiteter Dialog mit dem Präfekten (820–876). Wenn man berücksichtigt, daß Seneca in der ersten dem Kaiser Ratschläge erteilt und in der zweiten festzustellen ist, daß sie bei ihm abprallen, ist die Tendenz der *Octavia* klar: Sie demonstriert Senecas vergebliche Versuche, Neros Ungestüm in geordnete Bahnen zu lenken. Aber Seneca redet nicht in unverbindlich-allgemeiner Weise, sondern seine „Mahnungen gleichen auf verblüffende Weise den Vorstellungen des historischen Seneca in dessen Fürstenspiegel, der staats- und rechtsphilosophischen Schrift *De clementia* aus Neros zweitem Regierungsjahr. Der Vers 442 gibt für diesen Bezug das Stichwort: *Magnum timoris remedium clementia est.*"[21] Damit ergibt sich eine auffallende Parallele zu dem Verhältnis von *Furens* und *Oetaeus*. Es war zeigen, daß Seneca in dem ersten seine pädagogischen Bemühungen vor der Öffentlichkeit zur Darstellung brachte und in dem zweiten demonstriert, daß alles nichts gefruchtet

---

16 ▸ S. 575.
17 ▸ S. 361.
18 2000, 221.
19 Nach Bruckner 1976, 8 ist die *Octavia* eine „Rechtfertigung für Seneca": Ein ‚Verehrer' habe „seinen Meister idealisiert".
20 1982, 217.
21 Stärk 2000, 223 unter Hinweis auf *De clem.* 1, 11, 4 und die einschlägige Literatur (s. auch Manuwald 2002, 107–126).

habe.²² In diesem Sinn hat die *Octavia* die nämliche Lehre wie der *Oetaeus* im Verhältnis zum *Furens*. Ein interessantes, wenn nicht stringentes Bindeglied ist in beiden Fällen der Bezug auf die Schrift *De clementia*, die direkt an Nero gerichtet ist. Wurde Nero im *Furens* indirekt angesprochen, wird er in der *Octavia* direkt angesprochen.

Eine weitere Gemeinsamkeit der *Octavia* mit dem *Oetaeus* ist darin zu sehen, daß sie möglicherweise in Senecas allerletzter Lebenszeit gedichtet wurden, der *Oetaeus* von Seneca selbst, die *Octavia* von einem Schüler. Was der Meister indirekt sagte, sagt der Schüler (im Sinn des Meisters) direkt.

Nero in *Thyestes* und *Octavia*: Schon immer ist aufgefallen, daß der *Octavia*-Dialog zwischen Nero und Seneca in gedanklicher Hinsicht den *Thyestes*-Dialog zwischen Atreus und dem Satelles aufnimmt.²³ Calder III sprach sogar von "our earliest commentary on *Thyestes*".²⁴ Man darf das Verfahren des *Octavia*-Dichters als Stütze für die Annahme werten, daß hinter Atreus im *Thyestes* Nero zu sehen ist – nicht als Allegorie, sondern als Typus des Gewaltherrschers. Die Datierung ist wichtig: Offenbar ist der *Thyestes* frühestens 62 entstanden.²⁵ An Scaurus' *Atreus* und Maternus' *Thyestes* ist zu erinnern.

Agrippina in *Oedipus*, *Oetaeus* und *Octavia*: Seneca hat in einigen Tragödien auf Agrippina angespielt. Während er in der *Phaedra* ihre Verworfenheit im Blick hatte, um möglicherweise Neros Untat zu decken,²⁶ scheint er im *Oedipus* und im *Oetaeus* Nero als Muttermörder an den Pranger zu stellen. Im *Oedipus* läßt er, wenn Nero hinter dem Titelhelden steht, diesen sagen: *matrem peremi* (1045),²⁷ und im *Oetaeus* läßt er, wenn hinter Alcmene Agrippina steht, diese auf ihren Tod durch den Sohn hindeuten.²⁸ In der *Octavia* erhebt sie schließlich selbst Anklage gegen Nero. Während die *Phaedra* wohl in das Jahr 59 gehört, sind *Oedipus* und *Oetaeus* spät, jedenfalls nach 62 zu datieren.²⁹ Die Zeiten hatten sich gewandelt.

---

22 ▸ S. 533 bzw. 575–576.
23 E. g. Ranke 1888, 62 (der der Meinung war, daß das Zwiegespräch in der *Octavia* „weiter greift und tiefere Gedanken enthält" als der Dialog im *Thyestes*); Stärk 2000, 230–231 (mit Literatur in Anm.29); Manuwald 2003, 37–59.
24 (1983) 2005, 371. S. 375: "Atreus and Nero determine to dare the undareable and stand immune to the reasonable, well-intended pleas of their loyal advisers, the Satelles and Seneca." Der Autor "saw Atreus as Nero and the Satelles as Seneca. I find this testimony decisive."
25 Nisbet 1990, 108; Lefèvre 1997 (2), 131 (▸ S. 472), ▸ ferner S. 612–613.
26 Lefèvre 1990 (2), 109–122 (▸ S. 401–412).
27 ▸ S. 352.
28 ▸ S. 573–574.
29 *Oedipus*: ▸ S. 360; *Oetaeus*: ▸ S. 558.

Was Seneca in beiden Stücken mehr andeutet als klarstellt, spricht der *Octavia*-Dichter offen aus. Er argumentiert ganz im Sinn des Meisters: Er bewegt sich nicht nur auf der literarischen, sondern auch auf der politischen Ebene in dessen Welt.

Vielleicht darf man das Verfahren des *Octavia*-Dichters als Stütze für die erwogenen Anspielungen auf Agrippina in *Oedipus* und *Oetaeus* werten.

Brisanz: Wenn die *Octavia* noch zu Senecas Lebzeiten entstand, war sie von einer ebensolchen Brisanz wie der *Oetaeus*, ja einer noch größeren. Gewiß war sie für einen kleinen erwählten Kreis bestimmt, wenn es überhaupt zu einer Rezitation kam. Bezeichnend ist ihre düstere Stimmung. Mazzoli sprach in dem einfühlsamen Aufsatz ‹Ombre nell'*Octavia*› von einem «dramma pieno di Ade e di tenebre» und wies besonders auf Senecas Gestalt hin: «Anch'egli, in ultima analisi, ombra tra le ombre.»[30] Boyle empfand eine 'claustrophobic atmosphere' in dem Stück.[31] Für Feststimmung gab es in Senecas letzter Zeit sicher keinen Anlaß, aber man blieb aufrecht, ja der *Octavia*-Autor stärkte das Gewissen des Verfemten.[32]

III Curiatius Maternus

offendere potentium animos

Auf die zweite Hälfte der Regierungszeit Vespasians, nicht allzu lange nach Senecas Tod, beziehen sich Tacitus' kostbare Informationen über den Redner und Dichter Curiatius Maternus und seine (verlorenen) Dramen im *Dialogus de oratoribus*. Wir erfahren, daß Maternus einen *Cato* rezitiert und damit bei Mächtigen Anstoß erregt habe (*offendisse potentium animos*, 2, 1). An dem zeitpolitischen Bezug dieser Praetexta besteht kein Zweifel. Weiterhin verdient die Nachricht Interesse, daß der Mitunterredner Iulius Secundus von der Möglichkeit spricht, bei der Bearbeitung des Stücks Stellen zu tilgen, sofern sie Anlaß für eine falsche Interpretation böten (*sublatis si qua pravae interpretationi materiam dederunt*, 3, 2). Das lehnt der Angesprochene ab: Er werde bringen, was ein Mann wie Maternus sich schuldig sei (*quid Maternus sibi debuerit*, 3, 3). Es wird also damit gerechnet, daß in einer Praetexta Aussagen gemacht werden, die nicht expressis verbis den politischen Bezug formulieren, ihn aber gleichwohl erkennen lassen.

---

30 2000, 219 bzw. 220.
31 2008, LXII.
32 Es wird aber nicht die Möglichkeit ausgeschlossen, daß die *Octavia* ein Nachruf bald nach Senecas Tod gewesen ist.

Genau das ist in vielfacher Weise in Senecas Tragödien der Fall. Es ist an das treffende Wort von Calder III zu erinnern: "Things are written so that different people will understand them on different levels."[33] Man konnte solche Stellen so oder so verstehen.

Schließlich sagt Maternus, er werde seine politische Meinung noch deutlicher in dem in Arbeit befindlichen *Thyestes* zum Ausdruck bringen (*quod si qua omisit Cato, sequenti recitatione Thyestes dicet*, 3, 3). Er bereitet somit einen *Thyestes* „mit politischen Anspielungen auf die Gegenwart" vor.[34] Von Maternus' Unerschrockenheit abgesehen, wird an dieser Stelle deutlich, daß die mythologische Tragödie ebenso wie die Praetexta noch immer einen zeitpolitischen Bezug haben konnte – wie es für die republikanische Zeit zu zeigen versucht wurde. Nur ist in der frühen Kaiserzeit die Stoßrichtung eine andere als in der Republik.

Es werden weiterhin eine *Medea*[35] und ein *Domitius* erwähnt (3, 4). So wie Maternus den Tyrannengegner Cato von Utica mit aktuellem Zeitbezug verherrlicht hatte, wird sein *Domitius* eine vergleichbare Tendenz gehabt haben, dessen Held entweder Caesars bekannter Gegner oder dessen Sohn war, der mit Oktavian in Konflikt kam.[36]

IV Fazit

Soweit die Tragödie vor und nach Seneca faßbar ist, ergibt sich ein wichtiger Rahmen: Nicht ist die Annahme ungewöhnlich, daß Senecas Tragödien zeitpolitisch waren bzw. sein konnten, sondern umgekehrt die Annahme, daß sie sich, zeitpolitisch gesehen, auf neutralem Terrain bewegten.

---

33 (1976 / 1977) 2005, 318. Dazu Lefèvre 1985 (1), 1249 (▸ S. 348).
34 Gudeman 1914, 200.
35 9, 2 ist von Iason die Rede. Es wird sicher auf die *Medea* angespielt. In ihr könnte Creo als Tyrann gezeichnet worden sein, wie es Grewe 2001, 114 für diese Figur in Senecas *Medea* zu zeigen versucht (‚ungerechter Tyrann'). Zu dem in 9, 2 ebenfalls genannten Agamemnon ▸ S. 221–222.
36 Gudeman 1914, 203.

40 Tableau III

I Politik —— S. 611
II Monomanie —— S. 617
III Philosophie —— S. 620
IV Manierismus —— S. 624
V Darbietung —— S. 626

Die einzigen erhaltenen Tragödien des ersten nachchristlichen Jahrhunderts stammen von Seneca. Sie stehen in einer langen Tradition. Eine der wichtigsten in den vorstehenden Abhandlungen herausgestellten Komponenten der römischen Tragödie ist ihre zeitpolitische Bezogenheit. Seneca macht in dieser Hinsicht keine Ausnahme. Auch für die Jahrzehnte unmittelbar vor und nach ihm wird das gelten. Jedenfalls erlauben Nachrichten über Mamercus Scaurus und Curiatius Maternus die Erkenntnis, daß sie Tragödien schrieben, die in manchen Punkten mit denen Senecas übereinstimmen. Es versteht sich weiterhin, daß die Praetexta *Octavia*, die in Senecas Zeit gehört, viele Züge mit seinen Stücken gemeinsam hat; beachtliche Parallelen liegen zutage. Im folgenden sind einige Aspekte zusammengefaßt, unter denen in den Arbeiten von 1966–2014 Senecas Tragödien betrachtet wurden. Es mag willkommen sein, den einzelnen Charakteristika gebündelt zu begegnen. Dabei wird auch auf neuere Abhandlungen einzugehen sein. Doch ist zu betonen, daß die Darstellung nicht umfassend, nicht einmal repräsentativ sein kann, da die Beschäftigung mit Seneca tragicus in neuerer Zeit uferlos zu werden droht.

I Politik

> "Seneca's tragedies should be seen as
> works of contemporary significance
> for imperial society."[1]

Wenn in diesem Band von der politischen Dimension der Seneca-Tragödie gesprochen wird, sind durchweg zeitpolitische Bezüge gemeint.[2] Nicht gibt Seneca eine Deutung Caesars oder Tiberius', vielmehr geht es ihm bei der Darstellung von Tyrannen oder tyrannischen Zügen der Herrscher um Aspekte des gegenwärtigen

---

Originalbeitrag 2014.
1 Henry / Walker 1983, 138 ('contemporary' bezeichnet 'the Neronian age').
2 Zur älteren Forschung: Lefèvre 1985 (1), 1247–1249 (▶ S. 346–348); Schubert 1998, 174–179; Grewe 2001, 13–35; Malaspina 2004 passim.

Kaisertums, also Neros – kaum Claudius' oder gar Caligulas, da die Tragödien wohl erst ab Mitte der fünfziger Jahre entstanden sind. Die verbreitete Meinung, ihnen eigne weder eine politische noch eine philosophische Komponente, sie seien vielmehr ‚autonom poetisch',[3] trifft nicht zu. Der Historiker Joseph Vogt hat – wie vor ihm der Historiker Leopold von Ranke[4] – den Zeitbezug der von Seneca gezeichneten Herrscher betont. „Die Tyrannen des Poeta philosophus geben sich dem Bösen hin, vollstrecken es folgerichtig, kosten es gierig aus und bekunden durch ihr Unheil doch die Wahrheit, daß das Böse eine Verkennung der menschlichen Natur ist: denn: *malus nemo est animi causa* (*De beneficiis* 4, 17, 3). [...] Es ist eine heillos verkehrte Welt, die Seneca aufsteigen und fallen läßt, ein Gebilde seiner philosophischen Phantasie und doch ein Teil der Realität, die er durch Caligula, Claudius, Nero dargestellt sah."[5] Caligula und Claudius hatte Seneca eindrücklich im Gedächtnis und zwar in zwiespältiger Weise, aber wer ihn wesentlich mehr interessierte, ja reizte, war Nero.

Eine zeitpolitische Tendenz der Tragödie war in Rom seit Anfang an vorgegeben. Es liefen vielfache aitiologische Linien vom griechischen Mythos in die römische Gegenwart, und Aitiologie bedeutete den Römern oft zeitgenössische Politik. Die eigenständige Praetexta und die mythenvermittelnde Tragödie waren enge Geschwister. Varius Rufus schuf mit dem *Thyestes* das Musterbeispiel einer auf seine Zeit bezogenen Tragödie, von der man noch lange sprach. Es wäre merkwürdig, wenn Seneca einen Bruch mit der Tradition herbeigeführt hätte.

Aus den nur schattenhaft faßbaren Stücken von Mamercus Scaurus und Curiatius Maternus ist in der Kaiserzeit aber nicht grundsätzlich auf die Gleichung Tragödie = Opposition zu schließen. Vielmehr scheinen sich für Seneca zwei Perioden scheiden zu lassen, die durch den Rückzug, oder genauer: durch die Umstände des Rückzugs aus der aktiven Politik im Jahr 62 getrennt sind. *Furens* und *Phaedra* etwa gehören der ersten, *Oedipus* und *Thyestes* der zweiten an. Im *Furens* versucht Seneca offenbar, seinem Zögling in das Gewissen zu reden und zugleich die eigene Rolle vor der Öffentlichkeit zu salvieren,[6] in der *Phaedra* aber, ihn zu verteidigen und ebenfalls die eigene Rolle vor der Öffentlichkeit ins rechte Licht zu setzen.[7] Dagegen stellt er im *Oedipus* und im *Thyestes* offenbar den seinem Einfluß entwachsenen Kaiser an den Pranger. Diese Stücke dürften nicht vor 62

---

3 Nach Dingel 1974, 14 verfehlt „das Insistieren auf einer moralisch-philosophischen Tendenz das Wesen der Tragödien Senecas [...]. Ich verstehe, mit anderen, Senecas Tragödien als autonom poetisch."
4 ▸ S. 348.
5 1950, 14–15 (das Zitat und der Titel der Schrift sind ad hoc kursiv gesetzt).
6 ▸ S. 533.
7 ▸ S. 401–412. Zur *Phaedra* Baier 2010, 44–45.

entstanden sein. Für den *Thyestes* scheint sich die Datierung einzupendeln,[8] für den *Oedipus* ist sie umstritten.

In politischer Hinsicht ist die zweite Periode die interessantere. Zu *Oedipus* und *Thyestes* dürften die wohl unvollendeten Tragödien *Phoenissae* und *Oetaeus* zu stellen zu sein. In den *Phoenissae* ist eine klare politische Tendenz nicht erkennbar, aber Seneca scheint seiner Resignation Ausdruck zu geben, insofern Antigonas und Iocastas stoisch geprägte mahnende Stimmen ungehört verhallen.[9] Auch der *Oetaeus* scheint zu zeigen, daß die mahnende Stimme, die aus dem *Furens* sprach, bei Nero keine Wirkung getan hatte.[10]

Es versteht sich, daß diese vier Tragödien nicht öffentlich rezitiert oder ‚veröffentlicht', sondern höchstens in einem vertrauten Kreis rezitiert werden konnten. Ganz in diesem Sinn eignete sich die *Octavia*, ob sie noch zu Senecas Lebzeiten als ‚Huldigung' oder bald nach seinem Tod als ‚Nachruf' entstand, wenn überhaupt, nur für den Vortrag in einem engen Zirkel. Erinnert sei an das Wort von Calder III, sie sei "our earliest commentary on *Thyestes*".[11]

Grundsätzlich ist zu bemerken, daß Senecas Tragödien keine Allegorien sind, d. h. daß viele Züge nicht einem Pendant in der Realität entsprachen. Es verhielt sich wie bei der *Aeneis*: Hinter Aeneas war Augustus' Schatten sichtbar, der das Reich wiederbegründete (*tantae molis erat Romanam condere gentem*), aber Aeneas' Erlebnisse waren in keiner Weise zu einem Augustus-Mosaik zusammenzusetzen.

N e r o : Daß Seneca verschiedentlich auf Nero Bezug nahm, liegt auf der Hand. Über den *Furens* und den *Oetaeus* (wenn er auf Seneca zurückgeht),[12] wurde schon gesprochen. Ein anderes Beispiel ist der *Oedipus*, dessen Bezug auf Nero und Agrippina unter Berücksichtigung der älteren Forschung zu zeigen versucht wurde.[13] In neuerer Zeit haben Henry / Walker,[14] Töchterle,[15] Schubert,[16] Zim-

---

8 Nisbet 1990, 108. Vorsichtiger Tarrant 1985, 13: "there is an undeniable fascination in the thought that *Thyestes*, which contains Seneca's most harrowing depiction of pathological tyranny, might have been composed toward the end of his days in the court of Nero." Das Argument paßt noch besser auf die Zeit nach dem Rückzug.
9 ▶ S. 592–593.
10 ▶ S. 575–576.
11 (1983) 2005, 371 (▶ S. 608).
12 Nach Heinz 1946, 132 liegt im *Oetaeus* eine „gewaltige Verdunkelung des Bildes Neros [...] vor (verf. um 64 / 65)".
13 ▶ S. 349–360. Zu Zwierlein 1987, 45 ▶ S. 406 Anm. 27.
14 "The resemblance between Jocasta's death and that of Nero's mother (Tac. *Ann.* XIV. 8) is hard to accept as mere coincidence, especially when joined to the widespread rumour of incest between Nero and Agrippina" (1983, 139 Anm. 12).

mermann[17] und Baier[18] in dieselbe Richtung gewiesen. Das Hauptargument für einen Vergleich von Oedipus / Iocasta mit Nero / Agrippina ist der ‚Inzest', der diesen in der Öffentlichkeit unterstellt wurde. In welchem Maß die Parallele sticht, zeigt sich in Nisbets Schluß: Die Zeit, als die Gerüchte aufkamen, sei "not the best moment for a time-serving poet to write on such a theme."[19] Wieso? Für einen politisch orientierten Dichter war das die rechte Zeit. Auch beim *Thyestes*, der «tragedia più ‹politica› del corpo»,[20] hat man hinter Atreus Nero gesehen.[21] Schon immer ist aufgefallen, daß der *Octavia*-Dialog zwischen Nero und Seneca in gedanklicher Hinsicht den *Thyestes*-Dialog zwischen Atreus und dem Satelles aufnimmt.[22] Man darf das Verfahren des *Octavia*-Dichters als Stütze für die Annahme werten, daß hinter Atreus im *Thyestes* Nero durchscheint – natürlich nicht als Allegorie, sondern als Typus des skrupellosen Gewaltherrschers.

Agrippina: Zu Nero gehört Agrippina. Auf sie scheint nicht nur im *Oedipus*, sondern auch im *Oetaeus* angespielt worden zu sein. Denn wenn hinter Hercules Nero steht, müßte hinter Alcmene Agrippina zu sehen sein.[23] Freilich ist Vorsicht angebracht. Noch größere Vorsicht ist geboten, wenn man bei Medea Züge Agrippinas zu erkennen glaubt.[24]

Seneca: Öfter werden Stellungnahmen einzelner Personen als solche aufgefaßt, die Seneca selbst in entsprechenden Situationen hätte geben können. Natürlich handelt es sich nicht um Selbst-, sondern allenfalls um Gesinnungsporträts – wenn der Terminus überhaupt sinnvoll ist. Im *Furens* könnte das auf Theseus zutreffen, zumal wenn hinter Hercules Nero Bezugspunkt ist. Es wurde erwogen,

---

15 1994, 47–48.
16 1998, 177 (Zustimmung zu der *Oedipus*-Analyse von 1985).
17 „Im Spiegel des griechischen Oidipus-Mythos [...] zeichnet Seneca ein bitteres Bild entarteter Machtausübung, von Inzest und Vatermord, hinter dem sich unschwer Nero erkennen läßt" (2009, 78).
18 2010, 45.
19 1990, 99.
20 Malaspina 2004, 282.
21 Lefèvre 1985 (2), 1280–1281 (▶ S. 381); 1997 (2), 130–132 (▶ S. 470–473); Calder III (1983) 2005, 375.
22 e.g. Ranke 1888, 62 (der der Meinung war, daß das Zwiegespräch in der *Octavia* „weiter greift und tiefere Gedanken enthält" als der Dialog im *Thyestes*); Stärk 2000, 230–231 (mit Literatur in Anm. 29); Manuwald 2003, 37–59.
23 ▶ S. 573–574.
24 Schmidt 1998, 171–173.

daß sich in der ausgeglichenen Figur Senecas Person spiegelt.[25] "Loyalty is one of Theseus' leading characteristics";[26] sie war auch eine von Senecas leitenden Wesenszügen im Verkehr mit Nero. Theseus' Devise *quod quisque fecit, patitur* (735) vertritt Seneca selbst: *quae fecere patiuntur* (*Epist.* 39, 5).[27] In der *Phaedra* ist der maßlosen Titelfigur die mäßigende Amme entgegengestellt, deren Stellungnahmen Kunst an die Person Senecas denken ließ.[28] Aus dem *Oedipus* gehört vielleicht Creo in diesen Zusammenhang.[29] Birt meinte, er schildere 687–693 „seine bisherige beschränkte Machtstellung im Staat, die ihn befriedige, in einer Weise, als ob Seneca selber spräche".[30] Münscher stimmte dieser Ansicht zu.[31] 887–891 deuteten für Heinz auf ‚Kreon-Seneca'.[32] Im *Thyestes* ist der Satelles mit Seneca in Verbindung gebracht worden.[33] Nach Ranke zeigt sich in seinen Äußerungen „die gemäßigte republikanische Gesinnung, die Seneca eigen war, die das Fürstenthum anerkennt, aber von ihm Selbstbeschränkung und Befolgung der allgemein gültigen Grundsätze des Rechts und der Sittlichkeit verlangt."[34] Auch Calder III sah – wie hinter Atreus Nero – hinter dem Satelles Seneca.[35] Andererseits hat man Thyestes mit Seneca selbst verglichen. So klang für La Penna die Rede 446–470 wie eine «confessione autobiografica del filosofo».[36] Umfassender urteilte Pöschl, im *Thyestes* spiegele sich Senecas Erfahrung über den Umgang mit der Macht wider, die Erfahrung der Ohnmacht des Ratgebers, die Erfahrung, welche Vorzüge mit der Entmachtung, ja selbst mit der Verbannung verbunden sein können, und die Einsicht, daß es unmöglich ist, im Umgang mit der Macht schuldlos zu bleiben und nicht von Angst und Gier angesteckt zu werden. Seneca ist der Satelles und er ist auch Thyest, Thyest der Geläuterte, und auch Thyest, der schuldig geworden ist, aber nun bereit ist zu büßen."[37] Unter Berufung auf La Penna und Pöschl vertiefte Mantovanelli diese Bezüge.[38] In der *Medea* sind nach Grewe hinter der mit dem

---

25 ▸ S. 533.
26 Fitch 1987, 460 zu 1334.
27 Ranke 1888, 36.
28 1924, 12 (zu 136) und 17 (zu 204–205), ▸ ausführlich S. 402 Anm. 7.
29 ▸ S. 360.
30 1911, 355.
31 1922, 106.
32 1946, 99.
33 ▸ S. 381.
34 1888, 37.
35 (1983) 2005, 375.
36 (1972) 1979, 139.
37 (1977) 1979, 319.
38 1984, 122–127 («La consonanza Seneca-Tieste»).

Problem des Exils kämpfenden Medea Senecas eigene Erfahrungen zu spüren.[39] In der *Octavia* setzt der Autor Seneca persönlich ein – so wie ihn Freunde und Schüler verehrten. In ihr handelt es sich um ein Porträt, in den Tragödien nur um partiellen Ausdruck seines Denkens. Daß der Dichter aus ihnen ‚selbst' spricht, ist nicht ungewöhnlich; ungewöhnlich wäre es, wenn er es nicht täte.

‚H ö f l i n g e': Natürlich kommt es Seneca bei den Herrschergestalten nicht nur auf den Kaiser an, sondern auch auf das kaiserliche System, das dem Kaiser ermöglicht, so zu sein, wie er will. Trotzdem ist es nicht angebracht, an Porträts einzelner Personen zu denken und etwa hinter Lycus im *Furens* Sejan zu vermuten.[40] Vielleicht kann man sagen, daß Seneca allgemein Typen im Auge hatte. So hat Föllinger zu Ulixes in den *Troades* gemeint, Seneca dürfte mit ihm „die moralische Gefährdung derjenigen aufgezeigt haben, die ‚von Amts wegen', also aufgrund ihrer Stellung am Hof, loyal sein mußten und damit zu Tätern wurden."[41] Im *Oetaeus* könnte im zweiten Chorlied der Passus über das berechnende und vor Verbrechen nicht zurückschreckende Verhalten der Höflinge (604 – 639) Senecas Abrechnung mit der Umgebung am Kaiserhof sein, die er 13 Jahre ertragen mußte.[42]

Alle vorgenannten Gestalten kehren in der *Octavia* wieder: Nero, Agrippina, Seneca und die Höflinge (in Gestalt des Praefectus). Die Forschung hat gezeigt, daß ihre Reden sich aus den Reden der Seneca-Tragödien speisen. Man kann vermuten, daß der Dichter der Praetexta in den Stücken des Meisters manche Reflexe auf diese Personen sah.

Auf jeden Fall ist mit der zeitpolitischen Verankerung der Seneca-Tragödien zu rechnen: Sie haben ihren ‚Sitz im Leben'. Antiquarische Beschäftigungen gingen dem Philosophen ab. In *De brevitate vitae* machte er sich sogar über sie lustig, wenn er von dem sinnlosen Eifer sprach, Überflüssiges zu lernen (*inane studium supervacua discendi*, 13, 3). Das war Satire, aber im Grund war es ihm Ernst.

Hätten Senecas Stücke nur die Darstellung menschlicher Verhaltensweisen im Auge und gingen sie an den politischen Problemen der Gegenwart vorbei, klinkten sie sich nicht nur aus der Tradition der römischen Tragödie aus, sondern auch aus der repräsentativen Dichtung des ersten nachchristlichen Jahrhunderts. Denn an

---

39 2001, 173 – 175.
40 La Penna 1980, 26 – 31.
41 2005, 114 über Ulixes (*Troades*).
42 ▸ S. 577 – 583.

der Zeitbezogenheit des *Bellum Civile*,⁴³ der *Argonautica*,⁴⁴ der *Thebais*⁴⁵ oder der *Punica*⁴⁶ kann kein Zweifel bestehen.

II Monomanie

> „Himmel und Hölle wird aufgeboten, die Furien und Hecate kommen nicht zur Ruhe. Juppiters Donnerkeile, Sonne, Mond und Sterne werden herabgerufen, das ganze Weltgebäude kracht in seinen Fugen, das Chaos droht und alle Ungeheuer steigen aus ihren Tiefen, wenn diese wüsten Prahler ihre Flüche, Drohungen oder Jammerrufe erschallen lassen."⁴⁷

Es war festzustellen, daß sich senecaische Protagonistinnen und Protagonisten durch ein erhebliches Maß an Monomanie oder Megalomanie auszeichnen. Damit ist eine extreme Ich-Bezogenheit gemeint, die es bewirkt, daß deren Träger in ihren Verhaltensweisen und Entscheidungen bevorzugt das Ich in den Mittelpunkt rücken und die Beziehungen zu anderen Personen der näheren oder weiteren Umgebung, der Verwandtschaft oder der Gesellschaft mißachten. Es handelt sich um eine Unbedingtheit, die nur die Befindlichkeit der eigenen Person in Rechnung stellt. Das wurde Monomanie genannt.⁴⁸ Man kann auch, wie es oft geschieht, von Megalomanie⁴⁹ sprechen oder von Egomanie:⁵⁰ Es geht um die absolute Konzentration des Sprechers auf sein Denken und Fühlen.⁵¹

---

43 e.g. Gagliardi 1968, 89 («già nei primi tre libri l'atteggiamento di Lucano è fondamentalmente ostile a Nerone ed al principato»).
44 e.g. Lefèvre 1998 (2), 232 („Gleichnis für die negative Deutung der zeitgenössischen Römer").
45 e.g. Lefèvre 2008, 902–905 (‚Zeitbezug').
46 e.g. Stürner 2008, 238–240 (‚Silius und das flavierzeitliche Rom').
47 Ribbeck 1892, 73.
48 „Die senecanischen Helden sind monoman; sie agieren nicht innerhalb eines sozialen Kontextes, sondern treten gleichsam mit dem gesamten Kosmos in die Schranken" (Baier 2010, 44).
49 Der Begriff bei Pratt 1983, 117 u.ö., von Hercules im *Furens* gesagt.
50 Mißverstanden von Walde 2009, 173 Anm. 18, die glaubt, mit Monomanie werde ein Begriff aus der Psychiatrie entlehnt, der in der klinischen Praxis seinen Ort habe.
51 In einer früheren Arbeit wurde in diesem Sinn von ‚Narzißmus' («narcisismo») gesprochen (▸ S. 327) – natürlich ungeachtet irgendwelcher medizinischen Konnotationen.

Worum es sich handelt, sieht man an Hercules im *Furens*.[52] Wenn der euripideische Herakles nach dem im Wahnsinn begangenen Mord an seiner Familie erwacht, fühlt er echten Schmerz über den Tod der Kinder. Sein erstes Wort lautet: ‚Weh mir! Was sehe ich Elender hier?' Die zweite Reaktion: ‚Weh! Eine Wolke von Jammer umgibt mich.' Kein Wort von Rache, vielmehr wünscht er sich selbst den Tod. Hercules hingegen empfindet nicht Schmerz, sondern Wut (*ira*, 1167). Er kann nicht unreflektiert leiden oder gar mitleiden, sondern nur fragen, was es für ihn bedeute, daß ihm dieses Leid zugefügt wurde. Er hat keinen anderen Bezugspunkt als das eigene Ich, er ist absolut monoman – oder eben egoman. Nicht anders ist Phaedras Verfassung.[53] Das letzte Wort der euripideischen Phaidra gilt den Kindern, ihrem Ruf, den Eltern und schließlich Theseus: Ihnen ist sie den Tod schuldig. Ihre soziale Gebundenheit ist ihr Halt – und ihre Tragik. Ganz anders ist die Abschiedsrede Phaedras, in der sich *dolor* und *furor* auf einzigartige Weise mischen. In ihr wird deutlich, daß sie keinen Partner kennt, sondern allein steht. Sie ist außerstande, einen anderen Menschen zu begreifen. Kinder oder Eltern spielen für sie keine Rolle, und auf Theseus nimmt sie nur mit Spott und beißenden Pointen Bezug.

Der Anfang des *Oedipus* bietet ein anderes Beispiel.[54] Für den sophokleischen Oidipus stellt sich nur eine Konsequenz angesichts der Pest: Er will den anderen helfen (προσαρκεῖν). Er ist wie Phaidra in die Gesellschaft integriert; in der Rede des Priesters und seiner Antwort zeigt sich das Verhältnis zum Volk, es korrespondieren Vertrauen und Fürsorge. Solche Bindungen sind Oedipus gänzlich unbekannt. Er beginnt mit einem gewaltigen Stimmungsbild, das deutlich macht, daß die Pest kosmische Ausmaße hat. Oedipus nimmt sie zum Anlaß, zunächst über sein vergangenes und gegenwärtiges, später über sein zukünftiges Schicksal zu reflektieren. Nicht assoziiert er: Wie kann ich helfen? Sondern: Was hat die Pest mit m i r zu tun? Er ist grenzenlos monoman. Sein Egoismus hat letztlich nur einen Partner, den Kosmos.

In ihrem Anspruchsdenken ist Medea mit Oedipus verwandt.[55] Auch sie ist monoman. Das gilt etwa für ihr Verhalten gegenüber Iason: „Der griechische Dichter führt einen Agon vor (s. Eur. *Med.* 522 ff., 546), mit gleichwertigen Partnern, in dem beide ihr Recht haben und es vertreten. Das ist konstitutiv für die euripideische Tragödie und ihre Form von Tragik. Bei Seneca ist dagegen – schon äußerlich – Iasons Part verkümmert, er ist kein eigentlicher Gegenspieler für Medea, auf die sich hier nahezu ausschließlich das Interesse richtet. Sie erdrückt

---

52 ▸ S. 509–510.
53 ▸ S. 383–392.
54 ▸ S. 326–329.
55 ▸ S. 446–449.

alles; ihr Versuch der Selbstverwirklichung wird vorgeführt."[56] Recht betrachtet, lebt Medea in monomaner Isolation.[57] Die euripideische *Medeia* beginnt mit einer Klage der Amme, zu der der Paidagogos mit den Kindern tritt. Während sie gemeinsam Medeias Schicksal bejammern, hört man deren klagende Stimme aus dem Palast. Die Verlassene ist nicht allein. Senecas Tragödie beginnt mit einem Monolog der einsamen Protagonistin. Sie ist von Anfang an verlassen und sich alleiniger Bezugspunkt. Den einzigen echten Gesprächspartner, den sie hat, ist der Kosmos, der durch mehrere Götter repräsentiert wird. Sie fleht in den ersten 15 Versen die Ehegötter, die Geburtsgöttin Lucina, Minerva (die Iasons Steuermann die Kunst der Seefahrt lehrte), den Meergott Neptunus, den Großvater Sol, die Zaubergöttin Hecate (deren Priesterin sie ist), die Götter des (Ehe-)Eids, schließlich das Chaos, die Götter der Unterwelt und die Rachegöttinnen um Beistand an. Es ist der Kosmos, der in vielfältiger Weise als Partner bleibt. Bei Hercules, Oedipus und Medea geht die Monomanie, möchte man sagen, in Megalomanie über.

Dasselbe gilt für den Hercules des *Oetaeus*, der über längere Zeit auf ‚kosmischen Hochtouren' läuft.[58] Mehr noch als die anderen Gestalten verfällt er der Megalomanie.[59]

Wie sind die Aspekte der Monomanie bzw. der Megalomanie zu erklären? Handelt es sich nur um stilistische Phänomene, um das Bestreben, bisher Dagewesenes zu übertreffen? Gewiß wird man das bei einem so brillanten Dichter wie Seneca nicht ganz abstreiten. Aber er zeichnet seine des Maßes vergessenden Menschen in vielleicht gar nicht so lebensfremder Weise.[60] Sie sind aus allen Bindungen herausgelöst. Für sie gelten weder die Normen der griechischen Polis noch die der republikanischen Urbs. Es liegt nahe, hierin den Menschen der frühen Kaiserzeit zu sehen,[61] für den die politischen und moralischen Traditionen der römischen Vergangenheit an Geltung verloren haben, der nicht von der *res publica*, der Allgemeinheit, gehalten wird, sondern auf sich selbst zurückgeworfen ist. So wie Seneca in den *Epistulae* unablässig die Moral des Einzelnen – positiv – bestimmt, bevorzugt er in den Tragödien den Menschen, der dieser Philosophie nicht folgt. Vielleicht zeigt er sogar Verständnis für ihn und bekundet, daß seiner tiefsten

---

56 Liebermann 1974, 185–186.
57 ▶ S. 449.
58 ▶ S. 570.
59 Zu Recht sagt Schmitz 1993, 234, in Senecas Tragödien scheine „die Distanz zwischen menschlichem und kosmischem Bereich bisweilen aufgehoben zu sein", doch verfolgt sie einen anderen Aspekt.
60 ▶ S. 457.
61 Shelton 1979, 79.

Überzeugung nach viele nicht anders handeln können als sie handeln. Jedenfalls ist nach Maurach Medea „gleichsam das Sinnbild des Menschen überhaupt, der hilflos im Sturme treibt und weiter treibt bis an das Ende, wenn nicht die Philosophie hilfreich herzutritt (ep. 65, 16), wenn nicht ein Fortgeschrittener helfend die Hand reicht (ep. 48, 8 f.)."[62] Man wird sehen müssen, daß Senecas Tragödie zu einem guten Teil aus der Not der Zeit geboren ist.

Es ist nicht Anmaßung, wenn man behauptet, daß die Generationen seit dem Chaos des Zweiten Weltkriegs Senecas Gestalten ein wenig besser verstehen können als Ribbeck in den als Motto zitierten Worten.

III Philosophie

„hic Philosophia dominatur cothurnata.
personata regnat Stoa, ubi verus ille
antistes Stoæ Seneca histrioniam facit,
imo in scenam ipse venit."[63]

Thomas Farnaby hat ebenso recht wie unrecht. Sein Kommentar entstammt einer Zeit, in der man bei römischen Tragödien und Komödien mehr als auf den Zusammenhang der Handlungen auf einzelne geschliffene Sentenzen achtete und sie zuweilen im Druck hervorhob. Auf diese Weise konnte man – wie mit einzelnen Versen der Bibel – manches beweisen, was nicht im Sinn des Ganzen ist.

Es ist klar, daß die Tragödien des stoischen Philosophen auf einem stoischen Hintergrund zu sehen sind.[64] Andererseits versteht es sich, daß sie keine versifizierte stoische Philosophie wiedergeben, ja antistoische Aspekte darstellen können. Das Beispiel der Philosophischen Schriften kann warnen. Schon äußerlich demonstrieren die häufigen epikureischen Zitate in den ersten drei Büchern der *Epistulae*, daß oft mit dem Gemeinsamen beider Philosophien operiert wird. Auf die Frage des Interlocutors *‚quid tibi cum alieno?'* antwortet Seneca: *quod verum est, meum est.*[65] Farnabius hat zu *Phae.* 978–980 angemerkt: „Vitam regit Fortuna non Sapientia. ex Epicuri Schola"[66] und zu den berühmten Versen *Tro.* 407–408 *quaeris quo iaceas post obitum loco? | quo non nata iacent*: „Non erimus etiam post

---

62 (1966) 1972, 314; 315–316 heißt es: „So ist ihre Schuld eine Schwäche, ihre Schwäche aber die des Menschen überhaupt, der gemeinhin wehrlos dem Ansturm der Leidenschaften und des Widrigen ausgesetzt ist."
63 Farnabius 1676: ‚Ad Lectores'.
64 Wichtige neuere Beiträge: Hine 2004, 173–209; Liebermann 2004, 21–27.
65 *Epist.* 12, 11.
66 1676, 65.

mortem sicut nec fuimus ante vitam. Stoice & Epicurice."⁶⁷ Vor allem ist zu sehen, daß in den Chören stoisches Gedankengut mit epikureisch-horazischen Ideen gekreuzt wird. Zudem ist festzustellen, daß Seneca nicht nur ‚philosophisch' argumentiert – selbst in den Philosophica. Er scheut sich nicht, etwa mit einem ambivalenten Fortuna-Begriff zu operieren und zu behaupten: *Fortuna mecum bellum gerit* (51, 8).⁶⁸ Wenn daher Personen der Tragödien sagen, Fortuna stelle ihnen nach, oder ein Chor der Ansicht ist, Fortuna stürze die Könige, ist das ebenso unstoisch wie allgemein menschlich formuliert. Seneca bringt nicht (stoische) Philosophie in eine bildliche Form, sondern deutet – in der Regel – das Leben aus persönlicher Sicht auf stoischer Grundlage.

Öfter kommt es Seneca darauf an, Personen zu zeichnen, die auf ein übermächtiges Schicksal gelassen reagieren und sich ihm gewachsen zeigen – wie etwa Hecuba in den *Troades* oder Cassandra im *Agamemnon*. Auch Iocasta stellt sich dem Geschick – anders als Oedipus, der ihm auszuweichen versucht. In diesem Punkt verdient sie aus stoischer Sicht Anerkennung, Oedipus nicht. Das Beispiel Cassandras kann lehren, daß Seneca eine Person zwar mit der Grundhaltung eines stoischen Weisen auszeichnet, jedoch dem Stil seiner tragischen Dichtung gemäß so outriert gestaltet, daß die Haltung eines ‚Weisen' nur noch durchscheint, nicht aber abgebildet ist.⁶⁹ Es ist nicht verfehlt, bei einzelnen Personen stoische Züge zu markieren. So scheint Thyestes, der schon auf dem Weg zu einem ‚Weisen' ist, ehe er in der Machtsphäre des Hofes wieder ‚rückfällig' wird, als stoischer προκόπτων / *proficiens* angelegt zu sein.⁷⁰ Auf ihn paßt jedenfalls die in *Epist.* 75 gegebene Charakterisierung der zweiten Klasse der προκόπτοντες. Die ersten sind die, die schon der Weisheit nahestehen, sich aber noch außerhalb ihrer befinden; sie fallen in den alten Zustand nicht mehr zurück (9). Zu der zweiten Klasse gehören die, welche die schwersten Übel der Seele und die Affekte zwar abgelegt haben, aber noch nicht über den festen Besitz der inneren Sicherheit verfügen; sie können wieder zurückgleiten: *secundum genus est eorum qui et maxima animi mala et adfectus deposuerunt, sed ita ut non sit illis securitatis suae certa possessio; possunt enim in eadem relabi* (13). Es liegt nahe, Thyestes diesem *genus* zuzuordnen. Wie dessen Vertreter ist er zunächst frei von den *maxima animi mala et adfectus*, wie sie hat er jedoch noch nicht die neue Haltung als festen dauernden Besitz, wie sie ist er ein Beispiel für das Zurückfallen in die alte Haltung. Es soll aber nicht behauptet werden, Seneca habe in Thyestes nur einen

---

67 1676, 120 (nach Schröder 1728, 416–417 verbessert). Zum zweiten Chorlied der *Troades* jetzt feinsinnig Petrone 2013, 83–96.
68 ▸ S. 439–440.
69 Zu Cassandra ▸ jetzt S. 601–603.
70 Zum folgenden ▸ S. 380, danach Tarrant 1985, 24 Anm. 103.

Aspekt seiner Philosophie in dramatische Handlung umgesetzt: Denn in dem Maß, in dem sich seine Philosophie am Leben orientiert, ist auch Thyestes eine lebenswahre Gestalt.

Worauf es Seneca ankommt, ist die Konzeption, daß der Mensch für sein Handeln und Fehlen verantwortlich ist. Nahezu lehrbuchmäßig ist es, wenn er den Affekten unterliegt, wie es bei Medea, Phaedra, Clytemestra oder Deianira vorgeführt wird, ebenso, wenn in diesen Fällen die Amme die stoische Gegenposition vertritt. Ein Satz wie der folgende ist bezeichnend: *compesce verba, parce iam, demens, minis | animosque minue: tempori aptari decet* (*Med.* 174–175).[71] Einen großen Part hat die Nutrix der *Phaedra*.[72] Aber nicht nur Frauen unterliegen den Affekten: Auch auf Männer trifft das zu, wie es bei Hercules[73] oder Agamemnon[74] der Fall ist. Es geht nicht nur um Zornesausbrüche und Liebesverhältnisse, sondern überhaupt um Hochmut, Rücksichtslosigkeit und Überheblichkeit, die in diesen Zusammenhang gehören.

Das Problem der Handlungsfreiheit des Menschen steht im Mittelpunkt der Seneca-Tragödie.[75] Wie sollte man etwas anderes von einem Philosophen erwarten – auch dann, wenn er nicht ex cathedra spricht? Grundlegend ist in den *Troades* die Auseinandersetzung zwischen Agamemnon und Pyrrhus um die Rechtmäßigkeit von Polyxenas Opferung auf Achilles' Grab.[76] Gegenüber dem hemmungslosen Jüngling nimmt der König eine gemäßigte Position ein, die in der Tendenz manchen Passagen der *Epistulae* nahekommt. Besonders interessant ist der Passus 258–275. Agamemnon schreibt die Verantwortung für das richtige Handeln voll dem Menschen zu. Er vertritt in aller Schärfe den Gedanken, daß Macht den Menschen verderbe (*Troia nos tumidos facit | nimium ac feroces*, 264–265) und umgekehrt gerade der Mächtige sittliche Normen einzuhalten habe (*se* [...] *supprimere felicem decet*, 261). Deshalb dauern *moderata imperia* länger als *violenta imperia* (258–259). Es gilt, daß der Mensch desto mehr in seinem sittlichen Handeln gefährdet ist, je höher er steigt. Diese Konzeption wird immer wieder verkannt. Das beste Beispiel ist das erste Chorlied des *Agamemnon*, in dem zu Unrecht ein aktives Einwirken einer negativen Fortuna auf das Geschick des Menschen gesehen wird.[77] Der von Seneca zuweilen gebrauchten populären

---

71 "Seneca's *Nutrices* (and other foils) invariably use the language of restraint" (Tarrant 1976, 212 zu *Ag.* 203).
72 ▸ S. 401–403.
73 ▸ S. 505–514.
74 ▸ S. 285–289.
75 ▸ dazu grundsätzlich S. 421–441.
76 Zum folgenden ▸ S. 279. Neuere Behandlung: Malaspina 2004, 275–276.
77 ▸ S. 277–284.

Ausdrucksweise vergleichbar sind Sprichwörter wie ‚Geld regiert die Welt' oder *mundus vult decipi*. Natürlich regiert nicht das Geld die Welt, sondern das freiwillige Streben des Menschen nach dem Geld; natürlich will nicht die Welt getäuscht werden, sondern der Mensch läßt sich um eines Vorteils willen täuschen.

Ist Fortuna theologisch bzw. philosophisch uninteressant, kann es mit dem Fatum anders aussehen.[78] *fatis agimur: cedite fatis* stellt der Chor im *Oedipus* fest (980), und er schließt das Lied mit der Sentenz: *multi ad fatum | venere suum dum fata timent* (993 – 994). Es kommt Seneca in diesem Stück darauf an, zu zeigen, daß der Mensch gegenüber dem Unabänderlichen nicht aus Notwendigkeit, sondern im Gegenteil aus Unfähigkeit unfrei ist. Der Schluß des Lieds ist eine Umschreibung des berühmten Trimeters, den Seneca wohl seiner Übersetzung einer Passage aus Kleanthes' Zeus-Hymnos hinzugefügt hat: *ducunt volentem fata, nolentem trahunt* (*Epist.* 107, 11). Oedipus' Verhalten ist ein eindrucksvolles Beispiel für den zweiten Teil des Satzes. Dadurch, daß er auf der Flucht vor dem Schicksal ist, läuft er ihm um so schlimmer in die Arme – zu seinem Schaden.[79] Er ist nicht gelassen, sondern innerlich zerrüttet. Non ducitur, sed trahitur! Der Mensch kann der Unabänderlichkeit des Fatums gegenüber innerlich frei sein. Hier argumentiert Seneca ganz in stoischem Sinn. Hecuba, Iocasta und Cassandra sind Gegenbeispiele zu Oedipus: Sie akzeptieren das (stoisch gesehene) Fatum. Sie wahren die Freiheit ihres Handelns.

Natürlich gibt es auch die pervertierte Handlungsfreiheit, wie sie (wenn man so sagen darf) am eindrucksvollsten Atreus im *Thyestes* praktiziert, der ‚gewillt ist, ein Bösewicht zu werden – 'determined to prove a villain'.[80] Ihm tritt Medea würdig zur Seite. Die Zeichnung selbst dieser beiden Charaktere hat überraschenderweise mit der stoischen Philosophie zu tun. Denn beide sind der absolute Gegenpol zu der idealen Gestalt des stoischen Weisen. Nicht daß sie an diesen nicht heranreichen: Sie negieren ihn. Gewiß sind bei ihrer Zeichnung künstlerische Gründe des Künstlers Seneca in Anschlag zu bringen, aber auf der weltanschaulichen Ebene ist es ihm Ernst. „Es muß ihm eine grimmige Wollust gewesen sein, das Bild des stoischen Weisen, das er so oft pathetisch ausgemalt hatte, gegen Ende seines Lebens nicht zu modifizieren, sondern nach allen Regeln der Kunst – und diese

---

78 ▸ S. 435 – 437 (‚Handeln und Fatum').
79 Schetter 1972, 402 – 449 stellt gut die stoische Konzeption des Fatums in diesem Stück heraus. Davis 1991, 161 – 162 diskutiert das Problem, bleibt aber auf halbem Weg stehen. Auch Fischer 2008, 244 – 266 (‚Überlegungen zum *fatum* im *Oedipus*') gelangt zu keinem präzisen Ergebnis.
80 "Atreus is the Richard III of Greco-Roman tragedy" (Calder III (1983) 2005, 325).

beherrschte er wie kein anderer in seinem Jahrhundert – umzukrempeln, ja auf den Kopf zu stellen. Das war Kunst und doch nicht l'art pour l'art."[81]

IV Manierismus

> „Der Manierist will die Dinge nicht normal, sondern anormal sagen. Er bevorzugt das Künstliche und Verkünstelte vor dem Natürlichen."[82]

Senecas Tragödien sind bevorzugte Zeugnisse des literarischen Manierismus in der frühen römischen Kaiserzeit.[83] Der rhetorisch geschulte Dichter hatte gelernt, einen Gedanken nicht mit schlichten Worten wiederzugeben, sondern ihn mit verfremdenden Paradoxa, Umschreibungen, Andeutungen, scheinbaren Widersprüchen, Rätseln und dergleichen auseinanderzunehmen und immer wieder anders zusammenzusetzen, doch schließlich ein pointiert formuliertes Ganzes entstehen zu lassen. Das war l'art pour l'art, der aber nicht im luftleeren Raum angesiedelt war, sondern, so paradox es klingt, mit der geschilderten Welt in Einklang stand.

Die vielleicht früheste Tragödie, der *Hercules Furens*, läßt dieses Verfahren eindrücklich erkennen. Iunos Prolog ist ein Kabinettstück stilistischer Brillanz. In 124 Versen läßt sie der Dichter umständlich und doch faszinierend vortragen, was sie in einem Viertel oder einem Fünftel der Verse mitteilen könnte. Der Göttin stehen die Menschen nicht nach: Amphitryon, Lycus, Megara oder Theseus lassen sich in ebenso energischen wie ausschweifenden Reden vernehmen, die keine Pointe übergehen. Selbst der aus seiner Erschöpfung erwachende Hercules nimmt sich Zeit bei den Überlegungen, wo er sich befinde und was ihm angetan worden sei. Der als Motto zitierte Satz von Ernst Robert Curtius könnte über den *Furens* gesagt worden sein.

Manche Passagen eignen sich in besonderer Weise für einen virtuosen Solovortrag. Zu ihnen gehört Iunos Monolog. Denn zur „Pikanterie der manieristi-

---

81 Lefèvre 1997 (2), 132 (▶ S. 473).
82 Curtius 1963, 286. Lessing hat das nämliche Urteil – über den *Hercules Furens* – schon 200 Jahre früher gefällt: „Er ist mit den poetischen Farben allzuverschwenderisch gewesen; er ist oft in seiner Zeichnung zu kühn; er treibt die Grösse hier und da bis zur Schwulst; und die N a t u r scheinet bey ihm allzuviel von der K u n s t zu haben" (Barner 1973, 121, Sperrungen ad hoc).
83 Burck 1971 (1) / 2012. Einige Aspekte klangen schon an, etwa bei der Betrachtung der Paradoxa (▶ S. 510), des *Thyestes* (▶ S. 470) oder des *Furens* (▶ S. 535–556).

schen Kunst trägt vielfach [...] das Virtuosentum bei, das sie stets zur Schau trägt. Ein manieristisches Kunstwerk ist immer auch ein Kunststück, ein Bravourstück, das Sichproduzieren eines Z a u b e r e r s. Es ist ein Feuerwerk, das Farben und Funken sprüht."[84] Eben diese Charakteristik gibt Fronto in seiner Kritik am Stil Senecas, der nicht einem Gastmahlteilnehmer gleiche, der Oliven schlicht verspeise, sondern einem Virtuosen, der sie erst in die Höhe wirft, mit offenem Mund auffängt und auf den Spitzen der Lippen zur Schau stellt – wie ein Z a u b e r e r kleine Steinchen.[85] Der biedere Quintilian sprach in Hinsicht auf Senecas Stil, der ihm so großes Mißvergnügen bereitete, von den *dulcia vitia*, die der Jugend so gefielen.[86] Iunos Monolog war sicher nicht nach seinem Geschmack.

Es wäre lohnend, die beiden von Pointen extrem vibrierenden Botenberichte des *Oedipus* (915–979) und des *Thyestes* (634–788)[87] danebenzustellen. Sie lassen ein Kennzeichen des Manierismus in Reinkultur erkennen: die lustvolle Ausmalung und grelle Beleuchtung grausamer Details, die durch brillantes Raffinement das Prekäre des Inhalts in faszinierender Weise veredeln – sie sind gewissermaßen abstoßend und anziehend zugleich. Gedämpfter, aber nicht weniger planvoll geht Medea bei der Tötung ihrer Kinder vor.

Selten hat sich Seneca so weit wie in allen diesen Fällen von der sachlichen Angemessenheit des Stils im Verhältnis zum Inhalt entfernt. Mehr denn je gilt, daß seine Stücke erheblich v e r l ö r e n , *si non omnia sua amasset*.[88] Wie bei Ovid ist im Blick auf die Diskrepanz zwischen Form und Inhalt, ja den Vorrang der Form vor dem Inhalt der Begriff des Manierismus angebracht. Seneca spielt, er verwandelt philosophische Sätze in geistreiche Aperçus, er zerkrümelt Moral zu intellektuellen Concetti. Es herrscht Virtuosität, Geziertheit, Künstlichkeit.

Wenn Walter Friedländer das formale Wesen des Manierismus zu Recht im ‚antiklassischen' Stil' gesehen hat,[89] ist es angebracht, den Begriff auch auf Senecas Tragödien anzuwenden.

Rückblickend sei erwähnt, daß der große Literaturkritiker Lessing, der Senecas Tragödien sehr schätzte, manches an seinem Stil auszusetzen hatte. Was er in der

---

84 Hauser (1964) 1973, 13 (Sperrung ad hoc).
85 *quid vero, si prandium idem utriusque* (Haines: *utrique*) *apponatur, adpositas oleas alter digitis prendat, ad os adferat, ut manducandi ius fasque est, ita dentibus subiciat, alter autem oleas suas in altum iaciat, ore aperto excipiat, exceptas ut calculos p r a e s t r i g i a t o r, primoribus labris ostentet?* (*De orationibus* 3).
86 *Inst.* 10, 1, 129–130.
87 Dieser Bericht wird mehrmals vom Chor kurz unterbrochen, was die Dramatik und die Unfaßbarkeit des Gesagten steigert.
88 Quint. *Inst.* 10, 1, 130 (der der gegenteiligen Meinung ist).
89 Hauser (1964) 1973, 12.

Vergleichung des *Furens* und *Thyestes* herausstellte, sind Punkte, die interessanter Weise gerade mit dem Begriff des Manierismus zu erfassen sind. Einige seien aufgezählt:[90] Senecas „Schreibart" sei „gesucht", „Fehler" seien die „häufigen Beschreibungen" (Schilderungen der Unterwelt im *Furens* und des heiligen Hains im *Thyestes*), ebenso „die öftere Auskrahmung einer zimlich gesuchten geographischen und astronomischen Gelehrsamkeit." Als Beispiele werden HF 1323– 1326 und *Thy.* 627–631 angeführt; wie mancher moderne Leser hatte Lessing weder Verständnis für Hercules' ‚kosmische' Weltsicht noch für die gelehrte Art des Boten. Weiter nannte er den Anfang des *Furens* und das vierte Chorlied des *Thyestes*. Wie man sieht, kommt es auf den Blickwinkel an.

V Darbietung

In der Forschung wird hin und her gestritten über das Problem, ob Senecas Tragödien aufgeführt oder rezitiert wurden. Mangels entsprechender Nachrichten ist die Frage nicht zu entscheiden. Trotzdem lassen sich einige Erwägungen anstellen. Aus dem Umstand, daß die Tragödien zeitpolitische Bezüge aufweisen, ergeben sich einige Erkenntnisse. Wenn man der Ansicht ist, daß Seneca mit dem *Furens* Nero vor der Öffentlichkeit auf das richtige Maß festlegen wollte,[91] wäre eine Aufführung durchaus angebracht. Eine Rezitation bei Hof konnte dieselbe Wirkung erzielen. Auch wenn Seneca mit der *Phaedra* in apologetischer Weise auf ein politisches Skandalon Bezug nahm,[92] war eine Aufführung willkommen. Aber es ist zu fragen, ob sie bei drängenden Problemen kurzfristig realisiert werden konnte. Eine Rezitation war dagegen schnell vorbereitet und durchgeführt. Der jüngere Plinius zum Beispiel hatte versierte Rezitatoren, die derlei zu meistern in der Lage waren. Auch ist mit der Darbietung von Tragödienteilen zu rechnen – wie zum Beispiel der *Phoenissae*, wenn sie unvollständig sind.

Andererseits dürfte es klar sein, daß Stücke, die einen oppositionellen Geist atmen, wie wohl der *Oedipus*, weder öffentlich aufgeführt noch bei Hof rezitiert werden konnten. Sie zielten auf einen engeren Kreis und waren Kandidaten für Rezitationen; sie brauchten nicht einmal dezidiert angekündigt zu werden. Rezitationen waren in gebildeten Kreisen üblich – schon bei den Neoterikern, bei Asinius Pollio oder Maecenas. Überraschungen dürften gang und gäbe gewesen sein; sie verliehen den Abenden besondere Würze. Auch der *Oetaeus* konnte nach

---

90 ▸ ausführlich S. 646–648 (mit Nachweisen).
91 ▸ S. 529–534.
92 ▸ S. 401–412.

der hier vertretenen Ansicht,[93] wenn überhaupt, am ehesten auf die beschriebene Art dargeboten werden. Erstens war zu erwägen, daß es sich um zwei Teile handelt, die zunächst einzeln rezitiert wurden und später zu einem Ganzen zusammengesetzt (oder -gestrichen?) werden sollten. Zweitens lag das Heraushören der Botschaft nahe, daß sich Nero nicht in der Weise zum besseren gewandelt habe, wie es *De clementia* und vor allem der mit dieser Schrift zusammenhängende *Furens* intendiert hatten. Sollte sich ein naiver Zuhörer in Senecas Auditorium eingefunden haben, der die Anspielung nicht zu realisieren vermochte, mußte ihm das Stück (oder Teile desselben) extrem langweilig erscheinen.

Es gab verschiedene Möglichkeiten der szenischen Präsentation. Calder III dachte an kleine Auditorien.[94] Dasselbe mochte für Rezitationen gelten. So wie heute bei ‚Szenischen Lesungen' mit verteilten Rollen auch partielles Agieren der Lesenden (Rezitierenden) begegnet, könnte das für Seneca angenommen werden.

Da zwar Senecas Tragödien aufführbar sind, jedenfalls ihre Nichtaufführbarkeit bei der Annahme geringer Lizenzen nicht zu beweisen ist,[95] aber aus inhaltlichen Gründen nicht alle aufgeführt worden sein können und da zudem zwischen öffentlichen und privaten Rezitationen zu unterscheiden ist, wurde in den Beiträgen dieses Bandes nur allgemein von Rezitationen gesprochen.[96] Letztlich war in jedem einzelnen Fall der zeitpolitische und gesellschaftliche Hintergrund für die Art des Auditoriums ausschlaggebend.

Das einzige, was man zu der umstrittenen Frage ‚Rezitation oder Aufführung?' sicher sagen kann, ist, daß es keine Antwort gibt, die für alle Stücke gilt.

---

93 ▸ S. 575–576.
94 "We must think of restricted performance, the *privatum pulpitum*, before an audience of peers at the home of Seneca, or the *domus aurea*, not impossibly with Nero in the cast" ((1983) 2005, 354).
95 Dazu Lefèvre 1968, 782–789 (zu Zwierlein 1966); Boyle 2006, 192 (Senecas Tragödien 'performable').
96 Es versteht sich, daß es unterschiedliche Formen des Rezitationsdramas gibt. Die besondere Form bei Seneca legt Kugelmeier 2007 dar.

Fünfter Teil: **Rezeption**

41 Petrons Kritik an dem Tragiker Seneca (*Sat.* 88–89)

I Kapitel 88 —— S. 631
II Kapitel 89 —— S. 633
III Zusammenhang und Ergebnis von Kapitel 88 und 89 —— S. 634
   1 ‚Seneca erhebt den Anspruch, die alten Autoren zu übertreffen' —— S. 635
   2 ‚Seneca schafft keine lebendige Kunst' —— S. 637
   3 ‚Seneca lehrt Fehler' —— S. 638
   4 ‚Seneca betreibt Kunst als Nebentätigkeit' —— S. 638
   5 ‚Seneca gehört zu denen, die im Luxus leben' —— S. 639
IV Ausblick —— S. 639

Das oft diskutierte Kapitel 88 der *Satyrica* handelt von der Ursache des gegenwärtigen Verfalls, der *causa desidiae praesentis*, da die schönsten Künste zugrunde gegangen seien, *cum pulcherrimae artes perissent* (1). Hierauf folgt in Kapitel 89 ein Gedicht mit 65 Versen über den Untergang Trojas, das allgemein nach Neros verlorener Dichtung[1] *Troiae halosis* genannt wird. Die Vermutung liegt nahe, daß beide Kapitel zusammengehören, daß also Kapitel 88 die Theorie bringt und Kapitel 89 den praktischen Beweis.[2] Zugunsten dieser Annahme werden im folgenden einige Gedanken vorgetragen. Die vielbehandelten Kapitel werden zunächst kurz vorgestellt. Das Hauptgewicht der Betrachtungen liegt auf dem Problem ihres Zusammenhangs.[3]

I Kapitel 88

Für die Dekadenz der schönen Künste wird die *pecuniae cupiditas* verantwortlich gemacht. Sie habe die Wende (*tropica*) gebracht. Die Künstler[4] versänken heute im Wohlleben (*vino scortisque demersi*). Daneben ist die Allgemeinheit im Blick, sogar der Senat und die Götter werden angeklagt – eine groteske Ausweitung. Natürlich ist der Ausdruck *Graeculi delirantes* ironisch zu verstehen; zu ergänzen ist ‚angeblich', da das weder Eumolpus' noch Petrons Meinung ist. Wie sich Eumolpus an

---

La riflessione sul teatro romano nella cultura romana, hrsg. v. G. Aricò / M. Rivoltella, 2008, 253–262 (Vita e Pensiero, Milano).
1 Suet. *Nero* 38, 2 (*halosis Ilii*); Dio Cass. 62, 18, 1 (ἅλωσις Ἰλίου).
2 Anders Sullivan 1968, 186: Die Absicht der *Troiae halosis* sei "difficult to discern, lacking as we do any critical introduction."
3 Die Diskusssion über Kunst und Literatur in 83–90 behandelt Manuwald 2007.
4 Vielleicht wählt Petron die 1. Pers. Plur. (*nos*) wegen des Sprechers Eumolpus.

dieser Stelle zum Sprachrohr der anderen macht, trägt er in Kapitel 89 das Gedicht so vor, als halte er (und Petron) es für gelungen. Es ist aber von denen gesprochen zu denken, die *vitia docent et discunt*.

Petron tritt nicht für das *castum esse* des *pius poeta*[5] ein; er selbst wäre nach seiner von Tacitus geschilderten Lebensweise das beste Gegenbeispiel. Er sagt vielmehr, daß die zeitgenössischen Künstler und Denker sich nicht ernst genug um das Schaffen herausragender Werke bemühen. Die Früheren haben nach seiner Ansicht unter Einsatz ihres Lebens um Kunst und Wissenschaft gerungen (Beispiel Eudoxos: *in cacumine excelsissimi montis consenuit*). Die Zeitgenossen seien dagegen *vino scortisque demersi*. Das heißt offenbar nicht, daß sie keine moralisch befriedigenden Werke schaffen, weil sie selbst moralisch abgesunken sind. Gemeint ist, daß sie nicht das ganze Leben der Kunst und Wissenschaft verschreiben, sondern andere Beschäftigungen vorziehen – der Disziplin die Lust. Mit einem Wort, der Vorwurf lautet: Kunst und Wissenschaft werden nur noch als Nebenbeschäftigung betrieben. Die Früheren hatten keine materiellen Interessen. Es ging ihnen allein um die künstlerische Betätigung, *nuda virtus*.[6] Für diese Haltung werden – in satirischer Übersteigerung – Democritus, Eudoxos, Chrysippus, Lysippus und Myron genannt. Sie alle starben vor Entbehrung, weil sie sich nur auf ihre Kunst oder Wissenschaft konzentrierten. Bei Lysippus wird das direkt gesagt, *inopia* ist ‚Entbehrung'; er lebte nicht in Armut,[7] sondern arbeitete mit ganzem körperlichen und seelischen Einsatz. Daß Myron keinen Erben fand (*Myron [...] non invenit heredem*) heißt nicht: ‚Myron [...] hinterließ seinen Erben nichts',[8] sondern: ‚Myron fand keinen Nachfolger für seine Kunst, die er mit höchstem Einsatz betrieb'.[9]

Ein weiterer Punkt der Diagnose lautet: Man gibt sich nicht die Mühe, die bereitliegenden = alten Künste zu erfassen (*ne paratas quidem artes audemus cognoscere*), achtet sie gering (*accusatores antiquitatis*) und lehrt und lernt nur Fehlerhaftes (*vitia tantum docemus et discimus*).

---

5 *castum esse decet pium poetam | ipsum, versiculos nihil necesse est* (Cat. 16, 5–6).
6 „Id est, sola, sine divitiis" (Burman 1743, II, 550).
7 Slater 1990, 95 ("died of poverty"). Er war nach Plin. Nat. 34, 37 in der Lage, mindestens 1500 Golddenare (*denarii aurei*) anzusparen.
8 Schnur 1968, 103.
9 ‹non riuscì a trovare un degno continuatore della sua arte› (Marzullo / Bonaria).

II Kapitel 89

Bei dem Gedicht handelt es sich um 65 jambische Trimeter. Das deutet eo ipso auf das Genus der Tragödie hin. Weiterhin läßt die Form der Erzählung an einen Botenbericht denken. Selbst wenn es keine genaueren Indizien gäbe, läge die Annahme nahe, daß Petron Seneca im Auge hat.[10] Aber es gibt Indizien. 1. Die *Troiae halosis* hat dieselbe Trimeter-Technik wie Senecas Tragödien.[11] 2. Die *Troiae halosis* liebt die Wiederholung zweisilbiger Wörter am Versende wie Senecas Tragödien.[12] 3. Die *Troia halosis* kennt einen Anklang am Ende zweier aufeinanderfolgender Verse (*iubae / iubar*, 38 / 39) wie Senecas Tragödien.[13] 4. Die *Troiae halosis* spielt mehrfach auf Senecas Tragödien an.[14] 5. Die *Troiae halosis* leitet mehrere Episoden (drei von vier) mit *iam* ein wie Senecas Tragödien.[15] 6. Die Apposition des Typs 89, 41–42 *stabant sacri* | [...] *gemina nati pignora* ist eine beliebte Konstruktion wie in Senecas Tragödien. 7. Die *Troiae halosis* prunkt mit Paradoxa wie Senecas Tragödien: *ibat iuventus capta, dum Troiam capit* (27); *peritura Troia perdidit primum deos* (53); *contraque Troas invocat Troiae sacra* (65).[16] 8. Die *Troiae halosis* schließt inhaltlich genau an dem Punkt, an dem Talthybius' Botenbericht in Senecas *Agamemnon* 421 beginnt. 9. Die *Troiae halosis* lehnt sich, wie es scheint, an diesen Bericht an:

Sat. 29   *ecce alia monstra*
Ag. 528   *ecce alia clades*
Sat. 54   *iam plena Phoebe candidum extulerat iubar*
Ag. 463   *nitidum cadentis inquinat Phoebi iubar.*

---

10 Nach Stubbe 1933, 83 „könnte der ‚Botenbericht' der Troiae halosis ebensogut von Seneca sein."
11 Stubbe 1933, 93–94; Walsh 1968, 210.
12 Stubbe 1933, 90, 93–95: *metus* (1, 3, 26, 47), *sacer* (18, 41, 52, 65), *manus* (21, 23, 44, 61). *fides, mare, iuba, iubar, vir* (dekliniert), *fax* (dekliniert), *merum* begegnen in dem kurzen Gedicht je zweimal. Walsh 1968, 210 Anm. 20 nennt folgende Beispiele bei Seneca: *Med.* 698, 701, 719 (*manus*); *Med.* 467, 480, 516 (*metus*); *Phaedr.* 424, 499, 528 (*sacer*) und sagt: "I find these at random."
13 Walsh 1968, 210 ("similar jingles are to be found in Seneca"); er führt in Anm. 21 *Med.* 436 / 437 als Beispiel an.
14 Stubbe 1933, passim.
15 "In Müller's edition the sixty-five lines are divided into four paragraphs or episodes. Three of these are introduced by *iam*: 'iam decuma maestos inter ancipites metus' (1), 'iam turba portis libera ac bello canens' (15), and 'iam plena Phoebe candidum extulerat iubar' (54). This use of *iam* is observable everywhere in Seneca. [...] See, e. g., *Herc. fur.* 947, 970, 1196, and 1314" (Walsh 1968, 210 mit Anm. 19).
16 Sullivan 1968, 188.

Es liegt aus diesen Gründen der Schluß nahe, daß es sich um "a general imitation and parody of Seneca's tragic style" handelt.[17] Die Annahme, daß Petron insgesamt auf Seneca zielt, gewinnt dadurch an Wahrscheinlichkeit, daß Eumolpus' Invektive gegen die *pecuniae cupiditas* eine enge Parallele in Sen. *Epist.* 115, 10 – 12 hat:[18] "Petronius may be parodying Seneca here."[19]

Die *Troiae halosis* hat einen zweiten auffälligen literarischen Bezug. Aeneas' Erzählung von Trojas Untergang im zweiten Buch der *Aeneis* ist als Subtext anzusehen.[20] Es ist daher zu vermuten, daß Petron den Ehrgeiz hat, „es ebenso und zugleich anders zu machen".[21]

III Zusammenhang und Ergebnis von Kapitel 88 und 89

Wenn erstens die Kapitel 88 und 89 zusammenhängen und zweitens Kapitel 89 sich auf den Tragiker Seneca bezieht, sind folgende Punkte erkennbar, in denen Petron Seneca kritisiert:[22]
1. Seneca erhebt den Anspruch, die alten Autoren zu übertreffen
2. Seneca schafft keine lebendige Kunst
3. Seneca lehrt Fehler
4. Seneca betreibt Kunst als Nebentätigkeit
5. Seneca gehört zu denen, die im Luxus leben.

Das ist im einzelnen zu begründen. Zwischen Eumolpus' und Petrons Meinung wird nicht unterschieden.[23] Es versteht sich, daß die satirische Übertreibung in

---

17 Sullivan 1968, 188.
18 Sullivan 1968, 204 – 207 und 1985, 1682 – 1683 in größerem Kontext.
19 Walsh 1970, 96 Anm. 1.
20 "In effect, it is a retelling, with different emphases, details, and various omissions, of the first part of Aeneas' narrative in the second book of the *Aeneid* (13 – 265)" (Sullivan 1968, 187).
21 Ehlers 1995, 523.
22 Wenig glücklich ist die Ansicht von Beck 1979, 241, die *Troiae halosis* sei "primarily" als Gedicht des "fictitious Eumolpos" zu lesen: "the problems of defining Petronius' literary stance simply do not arise." Das ist zu simpel.
23 «[...] le idee di fondo espresse dallo stesso Eumolpo possono in qualche misura riflettere orientamenti generali di giudizio che anche Petronio verosimilmente condivideva» (Soverini 1985, 1745).

Rechnung zu stellen ist, daß aber der Kern der Kunstkritik durchaus ernstgemeint ist.[24]

Seneca ist das Beispiel eines modernen Dichters.[25] Er ist Repräsentant der Zeit. Tacitus spricht „nicht ohne leisen Tadel"[26] von seinem *ingenium amoenum et temporis eius auribus accomodatum*.[27]

1 ‚Seneca erhebt den Anspruch, die alten Autoren zu übertreffen'

Es reicht nicht aus zu sagen, Petron beziehe sich in Kapitel 89 auf Vergil. Man muß präzisieren: Nach Petrons Meinung bezieht sich Seneca auf Vergil. Das ist eine richtige Beobachtung.

Wie weit sich Seneca auf die republikanische Tragödie stützt, ist im einzelnen schwer zu erkennen. Aber er zitiert immer wieder Vergil. Ein Blick in die *Epistulae ad Lucilium* genügt, um die durchgängige Präsenz des augusteischen Autors selbst in der Prosa zu sehen.[28] 21, 5 erhält er die Auszeichnung *Vergilius noster*.

Die *Troiae halosis* stellt eine Vergil-*aemulatio* dar, gewissermaßen eine Umsetzung Vergils ins Moderne, Zeitgemäße. Seneca selbst spricht sich für *aemulationes* mit alten Dichtungen aus und nennt dabei auch Vergil. Im 79. Brief ermuntert er den Adressaten bei der Abfassung seines Gedichts über Sizilien,[29] auch den Aetna zu schildern. Schon Vergil und Ovid hätten diesen Stoff behandelt und doch nicht Cornelius Severus von ihm abgeschreckt. Allen habe sich der vulkanische Ort angeboten; die Vorgänger hätten nicht das, was man noch sagen konnte, weggenommen, sondern zugänglich gemacht.[30] Seneca billigt also ausdrücklich die *aemulatio* mit Vergil. Er fährt in allgemeiner Ausweitung fort, es sei ein großer Unterschied, ob man an einen bereits verbrauchten oder einen schon

---

24 Gewiß trägt Eumolpus ‚kulturkritische Trivialitäten' vor (Heldmann 1982, 146), doch können auch Trivialitäten wahr sein, und vor allem: Auch kluge Leute äußern Trivialitäten.
25 Norden 1909, 312; Lefèvre 1972 (2), 1–9 (▸ S. 269–274).
26 Norden 1909, 312.
27 *Ann.* 13, 3, 1.
28 Nach dem Index der Ausgabe von L. D. Reynolds (Oxford 1965) wird Vergil an 30 Stellen genannt.
29 Courtney 1993, 349.
30 Es ist ungeklärt, ob sich Seneca auf Vergils Beschreibung des Aetna in der *Aeneis* 3, 571–587 oder auf das ihm zugeschriebene Aetna-Epyllion bezieht. In dem zweiten Fall hielte er das Gedicht für echt. Bei Ovid denkt er wohl an *Met.* 15, 340–355. Unter Severus' Fragmenten findet sich kein Hinweis auf den Aetna, aber Quintilian erwähnt ein *Bellum Siculum* (*Inst.* 10, 1, 89), das eine Schilderung des berühmten Vulkans enthalten kann.

bearbeiteten Stoff herangehe: Er wachse von Tag zu Tag, und den künftigen Gestaltern stehe das schon Gestaltete nicht entgegen. Zudem sei der letzte in der besten Position, er finde bereits vorbereitete Worte, die, anders gewendet, ein neues Anlitz bekämen. Er lege nicht Hand an sie wie an etwas Fremdes, denn sie seien Gemeingut.[31] Es wird klar gesagt, daß der *ultimus* in der *condicio optima* sei, was nichts anderes bedeutet, als daß er die Vorgänger übertreffen könne.

Nach diesem Prinzip verfährt Seneca tatsächlich in den Tragödien. Es brauchen nur die *aemulationes* mit Vergils *Aeneis* im Botenbericht des *Agamemnon*[32] oder in den Unterweltsbeschreibungen des *Hercules Furens*[33] und des *Oedipus*[34] genannt zu werden. Sie stehen auf derselben Stufe wie die *Troiae halosis*. Wenn man die Theorie von Kapitel 88 ernst nimmt, wird man zu der Erkenntnis geführt, daß Petron *vitia* bei der *aemulatio* mit *parata verba* demonstrieren will. *ne paratas quidem artes audemus cognoscere* bedeutet: Wir geben uns nicht die Mühe,[35] die alten Künste richtig zu erfassen, sondern ahmen sie oberflächlich nach. Im Vergleich mit Vergil läßt sich das gut zeigen.[36]

Worin liegt die Kritik an Seneca?[37] Sie lautet: Er tut – zum Beispiel – Vergil als altes Zeug ab (*accusator antiquitatis*). Der Schluß ergibt sich von selbst, daß Se-

---

[31] *quem* [sc. *locum*] *quominus Ovidius tractaret, nihil obstitit quod iam Vergilius impleverat; ne Severum quidem Cornelium uterque deterruit. omnibus praeterea feliciter hic locus se dedit, et qui praecesserant non praeripuisse mihi videntur quae dici poterant, sed aperuisse* (5). *multum interest utrum ad consumptam materiam an ad subactam accedas: crescit in dies, et inventuris inventa non obstant. praeterea condicio optima est ultimi: parata verba invenit, quae aliter instructa novam faciem habent. nec illis manus inicit tamquam alienis; sunt enim publica* (6).

[32] Tarrant 1976, 248: "the storm itself is recounted in exhaustive detail using motifs drawn above all from Virgil (cf. *Aen.* 1. 81ff., 3. 192ff.) and Ovid (cf. *Met.* 11. 474ff., *Trist.* 1. 2 *passim*)."

[33] "The strongest influence on Seneca's description of the underworld is *Aeneid* 6" (Fitch 1987, 293).

[34] „Senecas Szene ist als absolutes Gegenbild zu Vergil angelegt: Hinter den äußerlichen Entsprechungen werden schneidende Kontraste sichtbar" (Lefèvre 1985 (1), 1256: ▶ S. 356). Vgl. Töchterle 1994, 428 mit Anm. 240.

[35] *audere* steht offenbar im abgeschwächten Sinn von ‚Lust haben', ‚belieben', ‚mögen' (Georges). Marzullo / Bonaria 1989, 175 übersetzen ‹non riuscire a›, Ehlers 1995, 181 ‚sich aufraffen zu'.

[36] Ernout 1950, 93 Anm. 1 merkt zu V. 40 an: «Tout ceci est encore une imitation, affaiblie et médiocre, de Virgile, En. II, 204 et suiv.» Pellegrino 1975, 381 spricht von der «distanza intercorrente tra la bella semplicità del poeta augusteo e le involuzioni, nei tratti descrittivi della stessa immagine, di Eumolpo».

[37] Wenn Schnur 1968, 228 sagt, „Respekt vor Vergil" habe sicherlich die „Benutzung des Hexameters für einen schon von Vergil behandelten Gegenstand" verboten, ist verkannt, daß nicht Petron mit Vergil in Konkurrenz tritt, sondern Petron Seneca mit Vergil in Konkurrenz treten läßt.

neca nach Petrons Meinung die Alten (*paratae artes*) nicht erreicht.³⁸ Das ist auch Quintilians Urteil: *ille ab antiquis descenderat*.³⁹

2 ‚Seneca schafft keine lebendige Kunst'

Petron spendet Myron ein besonderes Lob: *paene animas hominum ferarumque comprehendit*.⁴⁰ Hieraus ist abzuleiten, daß er dieses Können wie bei anderen Zeitgenossen bei Seneca vermißt. Daß dessen Tragödien kalte intellektuelle Kunst seien, ist auch ein moderner Vorwurf. Bis in die Mitte des 20. Jahrhunderts hinein galten sie, zumindest in Deutschland, als ‚rhetorisch' in negativer Bedeutung. Ganz in diesem Sinn sagt Encolpius nach der Rezitation der *Troiae halosis* zu Eumolpus: *minus quam duabus horis mecum moraris, et saepius poetice quam humane locutus es* (90).

Hingegen läßt sich das Lob *animas hominum comprehendere* voll auf Vergil anwenden. Gerade die Erzählung von Trojas Fall, die Aeneas im zweiten Buch der *Aeneis* vorträgt, ist dafür ein charakteristisches Beispiel.⁴¹ Was bei Aeneas durchlitten und von Empfindung durchglüht ist, wirkt in Eumolpus' Botenbericht kühl. Aeneas' Erzählung ist subjektive, die *Troiae halosis* objektive Dichtung. Gewiß sind dafür bis zu einem gewissen Grad die Genera verantwortlich, aber es dürfte Petron unabhängig davon um völlig unterschiedliche Erzählweisen gehen. Er schreibt keine literaturkritische Abhandlung, sondern eine Satire.

---

38 Deshalb ist die *Troiae halosis* keine rühmenswerte Poesie. Burman 1743, II, 555 urteilt: „[...] Petronium Eumolpum aliquantulum inflatius carmen, nec sanissimi coloris, pangentem inducere credimus, ideoque immerito in Petronium culpam conferri, qui ostendit initio Satyrici sui & infra CXIX. se recte nosse naturalem orationis & carminis pulchritudinem." Nach Walsh 1970, 95 ist die *Troiae halosis* eine 'mediocre composition', nach Walsh 1968, 210 Eumolpus "reflects [...] the stylistic vices of the mediocre tragedian". Slater 1990, 99 unterscheidet: "The enduring puzzle of the *Troiae halosis* is that it is neither bad enough poetry to be obvious parody nor good enough to qualify as the best Petronius could achieve."
39 *Inst.* 10, 1, 126.
40 Dem steht die Nachricht bei Plin. *Nat.* 34, 58 entgegen: [...] *animi sensus non expressisse*. Es ist in diesem Zusammenhang nicht von Gewicht, ob Petron oder Plinius mehr Vertrauen verdient. Es kommt nur auf das Prinzip an, das Petron aufstellt.
41 Vergil praktiziert, was Horaz theoretisch fordert: *non satis est pulchra esse poemata: dulcia sunto | et quocumque volent animum auditoris agunto. | ut ridentibus adrident, ita flentibus adflent | humani voltus. si vis me flere, dolendum est | primum ipsi tibi: tum tua me infortunia laedent* (*Ars* 99–103).

3 ‚Seneca lehrt Fehler'

Quintilian spricht in der Charakteristik Senecas dreimal von dessen *vitia*: *corruptum et omnibus vitiis fractum dicendi genus*;[42] *placebat propter sola vitia*; *in eloquendo corrupta pleraque atque eo perniciosissima, quod abundant dulcibus vitiis*.

Bei Petron ist von *vitia docere* die Rede. Nach Quintilian dürfte das bei Seneca der Fall sein. Denn über ihn sagt er: *solus hic fere in manibus adulescentium fuit* (125). Auch der Vorwurf des *vitia discere* trifft auf ihn zu: Quintilian hebt den *puerorum amor* hervor, der Seneca zuteil wird (130). Ebenso verdient die Anschuldigung Aufmerksamkeit, die Publius Suillius im Jahr 58 gegen Seneca erhebt, er sei *iuvenum imperitiae suetus*.[43] Im 2. Jahrhundert bleibt diese Ansicht bestehen. Fronto stellt fest, die Virtuosität von Senecas Stil habe Erfolg bei der Jugend (*pueri laudent*),[44] und Gellius äußert Zweifel daran, daß Senecas Stil die Jugend fördere (*sed adulescentium indolem non tam iuvant, quae bene dicta sunt, quam inficiunt*).[45] Dadurch wird deutlich, wie man über Seneca dachte – ob zu Recht oder zu Unrecht, spielt in diesem Zusammenhang keine Rolle.

4 ‚Seneca betreibt Kunst als Nebentätigkeit'

Vergil hat das Dichten als seine Hauptaufgabe verstanden. Daß er alle Werke mit größter Sorgfalt ausfeilte, ist überliefert. Quintilian attestiert ihm *cura et diligentia* und betont, daß er sich mehr als Homer mühen mußte.[46] Auch Horaz kann in dieser Hinsicht genannt werden. Er sprach bei der Tätigkeit des Dichters von ‚sich plagen'[47] und meinte, daß eine Dichtung neun Jahre zurückzuhalten sei, ehe sie veröffentlicht werde.[48] Anders als Seneca wünschte er kein politisches Amt.

Seneca schafft hingegen sowohl die Prosaschriften als auch die Dichtungen ‚nebenberuflich'. Für die ersten hat er fast stets einen äußeren Anlaß,[49] für die zweiten könnte das ebenfalls gelten.[50] Besonders für *Hercules Furens*,[51] *Phaedra*[52]

---

42 *Inst.* 10, 1, 125; die folgenden beiden Stellen: 127 und 129.
43 Tac. *Ann.* 13, 42, 1.
44 *De orationibus liber* 3 (an Mark Aurel).
45 *Noct. Att.* 12, 2, 14.
46 *ei fuit magis laborandum* (*Inst.* 10, 1, 86).
47 *torqueri* (*Epist.* 2, 2, 124).
48 *nonumque prematur in annum* (*Ars* 388).
49 Lefèvre 1990 (1), 149–151.
50 Nach Birt 1911, 352 ist Nero der Adressat der Tragödien.
51 Birt 1911, 350.

oder *Oedipus*⁵³ hat man das vermutet. Entsprechend feilt Seneca – im Gegensatz zu Vergil und Horaz – nicht sonderlich an den Werken, sondern schafft sie in relativ kurzer Zeit.⁵⁴

Selbstverständlich trifft dieser Vorwurf in besonderem Maß Nero, der sich der Kunst als Schauspieler, Sänger und Dichter schon wegen seiner Pflichten nur nebenbei widmen konnte – wenn er auch bei verschiedenen Gelegenheiten den Eindruck erweckte, daß ihm der Nebenberuf wichtiger war als der Hauptberuf.

5 ‚Seneca gehört zu denen, die im Luxus leben'

Daß Seneca seine immensen Schätze auf zweifelhafte Weise erworben habe, wird ihm im Jahr 58 von Publius Suillius vorgeworfen. Auch wenn dieser die Anklage *haud* [...] *sine invidia Senecae* vorbringt,⁵⁵ ist an dem Faktum von Senecas Reichtum nicht zu zweifeln. In der wohl bald darauf abgefaßten Schrift *De vita beata* verteidigt der Angegriffene den materiellen Besitz in überzeugender philosophischer Diskussion. Das ändert aber nichts daran, daß er im Überfluß lebt.⁵⁶ Man kann in einem Werk mit dem Titel *Satyrica* nicht eine sachliche Diskussion erwarten. Später nennt Juvenal Seneca *praedives*.⁵⁷

IV Ausblick

Wenn die Kapitel 88 und 89 in der vorgeschlagenen Weise zu verstehen sind, ergibt sich, daß Petron ein grundsätzliches Urteil über den Tragiker Seneca abgibt, das gleichberechtigt neben das Urteil tritt, das Quintilian über den Prosaautor Seneca fällt. Beide Urteile sind wenig günstig. Was der Literaturkritiker offen ausspricht, verhüllt der Satiriker in einem geistreichen Geflecht verschiedenartiger Bezüge. Durch bloße Imitation wird Seneca bloßgestellt.⁵⁸

---

52 Lefèvre 1990 (2) (▸ S. 401–412) mit älterer Literatur.
53 Lefèvre 1985 (1) (▸ S. 349–361) mit älterer Literatur.
54 "Any Vergilian associations should be discarded" (Calder III 1976, 28 = 2005, 337 unter Hinweis darauf, daß nach Ciceros Zeugnis sein Bruder *quattuor tragoedias sedecim diebus* geschrieben habe).
55 Tac. *Ann.* 13, 42, 1.
56 Tac. *Ann.* 14, 52, 2.
57 10, 16.
58 "Petronius is demonstrating how fatally easy it is to write tragedies like Seneca's" (Walsh 1968, 210).

Die *Troiae halosis* ist nicht der einzige Passus, in dem Petron Seneca satirisch unter die Lupe nimmt. Sowohl die Tragödien als auch die Prosaschriften fordern immer wieder den *elegantiae arbiter* heraus.[59]

---

59 Sullivan 1968, 193–213 ('Morality in the *Satyricon* and Seneca's prose'); Walsh 1970, 84, 97, 99, 101 Anm. 5, 103 Anm. 2, 117 Anm. 5, 130, 246 (Stellen nach dem Register: 'Seneca [...] satirized by Petronius'), ferner 96 Anm. 1; Baldwin 1981, 133–140 (allgemein); Auhagen 2007, 173–182. Weitere Literatur bei Smith 1985, 1663.

42 Lessing und Seneca

I Bildungsgeschichtlicher Hintergrund —— S. 641
II *Von den lateinischen Trauerspielen welche unter dem Namen des Seneca bekannt sind* —— S. 642
III Einzelwürdigungen: *Hercules Furens* und *Thyestes* —— S. 643
IV Vergleichende Würdigung: *Hercules Furens* und *Thyestes* —— S. 646
V Produktive Rezeption: *Miß Sara Sampson* und *Emilia Galotti* —— S. 648

I Bildungsgeschichtlicher Hintergrund

Gotthold Ephraim Lessing (1729–1781) war ein erstklassiger Kenner der antiken Literatur. Zu einem wesentlichen Teil verdankte er seine Kenntnisse in den beiden Alten Sprachen der berühmten Fürstenschule St. Afra in Meißen, die er 1741–1746 besuchte. „Theophrast, Plautus und Terenz waren meine Welt, die ich in dem engen Bezirk einer klostermäßigen Schule mit aller Bequemlichkeit studierte."[1] Während seines Studiums in Leipzig (1746–1748) hörte er neben theologischen und philosophischen auch altertumskundliche Vorlesungen, vor allem bei Johann Friedrich Christ. Dieser betrieb mit Vorliebe ‚Rettungen', indem er in apologetischer Weise für verkannte oder vernachlässigte Autoren eintrat[2] – ein ‚Genos', das Lessing später selbst pflegte. Bekannt sind die *Rettungen des Horaz* (1754), und auch Seneca wird jene Art der verstehenden Literaturbetrachtung zugute gekommen sein. In diesem Zusammenhang kann man von ‚produktiver Kritik' sprechen.[3]

Der größte Dienst, der der Altertumswissenschaft in komparatistischer Hinsicht erwiesen werden kann, ist der Nachweis, daß Autoren der Neuzeit durch Ideen und Formen antiker Schriften zu einer Produktion angeregt wurden, die ohne diese Rezeption anders verlaufen oder gar nicht entstanden wäre. So versucht Barner zu zeigen, daß die Beschäftigung mit Seneca für Lessing in vielfacher Hinsicht ein entscheidender Impuls bei der Gestaltung seiner eigenen Dramen war. In diesem Sinn kann man von ‚produktiver Rezeption' sprechen.[4]

L'officina del teatro europeo, a cura di A. Grilli / A. Simon, I, 2001, 423–432 (Edizioni Plus, Pisa) (Originaltitel: ‹Lessing e Seneca›).
1 Zitiert nach Drews 1962, 32.
2 Barner 1981, 102.
3 Ritzel 1978, 75.
4 Barner 1973.

Gemeint ist beidemal dasselbe: in der Art des behandelten Autors zu denken bzw. zu dichten. Bezeichnend ist Lessings Brief vom 28. Juli 1764 an den bedeutenden Altphilologen Christian Gottlob Heyne (1729–1812) in Göttingen: „Der Kritiker, der die Schönheiten eines Alten aufklärt und rettet, hat meinen Dank; der aber von ihnen so durchdrungen ist, so ganz in ihrem Besitze ist, daß er sie seiner eigenen Zunge anvertrauen darf, hat meinen Dank und meine Bewunderung zugleich. Ich erblicke ihn nicht mehr hinter, ich erblicke ihn neben seinem Alten."[5] Lessing war entsprechend seiner Doppelbegabung als Literaturkritiker und Dichter in der Beurteilung der senecaischen Tragödien ein scharfsichtiger Richter, dessen Urteile und Beobachtungen nicht nur aus der Zeit heraus Beachtung verdienen, sondern auch dem Philologen von heute wichtige Anregungen vermitteln.

II *Von den lateinischen Trauerspielen welche unter dem Namen des Seneca bekannt sind*

Lessing wurde in der Meißener Schulzeit wohl noch nicht mit Senecas Tragödien bekannt, sondern verdankte seine ersten Kenntnisse dem Wunsch, eine umfassende Darstellung der dramatischen Nationalliteraturen zu verfassen. 1749 beginnen in Berlin die *Beyträge zur Historie und Aufnahme des Theaters* in Gemeinschaftsarbeit mit einem Vetter, dem Schriftsteller und Journalisten Christlob Mylius (1722–1754), zu erscheinen, wobei *Aufnahme* nach dem Sprachgebrauch der Zeit so viel wie *Förderung* bedeutet. In diesem Rahmen veröffentlichte Lessing 1754 die Abhandlung *Von den lateinischen Trauerspielen welche unter dem Namen des Seneca bekannt sind*.[6] Damit widmete er sich noch vor der Beschäftigung mit den griechischen Tragikern eingehend Seneca. Dieser erfreute sich keines guten Rufs in den führenden literaturkritischen Werken der Zeit, besonders im *Théâtre des Grecs* (1730) des Jesuiten Pierre Brumoy (1688–1742) und in dem *Versuch einer Critischen Dichtkunst* (⁴1751) von Johann Christoph Gottsched (1700–1766). Entgegen diesen Darstellungen reizte Lessing der Versuch einer objektiven Würdigung des seiner Ansicht nach verkannten römischen Tragikers. Leider behandelte er nur zwei Stücke, und zwar nach der seinerzeit bevorzugten Reihenfolge der A-Klasse der Handschriften *Hercules Furens* und *Thyestes*. Diese Anordnung fand er auch in der von ihm benutzten Ausgabe von Johann Caspar Schröder vor (1728).

---

5 Zitiert nach Ritzel 1978, 79.
6 Sie ist 1754 entstanden und trägt dieses Jahr auf dem Titelblatt der ‚Theatralischen Bibliothek', aber erst Ostern 1755 erschienen (Eibl 1973, 815).

Es ist Lessings Ziel, die Tragödien möglichst vielen Lesern bekannt zu machen. Deswegen bringt er in beiden Fällen zunächst einen kurzen ‚Inhalt' (S. 105–106 / 132),[7] sodann einen Akt für Akt fortschreitenden ‚Auszug' (S. 106–121 / 132–149), in den er immer wieder größere in Prosa übersetzte Partien einflicht, und eine ‚Beurtheilung' (S. 121–122 / 149–152). Hierauf folgen jeweils kleinere Kapitel, die sich nach den Umständen des einzelnen Stücks richten. Zum *Hercules:* ‚Vergleichung mit des Euripides rasendem Herkules' (S. 122–123), ‚Unbilliges Urtheil des Pater Brumoy' (S. 124–125), ‚Von neuern Trauerspielen auf den rasenden Herkules' (S. 126), ‚Vorschlag für einen heutigen Dichter' (S. 126–128), ‚Die Moral des rasenden Herkules' (128–130), ‚Versuch über das in Unordnung gebrachte Stück des lateinischen Dichters' (S. 130–132). Zum *Thyestes:* ‚Wahrscheinlicher Beweis, daß der rasende Herkules und der Thyest einen Verfasser haben' (S. 154–157), ‚Von neuern Trauerspielen, welche die Aufschrift Thyest führen' (S. 157), ‚Von dem Atreus und Thyest des ältern Hrn. von Crebillon' (S. 157–166). Lessings Beobachtungen sind stets von hohem Niveau. Einige mögen hier mitgeteilt werden, zumal sie den führenden Kommentaren unbekannt sind.

III Einzelwürdigungen: *Hercules Furens* und *Thyestes*

Hercules Furens: Daß es sich auch bei der Seneca-Abhandlung um eine ‚Rettung' handelt, zeigt Lessings treffende Frage, ob es billig sei, „einen Dichter anders, als nach den Umständen seiner Zeit zu beurtheilen?" (S. 122). So habe der *Hercules* Fehler. Seneca sei „mit den poetischen Farben allzuverschwenderisch gewesen; er ist oft in seiner Zeichnung zu kühn; er treibt die Grösse hier und da bis zur Schwulst; und die Natur scheinet bey ihm allzuviel von der Kunst zu haben" (S. 121). Diese ‚Fehler' sind richtig gesehen, nur werten wir sie heute nicht mehr als Fehler, sondern lassen uns gerade von diesen Charakteristika faszinieren. Auch Lessing entschuldigt sie aus dem Stoff und, wie gesagt, aus den „Umständen seiner Zeit" heraus. Zudem sei die Einheit der Zeit und des Orts gewahrt (S. 122). Gegenüber der Handlung des euripideischen *Herakles* erhalte die des *Hercules* durch den ‚Kunstgrif' (sic) eine Einheit, daß Iuno am Anfang und nicht wie Iris in der Mitte des Stücks auftritt (S. 123). Ferner versucht Lessing drei Stellen gegen Brumoys unverständige Kritik zu retten.

1. Theseus' Worte über Hercules (*HF* 642–644):

---

[7] Hier und im folgenden nach der Ausgabe von Barner 1973 zitiert.

> si novi Herculem,
> Lycus Creonti debitas poenas dabit,
> lentum est ‚dabit': dat; hoc quoque est lentum: dedit.

Es handelt sich um „ein entwickeltes Beispiel von *correctio* verbunden mit *gradatio*", wie es Seneca liebt.[8] Brumoy behauptete, aus dieser Stelle habe Molière Harpagons ‹je me meurs, je suis mort, je suis enterré› (*Av.* IV 7) entwickelt. Dem hält Lessing zu Recht entgegen: „Wenn es auch wahr wäre, daß *Moliere* bey Gelegenheit dieser Stelle auf seynen Einfall gerathen sey, so würde dieses doch nichts mehr beweisen, als so viel, daß kein ernsthafter Gedancke, keine Wendung so schön sey, die sich nicht ziemlich lustig parodiren lasse. Hieraus aber zu schliessen, daß die Parodie, und die parodirte Stelle gleich ungereimt seyn müßten, ist eine sehr kindische Uebereilung" (S. 124).

2. Hercules' Vision *HF* 944–952:

>   primus en noster labor
> 945   caeli refulget parte non minima leo
>   iraque totus fervet et morsus parat.
>   iam rapiet aliquod sidus: ingenti minax
>   stat ore et ignes efflat et rutilam iubam
>   cervice iactans quidquid autumnus gravis
> 950   hiemsque gelido frigida spatio refert
>   uno impetu transiliet et verni petet
>   frangetque tauri colla.

Brumoy empfindet das als eine ‚gelehrte Raserey'. „Wie artig der Jesuit spottet. Aber warum ist sie denn gelehrt? Ohne Zweifel darum, weil ein Jesuiterschüler nicht ganz und gar ein Ignorante seyn muß, wenn er wissen will, daß *Herkules* einen Löwen umgebracht habe. Aber was für eine Gelehrsamkeit braucht denn *Herkules*, dieses von sich selbst zu wissen? Oder steckt etwa die Gelehrsamkeit in der Kenntniß der Zeichen des Thierkreisses? Wenn das ist, so werden ziemlich alle Bauern gelehrt seyn" (S. 125).

---

8 Billerbeck 1999, 421 mit Parallelen.

3. Hercules' Worte *HF* 1231–1236:

> tibi tela frangam nostra, tibi nostros, puer,
> rumpemus arcus; at tuis stipes gravis
> ardebit umbris; ipsa Lernaeis frequens
> pharetra telis in tuos ibit rogos:
> 1235 dent arma poenas. vos quoque infaustas meis
> cremabo telis, o novercales manus.

Unter den *novercales manus* versteht Brumoy Iunos Hände, was Lessing als ‚lächerliches Zeug' bezeichnet. „Warum können es denn nicht die eignen Hände des *Herkules* seyn? Ja freylich wäre alsdann die Stelle nicht mehr lächerlich! Aufs höchste liegt in dem Worte novercales blos eine Anspielung auf die Juno, und er nennt seine Hände bloß darum stiefmütterlich, weil sie nicht minder grausam gegen seine Kinder gewesen waren, als die Juno gegen ihn zu seyn pflegte" (S. 125). Das trifft zu.[9]

Eine weitere Beobachtung Lessings legt eine Schwäche der neueren Interpreten bloß. Er empfiehlt, in einer zeitgemäßen Nachgestaltung des *Hercules* den Iuno-Prolog fortzulassen, weil die neuere tragische Bühne die Gottheiten in ‚allegorische Stücke' verwiesen habe (S. 127). In der Tat ist Iuno, was auch heute noch nicht immer gesehen wird, eine allegorische Figur, mit der Seneca kein göttliches Wirken verbindet.[10] In diesem Zusammenhang kritisiert Lessing, daß der tugendhafte Held durch die erzürnte Gottheit zu Fall komme. Da das eine ‚böse Lehre' sei, gebe es offenbar überhaupt keine ‚Moral des Ganzen'. Einem modernen Dichter wird der Ratschlag gegeben, daß es ohne Zweifel auf eine feinere Bearbeitung des Hercules-Charakters ankomme. Die „Raserey müßte eine *natürliche* Folge aus demselben werden" (S. 128–129). In der Tat stürzt Hercules schon bei Seneca aufgrund der Disposition seines Charakters zum Maßlosen und zur Hybris. Lessing war somit weiter als die damalige und ein großer Teil der heutigen Philologie. Es sei noch erwähnt, daß er zum Abschluß mit ausführlicher Begründung zu der vertrackten Sprecher-Verteilung in 1295–1314 Stellung genommen hat (S. 130–132).[11]

Thyestes: Bei der – kürzeren – Besprechung des *Thyestes* hebt Lessing die psychologische Funktion des Prologs hervor. Der Tantalus-Schatten und die Furie

---

[9] Billerbeck 1999, 584–585.
[10] Shelton 1978, 17–25.
[11] ‚Versuch über das in Unordnung gebrachte Stück des lateinischen Dichters': 1295a Amph., 1295b Herc., 1296–1298a Amph., 1298b–1299 Thes., 1300–1301 Amph., 1302 Herc., 1303–1313 Amph., 1314 Herc.

seien nur deswegen eingeführt, damit Atreus „von etwas mehr, als von der Wuth und Rachsucht seines Herzens, getrieben zu werden scheine. Ein Theil der Hölle und das Schicksal des Pelopeischen Hauses muß ihn zu den Verbrechen gleichsam zwingen, die alle Natur auf eine so gewaltige Art überschreiten. Zu der Handlung selbst trägt dieser Aufzug sonst gar nichts bey, und das Trauerspiel würde eben so vollständig seyn, wenn es auch erst bei dem zweyten Aufzuge seinen Anfang nähme" (S. 150). Die Einheit des Orts wird im großen und ganzen anerkannt, die Zeit dagegen getadelt. Eine zu große Zeitspanne setze Thyestes' Herbeiholen zwischen dem zweyten und dritten Akt voraus. Die Charaktere seien „ohne Zweifel so vollkommen ausgedruckt, daß man wegen keines eintzigen in Ungewißheit bleiben kann. Die Abstechungen, in welche übrigens der Dichter die beyden Brüder gesetzt hat, ist unvergleichlich. In dem *Atreus* sieht man einen Unmenschen, der auf nichts als Rache denckt, und in dem *Thyest* eines von den rechtschaffenen Herzen, die sich durch den geringsten Anschein von Güte hintergehen lassen, auch wenn ihnen die Vernunft noch so viel Ursachen, nicht allzuleichtgläubig zu seyn, darbiethet" (S. 152). Diese letzte Feststellung ist wichtig.[12] Der ‚Gottesleugner' Thyestes findet mit seinem Ausruf *patrios deos | (si sunt tamen di) cerno* (406–407)[13] freilich keinen Anklang. Eine ausführliche Würdigung der Tragödie *Atrée et Thyeste* (1707) von Prosper Jolyot de Crébillon (1674–1762) schließt das *Thyestes*-Kapitel ab.

IV Vergleichende Würdigung: *Hercules Furens* und *Thyestes*

Obwohl Lessing vorhatte, alle Tragödien Senecas zu besprechen, gab er schon nach der Betrachtung der ersten beiden eine vergleichende Würdigung unter dem Gesichtspunkt, daß sie von demselben Verfasser stammen (S. 154–157). Er wendet drei Kriterien an: 1. ‚Schreibart', 2. ‚Kunst', 3. ‚Fehler'.

1. „Die Schreibart ist in beyden Stücken gleich kurz, gleich starck, gleich kühn, gleich gesucht. Es herrscht durchaus einerley tragischer Pomp darinne; einerley Wohlklang und einerley Art der Fügung." Als Beispiel für Senecas eigentümliche Wendungen werden *hic errat scelus* (HF 1193) und *errat hic aliquis dolus* (Thy. 473) angeführt. „Findet man nicht in beyden Stellen ein sehr gewöhnliches Wort in einer sehr ungewöhnlichen Bedeutung gebraucht? Errare ist hier beydesmal so viel als subesse, und ich wenigstens kann mich nicht erinnern, es bey irgend einem

---

12 Lefèvre 1985 (2), bes. 1276 (▶ S. 374–375).
13 Dazu Tarrant 1985, 149–150.

andern Schriftsteller in eben diesem Verstande gelesen zu haben." Das ist gut beobachtet.[14]

2. Senecas ‚Kunst' wird zweifach begründet: hinsichtlich der Prologe und der Charaktere. Die Prologe exponierten nicht, wie so oft, den Inhalt. Der Iuno-Prolog fördere „die Einheit der Handlung", der Megaera-Prolog[15] „die innere Wahrscheinlichkeit der Handlung". Was die Schilderung der Charaktere betrifft, werden Lycus (*HF* 511–513) und Atreus (*Thy.* 246–248) zitiert:

> qui morte cunctos luere supplicium iubet
> nescit tyrannus esse: diversa inroga;
> miserum veta perire, felicem iube.
>
> de fine poenae loqueris; ego poenam volo.
> perimat tyrannus lenis: in regno meo
> mors impetratur.

„Es sind nicht nur beydes Tyrannen, sondern auch beydes Tyrannen von einerley Grundsätzen, welches sie schwerlich seyn würden, wenn es nicht die wiederholten Einfälle eben desselben Dichters wären."

3. Unter den ‚Fehlern' nennt Lessing zunächst die „häufigen Beschreibungen", die Schilderung der Unterwelt im *Hercules* und die Schilderung des heiligen Hains im *Thyestes*. „Beyde [...] stehen [...] vollkommen, die eine sowohl als die andre, ganz an der unrechten Stelle, und die Begierde zu mahlen muß bey dem Dichter ausserordentlich groß gewesen seyn, daß er sie wenigstens nicht bis zur gelegenen Zeit hat mäßigen können." Ein weiterer Fehler ist nach Lessing „die öftere Auskrahmung einer zimlich gesuchten geographischen und astronomischen Gelehrsamkeit." Als Beispiele werden *HF* 1323–1326 und *Thy.* 627–631 genannt:

> quis Tanais aut quis Nilus aut quis Persica
> violentus unda Tigris aut Rhenus ferox
> 1325 Tagusve Hibera turbidus gaza fluens
> abluere dextram poterit?
>
> quaenam ista regio est? Argos et Sparte, pios
> sortita fratres, et maris gemini premens
> fauces Corinthos, an feris Hister fugam
> 630 praebens Alanis, an sub aeterna nive
> Hyrcana tellus, an vagi passim Scythae?

---

14 So auch *Thy.* 282 *imago caedis errat* – ("unusual metaphor": Tarrant 1985, 131) und 966 *terror oberrat*.
15 In den A-Handschriften wird die Furia Megaera genannt.

Wie mancher moderne Leser hat Lessing weder Verständnis für Hercules' ‚kosmische' Weltsicht[16] noch für die ‚gelehrte' Art des Boten.[17] Bei Seneca hat beides seinen Sinn. Schließlich nennt Lessing den Anfang des *Furens* und das vierte Chorlied des *Thyestes*. Er kommt zu dem Schluß, man werde „sich hoffentlich, alle angeführte Umstände zusammen genommen, kein Bedenken machen, beyde Trauerspiele einem Verfasser zuzuschreiben."

V Produktive Rezeption: *Miß Sara Sampson* und *Emilia Galotti*

Daß es Lessing darüber hinaus unternahm, Strukturen der Seneca-Tragödie in seinem eigenen poetischen Schaffen umzusetzen, war kühn, da sich der römische Dichter, wie schon angedeutet, keines guten Rufs bei den Zeitgenossen erfreute. Es wurde besonders sein Pathos kritisiert, wenn man nicht gar von ‚Schwulst' sprach. So sagte Gottsched: „Man darf nur das Buch aufthun, um eine dergleichen [sc. wie bei Lukan] schwülstige Schreibart anzutreffen."[18] An einer anderen Stelle rechnete er Seneca und Daniel Caspar Lohenstein (1635–1683) zu denjenigen, die gegen Horaz' Regel verstoßen, daß die Rede eines Gottes oder Heros in dem Bestreben, ‚das Niedere zu meiden, nicht in die Wolken und in das Blaue greife' (*Ars* 230). „In dieser falschen Hoheit sind nun, bey den Lateinern, Seneca in seinen Tragödien; und bey uns, Lohenstein ganz unerträglich. Fast alle ihre Personen, die sie aufführen, reden lauter Phöbus"[19] – ‹phébus›, das ist Schwulst. Diesen ‚Fehler' versucht Lessing natürlich zu vermeiden.

In diesem Zusammenhang sind die beiden Trauerspiele *Miß Sara Sampson* (1755) und *Emilia Galotti* (1772) zu nennen. Während die Abfassung des ersten unmittelbar in die Zeit der Seneca-Abhandlung fällt, geht die Planung des zweiten auf 1754 zurück, als Lessing den römischen Verginia-Stoff dramatisieren wollte. 1757 / 1758 erweitert er die Tyrannen-Thematik um die Tragödie der ‚bürgerlichen' Emilia Galotti.[20] Lessing steht also in beiden Fällen unter dem Eindruck seines Studiums der Seneca-Tragödien. Obwohl man sich bemüht hat, deren Einfluß auch in dem Entwurf *Der Horoskop* (etwa 1757), dem Fragment *Kleonnis*

---

[16] „Die kosmische Dimension, welche die Aufzählung der Fluchtorte hier annimmt, entspricht der senecanischen Hyperbolik" (Billerbeck 1999, 606).
[17] "The Messenger cannot believe that he is in a civilized part of the world […]; he wonders if he has come instead to some remote and barbarous country" (Tarrant 1985, 181).
[18] 1751, 368.
[19] 1751, 621.
[20] Hillen 1971, 701.

(1758) und dem Einakter *Philotas* (1759) zu zeigen,[21] sei hier vor allem ein Blick auf *Miß Sara Sampson* geworfen.

In diesem Stück steht Mellefont (wie Jason) zwischen zwei Frauen: der zurückhaltenden Sara Sampson (Creusa) und der fordernden ehemaligen Geliebten Marwood (Medea), mit der er ein gemeinsames Kind, Arabella, hat. Gewiß folgt Lessing englischen Vorbildern (Shadwell, Johnson, Centlivre),[22] aber er denkt auch an die Konstellation der *Medea*, wenn er Marwood zu Mellefont sagen läßt (II 7):

> Ha! nun seh' ich's, was dich eigentlich so trotzig macht. Wohl, ich will kein Wort mehr verlieren. Es sei darum! Rechne darauf, daß ich alles anwenden will, dich zu vergessen. Und das erste, was ich in dieser Absicht tun werde, soll dieses sein – Du wirst mich verstehen! Zittre für deine Bella! Ihr Leben soll das Andenken meiner verachteten Liebe auf die Nachwelt nicht bringen; meine Grausamkeit soll es tun. Sieh in mir e i n e   n e u e   M e d e a !

Marwood bezeichnet sich nicht nur als Medea, sie spricht auch wie Medea – kein Wunder, daß die zeitgenössischen Zuschauer sagten: ‚Eine Medea im Reifrock'.[23] Das wird noch deutlicher, wenn sie fortfährt:

> Oder wenn du noch eine grausamere Mutter weißt, so sieh sie gedoppelt in mir! Gift und Dolch sollen mich rächen. Doch nein, Gift und Dolch sind zu barmherzige Werkzeuge! Sie würden dein und mein Kind zu bald töten. Ich will es nicht gestorben sehen; sterben will ich es sehen! Durch langsame Martern will ich in seinem Gesichte jeden ähnlichen Zug, den es von dir hat, sich verstellen, verzerren und verschwinden sehen. Ich will mit begieriger Hand Glied von Glied, Ader von Ader, Nerve von Nerve lösen, und das kleinste derselben auch da noch nicht aufhören zu schneiden und zu brennen, wenn es schon nichts mehr sein wird, als ein empfindungsloses Aas. Ich – ich werde wenigstens dabei empfinden, wie süß Rache sei!

Wenn Mellefont entgegnet: ‚Sie rasen, Marwood – –', gibt er das Stichwort: Marwood rast wie Medea, deren *furor / furere* von Seneca immer wieder betont wird. Marwood erweist sich in ihrer Rede als eine Mischung von Medea und Atreus (*Thyestes*). Dieser entgegnet dem Satelles auf den Vorschlag, er solle Thyestes einfach töten (246–248):

> de fine poenae loqueris; ego poenam volo.
> perimat tyrannus lenis: in regno meo
> mors impetratur.

Bei dem Anblick des seine eigenen Kinder verspeisenden Thyestes ruft Atreus befriedigt aus (907):

---

[21] Barner 1973, 53–72.
[22] Hillen 1971, 692.
[23] Drews 1962, 53.

miserum videre nolo, sed dum fit miser.

Beide Male geht es um eine nicht zu schnell vollzogene Strafe – ganz wie in Marwoods Rede. Es verdient Interesse, daß Lessing erwog, mit Marwoods Worten die Rede zu schließen, sie wolle beim Töten des Kinds jeden Zug, der Jason ähnlich ist, ‚sich verstellen, verzerren und verschwinden s e h e n' (Atreus: *videre*). Aber er verlängerte sie, um Marwood auf der Bühne mehr Ausdruck zu ermöglichen: „Wenn ich von einer Schauspielerin hier nichts mehr verlangte, als daß sie mit der Stimme so lange stiege, als es möglich, so würde ich vielleicht mit den Worten: *verstellen, verzerren und verschwinden*, schon aufgehört haben. Aber da ich in ihrem Gesichte gern gewisse feine Züge der Wut erwecken möchte, die in ihrem freien Willen nicht stehen, so gehe ich weiter, und suche ihre Einbildungskraft durch mehr sinnliche Bilder zu erhitzen, als freilich zu dem bloßen Ausdrucke meiner Gedanken nicht nötig wären."[24] Deshalb schildert Lessing noch, wie Marwood sich das Schlachten der Tochter ausmalt – nach dem Vorbild, wie Atreus die Thyestes-Kinder schlachtet (717–743). Sogar der *cadaver* (724) scheint durch ‚Aas' aufgenommen zu werden. Im weiteren kehrt Lessing, wenn man so sagen darf, von Atreus zu Medea zurück. Marwoods letzter Satz ‚Ich – ich werde wenigstens dabei empfinden, wie süß die Rache sei!' erinnert an Medeas befriedigte Feststellung *perfruere lento scelere, ne propera, dolor* (1016). Bei beiden Frauen geht es um den Genuß der Rache, das Auskosten der perversen Tat. Bekannt ist das Aperçu von U. v. Wilamowitz-Moellendorff über Senecas Medea: „Diese Medea hat offenbar die Medea des Euripides gelesen."[25] Man kann es im Blick auf Marwood abwandeln: ‚Diese Marwood hat offenbar die Medea des Seneca gelesen'.[26] Marwood tötet Arabella nicht, wohl aber Sara mit ‚Medeas' Gift. Am Ende fährt sie wie diese mit einem Wagen davon! Aber *Miß Sara Sampson* ist nicht einfach eine Imitation der *Medea*. In der Person des alten Sampson, der den Mord an seiner Tochter verzeiht, propagiert Lessing die Idee der Humanität: Er ist auf dem Weg zu *Minna von Barnhelm* und *Nathan der Weise*.

Intellektuell wie Senecas Tragödie ist Lessings Tragödie, Intellektuelle wie Medea ist Marwood. Später ist Orsina in *Emilia Galotti* eine weitere ‚Enkelin Medeas'.[27] Denkt man bei diesen Frauen an das Beaufsichtigen und Zergliedern ihrer Gedanken und Affekte, möchte man bei Gottscheds Urteil über Lohensteins Personen nicht nur, wie er, an Seneca, sondern ein wenig auch an Lessing denken: „Sie können nicht weinen, ohne die spitzfindigsten Klagen dabey auszuschütten,

---

24 Brief an Moses Mendelssohn vom 14. September 1757 (Hillen 1971, 695).
25 1906, 162.
26 Barner 1973, 42.
27 Barner 1973, 76.

und wenn sie verzweifeln, so geschieht es allezeit mit großer Scharfsinnigkeit. [...] Seneca hat ebenfalls tausend Fehler wider diese Regeln begangen: indem er seinen Personen durchgehends mehr Belesenheit und Scharfsinnigkeit beygeleget hat, als es die Wahrscheinlichkeit erlaubte."[28] Wenn Johann Gottfried Herder (1744–1803) über Orsina urteilte, sie bleibe „in der größten Tollheit die redende Vernunft selbst",[29] wird man Medea, Marwood und Orsina auf eine Stufe stellen. Und wenn Friedrich von Schlegel (1772–1829) über *Emilia Galotti* urteilte, es sei „in der Tat unendlich viel Verstand darin, nämlich *prosaischer*, ja sogar Geist und Witz",[30] wird man *Medea*, *Miß Sara Sampson* und *Emilia Galotti* ebenfalls auf eine Stufe stellen.

Sowohl in der Kritik als auch in der Dichtung stellt Lessing unter Beweis, daß er Seneca verstanden hat und daher ‚retten' kann. Wer Seneca liebt, muß Lessing lieben. Das gilt auch umgekehrt.

---

28 1751, 376.
29 Zitiert nach Barner 1973, 81.
30 *Über Lessing*, Lyceum der schönen Künste 1797 (Hillen 1971, 713).

Literaturverzeichnis

Ausgaben und Kommentare sind durch ein Sternchen (*) hervorgehoben.

Abel, K., Rezension von Dingel 1974, Gymnasium 83, 1976, 148–150.
Abel, K., Seneca. Leben und Leistung, ANRW II, 32, 2, 1985, 653–775.
Ackermann, E., Der leidende Hercules des Seneca, RhM 67, 1912, 425–471.
Albrecht, M. v., Die Kunst der Spiegelung in Vergils Aeneis, Hermes 93, 1965, 54–64.
Albrecht, M. v., Zur Tragik von Vergils Turnusgestalt: Aristotelisches in der Schlußszene der Aeneis, Silvae, Festschr. E. Zinn, Tübingen 1970, 1–5.
Albrecht, M. v., Naevius' ‚Bellum Poenicum', in: E. Burck (Hrsg.), Das römische Epos, Darmstadt 1979, 15–32.
Alexander, W. H., The Communiqué to the Senate on Agrippina's Death, ClPh 49, 1954, 94–97.
Alföldi, A., Die Trojanischen Urahnen der Römer, Basel 1957.
Alföldi, A., Das frühe Rom und die Latiner (zuerst Ann Arbor 1965), Darmstadt 1977.
Alfonsi, L., La 34^a elegia del II libro di Properzio e il poeta Lynceo, Maia 15, 1963, 274.
Amoroso, F., Seneca uomo di teatro? Le *Troiane* e lo spettacolo, Palermo 1984.
Anliker, K., Prologe und Akteinteilung in Senecas Tragödien, Noctes Romanae 9, Bern / Stuttgart 1960.
Aricò, G., Sull'*Achilles* di Livio Andronico, in: φιλίας χάριν. Miscellanea E. Manni, I, Roma 1979, 129–141 (1).
Aricò, G., Sull'*Aegisthus* di Livio Andronico, in: Studi di Poesia Latina in on. di A. Traglia, Roma 1979, 3–9 (2).
Aricò, G., La tragedia romana arcaica, Lexis 15, 1997, 59–78 (1).
Aricò, G., *Date arma patri* (Sen. Phoen. 358), Paideia 52, 1997, 25–29 (2).
Aricò, G., L'*Atreus* di Accio e il mito del tiranno, in: F. Bessone / E. Malaspina (Hrsg.), Politica e cultura in Roma antica, Bologna 2005, 19–34.
Auffarth, Chr., Diomedes, DNP III, 1997, 615–617.
Auhagen, U., Ennius' *Andromacha* im politischen Kontext der Zeit, in: Manuwald 2000, 199–210.
Auhagen, U., Accius' *Antenoridae:* Zwischen Aitiologie und Tagespolitik, in: Faller / Manuwald 2002, 19–38.
Auhagen, U., Tragödienparodie bei Petron?, in: Castagna / Lefèvre 2007, 173–182.
Austin, C., Menandri Aspis et Samia, II: Subsidia Interpretationis, Berlin 1970.
*Austin, R. G., P. Vergili Maronis Aeneidos Liber Secundus / Quartus / Sextus, ed. with a Comm., Oxford 1964 / 1955 / 1977.
*Averna, D., Lucio Anneo Seneca, *Hercules Oetaeus*, test. crit., trad. e comm., Roma 2002.
Baier, Th., Pacuvius, *Niptra*, in: Manuwald 2000, 285–300.
Baier, Th., Accius: *Medea sive Argonautae*, in: Faller / Manuwald 2002, 51–62.
Baier, Th., Geschichte der römischen Literatur, München 2010.
Baier, Th. / Manuwald, G. / Zimmermann, B. (Hrsg.), Seneca: philosophus et magister, Paradeigmata 4, Freiburg 2005.
Baldarelli, B., Enomao, il re povero? Alcune ipotesi sulla possibile rappresentazione del contrasto povertà – ricchezza nell'*Oenomaus* di Accio, in: Manuwald 2002, 63–78.
Baldarelli, B., Accius und die vortrojanische Pelopidensage, Paderborn u. a. 2004.

Baldwin, B., Seneca and Petronius, AClass 24, 1981, 133–140.
*Barchiesi, A., Seneca, Le Fenicie, con test. lat., Padova ¹1988, ²1992.
Bardon, H., Les empereurs et les lettres latines d'Auguste à Hadrien, Paris 1940.
Bardon, H., La littérature latine inconnue, II, Paris 1956.
Barner, W., Produktive Rezeption. Lessing und die Tragödien Senecas. Mit einem Anhang: Lessings Frühschrift ‚Von den lateinischen Trauerspielen welche unter dem Namen des Seneca bekannt sind' (1754), München 1973.
Barner, W. u. a., Lessing. Epoche – Werk – Wirkung, München ⁴1981.
Barnes, T. D., The Date of the Octavia, MusH 39, 1982, 215–217.
*Barrett, W. S., Euripides, Hippolytos, ed. with Intr. and Comm., Oxford 1964.
*Barsby, J. A., Ovid's Amores, ed. with Transl. and Running Comm., Oxford 1973.
Beck, R., Eumolpus *poeta*, Eumolpus *fabulator*: A Study of Characterization in the *Satyricon*, Phoenix 33, 1979, 239–253.
Bengtson, H., Grundriß der römischen Geschichte mit Quellenkunde, I: Republik und Kaiserzeit bis 284 n.Chr., München ²1970.
Bergk, Th., Commentatio de Fragmentis Sophoclis, Lipsiae 1833.
Bergk, Th., Opuscula philologica Bergkiana, I, Halis Saxonum 1884.
Bernstein, F., Ludi publici. Untersuchungen zur Entstehung und Entwicklung der öffentlichen Spiele im republikanischen Rom, Historia Einzelschr. 119, Stuttgart 1998.
Bertoli, E., La civiltà impossibile. Due studi di letteratura latina, Bologna 1977.
Bickel, E., Die Skyrier des Euripides und der Achilles des Livius Andronicus, RhM 86, 1937, 1–22.
Bieler, L., Geschichte der römischen Literatur, I / II, Berlin / New York ³1972.
Bilinski, B., Accio e i Gracchi. Contributo alla storia della plebe e della tragedia romana, Acc. Polacca di Scienze e Lettere, Bibl. di Roma 3, Roma 1958.
Billerbeck, M., Senecas Tragödien. Sprachliche und stilistische Untersuchungen, Mnemosyne Suppl. 105, Leiden u. a. 1988.
*Billerbeck, M., Seneca, Hercules Furens. Einl., Text, Übers. u. Komm., Mnemosyne Suppl. 187, Leiden u. a. 1999.
Billerbeck, M. / Schmidt, E. A. (Hrsg.), Sénèque le tragique, Entretiens 50, Genève 2004.
Binder, G., Aeneas und Augustus. Interpretationen zum 8. Buch der Aeneis, BeitrKlPhil 38, Meisenheim a. Glan 1971.
Biondi, G. G., Il *nefas* argonautico. Mythos e logos nella *Medea* di Seneca, Bologna 1984.
*Biondi, G. G., Lucio Anneo Seneca, Medea, Fedra, premessa al test., intr. e note, trad. di A. Traina, Torino 1989, corr. 1997.
Birt, Th., Was hat Seneca mit seinen Tragödien gewollt?, NJbb 14, 1911, 336–364.
Birt, Th., Senecas Trostschrift an Polybius und Bittschrift an Messalina, NJbb 14, 1911, 596–601.
Bishop, J. D., The Choral Odes of Seneca. Theme and Development, Diss. Univ. of Pennsylvania 1964.
Bishop, J. D., The Meaning of the Choral Meters in Senecan Tragedy, RhM 111, 1968, 197–219.
Bishop, J. D., Seneca's *Oedipus*: Opposition Literature, CIJ 73, 1977 / 1978, 289–301.
Bishop, J. D., Seneca's Daggered Stylus. Political Code in the Tragedies, BeitrKlPh 168, Königstein 1985.
Blänsdorf, J., Voraussetzungen und Entstehung der römischen Komödie, in: Lefèvre 1978 (1), 91–134.

Blänsdorf, J., Livius Andronicus und die Anverwandlung des hellenistischen Dramas in Rom, in: Manuwald 2000, 145–156.
*Blänsdorf, J. (Hrsg.), Fragmenta poetarum Latinorum post W. Morel et K. Büchner, Berlin / New York ⁴2011.
Blänsdorf, J. / Breckel, E., Das Paradoxon der Zeit. Zeitbesitz und Zeitverlust in Senecas Epistulae morales und De brevitate vitae, Freiburg u. a. 1983.
Blume, H.-D., Menanders ‚Samia'. Eine Interpretation, Darmstadt 1974.
*Bode, G. H., Scriptores rerum mythicarum Latini tres Romae nuper reperti, ed. ac scholiis illustr., I, Cellis 1834.
Bömer, F., Rom und Troja. Untersuchungen zur Frühgeschichte Roms, Baden-Baden 1951.
*Bömer, F., P. Ovidius Naso, Die Fasten, hrsg., übers. u. komm., Heidelberg, I: 1957; II: 1958.
*Bömer, F., P. Ovidius Naso, Metamorphosen, Komm., Heidelberg, B. I-III: 1969, IV-V: 1976.
*Bond, G. W., Euripides, Heracles, with Intr. and Comm., Oxford 1981.
Bousquet, J., Malerei des Manierismus. Die Kunst Europas von 1520 bis 1620, München 1963, Sonderausg. 1964.
Boyle, A. J. (Hrsg.), Seneca Tragicus. Ramus Essays on Senecan Drama, Ramus 12, Berwick 1983 (1).
Boyle, A. J., Hic epulis locus: The Tragic Worlds of Seneca's Agamemnon and Thyestes, in: 1983 (1), 199–228 (2).
Boyle, A. J., Tragic Seneca. An Essay in the Theatrical Tradition, London / New York 1997.
Boyle, A. J., An Introduction to Roman Tragedy, London / New York 2006.
*Boyle, A. J., *Octavia* Attributed to Seneca, ed. with Intr., Transl. and Comm., Oxford 2008.
Brandt, J., Argumentative Struktur in Senecas Tragödien. Eine Untersuchung anhand der ‚Phaedra' und des ‚Agamemnon', BzA 5, Hildesheim u. a. 1986.
Braun, L., Die Einheit des Ortes im ‚Hercules Oetaeus', Hermes 125, 1997, 246–249.
*Brink, C. O., Horace on Poetry, II: The Ars Poetica, Cambridge 1971.
Bruckner, F., Interpretationen zur Pseudo-Seneca-Tragödie Octavia, Diss. Erlangen 1976.
Buchheit, V., Der Anspruch des Dichters in Vergils Georgika, Darmstadt 1972.
Büchner, K., Griechentum und Römertum (Bauvergleich des sophokleischen und senekaischen Oidipus), in: Studien zur römischen Literatur, V, Wiesbaden 1965, 66–82.
Büchner, K., Römische Literaturgeschichte, Stuttgart ⁴1968.
Büchner, K., Der Soldatenchor in Ennius' Iphigenie, GB 1, 1973, 51–67 = Studien zur römischen Literatur, X, Wiesbaden 1979, 1–15.
Burck, E., Das Menschenbild im römischen Epos, Gymnasium 65, 1958, 121–146 = 1966, 283–304.
Burck, E., Rezension von Richter 1957, Gnomon 31, 1959, 224–238 = 1966, 138–150.
Burck, E., Vom Menschenbild in der römischen Literatur. Ausgewählte Schriften, Heidelberg 1966.
Burck, E., Vom römischen Manierismus. Von der Dichtung der frühen römischen Kaiserzeit, Darmstadt 1971 (1) (= Intorno al manierismo romano. A proposito della poesia della prima età imperiale, Trieste 2012).
Burck, E., Die Vorbereitung des Taciteischen Menschen- und Herrscherbildes in der Dichtung der frühen römischen Kaiserzeit, in: G. Radke (Hrsg.), Politik und literarische Kunst im Werke des Tacitus, AU 14, 1971, Beih. 1, 37–60 (2) = 1981, 251–277.
Burck, E., Vom Menschenbild in der römischen Literatur, II, Heidelberg 1981.
*Burman, P., Titi Petronii Arbitri Satyricon quae supersunt [...] cur., I / II, Amstelaedami ²1743.
*Butler, H. E. / Barber, E. A., The Elegies of Propertius, ed. with Intr. and Comm., Oxford 1933.

Calder III, W. M., Senecas *Troerinnen*, Wiss. Zeitschr. Univ. Rostock, Ges. u. Sprachwiss. R. 15, 1966, 551–559.
Calder III, W. M., Originality in Seneca, *Troades*, ClPh 65, 1970, 75–82 = 2005, 387–401.
Calder III, W. M., Seneca's *Agamemnon*, ClPh 71, 1976, 27–36 = 2005, 335–350.
Calder III, W. M., Seneca: Tragedian of Imperial Rome, ClJ 72, 1976 / 1977, 1–11 = 2005, 311–326.
Calder III, W. M., Secreti loquimur: An Interpretation of Seneca's *Thyestes*, in: Boyle 1983 (1), 184–198 = 2005, 353–376.
Calder III, W. M., Theokratia. Coll. Papers on the Politics and Staging of Greco-Roman Tragedy, Spudasmata 104, Hildesheim u. a. 2005.
Cancik, Hildegard, Untersuchungen zu Senecas Epistulae morales, Spudasmata 18, Hildesheim 1967.
Cancik, Hubert, Die republikanische Tragödie, in: Lefèvre 1978 (1), 308–347.
Cartault, A., L'art de Virgile dans l'Énéide, I, Paris 1926.
Castagna, L. (Hrsg.), Nove studi sui cori tragici di Seneca, Milano 1996.
Castagna, L., Canti di prigioniere di guerra nelle tragedie di Seneca, in: C. Santini / L. Zurli / L. Cardinali (Hrsg.), Concentus ex dissonis. Scritti in on. di A. Setaioli, Napoli 2006, I, 179–200.
Castagna, L. / Lefèvre, E. (Hrsg.), Studien zu Petron und seiner Rezeption / Studi su Petronio e sulla sua fortuna, BzA 241, Berlin / New York 2007.
Cattin, A., Les thèmes lyriques dans les tragédies de Sénèque, Cormondrèche (Neuchâtel) 1963 (1).
Cattin, A., La géographie dans les tragédies de Sénèque, Latomus 22, 1963, 685–703 (2).
*Caviglia, F., L. Anneo Seneca, Il furore di Ercole, intr., test., trad. e note, Roma 1979.
*Caviglia, F., L. Anneo Seneca, Le Troiane, intr., test., trad. e note, Roma 1981.
Champlin, E., Agamemnon at Rome: Roman Dynasts and Greek Heroes, in: D. Braund / Chr. Gill (Hrsg.), Myth, History and Culture in Republican Rome. Studies in hon. of T. P. Wiseman, Exeter 2003, 295–319.
Christ, K., Geschichte der Römischen Kaiserzeit von Augustus bis zu Konstantin, München 1988.
Cichorius, C., Römische Studien, Leipzig / Berlin 1922.
*Conington, J. / Nettleship, H., The Works of Virgil, II, London ⁴1884.
Corsaro, F., L'*Iliupersis* nell'*Agamemnon* di Seneca, Helikon 18 / 19, 1978 / 1979, 301–339.
*Costa, C. D. N., Seneca, Medea, ed. with Intr. and Comm., Oxford 1973.
*Courtney, E., The Fragmentary Latin Poets, ed. with Comm., Oxford 1993.
Croisille, J. M., Le personnage de Clytemnestre dans l'Agamemnon de Sénèque, Latomus 23, 1964, 464–472.
Curtius, L., Europäische Literatur und Lateinisches Mittelalter, Bern ⁴1963.
Dangel, J., La place de l'orient dans le théâtre d'Accius, REL 66, 1988, 55–75.
*Dangel, J., Accius, Œuvres (fragments), Paris 1995.
Dangel, J., Une métrique stylistique au service du texte perdu: Naevius et les fragments de *Danae*, in: Dies. (Hrsg.), Le poète architecte. Arts métriques et art poétique latins, Louvain u. a. 2001, 157–184.
Davis, P. J., Vindicat omnes natura sibi: A Reading of Seneca's Phaedra, in: Boyle 1983 (1), 114–127.
Davis, P. J., Fate and Human Responsibility in Seneca's *Oedipus*, Latomus 50, 1991, 150–163.

Degl'Innocenti Pierini, R., *Venit ad pigros cana senectus* (Sen. *Herc. F.* 198). Un motivo dei cori senecani tra filosofia ed attualità, in: Castagna 1996, 37–56.
Degl'Innocenti Pierini, R., Il barbaro Tereo di Accio. Attualizzazione e funzionalità ideologica di un mito greco, in: Faller / Manuwald 2002, 127–139.
Della Corte, F., La mappa dell'Eneide, Firenze 1972.
Della Corte, F., La tragédie romaine au siècle d'Auguste, in: Théâtre et Spectacles dans l'Antiquité, Travaux du Centre de Recherche sur le Proche-Orient et la Grèce Antiques 7, Leiden 1983, 227–243.
Diderot, D., Essai sur les règnes de Claude et de Néron et sur les mœurs et les écrits de Sénèque, pour servir d'introduction à la lecture de ce philosophe, in: Ders., Œuvres complètes, éd. H. Dieckmann / J. Varloot, XV, Paris 1986, 33–431.
*Diehl, E. (Hrsg.), Die Vitae Vergilianae und ihre antiken Quellen, Bonn 1911.
Dihle, A., Euripides' Medea, Akad. Heidelberg, Phil.-hist. Kl. 5, 1977.
Dihle, A., Seneca und die Aufführungspraxis der römischen Tragödie, Antike & Abendland 29, 1983, 162–171.
Diller, H., Die dichterische Eigenart von Ovids Metamorphosen, Gymnasium 45, 1934, 25–37 = Kleine Schriften zur antiken Literatur, München 1971, 544–558.
Diller, H., θυμὸς δὲ κρείσσων τῶν ἐμῶν βουλευμάτων, Hermes 94, 1966, 267–275 = Kleine Schriften zur antiken Literatur, München 1971, 359–368.
Dingel, J., Seneca und die Dichtung, Heidelberg 1974.
Dingel, J., Die relative Datierung der Tragödien Senecas, BzA 271, Berlin / New York 2009.
*Di Salvo, L., Naevianae Danaes fragmenta, in: Studi Noniani, II, Genova 1972, 61–66.
Döpp, S., Werke Ovids. Eine Einführung, München 1992.
Drews, W., Gotthold Ephraim Lessing in Selbstzeugnissen und Bilddokumenten, Reinbek 1962.
Drexler, H., Die moralische Geschichtsauffassung der Römer, Gymnasium 61, 1954, 168–190 = R. Klein (Hrsg.), Das Staatsdenken der Römer (WdF), Darmstadt 1966, 255–287.
Dupont, F., Apothéose et héroïsation dans *Hercule sur l'Œta* de Sénèque, in: A.-F. Laurens (Hrsg.), Entre hommes et dieux. Le convive, le héros, le prophète, Besançon / Paris 1989, 99–106.
Dutoit, E., Le thème de la force qui se détruit elle-même (Hor., Epod. 16, 2) et ses variations chez quelques auteurs latins, REL 14, 1936, 365–373.
*Easterling, P. E. (Hrsg.), Sophocles, Trachiniae, Cambridge 1982.
Edert, O., Über Senecas Herakles und den Herakles auf dem Oeta, Diss. Kiel 1909.
Egermann, F., Seneca als Dichterphilosoph, NJbb 3 (115), 1940, 18–36 = Ders. in: Lefèvre 1972 (1), 33–57.
*Ehlers, W. / Müller, K., Petronius, Satyrica, Schelmenszenen, Lateinisch – deutsch, zugleich Zürich und Darmstadt 1995.
Eibl 1973: s. Lessing 1973.
Eigler, U., Extratextuelle und textuelle Identitätsstiftung durch Themen der frühen römischen Tragödie, in: Manuwald 2000, 13–21.
Eisgrub, A., Seneca, Hercules furens. Handlung, Bühnengeschehen, Personen und Deutung, Diss. Würzburg 2002.
Eitrem, S., Das Ende Didos in Vergils Aeneis, Festschr. H. Koht, Oslo 1933, 29–41.
Eliot, T. S., Seneca in Elizabethan Translation, in: Selected Essays, London 1932, 65–105.
Eliot, T. S., What is a Classic? (1944), deutsch v. W. E. Süskind, in: Oppermann 1963, 1–28.
Enk, P. J., Roman Tragedy, Neophilologus 41, 1957, 282–307.
Erasmo, M., Roman Tragedy. Theatre to Theatricality, Austin 2004.

Erbse, H., Über die Aigeusszene der euripideischen ‚Medea', WSt 79, 1966, 120–133.
*Ernesti, Io. Chr. Th., Caii Silii Italici Punicorum libri septemdecim varietate lectionis et commentario perpetuo illustr., Lipsiae, I: 1791, II: 1792.
*Ernout, A., Pétrone, Le Satiricon, texte établi et traduit, Paris ³1950.
Falcone, M. J., Medea e Angitia. Possibili intersezioni nella cultura latina, Aevum 83, 2011, 81–98.
Faller, St. (Hrsg.), Studien zu antiken Identitäten, Identitäten und Alteritäten 9, Würzburg 2001.
Faller, St., ‚Römisches' in Ennius' *Hectoris Lytra*, in: L. Castagna / Ch. Riboldi (Hrsg.), Amicitiae templa serena, Studi in on. di G. Aricò, I / II, Milano 2008, 523–550.
Faller, St. / Manuwald, G. (Hrsg.), Accius und seine Zeit, Identitäten und Alteritäten 13, Würzburg 2002.
*Fantham, E., Seneca's *Troades*. A Literary Intr. with Text, Transl., and Comm., Princeton 1982.
Fantham, E., *Nihil iam iura naturae valent*. Incest and fratricide in Seneca's *Phoenissae*, in: Boyle 1983 (1), 61–76.
*Farnabius (Farnaby), Th., L. & M. Annæi Senecæ Tragoediæ. Cum notis, ed. postr., Amstelodami 1676.
*Favez, Ch., L. Annaei Senecae Dialogorum Liber VI Ad Marciam de Consolatione, Paris 1928.
Fehling, D., Νυκτὸς παῖδες ἄπαιδες. A. Eum. 1034 und das sogenannte Oxymoron in der Tragödie, Hermes 96, 1968, 142–155.
*Ferri, R., Octavia. A Play Attributed to Seneca, ed. with Intr. and Comm., Cambridge 2003.
Fischer, S. E., Seneca als Theologe, BzA 259, Berlin / New York 2008.
Fitch, J. G., Sense-Pauses and Relative Dating in Seneca, Sophocles and Shakespeare, AJPh 102, 1981, 289–307.
*Fitch, J. G., Seneca's *Hercules Furens*. A Critical Text with Intr. and Comm., Ithaca / London 1987.
Flashar, H., Rezension von G. Müller, Sophokles, Antigone, erl. u. mit einer Einl., Heidelberg 1967, Poetica 2, 1968, 558–566.
Flower, H. I., *Fabulae Praetextae* in Context: When were Plays on Contemporary Subjects Performed in Republican Rome?, ClQu 45, 1995, 170–190.
Flower, H. I., *Fabula de Bacchanalibus*: the Bacchanalian Cult of the Second Century BC and Roman Drama, in: Manuwald 2000, 24–35.
Föllinger, S., Die Gestalt des Odysseus in Senecas *Troades*, in: Baier / Manuwald / Zimmermann 2005, 105–115.
*Fordyce, C. J., P. Vergili Maronis Aeneidos libri VII-VIII, with a Comm., Oxford 1977.
Fraenkel, E., Cn. Naevius, der Dichter, RE Suppl. VI (1935), 622–640.
*Fraenkel, E., Aeschylus, Agamemnon, ed. with a Comm., I-III, Oxford 1950.
Fraenkel, E., Horace, Oxford 1957.
*Frank, M., Seneca's *Phoenissae*, Intr. and Comm., Mnemosyne Suppl. 138, Leiden u. a. 1995.
Franke, C., Fasti Horatiani, Berlin 1839.
Franke, P. R., Die antiken Münzen von Epirus, I, Wiesbaden 1961.
Freise, H., Die Bedeutung der Epikur-Zitate in den Schriften Senecas, Gymnasium 96, 1989, 532–556.
Frenzel, F., Die Prologe der Tragödien Senekas, Diss. Leipzig, Weida 1914.
*Friedlaender, L., D. Junii Juvenalis Saturarum libri V. Mit erklärenden Anmerkungen, I / II, Leipzig 1895.

Friedrich, H., Über die Silvae des Statius (insbesondere V, 4 Somnus) und die Frage des literarischen Manierismus, in: Wort und Text, Festschr. F. Schalk, Frankfurt a. M. 1963, 34–56.
Friedrich, W. H., Untersuchungen zu Senecas dramatischer Technik, Diss. Freiburg i. B. 1931, Borna-Leipzig 1933.
Friedrich, W. H., Cato, Caesar und Fortuna bei Lucan, Hermes 73, 1938, 391–421 = Ders. in: Rutz 1970, 70–102.
Friedrich, W. H., Zur altlateinischen Dichtung, Hermes 76, 1941, 113–135.
Friedrich, W. H., Euripides und Diphilos. Zur Dramaturgie der Spätformen, Zetemata 5, München 1953.
Friedrich, W. H., Medeas Rache, NGA, Phil.-hist. Kl. 4, 1960 = 1967, 7–56.
Friedrich, W. H., Die Raserei des Hercules, in: 1967, 88–111.
Friedrich, W. H., Vorbild und Neugestaltung. Sechs Kapitel zur Geschichte der Tragödie, Göttingen 1967.
Friedrich, W. H., Otto Ribbeck und die Römische Tragödie, in: Ribbeck 1875, Nachdr. Hildesheim 1968, VII-XLIV.
Fritz, K. v., Tragische Schuld und poetische Gerechtigkeit in der griechischen Tragödie, Studium Generale 8, 1955, 195–227, 229–232 = 1962, 1–112, 463–474 (Teildruck in: Lefèvre 1972 (1), 67–73).
Fritz, K. v., Die Entwicklung der Iason-Medea-Sage und die Medea des Euripides, Antike & Abendland 8, 1959, 33–106 = 1962, 322–429, 486–494.
Fritz, K. v., Antike und moderne Tragödie, Berlin 1962.
Fuhrmann, M., Die Alleinherrschaft und das Problem der Gerechtigkeit (Seneca: De clementia), Gymnasium 70, 1963, 481–514.
Fuhrmann M., Die Funktion grausiger und ekelhafter Motive in der lateinischen Dichtung, in: Die nicht mehr schönen Künste. Grenzphänomene des Ästhetischen, Poetik und Hermeneutik 3, München 1968, 23–66.
Fuhrmann, M., Geschichte der römischen Literatur, Stuttgart 1999.
Gagliardi, D., Lucano poeta della libertà, Napoli ²1976.
Galinsky, K. G., The Herakles Theme, Oxford 1972.
Gardthausen, V., Augustus und seine Zeit, Leipzig 1891.
Garelli-François, M.-H., À propos du *Thyeste* d'Ennius: tragédie et histoire, Pallas 49, 1998, 159–171.
Gasti, F. (Hrsg.), Seneca e la letteratura greca e latina. Per i settant'anni di G. Mazzoli, Pavia 2013.
Gebhardt: Diskussionsbeitrag zu Fuhrmann 1968: s. Fuhrmann 1968.
Gegenschatz, E., Zufall, Freiheit und Notwendigkeit – ein philosophiegeschichtlicher Exkurs im Kommentar des Boethius zur Aristotelischen Schrift ‚De interpretatione', in: P. Neukam (Hrsg.), Erbe, das nicht veraltet, Klassische Sprachen und Literaturen 11, München 1979, 5–61.
Gehrke, H.-J., Mythos, Geschichte, Politik – antik und modern, Saeculum 45, 1994, 239–264.
Giancotti, F., Saggio sulle tragedie di Seneca, Roma u. a. 1953.
*Giancotti, F., Poesia e Filosofia in Seneca tragico. La ‹Fedra›, col testo della tragedia criticamente riv. e ann., Torino 1986.
*Giancotti, F., Seneca, *Tieste*. Test. crit. riv. e ann., I / II, Torino 1988 / 1989.
*Giardina, I. C., L. Annaei Senecae Tragoediae, I / II, Bologna 1966.
*Giardina, G., Lucio Anneo Seneca, Tragedie, ed. crit., Pisa / Roma, I: 2007, II: 2009.

Gigon, O., Bemerkungen zu Senecas Thyestes, Philologus 93, 1938, 176–183.
Gil, A., Die Chorlieder in Senecas Tragödien. Eine Untersuchung zu Senecas Philosophie und Chorthemen, Diss. Köln 1979.
*Giomini, R., L. Annaei Senecae Phaedram ed. et comm. instr., Roma 1955 (1).
Giomini, R., Saggio sulla Fedra di Seneca, Roma 1955 (2).
*Giomini, R., L. Annaei Senecae Agamemnona ed. et comm. instr., Roma 1956.
*Gmelin, H., Dante Alighieri, Die Göttliche Komödie, Komm., I, Stuttgart 1954.
*Goetz, G. / Gundermann, G. (Hrsg.), Glossae Latinograecae et Graecolatinae, Lipsiae 1888.
*Gomme, A. W. / Sandbach, F. H., Menander. A Commentary, Oxford 1973.
Gottsched, J. Chr., Versuch einer Critischen Dichtkunst, Leipzig ⁴1751.
Gratwick, A. S., 'Drama', in: The Cambridge History of Classical Literature, Cambridge 1982, 77–137.
Grewe, St., Die politische Bedeutung der Senecatragödien und Senecas politisches Denken zur Zeit der Abfassung der *Medea*, Identitäten und Alteritäten 6, Würzburg 2001.
Grimal, P., L'Originalité de Sénèque dans la tragédie de Phèdre, REL 41, 1963, 297–314.
*Grimal, P., L. Annaei Senecae Phaedra, éd., intr. et comm., Paris 1965.
Grimal, P., Sénèque ou la conscience de l'empire, Paris 1978 = Seneca. Macht und Ohnmacht des Geistes, Darmstadt 1978.
Grimm, R., Der Hercules Oetaeus des Seneca in seinen Beziehungen zu Sophokles' Trachinierinnen, Diss. St. Petersburg 1876.
Griset, E., L'Ercole Eteo e il suo significato etico-politico, RivStudCl 71, 1959, 175–180.
Grisoli, P., Per l'interpretazione del primo canto corale dell'*Hercules furens* di Seneca (vv. 125–201), BollCom (Acc. Naz. dei Lincei) 19, 1971, 88–99.
*Gronovius, J. F., L. Annæi Senecæ Tragœdiæ cum notis, Amstelodami 1682.
*Gudeman, A., P. Cornelii Taciti Dialogus de oratoribus […], Leipzig / Berlin (¹1894) ²1914.
Guettel Cole, S., The Mysteries of Samothrace during the Roman Period, ANRW II, 18, 2, 1989, 1564–1598.
Hadot, I., Seneca und die griechisch-römische Tradition der Seelenleitung, Berlin 1969.
*Handley, E. W., 4407. Menander, *Dis Exapaton*, The Oxyrhynchus Papyri 64, 1997, 14–42.
Hauser, A., Der Manierismus. Die Krise der Renaissance und der Ursprung der modernen Kunst, München 1964 = Sonderausg.: Der Ursprung der modernen Kunst und Literatur. Die Entwicklung des Manierismus seit der Krise der Renaissance, München 1973.
Heinz, K., Das Bild Kaiser Neros bei Seneca, Tacitus, Sueton und Cassius Dio, Diss. Bern 1946.
Heinze, R., Virgils epische Technik, Leipzig, ³1915.
Heldmann, K., Senecas Phaedra und ihre griechischen Vorbilder, Hermes 96, 1968, 88–117.
Heldmann, K., Untersuchungen zu den Tragödien Senecas, Hermes Einzelschr. 31, Wiesbaden 1974.
Heldmann, K., Antike Theorien über Entwicklung und Verfall der Redekunst, Zetemata 77, München 1982.
Helm, R., Varius Rufus, RE VIII A, 1 (1955), 410–414.
Henry, D. / Walker, B., The *Oedipus* of Seneca: An Imperial Tragedy, in: Boyle 1983 (1), 128–139.
Herington, C. J., *Octavia praetexta:* A Survey, ClQu 11, 1961, 18–30.
Herington, C. J., The Younger Seneca, in: The Cambridge History of Classical Literature, Cambridge 1982, 511–532, 868–872.
*Herrmann, L., Sénèque, Tragédies, I / II, Paris 1924 (1) / 1926, ²1961.
Herrmann, L., Le Théâtre de Sénèque, Paris 1924 (2).

Herter, H., Theseus und Hippolytos, RhM 89, 1940, 273–292.
Herter, H., Phaidra in griechischer und römischer Gestalt, RhM 114, 1971, 44–77.
Herzog, O., Datierung der Tragödien des Seneca, RhM 77, 1928, 51–104.
Heubner, H., Zum ‚Thyestes' des L. Varius Rufus, RhM 122, 1979, 362.
*Heyne, Chr. G., Publius Vergilius Maro, ed. quarta cur. G. P. E. Wagner, Lipsiae / Londini, I: 1830, II: 1832.
Highet, G., The Speeches in Vergil's Aeneid, Princeton 1972.
Hillen 1971: s. Lessing 1973.
Hiltbrunner, O., Seneca als Tragödiendichter in der Forschung von 1965 bis 1975, ANRW II, 32, 2, 1985, 969–1051.
Hind, J., The Death of Agrippina and the Finale of the 'Oedipus' of Seneca, AUMLA 38, 1972, 204–211.
Hine, H., The Structure of Seneca's *Thyestes*, in: F. Cairns (Hrsg.), Papers of the Liverpool Latin Seminar 3 (= ARCA 7), Liverpool 1981, 259–275.
Hine, H. M., *Interpretatio Stoica* of Senecan Tragedy, in: Billerbeck / Schmidt 2004, 173–209.
*Hirschberg, Th., Senecas Phoenissen. Einl. und Komm., UaLG 31, Berlin / New York 1989.
Hocke, G. R., Manierismus in der Literatur. Sprach-Alchemie und esoterische Kombinationskunst, Reinbek 1959.
Hölkeskamp, K.-J., Die Entstehung der Nobilität, Stuttgart 1987.
Hölkeskamp, K.-J., Römische *gentes* und griechische Genealogien, in: Vogt-Spira / Rommel 1999, 2–21.
Hossenfelder, M., Stoa, Epikureismus und Skepsis, München 1985.
Housman, A. E., The Thyestes of Varius, ClQu 11, 1917, 42–48.
Jachmann, G., Der Name Hellespont, RhM 70, 1915, 640–644.
Jackson Knight, W. F., Roman Vergil, London 1944.
Jaeger, W., Humanistische Reden und Vorträge, Berlin / Leipzig 1937.
Jakobi, R., Der Einfluß Ovids auf den Tragiker Seneca, UaLG 28, Berlin / New York 1988.
*Jocelyn, H. D., The Tragedies of Ennius. The Fragments ed. with an Intr. and Comm., Cambridge 1969.
Jocelyn, H. D., Accius' *Aeneadae aut Decius*: Romans and the Gallic Other, in: Manuwald 2000, 325–361.
Jonas, F., De ordine librorum L. Annaei Senecae philosophi, Diss. Berlin 1870.
*Kamerbeek, J. C., The Plays of Sophocles, I, The Ajax, Leiden ²1963.
Kapnukajas, Chr. K., Die Nachahmungstechnik Senecas in den Chorliedern des Hercules furens und der Medea, Diss. Leipzig 1929, Borna-Leipzig 1930.
Kern, O., Kabeiros (Κάβειρος) und Kabeiroi, RE X, 2 (1919), 1399–1450.
Kienast, D., Augustus. Prinzeps und Monarch, Darmstadt 1982.
*Kießling, A. / Heinze, R., Q. Horatius Flaccus, Oden und Epoden, erkl., Berlin ⁷1930.
King, Chr. M., Seneca's *Hercules Oetaeus*: A Stoic Interpretation of the Greek Myth, Greece & Rome 18, 1971, 215–222.
Klein, J. L., Geschichte des griechischen und römischen Drama's, Leipzig 1865.
Klingner, F., Catulls Peleus-Epos, Akad. München, Phil.-hist. Kl. 6, 1956 = Studien zur griechischen und römischen Literatur, Zürich / Stuttgart 1964, 156–224.
Klingner, F., Römische Geisteswelt, München ⁵1965.
Klingner, F., Virgil – Bucolica, Georgica, Aeneis, Zürich / Stuttgart 1967.
*Klotz, A. (Hrsg.), Scaenicorum Romanorum Fragmenta, I: Tragicorum Fragmenta, Monachii 1953.

Knauer, G. N., Die Aeneis und Homer, Hypomnemata 7, Göttingen 1964.
Knoche, U., Roms älteste Geschichtsschreibung, NJbb 2, 1939, 193–207 = Ders. in: Pöschl 1969, 222–240 (1).
Knoche, U., Das historische Geschehen in der Auffassung der älteren römischen Geschichtsschreiber, ib. 289–299 = Ders. in: Pöschl 1969, 241–255 (2).
Knoche, U., Senecas Atreus, ein Beispiel, Antike 17, 1941, 60–76 = Ders. in: Lefèvre 1972 (1), 58–66, 477–489.
*Koestermann, E., Cornelius Tacitus, Annalen, erl. und mit einer Einl. versehen, Heidelberg, I: 1963, II: 1965, III: 1967, IV: 1968.
Kraggerud, E., Aeneisstudien, SO, Fasc. Suppl. 22, Osloae 1968.
Kraus, W., Ovidius Naso (zuerst 1942), überarbeitet in: M. v. Albrecht / E. Zinn (Hrsg.), Ovid (WdF), Darmstadt 1968, 67–166.
Kroll, J., Gott und Hölle. Der Mythos vom Descensuskampfe, Studien der Bibliothek Warburg 20, Leipzig / Berlin 1932.
Krüger, M., Wandlungen des Tragischen. Drama und Initiation, Stuttgart 1973.
Kugelmeier, Chr., Die innere Vergegenwärtigung des Bühnenspiels in Senecas Tragödien, Zetemata 129, München 2007.
Kumaniecki, K., Ciceros Paradoxa Stoicorum und die römische Wirklichkeit, Philologus 101, 1957, 113–134.
*Kunst, K., Seneca, Phaedra, II: Erläuterungen, Wien 1924.
Kunst, K., Die Schuld der Klytaimestra, WSt 44, 1924 / 1925, 143–154.
*La Cerda, P. Virgilii Maronis priores sex libri Aeneidos, [...] illustr., Lugduni 1612.
Ladewig, Th., Analecta Scenica, Progr. Strelitia Nova 1848 = Schriften zum römischen Drama republikanischer Zeit, hrsg. v. U. Gärtner / E. Stärk, BzA 61, München / Leipzig 2001, 199–248.
Lamacchia, R., Didone e Aiace, in: Studi di poesia Latina in on. di A. Traglia, II, Roma 1979, 431–462.
Lana, I., L'‹Atreo› di Accio e la leggenda di Atreo e Tieste nel teatro tragico romano, Atti della Accademia delle Scienze di Torino, II, Classe di scienze mor., stor. e filol. 93 (1958 / 1959), 1959, 293–385.
Lange, F. A., Quaestiones metricae, Diss. Bonn 1851.
*Langen, P., C. Valeri Flacci Setini Balbi Argonauticon libri octo, enarr., I / II, Berlin 1896 / 1897.
La Penna, A., Atreo e Tieste sulle scene romane (1972), in: 1979, 127–141.
La Penna, A., Funzione e interpretazione del mito nella tragedia arcaica latina (1977), in: 1979, 49–104.
La Penna, A., Fra teatro, poesia e politica romana, con due scritti sulla cultura classica di oggi, Torino 1979.
La Penna, A., Seiano in una tragedia di Seneca?, Orpheus 1, 1980, 26–31.
La Penna, A., Le *Sabinae* di Ennio e il tema della concordia nella tragedia arcaica latina, in: Manuwald 2002, 241–254.
Latacz, J., Einführung in die griechische Tragödie, Göttingen 1993, ²2003.
Lawall, G., Seneca's *Medea*: The Elusive Triumph of Civilization, in: Arktouros. Hellenic Studies pres. to B. M. W. Knox, Berlin / New York 1979, 419–426.
Lawall, G., Virtus and pietas in Seneca's Hercules Furens, in: Boyle 1983 (1), 6–26.
Leeman, A. D., Das Todeserlebnis im Denken Senecas, Gymnasium 78, 1971, 322–333.

Leeman, A. D., Seneca's *Phaedra* as a Stoic tragedy, in: Miscellanea tragica in honorem J. C. Kamerbeek, Amsterdam 1976, 199–212.
Lefèvre, E., Schicksal und Selbstverschuldung in Senecas Agamemnon, Hermes 94, 1966, 482–496 = 1972 (1), 457–476 (1).
Lefèvre, E., Rezension von Grimal 1965, Gnomon 38, 1966, 689–695 (2).
Lefèvre, E., Rezension von Zwierlein 1966, Gnomon 40, 1968, 782–789.
Lefèvre, E., Quid ratio possit? Senecas Phaedra als stoisches Drama, WSt 3, 1969, 131–160 = 1972 (1), 343–375.
Lefèvre, E., Die Bedeutung des Paradoxen in der römischen Literatur der frühen Kaiserzeit, Poetica 3, 1970, 59–82 (s. auch Lefèvre 1992).
Lefèvre, E. (Hrsg.), Senecas Tragödien (WdF), Darmstadt 1972 (1).
Lefèvre, E., Seneca als moderner Dichter, in: Lefèvre 1972 (1), 1–9 (2).
Lefèvre, E., Die Schuld des Agamemnon. Das Schicksal des Troia-Siegers in stoischer Sicht, Hermes 101, 1973, 64–91.
Lefèvre, E., Die römische Komödie, in: M. Fuhrmann (Hrsg.), Römische Literatur, Neues Handbuch der Literaturwissenschaft III, Frankfurt 1974, 33–62.
Lefèvre, E., Der Thyestes des Lucius Varius Rufus. Zehn Überlegungen zu seiner Rekonstruktion, Akad. Mainz, Geistes- u. Soz. Kl. 9, 1976, Wiesbaden 1976.
Lefèvre, E., Rezension von Dingel 1974, Poetica 9, 1977, 123–130.
Lefèvre, E. (Hrsg.), Das römische Drama, Darmstadt 1978 (1).
Lefèvre, E., Versuch einer Typologie des römischen Dramas, in: 1978 (1), 1–90 (2).
Lefèvre, E., Dido und Aias. Ein Beitrag zur römischen Tragödie, Akad. Mainz, Geistes- u. Soz. Kl. 2, 1978, Wiesbaden 1978 (3).
Lefèvre, E., Aeneas' Antwort an Venus, WSt 12, 1978, 97–110 (4).
Lefèvre, E., Das erste Chorlied in Senecas Oedipus – Ein innerer Monolog?, Orpheus 1, 1980, 293–304 (1).
Lefèvre, E., Rezension von Shelton 1978, Gnomon 52, 1980, 567–569 (2).
Lefèvre, E., Rezension von Barner 1973, Gnomon 52, 1980, 682–683 (3).
Lefèvre, E., L'*Edipo* di Seneca: Problemi di drammaturgia greca e latina, Dioniso 52, 1981 (ersch. 1985), 243–259 (1).
Lefèvre, E., Theatrum Mundi: Götter, Gott und Spielleiter im antiken Drama, in: Theatrum Mundi. Götter, Gott und Spielleiter im Drama von der Antike bis zur Gegenwart, Sonderb. des Literaturwiss. Jahrb., Berlin 1981, 49–91 (2).
Lefèvre, E., A Cult without God or The Unfreedom of Freedom in Seneca Tragicus, ClJ 77, 1981 / 1982, 32–36.
Lefèvre, E., Der Mensch und das Schicksal in stoischer Sicht. Senecas 51. und 107. Brief, AU 26, 3, 1983, 61–73.
Lefèvre, E., Die politische Bedeutung der römischen Tragödie und Senecas ‚Oedipus', ANRW II, 32, 2, 1985, 1242–1262 (1).
Lefèvre, E., Die philosophische Bedeutung der Seneca-Tragödie am Beispiel des ‚Thyestes', ANRW II, 32, 2, 1985, 1263–1283 (2).
Lefèvre, E., Die Monomanie der senecaischen Phaedra, QCTC 4 / 5, 1986 / 1987 (ersch. 1990), 207–218.
Lefèvre, E., Saturnalien und Palliata, Poetica 20, 1988, 32–46.
Lefèvre, E., Die Funktion der Götter in Senecas *Troades*, in: QCTC 6 / 7, 1988 / 1989 (ersch. 1991), 215–224.
Lefèvre, E., Die Funktion der Götter in Euripides' Troades, WüJbb 15, 1989, 59–65.

Lefèvre, E., Waren Philosophische Schriften Senecas zur Rezitation bestimmt?, in: Vogt-Spira 1990, 147–159 (1).
Lefèvre, E., Die politische Bedeutung von Senecas Phaedra, WSt 103, 1990, 109–122 (2).
Lefèvre, E., Die politisch-aitiologische Ideologie der Tragödien des Livius Andronicus, QCTC 8, 1990 (ersch. 1992), 9–20 (3).
Lefèvre, E., Die Bedeutung des Paradoxen in der römischen Literatur, in: P. Geyer / R. Hagenbüchle (Hrsg.), Das Paradox. Eine Herausforderung abendländischen Denkens, Tübingen 1992, 209–246.
Lefèvre, E., Horaz. Dichter im augusteischen Rom, München 1993.
Lefèvre, E., Terenz' und Menanders Heautontimorumenos, Zetemata 91, München 1994.
Lefèvre, E., Plautus und Philemon, ScriptOralia 73, Tübingen 1995 (1).
Lefèvre, E., Götter, Schicksal und Handlungsfreiheit in Senecas Tragödien, in: B. Kühner / V. Riedel / R. Gordesiani (Hrsg.), Prinzipat und Kultur im 1. und 2. Jahrhundert, Bonn 1995, 164–185 (2).
Lefèvre, E., Plautus' *Pseudolus*, ScriptOralia 101, Tübingen 1997 (1).
Lefèvre, E., Senecas Atreus – die Negation des stoischen Weisen?, Drama 5, 1997, 119–134 (2).
Lefèvre, E., Die Literatur der republikanischen Zeit, in: F. Graf (Hrsg.), Einleitung in die lateinische Philologie, Stuttgart / Leipzig 1997, 165–191 (3).
Lefèvre, E., Die Transformation der griechischen durch die römische Tragödie am Beispiel von Senecas *Medea*, Colloquium Rauricum 5, 1997, 65–83 (4).
Lefèvre, E., Plautus' *Captivi* oder Die Palliata als Prätexta, in: L. Benz / E. Lefèvre (Hrsg.), Maccus barbarus. Sechs Kapitel zur Originalität der *Captivi* des Plautus, ScriptOralia 74, Tübingen 1998, 9–50 (1).
Lefèvre, E., Der *ordo rerum* in Valerius Flaccus' *Argonautica*, in: E. Lefèvre / U. Eigler (Hrsg.), Ratis omnia vincet. Neue Untersuchungen zu den Argonautica des Valerius Flaccus, Zetemata 98, München 1998, 223–232 (2).
Lefèvre, E., Die Politisierung der griechischen Tragödie durch die Römer im 3. und 2. Jahrhundert v. Chr. Eine geographische und literarische Grenzüberschreitung, in: M. Fludernik / H.-J. Gehrke (Hrsg.), Grenzgänger zwischen Kulturen, Identitäten und Alteritäten 1, Würzburg 1999, 367–378.
Lefèvre, E., Aitiologisch-politische Implikationen in Naevius' *Danae*, in: Manuwald 2000, 175–184 (1).
Lefèvre, E., Horaz Carm. 1, 15 und Bakchylides, in: A. Bagordo / B. Zimmermann (Hrsg.), Bakchylides, Zetemata 106, München 2000, 205–218 (2).
Lefèvre, E., La *Medea* di Seneca – negazione del ‹sapiente› stoico?, in: P. Parroni (Hrsg.), Seneca e il suo tempo, Roma 2000, 395–416 (3).
Lefèvre, E., Die Unfähigkeit sich zu erkennen: Sophokles' Tragödien, Mnemosyne Suppl. 227, Leiden u. a. 2001 (1).
Lefèvre, E., Plautus' *Aulularia*, ScriptOralia 122, Tübingen 2001 (2).
Lefèvre, E., Ennius' *Medea* im römisch-politischen Kontext, in: Faller 2001, 39–51 (3).
Lefèvre, E., Lucilius und die Politik, in: Manuwald 2001, 139–149 (4).
Lefèvre, E., Diomedes und andere ‚italische' Helden bei Accius, in: Faller / Manuwald 2002, 187–197.
Lefèvre, E., Sinn und Sinnlosigkeit in Statius' *Thebais*, in: L. Castagna / Ch. Riboldi (Hrsg.), Amicitiae templa serena, Studi in on. di G. Aricò, I / II, Milano 2008, 885–905.
Lefèvre, E., Plautus' *Bacchides*, ScriptOralia 138, Tübingen 2011.
Lefèvre, E., Terenz' und Menanders *Adelphoe*, Zetemata 145, München 2013 (1).

Lefèvre, E., Il significato politico dell'*Hercules furens* e dell'*Hercules Oetaeus* di Seneca, in: Gasti 2013, 97–120 (2).
Lefèvre, E., Studien zur Originaliät der römischen Komödie, BzA 323, Berlin / Boston 2014.
Lefèvre, E. / Stärk, E. / Vogt-Spira, G., Plautus barbarus. Sechs Kapitel zur Originalität des Plautus, ScriptOralia 25, Tübingen 1991.
Leigh, M., Varius Rufus, Thyestes and the Appetites of Antony, PCPS 42, 1996, 171–197.
*Leo, F., L. Annaei Senecae Tragoediae, rec. et emend., I / II, Berolini 1878 / 1879.
Leo, F., Die Composition der Chorlieder Senecas, RhM 52, 1897, 509–518.
Leo, F., Geschichte der römischen Literatur, I, Berlin 1913.
Lesky, A., Die griechischen Pelopidendramen und Senecas *Thyestes*, WSt 43, 1923, 172–198 = 1966, 519–548.
Lesky, A., Das hellenistische Gyges-Drama, Hermes 81, 1953, 1–10 = 1966, 204–212.
Lesky, A., Die tragische Dichtung der Hellenen, Göttingen ²1964, ³1972.
Lesky, A., Gesammelte Schriften, hrsg. v. W. Kraus, Bern / München 1966.
Lesky, A., Die griechische Tragödie, Stuttgart ⁴1968, ⁵1984.
Lesowski, W., Götter und göttliche Wesen in Senecas Tragödien im Licht seiner Philosophie, Diss. Wien 1950.
Lessing, G. E., Von den lateinischen Trauerspielen welche unter dem Namen des Seneca bekannt sind (1754), in: Barner 1973, 101–166.
Lessing, G. E., Werke, I-VIII, hrsg. v. H. G. Göpfert, II: Kommentar v. G. Hillen, München 1971; IV: Bearbeiter K. Eibl, München 1973.
Letta, C., I Marsi e il Fucino nell'antichità, Milano 1972.
Li Causi, P., Nella rete di Giunone: cause, forme e finalità della vendetta nell'*Hercules Furens* di Seneca, Dioniso 5, 2006, 118–137.
Liebermann, W.-L., Studien zu Senecas Tragödien, BeitrKlPh 39, Meisenheim a. Glan 1974.
Liebermann, W.-L., Senecas Tragödien. Forschungsüberblick und Methodik, in: Billerbeck / Schmidt 2004, 1–48.
Lindsay, W. M., Varius' Thyestes, ClQu 16, 1922, 180.
Lloyd-Jones, H., Rezension von Barrett 1964, JHS 85, 1965, 164–171.
Lloyd-Jones, H., Rezension von Snell 1964, Gnomon 38, 1966, 12–17.
Lohikoski, K. K., Der Parallelismus Mykene-Troja in Senecas ‚Agamemnon', Arctos 4, 1966, 63–70.
Maas, P., Die Prophezeiungen in Senecas Octavia, SB des Philol. Vereins zu Berlin 1927, 3 = Kleine Schriften, München 1973, 606.
Mader, G., Form and Meaning in Seneca's 'Dawn Song' (*HF* 125–201), AClass 33, 1990, 1–32.
Mader, G., *Regno pectus attonitum furit*: Power, Rhetoric and Self-division in Seneca's *Phoenissae*, in: C. Deroux (Hrsg.), Studies in Latin Literature and Roman History 15, Coll. Latomus 323, Bruxelles 2010, 287–310.
*Madvigius, I. N., M. Tullii Ciceronis De finibus bonorum et malorum libri quinque, rec. et enarr., Hauniae ³1876.
Malaspina, E., Pensiero politico ed esperienza storica nelle tragedie di Seneca, in: Billerbeck / Schmidt 2004, 267–307.
Malaspina, E., Bibliografia senecana del XX secolo, Bologna 2005.
*Manning, Ch. E., On Seneca's 'Ad Marciam', Mnemosyne Suppl. 69, Leiden 1981.
Mantovanelli, P., La metafora del *Tieste*. Il nodo sadomasochistico nella tragedia senecana del potere tirannico, Verona 1984.

Manuwald, G. (Hrsg.), Identität und Alterität in der frührömischen Tragödie, Identitäten und Alteritäten 3, Würzburg 2000.
Manuwald, G., Fabulae Praetextae. Spuren einer literarischen Gattung der Römer, Zetemata 108, München 2001 (1).
Manuwald, G. (Hrsg.), Der Satiriker Lucilius und seine Zeit, Zetemata 110, München 2001 (2).
Manuwald, G., Der ‚Fürstenspiegel' in Senecas *De Clementia* und in der *Octavia*, MusH 59, 2002, 107–126.
Manuwald, G., The Concepts of Tyranny in Seneca's *Thyestes* and in *Octavia*, Prudentia 35, 2003, 37–59.
Manuwald, G., Römische Tragödien und Praetexten republikanischer Zeit 1964–2002, Lustrum 43, 2001, Göttingen 2004.
Manuwald, G., Der Dichter in der Gemäldegalerie. Zur Diskussion über Kunst und Literatur in Petrons *Satyrica*, in: Castagna / Lefèvre 2007, 253–266.
Manuwald, G., Roman Republican Theatre, Cambridge 2011.
*Manuwald, G. (Hrsg.), Tragicorum Romanorum Fragmenta, II: Ennius, Göttingen 2012.
Marchesi, C., Da una tragedia antica (il ‹Tieste› di L. Anneo Seneca), Riv. d'Italia 10, 1907, 588–600 = Opuscoli accademici 13, Firenze 1978, 433–446.
Marcucci, S., Analisi e interpretazione dell'*Hercules Oetaeus*, Pisa / Roma 1997.
*Marmorale, E. V., Naevius Poeta, intr., test. dei framm. e comm., Firenze ²1950.
Marti, B., Seneca's Tragedies. A New Interpretation, TAPA 76, 1945, 216–245.
Marx, W., Funktion und Form der Chorlieder in den Seneca-Tragödien, Diss. Heidelberg 1928, Köln 1932.
*Marzullo, A. / Bonaria, M., Petronio Arbitro, Il Satiricon, test. lat. e vers., Bologna 1989.
Mauch, M., Senecas Frauenbild in den philosophischen Schriften, Diss. Freiburg i. Br. 1996, StudKlPhil 106, Frankfurt a. M. u. a. 1997.
Maurach, G., Der Bau von Senecas Epistulae morales, Heidelberg 1970.
Maurach, G., Jason und Medea bei Seneca, Antike & Abendland 12, 1966, 125–140 = Ders. in: Lefèvre 1972 (1), 292–320.
Mavrogiannis, Th., Aeneas und Euander. Mythische Vergangenheit und Politik in Rom, Diss. Freiburg i. Br. 1996, Napoli 2003.
Mazzoli, G., Cassandra fra tre mondi: L'*Agamemnon* di Seneca come teorema tragico, QCTC 11, 1993, 193–209.
Mazzoli, G., Medea in Seneca: il *logos* del *furor*, in: R. Uglione (Hrsg.), Atti delle giornate di studio su Medea, Torino 1997, 93–105.
Mazzoli, G., Ombre nell'*Octavia*, in: Stärk / Vogt-Spira 2000, 203–220.
Mazzoli, G., Giocasta in prima linea, in: A. Aloni (Hrsg.), Atti del Seminario Internazionale *I Sette a Tebe*. Dal mito alla letteratura, Bologna 2002, 155–168.
Mazzoli, G., La riflessione di Seneca sul teatro nello specchio dell'*Hercules Furens*, Aevum Antiquum 4, 2004, 193–207 (ersch. 2008).
Mehmel, F., Valerius Flaccus, Diss. Hamburg 1934.
Meier, Chr., Die politische Kunst der griechischen Tragödie, München 1988.
Meister, R., Motive und Formen der römischen Geschichtsschreibung, Altertum 10, 1964, 13–26.
Mendell, C. W., Our Seneca, New Haven 1941.
Mesk, J., Senecas Apocolocyntosis und Hercules Furens, Philologus 71, 1912, 361–375.
Mette, H. J., Die Römische Tragödie und die Neufunde zur Griechischen Tragödie (insb. für die Jahre 1945–1964), Lustrum 9, 1964, 5–211 (ersch. 1965).

Mette, H. J., Die Funktion des Löwengleichnisses in Senecas *Hercules Furens*, WSt 79, 1966, 477–489.
*Miller, F. J., Seneca's Tragedies, ed., Engl. Transl., London u. a. I: 1916, II: 1917.
*Mitscherlich, Chr. G., Quinti Horatii Flacci Opera, illustr., Reutlingae, I: 1814, II, 1816.
Mommsen, Th., Römische Geschichte, II / III, Berlin ⁹1903.
Moraglia, A., Analisi scenica del Tieste, Dioniso 37, 1963, 222–240.
*Morel, W. / Büchner, K. / Blänsdorf, J., Fragmenta poetarum Latinorum [...], Stutgardiae / Lipsiae ³1995 (s. auch Blänsdorf ⁴2011).
Morelli, G., Il modello greco della *Danae* di Nevio, in: G. Puccioni (Hrsg.), Poesia latina in frammenti, Genova 1974, 85–101.
Moricca, U., Le fonti della Fedra di Seneca, StudIt 21, 1915, 158–224.
Moricca, U., Le tragedie di Seneca, RivFil 46, 1918, 345–362.
*Moricca, U., [Seneca, Tragoediae] I-III, Torino ¹1947, ²1963–1967.
Motto, A. L. / Clark, J. R., *Maxima Virtus* in Seneca's *Hercules Furens*, ClPh 76, 1981, 101–117.
Motto, A. L. / Clark, J. R., Seneca's *Agamemnon*: Tragedy without a hero, Athenaeum 63, 1985, 136–144.
Müller, C. W., Patriotismus und Verweigerung. Eine Interpretation des euripideischen *Philoktet*, RhM 135, 1992, 104–134 = 1997, 11–42.
Müller, C. W., Philoktet. Beiträge zur Wiedergewinnung einer Tragödie des Euripides aus der Geschichte ihrer Rezeption, BzA 100, Stuttgart / Leipzig 1997.
Müller, G., Senecas Oedipus als Drama, Hermes 81, 1953, 447–464 = Ders. in: Lefèvre 1972 (1), 376–401.
Müller, G., Chor und Handlung bei den griechischen Tragikern, in: H. Diller (Hrsg.), Sophokles (WdF), Darmstadt 1967, 212–238.
*Müller, K., Petronius, Satyricon Reliquiae, editio iterata correctior editionis quartae (MCMXCV), Monachii et Lipsiae 2003.
Müller, L., Zum Thyestes des Varius, BPhW 13, 1893, 738–739.
Münscher, K., Senecas Werke. Untersuchungen zur Abfassungszeit und Echtheit, Philologus Suppl. 16, 1, Leipzig 1922, 1–146.
*Mynors, R. A. B., P. Vergili Maronis opera, Oxonii 1969.
*Nisbet, R. G. M. / Hubbard, M., A Commentary on Horace: Odes Book 1, Oxford 1970.
Nisbet, R. G. M., The Oak and the Axe: Symbolism in Seneca, *Hercules Oetaeus* 1618 ff., in: Mi. Whitby / P. Hardie / Ma. Whitby (Hrsg.), Homo Viator, Class. Essays for J. Bramble, Bristol 1987, 243–251.
Nisbet, R. G. M., The dating of Seneca's tragedies, with special reference to Thyestes, Papers of the Leeds Latin Seminar 6, 1990, 95–114.
Norden, E., Die antike Kunstprosa vom VI. Jahrhundert v. Chr. bis in die Zeit der Renaissance, verbess. Neudruck, Leipzig 1909.
Norden, E., Die römische Literatur, Leipzig (1912), ³1927, ergänzter Neudruck hrsg. von B. Kytzler, Stuttgart / Leipzig ⁷1998.
*Norden, E., P. Vergilius Maro, Aeneis, Buch VI, Leipzig ³1927.
Norden, E., Kleine Schriften zum Klassischen Altertum, hrsg. v. B. Kytzler, Berlin 1966.
Novara, A., Mythe et philosophie chez Sénèque dans le prologue de l'*Hercules Furens* ou Junon, la *fortuna mala* et le sens de la souffrance, in: Filologia e forme letterarie, Studi off. a F. Della Corte, III, Urbino 1987, 313–325.
OKell, E. R., *Hercules Furens* and Nero. The didactic purpose of Senecan tragedy, in: L. Rawlings / H. Bowden, Exploring a Graeco-Roman Divinity, Swansea 2005, 185–204.

Opelt, I., Senecas Konzeption des Tragischen, in: Lefèvre 1972 (1), 92–128 (1).
Opelt, I., Zu Senecas Phoenissen, in: Lefèvre 1972 (1), 272–285 (2).
Opelt, I., Das Drama der Kaiserzeit, in: Lefèvre 1978 (1), 427–457.
Oppermann, H. (Hrsg.), Wege zu Vergil, Darmstadt 1963.
Otis, B., Virgil. A Study in Civilized Poetry, Oxford 1964.
Paduano, G., Il mondo religioso della tragedia romana, Firenze 1974.
*Page, D. L., Euripides, Medea, ed. with Intr. and Comm., Oxford 1938.
*Paratore, E., Il Satyricon di Petronio, II: Comm., Firenze 1933.
Paratore, E., Sulla Phaedra di Seneca, Dioniso 15, 1952, 199–234.
Paratore, E., Ancora su Ovidio e la ‹Phaedra› di Seneca, Studi in on. di G. Funaioli, Roma 1955, 339–343.
*Paratore, Lucio Anneo Seneca, Tragedie, intr. e vers., Roma 1956 (1).
Paratore, E., La poesia nell'*Oedipus* di Seneca, GIF 9, 1956, 97–132 (2) = 2011, 41–86.
Paratore, E., Lo Hercules Oetaeus è di Seneca ed è anteriore al Furens, AClass 1, 1958, 72–79.
Paratore, E., Storia della Letteratura Latina, Firenze ²1961.
Paratore, E., Il prologo dello ‹Hercules Furens› di Seneca e l'‹Eracle› di Euripide, Quaderni della RCCM 9, Roma 1966 (1).
Paratore, E., La morte di Fedra in Seneca e nel D'Annunzio, Studi Dannunziani, Napoli 1966, 45–69 (2) = 2011, 253–272.
Paratore, E., Seneca tragico, Urbino 2011.
Pathmanathan, R. S., The Parable in Seneca's *Oedipus*, Nigeria and the Classics 10, 1967 / 1968, 13–20.
Paul, A., Untersuchungen zur Eigenart von Senecas Phoenissen, Diss. Frankfurt 1952, Bonn 1953.
*Pearson, A. C., The Fragments of Sophocles, I, Cambridge 1917.
*Pearson, A. C., Sophocles, Oxonii 1924.
*Pease, A. S., Publi Vergili Maronis Aeneidos Liber quartus, Cambridge, Mass. 1935.
*Peiper, R., Praefationis in Senecae tragoedias nuper editas supplementum, Progr. Breslau 1870.
*Pellegrino, C., Petronii Arbitri Satyricon, intr., ed. crit. e comm., Roma 1975.
Penquitt, E., De Didonis Vergilianae exitu, Diss. Königsberg 1910.
*Perutelli, A., Lucio Anneo Seneca, Agamennone, intr. e note, trad. di G. Paduano, test. lat., Milano 1995.
Petaccia, R., Der griechische Mythos in der republikanischen Tragödie Roms. Aitiologische Tendenzen in Ennius' *Telephus*, in: Vogt-Spira / Rommel 1999, 155–168.
Petaccia, M. R., Der Orestes-Mythos in der lateinischen archaischen Tragödie und im politisch-religiösen Zusammenhang der römischen Republik, in: Manuwald 2000, 87–112.
Petaccia, M. R., Gli *Antenoridae*, in: Faller / Manuwald 2002, 229–243.
Petrone, G., Potere e parentela nelle *Phoenissae* di Seneca, QCTC 6 / 7, 1988 / 1989 (ersch. 1991), 243–258.
Petrone, G., Metafora e tragedia. Immagini culturali e modelli tragici nel mondo romano, Palermo 1996.
*Petrone, G., Lucio Anneo Seneca, Le Fenicie, intr., trad. e note, Milano 1997.
Petrone, G., Troia senza futuro. Il ruolo del secondo coro nelle *Troades* di Seneca, in: Gasti 2013, 83–96.
Pfister, F., Götter- und Heldensagen der Griechen, Heidelberg ²1970.

Philippson, R., [Cicero] Die Philosophischen Schriften, RE VII A, 1 (1939), 1104–1192.
Pfligersdorffer, G., Lucan als Dichter des geistigen Widerstandes, Hermes 87, 1959, 344–377.
Pfligersdorffer, G., Fatum und Fortuna. Ein Versuch zu einem Thema frühkaiserzeitlicher Weltanschauung, in: Literaturwiss. Jahrb. 2, 1961, 1–30.
Picone, G., La fabula e il regno. Studi sul *Thyestes* di Seneca, Palermo 1984.
Picone, G., La *Medea* di Seneca come *fabula* dell'inversione, QCTC 4 / 5, 1986 / 1987 (ersch. 1990), 181–193.
Poe, J. P., An Analysis of Seneca's *Thyestes*, TAPA 100, 1969, 355–376.
Pöschl, V. (Hrsg.), Römische Geschichtsschreibung (WdF), Darmstadt 1969.
Pöschl, V., Bemerkungen zum Thyest des Seneca, in: Latinität und Alte Kirche. Festschr. R. Hanslik, WSt Beih. 8, Wien u. a. 1977, 224–234 = Kunst und Wirklichkeitserfahrung in der Dichtung. Kleine Schriften, I, hrsg. von W.-L. Liebermann, Heidelberg 1979, 311–319.
Pötscher, W., Palladion, in: Der Kleine Pauly, IV, München 1975, 431–432.
Pötscher, W., Dolor und malum in Senecas Medea, GB 6, 1977, 53–66.
Pohlenz, M., Philosophie und Erlebnis in Senecas Dialogen, NAG I, 4, 3, 1941, 55–118 = Kleine Schriften, Hildesheim 1965, I, 384–447.
Pohlenz, M., Die griechische Tragödie, I / II, Göttingen ²1954.
Pohlenz, M., Die Stoa, I / II, Göttingen ²1959 (= ³1964).
Pratt, Jr., N. T., The Stoic Base of Senecan Drama, TAPA 79, 1948, 1–11.
Pratt, N. T., Seneca's Drama, Chapel Hill / London 1983.
Preller, L., Römische Mythologie, 3. Aufl. v. H. Jordan, Berlin, I: 1881, II: 1883.
Prinz, F., Gründungsmythen und Sagenchronologie, Zetemata 72, München 1979.
Radke, G., Die Götter Altitaliens, Münster 1965, ²1979.
Rambelli, G., Il finale dell'Apocolocyntosis e la catabasi dell'Hercules furens, in: Studi di filologia classica, Pavia 1957, 8–28.
Rambelli, G., La catabasi di Alcide nell'Hercules furens, ib. 39–64.
Ranke, L. v., Die Tragödien Seneca's, [verfaßt 1882; bisher ungedruckt.], Abhandlungen und Versuche. Neue Sammlung, hrsg. von A. Dove / Th. Wiedemann, Leipzig 1888, 19–76.
Reeh, A., Interpretationen zu den Astronomica des Manilius mit besonderer Berücksichtigung der philosophischen Partien, Diss. Marburg 1973.
Regenbogen, O., Schmerz und Tod in den Tragödien Senecas, Vortr. Bibl. Warburg 7, 1927 / 1928, Leipzig / Berlin 1930, 167–218 = Kleine Schriften, München 1961, 409–462.
Rengakos, A., Zum Griechenbild in Vergils Aeneis, Antike & Abendland 39, 1993, 112–124.
Ribbeck, O., Die römische Tragödie im Zeitalter der Republik, Leipzig 1875.
Ribbeck, O., Geschichte der Römischen Dichtung, Stuttgart, I: Dichtung der Republik, 1887, III: Dichtung der Kaiserherrschaft, 1892.
*Ribbeck, O., Tragicorum Romanorum Fragmenta, rec., Lipsiae ³1897.
Ribbeck, W., Zu der Phaedra des Seneca, RhM 43, 1888, 636 (1).
Ribbeck, W., Der Sturz der Messalina und die Phädra des Seneca, Zeitschr. f. Geschichte und Politik 5, 1888, 608–615 (2).
Ribbeck, W., Phädra und Messalina, Preußische Jahrb. 94, 1898, 515–522.
*Richter, W., Vergil, Georgica, hrsg. u. erkl., München 1957.
Richter, W., Das Epos des Gnaeus Naevius, NAG, Phil.-hist. Kl. 3, 1960, 41–66.
Riemer, P., Zur dramaturgischen Konzeption von Senecas *Agamemnon*, Drama 5, 1997, 135–151.
Riemer, P., Philosoph auf Abwegen? Senecas literarisches Verwirrspiel und eine neue Tragödienkonzeption, AU 55, 4 / 5, 2012, 18–28.

Ritzel, W., Lessing. Dichter – Kritiker – Philosoph, München 1978.
Robert, C., Die griechische Heldensage, Berlin, I: 1920, III, 2, 2: 1926.
Romano, D., La presenza di Alcmena nell'*Ercole Eteo* di Seneca, in: Studi di filologia classica in on. di G. Monaco, III, Palermo 1991, 1143–1147.
Rose, A. R., Seneca's *HF*: A politico-didactic Reading, ClJ 75, 1979 / 1980, 135–142.
Rose, A. R., Seneca's Dawn Song (*Hercules Furens*, 125–58) and the Imagery of Cosmic Disruption, Latomus 44, 1985, 101–123.
Rose, A. R., Power and Powerlessness in Seneca's *Thyestes*, ClJ 82, 1986 / 1987, 117–128.
Ross, D. O., Jr., Rezension von Lefèvre 1976, ClJ 71, 1977 / 1978, 205–206.
*Rossi, E., Lucio Anneo Seneca, La follia di Ercole, intr., trad. e note, test. lat., Milano 1999.
*Rossi, E., Lucio Anneo Seneca, Ercole sul monte Eta, intr., trad. e note, test. lat., Milano 2000.
Rostagni, A., Il De morte di L. Vario Rufo, RivFil 37, 1959, 380–394.
Rozelaar, M., Neue Studien zur Tragödie ‚Hercules Oetaeus', ANRW II, 32, 2, 1985, 1348–1419.
Rüpke, J., Domi Militiae. Die religiöse Konstruktion des Krieges in Rom, Stuttgart 1990.
Runchina, G., Tecnica drammatica e retorica nelle Tragedie di Seneca, in: Annali delle Fac. di Lett., Filos. e Mag. dell'Univ. di Cagliari 28, 1960, 163–324.
Runchina, G., Sulla Phaedra di Seneca, RCCM 8, 1966, 12–37.
*Russo, C. F., L. Annaei Senecae Divi Claudii Ἀποκολοκύντωσις, intr., test. crit. e comm., Firenze ³1961.
Jani Rutgersii Venusinae Lectiones, in: Q. Horatius Flaccus. Accedunt Jani Rutgersii Lectiones Venusinae, Traject. Batav. 1699.
Rutz, W. (Hrsg.), Lucan (WdF), Darmstadt 1970.
Schanz, M. v. / Hosius, C., Geschichte der römischen Literatur, II, München ⁴1935.
Scheithauer, A., Die Römer und ihre Frühzeit, RhM 141, 1998, 286–307.
Schenk von Stauffenberg, A. v., Vergil und der augusteische Staat, Die Welt als Geschichte 9, 1943, 55–67 = Ders. in: Oppermann 1963, 177–198.
Scherling, Thesprotos, RE VI A, 1 (1936), 69–70.
Schetter, W., Sulla struttura delle Troiane di Seneca, RivFil 93, 1965, 396–429 = Zum Aufbau von Senecas Troerinnen, in: Lefèvre 1972 (1), 230–271.
Schetter, W., Die Prologszene zu Senecas Oedipus, AU 11, 1, 1968, 23–49 = Senecas Oedipus-Tragödie (erweitert), in: Lefèvre 1972 (1), 402–449.
Schlegel, A. W. v, Vorlesungen über dramatische Kunst und Litteratur (1809) = Kritische Schriften und Briefe, V, hrsg. v. E. Lohner, Stuttgart 1966.
Schmid, W., Geschichte der griechischen Literatur, I, 3, München 1940.
Schmidt, E. A., Zeit und Raum in Senecas Tragödien. Ein Beitrag zu seiner dramatischen Technik, in: Billerbeck / Schmidt 2004, 321–356.
Schmidt, E. G., Seneca, Der Kleine Pauly V, 1975, 109–116.
Schmidt, J., Paradoxa, RE XVIII, 3 (1949), 1134–1137.
Schmidt, J.-U., Im Banne der Verbrechen. Überlegungen zu aktuellen Einflüssen auf Senecas Konzeption der ‚Medea', GB 22, 1998, 145–175.
Schmidt, P. L., Die Poetisierung und Mythisierung der Geschichte in der Tragödie ‚Octavia', ANRW II, 32, 2, 1985, 1421–1453.
Schmidt, P. L., Octavia [4], DNP VIII, 2000, 1096–1097.
Schmitt, A., Leidenschaft in der senecanischen und euripideischen Medea, in: Storia, poesia e pensiero nel mondo antico. Studi in on. di M. Gigante, Napoli 1994, 573–599.

Schmitz, Chr., Die kosmische Dimension in den Tragödien Senecas, UaLG 39, Berlin / New York 1993.
Schneidewin, F. W., Der Thyestes des L. Varius Rufus, RhM 1, 1841, 106–112; 2, 1842, 638–639.
*Schnur, H. C., Petron, Satyricon. Ein römischer Schelmenroman, übers. und erl., Stuttgart 1968.
*Schröder, J. C., L. Annaei Senecae Tragoediae [...]. Omnia rec. [...] Joannes Casparus Schröderus, Delphis 1728.
Schubert, Chr., Studien zum Nerobild in der lateinischen Dichtung der Antike, BzA 116, Stuttgart / Leipzig 1998.
*Sedgwick, W. B., Plautus, Amphitruo, ed. with Intr. and Notes, Manchester 1960.
Seeck, G. A., Senecas Tragödien, in: Lefèvre 1978 (1), 378–426.
Seidensticker, B., Die Gesprächsverdichtung in den Tragödien Senecas, Heidelberg 1969.
Seidensticker, B., Maius solito. Senecas Thyestes und die tragoedia rhetorica, Antike & Abendland 31, 1985, 116–136.
Setaioli, A., A proposito di Aen. IV, 504–521, in: Studia Florentina A. Ronconi sexagenario obl., Roma 1970, 393–403.
Setaioli, A., Ancora a proposito della scena di magia nel IV libro dell'Eneide, Atene & Roma 19, 1974, 159–164.
Shelton, J.-A., Seneca's Hercules Furens. Theme, Structure and Style, Hypomnemata 50, Göttingen 1978.
Shelton, J.-A., Seneca's *Medea* as Mannerist Literature, Poetica 11, 1979, 38–82.
Shelton, J.-A., Revenge or Resignation: Seneca's *Agamemnon*, in: Boyle 1983 (1), 159–183.
*Cajus Silius Italicus, Epos vom Punischen Kriege, metrisch übers., I, Braunschweig 1866.
Sipple, A., Der Staatsmann und Dichter Seneca als politischer Erzieher, Diss. Tübingen, Würzburg 1938.
*Skutsch, O., The *Annals* of Q. Ennius, ed. with Intr. and Comm., Oxford 1985.
Slater, N. W., Reading Petronius, Baltimore / London 1990.
Slater, N. W., Religion and Identity in Pacuvius' *Chryses*, in: Manuwald 2000, 315–323.
Smith, M. S., A Bibliography of Petronius (1945–1982), ANRW II, 32, 3, 1985, 1624–1665.
Snell, B., Aischylos und das Handeln im Drama, Philologus Suppl. 20, 1, Leipzig 1928.
Snell, B., Das früheste Zeugnis über Sokrates, Philologus 97, 1948, 125–134.
Snell, B., Scenes from Greek Drama, Sather Class. Lect. 34, Berkeley / Los Angeles 1964.
Snell, B., Ezechiels Moses-Drama, Antike & Abendland 13, 1967, 150–164.
Solmsen, F., Aeneas founded Rome with Odysseus, HarvSt 90, 1986, 93–110.
Soverini, P., Il problema delle teorie retoriche e poetiche di Petronio, ANRW II, 32, 3, 1985, 1707–1779.
*Spaltenstein, F., Commentaire des Punica de Silius Italicus (livres 1 à 8), Genève 1986.
Specka, A., Der hohe Stil der Dichtungen Senecas und Lucans, Diss. Königsberg 1937.
Stackelberg, J. v., Tacitus in der Romania, Tübingen 1960.
Stackmann, K., Senecas Agamemnon, Untersuchungen zur Geschichte des Agamemnonstoffes nach Aischylos, Class. & Med. 11, 1950, 180–221.
Stähli-Peter, M. M., Die Arie des Hippolytus. Kommentar zur Eingangsmonodie in der Phaedra des Seneca, Diss. Zürich 1974.
Stärk, E., Die *Menaechmi* des Plautus und kein griechisches Original, ScriptOralia 11, Tübingen 1989.

Stärk, E., Politische Anspielungen in der römischen Tragödie und der Einfluß der Schauspieler, in: Manuwald 2000, 123–133 (1).
Stärk, E., Die Gesprächsverdichtung in der *Octavia*, in: Stärk / Vogt-Spira 2000, 221–232 (2).
Stärk, E. / Vogt-Spira, G. (Hrsg.), Dramatische Wäldchen, Spudasmata 80, Hildesheim u. a. 2000.
Staley, G. A., Seneca's Thyestes: *Quantum mali habeat ira*, GB 10, 1981, 233–246.
*Stanford, W. B., Sophocles, Ajax, ed. with Intr., Rev. Text, Comm., London 1963.
Stanton, G. R., The End of Medea's Monologue: Euripides, Medea 1078–1080, RhM 131, 1987, 97–106.
Steidle, W., Zu Senecas Troerinnen, Philologus 94, 1941, 266–284 = Ders. in: Lefèvre 1972 (1), 210–229.
Steidle, W., Bemerkungen zu Senecas Tragödien, Philologus 96, 1944, 250–264 (= teilweise in: Lefèvre 1972 (1), 490–499: I. Die Gestalt des Thyest).
Steidle, W., Studien zum antiken Drama, München 1968.
Stockert, W., Römisches in Accius' *Telephus*, in: Faller / Manuwald 2002, 306–318.
Stoessl, F., Der Tod des Herakles, Zürich 1945.
Stoessl, F., Prologos, RE XXIII, 1 (1957), 632–641; XXIII, 2 (1959), 2312–2440.
Strasburger, H., Die Wesensbestimmung der Geschichte durch die antike Geschichtsschreibung, Wiss. Ges. Frankfurt 5, 3, Wiesbaden 1966 = 1982, 963–1016.
Strasburger, H., Zur Sage von der Gründung Roms, Akad. Heidelberg, Phil.-hist. Kl. 5, 1968 = 1982, 1017–1055.
Strasburger, H., Homer und die Geschichtsschreibung, Akad. Heidelberg, Phil.-hist. Kl. 1, 1972 = 1982, 1057–1097.
Strasburger, H., Studien zur Alten Geschichte, II, Hildesheim / New York 1982.
Strauß, F., De ratione inter Senecam et antiquas fabulas Romanas intercedente, Diss. Rostock 1887.
Streubel, G., Senecas Agamemnon, Diss. Wien 1963.
Strzelecki, L., De Senecae Agamemnone Euripidisque Alexandro, Wroclaw 1949.
*Stubbe, H., Die Verseinlagen im Petron, eingel. u. erkl., Philologus Suppl. 25, 2, Leipzig 1933.
Stürner, F., Silius Italicus und die Herrschaft des Einzelnen: Zur Darstellung Hannibals und Scipios in den *Punica*, in: Th. Baier (Hrsg.), Die Legitimation der Einzelherrschaft im Kontext der Generationenthematik, BzA 251, Berlin / New York 2008, 221–241.
Suerbaum, W., Untersuchungen zur Selbstdarstellung älterer römischer Dichter. Livius Andronicus, Naevius, Ennius, Spudasmata 19, Hildesheim 1968.
Suerbaum, W., Die Suche nach der *antiqua mater* in der vorvergilischen Annalistik. Die Irrfahrten des Aeneas bei Cassius Hemina, in: R. Altheim-Stiehl (Hrsg.), Festschr. G. Radke, Münster 1986, 269–297.
Sullivan, J. P., The Satyricon of Petronius. A Literary Study, London 1968.
Sullivan, J. P., Petronius' 'Satyricon' and its Neronian Context, ANRW II, 32, 3, 1985, 1666–1686.
Szlezák, Th. A., Mania und Aidos. Bemerkungen zur Ethik und Anthropologie des Euripides, Antike & Abendland 32, 1986, 46–59.
Szlezák, Th. A., Hikesie und Bitte in Euripides' ‚Medea', Orientalia 59, 1990, 280–297.
*Tarrant, R. J., Seneca, Agamemnon, ed. with a Comm., Cambridge 1976.
Tarrant, R. J., Senecan Drama and his Antecedents, HarvSt 82, 1978, 213–263.
*Tarrant, R. J., Seneca's *Thyestes*, ed. with Intr. and Comm., Atlanta 1985.
Terzaghi, N., Due tragedie di Livio Andronico, in: Atti Accad. Torino 60, 1924 / 1925, 660–674.

W. S. Teuffels Geschichte der römischen Literatur, neu bearb. v. W. Kroll / F. Skutsch, II, Leipzig / Berlin ⁷1920.
Thierfelder, A., Der Dichter Lucan, Archiv für Kulturgeschichte 25, 1935, 1–20 = Ders. in: Rutz 1970, 50–69.
*Thomann, Th., Seneca, Sämtliche Tragödien, Lat. u. Deutsch, I, Zürich / Stuttgart I: 1961, II: 1969.
Thompson, L., Lucan's Apotheosis of Nero, ClPh 59, 1964, 147–153.
Timpe, D., Fabius Pictor und die Anfänge der römischen Geschichtsschreibung, ANRW I, 2, 1972, 928–969 = 2007, 132–181.
Timpe, D., Erwägungen zur jüngeren Annalistik, Antike & Abendland 25, 1979, 97–119 = 2007, 209–236.
Timpe, D., Antike Geschichtsschreibung. Studien zur Historiographie, Darmstadt 2007.
*Töchterle, K., Lucius Annaeus Seneca, Oedipus. Komm. mit Einl., Text u. Übers., Heidelberg 1994.
Trabert, K., Studien zur Darstellung des Pathologischen in den Tragödien des Seneca, Diss. Erlangen 1953.
Tresch, J., Die Nerobücher in den Annalen des Tacitus, Heidelberg 1965.
*Trevet, N., Commento alle Troades di Seneca, ed. M. Palma, Roma 1977.
Trillitzsch, W., Seneca im literarischen Urteil der Antike, I / II, Amsterdam 1971.
Türk, Philoktetes, Roscher III 2, 1902 / 1909, 2311–2343.
Tupet, A.-M., Didon magicienne, REL 48, 1970, 229–258.
Tupet, A.-M., La magie dans la poésie latine, I, Paris 1976.
*Vahlen, I., Ennianae Poesis Reliquiae iteratis curis rec., Lipsiae ²1903 (= ³1928).
Valsa, M., Marcus Pacuvius. Poète tragique, Paris 1957.
de la Ville de Mirmont, H. de, Études sur l'ancienne poésie latine, Paris 1903.
Venini, P., La Clytaemestra di Accio, RIL 87, 1954, 321–328.
Vogt, J., Dämonie der Macht und Weisheit der Antike, Die Welt als Geschichte 10, 1950, 1–17.
Vogt-Spira, G. (Hrsg.), Strukturen der Mündlichkeit in der römischen Literatur, ScriptOralia 19, Tübingen 1990.
Vogt-Spira 1991: s. Lefèvre / Stärk / Vogt-Spira 1991.
Vogt-Spira, G., Ennius, *Medea:* Eine Fremde in Rom, in: Manuwald 2000, 265–275.
Vogt-Spira, G. / Rommel, B. (Hrsg.), Rezeption und Identität, Stuttgart 1999.
Vretska, H., Zwei Interpretationsprobleme in Senecas Phaedra, WSt 81, 1968, 153–170.
Walde, Chr., Herculeus labor. Studien zum pseudosenecanischen Hercules Oetaeus, StudKlPhil 64, Frankfurt a. M. u. a. 1992.
Walde, Chr., Senecas Medea – Göttin wider Willen?, in: Zimmermann 2009, 167–198.
Wallochny, B., Streitszenen in der griechischen und römischen Komödie, ScriptOralia 44, Tübingen 1992.
Walsh, P. G., Livy's Preface and the Distortion of History, AJPh 76, 1955, 369–383.
Walsh, P. G., Eumolpus, the *Halosis Troiae*, and the *De bello civili*, ClPh 63, 1968, 208–212.
Walsh, P. G., The Roman Novel. The 'Satyricon' of Petronius and the 'Metamorphoses' of Apuleius, Cambridge 1970.
*Warmington, E. H., Remains of Old Latin, I-IV, London / Cambridge, Mass. 1935–1940, rev. and repr. 1953–1957.
Waszink, J. H., Zum Anfangsstadium der römischen Literatur, ANRW I, 2, 1972, 869–927.
Weber, E., Die trojanische Abstammung der Römer als politisches Argument, WSt 6, 1972, 213–225.

Weber, E., Die ältere Tragödie in Rom und die Legende von der trojanischen Abstammung, in: Manuwald 2000, 135–141.
Webster, T. B. L., The Tragedies of Euripides, London 1967.
Weichert, A., De Lucii Varii et Cassii Parmensis Vita et Carminibus, Grimae 1836.
*Weißenborn, W., / Müller, H. J., Titi Livi ab urbe condita libri, bearb., IV, Berlin ¹⁰1921.
Welcker, F. G., Die griechischen Tragoedien mit Rücksicht auf den epischen Cyclus geordnet, RhM Suppl. 2, Bonn, I (S. 1–436) 1839; II (S. 438–880) 1839; III (S. 882–1617) 1841.
Wellmann-Bretzigheimer, G., Senecas ‚Hercules Furens', WSt 91, 1978, 111–150.
Widal, A., Études sur trois tragédies de Sénèque imitées d'Euripide, Paris 1854.
Wiener, C., Stoische Doktrin in römischer Belletristik. Das Problem von Entscheidungsfreiheit und Determinismus in Senecas Tragödien und Lucans *Pharsalia*, BzA 226, München / Leipzig 2006.
Wilamowitz-Moellendorff, U. v., Phaethon, Hermes 18, 1883, 396–434.
Wilamowitz-Moellendorff, U. v., Lesefrüchte, Hermes 34, 1899, 203–230.
*Wilamowitz-Moellendorff, U. v., Euripides, Herakles, erkl., I / II, Berlin ²1895.
*Wilamowitz-Moellendorff, U. v., Griechische Tragödien, III, Berlin 1906.
*Williams, R. D., P. Vergili Maronis Aeneidos Liber Tertius, ed. with a Comm., Oxford 1962.
*Williams, R. D., The Aeneid of Virgil, I / II, ed. with Intr. and Notes, Basingstoke / London 1972 / 1973.
Wimmel, W., Der tragische Dichter L. Varius Rufus. Zur Frage seines Augusteertums, Akad. Mainz, Geistes- u. Soz. Kl. 5, 1981, Wiesbaden 1981.
Wimmel, W., Der Augusteer Lucius Varius Rufus, ANRW II, 30, 3, 1983, 1562–1621.
Wissowa, G., Angitia, RE I, 2 (1894), 2191.
Wlosok, A., Vergils Dido-Tragödie, in: H. Görgemanns / E. A. Schmidt (Hrsg.), Studien zum antiken Epos (Festschr. F. Dirlmeier / V. Pöschl), BeitrKlPh 72, Meisenheim a. Glan 1976, 228–250.
Wüst, E., Nauplios, RE XVI, 2 (1935), 2004–2008.
Wüst, E., Palamedes (1), RE XVIII, 2 (1942), 2500–2512.
Zehnacker, H., Tragédie prétexte et spectacle romain, in: Théâtre et Spectacles dans l'Antiquité, Travaux du Centre de Recherche sur le Proche-Orient et la Grèce Antiques 7, Leiden 1983, 31–48.
Zimmermann, B., Aristophanes, *Die Vögel*. Märchenspiel und Zeitkritik, in: F. N. Mennemeier (Hrsg.), Die großen Komödien Europas, Tübingen 2000, 13–26 (1).
Zimmermann, B., *Laudes Atheniensium* in der römischen Tragödie der republikanischen Zeit? Überlegungen zu Ennius, *Erechtheus* und *Eumenides*, in: Manuwald 2000, 277–284 (2).
Zimmermann, B., Accius' und Euripides' *Bakchen*, in: Manuwald 2002, 337–343.
Zimmermann, B., Sein und Schein im König Oidipus des Sophokles, in: 2009, 63–79.
Zimmermann, B. (Hrsg.), Mythische Wiederkehr. Der Ödipus- und Medea-Mythos im Wandel der Zeiten, Paradeigmata 6, Freiburg 2009.
Zintzen, C., Analytisches Hypomnema zu Senecas Phaedra, BeitrKlPh 1, Meisenheim a. Glan 1960.
Zintzen, C., *Alte virtus animosa cadit*. Gedanken zur Darstellung des Tragischen in Senecas ‚Hercules Furens', in: Lefèvre 1972 (1), 149–209 = 2000, 243–283.
Zintzen, C., Griechische Tragödie in römischer Gestalt, in: Festschr. des Kaiser-Karls-Gymnasiums zu Aachen, Aachen 1976, 175–201 = 2000, 3–37.
Zintzen, C., Athen – Rom – Florenz. Ausgewählte Kleine Schriften, hrsg. v. D. Gall / P. Riemer, Hildesheim u. a. 2000.

Zintzen, C., Dido und Kalypso, in: N.-P. Birbaumer / C. Zintzen, Abschiedsszenen. Trennungsschmerz bei Vergil und Homer aus philologischer und neurologischer Sicht, Akad. Mainz, Geistes- u. Soz. Kl. 7, 2013, Stuttgart 2013, 7–27.
Zorzetti, N., La pretesta e il teatro latino arcaico, Napoli 1980.
Zorzi, E., Sul Tieste di Seneca, Aevum 39, 1965, 195–200.
Zwierlein, O., Die Rezitationsdramen Senecas, BeitrKlPh 20, Meisenheim a. Glan 1966.
Zwierlein, O., Rezension von Steidle 1968, GGA 222, 1970, 196–227.
Zwierlein, O., Die Tragik in den Medea-Dramen, Literaturwiss. Jahrb. 19, 1978, 27–63.
Zwierlein, O., Weiteres zum Seneca Tragicus (IV), WüJbb 6a, 1980, 181–195.
Zwierlein, O., Prolegomena zu einer kritischen Ausgabe der Tragödien Senecas, Akad. Mainz, Geistes- u. Soz. Kl. 3, 1983, Wiesbaden 1984 (1).
Zwierlein, O., Senecas Hercules im Lichte kaiserzeitlicher und spätantiker Deutung, Akad. Mainz, Geistes- u. Soz. Kl. 6, 1984, Wiesbaden 1984 (2).
*Zwierlein, O., L. Annaei Senecae Tragoediae [...], rec. [...], Oxonii 1986 (1).
Zwierlein, O., Kritischer Kommentar zu den Tragödien Senecas, Akad. Mainz, Geistes- u. Soz. Kl., Einzelveröff. 6, Stuttgart 1986 (2).
Zwierlein, O., Senecas Phaedra und ihre Vorbilder, Akad. Mainz, Geistes- u. Soz. Kl. 5, 1987, Stuttgart 1987.

www.ingramcontent.com/pod-product-compliance
Lightning Source LLC
Chambersburg PA
CBHW070252240426
43661CB00057B/2543